新民事訴訟法

【第6版】

新堂幸司
Koji Shindo

弘文堂

第6版の刊行に際して

　旧著『民事訴訟法』の初版刊行（1974年）から、45年が経ちました。その間1998年に新しい民事訴訟法典が生まれ、本書もこれを祝って『新民事訴訟法』（初版1998年）と命名して出版し、それからでも、すでに20年が過ぎ、第5版（2011年）まで改訂しました。中身は、継ぎはぎだらけで、張りぼての様相を呈しています。今回は縦書きから横書きに変えました。そのため当初は100頁程自動的に減りましたが、加筆・訂正していくうちに、1000頁を超えてしまいました。今さら、『「新」民事訴訟法』でもないだろうと思いましたが、名案もなく、結局、『新民事訴訟法　第6版』と名付けました。

　今回も、改訂を試みたいと思ったのは、これまでと同様、実務、判例および理論、どの視点でも大きな変化があったことを踏まえ、それらの展開を私自身がどう受け止めるのかを明らかにしておきたいと願ったためです。同時に、次世代の課題について私の求める方向だけでも示しておきたかったためです。

　しかし、新しい判例・文献等を、網羅的に検討することは、はなから、諦めました。自分なりであれ、完璧を期すことにこだわっていては、改訂作業はとても終わらないと決断したからです。（民法の改正については、一応、平成30年法律72号（相続法の改正）まで取り入れましたが、）重要でありながらこぼれ落ちた、いや、わざと次回まわしにした課題も多々あります。本改訂版も、相変わらず未完成品であることを自覚し、つぎの機会にさらに補充することを約して、ご寛容を乞うところです。

　本改訂の特色としては、裁判所対当事者の対立軸を包摂した社会、市民あるいは納税者の目線（10頁〔*〕・66頁(2)）からも、より応答性の高い民事訴訟制度の構築（269頁(4)・576頁注4)・610頁注6)・650頁注4)）を目指しつつ、とくに証拠争点整理手続の活性化という実務面に、一歩、踏み込んでみたことです。その関連で、要件事実論（抽象的証明責任論）の批判（485頁(d)・488頁〔*〕・574頁(b)）、事案解明責任論の展開（482頁以下）、一般条項などの判断過程における法創造的側面の強調

（470頁〔＊〕・488頁〔＊〕・608頁〔＊＊＊＊〕・625頁注17））、医療事故などハードケースにおける因果関係や過失の主張立証・判断方法（575頁〔＊〕・623頁〔＊＊＊〕）、カンファレンス鑑定の社会的意義（650頁注5））、弁論準備手続の評価と展望（545頁〔＊〕）、情報開示義務、秘匿特権の社会的意義（419頁以下）等を挙げたいと思います。私自身、弁護士登録をしてからも四半世紀を超えました。実務家としてはまだ駆け出しにすぎませんが、今回の改訂版が、実務面でもなにがしかの寄与ができるとすれば、望外の幸せです。

　元号が平成に切り替わった30年前（旧版『民事訴訟法』第2版補正版の頃）、すでに60歳に近かった自分が、平成の世を生き抜くことは思いもよりませんでした。今回の改訂作業は、息を継いで、また継いでの長旅でした。また多くの方の助けや励ましの後押しで、やっと区切りをつけることができました。とくに、出入りの激しい事務所の中に静謐な空間をずっと用意してくださった大村扶美枝代表弁護士、秘書の石井理絵さんはじめ事務所の皆さん、また原稿を回収するたびに作業の進捗を喜び、励ましてくださった弘文堂の高岡俊英さん、清水千香さんに、厚く御礼を申し上げたい。清水さんには、資料・表の作成や更新をお願いしました。岡庭幹司（横浜国立大学大学院国際社会科学研究院准教授）さんには、大局的かつ詳細に、叙述の前後矛盾、重要な判例・文献の見落し、文献の読み間違いなどを、チェックしていただいた。また、長女新堂明子（法政大学法科大学院教授 民法専攻）には、とくに改正民法との関連を見直してもらった。むろん文責は私にありますが、ともに、貴重な意見をたくさんいただき、改訂といえるまでの体裁になりましたこと、そして、息の合った伴走者であったことを振り返り、あらためて感謝します。

　さて、本改訂の質については読者に判断をお任せするとして、私事ですが、令和の初年、米寿を祝いながら本第6版の上梓に辿り着いたことは、あまりの好運、まこと、「萬壽」で一杯の気分です。

　　　2019年10月1日

　　　　　　　　　　　　　　　　　　　　　新堂・松村法律事務所にて

　　　　　　　　　　　　　　　　　　　　　　　新 堂 幸 司

旧著「はしがき」

　「民事訴訟法理論はだれのためにあるか」。これは、わたくしが数年前に書いた論文の題であるが、それはそのまま、本書を一貫した問題のたてかたでもある。民事訴訟法の基礎理論といわれるものは、時代思潮や事件の関係人から超越した万古不易の約束ごとと考えられがちである。しかし、そのような約束ごとや理論が、じつは、訴訟制度を設営する国なり裁判所の利益や便宜のみを代弁したり強調したりして、利用者のそれを忘れたものであることが少なくない。本書では、こうした従来の約束ごとや基本原理のヴェールをはがし、それがだれの、どのような利害をもたらすものであるかを洗い出すことに努め、それらをめぐる論争が実益のある議論かどうかを吟味しなおし、利用者の立場に立って基礎理論を再編成しようと企てた。利用者の立場を不当に無視したような判例や通説には、思いきり挑戦し、あるべき方向を模索してみた。しかし、教科書としての全体のバランスも考え、このような論争や問題の判例については、8ポイント活字を用いたり、時には注の形をとって、できるかぎり詳しく叙述する方針をとった。判例一般についても、具体的な争点を紹介し、それをめぐる利益考量を析出するように扱った。

　もっとも、このような意図や叙述の方針がどれだけ成功したかは疑わしい。出来あがったものは、はじめの意気ごみとは、まったくかけはなれた結果に終った。気のつかない問題点も多く残していることであろうし、また通説を攻撃したものの、どうしても自分の考えがまとまらず、問題点の指摘に止まったところも、多い。先輩の書かれた数々のすぐれた教科書のように、均斉のとれた完結した体系書とは、とてもいえないであろう。しかし、そのような本書でも、いくらかでも問題提起の意味をもち、さらに活発な論争を呼ぶきっかけになるとすれば、著者の最大の喜びである。今後、わたくしも、その論争の中でふたたび考え、学び、そして本書を補完してゆくつもりである。場合によっては、改説もありえよう。そんなわけで、いまは、後悔ともいいわけともつかない気持から、いわば「開かれた体系書」とでも名づけて、本書を世に送る次第である。

　本書の作成には、多くのかたがたの援助を受けた。法政大学講師の梅本吉彦さんには、引用文献の検証や補充、訂正、統計表および索引の作成をお願いした。本書が多少とも教科書らしい体裁をもつことができたとすれば、もっぱら梅本さんの努力によるものである。校正にあたられた筑摩書房の本間英治さんには、難解な叙述や不備な個所をたくさん指摘していただいた。さらに須藤忠臣さんをはじめ、編集部のかたがたには、ひとかたならずお世話になった。怠惰なわたくしのことであるから、これら編集部のかたがたの、終始止むことを知らない督促勉励の「むち」がなかったとしたら、いつ本書がで

き上がったかわからない。あらためて、これらのみなさんに、お礼を申し上げる。

　　　1974年 8 月30日

旧著「第 2 版　はしがき」

　昭和55年10月 1 日、民事執行法（昭54年法律 4 号）、民事執行規則（昭54年最高裁規則 5 号）が施行されたので、これに関係する条文を補正することとした。その補正の箇所もかなりの数にのぼったが、本書刊行後に著者が発表した論文や判例評釈も、著者の立場を明らかにする意味で、あらたに引用するとともに、その内容に沿って本文の修正も若干行なった。さらに、この機会に統計表にも新しい資料を付け加えたので、第 2 版とした次第である。初版以来すでに満 6 年が経ち、その間の学説・判例の進展には注目すべきものがある。しかし、これらすべてに対する著者の立場を体系書にまとめて収めるには、いましばらくの時が必要と考え、それらを網羅的に紹介し著者の立場を展開するのは、次の機会に譲ることにした。

　なお、条文の補正については池田由起子さんに、統計表の補充については権藤キミ子さんに手伝ってもらった。あらためて御礼を申し上げたい。

　　　1981年 3 月 1 日

旧著「第 2 版補正版　はしがき」

　筑摩書房の都合により、現代法学全集の出版はとりやめることになった。同全集の第30巻として刊行されていた本書も、これを機会に絶版にしようと考えていたが、このたび弘文堂が出版を引き受けてくれた。本書は、初版刊行後、すでに15年以上も経っているので、大幅な改訂をすべき時期になっているが、現在、別に簡潔な教科書の刊行を計画しているので、本書については、その後に本格的な改訂を試みたいと考えている。そこで、とりあえず、先頃制定された民事保全法に関連する補正のみを加え、「第 2 版補正版」として、刊行することにした次第である。

　　　1990年 9 月20日

はしがき〔初版〕

　新民事訴訟法典は、1998年1月1日施行となった。1929年に旧法典が施行されてから、70年になる。この間の日本の社会の変わり様を考えると、旧法は、少々のつぎはぎだけで、よくもここまで生き延びたものよ、と思う。そのこと自体、学界の力不足のせいともいえよう。法曹実務家の無責任のゆえと責められるかもしれない。だが、それはそれとして、旧法典が目の前にのさばっていたればこそ、かえって、解釈論、運用論での創意、工夫を絞り出し、民事訴訟法理論が成長したことも、事実である。旧著も、1974年の初版以来、四半世紀にわたるお付き合いだった。当時にしては、新奇な用語であった、「利用者」の立場の強調という旧著の主題は、新立法への盛り上がり、その立法過程では、いち早くスローガンに昇華した。みんなの気持ちが、ごく自然に、国民に「利用しやすく、わかりやすい」民事訴訟法を作ろうじゃないか、ということで一致した。筆者としては、こうした研究者のみならず実務家の動きに、時代の転換を感じ、立法への夢がふくらんだものだった。

　しかし、こうしてできあがった新法典が、はたして使いやすい、わかりやすいものかどうか。これはまた、別問題である。利用しやすいかどうかの基準は、わかりやすい。その手続が手軽で費用がかからず、時間がかからず、それでいて適正公平な裁判がえられれば、みんなが使いやすいと感じるにちがいない。これに比べ、わかりやすいかどうかという基準は、今考えると、なにをもってわかりやすいというか、はなはだ曖昧である。たしかに、条文が口語体になったのは、読みやすくわかりやすくなった、とだれもが認めるであろう。だが、それ以上のこととなると、なにがわかりやすいということなのか、わからない。どうせスローガンなんだ、定義を決めて使ったわけではない……だから、各人勝手に解すればよいと割り切る問題かもしれない。それなら、おまえはどうなんだ、と考え、筆者なりに、こうまとめてみた。

　一つは、手続進行が具体的な形となって関係者によく見え、そのために手続に参加するプレイヤー達が各自の役割を掴みやすいこと、そして、傍聴者には、一つのドラマをみるようにみえること、もう一つは、敗者にとっても、裁判官の前で、相手方と公平に扱われ、自分の気持ちを十分に伝えたし聴いてもらったという、あきらめにも似た満足感を与える手続であり、傍聴者には、公平な裁判だったと感じさせるような、そんな手続こそ、わかりやすい手続ではないか、と考えてみた。むろん、これも一つの基準でしかない。

　さあ、読者ならどんな基準を考えられるか。そして、それに照らし、新法典、その運

用は、どこまでわかりやすくなったとみられるだろうか。これは、筆者が、本書の読者にも、冒頭、提示してみたい宿題である。その取組みは、きっと、次の改正をめざした、確かな一歩となるはずである。

　ところで、本書は、旧著初版以来、筆者の怠慢から、事物管轄の変更や民事執行法、民事保全法などに関連した若干の条文の補正と、公刊後に筆者自身が発表した論文名を補充する程度の加筆しか行わず、学説、実務の進展については、補充を一切怠ってしまった。そこで、今回の改訂作業では、この四半世紀間の学説、実務の発展をフォローすることと、新法の解説との両方を行わざるをえず、かなりの加筆量になった。ただ、この二つの作業をするに当たっては、新規定を従来の学説、実務の進展の連続線上に位置づけることができ、従来の学説実務がそのまま新規定の基盤として生き続けるとみるべきか、それとも、新制度は、従来の学説実務の進展域の外に、新たな地平を開くものであり、そこでは解釈論も創造こそが急務であるのかを考え、執筆に当たっては、こうした各新規定の連続性、あるいは不連続性のニュアンスを浮き彫りにするように心がけた。

　研究や論争に、休みはない。本書も、その営みに、一つのきっかけを与え、一つの拍車になればと願いつつ、本書を公刊する。今後とも、筆者自身その営みに参加して考え続けたい気持ちは、旧著出版のさいと変わらない。

　さて、本書の公刊を、多くの人が援助してくれた。旧著同様、専修大学教授の梅本吉彦さんが、終始、様々のアドバイスをしてくださった。東京大学法学部助手の垣内秀介君には、旧版の叙述の問題点、見落とした新法の議論などを教えてもらった。また、いくつかの表を更新する作業は、垣内君のほか、秘書の渡部愛さんが受け持ってくれた。事項索引も、梅本さんの手になるが、東京大学法学部助手の菱田雄郷君も手伝ってくれた。最終的な条文チェックは、東京大学大学院法学政治学研究科学生北村賢哲君が受け持ってくれた。編集に当たられた弘文堂の方々、とくに丸山邦正さん、高岡俊英さんには、週末出勤をずいぶん強いたりした。本書は、これらすべての方々の援助をえて、やっとできあがったものである。この実感を、感謝の思いにくるんで、みなさんに、あらためて、お礼申し上げる。

　　　1998年3月10日

第2版　はしがき

　本書（初版）は、新民事訴訟法の施行を受け、旧版『民事訴訟法』に大幅な加筆補正をし、『新民事訴訟法』と名付けて刊行された。それから、3年が経った。その間、新法の上告受理や許可抗告制度の導入によってか、最高裁の判例に、かなりの動きがみられた。また、成年後見制度や民事再生法なども、本書にとって無視できない立法であった。さらに、ごく最近、新民事訴訟法の立法の際には見送られた、公務員等にかかる所持文書の提出命令手続が整備されることになった。そこで、今回は、これらの法改正や新しい重要判例をとり入れるとともに、前回の加筆補正の十分でなかったところも補充した改訂を試み、『新民事訴訟法（第2版）』として、刊行する次第である。

　今回の改訂も、梅本吉彦専修大学教授には、全般にわたりお世話になった。また、原司 法務省民事局付検事には、民法改正についてくわしく教えを受けた。ここに謝意をしるす。

　　2001年7月1日

第3版　はしがき

　平成8年の民事訴訟法（平8法109号、平成10年1月1日施行）の全面改正を機会に、本書も『新民事訴訟法』と名づけて出版した（平成10年4月15日刊）。その後、司法制度改革審議会が設置（平成11年7月）され、その意見書が公表された（平成13年6月）。ついで、その提言を実現する法律等が続々と成立し、施行もされている。本書に関係するものだけを拾っても、つぎのような法律ないし法律案が続いている。

　税理士法の一部を改正する法律（平13法38号、平14・1・1施行）
　弁理士法の一部を改正する法律（平14法25号、平15・1・1施行）
　司法書士法及び土地家屋調査士法の一部を改正する法律（平14法33号、平15・4・1施行）
　会社更生法（平14法154号、平15・4・1施行）
　裁判の迅速化に関する法律（平15法107号、公布日（平15・7・16）即日施行）
　民事訴訟法等の一部を改正する法律（平15法108号、平16・4・1施行）

viii　第 3 版 はしがき

人事訴訟法（平15法109号、平16・4・1施行）

司法制度改革のための裁判所法等の一部を改正する法律（平15法128号、平16・4・1
　施行）

仲裁法（平15法138号、平16・3・1施行）

総合法律支援法（平16法74号、公布日（平16・5・26）即日施行）

破産法（平16法75号、施行日未定）

行政事件訴訟法の一部を改正する法律（平16法84号、平17・4・1施行）

知的財産高等裁判所設置法（平16法119号、平17・4・1施行）

裁判所法等の一部を改正する法律（平16法120号、平17・4・1施行）

民事関係手続の改善のための民事訴訟法等の一部を改正する法律（平16法152号、平
　17・4・1施行）

　本書第 3 版は、これらの法改正ないし改正案を織り込んで、改訂をした。これらの新
しい改正法の施行・運用により、司法改革とくに民事訴訟の充実・迅速化、利用しやす
い制度作りといった所期の目的達成を期待しつつ、本書を刊行する。

　今回の改訂には随分手間取った。幸い多くの方々が献身的に手伝ってくださった。と
くに梅本吉彦専修大学教授、島田享子さん（東京大学大学院法学政治学研究科学生）、秘書
の権藤キミ子さん、同じく大導寺真理さんらの名を挙げて感謝申し上げる。また編集部
の高岡俊英さんには、暑い夏を駆け廻る編集作業を強いることになってしまった。おか
げで、法科大学院創設第 1 年の秋学期に何とか間に合せることができた。皆さんに、あ
らためて御礼申し上げる。

　　2004年 8 月 9 日

第 3 版補正版　はしがき

　1　今回の補正は、本書第 3 版刊行日（平成16年 9 月30日）以後に、新たに公布ま
たは施行された下記の法律に基づいて補正を行ったものである。

破産法（平16法75号、平17・1・1施行）

行政事件訴訟法の一部を改正する法律（平16法84号、平17・4・1施行）

民法の一部を改正する法律（平16法147号、平17・4・1施行）、

第 3 版補正版 はしがき　　*ix*

＊裁判外紛争解決手続の利用の促進に関する法律（平16法151号、公布日（平16・12・1）、
　公布の日から 2 年 6 月を超えない範囲内の、政令で定める日から施行予定）
　民事関係手続の改善のための民事訴訟法等の一部を改正する法律（平16法152号、平
　17・4・1 施行）
＊刑事施設及び受刑者の処遇等に関する法律（平17法50号、公布日（平17・5・25）、公布
　の日から 1 年を超えない範囲内の、政令で定める日から施行予定）
　不正競争防止法等の一部を改正する法律（平17法75号、平17・11・1 施行）
＊会社法（平17法86号、平18年 5 月施行見込）
＊会社法の施行に伴う関係法律の整備等に関する法律（平17法87号、平18年 5 月施行見込）
　　＊印のついた法律については、施行前であるが、現行法の体裁で引用している。
　　なお、商法については、会社法の施行に伴う関係法律の整備等に関する法律（平17法87
　　号）の施行前であるが、現行法の体裁で商○○条の形で引用し、施行前の条文について
　　は、商法旧規定○○条として引用した。

　　2　　以上の他に重要な改正として、不動産登記法等の一部を改正する法律（平17法29
号、公布日（平17・4・13）、公布の日から 1 年を超えない範囲内の政令で定める日から施行予
定）があるが、字数の関係で、本書の中では触れなかった。
　　同法は、筆界（不登123条 1 号参照）をめぐる紛争の解決のために、所有権登記名義人
等の申請によって、登記官が土地の筆界を特定（同法同条 2 号参照）する手続を創設し
た。これは、従来、土地境界確定訴訟（本書192頁）に託されていた紛争の相当部分を訴
訟によらないで解決しようとするものである。また、この手続による特定の対象となる
筆界の確定を求める民事訴訟が提起された場合には、その訴訟において、特定手続でえ
られた資料の利用が可能になった（同法147条）。なお、同法は、筆界が明らかでないこ
とに起因する紛争について、その特定手続およびその審査請求、さらに民間紛争解決手
続における代理業務への司法書士及び土地家屋調査士の参入を認める規定を整備した
（司法書士 3 条 1 項 8 号、土地家屋調査士 3 条 2 号・4 号・7 号等の改正参照）。

　　2005年10月 1 日

第4版 はしがき

今回の改訂は、第1に、前回の改訂（「第3版補正版」平成17年10月刊行）から今日までの法令改正を反映するために行った。おもな改正には、つぎのものがある。

＊労働審判法（平16法45、平18・4・1施行）及び労働審判規則（平17最高裁規2、平18・4・1施行）
＊一般社団法人及び一般財団法人に関する法律（平18法48、平20・12・1施行）
＊信託法（平18法108、平19・9・30施行）
＊犯罪被害者等の権利利益の保護を図るための刑事訴訟法等の一部を改正する法律（平19法95、平成19・12・26施行）
＊消費者契約法の一部を改正する法律（平18法56、平19・6・7施行／平20法29、平21・4・1施行）
＊民事訴訟法第百三十二条の十第一項に規定する電子情報処理組織を用いて取り扱う督促手続に関する規則（平18最高裁規10、平18・9・1施行、改正：平18最高裁規14、平19・2・1施行、改正：平19最高裁規12、平19・11・1施行）

第2に、私自身の改説、とくに訴訟承継論の部分、独立当事者参加訴訟の審判に関する部分等の改説を取り入れて必要な修正を行った。

第3に、最高裁判所の近時の判例を中心に、追加紹介しているが、その数は58件である。

法改正ラッシュが、相変わらず続いており、その対応に忙しく、改訂作業は、面倒であったはずであるが、最近のインターネットを利用した法検索が便利になったことで、おおいに助かった。

次に改訂作業として悩んだことは、近時の学界の研究成果を何処まで取り入れるかという点であった。旧著刊行以来、既に34年を経ている。その間の学界の成果にはめざましいものがある。しかしこれまでは、内容を実質的に変更することは、ほとんどしてこなかった。注目すべき文献を若干追加するほか、新しい自説を追加する程度の変更で繕ってきた。ところが、今回は、私自身旧著の考えを改説する論文（「訴訟承継論よ、さようなら」『民事手続法と商事法務』（商事法務研究会、2006年12月）355頁以下）を発表したこともあって、かなりの書き換えが必要になった。そうした部分を従来の叙述の中にとけ込ませるのに苦労した。単なる厚化粧にとどまらない。結果は、見るも無惨な作

り顔になったのではないかと、おそれている。

　反対に、改訂作業中楽しかったことといえば、最近の判例をまとめて読んだことだった。民事訴訟法に関する判例といえば、決まって、原理、原則、旧套墨守の一刀両断型で、短いものが多かった。「ああ、またか」と、がっかりするのが常だった。しかし、近時の判例には、読んでおもしろい裁判が多くなったことに気づいた。平成民訴法が施行されて10年になる。「わかりやすい、使いやすい民事訴訟法を作ろう」という新民訴法の理想が、ようやく裁判の現場に染み渡ってきた故なのだろうか。平成民訴法の立法作業や運用に、自ら参加してきたという、平成裁判官たちの経験が自信を生み、さらに変動のエネルギーに転化しているのかもしれない。事案ごとの具体的特性を抽出して先例の射程距離を限定したり、時代の変化を勘案して大上段に判例変更をすべきだと論じたり、そこでは、裁判官の生き生きとした思索の跡を読みとることができる。判例変更に至らない場合でも、反対意見や補足意見を通して、判例変更への背後の蠕動を看取できる。判例を読むことの、こうしたおもしろさ、また楽しさを、ぜひ読者にも理解して貰いたいと思い、そうした裁判には、筆者の評価をひと言でもつけるように努めた。読者のみなさんも、そのような裁判を、ぜひ直接自分で読んでみて、その醍醐味を実感して欲しいと思う。それは、諸君自身の手続法的ものの見方、法律的ものの考え方を鍛えるに違いない。

　今回の改訂には、多くの方の援助を受けた。判例の検索・コピーは、森・濱田松本法律事務所図書係の中村智子、松本理絵、丸山陽子、曽我奈美、杉本紗綾、伊藤朋子のみなさんが分担してくれた。表の作成、法改正の検索、参照頁の照合作業も、権藤キミ子、原ひろみと大導寺真理のみなさんが担当した。条文の照合は次女の桂子が担当した。そして、高田裕成教授（東京大学大学院法学政治学研究科）には、大所高所から細部にわたり、内容的な助言をいただいた。また弘文堂の髙岡俊英さんには、改訂作業の全般にわたって、ご苦労をかけた。今回の改訂は、文字通り、これらのみなさんによる合作といえる。もちろん、何らかのミスが残っているとすれば、すべて私の責任であるが、みなさんの協力と励まし無しには、本改訂版はできなかったと思う。あらためて、みなさんにお礼を申し上げる。

　　　2008年 8 月20日

第 5 版　はしがき

今回の改訂は、第 1 に、次の法改正を反映した。各項末の数字は本書の頁数を示す。

＊外国等に対する我が国の民事裁判権に関する法律（平成21・4 ・24法24、平成22・4 ・
　1 施行）(57・92)
＊民事訴訟法及び民事保全法の一部を改正する法律（平成23・5 ・2 法36、施行は、公付
　の日から起算して 1 年を超えない範囲内で政令で、定める日）(57・96-100)
　ただし、＊非訟事件手続法（平成23・5 ・25法51、施行は、公布の日から 2 年を超えない
範囲で、政令で定める日）、＊家事事件手続法（平成23・5 ・25法52、施行は、非訟事件手続
法の施行の日と同じ）、＊非訟事件手続法及び家事事件手続法の施行に伴う関係法律の整
備等に関する法律（平成23・5 ・25法53、施行は、非訟事件手続法の施行の日と同じ）につ
いては、反映することはできなかった。

　第 2 に、最近までの研究をフォローした。網羅的ではないが、将来さらなる展開が期
待されそうなものを拾って紹介することにした。本第 5 版での改説を含めて、主なもの
は、次のような項目である。

　民事訴訟の目的論における「身構え論」(4)、将来の法律関係確認の利益 (279)、
　訴訟準備活動のサポートシステムと情報開示義務の基本理念 (377以下・418以下)、
　金融機関の自己査定文書 (402・403)、自己専利用文書論の最近の展開 (403)、日弁
　連中間試案 (405)、公務員の所持する文書 (405-408)、一般条項等と弁論主義の適
　用 (474)、職権証拠調べの規定と弁論主義 (479)、間接事実レベルでの不意打ち防
　止策 (483)、釈明権・釈明義務と弁論権 (492)、法的観点指摘義務の一層の強化
　(493)、訴状等の記載事項と弁護士会の活動 (525)、証明過程の構造 (568-575)、優
　越的蓋然性説 (571-574)、立法事実論 (580)、上告受理の理由 (600)、談合行為に
　よる損害額 (606)、248条の適用範囲 (607)、一般条項の要件事実と証明責任 (607)、
　陳述書の証拠開示機能 (635)、受命・受託裁判官の証人尋問 (641)、入会権の確認
　請求等の判例の進展 (150・776)、合一確定の必要と不利益変更禁止の例外 (785)、
　続審制の事後審的運営 (894)、弁論更新の意義 (896)、判断遺脱・審理不尽の上告
　審での扱い (912)、上告理由と再審事由 (913)、附帯上告および附帯上告受理申立
　て (919)、口頭弁論なしの原判決破棄 (921)、再審構造論 (948)、各表の追加・修

正（18・19・184・185・348・349・952・953）。

ほころびた場所や加筆・修正すべき箇所は、これらにとどまらない。著者が気づかないところも、多々あろう。しかし、時代遅れとの批評は甘受するとして、またの機会に譲らざるをえない。

第3に、最高裁の裁判例については、平成23年分も含めて最近のものを追加した。裁判例の目立った傾向については、別稿を用意したい。

今回の改訂作業は、近時（といっても1980年代から）の諸研究をフォローすることに主眼をおいた。そのため時間もかかったが、新世代の力作にふれる機会に恵まれた。そしてその多くに好意的な感触をもった。しかし、正確な評価は私の能力を超え、たんに紹介にとどめた場合が少なくない。ともかく、改訂作業を通じて、新しいたくさんの研究に接し、若い研究者のエネルギーを肌で感じることができた。これは、研究者なればこその果報であろう。自分の加齢とともに、学問の永続性に、思いを深めた。

今回の改訂作業も、森・濱田松本法律事務所から快適な研究環境の提供がなければ、とてもできなかったと思う。あらためて事務所のみなさんにお礼を申し上げる。太田勝造東京大学大学院法学政治学研究科教授（法社会学専攻）および同法律事務所の亀田康次弁護士には、加筆修正部分を中心に、校閲と文献の検証をお願いした。長女明子（北海道大学大学院法学研究科教授、民法専攻）には、実体法の観点から内容的なチェックと古くさい言い回しや読みにくい漢字などを指摘してもらった。同法律事務所秘書大導寺真理さんは、文献のコピー、原稿の整理や表の作成、参照頁・索引の確認など多面にわたって支援を惜しまれなかった。図書係の中村智子さんが文献の探索に活躍してくれた。また、いつものように編集全般にわたって、弘文堂の高岡俊英さんのお世話になった。これらのみなさんに、心から、お礼を申し上げる。わたくし自身にとっては、傘寿を迎えた記念の仕事になった。

　　　2011年7月18日

xiv

目　次

第6版はしがき　*i*
凡　例　*xxx*

第1編　総　論

第1章　民事訴訟 ……………………………………………………… *1*

第1節　民事訴訟制度の目的 …………………………………… *1*
1　学説の対立状況(*1*)　　2　従来の目的論に対する反省(*4*)
3　民事訴訟の目的の相対的把握(*7*)

第2節　民事訴訟と他の訴訟制度 …………………………… *10*
1　訴訟の意義および種類(*10*)
2　民事訴訟事件と他の訴訟事件との区別(*12*)

第3節　民事紛争と民事訴訟 ………………………………… *14*
1　民事紛争を解決するための諸制度(*14*)　　2　仲裁(*17*)
3　調停(*18*)　　4　非訟事件(*25*)

第4節　裁判所による民事紛争処理手続の種類 ………… *35*
1　民事紛争処理の手続(*35*)　　2　判決手続に関する特別手続(*37*)
3　判決手続に付随する手続(*41*)

第2章　民事訴訟法 …………………………………………………… *43*

第1節　民事訴訟法の意義 …………………………………… *43*
1　実質的意義の民事訴訟法(*43*)　　2　憲法と民事訴訟法(*44*)
3　公法としての民事訴訟法(*47*)
4　民事法としての民事訴訟法(*48*)　　5　訴訟法規の種類(*49*)

第2節　日本の民事訴訟法の沿革と将来 ………………… *51*
1　民事訴訟制度の成立(*51*)　　2　ドイツ法の継受(*51*)
3　旧々民事訴訟法制定後の改正(*52*)
4　平成8年改正民事訴訟法の成立(*53*)
5　司法制度改革審議会意見書に基づく諸改正(*55*)

目　次　*xv*

　　　　　6　国際的要素を有する民事裁判手続等に関する法整備(60)

第3節　民事訴訟法理論の基本的特色 ……………………………………… *61*

　　　　　1　手続現象を規律する法理論としての特色(61)

　　　　　2　集団現象を処理する法理論としての特色(63)

　　　　　3　公益性の強調と利用者の立場(64)

　　　　　4　機能的考察と現象的考察(67)

第4節　民事訴訟法における判例の役割 …………………………………… *71*

　　　　　1　判例法形成の必要(71)　　2　判例法形成の限界(72)

第5節　民事訴訟法の適用範囲 ……………………………………………… *74*

　　　　　1　時的限界(74)　　2　地域的限界(74)

　　　　　3　人的または物的限界(75)

第2編　訴訟の主体

第1章　裁 判 所 ……………………………………………………………… *78*

第1節　裁判所の組織 ………………………………………………………… *78*

　　　　　1　裁判所(78)　　　　2　裁判所の構成(79)

　　　　　3　裁判官(83)　　　　4　裁判所書記官(90)

第2節　民事裁判権 …………………………………………………………… *92*

　　　　　1　意義(92)　　　　2　民事裁判権の限界(93)

　　　　　3　民事裁判権の対物的制約(95)

　　　　　4　民事裁判権欠缺の訴訟上の取扱い(103)

第3節　管　　轄 ……………………………………………………………… *105*

　第1款　総　　説 ……………………………………………………………… *105*

　　　　　1　管轄の意義(105)　　2　管轄規定の性質(106)

　第2款　各種の管轄 …………………………………………………………… *107*

　　第1項　法定管轄 ………………………………………………………… *107*

　　　　　1　職分管轄(107)　　2　事物管轄(109)　　3　土地管轄(112)

　　第2項　法定管轄以外の管轄 …………………………………………… *118*

　　　　　1　指定管轄(118)　　2　合意管轄(119)　　3　応訴管轄(123)

　第3款　管轄の調査手続 ……………………………………………………… *124*

　　　　　1　調査の方法および限度(124)　　2　管轄決定の時期(124)

xvi　目　次

第4款　訴訟の移送 ………………………………………………………………… 125
1　移送の意義(125)　　2　各種の移送(125)
3　移送の裁判(128)

第2章　当事者 ……………………………………………………………………… 130

第1節　当事者の概念および確定 ………………………………………………… 130
1　当事者の概念(130)　　2　当事者の確定(133)

第2節　当事者能力 ………………………………………………………………… 143
1　当事者能力の意義(143)　　2　当事者能力をもつ者(144)
3　当事者能力の調査および欠缺の効果(150)

第3節　訴訟能力 …………………………………………………………………… 151
1　意義(151)　　2　訴訟能力者(154)
3　訴訟能力を欠く者および制限訴訟能力者(154)
4　訴訟能力がない場合の取扱いおよび効果(157)

第4節　弁論能力 …………………………………………………………………… 162
1　概念(162)　　2　現行法上の弁論能力(163)

第5節　訴訟上の代理人 …………………………………………………………… 164

第1款　総　　説 …………………………………………………………………… 164
1　訴訟上の代理の意義(164)　　2　訴訟上の代理権(166)

第2款　法定代理人 ………………………………………………………………… 170
1　意義(170)　　2　実体法上法定代理人の地位にある者(170)
3　訴訟法上の特別代理人(171)　　4　法定代理権(173)
5　法定代理人の訴訟上の地位(176)

第3款　法人等の代表者 …………………………………………………………… 177
1　代表者の意義(177)　　2　代表者の訴訟上の地位(178)

第4款　訴訟代理人 ………………………………………………………………… 181

第1項　訴訟委任に基づく訴訟代理人 …………………………………………… 181
1　概念(181)　　2　弁護士代理の原則(181)
3　訴訟委任に基づく訴訟代理権(188)
4　訴訟代理人の訴訟手続における地位(193)

第2項　法令上の訴訟代理人 ……………………………………………………… 194
1　意義(194)　　2　法令上の訴訟代理人たる資格(195)
3　代理権(195)　　4　法令上の訴訟代理人の手続上の地位(196)

第5款　補　佐　人 ……………………………………………………………… *196*

　　　1　概念(*196*)　　2　資格および地位(*197*)

第3編　第一審手続

第1章　訴訟の開始 ……………………………………………………………… *199*

第1節　訴えの概念および各種の訴え …………………………………………… *199*

第1款　総　　説 ……………………………………………………………… *199*

　　　1　訴えの意義(*199*)　　2　訴えの種類(*201*)

第2款　給付の訴えと確認の訴え …………………………………………… *202*

　　　1　給付の訴え(*202*)　　2　確認の訴え(*202*)

　　　3　給付の訴えと確認の訴え(*203*)

第3款　形成の訴え …………………………………………………………… *205*

　　　1　総説(*205*)　　2　形成の訴えの具体例(*206*)

　　　3　形成判決の効力の及ぶ範囲(*212*)

第2節　訴訟開始の手続 ………………………………………………………… *214*

　　　1　訴え提起の方式(*214*)　　2　訴状の記載事項(*215*)

　　　3　訴状の取扱い(*218*)

第3節　訴え提起の効果 ………………………………………………………… *221*

　　　1　総説(*221*)　　2　二重起訴の禁止(*221*)

　　　3　起訴に結びつけられる他の法規上の効果(*227*)

第2章　審判の対象 ……………………………………………………………… *232*

第1節　訴訟要件 ………………………………………………………………… *233*

第1款　訴訟要件一般 ………………………………………………………… *233*

　　　1　訴訟要件の概念(*233*)　　2　訴訟要件の種類(*234*)

　　　3　各個の訴訟要件(*234*)　　4　訴訟要件の調査(*235*)

第2款　訴権的利益 …………………………………………………………… *239*

第1項　訴　権　論 …………………………………………………………… *239*

　　　1　訴権論争(*239*)　　2　訴権論争の意義(*242*)

　　　3　訴権論争の限界(*244*)

xviii　目　次

第2項　裁判所の審判権の限界 ……………………………………………… 245

1　裁判所審判権の意義(*245*)

2　司法作用の特質からくる審判権の限界(*246*)

第3項　訴えの利益 …………………………………………………………… 257

1　総説(*257*)　　**2**　訴えの利益の判断における利害の対立(*257*)

3　各種の訴えに共通の利益(*259*)　　**4**　給付の訴えの利益(*265*)

5　確認の(訴えの)利益(*269*)　　**6**　形成の訴えの利益(*281*)

第4項　当事者適格 …………………………………………………………… 283

1　概念(*283*)　　**2**　正当な当事者(1)(*290*)

3　正当な当事者(2)(*292*)　　**4**　正当な当事者(3)(*300*)

5　正当な当事者(4)(*304*)　　**6**　当事者適格の訴訟上の意義(*305*)

第2節　本案判決の対象 ……………………………………………………… 308

第1款　訴訟上の請求の意義 ………………………………………………… 308

1　訴訟上の請求(*308*)　　**2**　訴訟物論争の意義(*312*)

第2款　申立事項——処分権主義(その1) ……………………………… 329

1　処分権主義(*329*)　　**2**　申立事項と広義の請求(*330*)

3　民訴法246条の機能とその解釈作業(*330*)

4　民訴法246条の解釈の具体例(*332*)

第3節　当事者の意思による訴訟の終了——処分権主義(その2) ……… 346

第1款　訴えの取下げ ………………………………………………………… 346

1　意義(*346*)　　**2**　訴え取下げの要件(*349*)

3　訴え取下げの手続(*351*)　　**4**　訴え取下げの効果(*354*)

5　訴え取下げの有無および効力についての争い(*357*)

6　訴え取下げの擬制(*358*)

第2款　請求の放棄および認諾 ……………………………………………… 359

1　放棄・認諾の意義(*359*)　　**2**　放棄・認諾の要件(*360*)

3　放棄・認諾の手続(*363*)　　**4**　放棄・認諾の効果(*365*)

第3款　訴訟上の和解 ………………………………………………………… 367

1　意義(*367*)　　**2**　訴訟上の和解の要件(*369*)

3　訴訟上の和解の手続(*369*)　　**4**　訴訟上の和解の効力(*372*)

目　次　xix

第3章　訴訟準備活動とそのサポート・システム ……………………… 379

第1節　現行法における訴訟準備活動のためのサポート・システム … 380

第1款　当事者照会制度 ………………………………………………… 380

1　意義*(380)*　　**2**　訴え提起前における照会*(382)*

3　訴え提起後における当事者照会*(384)*

4　誠実に回答しなかった場合等の効果*(385)*

第2款　公務所等に対する照会、調査・鑑定の嘱託 …………………… 387

1　弁護士法上の照会制度*(387)*

2　民事訴訟法上の調査・鑑定の嘱託*(390)*

第3款　訴え提起前における証拠収集の処分 …………………………… 390

1　訴え提起前における証拠収集処分の意義*(391)*

2　申立要件*(391)*　　**3**　証拠収集処分の種類*(392)*

4　管轄裁判所*(392)*　　**5**　証拠収集処分の手続等*(393)*

6　申立人および相手方の事件記録へのアクセス*(394)*

7　費用の負担*(394)*

第4款　訴訟係属後の証拠収集処分 ……………………………………… 394

第1項　文書提出命令・送付嘱託 ……………………………………… 394

1　文書の提出命令・送付嘱託の意義*(394)*

2　文書提出義務の範囲*(395)*　　**3**　文書提出命令手続*(409)*

4　文書提出命令に従わない場合の効果*(411)*

第2項　検証物の提示命令または送付の嘱託 ………………………… 412

1　検証物の提示命令または送付の嘱託の申立て*(412)*

2　検証協力義務およびその範囲*(413)*

3　検証協力義務の違反の効果*(414)*

第5款　証拠保全手続 …………………………………………………… 415

1　証拠保全の意義*(415)*　　**2**　証拠保全の手続*(416)*

3　証拠保全の結果*(417)*

第2節　情報開示義務の基本理念 ………………………………………… 417

1　情報開示義務の基本理念*(417)*　　**2**　情報開示義務の限界*(419)*

3　秘密保持命令制度について*(420)*

xx 目 次

第4章　訴訟審理の進行 ……………………………………………………… *421*

第1節　手続の進行と停止 …………………………………………………… *421*

第1款　期　　日 ……………………………………………………………… *422*

1 概念(*422*)　　**2** 期日の指定(*422*)　　**3** 期日の変更(*423*)
4 期日の呼出し(*425*)　　**5** 期日の実施(*426*)

第2款　期　　　間 …………………………………………………………… *426*

1 期間の意義および種類(*426*)　　**2** 期間の計算(*427*)
3 期間の進行(*428*)　　**4** 期間の伸縮(*428*)
5 期間の怠り(懈怠)とその救済(*429*)

第3款　送　　　達 …………………………………………………………… *432*

1 意義(*432*)　　**2** 送達機関(*434*)　　**3** 送達用書類(*435*)
4 送達の方法(*436*)　　**5** 送達場所の届出制度(*439*)
6 送達の瑕疵(*440*)

第4款　訴訟手続の停止 ……………………………………………………… *441*

1 意義(*441*)　　**2** 訴訟手続の中断の発生および解消(*442*)
3 訴訟手続の中止の発生および解消(*447*)
4 訴訟手続の停止の効果(*447*)

第2節　手続進行における訴訟主体の役割 ……………………………… *448*

1 手続進行に関する当事者主義と職権主義(*449*)
2 裁判所の訴訟指揮権(*450*)
3 手続進行、審理の整理に関する当事者の地位(*452*)
4 責問権(*454*)

第5章　当事者の弁論活動と裁判所の役割 (審理の第1段階) ……… *455*

第1節　審理過程における当事者の行為 ………………………………… *456*

1 訴訟に関する当事者の行為(*456*)
2 裁判取得目的をもつ行為(*458*)
3 口頭弁論における当事者の行為(*461*)

第2節　弁論活動を指導する原則 ………………………………………… *467*

第1款　弁論主義と職権探知主義 …………………………………………… *467*

1 弁論主義と職権探知主義の意義(*467*)
2 弁論主義の内容(*469*)　　**3** 弁論主義の限界(*475*)

目　次　*xxi*

　　　　　4　職権探知主義(*492*)

　　第2款　裁判所による協力 ·· *495*

　　　　　1　事案解明のための裁判所の活動(*495*)　　**2**　専門委員制度(*503*)

　　　　　3　裁判所調査官制度の整備(*506*)

第3節　口頭弁論の手続 ·· *507*

　第1款　審理の方式 ·· *507*

　　　　　1　口頭弁論の意義(*507*)　　**2**　審理の方式に関する諸原則(*509*)

　第2款　攻撃防御方法の提出時期 ·· *523*

　　　　　1　口頭弁論の一体性(*523*)　　**2**　適時提出主義(*524*)

　　　　　3　攻撃防御方法提出の怠り(*528*)

　第3款　弁論の怠り(当事者の欠席等)に対する措置 ·· *532*

　　　　　1　当事者双方の欠席(*532*)　　**2**　当事者の一方の欠席(*533*)

　第4款　口頭弁論の準備 ·· *536*

　　第1項　準備書面 ·· *536*

　　　　　1　意義(*536*)　　**2**　準備書面の交換(*537*)

　　　　　3　準備書面の提出・不提出の効果(*537*)

　　第2項　準備手続の沿革と挫折 ·· *539*

　　　　　1　準備手続の意義および沿革(*539*)

　　　　　2　平成8年改正法の認めた争点および証拠の整理手続(*542*)

　　第3項　準備的口頭弁論 ·· *542*

　　　　　1　意義(*542*)　　**2**　準備的口頭弁論の手続および効果(*543*)

　　　　　3　制度の評価(*544*)

　　第4項　弁論準備手続 ·· *544*

　　　　　1　意義と沿革(*544*)　　**2**　弁論準備手続の開始(*548*)

　　　　　3　弁論準備手続の期日(*548*)　　**4**　電話会議の方法による期日(*549*)

　　　　　5　当事者の手続保障(*550*)　　**6**　弁論準備手続調書(*550*)

　　　　　7　手続の終了とその効果(*551*)

　　第5項　書面による準備手続 ·· *552*

　　　　　1　意義(*552*)　　**2**　手続の実施方法(*552*)

　　　　　3　手続の終了(*553*)

　　第6項　進行協議期日 ·· *553*

　　　　　1　創設の経緯(*553*)　　**2**　協議の内容(*554*)

　　　　　3　期日の規律(*554*)

xxii 目 次

第5款 口頭弁論の実施 ··· 555

　　　1 口頭弁論の開始から終結・再開(555)

　　　2 口頭弁論手続の整理手段(557)　　3 口頭弁論調書(559)

第6章　当事者の立証活動と裁判所の事実認定 (審理の第2段階) ··········· 564

第1節　総　　説 ··· 564

　　　1 証拠の機能(564)　　2 証拠の概念(565)

第2節　立証活動の目標 ··· 567

第1款　証明とはなにか ··· 567

第1項　民事訴訟における証明の意義 ··· 567

　　　1 証明の定義(567)　　2 証明過程の構造(568)

第2項　その他の証明に関する用語 ··· 577

　　　1 疎明(577)　　2 厳格な証明と自由な証明(578)

　　　3 本証と反証(579)

第2款　証明の対象 ··· 580

　　　1 事実(580)　　2 経験則(581)　　3 法規(582)

第3款　証明を要しない事実 ··· 583

　　　1 裁判上の自白の意義(584)　　2 自白の成立(584)

　　　3 自白の効果(587)　　4 自白の撤回または取消し(589)

　　　5 自白の擬制(589)　　6 権利自白(591)

　　　7 顕著な事実(593)

第3節　事実認定の方法 ··· 595

第1款　自由心証主義 ··· 595

　　　1 意義(595)　　2 自由心証主義の内容(596)

　　　3 事実認定に対する不服(599)　　4 証拠契約(602)

第2款　証明責任 ··· 603

　　　1 証明責任(挙証責任)の意義(603)　　2 証明責任の分配(612)

　　　3 証明責任の転換(617)　　4 推定と証明責任(618)

　　　5 立証命題の変更による立証負担の軽減(624)

第4節　証拠調手続 ··· 626

第1款　総　　説 ··· 626

　　　1 証拠調べの開始(626)　　2 証拠調べ実施の場所および機関(630)

目　次　*xxiii*

　　　　3　証拠調べにおける当事者の立会い*(631)*

　　　　4　証拠調べへの協力*(631)*　　　**5**　証拠調調書*(633)*

　　第2款　証人尋問 ……………………………………………………… *634*

　　　　1　意義*(634)*　　**2**　証人義務*(634)*　　　**3**　証言拒絶権*(635)*

　　　　4　証人尋問の手続*(637)*

　　第3款　当事者尋問 ……………………………………………………… *646*

　　第4款　鑑　　定 ………………………………………………………… *647*

　　第5款　書　　証 ………………………………………………………… *651*

　　第6款　検　　証 ………………………………………………………… *656*

第7章　終局判決 …………………………………………………………… *658*

　第1節　裁判の意義 ……………………………………………………… *658*

　　　　1　裁判の意義*(658)*　　**2**　裁判の種類*(659)*

　第2節　判決の種類 ……………………………………………………… *661*

　　第1款　終局判決 ………………………………………………………… *662*

　　　　1　全部判決と一部判決*(662)*　　**2**　裁判の脱漏と追加判決*(663)*

　　　　3　訴訟判決と本案判決*(664)*

　　第2款　中間判決 ………………………………………………………… *665*

　　　　1　意義*(665)*　　**2**　中間判決事項*(665)*

　　　　3　中間判決の効力*(667)*

　　第3節　判決の成立 …………………………………………………… *667*

　　　　1　判決内容の確定*(668)*　　**2**　判決書*(669)*

　　　　3　判決の言渡し*(672)*　　**4**　判決の送達*(674)*

　　第4節　判決の効力 …………………………………………………… *675*

　　第1款　判決の取消制限 ……………………………………………… *675*

　　　　1　自縛性*(675)*　　**2**　判決の更正*(676)*

　　　　3　判決の変更*(677)*　　**4**　判決の確定*(679)*

　　第2款　判決の無効 …………………………………………………… *680*

　　　　1　判決の不存在*(680)*　　**2**　瑕疵のある判決*(681)*

　　　　3　判決の無効*(681)*　　**4**　確定判決の騙取*(681)*

　　第3款　羈束力 ………………………………………………………… *682*

　　第4款　既判力 ………………………………………………………… *683*

第1項　総　　説 ………………………………………………………… 683

　　　1　概念(683)　　2　既判力本質論の意義(684)

　　　3　既判力をもつ判決(689)

第2項　既判力の範囲 ……………………………………………………… 690

　　　1　既判力の範囲を決定する諸要因(691)

　　　2　既判力の時的限界(693)　　3　既判力の物的限界(699)

　　　4　既判力の人的限界(704)

第3項　既判力の作用 ……………………………………………………… 714

　　　1　既判力の存在の訴訟法上の意義(714)

　　　2　後訴における作用の仕方(1)(715)

　　　3　後訴における作用の仕方(2)(716)

第5款　争 点 効 ………………………………………………………… 718

　　　1　争点効の概念(718)

　　　2　争点効を生じる判断およびその発生の条件(725)

　　　3　争点効の訴訟上の取扱い(731)

第6款　信義則による遮断効の拡張・縮減 ………………………… 732

　　　1　判例(732)　　2　遮断効論(734)

第7款　その他の効力 ……………………………………………………… 739

　　　1　執行力(739)　　2　形成力(742)　　3　法律要件的効力(743)

　　　4　反射効(743)　　5　参加的効力(749)

第5節　終局判決に付随する裁判 …………………………………… 749

　　　1　仮執行の宣言(749)　　2　訴訟費用の裁判(753)

第8章　複雑な訴訟形態 ………………………………………………… 754

第1節　複数の請求をもつ訴訟 …………………………………………… 754

第1款　請求の併合(固有の訴えの客観的併合) …………………… 755

　　　1　請求の併合の意義(755)　　2　請求の併合の要件(755)

　　　3　請求の併合の態様(756)　　4　併合訴訟の審判(759)

第2款　訴えの変更 ………………………………………………………… 762

　　　1　訴えの変更の意義(762)　　2　訴えの変更の要件(764)

　　　3　訴え変更の手続(768)　　4　訴えの変更に対する処置(769)

　　　5　新請求についての審判(770)

第3款　反　　訴 …………………………………………………………… 772

目　次　*xxv*

　　　　　　　1　反訴の意義(772)　　**2**　反訴の要件(773)

　　　　　　　3　反訴の提起および審判手続(775)

　　第4款　中間確認の訴え ……………………………………………………… *776*

　　　　　　　1　中間確認の訴えの意義(776)　　**2**　中間確認の訴えの要件(777)

　　　　　　　3　中間確認の訴えの手続(777)

第2節　多数の当事者をもつ訴訟 …………………………………………… *779*

第1款　共同訴訟形態 ……………………………………………………… *779*

第1項　必要的共同訴訟 ………………………………………………… *780*

　　　　　　　1　必要的共同訴訟の意義(780)

　　　　　　　2　固有必要的共同訴訟の選定基準(780)

　　　　　　　3　固有必要的共同訴訟の具体例(782)

　　　　　　　4　類似必要的共同訴訟とすべき場合(788)

　　　　　　　5　必要的共同訴訟の審判(790)

第2項　通常共同訴訟 …………………………………………………… *794*

　　　　　　　1　意義(794)　　**2**　訴訟上の取扱い(1)(795)

　　　　　　　3　訴訟上の取扱い(2)(797)

第3項　共同訴訟の発生手続 …………………………………………… *799*

　　　　　　　1　訴えの主観的併合(800)　　**2**　訴えの主観的追加的併合(801)

　　　　　　　3　共同訴訟参加(803)

　　　　　　　4　その他の事由による共同訴訟の発生(804)

第4項　選定当事者 ……………………………………………………… *805*

　　　　　　　1　意義(805)　　**2**　選定の要件(805)　　**3**　選定行為(806)

　　　　　　　4　選定当事者の地位(807)　　**5**　選定者の地位(808)

第2款　補助参加形態 ……………………………………………………… *810*

第1項　補助参加 ………………………………………………………… *810*

　　　　　　　1　補助参加の意義(810)　　**2**　補助参加の要件(811)

　　　　　　　3　補助参加の手続(815)　　**4**　補助参加人の地位(816)

　　　　　　　5　判決の補助参加人に対する効力(819)

第2項　共同訴訟的補助参加 …………………………………………… *825*

　　　　　　　1　共同訴訟的補助参加の意義(825)

　　　　　　　2　共同訴訟的補助参加人の地位(826)

第3項　訴訟告知 ………………………………………………………… *827*

　　　　　　　1　訴訟告知の意義(827)　　**2**　訴訟告知の要件(828)

xxvi　目　次

　　　　　3　訴訟告知の方式(*830*)　　**4**　訴訟告知の効果(*830*)

　第3款　三当事者訴訟形態 ………………………………………………… *832*

　　　　　1　独立当事者参加の意義(*832*)　　**2**　独立当事者参加の要件(*835*)

　　　　　3　独立当事者参加の手続(*844*)

　　　　　4　独立当事者参加訴訟の審判(*844*)

　　　　　5　二当事者訴訟への還元(*849*)

　第4款　任意的当事者変更 ………………………………………………… *853*

　　　　　1　当事者の変更(*853*)　　**2**　任意的当事者変更の意義(*853*)

　　　　　3　任意的当事者変更の手続(*855*)

　　　　　4　行訴法15条による被告の変更(*856*)

　第5款　訴訟の承継 ………………………………………………………… *856*

　　第1項　総　　説 ………………………………………………………… *856*

　　　　　1　訴訟承継の意義(*856*)　　**2**　訴訟承継の種類(*857*)

　　　　　3　訴訟承継の効果(*857*)

　　第2項　当然承継 ………………………………………………………… *859*

　　　　　1　意義(*859*)　　**2**　当然承継の原因(*859*)

　　　　　3　当然承継の取扱い(*860*)

　　第3項　訴訟参加および訴訟引受け ……………………………………… *863*

　　　　　1　係争物の譲渡(*863*)　　**2**　訴訟参加または訴訟引受けの原因(*868*)

　　　　　3　訴訟参加および訴訟引受けの手続(*870*)

第9章　大規模訴訟等に関する特則 …………………………………… *873*

　第1節　大規模訴訟 ………………………………………………………… *873*

　　　　　1　大規模訴訟の定義(*873*)　　**2**　裁判所の構成(*873*)

　　　　　3　証人尋問等の負担(*873*)　　**4**　その他の特則(*874*)

　第2節　特許権等に関する訴え等 ………………………………………… *875*

　　　　　1　知的財産高等裁判所の設置(*875*)

　　　　　2　管轄および移送の特例(*876*)　　**3**　合議体の特例(*878*)

　　　　　4　裁判所調査官の活用(*878*)

　　　　　5　当事者尋問等の公開停止・インカメラ手続・秘密保持命令等(*880*)

目　次　*xxvii*

第10章　簡易裁判所の訴訟手続および略式訴訟手続 ················ *881*

第1節　簡易裁判所の訴訟手続に関する特則 ····················· *882*

1　通常訴訟手続に対する特則(*883*)　　2　起訴前の和解(*886*)

3　和解に代わる決定(*887*)　　4　反訴があった場合の移送(*888*)

第2節　少額訴訟に関する特則 ································· *889*

1　総説(*889*)　　2　手続の開始・進行における特色(*889*)

3　通常訴訟への移行(*892*)　　4　判決の言渡し(*893*)

5　少額訴訟判決に対する不服(*893*)

6　少額訴訟判決に関する特色(*894*)　　7　過料(*895*)

第3節　督促手続 ··· *895*

1　意義(*895*)　　2　支払督促の申立て(*895*)

3　支払督促の申立てに対する処分(*897*)　　4　仮執行の宣言(*898*)

5　債務者による督促異議(*899*)　　6　移行後の訴訟手続(*901*)

7　電子情報処理組織による督促手続の特則(*902*)

第4節　手形訴訟および小切手訴訟に関する特則 ················· *905*

1　手形訴訟の意義(*905*)　　2　手形訴訟の提起(*906*)

3　手形訴訟における審理の特則(*907*)　　4　手形判決(*907*)

5　通常訴訟手続への移行(*908*)

第4編　上級審手続

第1章　上訴一般 ··· *911*

1　上訴の概念(*911*)　　2　上訴制度の目的(*911*)

3　上訴の種類(*912*)　　4　上訴審の審判の対象(*914*)

5　上訴要件(*914*)　　6　上訴権濫用に対する金銭納付命令(*915*)

第2章　控訴審手続 ··· *917*

第1節　控訴の意義 ··· *917*

1　控訴の概念(*917*)　　2　控訴の利益(*918*)

第2節　控訴の提起 ··· *921*

1　控訴の手続(*921*)　　2　控訴提起の効果(*923*)

3　控訴の取下げ(*924*)　　4　附帯控訴(*925*)

xxviii　目　次

　　第3節　控訴審の審理 ………………………………………………………… 926
　　　　　1　控訴審の審理の対象(926)
　　　　　2　控訴審の審理と原審との関係(926)
　　　　　3　控訴審の口頭弁論(929)

　　第4節　控訴審の終局判決 ……………………………………………………… 932
　　　　　1　控訴却下(932)　　2　控訴棄却(932)　　3　控訴認容(933)
　　　　　4　控訴審の判決書等(937)　　5　訴訟記録の送付(937)

第3章　上告審手続 ………………………………………………………………… 938

　　第1節　上告の意義 …………………………………………………………… 938
　　　　　1　上告の概念(938)　　2　上告制度の目的と機能(940)
　　　　　3　上告の利益(940)　　4　上告理由(941)

　　第2節　上告の提起 …………………………………………………………… 947
　　　　　1　上告裁判所(947)　　2　権利上告の手続(948)
　　　　　3　上告受理申立てによる上告手続(950)
　　　　　4　上告提起の効力(951)
　　　　　5　附帯上告の申立ておよび附帯上告受理の申立て(952)

　　第3節　上告審の審理および終局判決 ……………………………………… 953
　　　　　1　上告審の審理(953)　　2　上告審の終局裁判(955)
　　　　　3　差戻しまたは移送後の手続(957)

第4章　抗告手続 …………………………………………………………………… 960

　　　　　1　抗告の意義(960)　　2　抗告の種類(960)
　　　　　3　抗告の許される範囲(962)　　4　抗告および抗告審の手続(963)
　　　　　5　再抗告(965)　　6　許可抗告(966)

第5章　特別上訴 …………………………………………………………………… 969

　　　　　1　意義(969)　　2　特別上告(969)　　3　特別抗告(971)

第5編　再審手続

　　　　　1　再審の意義(973)　　2　再審事由(974)
　　　　　3　再審の訴えの要件(977)　　4　再審の管轄裁判所(981)

目　次　*xxix*

　　　　5　再審の訴えの提起(*981*)　　　6　再審の訴えの審判(*982*)
　　　　7　再審申立て(*984*)

第6編　訴訟費用

第1章　民事訴訟とその費用に関する規律 ················· *987*

　　　　1　民事訴訟にかかる諸費用(*987*)
　　　　2　当事者らが負担する費用(*987*)
　　　　3　「訴訟費用」の概念の多義性(*988*)

第2章　訴訟費用の負担 ································· *989*

　　　　1　裁判で負担を命じられる費用(形式的訴訟費用)の範囲(*989*)
　　　　2　訴訟費用の負担者(*993*)　　　3　訴訟費用の裁判手続(*994*)
　　　　4　訴訟費用額の確定手続(*994*)　　　5　訴訟費用の担保(*996*)

第3章　訴訟上の救助 ································· *997*

　　　　1　意義(*997*)　　　2　救助の内容(*997*)
　　　　3　訴訟上の救助の要件(*998*)　　　4　訴訟救助の裁判手続(*1001*)
　　　　5　救助決定を受けた者が敗訴した場合(*1003*)

　　事項索引 ···································· *1004*
　　判例索引 ···································· *1021*

xxx

凡　例

1　法令名の略称

　民事訴訟法については原則として条数のみを記し、民事訴訟規則については「規」とし条数を記した。それ以外の法令については、原則として有斐閣刊・六法全書の法令略語によった。

2　判例引用・判例集の略語

　判例の表記は次の例によるほか、一般の慣例による。
　　　最判（大）昭56・12・16民集35巻10号1369頁
　　　　＝最高裁判所昭和56年12月16日大法廷判決　最高裁判所民事判例集35巻10号1369頁
　　　東京高判平15・7 ・29判時1838号69頁
　　　　＝東京高等裁判所平成15年 7 月29日判決　判例時報1838号69頁

民（刑）録	大審院民（刑）事判決録
判決全集	大審院判決全集
裁判例	大審院裁判例
民（刑）集	最高裁判所（大審院）民（刑）事判例集
裁判集民事	最高裁判所裁判集民事
高民（刑）	高等裁判所民（刑）事判例集
下民（刑）	下級裁判所民（刑）事裁判例集
行裁集	行政事件裁判例集
裁判所時報	裁判所時報
労民	労働関係民事裁判例集
新聞	法律新聞
評論	法律学説判例評論全集
訟月	訟務月報
家裁月報	家庭裁判月報
判時	判例時報
判評	判例評論
判タ	判例タイムズ

3　文献引用の略語

(1)　体系書・概説書・演習・個人論文集

池田・代位訴訟	池田辰夫『債権者代位訴訟の構造』（1995・信山社）
伊東・研究	伊東乾『民事訴訟法研究』（1968・酒井書店）
伊東・基礎理論	伊東乾『民事訴訟法の基礎理論』（1972・日本評論社）
伊藤・当事者	伊藤眞『民事訴訟の当事者』（1978・弘文堂）

凡　例　*xxxi*

伊藤・民訴	伊藤眞『民事訴訟法〔第6版〕』(2018、初版1998・有斐閣)
井上・多数当事者法理	井上治典『多数当事者訴訟の法理』(1981・弘文堂)
井上・多数当事者	井上治典『多数当事者の訴訟』(1992・信山社)
井上ほか・これからの民訴	井上治典=伊藤眞=佐上善和『これからの民事訴訟法』(1984・日本評論社)
岩松・民事裁判の研究	岩松三郎『民事裁判の研究』(1961・弘文堂)
上田・判決効	上田徹一郎『判決効の範囲』(1985・有斐閣)
上田・当事者平等	上田徹一郎『当事者平等原則の展開』(1997・有斐閣)
梅本・民訴	梅本吉彦『民事訴訟法〔第4版〕』(2009、初版2002・信山社)
大江ほか・手続裁量	大江忠=加藤新太郎=山本和彦編『手続裁量とその規律——理論と実務の架橋をめざして』(2005・有斐閣)
太田・証明論	太田勝造『裁判における証明論の基礎』(1982・弘文堂)
太田・手続論	太田勝造『民事紛争解決手続論』(1990・信山社)
太田・法律	太田勝造『法律』(2000・東京大学出版会)
小野木=中野	小野木常=中野貞一郎『民事訴訟法講義〔新版〕』(1963、増補版1956・有斐閣)
春日・証拠法研究	春日偉知郎『民事証拠法研究』(1991・有斐閣)
加藤・要論	加藤正治『新訂民事訴訟法要論』(1951・有斐閣)
兼子・概論	兼子一『民事訴訟法概論』(1938・岩波書店)
兼子・判例民訴	兼子一『判例民事訴訟法』(1950・弘文堂)
兼子・研究1〜3巻	兼子一『民事法研究 1巻〜3巻』(1950〜1969・酒井書店)
兼子・体系	兼子一『民事訴訟法体系』(1954、新修1956・酒井書店)
兼子・実体法と訴訟法	兼子一『実体法と訴訟法』(1957・有斐閣)
兼子・実例民訴(上)(下)	兼子一編『実例法学全集 民事訴訟法 上・下』(1963・1965・青林書院)
河野・法的構造	河野正憲『当事者行為の法的構造』(1988・弘文堂)
木川・政策序説	木川統一郎『民事訴訟政策序説』(1968・有斐閣)
木川・比較政策	木川統一郎『比較民事訴訟政策の研究』(1972・有斐閣)
木川・促進政策	木川統一郎『訴訟促進政策の新展開』(1987・日本評論社)
木川・改正問題	木川統一郎『民事訴訟法改正問題』(1992・成文堂)
菊井・(上)(下)	菊井維大『民事訴訟法 上〔補正版〕・下〔補正版〕』(1968、初版1958・弘文堂)
小島・基礎法理	小島武司『民事訴訟の基礎法理』(1988・有斐閣)
小室・上訴制度の研究	小室直人『上訴制度の研究』(1961・有斐閣)
小山・民訴	小山昇『民事訴訟法〔5訂版〕』(1989、初版1973・青林書院)
小山昇	『民事訴訟法〔新版〕』(2001・青林書院)
小山・著作集1〜13巻	小山昇『小山昇著作集 1巻〜13巻』(1990〜1994・信山社)
小山ほか・演習民訴(上)(下)	小山昇=中野貞一郎=松浦馨=竹下守夫編『演習民事訴訟法 上・下』(1973・青林書院)

xxxii 凡 例

小山ほか・演習民訴	小山昇=中野貞一郎=松浦馨=竹下守夫編『演習民事訴訟法』(1987・青林書院)
斎藤・概論	斎藤秀夫『民事訴訟法概論〔新版〕』(1982、初版1969・有斐閣)
佐藤ほか・利用者からみた民事訴訟	佐藤岩夫=菅原郁夫=山本和彦編『利用者からみた民事訴訟』(2006・日本評論社)
佐藤・憲法3版	佐藤幸治『憲法〔第3版〕』(1995・青林書院)
新民訴演習Ⅰ・Ⅱ	三ケ月章=中野貞一郎=竹下守夫編『新版 民事訴訟法演習 Ⅰ・Ⅱ』(1983・有斐閣)
新堂・争点効(上)(下)	新堂幸司『訴訟物と争点効 上・下』(1988・1991・有斐閣)
新堂・旧著	新堂幸司『民事訴訟法〔第2版補正版〕』(1990・弘文堂)
新堂・役割	新堂幸司『民事訴訟制度の役割』(1993・有斐閣)
新堂・判例	新堂幸司『判例民事手続法』(1994・弘文堂)
新堂・基礎	新堂幸司『民事訴訟法学の基礎』(1998・有斐閣)
新堂・展開	新堂幸司『民事訴訟法学の展開』(2000・有斐閣)
新堂・権利実行	新堂幸司『権利実行法の基礎』(2001・有斐閣)
新堂ほか・考える民訴	新堂幸司=霜島甲一=小島武司=井上治典=梅本吉彦=高橋宏志編著『考える民事訴訟法〔第3版〕』(1983・弘文堂)
新堂編・特講	新堂幸司編著『特別講義民事訴訟法』(1988・有斐閣)
新堂=山本・民事手続	新堂幸司=山本和彦編『民事手続法と商事法務』(2006・商事法務)
菅原ほか・利用者が求める民事訴訟	菅原郁夫=山本和彦=佐藤岩夫編『利用者が求める民事訴訟の実践』(2010・日本評論社)
住吉・論集1・2巻	住吉博『民事訴訟論集 1巻・2巻』(1978・1981・法学書院)
高橋・重点(上)(下)	高橋宏志『重点講義民事訴訟法 上〔第2版補訂版〕・下〔第2版補訂版〕』(2013、初版2005)(2014、初版2004)(有斐閣)
谷口・口述	谷口安平『口述民事訴訟法』(1987・成文堂)
中田・訴訟及び仲裁の法理	中田淳一『訴訟及び仲裁の法理』(1953・有信堂)
中田・訴と判決の法理	中田淳一『訴と判決の法理』(1972・有斐閣)
中田・民訴判例	中田淳一『民事訴訟判例研究』(1972・有斐閣)
中野・訴訟行為	中野貞一郎『訴訟関係と訴訟行為』(1961・弘文堂)
中野・過失の推認	中野貞一郎『過失の推認〔増補版〕』(1987・弘文堂)
中野・現在問題	中野貞一郎『民事手続の現在問題』(1989・判例タイムズ社)
中野・論点Ⅰ・Ⅱ	中野貞一郎『民事訴訟法の論点 Ⅰ・Ⅱ』(1994・2001・判例タイムズ社)
中野・解説新民訴	中野貞一郎『解説新民事訴訟法』(1997・有斐閣)
中野・民執	中野貞一郎『民事執行法〔増補新訂6版〕』(2010・青林書院)
中野ほか・講義	中野貞一郎=松浦馨=鈴木正裕編『新民事訴訟法講義〔第3版〕』(2018、初版1998・有斐閣)
松本・証明責任	松本博之『証明責任の分配〔新版〕』(1996、初版1987・信山社)
松本・自白法	松本博之『民事自白法』(1994・弘文堂)
松本=上野	松本博之=上野泰男『民事訴訟法〔第8版〕』(2015、初版1998・弘文堂)

凡　例　*xxxiii*

三ケ月	三ケ月章『民事訴訟法』（法律学全集）（1959・有斐閣）
三ケ月・双書	三ケ月章『民事訴訟法〔第3版〕』（法律学講座双書）（1992、初版1979・弘文堂）
三ケ月・研究1〜10巻	三ケ月章『民事訴訟法研究　1巻〜10巻』（1962〜1989・有斐閣）
三ケ月・判例民訴	三ケ月章『判例民事訴訟法』（1974・弘文堂）
宮脇・手形訴訟	宮脇幸彦著『手形訴訟関係法規の解説』（1965・法曹会）
民訴演習Ⅰ・Ⅱ	中田淳一＝三ケ月章編『民事訴訟法演習　Ⅰ・Ⅱ』（1964・有斐閣）
山木戸・基礎の研究	山木戸克己『民事訴訟理論の基礎的研究』（1961・有斐閣）
山木戸・論集	山木戸克己『民事訴訟法論集』（1990・有斐閣）
山木戸・判例研究	山木戸克己『民事訴訟法判例研究』（1996・有斐閣）
山本・構造論	山本和彦『民事訴訟審理構造論』（1995・信山社）
山本・基本問題	山本和彦『民事訴訟法の基本問題』（2002・判例タイムズ社）
竜嵜・証明責任	竜嵜喜助『証明責任論』（1987・有斐閣出版サービス）

(2)　コンメンタール・講座等

注釈民訴(1)〜(9)	新堂幸司＝鈴木正裕＝竹下守夫編集代表『注釈民事訴訟法　1巻〜9巻』（1991〜1998、有斐閣）
菊井＝村松Ⅰ・Ⅱ・Ⅲ	菊井維大＝村松俊夫『全訂民事訴訟法　Ⅰ〔補訂版〕・Ⅱ・Ⅲ』（Ⅰ・1993）、（Ⅱ・1989）、（Ⅲ・1986）（日本評論社）
コンメ民訴Ⅰ〜Ⅶ	菊井維大＝村松俊夫原著　秋山幹男ほか『コンメンタール民事訴訟法　Ⅰ〔第2版追補版〕（2014、初版2002）・Ⅱ〔第2版〕（2006、初版2002）・Ⅲ〔第2版〕（2018、初版2008）・Ⅳ（2010）・Ⅴ（2012）・Ⅵ（2014）・Ⅶ（2016）』（日本評論社）
条解・旧	兼子一『条解民事訴訟法　上』（1951、改訂合本1955・弘文堂）
条解	兼子一＝松浦馨＝新堂幸司＝竹下守夫『条解民事訴訟法』（1986・弘文堂）
条解2版	兼子一原著　松浦馨＝新堂幸司＝竹下守夫＝高橋宏志＝加藤新太郎＝上原敏夫＝高田裕成『条解民事訴訟法〔第2版〕』（2011・弘文堂）
基本法コンメ(1)〜(3)	賀集唱＝松本博之＝加藤新太郎編『基本法コンメンタール民事訴訟法　1〜3〔第3版追補版〕』（2012、初版・2003・日本評論社）
民訴法講座(1)〜(10)	民事訴訟法学会編『民事訴訟法講座　1巻〜5巻』（1954〜1956・有斐閣）
講座民訴①〜⑦	新堂幸司編集代表『講座民事訴訟　①〜⑦』（1983〜1985・弘文堂）
講座新民訴Ⅰ〜Ⅲ	竹下守夫編集代表『講座新民事訴訟法　Ⅰ〜Ⅲ』（1998〜1999・弘文堂）
実務民訴講座(1)〜(10)	鈴木忠一＝三ケ月章監修『実務民事訴訟講座　1巻〜10巻』（1969〜1971・日本評論社）
新実務講座(1)〜(14)	鈴木忠一＝三ケ月章監修『新・実務民事訴訟講座　1巻〜14巻』（1981〜1984、日本評論社）
実務民訴講座〔3期〕(1)〜(6)	新堂幸司監修　高橋宏志＝加藤新太郎編『実務民事訴訟講座〔第3期〕1巻〜6巻』（2012〜2014、日本評論社）

(3) 記念論文集

青山・古稀 青山善充先生古稀祝賀論文集『民事手続法学の新たな地平』(2009・有斐閣)

石田=西原=高木・還暦記念(上)(中)(下) 石田喜久夫=西原道雄=高木多喜男先生還暦記念論文集 上『不動産法の課題と展望』、中『損害賠償法の課題と展望』、下『金融法の課題と展望』(1990・日本評論社)

伊藤滋夫・喜寿 伊藤滋夫先生喜寿記念『要件事実・事実認定論と基礎法学の新たな展開』(2009・青林書院)

伊藤眞・古稀 伊藤眞先生古稀祝賀論文集『民事手続の現代的使命』(2015・有斐閣)

井上・追悼 井上治典先生追悼論文集『民事紛争と手続理論の現在』(2008・法律文化社)

岩松・還暦 岩松裁判官還暦記念『訴訟と裁判』(1956・有斐閣)

上野・古稀 上野泰男先生古稀祝賀論文集『現代民事手続の法理』(2017・弘文堂)

小野木=斎藤・還暦(上)(下) 小野木常=斎藤秀夫先生還暦記念『抵当権の実行 上・下』(1970・1972・有斐閣)

兼子・還暦(上)(中)(下) 兼子一博士還暦記念『裁判法の諸問題 上・中・下』(1969~1970・有斐閣)

木川・古稀(上)(中)(下) 木川統一郎博士古稀祝賀『民事裁判の充実と促進 上・中・下』(1994・判例タイムズ社)

菊井・献呈(上)(下) 菊井維大先生献呈論集『裁判と法 上・下』(1967・有斐閣)

吉川・追悼(上)(下) 吉川大二郎博士追悼論集『手続法の理論と実践 上・下』(1980・1981・法律文化社)

小室=小山・還暦(上)(中)(下) 小室直人=小山昇先生還暦記念『裁判と上訴 上・中・下』(1980・有斐閣)

新堂・古稀(上)(下) 新堂幸司先生古稀祝賀『民事訴訟法理論の新たな構築 上・下』(2001・有斐閣)

末川・古稀(上)(中)(下) 末川博先生古稀記念『権利の濫用 上・中・下』(1962・有斐閣)

鈴木・古稀 鈴木正裕先生古稀祝賀『民事訴訟法の史的展開』(2002・有斐閣)

染野・古稀 染野義信博士古稀記念論文集『民事訴訟法の現代的構築』(1989・勁草書房)

高橋・古稀 高橋宏志先生古稀祝賀論文集『民事訴訟法の理論』(2018・有斐閣)

徳田・古稀 徳田和幸先生古稀祝賀論文集『民事手続法の現代的課題と理論的解明』(2017・弘文堂)

中田・還暦(上)(下) 中田淳一先生還暦記念『民事訴訟の理論 上・下』(1969・1970・有斐閣)

中野・古稀(上)(下) 中野貞一郎先生古稀祝賀『判例民事訴訟法の理論 上・下』(1995・有斐閣)

中村宗・還暦 中村宗雄教授還暦祝賀論集『訴訟法学と実体法学』(1955・早稲田大学法学会)

中村宗・古稀 中村宗雄先生古稀祝賀記念論集『民事訴訟の法理』(1965・敬文堂)

中村英・古稀 中村英郎教授古稀祝賀『民事訴訟法学の新たな展開 上』(1996・成文堂)

原井・古稀	原井龍一郎先生古稀祝賀『改革期の民事手続法』(2000・法律文化社)
松田・記念(上)(下)	松田判事在職四十年記念『会社と訴訟 上・下』(1968・有斐閣)
松本・古稀	松本博之先生古稀祝賀論文集『民事手続法制の展開と手続原則』(2016・弘文堂)
三ケ月・古稀(上)(中)(下)	三ケ月章先生古稀祝賀『民事手続法学の革新 上・中・下』(1991・有斐閣)
山木戸・還暦(上)(下)	山木戸克己教授還暦記念論文集『実体法と手続法の交錯 上・下』(1974・1978・有斐閣)
竜嵜・還暦	竜嵜喜助先生還暦記念『紛争処理と正義』(1988・有斐閣出版サービス)
我妻・還暦(上)(中)(下)	我妻榮先生還暦記念『損害賠償責任の研究 上・中・下』(1957・1958・1965・有斐閣)
我妻・追悼	我妻榮先生追悼論文集『私法学の新たな展開』(1975・有斐閣)

⑷ その他

ジュリ争点〔旧版〕	ジュリスト増刊『民事訴訟法の争点』(1979・有斐閣)
ジュリ争点〔新版〕	ジュリスト増刊『民事訴訟法の争点〔新版〕』(1988・有斐閣)
ジュリ争点〔第3版〕	ジュリスト増刊『民事訴訟法の争点〔第3版〕』(1998・有斐閣)
ジュリ争点	ジュリスト増刊『民事訴訟法の争点』(2009・有斐閣)
百選	別冊ジュリスト『民事訴訟法判例百選』(1965・有斐閣)
続百選	別冊ジュリスト『続民事訴訟法判例百選』(1972・有斐閣)
百選〔第2版〕	別冊ジュリスト『民事訴訟法判例百選〔第2版〕』(1982・有斐閣)
百選Ⅰ・Ⅱ	別冊ジュリスト『民事訴訟法判例百選 Ⅰ・Ⅱ』(1992・有斐閣)
百選Ⅰ・Ⅱ〔新法対応補正版〕	別冊ジュリスト『民事訴訟法判例百選 Ⅰ・Ⅱ〔新法対応補正版〕』(1998・有斐閣)
百選〔第3版〕	別冊ジュリスト『民事訴訟法判例百選〔第3版〕』(2003・有斐閣)
百選〔第4版〕	別冊ジュリスト『民事訴訟法百選〔第4版〕』(2010・有斐閣)
百選〔第5版〕	別冊ジュリスト『民事訴訟法百選〔第5版〕』(2015・有斐閣)
判例展望	別冊ジュリスト『判例展望』(1972・有斐閣)
続判例展望	別冊ジュリスト『続判例展望』(1973・有斐閣)
法学教室第2期1～8	別冊ジュリスト法学教室〈第2期〉1～8 (1973～1975・有斐閣)
判民	民事法判例研究会編『判例民事法』(有斐閣)
商判	東京大学商法研究会編『商事判例研究』(有斐閣)
法協論集⑴～⑶	法学協会編『法学協会百周年記念論文集 1巻～3巻』(1983・有斐閣)

⑸ 平成8年およびそれ以降の改正法についての一般的概説書

最高裁・条解規則	最高裁判所事務総局民事局監修『条解民事訴訟規則』(1997・司法協会)
最高裁・条解〔増補版〕	最高裁判所事務総局民事局監修『条解民事訴訟規則〔増補版〕』(2004・司法協会)
一問一答	法務省民事局参事官室編『一問一答新民事訴訟法』(1996・商事法務研究会)

xxxvi 凡 例

小野瀬ほか・一問一答平成15年改正	小野瀬厚=武智克典編著『一問一答平成15年改正民事訴訟法』（2004・商事法務）

小林秀之編著『新民事訴訟法の解説』（1997・新日本法規）

斎藤秀夫『新民事訴訟法』（1998・第一法規出版）

高橋宏志『新民事訴訟法論考』（1998・信山社）

塚原朋一=柳田幸三=園尾隆司=加藤新太郎編集『新民事訴訟法の理論と実務 上・下』（1997・ぎょうせい）

三宅省三=塩崎勤=小林秀之編集代表『新民事訴訟法大系 1巻〜4巻』（1997・青林書院）

最高裁判所事務総局民事局監修『新しい民事訴訟の実務』（1997・法曹会）

東京弁護士会編『新民事訴訟法と弁護士業務』（別冊 NBL39号）（1997・商事法務研究会）

日本弁護士連合会民事訴訟法改正問題委員会編『新民事訴訟法』（別冊 NBL42号）（1997・商事法務研究会）

第二東京弁護士会民事訴訟改善研究委員会編『新民事訴訟法実務マニュアル』（1997・判例タイムズ社）

(6) 平成8年改正法立法関係資料

法務省民事局参事官室編『民事訴訟手続の検討課題——民事訴訟手続に関する検討事項とその補足説明』（別冊 NBL23号）（1991・商事法務研究会）

法務省民事局参事官室編『民事訴訟手続に関する改正試案——試案とその補足説明、検討事項に対する各界意見の概要』（別冊 NBL27号）（1994・商事法務研究会）

民事訴訟法典現代語化研究会編『各国民事訴訟法参照条文』（1995・信山社）

最高裁判所事務総局民事局監修『民事訴訟手続の改正関係資料』（1996・法曹会）

最高裁判所事務総局民事局監修『民事訴訟手続の改正関係資料(2)』（1997・法曹会）

最高裁判所事務総局民事局監修『民事訴訟手続の改正関係資料(3)』（1998・法曹会）

(7) 雑誌

金商	金融・商事判例	曹時	法曹時報
金法	金融法務事情	法協	法学協会雑誌
司研論集	司法研修所論集	法教	法学教室
最判解	最高裁判所判例解説民事篇	法時	法律時報
重判解	重要判例解説（ジュリスト臨時増刊）	法セ	法学セミナー
私法判例	私法判例リマークス	民商	民商法雑誌
ジュリ	ジュリスト	民訴雑誌	民事訴訟雑誌
論究ジュリ	論究ジュリスト		

第1編　総　　論

第1章　民事訴訟

第1節　民事訴訟制度の目的

1　学説の対立状況

　民事訴訟制度は、国が税金を投じて設営している[1]。みんなの税金を使うからには、なによりも効率のよい制度でなければならない。効率のよい制度かどうかは、その制度が達成すべき目的がはっきりしていないと判断のしようがない。ところが、何のためにこの制度を設けているのかについては、現在もいろいろな考え方が対立している。この議論は、民事訴訟制度の目的論といわれ、民事訴訟法学の出発点として、訴権論とともに古くから議論されてきた。大別して、権利保護説、私法秩序維持説、紛争解決説などの対立に加え、法による紛争解決説、最近では、上記のいずれの説の主張するところをすべて訴訟制度の目的とみるべきであるとする多元説、さらに手続保障説、制度目的論棚上げ説も登場している。

（1）　権利保護説

　いち早く通説となり、現在でも有力である。これは、国家が一方で自力救済を禁じたことの代償として、私人の権利が侵害されたり危殆に瀕したときには、この権利の保護に当たらなければならなくなり、そのために民事訴訟制度を設けている、という見方である[*]。

　〔*〕　**権利保障説**　　権利保護説に類似する最近の説として、権利保障説がある（竹下守夫「民事訴訟の目的と司法の役割」民訴雑誌40号（1994）1頁以下）。権利保護説の「権利」

1）　平成30年度の裁判所予算は、約3212億円（国の予算の約0.329％）、うち人件費が84％。

2　第1編　総論　第1章　民事訴訟

を実質権と請求権（救済方法）とに分析し、前者は、法的に保護すべき利益・価値の決定
とその各人への割当ての機能を有し、後者は、実質権の侵害に対する救済の機能を有する
としたうえ、民事訴訟は、実質権に必要とされる救済を与えることによって、実質権を保
護することを目的とすると説く。論者によると、実質権は実体法によってほぼ完結的に規
定されているのに対し、救済方法については、実体法の規定は自己完結的でないとの認識
のもとに、立法論・解釈論において、裁判所が救済方法を考案・創出するとしても「法に
よる裁判」という憲法上の要請に必ずしも反しないという。これは、裁判所による必要な
救済方法の創造の余地を強調する説といえる。

（2）　私法秩序維持説

　権利保護説に対して、国家の制度をたんに私益の保護という個人の目的から説
明するのは正当でないとして、私法秩序維持説が唱えられ、わが国では、次第に、
権利保護説を克服してゆき、太平洋戦争後、兼子一博士によって紛争解決説が唱
えられるまで通説的地位をたもった。私法秩序維持説とは、国は、私人間の利害
を調整するために私法法規を制定し、各人がこれに準拠することを要求している
が、このような私法秩序を維持し、これを現実の生活関係に徹底させるために民
事訴訟制度を設けているのであり、このような私法法規の実効性を保障すること
がこの制度の目的である、とする見解である。

（3）　紛争解決説

　兼子一博士の提唱したもので[2]、民事裁判が私法の未発達の時代にもあったこ
と、そして、私法はむしろ具体的な裁判例の蓄積を通して発達したという考察に
基づき、民事訴訟によって裁判する必要性は、私法の存在を超えたものであり、
私法は、民事裁判による紛争の解決を統一・合理化するために発達した規範とみ
るべきで、私法のために民事訴訟があるとする私法秩序維持説は、手段と目的と
をとりちがえていると批判し、このような、個人や社会にとっての、いわば前法
律的な要請である紛争の解決こそが民事訴訟の目的である、とする。兼子博士自
身、かつては私法秩序維持説に立っていたが[3]、戦後、紛争解決説を唱えて以来、

　2）　兼子一「民事訴訟の出発点に立返って」法協65巻2号（1947）〔同・研究1巻475頁〕、同・実体
　　　法と訴訟法12頁以下参照。
　3）　兼子・概論1頁。

わが国では紛争解決説が通説となった。

兼子博士は、ローマ法以来の民事訴訟制度史の検討から、実体法を前提にした民事裁判という観念が近代法治国に特有の法思想であり、歴史的にはむしろ紛争解決の要請が法に先行したという、法と裁判とに関する一つの認識に達しているが、この認識をそのまま現行民事訴訟制度の目的として設定し、実践的な法解釈論のレベルにおける指導原理に転用したものが紛争解決説である。そして、まさにそのような転用ゆえに、「法現象の客観的認識作業と実践的な法解釈作業との厳密な論理的峻別が徹底されていない」点があり、紛争解決説は法治国主義に抵触する要因をもつと批判される[4]（→p241(ウ)）。

（4） 法的紛争解決説

紛争解決説に対して、近代法治国における裁判は法による裁判であることを見逃しているとして、唱えられたものである[5]。

（5） 多元説

従来の訴訟目的論に対する反省から、訴訟制度の目的を各説の主張するどれか一つに限定せず、各説の主張するところがすべて訴訟制度の追求すべき基本的価値であるとする立場（新堂・旧著において論じた立場）で、2以下に詳説する（旧著3頁以下）。

（6） 手続保障説

紛争の当事者が手続過程に実質的に平等に参加するためのルールの実現こそが訴訟制度の目的であるとし、これによって当事者は実質的に論議を尽くすことができ、結果として紛争の解決が期待できるとする立場である[*][6]。

〔＊〕 救済保障説　手続保障説の影響のもとで、「手続過程自体が実は法的な救済過程であることを直視し、その過程自体、手続保障に最大の配慮を行いつつ、救済創出を支援できるように知恵を出し合うことができる場」であるべきものとする。他方、権利保障説

4） 藤田宙靖「現代裁判本質論雑考」社会科学の方法34号（1972）〔同『行政法学の思考形式〔増補版〕』（1978・木鐸社）275頁〕。

5） 伊東乾「異説訴訟物論」民商55巻6号（1967）〔同・研究1頁〕。

6） 井上正三「訴訟内における紛争当事者の役割分担」民訴雑誌27号（1981）185頁・193頁、井上治典「手続保障の第三の波」法教28号・29号（1983）〔同『民事手続論』（1993・有斐閣）29頁〕、新堂「『手続保障論』の生成と発展──民事訴訟法学の最近の動向」日本司法書士会連合会編研修叢書『市民社会と法をめぐる今日的課題』（1991・民事法研究会）〔同・役割321頁以下〕参照。

4 第1編 総論 第1章 民事訴訟

（⤵p1（1）〔＊〕）が既存の実体権（「実質権」）の侵害に対する救済方法のみを考案・創出できるとするのに対し、「既存の実体権をも一応の指針としながら、当事者間で以後の行為の指針となるべき救済内容を創出できる『法的救済のフォーラム』を保障し充実させることこそが、民事訴訟制度の目的」とする。これによれば、和解による紛争解決の価値も制度目的のなかに取り込むことができ、両当事者が満足を極大化できる前向きでかつ創造的な救済創出に向けて、その手続過程においても当事者はじめ紛争関係者の主体的な参加・協力を生み出す理論的基礎を提供するとともに、民事訴訟制度の活性化・柔軟化を一段と促す効用が見込まれると論じる。川嶋四郎『民事救済過程の展望的指針』（2006・弘文堂）1頁、とくに23-27頁、具体例の一つとして同「民事訴訟における救済形成過程とその課題」新堂・古稀㊤219頁以下参照。なお、以上の考え方は、判決産生作業の中に、法創造作業が必然的に含まれるとの考え（⤵p583〔＊〕）と親和的である。

（7） 目的論棚上げ説

民事訴訟目的論は、自説の根拠や構造の探求、首尾一貫性の検証、新しい説を生み出す触媒になりうる効用はあるが、抽象度が高く具体的解釈論を直接左右するものではないと考え、ひとまず棚上げして民事訴訟法を論ずることができるとする立場である[7]。しかし、民事訴訟法学の過去を尋ね、民事訴訟制度の機能を考えさせ、憲法下の民事訴訟制度の今後の課題を予想させ、あわせて論者の問題関心[＊]を予告する意味で、なお目的論の意義は否定できないと考える[8]。

〔＊〕 上田竹志「民事訴訟の目的論に対する現代思想的考察」法政研究（九大法政学会）68巻3号（2001）729頁は、新しい視角（著者のいう「現代思想」）から、民事訴訟法学における目的論の存在意義を同定するとともに、手続保障説（いわゆる「第三の波」論）の功績と課題をも明らかにしようとする野心作であり、難解だが示唆に富む。民事訴訟法研究においては、法解釈学としては、紛争および当事者の多様性を、どこまでそしてどのように、体系的に包摂していくかという基本問題とつねに対面しなければならないが、法学者としてこの問題にいかに「身構えるか」、その基本的態度決定の現われる場が目的論であったとする。

2 従来の目的論に対する反省

（1） 紛争解決説に対する上記の批判にみられるように、従来の訴訟目的論に

7） 高橋・重点㊤23頁。
8） 注釈民訴(1)17頁〔新堂〕〔同・役割375頁〕。

おいては、民事訴訟とはなにかという現実なり現象なりを認識する立場と、訴訟はいかにあるべきかという実践的な提言を行う立場との区別が、十分に自覚されていたとはいえない。もっとも、一つだけ弁明すれば、民事訴訟制度そのものが、法律によって設営される一つの巨大な法事象であるから、民事訴訟とは何かを論じることは、民事訴訟法の内容を認識することと等置されやすく、しかも、実定民事訴訟法の認識作業は、現行法の認識がつねにその解釈を伴わざるをえないところから、いつしか、訴訟はいかにあるべきかという問いにも行き着くという、法制度についての二つの立場が密接な関係にあることに、その原因がある。

しかし、民事訴訟制度というものを一つの社会現象としてみ、それが歴史上果たしてきた（あるいは期待されてきた）役割や、現に果たしている機能を客観的に認識することは、あるべき民事訴訟制度を考案するための前提として不可欠であるが、その認識作業とあるべき訴訟制度を提案する作業とは、同じではない。両者は、理論上明確に区別しておくべきである。そして、民事訴訟の目的を民事訴訟法理論の出発点として論じる実益なり効用なりというものは、上記のような意味で、あるべき民事訴訟制度の実現すべき最高の価値を解釈論および立法論の指導標として提唱するところにあると考えられる。

（2）　つぎに、これまでの民事訴訟制度の目的論の特徴として指摘できることは、その場合の「民事訴訟」の外延が必ずしも明確でなかった点である。強制執行手続も含めるか否かを別としても、非訟事件や調停、和解などを排除していたのか、行政事件訴訟を含めていたのかも明らかでなかった。

民事訴訟制度の追求すべき最高の価値を提唱することがその目的を問うことであると解するとしても、なお、その価値は、どのような他の制度と対比して問われた価値であるかという点を自覚したものでなければならない。この点の自覚を欠くと、訴訟制度の目的論を混乱させるばかりでなく、その価値の主張を不当に拡大強調する危険を犯しかねない。たとえば、紛争解決説が三ケ月章博士の説くように[9]、私的紛争の解決のための一連の法制度（和解や調停も含めた）に共通の

9）　三ケ月章「私法の構造と民事裁判の論理——藤田宙靖『現代裁判本質論雑考』に答える」社会科学の方法40号（1972）1頁〔同・研究7巻341頁〕。なお、この論文に対する論評として、広中俊雄「論争〝裁判本質論〟おぼえがき」同57号（1974）1頁がある。

目的として紛争の解決を説くというのならば、それなりにそれらの制度の体系的認識の手段として有効であるが、紛争解決という価値を調停などと対立する民事訴訟制度の最高の価値として理解するときには、法による裁判を無視するもので、「近代裁判の基本的理念に抵触する要因を内在せしめるもの」との批判を免れないであろう[10]。

（3）　第3に、従来の説は、その多くが、権利保護、私法秩序維持、紛争解決のどれか一つのみを制度目的としてみようとする傾向がある。しかも、このような思考は、権利保護なり、紛争解決なりといった目的をいったん設定すると、その目的だけが、訴訟法の解釈論や運営上の個別問題のすべてにおいて、決定的または絶対的な価値基準として働くべきであるという思考に流れやすく、制度の単一目的から個々の解釈論を短絡的に演繹する一種の概念法学的方法論へ退行するおそれをもっていた[11]。

　しかし、民事訴訟制度は、単一の最高の絶対的価値によってその運営のすべてがすっぱりと割り切れるほど単純なものではない。かりに、他の法制度と対比させることを通じて民事訴訟の理解を深めその方向づけを得るということに、その目的を論じる意味があるというならば、比較対照されるべき制度との関係で、それらの制度が異なるに応じて、民事訴訟の目的もまた多角的にとらえられるべきものであり、種々の角度からこれに光をあてることによって、この複雑にして巨大な装置である民事訴訟制度の全貌を描き出せるはずである。また、民事訴訟法規の解釈なり立法なりのための指導標となるべき基本的価値の探究をその目的論に見出すべきであるとしても、これまた単一の最高の価値を求めることに、どれだけの実益があるかは疑わしい。かりに努力してそのような価値を抽出しえたとしても、それは、ごく限られた個別問題の解決指針となるだけであろう。

---

10)　伊東・基礎理論6頁、斎藤・概論6頁、なお柏木邦良「アーレンツ『当事者の訴訟行為における意思の欠缺』について」北海学園大学法学研究6巻1号（1970）212頁、小室直人「訴訟対象と既判力対象」法学雑誌9巻3＝4号（1963）348頁、山本弘「権利保護の利益概念の研究(1)」法協106巻2号（1989）157頁参照。

11)　たとえば、個々の解釈論の正当化の作業として、紛争の解決ということさえもち出せばよいというような傾向を生じやすく、「紛争の解決」ということばが強力なマジックワードとして使われる危険がある。小室・前掲注10）参照。

3 民事訴訟の目的の相対的把握[12]

（1） 紛争解決の実効性の確保

まず、自主的に解決できなくなった私人間の紛争をそのまま放置すれば、暴力沙汰になりかねず、社会秩序を維持できない。そこで、これを解決するために国が民事訴訟制度を設けていることは、間違いない。だから、もしそれが私人間に生じた紛争を解決しないなら、制度を設けた意味がないだろう。その意味で、私人間の紛争の解決ということを民事訴訟制度の目的にみることがまず必要である。民事訴訟によって紛争が解決されるかどうか、紛争解決の実効性が保障されるかどうかは、民事訴訟制度の運営のあり方を評価する基準としてなくてはならないものというべきである。

（2） 私法法規の実効性の確保

つぎに、紛争は解決さえすればよく、その解決内容がどんなものであってもかまわないというものではない。法治国にあっては、立法作用を通じて、私人間の利害の調節を図るための基準をあらかじめ私法法規として制定しておき、それを基準として裁判することが要求されている。実体法によって権利があるとされる者に権利を認める裁判が正しい裁判である。そして民事訴訟による解決は、実体法規に従って勝つべき者が勝つということが手続上保障された解決でなければならない。こうした解決が担保されているところから、私人は裁判の結果を予測することができるし、相互の生活関係を実体法という基準によって自律的に規律することも可能となり、社会生活全般にわたっての安定が得られる。

かくして、私法（実体法）を基準とした解決をし、私法法規の実効性を保障することが民事訴訟の目的であるということができるし、このように訴訟以前に私法の存在を認める考えをとることによって、はじめて、勝つべき者が勝つという正しい裁判を目指しこれを保障するために、訴訟制度の運営を厳しく監視する座標が与えられる。

（3） 利用者に対するサービスの向上（適正・公平・安価・迅速）

しかしながら、国家は、その私法秩序維持の使命から私人間の紛争解決のため

---

12) 新堂「民事訴訟の目的論からなにを学ぶか(1)～(5)」法教 1 号- 5 号（1980-1981）〔同・役割101頁以下〕参照。

に民事訴訟制度を設けているといっても、国が自発的に私人間の紛争を見つけ出して、その解決に乗り出すわけではない。私人の方から自分たちの紛争を解決する必要を感じて民事訴訟による裁判や強制執行を要求してはじめて、国家はその使命を直接遂行する機会をもつのである。判決手続についていえば、手続は私人の裁判を求める行為（訴え）を待って開始されるし、またいったん訴えを提起して訴訟審理が実質的に始まっても、相手方の同意さえ得られば、訴えを取り下げることができ（261条）、それまでの訴訟をなかったことにすることも許される。また、手続は当事者間で追行され、その結果たる裁判の効力も、当事者にのみ及ぶのが原則とされている。

　したがって、民事訴訟の目的は私法秩序を維持することにあるといっても、直接には、原告と被告との当事者間かぎりでの維持である。他面、民事訴訟制度を実際に起動させるのは訴えに表明される個人の権利保護の要求であることを無視できないし、手続が開始した後も、この要求と相手方による自らの実体的係争利益の防御とが、手続進行のいわば動力となっているのである。

　このように紛争の解決という目的も、私法秩序の維持という目的も、私人の側の利用、とくに権利保護を求める原告による利用を通してはじめて達成されるものである。その意味では、国が、民事訴訟制度を設けているのは、個々の民事訴訟を通じて権利をもつ者を保護するというサービスを、私人に提供するためであるといえる。そのサービスは、できるだけ時間がかからず、しかも安価で利用されやすい、使い勝手の良い制度にすることが先決となろう。さらに、この制度を信頼して利用してもらうには、だれかれの区別なく平等に提供されなければならないし、両当事者が手続上公平に扱われ、それぞれ納得のいくまで自分の言い分を述べることができ、実体法に従った適正な裁判による保護が保障されなくてはならない。民事訴訟の理想は、適正・公平にあるとともに、安価・迅速であるといわれてきた（2条参照）が、そのような手続が提供されてこそ、みんなから信頼され、利用されやすくなる。

　かくして、利用者側から民事訴訟制度を考察し、これを方向づけていくことが、この制度を働きのよいものにするために不可欠の作業になる[13]。この利用者側か

---

13)　新堂・役割55頁。菅原郁夫=山本和彦=佐藤岩夫編『利用者が求める民事訴訟の実践』（2010・日

らみた民事訴訟制度に期待される価値を端的に表明するものとして、実体法的救済面からみれば権利保護という価値を、手続法的側面からみれば手続参加の機会を実質的に保障する手続保障という価値を、民事訴訟制度の目的とみることが必要となる。

（4）　制度運営上の効率性と権利保護・手続保障の要請

正しい裁判の招来のための解釈・立法作業は、私法秩序の維持・実現という価値に強く指導されることが必要である。税金を投入する国家的見地からすれば、制度の効率化・合理化の追求は当然のことであるが、その追求も、紛争の解決という価値の追求にその基礎をおくことになろう。のみならず、こうした設営者の視点に対しては、民事訴訟を通して権利保護を求めようとする能動的利用者の立場からの厳しい批判と反省がつねに加えられるべきである。効率化の名のもとに、権利保護というサービスの提供を拒否したり、その質を低下させ、民事訴訟制度をして利用されない腐った制度にしてはならない。そして、その利用度を最大限に高めるためには、訴訟目的に権利保護を掲げ、これによる指導がどうしても必要になるのである[14]。

他方、権利救済に走るあまり、いい加減な手続によって、被告（制度の受働的利用者）が、自己の言い分を十分に聴いてもらえないまま原告の権利主張を受忍させられることになっては、これまた制度の信頼を失う。手続保障の価値を堅持しなければならない所以である[＊]。

かくして、紛争の解決、私法秩序の維持、権利保護、制度の効率的運用と手続保障、いずれも民事訴訟制度の目的と考えてよい。われわれが民事訴訟制度の目的論から汲みとるべきものは、これまで分析されてきた、これらの諸価値のどれもが、民事訴訟制度の運営を方向づける基本的価値であること、しかも、これらの価値が、相互に対立緊張関係にあり、かつ連関しあっているという、素直な理解を得ることであり、そのような理解から、個別問題ごとに、そのうちのどれを

本評論社）は極めて有意義な調査研究である。

14）　クラス・アクションに関する法理論の発展などは、そのよき指導例になるであろう。座談会「クラス・アクション──権利を腐らせないための手続」ジュリ525号（1973）18頁、田中英夫=竹内昭夫「法の実現における私人の役割(2)」法協89巻3号（1972）〔田中=竹内『法の実現における私人の役割』（1987・東京大学出版会）83頁以下に所収〕。

10 第1編 総論 第1章 民事訴訟

どの程度重視すべきかという選択をしていくことが、民事訴訟法の解釈および立法における重要な作業になるのである[15]。

〔＊〕 **国民（納税者）からの視点** 山本・構造論8頁以下は、国民＝納税者に対するサービス事業として民事訴訟を位置づけることによって、従来の制度設営者対利用者の対立図式を超克し、これを納税者が利益保護を求める際の効率性と実際に強制を受ける際の保護という課題を内在的な比較考量の問題として説明することができるとし、また民事訴訟の目的論とは、その公的サービスの目的、内容および質をめぐる議論であると論じる。「超克」の意味が多少あいまいであるが、裁判所対利用者という訴訟手続をめぐる対立軸に、その対立展開をその外側から見つめる国民、納税者という視点を加味した点は示唆に富む。

　　たとえば、司法の予算枠を増大しまたはこれを合理的に配分する（司法資源の拡大と適正配分）という裁判所の営為などは、手続保障（「強制を受ける際の保護」）と直接関係するわけでなく、納税者への目配りが要請されるところであろう。情報開示義務の基本理念（→p417 第3編第3章第2節）を考える上では不可欠の視点を提供してくれる。

　　また、たとえば、外国に比べて日本では訴訟の数は比較的少ないことから、わが国の民事訴訟制度が、国民にとって使い勝手のよい制度として、国民の中にある紛争解決の要請・権利保護の要請を、他の紛争処理機関と連携しながら、効率よく十分に汲み上げているかどうか、裁判所へのアクセスを適切に保障しているかどうか（→p111②）などの課題を可視化することができよう。訴訟社会といわれるアメリカの民事訴訟の新受件数は、1993年、人口約2億4,000万人の時、全米で1460万件あり、増え続けているとのことである（大村雅彦＝三木浩一編『アメリカ民事訴訟の理論』（2006・商事法務）9頁。日本について、→p18・p19表参照）。日本も、多民族・多文化共生社会へ急激に移行しつつある現在、無関心でいられる課題ではない（アメリカの司法統計全般を見渡すには、高橋脩一「米国の司法統計の歴史と現状について」法と社会研究1号（2015）187頁が有益。なお→p262〔＊＊〕）。

第2節　民事訴訟と他の訴訟制度

1　訴訟の意義および種類

訴訟には、民事訴訟のほかに、刑事訴訟と行政訴訟がある。

現代において、訴訟といえば、社会に生じる利害の衝突を公正に処理するため

15）　注釈民訴(1)8頁〔新堂〕〔新堂・役割359頁以下〕、同「民事訴訟法目的論の意義」法学教室第2期1号（1973）〔新堂・役割47頁〕。

に、国家機関たる裁判所が、対立する利益主体を当事者として対立関与させ、双方に利益主張の機会を平等に与えて論議を積み重ね、最後に第三者たる裁判所が、裁判という形式で、双方の主張立証を公正に判断する手続であり、しかも、判断基準も手続の進め方も法によって規律される手続といえる。民事訴訟、刑事訴訟、行政訴訟いずれもこのような訴訟方式をとる点では共通である。ただ、それぞれ処理すべき事件内容が異なるに応じて、その処理のために訴訟方式をとる理由が異なる。

（1） 民事訴訟

民事訴訟は、対等の私人間の身分上または財産上の生活関係において生じる事件（民事事件）を取り扱うから、対立する利害関係人を当事者として対等に対立関与させる訴訟形式をとることは、極めて自然である。それとともに、国は元来私人間の生活関係に直接利害をもたないから、民事訴訟における裁判所は、純粋に第三者といえる。その意味で、民事訴訟は、訴訟のいわば典型をなすといってよい。

（2） 刑事訴訟

刑事訴訟は、特定人の犯罪事実を認定し、これに刑罰を加えるべきかどうかを確定するための訴訟である。刑罰権の行使は、国家と人民との間の権力服従関係の問題であるから、国家が一方的に行使することも理論上考えられなくはない。事実、往時の糾問手続はそのような形態であった。しかし、刑罰は、これを受ける者に重大な強制を加えるものであるから、近代においては、人権尊重の立場から、いかなる要件のもとで刑罰を加えるかを法律であらかじめ定めておき、その要件の具備を正しく判断するために、刑罰権を実行する訴追機関（検察官）から、その要件の具備を判断する機関（裁判所）を独立させるとともに、訴追機関と被告人とを当事者として対立関与せしめ、裁判所が中立的な立場で判断するという訴訟形式（当事者主義的構造）をとるようになったものである。

（3） 行政訴訟

これも、法治国体制が成立するに伴い、行政権の違法な行使によって利益を侵害されたり、受けるべき利益を受けられない者が、その是正を求める方法として認められるようになったものである。しかし、行政作用も、国家権力を人民に対して行使する関係であるから、その是正の方式も、裁判所による訴訟形式が唯一

12　第1編　総論　第1章　民事訴訟

必然的なものではない。わが旧憲法においては、大陸法系の影響を受けて、行政訴訟を行政権内部の自制作用と考え、その裁判権を行政権の手に留保し、ただその判断の偏向を避ける意味で、判断機関（行政裁判所といわれた）を通常の行政機関から多少とも分離するにとどまった。しかも、その種の行政訴訟に訴えうる事件も狭く限定していたのである。

　これに対し、現在の憲法のもとでは、行政官庁も市民と同様に法の支配を受け、すべての法律上の争訟（裁3条1項）は、最終的には司法裁判所の判断を受けるべきであるとのアメリカ法思想のもとに、市民の権利救済の途を十分に保証するため、行政訴訟を司法裁判所の管轄に服させるに至った。その訴訟手続については、その事件の特質に対応して行政事件訴訟法（昭37・法139、その後平16・法84により大幅な改正を受けた）が制定されたが、そこに定めがないときは、民事訴訟の例によるとされている（行訴7条）。

2　民事訴訟事件と他の訴訟事件との区別

　ある事件が民事訴訟の対象となる民事事件か行政訴訟の対象となる行政事件かどうかの区別は、かつては、司法裁判所が行政事件を処理できなかったので、裁判権の限界の問題であったが、現在では、行政事件訴訟法の適用を受けるかどうかの問題にすぎなくなった。しかし、その限度では、なお両者を区別する必要がある[1]。

　民事事件かどうかは、原告がその訴えによって審判を求めている直接の対象たる訴訟物（それに対する裁判は判決の主文に掲げられる）によって決まる。訴訟物が私法によって規律される対等者間の権利関係であるときは、民事事件であり、かりに、その訴訟物たる権利関係を判断する前提として行政法上または刑事上の法律効果が問題になっても、やはり民事事件である[2]。ただ、公法上の法律関係か私

1）　さらに、細かくいえば行政訴訟は簡易裁判所の事物管轄から除外されている（裁33条1項1号）こと、および地裁支部では行政訴訟を取り扱わない（地裁及び家裁支部設置規則1条2項）という差異がある。

2）　たとえば、公務員の違法な職務執行に基づいて国家賠償を請求したり、土地収用の無効を理由として所有権確認請求をする場合、いずれも民事事件である。ただし、行訴45条（処分の効力等を争点とする訴訟）により関係の行政庁を参加させることができる。

法上の法律関係かはあいまいな場合があり、結局は裁判所の解釈にまたざるをえ
ないこともあるが、その解釈は、行政事件訴訟法にみられる民事訴訟法に対する
特則のもとでその事件を処理するのが相当かどうかを基準として判断すべきであ
る[*]（東京地判昭45・12・26行裁集21巻11=12号1473頁、1502頁以下参照）。

[*] **行政訴訟か民事訴訟かの選択**　　訴えを提起しようとする原告の立場からすれば、あ
る紛争を行政訴訟として提起すべきか、民事訴訟として提起すべきかという問題がある。
最判（大）昭45・7・15民集24巻7号771頁は、弁済供託金取戻請求が却下された場合に、
供託官の却下処分の取消しを求める行政訴訟として提起されていた本件訴えを適法と判示
するが、国に対し弁済供託金取戻しを請求する民事訴訟として構成することも可能であり、
本訴がかりにそのような民事訴訟として提起されていたとすれば却下されていたかもしれ
ない。原告にそのような選択の危険を負わせるのは酷であるから、どちらにも構成できる
紛らわしい場合には、両者とも適法と解すべきではないかと考える。
　もっとも、最判（大）昭56・12・16民集35巻10号1369頁は、国を相手に、大阪国際空港の
夜間飛行の禁止を求める民事訴訟に対して、空港の離着陸のためにする供用は、運輸大臣
の有する空港管理権と航空行政権との総合的判断に基づいた不可分一体的な行使の結果で
あるとみるべきであるから、原告らの請求は、不可避的に航空行政権の行使の取消し変更
ないしその発動を求める請求を包含することになるので、行政訴訟の方法によりなんらか
の請求をすることはともかく、民事上の差止請求権の成立するいわれはないとして訴えを
却下した。
　しかし、この多数意見に対して、空港の管理は、付近住民に対する関係では、非権力的
作用と解すべきであるから、民事上の請求としての本訴差止請求は適法であるとの4人の
裁判官による反対意見が付されていた。その後、金沢地判平3・3・13判時1379号3頁は、
同旨の民事差止請求訴訟を適法とした。これに対する批判として、園部逸夫「行政訴訟と
民事訴訟との関係」新実務講座(9)〔同『現代行政と行政訴訟』（1987・弘文堂）23頁〕は、
当事者が抗告訴訟で争ってきても、民事訴訟で争ってきても、当事者の争い方に従い審理
判断できるようにすべきであるという考え方では、実務上の混乱を生じるおそれがあると
する。
　しかし、最判（一小）平22・6・3民集64巻4号1010頁は、固定資産の価格を過大に決定
されたことによって損害を受けた納税者が、地方税法432条1項本文による審査の申出お
よび同434条1項に基づく取消訴訟等の手続を経ることなく国家賠償請求（民事訴訟とし
て扱われる）をすることができるとする。
　原判決は、本件訴えを許すときは、「実質的に、課税処分を取り消すことなく過納金の
還付を請求することを認めたのと同一の効果を生じ、課税処分や登録価格の不服申立方法
及び期間を制限してその早期確定を図った地方税法の趣旨を潜脱するばかりか、課税処分

14 第1編 総論 第1章 民事訴訟

の公定力を実質的に否定することになって妥当でない」との前提から、「なお」書におい
て、「評価事務上の物理的、時間的な制約等を考慮すれば」、本件決定が過失に基づいたも
のともいえないとして本件請求を棄却していたところ、最高裁は、これを破棄差し戻した
ものである。行政の枠組みにとらわれない柔軟でかつ合理的な判断であり、納税者のため
に幅広い司法救済の可能性を確保するものとして、妥当と考えられる。今後は、本判決の
射程距離をめぐって論争が重ねられることになろう（新堂・講演「手続保障と最高裁の最
近の動き」JLFnews49号（2011）2頁以下、新堂・講演「手続保障をめぐる理論・判例・
立法の動き」上智法学論集56巻1号（2012）1頁以下参照）。→p248・p249(3)(4)。

　なお、行政（公益）優位の思想に対して、立法により利益の保護を図った例として、
→p287〔*〕から、さらに→p289(3)。

第3節　民事紛争と民事訴訟

1　民事紛争を解決するための諸制度

　私人間の生活関係は、相互の交渉で自由に決められる（私的自治の原則）。そこ
に生じた紛争も、話合いで解決できれば、それにこしたことはない。しかし、つ
ねに話合いが成立するとは限らない。話がこじれて紛争が解決できないまま放置
されると、対立はしだいに深刻化し、当事者が生活上不便であるだけでなく、強
者の無理が通って弱者は泣き寝入りとなったり、暴力沙汰になったりする。こう
なると、国家や社会も無関心でいられない。一方で自力救済を封じるとともに、
不正義や社会不安を避けるためには、その解決を当事者の自由な話合いだけに任
せておけず、その当事者の意思に反しても解決を図らなければならなくなる。こ
うした国家や社会の必要に応じるものとして設営されるのが民事訴訟制度である。
したがって、それは、国家が民事紛争を強制的に解決する制度である。すなわち、
一方の当事者が訴えを提起すれば、応訴を欲しない相手方に対しても訴訟は開始
される。当事者は勝っても負けても紛争解決の基準を示す裁判に拘束される。ま
た裁判で義務の履行を命じられたのに、これに従わない債務者に対しては、その
意思に反しても債権者のために給付内容を実現するのである。このように民事訴
訟は、その手続の開始、進行においても、裁判の内容についても、強制的要素を
もつ紛争解決手段であり、このような強制的手段が用意されることによって、深

刻に利害の対立する紛争を解決し、社会秩序の維持を期待できるのである。

　しかし、民事紛争は、もともと当事者の自主的解決に任せてよい事件であり、しかも、できることなら自主的に解決する方が、その後の当事者間の生活関係を円満に進められる場合が多い。そこで、紛争解決のため第三者が介入するにしても、強制的要素を緩和して当事者間の自主的解決を促進したり、また自主的解決に近い解決を得るための諸制度が古くから発達している。裁判所による和解や調停のほか、行政機関、民間団体、弁護士会などが運営主体となった仲裁、調停、あっせん、相談など、近時、多様な形態が設けられ、またこれらの裁判外紛争解決手続を総称して ADR（alternative dispute resolution）と呼ぶようになった[1]。ADR は、民事訴訟と並んで、それぞれの手続に適した事件の処理を分担し、利用者の自主性を生かした解決、プライバシーや営業秘密を保持した非公開での解決、簡易・迅速・廉価な解決、実情に沿ったきめ細かな解決等を可能にし、社会全体として民事紛争の解決の実効性を高めようとしている[*][**]。これらの手段を利用する者の側からいえば、民事紛争の解決のためには、各制度を事件に応じて選択できることになる。その選択肢のなかで、強制的要素のもっとも濃いという点でいわば最後の手段というべきものが、民事訴訟である。

　また、民事訴訟と同じような裁判手続であるが、実体的判断基準が具体的に規定されていないため、裁判の内容につき裁判官の裁量の余地の大きい事件を、訴訟より簡易迅速な方法で処理する手続として非訟事件手続がある。

〔*〕　**司法制度改革の一環としての ADR の充実活性化**　　司法制度改革審議会の意見書（平成13年6月12日）によれば、ADR が国民にとって裁判と並ぶ魅力的な選択肢となるよう、その拡充・活性化に向けて、①裁判所をふくめ関係諸機関による連絡協議会等の体制整備、②訴訟、ADR に関する総合的な相談窓口の充実、情報通信技術を活用した連携・情報提供の実現、③ADR の担い手の確保、そのための必要な情報の開示・共有、さらに必要な知識・技能に関する研修等の充実を提言している。これを受けて「仲裁法」（平15・法138。→ p17〔*〕）、「裁判外紛争解決手続の利用の促進に関する法律」（いわゆる ADR 基本法、平16・法151）が制定された。

　後者は、ADR の制度基盤を整備する見地から、「民間紛争解決手続」（同2条1号参照）

―――――――――――――
1)　その実情につき、太田勝造「裁判外紛争解決制度のシステム設計と運用――日本の制度の調査から」木川・古稀(上)54頁以下、小島武司=伊藤眞編『裁判外紛争処理法』（1998・有斐閣）参照。

16　第1編　総論　第1章　民事訴訟

を業として行う者について、法務大臣による認証制度を設けて、業務の適正・透明化を図る（5条以下）とともに、その利用促進（時効完成猶予の付与〔25条〕）、裁判手続との連携強化（訴訟手続の中止〔26条〕、調停前置主義の特則〔27条〕）を図った。

　なおADR手続においては、司法書士、土地家屋調査士、弁理士による代理も各領域で認められることになった（司法書士法3条1項6号・7号、土地家屋調査士法3条1項7号、弁理士法4条2項2号の改正）。

〔＊＊〕　**裁判準拠型ADRと対話自律型ADR**　　ADRにはさまざまな手続構造をとるものがあるが、和田仁孝教授による表題の二つの理念型による切り分けが、ADRの全体像を把握するためにも、個別問題解決のためのヒントをうるうえでも、有益である。前者のADRは、訴訟制度が有する法的解決を志向しつつ、訴訟制度のもつ非効率性（時間・費用の負担、裁判官の負担増など）という限界をカバーするという指導理念をもち、訴訟制度とは補完・協働関係にあるものである。後者は、裁判制度から距離を置き、訴訟では解決されない紛争、訴訟では満たされないニーズ、たとえば原因を明らかにして2度と同じ過ちを犯さないようにしてもらいたいとか、誠意をもって対応し謝罪してもらいたいというような、真相究明自体の要求とか、感情的な対立や悩みに応答しようとするものである。前者では、第三者（調停人、仲裁人）が法律適合的な合理的解決案を示唆して合意を得ようとする。後者では、第三者は当事者間のコミュニケーションを重視する。第三者はその場を用意する黒子に徹し、あくまでも当事者自身が主体的、自律的に問題を克服していく過程を尊重する。そして、それぞれのタイプは、さまざまな社会的なニーズに応じて、選択されるべきものである。

　いわゆるADR基本法は、裁判準拠型ADRの促進を目指したものといえる。また医療事故紛争処理においては、訴訟による医療に対する責任追及が次第に医療の萎縮、崩壊をもたらしかねない状況にあると指摘され、そこからの脱却には、過失の有無よりも、事故に至る背景も含めた真相究明が必要であり、当事者間の対話を重視し相互の信頼関係を回復することが重要であるとして、対話自律型ADRの効用が注目されつつある。和田仁孝「新しいADRの世界をみる――総論」法セ631号（2007）16頁、同「医療事故紛争ADR構築の背景と今後の展開」同号43頁。さらに、同「医療メディエーション：対話による関係調整の新たなモデル」仲裁・ADRフォーラム6巻（日本仲裁人協会編）（2019）31-40頁は、事故後の初期対応としての院内医療メディエーションモデルの内容と技法の紹介、あわせてそのような専門職的メディエーター養成講座のわが国での最近の実施状況および同時多発的に起きた外国での似た状況の紹介、さらに、多くの医師が、医師向けに工夫されたこのような講座を学ぶことで日常診療での患者対応の向上に貢献することも期待している。

第3節　民事紛争と民事訴訟　*17*

2　仲　裁

（1）　両当事者が、その間に生じた、または将来生じる一定の法律関係（契約に基づくかどうかを問わない）に関する紛争の全部または一部の解決を、裁判官でない第三者（仲裁人。仲裁法では、1人の仲裁人または2人以上の仲裁人の合議体を「仲裁廷」という、仲裁2条2項）に委ね、かつその判断（仲裁判断）に服することを合意し（仲裁合意。同2条1項・13条参照）、仲裁人がこれに基づいてする審判手続が仲裁である。国際取引や建設工事の紛争などで利用されている。

当事者が本来自主的に解決してよい争いであるかぎり（同13条1項参照）、双方が一致して仲裁人による解決に委ねるならば、国家としても、その解決を尊重しこれを助長するほうが、それだけ訴訟による解決の必要が減り、手間が省ける。そこで、仲裁法（平15・法138）は、仲裁人の下した解決（仲裁判断）に裁判所の確定判決と同一の効力を認めるほか（同45条）、仲裁合意が締結された事件については、民事訴訟による解決を排除することにしている[2]。しかし、仲裁制度は、当事者間にこれによる旨の合意が成立しなければ、利用することができない。その点で、そのような合意がなくとも一方のみの意思（訴え提起）によって利用できる民事訴訟と異なる。

（2）　仲裁廷のする仲裁手続の進め方については、合意があれば強行法に反しないかぎり、それにより、なければ、強行規定のみならず仲裁法に反しない範囲で、仲裁廷に一任される（同26条）。仲裁廷が争いを判断する基準も、当事者の合意により定められたところによるが、一つの国の法令が定められたときは、その国の抵触法ではなく、実質法を定めたものとみなし、合意がないときは、当該紛争にもっとも密接な関係のある国の実質法を適用する。しかし、当事者双方の明示された求めがあるときは、衡平と善により判断するものとする[*]（同36条参照）。

〔*〕　仲裁法は、つぎのような規定を設けている。電磁的記録による仲裁合意も書面による仲裁合意とみなす旨の規定（13条4項）、仲裁廷の暫定措置権限・保全措置権限（同24条）、当事者に対する公平な扱い、事案について十分な説明をする機会の付与（同25条）、仲裁権限の有無に関する仲裁廷の第1次的判断権（同23条）、不熱心な当事者がいる場合の取

2）　その事件について訴えが提起されても被告が仲裁合意のある旨を抗弁すれば、訴えの利益は否定され、訴えは却下される（仲裁14条1項）。

18　第1編　総論　第1章　民事訴訟

民事調停事件と第一審訴訟事件の新受件数の比較[1]

	民事・家事調停					第一審訴訟			
	地　裁	家　裁	簡　裁	計[2]	対訴訟比	地　裁[3]	家　裁[4]	簡　裁[5]	計
昭和35	8,149	43,435	56,582	108,166	73.3%	65,637	—	81,831	147,468
40	6,036	52,528	45,848	104,412	65.6%	92,767	—	66,389	159,156
50	2,828	74,083	42,584	119,495	79.9%	93,054	—	56,506	149,560
60	1,624	85,035	87,557	174,216	48.2%	129,385	—	232,418	361,803
平成2	1,867	85,099	59,120	146,086	69.6%	112,518	—	97,319	209,837
7	1,924	96,099	128,870	226,893	56.9%	153,034	—	245,749	398,783
12	2,399	114,822	315,577	432,798	93.7%	164,072	—	298,053	462,125
17	1,599	129,876	321,383	452,858	90.0%	135,610	11,648	355,714	502,972
22	8,269	140,557	79,535	228,361	27.8%	225,225	11,621	585,710	822,556
27	3,300	140,822	37,445	181,567	37.9%	146,412	10,603	321,695	478,710
28	3,471	140,640	35,708	179,819	36.9%	150,488	10,270	326,198	486,956
29	3,231	139,274	32,704	175,209	35.4%	148,782	10,104	336,399	495,285

1）最高裁判所事務総局・司法統計年報1民事行政編による。

2）職権によるものを含む。

3）通常訴訟および人事訴訟・手形小切手訴訟・行政訴訟の事件総数。新人事訴訟法（平成15・法109、平成16・4・1施行）により、人事訴訟件数は減少し、実際には平成20年から0件となっている。

4）家庭裁判所の第一審訴訟（人事訴訟事件・通常訴訟事件）は平成16年4月以降（平成16年は8,212件）。

5）通常訴訟および手形小切手訴訟の事件総数。

扱い（同33条）、仲裁廷または当事者の裁判所による証拠調べの実施を求める申立権（同35条）、仲裁判断に基づく執行を許す旨の決定（執行決定）を裁判所に対して求める当事者の申立権（同46条）、仲裁人の贈収賄に関する規定を刑法から削除し、仲裁法で規定したもの（同50条以下）があるほか、消費者と事業者の間の仲裁合意（消費者仲裁合意）であって、法律施行後に締結されたものについて、当分の間、消費者はこの合意を解除できるとする規定（同附則3条）、また法律施行後に締結された個別労働関係紛争を対象とする仲裁合意は、当分の間、無効とする旨の規定（同附則4条）などが注目される。

3　調　停

（1）意義

　ひろくは、第三者が紛争当事者の仲介をし双方の主張を折り合わせて、紛争解決の合意（和解）を成立させるように、あっせんし協力することをいう。

　㋐　国家機関が制度的に行う場合を指すのが通常である。裁判所の行う調停

第3節 民事紛争と民事訴訟　19

新受件数の推移（民事第一審訴訟（過払金等）および民事第一審訴訟（過払金等以外））

・出典は裁判所HP「裁判の迅速化に係る検証に関する報告書（平成29年7月）」による。
・新受件数は、平成18年以降に急増し、平成21年にピークとなったが（23万5508件）、その後は減少に転じている。過払金等事件とそれ以外を分けて見ると、平成22年以降、過払金等は減少しており、過払金等以外の新受件数はおおむね横ばいである。
・棒グラフの上の数値は合計件数。

には、民事調停、家事調停および労働調停がある。

民事調停は、家事事件、個別労働関係民事紛争事件を除いた民事の紛争一般について家庭裁判所以外の地方裁判所または簡易裁判所が行うものである（民調2条・3条）。家事調停は、家庭に関する事件について家庭裁判所がする調停である（家事244条）。いずれも、原則として、裁判官と民間人で構成される調停委員会がこれにあたる（民調5条-8条、家事247条-250条）。

地方裁判所で行われる労働調停は、労働審判委員会（労働審判官1人、労働審判員2人で構成、労審7条-10条）が、個別労働関係民事紛争の解決のために、労働審判手続内で行われる（労働審判法（平16・法45、同法改正平23・法36・法53）1条、労審規22条。なお労働審判については、→p27・p39(7)）。

裁判所以外の調停としては、中央労働委員会（厚生労働大臣の所轄。組合19条の2第1項）および都道府県労働委員会（従来、地方労働委員会と総称され厚労省の機関であったが、地方自治法の平11・法87による改正で、地方の自治事務（知事の所轄）とされ（地方

20　第1編　総論　第1章　民事訴訟

自202条の2第3項）、平成16（2004）年の労組法改正（平16・法140）で、都道府県労働委員会に改められた）がある。そこでは、不当労働行為の審査および労働争議について、救済命令（組合27条の12）とともに、あっせん、調停、仲裁も行っている〔*〕（労組20条）。なお、個別労働関係については、下記〔*〕参照。

　公害（環境基本2条3項）が著しく、被害が相当多数の者に及びまたはそのおそれがある紛争については、公害紛争処理法（昭45・法108）のもとで、公害等調整委員会（公害紛争3条）または都道府県公害審査会等（同13条、条例で設置）による原因裁定（同42条の27第1項）・責任裁定（同42条の12第1項）と並び、あっせん、調停、仲裁が行われている（同26条・28条・31条・39条-42条）。なお、司法制度改革審との関係では、⟶ p15〔*〕）。

　　(イ)　調停は、仲裁のように第三者の判断が直接当事者を拘束する方式でなく、調停委員会が解決案を示しても、一つの勧告にすぎず、これを双方の当事者が受け入れることによって当事者間に和解が成立し紛争の解決が得られる。したがって、この制度も、当事者に自主的に解決する意思がなければ、紛争解決の機能を果たさない〔**〕。

　しかし、裁判所の監督・協力のもとに当事者間に合意が成立したときは、これに訴訟による紛争解決の代用をさせるのが得策であるから（調停の利用状況については、⟶ p18の表）、合意調書に確定判決と同じ効力を認めるほか（民調16条、民訴267条、家事268条、労審29条2項による民調16条の準用）、仲裁の場合と違い、調停手続による旨の合意がなくとも、この制度を利用する調停の申立てが許されるし（民調2条、家事257条、労審5条）、不出頭の当事者に対しては過料の制裁を設け（民調34条、家事51条3項、労審31条）、また調停前の保全措置（民調12条、家事266条、労審29条2項による民調12条の準用、労審32条）も可能とされ、話合いの場が有効に作られるよう配慮されている〔***〕。

〔*〕　**個別労働関係紛争解決におけるあっせんと調停の利用**　　「個別労働関係紛争の解決の促進に関する法律」（平13・法112、略称、個別労働関係紛争解決促進法）によると、「個別労働関係紛争」の解決方法としては、和解を促進するために、都道府県労働局長（厚生労働省の機関）による助言・指導のほか、同局長が必要と認めたときは、局内に組織された紛争調整委員会（委員は厚労大臣が任命、同6条-8条）の会長指名による調整委員3人（実際には1人の場合も多い）で行われる「あっせん」が、よく用いられる（同

１条・12条。なお、上記都道府県労働委員会も、個別労働関係の紛争解決のための援助・あっせん等の支援を行っている（同20条３項参照））。

　ここで、あっせんとは、あっせん人が当事者間に仲立ちし、両方の主張の対立点を整理し、話合い・和解を勧める手続であり、その点では調停と異ならないが、当事者の話合いに任せる度合いがより大きいとされている。また調停の方が、上記(イ)でみたように、話合いがつかなかった場合に、裁判手続へのつながりが法律上整備されている点が違うといえる。

　ところで、上記のあっせんが盛んな個別労働関係の紛争解決にあっても、「雇用の分野における男女の均等な機会及び待遇の確保等に関する法律」（略称、雇用均等法）、「短時間労働者及び有期雇用労働者の雇用管理の改善等に関する法律」（略称、短時間労働者法、1993年制定、2007年全面改正し通常労働者との差別禁止を定め、2018年に有期雇用労働者も対象に含め改正（2020年４月１日より施行）された）、「育児休業、介護休業等育児又は家族介護を行う労働者の福祉に関する法律」（略称、育児介護休業法）等における紛争の解決には、あっせんではなく、あえて調停が用いられている（雇均16条・18条-27条、短時労22条-24条・25条-27条、育介52条の３・52条の５・52条の６）。これらの各分野にあっては、交渉や契約に基礎を置いた利益紛争の解決を超えて、権利紛争をも視野に入れた解決が求められるとともに、実体的規制の遵守をソフトに推進する手法として、紛争調整委員会が調停案を示して（たとえば雇均22条参照）合意を促しながらも、裁判とのつながりを意識した調停手続（たとえば雇均24条・25条参照）が規定されたものと推測される（ただ実務上、たやすく和解できればあっせんで済ますことも多いと思われるので、あっせんと調停がどのように使い分けられているかは、必ずしも明らかでない）。

　なお、裁判所の手続である労働審判（　p39（７））においても、調停が用いられている。しかし、ここでの調停には、上述したように、民事調停法と同様、相手方の出頭を制裁付きで確保していること（労審31条）、審判という判定作用を前提とした事実認定・証拠調手続を組み込んでいること、審判に異議があれば訴訟への移行が予定されていること、異議がなければ裁判上の和解と同様の効力があるとされ、執行力も認められており、調停は審判（判定）手続の中にいわば「ビルトイン」されている（菅野和夫ほか『労働審判制度〔第２版〕』（2008・弘文堂）27頁以下・36頁参照）。

　現在のように、労働者が多様化し、個々の労働者の求める労働条件も多様化する社会では、国家による法的規制の内容も方法も、そして、その労働条件に係る紛争の解決方法も、多様化せざるをえない。個々の労働条件の決定は、国家による最低基準の枠を前提とし、そのもとで、市場原理に立つ契約や当事者間の合意によることを基本とする点は変わらないとしても、一方では、雇用における男女の機会均等、パート労働者・有期雇用労働者の差別禁止、育児や家族介護などの規制においては、より一層強化された法執行が求められ

22　第1編　総論　第1章　民事訴訟

る反面、他方、労働時間、場所、育児介護休暇などにかかる条件などでは、より個別的か
つ柔軟な取決めが必要であり、その紛争解決においても、交渉の過程が抑圧的でないかど
うかとか、合意が実際に遵守されるかどうかに関心が移行し、結果として、内容自体の規
制（実体規制）よりは、交渉主体の実力や交渉の手順、プロセスに留意する方向（手続規
制）に重点が移行する（荒木尚志『労働法〔第3版〕』（2016・有斐閣）771頁は、「実体規
制」「手続規制」のキーワードを使い、労働法制の近時の動向を分析しており興味深い）。
労働審判法の制定（↘p27）も、「あっせんより調停」という上記各個別立法の建て付け
も、時代の流れを受けたものとみられるし、労働法制の動向をうかがわせる。（なお、荒
木・前掲書（769頁以下）における実体法の分析、「規範自体の多様化：強行規定・逸脱可
能な強行規定・任意規定」という視点は、政策目的に適した紛争解決手続を構想する研究
一般にとっても、有益であろう）。

〔＊＊〕**いわゆる強制調停**　　金銭債務臨時調停法（昭7・法26）によってはじめて設けら
れた制度で、同法7条にいう「調停ニ代ヘ……債務関係ノ変更ヲ命ズル裁判」のことであ
る。すなわち、千円以下の金銭債務については（2条）、訴訟を提起しても、裁判所が職
権で調停に付すことができ（6条）、その調停が不成立の場合でも、裁判所が職権で調停
委員の意見を聴き「当事者双方ノ利益ヲ衡平ニ考慮シ其ノ資力、業務ノ性質、既ニ債務者
ノ支払ヒタル利息手数料内入金等ノ額其ノ他一切ノ事情ヲ斟酌シテ調停ニ代ヘ利息、期限
其ノ他債務関係ノ変更ヲ命ズル裁判」（7条）をなし得、この裁判に対しては2週間内に
即時抗告をなし得るにとどまり（9条）、確定すれば、裁判上の和解と同一の効力が生じ
（10条）、確定判決と同一の効力をもつものであった（旧民訴203条、民訴267条）。つまり、
訴訟を提起しても、強制的に調停を行い、調停不成立でも、その当事者の意思を無視して
簡単な決定手続で審判してしまい、本来の訴訟による裁判を受ける途は閉ざされたから、
強制調停の名で呼ばれた。上記法律は、元来、当時の不況を背景とした「臨時」の制度で
あったが、その後、戦時体制の一環として、農地調整法12条により小作調停法へ採用され
（昭13・法67号）、さらに戦時民事特別法（昭17・法63）19条2項によって、借地借家調停
法、商事調停法へと拡大された。

　太平洋戦争後はこれらの強制調停の制度は廃止され、上記の金銭債務臨時調停法も、借
地借家調停法、小作調停法、商事調停法も廃止されて、民事調停法（昭26・法222）1本
にまとめられた（民調附則2条）。もっとも、現在でも、調停不成立の場合に裁判所は
「調停に代わる決定」をすることができるが、当事者が異議を述べれば、決定は効力を失
い、訴訟を進められる点で（民調17条-19条）、強制調停とはいえない。なお、「調停に代
わる決定」について、↘p24〔＊〕末尾。

　なお、戦後、まだ旧法が適用された時期の家屋明渡請求事件において強制調停が行われ、

その合憲性が最高裁で争われ、「裁判を受ける権利」の判例法形成のきっかけとなった → p30〔＊＊〕。

〔＊＊＊〕　**仲裁的調停・仲裁的和解**　　日常生活上の紛争の解決には、まず仲裁契約があって行われる典型的な仲裁手続はほとんど考えられない。むしろ、調停なり裁判上の和解手続なりの中で、双方の対立点があと一歩のところまで煮詰められた段階で、最後の解決案を第三者の判断に委ね、双方ともこれに従おうという合意に達することは、実務上しばしば経験するところである。民事調停法24条の3は、こうした当事者間の歩み寄りを前提にして、調停委員会の定める調停条項に服する旨の両当事者の書面による合意があれば、調停委員会が調停条項を定めることができるとし、その内容が両当事者を拘束する調停の成立とみなす制度を導入した（民事調停法の一部を改正する法律（平3・法91））。調停から入った後で、仲裁的判断によって紛争解決を図るものといえ、和解・調停と仲裁との中間形態として、仲裁的調停ないし仲裁的和解といえよう。平成8年改正民訴法も、裁判上の和解を成立させる一方法として、このような制度を導入した（265条）。→ p370〔＊〕。

（2）　調停に適する事件

調停は、裁判所が介入する点で裁判上の和解（89条・275条）に似るが、民間人も入った調停委員会でする点で、これと違った性質と問題をもつ〔＊〕。しかし、裁判上の和解と同様、手続の進め方について厳格な定めはないし、解決案の基準も、必ずしも成文の実体法に忠実である必要はない（民調1条参照）。また、訴訟におけるように、法律に従って一刀両断的な解決を強制するのでなく、双方を納得させて具体的に妥当な解決を図ることを目的とするものである[3]から、家庭関係、借地借家関係、相隣関係のように継続的生活関係の紛争の解決には適しており（なお調停は、三審級を重ねるわけでなく、費用も少なくてすむから、少額事件の解決にも適している）、法も、家庭事件、地代借賃増減請求事件については、調停前置主義をとり、訴訟に進む前に調停を試みることを強制している（家事257条、民調24条の2）。

〔＊〕　**調停と裁判上の和解**　　いずれも訴訟物の枠に限定されず、実質的紛争を全体として解決することが可能であり、一刀両断的でなく事案に即した妥当な解決を考案できるメリ

3）　民事調停の存在理由については、佐々木吉男『増補　民事調停の研究』（1974・初版1967・法律文化社）111頁以下に優れた研究がある。

ットをもつ。しかも成立した場合には訴訟による解決の代用となる点でも共通であるが、合意の成立のためにあっせんにあたる主体が異なる点でそれぞれ特色をもつ。わが国では、調停委員は、民間人が司法運営に参与する主要な例として、注目すべきであるが、手続上も、調停委員に適切な人を得れば、世情に通じた者または専門家による説得力を活用できるし、激動する社会の価値基準に対応した柔軟な解決を期待できる反面、人を得なければ、時代遅れの義理・人情に流されて法的正義に反する解決を押しつけ、権利意識の高揚した市民生活から見離される危険がある（民事調停事件はわずかながら減少していた（訴訟との比率も減少傾向、￩p18の表）が、平成10年代後半には過払金返還請求等の増加により、事件総数の激増とともに調停の比率も激増した。しかし、平成20年代後半からは、減少に転じている）。

これに対して、裁判官による裁判上の和解においては、法律専門家としての能力をフルに利用できる点はいうまでもないが、訴訟の進行状況をみながら和解案を勧告できる点で、事実関係についてある程度正確な認識に基づいた適正な案を作ることができるし、当事者は、その案を拒否して裁判を受けても結局同じような結果になろうという推測が働く意味で、事の良し悪しは別として、強力な説得力を期待できる（太田知行＝穂積忠夫「訴訟上の和解」『法社会学講座6』（1972・岩波書店）125頁参照）。しかし、調停委員に民間人を起用する制度のメリットを否定できないし、なによりも調停委員会による調停が裁判官の負担軽減に役立っている現実を軽視できないから、現時点においては、調停委員会の活動において、裁判官たる調停主任の実質的参与をいかに確保するか、さらに、いかなる資質の調停委員をいかにして獲得するかの方策を検討することが急務である。民事調停官、家事調停官の導入（￩p57〔＊〕）は、このような課題に対する一つの解答である。

なお、調停制度全般にわたる問題点については、かつて「臨時調停制度審議会答申書」（判タ291号（1973）88頁以下）が公表され、民事調停法および家事審判法の一部改正（昭49・法55）をみた（竹下守夫「改正された民事・家事調停法」ジュリ569号（1974）98頁。なお、調停の動向については、「民事調停の実務」判タ932号（1997）参照）。

さらに、最近の文献として、矢尾和子「動態としての簡裁民事調停」民訴雑誌65号（2019）55頁以下を挙げる。東京簡裁の事務掌理裁判官としての経験から、わが国における「民事調停制度」（1922年に創設、近く100周年を迎える）について、社会の動き・経済の浮沈を映した沿革と現状（とくに「特定調停」（特定債務等の調整の促進のための特定調停に関する法律（平11・法158））なども含む）と、また調停活用の最近の動機などについても紹介するとともに、民事調停の機能の強化のために「調停に代わる決定」（民調17条）の活用を提言している。

4 非訟事件

（1） 意義

裁判所が、私人間の生活関係に関する事項を通常の訴訟手続によらず簡易な手続で処理するものに、非訟事件とよばれるものがある。私人間の生活関係の処理は、各自の意思に任せるのが原則であるが、国家の後見的介入が必要となる事項もある。たとえば、国家は、私人間の紛争を予防しまたは紛争中の生活上の不便を除いたりするために、戸籍・登記・供託などの制度を設けて私人の利用に供したり[4]、一般人に影響の多い生活関係を監督したり（法人の事務や清算の監督。たとえば、一般法人法77条4項・79条2項3項・209条2項・287条以下参照）、自分で財産の管理や生活ができない者のための、後見人、財産管理人、遺言執行者などの選任監督をし、また生活関係の新たな形成について自主的な協議が調わない場合の処理（たとえば、親権者の指定、遺産分割）などを行う必要がある。これらの事項のうち、沿革的理由または政策的配慮から裁判所の所管とされているものが非訟事件であり、このような事件の処理のための、いわば一般法として、現在は、非訟事件手続法（平23・法51）、家事事件手続法（平23・法52）、労働審判法（平16・法45）が制定されている（会社法関係の非訟事件については会社868条–906条参照）。

しかし、実質的に非訟事件といわれるものの範囲、訴訟事件との区別については、多くの学説が対立し、なかには、非訟事件の共通の性質を抽象することは困難であるとして両者の理論的区別を断念し、実定法が非訟事件として規定したもの、または訴訟事件としていないものが非訟事件であるとする説があるくらいである（⤳ p30）。ただ、両者の手続上の差異は、大体つぎのようなものと理解されている。

（2） 民事訴訟手続と非訟手続との差異

民事訴訟手続は、訴え（原告の被告に対する権利主張を認める裁判の要求）によって開始され、裁判所は公開の口頭弁論を開いて、対立する当事者双方に対等に、その主張を口頭で述べさせ、これを証拠によって基礎づける機会を与え、原則としてそこに当事者が提出した資料のみを裁判の資料とする建前（弁論主義）をとり、

---

[4] もっとも、これらは現在は法務省の所管となっている。公示催告制度もこの部類とみられるが、裁判手続である（⤳ p53〔＊〕）。

判決というもっとも慎重な形式の裁判によって、原告が訴えにより主張する権利関係（訴訟物）の存否の判断および裁判要求の認否を示す。これに対して当事者は控訴さらに上告という2度の不服申立てをする機会が認められる。

　これに対して、非訟事件手続では、口頭弁論を開くという建前をとらず、したがって、公開・対審構造をとらないで（非訟30条。当事者の陳述を聴くべき場合を個別に規定する、たとえば非訟59条3項・120条2項）、裁判の基礎資料も、必要があれば職権で探知することができ（同49条）、裁判の形式も決定という簡略なもので行い（同54条）、これに対する不服申立ても、抗告（同66条）という形式になる。また、非訟事件の裁判内容については、裁判所の裁量の余地が広く、いったんなされた終局決定も、不当と認めるならば取り消しまたは変更することがかなり自由に認められるが[*]（同59条）、これも実体法によって判決内容を規律されている訴訟事件の判決にはない性質である。

〔＊〕　最決(一小)平16・12・16判時1884号45頁の事案は、つぎのようなものであった。同一事由について重複して過料の裁判を行った地方裁判所が、同裁判の確定後、旧非訟事件手続法19条1項（現59条1項）に基づき職権によってこれを取り消した（原々決定）が、検察官から抗告がなされ、高裁は、この取消しの裁判は、同法207条3項（旧々規定、旧162条3項、現120条3項）にいう「過料の裁判」にあたり、即時抗告によるべきものであるところ、すでに即時抗告期間が徒過されているとして、同抗告を却下する決定（原決定）をした。これに対して許可抗告が申し立てられた事件であり、最高裁は、原決定を破棄し、原々決定に対する抗告を棄却して、原々決定の内容を維持した。

　　すなわち、最高裁によれば、原々決定は207条3項の裁判にあたらず、旧非訟19条1項による裁判として通常抗告に服すべきものであるから抗告の利益があるとし、非訟事件の裁判の本質を、「法律上の実体的権利義務の存否を終局的に確定する民事訴訟事件の裁判とは異なり、裁判所が実体的権利義務の存在を前提として合目的な裁量によってその具体的内容を定めたり、私法秩序の安定を期して秩序罰たる過料の制裁を科するなどの民事上の後見的な作用を行うもの」と要約し、この本質に照らすと、裁判の当時ある事情が裁判所に認識されていたならばその裁判はなされなかったであろうと認められる事情の存在が、裁判の確定後に判明し、かつ、その裁判が不当であってこれを維持することが著しく正義に反することが明らかな場合には、旧非訟19条1項によりその裁判をした裁判所は、職権により同裁判を取り消しまたは変更できるとした。

（3）　訴訟事件の非訟化現象

非訟事件と訴訟事件の理論的区別をいっそう困難にする事情に、訴訟事件の非

訟化という現象がある。福祉国家への転換が進むほど、私人の生活関係に対する国家の後見的関与の度合は高まり、非訟的事項の増加をみるのは当然であるが（旧借地法の改正（昭41・法93）による借地非訟事件の創設はその例である）、同時に、実体法の権利義務の規律の仕方も、弾力的となる。要件事実を画一的に立法で決め、それを一刀両断的に具体的事件に適用するという方式でなく、紛争当事者の個々の諸事情の比較考量に基づいて具体的事件に応じた公平な利益分配を図ろうとするようになる。いきおい、「正当事由」とか相対的離婚原因のような一般条項的規定が多くなり、法適用上、現場の裁判官の裁量の余地の広い規定が多くなる。

　このような実体法の権利義務秩序の規定方式が変容した事件については、それをめぐる紛争の解決手続のほうも、これまでの訴訟という厳格な方式が窮屈となり、不都合と感じられるようになる。そこでは、訴訟物の枠にこだわらない幅のある折衷的な解決が望まれるし、実質的に公平な解決を得るためには、職権による証拠調べも必要とみられることもあろうし、場合によっては公開しないほうが事実の解明に都合がよいということも考えられる。また事件の性質上、口頭弁論→判決→控訴→上告という手続段階も、ていねいすぎて迂遠にすぎ、もっと簡易迅速に結着をつけないと当事者間に平和がもたらされず、権利救済の実があがらないなど、訴訟手続の伝統的な枠組みや約束ごとに対する不満が生まれ、もともと国家の後見的役割を果たすのに適したように仕組まれている非訟事件手続に、その救いを求めるようになる。こうして、いままで訴訟事件として扱っていたものを非訟事件として扱おうとする「訴訟の非訟化」現象が現われる。

　ドイツでは、二つの世界大戦を機会にこの傾向が顕著になったが〔*〕、わが国でも、太平洋戦争後、旧家事審判法の制定（昭22・法152。その後、家事事件手続法（平23・法52）に改正）により、訴訟とされていた多くの事件が非訟事件である審判事項（旧家審7条・9条参照）に改められた。最近では、仲裁判断の取消し・承認・執行事件（旧民訴801条・802条）、公示催告手続における除権判決およびその不服申立事件（旧民訴769条・774条）なども、訴訟事件から非訟事件に移行した（旧公示催告手続及ビ仲裁手続ニ関スル法律〔平8・法109、なおこの法律のその後の運命については、→ p53〔*〕〕、非訟106条・108条・111条、仲裁法44条から46条参照）。

　近時では、個別労働関係民事紛争についても労働審判法（平16・法45、同法改正平23・法36・法53）の制定により非訟化が進められた（→ p21）。

28　第1編　総論　第1章　民事訴訟

〔＊〕　**真正争訟事件**（echte Streitsachen）　　実定法上非訟事件で処理されるが、訴訟事件の性質をもつものをいう。ドイツにおける訴訟の非訟化傾向は著しいが、それゆえに、いったん非訟手続の処理を受けることになった事件のなかで、争訟性が強く訴訟事件的性格をもつものを、古典的な非訟事件から区別して、訴訟手続に近い取扱いをする必要が論じられ、そのための観念として生まれたものである。わが国では、ドイツほど激しい非訟化の波をかぶらなかったが、今後、非訟化の作業を進めるうえで、非訟事件として処理するにしても、訴訟手続的取扱いをどの程度加味するのが合理的であり、憲法上の要請に合致するかを考察するさいに参考になろう。真正争訟事件については、石川明「非訟事件の定型分類」法学研究31巻4号（1958）236頁、飯倉一郎「所謂真正訴訟事件について」志林58巻2号（1960）136頁、鈴木忠一「非訟事件の裁判及び訴訟上の和解の既判力」曹時11巻2号（1959）〔同『非訟事件の裁判の既判力』（1961・弘文堂）143頁〕等参照。

（4）　非訟化の限界——裁判を受ける権利

どのような事項を訴訟手続で扱い、または非訟手続で取り扱うのが合理的かは、民事訴訟の役割分担を決める重要な課題である。とくに、訴訟事件を非訟事件化する場合には、非訟手続では公開対審構造をとらないのが原則であるため、憲法32条および82条の保障する「裁判を受ける権利」を侵害しないかどうかを吟味しなければならない[5]。

　（ア）　**最高裁の立場**　　憲法32条および82条は、公開による対審および判決による裁判を「純然たる訴訟事件」について保障するものであり、家屋の明渡請求などは純然たる訴訟事件であるから、公開の対審・判決を欠きえないが、既存の債務関係を前提にしてたんにその「利息、期限等を形成的に変更することに関す」る事件は、非訟事件であり、これにつき公開の対審および判決によらなくても違憲でないとする（最決（大）昭35・7・6民集14巻9号1657頁）。また「夫婦同居の義務等の実体的権利義務自体を〔終局的に〕確定する趣旨のものではなく、これら実体的権利義務の存することを前提として、例えば、……その同居の時期、場所、態様等について具体的内容を定める処分……、必要に応じてこれに基づき給付を命ずる処分」についても、民法は「同居の時期、場所、態様について一定の基準を規定していないのであるから、家庭裁判所が後見的立場から、合目的の見

5）　非訟化の限界を歴史的・比較法的に総括し現在の問題状況を明らかにしたものとして、三ケ月章「訴訟事件の非訟化とその限界」実務民訴講座(7)〔同・研究5巻49頁以下〕がある。

地に立つて、裁量権を行使してその具体的内容を形成することが必要であり、かかる裁判こそは、本質的に非訟事件の裁判であつて、公開の法廷における対審及び判決によつて為すことを要しない」とする。しかし、上記裁判において、同居の具体的態様を決める前提として同居義務の存否自体を審査していても、この点についてはなお訴訟による途を認めなければならないとする（最決(大)昭40・6・30民集19巻4号1089頁）。要するに、既存の権利を確認する裁判の場合は、純然たる訴訟事件であり、裁判所が裁量によって一定の法律関係を形成する裁判をする場合〔*〕は非訟事件であると考え、前者には常に訴訟の途を用意しなければならないとするのが判例の立場である〔**〕（婚姻費用分担に関する審判事件につき同旨、最決(大)昭40・6・30民集19巻4号1114頁）。

　しかし、確認的裁判となるか裁量的形成的裁判となるかは、実体法の規定の仕方に依存する。すなわち、ある一定の要件事実が発生すれば一定の法的効果が発生するという規定の仕方をすれば、裁判はすでに存在する法的効果を確認するという形態になるし、要件事実を抽象化しその存在を裁判所が判断したときに一定の法的効果が生じるという規定の仕方をすれば、裁判は裁量的かつ形成的となる（最判(大)昭33・3・5民集12巻3号381頁における多数意見と河村大助裁判官との意見の対立は、この点を示唆する。後掲〔**〕参照）。

　したがって、最高裁の立てた基準は、どんな実体的利益について、裁量的かつ形成的な裁判形態になるような実体法規を作ることが許されるかという実体法の規制の問題に帰着し、むしろ、憲法29条の財産権の保障に抵触しないかという問題に移行することにもなろう。そうなれば、問題となる実体的利益の個別的性格の検討に立ち入らざるをえないのであって、裁量的形成的裁判かどうかという形式的判断だけでは足りないことになる[6]。しかも、裁量的裁判である場合にこそ、判断基準があらかじめ明示されていないだけに、よりいっそう手続を慎重にし、双方の言い分を十分に対決させる必要があるともいえるのであるから、判例の基準は、到底われわれを納得させるものではない。

　〔*〕**形式的形成訴訟**　　裁判によってはじめて権利関係に変動を生ぜしめる形成的裁判のうちでも、形成要件が実体法上類型的に規定されている場合（たとえば株主総会決議取消

---

[6]　新堂「強制調停を違憲とする決定について」ジュリ209号（1960）〔同・基礎143頁・153頁〕。

しなど）には、その要件事実の存否をめぐって争い、これを認定する確認的作用が中心となるから、訴訟として構成するに適する。そして、その訴訟が形成訴訟となる。しかし、形成訴訟のなかには、形成要件を具体的に規定せず、形成の要件や内容を裁判官の裁量に委ねたものがある。たとえば、筆界確定の訴え（不登147条・148条）、父を定める訴え（民773条、人訴2条2号・43条）、共有物分割の訴え（民258条）はその例であるが、このような事件は、本来非訟事件として扱うことが考えられるにもかかわらず、沿革的政策的理由から訴訟事件とされている点から、形式的形成訴訟といわれる（詳しくは、→p208(3)）。

〔＊＊〕　**「純然たる訴訟事件」の観念の生成**　　最決（大）昭31・10・31民集10巻10号1355頁は、戦時中拡大されたいわゆる強制調停（→p22〔＊＊〕）を家屋明渡請求事件について行っても違憲でないとしていたところ、最決（大）昭35・7・6民集14巻9号1657頁は、同種の事件につき上記先例をくつがえし、違憲とした。前者は、憲法32条・82条にいう裁判を受ける権利とは、裁判所の裁判であれば足り、公開の対審・判決によるかどうかは法律で決められるとするものであったが、後者は、純然たる訴訟事件については公開の対審および判決によることが要請され、家屋明渡請求事件などは純然たる訴訟事件であるとして、これに対する強制調停を違憲としたものであった（この判例変更の原因や意義については、新堂「強制調停を違憲とする決定について」ジュリ209号（1960）〔同・基礎143頁〕参照）。

　そこで、純然たる訴訟事件の意味を確定していくことが判例の作業となったが、じつは、両事件の中間になされている最判（大）昭33・3・5民集12巻3号381頁が、この観念の生成を用意したといえる。事件は、罹災都市借地借家臨時処理法（昭21・法13）2条の敷地優先賃借権の設定と借地条件の確定を求める申立てをし、それを同法15条の非訟事件手続による裁判で却下された者が、借地権確認の訴えを提起したものである。

　ここで最高裁は、上記15条の裁判は既判力を有するとの理由から、請求を棄却したものである。賃借権の存否にかかわる事件であるから民事訴訟手続によるべきであるとの原告の主張に対しては、昭和31年の大法廷決定を前提とし私権に関する裁判を如何なる手続法によらしめるかは立法政策の問題としながらも、「非訟事件手続法は私権の発生、変更、消滅に裁判所が関与する場合に、これによるのを原則とする。そして、処理法15条、18条の裁判は既存の法律関係の争を裁判するのではなく、……土地について権利を有していなかつた罹災建物の借主らに、新に、敷地に借地権の設定を求めたり、既存の借地権の譲渡を求める申出権を認め、土地所有者又は既存の借地権者がこれを拒絶した場合に、その拒絶が正当な事由によるものであるか否かを裁判するのであつて、この裁判は、実質的には、借地権の設定又は移転の新な法律関係の形成に裁判所が関与するに等しいものであること」、「実情に即した迅速な処理が要請せられていた」〔圏点は筆者による〕ことから、その立法政策上正当と考えられるし、賃借権設定を否定した裁判に既判力を認め、賃借権存

否につき訴訟の途を残さなくても違憲にならないとした。

　この多数意見に対して、河村大助裁判官の少数意見では、同法2条は、「一定の要件即ち賃借の申出と擬制承諾との法律要件の具備によつて、法律上当然に借地権の発生を認めているのであつて、その成立自体に国家機関の関与を必要としない。……従つて同条による借地権の発生につき争を生じたときは、その争は純然たる訴訟事件に属し、非訟事件の性質を有するものでない」、したがって、借地権の存否に関する点は非訟事件裁判所の審判の対象となるものでなく、かりに「借地条件形成の裁判の前提として、借地権の存否に関する実体的要件を一応審査したとしても、……前提要件の審査に過ぎず、この判断が……確定判決のような既判力を有するものでなく、かつその裁判の存在は、借地権の存否の確定を求むる民事訴訟の審判を妨ぐるものでない」としており、ここにすでに、その後の判例法の原型――権利の確認的裁判事項と形成的裁判事項とを区別し、後者にのみ非訟的取扱いを肯定し、確認的裁判事項については、たとえ形成的裁判をする前提として審判をすることがあっても、なお別に訴訟の途を留保しなければ違憲になるという考え（純然たる訴訟事件についてなす非訟の裁判に既判力を認めないとする考え）――がみられる。

　(イ)　**非訟事件の本質論の効用**　　最高裁の思考方法もそうであるが、多くの学説も、非訟事件の範疇を前提とし、その本質なり共通の性質なりを抽象し、その基準によって性質上非訟事件といえる事件を選別し、それには憲法の制約は働かないという推論をしている。しかし、非訟事件には、種々の事件が含まれており、それぞれの類型の事件に共通する性質なり本質を抽象することは困難である。のみならず、かりにこれを抽象してみても、それだけで、それぞれの事件につき公開の対審・判決によらないことを説得させるに足る十分な論拠になるかは疑わしい。

　非訟事件と訴訟事件の区別なり、非訟事件の本質について、わが国の有力説によれば、「国家作用の性質」にあるとし、「訴訟の裁判は法規に抽象的に予定されたところを適用して紛争を解決するのに対し、非訟事件では、国家が端的に私人間の生活関係に介入するために命令処分をするのであって、前者は民事司法であるのに対し、後者は民事行政である。同じく権利関係の確定形成をもたらす場合でも、訴訟の判決は法の適用による判断作用の効果であるに対し、非訟事件では結果を意欲する処分行為に基くものである」[7]と説かれている[*]。

7）　兼子・体系40頁。

この説明は、たしかに、非訟事件というもののイメージをつかむのに、わかり
やすい説明であるが、厳密に考えると、司法と行政との観念がそもそも多義的で
あり、比喩的な説明を出ていないと思われる[8]。たとえば、破産原因は裁判官の
裁量を入れる余地の少ない形で規定されているから（破15条・16条等）、破産手続
開始決定事件は通常の訴訟事件における法適用作用とあまり異ならないと思われ
るが、反面、多数人の利害の深刻な対立を考えてその包括的な利害の調整を国家
が引き受ける事件であるという点では、行政的性格をもつともいえるのであって、
行政と司法という観念は、この場合、選別の有効な基準となるかどうか疑わしい。
のみならず、性質上非訟事件といおうと訴訟事件といおうと、破産手続開始決定
が債務者や一般債権者に及ぼす影響の重大さを考えると、その決定を訴訟手続に
よらないでしても憲法違反にならないかどうかを問わなければならない点には変
わりないし、違憲問題につき、〈破産手続開始決定事件は行政的性格をもつもの
で性質上非訟事件に属するから、違憲にならない〉と説明しても（最決(大)昭45・
6・24民集24巻6号610頁参照）、この場合に公開の対審・判決によらないこと（破8
条1項参照）を説得できるとも思われない。そして、このような批判は、最高裁
の立てた本質論にも同様にいえるであろう。

〔＊〕　**非訟事件の本質についての諸説**　　最高裁のような説および民事行政説のほか、①訴
　　訟は紛争を強制的に解決するために裁判権を行使する場合であるのに対し、非訟は関係人
　　が任意に裁判権に服従する場合であるとする説（ローマ法のもとでは、訴訟のもつ公示作
　　用を利用するために、法律行為を訴訟の形式で行い、被告は原告の主張を争うことなく望
　　む法律効果を生じさせるために任意に裁判に服するという形をとった。このような事件を
　　指す言葉として、jurisdictio voluntaria が用いられ、これが非訟事件（freiwillige
　　Gerichtsbarkeit）の語源となった。この説はこうした沿革に忠実な説明といえよう）、②
　　訴訟は既存の争いの除去が目的であるが、非訟は将来の紛争発生の予防を目的とするとい
　　う説、③さらに、両者の理論的区別を断念する説（いずれに属させるかは実定法によるか
　　ら立法者の任意であるとする）など多岐を極めている。

　　㈪　**個別的アプローチの必要**　　非訟化の限界を考えるには、事件の類型ごと
に、その裁判の効果の重大と訴訟手続による場合の不都合とを比較考量して考

---

8)　鈴木正裕「競売事件の性格」小野木＝斎藤・還暦㊦64頁参照。

えていくべきである。この場合、本質論や判例理論には、裁量的形成的裁判の事件ならば非訟化の可能性が考えられるという程度の一応の選別基準として働かせるだけで、それ以上の役割を担わせるべきではない。

　たとえば、前掲最決（大）昭40・6・30（民集19巻4号1089頁）の多数意見は、その確認的裁判か裁量的形成的裁判かという抽象的基準を絶対的基準とし、そこから結論を引き出すことに固執したため、夫婦同居義務自体の確認とその義務を前提にした同居の時期、場所、態様等の決定とを区別し、後者は非訟事件として公開対審による判決をしなくてよいが、その裁判後にもなお同居の義務自体の存否の確認訴訟の途が残されていると説明することによって同居の審判の合憲性を基礎づけざるをえない立場に追い込まれている。この場合に、もしも、同居の法律関係を個別具体的に検討する立場に立つならば、夫婦関係の存在を前提にするかぎり、同居義務についてその義務の態様から切り離して別個の訴訟を観念することが、同居義務なるものの理解としておかしいし、同居の審判の効用を著しく阻害することにたやすく思い至ったはずであろう[9]。また、会社更生計画の認可によって権利変更され、届出をしなかった者はこれに対して不服申立てができないこと（旧会社更生237条1項ただし書・240条・241条参照）の合憲性も、上記裁判が「国家のいわゆる後見的民事監督の作用に属し、固有の司法権の作用に属しないことが明らかであつて、その本質は非訟事件の裁判」であり、それに対する不服申立てに関する定めも非訟事件に関するものだ（最決（大）昭45・12・16民集24巻13号2099頁、2106頁）という一般論を振り回すだけで、十分に説得力のある議論といえるかどうか疑問であり、そもそも、そのような抽象的発想のみからは、憲法上の要請でもある手続的保障に敏感に対応し、かつ、事件の類型に適した手続理論の展開は、とても望めない。ここでも、やはり会社更生事件の特質が十分に掘り下げられた上で、憲法論に及ぶべきである[10]。

9）　田中二郎裁判官が、同居審判の個別具体的な検討から、多数意見の立場を批判し、画一的基準で処理できない問題であり、夫婦間のプライバシーを尊重しながら裁判所が後見的立場から裁判権を行使して妥当な解決を図ることを期したものであるが故に違憲ではないとする意見が注目に値する。

10）　この事件の評釈、霜島甲一・判例評論150号（判時634号）30頁〔新堂ほか『教材倒産法〔増補版〕』（1976・初版1972・有斐閣）27頁以下〕は、こうした点を鋭く指摘していた。平成14年改正会社更生法では、不服申立てができないとのただし書は削除された（同法202条1項）。妥当な改正というべきであろう。なお、過料の裁判手続の違憲性につき、新堂・判例1頁参照。

34 第1編 総論 第1章 民事訴訟

　また、個別的検討においては、対審構造をとらないことの理由、公開しないことの理由、判決の形式をとらないことの理由をそれぞれ検討すべきであり、その理由いかんによっては、事件の類型的性質に対応して、判決の形式はとらないが公開したり、また双方に対する審問を義務づけ、相手方に対する審問に立ち会う権利を認める（借地借家51条。借地非訟規則15条、非訟105条2項・111条1項も参照）等の手続保障を加味することによって憲法の要請に答えるというような、手続面での中間形態を工夫する途が開かれるし、また開いていくべきである〔*〕11)。

〔*〕　最決(三小)平20・5・8裁判所時報1459号1頁は、妻Xが夫Yに対して、婚姻費用分担金の支払を求めた家事乙類審判事件において、原々審（一審）が過去の未払分95万円と1カ月12万円の割合による支払を命じたが、Xの抗告により、原審（抗告審）は、過去の未払分167万円と1カ月16万円の割合の支払を命じた。これに対しYがさらに特別抗告（336条）をした事件である。Yの特別抗告の理由は、原審が、相手方であったYに対し抗告状および抗告理由書の副本を送達せず、反論の機会を与えることなく、Yに不利益な判断をしたことは、憲法32条の「裁判を受ける権利」を侵害したというものであった。多数意見は、原審の審理は十分に尽くされていない疑いが強いし、抗告状などを送付する実務上の慣行に従う配慮が必要であったとしながらも、先例に従って、本件は「純然たる訴訟事件」（→ p30〔**〕）にあたらず、憲法32条違反にならないとして、特別抗告の理由にあたらないとした。

　　田原裁判官の補足意見は、抗告審の手続としては当事者の手続関与権、審問請求権が明定されていないが、手続全体としてみれば、手続関与権や審問請求権の保障は図られており（旧家事審判規則5条・14条、旧家事審判法7条、旧非訟10条、民訴187条を引用する）、憲法違反の問題にはならないとしつつも、審理不尽の違法は免れないとまでいう。

　　これに対し、那須裁判官の反対意見は、先例は、いずれも当時の法律に従って非公開の手続で審判したことを問題にしたものであるところ、憲法82条が要求する公開の対象となる事件を区切る基準と、憲法32条が要求する審問請求権ないし手続保障の適用範囲を区切る基準とは同一とは限らないから、先例を根拠にして、本件が裁判を受ける権利とは無関係だとはいえない、また、家事審判手続において、職権主義・裁量主義の原則がとられていることだけから、審問請求権や手続保障の機会を一般的に奪うことは説得力を欠くし、

---

11)　我妻榮「離婚と裁判手続」民商39巻1=3合併号（1960）〔同『民法研究Ⅶ2』（1969・有斐閣）179頁）、小島武司「非訟化の限界について」『中央大学八十周年記念論文集』（1965）340頁。なお、著者の立場をより詳しく説明したものとして、新堂「訴訟と非訟」ジュリ争点〔旧版〕〔同・基礎209頁〕参照。

実務としても、手続保障を尊重する方向にあることからしても、原決定を法廷意見の扱いのようにそのまま残したのでは、「憲法32条違反の疑念を解消できない」、それゆえ、「決定に影響を及ぼすべき法令の違反があった」ものとして「職権で原決定を破棄すること［325条２項参照］が最低限必要である」とする。

　本決定には、全体として、多数意見も含め、手続保障についての気配りが十分に感じられること、さらに反対意見には、遠慮がちながら（憲法違反と明言しないまでも）、先例の射程距離を的確に制限して、筆者のいう「個別的アプローチ」のための手がかりを着実に打ち込んだこと、かつ救済方法をも明言しているところは、この種の問題に対する判例の将来に影響するところ大と高く評価したい。なお、その後の展開として最決（二小）平23・４・13民集65巻３号1290頁。判例・立法の展開については、新堂・講演「手続保障をめぐる理論・判例・立法の動き」上智法学論集56巻１号（2012）１頁以下、とくに12-22頁参照。さらに、平成27年（2015）の改正により、民訴規207条の２が創設された。

　山本和彦「訴訟と非訟」金子修ほか編『講座実務家事事件手続法(上)』（2017・日本加除出版）第１章１-29頁は、新法（近時の非訟法制の整備、たとえば、家事事件手続法（平23・法52、平25・１・１施行）、国際的な子の奪取の民事上の側面に関する条約の実施に関する法律（略称、子奪取、平25・法48、平26・４・１施行、32条以下）など）の立案過程での経験をもとに、判例の立場では、憲法32条下での立法者のフリーハンドの領域が広すぎることを指摘するとともに、非訟的非訟事件については、憲法32条で求められるべき最低限の手続保障を探求し、争訟的非訟事件においては、「標準手続」（たとえば、家事事件手続法別表第２事項）を観念し、この標準手続からの乖離について「立法者の説明責任」を設けるべきとするなど、新たな地平を開く論文として注目される。

第４節　裁判所による民事紛争処理手続の種類

1　民事紛争処理の手続

　法は、裁判所がさまざまな民事紛争を処理するために、紛争の種類によって種々のタイプの手続を設け、合理的・効果的な処理を図っている。処理目的および手続形式によって分類すれば、以下のようなタイプに分けられる。

（1）　判決手続

　原告が訴えによって主張する権利関係の存否を確定することにより、紛争解決の基準を観念的に作成する手続である。訴えによって始まるが、裁判所の判決によってその結論が示されるところから、判決手続の名がある。判決手続は、さら

36 第1編 総論 第1章 民事訴訟

に第一審、控訴審、上告審、再審の各手続に分かれる。第一審手続には、地方裁判所が行う手続と簡易裁判所がする手続とがある。後者には、比較的少額の事件（訴額140万円を超えない事件）一般を取り扱うもので、簡略な手続となっているもの（270条-280条）と、さらに簡略化した手続として、60万円以下の金銭の支払請求をする訴訟のための特則（少額訴訟。368条-381条）とがある。また大規模訴訟等に関して、裁判所内での受命裁判官による証人尋問、地方裁判所における5人の裁判官による合議体による裁判などの特則が設けられている（268条・269条・269条の2・297条、規179条）。

（2） 非訟事件手続

非訟事件手続法に規定された事件のほか、手続の形式からみると、民事調停事件、家事審判事件、労働審判事件なども、この手続に分類できる（→p25）。

（3） 民事執行手続

判決手続等を経て給付請求権の存在が公証されたにもかかわらず、債務者がこれを任意に履行しない場合に、債権者のためにその請求権を満足させる状態を強制的に作り出す手続（これを「強制執行手続」（民執法第2章参照）という）のほか、担保権の実行としての競売手続、民法その他の法律による換価のための競売手続をいう。民事執行法（昭54・法4）によって規律される（民執1条参照）。なお、係争権利の救済を強制的に図る手続として、判決手続と強制執行手続とを、民事訴訟制度の二大部門と呼ぶことがある。

（4） 民事保全手続

現状を放置すると、のちに勝訴判決を得てもそれに基づく強制執行が不能または著しく困難になるおそれがある場合や、判決を得るまで待ったのではその権利の救済が得られなくなるか、また救済として十分といえない場合などのために、判決までの暫定措置として、現状の変更を禁じたり、一定の法律関係を形成したり、また訴訟で求めている救済を判決以前に与えてしまう等の処分を行う手続である。

仮差押手続は、もっぱら金銭債権のための強制執行を保全するものである。仮処分手続のうち、物を目的とする請求権（たとえば、土地の明渡請求権、土地の所有権移転登記請求権等）の執行保全を目的とするものを、係争物に関する仮処分（民保23条1項）といい、それ以外のものを、仮の地位を定める仮処分（同条2項）という。

また、訴訟で求めている権利の全部または一部を認めてしまう仮処分を満足的仮処分とよんでいる。手続を迅速に行う必要から、この手続に関する裁判はすべて決定で行われる（民保3条）。

（5） 倒産手続

債務者が無資力状態に陥り、多数の債権者の債権に満足を与えることができなくなった場合には、各債権者の個々の権利行使および強制執行を放置すると、債権者間の公平を害するおそれがあり、また、債権者が競って権利行使をする結果、債務者の再建の機会を奪うおそれもある。そこで、統一的包括的な手続として債務者の総財産を総債権者のために公平に清算したり、債権者間の公平を図りつつ債務者の再建策をまとめる手続が用意されている。これには、だれにも適用あるものとして破産手続（破産法〔平16・法75〕）、民事再生手続（民事再生法〔平11・法225〕）があるほか、株式会社については、特別清算（会社510条-574条・879条-903条）、会社更生手続（会社更生法〔平14・法154〕）がある。これらの手続は、原則として公開の対審構造をとらず決定手続で進行させる建前であるので、手続の形式からみると、非訟事件に分類できる。これらの事件の本質が訴訟事件か非訟事件かの議論に関係なく、憲法32条・82条の裁判を受ける権利を侵害しないかどうかが吟味される必要がある（→p30〔＊＊〕）。

2　判決手続に関する特別手続

（1）　少額訴訟手続

60万円以下の金銭の支払を求める訴えについて、簡易裁判所が原則として1期日に審理を終え判決を言い渡すという簡易迅速な手続（368条-381条、規222条-231条）である。平成8年改正法により30万円以下の金銭の支払を求める訴えについて創設され、平成15年改正法により60万円以下の金銭の支払を求める訴えにその対象が拡大された。原告が訴え提起の際この手続による審理裁判を求める旨を述べることによって行われるが、被告に、通常手続への移行を求める権限を認めることによって被告の手続保障を考慮する反面、控訴を禁じるなど手続の簡略化を徹底している。またこの手続の利用が一部の者に独占されないように、利用回数を1人、1裁判所、1年あたり10回に限定している（→p889以下）。

38 第1編 総論 第1章 民事訴訟

（2） 督促手続（382条-402条）

金銭その他の代替物または有価証券の一定数量の給付を目的とする請求権について、債務者がその債務を争わない場合に債権者をして通常の判決手続によるよりも、簡易迅速に債務名義（給付請求権の存在を公証する証書で、その権利の実現のために強制執行が行われるもの）を得させる手続である。この種の請求権について債権者の申立てのみにより（債務者の言い分も聴かないで）、管轄簡易裁判所書記官は、支払督促を発する。これに対し、債務者に異議なく一定期間が過ぎれば、債権者の申立てにより、さらに支払督促に仮執行の宣言を付ける。こうして、債権者は、この仮執行宣言付支払督促を債務名義として強制執行を申し立てられるようになる。さらに、仮執行宣言付支払督促に対しても、一定期間内に債務者から異議がなければ、それに確定した給付判決と同一の効力が生じる。ただし、既判力はない[1]。この点では、判決手続の代用手続といえるが、他面、債務者の異議申立てがあれば、判決手続に移行する点では、その先駆手続ともいえる（→p895以下）。

（3） 手形訴訟および小切手訴訟手続（350条-367条）

手形・小切手による金銭の支払請求権のために簡易迅速に債務名義を得させる手続である。この手続では、督促手続と違い、口頭弁論を開いて債務者に反論の機会を与えるけれども、証拠調べをその証券等の書証のみに限定する結果、債権者は、その証券により容易に給付判決を得ることができる。この判決に対し、債務者の異議申立てがなければそのまま確定するし、異議があれば通常の判決手続に切り換わる点は、督促手続と同様であり、通常の判決手続の代用手続であるとともに、その先駆手続ともいえる（→p905以下）。

（4） 人事訴訟手続

婚姻・親子等の身分関係の確定・形成を目的とする訴訟においては、第三者に対しても判決の効力を及ぼしてこれとの間でも画一的に事件を処理する必要があるので、訴訟に登場しない第三者の利害をも手続上考慮する手段として、とくに職権探知主義を採用した特別の判決手続（人事訴訟法〔平15・法109〕）が設けられている。

1） 平成8年改正により、民執35条2項から「仮執行の宣言を付した支払命令についての異議の事由はその送達後に生じたものに限る」との文言が削除された。

第4節　裁判所による民事紛争処理手続の種類　　*39*

（5）　行政訴訟手続

行政事件については、行政事件訴訟法（昭37・法139、改正平16・法84号）によって、その特質に対応した特別の判決手続が設けられている。

（6）　刑事訴訟手続に伴う損害賠償請求手続

犯罪被害者等の権利利益の保護を図るために、強制わいせつ、強制性交等所定の罪にかかる被告事件の被害者またはその一般承継人は、その刑事被告事件の係属する地方裁判所に対して、訴因として特定された事実を原因とする不法行為に基づく損害賠償請求を申し立てることができるとされている。この申立てについての審理・裁判は、刑事被告事件について終局裁判の告知があるまでは行われないが、原則として4回以内の期日で審理が終結され、決定でもって裁判される。その裁判に対しては、裁判所に2週間の不変期間内に異議を申し立てることができるが、異議の申立てがなければ、裁判は確定判決と同一の効力を有することになるし、適法な異議の申立てがあれば、損害賠償請求の申立ては、管轄のある地方裁判所または簡易裁判所への訴え提起があったものとみなされることになっている。「犯罪被害者等の権利利益の保護を図るための刑事手続に付随する措置に関する法律」（平12・法75）の改正（「犯罪被害者等の権利利益の保護を図るための刑事訴訟法等の一部を改正する法律」（平19・法95）による改正）後の23条-40条。

（7）　労働審判手続[*]

労働審判手続は、個別労働関係民事紛争について、管轄地方裁判所（労審2条）への当事者の申立てにより、労働審判委員会が、事件を審理し、調停成立の見込みがある場合は調停（この調停手続の特色については、→p23〔*〕）を試み、解決に至らない場合には、労働審判を行う手続で、紛争の実情に即した迅速、適正かつ実効的な解決を図ることを目的としている（同1条）。個別労働関係民事紛争とは、労働契約の存否その他の労働関係に関する事項について個々の労働者と事業主との間に生じた民事に関する紛争をいう。労働審判委員会は、地方裁判所の裁判官である労働審判官1人と、労働関係に専門的な知識経験を有する者で、裁判所が事件ごとに指定した労働審判員2人で構成される（同7条-11条）。

労働審判においては、当事者間の権利関係を確認し、金銭の支払、物の引渡しその他の財産上の給付を命じ、その他個別労働関係民事紛争の解決のために相当と認める事項を定めることができ、主文および理由の要旨を記載した審判書を作

40 第1編 総論 第1章 民事訴訟

労働関係民事通常訴訟事件と労働審判事件

	労働関係民事通常訴訟事件の新受件数（地方裁判所）	労働審判事件の新受件数（地方裁判所）	労働審判事件の既済件数（地方裁判所）
平成18	2,035	877	606
19	2,246	1,494	1,450
20	2,441	2,052	1,911
21	3,218	3,468	3,226
22	3,127	3,375	3,436
23	3,170	3,586	3,513
24	3,358	3,719	3,697
25	3,341	3,678	3,612
26	3,254	3,416	3,408
27	3,389	3,679	3,674
28	3,392	3,414	3,524
29	3,526	3,369	3,372

1）最高裁判所事務総局行政局「労働関係民事・行政事件の概況」による。
2）労働審判制度は平成18年4月に開始され、同年の労働審判事件数は4月から12月
　までのもの。

　成して当事者に送達するか、労働審判委員会が相当と認めるときは、期日に審判
の主文および理由の要旨を口頭で告知することもできる（同20条）。
　当事者は、審判書の送達または口頭の告知を受けた日から2週間の不変期間内
に、労働審判に対して異議を申し立てることができ、適法な異議が申し立てられ
たときは労働審判は効力を失うが（同21条1項・3項）、審判事件にかかる請求に
ついて、労働審判の申立てをした裁判所に、審判の申立て時に、訴えの提起があ
ったものとみなされる（同22条）。適法な異議がなければ、労働審判は、裁判上の
和解と同一の効力を生じる（同21条4項）。
　また、労働審判手続の申立てがあった事件について併行して訴訟が係属すると
きは、労働審判事件が終了するまで訴訟手続を中止することができる（同27条）
など、訴訟に先立って簡易迅速に紛争解決を目指す、判決手続に代替する制度に
なっている。非訟事件手続法および民事調停法の多くの規定が準用されている
（同29条）。

〔＊〕　**労働審判法の制定とその実績**　　労働審判法は、司法制度改革審の最終意見に基づき、幾多の議論を経て、平成16（2004）年、制定に至った（法45号、平成18・4・1施行、労働審判規則（平17・最高裁規則2、同日施行）。その立法に至る経緯については、菅野和夫ほか『労働審判制度〔第2版〕』（2007）13頁以下参照）。審判期日（その中で調停も試みられる、同法1条参照）は原則3回で終わる（労審規26条2項・27条参照）ことをはじめ、迅速な手続を実現するための種々の工夫が施されており、「紛争の実情に即した迅速、適正かつ実効的な解決」（同法1条）が実際に得られるとの評判である。藤倉徹也「東京地裁裁判所労働部の事件概況」曹時70巻9号（2018）35頁以下は、2018年4月時点の概況として、同地裁の労働専門部（3カ部）の構成、扱う事件の種類およびそれぞれの新受・既済の件数、労働審判委員が約360名などの数を示すとともに、迅速処理の工夫を重ね、調停成立が74.2％あり、ここ数年来、年に1000件前後の労働審判事件を、ほぼ滞貨なく処理をしていると報告している。なお労働関係民事通常訴訟事件・労働審判事件の新受件数全体については、⤵p40表。

労働審判が実績をあげていることを評価し、その特色の分析と民事事件一般の紛争解決手続への応用可能性を探り、民事訴訟手続の複線化を狙うことが話題となっている。これに関しては、菅野ほか・前掲書13-24頁における労働審判法成立に至る真摯な立法努力、上記藤倉文献が紹介する実務上のきめ細かな工夫などが、参考になる。また最近の文献として、山田文「労働審判の未来——その評価と民事訴訟制度への示唆」論究ジュリ24号（2018）73頁が手引きになる。

3　判決手続に付随する手続

（1）　付随訴訟

民事訴訟の対象となる事件には、私法上の権利関係を訴訟物とせず、むしろ、民事訴訟法上の効果を対象とし、その効果の確定や形成を目的とする訴訟事件もある（たとえば、再審の訴え（338条）、執行判決請求訴訟（民執24条）など）。これらの事件は、本来の訴訟に付随するものとして、訴訟訴訟（Prozessprozess）または付随訴訟とよばれる。

（2）　訴え提起前の証拠収集手続（132条の2-132条の9）

第3編第3章第1節第1款〜3款（⤵p380-394）を参照。

（3）　証拠保全手続（234条-242条）

判決手続における正規の証拠調べの時期まで待っていたのでは、ある証拠を取り調べることができなくなるか困難になることが予想されるときに、その証拠を

42 第1編 総論 第1章 民事訴訟

あらかじめ調べ、その結果を保全しておくための手続である。判決手続の開始前にも可能である（⌐p415）。

（4）　その他の付随手続

訴訟費用額確定手続（71条、⌐p994）、決定・命令に対する抗告手続（328条-337条、⌐p960）などがある。

第2章　民事訴訟法

第1節　民事訴訟法の意義

1　実質的意義の民事訴訟法

　民事訴訟法とは、実質的意義においては、民事訴訟の手続を規律する法規のすべてであり、私法および裁判法とあいまって国家制度としての民事訴訟制度を成り立たせているものである。私法は、私人間の生活関係を規律し、民事訴訟による裁判内容の基準を提供する。裁判内容を規律する私法（実質的意義の民法・商法）の主要なものは、民法典、商法典（形式的意義の民法・商法）、会社法典（平17・法86）として存在している。他方、裁判法は、訴訟の主体たる裁判所の組織・権限を定めて訴訟制度の根幹をつくっている。裁判所の組織・権限を定める法は、裁判所法（昭22・法59）という名の法律のほか、種々の裁判所規則（たとえば、最高裁判所裁判事務処理規則、下級裁判所事務処理規則など）のなかに見出される。

　実質的意義の民事訴訟法は、憲法（32条・82条など）、形式的意義の民事訴訟法（民事訴訟法（平8・法109）と名づけられる法典、その歴史については→p51以下）のほか、民事訴訟費用等に関する法律（昭46・法40）、非訟事件手続法（平23・法51）、民事調停法（昭26・法222）、人事訴訟法（平15・法109）、家事事件手続法（平23・法52）、行政事件訴訟法（昭37・法139）、労働審判法（平16・法45）、民事執行法（昭54・法4）、民事保全法（平元・法91）、破産法（平16・法75）、会社更生法（平14・法154）、民事再生法（平11・法225）等の諸法律、および種々の裁判所規則（たとえば、民事訴訟規則、人事訴訟規則、民事保全規則、民事執行規則、破産規則）の形で存在している（民事訴訟法においても、判例は裁判をコントロールする重要な機能をもっているが、判例法の役割については、便宜、民事訴訟法理論の特色を通観したあとで、それとの関連で取り上げる（→p71以下））。さらに、民法典や商法典のなかにも散見される（たとえば民202条・258条・744条、会社828条-867条）。

　本書は、実質的意義の民事訴訟法のうち、判決手続（行政訴訟を除く）に関する

44 第1編 総論 第2章 民事訴訟法

ものを取り扱う。なお、国際私法において、訴訟手続に関する事項には法廷地法のみが適用になるという原則から、ある法規の適用・不適用を決めるさい、その法規の規律する事項が訴訟手続問題かどうかが問われるが、これは、国際民事訴訟法の課題であり、国際民事訴訟法上の諸考慮に基づいて決定されるべきである。

2 憲法と民事訴訟法

（1）憲法と民事訴訟法学

憲法32条、同82条にみられるように、憲法には、民事訴訟の手続に関する規定が存在する。民事訴訟法の立法論や解釈論を展開するうえで、これらの規定に違反してはならないし、そこに盛られた憲法の保障する基本的価値をむしろ積極的に実現するように、民事訴訟に関する立法を促進し、解釈をリードすることが要請される。民事訴訟法の諸規定を考察する上で、どこまでが最高規範である憲法によって保障されたところであり、法律によっても動かしえない部分であるのか、また、民事訴訟法その他の現行法の規定によっては、憲法の保障する基本的価値が十分に実現されていないのではないかという考察が必要である。訴訟法は「適用された憲法」ともいわれる[1]のは、こうした考察を強調する表現である。この領域の問題は憲法学の問題として、民事訴訟法学ではこれまで十分に論議されなかったが、手続の基本構造を決定する重要な課題として受け止めなければならない[2]。

もっとも、憲法の関係する諸条項の表現はかなり抽象的であるので、民事訴訟法、さらには、民事裁判制度全般に関して、憲法はどのような価値をわれわれに保障しているのかをつねに模索し、議論を尽くしていく必要がある[3]。憲法の保障する基本的価値が問われる局面は、一応つぎの二面に分けることができる。

　　(ア)　**裁判へのアクセス**　　憲法32条は、何人も、裁判所において裁判を受ける権利を奪われないと規定する。しかし、どんな事件や事項であっても、裁判所の裁判を受けられるわけではない。裁判所法は、裁判権の行使を法律上の争訟に限っている（→p245 1）。また、民事訴訟法理論は、古くから訴えの利益のある

1）　中野貞一郎「民事裁判と憲法」講座民訴①〔同・現在問題1頁〕。
2）　中野・現在問題1頁から56頁に先駆的研究があり、私見もこれに啓発された。
3）　中野・現在問題12頁参照。→p132〔＊〕参照。

事件に限って訴訟手続を進行させるとしているし、近時では、宗教上の争いや団体内部の争いに対して裁判権をどこまで行使すべきかという審判権の範囲を問題としている（→p247〔＊〕・p251〔＊〕）。これらの個別の問題を考察するさいに、憲法上要求される審判権の範囲がどこまでか、どこからが政策論として、立法者、解釈者の選択できるところかが厳しく問われる。そこでは、憲法が、立法権、行政権に対立拮抗する司法権をどのような性質をもつ作用とみているか、どのような役割をこれに期待しているか等の考察を深めないかぎり、適正な方向を指示することは不可能である。

　(イ)　**裁判手続のあり方**　　非訟事件の説明ですでにみたように、裁判といっても、その手続は、手続の諸原則をフル装備した訴訟手続から、簡易な訴訟手続、さらには、非訟事件手続といった種々の手続が実定法上用意されている。

　ある種の事件をどのような手続で処理すべきかは、立法政策の問題であることが多い。しかし、①一定の事件については、フル装備の訴訟手続で審判することが憲法上要請されているのではないか、また、②一定の種類の事件については、簡易な手続を採用するにしても、一定の手続原則、たとえば対審の原則や、相手方の立会権を奪うことは憲法の保障する裁判を受ける権利を保障したことにならないのではないか。このような問いかけによって、事件の種類ごとに憲法的手続保障の内容が吟味されることになる。

　さらに、フル装備の訴訟手続といっても、そこに盛られた手続の諸原則のうち、どこまでが法律によっても奪えない憲法上の要請に基づくものであるかも、ここでの重要な基本問題である。

（2）　憲法に組み込まれたデュー・プロセスの観念と手続上の諸原則

　憲法には、国民は、その代表者の選挙を通じて立法過程に参与するとともに、そうして作られ国民一般に適用される法のもとで、国民各自の具体的な権利義務の関係はそれぞれ自らが決定していくという自己決定の原則がとられ、このように決定された国民各自の権利義務については、自己が適正に代表されていない手続によって裁断されそれに拘束されることは不公正であるという観念（デュー・プロセスの思想）が組み込まれていると考えられる[4]。そこから、こと国民の具体

　4）　佐藤・憲法3版295-296頁。

46 第1編 総論 第2章 民事訴訟法

的な権利義務に関して争いが生じた場合には、裁判へのアクセスが保障されるべきことが憲法上要請される。また、裁判へのアクセスが保障されたとしても、民事訴訟においては、各自は、裁判の結果敗訴した後は再度争いえないという不利益を強制的に受けることになるわけであるから、そういう強制を受ける前提として、各自は、その訴訟の進行過程に参加し、手続の主体となって裁判のための材料を提供し、自己の言い分を述べる機会を平等に与えられ、こうして提出された資料を判断材料にして、公平な立場の裁判官によって結論が出されるという構造をとることが、憲法上要請されているということができる。ここから、審問請求権（裁判を受ける者は、その裁判事項につき、あらかじめ自分の見解を述べかつ聴取される機会が与えられることを要求する権利）の保障は、憲法的保障の中核をなすといえる。

「法の下の平等」を規定した14条からは、各自は手続上平等に扱われるべきであるという平等原則および武器対等の原則の保障が導かれる。そしてここでは、必然的に、勝敗を左右する証拠や情報が被告や第三者の手に偏在しているような場合に、原告としてこれらにどこまでアクセスでき、訴訟で利用できる制度にすれば、公正・妥当な手続といえるかという課題——平等・対等の実質的保障の課題に行き着かざるをえないであろう。また82条から対審・公開の原則の保障も、憲法上の要請とみることができる。

さらに、適切な時期に審判を受けられるという「適時審判の原則」も、不当に遅延した裁判を受けても十分な権利の救済といえないことからすれば、29条の財産権の保護の規定とあいまって、憲法上の保障とみることができる。もっとも、これらの原則は、たとえば迅速な裁判であっても誤った裁判によって権利の侵害が行われるとすれば、これまた憲法の要請するところに反することになりかねないのであり、憲法上の諸原理・諸価値間の適正・精密な調整をする作業が不可欠である（各原則についての議論は、それぞれの箇所を参照されたい）。このような作業をするにあたり、憲法の条項のほか、国際人権規約のうち「市民的及び政治的権利に関する国際規約」（昭54・条約7）14条1項（公正な裁判を受ける権利）も重要な法源（憲98条2項）として、参照されるべきである。

最近では、これら憲法の保障する手続原則を、一括して、「手続保障」とか「手続権保障」と呼び[5]、立法論・解釈論の指導原理として多用しているが、本来、他の原則、他の価値との調整を要する原則であることに鑑みれば、マジック

ワードとして濫用することは慎まなければならない。同時に、憲法などに違反しないところの、いわば最低限度の保障（手続参加の機会の手続保障、→p33）を考察する視点とともに、さらに、その参加が実質的になるような制度的保障（たとえば前記の武器対等原則の実質的保障など）を考察する視点が必要である[6]。

3　公法としての民事訴訟法

　民事訴訟法は、国家が国民に対して裁判権を行使する方法や限界を規律の内容とする点で、公法に属するといえる。とりわけ強制執行手続は、本来的に債務者の意思に抗して国家が強制力を行使する関係なので、強制力を用いる要件、方法、限界等を定める規定が中心になっている。これに対し、判決手続では、国家権力たる裁判権を行使するといっても、両当事者の利益主張の当否を観念的に判断する作用が中心であるから、生の強制力の行使という事態は少ない。たとえば、被告はその意に反して応訴を強制されるといっても、手続上当然に観念的に被告の地位につかされるというだけで、期日に出席しないからといってこれを勾引するわけではなく、被告として、欠席の不利益を手続上負担させられるにとどまる（証人のようにぜひその陳述を得たいという場合にのみ、直接強制力が加えられるにすぎない。192条・193条・194条、規111条）。

　しかも、判決手続ではとくに、両当事者を公平に扱い、その便宜を保証するための規定が少なくない。これらの規定は、その規定違反の結果不利益を受ける側がこれを甘受するかぎり、国家としてはその遵守にこだわる必要がないものであり（なお→p50(b)）、そこでは、むしろ、対等の私人間の利害を公平に調節するという、いわば私法的利益考量が無視できない役割を占めるのである。したがって、判決手続における個々の立法論、解釈論においては、具体的にだれとだれとの、どのような利害の調節が求められている問題かを吟味することなく、やみくもに

5）　手続保障論の生成と発展については、新堂「『手続保障論』の生成と発展——民事訴訟法学の最近の動向」日本司法書士会連合会編　日司連研修叢書『市民社会と法をめぐる今日的課題』（1991・民事法研究会）〔同・役割321頁以下〕参照。

6）　前者を「形式的手続保障論」、後者を「実質的手続保障論」と呼び、後者を段階的に配慮した訴訟手続の多様化を、立法論としても模索した論文、山本和彦「手続保障再考——実質的手続保障と迅速訴訟手続」井上・追悼146頁以下は、示唆に富む（なお、→p419注5））。

48 第1編 総論 第2章 民事訴訟法

公法的性格を強調してある結論に達しようとするのは、正しい態度ではない[7]。

4 民事法としての民事訴訟法

民事訴訟法は、対等な私人間の生活関係における紛争や利害の対立を処理するための規律である。この点では、民法・商法等の私法と共通であり、これらとともに民事法の部門を構成する。

(1) 私法と民事訴訟法との役割分担

私法は、民事訴訟において、裁判内容の基準として働く。すなわち、私法は、私人間の生活関係上の利害の対立を調整するために、いかなる場合に、だれに、どのような権利または義務が発生し、変更され、消滅するかを規定する。そして、このような私法の体系の確立したところでは、私人間の紛争における相互の利益主張は、通常、一定の私法上の権利義務の存否の主張として対立する形となり、訴訟でも、原告が訴えによって一定の私法上の権利の存在（または義務の不存在）を主張し、被告がこれを争う形をとる。しかも、権利義務の存否の主張は、その権利義務を発生または消滅せしめる要件として私法が規定している要件に該当する事実が現実に生じている旨の主張によって裏づけ、この事実の主張を相手が争えばさらに証拠によって証明するという争いになる。裁判所も、証拠調べによって要件に該当する具体的事実の存否を認定し、権利の存否を判断することになる。

このように、訴訟において私法は、当事者間の争点を整理し、その争点を証明可能な具体的事実の存否の争いに引き直させるとともに、裁判の内容をなす権利の存否を判断する基準として働く。これに対して、民事訴訟法は、手続をどのように進め、いかにして事実認定の資料を収集し、どのような方式で裁判をするかという、いわば、訴訟の形式面を規律する役割をもつ。このようなそれぞれの機能に着眼して、私法は実体法、訴訟法は形式法ともよばれる。

(2) 実体法と形式法との区別

上記のように私法を実体法とし、訴訟法を形式法とする区別は、一般的な考察に基づくものであり、個別的には、民商法の規定も、確認の利益や当事者適格の

---

7) ただし、山本弘「権利保護の利益概念の研究(2)」法協106巻3号（1989）396頁には、公法性の強調は自由主義的法治国家観の反映であったという興味深い指摘がある。

存否を判断するときの基準として考慮される場合は、形式法的な役割を演じるし、訴訟法規も、再審事由の存否を判断する場合や、上告審が原審の訴訟手続違背を判断する場合には、裁判の内容の基準として働くから、実体法的に機能するといえる。

5 訴訟法規の種類

訴訟法規を解釈適用するさいの重要な手がかりの一つに、遵守を要求する程度の差による、つぎのような訴訟法規の分類がある。もっとも、個々の条文がそのどれにあたるかについては、法文上明らかでないことが多いので、むしろ解釈作業のなかで逆に決められることにならざるをえないが、その分類をする基準やそれに関する議論は、訴訟法規の性格の理解を助け、その解釈作業に指針を与える。

（1） 効力規定と訓示規定

効力規定は、これに違背した行為や手続の効力に影響を及ぼす種類の規定である。訓示規定は、その遵守の要求が一応のものであり、これに違反しても訴訟法上の効力に影響のない規定である（たとえば、167条・174条・178条・298条2項・251条1項など）。効力規定は、さらに強行規定と任意規定に分けられる。

（2） 強行規定と任意規定

(ｱ) **強行規定** 訴訟制度の基礎を維持するとか、当事者の基本的な手続保障を図るなど、その遵守が強度に要請される規定であり、裁判所や当事者の意思なり態度なりによってその拘束を排除できない性質の規定である。これに反した行為や手続は、つねに無効であり、その違反については、当事者による指摘がなくとも、裁判所は職権をもってこれを顧慮しなければならない。たとえば、裁判所の構成、裁判官の除斥、専属管轄、審判の公開、不変期間、当事者能力、訴訟能力（ただし、訴訟能力は、適法な追認によってその欠缺の瑕疵を治癒しうる）等に関する規定がこれに属する。

(ｲ) **任意規定** 訴訟追行上当事者双方を公平に扱い、それぞれに平等にその便宜を確保することを主目的にした規定で、当事者の意思または態度によって、その拘束をある程度緩めることができるものである。下記(b)で述べる責問権の放棄・喪失（90条）が認められる規定は、この任意規定に属する。

(a) **訴訟における合意** 私法でいう任意規定は、当事者の合意で規定と異な

る定めができるものを指すが、訴訟法規の場合には、当事者が合意で任意に訴訟手続を変えることは、多数の事件の処理を混乱させるおそれがあるので、原則として許されない（任意訴訟の禁止という）。しかし、明文で合意を許す規定のある場合（管轄の合意（11条）、不控訴の合意（281条1項ただし書））はもちろん許されるし、また訴訟になっても、当事者は訴訟の目的である係争利益を処分でき、これに対応して、訴訟追行上ある行為をし、またはしない自由をもつから、その利益や自由を制限する内容の合意は許されるべきである。この種の合意は、たんに民法上の合意としての拘束力だけでなく、訴訟上もその効力を顧慮されるべきである[8]。訴訟上の和解（267条）や自白（179条）は、この種の合意が訴訟法上制度化されたものといえるが、そのような条文上の根拠はなくとも、たとえば、不起訴の合意（→p259〔＊〕）、訴え取下げの合意（→p347〔＊〕）、証拠契約（→p602）などは、この種の合意に属するものとして、訴訟上の効力を与えるべきである。

(b) **訴訟法に特別の任意規定——責問権の放棄および喪失**　　訴訟法では、さらに私法と異なった意味の任意規定がある。それは、あらかじめ法規と異なる取扱いを取り決めることはできないが、ある規定の違反があっても、これによって不利益を受ける当事者側が、これを甘受して異議を述べなければ、その違反を不問に付すことができる種類の規定である。すなわち、当事者はその違反につき責問権の放棄が許され、また遅滞なく責問権を行使しないとこれを喪失するとされるもので（90条。条文上の表現は「異議権」）、裁判所も、当事者から文句がでた場合にだけ、その違反を顧慮すれば足りるとされる規定である。たとえば、当事者の訴訟行為の方式、裁判所の呼出し・送達・証拠調べの方式、訴訟手続の中断・中止等に関する規定である。この種の任意規定が存在することは、いったん進行した手続をあとから覆すことをなるべく少なくしようとする手続安定の要請（→p61(1)）のあらわれといえる。また後から文句をいわせるとすれば、かえって不公平な扱いになるからである。

---

8) 山本和彦「訴訟法律関係の契約的構成——裁判所と当事者との『審理契約』を中心に（2・完）」法学55巻2号（1991）〔同・構造論335頁、とくに399頁以下〕は、裁判所と当事者との間で、審理計画および争点の決定について合意を図り、契約的に処理していくことが、審理の促進・充実にとって有用であることを主張するが、賛成できる。

第2節　日本の民事訴訟法の沿革と将来

1　民事訴訟制度の成立

　民事訴訟制度は、社会の自衛装置ともいうべきものであり、それを設ける必要――つまり、私人間の紛争を強制的に解決する必要性――は、社会の存立とともに存在した。しかし、民事訴訟制度が機能するためには、これを強制するに足る権力の確立が必要である。国家権力が確立された現代では、民事訴訟制度の設営は、もっぱら国家の任務とされ、民事裁判権はこれに独占されているが、歴史的には、社会における権力の確立と組織の整備とともに発達したものであり、近代国家の成立以前には、部族、領主、都市、教会等が民事裁判権の行使にあたった段階もあった[1]。

2　ドイツ法の継受――旧々民事訴訟法の成立

　わが国にも、封建時代に発達した固有の民事訴訟制度があったが、現在の制度は、これとは無関係に、明治10年（1877）に制定されたドイツ民事訴訟法典を継受したことに始まる。諸法典の整備を急いだ明治政府は、明治9年（1876）、司法省内に法律取調所を設け、当時の民事訴訟に関する慣例や法令を編集する作業を進めた。明治16年（1883）には、当時民商法の編纂に関与していたフランス人ボアソナードの日本訴訟法財産差押法草案が著わされ、これに基づいたと思われる訴訟法草案も作られたが、明治19年（1886）6月にドイツ人テッヒョーの起草にかかる訴訟法草案が政府に提出され、これが基礎となり、法律取調委員会の議を経て、明治23年（1890）に民事訴訟法（法29号）が成立公布され、翌24年（1891）1月1日より施行された。これが旧々民事訴訟法であり、大体において当時最新の法典であったドイツ法を翻訳的に継受したものであった[2]。

1）　各国の民事訴訟の歴史を簡潔に述べたものとしては、斎藤秀夫「民事裁判の歴史」民訴法講座(1)
23頁、兼子・体系59-63頁等がある。

2）　兼子一「民事訴訟法の制定」『東京帝国大学学術大観法学部編』（1942）〔兼子・研究2巻1頁以
下〕、染野義信「わが国民事訴訟法の近代化の過程」菊井・献呈(上)493頁以下、鈴木正裕『近代民
事訴訟法史・日本』（2004・有斐閣）35頁・115頁以下参照。

52　第1編　総論　第2章　民事訴訟法

3　旧々民事訴訟法制定後の改正

（1）　旧民事訴訟法の成立

　旧々民事訴訟法は、その実施後まもなく規定が精密すぎて運用しにくいなどの批判がでて、明治28年（1895）以来改正が検討された[3]。同36年（1903）には改正草案が公表されたが、立法化されなかった。その後大正8年（1919）に民事訴訟法改正調査委員会ができ作業を続行した結果、大正15年（1926）に、第1編から第5編まで（判決手続の部分）を全面的に改正する法律（法61号）が成立、昭和4年（1929）10月1日から施行された。これが平成9年（1997）12月31日まで施行されていた旧民事訴訟法である。この改正は、訴訟の移送および訴訟参加を拡張し、合議制の場合の準備手続を前置主義とする反面、煩雑で遅延の原因とされた欠席判決制度や証書訴訟を廃止し、また職権進行主義を徹底して、手続の簡易化と促進を期したものであった[4]。

（2）　新憲法下の旧民事訴訟法

　太平洋戦争中は、手続の簡易化と審級省略のために、戦時民事特別法が制定されたが、戦後廃止された。新憲法のもとでは、司法制度が一新され（裁判所法〔昭22・法59〕の制定等）、行政訴訟も民事訴訟手続の一部として司法裁判所が処理することになったが（行政事件訴訟特例法〔昭23・法81〕）、旧民事訴訟法自体は、昭和23年（1948）、若干の改正を受けるに止まった。それでも、アメリカ法の影響を受けて、簡易裁判所の手続の特則の制定（旧352条以下）、違憲問題に関する特別上告・特別抗告制度の新設（旧409条ノ2・419条ノ2）、判決の変更制度の採用（旧193条ノ2）、職権証拠調べの廃止（旧々261条）、交互尋問制の導入（旧294条・295条）、上訴濫用に対する制裁規定の新設（旧384条ノ2）などの改正が行われた。

　さらに、昭和25年（1950）には、準備手続、期日の変更に関する規定（旧249条・152条）の改正がなされ、あわせて継続審理規則（昭25・最高裁規27）の制定によって、アメリカ的な集中審理方式への接近が試みられたが、必ずしも実務に定着するに至らなかった。ドイツ法的な骨組みをもつわが国の民事訴訟法に、アメ

3）　中野貞一郎「司法改革の軌跡」三ケ月・古稀(上)3頁、同「手続法の継受と実務の継受」季刊実務民事法3号（1983）〔同・現在問題57頁〕、鈴木・前掲注2）231頁以下参照。

4）　染野義信「わが国民事訴訟制度における転回点」中田・還暦(上)1頁以下参照。

リカ法的な制度（たとえば、クラス・アクション、ディスカバリー制度など）をどこまで取り入れられるかは、わが民事訴訟法学の課題の一つである（⌐p289(3)・p379）。また、昭和39年（1964）には、かつての証書訴訟に類する手形・小切手訴訟制度が設けられた（旧民訴第5編ノ2、旧444条-463条）。

（3） 旧々民事訴訟法第6編の変遷

大正15年（1926）の改正のさいに取り残された旧々民事訴訟法「第6編 強制執行」については、昭和54年（1979）に至って、全面改正され、旧競売法（明31・法15）の改正と併せて独立の民事執行法（昭54・法4、昭55・10・1施行）が誕生した。これにより、旧民事訴訟法第6編は、ほとんどの規定が削除され、仮差押えおよび仮処分の若干の規定を残すのみとなり、同第6編の名称も「仮差押及ビ仮処分」となった。さらに、平成元年（1989）には、民事保全法（平元・法91、平3・1・1施行）が成立し、民事訴訟法第6編と民事執行法第3章（仮差押及ビ仮処分ノ執行）に分散されていた諸規定が改正統合された。その結果、旧々民事訴訟法第6編の従来の規定は全部なくなり、従前の「第5編ノ3 判決ノ確定及ビ執行停止」が旧民訴法第6編となった。

4　平成8年改正民事訴訟法の成立

平成8年（1996）6月18日、旧民事訴訟法第1編（総則）から第6編（判決ノ確定及ビ執行停止）[*]までを全面的に改正した新しい民事訴訟法（平8・法109）が成立し、同月26日に公布され、平成10年（1998）1月1日から施行された（以下、「平成8年改正法」という）。民事訴訟規則の全面改正も行われた（平8・最高裁規5）。

[*]　**旧民事訴訟法第7・8編のその後の変遷**　　旧々民事訴訟法のまま手つかずになっていた第7編および第8編は、形式的な条文の調整のほかは、そのままの形で残り、「公示催告手続及ビ仲裁手続ニ関スル法律」（明23・法29）と命名された（平成8年改正民訴附則2条）。その後、仲裁法（平15・法138）が制定され、さらに、公示催告手続については非訟事件手続法の第4編に組み込む改正（「民事関係手続の改善のための民事訴訟法等の一部を改正する法律」平16・法152、平17・4・1施行）が行われ、旧々民事訴訟法はその形を一切留めなくなった（その後、会社法（平17・法86）の制定により、非訟事件手続法の「第3編 商事非訟事件」が削除されたので、「公示催告事件」編は同法「第3編」に繰り上がった）。その後、さらに非訟事件手続法の改正（平23・法51および平29・法45）があり、現在では同法第4編「公示催告事件」（99条から118条）に規定されている。

（1）　改正までの動き

大正15年（1926）の全面改正（旧民事訴訟法の制定）から70年が経過した。その間社会経済の変化は激しく、民事紛争も複雑・多様化しており、従来の手続がこれに十分対応していないのではないかとの疑問が生じ、裁判に時間と費用がかかりすぎ、使いものにならないとの批判が国民の各層からなされるだけでなく、弁護士層からも裁判官からも、このままでは、国民の司法離れを助長し、司法への信頼を失うとの危機感がたかまり、民事訴訟の運用の改善を目指した活動が裁判所、弁護士会で活発となった。こうした各層の改革へのエネルギーが、運用の改善を越えて国民に「利用しやすく、分かりやすい民事訴訟を」という法改正への動力となった。

（2）　主な改正点

平成8年改正法では、①とくに争点整理手続の整備（164条以下）および証拠収集手続の拡充（→p379以下）により、早期に争点および証拠の整理を行って立証対象を明確にし、効率的集中的な証拠調べへの途を目指したこと（182条）、②少額事件訴訟を創設し、請求額30万円以下の金銭請求について、原則として1回の期日で迅速に判決を得られるようにしたこと（368条以下、現在では60万円以下となっている）、③最高裁判所に対する上告については、最高裁判所の負担を軽減し、憲法事件や法令の重要な解釈などの判断に専念できるように、上告理由を憲法違反と絶対的上告理由に限定し（312条）、法令違反については、上告受理の制度を導入し、最高裁判所は、法令の解釈に関する重要な事項を含まない事件について、決定で上告を受理しないことができるようにしたこと（318条）などが注目される。

（3）　改正法の特色

同改正法は、審理の充実・促進のために、当事者およびこれを代理する弁護士に対して、従前になかった各種の訴訟進行協力義務を規定したが（156条・167条・174条・178条・224条3項・301条、規53条-55条・79条-83条・102条・181条-183条）、それらの遵守・履行の多くを強力な失権をもって確保するのではなく、裁判所と当事者、当事者間のコミュニケーションを濃密にするように配慮しつつ、当事者自身の自発的な協力行動に任せるという基本的方針をとっていることも、同改正法の特色である。

同改正法のこれらの意図・工夫が実際に成功するかどうかは、当事者とくに弁護士である代理人の協力にかかるところが大である。その意味からも、同改正法の冒頭において、「裁判所は、民事訴訟が公正かつ迅速に行われるように努め、当事者は、信義に従い誠実に民事訴訟を追行しなければならない」と宣言して（2条）、裁判所の責務および代理人を含めた当事者の信義誠実の原則を明らかにしたことの意義は大きい。

5　司法制度改革審議会意見書に基づく諸改正

（1）　隣接法律専門職の活用（司法書士への訴訟代理権の付与等）

司法制度改革審議会（平成11年7月〜同13年6月。同会意見書（平成13年6月12日）以下「意見書」という）の提言を受け、平成14年に公布された「司法書士法及び土地家屋調査士法の一部を改正する法律」（平14・法33、平15・4・1施行）では、司法書士に、簡易裁判所における訴訟代理権等が付与された（司法書士3条1項6号・7号）。弁理士については、「弁理士法の一部を改正する法律」（平14・法25、平15・1・1施行）により、弁護士が訴訟代理人になっている事件にかぎり、特許権等の侵害訴訟での代理権が付与された（弁理士6条の2）。司法制度改革のはじめとして、利用者の視点から当面の法的需要を充足させる措置であり、隣接法律専門職などの有する専門的能力を訴訟手続に活用する方策の一つである。いずれの場合も、能力を担保するための特別の研修と国の行う試験に合格することを要件としている。税理士については、すでに、平成13年税理士法の改正（平13・法38、平14・4・1施行）により、租税に関する事項につき税理士補佐人制度が創設されている（税理士2条の2、裁判所の許可不要、民訴60条1項参照）。

さらに、筆界特定手続の創設（不動産登記法等の一部を改正する法律（平17・法29、平18・1・20施行）（不登法第6章。→p211〔＊＊〕））に伴い、その特定手続およびその審査請求、さらに民間紛争解決手続（ADR）における代理業務への司法書士および土地家屋調査士の参入を認める規定を整備した（司法書士3条1項8号、土地家屋調査士3条1項2号・4号・7号等の改正参照）。

（2）　民事司法の改革に関する法改正

平成8年改正法により、民事訴訟の平均審理期間は全体として短縮された。

平成11年（1999）においては、地方裁判所第一審訴訟事件全体の審理期間は、

56　第1編　総論　第2章　民事訴訟法

9.2カ月であったが、事実に争いのある事件で証人尋問など人証調べをした事件の平均審理期間をみると、20.5カ月に及んでいた。そこで、意見書は、司法制度改革の一環として、国民の期待に応えるために、なお一層の審理の充実を図るとともに、その審理期間20.5カ月を、おおむね半減することを目標に、諸施策を実施すべきであるとした。そして、平成15年から同16年に、民事訴訟に関する多くの法律が制定された。それらにはつぎのようなものがある。

　㋐　**裁判の迅速化に関する法律**（平15・法107、平15・7・16施行）　　(a)　裁判の迅速化を目標として、第一審の訴訟手続については2年以内のできるだけ短い期間に終結させることを目標とし、これを達成するには、訴訟手続等の整備、法曹人口の大幅な増加、裁判所および検察庁の人的体制の充実、国民にとって利用しやすい弁護士の体制の整備等により行われるべきであるとする（2条1項・2項）。

　そして、国に対しては、裁判の迅速化を推進するため必要な施策を策定・実施すべき責務を定め（3条）、政府に対しては、その施策を実施するため必要な法制上または財政上の措置その他の措置を講じなければならないとし（4条）、日本弁護士連合会に対しては、弁護士の利用を容易にするために弁護士の態勢の整備その他の体制の整備に努めるべき責務を定める（5条）。また、手続実施者としての裁判所の責務としては、可能なかぎり裁判の迅速化の目標を実現するように努めるものとする（6条）。他方、当事者、代理人等（「当事者等」）の裁判手続上の行為を行う者に対しても、手続上の権利を誠実に行使すべき責務を定めている（7条1項）。

　また最高裁判所に対しては、手続に要した期間の状況、その長期化の原因その他必要な事項についての調査および分析を通じて、裁判の迅速化にかかる総合的、客観的かつ多角的な検証を行い、その結果を、2年ごとに、国民に明らかにするため公表するものとし、この検証の結果は、国の施策の策定および実施にあたって、適切に活用されなければならないとしている（8条）。

　この法律は、公布の日から施行され（附則1）、最高裁判所による検証結果の最初の公表は、この法律の施行日から2年以内に行うものとされている（附則2）。さらに、政府は、この法律の施行後10年を経過した場合において、この法律の施行の状況について検討を加え、必要があると認めるときは、その結果に基づいて所要の措置を講ずるものとされている（附則3）（『裁判の迅速化に係る検証に関する報

告書』〔平成17年から２年に１回公表されている〕）。

(b)　他方、裁判の迅速化にあたっては、当事者の正当な権利利益が害されないよう、手続が公正かつ適正に実施されることが確保されなければならないと規定し（２条３項）、当事者や訴訟代理人などに権利を誠実に行使すべき責務を課した定め（７条１項）は、同人らの正当な権利の行使を妨げるものと解してはならないとも規定し（７条２項）、充実した手続の確保を無視するものであってはならないとしている。裁判の迅速化は、往々にして、当事者の立場・便宜を殺ぐおそれがあることは事実であり、相反する要請であるが、法は、迅速化にかなり軸足をおいているように読める。

(イ)　**司法制度改革のための裁判所法等の一部を改正する法律**（平15・法128、平16・4・1施行）[5]　簡易裁判所の事物管轄を90万円から140万円に拡充し（裁33条１項１号）、訴額が算定できないとき、または極めて困難であるときは、その価額は、140万円を超えるものとみなす旨の改正（民訴８条２項）、財産権上の請求でない請求にかかる訴えの訴額を95万円から160万円に引き上げる改正（民訴費４条２項）が行われた。また意見書では、訴訟費用面から利用者の負担を軽減し裁判所へのアクセスを拡充する諸提案がなされているが、その趣旨を受けて、訴え提起等の手数料額の低額化・合理化（民訴費別表第１等）、現金納付の可能化（同８条）、費用額算定方法の簡易化（同２条４号以下）などの改正が行われた。

弁護士で５年以上その職にあった者が、いわば「非常勤裁判官」として調停に関与できる民事調停官・家事調停官制度の創設[*]のほか、規制緩和に向けた弁護士法および外国弁護士による法律事務の取扱いに関する特別措置法（昭61・法66）の一部改正が実現した（詳しくは、脚注５）の文献を参照）。

〔*〕　裁判所における調停手続に、民事調停官・家事調停官の制度を設けた。これは、弁護士で５年以上その職にあった者のうちから最高裁判所が任命する、任期２年の、いわば非常勤の裁判官で、民事調停事件、家事調停事件の処理に必要な職務を、裁判官と同様の権限をもって行うものである（民調23条の２・23条の３、家事250条・251条）。弁護士としての幅広い知識経験を調停手続に活用しようとする試みであり、弁護士からみれば、裁判官の職責を経験する機会が提供された意味でも注目される。

5）　松永邦男「司法制度改革のための裁判所法等の一部を改正する法律の概要」NLB768号（2003）19頁以下参照。

58　第1編　総論　第2章　民事訴訟法

　(ウ)　**民事訴訟法等の一部を改正する法律**（平15・法108、平16・4・1施行）　民事
裁判を国民がより利用しやすいものとする等の観点から、司法制度改革の一環と
して、民事裁判の充実および迅速化を図るため手続の改善を規定する。①計画審
理の推進（⌐p527(3)）、②訴え提起の予告通知制度の導入と訴え提起前における
証拠収集手続の拡充（⌐p379以下）、③専門委員制度の創設（⌐p503）、④特許権お
よび実用新案権等に関する訴えの管轄を、専門的な処理体制が整備されている裁
判所に専属化すること（⌐p115(b)・p875）、⑤少額訴訟の訴額の上限を30万円から
60万円へ引き上げること（⌐p889）などが規定された。

　(エ)　**人事訴訟法**（平15・法109、平16・4・1施行）**の制定**　人事訴訟手続法（明
31・法13）を、実質的に現代化した法律である。家庭裁判所の機能の充実のため、
意見書で指摘された、従来地方裁判所の管轄であった人事訴訟を家庭裁判所に移
管したこと（4条）および参与員制度を拡充したことのほか（9条以下）、職権探
知主義の一般的な採用（20条、旧人訴14条は、婚姻を維持するためにのみ採用されていた）、
当事者本人もしくは法定代理人または証人が、自己の私生活上の重大な秘密にか
かる事項の尋問を受けた場合に、厳格な要件の下に尋問の公開を停止することが
できるとする規定（22条）などが盛り込まれている。

　(オ)　**仲裁法**（平15・法138、平16・3・1施行）　「公示催告手続及ビ仲裁手続ニ関
スル法律」（明23・法29）のなかの仲裁手続に関する規定は、その制定時から近年
まで、実質的な改正は行われなかった。1985年（昭60）、国際連合国際商取引法委
員会（United Nations Commission on International Trade Law,「UNCITRAL」と略称される）
が国際商事仲裁模範法（UNCITRAL Model Law on International Commercial Arbitration）
を採択したことがきっかけとなり、多数の国で仲裁法の整備が行われた。わが国
でも改正がなんどか検討されたが、社会経済情勢の変化に応じて倒産法制の整備
が先行していたため、仲裁法の改正作業は中断していた。

　意見書においては、ADRが、国民にとって、裁判と並ぶ魅力的な選択肢とな
るよう、これを拡充・活性化すべきであるとの提案がなされ、これに沿って、新
たに仲裁法が制定され整備・現代化されることになった。この結果、かつての明
治の旧々民事訴訟法（明23・法29）は、「公示催告手続ニ関スル法律」にその痕跡
を留めるにすぎないものとなり、この「公示催告手続ニ関スル法律」も、前述し
たように、さらに非訟事件として再編成されたうえ、非訟事件手続法「第4編

公示催告事件」に吸収されて現代化された（→ p53〔*〕）。

　　㈹　**知的財産高等裁判所設置法**（平16・法119、平17・4・1施行）**および裁判所法等の一部を改正する法律**（平16・法120、平17・4・1施行）　　知的財産に関しては、すでに、管轄の集中かつ専属化を規定していたが（上記㈢参照）、さらに、上記設置法は、東京高等裁判所の中に、特別の支部として、知的財産高等裁判所を設けることとし（設置法2条）、最高裁判所が、そこに勤務する裁判官を指定し、そのうちの1人に知的財産高等裁判所長を命じ（同3条）、知的財産高等裁判所の司法行政事務については、そこに勤務する裁判官の会議の議によることとし（同4条）、その庶務をつかさどらせるために、知的財産高等裁判所事務局が置かれることとなった（同5条。→ p875 第2節）。

　　また民事訴訟法を一部改正して、知的財産に関する事件における裁判所調査官の事務を拡充・明確化するとともに、同調査官について除斥・忌避の制度を導入した。そのほか、特許法の一部を改正して、特許権者等の権利行使の制限、必要な書類の提出拒否の際のインカメラ手続を当事者、訴訟代理人または補佐人にまで開示することを認める一方、営業の秘密について秘密保持命令、当事者尋問等の公開停止の手続を整備した（→ p513㈼）。さらに、これに準じた改正を、実用新案法、意匠法、商標法、不正競争防止法および著作権法について行った。

　　㈺　**労働審判法・労働審判規則の制定**　　これについては、→ p39（7）。

　　㈾　**情報通信技術の導入**　　訴訟手続上の申立て等について、電子情報処理組織を用いることについて、平成8年改正においては、従来、東京簡易裁判所および大阪簡易裁判所で行われていた電子情報処理組織によって光学的に文字を読みとることができる用紙を用いる方式（いわゆる OCR 方式）による支払督促の申立てができることを規定するのみであったが（平成16年改正前397条、平成16年改正前規238条）、支払督促の申立てを含む申立て等一般について、オンライン化を可能とする旨の法改正（民事関係手続の改善のための民事訴訟法等の一部を改正する法律（平16・法152））が行われた（132条の10・397条〜402条）。

　　㈿　**民事訴訟費用法の一部改正案**　　弁護士報酬敗訴者負担制度の立法による導入の当否については、従来から賛否両論が対立していたが（→ p990〔*〕）、意見書では、利用者の裁判所へのアクセスの拡充という観点から、導入すべきであるとの提言を受け、これを導入するための民事訴訟費用等に関する法律の一部改正

60 第1編　総論　　第2章　民事訴訟法

案が、平成16年（2004）第159回国会に提出されたが（その内容については、↗p992〔＊〕(3)）、廃案となった。

6　国際的要素を有する民事裁判手続等に関する法整備

　国際的な経済活動が盛んになるに伴い、これらの事件処理のための日本国内の法整備が必要となり、「外国等に対する我が国の民事裁判権に関する法律」（「民事裁判権法」と略称）（平21・法24、平22・4・1施行）（↗p94(イ)）と、「民事訴訟法及び民事保全法の一部を改正する法律」（平23・法36）とが成立・施行された。後者は、国際的な要素を有する財産権上の訴えおよび保全命令事件（同改正法附則5条参照）に関して、日本の裁判所が管轄権を有する場合等について規定を整備したものである（↗p95(ア)）。

第3節　民事訴訟法理論の基本的特色

　民事訴訟法の立法論や解釈論を試みる場合に、一応の手がかりとなるいくつか
の基本的特色を、ひとわたりみておこう。これらの特色はそのどれもが、民事訴
訟法理論の形成に事実上大きな影響を与えているものであるし、それらに対する
配慮を抜きにしては、民事訴訟法理論の方向をみ誤るおそれがあるものである。
しかし、むろん、民事訴訟法にのみ認められ、他の法分野、ことに私法において
絶対にみられない特色というわけではない。要は、程度の問題である。

1　手続現象を規律する法理論としての特色

（1）　手続の安定の要請

　民事訴訟は、一つの法現象としてみると、訴えに始まり、これと前後して当事
者の準備活動が行われ、期日における当事者双方の主張および立証行為が積み重
ねられ、裁判所の裁判に至るという過程である。それは、当事者および裁判所の
各行為が、裁判という共通の目標を目指して、順次行われていくという意味で、
手続現象といえる。民事訴訟法は、このような手続現象を規律の対象としている
点で、手続の安定という要請が強く働く。先行する行為を前提にして順次後行の
行為が積み重ねられた後で、先行の行為の効力を否定するとすれば、その有効な
ことを前提としてその上に積み重ねられた後行の行為を無駄にすることになる。
そこで、いったん進行した手続はなるべく尊重するというのが、訴訟経済上はも
ちろん、先行の手続を有効と考え、これを前提にして後の行為をした当事者と相
手方との間の公平という観点からも、強く要請される。たとえば、民法では、法
定代理人の同意を得ない未成年者の法律行為は、取り消すことができるものとす
る（民5条1項・2項）。これをそのまま訴訟の場合にも認めると、その行為を有
効として手続を進行させた後に取り消された場合には、それまでの手続が無駄に
なる。そこで、訴訟においては、未成年者は、法定代理人によってのみ有効な訴
訟行為ができるとし（31条、訴訟無能力者）、未成年者の訴訟行為は、はじめから無
効とすることによって、無駄な手続が積み重ねられないように配慮している。
　また、責問権の喪失（90条）という取扱いは、手続安定の要請の顕著な例であ

62 第1編 総論 第2章 民事訴訟法

るが、強行規定違反も、いつまでどんな形で問題にできるかにつき、手続の進行
段階との関連で考察する必要があるとされるのもこのためである。すなわち、い
ったん終局判決があれば、それ以前の手続違反は、その判決に対する上訴の理由
として主張できるかぎりでしか問題とすることができなくなり、さらに判決が確
定すればもはや再審事由（338条）にあたる瑕疵だけを問題にしうるにとどまるこ
とになる[1]。

（2）　行為規範と評価規範との区別

　手続の安定性という考慮は、行為規範と評価規範との分離現象をもたらす。こ
こで、行為規範とは、これからある行為をすべきかどうか、どのようにすべきか
を考えるときに働く基準をいい、評価規範とは、すでになされた行為や手続を振
り返ってこれにどのような効力を与えるか、また法的評価を加えるかというとき
に働く基準をいう。私法法規は、私法上の事実や行為にどのような効果を与える
べきかを規律しているから、裁判において評価規範として働くが、私法を適用し
て裁判が行われるとの保障があるから、私人は目指す法的効果を得るために、そ
の評価規範をそのまま行動の準則にすることになり、評価規範と行動規範とが、
分離することは少ない。これに対し、訴訟法規は、訴訟手続のあり方を直接規定
する法規であるから、第1次的にはまず行為規範として機能するが、他面、その
行為規範に違反して手続が進行してしまった場合に、これにどのような法的効果
を結びつけるかという形で、訴訟法規が評価規範として働くことになる。訴訟法
規が評価規範として働くときには、それが行為規範として機能するときにはそれ
ほど重視されなかった手続の安定性という考慮が強く働くことになり、評価規範
として働く訴訟法規は、行為規範としてのそれから分離する可能性をもつことに
なる。

　訴訟法規のなかに訓示規定が存在することは、その典型的な例である。また、
たとえば、死者を被告とした訴え提起行為は無効であるから、訴え提起のさい、
被告とすべき者が死んでいるとわかれば、これに対して訴えを提起すべきでなく、
係争利益の承継人（たとえば相続人）を相手とすべきである（このかぎりでは、評価規

1）　もっとも、他の事由で再審が許されたり、原判決が取り消されて元の手続が続行される場合には、
　その瑕疵が責問権の喪失や追認・追完などによって治癒されていないかぎり、再びこれを問題にし
　うるようになる。

範と行為規範とは分離していない）。しかし、相手が死んでいることを知らずに死者を被告として訴え、相続人が訴状の送達を受領し、そのまま相続人が先代の名で訴訟を追行して敗訴してしまった場合に、その訴訟の結果を相続人との関係でも有効とみるかどうかを判断する場合には、「死者を被告とした訴え提起行為は無効である」という行為規範イコール評価規範だけで判断すべきではない。先代が形式上被告となっているが、相続人が被告たる地位に伴う手続上の種々の訴訟追行をする機会を現実にもっていたかどうか、もしもっていたとすれば、相続人は自分が被告となって訴訟を追行して敗訴したと同様の効果を受けても仕方がないといえ、そう取り扱う方が原告との関係で公平な扱いという評価がなされ、訴訟経済にも合するという評価になろう（⮕p138(イ)）。このように訴訟法規の解釈論なり立法論を考えるときには、行為規範のレベルでの議論か評価規範のレベルでの議論かを自覚的に分離し、考慮すべき因子の取捨選択を行う必要のある場合が少なくない[2]。別の例として、⮕p187(4)。

2　集団現象を処理する法理論としての特色

（1）　画一的処理の要請

裁判所は、多数の事件を限られた人員で、できるだけ速く処理しなければならない。こうした集団的処理をする場合には、一つ一つの事件の個性に対応した処理をすることは困難であり、効率も悪い。いきおい、画一的な取扱いで処する傾向が強くなるし、それが訴訟法理論の主導的な要請ともなる。個々の訴訟行為については、方式を一律に定め、それを遵守するように要請することによって、迅速かつ確実な処理を確保しようとするわけで、形式重視の要請となる。任意訴訟を原則として禁じるのは、このような画一的処理の顕著な現れである。

しかし、前述したように（⮕p50(b)）、本来、当事者は係争利益を処分する自由と権能をもつから、これに基づいて訴訟上の取扱いにバラエティが生じるのは避けられないし、行為規範の面では画一的処理の要請が強く働くとしても、問題が起きたときの評価規範の面において、つねに同じ程度にこれを満足させる必要があるかは、個別に吟味する余地があろう。このような意味で、画一的処理の要請

2）　内田貴「民事訴訟における行為規範と評価規範」法教75号（1986）〔新堂編・特講3頁以下〕。

をどの範囲で、どの程度に満足させる理論を立てるかは、訴訟法理論の一つの要となる。

（2） 現状肯定的傾向

　集団現象を迅速・確実に取り扱うには、画一的処理という要請とともに、手続の主宰者たる裁判官や多数の事件に関係する訴訟代理人たる弁護士が、手続に慣れているということが必要である。これらの者にとって手慣れた訴訟法規であること自体、その法規の否定しえないメリットである。そこでは、慣れ親しんだ従来の取扱いを無視し、これから飛躍したものに改めることによって無用の混乱を招かないように、細心の注意を払わなければならない。しかし反面、このような考慮には、しばしば、安易な現状肯定論に堕する危険が潜む。

　とくに、訴訟制度が集団現象として現れるのは、裁判官や弁護士にとってであって、これを利用する多くの当事者にとっては、それ自体通常の社会生活にとって煩わしいものであり、一生に一度あるかないかの出来事である。そのような利用者としては、取扱いが悪いといって国を相手に損害賠償を求めてもう一度訴訟をするというのも採算の合わない話であるし、法律家が音頭をとらないかぎり、利用者同士が連帯して、「訴訟法が悪い」、「利用者の立場をもっと考えてくれ」というような圧力団体になることも、まず考えられない。一人一人の利用者は、訴訟法がかりに不合理なものであっても、泣き寝入りにならざるをえない立場にある。しかも、1回かぎりの経験でも当事者にとっては極めて印象深いものであるから、かりにも不満の声がないことをよいことにして常識にあわない不合理な取扱いを続けるならば、民事訴訟制度に対する抜き難い不信感を市民の間にひろく育てることになるであろう。こうした意味から、法律家としては、使い慣れた手続であるということを口実にして、これに対する批判の眼を鈍らせたり、改善の努力を怠ることがあってはならない。

3　公益性の強調と利用者の立場

（1）　公益性の意義と限界

　すでにみたように、訴訟法理論においては、手続の安定性や画一的処理の要請が強調される傾向にあるが、これに加えて、民事訴訟制度は、国家が運営する制度であり、裁判権を人民に対して行使する関係の問題であるという理解が加わっ

第3節　民事訴訟法理論の基本的特色　65

て、「公益性」という観念が、しばしば法理論の支柱として使われてきた。実体法学に対して訴訟法学の独立性を確保したいという訴訟法学者の学問的情熱もまた、このような私法にみられない公益性の観念を強調する傾向を助長した。しかし、この観念の中味は、いまだ十分に解明されているわけではない。ただ、訴訟法理論を構築するにあたって、それが少なくとも、つぎの二つの機能を実際に果たしてきたことを、とりあえず、認識しておくべきであろう。

　第1は、訴訟における当事者の行為の効果を判定するにあたり、訴訟は公益に関するものであるから私人間の利害を調節するための基準である私法は適用にならないという形で、「公益」の中味を十分に分析しないまま、私法の適用を排除するためのマジックワードとして多用されたということである[3]。

　第2は、公益性の強調は必然的に、その設営者たる裁判所（公権力）の立場に立った理論を要請することになり、事実、意識すると否とにかかわらず、これまでの民事訴訟法学は、裁判所の立場と自己の立場とを一体化し、個々の訴訟に自らの利益を賭けて戦っている利用者の立場なり便宜なりという観点を背景に押しやってしまったということである[*]。

　たとえば、上告審の機能として法令の解釈統一という機能が上告制度の法理論として主張されているが、先例の認めた救済方式にのっとって訴え、かつ、勝訴してきた原告に向かって、上告審がいきなり先例を変更するといって第一審判決まで取り消し原告の訴えを却下するというようなことは、上告審の機能の「公益性」を強調するあまり、先例に従って戦ってきた利用者である原告の立場を無視した処理と非難されよう[4]。

　こうした「公益性」という観念が果たした機能を考えると、現段階では、まず第1に、利用者の立場に立って訴訟のあり方を洗いなおし、公権力の立場に立った訴訟法学に対するアンチテーゼとして、利用者の立場からの民事訴訟法学ない

　3）　この具体例については、東京高判昭46・5・21高民24巻2号195頁（→p186〔＊〕）、最判（二小）昭41・9・30民集20巻7号1523頁、後者の評釈として新堂・判例181頁以下、同「民事訴訟法理論はだれのためにあるか」判タ221号（1968）〔同・役割17頁〕、伊藤眞・法学教室第2期1（1973）138頁参照。

　4）　最判（一小）昭40・7・8民集19巻5号1170頁、およびその評釈として、新堂・判例440頁、新堂・役割27頁、伊藤・前掲注3）参照。

66 第1編 総論 第2章 民事訴訟法

し民事訴訟法理論を樹立することが急務であること[5]、そして、むろん利用者の
ための理論といっても、まったく公益性を無視しうるものではないから、個々の
問題ごとに公益性と利用者の立場との調和を求めなければならないが、それには、
それぞれの個別問題において、公益性という言葉で、だれのどういう利益が具体
的に主張されているかを分析し、その利益と利用者の利害とを比較考量していく
必要があろう。このように公益性の具体的な意味を個別に問う作業は、同時に、
公益性という言葉から私法の適用を排除する呪術力を解くことにもなる。

（2）　利用者の立場

　上記(1)で述べた利用者の立場、いいかえれば、利用者が手続過程に対して有
する利害は、二つの段階に分けて考えることができる。第1は、利用者にデュ
ー・プロセスの保障があるかという段階である。これは、利用者が手続の主体と
して、手続に参加し、そこで自己の主張を十分に展開できる機会を対等に保障さ
れなければならないという、憲法で保障された地位である（これに二つの意味があ
ることについては、→p44(1)）。第2は、第1のように憲法で保障された地位とま
ではいえないにしても、解釈論上または立法政策上、手続の主役であり、手続の
結果を甘受する当事者に対しては、手続過程で最大限の便宜が図られるべきであ
るとされる地位である。そのような利用者の便宜は、裁判所の立場、他の事件の
取扱いとのバランス、相手方当事者の立場との調整を要する相対的な地位である
が、そうした調整の場面で、最大限尊重されるべきものである。これはまた、平
成8年の民事訴訟法の改正のスローガンとなった、国民にとって「使いやすい、
分かりやすい民事訴訟」という表現に表示されるものと同義といえよう。

　第1の利用者の立場が無視されることは、憲法上の問題として厳しく監視され
なければならないし、その監視自体を実現するシステムを用意することまでがそ
こでの課題となる。第2の利用者の立場も、十分に尊重されるべきであるが、そ
のためには、《民事訴訟制度が紛争の解決というサービスを国民に提供するシス
テムであり、そのシステムの存在価値は、現実の利用者のみならず潜在的な利用
者つまり市民一般によって、より理解され、より利用され、より信頼されること
によって決定される》という、民事訴訟制度についての基本的理解と、実際に利

---

5)　竜嵜喜助「市民のための民事訴訟(上)(下)」判タ450号・452号（1981）〔同・証明責任257頁〕。

用者が置かれている手続環境についての繊細な気配りとが要請される[6]。

〔＊〕　このような民事訴訟法理論のよって立つ立場が、従来自覚的に十分に論じられたこと
はなかったといってよい。これには、先にみた訴訟法理論の現状肯定的傾向なり、利用者
からの声がないといったことにも原因があるが、とくに、太平洋戦争後、法制度全般が大
変革を受け、それぞれ基礎理論の当否が吟味されざるをえなかった折にも、民事訴訟法自
体は若干の改正を受けたにとどまったこと（　p52(2)）が、こうした基礎理論にまで反
省を加える機会を遅らせたと思われる。しかし、平成の民訴法の全面改正作業が、はじめ
から、利用者に「使いやすい分りやすい」というスローガンのもとに展開された（「民事
訴訟手続に関する検討事項補足説明」1頁〔『民事訴訟手続の検討課題』別冊 NBL23号
(1991) 所収〕）ことは、旧著初版刊行（1974)）あたりから以後の民事訴訟法理論の目ざ
ましい展開を物語るものといえよう（旧著（1974年)「はしがき」参照）。

4　機能的考察と現象的考察

（1）　論争の由来

　この二つの考察方法は、三ケ月章博士がその論文「民事訴訟の機能的考察と現
象的考察——兼子一著『実体法と訴訟法』の立場をめぐって」[7]において、はじ
めて自覚的に用いられた観念であるが、その意義を確かめておくことは民事訴訟
法の研究にとって有益といえる。三ケ月博士によれば、機能的考察とは「法体系
を観念的な所与として受けとって、そこから出発することを斥け、その前にある
制度の機能を捉えそこに焦点を合せつつ理論を構成しようとする態度である」、
これに対して、現象的考察とは、民事訴訟法を「所与の現象として単なる経験的
事実として現象的に把握する」立場であり、民事訴訟法学のゆくべき方向は、こ
の機能的考察方法を徹底することである、と論じられる〔＊〕。

〔＊〕　**兼子理論に対する三ケ月批判**　　この論文において三ケ月博士は、兼子理論の特色と

6）　民事訴訟の実態調査としては、平成8年の改正の前後を調査対象にした民事訴訟実態調査研究会
（代表竹下守夫）編『民事訴訟の計量分析』(2000・商事法務）と、同研究会編『民事訴訟の計量分
析（続)』(2008・商事法務）とがあるほか、司法制度改革審議会「民事訴訟利用者調査」報告書
(2000) https://www.kantei.go.jp/jp/sihouseido/tyousa/2001/survey-report.html と、これを2次分
析した佐藤岩夫＝菅原郁夫＝山本和彦編『利用者からみた民事訴訟』(2006・日本評論社）、民事訴訟
制度研究会編『2006年民事訴訟利用者調査』(2007・商事法務）、同『2016年民事訴訟利用者調査』
(2018・商事法務）などの貴重な調査研究がある。

7）　法協75巻2号（1958)〔三ケ月・研究1巻249頁以下〕。

して、機能的考察と現象的考察とが縦糸と横糸のように見事に織り合わされている点を指摘するが、その点が同時に兼子理論の限界でもあると批判している。とくに、兼子理論が、訴訟状態論を基礎にして、すべての訴訟は既判力を目指し、訴訟の過程における訴訟状態は既判力の先駆をなす「生成中の既判力」と説明し、判決の確定によって権利関係の実在性が形成され、この実在性が既判力を基礎づけると説明するとき、まさに既判力制度を所与のものとし、それを説明する現象的考察に陥っていると非難する（この非難の評価については、→ p685〔＊〕）。そして、このような考察がさらに確認訴訟がすべての訴訟類型の原型をなすとの理論（兼子・体系144頁）を生み、訴訟類型の差が捨象され、各訴訟における紛争の中心が各類型によって異なることが看過され、ひいては新訴訟物説の理論的基盤を否定することになると批判する（→ p315(イ)。なお、確認訴訟原型観の意義を詳しく解明したものとして、小室直人・法学教室第2期2（1973）134頁参照）。この三ケ月批判は、訴訟現象を訴訟状態説のように把握するとしても、──そしてそのことにメリットがあることは否定できないが──そのような認識がどの範囲で、民事訴訟法の理論にとって有用であるかを見定めなければならないことを教えている。

（2） 三ケ月説の功績

たしかに、わが民事訴訟法学の歩みを顧みると、いうところの現象的考察を学問の中心作業として行ってきたといえる。西欧的近代国家の成立とともに、明治23年（1890）、わが国が当時のもっとも精緻な近代的訴訟法典であったドイツ法をいきなり継受したとき、わが民事訴訟法学に課せられた課題は、その法的構造をドイツの学説を通じて理解し、これを実務家に伝達し、まがりなりにもその運転を始め、これに慣れさせることであった。こうした課題を背負って誕生したわが民事訴訟法学は、大正15年（1926）には、判決手続についてだけではあっても、わが国の実情に応じた全面改正作業をなしとげるまでに成長しているが、研究者の層はうすく、当初にもった課題をごく近時に至るまで続けざるをえなかったといえる。その結果、三ケ月博士の指摘するように、昭和30年代初期にわが訴訟法学の到達した最高の金字塔ともいうべき兼子理論にまで、現象的考察が座標軸をなす形で残ったとみられるのである[8]。

また、民事訴訟法は、社会の道徳や慣習と没交渉の技術的専門的な法分野とみ

8）　なお、わが民事訴訟法学の学説史を通観するものとして、中務俊昌「民事訴訟法」ジュリ400号（1968）141頁以下がある。

られやすいところから、実体法に比べると外国法の継受がはるかに容易であると
安易に思われたことも、母法たるドイツ法に一層の権威を与え、そこにおける
種々の制度なり法理論なりは、批判を超える存在としてそのまま受けとられ、
「現象的考察方法」をますます助長したと思われる。先進諸外国に比べ、平成時
代以前には法改正作業が極めて少なかったというわが国の事情は、このような現
象的考察に終始したわが訴訟法学の体質にも、その一因があるといえよう。

　しかし、民事訴訟法は、多数の事件を適正、公平、迅速、安価に処理すること
を目指す合目的的考慮を内容とした法規であり、現場における生きた経験に基づ
いて、たえずその処理方法の合理性を吟味し、新しい法技術の考案がなされるべ
きものであるし、社会に生じる紛争の増加・複雑化に対応した方策がとり入れら
れるべきものである。この意味で、三ケ月章博士の機能的考察と現象的考察とい
う分析は、従前のわが民事訴訟法学の体質をえぐり出し今後のゆくべき方向を啓
蒙するものであり、その業績は、高く評価される。

（3）　三ケ月考察方法に対する批判

　三ケ月博士のいう機能的考察と現象的考察という区別およびその内容は、必ず
しも明快ではなく、方法論としてどれだけ使いものになるか、誤用されるおそれ
はないかは、冷静に吟味する必要がある。第1に、いうところの「機能」の意味
が明確でない。現実に果たしているまたは果たしてきた役割を意味するものでは
なく、果たすべき役割を意味していると思われるが、それならば機能というより
「目的」と置き換えた方がよく、目的論的考察というほうが正確であるように考
えられる。

　第2に、現象的考察という観念も多義的であり、これを用いる者にとって都合
のよいように用いられる危険がある。たとえば、現象的考察という観念は、一つ
には、三ケ月博士がはっきり述べているように、法を所与の前提としその枠内で
体系的な説明のみを試みるという作業を意味し、この意味の作業に終始すること
は、たしかに生産的でないといえる[9]。しかし、現象的考察という観念には、も
う一つ別の、訴訟およびこれをめぐる現象を経験科学的に認識し、これを解釈

9）　このような意味の「現象的考察」ならば、いわゆる概念法学的考察というのと同じであり、「現
　　象的」という新語を用いるだけでは感覚的に読者に訴えるという以上の意味をもたない。

70　第1編　総論　第2章　民事訴訟法

論・立法論の基礎として提供するという作業を意味するようにもみえる[10]。かりにそうだとすれば、この種の作業は、従来無視されてきた仕事であり、今後とも、法理論を現実に結びつける作業として大いに進められるべきである（→p582〔＊〕）。

　三ケ月博士によって批判された──それを訴訟理論の「本質的支柱」とするならば現象的訴訟理論をもたらすと烙印されたところの──ゴールドシュミットの訴訟状態論〔＊〕なるものは、実は、この意味の先駆的仕事という面ももつのである。すなわち、訴訟現象を経験的事実として考察したときにはじめて、権利の存否という観念とは別に、権利者と主張する者も、訴訟の過程では、結局は権利なしと判断されるのではないかとの予測が生まれ、勝訴するためには、より有力な主張立証をしなければならないという追い込まれた不利な状態におかれることがあるし、逆に債務者と主張される者も、訴訟の過程においては、債務はないという裁判がなされるであろうという期待がもてるような有利な状況に立つことがありうるといった現象を認識することができる。そして、そのような現象の認識を訴訟法理論の基礎に利用したからこそ、訴訟係属中の係争物の譲渡のさいに債権者側に認めた訴訟参加（旧73条）や訴訟引受け（旧74条）の申立権能は、債務者のためにも同じように認めるべきだとの解釈論が生れ、中途半端な旧民訴73条・74条から訴訟承継主義を制度として完成せしめる、極めて「機能的」な理論[11]が生れえた[12]のである。

　〔＊〕　**訴訟法律状態論の意義**　　訴訟の全体を一つの法現象として理論的に把握しようとする試みは、ビューローの訴訟法律関係説にはじまる。彼が「訴訟は段階的に前進し、一歩一歩発展する一つの法律関係である」と説いて以来、訴訟は、手続に関与する主体間の法律関係であると解するのが通説となった。しかし、これは訴訟をそこで問題となる係争中の権利関係と切り離して考察するものであり、そうであるかぎり、訴訟を法律関係とみたとしても、その意味は、個々の訴訟における訴訟主体を特定しその相互間に訴訟法に従った

---

10)　三ケ月博士はこのような意味の現象的考察を考えていないと思われるが、このように誤用されるおそれがある。のみならず、この種の現象的考察ならば、現実に果たしている役割ないし機能を認識するという意味で、「機能的考察」といってもおかしくない。

11)　兼子一「訴訟承継論」法協49巻1号・2号（1931）〔同・研究1巻1頁以下〕の業績である。その評価については、新堂「訴訟承継主義の限界とその対策」判タ295号（1973）〔同・争点効(下)86頁以下〕参照、訴訟承継主義に対する新堂の近時の批判については、→p866(5)・p867(6)。

12)　この理論は、判例による認知を経て平成8年改正法51条で明文化された。

役割に応じて交渉が行われる地盤となる関係というだけの話で、訴訟の発展的性格を捉えたものではなかった。これに対して、訴訟過程における係争利益の発展的性格に焦点をあわせた理論として生まれたのが、ゴールドシュミットの訴訟法律状態説である。

これは、コーラーが訴訟法律関係に立ちながらも、訴訟を、訴訟物たる権利関係をめぐっての法律に規律された当事者間の闘争関係であると論じているのに示唆を受けて展開された。ゴールドシュミットによれば、訴訟の目的は、裁判所の判決の既判力による権利の確定であり、訴訟手続は、これに向かって、判決の予測としての勝訴の見込みまたは敗訴に対する危惧という意味の利益・不利益状態が生成し、変転し、最後に既判力に至って確定的に凝固する過程である。訴訟進行中の各段階は、この意味の利益・不利益状態であり、しかもこの状態は、それまでの各種の訴訟追行行為や訴訟の経過の法律効果の集積として法律的必然性をもって確保されており、その意味で、一つの法律状態といえると論じる。

この説により、係争中の権利と訴訟との関係が明らかにされ、訴訟上の各種の制度を、その訴訟過程における係争中の権利をめぐる当事者の有利不利の地位と関連づけて組み立てることを可能にした点は、不朽の功績といえる。兼子一博士の訴訟承継論は、まさにこうした理論を前提にしてはじめて可能であったといえる。しかし、ゴールドシュミットがこの考察から、訴訟上には、上記のような意味の見込みと負担はあっても義務という観念はおよそ存在しないと論じ、進んで、訴訟独自の訴訟法的考察方法を強調しすぎた点は、批判されるべきである（その批判については、中野貞一郎「訴訟関係と訴訟上の義務」〔同・訴訟行為 1 頁〕に優れた分析がある）。また、兼子博士が訴訟状態論から「生成中の既判力」理論に至ったことに対する批判は、→ p866（**5**）・p867（**6**））。

第4節　民事訴訟法における判例の役割

1　判例法形成の必要

　民事訴訟法の解釈においては、具体的妥当性よりも手続の安定とか画一的処理とかの要請を重視し、法条に明記されたとおりの取扱いのみを貫くべきであるとの思考が根強い。そのためもあって、民事訴訟法においては、実体法の分野に比べて、判例法形成の意義なり、判例研究の意義なりを低くみるきらいがないではない。少なくとも、裁判官は、明文で認知されていない取扱いを判例によって創造することに極めて慎重である。

　たしかに、手続の安定性とか画一的処理という要請からいえば、手続法規は、あらかじめはっきりと、すみからすみまで規定しておくことが望ましい。個々の

72　第1編　総論　第2章　民事訴訟法

事件に対する裁判を通じて事件の取扱方式を決めていくのは、本来の紛争に紛争解決方式に関する紛争を付け加え、紛争解決の努力がさらに紛争を呼び込むことになりかねない。

　しかし、すべての法律がそうであるように、手続法においても、その適用上疑問がまったく生じないような条項を手続全般にわたってあらかじめ規定しておくことは、不可能である。そればかりでなく、手続に弾力性をもたせるため、法規としては抽象的な規定を設けるにとどめ、現場の裁判官にケースに応じた臨機の処理を期待するほうが望ましい問題も少なくない。たとえば、民訴法40条1項の「合一にのみ確定すべき場合」とはどういう場合かとか、47条1項の「訴訟の結果によって権利が害される」第三者にはどういう者が入るかといった問題などは、法条をいかように規定しなおしてみても、なお、あいまいさが残らざるをえない。しかも、このような問題では、個々の裁判を通じて、具体的事件の諸タイプに密着した形でその内容を定着させていくほうが、現場で使いやすい基準を得ることができる。こうした意味で、民事訴訟法においても判例法形成の必要性と判例研究の意義を軽視することは許されない。

　すでに述べたように、手続法においては、ある手続がすでに確立され、手慣れたものであることは、それ自体尊重すべき長所の一つである。しかし、そのことがまた、新しい合理的な手続を判例によって認知していくことの足枷になりかねない。慣れ親しんだ手続でも、民事訴訟制度を利用する者のためにはたして適切かどうかを吟味することを怠ってはならないし、その反省に基づいて、新しい判例法を築いていかなければならない。それは、遅れがちな法律改正をカバーし、法典の老朽化、硬直化を防ぐために欠くことのできない仕事である。めまぐるしく変転する複雑な現代社会にあっては、民事訴訟法もまた絶え間なく判例法による適応を続けないかぎり、頼りがいのある制度として人々の信頼を勝ちえていくことは難しい。

2　判例法形成の限界

　民事訴訟法においても、判例法形成および判例研究の積極的意義を十分に評価しなければならないが、同時に手続法規であるところに由来する限界がある。

第4節　民事訴訟法における判例の役割　*73*

（1）　判例法の領域と立法領域との区分

手続の問題には、ちょうど右側通行にするか左側通行にするかといった問題に似たものが比較的多い。そこでは、右側か左側かに優劣があるというよりは、あらかじめどちらかに決まっていること自体が重要である。利用者にとって安心して歩ける交通規則があらかじめ決まっていることが、ぜひとも必要なのである。こうした問題では、右か左かの議論のために立法をためらうことがあってはならない。こうした問題で判例を通じて取扱いを決めていこうとすることは、利用者に無用の混乱と不安を抱かせ、利用者に費用と時間の犠牲を強いるばかりでなく、ひいては権利救済の保障を欠くことになりかねない[1]。それゆえ、民事訴訟法の判例研究においては、なによりもまず、当該問題が立法で解決すべき問題か、ケースを通じて次第にその内容を固めていくべき問題かを見極めることが必要であり、ついで、前者の問題について、立法の遅延のためやむをえず判例による解決をとる場合にも、法律上取扱いが明確でないことを前提にして活動してきた当該訴訟の当事者の利益を無視しないように、細心の注意を払うべきである[2]。

（2）　評価規範としての判例

手続法の問題が判決のなかで取り上げられるのは、原則として、手続法規の評価規範としての面である。釈明権と釈明義務の問題（→p498）に象徴されているように、とりわけ上級審の判決においては、すでに行われた訴訟上の行為（作為あるいは不作為）にどのような効果を与えるべきかという評価の問題が中心となり、裁判官がこれからどう処理すべきかといういわば行為規範としての面は、判決の表面に出てこないことが多い。むろん、前者の解答が後者の解答に影響を及ぼすことも確かであるが、判例研究が後者の問題を全部吸い上げえないことも事実である。しかも、制度の運用を左右する要素としては、釈明はどこまでするのがもっとも適切か、またすべきかというような、行為規範の面を無視できない。この面の研究をいかに確立するかという課題もまた、判例研究と並ぶ重要な課題であり、判例研究のいわば限界として銘記すべきである。

1）　その適例として、最判(一小)昭40・7・8民集19巻5号1170頁。その批判として、新堂・判例440頁以下参照。

2）　たとえば、上告審の判決による法令解釈の統一という目的も、当該利用者の利益と調和した形で果たさなければならない。

第5節　民事訴訟法の適用範囲

1　時的限界

民事訴訟法規が改正された場合に、新旧どちらの法規を適用すべきかという問題である。両者の適用範囲を定める規律を、時際民事訴訟法という。実体法においては、旧法時の事態に新法を適用すると、旧法上の効果を予期して行動している人々の期待を裏切り、旧法によって発生した法律効果なり既得権なりを動揺させ、生活関係の安定を害するから、法律不遡及の原則がとられる[1]。それに対して、訴訟法においては、実体法におけるような不安を生じる場合は少ないし、画一的に新法を適用するほうが集団的取扱い上便宜であるから、旧法時から引き続き係属している事件にも新法の適用を認めるのを原則とする（民訴附則（平8・法109）3条本文）。ただし、訴訟法においても、旧法時に完結している訴訟行為（たとえば送達行為とか証拠調べなど）については、旧法に従った効力を維持させるべきである（同条ただし書）。そうでないと、当事者の期待に反し、手続の安定を害するばかりでなく、不経済でもあるからである。また、旧法によってすでに認められていた救済申立権を現実に行使しないでいるうちに、その種の申立権を認めない新法に改正されたときには、なお、当事者の利益を害さないため、従前の申立てを許すと解すべきであるが、この種の問題については、立法でそのような定めが置かれるのが通常である（民訴附則20条参照）。

2　地域的限界

民事訴訟制度の設営は、国家権力の作用の一つであるから、裁判所所在地の法律（法廷地法）に支配されるという原則が認められている。

　㋐　日本の裁判所に係属する民事訴訟事件には、当事者や訴訟物のいかんを問わず、すべて日本の民事訴訟法が適用される。日本の裁判所が外国の司法機関の嘱託を受けて民事訴訟事件の送達や証拠調べをする場合も、日本の民事訴訟法

1）　もちろん、生活関係の安定を害しても、新法の精神を貫く必要上、立法によって遡及を認めることは立法政策の問題として可能である。たとえば民法附則（昭22・法222）4条・11条2項参照。

による[2]。これに対し、外国の民事訴訟法は、日本国内の民事訴訟事件には適用されない。ただ、日本の民事訴訟法がその規定内容を実体法に譲っているため、国際私法による準拠法として外国法が間接に適用される場合はある[3]。

　(イ)　外国の裁判所に係属する民事訴訟事件については、むろんその法廷地法によることになるが、そこで行われた訴訟行為が、わが国内でどのような効力を認められるかは、日本の民事訴訟法によって判定される[4]。日本国内の訴訟事件について、日本の裁判所から外国の機関に嘱託して送達や証拠調べをしてもらうときも、その国の民事訴訟法によることになるが、それらの訴訟行為がその法廷地法に違反していても、日本の訴訟法によれば適法であるかぎり、その効力を認めて差し支えない（184条2項参照）。

3　人的または物的限界

　日本の裁判所が民事裁判権を行使する場合は必ず日本の民事訴訟法によるから、日本の民事訴訟法の適用される人または事件の範囲は、日本の民事裁判権の人的または物的限界の問題でもあり、そこで議論されるのが通常である（→p92以下）。

2）　外国裁判所ノ嘱託ニ因ル共助法3条、民事訴訟手続に関する条約等の実施に伴う民事訴訟手続の特例等に関する法律5条・26条。
3）　外国人の訴訟能力につき、民訴28条、法適用4条。ただし、民訴33条。
4）　118条、民執24条。外国の仲裁判断については、仲裁45条1項ただし書・46条1項8項など参照。

第2編　訴訟の主体

　民事訴訟は、裁判所が当事者間の紛争を裁判によって解決する手続である。そこでは、当事者は、その紛争における対立する主役として、手続上一貫して自分の利益主張をする独立の地位と機会を対等に与えられ、実際にも、それぞれの利益追求のための種々の行為によって、裁判のための資料を収集し提出する。そして、その資料を受領しこれを基礎にして裁判をするのが、裁判所である。むろん、訴訟には、これらの者のほか、証人、鑑定人、訴訟代理人なども登場する。しかし、これらはいずれも、当事者の意思に基づくか、限られた事項について裁判所に協力する形で一時的に関与するにすぎない。したがって、訴訟は、対立する当事者と裁判所の三者が、それぞれの役割を分担しながら、裁判という目標に向かって対話・交渉する（必要な情報を交換する）過程といえる。かくて、当事者と裁判所こそが、「訴訟の主体」というにふさわしい。

　本編では、この両者を各別に検討する。当事者と裁判所とが、手続過程において、それぞれどのように役割を分担し、どのように対話・交渉するかは、第3編以下のテーマである。

第1章 裁判所

第1節 裁判所の組織

1 裁判所

(1) 概念

司法権（裁判権ともいう）を行使する国家機関が裁判所である。実定法上、裁判所という言葉は、いろいろの意味で用いられる。その1は、裁判官およびそれ以外の種々の職員を含めた司法行政上の官署としての裁判所（たとえば、裁判所法第4編表題）、その2は、司法行政上の官庁としての裁判所（たとえば、裁64条・80条）、その3は、裁判機関としての裁判所である。訴訟法上は、第3の意味で用いられることが多いので、これは、「訴訟法上の意味の裁判所」ともいう。これに対し、前二者は、「国法上の意味の裁判所」という。さらに、官署としての裁判所の庁舎を指す意味で用いられることもある（裁69条1項）。

(2) 裁判所の種類

最高裁判所（東京都に置かれる、裁6条）のほか、その下級裁判所として、高等裁判所（東京、大阪、名古屋、広島、福岡、仙台、札幌、高松）、地方裁判所（各都府県に一つ、北海道に4つ）、家庭裁判所（地裁と同じ数）および簡易裁判所（現在、全国に438）が設けられている（憲76条、裁1条・2条、下級裁判所の名称、所在地および管轄区域は、「下級裁判所の設立及び管轄区域に関する法律」で定められている）。高等裁判所は支部を、地方裁判所または家庭裁判所は支部または出張所を設けることができる（裁22条・31条・31条の5）。

家庭裁判所は、民事に関しては、もっぱら家庭に関する事件の審判および調停を行う裁判所で、訴訟事件の管轄権をもたなかったが、司法改革の一環として、人事訴訟法（平15・法109）が制定され、人事に関する訴え（人訴2条・4条）の第一審の管轄権を専属的にもつことになった（裁31条の3第1項2号。なお民執33条2項6号参照）。また、東京高等裁判所のなかに、知的財産に関する事件について、裁判

の充実・迅速化を図るために、これを専門的に取り扱う特別の支部として、知的財産高等裁判所が設置された（→ p875）。

　最高裁判所の系列に属しない特別裁判所の設置は憲法で禁止されている（裁判権の独占。憲76条2項。このことは、行政機関が前審として審判することを妨げない、裁3条2項）。また、司法権は国に属し、地方公共団体は裁判所を設置する権能をもたない。

2　裁判所の構成

（1）　官署としての裁判所

裁判官とそれ以外の裁判所職員で組織される。

　　（ア）　裁判官の構成　　最高裁判所は、最高裁判所長官および14人の最高裁判所判事で構成される（憲79条1項、裁5条）。高等裁判所は、高等裁判所長官と、相応な員数の判事で構成される（裁15条。なお法曹の経験5年以上の判事補で最高裁の指名する者（特例判事補）を含む、判事補の職権の特例等に関する法律（以下、「判事補」という）1条の2第1項）。地方裁判所および家庭裁判所は、それぞれ、相応な員数の判事および判事補で構成される（裁23条・31条の2）。簡易裁判所には、相応な員数の簡易裁判所判事が置かれる（裁32条）。

　このように構成された裁判所は、裁判所内部の行政主体でもあり、各裁判所とも、その行政事務（これには、たとえば司法行政の監督権の行使（裁80条）がある）、下級裁判所の裁判官の任命のための名簿の作成（裁40条1項）、裁判官などの補職（裁47条・56条・59条1項等）、裁判所の裁判官以外の職員の任免（裁64条）は、そこに配置された判事全員の合議体である裁判官会議の議を経て行う（裁12条・20条・29条・31条の5。地裁・家裁では、特例判事補を含む、判事補1条）。簡易裁判所では、裁判官が1人のときはその裁判官、2人以上のときは最高裁判所の指名する裁判官が行う（裁37条）。司法行政事務については、各裁判所は、最高裁判所を頂点とし、上下の監督関係にある（裁80条・82条）。しかし、この司法行政の監督権は裁判官の裁判権に影響を及ぼし、またはこれを制限することはない（裁81条）。

　　（イ）　裁判官以外の裁判所職員　　各裁判所には、裁判官のほか、裁判所調査官・家庭裁判所調査官・裁判所事務官・裁判所書記官（→ p90　4）・裁判所速記官・裁判所技官・廷吏などが置かれる。さらにこれ以外にも、裁判所によっては、

80　第2編　訴訟の主体　第1章　裁判所

裁判所法の規定する種々の職員が置かれる（裁53条-65条の2）。これらのうち、訴訟法上は、裁判所書記官（裁60条）、家庭裁判所調査官（裁61の2）、地方裁判所において知的財産または租税に関する事件について手続または期日に関与する裁判所調査官（裁57条。→p878　4）、地方裁判所のみに置かれる執行官（裁62条、執行官法）などが重要である。平成15年改正により、医療・建築・公害など専門的知見を要する事件の適正かつ迅速な解決を求めて、専門家の説明を聴くための専門委員制度が設けられることになった（詳しくは→p503　2）。

（2）　裁判機関としての裁判所

　㋐　**単独制と合議制**　　各裁判所の裁判官によって構成される。その構成には、合議制と単独制がある。最高裁判所は合議制である。15人全員（定足数9人）による大法廷と、5人（定足数3人）で構成される小法廷とがある（裁9条）。高等裁判所も合議制である（裁18条1項）。3人で構成するのが原則である（裁18条2項本文。例外として5人のときがある、同条2項ただし書、特許182条の2、実用新案47条、独禁87条、民訴310条の2。なお、判事補1条の2第2項）。

　地方裁判所では、控訴審の場合およびとくに合議体で審判すると決定した事件以外は、1人の裁判官が取り扱う（裁26条）。合議制のときは、3人で構成される（裁26条2項・3項。大規模訴訟および特許権に関する訴えについては、審理の円滑・充実のため5人とすることができる、269条・269条の2）。判事補は、1人で裁判することはできず、また2人以上合議体に加わることができない（裁27条。ただし、特例判事補はのぞく。判事補1条）。

　簡易裁判所は単独制である（裁35条）。したがって、第一審の民事訴訟は、地方裁判所で合議体で審判する旨の決定をした事件以外は、すべて単独制によることになる[*]。

　〔*〕　**合議制と単独制の長短所**　　(a)　合議制は、裁判官の個性を中和し、その判断を慎重かつ公正ならしめる。他方、単独制は、裁判官の責任感を強めるし、事務処理が迅速であると指摘されている。しかし、合議制でも、運用に工夫をこらせば、各人の能力が相乗されるはずであるから、複雑な事件の充実した審理と迅速な処理を期待できる。さらに、合議制では、裁判官相互の啓発が行われ、各自の技能の向上に役立つという長所もある。しかし、現在では、人員不足のため、地方裁判所の第一審事件では、単独制で処理する場合が圧倒的に多い。そこで、合議制のもつ教育的効果をねらい、あわせて一人制の審理の充実強化をも図るために、一部の地方裁判所の単独制の事件の審理に、これにあたる判事と

同じ部（または支部）に属する未特例判事補を参与させることを認めた（「地方裁判所における審理に判事補の参与を認める規則」〔昭47・最高裁8〕）。参与とは、合議体の構成員になるわけではないが、裁判所（判事または特例判事補）は、この者を審理期日に立ち会わせ、またその事件について意見を述べさせることができるので、実質的には、合議制による審理に近い運用が可能である（ただし、実務では活用されていないようである）。

　⒝　太平洋戦争直後は、アメリカ占領軍の影響で、単独制が推進され議論もされたが、その後研究はほとんど途絶え、実務でもことさら問題にされなかった。しかし、裁判の迅速化に関する法律（平15・法107）の下、合議制の実施状況が次第に明らかにされるに及び、ようやく議論の対象になった（齋藤繁道「東京地方裁判所民事通常部における新たな合議態勢への取組について」判タ1411号（2015）5頁、佐藤鉄男「裁判迅速化法と民事訴訟──裁判の充実と迅速に資する合議体のあり方を考える」高橋・古稀293頁以下、山本和彦「合議制のあり方について──ドイツ・フランスの議論を参考に」判時2382号（2018）111頁以下）。

　最高裁による第6回の迅速化検証報告書（2015）よると、3人の議論で事案の本質に迫る力が増し裁判の充実と迅速に資するというのが裁判所の認識であり、代理人や当事者本人も肯定的との積極的な評価がみられるが、2005年から2014年までの合議の実施率は5％強にとどまっており、かつ東京、大阪に集中しているのが、実情のようである。齋藤論文は、平成24年4月から、東京地裁の民事通常部34のうちの4カ部における新合議態勢（右陪席裁判官を従来の1人から2人に増やし書記官を5人から7人とする部構成で、右陪席が主任の合議事件も行い、合議事件数を増やすとともに、合議の質の向上も目指す態勢）の実験的取組みについて詳しい報告をしている。新態勢に参加した各裁判官の感想では、おおむね積極的な評価をしている。また佐藤論文は、ドイツにヒントをえた、民間の商事経験者等（ドイツでいう名誉職裁判官 ehrenamtlicher Richter）を加えた参審制の商事裁判所を提案している。わが労働審判法の成功例（⤳ p41〔＊〕）を考え合わせると、興味深い。

　⑷　**合議制における機能分担**　　合議制の裁判機関の活動を円滑にするために、つぎのような制度が設けられている。

　⒜　**裁判長**　　合議制では、それを構成する裁判官の1人が必ず裁判長となる（裁9条3項・18条2項・26条3項。だれがなるかは最高裁判所裁判事務処理規則3条・8条、下級裁事務処理規則5条2項・3項で定められている）。裁判長は、評決権は他の陪席裁判官と同等であるが、合議体の評議を整理したり（裁75条2項）、合議体の行う審問においては、その発言機関として、尋問や弁論の指揮をする（148条・202条、規155条等）。

82　第2編　訴訟の主体　第1章　裁判所

裁判長には、このような合議体を統率し、代表する仕事だけでなく、合議体にかける必要のない簡単な事項や、その余裕のない緊急事項を、合議体から独立して単独で、裁判所の権限を行使できる場合が認められている（35条1項・93条1項・108条・137条、規31条1項、民保15条、民執32条2項）。合議体の代表としての裁判長の活動は、合議体の監督下にあるが（150条・202条3項参照）、上記独立の権限を行使する場合は、直接上級審による判断を受けることがあるにとどまる（137条3項・283条・328条参照）。

　(b)　**受命裁判官**　合議体は、合議体全員の時間と労力を省くため、法定された事項の処理を、その構成員の一部に委任することができる（88条・89条・185条1項・268条）。この委任を受けた裁判官を、受命裁判官という[*]。だれを受命裁判官に指定するかは、裁判長が決める（規31条1項）。受命裁判官の裁判で不服申立てのできるものに対しては、まず合議体に異議の申立てをする（329条）。受命裁判官の尋問のさいの処置に対する異議も、合議体が裁判する（206条）。

　〔*〕　**受命裁判官の職務**　旧法下では、受命裁判官ができる職務は、和解の勧試（旧136条）と裁判所外での証拠調べ（旧265条）に限られていたが、平成8年・平成15年改正法は、その職務権限を大幅に広げた。従来の権限（89条・185条1項）のほか、審尋（88条）、弁論準備手続（171条。とくに文書の証拠調べ、同条2項ただし書参照）、高等裁判所における書面による準備手続（176条1項ただし書）、鑑定人の指定・質問等（213条・214条2項・215条の4）、証拠保全手続（239条）、裁判所による和解条項の定め（265条1項）、大規模訴訟における裁判所内の証人・当事者本人の尋問（268条）、進行協議期日（規98条）の手続を行うことができることとなった。

　(c)　**受託裁判官**　法文上、受命裁判官と並んで受託裁判官に関しても規定されることが多いが（たとえば、89条・185条）、受訴裁判所（訴訟事件が係属する裁判所）が他の裁判所に一定の事項（89条・185条・195条・206条。ただし352条4項）の処理を嘱託した場合（規31条2項参照）に、その処理にあたる裁判官を嘱託した受訴裁判所との関係で受託裁判官という。受託裁判官は、受訴裁判所の構成員ではない。しかし、受訴裁判所の委任に基づきこれに代わって事務処理をする点で、受命裁判官の立場に類するから、これに準じた規律を受ける（206条・329条、規125条参照）。

　(d)　**補充裁判官**　審理中に合議体の裁判官が更迭されると、弁論の更新や証

人の再尋問の必要が生じるが（249条）、これを避けるために、合議体の審理に補充の裁判官を立ち会わせることができる。更迭があったときは、これに代わって補充裁判官が加わり、そのまま審理および裁判をすることができる（裁78条）。民事訴訟では、直接主義・口頭主義の要請もかなり緩和されているし、弁論の更新は形式的であり、弁論の更新や証人の再尋問が必要となる場合も少ない（民訴249条2項・3項参照）ので、補充裁判官の必要は刑事訴訟に比べれば少ない（刑訴315条参照）。

(ウ)　**事務分配**　官署としての裁判所内に数個の裁判機関が構成されるときは、どの事件をどの裁判機関が担当するかの事務分配の問題を生じる。これをルーズにすると裁判権行使の公正を疑わせるおそれがあるので、各裁判所は毎年度定める一定の規準によって行う（最高裁判所裁判事務処理規則4条・5条、下級裁事務処理規則6条-8条）。ただし、事務分配の定めは、管轄と違い内部的なものである。外部に対しては、各裁判機関はいずれも裁判所としての権限を行使できる建前であるから、その規準に反して職務を行っても、訴訟法上の効力には影響しない[1]。なお、各高等裁判所および各地方裁判所（およびその支部）では、部を置き、この部に配置した裁判官をもって裁判機関としての合議体を構成することにしている（下級裁事務処理規則4条1項・同条3項・5条1項）。そこで、裁判事務の分配は、各部への分配という形式がとられる[2]。

3　裁判官

（1）　種類

裁判官には、最高裁判所長官・最高裁判所判事・高等裁判所長官・判事・判事補・簡易裁判所判事の6種がある（裁5条）。いずれも、官名である。

（2）　任命資格等

(ア)　**最高裁判所の裁判官**　識見の高い、法律の素養のある年齢40歳以上の者から任命されるが、15人中10人以上は、10年以上高等裁判所長官もしくは判事

1）　最判(一小)昭41・3・31判時443号31頁は、地裁の本庁と支部との間についても同旨の立場をとるが、支部を設けることが利用者に場所的な便宜を図る趣旨である点から、問題が残る。

2）　なお、事務分配については、鈴木忠一「裁判官の配置、事務分配及び事件の受付・配布」実務民訴講座(1)25頁以下参照。

84　第2編　訴訟の主体　第1章　裁判所

の職にあった者または20年以上法律的職業にあった者でなければならない（裁41条）。最高裁判所長官は、内閣の指名に基づいて、天皇が任命する（憲6条2項、裁39条1項）。最高裁判所判事は、内閣で任命し、天皇が認証する（裁39条2項・3項）。この任命は、任命後はじめて行われる衆議院議員選挙のさいに国民の審査に付し、その後10年を経過するごとに、再審査に付される（憲79条2項）。年齢70年に達したときには、定年で退官する（憲79条5項、裁50条）。最高裁判所長官・最高裁判所判事は、同時に職名であるから、別に補職は行われない。

　(イ)　**下級裁判所の裁判官**　それぞれ一定の任命資格が定められている（高裁長官・判事につき裁42条、判事補につき裁43条・66条、簡裁判事につき裁44条・45条）。これらの裁判官の任命も内閣が行うが、裁判所内部の行政作用に行政権からの独立性をもたせる意味で、最高裁判所の指名した者の名簿によって行う（憲80条1項、裁40条1項）。任期は10年で、再任できる（憲80条1項、裁40条3項）。定年は、簡易裁判所の裁判官は年齢70年であるが、他は、65年である（裁50条）。職は、最高裁判所が補する（裁47条）。

（3）　裁判官の独立

　(ア)　**意義**　裁判機関としての裁判所を構成する裁判官は、良心に従い独立してその職権を行い、憲法および法律にのみ拘束される（憲76条3項）。いうまでもなく、この裁判官の独立は、裁判権の適正公平な行使を保障し、国民の信頼を保持しようとするものである。裁判官が拘束されるのは、憲法および法令だけであって、具体的事件の裁判内容については、立法権、行政権の指示はもちろん、上級裁判所からの司法行政上の指示にも拘束されない（裁81条）。

　ただ、同一事件について、上級裁判所が下級裁判所の裁判を取り消しまたは破棄して事件を差し戻すときには、その上級裁判所の裁判における判断は、差し戻された下級裁判所を拘束する（裁4条、民訴325条3項）。これは、上級裁判所と下級裁判所との間で事件が同じ理由で行ったり来たりして事件処理が終了しないことを防ぐためで、事件解決の必要からくる制約である。

　(イ)　**身分保障**　裁判官の独立を実質的に保障するには、事実上の圧迫からも裁判官を守る必要がある。司法権の独立の保障といわれるもの[*]は、この目的に奉仕する。司法権の独立のなかでもっとも重要なのが、裁判官の身分の保障である。

裁判官は、公の弾劾がなされたとき（国会125条-129条、裁判官弾劾法による）、心身の故障のために職務をとることができないと裁判されたとき（裁判官分限法によって、最高裁判所または高等裁判所が裁判する）および国民審査で罷免を可とされたとき（これは最高裁の裁判官についてのみ）のほかは、その意に反して、免官・転官・転所・職務の停止または報酬の減額をされない（憲78条、裁48条）。また、裁判官に対する懲戒処分（裁49条）も、行政機関がすることはできず、最高裁判所または高等裁判所の裁判によって行われる（裁判官分限法2条-5条）。

〔＊〕 **司法権の独立**　その内容としては、裁判官の身分保障が中心となるが、そのほかに、司法権を最高裁判所を頂点とする系列の裁判所のみに属させ、特別裁判所を認めず、また行政機関が終審として裁判をすることを禁じること（裁判権の独占）、さらに、司法行政を行政権から独立させる諸配慮（下級裁判所の裁判官の任命方式（憲80条）、予算についての特別の制度（財政法19条））がある。

⑺　**裁判官の職務行為と国家賠償責任**　裁判官の違法な職務行為に基づいて裁判が行われた場合に国家賠償責任をどの範囲で認めるかは、難しい問題である。手続上、上訴や再審によって救済が図られること、裁判官が証人として喚問されるおそれもあり、裁判官の独立が実質的に侵されかねないこと等の理由から、国家賠償責任を認めるとしても、違法性の判断を厳格にするのが判例の基本的な考えである。

最判（二小）昭57・3・12（民集36巻3号329頁）は、原告の敗訴した判決には商法521条を適用しなかった違法があるとして、その判決確定後に国家賠償請求をした事件について、「裁判官がした争訟の裁判に上訴等の訴訟法上の救済方法によつて是正されるべき瑕疵が存在したとしても、これによつて当然に国家賠償法1条1項の規定にいう違法な行為があつたものとして国の損害賠償責任の問題が生ずるわけのものではなく、右責任が肯定されるためには、当該裁判官が違法又は不当な目的をもつて裁判をしたなど、裁判官がその付与された権限の趣旨に明らかに背いてこれを行使したものと認めうるような特別の事情があることを必要とする」と判示して原告の請求を認めなかった[3]。

3）　宇賀克也『国家補償法』（1997・有斐閣）114頁以下参照。なお、名古屋高判平16・11・26判タ1205号179頁参照。裁判官の職務に関する行為について、裁判官個人に対して名誉毀損に基づく民

（4） 裁判官の除斥・忌避・回避

　裁判官の独立は公平な裁判を一般的に保障するものであるが、このような一般的保障があっても、具体的事件において、それを取り扱う裁判官がたまたまその事件と特殊な関係にあるために、不公平な裁判をするおそれが生じることを避けられない。そこで、そのような場合にも公平な裁判を保障し一般の信頼を得るため、その裁判官を当該事件の職務の執行から排除する制度を設ける。これが、除斥・忌避・回避である。除斥は、法定事由があると、法律上当然に職務執行ができない場合であり、忌避は、除斥事由以外の事由について当事者の申立てに基づく裁判によって職務執行ができなくなる場合である。回避は、裁判官が自発的に職務執行から身を引く場合である。

　　㋐　除斥

　　(a)　除斥原因　　民訴法23条1項に列挙されている。これには、裁判官が事件の当事者と関係がある場合（1号-3号・5号）と事件の審理にすでに関係をもっている場合（4号・6号）とがある。前者において「当事者」とは、裁判の不公平の疑惑を避ける意味から広義に解し、補助参加人や訴訟担当の場合の利益帰属主体（たとえば、選定当事者の訴訟における選定者）も含ませるのが妥当である。ただし、代理人は含まれない（5号参照）。6号は、前審の裁判官と同一の裁判官に審判させては、予断をもって審判する結果、審級制度が無意味になることを避ける趣旨のものである[*]。

〔*〕　23条1項6号「前審」の解釈　　前審とは、直接または間接（たとえば高裁からみて簡裁）の下級審を指す（最判(二小)昭36・4・7民集15巻4号706頁）。再審や請求異議訴訟に対する、その取消しの対象となっている判決をした訴訟、差戻しや移送後の手続に対する以前の同審級の手続（ただし、325条4項）、本案訴訟に対する仮差押・仮処分手続などは、いずれも前審にあたらない。異議申立て後の通常の訴訟手続に対する手形訴訟、小切手訴訟、督促手続または労働審判手続（最判(三小)平22・5・25判タ1327号67頁）も同様である。調停手続に関与してもその後の訴訟手続に関与することを妨げない（最判(三小)昭30・3・29民集9巻3号395頁）。不服を申し立てられた裁判とは、終局裁判だけでなく、上級審の判断を受ける中間的裁判も含むと解するのが妥当である（兼子・体系100

法上の不法行為責任を追及した訴訟において、請求を棄却した例として、東京高判平16・2・25判時1856号99頁参照。

頁、三ケ月・263頁）。裁判に関与するとは、その評議に加わったことで、たんに口頭弁論に列席し、弁論の指揮をし証拠調べに加わったにすぎない場合（最判(二小)昭28・6・26民集7巻6号783頁、最判(二小)昭32・6・7民集11巻6号983頁、最判(二小)昭33・2・28民集12巻2号363頁）、また、裁判の言渡しをしただけの場合でも、これにあたらない。これに対して、競落許可決定をした裁判官がその抗告につき関与することは違法である（大決昭5・4・23民集9巻411頁）。

(b) **除斥の効果**　ある裁判官に除斥事由があれば、法律上当然に、その事件の一切の職務を行えない。その裁判官や当事者が知っているかどうかを問わず、この効果が発生する。現に事件の処理をしている裁判官に除斥原因があるときは、裁判所は、申立てによりまたは職権で、除斥の裁判をしなければならない（23条2項。その手続は忌避の裁判と同じ、25条）。この裁判は確認的であり、その裁判以前の職務執行も違法である。

　除斥原因のある裁判官の関与した訴訟行為は、訴訟法上無効である。したがって、終局判決前であれば、その訴訟行為をやり直さなければならない。その訴訟行為に基づいて終局判決がなされたときは、判決の瑕疵として上訴の理由になる（急速を要する行為は別である、26条ただし書）。とくに、判決自体に関与したときは（言渡しに関与するだけでは、判決関与にならない、大判昭5・12・18民集9巻1140頁）、当然に上告（312条2項2号）および再審（338条1項2号）の事由となる。ただし、訴訟中に除斥の申立てがあり、除斥原因なしとして申立てを排斥する決定がなされ、これが確定してしまうと、同じ事由を上訴や再審の事由とすることは許されない（283条ただし書）。

(イ) **忌避**　除斥原因以外の事由で裁判官が不公平な裁判をするおそれがあるときに、当事者の申立てにより、裁判によってその裁判官を職務執行から排除する場合である。除斥原因が限定されているのを具体的に補充する意味をもつ。除斥と異なり、裁判で忌避が認められてはじめて職務執行ができなくなる。したがって、その裁判は形成的といえる。

(a) **忌避事由**　「裁判官について裁判の公正を妨げるべき事情」（24条1項）である。これは、当事者が不公平な裁判をするおそれがあるとの不信の念をもつのがもっともであるといえる、裁判官と事件との特殊な結びつきを示す客観的事情をいう。たとえば、裁判官が当事者の一方と親友であったり仇敵であったりす

る場合、事件について経済的な特別の利害を有している場合、また事件について鑑定をしたことがある場合（正式の鑑定人になった場合は除斥事由になる、23条1項4号）などがこれにあたる。しかし、同種の事件について判決をしたことがあるということは、問題にならない。

(b) **裁判例**　①裁判官が訴訟代理人の女婿であることは忌避事由にならないとする判例（最判(二小)昭30・1・28民集9巻1号83頁）があるが、わが国の一般感情に沿うか疑問である[4]。②自分の証拠申出を却下したことは忌避事由にならないとする判例（大決大2・1・16民録19輯1頁）、③法務省訟務部付検事として国の指定代理人であったことのある裁判官が国家賠償訴訟に関与しても忌避事由はないとする裁判例（名古屋高決昭63・7・5判タ669号270頁）、④裁判官が、かつて一方当事者の顧問弁護士事務所に所属していたとしても忌避事由はないとする裁判例（東京地決平7・11・29判タ901号254頁）、⑤最高裁判所規則の制定をめぐる訴訟において、同規則の制定に関する裁判官会議に参加していた最高裁判所裁判官も忌避事由はないとする判例（最決(一小)平3・2・25民集45巻2号117頁）等がある。

　期日の延期申請を却下したとか、相手方に有利な釈明を求めたとかいった、訴訟指揮の巧拙は、それだけでは、忌避事由にならない[5]。裁判官の行状、健康、信念、能力等の一般的事情は、弾劾、懲戒、分限の裁判の問題であり、忌避の対象外である。

(ウ) **除斥または忌避の手続**

(a) **除斥または忌避の申立て**　申立ては、その裁判官が補職されている裁判所（裁47条参照）にする（規10条1項）。申立ては期日においてする場合を除き、書面でしなければならない（規10条2項、なお規1条参照）。忌避の原因を知った以上、速やかに申立てをすべきであり、その裁判官の面前で弁論または申述をすれば、原則として忌避権を失う（24条2項。除斥申立てにはこのような制限はない）。申立人は、除斥または忌避の原因を3日以内に疎明しなければならない（規10条3項、民訴188条。なお、裁判官としては、忌避の可能性のある事由を認識したときはそれを開示する義務が

---

4) コンメ民訴I243頁参照。実際にも、このような場合には、裁判官自ら回避することが一般的なようである。条解2版142頁〔新堂=高橋=高田〕。

5) これらに対しては、訴訟法上定められた各種の不服申立てをなすべきである。150条・283条等参照。

あり、この開示義務を怠ったときは上訴が可能とする説があるが[6]、賛成すべきであろう）。不真面目な申立てをさせないためである。

(b) **除斥または忌避申立てについての裁判**　地方裁判所以上の裁判官の除斥または忌避については、その所属裁判所の合議体が、簡易裁判所の裁判官についての申立ては、管轄地方裁判所の合議体が、決定で裁判する（25条1項・2項）。当の裁判官は、この裁判に関与できない（同条3項）。しかし、意見を述べることができる（規11条）。訴訟を遅延させる目的のみでしたことが明らかな忌避の申立ては、忌避権の濫用として、その当の裁判官みずから申立て却下の裁判ができると解すべきである[7]（刑訴24条を参考にして設けられた家事12条5項-7項（平23・法52）、非訟13条5項-7項（平23・法51）参照。これらは、簡易却下手続と呼ばれている）。除斥または忌避を認める裁判に対して不服申立てはできないが、申立てを理由なしとする裁判に対しては、申立人は即時抗告ができる（25条4項・5項）。

(c) **除斥または忌避の申立てによる訴訟手続の停止**　除斥または忌避の申立てをしてもその裁判官が訴訟手続を進めてしまうと、のちに除斥または忌避の裁判がなされても間に合わないことになる。そこで、申立てがあったときは、申立てについての裁判の確定に至るまで訴訟手続を停止しなければならないものとする（26条本文。除斥の申立ての場合も手続の安定のために同様の扱いをするが、忌避の場合のほうが停止する必要が大きい）。ただ急速を要する行為は例外として許される（同条ただし書。たとえば、証拠保全、仮差押、執行停止命令など）。

　急速を要しない行為をすれば違法であり、後に除斥または忌避理由なしとの裁判が確定しても無条件にその瑕疵が治癒される（大決昭5・8・2民集9巻759頁および最判（三小）昭29・10・26民集8巻10号1979頁は、判決につきこれを認める）と解すべきではない。なぜならば、除斥または忌避申立てについての裁判の進行中は、申立人としては、手続関与を強要されることはなく、関与しなかったことによって不利益を受けるのは不当であるから、その不急の行為について、申立人が十分な訴訟活動をしなかったことを証明する場合には、瑕疵は治癒されないと解すべきであ

6）　小島武司「忌避制度再考」吉川・追悼㊦〔同・基礎法理25頁〕。
7）　兼子・体系102頁。理由のない忌避申立てを重ねる原告に対し訴権および忌避権の濫用を理由に訴えを却下した例がある、大阪地判昭41・3・12下民17巻3＝4号138頁。

り[8]）、終局判決（これは、いかなる場合にも急速を要する行為ではない）がなされた場合は、上訴の理由となる。また、忌避申立て中に終局判決があっても、忌避申立ては目的を失うわけではない[9]。終局判決後に忌避の裁判が確定すれば、特別の事情のないかぎり申立人は十分な訴訟活動をしなかったものとして、判決の取消事由になると解すべきである（312条2項4号類推）。

急速を要する行為をするのは違法ではないが、その行為の後で忌避の理由ありとされたときの効力については、除斥の場合も含めてつねに無効とする説[10]、除斥の場合は無効だが忌避の場合は有効とする説[11]、除斥の場合も含めてつねに有効とする説[12]がある。公平な裁判より迅速な裁判が要求される場合にはこれを優先させる趣旨であるから、急速を要する行為自体は、つねに有効とみてよい。しかし、その行為によって不利益を受ける側は、その後の手続上において十分な救済が与えられる必要がある[13]。

　㈨　**回避**　裁判官みずからが、除斥または忌避の事由があると認めて職務執行を避けることである。回避するには、司法行政上の監督権のある裁判所（裁80条）の許可を得なければならない（規12条）。この許可は、裁判と異なり、除斥や忌避原因を確定する効果はない。したがって、忌避の事由で回避した裁判官がその後たまたま職務執行をしても、訴訟法上違法とならない。

4　**裁判所書記官**（裁60条）

各裁判所に置かれる同名の職員で構成される単独性の機関である。裁判機関に付随し、その指揮命令を受けて、裁判権行使に付随する事務を担当する。この事務には、たんに、裁判官の行う法令・判例等の調査を補助することも含まれるが

8）　畔上英治「忌避試論（3・完）」曹時13巻2号（1961）148頁。
9）　兼子・体系103頁。しかし、前掲大決昭5・8・2は終局判決があるとその申立ては棄却を免れないとする。
10）　中島弘道『日本民事訴訟法』1編（1934・松華堂書店）62頁。
11）　兼子・体系103頁。
12）　コンメ民訴I 257頁、三ケ月・264頁。
13）　たとえば、保全された証拠をその後の本案手続で使用せざるをえない場合には、除斥または忌避事由のあった裁判官によるものであることを証拠評価の要素に入れるべきであるし、また、執行続行の申立てをなしうる。

（裁60条3項）、事件に関する調書・記録の作成・保管（同条2項、民訴160条、規66条-68条・74条2項・75条・78条など）、訴訟費用負担額の確定[*]（71条）、送達事務（98条2項・100条・107条・110条）、訴訟上の事項の公証（規33条・48条）、執行文の付与（民執26条・27条2項）などがある。これらは、裁判官が代行しえない固有の職務権限とされる。とくに、口述の書取りその他書類の作成または変更に関して裁判官の命令を受けた場合に、その作成または変更をみずから正当でないと認めるときは、自分の意見を書き添えることができる（裁60条5項）。

　裁判所書記官の処分[14]に対する不服は、その書記官が所属する裁判所に異議の申立てができる。裁判所はこれにつき決定で裁判する（121条）。裁判所書記官の固有の職務執行においても、偏頗な取扱いをすれば判決の公正に疑惑を生じるから、裁判官に準じて、除斥・忌避・回避が認められる（27条、規13条）。しかし、裁判所書記官の職務の性質上、前審関与の事由（23条1項6号）は準用されない（最(二小)昭34・7・17民集13巻8号1095頁）。除斥原因ある裁判所書記官が職務執行をすることは違法であり、判決に影響を及ぼすときは上訴の理由となる（職務上判決の評決に関与することはないから、絶対的上告理由（312条2項2号）になる場合は考えられない）。

[＊]　**平成8年改正法における裁判所書記官の権限の拡大**　　裁判所書記官は、さまざまな裁判事務およびこれに付随する事務を裁判官と分担し、これを補助して、司法制度の円滑な運営に寄与する役割を担っている。民事執行法の制定（昭54・法4）のさいに、裁判官の権限が裁判所書記官へ大幅に移されたが（中野・民執64-65頁参照）、平成8年改正の民事訴訟法においては、さらに飛躍的に委譲された。裁判所の権限であった、訴訟費用額の確定（71条、旧100条）、支払督促（旧「支払命令」）の発付およびその仮執行宣言（382条・391条、旧430条・438条）、裁判長の権限であった裁判所のする嘱託手続（規31条2項、旧法130条2項）、裁判長の許可が必要であった公示送達（110条、旧178条）などは、いずれも裁判所書記官の固有の権限とされた。

　　さらに、裁判長の命令のもとに、訴状の記載の補正を促すこと（規56条）、最初の口頭弁論期日前の訴訟進行に関する意見等の聴取（規61条2項）、期日外における釈明のための処置（規63条）をする権限など、裁判所書記官による弁論の実質的な準備作業を公認する規定が設けられた。これらの作業には、すでに事実上裁判所書記官によって行われてき

---

14)　たとえば、訴訟費用額の確定処分（71条）、訴訟記録閲覧の拒絶（91条1項・5項）、公示送達の拒絶（110条）、判決確定証明書交付の拒絶（民訴規48条）。

ていたものもあるが、法規上明記されたことには、裁判所書記官の地位についての認識の変化を読みとることができる。単なる書記的仕事にとどまらず、裁判事務に伴うさまざまな事務を、裁判官から独立して、またはこれを助けてこなす、裁判官の不可欠の補助者としての地位を認知した改正といえる（西野喜一「書記官権限の拡大」ジュリ1098号（1996）104頁、中野貞一郎「新民事訴訟法の成立に寄せて(上)」NBL608号（1997）12頁、とくに林道晴「新しい民事訴訟規則と裁判所書記官の事務」ジュリ1108号（1997）9頁が詳しい）。

第2節　民事裁判権

1　意　　義

民事訴訟を処理する権能を、民事裁判権という（刑事裁判権とあわせて、裁判権または司法権という）。その権能には、裁判によって当事者を拘束服従させ、執行のために債務者に強制を加えることを中核とし、これに付随して、送達・公証の事務を行い、証人・鑑定人を呼び出して尋問し、証拠物の所持人に提出や検証受忍を命じ、これに応じない者を勾引し制裁を加えることなどが含まれる。そこで、裁判所は、このような国家権力の行使を内容とする裁判権を、いかなる範囲の人または事件に対して及ぼしうるか[*]を検討する必要があるが、通常渉外的要素をもつケースにおいて問題になるので、国際民事訴訟法の課題とされている。

〔*〕　**民事裁判権の限界と裁判所審判権の限界**　　ここでいう民事裁判権の限界の問題とは、民事裁判権も日本の国家権力を行使し、これに人および物を強制的に服従させる作用であるところから、他国および他国民との関連において、その行使範囲を吟味するものである。
　　　　ところで、わが民事裁判権の限界内の事件であれば、裁判所は、いかなる事件に対しても、民事裁判権を行使するわけではない。裁判所が司法権を発動し民事紛争の解決に乗り出すには、個別事件における法による救済を使命とした司法権の役割から、一定の条件がある。この条件を吟味するのが、裁判所審判権の問題である。それは、立法作用・行政作用から独立し、これらとは異なる司法作用の特質を考慮するとともに、信教の自由に対する司法権行使のあり方、各種団体の自治・自律に対する司法権の介入の限界といった、対立拮抗する憲法的諸価値を調整して、裁判所は、いかなる事件に対して司法権を行使し、または行使を抑制し、またどのような形で行使すべきかを吟味するものである。それは、憲法の期待する司法権のあり方、または役割を具体的な事件との関連で決定する作業である。

第2節　民事裁判権　*93*

このような作業も、広い意味では、民事裁判権の限界を問うものといえなくはないが、立法作用や行政作用に対する司法作用の特質から具体的事件に対する行使の機会および行使方法を吟味するものであり、当事者サイドからいえば、いかなる場合にどのような形で、裁判所が紛争解決に乗り出してくれるかを個別に吟味するという点で、従来の民事訴訟法学上の訴権論ないし訴えの利益論と類似した面をもつ。そこで、「裁判所審判権」の問題は、民事裁判権とは別に、「訴えの利益」との関連で論じるのが適当である（→p245）。

2　民事裁判権の限界

（1）　民事裁判権の対人的制約

日本国の裁判権は、原則として、日本国にいるすべての人に及ぶ。天皇も例外でない[1]。しかし、国際法上の原則として、元首、外交使節およびその随員家族は、駐在国の裁判権に服しない特権が認められているから、日本国にいるこれらの者には、日本国の裁判権は及ばない（裁判権の免除）。わが国の加盟している1961年の外交関係に関するウィーン条約（1964年発効）でも、外交使節等について同様の定めがある[*]（同条約31条・32条・37条、なお同38条参照）。

もっとも、条約によって、これらの者の裁判権の免除を認めないとすることはできる。また、これらの者が関わる特定の事件について、派遣国は接受国の裁判権の免除を放棄することもできる（同32条1項・2項・4項）。これらの者が進んでみずから起訴したときも、免除を放棄したものと認められる（同条3項参照。東京地判昭30・12・23下民6巻12号2679頁）。

> [*] **外交官等の民事裁判権の免除**　　外交関係に関するウィーン条約においては、外交官等の民事裁判権の免除は、接受国の領域内にある外交官等の個人の不動産に関する訴訟、外交官等が個人として関係している相続に関する訴訟、および接受国内で公務の範囲外で行う職業・商業活動に関する訴訟について認めていない（同条約31条1項）。在日米軍人は、わが国の民事裁判権に服する（横浜地判昭62・3・4判時1225号45頁）。

（2）　外国国家の扱い

㋐　**絶対免除主義から民事裁判権免除法へ**　　外国国家については、いわゆる

---

1)　反対、東京高決昭26・6・29（吉田長蔵『新天皇論』（1952・千代田書院）198頁に掲載）、最判（二小）平元・11・20民集43巻10号1160頁も、日本国および日本国民統合の象徴であることから否定説をとる、斎藤・概論55頁。

絶対免除主義が伝統的な国際慣習法であったが、国家活動の範囲の拡大に伴い、国家の私法的ないし業務管理的な行為についてまで、民事裁判権を免除するのは相当でないとの考えが台頭し、免除の範囲を制限しようとする諸外国の国家実行が積み重ねられている[*]。わが国においても、絶対的な免除主義を認めていた大審院決定（昭3・12・28民集7巻1128頁）に対して、最判（二小）平18・7・21（民集60巻6号2542頁）において、外国国家は、その私法的ないし業務管理的行為については、わが国による民事裁判権の行使が外国国家の主権を侵害するおそれがあるなどの特段の事情のないかぎり、わが国の民事裁判権から免除されないとの判例変更がなされた。

このような状況の下で、平成21年「外国等に対する我が国の民事裁判権に関する法律」（以下、「民事裁判権免除法」という）が制定・施行された（平21・法24、平22・4・1施行）。この法律は、国際連合が平成16（2004）年12月の総会において採択した「国及びその財産の裁判権からの免除に関する国際連合条約」（通称、「国連国家免除条約」という）の内容をふまえて制定されたものである。わが国は、平成19（2007）年1月に同条約に署名したが、同条約の発効には30カ国の締結が必要とされ、発効はかなり先になると見込まれている。しかし、この法律は、条約が未発効の段階であっても、かつ非締約国も規律するという意味で、国内法独自の意義を有している。

〔*〕 **外国による応訴の意思表示**　外国が進んで日本国の裁判権に服することは妨げないが、この場合には条約で定めるか、特定の事件について裁判権に服する旨の国家から国家への意思表示が必要であるとされていた（大決昭3・12・28民集7巻1128頁）。しかし、上記平成18年の判例によって、私人との間の書面による契約に含まれた明文の条項により、その契約から生じた紛争について日本国の民事裁判権に服する旨の意思を明確に表明した場合にも、原則として、日本国の民事裁判権から免除されないと解することになった。

(イ) **民事裁判権免除法の概要**　外国等に対してわが国の民事裁判権（裁判権のうち刑事にかかるもの以外のもの）が及ぶ範囲と外国等にかかる裁判手続の特例を定めている（1条）。第1章 総則では、「外国等」の定義（2条）と、本法が、条約または確立された国際法規に基づき外国等が享有する特権または免除には影響しないことを定めている（3条）。

第2章では、まず第1節4条で、外国等はわが国の民事裁判権から免除される

という原則を明記し、第2節では、裁判手続から免除されない場合を、5条から16条まで列挙する。外国等の同意（5条）、同意の擬制（6条・7条）、商業的取引（8条）、労働契約（9条）、人の死傷または有体物の滅失等の責任（10条）、不動産に係る権利利益等（11条）、裁判所が関与する財産の管理・処分に係る権利利益（12条）、知的財産権（13条）、団体の構成員としての資格およびこれに基づく権利義務（14条）、船舶の運航等（15条）、仲裁合意にかかる紛争（16条）を規定している。第3節は、保全処分および民事執行手続から免除されない場合として、外国等の同意等（17条）、政府の非商業的目的以外の財産（18条）、外国中央銀行等の財産の取扱い（19条）を規定している。

民事の裁判手続についての特例としては、第3章において、訴状等の送達（20条）、外国等の不出頭の場合（21条）、勾引・過料に関する適用除外（22条）を規定する。

3　民事裁判権の対物的制約

（1）　わが国の一般管轄権

どんな民事事件に対してわが国の民事裁判権が及ぶかは、渉外的要素をもつ事件（外国人を当事者とする事件または外国にある物もしくは外国法上の事項についての事件）について、とくに問題となる（そうでない国内的性質の事件には、わが裁判権が当然に及ぶ）。渉外事件についてどの国の裁判所が裁判権を行使すべきか（これを国際的裁判管轄権または一般管轄権の問題という）に関しては、国際社会で一般的に承認された法則があるわけではない。例外として、不動産を直接目的とする権利関係の訴訟はその所在地国の裁判権に専属するという原則が、ほとんどの国で認められているだけである。そこで、各国は、それぞれの国際民事訴訟法の課題として、各自に自国の裁判権の限界（一般管轄権）を定めている。

㋐　「民事訴訟法及び民事保全法の一部を改正する法律」（平23・法36）制定まで

わが法上、一般管轄権を直接規定した成文法規はないと解されていた[2]。一般論として、自国に人的にも物的にもなんら関係のない事件については、無益な裁判権の行使を避けるべきであるが、被告がわが国に住所を有しない場合であって

2）　反対、竹下守夫・判批・金融商事637号49頁。

も、わが国と法的関連を有する事件についてわが国の国際裁判管轄を肯定すべき場合のあることは、否定できない。しかし、どのような場合にわが国の国際裁判管轄を肯定すべきかについては、「国際的に承認された一般的な準則が存在せず、国際的慣習法の成熟も十分ではないため、当事者間の公平や裁判の適正・迅速の理念により条理に従って決定するのが相当」であり、「そして、我が国の民訴法の規定する裁判籍のいずれかが我が国内にあるときは、原則として、我が国の裁判所に提起された訴訟事件につき、被告を我が国の裁判権に服させるのが相当であるが、我が国で裁判を行うことが当事者間の公平、裁判の適正・迅速を期するという理念に反する特段の事情があると認められる場合には、我が国の国際裁判管轄を否定すべきである」というのが最高裁判例の判断枠組みであった（最判（二小）昭56・10・16民集35巻7号1224頁。最判（三小）平9・11・11民集51巻10号4055頁）。判断枠組みとしては、是とすべきであろう。「特段の事情」としてどのような具体的事情を考慮するかは判例の将来の課題であり、渉外的な要素を考慮した国際裁判管轄権を検討すべきであろう。

　他国の領土主権、対人主権にかかわる事件、またもっぱら他国の利害に関する事件については、他国の裁判権の行使を尊重すべきである。すなわち、不動産を目的とする訴訟はその所在地国の領土主権が排他的に及ぶべきであるから、その国の裁判権に専属する。外国人間の婚姻事件につき、日本で裁判できるとしても、外国人の本国の対人主権を尊重すべきであるから、その国の裁判権を否定できない[3]。また、ある人がある国の国籍を有するかどうかは、その国の利害に関する事項であるから、その国の裁判権に専属する（アメリカの国籍につき、最判（三小）昭24・12・20民集3巻12号507頁）。

　さらに、一般管轄権の決定は、管轄権の国際的規模での場所的な分配の問題であるとみて、一国内の分配に関する規定である国内民事訴訟法の土地管轄の規定を類推して考えることができる。しかし、場所的な隔たりが大きくなるだけに、被告の立場が、国内の場合以上に考慮されないと公平を欠く。そこで、わが国に被告の住所（4条1項・2項）、法人その他の社団または財団の場合の主たる事務所（同条4項）または事務所・営業所（5条5号）などがあれば、日本の裁判権を

---

[3]　小山ほか・演習民訴(上)101頁以下〔松岡博〕参照。

認めてよい。これらの連結点を有しない被告に対して、不法行為地の裁判籍に依拠してわが国の国際裁判管轄を認めるためには、判例は原則として被告がわが国においてした行為により原告の法益に損害が生じたとの客観的事実関係が証明されれば足りるとする（最判（二小）平13・6・8民集55巻4号727頁）。たんに義務履行地とか被告の財産の所在地（その財産の価値の限度で認めることは別として）が日本にあるだけで、その他の点ではなんら日本と関係がない事件にまで日本の裁判権を認めるべきではなかろう[4]。

　民事訴訟法上の併合請求の裁判籍の規定（7条）に依拠してわが国の国際裁判管轄権を肯定するためには、両請求の間に、密接な関係が認められることを要する（上掲最判（二小）平13・6・8）。密接でない請求を併合するのは、国際社会における裁判機能の合理的分配の観点からみて相当でないし、またその併合により、裁判が複雑長期化するおそれがあるからである（上掲最判（二小）平13・6・8）。また、外国の裁判権に専属しない事件については、合意管轄（11条）、応訴管轄（12条）も認めるべきであるし、国際取引の安全のためには、一般管轄権の専属的合意（→p121）をあらかじめしておくことが望ましい。

　(イ)　「民事訴訟法及び民事保全法の一部を改正する法律」（平23・法36）の立場

　(a)　改正法の体裁　　平成23年改正前民事訴訟法「第1編　総則」「第2章　裁判所」の「第1節　管轄」の前に「第1節　日本の裁判所の管轄権」を置き、この節に原則として、日本の裁判所の国際裁判管轄権に関する規定（新設3条の2から3条の12）をまとめて置くとともに、これまでの旧「第1節　管轄」は「第2節」に、旧「第2節　裁判所職員の除斥及び忌避」は「第3節」に繰り下げることにした。

　民事保全法については、同法「第2章　保全命令に関する手続」の「第2節　保全命令」のなかに「第1款　通則」を追加し、そのはじめに11条を設け、12条からの類推として「保全命令の申立ては、日本の裁判所に本案の訴えを提起することができるとき、又は仮に差し押さえるべき物若しくは係争物が日本国内にある

---

　4)　池原季雄「国際的裁判管轄権」新実務講座(7)29頁、注釈民訴(1)120頁〔道垣内正人〕。国内の土地管轄の規定から一般管轄権を推知すべしとして、日本国内に裁判籍の認められる事件は原則としてわが裁判権に属するとする（兼子・体系66頁）と、上記のような場合にもわが裁判権を認めることになり、被告に酷である。5条4号・5号参照。

ときに限り、することができる。」との条文を入れた。

人事訴訟法においては、人事に関する訴え（人訴2条に定義されている）は、本改正法によって民事訴訟法内に新設された民事訴訟法第1編第2章第1節、145条3項および146条3項の規定は適用しないとし（人訴29条1項）、人事訴訟を本案とする保全命令事件については、民事保全法に新たに規定された民事保全法11条の規定は適用しないと定めた（人訴30条1項）。

しかし、人事訴訟に関する国際裁判管轄については、人事訴訟法の第1章第2節第1款として「日本の裁判所の管轄権」が新設（平30・法20号、2019年4月1日から施行）され、各種の規定が整備された（3条の2（原則規定）・3条の3（関連請求の併合による管轄権）・3条の4（子の監護処分の裁判に係る管轄権）・3条の5（特別の事情（民訴3条の9と同様のものに未成年の子の利益を加える）による訴え却下）。人事訴訟の保全命令事件の国際管轄権については、人訴法30条1項により（旧規定30条1項による民事保全法の適用を排除する規定を削除し）、民事保全法上の国際管轄権に関する11条と同じ内容が、家庭裁判所に適用されることとなった。また、家事事件手続に関する国際管轄権についても、家事事件手続法第1章の2（平30・法72、2019年4月1日から施行）が新設され、規定が整備された（3条の2から3条の15）。

労働審判事件については、労働審判に対し適法な異議があったときに訴えの提起があったとみなされる場合に、その請求につき民事訴訟法第1編第2章第1節の規定により日本の裁判所が管轄権を有しないときは、その訴えを却下すると規定する（労働審判法22条1項後段）。

(b)　原則　　民事訴訟法第1編第2章第2節に規定する土地管轄の連結点が日本国内にあるときには、裁判管轄権も認められる。普通裁判籍に関する4条の類推として3条の2、手形・小切手による金銭請求の訴えについて5条2号から3条の3第2号へ、事務所・営業所を有する者に対するその業務に関する訴えについては5条5号から3条の3第4号へ推知されているが、後者に関連し、日本において取引を継続して行う外国会社等に対する訴えについて、その者の日本の業務に関する訴えについて管轄権を認めるとしている（3条の3第5号）。

船舶債権その他船舶を担保とする債権に基づく訴えについては5条7号から3条の3第6号へ、船舶の衝突等に基づく損害賠償の訴え・海難救助に関する訴えについては5条10号・11号から3条の3第9号・第10号、不動産に関する訴えに

ついては5条12号から3条の3第11号、相続権・遺留分・遺贈等に関する訴えおよび相続債権等に関する訴えについては5条14号・15号から3条の3第12号・13号へと推知されている。

不法行為に関する訴えについては、不法行為が行われた地が日本国内にあるときと規定されている点は5条9号と同趣旨であるが、3条の3第8号においては「（外国で行われた加害行為の結果が日本国内で発生した場合において、日本国内におけるその結果の発生が通常予見することのできないものであったときを除く。）」との括弧書を付加して、管轄権の不当な拡大を制限している。

財産権上の訴えについては、契約債務の履行請求、契約上の債務に関して発生した事務管理・不当利得請求および債務不履行による損害賠償請求その他契約上の債務に関する請求を目的とする訴えを抜き出して「契約において定められた当該債務の履行地が日本国内にあるとき」または「契約において選択された地の法によれば当該債務の履行地が日本国内にあるとき」管轄権を認めると規定している（3条の3第1号）。その結果、財産権上の訴え（5条1号）および日本国内に住所がないか知れない者に対する財産権上の訴え（5条4号）については、5条4号に準じて「請求の目的が日本国内にあるとき」、または「当該訴えが金銭の支払を請求するものである場合には差し押さえることができる被告の財産が日本国内にあるとき」と規定し、同時に「その財産の価額が著しく低いときを除く」との括弧書を付加して、裁判権の不当拡大を制限している（3条の3第3号）。

会社その他の社団または財団に関する訴え（5条8号）については、日本に関係が深い法人等についてのみこの種の裁判権を認める趣旨で、「社団又は財団が法人である場合にはそれが日本の法令により設立されたものであるとき、法人でない場合にはその主たる事務所又は営業所が日本国内にあるとき」に管轄権を認めるとした（3条の3第7号）。

併合請求の管轄権についても、併合請求の管轄の規定（7条）を類推するが、請求相互間に「密接な関連があるときに限り」という制限を付している（3条の6）。反訴の管轄権についても、146条1項1号に準じて、管轄権を認めるが、併合請求の場合と同様、反訴請求が本訴請求または防御の方法と「密接に関連する請求を目的とする場合」にかぎると規定されている（146条3項追加、旧3項は第4項に）。

100 第2編 訴訟の主体 第1章 裁判所

(c) **消費者または労働者の保護** 消費者契約に関する消費者から事業者に対する訴えについては、訴えの提起時または消費者契約の締結時における消費者の住所が日本国内にあるとき（3条の4第1項、消費者契約法2条1項・2項参照）、個別労働関係民事紛争に関する労働者から事業主に対する訴えは、その労働契約における労務の提供の地（その地が定まっていない場合にあっては、労働者を雇い入れた事業所の所在地）が日本国内にあるとき（3条の4第2項、労働審判法1条・2条参照）、日本の裁判所に提起することができる。

他方、事業者または事業主から消費者または労働者に対する訴えについては、3条の3の規定は適用されず（3条の4第3項）、3条の2の適用問題[5]となる。したがって、消費者または労働者が、みずから日本の裁判所に応訴したり管轄の合意をしない限り、自己の住所等の本拠地が日本になくなれば、日本では訴えられることはない。生活の本拠地以外で訴えられることを防止する意義をもつ[6]。

(d) **専属裁判権** 日本の裁判所が専属裁判権を有するものとしては、会社法第7編第2章に規定する訴え（会社の組織に関する訴え等。特別清算に関する訴えおよび清算持分会社の財産処分の取消しの訴えを除く）、一般社団法人および一般財団法人に関する法律第6章第2節に規定する訴えその他これらの法令以外の日本の法令により設立された社団または財団に関する訴えでこれらに準じるものがある（3条の5第1項）。登記・登録に関する訴えについては、登記・登録すべき地が日本国内にあるとき、知的財産権のうち設定の登録により発生するものの存否または効力に関する訴えについては、その登録が日本でされたものであるとき、日本の裁判所のみが管轄権をもつとする（3条の5第2項・3項）。

管轄権が日本の裁判所に専属する場合の適用除外についても、管轄の規定（13条1項）に準じる（3条の10）。また日本の裁判所が管轄権の専属に関する定めにより中間確認の対象たる請求について管轄権を有しないときは、145条1項の中間確認判決はできない（145条3項追加、旧3項は第4項に）。上告の理由に、「日本の裁判所が管轄権の専属に関する規定に違反したこと」を加える（312条2項2号の2）。

5） 条解2版49頁参照。

6） 条解2版60-62頁参照。

(e)　**管轄権に関する合意**　　管轄の合意の規定（11条1項から3項）と同様の定めをおくが（3条の7第1項から3項）、外国の裁判所にのみ訴えを提起することができる旨の合意は、その裁判所が法律上または事実上裁判権を行うことができないときは、援用できないと規定する（3条の7第4項）〔*〕。将来生ずる消費者契約に関する紛争を対象にする合意については、消費者契約の締結時に消費者が住所を有していた国の裁判所を合意するもの（同条5項1号）、また将来生ずる個別労働関係民事紛争を対象とする合意については、労働契約終了時において合意されたものであり、その時における労務提供の地がある国の裁判所を合意するものであって（同条6項1号）、消費者もしくは労働者が合意された国の裁判所に訴えを提起したとき、または事業者もしくは事業主が日本もしくは外国の裁判所に訴えを提起した場合において消費者もしくは労働者がその合意を援用したときに（同条5項2号・同条6項2号）、その効力を有するとされる。なお、これらの関係においては専属的な合意をしたとしても、その国以外の国の裁判所にも訴えを提起することを妨げない合意とみなされる（3条の7第5項1号括弧書、および6項1号括弧書）。応訴による管轄権（3条の8、12条参照）も管轄の場合と同様に認めている。

〔*〕　**国際的裁判管轄の専属的合意**　　外国の裁判所を専属的な管轄裁判所とする合意は、日本の裁判権を排除する合意になる。そこで、わが法上は、この合意に反してわが国の裁判所に提起された訴えの取扱いが問題となるが、この種の合意は、事件がわが国の裁判権に専属しないものであり、かつ、合意された外国の裁判所がその国法上合意の効力を認めて事件を受理することが明らかであるときは、わが法上も合意の効力を認めて、訴えを却下すべきである（最判（三小）昭50・11・28民集29巻10号1554頁）。わが国の裁判権に専属する事件であれば、訴えを却下すべきでない（3条の10）。その訴えの却下は、わが国家主権の放棄になるし、外国の裁判所が受理しないおそれのある事件をわが国で却下してしまうと、裁判の拒否になるおそれがあるからである。国際裁判管轄合意の方式は、少なくとも当事者の一方が作成した書面に特定国の裁判所が明示的に指定されていれば足りる（上記最判（三小）昭50・11・28）。

(f)　**特別な事情による管轄権の否定**　　日本の裁判所が管轄権を有することとなる場合（日本の裁判所にのみ訴えを提起することができる旨の合意に基づき訴えが提起された場合を除く）においても、従来の判例の考え方を受け、特別事情があるときは、訴えの全部または一部を却下することができる旨を規定している（3条の9）。特別の事情としては、「事案の性質、応訴による被告の負担の程度、証拠の所在地

その他の事情を考慮して、日本の裁判所が審理及び裁判をすることが当事者間の衡平を害し、又は適正かつ迅速な審理の実現を妨げることとなる特別な事情」と規定している。日本の裁判所が管轄権をもつ場合を積極的に定めている本改正法案の立場からすると、どのような場合にこのような特別事情があると判断されるのかは、将来の判例を待つほかはない〔＊＊〕。

〔＊＊〕 **国際裁判管轄を否定すべき「特段の事情」**　　法改正以前の事件であるが、最判(三小)平9・11・11民集51巻10号4055頁は、この「特段の事情」をつぎのような事実に基づいて、認定しているので、実務上参考になろう。すなわち、契約上の金銭返還請求について、本件契約は被告にドイツ連邦共和国内における種々の業務を委託することを目的とする契約であること、義務履行地、準拠法を日本または日本法にするという明示の合意があるわけではないので日本で訴えられるのは被告の予測を超えること、被告は20年以上ドイツ連邦共和国内に生活上および営業上の本拠を置いていること、防御のための証拠方法も同国内に集中していること、他方、原告は同国内から自動車等を輸入している業者であり、同国内で訴えることを強いても過大な負担を課すことにならないこと等から、義務履行地・準拠法のいかんにかかわらず、「特段の事情」を認定して日本の管轄権を否定している。

⑻　**その他**　　さらに、職権証拠調べ（3条の11、14条参照）、管轄権の標準時（3条の12、15条参照）などについても、管轄の規定に準じる。「第1節　日本の裁判所の管轄権」の規定により日本の裁判所が管轄権を有する訴えについて、民事訴訟法の他の規定または他の法令の規定により管轄裁判所が定まらないときは、その訴えは、最高裁判所規則で定める地を管轄する裁判所の管轄に属することになる（10条の2、民訴規6条の2によれば、「東京都千代田区」とされる）。

（2）　外国裁判権の限界とわが法上の問題

日本法からみて、ある事件につき外国裁判権が及ぶかどうかは、その外国の裁判所がその事件につきなした判決を日本国で承認すべきかどうか、その外国判決による日本国内での執行を認めるかどうかを決めるさいに（執行判決請求訴訟において→p740〔＊〕）問題となる（118条、民執22条6号・24条3項）。この場合の外国裁判権（これを「間接管轄」という）存否の判断（118条1号の解釈）においては、「基本的に我が国の民訴法の定める国際裁判管轄に関する規定に準拠しつつ、個々の事案における具体的事情に即して、外国裁判所の判決を我が国が承認するのが適当か否かという観点から、条理に照らして判断すべきもの」と判示されている（最判

第 2 節 民事裁判権 *103*

（一小）平26・4・24民集68巻 4 号329頁）。なお、国際裁判管轄の規定以前の判例（最判（三小）平10・4・28民集52巻 3 号853頁）では、間接管轄の判断基準は、わが国際裁判管轄の判断基準とは必ずしも一致しないと述べられている。

4　民事裁判権欠缺の訴訟上の取扱い

（1）　裁判権の免除の効果

　免除を享有する者は、当事者として裁判や執行を受けない[*]。証人・鑑定人となる義務も負わない。もっとも、証言能力がないわけではないから、証人として任意に出頭して尋問に応ずれば、証言としての効力がある（最判（二小）昭24・7・9刑集 3 巻 8 号1193頁）。裁判権の免除を放棄したときも、外交官等の一身または住居・公館の不可侵権は別に尊重しなければならない。

> [*]　**裁判権に服しない者を被告にした訴状の取扱い**　　送達の実施も、名宛人に対して裁判権を行使することになるから、裁判権の免除を享有する者に対しては、訴状を有効に送達することができない。訴状の伝達・受領が事実上なされても、裁判権の免除を放棄して応訴するかどうかを確かめるための、事実上の通知という意味しかない。この場合、厳密には訴訟係属の効果が発生していないが、免除を享有する者かどうか、有効な放棄があったかどうかは、裁判長でなく、裁判所が判断するのが妥当であろう。通常の送達方法で事実も伝達・受領ができなかったときは、放棄の意思を確かめるために、108条を類推して嘱託送達をなすべきである。
>
> 　なお、免除を放棄している場合でも、これらの者の一身または居宅の不可侵権は別に尊重しなければならないから、その者に対する交付送達は、任意に受領しないかぎり、事実上困難であるし、かりに差置送達をしても無効と考えられる（ここでも108条の類推による送達をなすべきであろう。（新堂「裁判所の調査義務と釈明義務」民訴演習Ⅰ〔同・展開308頁〕参照）。

（2）　訴訟要件としての裁判権

　事件が人的および物的にわが裁判権に服するものであることは、訴訟要件の一つである。これを欠けば、訴えは不適法として却下される。裁判権の存否は、職権で顧慮すべき事項（職権調査事項）であり、その判断の資料は、職権でも探知すべきである。その欠缺を看過・誤認してなされた本案判決に対しては、当事者も上訴で取消しを求めることができる（312条 2 項 2 号の 2 ）。判決確定後は、再審事

104 第2編 訴訟の主体 第1章 裁判所

由にあたらないから、取り消す余地はない。しかし、もともと裁判権に服しない者に対しては、形式上当事者の地位についたといっても、その手続内で自らの利益を防御することをこの者に期待することはおかしい。したがって、確定しても判決の効力（既判力、執行力等）をこの者に及ぼすことができない。その意味で、無効の判決となる。

第3節 管　　轄

第1款 総　　説

1　管轄の意義

（1）　概念

多数の裁判すべき事件は、種々に区分けして、各裁判所（国法上の意味の裁判所）が分担して処理する。この各裁判所間の事件分担の定めを管轄という。この定めは、各裁判所からみるときは、各自が裁判権を行使できる範囲を意味するから、管轄権とも呼ばれる。特定の事件からいうと、その事件を裁判できる裁判所（管轄裁判所）はどの裁判所かの定めである。管轄は、国法上の意味の裁判所（→p78 1（1））を単位とした定めであるから、その同一裁判所内部にある数個の裁判機関相互間の事務分配の定めとは区別される（→p83(ウ)）。

（2）　訴訟要件としての管轄

管轄権は、その裁判所が事件について裁判権を行使する権能であるが、これが存在しないときは、その裁判所はみずから手続を打ち切って、それ以上事件の内容の審理に進むべきではない。そこでその存在は、本案判決をする要件（訴訟要件）の一つとなる。また裁判所は、当事者が管轄違いの主張をしなくとも、職権で事件についての管轄権の存在を確かめなければならない。

裁判所は、みずからの管轄権を肯定するかぎり審理を進めるが、被告が移送申立てをしている場合は、なるべく早くこれを却下する決定をすべきである（却下決定に対する即時抗告の機会を与えるためである。→p129（3））。たんに被告が管轄違いを主張して争う場合にも、決定で裁判所の判断を示し即時抗告の機会を与えるべきである（21条）。管轄権を否定するときは、他の管轄裁判所に属する事件であれば、職権でそこへ移送する旨の決定をする[*]（16条1項）。他に管轄裁判所が認められないときは、終局判決で却下することになる。

〔＊〕　**管轄違いと裁判権の不存在等との関係**　　管轄権のない事件についても、訴え提起行為の無効や裁判権の一般的不存在に基づいて訴え却下の判決をすることは妨げられない。

106　第2編　訴訟の主体　第1章　裁判所

これらの事項は、管轄権を調査しその結論を得る段階までに判明することもあるから、そのような場合にまで、事件を移送してもう一度その点の判断をさせるのは訴訟経済に反するし、訴えを却下する取扱いならば、被告の管轄の利益（自分や事件と関係のないところで訴えられないという利益）を害することもないからである。

（3）　管轄の種別

これには、分担を決める基準の違いによる職分管轄・事物管轄・土地管轄、管轄権の発生の根拠の差異による法定管轄・指定管轄・合意管轄・応訴管轄、その遵守の要求度の差異による専属管轄・任意管轄などがある。

2　管轄規定の性質

（1）　法定管轄の必要

多種多数の事件を、各種の多数の裁判所が分担して処理するのであるから、画一的基準に従って各裁判所が分担する必要があるし、当事者がどの種のどこの裁判所に訴えたらよいか迷わないためにも、その分担の基準をあらかじめ法定しておくことが必要である。それゆえ、管轄は、法によって詳しく規定されるのが通常である。この、法の定めによって生じる管轄を、法定管轄という。

（2）　専属管轄と任意管轄

法定管轄にも、主として当事者の便宜や公平を図る趣旨で設けられ、当事者の意思や態度によってその定めと別の管轄（合意管轄・応訴管轄）を認めて差し支えないものと、そうでないものとがある。前者を任意管轄、後者を専属管轄という。

　（ア）　**専属性の根拠**　　専属管轄の定めは、これを遵守させる要求度の高いものであるが、その理由は、それぞれの定めによって異なる。職分管轄は、原則として専属管轄であるが、各種裁判所の職務権限を定めて訴訟の主体たる裁判所側の体制づくりをするものだからである。事物管轄および土地管轄では、法がとくに専属とする旨を規定する場合に限って専属管轄になる。これには、たとえば、特定の職分との関連を重視するもの（340条・383条、民執19条）、多数人に利害の及ぶ事件であるため、みんなにとっての便宜が強調されるもの、たとえば、人事訴訟事件（人訴4条）、会社関係の事件（会社835条1項・848条・857条・862条・867条）、司法資源の集中を根拠とするもの（特許権等に関する訴え。6条）などがある。

　（イ）　**手続上の取扱いの違い**

第3節　管　轄　107

(a)　専属管轄の定めがあると、他の一般の規定による競合的な管轄は生じないから（13条、もっとも専属管轄裁判所が複数生じることはある。人訴5条、民保12条1項、民執44条2項）、裁判所もこれを無視して他の裁判所へ移送できない（17条・18条・19条・20条1項。ただし、20条2項・20条の2の場合は移送可）。

(b)　任意管轄であれ専属管轄であれ、管轄権の存在は訴訟要件の一つであるから、その存在について疑いがあるならば、裁判所は、被告の管轄違いの抗弁がなくとも、職権で調査すべきである（→p235 4）。その存否につき当事者は主張立証しうるが、裁判所も職権で証拠調べができる（14条）。そのさい、専属管轄のときは、管轄の原因事実の有無を積極的に探知する職責がある。これに対し、任意管轄は、当事者が変更できる性質のものであるから、当事者間に争いがなければ証明を要しないで管轄を認定してよい（なお→p124(3)）。

(c)　どちらの管轄であれ、裁判所が管轄権の不備を誤認または看過して本案判決をすることは違法であるが、任意管轄については、控訴審では、当事者はもはや第一審の管轄違いを主張できず（299条1項本文）、判決の違法とならない。

専属管轄の違反は、控訴、上告の理由となる（299条1項ただし書・312条2項3号）。上級審がその違反を認めるときは、原判決を取り消し、事件を管轄裁判所に移送する旨の判決をする（309条・313条）。判決確定後は、再審事由とならないから、争う余地はない。

第2款　各種の管轄

第1項　法定管轄

1　職分管轄

裁判権の種々の作用をどの種の裁判所の役割として分担させるかの定めを、職分管轄という。事件に対する各種の裁判所の基本的な役割を定め、これによって、民事訴訟制度を設営する裁判所側の体制を固めるものである点で、原則として専属管轄である。

（1）　受訴裁判所と執行裁判所の管轄

判決手続を扱う裁判所を受訴裁判所、民事執行手続を扱う裁判所を執行裁判所

とし、それぞれの手続に派生しまたは付随する事項を含めてそれぞれの裁判所の職分と定めている。受訴裁判所とは、特定の事件が判決手続の対象として将来係属すべき（35条1項参照）、現に係属中の（206条参照）またはかつて係属した裁判所（257条）をいうが、その事件の証拠保全手続（235条1項）、民事保全の手続（民保12条1項・2項）なども、受訴裁判所の職分とされる。執行裁判所（民執3条）は、みずから執行処分を行うほか、民事執行に関連した職分が認められている（民執11条・36条3項・38条・132条等。代替執行や間接強制の授権決定手続も執行裁判所の職分とされているが、この場合の執行裁判所には第一審の受訴裁判所がなることになっている。民執171条2項・172条6項）。

（2）　審級管轄

　下級裁判所のした裁判に対して上級裁判所へ不服申立てをすることを上訴というが、どの種の裁判所が最初の裁判をし（この裁判所を第一審という）、その裁判に対してどの種の裁判所へ上訴できるかの定めを審級管轄という。判決手続では、上訴として控訴（この裁判所を控訴審という）および上告（その裁判所を上告審という）の2段階を認める三審制がとられている。

　第一審は、人事訴訟事件については家庭裁判所、その他の事件については、簡易裁判所または地方裁判所を原則とする（裁33条・24条1号・31条の3第1項2号。特別の事件では高裁が第一審となる、特許178条1項、商標63条1項、意匠59条1項、弁護士法61条等）。控訴審は、簡易裁判所が第一審のときはこれを管轄区域内にもつ地方裁判所であり（裁24条3号）、地方裁判所または家庭裁判所が第一審のときは管轄高等裁判所である（裁16条1号）。上告審は、簡易裁判所事件では高等裁判所（裁16条3号、民訴311条1項）、地方裁判所事件または家庭裁判所事件では最高裁判所である（裁7条1号、民訴311条1項）。

　ただし、高等裁判所が上告審であるときで、憲法その他の法令の解釈についてその高等裁判所の意見が最高裁判所の判例（これがない場合にあっては、大審院または上告裁判所もしくは控訴裁判所である高等裁判所の判例）に反する意見となったときは、最高裁判所へ移送すべきである（324条、規203条）。また、高等裁判所が上告審としてした判決に対しては、最高裁判所への特別上告（327条）が認められている。

　審級の管轄は、飛越上告の合意が認められている限度では（281条1項ただし書）、任意的である。

（3） 簡易裁判所の職分管轄

全国に多数散在している関係から、簡易な事項、迅速を要する事項に関して特別の職分が認められている。少額訴訟（368条）、起訴前の和解（275条）、公示催告手続（非訟100条）、督促異議手続（394条1項）など。

2 事物管轄

（1） 意義

第一審訴訟事件についての、同一地域を管轄する簡易裁判所と地方裁判所との間の分担の定めをいう（高裁を第一審とする場合は、専属管轄であり、事物管轄とは関係がない）。事件（事物）の性質を基準とするので、この名がある。現在は、「訴訟の目的の価額」すなわち訴額が140万円を超えない請求は簡易裁判所、それ以外の請求は地方裁判所の管轄とされる（裁24条1号・33条1項1号）。事物管轄は、専属管轄でないから、合意管轄（11条）、応訴管轄（12条）によって変えうる。

平成8年改正法では、当事者の申立てと相手方の同意がある場合には、第一審裁判所は、訴訟がその管轄に属する場合にも原則として申立てにかかる地方裁判所または簡易裁判所に移送しなければならない旨規定されている（19条1項）。簡易裁判所の管轄に属する事件は、地方裁判所が受理したときでも相当と認めれば、みずから審判できるし（16条2項本文）、簡易裁判所が受理したときでも、相当と認めれば地方裁判所に移送できる（18条）。また、簡易裁判所は、不動産に関する訴訟では、被告の本案の弁論前に移送の申立てがあれば、地方裁判所に移送しなければならない（19条2項）。

（2） 「訴訟の目的の価額」（管轄訴額）

訴訟の目的の価額（訴額）は前記のように事物管轄の基準とされており、この意味での訴額は管轄訴額ということができる。ここでいう目的とは、原告が訴えによって保護を求める権利義務その他の法的地位をいい（8条1項）、通常は、訴訟物と同義である。訴額とは、この訴訟物についての原告の主張（請求）が認容されたとき（つまり原告勝訴のとき）に原告が直接享受する利益を、金銭で評価した額である。事件の複雑さや審判の難易とは無関係である。一つの訴えで、別個の経済的利益を追求する数個の請求をするときは、それぞれの訴額を合算する（9条1項本文）。しかし、たとえば、土地所有権の確認請求とその土地の明渡請求

110　第2編　訴訟の主体　第1章　裁判所

を併合提起する場合は、訴訟物は二つあっても、その経済的利益は別個独立といえず、価額の多いものについて評価すれば足りる（印紙額の算定につき同旨、最判(三小)昭47・12・26判時722号62頁。平成8年改正法9条1項ただし書で明文化された）。また、利息や遅延損害金などは、元本その他の主たる請求に付帯して請求する場合は、計算の簡明化のため算入しない（同条2項）。

（3）　非財産権上の請求

　訴訟物が非財産権上の権利関係である場合には、訴額は考えられない。たとえば、婚姻・親子等の身分上の法律関係、氏名権・肖像権その他の人格権、幼児の引渡しに関する請求、会社の設立や総会決議の効力に関する請求など経済的利益を内容としないもので、訴額の算定は不可能である。これらの請求は、便宜上、管轄訴額が140万円を超えるものとして、地方裁判所の管轄に属する（8条2項）。これに対し、財産上の請求であっても、算定が困難な場合がある。その場合には、裁判所が、他の事件との均衡（訴訟制度利用者間の公平）、費用対効用判断からの訴え提起のインセンティブを確保する視点など諸般の事情を考慮して、裁量で定めざるをえない（旧々民訴6条1項参照）。しかし、平成8年改正法は、価額の算定が「極めて困難であるとき」には、算定不能の場合と同じ扱いをすることと定めた（8条2項後段）。

（4）　手数料訴額

　訴額は、訴状等に貼用すべき印紙額を定める基準にもなっている——この意味の訴額を手数料訴額という——が、その算定方法は管轄訴額と同様である（民訴費4条1項）[*]。もっとも、非財産権上の請求および訴額の算定が極めて困難な請求の手数料訴額は、160万円とみなされる（同条2項）。訴額の算定は訴え提起時を基準とし、のちに請求を減縮しても、貼用印紙額は減額されない（上掲最判(三小)昭47・12・26）。

[*]　**手数料訴額の算定例**　　(1)　**従来の算定例**　　細かい算定基準については、最高裁判所民事局長通知「訴訟物の価額の算定基準について」（昭31・12・12民事甲第412号・裁判所時報221号2頁、昭39・6・18最高裁民二第389号・裁判所時報404号2頁）、「土地を目的とする訴訟の訴訟物の価額の算定基準について」（平6・3・28最高裁民二第79号・裁判所時報1119号2頁）がある。もっとも、上記通知は受訴裁判所を拘束しない（前掲最判(三小)昭47・12・26）。判例はいずれも手数料訴額関係のものであるが、たとえば、所有

権取得の登記請求権の価額は、目的たる不動産の価額に準拠するとするもの（大判大8・10・9民録25輯1777頁）、所有権仮登記抹消請求の訴額は、抹消登記の経由によって原告の受ける利益の具体的算定を容易とする特段の事情の存しないときは、所有権に基づく物の引渡（明渡）請求権を訴訟物とする場合に準じ、目的不動産の価額の2分の1を基準として定めるのを相当とするもの（最判(三小)昭44・6・24民集23巻7号1109頁）などがある。特定の新聞紙に謝罪広告の掲載を求める請求は、その掲載に必要な通常の広告費によって算定する（最判(三小)昭33・8・8民集12巻12号1921頁）。

　訴額の算定は自由な証明によって認定してよいし（前掲最判(三小)昭47・12・26）、財産権上の請求でその価額の算定が著しく困難なものについては、裁判長または裁判所がその算定にとって重要な諸要因を確定し、これを基礎として裁量によって評価算定しうる（訴額を特定企業の将来の営業収益を基礎として算定すべき場合について、最判(三小)昭49・2・5民集28巻1号27頁）。

　さらに、会社設立や総会決議の効力に関する請求などは、基本的に財産上の請求であり、訴えをもって主張される利益は本来経済的なものであると考えられるのに、訴額算定のうえでは、非財産権上の請求として扱うのが定着した実務になっている。

　以上のような実例からすると、「訴えをもって主張する利益」は、その経済的利益を算定するという原則に立ちながらも、その算定が著しく困難な場合や、そもそも経済的利益以外の利益が多分に含まれているような場合（たとえば、上述の謝罪広告請求の場合）には、訴額算定のため裁判所の裁量権を大幅に前提とせざるをえない。

　(2)　**住民訴訟等の判例**　　①最判(一小)昭53・3・30民集32巻2号485頁は、住民訴訟において、「訴えをもって主張する利益」とは、地方公共団体の損害が回復されることによって原告を含む住民全体の受けるべき利益であるとし、このような利益は、勝訴判決によって地方公共団体が直接受ける利益すなわち請求にかかる賠償額と同一ではありえず、ほかにその価額を算定する客観的、合理的基準を見いだすことも極めて困難であるとして、民訴費4条2項に準じて、その手数料訴額を35万円（当時の額）とした。

　②次いで、株主代表訴訟について、東京高判平5・3・30判タ823号131頁は、「訴えをもって主張する利益」は、会社が損害賠償を受けることによって原告を含めた全株主が受ける利益をいうべきであり、それは勝訴判決によって会社が直接受ける利益とは同一でありえず、その価額を算定する客観的・合理的基準を見いだすことも極めて困難であるとして、非財産権上の請求と同様、手数料訴額を95万円（印紙額8200円〔いずれも当時の額〕）とした。上告審もこれを維持した（最判(一小)平6・3・10資料版商事法務121号149頁）。前掲東京高裁判決の直後、平成5年6月4日に成立した改正商法267条4項（現会社847条の4第1項）では、株主代表訴訟は、非財産権上の請求にかかる訴えとみなすこととなった。このような手数料訴額の扱いが確立された結果、にわかに株主代表訴訟の

112 第2編 訴訟の主体 第1章 裁判所

提起が容易となり、その数も増加し、これによる会社経営に対する株主の監督権が実質的に保証されるところとなった。一般社団法人における役員等の責任追及の訴えについても同様の扱いとなっている（一般法人278条5項）。

(3) **平成8年改正法8条2項の解釈**　これまでの判例の流れからみると、さしあたり、住民訴訟、会社設立や株主総会決議の効力に関する訴訟などは、平成8年改正法でいう訴額の算定が「極めて困難な」事例と考えられるが、従来、何らかの基準によりながら裁量に基づいて訴額を判定してきた事例（たとえば、前記(1)掲記の判例）などは、平成8年改正法のもとでも、先例としての価値を維持し続けるものとみるべきであろう。

(4) **平成8年改正法9条1項ただし書の解釈**　住民訴訟の手数料訴額などについては、前述のように、原告の数にかかわりなく、95万円（現行法では160万円）であるとする。しかし、東京地命平3・5・27判時1391号156頁は、571名の原告が国を被告として湾岸戦争のために国が湾岸平和基金へ90億ドルの支出をすることと、自衛隊機を派遣することの差止めと、1人あたり各1万円の慰謝料の支払を求めた事件において、上記差止請求の手数料訴額を95万円（当時の額）として印紙を貼用した訴えに対して、原告らの差止請求が原告ら個々人の人格権を根拠とするものであるから、国に対して同一の行為の差止めを求めるものであっても、その差止めによって原告らの得ることとなる利益は、個々の原告ごとに別個独立に存在する、したがって、各原告の訴訟の目的の価格を合算しその合算額に訴訟費用法別表を適用して印紙額を算定すべきであるとして、印紙の追徴を命じている（同様の扱いとして、金沢地決昭54・11・26訟月26巻2号250頁、福岡地久留米支決昭54・4・23訟月25巻8号2109頁、札幌地決昭48・9・10下民24巻9=12号621頁）。これらの例は、現行法9条1項ただし書のもとでも維持されよう。最決（二小）平12・10・13判時1731号3頁は、多数の周辺住民が提起した林地開発行為許可処分取消請求訴訟における控訴手数料について、本件処分の取消しによって回復される各原告の有する利益は、具体的には水利権、人格権、不動産所有権等の一部を成す利益であり、その価額の算定は極めて困難であるから、訴額は95万円（当時）とみなされ、かつこれらの利益は各原告に共通であるとはいえないから、各原告訴額を合算すべきものとする。

3　土地管轄

(1)　意義

所在地を異にする同種の裁判所間で、同種の職分を分担するための定めを、土地管轄という。これは、日本全国をもれなく同種の裁判所の数の地域に分割し、各裁判所がその一つずつをそれぞれの管轄区域としたうえ（下級裁判所の設立及び管轄区域に関する法律で定められている）、ある事件がどの裁判所の管轄区域と密接な関係をもつかを標準として定められる。土地管轄は、各種の職分について生じる

が、一般に、訴えについて審判する第一審裁判所間の土地管轄を基本にして考えられ、法も、これを主にして規定している。

　土地管轄は、各種の裁判籍によって定められている。裁判籍とは、第一審訴訟の土地管轄において、事件の当事者または訴訟物に密接な特定の地点を指示する観念（たとえば、被告の住所、訴訟物たる義務の履行地）で、事件を特定の裁判所の管轄区域に連結させ、その裁判所に土地管轄を発生せしめる原因（連結原因）となるものをいう。そこで、ある事件の土地管轄は、その事件の裁判籍の所在地を管轄区域内にもつ裁判所に生じる、といえる。そして、種々の裁判籍を認めることによって一つの事件について土地管轄が競合することになり、管轄裁判所が複数生じうるので、土地管轄の定めを個別的に指示するのに、裁判籍の種類を特定表示して、「何々の裁判籍」とよぶのが通常である（ただし、裁判籍という語は管轄の定め一般を指して用いられることもある。また「関連裁判籍」のように特定の地点に直接関係ない管轄原因を指す場合もある）。

　裁判籍の種別には、普通裁判籍と特別裁判籍とがある。後者はさらに、独立裁判籍と関連裁判籍とに分けられる。また、事件の当事者ことに被告との関係で認められる人的裁判籍と、訴訟物たる権利関係との関係から認められる物的裁判籍との区別もある。

（2）　普通裁判籍

　一般に民事訴訟をするときは、原告のほうが被告の生活の根拠地に出向いてするのが公平であるとの考慮から、法は被告の生活の根拠地の裁判所に、事件の種類や内容を問わず、つねに管轄権が生じるものとしている（4条1項）。このように、どのような民事訴訟事件についてであれ、ある法主体が被告になったときにつねに管轄権を発生させる原因となる、その者の生活の根拠地を普通裁判籍という。この生活の根拠地をなんによって定めるかについては、法は、法主体別に規定している。

　　㋐　**自然人の普通裁判籍**　　第1次的に住所による（4条2項）。日本に住所がないとき、または住所が知れないときは（外国に住所があってもよい）、居所による。居所がないときまたは居所が知れないときは、その者が最後に日本にもっていた住所によって定める（4条2項）。なお、外国において治外法権の特権を享有する日本人に対しては、本国たる日本において必ず訴えられるようにする必要から、

上記の基準によって普通裁判籍の所在地が定まらない場合のために、補充的に、その所在地として東京都千代田区が定められている（4条3項、規6条）。

(イ) **法人その他の社団または財団**　主たる事務所または営業所、これがないときは、代表者その他の主たる業務担当者の住所による（4条4項）。外国の社団または財団の場合は、日本における主たる事務所または営業所、これがないときは、日本における代表者その他の主たる業務担当者の住所による（4条5項）。

(ウ) **国**　民事訴訟（行政訴訟を除く）について国を代表する官庁は法務大臣であるから、その所在地（東京都千代田区）にある（4条6項、国の利害に関係のある訴訟についての法務大臣の権限等に関する法律1条参照）。

（3）　特別裁判籍

種類内容において限定された事件について認められる裁判籍である。普通裁判籍と競合して認められるものと、普通裁判籍に代わるもの（専属管轄原因）として認められるものとがある。また特別裁判籍には、他の事件と無関係にその事件に本来認められる独立裁判籍と、他の事件との関連から、これに引きずられて生じる関連裁判籍とがある（7条・47条・145条・146条など）。

(ア) **独立裁判籍**

(a) **財産権上の訴え等の管轄**　民訴法5条に規定されているものは、どれも普通裁判籍と競合して認められる独立裁判籍であり、任意管轄である。これらを認めるのは当事者の便宜のためである。

義務履行地の管轄裁判所（5条1号）は、その本来の義務の存否だけでなく、それが認められないときの不当利得、損害賠償の問題についても審判する権限を認めるべきである[1]。ある訴訟物たる権利関係の存否が不法行為の損害賠償請求の観点から審理されるべき性質をもつ場合ならば、不法行為地の管轄裁判所（5条9号）は、その訴訟物を不法行為からのみでなく、その訴訟物について考えられる他の観点、たとえば、債務不履行に基づく損害賠償として認容しうるかどうかも審判できると解すべきである[2]。これらの事件を、訴訟物についての旧説[*]のように、二つの訴訟物が併合されているとみるならば当然に併合裁判籍（7

1）　兼子・体系82頁、三ケ月・259頁。

2）　三ケ月・259頁、なお兼子・体系84頁。

条）の認められる場合であるから、上記のように解しても管轄の不当な拡張とはいえない。また、そう解しないで別々の審理を余儀なくすると、審理が重複して不経済であるし、なによりも、同一の給付を求める主張でありながら、相互に矛盾する裁判を受けるおそれもあり、紛争の解決の実効性も図れないことになろう。

　なお、義務履行地の裁判籍については、実体法上、持参債務の原則がとられている結果（民484条、商516条）、原告となる債権者の住所や営業所の所在地にも、原則的に管轄が生じることになり、普通裁判籍を被告の関係地においた趣旨がほとんど生かされない結果になる。立法論としては、特約に基づく履行地にのみ義務履行地の裁判籍を認めるのがよい[3]。

〔＊〕　**特別裁判籍と訴訟物論争**　　義務履行地や不法行為地の裁判籍（5条1号・9号）などは、請求権の実体法上の性質に着眼して規定されている。この点から、訴訟物論争における旧説の論者は、訴訟物の同一性の基準は、旧説の説くように、実体法上の請求権でなければならないし、新説のように、別のものを基準とすると、これらの規定の適用に支障を来たすという（中田淳一「請求の同一性」法学論叢35巻3号（1936）〔同・訴訟及び仲裁の法理28頁〕）。

　　しかし、これらの規定は、ある事件をどこの裁判所に分担させるのが適切かを決めるうえで、その事件で問題となる請求権の実体法上の性質をとりあげているにすぎないのに、そこから、1回の給付訴訟でどれだけの紛争を解決することにするのが妥当かという訴訟物の問題についての結論をひき出すことには、いささか飛躍がある。新説においても、給付訴訟の訴訟物（受給権）が実体法的観察のもとに、実体法上のなんらかの請求権として評価されることを否定するものではないから、これらの規定の適用の有無を決めるのにそのような評価が必要であれば、そのかぎりで、原告の主張した事実を基礎として性質決定を行えばよく、なんの支障もない（新堂「訴訟物の再構成⑵」法協75巻2号（1958）〔同・争点効(上)63頁〕）。

　⒝　**特許権等に関する訴え等の管轄の集中**　　平成15年改正法（平15・法108）6条は、特許権、実用新案権、回路配置利用権またはプログラムの著作物についての著作者の権利に関する訴え（以下、「特許権等に関する訴え」という）については、事件の専門性を考慮して、東京、名古屋、仙台または札幌の各高等裁判所管轄区域内に所在する地方裁判所が管轄権を有すべき場合には、東京地方裁判所に、大阪、

————————————————
3）　兼子・体系82頁。

広島、福岡または高松の各高等裁判所管轄区域内に所在する地方裁判所が管轄権を有すべき場合には、大阪地方裁判所に専属管轄権を認めている（6条1項）。さらに、控訴審は、すべて、東京高等裁判所が専属管轄権を有することとした（6条3項、ただし13条2項・20条の2第1項・2項の場合を除く）。東京高等裁判所のなかにある、特別の支部としての知的財産高等裁判所がもっぱら取り扱うことになる（→p875以下）。

　ただし、簡易裁判所が管轄権を有する場合には、当事者の便宜を考慮して、東京または大阪地方裁判所は競合管轄として認められ、各地の簡易裁判所にも訴えを提起することができる（6条2項）。また、特許権等に関する訴訟で東京または大阪地方裁判所に専属する場合であっても、単に特許権の帰属のみが争われている場合のように、その事件で専門技術的事項を審理しなくてよい場合その他の事情により、著しい損害または遅滞を避けるため必要があると認めたときは、申立てまたは職権で、訴訟の全部または一部を一般の規定により管轄権を有すべき地方裁判所または19条1項の規定によれば移送を受けるべき地方裁判所に移送することができる（20条の2第1項）。控訴審において同様の事情があると認める場合には、東京高等裁判所は、申立てまたは職権で、訴訟の全部または一部を、大阪高等裁判所に移送することができる（20条の2第2項）。

　このように専門性の高い種類の事件を専属管轄として1カ所または2カ所の特定の裁判所に集中させるのは、その裁判所に専門的な知識・経験を修得させ、事件処理の効率化を図るためである。このような事件の集中は、当事者にとって、不便な面もある。そこで、法は、事件が簡易裁判所の管轄に属する場合には、当事者の便宜を考慮して、東京・大阪への管轄の集中を、任意的なものとしている（6条2項）。

　　(c)　**意匠権等に関する訴えの管轄**　　平成15年改正法は、あらたに、意匠権、商標権、著作者の権利（プログラムの著作物についての著作者の権利を除く）、出版権、著作隣接権もしくは育成者権に関する訴えまたは不正競争（不正競争防止法（平5・法47）2条1項に規定する不正競争をいう）による営業上の利益の侵害にかかる訴えについては、特許権等に関する訴えほど専門性が高いわけではないが、それに準じた専門性のある訴えとして、4条および5条によって定まる管轄裁判所（不正競争防止法3条1項に基づく侵害の差止請求およびその不存在確認請求（最決(一小)平16・4・

8民集58巻4号825頁)、商標法36条1項に基づく差止請求（東京地決平17・1・31判時1898号73頁）は、5条9号の「不法行為に関する訴え」に該当する）のほかに、その裁判所が、6条における分割に従い、東日本にあれば東京地方裁判所に、西日本にあれば大阪地方裁判所に、それぞれ競合管轄を認めることとした（6条の2。→p876）。

（イ）　関連裁判籍

関連裁判籍のうちで、もっとも一般的なのは、併合請求の裁判籍（7条）である。これは、一つの訴えで数個の請求の審判を求める場合、本来ならば、そのすべてにつき同じ裁判所が管轄権をもつ必要があるが、どれか一つについて管轄があれば他の管轄のない請求についても管轄が生じるとして、併合を容易にするものである。これは、すでに一つの請求につきその裁判所に管轄があるかぎり、被告としては、その裁判所に出頭して応訴せざるをえないから、これと併合審理される他の請求について管轄を認めても、被告に特別不利益になるわけでなく、むしろ、別に他所の裁判所に訴えられ、別々に応訴させられるよりは、かえって都合がよいと考えられるからである。

以上の趣旨からして、併合裁判籍は、本来、同一被告に対する数個の請求を併合する場合に適用されるべきであるが（当初からの併合に限らず訴えの変更による場合も含めてよい）、数人の被告に対する請求を一つの訴えで併合提起する共同訴訟にも適用があるかが争われていた[*]が、平成8年改正法7条ただし書は、38条前段の共同訴訟に限って適用されると定め、論争に一応の終止符を打った。

[*]　**併合裁判籍と共同訴訟**　　共同訴訟でも、各被告に対する請求が同種の原因に基づく同種の権利関係に関する場合（38条後段にあたる場合、たとえば、数人に対する別個の手形に基づく債権の併合請求）には、原告の便宜のみで、ある被告が他の者と共同被告にされたために、自分とはまったく無関係の地で応訴を強いられ、管轄の利益を剥奪されることになるから、許すべきでない（大決昭9・8・22新聞3746号11頁）。しかし、各請求が少なくとも同一の原因に基づいて発生した権利関係に関する場合（38条前段にあたる場合、たとえば同一の手形上の、引受人に手形金の支払請求を、受取人に償還請求を、支払地の裁判所に求める場合、数人の連帯債務者または主たる債務者と保証人とを同時に訴える場合など）には、併合審判の利点（→p779 第1款）を無視できないし、被告としてもまったく無関係の地で応訴を強制させられるわけでもないので、併合裁判籍を認めてよい（大決昭6・9・25民集10巻839頁は、上記のような手形事件につき旧21条の適用を認めている。なお、昭和39年に、手形の支払地の特別裁判籍が認められた。これによれば、同一手

118 第2編 訴訟の主体 第1章 裁判所

形による支払請求であれば、だれを相手方にしても支払地に全部管轄が認められることになった。5条2号・383条2項2号）。約束手形の振出人を訴えるにあたり、本来、訴えの相手方にするつもりのない裏書人に対する請求を併合することによって、原告が自己に便利な裁判所に本条による関連裁判籍を得ようとする場合について、札幌高決昭41・9・19高民19巻5号428頁は、本条の適用があることを前提としたうえで、管轄選択権の濫用として関連裁判籍を否定している。しかし、遅滞を避ける等のための裁量移送（17条）、本条の適用を一定の範囲の裏書人に制限する方法（名古屋地決昭55・10・18判時1016号87頁）、本条の適用を制限して特別の共通の裁判籍がある場合（たとえば5条2号の支払地の特別裁判籍）には、本条の適用を否定する選択などが考えられ、当事者間の利害の調整手段としては、これらの手段に多く期待できる（新堂=太田勝造・百選〔第2版〕26頁）。否定説は、固有必要的共同訴訟の場合には、管轄の指定によってその提起を可能にすべきだとするが（兼子・体系86頁）、それによっても被告のうちだれかが不利益を受けることは、どのみち避けられないし、指定によってかえって移送ができなくて困ることも心配されるから、まず管轄の指定を求める不便を原告に強いるのは問題である（最決（一小）昭31・10・31民集10巻10号1398頁参照）。なお、指定については━━▶p119〔＊〕。

第2項　法定管轄以外の管轄

1　指定管轄

（1）　意義

管轄については、法はくわしく規定しているが、それでも、具体的事件についてはっきりしない場合が生じるのを避けられない。その場合には、関係ある裁判所に共通の直近上級裁判所がその事件の管轄を裁判で定める（10条）。これを管轄の指定といい、これによって生じる管轄を、指定管轄または裁定管轄という。

（2）　管轄を指定すべき場合

第1に、管轄裁判所が法律上または事実上裁判権を行使することができないときである（10条1項）。たとえば、管轄裁判所の裁判官の大部分が、除斥・回避によって法律上職務を行えない場合（23条、規12条参照）とか、全員病気で事実上職務がとれない場合などである〔＊〕。

第2に、裁判所の管轄区域が明確でないため管轄裁判所が定まらないときである（10条2項）。たとえば、管轄原因（たとえば不法行為地）の所在地点ははっきりしているが、管轄区域の境界がはっきりしていないためにその地点が隣接する両区

域のどちらに入るかわからない場合である。管轄区域の境界ははっきりしているが、管轄原因の所在地点が不明な場合にも類推すべきである。

〔＊〕　最決(一小)昭31・10・31民集10巻10号1398頁は、すでに離婚して名古屋と大津に別居している養親に対して養子縁組無効確認の訴えを提起したい者による管轄指定の申立てを却下した。申立人は、この訴えは固有必要的共同訴訟であるのに、養親に共通する管轄（現人訴４条参照）がなく訴えを提起しえないと主張したが、最高裁は、養父母のどちらの普通裁判籍所在地にも専属管轄が認められ、申立人はどちらの地でも提起しうるとする。その評釈として、新堂・判例176頁参照。

（3）　管轄指定の手続

指定をするのは、関係のある裁判所に共通する直近上級裁判所（10条１項の場合は、たんに直近上級裁判所である。同条２項の場合、関係裁判所がたとえば静岡地裁と横浜地裁ならば東京高裁であるが、静岡地裁と名古屋地裁ならば、最高裁になる）である。当事者の申立てをまって行い、指定は決定である（10条１項・２項）。指定の決定に対しては不服申立ては許されず（同条３項）、その決定は、各裁判所を拘束する。指定申立てを却下する決定に対しては、抗告が許される（328条１項）。

2　合意管轄 (11条)

（1）　意義

当事者間の合意によって生じる、法定管轄と異なった管轄をいう。法定管轄のうちでも、専属管轄以外は、主に当事者間の公平や訴訟追行の便宜を考慮した定めであるから、当事者双方がこれと違う裁判所で訴訟をすることを欲するならば、その意思どおりの管轄を認めても、法定管轄の趣旨に反しないし、この種の合意が頻繁に行われて裁判所間の負担の均衡を動揺させることも考えられないので、当事者の便宜を重んじて認められる。

（2）　合意の内容

(ア)　第一審の管轄裁判所を定めるものに限る（11条１項）。第一審裁判所は簡易裁判所と地方裁判所の職分とされているから、合意は、第一審裁判所としてこの種の裁判所のどれかを定めるものに限られる（個別に専属管轄の定めがないかぎり、土地管轄、事物管轄のいずれか、またはその双方について合意することが可能である）。

(イ)　一定の法律関係に基づく訴えについて合意されるものに限る（11条２項）。

120　第2編　訴訟の主体　第1章　裁判所

将来のすべての訴訟というような漠然としたものは、被告の管轄の利益を害するから、許されない。しかし、特定の保険契約なり賃貸借関係なりを限定してそれから生じる一切の紛争というのは、差し支えない（将来起こるかもしれない紛争についての合意であるから、ある程度包括的な特定の仕方になるのが常態である）。

　　(ウ)　法定管轄と異なる定めをするものであること

　　(a)　合意の趣旨から管轄裁判所が特定できるものでなければならない。1個に限らない。法定管轄の一部を排除する形のものでもよい。すべての裁判所というのは、被告の管轄の利益を奪うから許されない。逆に、すべての裁判所の管轄を否定するというのは、不起訴の合意（⏤ p259〔＊〕）か、外国の裁判権に服する旨の一般管轄権についての合意になろう。

　　(b)　管轄の定め方としては、法定管轄のほかに管轄裁判所を追加する競合的合意（付加的合意）と、特定の裁判所の管轄だけを認めその他の裁判所の管轄を排除する専属的合意とがある。どちらを定めたのか明示されていなければ、合意の解釈によらざるをえない。

（3）　合意の方式および時期

　合意するには、訴訟能力が必要である（⏤ p152〔＊〕）。書面でする必要がある（11条2項）。この合意がその内容を記録した電磁的記録によってされたときも、書面によってなされたものとみなされる。この場合において、電磁的記録とは、電子的方式、磁気的方式その他、人の知覚によっては認識することができない方式で作られる記録であって、電子計算機による情報処理の用に供されるものをいう（3条の7第3項括弧書参照）。

　これは、当事者の意思を明確に残してこの点で紛議を起こさないようにするためであるから、申込みと承諾が別々の書面でなされていても差しつかえない。手形振出人が手形面上に将来の所持人に対して合意の申込みを記載し、のちに所持人が承諾すれば、両者間に適式の合意の成立を認めてよい（大判大10・3・15民録27輯434頁）。また、承諾の意思表示は、申込人が書面で指定した裁判所への起訴によっても直接明らかになったものとされ、合意の成立が認められる。事件について法定の管轄裁判所に起訴があったのちは、合意によってもその管轄権を奪えないから（15条）、それ以後に合意をしても、移送（17条-19条）を申し立てる前提としての意味をもつにすぎない。もっとも、第一審裁判所においては、当事者の

申立てと相手方の同意があれば、希望する地方裁判所または簡易裁判所へ原則として移送してもらえるから、起訴後に管轄の合意を認められたのと同じ結果が得られる（19条1項）。

（4）　合意の効力

⑺　法定管轄の変更　　適法な合意によってその内容どおりに管轄の変更が生じる。専属的合意であれば、他の法定管轄は排除される[*]。ただし、法律上の専属管轄が生じるわけではないから、ふたたび合意によってその管轄を変更させることもできるし、他の裁判所に応訴管轄が生じる余地もある。また、17条による移送（▷p127(2)）もできる。

[*]　**管轄の合意の解釈と専属的合意の効力**　　法定の管轄裁判所のうちのどれかを特定しまたは排除する場合は専属的合意であり、その他の場合は付加的合意とみるべしとするのが通説である（兼子・体系90頁、三ケ月・254頁等）。しかし、わざわざ個別に管轄の合意をし、しかも特定の裁判所を管轄裁判所と定めているかぎりは、それが法定管轄裁判所であろうとなかろうと、その裁判所で訴訟をする意思であり、他の法定管轄裁判所での訴訟はむしろ念頭にないのが通常であろうから、専属的合意とみるべきであろう（同説、竹下守夫・続百選13頁）。

しかし、附合契約の一部として合意される場合は、当事者の一方の便宜のみから形式的に合意される点で、通説を妥当と考える。なお、消費者保護の観点からこの種の契約の類型ごとに、専属と明示した場合も含め、合意を無効と明定すべきかどうかの立法論的検討が急がれていた（水谷暢・民商69巻5号（1974）925頁参照）。平成8年改正法では、11条（旧25条）の文言を直接修正することを避け、17条（旧31条）における「遅滞を避ける等のための移送」の規定の適用範囲を「当事者間の衡平を図るため必要があると認めるとき」にまで広げ、かつ、同条を専属的合意管轄がある場合にも適用できる旨を明示すること（20条1項の括弧書参照）によって対応することとした。なお、▷p127⑺。

⑷　第三者に対する効力　　合意管轄は、第三者を拘束しない。もっとも、当事者の一般承継人（たとえば相続人）や破産管財人は合意の効力も承継する。訴訟物たる権利関係の特定承継人については、その権利関係の実体法上の性質に応じて判断すべきである。すなわち、合意によって生じる効果は訴訟法上のものであるが、法定管轄が変えられるということを実体法的にみると、権利行使の条件としてその権利関係に付着した実体的利害の変更といえる[*]。そこで、その権利関係が当事者間でその実体的内容を自由に定めうる性質のものであれば、合意

122　第2編　訴訟の主体　第1章　裁判所

の効果もその内容変更の一場合とみることができ、承継人もすでに変更された権利関係を承継したものとして、合意に拘束されるとみるべきである。これに対し、その内容が法律上定型化されていて当事者がこれを変更しても当事者間かぎりの効力しかもちえない場合には、管轄の合意も当事者間かぎりのものと解すべきである（たとえば、物権、手形債権など）。

〔＊〕　**管轄の合意の法的性質を論ずる実益**　　管轄の合意は訴訟法上の効果の発生を目的とする点から、訴訟契約とか訴訟上の合意といわれるのが通常である。このような法的性質の説明は、分類のための道具としては意味があるが、この説明から合意の成立や効果に関する解釈論を帰結することは許されない。かりに訴訟契約だから訴訟法だけの規律を受けるとか、つねに訴訟法に独自の考察方法で解釈されるべきだというとすれば概念法学的発想といわなければならない。法定管轄を変更したいという当事者の意思にどれだけの法的効果の発生を認めるべきかという問題も、一方では、たとえば、専属管轄や裁判権、17条との関係はどうか、合意の内容上裁判所の特定はどの程度明確であれば足りるか等を考察する必要があり、ここでは、まさに法定管轄を規律する訴訟法の趣旨を尋ねなければならない。しかし他方では、法定管轄の変更は、当事者間の実体的権利関係に利害を及ぼすものであり、その間の公平を考慮しなければならない。したがって、たとえば、合意によって不利益を受ける当事者がそれを受けることを正当化するに足りる合意があったかという問題では、民法における意思表示の不存在、錯誤、詐欺または強迫の理論の適用が考えられるし、かつ、管轄の合意が裁判外で取引行為に付随してなされるものである点からも、民法の理論を適用するにふさわしい問題といえる（⤵p152〔＊〕）。

　　また、合意管轄の承継人に対する効力を考察するうえでも、訴訟物たる権利関係の実体法的性質の分析に依存することは避けられないことも本文で述べたとおりである。私法上の契約と同時に締結された管轄の合意の効力は、その契約が無効でも、取り消されまたは解除されても影響も受けないとされるが、このような効果も、管轄の合意が訴訟契約だからというだけでそういえるわけではなく、むしろ、管轄を合意するときの当事者の効果意思をそう解するのが合理的であるということによるのである。このように、その効果を決めるにあたっても、問題となる事項や視点ごとに実体法的考察が必要であったり訴訟法的考察が必要になったり、また両者の調和が必要になるのであって、「訴訟」契約であると性質決定するだけでは問題解決の糸口にもならない。

　　管轄の合意の成立や効果を論じるにあたって必要なのは、合意をすること自体やそれをめぐる一連の客観的状況なり事実の連鎖なりのなかから、たとえば、その合意が裁判所の関与なしに行われるものであるとか、どういう意図をもって合意され、その意図が当事者間の利害の均衡にどういう波紋を与え、また裁判所にとって、また訴訟手続にとって、ど

第3節　管　轄　*123*

ういう影響を与えるか等、法解釈に関係のある有意義な価値に関係する種々の事実を問題に応じて選択・抽出し、それにふさわしい法的評価を加えることである。

3　応訴管轄（12条）

（1）　意義

被告の応訴によって生じる管轄をいう。管轄のない裁判所に訴えが提起されても、被告がこれを争うことなく応訴した以上は、管轄の合意があったのと同様にみて、その裁判所に管轄が生じるとする。

（2）　要件

第一審の土地管轄および事物管轄について認められ、かつ、ほかに法定の専属管轄裁判所のない場合に限る（13条1項）点は、合意管轄と同じである（専属的合意管轄が定められていても別に応訴管轄は生じる）。第一審裁判所で、被告が管轄違いの抗弁を提出しないで、本案につき、口頭弁論をしまたは弁論準備手続において申述したときに生じる。

被告の管轄違いの抗弁は、本案の審理を妨げる意味での妨訴の抗弁（⎯ p234〔*〕）ではないから、裁判所が本案の弁論を命じるときはこれに応じなければならない。しかし、管轄違いの主張をしたうえで本案の弁論をするならば、応訴管轄は生じない。

ここにいう本案とは、訴訟物たる権利または法律関係の存否に関する事項をいう（なお本案の意義は訴訟法上種々の意味に用いられる。⎯ p233・p664 3）。弁論の延期、裁判官の忌避、訴訟要件の欠缺の問題などは、本案に属さない。請求棄却の申立ては、本案の弁論に入る[1]。本案についての弁論または申述は、管轄違いを知ってなされる必要はない。しかし、弁論または申述は、口頭で現実になされることが必要である。たとえ本案の弁論を記載した準備書面を提出していても、期日に出頭しない以上応訴したことにならない（本案の弁論について158条・170条5項・277条は適用されない）。被告は管轄のない裁判所に出頭しなくてよいはずだからである（もっとも、被告の欠席のため、原告の管轄原因事実に関する主張を被告が自白したものとされ（159条3項本文）管轄が肯定されることはある）。

1）　反対、小山・民訴63-64頁、これと同説のものとして、大判大9・10・14民録26輯1495頁。

124 第2編 訴訟の主体 第1章 裁判所

（3） 応訴管轄の効果

　管轄違いを主張しないで、本案について弁論をし、または弁論準備手続において申述をしたときは、その時点で、応訴管轄が発生し、その訴えは、管轄違いではなくなる。応訴管轄は、その事件かぎりで発生する。訴えの取下げまたは却下後の再訴についてまで生じるわけではない。

第3款　管轄の調査手続

1　調査の方法および限度

　（1）　管轄権の存否を確定するには、管轄原因たる事実について当事者の陳述を聴く必要がある。弁論準備手続または口頭弁論を開いて行うのが適切である（とくに任意管轄の場合は、応訴管轄を生じる余地があるから、これによって、被告の出方を確かめる必要がある）。

　（2）　管轄原因をなす事実の有無は、管轄の存在について利益を有する原告が主張し証明すべきであるが、裁判所も職権で証拠調べができる（14条）。その限度については、前述した（→p107(イ)(b)）。

　（3）　管轄に関する調査は、管轄を定めるに必要かつ十分な限度で行う。管轄権は本案の審理を行う前に決まらなければならない。管轄原因たる事実が同時に請求を理由あらしめる事実である場合でも、その事実の存否のために本案審理を遂げなくては管轄が決まらないというのでは、管轄を規定した意味がない。そこで、たとえば、不法行為地の裁判籍を定めるために請求が不法行為に関するものか否か、不法行為地が管轄区域内にあるか否かを判断するには、原告が請求を理由づけるために主張した事実が存在するものと仮定して（不法行為がなされたと仮定して）判断すれば足りる。

2　管轄決定の時期

　起訴の時を標準として定める（15条。これを起訴による管轄の固定という）。起訴の時とは、原告が訴状を裁判所に提出した時（133条1項）である。これは、審理中に管轄原因が消滅してもそれまでの審理を無駄にしないためであり、また裁判所としても当事者としても、審理中管轄原因がなくならないかどうかを終始心配し

なくてよいようにするためでもある。

たとえば、起訴後に被告が管轄区域外に住所を移しても、起訴時に生じた普通裁判籍による管轄は失われない。併合請求の裁判籍（7条）は、起訴当時適法に併合されていれば、その後、管轄原因となった請求が取り下げられたり却下されても消滅しない。弁論の分離によって併合関係が消滅しても関連裁判籍による管轄は失われない。事物管轄も、起訴後の値上がり等によって訴額の変動を生じても影響を受けない（なお、訴状の貼用印紙額についても同様である、→p110（4））。ただし、訴訟中の訴えの提起（反訴・中間確認の訴え・訴えの変更）の場合は、新訴が提起された時点で、管轄を判定し直す（274条は反訴について明定する）。

第4款　訴訟の移送

1　移送の意義

ある裁判所にいったん係属した訴訟を、その裁判所の裁判によって、他の裁判所に係属せしめることをいう（「係属」の意義については→p221　1）。訴訟事件のほうからいえば、訴訟手続の進行中における裁判所の変更である。移送は、事件が係属している裁判所が行う。他の裁判所のほうが事件の係属する裁判所から事件を引き取るための事件送致命令（人身保護22条1項、人身保護規則43条・44条）は、通常の訴訟事件については認められていない。

2　各種の移送

移送には、第一審の訴訟の移送（16条・17条・18条・19条・20条の2・274条）の他に、上級審における移送（民訴20条の2第2項・309条・324条、規203条、民訴325条。なお、規202条参照）がある（→p935・p955-956・p959（d））。また上訴審の原審への差戻しも広い意味では移送の一例である（307条・308条・325条）。第一審訴訟の移送には、つぎのものがある。

（1）　管轄違いに基づく移送（16条1項）

（ア）　管轄違いの訴えに対して、本案判決はできない。しかし、他の訴訟要件の不備の場合のようにこれを却下すると、原告は、再訴のために手数と費用がかかるだけでなく、起訴による時効の完成猶予（民147条）および法律上の期間遵守

の利益を失い、再訴してもまにあわないおそれがある。他方、被告としては管轄権のある裁判所で審判するならば文句はないはずであるから、管轄違いの訴えは、裁判所のほうで管轄裁判所へ移送することにし、利用者たる原告の便宜を図ることにしている。

(イ) 事物管轄・土地管轄のどちらの管轄違いについても移送する（16条1項）。ただし、地方裁判所に、その管轄下の簡易裁判所の事物管轄に属する訴訟が提起された場合には、その訴訟がその簡易裁判所の専属管轄に属する場合（再審（340条1項）、請求異議（民執35条3項・33条2項・19条）などの場合）を除いて、その地方裁判所が相当と認めるときは、移送することなくみずから審判することができる〔*〕(16条2項)。第一審訴訟事件についての管轄違いであれば、職分管轄を誤っていきなり高等裁判所や最高裁判所へ提起された場合にも本条が適用される（最決(一小)昭22・9・15裁判集民事1号1頁、最決(二小)昭23・7・22裁判集民事1号273頁）。上訴すべき裁判所を誤った場合についても争いがあるが、16条1項を類推適用すべきである〔**〕。さらに、人事訴訟事件・家事審判事件が訴訟事件として地方裁判所等に提起された場合に、家庭裁判所への移送が認められるかについても同様に解すべきである。

〔*〕 最決(二小)平20・7・18民集62巻7号2013頁は、甲地方裁判所の管轄区域内にある乙簡易裁判所に専属的合意管轄がある事件について、甲地方裁判所に訴えが提起された事案で、この扱いを認めている。16条2項ただし書内の括弧書に該当する。本決定については藤本利一・百選〔第4版〕10頁がある。

〔**〕 **上訴すべき裁判所を誤った場合と移送**　16条1項による管轄裁判所への移送を認めるべきかどうかについてかつて対立があったが、控訴状を第一審裁判所に提出することとしたので（平成8年改正法286条1項）、上訴すべき裁判所をまちがえるという問題は事実上生じなくなったと考えられる。

(ウ) 一つの訴えで数個の請求をするような場合で、一部の請求が管轄違いの場合にはその部分は別訴によったものとして移送する。併合裁判籍（7条）が認められない場合（一部が他の裁判所の専属管轄または専属的合意管轄に属する場合、共同訴訟の場合）に生じる。

(エ) 移送は、申立てによりまたは職権で行う（16条1項）。職権でする場合にも、その前に原告を審尋してその希望をきくのがよい。とくに、管轄裁判所が数

第3節 管　　轄　　*127*

個ある場合には、希望する裁判所へ移送するのが適当である。

（2）　遅滞を避ける等のための移送（17条）

　　㋐　一つの訴訟について管轄裁判所が数個併存するとき（管轄が競合すると
き）は、原告は、その一つを任意に選んで起訴することができる（選ばれた管轄を
選択管轄という）。しかし、その裁判所がつねにその事件の審判に適しているとは
限らない。そこで、当事者および証人の住所、検証物の所在地その他の事情を考
慮して、訴訟が著しく遅れることを避けるため必要と認めるとき（たとえば、不法
行為による損害賠償請求が、被告の普通裁判籍所在地の裁判所に提起されたが、証人等の多く
は不法行為地に集っている場合[1]）、当事者間の衡平を図るため必要と認めるとき（た
とえば、共同被告の1人が著しく遠隔の地にいるため、応訴に不当に多額の費用がかかる場
合）には、裁判所は、訴訟の全部または一部を他の管轄裁判所に移送することが
できる。

　　㋑　その裁判所の専属管轄に属する訴訟を、他の一般の規定から生じる管轄
裁判所へ移送することはできない（この場合は、管轄権のない裁判所へ移送することに
なる。もっとも、法律上、移送を受ける裁判所も規定したうえで、この種の移送を認める場合
がある、20条の2。会社更生7条、民再7条、民執規87条・94条）。専属管轄裁判所が競合
するときは、本条によって他の専属管轄裁判所へ移送することは認められる（最
決（一小）昭31・10・31民集10巻10号1398頁参照。人訴7条はこの解釈を明文化している）。専
属的合意管轄に属する事件でも、とくに著しい不都合を生じる場合は、旧31条の
解釈上合意の効力を否定して他の本来の法定の管轄裁判所へ移送できるとされて
いたが[2]、平成8年改正法20条1項括弧書で立法化された[*]（→p121[*]）。

　〔*〕　**17条移送**　　大阪地決平11・1・14判時1699号99頁は、サラ金業者（原告）の消費者
　　　（被告）に対する貸金返還請求訴訟において、両者の間の定型的な金銭消費貸借契約書に、
　　　大阪簡裁を合意管轄裁判所とする条項があったが、被告が福岡に居住しその地の弁護士を
　　　訴訟代理人に選任していることなど、消費者（被告）の訴訟追行における経済的負担を考
　　　慮して大阪簡裁から福岡簡裁への移送を認めている。山本和彦「17条移送」大江ほか編・
　　　手続裁量75頁以下は、同条は著者の言う「要因規範」（要件該当性を判断するための要因
　　　を列挙するという規範類型）の典型的な規定であるとし、その要因の内容および要因相互

　1）　コンメ民訴Ⅰ205頁。
　2）　兼子・体系98頁、三ケ月・261頁。なお、新堂・旧版80頁。

128　第2編　訴訟の主体　第1章　裁判所

の関係を詳しく分析して、同条がもつ裁判所の裁量を統制する仕組みを解明しようとした興味深い論文であり、かつ実務にとっても有益である。

　(ウ)　移送は、申立てまたは職権でする。訴訟の一部の移送（たとえば共同訴訟人の1人に対する請求の移送）は、まずその部分について弁論の分離（152条1項）をしたうえでなすべきである。

（3）　簡易裁判所から地方裁判所への移送（18条）

　(ア)　簡易裁判所は、自分の管轄に属する訴訟でも、相当と認めるときは、専属管轄に属するものを除き、申立てまたは職権で、その所在地を管轄する地方裁判所に移送できる。これは、16条2項と表裏するもので、第一審の事物管轄について地方裁判所を主とする趣旨であるが、不動産に関する訴訟では、被告の本案の弁論前の申立てがあるときは地方裁判所に移送すべきである（19条2項）。

　(イ)　反訴提起に基づく移送（274条）　反訴被告（反訴の相手方＝原告）の申立てにより、その者の反訴についての事物管轄の利益を保護するためにする移送である。

（4）　当事者の申立てと相手方の同意による第一審裁判所の移送（19条1項）

　当事者の申立てと相手方の同意がある場合には、第一審裁判所は訴訟の全部または一部を申立てにかかる地方裁判所または簡易裁判所へ移送する。当事者の意向を大幅に尊重する趣旨であるが、移送により著しく手続を遅滞させることになるとき、または簡易裁判所からその所在地を管轄する地方裁判所へ移送する申立て以外のもので、被告が本案について弁論をしたか弁論準備手続で申述した後は、移送されない。

（5）　特許権等に関する訴えについての移送（20条の2）

　これについては→p115(b)。

3　移送の裁判

（1）　移送の裁判の効果

　移送の決定が確定すると、訴訟は最初から受送裁判所に提起されたものとみなされ（22条3項）、起訴による時効完成猶予、期間遵守の効果は維持される。移送以前に移送裁判所で行われた訴訟手続は、管轄違いによる移送では移送決定によ

り取り消されたものとみるべきであり（308条2項・309条の類推）、それ以外の移送のときはそのまま効力を維持する。移送は、受送裁判所に訴訟が係属していたことにする観念的な効果にすぎないから、移送をしたときは、受送裁判所における手続進行を実際に可能にさせるため、訴訟記録の送付が必要となる（規9条）。

（2）　移送の裁判の拘束力

移送の裁判は、それが確定したときは、移送の事由および受送裁判所の管轄について、受送裁判所を拘束する（22条1項。この拘束力の性質については、→p683(3)）。これは、管轄の消極的衝突や再移送を防ぐためのものである。専属管轄違反で移送する場合も、上記のおそれはあるから、同様の拘束力を生じ、その後は、専属管轄であっても上級審の判断も受けない（299条1項ただし書・312条2項3号の適用は排除される。283条ただし書）。受送裁判所は、事件をさらに返送または転送しえないが（22条2項）、受送裁判所で前の移送のさい予想されなかった新たな原因が生じたときの移送は妨げないと解すべきである[3]。なお、民訴規203条の移送決定については、→p955。

（3）　移送の裁判に対する不服申立て

移送の裁判は、決定である。移送の決定または移送の申立てを却下した決定に対しては、即時抗告ができる（21条）。この不服申立ては、管轄をめぐる当事者の利益保護を厚くするために昭和23年の改正で認められたものである。16条2項・17条・18条・19条に基づく移送の申立てを却下する決定に対して認められる点に問題はない。旧30条1項の管轄違いに基づく移送については、たとえ移送の申立てをしても職権の発動を促すにすぎないから、この申立てを却下する決定に対して即時抗告を認めるべきでないと解するのが有力であった[4]。しかし、旧著では、管轄違いに基づく移送の申立権を認めるべきであるとし、却下決定に対しては、即時抗告が許されると解していたところ、平成8年改正法16条1項により当事者に申立権が認められ、即時抗告の途も保障された（21条）。なお、反訴提起による移送の決定に対しては、不服申立てができない（274条2項、さらに不服申立てができない場合として、民執規94条2項、民再9条、会社更生9条）。

3）　兼子・体系99頁。
4）　条解82頁、三ケ月・262頁。

第2章　当事者

第1節　当事者の概念および確定

1　当事者の概念

　訴えまたは訴えられることによって、判決の名宛人となる者をいう。紛争は、通常、二者の間の利益主張の対立という形をとるから、その解決手続たる訴訟も、訴えた者（原告）と訴えられた者（被告）とを一貫して対立関与させ、双方にみずからの利益主張を尽くし合うことのできる地位と機会を対等に与えるとともに、このような地位にある者に対して判決をする構造をとる。手続上このような地位を与える主体を指示する観念として「当事者」が用いられる[*]。

> 〔*〕　**形式的当事者概念と実体的当事者概念**　　本文のように定義される当事者を「形式的当事者概念」という。ドイツの民事訴訟法学において、訴訟物たる権利関係の主体を訴訟上も当事者としてとらえる説（実体的当事者概念）が支配したが、第三者の訴訟担当や他人間の権利関係を訴訟物とする確認訴訟などの説明を統一的にするため、本文のような、実体的関係を捨象した形式的当事者概念が支配的となった。

（1）　二当事者対立の原則

　訴訟を成立させるには、二つの対立する当事者の地位につく者が実際にいなければならないのは当然であるが、同時に民事訴訟は私人間の紛争をその間かぎりで解決すればよいから、当事者の地位は、ふつうは、この対立する二つで十分である。

　　㋐　1人で自分に対して訴訟することはできないし、いったん訴訟が成立した後でも、相続や法人の合併の結果、対立当事者の一方が相手方の承継人になると、対立当事者の地位を1人で兼ねることになるから、訴訟も消滅する。また、当事者の一方の地位につく者が存在しなくなったときも、訴訟は消滅する[*]。ただし、人事訴訟では、当事者の地位につく者がいなくなったときでも、法律関係を確定する必要がある場合には、訴訟承継人を法律上定め、訴訟の維持を図っ

第1節　当事者の概念および確定　*131*

ている（人訴12条3項・26条2項。ただし原告死亡のときは、原則として訴訟は終了する。同27条1項。離婚、嫡出否認または離縁の訴えで被告が死亡したときも訴訟は当然終了する。同27条2項）。

〔＊〕　**当事者の死亡による訴訟の消滅の判例**　　最判（大）昭42・5・24民集21巻5号1043頁は、原告の生活扶助の打切り等の社会福祉事務所長の処分に対する不服申立てを却下した知事および厚生大臣の裁決の取消しを求める訴訟で、生活保護受給権が一身専属であることを理由にして、原告の死亡とともに訴訟は終了するとしたが、事案の解決として問題がある（上記判決の反対意見参照）。なお、労働者の提起した労働契約上の地位を有することの確認請求訴訟（最判（二小）平元・9・22判時1356号145頁）、県条例に基づく文書等の公開請求を拒否した非開示処分の取消訴訟（最判（三小）平16・2・24判時1854号41頁）は、いずれも原告の死亡により当然終了するとする。

　(イ)　一つの手続において、当事者の地位につく者が3人以上登場する場合でも、それぞれ原告か被告かどちらかの地位に二分されてつくのが原則である（このような訴訟を共同訴訟という）。ただし、紛争の性格上、三当事者が相互に対立抗争し、その間の紛争を二当事者対立のいくつかの訴訟に分解することなく、一つの訴訟で一挙一律に解決することが合理的である場合も例外的に認められる（三面訴訟。⏤p833　1(2)）。

(2)　判決の名宛人としての当事者

　手続に関与して利益主張をする地位と機会を与えられ、判決の名宛人となる者が当事者である〔＊〕。当事者は判決の効力に服するし、また、この者だけに効力を及ぼせば、紛争の相対的な解決は図られるのが通常であるが、判決による紛争解決の実効性を確保するために、その効力を第三者に及ぼすこともあるから、判決の効力を受ける者すべてが当事者ではない。訴訟追行にも代理が認められるから、現実に訴訟追行行為をする者が当事者であるとは限らない。また当事者は、訴訟物たる権利義務の帰属主体とは限らない。ある者が他人の権利義務について判決を求める利益や資格を与えられる場合があるからである（第三者の訴訟担当（⏤p292　3）、他人間の法律関係の確認（⏤p277(c)）も認められる）。

〔＊〕　**当事者権および審問請求権**　　手続関係人ないし当事者に事件類型の特質に適合した手続保障の内容を工夫する（これが必要なことについては、⏤p32 (ウ)・p45(2)）さいの道具概念として、「当事者権」という発想は有益である。

132 第2編 訴訟の主体 第2章 当事者

(1) **当事者権** 人が訴訟の主体（当事者）たる地位につくことによってその手続上認められるべき諸権利をさして当事者権という（山木戸克己「訴訟における当事者権」民商39巻4＝5＝6号（1959）〔同・基礎的研究60頁〕）。これらの権利には、移送申立権（16条-19条）、除斥申立権・忌避権（23条・24条・27条）、訴訟代理人選任権（54条）、訴状・判決の送達を受ける権利（138条1項・255条）、期日指定の申立権（93条1項）、期日の呼出しを受ける権利（94条）、求問権（149条3項）、訴訟記録閲覧権（91条）、責問権（90条）、上訴権、さらに処分権主義・弁論主義の内容として、当事者が裁判を求める範囲を指定し（246条）、その裁判のための資料を限定する権能（例、179条）、訴えの取下げ、請求の放棄・認諾、和解等をする権能など多種多様のものがあるが、とくに訴訟について口頭弁論を求め（87条）、事件の法律問題・事実問題につき、必要な情報へのアクセスを保障されることを前提として、みずからの主張・見解を述べかつ聴取される機会が平等に与えられる地位、およびそのような機会のなかった資料による裁判が禁止される地位（これらの地位を当事者の権能とみて「弁論権」という）ならびに裁判に不服を申し立てる権利は重要である。

人は訴訟上の当事者になることによってこのような諸権利を保障され、自分の利益主張・見解表明をする機会を与えられる。それゆえに、その手続の結果として下された裁判に当事者が拘束されることが正当化されるのである（⟶p687(3)）。このような当事者権は手続保障の中核をなし、裁判を受ける権利（憲32条）、平等原則（同14条）、対審および判決の公開の原則（同82条）など憲法によって保障されている。

もっとも、当事者権といわれるもののうち、どこまでが憲法で保障されているのか、どこからが立法政策、民訴法の解釈論であるのか、慎重に考察されるべき課題である。当事者権が広ければ広いほど、当事者たる者の主体性はより強く確立され、判決の拘束力をより強固に基礎づけることになる。したがって、当事者権をめぐっては、現行法の認める当事者権が判決の効力を及ぼすことを正当化するに足るものであるか、当事者以外の補助参加人・代理人・第三者などにも判決の効力を及ぼす必要がある場合に、これら当事者権を与えられない者にも判決の効力を及ぼすことがなに故に正当化されるのか、当事者でなくとも判決の効力を及ぼす必要があるならば、なんらかの形で一定範囲の当事者権を保障しなくてよいのか、また、各種の非訟事件の裁判手続において、その手続関係人からこれらの当事者権のうちのどの範囲のものまで奪うならば、憲法上の保障である「裁判を受ける権利」を奪ってしまうことになるのかなどといった発問の形がとられることになり（⟶p32(ウ)）、いずれも、「裁判を受ける権利」の保障内容を、手続法の技術的レベルにおいて、事件のタイプごとに明確にする作業を開始させることになる[1]（司法行為請求権説

---

1) 中野貞一郎「民事裁判と憲法」講座民訴①〔同・現在問題12頁以下〕では、審尋請求権の保障、

第1節　当事者の概念および確定　*133*

（→ p242(オ)）が説くところの、裁判所に対して権利として要求しうる「司法行為」とは、ここでいう当事者権に対応した裁判所の行為であるということができるであろう）。

　(2)　**審問請求権**　　また、ドイツ連邦共和国基本法103条1項は、判決手続に限らず広く裁判手続一般における手続主体ないし手続関係人につねに与えられるべき最小限の手続的権利として、審問請求権（Anspruch auf rechtliches Gehör）を保障している。その内容は、いわゆる当事者権といわれるもののうち、上記の弁論権およびこれを保障するための手続上の諸権利を包含するものであり、個々の手続法規の補完作用を営むものとされている。この審問請求権は、それが侵害されたときには、上訴の理由となり、上訴が尽きた後は、連邦憲法裁判所へ憲法訴願を提起しえ、これが認容されたときは、原判決が取消・差戻しされる建前になっている。このように救済手続まで確立されている結果として、個々のケースごとに憲法裁判所の判断によってその権利の内容が具体的に明らかにされ、そのうえに緻密な解釈論が展開される機会に恵まれているといえる。その意味で、この権利の研究は、わが国の、当事者権の保障の立法論・解釈論に資するところが少なくない[2]。

（3）　当事者の呼称

　当事者は、一般に原告・被告といわれるが、控訴審では控訴人・被控訴人、上告審では上告人・被上告人といわれる。なお、督促手続、民事執行、民事保全の手続では、債権者・債務者と呼ばれ、和解手続、証拠保全手続では、たんに申立人・相手方と呼ばれることがある。

2　当事者の確定
（1）　当事者の確定の必要

　現実に、だれが当事者の地位についているかを明らかにすることを当事者の確定という。これによって、判決の名宛人が決まるだけでなく、訴状の送達名宛人

　　手続上平等の原則、適時審判の原則および公開審判の原則を憲法上の要請として掲げ、各個の訴訟法規がこれらを具体化しているかぎり、これらの法規違反の問題となるにすぎないが、個別法規がないところでは、これらの憲法上の原則が訴訟関係人の行動上の指導原理あるいはその行動に対する評価規範となるとする。憲法の保障する訴訟上の原則と訴訟法規との関係を自覚的に明確にした点、卓説といえよう。

2）　審問請求権の紹介・研究としては、フリッツ・バウアー（鈴木正裕訳）「ドイツ法における審尋請求権の発展」神戸法学18巻3＝4号（1969）512頁、鈴木忠一「非訟事件における正当手続の保障」曹時21巻2号（1969）〔同『非訟・家事事件の研究』（1971・有斐閣）300頁〕、紺谷浩司「審問請求権の保障とその問題点」民訴雑誌18号（1972）143頁、三ケ月章「訴訟事件の非訟化とその限界」実務民訴講座(7)〔同・研究5巻97頁〕。

134　第2編　訴訟の主体　第2章　当事者

も決まる。さらに、だれが当事者となっているかが明らかでないと、裁判籍、裁判官の除斥原因、手続の中断・受継、事件の同一性（142条）、証人能力などが、判定できない。当事者能力、訴訟能力、当事者適格も、現実に当事者となった者について判定すべきである。このように、当事者という地位は手続上の種々の事項の基準となるから、裁判所は、手続を開始するにあたり、その事件の当事者はだれであるかを明確にする必要がある。また、すでに完了した手続の効果（とくに判決の効力）をだれに帰せしめるべきかを判断するために、当事者はだれであったかを明らかにする必要がある[*]。

〔*〕　**当事者の特定と確定**　当事者の確定以前に、原告による当事者の特定が必要である。原告は訴状において、当事者を表示することにより、当事者を他の者から識別可能な程度に、特定する必要がある（訴状の必要的記載事項、133条2項1号）。しかし、①この原告の訴状における記載から実際に当事者を特定できない場合には、その手続開始段階において、裁判所は、職責として、だれが当事者であるかを調査して確定する必要がある。また、②手続過程において、訴状に特定表示された当事者と紛争の主体とが食い違っていることが判明したような場合に、以後の手続においてだれを当事者として扱うかを含めて訴訟上の扱いを判断しなければならない。従来、①も②も、当事者の確定の問題として扱われてきた。

　　しかし、納谷廣美「当事者確定の理論と実務」新実務講座(1)243頁によれば、当事者の確定は、①の作業に（訴状の陳述がある第1回口頭弁論期日までに）限定すべきであり、かつ、①においては裁判所の調査は、原告の特定表示を補充する程度にとどまるべきであるとし、②の問題は任意的当事者の変更または判決効の主観的範囲の問題として取り上げるべきであるとする（伊藤・当事者162頁もこれに近いとみられる）。①と②においては、裁判所として考慮すべき要素がかなり違う点を明確にする意味で、本書の考えに近いが、②の作業をすべて当事者確定の問題から切り離してしまってよいかについては疑問をもつ。なお納谷説の評価については、高橋・重点(上)157頁を参照。

（2）　手続の進行段階と当事者の確定基準

　なにを基準にして当事者を具体的に見極めるかについては、原告（または裁判所）の意思によって定まるとする説（意思説。たとえば、甲が乙を訴えるつもりであれば、乙の名を丙と信じて訴状に丙と表示しても乙を被告とみる）、訴訟手続上当事者らしくふるまい、または当事者と取り扱われた者が当事者であるとする説（行動説または挙動説。たとえば、甲が乙の名を冒用して訴訟をするときは、当事者として行動している者を原

第1節　当事者の概念および確定　*135*

告とみる）、訴え提起行為の内容である訴状の記載に照らして定めるべきであると
する説（表示説。たとえば、甲が乙の名を冒用しても乙が訴状に記載されているから乙を原告
とみる）とが対立している[3]。

　これらの各説のどれが基準としてベストであるかを評価するには、手続の進行
段階と関係づけてする必要がある。すなわち、手続をこれから進めていくにあた
ってだれを当事者として扱うかを考える場合（たとえば、訴状や期日の呼出状をだれ
宛てに送達するかを決める場合）と、手続が進行した後で終了した手続を振り返って、
その手続の当事者はだれであったかを考える場合とを区別しておく必要がある。
前者における当事者を確定するための基準が後者の基準になることが多いが、必
ず同一でなければならないわけのものではない。

　(ア)　これから手続を進めるにあたってだれを当事者として扱うかという観点
からすると、単純明快な基準を提供するものがよいが、この観点からは、表示説
がもっともすぐれている。

　行動説が基準とする訴訟追行行為自体、いつの、いかなる行為をいうのか、明
らかでない。訴え提起行為自体も必ずしも本人がする必要はないし（代理人による
ことが可能）、ある者が被告として取り扱われたとしても、刑事訴訟の場合のよう
にその者が身柄の拘束などを受けるわけでもなく、また、その者のために無罪を
明らかにしてやるという要請もないから、この者を被告とした手続の成立を認め
る必要がとくにあるわけではない。また、意思説も、だれかの内心の意思を基準
にせよというのであれば、基準としてあいまいすぎる。

　これに対して、表示説によれば、通常は、訴状の必要的記載事項である当事者
の記載欄の表示によって単純明快に当事者が確定されることになる。もっとも、
表示説の論者は、請求の趣旨や請求原因の記載など訴状の記載内容全体から、だ
れからだれに対して訴えが提起されているかを判断して決めるべきであるとい
う[*][4]が、このような基準が必要となるのは、少しばかり手続を進行させた時
点で、その手続を生かすために将来に向かって当事者またはその表示の修正を要

　3）　これらの学説の対立については、中務俊昌「当事者の確定」民訴演習 I 36頁以下参照。その他に
　　　適格説がある、石川明・判評98号（判時468号）102頁参照。
　4）　兼子・判例民訴15頁。

するかを考えるさいであろう。

〔＊〕 **表示説と適格説の関係**　　表示説が当事者の表示に限らず「訴状の全趣旨からその訴えが何人から何人に対する判決が求められているか」を判断し、もし訴状の当事者の「表示の部分が訴状の全趣旨からの判断と一致しない場合は、これを更正し得」、しかも更正しても「当事者の同一性は損われない」（兼子・判例民訴15頁）というときには、すでに意思説や適格説との限界は明確でなくなっているともいえる。というのも、訴状の全趣旨をみるのは、訴状に表明された合理的意思を判断するためであり、しかも、その合理的意思の解釈は、正当な当事者がだれかの観点から指導されるはずだからである。

　　㋑　すでに進行した手続を振り返ってその手続の当事者はだれであったかを考える場合には、手続の安定、訴訟経済の要請が強く働くから、そこでは、すでに完了した手続の遡及的覆滅をなるべく防止する方向で当事者の確定をすべきである。したがって、その手続の結果をだれに帰せしめるのがその手続を紛争解決のために有効に生かすことになるのか（つまり正当な当事者はだれか）、およびその者が手続の結果を帰せしめられてもかまわないといえるほど手続全体を通して利益主張の機会が与えられていたか、という観点が中心となる。また、そこでは、基準があいまいなために以後の手続の進行が妨げられるという心配は少ない。かくして、このような場面では当事者を確定するための資料を訴状の記載内容のみに限定する必然性はない。ただ記載内容は、通常手続全体を通して明確であり、裁判所や当事者にとって行動の指針としても確実であったという意味で、なるべくそこに主たる資料を求めるのが適切であろう。その意味で、訴状に表示された意思の合理的解釈を中心にして正当な当事者はだれかを判定するのが妥当であるが、その当事者たるべきであった者に、当事者としての訴訟追行の地位と機会が現実に与えられていたかどうかをみる過程では、その判断資料を訴状の記載のみに求めるべきでなく、訴え提起行為を構成する諸行為（たとえば、だれが訴訟代理人を選任したか、訴状がだれ宛てに送達されたか等）、さらに、手続全体を通して現実にだれが当事者として行動し、また取り扱われてきたかという点を参酌すべきである（このような形で従来の意思説・行動説が止揚されるべきである）。このようにして確定される、その手続の正当な当事者にしてしかも当事者に等しい手続関与の機会が現実に与えられていた者を、判例の用語に従って「実質上の被告」（大判昭11・3・11民集15巻977頁。→ p139〔＊＊〕）または「実質上の原告」と呼ぶことにしてお

くのが便宜であろう[5]。以上のような本書の立場は、その後、規範分類説または二重規範説[6]と呼ばれることになった[7]。

（3）　具体的諸問題[8]

　㋐　氏名冒用訴訟の場合　　甲が乙と称して訴えた場合、訴状のうえで乙が原告として判決を求めている趣旨が表現されているかぎり、乙が原告である。ただ、乙の意思に基づかないで甲が勝手に起こした訴えである点で、無権代理人による起訴と同様になる。裁判所が審理中これに気づけば、甲は当事者でないとしてその訴訟関与を排斥するとともに、乙が甲の訴え提起を追認しないかぎり、その訴えを却下すべきである（訴訟費用は甲の負担にする。70条参照）。もし、これを看過して本案判決をしても（その訴訟手続を終了させる効力はあるが）、乙には判決の効力を及ぼしえない。なぜならば、当事者に判決が及ぶとされるのは、当事者には手続上訴訟追行の地位と機会が保障されるからであって、乙のように形式上当事者とされても、この訴訟追行の機会がまったくなかったときには、判決の効力を及ぼす根拠がないからである。乙としては、再審による取消しをまたないで、その効力が自分に及ばないことを前提にした主張をすることが許されるとともに（大判昭2・2・3民集6巻13頁。請求異議の訴えも許されるべきである）、有効な判決としての外観を備え、乙に効力が及ぶことを前提にした取扱いがなされるおそれがあるから、乙としては、上訴または再審によってその判決の取消し（再審による取消しは実質上無効確認に近い）を求める利益もあると解すべきである[*]。

　〔*〕　**氏名冒用訴訟と再審の訴えの利益**　　大判昭10・10・28民集14巻1785頁も、被告の氏名を冒用して訴訟代理人を選任して応訴させた事件であるが、被冒用者は旧420条1項3号（現338条1項3号）によって再審の訴えを起こす利益があるとする。もっとも、その

5）　判決の効力の拡張について、類似した「実質的当事者」概念の効用を提唱するものに上田徹一郎「既判力の主観的範囲の理論の再構成」民訴雑誌20号（1974）〔同・判決効126頁〕がある。

6）　谷口・口述401頁参照。

7）　規範分類説後の論争を詳細にフォローし、規範分類説の純化を示唆するものとして、松原弘信「既判力の相対性原則における『当事者』概念の再構成」熊本ロージャーナル2号（2008）25頁、同「死者名義訴訟および氏名冒用訴訟の判決確定後の取扱いとその理論的基礎」青山・古稀427頁がある。また、菱田雄郷「当事者の意味・定義——形式的当事者概念」法教251号（2001）38頁は、形式的当事者概念の効用・限界について明解な解説をしている。

8）　以下の記述については、新堂「訴訟当事者の確定基準の再構成」石井照久先生追悼論文集『商事法の諸問題』（1974・有斐閣）255頁以下〔同・基礎163頁以下〕参照。

理由として、判決は、被告として氏名を冒用された者が当事者であり、この者に判決の効力が及ぶとするが、現に被冒用者に対して強制執行が開始されており、判決の効力が事実上被冒用者に及ぼされつつあったことを表現したものと解することができよう。

　㈠　**死者を被告とした訴訟**　　取引の相手方がすでに死亡していることを知らずに、死者を被告と表示して訴え、相手方も、その相続人が訴状を受領し、死者の氏名のままで応訴した場合について、表示説を厳格に貫くとすれば、訴状における当事者の表示に従って、死者が当事者であり、当事者が不存在の場合として訴えを不適法却下すべきであり、もしこれを看過して本案判決をしても、その名宛人が実在しない以上無効の判決である[9]。

　しかし、かりに相続財産について相続人に当事者と同等の訴訟追行の機会が現実に与えられ、相続人も当事者のつもりで活動してきたのに、たまたま原告が被告の死亡を知らず死者を被告と表示したがゆえに、原告および相続人によるすべての訴訟追行の努力を無に帰せしめるのは、訴訟経済上好ましくない。それだけでなく、勝訴した者にとって不公平となる。意思説や行動説によれば、このような結果を避けるのに都合がよいが、表示説自身によってもすでに種々の工夫が提案されている。たとえば、訴状発送後に被告が死亡した場合のみならず、それ以前でも被告が代理人を選任した後に被告が死亡した場合については、訴訟成立後の当事者の死亡とみて、いったん成立した訴訟上の地位を相続人らが承継できると構成して訴え提起行為の無効を避けようとする[10]。しかし、こうした条件を満たしえない場合についても、訴状の記載のうち、当事者の表示よりも請求の趣旨・原因の記載を重視して、当該訴訟物については相続人を当事者とするのが訴訟を有効適切なものにするとの判断から、「被告とした者が死んでいるならば相続人を相手として訴えたであろう」という原告の意思を推測できる。しかも、訴訟手続全体にわたって、相続人に当事者として攻撃防御を展開する機会が現実に与えられ、相続人も自分が当事者であるかのように考えていたのだから、これを当事者とみてこれに判決の効力を及ぼすことにしても、相続人にとって酷ではな

9）　兼子・体系107-108頁。
10）　兼子・判例民訴20頁。

第1節　当事者の概念および確定　*139*

く、むしろ、相手方との間の公平を図ることにもなる。このように、訴状の全趣旨のみならず訴状の記載以外の状況をも考慮して、相続人が実質上被告であったとみるべきである[*][**]（もっとも、ここまでくれば、相続人が当事者であったというか、当事者と同視できる意味で判決の効力を受ける者であるというかは言葉の問題ともいえるが、解釈論としては、この相続人が115条1項1号の「当事者」に該当すると言明する必要がある）。

　このように当事者の確定のために訴状の記載内容だけでなく、正当な当事者はだれか、訴状の送達の方法、訴訟追行行為の機会の有無等の資料を加味することにしても、すでに完了した手続の評価の問題として、手続の進行自体を混乱させるわけでなく、訴訟経済、公平の要請に答えるものとして許されよう[11]。

　　〔＊〕　このような場合、訴状を受領した時点で、〈相続人には、被告として表示された者はすでに死んでおり、自分がその者の相続人であるとの事情を原告に連絡する義務がある〉という事案解明義務（ → p482）の一つとして行為規範を想定することは可能ではないかと考えられる。132条の2参照。

　　〔＊＊〕　**死者を被告とした訴えの判例**　　大判昭11・3・11民集15巻977頁は、死者Aが被告として表示され、A宛の送達をAの妻で家督相続人Yの親権者であるBが受領したケースで、「実質上ノ被告ハ即Yニシテ只其ノ表示ヲ誤リタルニ過ギザルモノ」と解して訴訟関係の不成立を来さないとしている。他方、大判昭16・3・15民集20巻191頁は、死者を被告とした訴えでその相続人が知らないまま判決が確定した後、相続人が提起した再審の訴えにおいて、先の判決は相続人に効力を及ぼさない（だから再審の訴えは許されないが、釈明によりその判決により抹消された登記の回復を求めている通常の訴えとして審理すべき余地がある）としている。

　　　両判決は理論的に矛盾すると批判されているが、前者では、Aが死んでいるならばその相続人を訴えたであろうことが訴状の記載からみても原告の合理的意思といえ、しかも相続人の法定代理人が訴訟追行の機会をもっていたから相続人に対する訴えとみることができる事件であったのに対し、後者における死者を被告とした事件では、死者を名宛人として訴状を公示送達したケースであり、相続人が現実に当事者のごとき訴訟追行の機会をもっていたといえない点で前者と異なり、相続人に対する訴えとみてこれに判決の効力を及ぼすことはできない事件であったと考えられる。

　　㈦　**当事者の表示の訂正か当事者の変更か**　　当事者の表示を甲から乙に訂正

11）　なお、新堂・法学教室第2期4（1974）171頁参照。

140 第2編 訴訟の主体 第2章 当事者

する場合に、これまでの手続進行過程で乙が当事者であったとみられるならばたんなる表示の訂正にすぎないし、逆にこれまで手続上甲が当事者とみられるならば当事者の変更を伴うことになる（任意的当事者変更という。→p853）。たんなる表示の訂正にとどまる場合には、訂正以前の既成の訴訟手続のすべての効果・実体的訴訟状態は原則としてすべて引き継がれるのに対し、当事者の変更をもたらす場合には、新当事者は従前の手続において訴訟追行の機会と地位が与えられていなかったのであるから、従前の手続的ならびに実体的訴訟状態を引き継がないのが原則であり、例外として引き継ぐものがあるとすれば、どの部分またはどの効果を引き継ぐのかを個別に吟味する必要がある（時効の完成猶予の効果は引き継ぐと解すべきである。→p855 3）。

当事者の表示の訂正や当事者変更が求められる場合は、表示の訂正または変更によって紛争解決のために有効適切な当事者の表示または新当事者を求めるという場合が多いから、だれを新たに表示するか、またはだれを新当事者にするかの問題は、実質的な係争利益の帰属者はだれか、当事者適格をもつ者はだれかという判断に強く指導される。当事者変更があったとみることの主たる実益は、新当事者は従来の手続で当事者としての訴訟追行の機会と地位が十分に与えられていなかったことを明らかにし、当事者に変更ありとみるときは、たんに表示の訂正だけでなく、新当事者に訴状を送達するなどの手続をあらためてする必要があることを指示する点にある。したがって、当事者変更を伴うかどうかを判断するために、従来の手続を振り返ってだれが当事者であったかを判定するには、現実に訴訟追行の機会と地位が与えられていたのはだれかを吟味することになろう[*][**]。

〔*〕 **当事者の変更か表示の訂正かの具体例**　振出人「株式会社栗田商店代表取締役栗田某」の記名捺印のある約束手形の所持人がその手形金の請求において、上記会社は、手形振出の直後本店を移転し、かつ商号を「栗江興業株式会社」と変更していたため、原告は、登記簿上も事実上も上記約束手形記載の場所に「株式会社栗田商店」は存在しないから同会社は存在しないものと錯覚し、やむなく訴状被告欄に「株式会社栗田商店こと栗田某」と表示して訴えを提起し、その後「株式会社栗江興業株式会社右代表取締役栗田某」に訂正する旨の申立てをした場合、当事者の表示自体からは当事者の変更のようにみられるにもかかわらず、「当初より原告が右手形の振出人を被告とする意思を有していたことを認めうる」として、たんなる表示の訂正にとどまると判断している（大阪地判昭29・6・26

下民 5 巻 6 号949頁、この評価については、新堂・前掲脚注 8 ）論文262頁〔同・基礎170頁〕参照）。これに対し、被告を、はじめ「豊商事株式会社」と表示し、その名の会社の代表者に訴状が送達され、この名の会社が応訴していたところで、「株式会社豊商事」に訂正するのは、外形上はたんなる表示の訂正のようにもみえるが、訴訟物の記載のほか、さらに訴状の記載以外の事情から、それぞれの名称の別異の会社が実在し、原告の取引の相手方が「株式会社豊商事」であることが判明すれば、上記訴状の訂正は、当事者の変更と判断することになり（大阪高判昭29・10・26下民 5 巻10号1787頁参照）、株式会社豊商事の代表者に対して訴状の送達を改めてしなければならない。なお、新旧両会社が商号のみならず、その実質が前後同一と認められる場合には、そもそも訴訟手続上も二つの当事者を観念するまでもなく、一つの実体としての会社が当事者であると解することができよう（最判（二小）昭48・10・26民集27巻 9 号1240頁は、 2 人の当事者を観念したうえで、会社側は新旧両会社が別人格であることを信義則上主張しえないとする。後掲(エ)参照）。

〔＊＊〕　**紛争主体特定責任説**　　この説によれば、通常は、紛争主体を特定する責任は原告にあるが、交渉相手としていた者の周辺に被告と紛らわしい者がいるとか、原告からの照会に被告が何らの説明もしないという場合などには、原告に不利益を課すことはできず、被告に特定責任が移るとして、被告を多少不正確にしたまま訴えを提起することが許され、後始末としては、被告の表示の訂正が許されるとする。本書のような規範分類説に対して、行為規範で統一的に処理されるべきであるとの立場から、提唱されている（佐上善和「当事者確定の機能と方法」講座民訴③63頁）。たしかに、上記の栗田商店事件のように、被告がみずからの所在を明確にしていない場合には、原告に被告特定の責任を一方的に課していくのは、原告被告間の公平に反する面がある。

　　しかし、その行為責任の内容がはっきりしない。かりに、そのような責任があるとして、どのような状況があれば、相手方にこの責任が発生するのか。また、かりにこの責任が発生したとして、相手方は、なにをすればこの責任を果たしたことになるのか。必ずしも明らかでない。原告が被告を特定する作業において、論者が例示する鵺的な相手方の態度を抑制し、かつ当事者確定作業に役立つ情報を相手方から引き出すためにはどうすればよいかという視点からみると、相手方に向かって将来どれだけの不利益を甘受せざるをえないことになるかを示して開示を促すことが必要になろう。そうなると、原告側にとっての被告探索の困難な事情と相手方の態度とを比較考量する評価規範的作業が先行することになろう。また、上記の豊商事事件を例にすると、被告と名指しされた豊商事株式会社としては、株式会社豊商事なる別個の会社が実在し、こちらの方こそが原告の取引の相手方であることを突き止めるところまでしなければならないのだろうか。相手方豊商事株式会社としては、せいぜい自分が知る限りの事情として「原告さんと、おっしゃるような取引をし

142　第2編　訴訟の主体　第2章　当事者

たことは金輪際ない」と述べれば十分と考えざるをえない。そこでは、被告を探索し確定
する原告の作業において、相手方にも相当の協力を求める程度の事案解明義務（→ p482
（4））を認めるにとどめるのが合理的と考えられる。

　　㈓　**法人格否認の法理の訴訟上の扱い**　　旧会社の債務免脱の目的で新会社を
設立して会社制度を濫用したケースについて、つぎのような先例がある。

　①最判（一小）昭44・2・27（民集23巻2号511頁）では、法人格否認の法理を実体
法上認めた。前訴において、原告と被告個人A（＝A会社社長と同一人）は訴訟
上の和解をし、個人Aの建物明渡義務を合意していたところ、これを履行しない
ので、原告は再度A会社を相手にした同様の明渡訴訟を提起した。後訴裁判所は、
A会社はA個人の藁人形にすぎないとして、A会社の法人格を否認し、上記和解
を理由にA会社に対する明渡請求を認容した。この判決では、（傍論であるにもか
かわらず、わざわざ括弧書で）、法人格否認の法理によって、A個人に対する判決
の既判力をA会社に拡張できないと宣明していた。

　②最判（一小）昭53・9・14（判時906号88頁）も、甲会社が強制執行回避の目的
で同種の事業を営む乙会社を設立したので、甲会社に対する債務名義（確定判
決）に乙会社に対する執行文の付与を求めた事件で、これを否定した。①判決を
引用して、「権利関係の公権的な確定及びその迅速確実な実現をはかるために手
続の明確、安定を重んずる訴訟手続ないし強制執行手続においては、その手続の
性格上甲会社に対する判決の既判力及び執行力の範囲を乙会社にまで拡張するこ
とは許されない」と述べていた。

　　しかし、③最判（二小）昭48・10・26（民集27巻9号1240頁）は、旧会社と同じ名
称で新会社を設立した（旧会社は名義変更した）ケースにおいて、旧会社名で訴え
られた訴訟手続内において、被告（旧会社名を称する新会社）が自分は旧会社とは別
人格であることを主張することは、信義則上許されないとする。さらに、④最判
（二小）平17・7・15（民集59巻6号1742頁）は、旧会社の動産に対する執行に対し
て、新会社は、第三者異議の訴えにおいて自分が執行債務者とは別人格であるこ
とを主張して執行を回避することはできないとする。

　　③④はいずれも、①②の原則を緩和している。③は、新旧両会社は名称のみな
らず実質が同一であると判断して新会社への訴訟追行権の移転を当然視するとと

もに、さらに法人格否認の法理を適用して、被告新会社の訴訟手続上の地位（被告新会社は、旧会社とは別会社だと訴訟で主張することが信義則上許されないゆえに、旧会社のした自白を取り消しえないという訴訟上の地位）を決定したといえる。

④は、まず、法人格否認の法理を適用して訴訟法上の問題解決作業を行い、そのことを通じて、新会社の実体法上の責任を認めるに至っている。

もっとも、法人格否認の法理を認めたのではなく、③は、新旧会社がたまたま同一会社名を称していたケースであることによると説明されるかもしれない。④は、新会社への執行力の拡張を結果として認めたともいえるであろう。ただ、④も、たまたま動産執行としての差押えがすでに先行していたことによると反論されるかもしれない。

第2節　当事者能力

1　当事者能力の意義──当事者適格との関係

当事者能力とは、民事訴訟の当事者となることのできる一般的な資格をいう。訴訟事件の内容性質に関係なく一般的に判定される資格であり、特定の請求（訴訟物）との関係でそれについて本案判決を求めることができるという資格（当事者適格）と一応区別して論じられる。

しかし、当事者能力の観念も、その者に対して本案判決をしても有効適切な紛争の解決をもたらさないような当事者を選別するものであり、そのような者を当事者とした訴訟の審理を打ち切って無駄な本案の審理・裁判を避ける趣旨で考えられた道具概念であり、その点では、当事者適格と同じ目的をもつ観念といえる。そして一般的に権利義務の帰属主体と主張する者またはされる者に当事者適格があるとされることから、具体的な訴訟物たる権利義務について当事者適格をもつためには、まず実体法上権利義務の帰属主体となることができる者であることが必要であり、どのような権利義務を訴訟物とする場合でも、そういえる。そこから、私法上権利能力を有する者は、訴訟物のなんたるかを問わず当事者能力がある、という原則（28条）が導かれる。

このような意味で、当事者能力は、当事者適格と共通の目的をもち、その具体的判断も共通の目的によって指導されるものであり、パラドックスな言い方をす

144 第2編　訴訟の主体　第2章　当事者

れば、当事者能力は、すべての訴訟物に共通する当事者適格の問題といえよう。ただしかし、一般的には、個々の訴訟物ごとに紛争解決の必要性有効性を吟味するよりは、どの訴訟物についても一律に判断できる紛争解決の必要性有効性を問う当事者能力の有無の判断のほうが容易といえるから、当事者能力を当事者適格とは別個の訴訟要件とし、これに先立って独立にその存否を問うことにしているのである[1]。

2　当事者能力をもつ者

(1)　権利能力者（自然人および法人）

まず、実体法上の権利能力者はすべて、当事者能力がある（28条）。

(ア)　自然人はすべて当事者能力をもつ（民3条1項）。天皇も裁判権が及ぶかぎり当事者能力をもつ（ただし、最判(二小)平元・11・20民集43巻10号1160頁は、天皇には民事裁判権が及ばず、訴状を却下すべきだとする）。外国人も法令または条約の規定により禁止される場合を除き権利能力を有するので、その限度で当事者能力をもつ（民3条2項）。胎児の当事者能力も、相続、遺贈、および不法行為に基づく損害賠償請求権についてはすでに生れたものとみなされるが（民721条・886条・965条）、法定代理人の手当てがされていないので、生れるのを待って、法定代理人により訴えを提起できるとする。しかし、保全処分などの必要がある場合には、胎児のままで、その母を法定代理人として当事者となることができると解される。この胎児が死産であったときは、係属中の訴訟は当事者を欠くことになり、訴えは却下される（判決後死産であったときは、判決は無効となる）。自然人は死亡により当事者能力を失うが、破産しても失わない。

(イ)　法人も当事者能力をもつ（民34条）。外国法人も、その設立を認許された場合、原則として日本の同種の法人と同一の私権を享有するので、その限度で当事者能力をもつ（民35条）。法人は解散または破産になっても、清算目的の範囲内で存続するものとみなされるから（一般法人207条、会社476条・645条、破35条）、当事者能力をもつ。清算結了登記後は当事者能力を失う（大判昭8・12・13法学3巻5号563頁はその後これを被告とする訴えを不適法とする。ただし、東京高判昭57・12・23判時1067

---

1)　ただし、29条の適用問題についてはやや異なる。→p145(2)。

号131頁)。

　⒄　国も、民法上の権利義務の主体となるから、当事者能力を有する（4条6項参照）。外国も同様である（外国民事裁判権法2章2節参照）。抗告訴訟では、処分または裁決をした行政庁が所属する国または公共団体が被告となる当事者能力を有し、行政庁が国または公共団体に所属しない場合は、その行政庁（たとえば、弁護士および弁護士法人に対する懲戒処分については日本弁護士連合会が処分・裁決行政庁となる）が当事者能力を有する（行訴11条・38条。なお、これらの訴訟の代理人については、→ p195〔＊＊〕）。

（2）　法人でない社団または財団で代表者または管理人の定めのあるもの（29条）

　団体の形成や財団の設立は自由であるが、法人格を取得するには、法定の組織を備えたうえ、主務官庁の許可や認可が必要であったり（民33条、公益法人4条、私立学校法30条・31条、社会福祉法31条・32条等）、あるいは法定の手続をふむことが要請されている（一般法人22条等、会社45条等、宗教法人法12条等）。そのため、現実には、法人格のない団体や財産の集まりが一つの統一主体として事実上社会活動を営み、取引界に登場することを避けられない。そして、このような社会活動や取引行為をする以上、これらの団体や財産の集合体と第三者との間に紛争を生じ、これを解決する必要が生じる。この場合、第三者としては、いままで裁判外で交渉の相手としてきた団体や財産の集合体を訴訟でもそのまま相手にするのが実際的で、この第三者の期待にも沿うところである。かりに、これらのものに当事者能力を認めないと、第三者としてはだれを相手に訴訟をしたらよいかをいちいち探索しなければならず、煩わしいことであるし、手続の安定を害するおそれもある。他方、団体や財産の集合体の側でも、団体や財産の集合体の名で代表者によって訴訟を追行するほうが実際的で、構成員なり寄付者の期待にも合するであろう。すでに現実に統一体として社会活動を営んでいる以上、そこから生じた紛争を解決するには、その統一体をそのまま訴訟上も当事者として扱うのが、紛争解決の方法としても直截簡明といえる。そこで、訴訟法は、法人格がなくとも、独自の財産をもち代表者・管理人の定めがあって対外的にまとまりのある団体（人のまたは財産の集合体）には、当事者能力を認めることにした。

　㋐　民訴法29条にいう「社団」とは、人の集合体で、その団体の活動に必要な財産的基礎があり〔＊〕、これが構成員から独立して管理されているものを指す。

146 第2編 訴訟の主体　第2章 当事者

同業会、町会（任意の地域住民団体について、最判(一小)昭42・10・19民集21巻8号2078頁、なお地方自治法260条の2により市町村長の認可を受けて権利能力を取得できる。登記能力につき平3・4・2法務省民3第2245民事局長回答）、校友会、学会、労働委員会の証明を受けていない労働組合（労組11条1項参照）、設立中の会社や認許されない外国法人等はこれに入る[**]。

　民法上の組合も、組合財産が目的財産として組合員個人の財産から独立して管理される建前になっているから（民676条1項・677条参照）、代表者の定め（対外的に代表権を有する業務執行組合員の定め）があれば、本条によって当事者能力を認めてよい[***]（原告側につき最判(三小)昭37・12・18民集16巻12号2422頁、被告側につき大判昭10・5・28民集14巻1191頁がある。後者は実態は社団といえるケースであるが、社団か組合かの区別を論ずるまでもなく当事者能力を肯定すべきである）。

〔*〕　**財産的基礎はどの程度必要か**　(1)　最判(二小)平14・6・7民集56巻5号899頁は、預託金会員制のゴルフクラブに当事者能力を認めた。ゴルフ場を経営している株式会社Yとそのゴルフ場の特別会員、正会員および平日会員によって組織されたゴルフクラブXとは、①XはY社の健全な経営に協力する義務を負う、Y社はXの会員の快適なプレーに支障を来さないようにする義務を負う、②Xは①の目的達成に必要な範囲でY社の経理内容を調査することができる、③年会費、使用料等はすべてY社の収入となり、Y社はこの収入をもってゴルフ場等の施設の整備運営に充てるほか、Xの運営に要する通常経費を負担する等を内容とする協約書を取り交わしている。Xは、総会によって理事、監事が選任され、理事会のもとに置かれる財務委員会など八つの分科委員会が会務を分担し、理事会で互選された理事長がこれらの会務を統括しているが、固有の事務所も専属の従業員もおらず、重要事項の報告、収支計算書、収支予算書等を記載した事業報告書などは、Y社が作成しており、Xは、固定資産ないし基本財産等、固有の財産も持っていない。

　このようなXが原告となり、Y社を相手に、上記の経理調査権、予備的に商法旧規定282条2項（会社442条3項）に基づき書類等の各謄本の交付を求めた事件である。一審、二審とも、Xの当事者能力を否定したが、最高裁は、原判決破棄、一審判決も取り消して、一審に差し戻し、Xの訴訟追行を認めた。一審からの成り行きから、XがY社に対して社会的に独立した実体を有するかどうかが問われ、その前提として、Xが「財産的基礎」を有するかどうかが主たる争点となった。本判決は、「固定資産ないし基本的財産を有することは不可欠の要件ではなく、そのような資産を有していなくても、団体として、内部的に運営され、対外的に活動するのに必要な収入を得る仕組みが確保され、かつ、その収支を管理する体制が備わっているなど、他の諸事情と併せ、総合的に観察して」当事者能力

が認められる場合があると判断した。

(2) **本件の先例的意義**　まず、(1)で記載されたような事実関係にあるＸとＹ社との間の紛争において、〈Ｘに当事者能力を認めるために必要な「財産的基礎」の解釈問題に、最低限必要な財産的基礎の事例を示した〉と評価できる[2]。ただ本件では、29条の条文の表現上「社会的に独立した実体を有するかどうか」が表面上の争点とされざるをえなかったが、同時に、そこで基本的に問われた「総合的」評価判断にも注目すべきであろう。

そこでの総合的評価判断とは、〈本件Ｘのような団体がＹ社との間で本件協約書を取り交わしておりその文言に関して現に争いが生じており、Ｘは、その協約上のＸの地位ないし利益──それが法的なものかどうかを含めて──を明確にすることを求めて、司法裁判による解決要求をしているのであり、これに対して、裁判所としてこれを放置してかまわないかどうかという法政策的判断にかかる総合的配慮が問われ、そのようなＸの紛争解決要求にも司法的救済へのアクセスを認めるべきかどうかという総合的視点（審判権の範囲、訴えの利益、当事者適格等を吟味する総合的視点）からの評価が問われ、しかもそこで肯定的判断が下されたこと〉に注目すべきではないかと考える。このような、いわば水面下の法政策的判断過程にも先例的意義を認めるべきであろう。

〔**〕　東京高判平17・5・25判時1908号136頁は、公害訴訟の原告らが構成する訴訟団について、その当事者能力を否定した一審判決を取り消して本条の適用を認めており、参考になる。

〔***〕　**民法上の組合の当事者能力**　(1) 多くの学説は、社団と民法上の組合は社会的実在として峻別されるものであることを前提にして、29条の「社団」には民法上の組合は含まれないとする（末弘厳太郎「訴訟当事者としての人格なき社団財団」『加藤先生還暦祝賀論文集』（1932・有斐閣）〔同『民法雑考』（1932・日本評論社）103頁以下〕、兼子・体系110頁、三ケ月・181頁、斎藤・概論91頁、我妻栄・判比昭10年71事件評釈、同『債権各論中巻2』（1962・岩波書店）797頁。なお、小山・民訴88頁は、民法上の組合は、社団ではないから、その名で当事者の地位につくことはできないが、旧民訴46条（現29条）の

---

2)　伊藤・当事者71頁、長谷部由起子「法人でない団体の当事者能力」成蹊法学25号（1987）135頁以下、高橋・重点(上)181頁らはいずれも、固有の財産ないし財産的基礎の存在をもって、当事者能力を判断するための諸ファクターの一つまたは補助的な要件ととらえる。しかし、団体の継続的活動に必要なかぎりでは、財産的基礎が確保されなければならない。団体として、訴訟活動を継続するためにも、そして判決内容を実現していく仕事──これらの仕事を紛争管理事務と呼んでもよかろう──のためにも、本判決が認める程度の財産的基礎は不可欠と考えられる。その意味では本判決は財産的基礎の最低限の一例を示したと評価できる。高見進「法人でない団体の当事者能力」ジュリ争点〔第3版〕68頁参照。

148 第2編 訴訟の主体 第2章 当事者

類推適用ならば考えられうるとする）。

しかし、立法者の意図がそうであったかは疑問であるし（『民事訴訟法改正調査委員会速記録』（1929・法曹会）103-121頁、『第51回帝国議会民事訴訟法改正法律案委員会速記録』（1929・法曹会）190頁以下、201-204頁、210-223頁、748-750頁）、理論上両者の限界は必ずしも明確でなく、社会的実在としての団体がどちらかにつねに峻別できるかどうか、かなり問題である（この点を鋭く分析したものに星野英一「いわゆる『権利能力なき社団』について」法協84巻9号（1967）〔同『民法論集1巻』（1970・有斐閣）227頁以下、247頁以下、280頁等〕）。そして、訴えを提起するにさいして問題の団体が「社団」か「組合」かをいちいちせんさくしなければ29条の便法を利用できないとすることは、29条の便益を実質的に殺ぐ結果になろうし、一審、二審で問題とせず上告理由としてのみ濫用される争点になりかねない。組合財産の独立性がある程度確保されている以上、代表者の定めのある組合には、代表者によって組合の名で訴えまたは訴えられる途を認めるのが、少なくとも組合財産が引当てとなっている紛争については簡単明瞭な解決方式といえよう。組合財産が組合名義（たとえばA組合代表者甲）の預金であるようなときは、これに執行する手段としては、まさに29条によって組合自体を相手方として訴えて債務名義を得るのが適切である。なお、次の(2)参照。

(2) 民法上の組合に29条の適用を認めると、各組合員の利益を害するとの反論もあるが（我妻・前掲評釈）、一方で、業務執行組合員に組合を代理して対外的業務執行をする権限を認めたときには、この業務執行組合員がすべての組合員を代理して訴えまたは訴えられるとされている（我妻・前掲書『債権各論中巻2』796頁）以上、これと実質的に同じと考えられる29条の適用の場合にのみ各組合員の利益を云々するのはおかしい。問題は、その訴訟で争われる事項につき、その者に代表または代理権限があるかどうかにある。これが肯定されるかぎり、その者が訴訟担当の方式をとろうと（最判(大)昭45・11・11民集24巻12号1854頁はこれを認める）、29条の代表者の資格で訴訟追行しようとかまわないし、組合員全員の代理人という形式をとることも妨げない。どの途をとっても結果において大差ないし、その方式の選択を誤ったことを理由にして原告の訴えを却下しなければならないと考えるのは、訴訟経済に反するし、当事者にとって酷となるからである。

(イ) 「財団」とは、個人の帰属を離れて一定の目的のために独立の存在として管理運用されている財産の集合体をいう[3]。たとえば、設立中の財団法人などが本条によって当事者能力を与えられる[*]。

---

3) 目的財産については、兼子一「破産財団の法主体性——目的財産論を背景として」法協58巻6号7号（1940）〔同・研究1巻421頁以下〕参照。

〔＊〕　**29条（旧46条）の適用例**　　最判（一小）昭44・6・26民集23巻7号1175頁は、訴外A
の遺言による「寄附行為」（現在は、「定款」）の出捐財産である被告Y₁会社の株式30万株
が、設立されるべき財団法人の目的財産として、Aの死亡後、遺産として相続人に渡され
たY₁会社の株式8500株その他の財産から分離され、上記財団法人の設立準備委員長B名
義に書き換えられ、B名義で議決権が行使されており、また、Bは上記財団法人設立準備
委員長として、文部省に設立許可申請手続をし、設立中の上記被告財団の代表者的地位に
立って行動していた、という事情のもとで、29条（旧46条）の適用を認める（なお、否定
例として名古屋高判昭35・3・3高民13巻3号262頁参照）。

㈡　**代表者または管理人の定め**　　団体活動の代表機関を指し、その名称は問
わない。団体の定款等の根本規則によって選任の資格や方法が定められていれば
よい。現在選任されていなくともよく、その場合には、相手方は特別代理人の選
任を求められる（35条・37条、規18条）。

㈢　**訴訟上の取扱い**　　これらの団体または財産の集合体が、その名で原告
または被告となるときは、法人と同様に扱われる（普通裁判籍については4条4項、
代表者・管理人の地位については37条が適用になる）。判決の名宛人となり、これらの社
団・財団に権利義務が帰属する旨の判決を下すことができる。その限度で、一般
には認められていない権利能力が個別の訴訟を通じて認められることになる（た
だし、入会権について最判（三小）平6・5・31民集48巻4号1065頁は、入会団体には当事者適
格を認めるのにとどめ、権利能力は、入会権者たる村落住民にあるとする）。

　法人格をもつものでなければできない登記請求などについても当事者能力・当
事者適格を認めてよい。ただその場合、請求の趣旨においては、あるメンバーの
個人名義へ登記を移転せよという形をとるべきであり、そのような本案判決をな
すべきで、その個人は、上記判決に基づいて単独の登記申請ができると解される
（最判（一小）平26・2・27民集68巻2号192頁は、代表者が代表者個人名義に移転登記を求めた
事件について、これを認めるとともに、判決の効力は構成員全員に及ぶから、判決の確定後は
個人名義への移転登記を申請できるとし、執行文の付与を受ける必要もないとしている）。も
っとも、代表者個人が構成員全員の受託者たる地位において訴訟当事者となり、
旧代表者個人名義の社団帰属財産につき、自己名義への移転登記を請求する途を
否定する必要はない（最判（二小）昭47・6・2民集26巻5号957頁、前掲最判（三小）平6・
5・31もその途を認める）。

150 第2編 訴訟の主体 第2章 当事者

判決の効力は、社団・財団について生じる。その構成員も、社団・財団の責任を争えなくなると解すべきである[*]。債権者は、社団・財団に対する判決その他の債務名義に基づいて、その財産に対して執行することができる。その団体の財産が代表者個人（あるいは規約上登記名義人となるべきものと定められている者）の名義で登記されている場合、または構成員全員の共有名義になっている場合には、団体に対する執行文の付された債務名義の正本に基づいて強制執行の申立てができる（民執規23条1号参照）。最判（三小）平22・6・29（民集64巻4号1235頁）は、団体のために第三者が不動産の登記名義人とされている場合には、その団体に対する金銭債権者は、強制執行の申立書に、当該団体を債務者とする執行文の付された債務名義の正本のほか、その不動産が団体の構成員全員の総有に属することを確認する旨の債権者と団体および登記名義人との間の確定判決その他これに準ずる文書を添付して強制執行の申立てをすべきであるとする（民執規23条1号、民執法23条3項を準用した登記名義人に対する執行文の付与を否定する。従来は登記名義人は115条1項4号の「目的物を所持する者」にあたると解したが改説する。なお仮差押えをする場合については、→p784[*]④・⑤）。

[*] **組合の受けた給付判決と組合員の分割責任**　　末川博「組合の業務執行について」民商11巻6号（1940）〔同『債権』（1970・岩波書店）424頁〕は、民法上の組合の名で受けた判決を、債務名義としては組合財産にしか執行できないとするが、合名会社の場合の旧商法81条1項（会社法581条1項）を類推して、組合が提出しえなくなった抗弁を組合員も提出しえないものと解し、組合が受けた組合債務を認める判決があると、その反射効によって各組合員は組合債務自体の存在を争えなくなると解すべきであり、債権者は、各組合員に対する分割責任を追及するため、組合に対する判決について各組合員に対する執行文の付与を申し立て得るものと解する（民執27条2項。来栖三郎「民法上の組合の訴訟当事者能力」菊井・献呈(上)349頁も同結論）。

3　当事者能力の調査および欠缺の効果

(1)　当事者能力の存在

当事者能力は、訴訟要件の一つである。裁判所はいつでも職権で調査し、その欠缺を認めるときは、訴えを却下しなければならない。原告が当事者能力を欠くために訴えを却下するときは、その訴えを代表者または管理人として事実上提起した者に訴訟費用を負担させるべきであろう（70条の類推）。

第3節　訴訟能力　　*151*

　当事者能力のない者に対して、その能力の欠缺を看過して本案判決をしたときは、控訴または上告（312条3項）または上告受理申立て（318条・325条2項。→p950）によって取り消すことができるが、判決確定後は、再審事由にあたらないから（338条参照）、取り消すことはできない。しかし、その判決は、内容上の効力（既判力・執行力・形成力等）を生じない無効の判決である。なぜなら、当事者能力のない者はおよそ紛争の当事者たりえない者だから、この者を本案判決に拘束させることによって紛争を解決しようとすること自体無意味だからである[*]。当事者能力がいつ存在しなければならないかについては、→p237(4)。

　　[*]　**当事者能力の欠缺を看過した確定判決の効力**　　判決確定後はその事件に限って当事者能力があるものと扱われるというのが通説といえる（兼子・体系112頁、三ケ月・183頁、斎藤・概論94頁）。この通説の趣旨は、民法上の組合などにおける当事者能力の存否について判例と学説が対立している結果、判例に従って当事者能力があるとの判定が上告審で出された後も、当事者能力を否定する学説に従ってその判定を争うおそれがあることを心配し、これを制圧しようとする政策的意図に基づくものと推測される。上記のような意図は十分に首肯できるが、そのような制圧は、むしろ、当事者能力の有無が争点となり、これにつき能力ありとした裁判所の判断に結びつく不可抗争性（訴訟要件の存否の判断についての拘束力＝争点効）によって担保されるべきである。したがってまた、その点が争点にならず、裁判所も看過したため誤って本案判決がなされた場合には、上記の意味の不可抗争性は発生しないから、むしろ判決の効力をあらためて争点となしうると解すべきである。

（2）　訴訟係属中の当事者能力の喪失

　当事者が死亡し、または当事者である法人が合併により消滅する場合には、紛争の主体たる地位を承継する者（たとえば、相続人、合併後存続する法人）があれば、これが当事者となって訴訟を承継することになるが、この者が実際に訴訟関与ができるようになるまで、訴訟手続は中断する（124条1項。ただし同条2項、規52条）。

第3節　訴訟能力

1　意　　義

　訴訟能力とは、訴訟当事者（または補助参加人）がみずから単独で有効に訴訟行為をし、または受けるために必要な能力である。当事者能力があれば、訴訟の主

152　第2編　訴訟の主体　第2章　当事者

体として当事者になり、判決の名宛人になることができるが、それだけで直ちに自分で訴訟追行にあたれるわけではない。そのためには訴訟能力が必要とされる。

訴訟追行は、取引行為よりも複雑であり、しかもやり方が適切でなければ、勝つはずの訴訟でも負けかねないので、一人立ちできない者を保護する必要は、取引界における場合と異ならない。そこで、訴訟においても、自分だけでその利益を十分に主張し防御することのできない当事者を保護するために、訴訟能力という水準を設け、これに達しない者を単独では訴訟追行にあたらせないこととする。

（1）　訴訟能力が要求される者

訴訟能力は、当事者（または補助参加人）として訴訟行為をするために必要な能力である。

　(ア)　他人の代理人として訴訟行為をするには必要でない（民102条本文参照）。未成年者でも、簡易裁判所では、許可を得て訴訟代理人となることができる（大判昭7・9・17民集11巻1979頁）。法定代理人として訴訟行為をするにも訴訟能力は必要ないが（民847条参照）、裁判所の選任・監督権の適切な行使によりその適性の確保が図られている（民843条・846条・863条等）。

　(イ)　証人尋問（201条2項参照）・検証の対象（証拠方法）として取調べを受ける場合も、訴訟能力を要しない。証拠調べの対象になるときには、当事者であっても、同様である（210条・211条ただし書参照）。

（2）　訴訟能力が要求される訴訟行為

ここにいう訴訟行為には、訴訟手続内の行為だけでなく、訴訟外または訴訟前に行われる管轄の合意、訴訟代理権の授与なども入る。具体的にどのような行為まで含まれるかは、訴訟能力を要求する趣旨およびその行為の効果などとの関係で個別に検討を要するが[*]、訴えなどのような裁判を求める申立行為、裁判のための資料を提出する行為、手続上の効果の発生を主目的とした諸意思表示（たとえば、自白、訴えの取下げ、請求の放棄・認諾、訴訟上の和解）などが、その主なものである。

　〔*〕　**訴訟能力が要求される訴訟行為の意義と範囲**　　訴訟代理権の授与や管轄の合意、訴え取下げの合意のように訴訟外の行為については、なぜ行為能力でなく訴訟能力が要求されるのかという問題がある。訴訟行為だからというのは、問いをもって問いに答えたにすぎない。のみならず、これらの意思表示行為にどの限度まで私法上の意思表示理論が適用

第3節　訴訟能力　*153*

になるかを考察する前提としても、その根拠を個別に吟味しておく必要がある（管轄の合意の性質論の実益については、⟶p122〔＊〕）。これらの裁判外ないし裁判手続以前の行為にも訴訟能力を要求するのは、その効力が手続全体に影響を与える行為であるという意味で、手続の中核になる行為であり、その効力の判定は手続の安定など手続法的要請に答えるものでなければならないからである。

　たとえば、管轄の合意についていえば、その合意の効果が動揺するのは困る（能力の制限を受ける者の相手方が起訴するさい、合意に従うべきか、これを無視すべきかに迷う）から、意思表示の取消しの余地をあとに残す規律（行為能力）よりも有効か無効かをはじめから決めてしまう方式（訴訟能力）のほうが手続の安定という点ですぐれている。だから、訴訟能力で律するのである。しかし、このような手続の安定という要請も、意思表示に問題があった場合にそれらの主張を一切封じることまで正当化するとは思えない。少なくとも、本案の弁論をするまでは、意思表示の取消しの余地を認めても手続の安定を害するとはいえないであろう（その後の取消しは、応訴管轄を消滅させることになり許されない）。

　訴え取下げの合意も、その成立後にも防御行為をすべきかどうかが即時に決まっている方がよいから、のちに取消しの余地を残すのは避ける方がよい。だから能力の点は、訴訟能力によって律するのがベターである。しかし、ここでも、訴え取下げの合意の意思表示に問題があるのに、手続安定のためにあえて裁判を受ける権利を奪ってしまう（262条2項参照）のは、やはり正当な手続保障に欠けるから、その意思表示に問題のある合意の効力については、私法の適用を認めるべきであろう（⟶p350(4)）。

（3）　意思能力との関係

　訴訟行為をしまたは受けることは、人の意識的行動であるから、意思能力のある状態で行われなければならない。訴訟能力は訴訟行為をするのに必要な能力の一般的水準を設けるものにすぎないから、訴訟能力者であっても意思能力を欠くことがあり、この場合に行われた訴訟行為は、無効になる（民3条の2参照。意思能力が欠けているかどうかは、個別に判定せざるをえない）。

　たとえば、成年者でも12、3歳程度の知能しかない者の控訴の取下げは意思無能力者の訴訟行為として無効である（最判(二小)昭29・6・11民集8巻6号1055頁）。もっとも、このような者の控訴の提起行為は、この者を保護するために有効と解すべきである（上記最判は、控訴の提起は自分に利益のある行為であるから、その趣旨を容易に理解しえた（意思能力あり）と認め有効とする）。

154 第2編 訴訟の主体 第2章 当事者

2 訴訟能力者

訴訟能力に関しても、別段の定めがないかぎり、民法等の法令によると規定されており（28条）、原則として、行為能力を基準にして訴訟能力の有無が決められる。行為能力者はすべて、訴訟能力者[*]である。

〔*〕 **外国人の訴訟能力** 外国人の行為能力は、その本国法による（法適用4条1項）。その訴訟能力も本国法を基準とする（本国法上訴訟能力があれば、日本法上訴訟能力を有しない者であっても能力があることになる）が、外国人を日本人以上に保護する必要はないから、本国法上訴訟能力がなくとも、日本法上あるとされるときには、訴訟能力ありとみる（33条。なお、法適用4条2項・3項参照）。

3 訴訟能力を欠く者および制限訴訟能力者

民法上の制限行為能力者は、完全な訴訟能力をもたないとされるが、訴訟能力を有しない者および訴訟能力の制限を受ける者の範囲や取扱いは、民法と必ずしも一致していない。また、人事訴訟とそうでない通常の場合とでも異なるが、通常の民事訴訟においては、未成年者および成年被後見人は、訴訟能力はないとされ、被保佐人および被補助人は、訴訟能力を制限されている。被補助人は、訴訟行為をすることについて補助人の同意を要すると審判されたときには、訴訟能力を制限される（民17条1項）。

（1） 未成年者および成年被後見人

未成年者および成年被後見人は、原則として、訴訟能力はない（31条本文。なお、法文上訴訟無能力者というときはこの両者を指す、28条・102条1項参照）。民法では、未成年者は、あらかじめ法定代理人の同意があれば、みずから法律行為をすることができるが（民5条）、訴訟追行については、その複雑さを考慮して、必ず法定代理人が代わってこれにあたらなければならないとされる。

未成年者でも、婚姻によって成年に達したとみなされる者（民753条、なお、平30・法59号（2022年4月1日施行）により本条は削除の予定）は、完全に訴訟能力をもつ。また、未成年者が独立して法律行為をすることができる場合も同様である（31条ただし書。民6条、会社584条）。その関係の訴訟に関する限度で、訴訟能力をもつ。しかし、未成年者がある財産の処分を個別に許されたにすぎない場合（民5条3項）には、手続の安定のため、その財産に関しても訴訟能力を認めるべきではな

い（ある財産の処分を許可されただけでは、未成年者の相手方が未成年者を相手に有利な地位で訴訟してよいということにはならない）。

　賃金請求についても訴訟能力を認めるべきである（労基59条参照）。そのほか労働契約に関連する事項についても、その締結自体につき法定代理人の同意を得ている場合には、営業の許可があった場合と同様に、訴訟能力を認めるべきであろう1)。

（2）　被保佐人および被補助人（32条）

　(ア)　**自分で訴訟行為をする場合**　保佐人および補助人の同意が必要とされる場合（民13条1項4号・17条1項）には、その同意が有効要件となる。同意をその訴訟行為の有効要件とするのは、被保佐人および被補助人の保護のためであるが、他面、手続進行上の便宜や手続の安定、相手方の信頼の保護などを考慮して、「同意」の訴訟上の取扱いを決める必要がある。

　(a)　同意は、書面で証明しなければならない（規15条）。

　(b)　同意は、特定事件の訴訟追行全般について包括的に与えられるべきである。個々の訴訟行為についてのみ与えたり、これを除外したりすることはできない。無留保で与えれば上級審における行為にも及ぶが、審級ごとに与えることは妨げない。いったん与えた同意を、訴えまたは上訴提起後に撤回することはできない。撤回を認めると、取り消しうる訴訟行為を認めるのと同様に、手続を不安定にし、相手方の信頼も害するからである。

　(c)　当事者が訴訟中に保佐または補助開始の審判を受けても訴訟能力を喪失するわけではないので、手続は中断せず（後見開始の審判を受けたときは中断、124条1項3号・5項参照）、その審級にかぎり、保佐人または補助人の同意を要しないで訴訟行為ができるが、上訴するには保佐人または補助人の同意を要する。

　(イ)　**相手方の提起した訴えまたは上訴に対応する場合**　被保佐人または被補助人が相手方の提起した訴えまたは上訴について訴訟行為をするには、保佐人または補助人の同意を要しない（32条1項）。同意がなければ訴訟行為を受けられないとすると、相手方としては、被保佐人または被補助人に対して訴えまたは上訴を成立させるのに窮するからである（もっとも、保佐人または補助人が法定代理人であ

---

1)　菅野和夫『労働法〔第12版〕』（2019・弘文堂）610頁。

る場合（民876条の4第1項・876条の9第1項）には、訴えることは可能、124条5項参照）。ただし、反訴を提起するのは、たんなる応訴の範囲外であるから、同意が必要である（附帯上訴は同意を要しない）。

また、被保佐人または被補助人が必要的共同訴訟人の一員であるときは、共同訴訟人間の足並みをそろえさせるために、他の共同訴訟人が上訴すれば、被保佐人または被補助人も、否応なしに上訴人になり（40条1項）、保佐人または補助人の同意がなくても上級審での訴訟行為ができる（同条4項）。

(ウ) **判決によらないで訴訟を終結させる行為**　被保佐人および被補助人が、すでに同意を得ていた場合でも、また同意を要しない場合でも、判決によらないで訴訟を終結させる行為（訴え・控訴・上告・上告受理申立ての取下げ、裁判上の和解、請求の放棄・認諾、48条・50条3項・51条の訴訟脱退、手形・小切手訴訟判決または少額訴訟判決に対する異議の取下げもしくはその取下げに対する同意）をするには、そのための特別の同意を要する（32条2項）。これらの行為はみずから重大な結果を招くものであって訴訟追行一般の同意のなかには通常含まれないと解されるし、反面、特別に同意を要するとしても相手方がとくに困ることはないからである。

（3）　人事訴訟における訴訟能力

人事訴訟では、通常の民事訴訟において訴訟能力を有しないとされる者でも、意思能力があるかぎり、訴訟能力が認められる。これは、身分上の行為はできるだけ本人の意思に基づいて行うこととする民法の態度に対応する（したがって、身分関係の第三者として人事訴訟を提起する場合（たとえば人訴12条2項）まで、特別に訴訟能力を認める必要はない）。

被保佐人または訴訟行為につき能力の制限を受ける被補助人も、完全な訴訟能力を認められる（人訴13条1項）。未成年者も、意思能力があるかぎり、訴訟能力が認められる（未成年者原告と二被告間に嫡出子・嫡孫関係があることの確認訴訟につき、大判昭11・6・30民集15巻1281頁）。

成年被後見人については、成年後見人が成年被後見人のために訴えまたは訴えられることができる（人訴14条1項）。成年後見人が、その訴えの相手方になるときは、成年後見監督人が、成年被後見人のために訴えまたは訴えられることができる（同条1項ただし書・同条2項）。未成年者の場合は、いちど意思能力ありと判断されれば、その後もあるのが通常であるが、成年被後見人の場合には、そうは

いえないので、手続の安定や相手方の立場を重んじて、法定代理人が職務上の地位に基づき当事者（訴訟担当者）として訴訟追行にあたることができると規定した[*]。しかし、同条の趣旨は、成年被後見人が意思能力のある場合に、みずから訴えまたは訴えられることを否定するものと解すべきではない。

　被保佐人、被補助人または意思能力がある成年被後見人もしくは未成年者が訴訟追行にあたる場合には、実際上これらの者の能力を補う必要があるので、受訴裁判所の裁判長は、申立てにより弁護士を訴訟代理人に選任することができるし（人訴13条2項）、または申立てがなくとも、弁護士を訴訟代理人に選任すべき旨を命じ、または職権で選任することができる（同条3項）。

　なお、人事訴訟において、意思能力のない者のために訴訟上の特別代理人を選任することの可否については、→p172[＊＊]。

[＊]　**人事訴訟における法定代理人**（→p170以下）**の訴訟上の資格**　　成年被後見人に関しては、人訴14条により法定代理人が職務上の当事者になると解されるが、判例には、成年被後見人（禁治産者）や未成年者が当事者となり法定代理人はその代理人になるとするもの（禁治産者につき大判昭10・10・31民集14巻1805頁、意思能力のある未成年の子につき最判（三小）昭43・8・27民集22巻8号1733頁）もあり、どちらと解するも可とするのが判例の態度とみられた（岡垣学・注釈民法22巻-Ⅰ（1971・有斐閣）143頁）。職務上の当事者になると解しても、本人の代理人となると解しても、実質に差異はないから、前者と解すべきだとの説をとるにしても、本人の代理人という構成をとる訴えを不適法とするだけの強い意味に解すべきでない。なお、人訴14条の適用範囲について高田裕成「新人事訴訟法における訴訟能力の規律」家裁月報56巻7号（2004）1頁以下に、成年被後見人の自己決定権を尊重した鋭い分析がある。

4　訴訟能力がない場合の取扱いおよび効果

（1）　総説

　(ア)　訴訟能力は個々の訴訟行為の有効要件であり、訴訟能力のない者の訴訟行為またはこれに対する相手方および裁判所の訴訟行為は、無効である。民法上の制限行為能力者の行為のように（民5条2項・9条本文・13条4項・17条4項）、取り消されるまでは有効であるというのではない。もし、取り消されるまでは有効であるとすると、それを前提にして手続を積み重ねていかざるをえないが、あとになって先行行為が取り消されるとそれまでの手続が覆滅せしめられることにな

り、手続を不安定にするからである（もっとも、訴訟能力がないのにあると誤認したり看過したりした場合には、その後の手続の覆滅は避けられない）。

(イ) 訴訟能力の欠けた者の訴訟行為でも、意思能力の欠けた場合でないかぎりは、不存在ではない。したがって、それが裁判所の行為を求める申立行為（たとえば訴え）であるときは、これに対し裁判所は応答行為をすべきで、たんに無視・放置することは許されない。また、訴訟無能力者の行為でも、能力を有するに至った当事者または法定代理人が追認することによって有効にすることができる（34条2項）。

（2） 追認

訴訟無能力者がなしまたは受けた訴訟行為でも、その法定代理人またはその能力を取得・回復しもしくは授権を得た本人が追認すれば、行為の時に遡って有効となる（34条2項）。これを認めても、無能力者の保護に欠けるわけでなく、相手方や裁判所の期待を裏切ることもないし、かえって訴訟経済に合するからである。追認は、無効とされる行為が確定的に排斥されるまで（たとえば、訴え却下の判決が確定するまで）できる。上告審においても再審段階においても可能である（上告につき大判昭16・5・3判決全集8輯18号617頁、最判(二小)昭47・9・1民集26巻7号1289頁、再審につき大判昭13・3・19判決全集5輯8号362頁。ただし、最命(三小)昭46・3・23判時628号49頁は、すでに原審判決で代表権限を欠くゆえに訴えを却下されたあと、上告審で追認するための特別代理人の選任は許されないとする）。

保佐人は、同意なき被保佐人の行為を追認できると解すべきである（民120条1項・122条。訴訟行為をすることにつき能力の制限を受けた被補助人が同意なくしてした行為の場合も同様に補助人が追認できる）。

追認は、裁判所または相手方に対し、明示または黙示の意思表示でできる。たとえば、未成年者が訴訟追行をして受けた第一審判決に対して、法定代理人が控訴し、訴訟能力の欠けていたことにふれず、本案の弁論をすれば黙示の追認をしたことになる（最判(一小)昭34・8・27民集13巻10号1293頁は、真の代表者に代表されなかった場合の、真の代表者が選任した訴訟代理人による追認につき同趣旨を認める）。

追認は、過去の訴訟追行を一体として不可分に行うべきで、手続中の個々の行為を選択して追認することはできない。そのような追認は、訴訟行為がそれぞれ前後関連して行われるものであることにそぐわないし、これを認めると、その後

の手続が複雑になるおそれがあるからである（もっとも、併合された数個の請求の一つに関する訴訟追行のみを追認することはできる）。

（3）　補正命令と急を要する行為の許可（裁判所側の措置）

（ア）　裁判所は、つねに職権をもって訴訟能力の有無を調査しなければならないが、訴訟能力の欠けた者の訴訟行為でも、追認の余地があり、また、必ずしもその者に不利な結果を招くものとはかぎらないから、裁判所は直ちにこれを排斥せず、期間を定めて補正を命じることができる（34条1項前段。訴状審査権の一作用として、訴状の送達前に裁判長によってなされる訴状補正命令（137条、規56条）と異なる。裁判長の訴状審査権には訴訟能力の有無について調査し補正命令を出す権限は含まれない。→ p219 3（1））。この場合の補正とは、過去の行為を追認するとともに、将来に向かって有効な訴訟追行ができる方法を講じることをいう（たとえば、未成年者の訴え提起行為の補正であれば、法定代理人がこれを追認すると同時に、法定代理人の記載を訴状に追加するための訂正状を提出する）。

（イ）　さらに、裁判所は、補正をまっていたのでは、遅滞のため訴訟能力を欠く者に損害が生じるおそれのあるときは（たとえば証拠保全の申立て）、追認されることを見越して必要な行為（たとえば証拠調べ）を行うことを許すことができる（34条1項後段）。しかし、結局、追認が得られなければ、これは無効に終わる。

（4）　訴訟能力の不備が手続に及ぼす影響

（ア）　**訴訟成立過程（訴えの提起および訴状の受領）に訴訟能力の不存在がある場合**

（a）　**訴訟要件の不備による訴え却下**　　訴訟能力を欠く者が訴えを提起しまたは訴状の送達を受領したときは、訴訟係属が適法でなく、裁判所は、その訴訟で本案判決をすることができない（被保佐人または同意が必要な被補助人が、保佐人または補助人の同意を得ないで訴えを提起した場合も同じ）。この意味で、訴訟係属を生じさせる行為をするにあたって訴訟能力を有することは、訴訟要件の一つになる。したがって、この場合、追認がされないかぎり、裁判所は訴えを却下しなければならない（この場合には訴えを提起した者が訴訟費用を負担する、61条）。

（b）　**訴訟能力を欠く者の上訴の取扱い**　　（i）　訴訟能力の不備を理由に訴え却下の判決を受けた場合、この却下判決に対しては、能力を欠く者本人は、さらに適法に上訴ができる。この上訴のみをとらえて、能力の欠けていることや保佐人または補助人の同意のないことを理由に無効としてこれを却下すべきではない。な

160　第2編　訴訟の主体　第2章　当事者

ぜなら、この上訴のみを却下すると、原判決が確定してしまい、訴訟能力を不当に否定されたと主張して本人が上訴でこれを争う機会を奪われることになるからである（すなわち、本人が訴状を自分で提出しまたは受領してみずから訴訟能力ありとの主張を貫く場合、その主張の当否については、全審級の判断を受けられるとすべきである）。そこで、訴訟能力がないとの判断が正当であるとの結論に達した控訴審としては、第一審判決が同じ結論から訴えを却下していれば、訴訟能力を有しない者の控訴を理由なしとして控訴を棄却すべきである〔＊〕。

〔＊〕　**訴訟能力を欠くとして訴えは訴訟要件を具備していないと判断した上級審の取扱い**

原審が訴えは訴訟要件を欠くと判断したが補正の可能性を無視していきなり訴え却下をしているときは、上訴を認容して訴え却下の原判決を取り消し、原審に差し戻して補正の機会を与えるべきであろう。

最判(三小)昭45・12・15民集24巻13号2072頁は、被告会社の代表取締役でない者を代表者として提起した売買代金請求について、請求認容の第一審判決を代表権限不存在を看過したことを理由に取り消し、訴えを却下した第二審判決（37条参照）に対する原告の上告に答えて、原告に補正の機会を与えるために、訴えをいきなり却下した第二審判決を破棄するとともに第一審判決も取り消して事件を第一審に差し戻すべきであるとする。この判決が訴訟上の代表権につき表見法理の適用がないとする点には問題があるが（→p179(イ)）、上記の措置は代表権限について争う機会を十分に保障するとともに、だれを代表者として訴えてよいかに迷う原告の立場を理解した取扱い——原告は真の代表取締役を代表者にする補正をすれば、時効中断（完成猶予）の効果も遡って維持でき、貼用印紙も流用できる取扱い——として評価できる。そして、この判例の取扱いは、その他の訴訟要件の欠缺が問題となる場合にも参考になる。

(ⅱ)　訴訟能力の不存在を看過し能力を欠く者の訴訟追行に基づいてなした終局判決（これには、訴訟成立過程から能力を欠いていた場合と、その後に欠くに至った場合とがありうるが、後者については後述(イ)参照）は、その者に対して既判力等の内容上の効力を生じない〔＊〕。訴訟能力を欠く者が適式に代理されていないときには、代理人と称する者に代理権がない場合と同様、この者に十分な攻撃防御の機会が対等に保障されなかった場合といえ、この者に判決の効力を及ぼしては、正当な手続保障（裁判を受ける権利）を奪うことになるからである。しかし判決が不存在なわけではなく、その審級の手続終結の効果はある〔＊＊〕。また、それゆえに、その判決によって強制執行を受けるなどの事実上の不利益を受けるおそれもある。した

がって、訴訟能力を欠く当事者は、敗訴の本案判決に対して上訴によってこれを取り消すことができる（312条2項4号）。裁判所はその控訴を認容して第一審判決を取り消し、事件を第一審に差し戻して訴訟能力の補正の機会を与えるべきである。また、確定しても再審によって取り消すことができる（338条1項3号。いきなり請求異議の訴えで争うことも許されてよい、民執35条）。ただし、判決後でも、適法な追認があれば、上訴や再審の理由がなくなる（312条2項ただし書）。

〔＊〕　**訴訟能力を欠く者が本案判決を受けたとき**　(1)　訴訟能力を欠く者が勝訴の本案判決を得たとき——訴訟能力の欠缺を看過した本案判決で能力の欠けた者が完全に勝訴しているときには、敗訴した相手方から勝訴者側の能力の不存在を主張させる必要はないし（もっとも相手方が訴訟無能力者相手に訴訟追行をするまでもないとしてなんら実体につき防御しなかった場合は別である）、勝訴した訴訟能力を欠く者もまた、上訴や再審でこれを取り消す利益はないと解すべきであろう。

　　(2)　訴訟能力を欠く者が敗訴の本案判決を受けたとき——能力の欠缺を看過した本案判決で敗訴した本人（訴訟無能力者）がした上訴を能力欠缺のゆえに却下すべきではない（最判(二小)昭29・6・11民集8巻6号1055頁は、控訴取下げにつき意思能力なしとされる者の控訴を適法と認める）。というのは、この場合、本人の上訴を却下して原判決を確定させても、本人に効力を及ぼしえないが、能力を欠く者の利益のために誤った原判決を取り消し原審に差し戻したうえ能力の補正の機会を認めるべきであるからである。本人が原審で訴訟能力があると主張したり、そのように行動していた場合には、敗訴の本案判決を受けたからといって、今度は訴訟能力がないという主張をすることを許すのは、いかにも禁反言に反するようであるが、能力を欠く者の保護を優先させて認めるべきであろう。

〔＊＊〕　**訴訟能力を欠く者に対する敗訴の本案判決の送達**　大決昭8・7・4民集12巻1745頁は、未成年者本人のした訴えに対する終局判決を本人に送達しても無効であるから、判決はいつまでも確定しないとして、これについての執行文の付与（民執26条）をすべきでないとする。この考えに対しては、本人も適法に上訴ができることを認めることの反面として、その能力を欠く者本人に対する送達によって上訴期間も進行し、その経過によって判決も確定するが、再審による取消しの対象になると解すべきである（兼子・体系120頁、斎藤・概論100頁）。もっとも、かような本人敗訴の確定判決は、能力を欠く者本人に対して内容上の効力を生じないから、再審によらなくとも、執行文の付与をいきなり争うこともできると解すべきである。なお、判決の送達のみが訴訟能力を欠く者に対してなされた場合には本人のみの上訴は不適法であり、上訴期間も進行せず判決も確定しないと解すべきである。後述(イ)参照。

162　第2編　訴訟の主体　第2章　当事者

　(イ)　**訴訟の成立過程では訴訟能力があり、その後なくなった場合**　　この場合には、訴訟要件の不備にならず、ただその後の訴訟行為が個別に無効になるだけである。

　(a)　訴訟能力の欠けた当事者は、みずから訴訟行為ができないし、またこれに対する訴訟行為も無効である。そして、ある訴訟行為が無効であるときは、それが有効であるときに効力を生じる後行の訴訟行為をすることができない（ただし34条1項後段の許可をした場合は別）。たとえば、期日の呼出状を無能力者に宛てて送達した場合、送達は無効であり、期日を実施できない。また、第一審判決（これに訴訟能力の不存在を看過した違法はない）に対して本人が単独で提起した上訴は、不適法として却下すべきである（追認の余地はある）。しかし、判決が訴訟能力を欠く者に送達されても、法定代理人に送達されなければ、上訴期間も進行せず、判決も確定しない（→p161〔＊＊〕）。

　(b)　訴訟中に、当事者が訴訟能力を喪失すると（たとえば、後見開始の審判を受けたとき、未成年者の営業許可の取消し）、訴訟手続は法定代理人が受継するまで中断する（124条1項3号）。反対に、法定代理人が訴訟追行にあたっているときに、当事者が能力を取得・回復すると（未成年者の成年〔ただし、2022年4月1日から18歳で成年となる〕、後見開始審判の取消しなど）、法定代理権も消滅し（ただし36条）、訴訟手続は本人が受け継ぐまで中断する（124条1項3号、ただし同条2項）。法定代理人が保佐人または補助人である場合で、本人が訴訟行為をするについてこれらの者の同意を得ることを要しないとき、または同意を要する場合ですでに同意を得ているときは、中断しない（124条5項）。

第4節　弁論能力

1　概　　念

　弁論能力とは、法廷において現実に訴訟行為、とりわけ弁論をするための資格をいう。訴訟能力が当事者本人を保護するための制度であるのに対して、弁論能力は、主として訴訟手続の円滑迅速な進行を図り司法制度を健全に運用するためのものである。訴訟能力者であっても、この資格を欠くと現実に法廷で弁論することはできない。弁護士強制主義（→p164(イ)）は、この資格を弁護士に限定する

第4節　弁論能力　　*163*

主義といえるが、そこでは、訴訟能力者も弁護士を代理人に選任して訴訟行為を行わなければならない。しかし、わが法は、本人訴訟を一般的に（どの審級でも）許しているので、訴訟能力者は、原則として弁論能力も認められていることになり、この観念はそれほど重要でない。

2　現行法上の弁論能力

　個々の訴訟で、弁論に関与する当事者または代理人（訴訟代理人を含む）が事案解明のために十分な弁論ができず、これを相手にしては手続の進行が図れない場合、裁判所はその者の陳述を禁止する裁判ができるが（155条1項）、この裁判を受けた者は、弁論能力を失う。陳述禁止の裁判をするときは、必ず新期日を定める。また、必要と認めるときは弁護士の付添いを命じることができる（同条2項）。新期日にその者が重ねて出廷した場合には、裁判所はこれを排斥し、その訴訟行為を無視し、その当事者またはその者を代理人とした当事者は、期日に欠席したものと取り扱うことができる。しかし、裁判所が直ちに排斥せず、その者の訴訟関与を黙認したときは、その訴訟行為は有効であり、これに基づく判決も違法にならない。なぜなら、後日に至ってこれを無効としたのではかえって訴訟経済に反するし、また、当事者の保護を直接目的とする制度ではないから、これに不服をいわせる必要もないからである。

　なお、弁護士代理の原則（54条1項本文）は、訴訟代理人の弁論能力の制限の一種であるといえなくはないが、この原則は、当事者の保護も含めた制度として理解する必要があるから、別に考察するのが適当である（→p181）。

第5節 訴訟上の代理人

第1款 総 説

1 訴訟上の代理の意義

(1) 訴訟上の代理の存在理由

　(ア) 民法上、法律行為について代理が認められるのと同様に、訴訟追行についても代理が認められる。自分だけでは有効に訴訟追行ができない訴訟無能力者については、その能力を補充するために代理人を欠くことができない。また、訴訟能力者であっても、訴訟追行には法律的な知識および経験が必要とされる場合が多いので、訴訟においても代理を認めるのが実際的である。

　(イ) **弁護士強制主義**　　さらに進んで、およそ本人の訴訟行為を禁じ、専門家である弁護士による代理を強制する立法例もある（ドイツでは、地方裁判所以上はこの弁護士強制主義をとる）。これは、弁護士によらなければ訴訟ができないとすることによって、一方で、法律に暗い素人の利益保護を確実にするとともに、他方で、弁護士と依頼者との対話を通じて勝つ見込みのない訴えを事前に抑制させたり、また弁護士による整理された弁論によって訴訟進行の円滑化を狙い、かつ、司法運営の公正を維持しようとするものである。

　わが国も、このような原則を採用すべきかどうか、どのような形で採用すべきかは、将来の重要な課題であるが、採用の当否に先立って、まず、十分な数の弁護士を全国各地に用意することや法律扶助制度を充実させることが必要であるし（弁護士の分布状況については、↘p182）、勝訴者の弁護士報酬の合理的部分は敗訴者が負担するという制度の採否も問題となろう（↙p991⑵、「特集 民訴費用・弁護士報酬の検討」ジュリ1112号（1997）参照）。さもないと、市民としては、弁護士の不足や経済面から、訴える機会を事実上放棄させられるおそれがあり、市民一般の権利保護を薄くする危険なしとしない。わが国の現在の建前は、たんに訴訟追行のた

　1）　たとえば、兼子・体系122頁、三ケ月・195頁。

めに本人が任意に選ぶ代理人（訴訟代理人）は、原則として弁護士でなければならないというにとどまる（弁護士代理の原則、54条1項本文）。

（2）　訴訟上の代理人の概念

訴訟上の代理人とは、当事者（または補助参加人）の名において（これに効果を帰属させるために）、代理人たることを示して、当事者に代わり自己の意思に基づいて、訴訟行為をしまたは受ける者である。自分の意思に基づいて訴訟行為をする者であるから、他人の訴訟行為を伝達する者（たとえば、他人の訴状を裁判所へ提出する者）とか、他人に宛てられた訴訟行為を受領する者（たとえば、送達受領補助者、106条1項・2項）は、使者であって代理人ではない。

また、もっぱら本人たる当事者の名において訴訟行為をする者であるから、必要的共同訴訟人（40条）や補助参加人（42条）のように、自分の名で訴訟行為をする者は、その行為が他人（他の共同訴訟人または被参加人）の訴訟に効果を及ぼしても、代理人となるわけではない。同様に、他人の権利利益について自分の名で（当事者となって）訴訟追行をする者（訴訟担当者。たとえば選定当事者（30条））も、その効果は権利利益の主体たるその他人に及ぶが、代理人ではない。

（3）　訴訟上の代理人の種類

　（ア）　民法上の代理と同様、本人との間の代理関係の発生が本人の意思に基づかない法定代理人と、これに基づく任意代理人とがある。後者は訴訟代理人と呼ばれる。代理人を設けることが法律上または裁判上要求されて選任される場合でも、本来本人がその意思に基づいて選任できる建前の場合には、やはり任意代理人といえる（155条2項。さらに裁判所が本人に代わって選任する場合も、その権限・地位等は任意代理人と同様である、人訴13条参照）。法定代理人には、実体法上の法定代理人（28条。訴訟上の代理権を当然にもつ）のほかに、訴訟法上の特別代理人（35条・236条）がある。任意代理人には、法令上の訴訟代理人と訴訟委任に基づく訴訟代理人とがある。

なお、訴訟上の代理人は、訴訟追行[*]全般にわたって代理人となるのが原則であるが、個々の訴訟行為のためだけの代理も、個別に許されている。たとえば、送達受領のためだけの代理人として、刑事施設（刑事収容3条参照）に収容されている者（同4条）のための刑事施設の長（102条3項、これは法定代理人）、送達受取人（104条1項、これは任意代理人）。補佐人（60条）も、この種の代理人の一例といえる。

166　第2編　訴訟の主体　第2章　当事者

〔＊〕　**判決手続以外の手続の任意代理人**　　判決手続以外の手続においても、特定事件のための訴訟委任に基づく訴訟代理人は、原則として弁護士でなければなれない。それ以外の者の代理がどの程度許されるかについては、調停・審判手続につき家事事件手続法22条、労働審判法4条、民事調停法22条、民事調停規則8条2項・3項、非訟事件につき非訟事件手続法22条、執行裁判所でする手続につき民事執行法13条、倒産手続につき破産法143条・民事再生法172条・会社更生法193条などの規定がある。一般的には、各手続やその行為の目的・効果・難易、当事者の便宜等を考慮して個別に決めるほかはない（⇒p183（2））。

　　(イ)　現行法は、法定代理については、訴訟能力を補完する問題であるところから、訴訟能力と一緒に規定し、訴訟代理については、別に54条以下に規定している（人事訴訟については、人訴1条）。しかし、代理権を欠く場合の取扱いなどは、59条による準用の結果、両者はほぼ同じになる。

2　訴訟上の代理権

　代理人のまたは代理人に対する訴訟行為の効果を全面的に当事者たる本人に帰属させるためには、代理人に代理権がなければならない。この点は、民法の代理と同じである。しかし、訴訟上の代理については、手続の円滑・安定を期するために、民法上の代理よりも、代理権の存否・範囲につき画一明確なことが要求される（たとえば、規15条・23条、民訴36条1項および規17条、民訴59条・55条・56条等）。

(1)　代理権がない場合の効果・取扱い

　無権代理人の行為は、当事者本人に効力が生じないという点で、訴訟無能力者本人の行為と同視できる。したがって、代理権がない場合の効果・取扱いは、訴訟能力がない場合の効果・取扱い（⇒p157　4）と同じである。すなわち、無権代理人の行為は無効であるが追認の余地があること（34条2項・59条）、したがって、裁判所は、職権でも代理人の代理権の有無を調査し、無権代理人の訴訟関与を排斥すべきであるが、補正命令を出したり、一時訴訟行為をすることを許すことができること（34条1項・59条）、訴訟成立過程に無権代理人が関与すると訴訟要件を欠くことになること、代理権の不存在を看過して本案判決をしても、本人にとっては無効であるが、判決自体は不存在ではなく、手続終結の効果をもつこと（氏名冒用の場合も同様。⇒p137(ア)）、これに対して上訴・再審による取消しが認めら

れる点（312条2項4号・338条1項3号・342条3項）、いずれも、訴訟能力を欠く場合と同じである。

（2） 双方代理の禁止

民法上自己契約または双方代理が許されない（民108条1項、平成29年民法改正（平29・法44）により、無権代理行為とみなされることになった）のと同様に、訴訟においても、当事者の一方が相手方を代理したり、1人が双方の代理人を兼ねることは許されない。訴訟行為の多くは裁判所に対して行われるので、外形的には直接双方代理にならないようにみえるが、訴訟追行を全体としてみると（訴訟上の代理は手続全体にわたる包括的なものであるのが原則であるから、訴訟追行を全体として考察する必要がある）、両当事者の利害が対立し、双方代理を禁ずる必要は、一般の取引行為に劣らない。

　　㋐　**法定代理人の場合**　　双方代理の禁止にあたる場合のほとんどが法定代理権の制限としてあらかじめ実体法上規定されているから（民826条・860条、一般法人81条・103条・104条、会社353条・356条・364条・386条・595条・601条等）、訴訟上も、これらの規定の適用例として処理すべきことになる。これらの規定に違反した訴訟行為は無権代理行為として取り扱うのが相当である。訴訟法上の特別代理人についても、ほぼ同様である。

　　㋑　**訴訟代理人の場合**　　法令上の訴訟代理人の場合には、民法108条の適用例として処理することになる。訴訟委任に基づく訴訟代理人の場合には、弁護士が代理人になるのが通常であるため、弁護士法25条1号または2号違反の行為としても考察しなければならない[1]。

　　⒜　**弁護士法25条1号・2号・6号-8号違反と訴訟上の効果**

　　⒤　弁護士法のこれらの条項は、依頼者本人の信頼を裏切るか、または相手方に不公平となるおそれのある職務執行を禁止して、弁護士の品位を保持し、その業務の公正さのイメージを一般的に確立しようとするものである。それは、元来、弁護士の職務規律であるが、本人の不信や当事者間の不公平を醸成するような職務執行が現に行われているときに、訴訟手続上これを排斥するなんらの効力

　1）　弁護士法25条全体の判例の動きについては、青山善充「弁護士法25条違反と訴訟上の効果」ジュリ500号（1972）315頁以下参照。

をもたないと扱うのは、司法運営上好ましくないし、本条項の趣旨を生かしたことにならない。そこで、これに違反した訴訟手続上の行為は無効であるとして、裁判所は将来に向かってそのような弁護士の訴訟追行を排除すべきであるし、相手方もその排除を求めることができると解すべきである[*]。

> 〔*〕 **弁護士法25条1号違反の訴訟行為の排除の申立権、排除決定に対する不服申立て**
>
> 最決(一小)平29・10・5民集71巻8号1441頁は、大略すると、つぎのような事件であった。Aは、破産手続開始決定を受ける前に、B弁護士との間で、再生手続の申立てや再生計画案の作成提出等について委任契約を締結していたが、その後Aは破産し、Aの破産管財人Xは、Yに対して、本件訴えを提起したところ、B弁護士がYの代理人となった。X管財人のYに対する請求内容は、AがBとの委任契約中に発生した、AのYに対する債権の支払請求、およびAがYに送金した金員の返還を否認権行使により求める請求であった。最高裁は、①B弁護士のYのための訴訟行為は弁護士法25条1号に該当するとの判断を示すとともに、②B弁護士による訴訟行為を排除する旨の申立権をXに認めるとともに、他方、③みずから依頼したB弁護士を排除されたYには、不服申立てを認めるとし、迅速に解決すべき問題であることから、訴訟手続から排除するという点で類似する民訴法25条5項を類推適用して即時抗告の途を認めた(B弁護士には、不服申立ての固有の利益はないとしてこれを認めなかった)。結果として、B弁護士をX・Y間の訴訟から排除した。その排除に関する各当事者の訴訟法上の手段について、本決定の先例としての意義は大きい。

 (ii) 他方、その職務執行が排斥されないまま手続が進行した場合の取扱いについては、つぎのように考える。

 まず、依頼者本人とその訴訟代理人たる問題の弁護士との関係は、無権代理の場合と同様に考えてよい[2]。ただ、相手方と問題の弁護士との間には委任ないし代理関係がないから（形式上双方代理でないから）、弁護士法25条1号・2号・6号-8号違反の訴訟行為をたんに無権代理の場合と同様の処理をするといっただけでは、相手方の利益の保護がおきざりにされ、公平といえない。やはり、相手方にも、その問題の弁護士の行為またはこれに対する行為の無効の主張を許すべきであり、しかも、この主張は、本人の追認があっても妨げられないものとみなければならない。

 しかし、すでに行われた行為の効力については、みだりに無効の主張を許すこ

---

2) 兼子・体系126頁。

とは訴訟経済上適切といえないし、ことに、どちらの当事者にしても敗訴の結果をみてから無効の主張を許すのは、信義に反し、不公平な取扱いになるおそれがある。

そこで結局、本人にしても、相手方にしても、同条項違反の事実を知っているか、知っているはずとみられるのに遅滞なく無効の主張をしなかった場合には、禁反言の法理からも、すでに行われた訴訟行為の無効の主張は、もはや許さないと扱うべきである〔＊＊〕（相手方は事情を知っている場合が通常であろう。最判（大）昭38・10・30民集17巻9号1266頁は、事情を知っているはずの相手方が上告審に至ってはじめて出した無効の主張を排斥している）。他方、起訴前の和解のように、遅滞なく無効の主張をする機会が手続上ない場合については、後の手続（請求異議訴訟）で無効の主張を許す余地を認めるべきである（つぎの〔＊＊〕の請求異議事件の判例参照）。

〔＊＊〕　弁護士法25条1号・2号（旧々弁護士法〔明26法7〕14条、旧弁護士法〔昭8法53〕24条）違反の判例　　大審院は、はじめ無効としていた（旧71条（現47条）の参加申出につき大判昭7・6・18民集11巻1176頁、起訴前の和解について大判昭9・12・22民集13巻2231頁（請求異議事件）、同じく大判昭14・8・12民集18巻903頁（請求異議事件）、控訴申立てにつき大判昭13・12・16民集17巻2457頁等）。しかし、事案により、追認により有効となるとした（起訴前の和解に関し大判昭13・12・19民集17巻2482頁、旧71条参加に関し大判昭15・12・24民集19巻2402頁）。

最高裁は、和解無効確認請求事件において、最判（二小）昭30・12・16民集9巻14号2013頁は、相手方が異議を述べなければ、有効となり後日その無効を主張しえないとしたのに対し、請求異議事件において、最判（三小）昭32・12・24民集11巻14号2363頁は、公正証書の作成について無効説をとった。昭和38年の大法廷判決（上記）は、前者の立場をとったといえよう。

(b)　**弁護士法25条4号・5号違反の訴訟上の効果**　　これらの条項の趣旨も、1号・2号と同様、当事者間の公平を妨げるような職務執行を排除して、その公正さのイメージを確立することにあるといえるから、これに反した行為の効力も同様に解すべきであろう。もっとも、4号・5号の場合には、両当事者ともその弁護士が公務員や仲裁人であったことを知っている場合が通常であろうから、遅滞なく無効の主張をなしうる状況にあったかどうかが中心問題となろう（最判（一小）昭44・2・13民集23巻2号328頁は、弁護士法25条4号と同趣旨の弁理士法旧8条2号（現31条4号）に違反した訴え提起について、相手方がはじめから異議を述べているかぎり無効と

170　第2編　訴訟の主体　第2章　当事者

する）。

　(c)　**弁護士法25条柱書ただし書および3号・9号違反の訴訟上の効果**　本号に違反
する訴訟行為は、「他の事件」についてはむろん双方代理はない。また「受任し
ている事件」自体についても形式的には双方代理はないとみられるが、受任して
いる事件の本人の知らない間に相手方の他の事件も受任しているとすると、本人
とその弁護士の信頼関係がくずれ、本人のために十分な訴訟追行をするかどうか
について一般的な疑惑を生じさせる意味で、実質上双方代理の関係ありとみるこ
とができよう。その意味で、本人は、自分の知らない間の訴訟追行については、
事情を知ったときに遅滞なく主張するかぎり、無効の主張をすることができる
（将来に向かっては、その弁護士の委任契約を解除すればよい）。

第2款　法定代理人

1　意　義

　（1）　法定代理人とは、本人の意思に基づかないでなる種類の代理人である。
訴訟においても法定代理を認めるのは、自分で訴訟追行にあたることのできない
者（訴訟無能力者）等の能力を補完し、この者の利益を訴訟において保護するため
である。

　（2）　**訴訟上の法定代理人の種類**

　実体法上法定代理人である者のほかに、訴訟法上の特別代理人（35条・236条）
と個々の訴訟行為の法定代理人（102条）とがある。なお、法人または法人でない
社団もしくは財団（29条）が訴訟の当事者になるときには、当事者としての訴訟
行為はその代表者または管理人によってなされるが、この訴訟追行については、
訴訟無能力者の法定代理人に関する規定が準用される（37条、規18条、これについて
は、本節第3款　法人等の代表者）。

2　実体法上法定代理人の地位にある者

（1）　実体法上法定代理人の地位にある者

　この者は、訴訟上も法定代理人とされる（28条）。したがって、未成年者につい
ては、親権者（民824条）または未成年後見人（民859条）が訴訟上も法定代理人で

あり、成年被後見人については、成年後見人（民859条）である。これら訴訟能力を欠く者の法定代理人のほかに、被保佐人または被補助人の法定代理人としての保佐人（民876条の4）または補助人（民876条の9）についても同様である。

（2） 民法上の特別代理人なるがゆえに訴訟上も法定代理人になる者

これには、親権者と子（民826条）の間および後見人と被後見人（民860条）の間の利益相反行為について、子、被後見人のために裁判所が選任する特別代理人がある（上記の利益相反事項に関する訴訟について）。同様の法定代理人として、不在者の財産管理人（民25条-29条。時効の完成猶予の必要があれば裁判所の許可がなくとも訴え提起ができる。上訴につき最判(二小)昭47・9・1民集26巻7号1289頁、応訴につき大判昭15・7・16民集19巻1185頁）、相続財産管理人（民936条1項・952条・953条、家事200条。民936条1項の管理人につき最判(一小)昭47・11・9民集26巻9号1566頁。家事200条の管理者は、相続人に対し相続財産に関して提起された訴えにつき、家裁の許可なしに相続人の法定代理人の資格で応訴できる。最判(一小)昭47・7・6民集26巻6号1133頁）などがある。

遺言執行者も、相続人の意思に基づかない相続人の代理人であるという点（民1006条・1010条・1015条）では、遺言に関係ある相続財産の管理その他遺言の執行に必要な事項に関する訴訟につき（民1012条1項参照）、相続人の法定代理人となる。嫡出否認の訴え（民775条、人訴2条2号）につき、親権を行う母がいないときに子のために選任される特別代理人（民775条）も、同様である。

3　訴訟法上の特別代理人

民事訴訟法の規定による特別代理人（民訴費3条1項・別表1第17項イ参照）で、個々の訴訟またはこれに付随する手続のために、とくに裁判所が選任する法定代理人である。民事訴訟法の定めるものには、訴訟無能力者の特別代理人（35条）のほか、証拠保全手続における特別代理人（236条。→p416）、強制執行手続における相続財産または相続人のための特別代理人（民執41条2項）があるが、ここでは、訴訟無能力者の特別代理人について述べる。

（1）　存在理由と利用範囲

訴訟能力を欠く者に法定代理人がいないか（たとえば、両親が死亡しまだ未成年後見人が定まらないとき）、法定代理人が代理権を行使できないとき（たとえば、利益相反事項について訴訟をするとき）には、訴訟能力を欠く者に宛てて訴訟行為をするこ

とができないが、これによって相手方が権利行使の途を閉ざされないように、相手方としては[*]、受訴裁判所の裁判長へ、その事件に関する特別代理人の選任を求め、この者に宛てて訴訟行為ができることにしている（35条1項）。

この趣旨の特別代理人の制度は、意思能力を欠く常況にありながらまだ後見開始の審判を受けていない場合[**]、相続人のあることが不明の相続財産について相続財産管理人が選任されていない場合（大決昭5・6・28民集9巻640頁、大決昭6・12・9民集10巻1197頁。なお、たんなる不在者を訴えるには、公示送達（110条）によることができるからその必要がない）、法人その他の団体に代表者または管理人が欠けている場合（住職の欠けている寺院を訴える場合につき大判昭11・7・15新聞4022号8頁）にも用いることができる。

〔*〕 **能力を欠く者の側による特別代理人の利用**　　この制度は本来相手方の救済のためにあるから、能力を欠く者の側から訴訟行為をする場合には適用の余地はないという学説（兼子・体系128頁、三ケ月・198頁）が有力であるが、判例は能力を欠く者からの利用を認める（大判昭9・1・23民集13巻47頁、大判昭17・4・1新聞4772号15頁、株式会社の代表取締役につき最判(一小)昭41・7・28民集20巻6号1265頁）。これを認める合理的理由のある場合も考えられるから、判例に賛成できる（上記合理的理由につき、新堂・判例139頁参照。なおコンメ民訴I 355頁）。しかし、原審において代表権がないということですでに訴えを却下されているときは、その追認のために原告側が上告審で特別代理人の選任を求めることはできない（最命(三小)昭46・3・23判時628号49頁）。

〔**〕 **離婚訴訟等と特別代理人の利用**　　最判(二小)昭33・7・25民集12巻12号1823頁は、統合失調症により心神喪失の常況にあった妻に対する夫の離婚訴訟において、特別代理人によることを否定し、禁治産宣告を経て、禁治産者の後見監督人または後見人を被告にして訴えるべきだとする。その理由として、離婚訴訟がもともと代理に親しまないことを掲げるほか、反訴の必要や人訴法32条1項の申立ての必要などもあるから、相手方のために「その訴訟かぎりの臨時の法定代理人」たる特別代理人では本人の保護のために十分でなく、万般の監護を任務とする常置機関たる後見監督人または後見人を訴訟追行にあたらせるのが適当であるというが、賛成できる。この趣旨は、養親が心神喪失の場合、養子が15歳以下の場合（民815条・811条5項参照）の離縁の訴えなどにも類推されえよう。なお、東京高決昭62・12・8判時1267号37頁は、婚姻無効確認では民訴法35条を準用してよいと判示した。

（2） 選任手続と地位

選任は、受訴裁判所の裁判長の命令による。申立人は遅滞のため損害を受けるおそれがあること（起訴による時効の完成猶予の必要とか、仮差押・仮処分の必要がある場合とかがその適例であるが、厳密に解するのは制度の趣旨との関係で問題である）を疎明しなければならない（35条1項）。人選は裁判長がするが、選任されても就任の義務はない（ただし、弁護士は正当の理由がなければ拒みえない、弁護士24条）から、あらかじめ意向を確かめるのが適当である。裁判所は、いったん選任した代理人をいつでも改任できる（35条2項）。

訴訟法上の特別代理人は、その訴訟行為については、法定代理人と同一の権限を有する。ただし、未成年者または成年被後見人のための特別代理人は、後見人と同じ権限を有するから、後見人が必要とする授権と同じ授権が必要となる（35条3項。したがって、32条2項に掲げる事項については、後見監督人があるときにかぎり、その同意が要る）。

特別代理人には報酬が与えられる。その報酬は、訴訟費用の一部として（民訴費2条2号・11条1項1号）、申立人が予納すべきである（民訴費11条2項・12条）。特別代理人の必要がなくなっても解任されない以上、当然にはその権限を失わない。

4　法定代理権

（1）　法定代理権の範囲

訴訟法に別段の定めのないかぎり、民法等の法令による（28条）。(i)親権者が子を代理する場合は、一切の訴訟行為をする権限を有する（民824条参照）。(ii)後見人は、訴訟行為をするについて、後見監督人があるときはその同意を得なければならないが（民864条参照）、訴訟をしようとする相手方が困らないように、訴訟法は、被保佐人（および被補助人であって訴訟行為をすることにつきその補助人の同意を得ることを要する場合）と同列に扱うことにした。すなわち、後見人は、相手方の提起した訴えまたは上訴に対して訴訟行為をするには、後見監督人の同意を要しないが（32条1項）、判決によらないで訴訟を終了させる行為をするには、つねに後見監督人の個別的な同意を要する（同条2項）。(iii)実体法上の特別代理人である法定代理人（→p171）は、関係の訴訟について、一切の訴訟行為ができる。(iv)訴訟無能力者のための訴訟法上の特別代理人（35条）は、後見人に準ずる（同条3項）。

174　第2編　訴訟の主体　第2章　当事者

　なお、親権者や後見人のような法定代理人の場合には、双方代理の禁止があることは、前述した（→p167(2)）。

（2）　共同代理

　(ｱ)　数人の法定代理人について共同代理の定めがある場合（民818条3項、破76条）には、代理人側の訴訟行為は、原則として共同でしなければ、本人のために効力を生じない。弁論の機会を確保させるため、期日の呼出しも全員に対してすべきである。もっとも、訴えおよび上訴の提起ならびに民訴法32条2項に掲げる行為は、法定代理人が特別授権を要する場合との均衡上、全員が明示的に共同ですることを要すると解すべきである[1]が、その他の訴訟行為については、1人のした行為を他の者が黙認している場合（たとえば、1人による答弁書の提出、弁論、自白等について他の者が適時に異議を述べていない場合）には、共同でしたものと認めて差し支えない[2]。各代理人の弁論の内容が矛盾するときは、本人にとって利益となる方を認めるべきであろう。

　たとえば、1人が弁済の抗弁事実を認めたが、他の者が争っている場合、なんらの陳述がなかったものとして擬制自白（159条1項）の成立を認めるべきではなく、抗弁事実を争ったものとみるべきである。もっとも、どちらの陳述が本人にとって利益かを判定できないときには、両方の陳述ともなかったもの——弁論の全趣旨として斟酌されるだけのもの——として扱わざるをえない。

　(ｲ)　相手方の訴訟行為を受領するには、単独で代理することができる（送達の受領については、102条2項に明定されている。なお、破76条2項、民再70条2項、会社更生69条2項）。

（3）　法定代理権の消滅

　(ｱ)　法定代理権の消滅原因は、民法等による。本人の死亡（民111条1項1号）、代理人の死亡、または法定代理人が破産手続開始決定もしくは後見開始の審判を受けたことにより消滅する（民111条1項2号）。また法定代理人たることをやめること（たとえば、訴訟無能力者の法定代理人については本人の成年、後見開始の審判の取消し

1）　兼子・体系129頁。最判(二小)昭57・11・26民集36巻11号2296頁は、共同して親権を行使すべき父母の一方が共同の名義で子に代わって訴訟委任した場合に、取引行為でないことを理由に民法825条の適用を否定する。なお、訴訟行為と表見法理の適用について、→p179(ｲ)。

2）　三ケ月・199頁はこの点ほぼ同趣旨。

（民10条）のほか、民834条・835条・837条1項・844条・846条に規定する場合、特別代理人については、その改任等（民26条・956条1項、民訴35条2項））により消滅する。

　ただし、消滅の効果は、能力を取得しもしくは回復した本人から、または新旧どちらかの代理人から、相手方に通知するまで生じない[*]（36条1項）。これは、代理権消滅の有無・時期を画一にして手続の安定と明確を図るためである。通知が相手方に到達するまでになされた、その代理人のまたはこれに対する相手方の行為は、無効ではない。当事者の死亡により代理権が消滅したときには、その行為の効果は死亡者の相続人に帰属する（最判（一小）昭28・4・23民集7巻4号396頁）。

　代理人が死亡しまたは後見開始の審判を受けた場合には、消滅の通知を本人もできないし、代理人からもできない状況にあるから、その死亡または後見開始の審判の時に消滅の効果が生じると解すべきである。

〔＊〕　**通知があるまでの法定代理権の擬制の限界**　　(1)　大判昭16・4・5民集20巻427頁は、被告の法定代理人が第一審係属中に代理権を喪失（親権者たる継母が離籍によって喪失）したが、その通知がなかったとして、手続は中断せず、上訴期間が過ぎ、被告敗訴の第一審判決はすでに確定したとした。ところが、相手方たる原告は、被告の法定代理人（継母）と同居する姉で、その代理権消滅を知っていたと思われるケースであった。しかし、本判決は、旧57条（現36条）は、相手方を保護する趣旨のものでなく、手続の安定・明確・画一的処理を目指したものであるから、民法112条と異なり、相手方の知・不知を問うべきでないとし、学説からも賛成を得ている（斎藤・判民28事件、コンメ民訴Ⅰ360頁）。しかし、手続の安定を図るのは、一つには相手方の保護のためであるし（その代理権の存否について不断に注意を払わなくてよいという意味で）、他方、訴訟無能力者本人の審級の利益を確保するためでもあるので、相手方が知っている場合には、通知のないことによる代理権存続の擬制はその審級の終局判決の送達と同時に消滅し、手続は中断すると解すべきではなかろうか（訴訟無能力者の側は、相手方が知っていたことを証明すれば上訴期間徒過の不利益を免れる）。

　　(2)　これに対し、相手方は、代理権消滅による手続の中断の効果を（または通知がなかったことを）自分に利益に援用することはできない。相手方としては、消滅の事実を知っていれば旧代理人の排斥を求めればよいし、知らなくて旧代理人宛てに訴訟追行をした場合には自分としては訴訟追行の機会を十分にもっていたのであるから、結果として敗訴したからといって手続の違法を主張できるとするのは公平でない。本人が無権代理人の行為でも追認して有効にしうることとの均衡からいっても、相手方は、本人側の代理権の消滅を、知・不知にかかわらず、自分に有利に主張しえない。

(イ)　手続進行上、裁判所に対しても法定代理権の消滅およびその日時を明らかにしておく必要があるから、通知をした旨を裁判所へ書面で届け出なければならない[**](規17条)。

[**]　**代理権消滅の通知があったとされた事例**　　最判(三小)昭43・4・16民集22巻4号929頁は、法人に訴訟代理人(控訴について訴訟代理権をもたなかったが新代表者からその委任を受けた代理人)がついていた事件において、裁判所に弁論終結後代表者交替の事実が実際上判明すれば、代理権消滅の通知がなくても、新代表者を判決に表示して差し支えなく、その判決の相手方への送達によって通知はあったと解しうるとし、また、相手方も新代表者宛てに上訴をし、これを真の代表者と認めて訴訟手続を進行させた以上、のちに新代表者の代表権を否定し、手続の違法を主張しえないとする。新代表者の手続保障、手続の安定、および当事者間の公平に配慮した妥当な処理といえる。

(ウ)　訴訟中に法定代理権の消滅の効果が発生すると、能力を取得した本人または新法定代理人が受け継ぐまで、訴訟手続は中断する(124条1項3号)。ただし、訴訟代理人がある場合は、法定代理権が消滅しても訴訟手続は中断しない(同条2項)。また、法定代理人が保佐人または補助人であるときは、法定代理権が消滅しても、被保佐人または被補助人が訴訟行為をすることについて保佐人または補助人の同意を得ることを要しない場合、またはこの同意を要する場合においてすでに同意を得ている場合にも訴訟手続は中断しない(同条5項1号および2号)。

5　法定代理人の訴訟上の地位

　法定代理人は、当事者ではないから、自分がその訴訟の判決を受けるわけではない(ただし、訴訟費用の償還を命じられることがあるし(69条)、本人の受けた判決の参加的効力(46条)の拡張を受けることがある。→p824(4))。裁判籍(4条)や裁判官の除斥事由(23条1項1号・2号)を判定する標準にもならない。

　しかし、みずから訴訟行為ができない当事者に代わる者であるから、訴訟代理人よりは、当事者に近い取扱いを受ける。すなわち、訴状および判決には、当事者と並んで必ず記載され(133条2項1号・253条1項5号・254条2項)、送達は必ず法定代理人に対してしなければならない(102条1項。ただし、送達の場所は、本人の営業所または事務所でできる、103条1項ただし書)。本人が出頭すべき場合にはこれに代わって出頭し(151条1項1号、規32条1項)、その訴訟では証人能力を有せず、尋問

するには当事者尋問の手続によらなければならない（211条）。

第3款　法人等の代表者

1　代表者の意義

代表者[*]とは、法人または団体の機関として、その法人または団体の名で、自分の意思に基づいて行為をする者で、その行為の効果が法人または団体に帰属する関係にある者をいう。法人を当事者とする訴訟は、その代表者によって追行される。いわゆる「法人でない社団又は財団で代表者又は管理人の定めがあるもの」（29条）を当事者とする訴訟も、その代表者（管理人の名がついても、ここでいう代表者である）によって追行される。これらの法人または団体と代表者との関係は、法定代理に類似するので、訴訟法も、これに準じて扱うことにしている[**]（37条、規18条）。

[*]　**代表者の種類**　代表者は、一般社団法人では、理事（一般法人77条1項）・代表理事（同条4項）、一般財団法人では代表理事（同197条による77条4項の準用）、株式会社では、代表取締役（会社349条）・監査役（同386条）、代表執行役（同420条3項）、持分会社では、業務執行社員または代表業務執行社員（同599条）、清算中の会社では、清算人または代表清算人（同483条・655条）、宗教法人では代表役員（宗教法人法18条3項）、学校法人では理事長または理事（私立学校法37条1項・2項）である。その代表権限は、それぞれ実体法規によって定められる。

[**]　**外国国家という法主体の代表者**　内戦、クーデター、革命等によって新政府が樹立されたときには、日本国がこれを当該外国の正当な政府と認めることによって、その外国の代表者と認められる。中国については、最判（三小）平19・3・27民集61巻2号711頁によれば、昭和27年4月28日の「日本国と中華民国との間の平和条約」によって、中華民国政府を正当な政府として承認していたが、昭和47年9月29日の「日本国政府と中華人民共和国政府の共同声明」によって、従来の中華民国政府にかえて中華人民共和国政府を中国の唯一の政府として承認したことにより、前者から派遣されていた外交使節の代表権は消滅し、代表権は後者から派遣された外交使節に生じたことになる。このような事由に基づく代表権の消滅は、訴訟上も、公知の事実として訴訟手続の安定性・明確性は害されず、相手方の保護に欠けるところがないから、訴訟の相手方への通知を要する（36条1項・37条）ことなく直ちにその効果が発生するとする。また、訴訟代理人がある場合であっても、

進行中の訴訟手続は中断するとされる（124条2項参照）。この代表権の消滅は、たんなる代表権のみの消滅ではなく、従前の政府が代表権の発生母体としての根拠を失ったことによるものであって、両政府の間の利害は異なるので、訴訟代理権を前政府からのみ授与された訴訟代理人がそのまま訴訟を追行することは、新政府が承認された後の当の外国の利益を害するおそれがあるからであるとする。

　判旨のいう訴訟手続論には賛成できるが、本件財産が外交財産でもなく国家権力行使のための財産でもないことを考慮すると、この財産について台湾による所有権の主張を当然に排斥するとする前提自体に疑問をもつ。事件の落ち着かせどころとしては、原審（大阪高判昭62・2・26民集61巻2号957頁）の判断に賛成したい。安藤仁介・判評・民商137巻6号（2008）42頁参照。

2　代表者の訴訟上の地位

　代表関係には法定代理の規定が準用される（37条）。その内容は、大略つぎのとおりである。

（1）　訴えの提起および応訴

　法人の代表者が法人を代表して訴えを提起するのに特別の授権を要するか否かは、37条による28条の準用があるから、実体法の定めによる（普通地方公共団体の場合には議会の議決を要する（地自96条1項12号））。法人でない社団・財団の場合には、その代表者または管理人の定めの趣旨による（最判(三小)平6・5・31民集48巻4号1065頁は、入会団体が入会権確認の訴えを提起するに際しては、代表者は総会の議決等による授権を要する、とする）。応訴する場合には、32条1項の準用があるから、つねに特別の授権を問題にしなくてよい。なお、法人の代表者たることおよび必要な授権があることの証明は、書面による（規15条・18条。通常、法人登記簿または商業登記簿の抄本による）。

（2）　代表権を欠く場合の取扱い

　㋐　**追認・補正**　　法人の代表者でない者が法人を代表して訴訟行為をした場合、法人の代表者が訴え提起につき必要な授権を欠く場合または代表権もしくは特別授権を証する書面を提出しない場合には、34条の準用（37条）により、補正または追認の余地がある。たとえば、第一審では真正な代表者によって代表されなかった場合でも、控訴審で真正な代表者の委任した訴訟代理人が本案について弁論をしたときは、第一審の訴訟行為を追認したことになる（最判(一小)昭34・

8・27民集13巻10号1293頁）。また、控訴裁判所が被告会社の代表者の代表権の不存在を看過した第一審判決を取り消すときは、訴状の補正の機会を与えるために、事件を第一審に差し戻すべきで、直ちに訴えを却下すべきではない（最判(三小)昭45・12・15民集24巻13号2072頁。➡p160〔＊〕。さらに、この判例については次項(イ)参照）。

(イ)　**訴訟における代表権と表見法理**　　法人の内部に通じない者が法人を訴える場合には、その登記を基準にして代表者を捕捉せざるをえない。しかし、通常の法定代理人の場合と違って、登記の記載が実体にあっていない場合がある。そのため、登記を信頼して訴えて勝訴したところ、登記簿上の代表者は実は真の代表者でなかったという場合に、訴訟にも民法109条・112条、商法9条、会社法908条・354条・421条等の適用ないし準用ありとして、原告勝訴の結果を法人に及ぼしうるかという問題が生じる。

　判例は、法人を代表して訴訟を追行する権限を有する者は、つねに真実の代表者でなければならず、第一審でもっぱら表見代表者に対して訴訟追行が行われ、しかも、第二審で真の代表者の追認が得られないときは、第一審判決は取消しを免れないとする（私立学校法28条2項につき最判(二小)昭41・9・30民集20巻7号1523頁、民法109条・商法旧262条（会社354条）につき前掲最判(三小)昭45・12・15）。

　ここでの主要な問題は、自分の都合・怠慢で登記をしないでおいた法人をその登記を信じた相手方の犠牲において手続上保護するという不公平な取扱いをすることになっても、なおその法人の裁判を受ける権利——その法人が真の代表者によって訴訟上防御を展開する機会——を保障すべきか、ということであり、デュー・プロセスの要請と公平の要請との調整の問題である。そこにおいて民事訴訟は取引行為ではない（前掲最判(二小)昭41年判決）といってみても、答えにはならない。なぜならば、当事者間の公平の要請は、取引行為においてだけ確保しなければならないものではなく、訴訟手続上も確保しなければならない価値だからである。商法旧42条1項ただし書（商24条、会社13条。前掲最判(三小)昭45年判決はこれを援用）は、たしかに、この問題に対する実定法上の態度の一つの表現といえる。しかし、同条1項ただし書を登記までした表見支配人の場合にも適用すべきかどうかは、問題であろう。むしろ、実定法における表現としては、民訴法36条の存在を無視できない。同条は、より一般的に、旧代理人が代理権を失っても相手方に知らされないかぎり、代理権の存続を擬制して手続の安定を図り、相手方の保護

も図っている。その結果、本人は、代理権限のある者によって代理されず、結局、十分な手続保障を得られないまま、判決の効力を受けることもある程度認めている（→p175(3)(ア)）。この36条の働く状況は、ちょうど、登記を信じて訴えを提起し訴訟追行する場合と類似している。違うのは、旧代理人の代理権消滅の時期が、36条の場合は訴訟の係属中であるが、ここでは、訴訟以前にすでに消滅しているという点である。だが、相手方の信頼の保護と本人の手続保障が緊張関係に立つという点では変わりない。その意味で、この問題を36条を手本にして考えるのが訴訟法理論としても一貫しており適切であろう。

　そこで、被告法人としては、相手方である原告側が被告法人の代表権の存在につき疑いをもつべき状況にあったことを証明すれば、代表権の擬制も一審かぎりと考え、訴訟手続は第一審判決の送達の段階で中断し、上訴期間は進行しないと扱う。しかし、被告法人が自分に対して代表権なき者を代表者とした訴訟が提起されていることを知り、第二審からでも真の代表者による訴訟追行の機会があったときは、手続保障は不十分ながら与えられているといえるから、相手方原告の知・不知を問わず、上訴期間も進行するし、上訴や再審によって第一審での代表権の不存在の主張をすることは公平上許されない。このように解したらどうであろうか。したがって、相手方（原告）としては、被告法人の代表権の存否につき確信がないときは、訴状を法人の事務所または営業所に送達すること（103条1項）によって、被告法人の真の代表者のために法人が訴えられたことを知る機会を作っておけば、被告法人の真の代表者は訴訟において防御の機会が与えられたものとして、のちに手続を覆滅させられる危険を免れることができよう[1]。なお、相手方が真の代表者に向って訴訟追行するには、この者に代表者としての登記がなくともかまわない（最判(二小)昭43・11・1民集22巻12号2402頁）。

（3）　特別代理人

　法人の代表者がない場合、または法人の代表者が代表権を行使しえない場合には、35条の準用により、法人に対して訴えを提起しようとする者は、特別代理人

1）　新堂・判例181頁、同「民事訴訟法理論はだれのためにあるか」判タ221号（1968）〔同・役割17-27頁〕参照。なお、訴訟行為と表見法理の一般については、竹下守夫「訴訟行為と表見法理」実務民訴講座(1)169頁以下、代表権限との関係については、結論において筆者と同様の見解をとる（同書184頁）。

の選任を申請できる（原告側が申請できるかについては、⤴p172〔*〕）。

（4） 代表権の消滅

36条の準用により新旧いずれかの代表者から相手方に通知するのでなければ、代表権消滅の効力を生じない（⤴p175(3)）。

第4款　訴訟代理人

訴訟代理人とは、訴訟追行のための包括的な代理権をもつ任意代理人である。個々の訴訟行為のための任意代理人（訴訟法はこれを個別的に許している。たとえば、送達受取人（104条1項、規41条））とは異なり、また、判決手続以外の手続（たとえば、調停・審訊手続、非訟手続、倒産手続など）のための任意代理人についても、訴訟代理人とは別に各手続の性質に対応して考察するのが適当である（代理人資格につき⤴p166〔*〕）。訴訟代理人には、訴訟委任に基づく訴訟代理人と法令上の訴訟代理人との2種類があるが、たんに訴訟代理人といえば前者を指すのが普通であり、訴訟法も前者を中心に規定している。ここでも、訴訟委任に基づく訴訟代理人について述べたあと、これと異なる点を主にして法令上の訴訟代理人にふれることにする。

第1項　訴訟委任に基づく訴訟代理人

1　概　　念

訴訟追行のための包括的な代理権をもつ任意代理人の一種であるが、特定の事件ごとに、訴訟追行の委任を受け、そのための代理権を授与された者である。

2　弁護士代理の原則

（1）　意義

訴訟委任に基づく訴訟代理人は、原則として弁護士でなければならない（54条1項本文）。弁護士強制主義を一切とらないから、本人はどの審級においても自分で訴訟ができるが、他人に委せるときは、法律専門家として公認された弁護士に限られる。これは、三百代言（弁護士の資格なしに法律事務を扱い（弁護士72条参照）依頼者を食い物にするような者）などの不明朗な職業の発生を一般的に防止するととも

弁護士数[1]と人口比較

	弁護士会	正会員総数(人)	うち女性会員	人口（千人）[2]	人口1万人当たりの弁護士数（人）
北海道	札　幌	797	118	5,320	1.89
	函　館	55	7		
	旭　川	74	11		
	釧　路	78	9		
東北	仙　台	453	69	2,323	1.95
	福島県	203	25	1,882	1.08
	山形県	98	11	1,102	0.89
	岩　手	104	10	1,255	0.83
	秋　田	78	12	996	0.78
	青森県	113	16	1,278	0.88
関東	東　京	8,271	1,644	13,724	13.76
	第一東京	5,205	1,044		
	第二東京	5,403	1,130		
	神奈川県	1,635	320	9,159	1.79
	埼　玉	870	156	7,310	1.19
	千葉県	798	137	6,246	1.28
	茨城県	286	48	2,892	0.99
	栃木県	222	37	1,957	1.13
	群　馬	289	37	1,960	1.47
	静岡県	478	87	3,675	1.30
	山梨県	123	15	823	1.49
	長野県	242	40	2,076	1.17
	新潟県	280	47	2,267	1.24
中部	愛知県	1,958	383	7,525	2.60
	三　重	185	30	1,800	1.03
	岐阜県	204	36	2,008	1.02
	福　井	107	12	779	1.37
	金　沢	173	28	1,147	1.51
	富山県	125	13	1,056	1.18
近畿	大　阪	4,562	810	8,823	5.17
	京　都	768	159	2,599	2.95
	兵庫県	934	181	5,503	1.70
	奈　良	170	27	1,348	1.26
	滋　賀	153	33	1,413	1.08
	和歌山	146	20	945	1.54
中国	広　島	579	91	2,829	2.05
	山口県	177	19	1,383	1.28
	岡　山	401	84	1,907	2.10
	鳥取県	65	10	565	1.15
	島根県	82	20	685	1.20
四国	香川県	173	23	967	1.79
	徳　島	94	9	743	1.27
	高　知	87	14	714	1.22
	愛　媛	164	19	1,364	1.20
九州	福岡県	1,281	224	5,107	2.51
	佐賀県	106	15	824	1.29
	長崎県	160	20	1,354	1.18
	大分県	161	26	1,152	1.40
	熊本県	279	44	1,765	1.58
	鹿児島県	211	27	1,626	1.30
	宮崎県	139	16	1,089	1.28
	沖　縄	267	39	1,443	1.85
合　計		40,066	7,462	126,706	（全国平均）　3.16

1) 日本弁護士連合会HP「基礎的な統計情報」（弁護士白書2018年版等から抜粋）。
2) 人口は、総務省統計局「人口推計」による2017年10月1日現在。

に、具体的には法律に暗い本人の利益保護を確実にし、かつ、手続進行の円滑化を目的としたものである。

しかし、反面で、この原則は、訴訟代理業務を弁護士が独占することを意味する。もしも、弁護士による業務内容が合理的でありかつ一般人が弁護士を利用しやすい状況[*]にないならば、かえって法律専門家によって自分の主張を弁護してもらえるという訴訟代理の趣旨が実質的に裏切られ、ひいては訴訟による権利保護に欠けるおそれが生じる。一方で事件を依頼しようにも近隣に弁護士がいなかったり、少額の事件で受任してくれなかったりするのに、司法書士などの利用も一切禁じられるということになるとすれば（後掲(2)参照）、結局は、利用者の権利保護が確実でなくなるし、はじめから、訴訟の利用を避けることになりかねない。このような点を十分に考慮して、弁護士代理の原則の適用範囲（この原則の潜脱にならないかという形で議論される任意的訴訟担当の許容限界の問題（⤵p299(イ)）もここに含まれる）、その違反の効果（非弁活動（弁護士72条））を判断する必要がある。

〔＊〕　**弁護士の利用状況**　　弁護士の大都市偏在が顕著であり、それを緊急に是正する必要が唱えられていた（「臨時司法制度調査会意見書」第2編2章13（1964）〔ジュリ307号・判タ164号〕参照）。⤵p184「本人訴訟率」参照。

　　司法制度改革審議会の意見書（2001）においても、弁護士人口の大幅な増加を提案するとともに、国民の権利擁護に不十分な現状を直ちに解消する必要性にかんがみ、利用者の視点から、当面の法的需要を充足させるための措置として、司法書士、弁理士、税理士、土地家屋調査士などの有する専門性を訴訟等に活用することが提案され（意見書Ⅲ第3の7）、一定範囲で実現された。

（2）　弁護士代理の原則の適用範囲

司法制度改革審議会の意見書（⤵p55 5(1)）を受けて、司法書士については、特別研修を受け、法務大臣から訴訟代理等関連業務に必要な能力を有すると認定された者は、簡易裁判所における訴訟等の手続を代理できることになった（司法書士3条1項6号・7号・同条2項-7項）。弁理士については、特定侵害訴訟代理業務試験（弁理士15条の2第1項）に合格し、その旨の付記（同27条の3第1項）を受けたときは、特許権等の侵害訴訟（「特定侵害訴訟」同2条6項）に関して、弁護士が同一の依頼者から受任している事件に限り、その訴訟代理人になれることとなった（同6条の2）。

184 第2編 訴訟の主体 第2章 当事者

地方裁判所第一審通常訴訟既済事件数と本人訴訟率の推移[1]

	総数(A)	弁護士をつけたもの			双方とも本人によるもの(E)	本人訴訟率(%)(F)
		双方(B)	原告側のみ(C)	被告側のみ(D)		
平成元	115,582	54,710	40,139	3,418	17,315	33.8
平成7	146,772	60,954	51,888	4,744	29,186	39.2
平成10	156,683	64,062	54,312	5,675	32,634	40.0
平成15	159,032	61,151	55,432	7,224	35,225	41.8
平成20	192,247	58,433	77,157	8,426	48,231	47.3
平成21	214,520	59,816	91,247	9,085	54,372	48.7
平成22	227,435	63,144	102,991	8,389	52,911	47.8
平成23	212,490	63,663	92,119	8,722	47,986	46.3
平成24	168,230	63,302	65,078	7,382	32,468	40.8
平成25	149,931	60,700	58,080	5,849	25,302	38.2
平成26	141,012	60,123	54,436	5,011	21,442	36.3
平成27	140,991	62,288	54,914	4,689	19,100	34.7
平成28	148,016	64,190	55,582	4,389	23,855	36.4
平成29	145,971	64,682	54,406	4,032	22,851	35.7

1) 本人訴訟率　$F = (2E + C + D) \div 2A \times 100$
　最高裁判所事務総局・司法統計年報I民事・行政編をもとにした。

簡易裁判所第一審通常訴訟既済事件数と本人訴訟率の推移[1]

	総数(A)	弁護士または司法書士をつけたもの			双方とも本人によるもの(E)	本人訴訟率(%)(F)
		双方(B)	原告側のみ(C)	被告側のみ(D)		
平成元	118,058	5,225	10,486	5,002	97,345	89.0
平成7	243,569	3,608	10,386	11,208	218,367	94.1
平成10	306,662	3,552	9,640	15,903	277,567	94.7
平成15	337,076	3,755	12,690	14,418	306,213	94.9
平成20	537,626	12,262	138,662	17,163	369,539	83.2
平成21	622,492	12,419	192,292	20,537	397,244	80.9
平成22	624,443	14,459	233,766	25,820	350,398	76.9
平成23	550,798	15,690	189,027	21,714	324,367	78.0
平成24	424,368	17,027	101,024	19,622	286,695	81.8
平成25	345,332	17,027	69,883	18,058	240,364	82.3
平成26	320,607	18,158	59,030	17,199	226,220	82.4
平成27	321,827	20,500	54,952	17,427	228,948	82.4
平成28	329,379	22,237	47,805	19,576	239,761	83.0
平成29	339,711	20,980	40,263	22,592	255,814	84.6

1) 本人訴訟率　$F = (2E + C + D) \div 2A \times 100$
　最高裁判所事務総局・司法統計年報I民事・行政編をもとにした。

第5節　訴訟上の代理人　*185*

　簡易裁判所では、事件も軽微なものであるので、事件ごとに、裁判所の許可が
あれば、弁護士でない者、また前述の司法書士でない者を訴訟代理人とすること
ができる（54条1項ただし書）。もっとも、裁判所は、いったん与えた許可をいつ
でも取り消すことができる（同条2項）。起訴前の和解（275条）の申立てもこれに
準じる。同様の取扱いは、民事調停（民調規8条2項・3項）、家事事件手続（家事
22条1項ただし書・2項）などでも認められている。労働審判手続でも同趣旨の取
扱いが認められている（労審4条1項ただし書・2項）。また非訟事件手続の第一審
事件では、代理人は訴訟能力者であれば足り、弁護士でなくてもよい（非訟22条
1項ただし書・2項）。さらに→ p55。

　また、弁護士代理が原則として要求される訴訟手続においても、訴訟書類の送
達の受領（104条参照）や訴訟代理人の選任行為などは、弁護士以外の者も代理し
うる（これらの行為については、手続の円滑な進行という要請は働かないし、単純な行為で弁
護士でなくとも十分に可能であり、後者の場合は、選任される訴訟代理人は結局弁護士である
ということで本人の利益も保護される）。

（3）　違反の効果

　弁護士でない者が訴訟委任を受けて訴訟追行にあたるのは、たんに弁論能力を
欠く者の訴訟関与であるにとどまらず（弁護士法上の規律は、同法72条・74条・77条・
77条の2等参照）、違法な訴訟行為と解すべきで、裁判所はその訴訟関与を排除し
なければならない（本人も相手方も、いつでも将来に向かってその排除を申し立てうる）。
裁判所がこれを看過したために、すでにその者によってまたはこれに対して訴訟
行為がなされたとしても、本人においてその者が弁護士でないことを知らなかっ
た場合には、正式の弁護士に代理されるべき本人の利益を考慮して、代理権不存
在の場合に準じて無効と解すべきであるとともに、本人または正式の代理人によ
る追認の可能性を認めるべきである[*]。

[*]　**弁護士でない者が訴訟代理人としてした訴訟行為の効力**　　(1)　弁護士でないことを
　　当事者本人が知らなかった場合――最判(二小)昭43・6・21民集22巻6号1297頁は、弁護
　　士登録の取消後の訴訟行為について「違法」と述べているが、本文と同じ趣旨と解される
　　（コンメ民訴Ⅰ526頁）。訴訟の係属中に弁護士の欠格事由（弁護士7条）が生じた場合
　　（大阪高判昭27・5・30高民5巻7号292頁も追認を認める）、はじめから虚偽の弁護士の
　　登録をしている場合も、これと同様に解すべきであろう。訴訟代理を弁護士資格ある者に

独占せしめるポリシーは当事者の意思のみによって左右されるべきでないという理由から、これらの場合には追認も認めるべきでないとする（三ケ月・判例民訴60頁）のは、行き過ぎであろう。弁護士倫理の高揚というポリシーとて、結局は弁護士を利用する一般人に迷惑をかけないための自己規律の問題であって、すでに正式の弁護士であると信じて事件を依頼した本人の信頼・迷惑を顧みないで、その規律を押し通すのは本末転倒というべきである。相手方自身も本人の代理人を正式の弁護士と思って（またはそうでないと考えてもなんら文句をいわずに）これに対して訴訟追行してきているのに、敗訴したからといって、非弁護士であることを理由に敗訴の結果を免れさせるのは公平でない。もっとも、相手方が勝訴したが本人が追認しない場合には、正式の弁護士と思って訴訟をした相手方の利益が害されないではないが、正式の弁護士の代理を受けうるという本人の利益のほうを重視する方が、弁護士代理の原則のもとでの取扱いと考えられる。

(2)　弁護士でないことを当事者本人が知っていた場合――たとえば、実際には、非弁護士を支配人（法令上の訴訟代理人）にすることによって弁護士代理の原則を潜脱する場合がある。この場合には、(1)でみるような正式な弁護士であるとみた本人の信頼・迷惑という問題はない。この場合には、あえて弁護士による代理を受けないということには、本人なりの経済的打算があろう（たとえば、弁護士に依頼するほど高額の事件でもないし、弁護士でなくとも十分にこなせるとの見通しなど）。その意味で追認するかしないかの自由を認めて本人を保護する必要はなく、他方、相手方勝訴の場合には相手方を保護するほうが公平である。また相手方が敗訴した場合も、本人の代理人を正当な代理人であると思い（または正当な代理人でないと思っても文句をいわないで）これに対して訴訟追行してきているのだから、相手方をして自分の敗訴を免れさせるのは公平でない。かくて、当事者間の公平という点からいえば、この者が排除されることなく行った訴訟行為はむしろ有効とみるべきである。さらに司法の適正な運営というよりひろい立場からみても、弁護士の数と分布が十分に確保されていない現状や、少額の事件や定型的な訴訟行為（たとえば少額の交通事故の損害賠償事件、手形金請求事件など）までも、弁護士にかぎるのは経済性に合わなかったり、裁判所への権利救済の途をふさぐおそれもないわけではない（小島武司『弁護士報酬制度の現代的課題』（1974・鳳舎）311頁以下参照）。だから、本人がその者を信頼して、支配人や代表取締役にして集金業務などにあたらせる場合には、その訴訟行為ははじめから有効（相手方はその排斥も求められない）と解するのが合理的である（田中恒郎＝倉田卓次「非弁護士のなした訴訟代理行為の効力――反対説の要点」判タ183号（1966）〔近藤完爾＝浅沼武編『民事法の諸問題Ⅲ』（1970・判例タイムズ社）268頁〕）。もっとも、札幌高判昭40・3・4高民18巻2号174頁、東京高判昭46・5・21高民24巻2号195頁等はいずれも、無効とし、追認も不可とする。しかしながら、上記本文のように解することによって弁護士仲間の利益（弁護士業務独占の利益）が侵害されるとしても、

このような場合にまでその利益を貫くのは弁護士のエゴイズムと評価すべきではなかろうか。

しかしむろん、本人が無思慮、無知なため三百代言の食い物にされたり、相手方が不当な威嚇を受けるなど、弁護士以外の者に事件を委任する合理性が認められない場合には、⑴の場合と同様に無効（しかし追認可能）とみるべきであろう。有効か無効かをこのように事件ごとの事情にかからせるのは手続の安定を害するおそれがないでもないが、種々の利益を考慮して決めるべき問題をどちらか一律に割り切ってしまうことからくる不自然さ、不合理さを避けるほうが大切であるし、判例によるある程度の安定を期待すべき問題と考える。

⑶　弁護士が懲戒処分によって業務停止になっている間の訴訟行為——懲戒の事実が公知でないような事情のもとでは（現在では日本弁護士連合会の会誌「自由と正義」には掲載されているが、必ずしも一般に公知とはいえない）、あとで無効とされたのでは、依頼者本人、相手方に不測の損害を及ぼすし、裁判の安定を害し、訴訟経済にも反するから、有効と解するのが穏当であろう（最判（大）昭42・9・27民集21巻7号1955頁。ただし、前掲最判（二小）昭43・6・21の事案では、本人の利益を重視して無効とみるべきであると思われる）。

⑷　司法書士が旧司法書士法9条（業務範囲を越えて他人間の事件に関与してはならない）に違反して、嘱託を受けた即決和解申立書作成行為に関連して、相手方との間に和解契約を締結することの委任を受け、これを締結せしめた場合でも、和解契約は有効と解すべきである（最判（三小）昭46・4・20民集25巻3号290頁）。

現司法書士法3条1項7号（認定司法書士（司法書士3条2項参照）に対して、民事紛争で「紛争の目的の価額」が140万円を超えないものについて訴訟代理、裁判外和解その他の業務を認める）に関し、最判（一小）平29・7・24民集71巻6号969頁は、認定司法書士が、過払金請求330万円余の紛争について、債務者（委任者）を代理して裁判外の和解契約（和解額200万円）を締結した経緯のもとで、その和解契約を無効と主張して債務者およびその承継人（破産管財人）が貸主を相手に過払金請求をした（司法書士は貸主の補助参加人となった）事件において、その司法書士の行為は、非弁行為として「弁護士法72条に違反するとしても、和解契約の内容及び締結に至る経緯等に照らし、公序良俗違反の性質を帯びるに至るような特段の事情がない限り、［和解契約は］無効にならない」とし、本件では特段の事情は認められないとして請求を棄却している。

なお、債務整理事件につき、認定司法書士による和解を無効として、債務者が当該司法書士に対する報酬額相当の損害賠償請求を一部認めた原判決に対して、「紛争の目的の価額」の解釈（何を基準にして判断するか）のみを上告受理の理由として最高裁が取り上げた事例として、最判（一小）平28・6・27民集70巻5号1306頁がある。これは、140万円を

188 第2編　訴訟の主体　第2章　当事者

超えるかどうかの判断は、和解の相手方にとっても交渉前に明確である必要があるので、和解の結果によって債務者が得た利益の額でなく、依頼を受けた時点での、債務整理の対象となった個々の債権額を基準にして判断すべきであると判示するもので、認定司法書士の実務上、行為規範として重要な位置を占めている。町村泰貴「認定司法書士が裁判外の和解について代理することができる範囲」平28年度重判解155号154頁、八神聖「司法書士法第3条第1項第7号の研究」名城法学67巻3号（2017）41頁など参照。

3　訴訟委任に基づく訴訟代理権

（1）　訴訟代理権の授与（訴訟委任）

㋐　訴訟委任行為の性質　特定の事件に関する訴訟上の代理権を授与する本人の行為を訴訟委任という。この授権行為は、本人と代理人間の委任契約の締結と別に行うことができるが、通常は本人と代理人間の委任契約の締結とともに行われる。この委任契約は、代理人の誠実義務や費用報酬請求権などを生じさせるが、本人と代理人間の法律関係と、裁判所や相手方の地位も考慮すべき代理行為の効果とは、それぞれ別個の法的評価を受ける[*]。代理権授権の意思表示は、代理人に向けて行うのが原則であるが、裁判所または訴訟の相手方になしても、代理権発生の効力を生じる。民法においては、他人に代理権を与えた旨を第三者に表示した場合、その第三者（法律行為の相手方）がこの表示を信頼したときにかぎり表見代理として相手方を保護する建前であるが（民109条1項ただし書参照）、訴訟代理にあっては、相手方の善意悪意などで左右されないようにするために、代理権の発生を一様に認めて、相手方の保護も画一的にする趣旨である。

〔*〕　**委任契約と代理権の授与**　大判大14・10・3民集4巻481頁は、行為無能力者が弁護士に人事訴訟の訴訟委任をし報酬を約した場合には、訴訟代理権授与の部分は人事訴訟だから有効であるが、報酬の約束は取り消しうるとする。また、代理権の法定範囲に個別的に制限を加えても、相手方・裁判所との関係で、代理権自体が制限されたことにならないが、本人と代理人間の内部関係では有効に制限されており、その制限違反は代理人の本人に対する責任問題になる。

㋑　訴訟代理権の証明　代理人は、訴訟行為をするにあたり、その代理権の存在および範囲を、書面で証明しなければならない（規23条1項。通常、本人の訴訟委任状を提出する）。その書面が訴訟委任状のように私文書であれば、裁判所は公証人の認証を受けるように命じることができる（同条2項）。この書面は訴訟記

録に綴じ込んで保存する（旧52条2項参照[1]）。代理権を書面で証明させるのは、手続をこれから進めるにあたって代理権に関して将来紛争が生じないようにするためであるから、すでに行われた代理行為の効力を判定するさいには（この場合には、相手方から、代理人に代理権があったと主張する場合がある）、代理権の証明方法は書面に限らず、あらゆる証拠方法を用いることができる（民事調停についてであるが、最判（一小）昭36・1・26民集15巻1号175頁）。

(ウ) **訴訟委任ができる資格**　本人が訴訟委任をするには、その訴訟について訴訟能力が必要である。法定代理人も訴訟無能力者に代わってみずから訴訟行為のできる場合は、訴訟委任ができる（原告側の場合には、後見人は後見監督人の同意が必要）。法令上の訴訟代理人も同様である（例外、指定代理人（法務大臣権限法7条））。本人から訴訟委任をする代理権を与えられた者（弁護士である必要はない）は、当然に訴訟委任ができる。訴訟委任に基づく代理人は、特別委任がなければ復代理人を選任することはできない（55条2項5号）。

（2）　訴訟代理権の範囲

訴訟委任に基づく代理権の範囲については、一方で訴訟手続の円滑な進行を図る必要があることと、他方で代理人となるのは原則として弁護士であって、その能力・人格は一般的に信頼できることとを考慮して、代理権の範囲を包括的なものに法定し、かつ、これを個別に制限することを禁じている（55条3項本文。ただし、弁護士でない訴訟代理人（54条1項ただし書）の代理権は例外、55条3項ただし書）。制限しても裁判所および相手方に対して無効であり、その制限を知っている相手方に対しても同じである。ただし、法は、一定の重要事項については、法定範囲から除外し、特別の委任を受けることを要するとしている（55条2項）。

(ア) **訴訟代理権の法定範囲**（55条1項）　(a) 判決手続のために、特定の事件（訴状におけるように正確な請求原因で特定する必要はない）について委任すれば、訴えを提起して訴訟追行をする権限のほか、調停手続、和解手続、民事執行手続、民事保全手続、さらにこれらに付随する手続（証拠保全手続、督促手続、訴訟費用額確定手続、執行停止の手続など）を追行する権限も当然に与えられる（ただし、調停や和解

1）　平成8年改正法では通達等で規定すべき事項として旧法52条2項に相当する条項を削除した、最高裁・条解規則33頁。

190 第2編 訴訟の主体 第2章 当事者

を成立させるには、特別の委任を要する、55条2項2号参照)。もっとも、調停手続、和解手続、強制執行手続、民事保全手続などのように、独立の目的をもつ手続については、その手続かぎりの委任をすることも許される。

(b) 上記の範囲内で原則として訴訟追行に必要な訴訟行為ができる。すなわち、訴えの提起、委任の目的の範囲内での訴えの変更、相手方の訴え・反訴や、第三者の訴訟参加に対する防御などができる。攻撃防御方法を提出できるのはもちろんであるが、その前提となる実体法上の権利行使ができ、また、相手方の権利行使の意思表示を受領する権限をもつ[*]。法がとくに「弁済」受領権を掲げているのは、弁済は訴訟で勝訴することと直接関係がない点を考えたからで、これ以外の、訴訟追行に必要な実体法上の行為をする権限を否定するものと考えるべきではない。

[*] **訴訟代理権と実体法上の行為** 訴訟代理人は、攻撃方法あるいは防御方法自体として、またはその前提として、私法上の形成権の行使およびその受領ができる。たとえば、売買に基づく所有権移転登記請求に対して、被告の訴訟代理人は売買契約解除の意思表示ができ(最判(二小)昭36・4・7民集15巻4号716頁)、その受領(最判(三小)昭33・7・15裁判集民事32号811頁)、相殺の意思表示およびその前提となる受働債権の承認(時効中断事由となる。民法改正後は、時効更新事由となる、民152条)(最判(二小)昭35・12・23民集14巻14号3166頁)ができる。また、時効の援用もできる。なお、貸金請求事件で、訴訟上の和解の特別委任(55条2項2号)を受けた被告の訴訟代理人は、和解条項として貸金債務のために被告所有の不動産に抵当権を設定することを約する権限を有する(最判(一小)昭38・2・21民集17巻1号182頁)。

(イ) **特別委任事項**(55条2項) 反訴(被告の代理人の場合)・控訴・上告の提起[**](これらはいずれも本案の申立て)、および終局判決によらないで訴訟を終わらせる行為(すなわち、訴え・控訴・上告の取下げ、訴訟上の和解、請求の放棄・認諾、訴訟脱退)については、重大な結果をもたらす行為であるので、本人の意思を個別的に確かめるために特別の委任を受けなければならない(最判(二小)平12・3・24民集54巻3号1126頁は、和解をする代理権の範囲について、契約上の請求権について和解することの委任を受けたときは、代理権は、同一契約の債務不履行に基づく損害賠償請求権について和解をする代理権も含むとする)。また復代理人の選任も同様である(復代理人は直接本人の代理人となる)。

第5節 訴訟上の代理人　*191*

　なお、司法書士は、上訴の提起および再審に関する事項は代理できない（司法
書士3条1項6号）。ただし、みずから代理人として手続に関与している事件の判
決、決定または命令にかかる上訴の提起については代理できる（同条1項6号柱書
括弧書）。

　〔＊＊〕　**審級代理の原則**　　上訴の提起が特別委任事項となっている点から、訴訟代理権は
　　審級ごとに別個に与えうる（審級代理）と解されている。第一審手続のための代理権は、
　　当然には上級審手続の代理権を包含しないから、その代理人は、自分で上訴ができないだ
　　けでなく、相手方の上訴に応じる行為（たとえば、上訴状の送達の受領）をする権限もな
　　い（大決昭6・8・8民集10巻792頁参照）。もっとも、上級審手続についての訴訟代理権
　　の授与があれば、附帯上訴を受ける権限（大判昭11・4・8民集15巻610頁）またはこれ
　　をする権限（大判昭11・7・17民集15巻1393頁、最判（二小）昭43・11・15判時542号58
　　頁）をもつ。なお、再審手続は、別個の事件として、あらためて訴訟委任をすべきである。

　(ウ)　**個別代理の原則**（56条1項）　　同一当事者のために数人の訴訟代理人がい
るときは、各自単独で当事者を代理する権限を有する。本人が共同代理または協
議を要する代理によるべき旨を定めても、本人と代理人との内部関係における拘
束にとどまり、裁判所や相手方に対して効力を生じない（同条2項）。裁判所や相
手方は、数人のうちの一人に宛てて訴訟行為（たとえば、期日の呼出し）をすれば足
りる。数人の代理人の行為が矛盾していても、本人がしたと同様の効力を生じる
から、時を異にして行われていれば、後の行為によって先行行為を取り消しまた
は撤回したことになり（取消し・撤回が許されない場合には、後行行為が効力を生じない）、
同時に矛盾した行為をした場合には、趣旨のわからない無意義な行為となる。

（3）　**訴訟代理権の消滅**

　訴訟法は、消滅原因についても民法の原則を前提にするが（28条）、民法で代理
権が消滅するとされる場合にも訴訟代理権は消滅しないとする例外規定（58条）
を置いている。また、消滅事由が発生しても、原則として、相手方に通知しない
かぎり、消滅の効果を生じないとする（59条・36条1項）。なお、訴訟代理権の消
滅は、法定代理人の場合（124条1項3号）と異なり、一般には訴訟手続の中断事
由ではない。

　(ア)　**本人の死亡等による代理権不消滅の特則**　　民法は、本人と代理人との個
人的な信頼関係を尊重して本人の死亡を代理権の消滅事由とする（民111条1項1

192 第2編 訴訟の主体 第2章 当事者

号。なお商法506条では企業中心の信頼関係を考慮してこれを修正する）が、訴訟委任の場合には、委任事務の目的および範囲が明確であり、また弁護士が受任者になるのが原則であるから、委任者またはその承継人の信頼が裏切られるおそれが少ないことを考慮して、訴訟法は、民法の例外を定めている（58条）。すなわち、委任者側に、①本人の死亡もしくは訴訟能力の喪失（同条1項1号）、②本人である法人の合併による消滅（同条1項2号）、③法定代理人の死亡、訴訟能力もしくは法定代理権の喪失（同条1項4号）、または④訴訟物についての訴訟追行権の喪失の各事由（同条1項3号・同条2項・3項）が生じても、訴訟代理権は消滅しない（なお、訴訟代理人が死亡しても、その選任した復代理人の権限は消滅しない。最判（一小）昭36・11・9民集15巻10号2451頁）。

　背後にいる訴訟追行者（本人、法定代理人、法人、代表者または訴訟担当者）が交替しても訴訟代理権が消滅しないというのは、あたかも新追行者から同一内容の委任を受けたと同様に、代理人をしてこれらの者のために任務を続行させる趣旨である。したがって、その代理権が存続しているかぎり、追行者の交替があっても手続を中断させる必要がない（124条2項）。代理人が上訴の特別代理権を得ているときは、終局判決の確定まで中断しないですむし、上訴の代理権がないときには、原審級の終局判決の送達とともに訴訟代理人がないことになり、手続は中断する（大決昭6・8・8民集10巻792頁）。

　当事者が交替しても中断しなかった場合の終局判決には、訴訟承継人を新当事者として表示すべきであり（最判（二小）昭33・9・19民集12巻13号2062頁）、もし、旧当事者を表示しているときは、判決の更正（257条）を求めうるが、民事執行法27条2項を類推して承継執行文で新当事者の表示を求めてもよい（→p861(2)）。

　　(イ) **弁護士資格の喪失**　　弁論能力を喪失するだけでなく、地方裁判所以上では、代理権は当然に消滅するとみるべきである（相手方に対する通知も不要[2]）。

　　(ウ) **民法上の代理権と同じ消滅事由**　　代理人の死亡または破産手続開始決定もしくは後見開始の審判を受けたこと、または委任関係の終了によって、訴訟委任による訴訟代理権も消滅する（民111条1項2号・2項。なお後見開始の審判・破産は弁護士の欠格事由（弁護士7条4号・5号）でもある）。

2）　反対、兼子・体系138頁。

第5節 訴訟上の代理人 *193*

　訴訟委任の終了事由としては、①委任事件の終了[3]、②本人の破産（民653条2号）、③委任契約の解除（民651条。本人からの場合は解任、代理人からの場合は辞任といわれる）がある。

　もっとも、②③の場合には、代理人または本人からその旨を相手方に通知しないかぎり、消滅の効果を生じない（59条・36条1項）。①の場合は通知の必要がない。代理人について死亡・後見開始の審判・破産手続開始決定があった場合は、代理人による通知を期待するのは無理であるし、訴訟代理権の包括的な性格から本人にこれを期待するのも妥当でないから、通知がなくとも代理権消滅の効果を生じさせてよい[4]。なお、代理人が辞任しても、本人が訴訟行為をすることができるようになるまでは、本人に対する義務を免れない（民654条）。

4　訴訟代理人の訴訟手続における地位

（1）　第三者たる地位

　訴訟代理人は、その訴訟の当事者ではなく、判決の名宛人とはならない（ただし69条）。また、証人、鑑定人となることができる。

（2）　訴訟の実行者としての地位

　訴訟追行に実際にあたる者の知・不知（悪意・善意）、故意・過失などの事由が、訴訟法上の効力なり取扱いに影響する場合（たとえば24条2項・46条4号・97条・157条・338条1項など）には、まず訴訟代理人についてみるべきである（民101条1項・2項参照）。しかし、本人の故意・過失が代理人の不知（善意）の原因と認められる場合には、当事者は、代理人の不知につき代理人に過失なきことを利益に援用することはできないと解すべきである（民101条3項参照）[5]。

（3）　訴訟代理人がある場合の本人の地位

　(ア)　訴訟代理人を選任しても、本人は、自分で訴訟行為をしまたは受ける権能を失わない。したがって、訴訟代理人があるのに本人に宛てた期日の呼出し、

3）　審級代理の場合、差戻し後の手続については、あらためて訴訟委任を要する、三ケ月・207頁。反対、兼子・体系138頁。

4）　兼子・体系138頁。ただし、三ケ月・207頁は、本人から通知ができるはずとして、反対する。

5）　兼子・体系136頁、三ケ月・202頁。

裁判の送達も適法といわざるをえないが（最判(二小)昭25・6・23民集4巻6号240頁）、包括的代理の性質から、そのような裁判所の取扱いは適切ではない。なお、本人は、代理人があってもみずからの出頭を命じられることもあるし（151条1項1号、規32条1項）、当事者尋問を受けることもある（207条以下）。

（イ）　**当事者の更正権**　　訴訟代理人がその権限内でした行為は本人がしたと同一の効力を生じるが、本人が訴訟代理人とともに出廷し、訴訟代理人の事実に関する陳述を直ちに取り消し、または更正したときは、効力を生じない（57条。これを更正権という）。これは、事実関係は、本人のほうがよく知っているはずであるという考慮に基づく。更正権は、法定代理人も行使できる。更正できるのは、具体的な事実関係に限られる。法律上の意見や経験法則に関する陳述は含まれない。更正したときは、代理人の陳述はなかったことになる。自白のように拘束力を生じる陳述については、直ちに取り消し、または更正しないと、撤回もできなくなる。もっとも、「直ちに」といっても、本人が期日に欠席していたときは、次回期日のはじめに更正すればよい。

第2項　法令上の訴訟代理人

1　意　　義

　訴訟委任に基づく訴訟代理人と同様に、訴訟追行のために包括的な代理権を有する任意代理人であるが、一定の地位につく者に法令が訴訟代理権を認めると規定しているために、本人からその地位につけられると、本人の一定範囲の業務について当然に訴訟代理権限も授与されたことになる者をいう。支配人（商21条1項、会社11条1項）、船舶管理人（商698条1項）、船長（商708条1項）などがその例である[*][**][***]。だれをこれらの地位につけるか、またはその地位を失わせるかは、本人の意思に基づくので、やはり任意代理人である。しかし、その地位につけられた以上、法令上当然に、本人の業務の一定範囲について包括的な代理権を与えられ、訴訟代理権もその一部として一般的に与えられる（特定の事件ごとに与えられる訴訟委任に基づく代理人と異なる）点では、訴訟委任に基づく訴訟代理人よりは、法定代理人に近く、これに類した取扱いが必要となる。

　〔*〕　**支配人の地位の濫用**　　仙台高判昭59・1・20下民35巻1＝4号7頁は、ファイナンス会社が、実質上支配人でない従業員について支配人登記をし、自己を当事者として訴訟

追行させた場合に、上記支配人が訴訟代理人として提起した訴えを無効とする。

〔＊＊〕　**国等の指定代理人**　　国を当事者または参加人とする訴訟事件、調停事件その他非
訟事件については、法務大臣が国を代表するが（国の利害に関係のある訴訟についての法
務大臣の権限等に関する法律1条）、法務大臣は、所部の職員または事務主管庁の職員を
訴訟代理人に指定できる（同2条）。また、行政庁の処分または裁決に係る国を被告とす
る訴訟またはその行政庁を当事者もしくは参加人とする行政事件訴訟については、いずれ
もその行政庁は所部の職員を訴訟代理人に指定できる（同5条）。また、地方公共団体等
の一定の公法人は、その事務に関する訴訟について、この種の訴訟代理人の指定を法務大
臣に求めることができる（同7条1項）。これらの指定代理人は、弁護士であることを要
しない点では訴訟委任に基づく代理人と異なるが、訴訟のためだけの代理人であり、かつ
事件ごとに指定される建前である点、復代理人の選任が許されない点、さらに同法7条の
地方公共団体の事務に関する訴訟についての指定代理人の代理権限は、訴訟委任に基づく
代理人の権限に準じている点（同8条ただし書）などは、他の法令上の訴訟代理人とも異
なっているから、訴訟上の取扱いについては、事柄に応じて考察する必要がある。

〔＊＊＊〕　**民法上の組合の業務執行組合員の代理人としての性質**　　その代理権限は明規さ
れていないが、その地位につくことによってその業務につき一般的包括的代理権限を有す
ると解されているから、法令上の訴訟代理人の一種とみられる（兼子・体系130頁は、法
令上の訴訟代理人は、その代理権限が明定されている者に限るとして反対）。もっとも、
法令上の訴訟代理人の取扱いは法定代理人に近いから、これを組合の代表者として37条を
適用する取扱いをしても、実質的な違いはない。

2　法令上の訴訟代理人たる資格

弁護士である必要はない。その代理権の根拠は、本人がその者を信頼してこれ
に一定範囲の業務を委ねたことに基づくからである。むしろ、法令上の代理人は、
弁護士に訴訟委任できる点でも、法定代理人に類似している。

3　代理権

訴訟代理権は、その地位に結びついた法定権限としてもつことになるから、そ
の地位の業務範囲に関する事件一般に及び、特定の事件に限られない。したがっ
て、代理権の書面証明（規23条1項）も、その地位についていることを証明するこ
とになる（たとえば、支配人の商業登記の謄本の提出等）。その代理権の範囲は、法令

の定めるところによるが（55条4項）、裁判上一切の行為をすることができるのが通常である（支配人=商21条1項・船舶管理人=同698条1項・船長=同708条1項、支配人=会社11条1項）。法令において実体上共同代理を認めている場合（たとえば、民818条3項）には、訴訟上も共同代理が認められる（その取扱いは、共同法定代理に準じる。→p174(2)）。

授権者側の死亡等による訴訟代理権不消滅の原則（58条1項・2項）は、法令上の訴訟代理人には適用にならない。この原則は、弁護士資格をもつ者を一般的に信頼できる者としていわば属物的に事件の代理人とみるものであるが、本人との人的信頼関係に基づいてその地位についている法令上の訴訟代理人については適合しないからである（支配人の代理権が本人の死亡によって消滅しないのは、商行為の特殊性からくるもので（商506条）、旧会社の支配人が当然に合併によってできた新会社の代理人になるわけではない）。したがって、実体法上の地位の消滅が訴訟代理権の消滅をもたらす。ただ、委任契約の解除、本人の破産の場合には、相手方への通知が必要である点は、訴訟委任の場合と同様である。

4　法令上の訴訟代理人の手続上の地位

法令上の訴訟代理人も、その追行する訴訟においては第三者であり、証人能力を有する。法令上の訴訟代理人がある場合の本人の地位も、委任に基づく代理人を置いた本人のそれに準じる（ただし、本人が法人である場合には、法令上の訴訟代理人は代表者の復代理人となるし（民106条2項、民訴37条）、その代理権限の包括性からいって、本人の法定代理人と同じ扱いをすべきである）。法令上の訴訟代理人は、自らさらに訴訟委任したときには、法定代理人に準じて、訴訟委任に基づく代理人による事実の陳述を更正できる（57条参照）。

第5款　補　佐　人

1　概　　念

補佐人とは、当事者、補助参加人またはこれらの訴訟代理人とともに期日に出頭し、これらの者の陳述を補足する者をいう（60条1項）。期日における付添人という地位しか認められないもので、本人に代わって単独で期日に出頭したり、期

日外で訴訟に関する行為をすることはできない。特殊な専門家・技術者などがなる場合が多い[1]。これらの者によって説明を補う必要は訴訟代理人にも考えられるので、現行法は訴訟代理人のためにも、この制度を認めている。

　補佐人の法律上の性格については、たんなる朗読者でなく自分の意思に基づいて発言をし、その効果が本人に帰属するとみて代理人の一種と考える説（通説）と、その発言の効果が本人の陳述と同視されるのは、本人がそれを黙示的に援用した結果にすぎないとしてたんなる発言機関とする説[2]とが対立している。通説の説明でよいが、実益のある議論ではない。

2　資格および地位

（1）　補佐人は、どの裁判所の手続でも認められる。弁護士である必要はないが、その裁判所の許可が要る（60条1項）（その要件については、東京地決昭41・4・30判時445号23頁参照）。裁判所は、この許可をいつでも取り消すことができるし（同条2項）、弁論能力を欠く場合にはただちに発言を禁じることもできる（155条1項）。弁理士は、個別に許可を得ることなく、その業務の一つとして、特許権等に関する事項について、補佐人になることができる（弁理士5条1項）。

（2）　補佐人は、その当事者または代理人の期日における一切の陳述を、代わってすることができる。その陳述は、当事者または代理人がただちに取り消しまたは更正しないかぎり、これらの者の陳述とみなされる（60条3項、弁理士5条2項）。その更正権は、訴訟代理人の陳述に対する本人の更正権（57条）と異なり、事実上の陳述だけに限定されない。

---

[1]　西口元「民事訴訟における専門家の関わり」早稲田法学72巻4号（1997）420頁。

[2]　三ケ月・208頁。

第3編　第一審手続

第1章　訴訟の開始

第1節　訴えの概念および各種の訴え

第1款　総　　説

1　訴えの意義

訴えは、原告の裁判所に対して審判を求める申立てであるが、その意義は、つぎの諸角度から理解する必要がある。

（1）　第一審手続の開始

訴えの提起によって、第一審の判決手続（訴えを第1回目に審判するための訴訟手続）が開始される。国家は、民事訴訟制度を設けて私人の利用に供しているが、これを利用するかどうかは私人の意思に委せており（これは「訴えなければ裁判なし」と表現される民事訴訟制度運営の基本的態度である。→p7(3)）、訴えは、特定の紛争の解決のためにこの制度を利用したい旨の申し出にあたる意味をもつ。すなわち、訴訟手続を開始し、本案の審理を進め、本案判決を求めるものである。

（2）　訴訟上の請求の特定表示

訴えの提起は、ふつう、訴状と呼ばれる書面を裁判所に提出する方式によるが（133条。ただし、271条・273条）、この訴状に請求の趣旨、請求の原因を記載することによって、原告の、被告に対する権利主張と、裁判所に対する原告の主張を認容する特定（給付・形成・確認）の勝訴判決の要求とを具体的に表示しなければならない（133条2項2号）。この原告の権利主張と勝訴判決の要求とが認められるかどうかが訴えによって開始される審判の対象になるのである。この審判の対象と

200　第3編　第一審手続　第1章　訴訟の開始

して訴状に提示される原告の、被告に対する権利主張と裁判所に対する特定の勝
訴判決の要求とをあわせて、訴訟上の請求またはたんに請求という（狭義には、被
告に対する権利主張のみを指して訴訟上の請求という。さらに狭義には、主張される権利関係
自体を指す場合にも訴訟上の請求ということがあるが、この場合には訴訟物というほうが紛わ
しくなくて適切である）。したがって、訴えは、訴訟上の請求を特定して表示するこ
とによって、審判の対象を指定する行為であるといえる。

（3）　原告の、被告に対する権利行使行為と裁判所に対する勝訴判決の要求行為

訴えは請求を特定表示して審判の対象を指定する意味をもつが、これにとどま
らず、訴状に表示された権利を被告に対して行使する行為でもあり、また、裁判
所に対して勝訴判決（請求認容判決）を求める行為でもある。この原告の被告に対
する権利主張が被告による防御の標的になるのであり（請求の認諾の対象でもある）、
裁判所は、その原告の被告に対する権利主張の当否を判断してその勝訴判決の要
求に応答することになる。むろん、裁判所は、その求めをつねに認容しなければ
ならないわけではない。

被告に対する権利主張の当否を審判するためには、一定の要件（訴訟要件）が
備わっている必要があり、これが欠けているときには、「訴え却下」の訴訟判決
をすべきである。裁判所は、訴訟要件の具備を確かめたうえ、原告の被告に対す
る権利主張の当否を審理する。権利主張が認められないときは「請求棄却」の本
案判決をなし、認められるときには「請求認容」の原告勝訴の本案判決をす
る[*]。

〔*〕　**本案判決請求権説による訴えの目的**　　訴えに対する裁判所の応答たる裁判の態様に
　　は以上の3通りがあるが、被告に対する権利主張の当否を判断しそれに応じて原告の要求
　　に応答する裁判（本案判決）がなされると、たとえ請求棄却でも、当事者間の紛争の解決
　　基準が示されることになる。この点に着眼して、「訴え」を民事訴訟制度や裁判所の立場
　　からみると、訴えは、紛争解決のために民事訴訟制度を利用したい旨の申し出にとどまり、
　　請求認容の勝訴判決まで求めるものでなく、本案判決（請求の当否の判決）を求めるもの
　　であるともいえる（原告敗訴の請求棄却の判決を受けても、訴えの目的は達せられたとみ
　　ることになる）。このような説明は、訴権の内容として本案判決請求権（あるいは紛争解
　　決請求権）を認める説によって用いられている（たとえば、兼子・概論6頁、同・体系141頁。
　　→p241(ウ)）。しかし、訴えによって請求棄却判決がもたらされることまで訴えの目的のな
　　かに入れるのは、原告の通常の意思に反する説明といえよう。請求棄却は、訴えに対する

裁判所の応答の一態様として理解すればよく、むしろ、この請求棄却判決によって原告の訴えの目的は達せられなかったと説明するほうがわかりやすい。のみならず、訴えはもともと原告の意思に基づく行為であるのに、その行為の目的を原告の通常の意思から離れて紛争の解決という制度目的から設定するのは、制度の設営者の立場を不当に強調するものであり、みずからのイニシアティブで訴訟制度を利用しようとする者（原告）の立場をことさら背景に押しやる見方というべきである（私法秩序の維持とか紛争の解決という民事訴訟の目的も、原告の救済を求める訴えによってはじめて実現の機会をもつ点を見失うおそれがある）。

2 訴えの種類

（1） 請求の性質・内容による分類

給付の訴え、確認の訴え、形成の訴えの別がある。これは、紛争のタイプ、正確には、請求の主張内容・要求内容の類型的差異に基づく分類である。訴え提起の方式に差異があるわけではないが、請求の同一性を考えるうえで重要であるし、請求認容判決の内容または効力が異なる。

（2） 起訴の態様・時期による種類

(ア) **単一の訴えと併合の訴え**　　単一の訴えとは、1人の原告が1人の被告を相手に一つの請求をもちだす、もっとも単純な形の訴えである。併合の訴えは、単一の訴えが結合されたもので、1人の原告が1人の被告を相手に、数個の請求をもちだす場合（訴えの客観的併合または請求の併合）と、数人の原告が、もしくは数人の被告を相手に、一つの訴えを提起する場合（訴えの主観的併合または共同訴訟）とがある。併合の訴えは、併合の要件（38条・136条）を具備しなければならない。

(イ) **独立の訴えと訴訟中の訴え**　　独立の訴えは、他の訴訟手続と無関係に、新しく判決手続を開始させる訴えの提起である。訴訟中の訴えは、すでに他の訴えで開始されている訴訟手続内で、これとの併合審理を求めて起こす訴えである。同じ当事者の間で、すでに開始されている手続に併合するものとして、訴えの変更（143条）・中間確認の訴え（145条）・反訴（146条）、第三者間で始まっている手続に併合するものとして、独立当事者参加（47条）・共同訴訟参加（52条）・任意的当事者変更・訴訟参加（49条・51条）・訴訟引受け（50条・51条）がある。訴訟中の訴えには、すでに始まっている手続を利用する関係から、それぞれ特別の起訴の

202 第3編 第一審手続 第1章 訴訟の開始

方式と併合の要件とがある[1]。なお、本編では、まず、第1章から第7章におい
て単純で独立の訴えを中心に叙述し、第8章で、「複雑な訴訟形態」として、併
合の訴え、訴訟中の訴えについて論じる。

第2款　給付の訴えと確認の訴え

1　給付の訴え

　原告の被告に対する給付請求権（被告の給付義務）の主張と、これに対応した裁
判所に対する給付判決の要求を請求内容とする訴えをいう。その義務が現存する
旨を主張するのが現在の給付の訴え、将来（正確には、その訴訟の口頭弁論終結時点
後）現実化すべき給付義務をあらかじめ主張するのが将来の給付の訴え（135条）
である。給付とは、金銭の支払、物の引渡しだけでなく、作為または不作為も含
まれ、債権に基づくと物権に基づくとを問わない。

　給付の訴えに対する請求認容の判決は、被告が原告に給付すべきことを宣言す
る給付判決である（「被告は、原告に対し、金百万円を支払え」という命令文で表示される
のが慣例である）。給付判決は、給付の訴えに対する応答としてこのように給付す
べきことを宣言する形をとるが、請求たる権利主張の当否についての終局判断と
しては、給付義務が存在することを確認するもので、この判断に既判力が生じる。

　給付判決が確定するか仮執行の宣言が付せられると、その判決内容どおりに被
告が任意に履行しないときには、原告はその判決を債務名義として強制執行の申
立てができる（この債務名義（民執22条1号・2号）になりうることを、判決その他の証書
の効力という面からとらえて執行力と呼ぶ）。

　請求を棄却する判決は、給付義務が不存在であることを確認する確認判決であ
る。

2　確認の訴え

　請求が、特定の権利関係の存在（または不存在）の主張と、その存在（または不存
在）を確定する確認判決の要求とを請求内容とする訴えをいう。その存在を主張

---

1)　鈴木正裕「訴訟内の訴え提起の要件と審理」法教41号～43号（1984）〔新堂編・特講222頁〕。

するのが積極的確認の訴え（たとえば、ある物が自分の所有に属することの確認）、その不存在を主張するのが消極的確認の訴え（たとえば、被告の原告に対する特定の債権が不存在であることの確認）と呼ばれる。

権利関係の存否を確認の対象にするのが原則であるが、例外として、法律関係を証する書面（遺言書、定款など）が真正に作成されたものかどうか（文書が主張どおりの特定人の意思に基づいて作成されたものかどうか）の事実を確定するためにも認められる（証書真否確認の訴え、134条）。

確認の訴えに対する本案判決は、確認を求められた権利関係の現在の存否を宣言する確認判決である。その権利関係の存否の判断に既判力が生じる。

3　給付の訴えと確認の訴え

（1）　係争利益の状況との関係

給付の訴えは、当事者間の係争利益の支配現状に不満な者が相手方に対してその変更を積極的に主張し、強制執行によってその目的を貫徹しようとする訴えである。これに対し、確認の訴えは、利益支配の現状に満足している者が、その現状を変更する必要なしと主張し裁判でその点を確定することによって現状変更を防止しようとする訴えである。

たとえば、甲が現在その土地を占有し使用しているが、相手方乙がその土地は元来自分のものだとして、その土地に侵入して甲の使用を妨害しようとしている場合に、甲が使用している現状を侵害されてから、乙に対して侵害された現状の変更（原状回復や損害賠償）を請求するのが、給付の訴えである。これに対し、甲が、事前に、その土地は甲の所有に属するとか、甲は地上権をもつとか、借地権を有するということを裁判で確定することによって、乙の侵害を予防しようというのが確認の訴えである。

（2）　沿革

給付の訴えは、上にみるように、より切迫した状況に追い込まれた者が提起するものであり、裁判によってその救済を図る必要性も確認訴訟にくらべてより高い。そこで、国家権力の確立が十分でなく民事紛争のすべてを取り上げる余力のない時代には、まず給付の訴えが取り上げる必要のある訴えであると考えられた（沿革的に、給付の訴えが、最初の訴訟類型として認められた一因はここにある）。他方、確

204 　第3編　第一審手続　第1章　訴訟の開始

認の訴えによって権利を観念的に確定するだけで紛争を解決しようとするには、両当事者が確定される権利の内容を十分に知っており、それが確定されれば、甲も乙も法律上どういうことができ、またできないかを知る必要があり、かつ、その規律に従って互いに社会生活を営むという遵法精神が確立している必要がある。権利意識と遵法精神とが社会的に確立していなければ、権利があると裁判でいってみても、そのような観念的判断だけでは、紛争の解決になんの役にも立たない。そこで、確認の訴えは、沿革的にも、国家の中央集権化が進み、国力が充実して余力を生じるとともに、権利義務の実体法体系が整備され、一般にも法意識が浸透してくる近代になって、一般的に認められるに至ったのである。

（3）　紛争解決方式の差異

　給付の訴えは現状の変更を実際に実現するのがその目的であり、相手が任意にそれを履行しないときには、国家権力によって強制的に実現してやるところまでいかなければ、権利の救済にならない場合であり、そのような目的に奉仕する訴えの類型である。むろん給付の訴えでも給付請求権の存否の確認をするところから、給付の訴えは、確認の訴えの特殊な場合として説明することも可能である[1]。しかし、その確認も任意に給付を受けられないときには、強制執行をしてもよいかどうかを判断するという性格を帯びたものである。そこでの紛争の中心は、給付を受けられる地位をもつかどうかにあり、その地位がどのような実体権に基づくものであるかは、前提問題でしかない（給付の内容が同一であるかぎり、どのような実体権に基づいても変わりない）。

　これに対して、確認の訴えは、権利を確認することだけで当事者間の紛争を解決しようとするものであり、実体法上のどのような種類の権利をもつかが紛争解決をもたらすための重要な鍵になる（どのような実体法上の権利をもつかで当事者間の将来の規律内容が異なってくる）。このような差異がそれぞれの類型における請求（訴訟物）の枠を考えるうえで重要なファクターとなるのである（→p315(イ)）。

1）　兼子・体系144頁。

第3款　形成の訴え

1　総　　説

一定の法律要件に基づく法律状態の変動の主張と、その変動を宣言する形成判決の要求とを請求内容とする訴えである。創設の訴えとも、権利変更の訴えともいわれる。この訴えは、訴えをもって裁判所に権利関係の変更を請求することができると規定されている場合に限って認められる。形成判決の確定によってそこに宣言された法律関係の変動が生じるが、この関係を判決内容の効力という形でとらえて形成力という。

（1）　形成の訴えを立法する理由

私法上の権利関係の発生・消滅・変更は、ふつうは、法律行為など法律要件を充足する事実があれば当然に生じるから、変動自体を求める訴えを提起する必要はなく、変動後の権利関係を問題にすればよい。たとえば、売主がその売買契約を解除するには解除の要件を充足する事実のもとでその旨の意思表示をすれば当然に解除の効力を生じるから、解除の効果の発生自体を訴えで請求する必要もないし、その利益も認められない。解除の意思表示後、解除の効果に関して争いが生じたときに、解除の効果を前提にして、引き渡した目的物の所有権の確認を求めるなり、その物の返還を直接訴えればよい。ところで、このように法律行為など一定の要件に該当する事実の発生によって直ちに法律関係の変動を生じるとせず、その要件に該当する事実が存在することを訴えをもって主張し、裁判所がその存在を認めて、法律関係の変動を判決で宣言し、その判決（形成判決）が確定してはじめて変動の効果が生じると取り扱う（それまでは、だれもその変動自体または変動があったことを前提にした法律関係の主張ができないと扱う）のが形成の訴えである。

そのような取扱いは、変動自体を事実上困難にする反面、変動を明確にし、その法律関係をめぐる無用の紛争を防止できる。また、その場合の判決の効力を第三者へも及ぼすことによって多数の利害関係人の間の法律関係を画一的に処理することにも役立つ。さらに、その種の訴えを提起できる者の資格をあらかじめ一定の者に限定したり（変動させるかどうかを一定範囲の者の意思にのみかからせることに

なる）、提訴期間を設けることもできるから、これらの規律によって、その法律の変動の可能性を実際上制約することができ、その法律関係の安定を図ることもできる。そこで、法は、とくに法律関係の安定を図る必要がある場合や、多くの関係人に対して画一的な変動を必要とする場合（たとえば、身分関係や社団関係）を個別に拾い上げて、この種の変動方式をとることを各別に規定しており、このような規定に基づく訴えが形成の訴えということになる[1]。したがって、形成の訴えに共通のメルクマールとしては、形成判決の確定がないかぎり、訴えの目的たるその法律関係の変動を何人も主張しえない（他の訴えの前提問題としても主張しえない）という点に求めることができる。

（2） 形成の訴えを立法することの当否

形成の訴えは、給付の訴え、確認の訴えのように一般的に認められる類型ではなく、法がそれとしてカズイスティックに認めたものの総称でしかなく、立法者がどのような狙いに重点をおいて形成の訴えというテクニックを採用したか、またそのような規律が合理的であったかどうかも、各場合について個別に吟味する必要がある。また形成の訴えとみるべきかどうかが争われている場合も、その訴えを形成の訴えとすることによって、その法律関係の規律の仕方が妥当なものになるかどうかを個別に検討する必要がある（⤳つぎの 2 (2)〔＊〕〔＊＊〕）。

2 形成の訴えの具体例

判決のないかぎりだれもその法律関係の変動を主張しえないと取り扱うべきかどうかは、その法律関係をどのように規律するかの問題であり、個別に規定されている（会社828条、民743条・744条・747条・803条・804条-807条などは明定している）が、必ずしもつねに明定されているとはかぎらず、解釈に委ねられる。

（1） 形成訴訟の例

婚姻の取消し（民743条、人訴 2 条 1 号）、離婚（民770条、人訴 2 条 1 号）、縁組の取消し（民803条、人訴 2 条 3 号）、離縁（民814条、人訴 2 条 3 号）、離婚・離縁の取消し

1） もっとも、判決の効力を拡張したり、提訴権者や提訴期間を制約したりする立法技術は、形成訴訟を法定する場合に限られるものではない。確認訴訟についてもそのような規制を設けて法律関係の安定を図ることも可能である（例、会社829条・830条・838条）。ただ形成訴訟を法定する場合には、つねにそのような問題が考慮され、事実、同時にそれらの規定が置かれるのが通常である。

（民764条・人訴2条1号、民812条・人訴2条3号）、嫡出子の否認（民775条、人訴2条2号）、子の認知（民787条、人訴2条2号）などの人事訴訟は、形成の訴えである。

　離婚や離縁は、当事者双方が任意に協議すれば、その効果を生じさせることができるが、協議が成立しないときに一方がこれを強制的に生じさせるためには、訴え・判決によってのみ生じさせうるとするもので、やはり形成の訴えである。認知も、同じように考えられる。

　会社の解散（会社833条）、株主総会の決議の取消し（会社831条）、持分会社の設立取消し（会社832条）など、会社関係の訴えにも形成の訴えが多い。設立無効、合併無効のように「無効」といっても、無効を宣言する判決がないかぎり、だれも無効を主張できず（会社828条柱書参照）、他の訴訟の先決問題としても有効と取り扱わなければならないとされる場合は、やはり形成の訴えである。

（2）　形成訴訟でない例

　婚姻・縁組の無効[*]（民742条・802条、人訴2条1号・3号）、株主総会決議の無効または不存在の確認（会社830条）、新株発行等の不存在の確認（会社829条）[**]などについては争いがあるが、いずれも別訴の先決問題として主張することが許されると解すべきであり、形成の訴えと構成すべきではない（認知者死亡後の検察官を被告とする認知無効の訴えも同様と解せられる。→p275）。

　[*]　(1)　**婚姻・縁組の無効（離婚・離縁の無効も同様）**　たとえば、亡父の先妻の子は、父の後妻の相続権を争う訴えで前提問題として父と後妻との婚姻の無効を主張しうるか。これらの訴えが人事訴訟法で取り上げられ（人訴2条1号・3号）対世効が与えられている（同24条）としても、それだけでは形成の訴えとする十分な根拠とならないし、他方、民法は婚姻・縁組の取消しは訴えによるべしとしながら、無効について何もいっていないから、文理上は、つねに訴えによらなければならないとはいえない。実質的にも届出がかなり形式的にできる建前であるところで、届出がある以上つねに訴えで無効を主張しなければならないというのは、適切な取扱いではなかろう（我妻榮『親族法』（1961・有斐閣）54頁、離婚無効につき大判大11・2・25民集1巻69頁）。

　　(2)　**株主総会決議無効確認の訴え**　これについても争いがあったが（坂井芳雄「株主総会の決議を目的とする訴の性質」松田判事在職四十年記念『会社と訴訟(上)』（1968・有斐閣）282頁以下参照）、抗弁などの先決問題として主張される場合の直接の訴訟の対象が、社団の組織そのものに属する事項でないならば、先決問題として主張させても社団的法律関係の画一的処理の要請に著しく反するとも思われないから、先決問題として主張することもできると解すべきである（東京地判昭30・11・11下民6巻11号2365頁）。会社法830条

208　第3編　第一審手続　第1章　訴訟の開始

はこれを明文で確認の訴えと規定した。

　(3)　しかし、(1)(2)いずれの「無効」も、独立の訴えをもってその確認を求めうる点で通常の「無効」と異なっており、しかも、無効確認の判決を得れば、対世効が与えられ、形成の訴えと構成する場合ほどでないにしても、法律関係の画一的処理はある程度達成できる。しかも、先決問題としてその無効が主張された場合であっても、当事者間にはその点の判断について争点効（⊸p718）が生じる余地もあり、争点効が生じたときは、少なくとも同一の当事者間では無効確認の別訴を提起することは許されない。

〔＊＊〕　**詐害行為取消請求に係る訴え**　　改正民法によれば、「詐害行為取消請求」（民424条）と逸失財産の返還またはその価額の償還請求とを分けて規定する（同424条の6参照）とともに、両者を合わせて「詐害行為取消請求に係る訴え」（同424条の7参照）と規定し、その被告たるべき者を各別に規定し（同条1項）、かつ「詐害行為取消請求に係る訴え」を提起したときは、債権者は債務者に、「遅滞なく訴訟告知をしなければならない」と規定した（同条2項）。そのうえで、「詐害行為取消請求を認容する確定判決は、債務者及びその全ての債権者に対してもその効力を有する」（同425条）と規定した。ここでいう「請求」とは、訴訟上の請求を意味することは明らかである。とすれば、取消請求の部分は形成訴訟、返還・償還請求部分は給付訴訟の性格をもつとみて、両請求を単純併合した訴え（正確にいえば、返還・償還請求の訴えは、取消請求の訴えが棄却または却下されることを解除条件とした訴え）であり、このような関連をもつ併合請求の訴えが「詐害行為取消請求に係る訴え」とみられる。勅使川原和彦「詐害行為取消請求訴訟の判決効に関する若干の検討」徳田・古稀411頁は、「関連的併合」と位置付ける。⊸p225(ⅲ)・p759脚注3）とその本文。なお、詐害行為取消権行使による返還・償還請求の不履行の遅延損害金（遅滞責任発生の効果は、確定判決の法律要件的効力とよばれる⊸p743　3）の起算時は、判決確定時でなく訴えをもって取消し・履行請求をした各訴状の送達の日の翌日とされる（民412条3項参照、最判（二小）平30・12・14民集72巻6号1101頁）。請求時から判決確定時まで期間の遅延損害金の運用益を債務不履行者が取るのはおかしいとの判断による）。潮見佳男・金法2121号（2019）18頁以下も参照。

（3）　形式的形成訴訟

　形成の訴えを法律上認めるということは、私法的法律関係の変動に裁判所の判断を介在せしめることであり、裏からいえば、私法上の法律関係のより安定した規律を確保するために、国家がこれに後見的に介入することを意味する。しかし、この国家の介入は、給付や確認の訴えの場合と同様、法律要件（形成原因）にあたる事実の存否の判断という判断作用を通じて行われるものであり、要件事実が

具体的に法定されているかぎり、形成訴訟における審判は、やはり、なお法の適用作用という性格をもつものである。

　ところが、法が形成原因をはじめから具体的に規定せず、むしろ、現場の裁判官の健全な常識を信頼して、これに具体的事件の一切の状況を考慮してもっとも合理的と思われる処置を期待する場合が昔からある。共有物分割の訴え（民258条）、境界確定の訴え[*][**]、父を定める訴え（民773条、人訴 2 条 2 号）などがその例である。これらの事件については、なんら具体的な要件が定められていないため、裁判官の裁量の幅が極めて大きい。その結果、裁判官の作業は、要件事実の存否を判定するというよりは、合理的と思われる結果を直接に実現する合目的的処分行為という性格を強く帯び、法を適用するという性格（要件事実の存否を判断し、法的効果の有無を判断するという性格）が希薄となる（要件の規定を抽象的にすると、裁判所の作業は、確認的判断作用から形成的処分作用に変わる点については、→p29）。しかし、これらの事件も、当事者の私的利害が鋭く対立する事件であり、対等に弁論の機会を与えて公平な判断を確保する要請は通常の所有権の存否などの紛争に劣らないので、伝統的に、訴訟事件として扱われている。そこで、目的実現を目指す処分行為をするのに、訴訟という形式で行うという点から、これらの事件は、形式的形成訴訟とよばれている。

　　[*]　**境界確定の訴えの性質**　⑴　通常、この訴えを公簿上の境界線（筆界）のみを確定する訴えであると解し、形式的形成訴訟の一例として掲げられるのが通常である。判例によれば、この訴えにおいては、原告は、特定の境界線の存在を主張する必要はなく（①最判(二小)昭41・5・20裁判集民事83号579頁）、かりに当事者が特定の境界線の主張をしたとしても、裁判所はこれに拘束されず、民訴法246条（旧186条）も適用されず（その一般論を展開したものとして、②大判(民連)大12・6・2民集 2 巻345頁）、また控訴審における不利益変更の禁止も適用されない（③最判(三小)昭38・10・15民集17巻 9 号1220頁）。さらに、相隣者間の境界についての合意の拘束力も認められない（④最判(三小)昭42・12・26民集21号10号2627頁）。そして、取得時効の成否も審判しない（⑤最判(一小)昭43・2・22民集22巻 2 号270頁）。ただし、相隣地の所有者甲および乙の当事者適格は、隣地の所有者乙により境界部分に時効取得があっても変わらない（⑥最判(三小)平 7・3・7 民集49巻 3 号919頁）。もっとも、乙が隣接地の全部を時効取得した場合には、時効取得された隣接地の所有者甲は当事者適格を失う（⑦最判(三小)平 7・7・18裁判集民事176号491頁）。また、境界確定の訴えの提起によって、係争地の所有権の取得時効は中断される（⑧最判(二小)昭38・1・18民集17巻 1 号 1 頁。改正民法においては、取得時効の完成

は猶予される。民147条1項1号）とするものの、境界確定訴訟と併合審理された、原告の土地所有権に基づく被告の占有部分の明渡請求が、原告の土地所有権は認められないとして棄却されたときは、原告主張の境界が確定されたとしても、被告占有部分についての取得時効中断の効力は生じないとする（⑨最判（三小）平元・3・28判時1393号91頁）。さらに、境界の確定は土地所有権確認と異なり、土地所有権に基づく土地明渡訴訟の先決関係に立つ法律関係にあたらないから、同訴訟中の境界確定を求める中間確認の訴えは不適法とする（⑩最判（一小）昭57・12・2判時1065号139頁）。

　たしかに、請求が権利の存否の主張という形をとるわけでなく（要件事実が明確でない）、その裁判は法の適用作用というよりは裁量の幅の広い処分行為であるし、また、境界確定の必要を認めるかぎり請求を棄却することはできず、なんらかの境界線を定めなければならない。これらの点では父を定める訴えや共有物分割の訴えと同じである（近時の不動産登記法の改正による筆界特定の訴えについては、つぎの〔＊＊〕）。このように、所有権にかかわらない、公簿上の境界線（筆界）のみを確定する訴えであるとする判例・通説が確立された原因として、この訴えの職務管轄が訴額に関係なく区裁判所の専属とされていたことが挙げられる（裁判所構成法（明治23・法6、昭22廃止）14条第2（ロ））。所有権にかかわるとすれば、訴額に応じた事物管轄が考えられたはずであり、この規定と整合しないことになると論じた学説の影響によるとする（高橋・重点講義㊤85頁）。この規定はフランス法に由来するが、これに関する最近の研究として、小柳春一郎「フランス法における境界確定訴訟と土地所有権（1～2・完）」民商138巻6号（2008）702頁・139巻1号（2008）1頁がある。さらに、フランスにおける近時の法発展も注目に値する、同「フランス法における合意境界確定──土地所有権界確定と不動産取引安全」獨協法学78号（2009）568頁以下。

　⑵　しかし、境界確定の訴えの実質は、あくまでも所有権の効力の及ぶ範囲についての私人間の争いであり（前掲②大判（民連）大12・6・2が旧186条（現246条）の適用なしとしているが、被告主張の境界線を認めたものであり、係争範囲外に線を引くことまで許す趣旨と読むべきではない）、そのような争いを解決するに適した取扱いを考えるべきである。境界の訴えを、境界だけを定めるものとし、所有権の範囲の確認は別の問題としてその争いをあとに残すように構成することは、この場合の紛争の実態に即した解決方式とはいえない。その意味で、この訴えは、所有権の範囲の確認を求めるものと構成する説（小室直人「境界確定訴訟の再検討」中村宗・古稀144頁、玉城勲「境界確定訴訟について」民訴雑誌34号（1988）174頁）が優れている（前掲⑧最判（二小）昭38・1・18によれば、境界確定の訴え提起によっても係争地の所有権につき時効中断の効果を認めている）。また境界の争いでは、あくまでも隣接地の所有者間の利害の調節が問題になるのであるから、通常の民事訴訟の場合と同様、係争利益について処分（自白や和解など）も可能と解すべ

きである（新堂・判例45頁）。

　(3)　これに対し、この訴えの特性として、つぎのようなものを認めれば、十分であろう。すなわち、土地所有権の範囲を証拠に基づいて判断するのは困難であるうえ、証明責任によって勝敗を決めるわけにはいかないから、その認定は裁判官の総合的判断によらざるをえないということ、また、抵当権や借地権などの他の権利者が問題の土地の上に利害を有する場合には、その者にも確定した境界を適用せしめるのが妥当であるから、これらの者に共同訴訟的補助参加の機会を保障する必要があるが、実際に参加しなければ、土地所有者がいわばこれらの者の代表者として訴訟追行にあたることになるので、この場合には、裁判所としても、所有者の詐害的な訴訟追行を抑制する必要がでてくることなどである。そして、これらの特性は、境界確定の訴えを特殊な形成訴訟といわなければ認められないものではなく、これを所有権の範囲の確認の訴えと構成しても認めることができよう。

〔＊＊〕　**筆界特定手続**　不動産登記法の一部改正（平17・法29）により、所有権登記名義人等の申請に基づき、筆界特定登記官（不登125条）が土地の境界（ここでは筆界（同123条1号）という）を特定する手続が創設された。これは、従来、土地境界確定訴訟に託されていた紛争の相当部分を訴訟によらないで解決しようとするものである。筆界特定登記官の処分に対しては、さらに審査請求が設けられているが（同156条）、別に、筆界特定に対して筆界の確定を求める民事訴訟を提起することは可能であり、その判決が確定した場合には、その判決に抵触するかぎりで、筆界特定は、効力を失う（同148条）。筆界特定手続で得られた資料は、筆界確定の民事訴訟において、利用することができる（同147条）。

　　なお、筆界が明らかでないことに起因する紛争について、同改正は、筆界特定手続、その審査請求、さらに民間紛争解決手続における代理業務へ、司法書士および土地家屋調査士が参入することを認め、そのための規定を整備した（司法書士3条1項8号、土地家屋調査士3条1項2号・4号・7号等の改正）

（4）　訴訟上の形成の訴え

　訴訟法上の効果の発生を判決の確定にかからせる場合として、再審の訴え（338条）、定期金賠償判決変更の訴え（117条、→p698(ウ)）が挙げられるが、本来無効な判決も再審の訴えによってその存在を否定する利益を認めるべきであるから（たとえば、→p137(ア)）、これらの訴え一般を形成の訴えとするのは誤解を招く。訴訟法の認めた特殊な訴えの類型として理解すれば足りる。

3 形成判決の効力の及ぶ範囲

形成の訴えは、その形成判決の効果を広く第三者に及ぼす必要のある場合に認められるのが通常であるが、形成判決の効力をどの範囲で認めるかの問題は、二つの面から論じることができる。第1は、形成の効果を遡及させるべきかという視点、第2は、形成判決に既判力を認める余地なり必要なりがあるかという視点である。

（1） 遡及的形成

形成判決の確定によって権利関係の変動が生じることにするのであるが、そのさい変動自体を、将来に向かってのみ生じさせるか、過去の一定時点まで遡らせるかは、立法論または解釈論の選択の問題である。そして、形成の効果を遡及させるかどうかの判断は、当該法律関係の安定の要請と変動の効果を徹底させる必要性とを調和させる作業であり、すぐれて実体法的考慮にかかる問題である。すなわち、遡及的形成を認めることは、形成判決の確定あるまでは変動は生じないとして変動のないことを前提にして営まれた法律関係を形成判決の確定を機会に遡って覆すことになるわけで、よほど変動の効果を徹底させる必要のある場合に限られる（嫡出否認、認知（民784条）などについて認められる）。これに対して、変動自体を確実にしかも画一的に生じさせれば足り、それまでの法律関係はむしろそのまま認めてその間の利害関係人の地位の安定を図る方が重要である場合は、将来に向かっての形成で足りることになる[2]。

（2） 形成判決と既判力・争点効

形成判決に既判力は生じないとする説は、形成判決の機能は形成力にあり、形成訴訟の審判の対象となるべき形成権なるものは、形成判決とともに目的を達して消滅してしまい、再度その存否が訴訟で問題となる余地はないから、形成判決に既判力なる観念を容れる余地はないとし、かりに既判力を認めるとしても、形成権存在の判断が「正当に」行われた点について既判力が生じざるをえず、その

---

2) 婚姻の取消し（民748条1項）、縁組の取消し（民808条1項）、合併無効・設立無効等（会社839条-845条）など、法文上明らかなものもあるし、決議取消し（会社839条括弧書参照）の場合のように、決議取消しの目的および決議内容に応じて遡及・不遡及を考えていくべき場合もある。石井照久『会社法(上)』(1973・勁草書房) 285-286頁、前田庸『会社法入門〔第12版〕』(2009・有斐閣) 399頁参照。

ような既判力は通常の場合と異質な既判力になると論じる[3]。

　しかし、形成の結果たる法律関係に不可抗争性を与える規律として既判力を観念することが適当であるのみならず、形成判決によって形成権が消滅した後も、形成権が基準時において存在したことが既判力によって確定されているとして、形成権がなかったことを前提にした主張を既判力の作用によって排斥できるとする必要があるし、そう考えても、論理的におかしいというものではない。

　たとえば、離婚判決後に、被告たる夫がその離婚は形成権（離婚原因）のないもので不当であるとして妻に不法行為による損害賠償を請求したのに対して、離婚判決中の離婚を求める地位があるとの判断に既判力が生じており、この判断に反することを前提にした夫の請求は既判力によって排斥されると考えるのは、少しも背理ではないし、その必要がある（もっとも、妻が夫に内密に離婚判決を得たような場合は、氏名冒用訴訟などと同様にその形成判決は形成力も既判力も生じていない無効の判決とみるべきであり、夫の損害賠償請求が既判力で遮断されることはない）。このことは、確定判決によって認められた給付請求権がその後の弁済や執行によって消滅した後も、相手方から、その給付の受領が不当利得にあたるとしてその返還を求められる可能性があり、このような主張を既判力によって排斥することができるし（給付の受領は既判力で確定された請求権の行使であること、つまり、受領について法律上の原因のあることが既判力で確定されているといえる）、また排斥する必要があるのと同様である。

　既判力否定説をとっても、形成の結果自体を争えないとする効果を形成力の内容に盛り込むことができなくはないが[*]、上にみるように、基準時における形成権の存否をめぐる紛争の再燃を封じるためには、形成の結果のみの不可抗争性だけでは不十分であり、形成権（形成を求める地位）の存在の判断になんらかの拘束力を与える必要がある。

　もっとも、ここでいう形成権をどういう枠組みをもつものとして考えるかは訴訟物論にかかわるが、「形成を求める実体的地位」（たとえば離婚を求める地位）という、個々の形成原因から抽象された一定内容（たとえば離婚という効果）の形成を求めうる実体法上の地位を考えるとすれば（→p216(2)）、その地位の判断の前提と

3）　三ケ月・48頁・50-52頁。

214　第3編　第一審手続　第1章　訴訟の開始

なる個々の形成原因の存在の判断にさらに争点効を生じさせる余地があり、これによって、個々の形成原因の存否をめぐる争いをさらに封ずることが可能となる（たとえば、妻の提起した離婚訴訟において夫の不貞の事実の存否が主要な争点となり、判決もこれを認めて離婚を宣言した場合、後に妻から夫に対して慰謝料を請求するとき、夫が不貞の事実を争うことは争点効によって許されない）。そして、このように形成原因の存否をめぐる紛争にも解決規準を提供しうるように形成判決の効力を構想することは、せっかく行われた形成判決の効果を無理なく高める方策として評価することができよう[4]。

〔＊〕　**形成判決と既判力**　形成判決に既判力は不要であるとする説（三ケ月・48頁、50-52頁）は、形成された結果たる法律関係が以後の紛争解決の規準として通用力をもつという取扱いを形成力のなかに含ませているといえる。しかし、法律関係が判決によって新たに形成されたことのみから、その法律関係が当然に強制通用力をもつと考えるとすれば、それは実体法説的発想と非難されよう。形成判決による形成も、やはり、裁判所が法適用作用の一つとして基準時における形成要件（形成権）の存在を確認してなされたものであるから、形成の結果の通用力も、たんに形成の内容として説明するよりは、基準時における形成権存在の判断に与えられる通用力に由来するとみるほうが形成判決による形成の特質をとらえた説明と評価しうる。もっとも、三ケ月博士は、その後の論文で、形成機能と確認機能とを併存する「救済の訴え」が形成訴訟の原型であるとみて、その他の形成訴訟（「実体法上の形成訴訟」）にも既判力を認める方向に改説された（三ケ月章「訴訟物再考」民訴雑誌19号（1973）〔同・研究7巻19頁〕）。

第2節　訴訟開始の手続

1　**訴え提起の方式**（133条1項）

　地方裁判所への訴えの提起は、訴状を作成して裁判所へ提出する方式をとらなければならない。訴状には、所定の事項を記載し（133条2項、規53条・54条）、所定の書類を添付し（規55条）、その作成者である原告またはその代理人が記名押印し（規2条）、訴額に応じて収入印紙をはり[＊]（民訴費4条・8条）、かつ被告に送達す

---

　4)　なお、形成判決の効力に関する論争については、鈴木正裕「形成判決の効力」法学論叢67巻6号（1960）27頁以下の労作がある。

るために、被告の数だけの副本を添える必要がある（規58条1項参照）。また、送達費用も予納しなければならない（民訴費11条・12条・13条）。なお、簡易裁判所への訴え等は口頭でできる（271条・273条等、なお詳しくは → p881-888）。

〔＊〕　**現金納付**　平成15年法128号により民訴費8条にただし書が加わり、100万円を超える場合（民訴費規4条の2）に現金納付が可能となった。また同法により、訴え提起の手数料等の低額化・合理化、費用額算定方法の簡易化が図られた。 → p57(イ)。

2　訴状の記載事項（133条2項）

訴状においては、原告、被告および請求（つまり、だれがだれに対してどのような請求をするか）を具体的に表示する。

（1）　当事者および法定代理人の表示

原告および被告が特定の人物であることを示すのに十分な程度に記載しなければならない（当事者の特定。 → p133）。氏名（または名称）とその住所を用いるのが通常であるが、氏名の代わりに商号、雅号、芸名などによってもよい。これらの表示だけで不十分ならば、さらに、職業、年齢などで補充する。特定の者を表示しなければならないから、たんに「甲の相続人」とか「何番地の所有者」というだけでは、当事者を表示したことにならない。また、資格当事者は、その資格も表示すべきである（たとえば甲の破産管財人（破80条）、何丸船長（商803条2項）というように）。当事者が訴訟無能力者や法人等の団体の場合には、その法定代理人（または代表者）をも表示する。当事者の記載は、補充訂正することもできるが、その結果別人を表示することになれば、任意的当事者変更（ → p853）として処理しなければならない（法定代理人の記載の補充変更は当事者の変更をもたらさない）。

なお、訴状には、原告または法定代理人の郵便番号および電話番号（ファクシミリの番号を含む）を記載することが要求される（規53条4項）。これは、送達の必要、電話での連絡、ファクシミリによる書面の提出や書類の送付が広く行われること（規3条・47条1項等）、さらに、電話会議の方法による弁論準備手続や書面による準備手続（170条3項・176条3項）等の実施などを考慮したものである。もっとも、これを欠いても直ちに訴状を却下されるわけではない。

（2）　請求の趣旨

訴えによって求める審判の内容の、簡潔かつ確定的な表示をいう。通常、原告

の請求認容判決の主文に対応する文言が用いられる。たとえば「何番地の土地は原告の所有に属することを確認する判決を求める」、「被告は、原告に対し、金100万円を支払えとの判決を求める」、「原告と被告とを離婚するとの判決を求める」という形の表現をとる。確認の訴えでは、請求の趣旨のなかに、確認すべき権利関係とその範囲の主張、ならびにその確認判決の要求が明示されるから、これだけで請求は特定される。形成の訴えでも、形成判決によって引き起こされるべき法律関係の変動内容（たとえば特定の決議の取消しとか、原被告間の離婚・認知）とその形成判決の要求とがこのなかで特定表示されるから、これだけで請求は特定される（形成原因ごとに別個の請求を構成しない。→p334(イ)）。給付の訴えにおいては、特定物の給付（たとえば、土地明渡し）であれば、給付すべき物および給付の態様が請求の趣旨で明らかにされるから、これだけで請求は特定される。しかし、金銭の支払のような場合には、同一当事者間で同じ内容の給付を求める請求がいくつも成立する可能性があるので、請求の趣旨の記載だけで請求が特定されるとは限らず、そのためにはさらに請求原因の記載が必要になる。

（3）　請求の原因

　広義には、訴訟物たる権利関係の存在（請求）を理由づける事実を指す（たとえば、所有権確認の訴えならばその取得原因事実、給付の訴えならばその給付請求権の発生原因事実、形成の訴えならばその形成原因にあたる事実）。金銭の支払や代替物の一定数量の引渡しを求める給付の訴えにおいては、この請求原因の記載が請求を特定表示するために必要である。たとえば、「被告は、原告に対し、金百万円を支払えとの判決を求める」という請求の趣旨の記載だけでは、当事者間に種々の取引が行われているときには、いつの売買の代金なのか、あるいは、いつ借りた金の問題なのかは、はっきりしない。このようなときには、請求原因の記載によって、その給付請求権の発生原因事実を明らかにすることによって請求が特定される。請求を特定するのに必要な限度の事実（どの程度の詳しさが要求されるかは、ほかに誤認混同のおそれがあるかどうかにかかる相対的な問題である）のみを指して、請求原因と呼ぶことが多い〔＊〕（規53条1項の定義参照）。これは、狭義の請求原因といえよう。

　この意味の請求原因は、訴状に記載されていないと請求が特定しないので、訴状の必要的記載事項といえるし、その記載をのちに変更して、同種の給付請求であるが別個の取引に基づく給付請求を特定表示することになれば、訴えの変更を

したことになる（請求原因のみの変更）。なお、民訴法245条でいう「請求の原因」は、以上の意義と異なった用法である（⤷p666(3)）。

　さらに、平成8年改正法のもとでは、訴状には、争点整理を促進するため、狭義の請求原因事実だけでなく、請求を理由づける事実[**]を具体的に記載し、かつ、立証を要すると予想される事由ごとに、請求を理由づける事実に関連する事実（間接事実）で重要なものおよび証拠を記載しなければならないこととされた（規53条1項）。このような事実および証拠の記載は、請求が正当なことを理由づける攻撃方法の提出を準備する意味をもち、このような事実および証拠を記載した訴状は、準備書面を兼ねることになる（規53条3項）。したがって、この種の記載を欠いても訴状却下の理由とならないが、充実した争点整理を早期に実現するという平成8年改正法の狙いを実現するために、弁護士実務として慣行化されることが要請されている。

〔＊〕　**識別説**（Individualisierungstheorie）**と理由記載説**（Substanzierungstheorie）**との対立**　　訴状に請求原因（ドイツ民事訴訟法253条 "Grund des erhobenen Anspruchs"）をどの程度詳しく記載する必要があるかに関して、かつてドイツで行われた論争である（小山昇「請求について」北大法学会論集1巻（1951）〔同・著作集1巻2頁以下〕参照）。識別説によれば、請求原因を記載するのは、どのような権利関係を審判の対象にするかを明らかにするためであり、その権利関係を他の権利関係から識別させるに必要なことがらを記載すれば足りるとする。これに対して、理由記載説は、原告の請求たる権利主張を正当と認めさせるに必要な事実をすべて（予備的主張も含む）記載すべきで、審判の主題は、このような事実面からも限定されると説く。

　　口頭主義、随時提出主義を採用する法のもとでは、訴状は審判の対象たる請求を明確にすれば足り、請求を理由づける必要は準備手続や口頭弁論において相手が請求を認諾しない場合にはじめて生じるのであるから、訴状にその記載を要求する必要はない。しかも、実体法上の個々の権利ごとに別個の訴訟物を観念する立場（旧訴訟物理論）をとるかぎり、識別説の要求どおりどのような実体法上の権利を審判の主題にするかを明らかにすれば訴訟物を特定表示することになるので、訴状の記載としては識別説の説くところで十分と考えられよう。こうして、旧訴訟物理論の確立と併行して識別説が有力となり、やがて、その権利の法律上の呼称（たとえば、不当利得返還請求権とか、不法行為に基づく損害賠償請求権とか）のみを表示すれば訴訟物は特定できるという錯覚さえ生じるに至る。しかし、旧訴訟物理論の立場でも、同じ法律的呼称をもつ権利でも発生原因事実が違えば別の請求を構成する（同じ貸金返還請求といっても2度の貸借があれば、発生日付の異なる二つの

218 第3編 第一審手続 第1章 訴訟の開始

請求が構成される）のであるから、たんなる法律的呼称だけでつねに請求を特定するのに十分とはいえず、やはり事実面からの請求の特定ということは旧訴訟物理論の立場でも必要である。

　他方、審判の対象の枠づけのために事実の機能を重視した理由記載説は、一度は識別説によって克服されたかにみえたが、やがて、新訴訟物理論——実体法上の個々の権利の枠から離れて、訴えにおける申立ての内容の同一性と社会生活上の事実関係の同一性に訴訟物を画する機能を与えようとする考え（ドイツでの新訴訟物理論）——を生む温床となり、この新説が有力化するに伴い、紛争の基礎をなす社会的な事実関係（これは同時に請求を理由づける事実関係でもある）の記載が請求の特定のために必要であるという形で、理由記載説が再生することになったとみられる（三ケ月・104頁参照）。

〔＊＊〕　**狭義の請求原因と請求を理由づける事実**　旧民事訴訟規則8条では、「請求の原因」を請求を理由づける事実と同義に用いていた。しかし、新規則においては、学説の多くの用法に従って、「請求の原因」を「請求を特定するのに必要な事実」（狭義の請求原因）の意味に限定して用いることにした。そのため、旧規則上の「請求の原因」は、新規則では、「請求を理由づける事実」と表現されることになった（規53条1項参照）。

　請求を理由づける事実は、抗弁を理由づける事実、再抗弁を理由づける事実とあわせて、主要事実と称される。これに対して、主要事実に関連する事実は間接事実と呼ばれる。訴状の記載としても、また、答弁書、準備書面における記載としても、主要事実についての主張と間接事実についての主張とを、できるかぎり区別して記載すべきことが要求されている（規53条2項・79条2項）。これは、主要事実としてどのような事実が主張されているかを明確にさせ、争点整理に役立たせるためである。

（4）　その他の記載事項

　訴状には、さらに管轄原因その他訴訟要件を基礎づける事実およびその証拠方法等が記載されるのが通常である。これらの記載も、請求を特定するために必要なものではないが、便宜、訴状をして原告の最初の準備書面の用も兼ねさせる趣旨から許される（規53条3項）。したがって、これを欠いたり、不十分な記載であっても、訴状としての効力に影響はない。

3　訴状の取扱い

（1）　訴状の点検（137条）

　裁判所へ訴状が提出されると、事務分配の定め（下裁事務処理規則6条1項・8条

参照）に従って、特定の裁判官または合議体へ配付される。そこで、その裁判官、合議体の場合にはその裁判長が訴状を点検し、必要な記載および印紙の貼用を欠いていないかどうかを調べる（法文上「裁判長」とあるのは、以前地方裁判所がつねに合議制であったことによるもので、現在、単独制を原則とする地裁では、配付を受けた裁判官が法文上の裁判長の権限を行うのが原則である。以下裁判長とあるはすべて同義である）。このさい、訴訟要件や請求の当否については一切判断すべきではない。もし訴状に不備な点があれば、裁判長は相当の期間を定めて、原告にその補正を命じ（137条1項）、これに応じなければ、裁判長の命令で訴状を却下する（同条2項。訴状を受理しないとして突き返す措置）。原告は、却下命令に対して即時抗告ができる（137条3項、なお規57条参照）。なお、裁判長が、訴状の記載について必要な補正を促す場合には、裁判所書記官に命じて行わせることができる（これを「訴状の補正の促し」という、規56条。この場合は149条4項と異なり、相手方への通知は要求されない）。

　裁判長による点検および却下命令は、口頭弁論を開始したのちは裁判所がすべきであり、裁判長はすることができないと解すべきである（通説は訴状の送達時まで可とする。大決昭14・3・29民集18巻365頁は、傍論だが口頭弁論開始時までできるとする）。

（2）　訴状の送達（138条）

　裁判長が訴状を受理すべきものと認めるときは、裁判所書記官に、その副本を被告へ送達させる（138条1項・98条2項、規58条）。送達費用の未納、被告の住居所の不明等の理由で送達ができないときは、補正が可能ならば原告に補正を命じ、これに応じなければ、訴状を却下する（138条2項）。被告の住居所がどうしてもわからない場合には、公示送達（110条）を申し立てる必要がある。また、被告が未成年者または成年被後見人で法定代理人がいないか、または代理権を行使しえない場合には、特別代理人の選任を申請する必要がある（35条。なお32条1項参照）。

（3）　口頭弁論期日の指定（139条）

　訴状の送達とともに、裁判長は訴えの審理をはじめるために、すみやかに口頭弁論期日を指定して（規60条1項本文・2項）、当事者双方を呼び出す（139条）。期日の呼出しには、裁判所書記官が呼出状を作成して送達するのが原則である（94条）。ただし、明らかに補正不可能な訴訟要件の欠缺がある訴えは、口頭弁論を経ないで、裁判所（裁判長でなく）が判決でこれを却下することができる（140条。最判(三小)平8・5・28判時1569号48頁は、裁判制度の趣旨から訴えの許されないことが明ら

かであって、当事者のその後の訴訟活動によって訴えを適法とすることがまったく期待できない場合には、訴状を被告に送達することなく訴えを却下できるとする)。また期日の呼出費用の予納がないときは、被告に異議がなければ、決定で、訴えを却下することができ、これに対し原告は即時抗告をすることができる (141条1項・2項)。

事件を弁論準備手続 (168条以下) に付することについて当事者に異議がなく同手続に付する場合、または書面による準備手続 (175条以下) に付する場合は、裁判所は、口頭弁論を経ないでこれらの手続に付することができる (規60条1項ただし書)。

第1回の口頭弁論期日をいつに指定するかは、裁判長の裁量事項である (ただし、他の訴訟と併合するための待合せ期間の定めのある場合がある。民事再生146条1項など) が、できるだけ早い日を指定すべきである (規60条2項は、訴え提起の日から30日以内と定める)。

(4) 裁判長による訴訟の進行に関する意見等の聴取

平成8年改正規則においては、裁判長は、最初にすべき口頭弁論の期日の前に、当事者から、訴訟の進行に関する意見その他訴訟の進行について参考とすべき事項を聴取することができ、裁判長はこの聴取を裁判所書記官に命じて行わせることができることとされた (規61条)。

本条による聴取の対象となる事項には、被告の期日への出席の見込み、弁論準備の方法に関する意見等が含まれる。ただ訴え提起前の交渉の内容などについては、相手方がその聴取内容を知る機会もなく反論の機会もないから、これを実際に聴取するかどうか、その他どのような事項をこれに含めるかの詳細については、各地方の弁護士会との協議なども経て、ローカル・ルールを慎重に確立する必要がある[1]。

---

1) 最高裁・条解規則134頁。

第3節　訴え提起の効果

1　総　説

訴えの提起によって、事件（だれがだれに対してどのような請求をし、裁判所に対してどのような判決を申し立てているか）が特定され、これが特定の裁判所で審判される状態が生じる。この状態を訴訟係属[*]という。訴訟係属を前提として、訴訟参加や訴訟告知が可能になり（42条・47条・49条-53条）、関連した請求の裁判籍が生じるが（47条・145条・146条）、なかでも、二重起訴の禁止の効果が重要である。また、訴えの提起は、裁判所の審判の対象を限定する。原告は訴えによって求める裁判内容（訴えによる申立事項）を請求の趣旨に明示するが、裁判所が判決主文で判断すべき事項は、この申立事項に限定されることになり（246条）、裁判所は、この申立事項を超えて裁判することはできないという効果が生じる。さらに、訴えの提起は、被告に対する断固たる権利主張を含むので、この行為に、時効の完成猶予などの実体法上の効果が結びつけられている。

本節では、二重起訴の禁止と時効完成の猶予などの問題を取り上げ、審判事項を限定する効果については、訴訟審理の対象の問題として第2章で扱うことにする。

> [*]　**訴訟係属の発生時期**　訴状提出の時とする多数説と被告への送達時とする説とが対立しているが、起訴に結びつけられる個々の効果から帰結して個別に論じるべきで、これと離れて抽象的一般的に論じる実益はない。→p227　3（1）。

2　二重起訴の禁止（142条）

（1）　意義

訴訟係属中の事件と同一の事件について別訴を許すとすれば、さらに別の手続で訴訟追行を強いられる被告にとって迷惑である。訴訟制度としても、重複した審判をすることは不経済であるばかりでなく、同一事件について矛盾する審判が生じて混乱するおそれもある。これらの不都合を回避するために、同一事件について二つの訴訟手続が別々に併行して進むことを避けようとするのが、二重起訴禁止の趣旨である。

222　第3編　第一審手続　第1章　訴訟の開始

（2）　要件

係属中の事件と同一事件について別訴が禁止される。事件が同一かどうかの基準は、二重起訴を禁止する目的をもっとも合理的に達成できるようなものでなければならない。具体的には、対立当事者、審判の対象および手続態様の各点から考察する必要がある。

　　(ア)　**当事者の同一性**　　当事者が別ならば、同じ権利関係が訴訟物になっていても、同一事件とはいえない（同じ所有権確認請求でも被告が違えば同一事件ではない）。なぜならば、民事裁判は、特定の原告と特定の被告との間の紛争を相対的に解決することを目的にし、甲乙間の確定判決は甲乙間にのみ強制通用力をもち、甲丙間にはなんらの効力を及ぼさず、甲丙間の紛争の解決とは無関係であるのが原則だからである。

　したがって、逆に判決の効力を受ける関係で当事者と同視される関係にある者は、二重起訴禁止の関係でも当事者と同視すべきである。たとえば、訴訟担当者と担当される本人（115条1項2号。→p292　3）、当事者とその者のために目的物を所持する者（115条1項4号）は、それぞれ両者が各別に訴えまたは訴えられたときは、同じ紛争の解決のために二つの手続を併行させることになるので、当事者が同一の場合と同様に扱うべきである。

　また、原告の地位と被告の地位が前訴と後訴で入れ替わっても、それぞれの訴訟物が主要な争点を共通にするかぎり、事件の同一性はあるとみるべきである。なぜならば、この場合も重複審判と判断の矛盾のおそれがあることに変わりないからである。たとえば、甲が乙に対して所有権の確認請求をし、別訴で乙が甲に対して、同一物の所有権の確認請求をする場合、どちらの訴訟でも結局その物件の所有権者は甲か乙かの争いであり、二つの訴訟を併行させるのはおかしい[1]。

　　(イ)　**審判の対象**

　　(a)　訴訟物たる権利関係が同一であれば、これについて原告が求める判決の内容（これは請求の趣旨に表示される）まで同一でなくとも、事件の同一性を妨げない。

---

1)　乙が反訴として提起することはかまわない。菊井=村松・Ⅱ152頁は二重起訴にはあたらないとしつつ併合して審理するのが適切であるとする。

（i）　たとえば、甲の乙に対する請求権の積極的確認の訴えと同一請求権に基づく給付請求、同一債務について乙の甲に対する債務不存在確認の訴えと甲の乙に対する給付請求とは、その先後を問わず二重起訴になる[2]。もっとも、給付の訴えは、必ずしも請求権の不存在という理由だけで棄却されるわけではない（たとえば期限未到来でも棄却される）から、給付の訴えの係属中に確認の訴えを提起する利益があり、同一事件にならないとする判例（大判昭7・9・22民集11巻1989頁）がある。これに対しては、給付の訴えは同時に請求権の積極的確認の請求をも包含するから、給付の訴えの係属中に請求権の存在または不存在の確認の訴えを提起するのは二重起訴になるが、請求権の存在確認請求の認容判決、不存在確認請求の棄却判決は執行力（給付判決にのみ認められる）をもたない点で、給付請求は確認請求よりも要求内容が大であるから、確認の訴えの係属中に同一請求権に基づく給付の訴えは妨げないとする見解もある。しかし、訴訟物たる権利関係が同一である以上、審判の重複と矛盾は避けられないから、上記のいずれの場合も別訴の提起は許すべきでなく、原告はその請求の趣旨の変更により、また被告は反訴の形式で（たとえば、原告の債務不存在確認請求に対して、被告が給付請求の反訴を提起する形で）、必要な審判の申立てをすればよく、別個の訴訟手続を認める必要はない（東京地判平13・8・31判時1772号60頁は、貸金債務不存在確認請求訴訟が控訴審に係属中、同債務の給付請求訴訟を別に提起することを許さないとする。しかし、大阪高判昭62・7・16判時1258号130頁は、手形金債務不存在確認請求に対し、手形金請求の訴えの提起を可能とする。異議申立て後についても同旨、東京地判平3・9・2判時1417号124頁）。なお、最判（一小）平16・3・25（民集58巻3号753頁）は、このような反訴が提起された場合には、先に提起されていた債務不存在確認請求は、確認の利益を欠くことになり、却下されるべきであるとする。

（ii）　また、同一の権利関係の分量的範囲を増加して請求する場合も、係属中の訴訟手続内で、分量的主張の限度を拡張する方法（請求の拡張）によるべきであり、別訴によって増加分の請求をすることは二重起訴になる。たとえば、同一の不法行為に基づく損害賠償請求において、損害額は全部で100万円であるとしてこれを請求し、この訴訟の係属中、損害額は300万円であるとして増加分200万円

2）　兼子・体系175頁、加藤・要論390頁。

を別訴で請求することは許されない。

　(b)　訴訟物たる権利関係が同一でなくとも、二つの事件における主要な争点が共通であれば、同一事件として後の別訴を禁じるべきである[3]。

　(i)　たとえば、甲乙間の売買の効力に争いがあって、買主甲が売主乙に対して目的物の所有権の確認請求と目的物の明渡請求をする場合、どちらの請求が先に係属していても、後の請求は前の訴訟手続のなかで、請求の趣旨の追加変更か反訴の形式で主張すべきであり、別訴によることを許すべきではあるまい。このような場合には、共通する争点自体が後者の明渡請求において訴訟係属しているわけではないから、二重起訴がそもそも問題にならないと解するのが一般であるが、実質的には、審判の重複と矛盾のおそれが考えられるし、他方、後の審判の申立ては同一手続内でする機会があるかぎり、別の訴訟手続を認めなくとも後訴の原告にとってとくに不都合は考えられないから、事件の同一性を認めるべきである。かりに、先の訴訟がすでに上告審に係属しているときは、その落着をまって新訴を提起すればよい。そして、この新訴に対しては、共通の争点につき争点効が及ぶことが多く、審判の統一の保障がある。前訴が控訴審に係属中であれば、これに併合提起することができるし、そうしても、実質的には新請求につき審級の利益を失うことにはならない。

　(ii)　共通する争点が一方の訴えでは抗弁として提出されている場合であっても、その争点がどちらの訴えでも主要な争点になっているかぎり、同様に考えるべきである。たとえば、所有権に基づく土地の明渡請求に対して抗弁として主張された賃借権の存否が主として争われているときに、被告のほうが別訴で賃借権確認の訴えを提起するのも許すべきでないし、また前述した、買主の売買契約に基づく不動産の明渡請求に対して売主が売買の無効を主張して争っているときに、売主が同じ売買契約の無効を理由にした移転登記抹消請求を別訴で提起する場合も同様に解すべきである[*]。

　〔*〕　**別訴における訴求債権を自働債権とする相殺の抗弁の許否**　(1)　審理の重複および既判力の矛盾を避けるため相殺の抗弁を許さないとするのが判例である（最判(三小)昭63・3・15民集42巻3号170頁、最判(三小)平3・12・17民集45巻9号1435頁）。もっとも、

───────────

3)　「請求の基礎」の同一性を基準にして同趣旨の立場をとるものとして、住吉博「重複訴訟禁止原則の再構成」法学新報77巻4＝5＝6合併号（1970）〔同・論集1巻255頁以下〕がある。

第3節　訴え提起の効果　*225*

これらの先例は、相殺に供した自働債権について、すでに別訴を提起していた事案であったが、最判(二小)平18・4・14民集60巻4号1497頁は、別訴としてでなく、反訴としてすでに訴求されていた債権を自働債権とし本訴請求債権を受働債権として相殺の抗弁を主張することは許されるとする。その理由は、「反訴原告において異なる意思表示をしない限り、反訴は、反訴請求債権につき本訴において相殺の自働債権として既判力ある判断が示された場合にはその部分については反訴請求としない趣旨の予備的反訴に変更されることになるものと解するのが相当」で、重複起訴の問題は生じないからとする。説明は技巧的であるが、相殺の抗弁を許さない理由はないであろう。

　また、最判(一小)平27・12・14民集69巻8号2295頁は、本訴請求債権の全部または一部が時効消滅したと判断されることを条件として、反訴において、時効消滅したと判断される部分を自働債権（反訴請求債権を受働債権）とする相殺の抗弁を主張することは、本訴請求債権について審理の重複・判断の矛盾抵触もなく、相殺の期待権の保護にも資するとして、許されるとする。相殺の抗弁に供した債権での別訴提起については適法とするもの（東京地判昭32・7・25下民8巻7号1337頁）と、不適法とするもの（大阪地判平8・1・26判時1570号85頁）とに分かれている。梅本吉彦「相殺の抗弁と二重起訴の禁止」新実務講座(1)381頁は、いずれについても不適法とする。→p702(ウ)。

　(2)　別訴で一部請求をしている訴求債権の残額を自働債権とする相殺の抗弁についても許すべきでない。最判(三小)平10・6・30民集52巻4号1225頁は、一般論として、債権の分割行使が訴訟上の権利の濫用にあたるなど特段の事情のない限り、許されるとするが、園部裁判官の補足意見が指摘するように、本件は、自働債権の一部である、同一訴求債権の残額請求は信義則に反し許されない場合（最判(二小)平10・6・12民集52巻4号1147頁参照）であり、他方、自働債権の残額による相殺の主張とともに、まったく、別個の債権による相殺の主張も含まれていたとみられるケースであった。一部請求を棄却された判決確定後の残額請求は信義則上許されないという判例（前掲最判(二小)平10・6・12）を前提とするかぎり、別訴における一部請求債権の残額債権による相殺の主張を許さないとしたうえで、一部請求をする別訴とその残額債権を自働債権として相殺を主張する訴訟とを併合審理する途を、できるだけ模索すべきものと考える（上記園部裁判官の補足意見参照）。

　(iii)　第三者異議訴訟に対して詐害行為取消権の主張を、抗弁でもなくまた反訴でもなく、別訴で提起することは許すべきではない[**][4]。

---

4)　別訴を認めた結果生じる不都合については、最判(二小)昭43・11・15民集22巻12号2659頁およびその評釈として、新堂・判例71頁参照。

〔＊＊〕　**債権者代位訴訟と債務者または他の債権者の訴訟との関係**　　債権者代位訴訟中に
債務者が同一債権の給付請求の別訴を提起するのは（民423条の5参照）、二重起訴になる。
ただし、代位権限を争って47条で訴訟参加することは認めるべきである（民423条の6参
照）。→p293〔＊〕。他の債権者が取立訴訟を提起すること自体は排斥されないが、併合審
理をする限りで許すべきである（最判(三小)昭45・6・2民集24巻6号447頁も併合審理
を前提として取立訴訟を認めている）。

　㈬　**両手続の関係**　　前訴の係属中に別訴を提起する場合に、二重起訴の問
題となる。前訴の手続内で訴えの変更または反訴の方法で審判を申し立てるとき
は、別訴とならない。前訴が訴訟要件を具備しているかどうかは問わない。ただ
し、後訴の起訴当時前訴が係属していても、後訴が二重起訴として却下される前
に、前訴が取り下げられたり却下されれば、後訴は二重起訴の禁止にふれないこ
とになる。

　訴訟係属中に係争物たる権利義務の承継があった後、その権利義務の承継人が
相手方当事者に対してその権利義務について新訴を提起した場合は、相手方の地
位——前の訴訟を承継して承継人に対する関係でも併合審理を求められるという
相手方の地位（訴訟承継主義に基づく地位、→p867(6)）——を保護するために、相
手方は訴訟引受けの申立てができ、これによって相手方と承継人との間で前訴訟
を承継すると、承継人の相手方に対する先の訴えは二重起訴となる。相手方が訴
訟引受けの申立てをしないで承継人の新訴に応訴したときは、相手方は引受申立
権を失うと解すべきであろう（ただ裁判所は、承継人による新訴を先行訴訟に併合するこ
とができると解すべきである）。相手方が承継人に対して新訴を提起した場合も、同
様に、承継人の訴訟承継の利益を保護するために、承継人は、相手方の新訴に対
して応訴せず、訴訟参加の申立てができる。

　（3）　**効果**

　㈠　禁止にふれる起訴のうちでも、請求の趣旨が同一のものは、被告の抗弁
をまつまでもなく、当然に不適法として却下すべきである。この点は、職権調査
事項であり、訴訟障害事由の一つである。これを看過した本案判決に対しては、
上訴で争うことができるが、確定してしまえば、もはや再審事由にあたらない。
かえって、係属中の前訴においてその確定判決の効力に抵触する判決ができなく
なる（抵触すれば、後からの確定判決が再審で取り消される。338条1項10号）。

（ｲ）　前訴と後訴が同一の事件であっても請求の趣旨が異なる場合には、むしろ併合審理の方向にもっていくべきである。なぜならば、却下しなくとも審理の重複や矛盾を避けられるとともに、併合審理にもっていく方が新訴の原告に便宜だからである（訴えの変更や反訴をあらためてする必要がない）。事件の併合を求めるのが困難であるとき（前訴がすでに上告審にあるようなとき）には、前訴判決の確定まで後訴の手続を中止して、前訴判決の確定後その効力を受ける形で後訴を進行せしめるべきである。そのほうが申立人にとって便利であるし（いったん却下されたあと、前訴の終了をまって新訴を提起する手間が省ける）、二重起訴を禁止する趣旨をより合理的に達成できると考えられる。実務上そのような取扱いを慣行化すべきであるし、立法論としては、後訴の手続を中止することができる旨の規定（旧々民訴121条が参考になる）を設けるべきであろう[5]。

3　起訴に結びつけられる他の法規上の効果

（1）　総説

起訴による訴訟の開始に、民法その他の実体法が特定の効果を付す場合がある。時効完成の猶予、出訴期間その他の除斥期間の遵守の問題が主なものであるが、これらの場合、その効果の発生と消滅は、必ずしも訴訟係属と運命をともにするとはかぎらない（規定がないときはその効果を認めた趣旨から判断すべきである）。

たとえば、時効完成猶予事由たる裁判上の請求がされた場合、その時点から、その事由が終了するまでの間は完成が猶予される（民147条1項柱書・1号）。この場合、時効完成猶予の効力発生時期は、訴状を裁判所に提出した時点である（民訴147条、なお131条1項参照）。

他方、裁判上の請求がされたが、確定判決等によって権利が確定することなく中途で訴えの却下、訴えの取下げなどによって訴訟が終了した場合には、終了した時から6カ月を経過するまでの間は、時効の完成が猶予される（民147条1項柱書括弧書。いわゆる裁判上の催告に関する判例を踏まえ立法化したもの）。つまり、その6カ月を経過するまでの間に、再度、時効完成猶予事由に「該当する手続（民147条

5）　なお、二重起訴の禁止の範囲と効果に関する著者の見解については、法学教室第2期2（1973）174-176頁参照。

228 第3編 第一審手続 第1章 訴訟の開始

1項各号。ただし、催告（民147条1項柱書括弧書・150条1項）は除く（民150条2項、最判（一小）平25・6・6民集67巻5号1208頁））を講じれば、再度、時効の完成が猶予されるが、そうしなければ、その6カ月を経過した時点で、時効が完成する。後者の場合には、時効完成猶予の効力の消滅時（訴えの却下や訴えの取下げの時点から6カ月を経過した時点）と、訴訟係属の消滅時とは一致しない。

出訴期間その他の除斥期間の遵守（たとえば、占有訴権につき民201条、婚姻取消請求につき民747条2項、嫡出否認請求につき民777条、会社組織に関する行為の無効の訴えにつき会社828条、株主総会決議取消しの訴えにつき会社831条、再審の訴えにつき民訴342条など）の効果については、時効の完成猶予と同様に解される（民訴133条1項・147条）。

他方、民法189条2項による善意占有者の悪意の擬制の効果は、訴状が被告へ送達された時に生じると解すべきであろう。また、手形法上の償還請求権（原告Xの被告Yに対する償還請求権甲）の時効の進行（手70条3項）は、XがY（償還義務者）に対していつからその償還請求権甲を行使できるようになったかが問題であるから、第三者A（先に償還請求権乙を行使した者）から原告Xへの訴状の送達によってはじめて進行し始めるとともに、その時から6カ月の短期消滅時効にかかる（手70条3項）。ただし、いったん進行した請求権甲の時効は、Xからさらなる償還義務者（被告Y）へ訴訟告知をすることにより完成を猶予され、訴訟上の請求権甲が確定したときはその訴訟の終了時から、その権利甲についてさらに時効が進行する（手86条2項）。その訴えが取下げや却下によって終了した場合は、請求権甲についてはその終了時から6カ月は時効は完成しない（手86条1項括弧書）。これらは訴求債権の時効の取扱一般と同じである。

なお、原告が訴状中に、被告に対して法律行為の取消し、契約の解除、相殺等の意思表示を記載した場合には、訴状の送達によってその効力が生じるが、その後弁論に上程しなかったり、訴えの取下げまたは却下があったりした場合にどうなるかについては、→p463(ウ)。

（2） 時効の完成猶予の生じる時

民事訴訟法は、起訴に基づく時効の完成猶予および期間遵守の発生時期を一律に起訴の時とした（147条）。時効完成の猶予の時期を訴状の裁判所への提出時とするのは、個々の場合の訴訟進行とくに送達の遅速によって訴訟中に時効が完成してしまうことを防ぐためである。

㈠ 時効の完成が猶予される権利またはその範囲

(a) 訴訟物たる権利関係についての時効完成の猶予は、債権者が提起する給付の訴えに限らず、債権関係の積極的確認の訴えでも生じる（大判昭 5・6・27民集 9 巻619頁）。相手方の提起する債務不存在の消極的確認の訴えでも、債権者がその権利を主張し請求棄却を得れば、請求棄却の答弁書提出時（それが提出されないときは権利主張をなした時）に時効の完成猶予が生じる（大判（民連）昭14・3・22民集18巻238頁、大判昭16・2・24民集20巻106頁参照）。

(b) 訴訟物たる権利関係を判断するために主要な争点となった権利関係についても、時効の完成猶予が生じると考える。たとえば、甲が乙に対して所有権に基づいて所有権移転登記の抹消請求をしたのに対し、乙が自分の所有権を主張して争った結果、裁判所が甲でなく乙が所有者だと判断するときは、甲の所有権の取得時効は、乙による所有権の主張の時に時効の完成猶予が生じる（最判（大）昭43・11・13民集22巻12号2510頁参照）。乙の所有権は訴訟物ではないが、この訴訟の主要な争点といえ、これにつき争点効が生じる場合として上記の結果を肯定できよう[6]。また、たとえば、原告の物の引渡請求に対し被告が留置権の抗弁を提出して争い、被担保債権の存否が主要な争点となり、その存在を裁判所が認めた場合には、被担保債権の存在につき争点効が生じ、抗弁の提出時に時効の完成猶予の効力を生じたと考えてよいであろう。かりに、被担保債権の存否につき裁判所が判断することなく請求を棄却したときには、被担保債権につき裁判上の催告の効果が、抗弁提出時から判決確定時まで持続すると考えるべきであろう。この場合、争点効は生じないが、被担保債権の権利行使の意思が判決確定まで続いているとみることができる[7]。所有権に基づく明渡請求の場合の原告の所有権についても、

---

6) 石田穣「裁判上の請求と時効中断」法協90巻10号（1973）〔同『民法と民事訴訟法の交錯』（1979・東京大学出版会）187頁以下〕も、争点効を既判力と同様に時効中断の根拠としてみる。

7) 最判（大）昭38・10・30民集17巻 9 号1252頁は、被担保債権の存在を認めて引換給付判決をしているにもかかわらず、裁判上の催告の効果しか認めていない点は賛成できない。同様に批判するものとして、川島武宜編『注釈民法(5)』（1967・有斐閣）112頁、岡本坦「裁判上の請求による時効中断の客観的範囲」川島武宜教授還暦記念 2 『民法学の現代的課題』（1972・岩波書店）270頁、明石三郎・民商50巻 6 号（1964）923頁。しかし、最判（一小）昭44・11・27民集23巻11号2251頁は、根抵当権設定登記の抹消請求に対して、被告が弁論で被担保債権の主張をすれば、主張時に裁判上の請求に準じてその債権の時効を中断するとする。

230 第3編 第一審手続 第1章 訴訟の開始

同様に考えてよい。なお、相手方が被担保債権や所有権の主張を争わない結果、自白によってこれらが認められた場合には、争点効を生じさせるわけにいかないが、「承認」(民152条1項) があったものとして、やはり時効更新の効果を認めることができよう。

(c) 訴訟物または主要な争点となった権利関係については、その全部について時効は完成しないから、その一部を請求する訴訟中に残部について時効が完成することはない (反対、最判(二小)昭34・2・20民集13巻2号209頁。なお、最判(二小)昭45・7・24民集24巻7号1177頁は、一部請求と明示しない場合には、中断の効果は債権の同一性の範囲内において全部に及ぶとする)。したがって、訴訟係属中に請求の拡張をして残部を追加請求することができる (高松高判平19・2・22判時1960号40頁は、数量的な一部を明示した損害賠償訴訟の係属中に、請求拡張をして残部も請求した場合において、一部請求の審理においても、全損害の内容および額の主張立証をするなどの事実から、一部請求の提起・係属により請求拡張部分についてもこれを行使する意思を継続的に表示していたと評価して「催告」の効果が継続していたとして時効中断効を認める。現行規定のもとでは民法147条1項1号および同項柱書を類推することになろう)。なお、一部請求については、→ p337(イ)・p701(ウ)。

(イ) **時効完成猶予の効果発生時期**　　起訴による時効完成猶予の効果は、「訴えが提起されたとき」に生じる (147条、133条1項参照)。すなわち、訴状提出の時 (133条)、簡易裁判所での口頭による訴え提起 (271条) にあっては、口頭によるその旨の陳述の時、訴訟中の訴えにおいては、訴状にあたる書面の提出時 (147条・143条2項・145条4項・146条4項。ただし、新しい訴訟物がすでに係属中の訴訟で主要な争点になっているときについては、→ p224(b)と同様になる) である。支払督促または和解の申立てが後に訴えの提起とみなされるときは (275条2項・395条)、これらの申立てによる時効完成猶予の効力も起訴によるものとして保持される (民147条1項2号・3号参照)。訴訟物の承継人が参加または引受けによって訴訟承継をしたときは、承継人との関係でも、起訴の時に遡って時効完成猶予の効果が生じる (49条1項・50条3項・51条)。

(ウ) **時効完成猶予の効果の消滅時期**　　時効完成猶予の効果は、訴訟の移送によっては、消滅しない (22条3項)。時効完成猶予の効果は、裁判上の請求の場合には、確定判決により権利が確定するまで、または確定判決と同一の効力を有す

るものによって権利が確定するまで、持続する。その後は、確定した権利について、新たに時効が進行する（民147条2項）。他方、確定判決または確定判決と同一の効力を有するものによって権利が確定することなく、民法147条1項に掲げる各事由（手続）が終了したときは、その手続の終了時から6カ月を経過するまでは猶予の効果が続き、時効は完成しない（民147条1項柱書括弧書）。

第2章　審判の対象

　訴えが提起され、訴訟係属が生じると、裁判所は、訴えによって示された原告の権利保護の要求に応答しなければならない。原告の権利保護の要求とは、被告に対して一定の権利または法律関係を主張し（これが狭義の訴訟上の請求）、かつ、裁判所に対してその主張を認容し請求の趣旨どおりの救済（原告勝訴の給付判決・確認判決・形成判決）を要求するものである。このような権利保護の要求（広義の訴訟上の請求）に対して、裁判所としては、まず、原告によって主張される権利関係（訴訟物）の存否（本案）について審理および判断をすべきかどうかを判定する。この判定の基準が、各訴訟要件である。訴訟要件を具備しない訴えであれば、本案の審理および判断をせず、訴え却下の判決（訴訟判決）で訴訟を打ち切る。すべての訴訟要件を具備するかぎり、原告が主張する権利または法律関係の存否を判断し、その要求が容れられるかどうかの判断をする。この判断を示す判決が本案判決であり、その判断対象は原告の要求事項（申立事項）に限定される。したがって、訴訟手続で審理しかつ判決すべき対象には、その訴えが訴訟要件を具備するかどうかということと、その訴えによる要求内容の当否とがあることになる。

　そこで、本章では、まず、各訴訟要件を考察し（第1節）、ついで、本案判決で判断すべき事項が訴えに示された要求事項（申立事項）によって限定される関係を考察し（第2節）、あわせて、いったん訴えによって定立した裁判による救済要求を撤回し、当事者の意思で終局判決によらずに訴訟手続を終了せしめる関係（いわば、審判の対象を当事者が処分する関係）を考察する（第3節）。

第1節　訴訟要件

第1款　訴訟要件一般

1　訴訟要件の概念

原告が、訴えによって要求した勝訴判決を得る（つまり訴えの目的を達成する）には、請求内容である被告に対する権利主張が認容されなければならないが、訴訟要件とは、その権利主張が認容されるかどうかを審理・判断してもらうために具備していなければならない事項である。請求の内容となっている権利主張の当否の審判を本案判決というから、訴訟要件は、本案判決をするための要件といえる。

（1）　本案審理・訴訟要件審理との関係

訴訟要件の欠けていることが発見された場合には、それ以上裁判所が本案の審理に立ち入りまたは続行することは不要になり、裁判所は、訴え却下の判決で審理を打ち切る。その意味で、訴訟要件は本案審理の要件になる（ただし、→p235（2）以下。なお、誤って訴訟要件を欠くとして訴えを却下した第一審判決を取り消すときには、控訴裁判所は事件を必ず第一審裁判所に差し戻さなければならないとされるが（307条）、これは、第一審で本案審理がなされていないことを前提にしたものといえる）。しかし、裁判所は、外形上訴えと目される行為があれば、訴訟手続を開始しなければならず、訴訟要件の存否もこの手続内で調査され、それが欠けていれば、訴え却下の判決（訴訟判決）でその訴訟手続を完結せしめるのであるから、訴訟要件は、訴訟の成立要件ではない。

（2）　判決裁判所の構成・裁判の公開等の要請との関係

訴訟要件は、個々の訴えについて要求されるもので、判決手続による審判一般に要求される事項（たとえば、除斥原因なき裁判官による判決裁判所の構成、審判の公開等）と異なる。これらの要件が欠けるときは、本案判決か訴訟判決かを問わず違法な判決となるが（312条2項2号・5号参照）、訴訟要件を欠くときは、本案判決ができないにとどまる。

234 第3編 第一審手続 第2章 審判の対象

2 訴訟要件の種類

(1) 積極的要件と消極的要件

前者は、ある事項の存在が本案判決の要件となる場合（たとえば、管轄権、当事者能力、訴えの利益）であり、後者は、ある事項の存在が本案判決をできなくする場合（たとえば、仲裁合意の存在、同一事件の係属（142条））であり、訴訟障害ともいわれる。

(2) 職権調査事項と抗弁事項

前者は、訴訟要件のうちで、その存在（または訴訟障害の場合はその不存在）を裁判所が職権で調査し顧慮しなければならない事項であるが、後者は、被告が主張しないかぎり手続上問題にならない（裁判所も顧慮しなくてもよい）事項である。訴訟要件の大部分は職権調査事項であり、抗弁事項には、仲裁合意（仲裁14条）、不起訴の特約（→p259〔*〕）、訴訟費用等の担保提供の申立て〔*〕（75条、訴え提起およびその遂行によって原告が被告に対して負う不法行為に基づく損害賠償責任の担保として、会社836条・847条の4第2項）などがあるにすぎない。

〔*〕 **妨訴抗弁** 被告が訴訟要件の欠けていること、または訴訟障害の存在を主張して訴えの却下を申し立てることを、妨訴抗弁ということもあるが、現行法では、訴訟費用担保提供の申立て（75条4項・81条）以外は、それによって本案の弁論を拒絶する権利を被告に与えているわけではないから、用語として不適当である。

(3) 訴権の要件になる事項

訴訟要件のなかで、事件に対する裁判所の権限（裁判権・管轄権）、当事者の一般的能力（当事者能力・訴訟能力）、その他手続の一般的な適法要件（適法有効な訴えの提起、担保の提供、併合の要件）等の形式的事項から、訴えの利益、当事者適格の要件を取り出し、これを訴権の要件として別に論じることがある[1]。本書でも、これを別に論じることにする（→p239以下）。

3 各個の訴訟要件

なにが訴訟要件であるかについては、訴訟法に統一的な規定はない。各所に散

---

1) 兼子・体系152頁。なお権利保護請求権説のいう訴訟的権利保護要件（→p241(イ)）がこれにあたる。

在している主なものを整理すれば、つぎのとおりである。

(1) 被告および事件が日本の裁判権に服すること（↘p103(2)）。

(2) 裁判所が管轄権を有すること（↘p105(2)）。

(3) 訴訟係属を構成する行為（訴え提起行為および訴状送達）の有効なこと。

訴え提起行為の存在自体は、訴訟開始の要件で、それがなければ訴え却下の判決をする機会も生じないから、訴訟要件に属しない。訴訟能力や法定代理権の存在も、これらの行為を有効にさせる要件の一つとして訴訟要件になる。

(4) 当事者が実在し、かつ、当事者能力を有すること。

(5) 原告が訴訟費用の担保提供をする必要がないこと、または必要な担保を立てたこと（75条1項・4項）。

(6) 併合の訴えまたは訴訟中の訴えであれば、その要件を具備すること。

(7) 裁判所に審判権があること（↘p245 1）、訴えの利益および当事者適格があること。

4 訴訟要件の調査

(1) 職権調査および職権探知の範囲

裁判所は、抗弁事項とされる要件を除き、訴訟要件の存在（または訴訟障害の不存在）を、職権でも確かめなければならない。さらに、職権で調査すべき訴訟要件の大部分については、裁判所はその存否を判断するための資料も職権で探知すべき職責を負う（たとえば14条）。しかし、任意管轄、訴えの利益または当事者適格の存在は職権調査事項であるが、その判断の基礎になる事実は当事者の弁論にあらわれたものに限られるべきである（↘p494(3)）[2]。

(2) 訴訟要件の調査と本案判決との関係

裁判所は、訴訟要件の存在（または訴訟障害の不存在）を確かめたうえで本案判決をすべきである。もっとも、訴訟要件のうちでも、被告の利益保護を主な目的とするもの（抗弁事項、任意の土地管轄など）については、その存否の判断よりも容易に請求を理由なしとする判断が可能であるときには、請求棄却の本案判決をして妨げないと解する。なぜならば、これらの要件によって本案判決をすべき場合を

---

2) ただし、高島義郎「訴訟要件の類型化と審理方法」講座民訴②105頁。

236 第3編 第一審手続 第2章 審判の対象

制約するのは、被告のために、本案審理に入って訴訟追行をする煩わしさを免れ
させ、本案の訴訟追行により被告に生じる損害を最小限にとどめるためであるか
ら、すでに被告が請求棄却の本案判決を受けられる状態にあるのに、訴訟要件の
存否の調査のためになお時間と費用を投下して手続を続けるのは、無駄なことで
あり、これらの訴訟要件の目的に沿わないからである。また、紛争の合理的効果
的な解決が得られないような無駄な審判を避けるための当事者能力の要件、さら
に訴えの利益や当事者適格の要件も、すでに請求棄却の本案判決ができる状態で
あるのに、本案判決をしたときの効用（紛争解決が有効に得られるかどうか）を云々
して訴訟要件の調査のために手続を続けるのは、やはり本末転倒であろう（大判
昭10・12・17民集14巻2053頁も確認の利益について同結論）。これらの要件は、本案の審
理に費用と時間がかかることを前提にして、そのような審理をしても紛争解決に
とってプラスにならない場合を避ける役割を果たすものであり、本案の審理自体
がその訴訟要件の審理より簡単にできる場合を予想していないと思われる（ただ
し、たとえば訴えの利益や当事者適格の判断において司法権の限界などが問われているケース
や判決の効力が第三者に拡張されるべきケースにおいては、裁判所が実体判断をすること自体
を抑制すべきであるから、上記のような取扱いをすべきではない）。このほか、係属中の訴
訟の審理をむやみに混乱させないための訴訟中の訴え提起の要件も、すでに本案
について結論が得られた状態では、とくに必要な要件であるとはいえないし、原
告に対する一種の制裁を科す再訴禁止（262条2項）にあたらないという要件も、
すでに請求棄却ができるなら、再訴にあたるかどうかの判断を待つまでもなく、
抑止の効果において異なるとはいえない請求棄却の本案判決をしてもかまわない
（したがって、この再訴禁止の要件を無視することは、この本案判決に対する上訴による取消事
由にならない）と考えられる[3]。

（3） 各要件の調査の順序

各要件の調査の順序は、法定されているわけではない。結論の出やすいものを
先に調査するのを建前とし、ある要件が欠けていればそれ以上の調査を打ち切る
のが合理的であろう。結論が出やすいかどうかの順序は、一般的にいえば、本案

---

3) 以上の考えは、鈴木正裕「訴訟要件と本案要件との審理順序」民商57巻4号（1968）507頁以下
に負う。なお、竹下守夫「訴訟要件をめぐる二、三の問題」司研論集65号（1980）1頁参照。

第1節 訴訟要件 *237*

の内容に関係の薄い一般的抽象的な要件から、本案内容に関係する具体的な要件へと進み、本案の判断と密接に関連する訴えの利益や当事者適格などの調査を最後にするという順序が考えられるし、多くの学説の解くところでもある（本款3に列記した順序はその一例である）。

（4） 訴訟要件の存否を判定する時期

原則として事実審の最終口頭弁論終結の時（管轄については起訴の時、15条）である。訴訟要件は、本案判決の要件であり、本案判決は、事実審の口頭弁論終結時までの資料に基づいてなされることによる[4]。

　㋐ 訴え提起の時には存在しなくても、上記の標準時において存在すれば足りる。反対に、訴え提起の時に存在しても、その後に消滅すれば、本案判決ができなくなる。上記の標準時後に要件を欠くことになっても、上告審はこれを顧慮する必要はない。

ただし、訴訟要件の欠缺（欠けていること）を看過して本案判決をしている場合、その標準時以後に訴訟要件を具備するに至れば、上告審はこれを顧慮して原判決を維持すべきである（大判昭16・5・3判決全集8輯18号617頁は、代理権欠缺を看過した原審の本案判決を、それ以後の追認を顧慮して維持する。また、最判(二小)昭47・9・1民集26巻7号1289頁は、代理権欠缺を理由に控訴を却下した原判決を、上告審における代理権の追認を理由に破棄している。大判昭13・3・19判決全集5輯8号362頁は、再審の訴えの係属中の追認を顧慮して再審の訴えを排斥する）。また、訴訟要件の欠缺を理由に訴えを却下された後、その標準時後に要件が具備された場合には、原告の便宜のために、上告審はこれを認めて、原判決を破棄して事件を差し戻すべきである（これを顧慮しなければ、原告はあらたに訴えを提起しなければならない）。したがって、当事者能力の欠缺に基づく訴え却下の判決後の、能力の具備を理由にした弁論の再開申立てを却下した控訴審の取扱いを肯定し、かつ、上告審としてもこれにつき審理判断する必要はないとする（最判(二小)昭42・6・30判時493号36頁。また最判(三小)昭46・6・22判時639号77頁は、事実審の口頭弁論終結時に代表権を欠くとして訴えを却下されたあとは、後に代表権を取得するに至っても上告審として顧慮する必要なしとする）のは、疑問なしと

4） ただし、竹下・前掲注3）論文39頁は、原則としてその後の事情も斟酌できるとする。これについては、後記㋐の後段「ただし」以下を参照されたい。

しない[5]。

(イ) 訴訟能力や代理権は、訴訟中継続して存在しなければならないとされるが、これは、それらが各個の訴訟行為の有効要件でもあるからで、訴訟要件であるからではない。

(5) 調査の結果

(ア) 訴訟要件が備わっていることに問題がなければ、黙って本案判決をすればよい。当事者間で訴訟上その存否について争いがあった場合には、中間判決(245条)または終局判決の理由中で、それが存在する旨の判断を示すべきである。

(イ) 訴訟要件の欠缺を認めるときは、それ以上本案の審理をすべきではなく、終局判決で訴えを却下する。ただし、管轄違いの場合には、移送決定をする（16条）。訴訟要件の欠缺が補正できるものであれば、判決前に補正を命じるべきである。他方、最初から明らかに補正の見込みがなければ、口頭弁論を開く前でも訴え却下の判決ができる（140条）。

(ウ) 訴訟要件の欠缺を看過または誤認してした本案判決は違法であるから、請求を棄却された原告も、請求棄却の申立てをしたが容れられず請求を認容された被告も上訴でその取消しを求めうる（例外、任意管轄違い（299条1項本文））。判決確定後は、再審事由にあたる場合に限って再審の訴えが起こせるだけである（たとえば、訴訟能力、代理権の欠缺、338条1項3号）。

もっとも、訴訟要件のうちでも、その存在を確かめなくとも請求棄却をすることが許されるものについては、原告は、その請求棄却の判決に対する上訴の理由として、その訴訟要件の欠缺を主張することは許されないと解すべきであろう。また、被告には、請求棄却の判決に対し訴えの却下を求めて上訴する利益は認められない。他方、訴訟要件が備わっているのに誤ってこれが欠缺しているとして訴えを却下した判決に対しては、原告にも、請求棄却を申し立てた被告にも、上訴によってこれを取り消す利益が認められる。

---

5) 上記昭42年判決の評釈として、上田徹一郎・昭42年度重判解207頁参照。

第2款　訴権的利益

　訴訟要件のなかで、請求の内容と密接に関係するものとして、訴えの利益と当事者適格とがある。その存在が本案判決の要件であることは他の訴訟要件と異ならないが、他の訴訟要件が事件内容に関わらない一般的な事項であるのに対し、これらの要件は、本案判決を求める正当な必要があり、かつ、その当事者間で本案判決をすることによって有効・適切な紛争の解決が得られるかを、請求内容および両当事者について個別的に判断し、紛争解決の実効のない本案審理・本案判決を避けるための要件である。しかも、その判断は、どのような実体的権利や利益についてだれが民事訴訟制度を実質的に利用できるかを決めるものであり、民事訴訟制度の運営の方向を左右する重大な問題といえる。このような意味において、この二つの要件を他の訴訟要件と別に論じるのが便宜である。事実、古くから、訴権論争の中核的問題として論じられてきたし、訴えの利益や当事者適格なる観念は訴権論争を通じて発展した。

　そこで、まず訴権論争を紹介し、解釈論上および立法論上、訴権なる観念を認める実益があるかを吟味したうえで、従来の訴権論を超えた新しい課題として裁判所審判権の限界の問題を取り扱い、ついで訴えの利益および当事者適格が具体的にはどのようなものか、その有無を決定する因子にはどのようなものがあるかをみよう。

第1項　訴　権　論

1　訴権論争

　訴権論とは、個人が訴えを提起して裁判を受けられる関係を、個人の権能とみて、これを訴権と呼び、その権利内容としてどのような行為ないし裁判を求めるものと構成すべきか、またそれがどのような要件のもとに認められるか、さらに、そのような権利を観念する実益があるか、という諸点をめぐる議論であり、サヴィニー、ヴィントシャイトらによって形成された19世紀前半のドイツ私法学における訴訟観を出発点として展開されたものである。訴えの提起によってはじめて民事訴訟制度の目的を実現する機会が生じるから、訴えの提起に対して裁判所が

どのように対応するかは、民事訴訟制度の設営目的をどう把握するかに影響される関係にあり、この対応関係をどう説明するかも、制度の目的の把握と不可分な関係にある。そこで、各説とも、その訴権内容にみずからの把握する民事訴訟の制度目的を投影することになり、訴権論は、訴訟制度の目的論との関連で展開されていった。

（1） 私法的訴権説

私権は訴訟とかかわりなく存在し（権利既存の観念）、それが侵害されたときに権利者に救済を与えるのが国家の任務であるとする訴訟観に立つもので、民事訴訟をして私法上の権利を裁判上行使する過程または手段とみ、訴権をもって、私権とくに請求権の侵害によって生じる変形物とか派生物とみ、私権のいわば属性の一つとみる見解である。ドイツ普通法時代のサヴィニー、ヴィントシャイトらによって代表されるが、給付訴訟以外に確認訴訟が認められるようになると、債務不存在確認の訴えでは、元になる私権がないから、この説では訴権の存在を説明しえないことになり、影をひそめていった。

（2） 公法的訴権説

上記の私法的訴権説の難点を避けるために、訴権を私法上の権利から切り離し、別個独立の公法上の権利とする説である。19世紀後半の法治国思想とともに唱えられた市民の国家に対する公権の観念を訴権に結びつけることにより、私権から訴権を独立させた。この説は、さらに、訴権の内容としてどのような種類の判決を求めることができるかによって、つぎの各説に分かれる。

(ア) **抽象的訴権説**　訴えに対し、なんらかの判決が得られることを訴権の内容とする説。この訴権は、門前払いの訴え却下の訴訟判決を受けても満足すると考える点から、抽象的の名称が付けられている。しかし、このような抽象的な内容の権利ならば、起訴の自由があるというのと同じで、訴権という特別の権利をあえて構成する必要はないと批判された。

(イ) **具体的訴権説（権利保護請求権説）**　訴権を勝訴判決を請求する権利として構成する説。権利保護請求権説が、判決による権利保護を求める権利として認めるところのものである。この説は、権利既存の観念と侵害されまたは危殆に瀕した権利の保護を訴訟の目的とみる私法的訴権説の流れを受けつぎ、これを確認訴訟類型をもつ現代の訴訟法体系に再生・適応せしめた説といえる[1]。この説は、

勝訴判決の要件を詳細に分析し、この要件には、原告の主張どおりの私法上の権利関係の存在（または不存在）（これを実体的要件という）のほかに、訴訟的権利保護要件として、当事者が訴訟追行権（当事者適格）をもつこと、訴訟物が判決によって確定されるに適するものであること（権利保護の資格）、原告がその訴訟物について判決を求める具体的な法律的利益をもつこと（権利保護の必要または利益）が必要であることを明らかにした。この説に対しては、相手方に対してさえ自己の主張を押しつける権威のない個人が、裁判所に対して自己の主張どおりの勝訴判決を権利として要求できるとするのは行き過ぎであるとの批判がなされた。

　(ウ)　**本案判決請求権説**　　抽象的訴権説は内容が空疎にすぎ、具体的訴権説は欲張りすぎであるとの批判から、両者の中間として本案判決を請求しうる権利（請求認容までは要求しない）を訴権の内容とする説。本案判決によって紛争解決の実質的基準が示されるから、紛争解決を民事訴訟の目的とみる説と結びつきやすく、事実、わが国では、紛争解決説をとる兼子一博士によって採用され、本案判決請求権は紛争解決請求権とも呼ばれている[2]。兼子博士によれば、訴権の要件として、とくに訴えの利益および当事者適格とが挙げられる[3]。

　この説に対しては、本案判決により紛争が実質的に解決されるという認識は正しいが、紛争の解決という「客観的な制度目的を直ちに主観的利益の要素を本来帯有すべき私人の訴権の内容としてもちこむことには、抽象的訴権説の場合と同じ無理がひそむ」[4]との批判がある。つまり、請求棄却の判決を受けても訴権は満足させられたというのは、おかしいというのである。

　(エ)　**訴権否定説**　　訴権なる観念は、「19世紀の過剰な権利意識の産物」であり、「誇張された権利意識の生み出した幻想」であるとして、これを否定する説。

1）　富樫貞夫「権利保護請求権説の形成」熊本法学4号（1965）15頁以下。

2）　兼子・体系29頁。本文のように、兼子博士の本案解決請求権説は、ドイツにおける公法的訴権説内部の論争から生まれた説といえる。しかし、海老原明夫「紛争解決と訴権論——その1・2・3」ジュリ958号・960号・961号（1990）は、ドイツの法伝統の下では、訴訟以前においても、また国家法以前においても、権利を行使し法を主張して生活していたとし、抽象的訴権説でさえも、訴訟以前の紛争は法的紛争ととらえられていたことを明らかにして、兼子理論が、ドイツの法伝統とは決定的に異質な発想に立脚していることを明らかにしている。

3）　兼子・体系152頁。

4）　三ケ月・11頁。

242 第3編 第一審手続 第2章 審判の対象

この説は、国民と訴訟制度との関係を「厳密な意味での権利義務の関係ではなく、又恩恵の関係でもなく、国家がその関心から訴訟制度を営為し、国民が裁判権に服しているという事実の反映にすぎぬとする認識」に立脚し、訴権とは訴訟の制度目的の主観的な投影に過ぎないとみて、それを訴訟理論の中核にすえることを自覚的に否定するものである[5]。

(オ) **司法行為請求権**（Justizgewährungsanspruch）**説**　訴権をもって、裁判所に対し、具体的な状況と段階に応じて法律上必要な行為をすべて要求できる権利とみる説。ドイツでは権利保護請求権説に拮抗して有力である。訴訟目的を法秩序の維持におく考えに支えられ、判決行為のみならず、法に従って期日の指定や訴状の送達を求める権利などもすべて含まれる。判決についていえば、法に適った判決を求める権利であり、訴え却下判決も訴訟法秩序を維持確保したものと考える。その意味では、抽象的訴権説の再生という面があり、これと同様の批判にさらされる。わが国では、斎藤秀夫博士によって採用されたが、同博士は、訴権の理論的・実際的効用を発揮させるには、憲法と訴訟法を結びつける概念として訴権を観念し、憲法32条は訴権を保障したものであるとし、訴権の内容に憲法の保障する積極的な受益権的性質を盛り込むべきであるが、それには、司法行為請求権説をとる以外にないと論じる[6]。

2　訴権論争の意義

（1）　権利既存の観念に基づいた私法的訴権説から権利保護請求権説への展開過程は、資本主義を可能ならしめる等価交換という経済秩序——法的には権利の体系として表現される私法秩序——の存在に支えられた自立的な市民社会を前提とし、訴訟の媒介なしに自立的に存在している権利秩序が破れ、既存と観念される権利が侵害されたときに、国家が例外的にその回復の任に当たるべきだとする思想に立脚したものであった。それは、19世紀の市民国家の理想を、私権と訴訟

5）　三ケ月・13頁。

6）　斎藤秀夫「訴権と憲法との架橋」『石田文次郎先生古稀記念論文集』（1962・同論文集刊行会）263頁以下、同・概論42頁。中野貞一郎「訴権」法セ64号（1961）58頁は、訴権が憲法と訴訟法を結びつける概念として理論的価値をもつとする。これらに対する訴権否定説からの批判として、三ケ月「裁判を受ける権利」小山ほか・演習民訴(上)〔同・研究7巻3頁以下〕。

の関係について説いたものといえ、近代市民社会における民事訴訟法理論の構築の基礎を固めるという歴史的役割を果たした[7]。最高裁が訴訟の非訟化の限界として説くところの、確認的裁判こそが司法本来の任務であるとする発想（→p30〔＊＊〕）も、権利保護請求権説によって培養されたものといえよう。

（2）　訴権論争は、私権と訴訟との関係を明らかにした。論争は、実体法と訴訟法との関係を詳細に分析することになり、その結果として、公法的訴権説によって私権と訴訟上裁判を要求できる地位とが分離されることになったし、権利保護請求権説による訴訟的権利保護要件の抽出を通じて、いったんは私権と切り離された裁判を要求する地位が実は私権の内容と密接に関係することが明らかにされ、訴えの利益や当事者適格なる観念が作られることになった。これらの点は、訴権論争の不滅の功績といえよう。

（3）　しかし、現在、立法論・解釈論の道具として訴権なる観念を用いる実益があるか。現在ではすでに、権利保護請求権説の精緻な理論によって、訴えの利益などの観念が確立され、どのような条件があれば判決一般、本案判決、または勝訴判決が得られるかについて制度運営上の理論が一応明らかにされている。したがって、そのような制度運営上の規律の反映として裁判を受けられることを、ことさら個人の権利として構成する実益があるかは、たしかに一つの問題である。その意味で、訴権論は訴訟要件論のなかに発展的に解消せしめられたとの訴権否定説の説くところ[8]には、一面の真理がある。

しかし、訴えの利益や当事者適格の判断は、他の訴訟要件の判断に比べて、請求内容と密接に結びついており、それだけに一般的な基準が立てにくく、事件ごとに微妙な利益考量が要請され、その際には、制度運営者たる裁判所の立場と利用者の立場とが対立拮抗する場合が多い。その場合、制度運営上の合理性を、利用者なり権利保護を求めている者の不当な犠牲のうえに追求するおそれがないとはいえない。訴権否定説のように、利用者の立場を制度運営のたんなる反映とみる立場からは、制度運営者の立場と対立する利用者の立場は見失われよう。かよ

7）　このような歴史的意義を解明しようとするものに、富樫・前掲注1）、同「ドイツ訴権論の成立過程」民訴雑誌11号（1965）98頁以下があるが、その十分な解明はなお今後に残された課題である。

8）　三ケ月・14頁。

うな利用者を無視する解釈論なり立法論なりを克服するために、今後も、利用者の立場を第一義とした解釈・立法への指導標として訴権なる観念を用いる実益が残されているのではなかろうか[9]（たとえば、↘p268〔*〕での判例の動きをみよ）。

　ただ、訴権なる観念を認めるとしても、斎藤秀夫博士のように訴訟法と憲法を結ぶためだけならば、司法行為を要求できる当事者の地位を端的に裁判を受ける権利として観念し、訴訟法学の立場からその内容を論ずればよく、あえて訴権なる観念を要しない。訴権を、裁判を受ける権利と同義に解し、判決以外の司法行為をも求める権利として一般化してしまうと、訴権の内容は散漫となるし、裁判を受ける権利のほかにそれを認める意義がかえって問われることになろう。そこで、訴権論争における伝統的な使い方を受けて訴権を判決を求める権利として構成し、裁判を受ける権利の中核として訴権を考えるのが適切であろう。しかも、訴えの利益や当事者適格の判断において制度の利用者の利益や便宜を代弁せしめる点に訴権の実用的意義があるとするならば、訴えの利益や当事者適格を要件として成立する本案判決を求める権利としてこれを構成しておくのが、現在も適当と思われる。

3　訴権論争の限界

　訴権論は、その権利性を否定する説も含めて、ある具体的事件に対して本案判決をすべきかどうかを判断するための訴えの利益や当事者適格の理論を発達させた。そして、その過程で、立法や行政に対し司法権の限界を問う課題をも、一応そのなかに取り込んできた。しかし、それは、限界的事案の場合に裁判所が本案判決をすべきかどうかという切り口からのみ論ずるものであった。そこでは、本案判決をすべきだとしても、司法権行使を自制する立場から、本案判決に至る各争点についての審判のやり方にもなんらかの制約を加える必要はないかといった視点からの切り込みはなかった。しかしながら、立法作用、行政作用に対して司法権の限界を問うのみならず、信教の自由に対する司法権行使のあり方、宗教団体、政治団体など各種団体の自治・自律権に対する司法権の介入の限度などを考

9）　なお、訴権の権利性を具体的に論じたものに、中田真之助「訴権の権利性（1・2完）」判時642号・644号（1971）がある。

察する場合には、司法権の行使のあり方として、本案判決をすべきか、訴えを却下すべきかという選択肢のみでは、不十分である。

　近時、宗教団体内の紛争をめぐっては、裁判所は宗教問題に介入すべきでないとの立場から、そもそも本案判決をすべきでないかどうかの考察のみならず、裁判所による紛争解決の必要性を認め、これに本案判決をすべきであるとしても、教義の真偽にかかわるような争点がある場合についてどのような審判をすべきかが問われている。また、団体の代表者の選任というような団体の意思決定の有効性が問題になっているときに、団体の自律権を尊重しつつ、法に基づく裁判を実現する選択肢として、裁判所としては、その選任手続が団体自体の定める規則どおりに適式に行われたかどうかを審査するにとどめ、選任の実体的要件の存否については、団体の自律的決定に任せるべきだとも論じられている。こうした課題を民事訴訟法学の領域に取り込むべきであり、その際には、従来の訴権論との類似性を配慮しつつも、訴権論を超えた課題であることを率直に認め、これとは別に、「裁判所審判権の限界」として取り扱うのが適切である。

第2項　裁判所の審判権の限界

1　裁判所審判権の意義

　裁判所は、一切の法律・規則・命令・処分の違憲審査権を有するが（憲81条）、憲法上明文による、または他の諸規定との関係から帰結される不文の制限がある。ここでいう、裁判所審判権とは、憲法の明文の規定によって司法権の限界が画されている場合のほか、立法権・行政権に対する司法権の特質から司法権行使の限界を考察するとともに、信教の自由、結社の自由などの憲法上の諸価値との調整を図りながら、裁判所がいかなる事件に対してその裁判権の行使を抑制すべきか、それを行使して紛争解決に乗り出すべきか（本案判決をすべきかどうか）、また、本案判決をするとしても、前提となる争点についてどのような審判方法をとるべきか等を、個別事件ごとに、具体的に考察することによって得られる司法権の限界およびその行使の具体的あり方を指示する概念である。この審判権を画する作業は、憲法の期待する司法権のあり方および役割を具体的な事件との関係で判断する作業である。その作業は、訴えの利益、当事者適格の判断と密接に関連するが、これに先立って考察されるべき訴訟要件の一つである。しかも、同時に、本案判

決をすべきかどうかの問題だけでなく、本案判決をするとしても、審判権行使方法についていかなる制約を課すべきかも指示する概念である。

裁判所法3条は、司法裁判権の限界を示す概念として、「法律上の争訟」という言葉を用いているが、ここでいう裁判所審判権は、法律上の争訟の範囲・内容を個々の訴訟事件レベルで明確にするものといえる。

なお、憲法の明文によって司法権の限界が画されている例としては、国会の各議院の行う議員の資格争訟の裁判（憲55条）、裁判官の弾劾裁判（同64条）がある。

2 司法作用の特質からくる審判権の限界

審判権の限界については、以下のいくつかの視点から、考察することができる。

（1） 具体的争訟性の存在

裁判所が審判権を行使するには、まず、事件が具体的紛争に関するものであることが要求される。提起された訴えがそのような具体的争訟性を有する事件を定立するものでなければ、裁判所はこれをまともに取り上げない。訴訟要件を欠くものとして、訴えを却下する。

民事訴訟は、利害のもっとも対立する関係者を当事者として、その手続とくに口頭弁論に参加させ、そこで自己の言い分を存分に主張する機会を与え、裁判所が公平な第三者としてこの両当事者の主張を聴き、どちらの言い分が正しいかを判定するという構造をとっている。

そこで訴訟で争われる権利義務関係といっても、それが一般的抽象的なものであると、誰がその権利関係につき対立した利害をもっているかを具体的に特定しがたい。特定の家屋の明渡しをめぐる争いとか、特定の土地の所有権の帰属をめぐる争いというように、具体的な権利関係をめぐる紛争であれば、誰と誰とが何をめぐって争っており、その解決のために誰と誰を対立する当事者に据えるのが適当かを明確に判断しやすい。この意味で、訴訟構造自体が利害対立の明確な個別具体的紛争の解決に適合したものといえる（立法作用や行政作用が不特定多数の利害関係者、国民一般・市民一般の利害や公共の利益を対象にしているのと対照的である）。

さらに、近代立憲主義においては、国民は、選挙で選ばれたその代表者を通じて立法過程に参加するとともに、そこで作られた法のもとでの各自の権利義務関係の形成は各自の決定に任される（自己決定の原則）とともに、各自の権利義務関

係については、自己が適正に代表されていない手続によって拘束的に決定されることは不公正であるとのデュー・プロセスの思想によって保護されている。

このデュー・プロセスの思想を訴訟法上実現するものとして、裁判所が両当事者に平等に口頭弁論の機会を与えるとともに、判決は、原則として、そのような参加の機会を与えられた両当事者のみを拘束するという構造をとっている。そして、ここにいう手続への参加の機会をより実質的に保障するために、裁判所の取り上げるべき事件を、具体的な権利義務に関する紛争に限定することによって、その手続において誰の権利義務が問題にされようとしているか、もっとも利害が対立しているのは誰かを明確に把握し、もっとも利害の対立する者を原告および被告として手続に関与させる仕組みにしている。その意味で、争訟の具体性という要件は、審判権行使の対象として、訴訟の基本構造に適合する事件を選別するとともに、デュー・プロセスの保障を確実にするための要件であると考えられる[1]。

（2）　請求内容が法律的にその当否の判断ができるものであること

民事訴訟による紛争の解決は、原告の被告に対する主張の当否を法律的に判断することによって達成するものであるから、その主張の当否が法律的に判断できるものでなければならないが、そのためには、請求内容は権利関係の存否の主張であることが必要である。

たんなる事実の存否の争いは、原則として民事訴訟の対象にならない（例外、証書真否確認の訴え、134条）。また、宗教上の教義の当否の主張なども、法的に判断することが不可能であるから、その点を直接請求内容とする訴えに対しては、審判権を行使しえない[＊]。また法律問題であっても、具体的事件と関係なく抽象的に法令の解釈を論ずる紛争[＊＊]や学説の争いにとどまるものは、前記(1)の具体的争訟性を欠くことになる。

〔＊〕　**板まんだら事件判決**（最判(三小)昭56・4・7民集35巻3号443頁）　事案は、被告宗教法人に対しその会員であった原告が寄付金を拠出した行為が無効であるとして、不当利得返還請求がされたものである。被告が当該寄付を募った趣旨は、訴外宗派——原告らはその信徒だった者であり被告はその檀信徒団体である——の教義が全国にくまなく広ま

1）　佐藤・憲法3版295頁。

ったこと（「広宣流布」）を記念して、同派の本尊「板まんだら」を安置する本堂を建立するための資金を募る、というものであったが、原告は、上記本尊が偽物であることが判明したこと、本堂完成後被告が「広宣流布」は未達成であると言明するに至ったことは、いずれも寄付という法律行為の要素の錯誤にあたると主張した。

　最高裁は、「本件訴訟は、具体的な権利義務ないし法律関係に関する紛争の形式をとっており、その結果信仰の対象の価値又は宗教上の教義に関する判断は請求の当否を決するについての前提問題であるにとどまるものとされてはいるが、本件訴訟の帰趨を左右する必要不可欠のものと認められ、……当事者の主張立証も右の判断に関するものがその核心となっていると認められることからすれば、結局本件訴訟は、その実質において法令の適用による終局的な解決が不可能なものであって、裁判所法3条にいう『法律上の争訟にあたらない』」として訴えを却下した。

〔＊＊〕　**警察予備隊設置等無効確認請求事件**　最判（大）昭27・10・8民集6巻9号783頁は、日本社会党委員長が原告となり、被告たる国がなした警察予備隊の設置および維持に関する一切の行為の無効確認をいきなり最高裁に求めた事件を却下し、特定の者の具体的な法律関係について紛争がなく、抽象的に法律命令等の合憲性を判断する権限は裁判所にないとした（兼子一「違憲提訴における事件性の問題」ジュリ6号（1952）〔同・研究2巻119頁〕参照）。

（3）　行政権・立法権の裁量権を尊重した制約

　いつ、いかなる立法をなすべきか、また、行政行為をなすべきかについて、憲法その他の法律で、一義的に立法権または行政権を拘束していないかぎり、これらの機関の裁量権が尊重されるべきであり、裁判所がそれを命ずることは許されない[＊]。もっとも、これらの機関が裁量権の範囲を逸脱し、また裁量権の濫用をした場合には、その処分は違法となり、裁判所の審査の対象となる（行訴30条）。

　しかし、国家全体の運命にかかわる重要な事項、たとえば国家の承認、条約の締結その他の外交活動、国家の安全保障にかかわる行為などについては、権力分立の建前からも、また個別紛争の解決に適した訴訟の基本構造からくる制約（その問題を議論するのにもっとも適した者が当事者になっているか、判断のための資料を十分に提出できるかについて保証がないなど）からも、裁判所は、政治部門の判断・行為を尊重した審判権の行使をすべきである。このような事項については、「高度の政治性」を有するものとして、「一見極めて明白に違憲無効」と認められないかぎ

り、内閣や国会の行為を尊重して、それが有効であることを前提として、本案の判断をすべきものである[**]。なお、司法権の立法府に対する自制と抑制のバランスを図ろうとする実例として→ p253[*](2)。

[*]　最判(二小)昭30・10・28民集9巻11号1727頁は、旧特別都市計画法に基づき行政庁に対し特定の土地を換地とする指定を求めた事件で、傍論的ではあるが、裁判所が行政庁に対する一定の行政処分を命ずることを否定している。ただし、行政事件訴訟法の改正（平16・法84）により、抗告訴訟の一型態として「義務付けの訴え」が認められることになった。行訴3条6項参照

[**]　**砂川事件判決**（最判(大)昭34・12・16刑集13巻13号3225頁）　日米安全保障条約の内容が合憲か違憲かの判断は、「その条約を締結した内閣およびこれを承認した国会の高度の政治的ないし自由裁量的判断と表裏をなす点がすくなくない」から、「純司法的機能をその使命とする司法裁判所の審査には、原則としてなじまない」とし、条約の内容が、「一見極めて明白に違憲無効である」と認められないかぎりは、司法審査権の範囲外であるとする。この判決の歴史的・政治的背景については、長谷部恭男「砂川事件判決における『統治行為』論」法時1085号（2015）44頁以下を参照。さらに、統治行為論および統治権論については、篠田英朗『ほんとうの憲法――戦後日本憲法学批判』（2017・ちくま書房）第5章も参照されたい。

(4)　議院、内閣など他機関の自律権の尊重とその限界

最判(大)昭35・6・8（民集14巻7号1206頁）は、適法な閣議決定のない衆議院の「抜き打ち解散」の違憲無効を主張して議員たる地位の確認、歳費の支払の請求をした事件において、「衆議院の解散は、極めて政治性の高い国家統治の基本に関する行為」で、その法律上の有効無効の審査は司法裁判所の権限外にあるとする。しかし、内閣はその職権行使については自律権があり、裁判所としてもこれを尊重すべきであるから、衆議院の解散行為に限らず、内閣の決定がむしろ有効であることを前提として請求を棄却するのが正しい審判権行使のあり方と考えられる（本件判例も、訴え却下ではなく、請求を棄却した原判決を維持している）[*]。

[*]　**国家賠償請求訴訟による違法な立法・行政行為に対する責任追及**　(1)　最判(一小)昭60・11・21民集39巻7号1512頁は、公職選挙法上の在宅投票制度を廃止しこれを復活しないために、投票できなくなった投票権者から提起された国家賠償請求訴訟において、「国会議員の立法行為は、立法の内容が憲法の一義的な文言に違反しているにもかかわら

ず国会があえて当該立法を行うというごとき、容易に想定し難いような例外的な場合でない限り、国家賠償法1条1項の規定の適用上、違法の評価を受けない」と断定し、請求を棄却した。

しかし、最判(大)平17・9・14民集59巻7号2087頁は、大法廷において、在外邦人による訴えで、公職選挙法上、選挙人名簿に登録されていないため選挙権を行使できないまま長きにわたって放置されていたことは違法だとする違法確認請求と国家賠償請求について、適切な立法措置をとらなかった国会議員の行為は違法と確認し、賠償請求を認容して、前例を覆した。この間20年の歳月を要したが、最高裁が「開かずの扉の感のあった扉を開いたもの」(滝井繁男『最高裁判所は変わったか──裁判官の自己検証』(2009・岩波書店)200頁)と評価され、今後の展開が期待されるものであった。

(2) **行政機関の違法行為について**　たとえば、最判(一小)平22・6・3民集64巻4号1010頁は、固定資産課税台帳における価格決定に対して、所定の課税処分取消手続(地方税434条)を徒過しているにもかかわらず、その決定を違法無効と主張としていきなり国家賠償請求をした事件について、これを認容したもので、いわゆる「公定力」を否定している。⟶p13〔＊〕。

(5) 団体内部の自律権を尊重した制約

(a)　地方議会、弁護士会、政党、大学、宗教団体、地域の自治会等さまざまな団体があるが、「自律的な法規範をもつ社会ないしは団体に在つては、当該規範の実現を内部規律の問題として自治的措置に任せ、必ずしも、裁判にまつを適当としない」(最判(大)昭35・10・19民集14巻12号2633頁)ものがある。そこで、一般原則としては、たんなる内部事項といえないような重大な事項または一般市民法秩序と関連する事項は、司法による審査の対象とし、その他のものは内部事項として団体の自治に任すことが適当であるということになる(最判(一小)平4・1・23民集46巻1号1頁は、宗教団体内の懲戒処分がその団体内での宗教活動を制限し、または宗教上の地位に不利益を与えるにすぎないときは、具体的な権利または法律関係に関する紛争といえないから、その処分の効力の有無の確認を求める訴えは不適法であるとする。他方、最判(三小)平7・7・18民集49巻7号2717頁は、宗教法人における檀徒の地位は、総代に選任されるための要件であり、当該法人の維持経営にかかる諸般の事項の決定について、総代を通じて檀徒の意見が反映される体制になっているときは、法律上の地位にあたるとする)。このような原則は、結社の自由(憲21条1項)の観点から認められる。前掲最高裁大法廷判決によれば、地方議会の議員の除名処分は、裁判所の審査権限内の事項としなが

らも、出席停止のごとき懲戒問題は自治的措置に任すべきものとする。

　(b)　団体といってもその結合の度合いや自治能力はさまざまであるので、その団体の性格・目的・自治能力等を個別に考慮して、審判権の限界を判断せざるをえない。政党、宗教団体などにあっては、その自治能力いかんを問わず、団体の自律権を高度に尊重すべき要請があるとともに、他方、代表役員の選任や除名処分の効力をめぐって深刻な争いが生じ、訴訟による紛争解決の必要性が極めて高い場合もある。このような場合には、選任・除名処分の実体的要件については団体の自律的決定をそのまま尊重するとともに、当該選任・除名の手続が団体の定めた所定の手続を遵守したものであったかどうか、また所定の手続規定そのものが存在しないような場合に、現実に行われた手続が適正・公正なものであったかどうかなど、裁判所は、選任・除名の手続の適法性のみの審査にとどめて、これら選任・除名行為の効力を判断するとする審判方法が妥当なものと考えられる[*]。

[*]　**宗教団体の自律的決定に対する審判権のあり方**　　宗教上の秘儀──一般人には直接認識不可能な宗教上の事実──を経たかどうかを判断しないと選任手続の適法性も判断できない事件については、①団体の自律的決定があったという事実の存在の証明を通して選任の適法性・有効性を判断するか、②秘儀の事実は証明できなかったものとして証明責任の原則により選任を無効と判断するか、③さかのぼって、紛争の中核を団体内部における教義上の抗争、宗教紛争とみて、事件全体を法律上の争訟でないとして（裁判所の審判権を全面的に否定して）訴えを却下すべきかの選択がある。

　　最高裁は、いくつかの事件において（最判(二小)平元・9・8民集43巻8号889頁（蓮華寺事件）、最判(三小)平5・7・20判時1503号3頁（白蓮院事件）、最判(三小)平5・9・7民集47巻7号4667頁（日蓮正宗管長事件））、③の立場をとる。しかし、事件によっては、つねに③の立場がとれるとは限らない。また有効な選任を前提として行われた宗教団体の処分（たとえば懲戒処分）の効力が問われるような事件においては、②の立場によると、処分の効力がつねに否定されかねない点で、宗教団体の自治を損ねる。したがって、宗教団体の自律権の尊重と紛争解決の必要に対応するには、①の立場が妥当なものと思われる。新堂「宗教団体内部の紛争と裁判所の審判権」法教23号・24号・25号・26号（1982）〔同・特講166頁〕、同「審判権の限界──団体の自治の尊重との関係から」講座民訴②1頁。この考えは、松浦馨「民事訴訟による司法審査の限界」竜嵩・還暦1頁によって発展、徹底され、自律決定受容論と呼ばれるようになった。同時に、中野貞一郎「司法審判権の限界の画定基準」民商103巻1号（1990）〔同・論点Ⅱ314頁〕らの批判を浴びた。

他方、上記日蓮正宗管長事件判決では、大野正男裁判官の①の立場からの反対意見が、白蓮院事件判決では、大野および佐藤庄市郎裁判官の同様の反対意見が付されており、判例の今後の動向が注目されている（新堂・判例328頁以下、同・私法判例10号（1995）140頁以下参照）。

その後、宗教法人の代表役員および責任役員の地位確認請求につき、従来の判例を踏襲して法律上の争訟にあたらないとした判例がある（最判(三小)平11・9・28判時1689号78頁）。他方、宗教法人の代表者として寺院建物の所持を開始した後に僧籍剥奪処分を受けた者が、建物の所持を奪った上記法人に対して起こした占有回収請求について、実体審理をして請求を認容したものもある（最判(三小)平10・3・10判時1683号95頁、最判(二小)平12・1・31判時1708号94頁）。

伊藤眞・百選〔第5版〕4頁は、最判(三小)昭55・1・11民集34巻1号1頁を、説明対象としているが、宗教的民事紛争に関する判例一般の現状（2015年現在）と将来の展望を簡潔明快にまとめたものとして有益である。

（6） 救済法を創造する権能

裁判所は、当事者間の具体的な法律関係ないし権利義務の存否について、実体法に従って判断するが、そのさい、実体法の定めによれば、通常は、権利の存否を判定すれば、その権利者にいかなる救済が与えられるのかが自動的に明らかになるのが普通である。たとえば、一定金額支払請求権であれば、その額の金銭支払を命じる給付判決が出され、金銭執行の方法が定められ、用意されている。また、ある土地の明渡請求権であれば、明渡判決がなされ、その執行方法も法定されている。

しかし、たとえば、人格権に基づく差止請求権といったようなものには、そもそもどのような要件のもとにそのような権利が認められるかどうかも問題であり、その面での裁判による法創造の余地を否定できない。しかし、かりに、そのような権利が認められるとしても、その内容が「受忍限度を超える」といったような要件のもとに認められるとすると、その権利に対して、どのような救済が与えられるべきかについても多くの選択肢が想定される。そのような場合に、裁判所は、権利の存否の判断については、実定法の枠の拘束を受けるにしても、救済の方法については、権利を認めた趣旨の範囲内で裁量権を有し、適切な救済方法を創造することが許されるべきであるとする議論がある。アメリカ法における「救済

法」の観念を受けた議論であるが、裁判による紛争解決機能を拡充する方向であり、裁判を通じて新しい権利自体を生み出す契機になるという意味でも[2]、今後の展開が注目されるところである。

わが国の事情判決の制度[*]（行訴31条、会社831条2項）は、権利義務の確認とその救済方法の考案との分離を実定法上認め、救済方法のあり方について裁判所に裁量権を認めた例とみられるし、民事保全法24条には、救済方法の創造について裁判所の適切な判断を期待するという思想の片鱗がうかがわれる。

また、非訟事件における裁判は、事件に適した具体的処分をすることを裁判所に一任したものとみられるのであって、裁判所の機能として、権利を認める趣旨の範囲内で、救済方法を創出する機能をもって、およそ裁判所の仕事としてふさわしくないということはできないし、権利を認める過程で、当事者間のさまざまな事情に通じるはずの裁判所にその事件に即した救済方法を考案させることには、むしろ合理性があるといえよう[**][3]。

〔*〕　**行政事件訴訟法31条の事情判決**　⑴　同条によれば、処分・裁決が違法であっても、これを取り消すことが公共の福祉に適合しないと認めるときは、原告の受ける損害の程度、その損害の賠償または防止の程度および方法その他一切の事情を考慮したうえで、判決主文で処分・裁決が違法であることを宣言するとともに、請求を棄却することができるとする。これは、処分等が違法かどうかの判断とその処分等を取り消すべきかどうかの救済の判断とを分離し、前者については裁判所に純粋に法的判断を行わせるが、後者については、裁判所による事情に即した裁量的判断を法が認めたものといえる。もっとも、この場合の請求棄却という救済方法は、通常の救済よりもマイナスの方向の選択肢のみを許すものではあるが、救済方法の判断を権利の存否、処分の違法性の判断から切り離しうる問題であることを前提として法が認めている点は、参考になる。

　⑵　**選挙無効請求訴訟における事情判決**　⒜　最判（大）昭51・4・14民集30巻3号223頁は、昭和47年の衆議院議員選挙における議員定数配分規定が、投票価値比1対4.99

2）　佐藤・憲法3版299-300頁。民事訴訟制度の目的論との関係では、⤵p3（6）〔*〕。

3）　谷口安平「権利概念の生成と訴えの利益」講座民訴②163頁、竹下守夫「救済の方法」芦部信喜ほか編『基本法学8・紛争』（1983・岩波書店）183頁、これに反論するものとして、山本弘「権利保護の利益概念の研究⑴」法協106巻2号（1989）168頁。高橋・重点(上)403頁注（59の2）には、私見に対する掘り下げた分析があり、私見では大岡裁きになりかねないとの懸念を表すが、判例評釈などオープンな議論による歯止めを期待できるのではないかと考える。また立法事実（⤵p582〔*〕）を弁論に顕出することも重要となる。

の不均衡になっていることから、各選挙人の投票価値の平等という憲法の要求するところに反し、同配分規定は違憲であるとしたが、当該選挙を無効とする旨の判決を求める請求は棄却し、その選挙が違法であることを宣言するにとどめている。公職選挙法219条は、選挙の効力を争う訴訟には、行訴法31条を準用しないと明言しているにもかかわらず、同31条1項前段には、「行政処分の取消の場合に限られない一般的な法の基本原則に基づくものとして理解すべき要素も含まれている」とし、憲法違反という重大な瑕疵を有する行為についても、「高次の法的見地から、右の法理を適用すべき場合がないとはいいきれない」として、上記の取扱いをした。たしかに、公職選挙法219条は、同法の規定に違反する選挙を無効とすることが、つねに公共の利益に適合するとの立法府の判断によるものであるが、本件のように、選挙が違憲（議員定数配分規定全体が違憲）の公職選挙法に基づいて行われたという一般性をもつ瑕疵を帯びている場合には、その選挙を無効としても、公職選挙法自体を改正しないかぎり、憲法に適合する選挙は実現しないし、公職選挙法を改正するにしても、選挙が無効とされた選挙区の選出議員を欠いたままの異常状態で改正活動が行われることになり、決して憲法上望ましい姿ではない。こうした状況を総合的に判断して、事情判決という、選挙の違憲性を宣言し政治部門の憲法上の責任を明確にするという救済方法を考案した本判決は、「救済法」法理の発展における一里塚を意味する。

(b) 選挙無効判決（反対意見）における法的前後措置　　最判(大)昭60・7・17民集39巻5号1100頁では、多数意見は上記昭和51年判決と同趣旨の判断を下し、反対意見は1名のみとなっており、形式的に見れば「選挙は違憲だが請求棄却」が判例として定着してきたとみられる。

　しかし、裁量棄却という救済措置をとることに反対し、選挙無効を主張する反対意見は、選挙無効に対する法的措置として、①選挙無効の効力発生を判決確定後一定期間待つという方法（その間に新法のもとで再選挙をさせる方法。これは上記昭和60年判決の多数意見において示唆されているし、同判決の木戸口久治裁判官の補足意見では、その期間は5年ぐらいと言及されている）、さらに、②選挙無効の範囲を地域的ないし人的に限定し、裁判所が投票価値の較差をとりあえず微調整する方法（これは、上記昭和51年判決において、反対意見の7名のうち6名までが採用）を示唆し、そのような各微調整措置も司法権の範囲に属するとしている。その結果、裁判官が状況に応じていずれの方法を採用するかは、立法府に対する司法権の期待・注文の方向・強弱の度合いを推認できる手がかりとなっている。

(c) 投票価値の平等を実現する選挙制度に向けた最近の動き　　時の流れとともに、議員定数配分規定の改正もいく度か行われた結果、投票価値の較差の許容範囲は極めて狭くなってきている。また地域によっては人口の流出入が激しさを増すなか、ことに参議院については、平成24年大法廷判決（最判(大)平24・10・17裁判集民事241号91頁）および平

成26年大法廷判決（最判（大）平26・11・26民集68巻9号1363頁）の多数意見の論旨を踏まえつつ、平成29年大法廷判決（最判（大）平29・9・27民集71巻7号1139頁、多数意見は選挙を違憲でないとする）では、違憲を主張する反対意見において、鬼丸かおる裁判官は「憲法の半数改選の要請に応じて各選挙区の定数を偶数とする仕組みを採った上で、大部分の都道府県を選挙区の単位として残存するという制度〔公職選挙法14条1項・別表3参照〕を維持しながら1対1に近い平等の投票価値を目指すことは既に不可能というべき状況に達していたことは明白である」とまで断定（同民集1163頁）している。山本庸幸裁判官の詳細な反対意見（同民集1166-1172頁）も、「一票の価値の平等を実現する選挙制度」のためには、都道府県またはこれを細分化した市町村その他の行政区画などを「基本単位として取り扱うべきでなく、細分化するにしてもたとえば投票所単位など更に細分化するか」「全国を単一若しくは大まかなブロックに分けて選挙区及び定数を設定すべき」であるとまで論じる（ちなみに、上記平成29年判決事件では、平成27年公職選挙法の一部改正（法60。4県2合区を含む10増10減の改正）により、投票価値の較差は法改正時2.97倍と大幅減少したが、選挙時（平28年7月10日）には、最大較差は3.08倍になっていた）。平等な投票価値の実現に向けた今後の展開が注目される。

〔＊＊〕　**救済方法の工夫例**　(1)　東京高判平8・2・28判時1575号54頁は、自宅の前に団地内のゴミの集積場を置かれた原告が、輪番で移動させることを提案しつづけたが、これに対し、一切話合いに応じない被告に対して、ゴミを出すなという請求を立てて訴えたところ、裁判所は、6カ月の猶予期間をおき、その後は被告はゴミを出してはならないとの判決を下している。裁判官の心は、その間に話合いを促進させ紛争の抜本的な解決を誘導しようというところにあったと推測されるが、味のある判決と評価できよう。その判決主文は、6カ月間待つのはなお原告の受忍限度内であるとして、権利の実体的限界を救済方法に反映させたものとみることもでき、救済方法の工夫によってはじめて差止請求権自体が認知されたともいえる（新堂「21世紀における法曹教育のゆくえ」自由と正義49巻1号（1998）123頁以下〔同・基礎125頁以下〕参照。なお、この判決に対して被告から上告があったが、適法な上告理由にあたらないとして棄却されている。最判（一小）平9・4・1〔未公刊〕）。

　(2)　旧国鉄に対して新幹線の走行による騒音・振動の一定数値以上のものを付近住民である原告500余名の居住敷地内に侵入させてはならないという差止請求をした、いわゆる新幹線訴訟では、この請求を満たすためには、一定の減速が必要であるが、新幹線の公共性を理由に差止請求を棄却した（名古屋地判昭55・9・11判時976号40頁〔一審判決〕、名古屋高判昭60・4・12下民34巻1＝4号461頁〔控訴審判決〕）。これに対して、松浦馨「民事訴訟による新幹線公害紛争解決とその限界」法時52巻11号（1979）20頁以下は、新幹線

の騒音に悩まされる付近住民らが減速という差止めを求めて訴えたのに対し、一定期間だけの認容という救済を与えることを提案しているが、救済方法として考慮に値するし、そのような工夫こそ司法の現代的役割であるといえよう。新堂・役割159頁以下。

(3) さらに救済方法の考案例として、将来の不法行為による損害賠償請求をどの範囲まで救済するかという問題がある。→ p268〔＊〕。

第1節 訴訟要件　*257*

第3項　訴えの利益

1　総　説

　訴えの利益とは、紛争解決のために、本案判決をすることの必要性およびその実効性を、個々の請求内容について吟味するために設けられる要件であり、その必要性・実効性が認められる場合に、その請求について、本案判決を求める利益（訴えの利益）があるといわれる。当事者適格と並ぶ訴権の要件の一つである。請求の内容自体に関して本案判決の必要性および実効性を問う点で、訴えで特定された当事者に対して本案判決をすることの必要性および実効性を問題にする当事者適格と一応区別して考察される。

　本案判決は、請求の当否について判断し、これによって当事者間の紛争の解決を期待するものである。したがって、訴えの利益や当事者適格で問題とする本案判決の必要性とは、本案判決をすることによって当事者間の紛争を解決する必要があるかどうかの問題である。その実効性とは、本案判決によって実際に紛争の解決が得られるかという問題である。これらの判断は、民事訴訟制度がどの範囲の、どのような種類の紛争の解決を引き受けるべきかという判断に左右される。そこで、訴訟制度の目的論における対立が、これらの判断に投影されざるをえない。その結果、訴訟制度に寄せる利用者側の期待と裁判所側の自己の役割認識とが、この訴えの利益や当事者適格の判断をめぐって鋭く対立し、しのぎを削る場面がしばしば生じることになる（なお当事者適格の判断をめぐる対立については⇒p284（3））。

2　訴えの利益の判断における利害の対立

　訴えの利益の判断は、訴訟に関与する各主体に種々の利害を及ぼす。この利害をどのように調整するかの考慮を抜きにしては、実際には紛争解決の必要性や実効性の判断を行うことはできない。そこでまず、この利害の対立状況を理解しておく必要がある。

（1）　原告の立場

　原告は、本案判決が得られないかぎり、その主張する権利について裁判による保護を受ける途は閉ざされる。訴えの利益の判断は、訴訟物たる権利について

（その要件事実が認められると仮定して）裁判による保護を得られるかどうかを決めるものである。原告の立場からいうと、その主張する権利利益の保障のために民事訴訟手続を利用できるかどうかがそこで問われているといえる[1]。

（2）　被告の立場

被告には、まずもって、紛争の解決に役立たないような無益な訴えに応訴する煩わしさから少しでも早く解放されたいという利益がある。無益な訴えを門前払いするという原則を確立することによって、無益な訴え提起が事前に抑制されるということも期待できる。訴権濫用的な訴え（→p260(3)）で被告とされ、訴訟上でも訴訟外でも有形無形の精神的負担を強いられる場合には、このような苦しみからいち早く解放されるという利益もある。さらに、訴えの利益が否定され訴え却下となれば、とにかく原告の主張をはねつけて勝訴したことになるという利益ももつ。しかし、反面、すでに訴えられ、応訴を余儀なくされたからには、紛争の解決に役立つ訴訟であるかぎり、請求棄却判決の獲得によってみずからの法的地位の安全を図るという利益——受身の形であるが、いったん訴訟となったからには、自分の実体法上の地位の保護を得るために訴訟制度を利用するという利益——をもつに至る（請求棄却を申し立てた被告にも、訴え却下判決に対し上訴の利益が認められる、→p919(b)）。

（3）　裁判所の立場

紛争の実質的解決に役立たない事件には、本案の審理に立ち入らないことによって負担の軽減を図り、かつ、紛争解決制度としての効率を高めることができる。しかし、他面、訴えの利益の判断においては、民事紛争の他の解決手段、行政的救済、立法による救済などと訴訟との役割分担の合理的基準が問われる場合がある。本案の審判に立ち入らないことは、民事訴訟による紛争の解決をあきらめることを意味する。その意味で、そこには、憲法が司法制度に期待した役割、国民に保障した裁判を受ける権利の限界を問う作業が含まれている。したがって、訴えの利益を否定することによって裁判所が本来引き受けるべき事件を不当に回避することがあるとすれば、目先の負担軽減と引き換えに、憲法の期待する役割分担をみずから放棄し、国民に保障した裁判を受ける権利を不当に奪うことになり

1）　山木戸克己「訴えの利益の法的構造」吉川・追悼(下)〔同・論集114頁〕参照。

かねない。原告・被告がそれぞれ訴訟制度に寄せる正当な期待を裏切り、司法に対する国民——潜在的な利用者一般——の信頼を失うおそれがある。

以上のように、訴えの利益の判断は、各人の立場に複雑な利害を及ぼすものであり、これらの利害の調整を図る作業が、訴えの利益の判断作業の中心をなすとともに、その作業においては、ときに憲法的価値をめぐる利害がぶつかりあう修羅場となる。

3　各種の訴えに共通の利益

（1）　起訴が禁止されていないこと

たとえば、再訴の禁止（262条2項）、人事訴訟における判決確定後の同一身分関係にかかる訴えの禁止（人訴25条）の規定は、それぞれの理由から起訴を法律上禁止するもので、これに該当する訴えは訴権を認められない（禁止に該当する訴えかどうかは、それぞれの禁止の趣旨と原告の起訴の利益とを考量して決める必要がある）。二重起訴の禁止（142条）については、→p221　2。

公序良俗に反する契約に基づく貸金請求や不法原因給付の返還請求などでも、実質的には民事訴訟による権利保護を与えるべきかどうかが問われるが、これらの判断は、請求として主張された請求権の存在を否定する実体法上の事由の一つとして問題となるから、訴えを却下するのでなく、請求棄却の本案判決をすることになる。

（2）　訴訟による解決を抑制すべき事由がないこと

特定の権利について、起訴しないとの合意[＊]、または仲裁合意がある場合には、起訴されても、被告がこれらの合意の存在を主張・立証すれば、訴訟手続による解決を要しない場合として、訴えを却下する（仲裁14条1項）。裁判外で一方的に行使できるはずの形成権自体を請求の内容にする場合、訴え以外に法律上の手段が用意されており、しかもこれのみによらせる趣旨の場合（たとえば、訴訟費用額の確定手続（71条）。また訴訟代理権の存否を別訴で確認する利益はない。→p271(ア)(a)）、原告が同一請求についてすでに勝訴の確定判決を得ている場合などは、被告による主張・立証をまたず、訴えを却下する（ただし、→p265(1)の例外あり）。

[＊]　**不起訴の合意**　(1)　実体権自体を放棄することができるものであるならば、その権利を裁判上行使することを断念することを相手方との間で約することも、必ずしも公序良

俗に反するとはいえない。このような合意に反して訴えられた場合、被告は原告に対して契約違反に基づく損害賠償を求めうるが、さらに、被告としては、合意の存在を主張立証することによって、訴えの利益がないことを基礎づけることができ、訴えの却下を得られる（兼子一「訴訟に関する合意について」法協53巻12号（1935）〔同・研究1巻275頁〕）。

ただ、不起訴の合意が有効かどうか、また、いかなる場合に訴えの利益を阻却するか（ないものとするか）は、合意の対象、合意の行われた状況、合意の趣旨、合意の前提とした事情を慎重に考慮して決める必要がある。紛争を特定しないで一切起訴しないという合意は、訴権一般の放棄であり、公序良俗に反して無効である。

また、起訴しない旨の合意は、以後当事者間で自主的に解決できるとの期待のもとに結ばれる場合が多いが、実際には当事者間で自主的に解決できない事態となり、事実上強者の支配にまかされることも考えられる。こうした合意のなかには、紛争の解決のために誠意をもってあたり、いきなり裁判所に訴えるようなことは避けるという趣旨の合意であって、最終的にも起訴しないとの効果意思があるとはいえないものもあろう。そう解すべき場合には、自主的解決の努力がすでに尽くされたか、尽くされたとしても自主的解決に成功しない事情が認められるのであれば、訴えの利益を肯定すべきである。このような場合に、裁判所が訴えを取り上げても私的自治への不当な介入となるとはいえないし、取り上げなければ、かえって狡猾な当事者のかけ引きに裁判所が手を貸すことになり、民事訴訟制度の目的からしても妥当といえない。東京地判平6・12・22判時1552号88頁は、男女関係の解消に基づく慰謝料請求の訴えを提起した原告の女性が、かつて絶望のあまり自殺を決意して家出をしていたときに作成された慰謝料請求権についての不起訴の合意書に、訴えを不適法とする効力を認めることはできないとしており、参考になる事例である。

反面、不起訴の合意でも、自主的解決がゆきづまった最終段階においても、また合意において前提とした事情が変更しても、なお起訴という手段をとらないという趣旨が明確なものは、合意の対象たる実体権を放棄する趣旨とみるべきことになろう（新堂・法学教室第2期1（1973）182頁）。この場合には、本案判決で請求を棄却し、権利がないことを直接明示すべきである。

(2) 不起訴の合意による受益者は通常債務者（被告）であるが、この者が不起訴の合意による利益を放棄して訴訟手続に戻ることに異議がなければ、それを否定する理由はない。したがって、合意に反して起訴されても、被告が応訴して本案につき弁論する態度に出るならば、訴えを却下すべきではない。その意味で、不起訴の合意は、訴えの利益の阻却事由でありながら、職権調査事項ではなく抗弁事項とされる（新堂・前掲182頁）。

(3) 訴権の行使が濫用とならないこと

(ア) 訴権濫用概念を認めることの当否　　訴権の濫用を理由とする訴え却下の

取扱いについては、裁判を受ける権利を害するとの理由から疑問視する見解[2]もあるが、裁判を受ける権利は憲法上保障された権利であるから、その濫用はありえない、と考えるのも行きすぎである。訴権の濫用といっても、ある人についてあらゆる場合に訴権を否定するというわけではない。特定の事件につき特定の相手方との関係で、訴権を行使することを許さないというものである[*][**]。しかも、特定の相手方に対し不起訴の合意をすることによって、特定の紛争につき訴権を放棄することが認められ、そのような合意があるのに訴えを提起した場合その訴えを不適法却下するとの取扱いが一般に認められている。このような取扱いがすでに認められているとすれば、訴権をはっきりと放棄したわけではないけれども、放棄したに等しいと相手方から思われても仕方がないような状態を自分で作っておきながら、その相手方の期待を裏切って訴えを提起するような場合に、その訴えは相手方に対する信義則違反の行為であるとしてこれを不適法却下するとしても、それほど突飛ではない。要は、不起訴の合意を軽々に訴権の完全な放棄とみるべきでない（上記[*]）と同様に、訴権の濫用による訴え却下を軽々に認めるのは適当でないというにとどまる。

　また、訴権は裁判所と当事者の関係の問題であり、裁判所がある訴えについてもう訴えを提起することはないだろうと信頼するようなことはありえないから、訴権の濫用ということはないという批判もある。たしかに、裁判所がある訴えについてもう訴えを提起されることはないだろうと信頼するというような関係にはないが、当事者間における法律関係なり権利義務の態様が、当事者対裁判所の訴訟上の取扱いに反映される例は、ないわけではない。たとえば、当事者間における訴え取下げの合意の存在が訴えの利益を失わせたり、あるいは訴訟係属の効果の消滅をもたらすと考えられている。また、不起訴の合意が訴えの利益を失わせるものと一般的に理解されている。そうだとすれば、当事者間における権利行使のあり方を制約する信義誠実の原則が、その権利行使の延長線にある訴え（→p200(3)）の訴訟上の取扱いに影響する余地がないとみるのは早計である（2条参照）。むしろ当事者間で信義則上許されないはずの権利行使を訴えという手段

2）　中野貞一郎「民事訴訟と信義則」『日本弁護士連合会研修叢書』（1974）11頁、バウムゲルテル（石川明訳）「民事訴訟における信義誠実」立教法学別冊（1973）19頁・22頁。

を通じて実行する場合にも、その権利行使自体——つまり訴え提起行為および訴訟追行行為——を不適法とする訴訟上の取扱いを可能と考える余地は十分にあろう。

〔＊〕　会社法847条１項ただし書は、「責任追及等の訴えが当該株主若しくは第三者の不正な利益を図り又は当該株式会社に損害を加えることを目的とする場合は、この限りでない〔責任追及等の訴えを請求することができない〕」と規定するが、訴権濫用の一類型を明文化したものと考えられる（相澤哲編著『一問一答新・会社法』（2005・商事法務）254頁）。さらに、一般社団法人にも同種の規定（一般法人278条１項ただし書）がある。問題は、このような明文規定がない場合にも、解釈によって濫訴が認められるかどうかである。

〔＊＊〕　**訴え提起を抑制する制度的考察**　　訴権濫用を議論する前提として、訴え提起を抑制する日本の文化的・制度的基礎にも留意しておく必要がある。田村陽子「民事訴訟における証明度論再考——客観的な事実認定をめぐって」立命館法学2009年５＝６号528頁によれば、外国に比べて日本では訴訟の数は少ない。その一因として、訴え提起を抑制する社会的反応がまだ残っていること、訴えによって現状変更を求める（騒ぎ立てる）ことへの社会的嫌悪感、さらに日本の訴訟制度を支える思想自体にも、訴えを提起する者は「現状」を変更するものとして重い証明責任を負担すべきであるという現状肯定的発想が強く残存していることなどを挙げ、とくにアメリカと比べると、さらにつぎのような制度的違いがあることを指摘する。①訴えの手数料が一定でなく、訴額に応じて印紙代が高くなる制度をとっていること、②訴訟に要する実費（着手金、弁護士の調査費、専門家の協力費等）は当事者の先払いであることや、アメリカの成功報酬制度との比較からみると、弁護士報酬の実額のうち、訴訟費用として相手方に請求できる金額は比較的少なく、その多くは各当事者の負担となること、③そのうえ訴訟提起の前後を通じて、証拠収集手段が限定されており、勝敗の予想がつき難いことなどの事情が、訴え提起を抑制する制度的背景としてあり、正当な訴訟を行うインセンティブすら阻害されているのではないかと論じる。→ p10〔＊〕。

(イ)　訴権濫用による訴え却下の要件

問題は、いかなる場合に訴権の濫用を認めるべきかである。

　(a)　**訴え提起が不法行為になるとする判例との関係**　　最判(三小)昭63・１・26（民集42巻１号１頁）（同旨、最判(一小)平11・４・22判時1681号102頁、最判(二小)平21・10・23判タ1313号115頁）は、訴え提起が不法行為になるかという問題について、提訴者が当該訴訟において主張した権利または法律関係が事実的、法律的根拠を欠くものであるうえ、同人がそのことを知りながら、または通常人であれば容易に知り

えたのにあえて提訴したなど、訴え提起が裁判制度の趣旨・目的に照らして著しく相当性を欠く場合にかぎり、相手方に対する不法行為となると判示している。

「訴えが不法行為となるか」という問題と「訴権濫用による訴え却下」という問題とは、いずれも原告の訴権という憲法上保障された権利の行使が不法不当であるとして、裁判所としても被告に対して何らかの救済措置を考える必要があるという点では、共通した要素がある。しかし、訴えを提起して訴訟追行を続け判決を受けた行為を、事後的に不法行為と評価する関係では、すでに訴権が行使されており、その原告の裁判を受ける権利の剥奪という心配はしなくてよい。他方、訴え却下という効果を肯定する訴権濫用の問題では、裁判を受ける権利を剥奪する（訴訟追行行為も許さない）というドラスティックな面があり、不法行為とみるための要件だけでは足りないと考えられる。

(b) **訴訟上の請求が認容されることが明らかな場合の訴権の濫用**　最高裁判決には、つぎのような事例がある（最判(一小)昭53・7・10民集32巻5号888頁）。被告有限会社（薬局）の経営の実権を握っていた原告Xが、経営不振のために、自分の社員持分全部を相当の代償を得て第三者A・B夫婦に譲渡し、会社の経営を事実上この夫婦に委ね、3年経過した時点で、原告が会社を相手にして、社員持分の譲渡を承認する社員総会決議の不存在、および、A・Bを取締役に、Aを代表取締役にする社員総会決議の不存在の確認を求める訴えを提起した。最高裁は、原告がその持分譲渡について承認決議を得ることは原告の当然に果たすべき義務であったこと、また、そのような決議を得ることは極めて容易であったとして、本訴は、原告が正当な理由なく被告会社の支配の回復を図る意図に出たものというべきであり、A・Bに対してはなはだしく信義を欠き道義上是認しえないとしたうえで、本訴の請求認容判決は、A・Bに対しても効力を有することに鑑み、本件訴え提起は訴権の濫用にあたるとした〔*〕。

本訴は、強行法規（有限会社の持分の譲渡や役員の辞任選任については正式の総会決議が必要とする強行法規）の実現を目的としたものである点に原告の訴えの足掛かりがある。しかし、本訴を取り上げるとすれば、原告の不当な企てに裁判所が加担する結果になりかねないことを考えると妥当な判断である[3]。

〔*〕　最判(二小)平18・7・7民集60巻6号2307頁の事件も、同じ系統の事案といえる。戸籍上A・B夫婦の嫡出子として記載されているYが同夫婦の実子ではないことから、同夫

264 第3編 第一審手続 第2章 審判の対象

婦の死亡後、実子次女Cがその遺産を相続したのち死亡し、Cの遺産相続が問題となった過程で、A・B夫婦の実子長女XからYに対して、A・BとYとの実親子関係不存在確認請求訴訟を提起した事件である。最高裁は、この訴えを権利濫用にあたらないとして請求を認容した原判決を破棄し、原審に差し戻している。YとA・B夫婦との間で、55年間にわたり実の親子と同様の生活実体があること、A・Bはすでに死亡しており、Yはもはや養子縁組をして嫡出子としての身分を取得することが不可能であることを重視せず、またYが受ける精神的苦痛および経済的不利益、Xの訴え提起の動機・目的などを十分検討することなく、権利濫用にあたらないとした原審の判断には、判決に影響を及ぼすことが明らかな法令違反があるとする。

　⒞ **訴訟上の請求が認容されることが明らかでない場合の訴権の濫用**　　訴訟追行を途中で打ち切る手段として、訴権の濫用を認める必要のある場合がある。東京地判平12・5・30（判時1719号40頁）が参考になる。

　この判決は、訴権濫用により訴えを却下した判決であるが、訴権濫用についてつぎのような要件を提示している。すなわち、訴え提起が民事訴訟制度の趣旨・目的に照らして著しく相当性を欠き信義則に反する場合に、訴権濫用として、訴え却下をするものとし、このような信義則に反する場合としては、①訴え提起において、提訴者が実体的権利の実現ないし紛争の解決を真摯に目的とするのでなく、相手方当事者を被告の立場に立たせることにより、訴訟上または訴訟外において有形・無形の不利益・負担を与えるなどの不当な目的を有すること、および②提訴者の主張する権利または法律関係が、事実的・法律的根拠を欠き権利保護の必要性が乏しいこと等を具体的に示している。そして、権利または法律関係の事実的法律的根拠を欠くかどうかを判断するためには、ある程度本案にかかわる実体審理をせざるをえず、その過程で、原告の主張事実が認められないという結論に至ることもあり、請求棄却という選択もありうるが、訴訟を続行すれば、被告にとって酷であり、かつ、裁判所が原告の不当な企てに加担することになりかねないから、訴権濫用の訴訟であることが明らかとなった段階で、審理を打ち切

3）　新堂・判例15頁・23頁、『新版注釈民法⑴』（1988・有斐閣）196頁〔安永正昭〕。なお、その他下級審の判例については、林屋礼二「民事訴訟における権利濫用と信義則⑴」民商71巻1号（1974）62頁以下参照。

り、訴えを却下すべきであるとする。

　この判決は、下級審判決ながら、ゆき届いた要件化を試みており、この種の訴権濫用について、議論の出発点たりうる（この判決の要件化は、東京高判平13・1・31判タ1080号220頁によって大筋支持されている。その後、上告・上告受理申立てがなされたが、いずれも棄却された）。

4　給付の訴えの利益

(1)　現在の給付の訴え

　原告が給付を請求できる地位にあるのに現に給付を受けていないと主張する訴えであるから、現在の給付の訴えということだけで、本案判決を求める利益がある。

　訴えの提起前に原告が催告をしたか、被告が履行を拒絶したか、被告が任意に支払う意思をもっていないか等の事情は、無関係である（もっとも、被告が請求を争わないで直ちに認諾したときは、原告に訴訟費用を負担させるべきであろう（62条参照））。給付判決を得ても給付の実現が不可能かまたは著しく困難であるからといって、給付の訴えの利益がないとはいえない[*]。債務名義となる公正証書（民執22条5号）をもっていても、給付請求権につき既判力ある確定判決を得る利益があるから、訴えの利益はある（大判昭18・7・6法学13巻2号138頁）。

　さらに、確定した給付判決がある場合でも、時効の完成を猶予させるために起訴以外に適当な方法がない場合（大判昭6・11・24民集10巻1096頁）や、判決原本が滅失して執行正本が得られない場合などには、例外として、再度の給付の訴えの利益が認められる。執行判決を求める訴え（民執24条）、執行文付与の訴え（民執33条）ができるときでも、給付の訴えを提起してよい[**][***]。

　　[*]　**給付の実現の可能性と給付の訴えの利益**　　(1)　所有権保存登記およびそのあと順次経由された所有権移転登記の抹消登記手続請求訴訟で、最終登記名義人に対する敗訴判決が確定しても、その余の登記名義人に対する請求の訴えの利益は失われない（最判(二小)昭41・3・18民集20巻3号464頁）。なぜならば、最終名義人との新たな取引で同意を得ることは可能だからである。

　　　(2)　債権に対し仮差押が執行されても、仮差押債務者は、自分の債権について第三債務者に対し給付訴訟を提起し、かつ、無条件の勝訴判決を得られる（最判(三小)昭48・3・

13民集27巻 2 号344頁)。仮差押債務者が敗訴を免れないとすると、仮差押が取り消された
ときは、再度訴えを提起せざるをえず不経済であるし、仮差押債務者による債権の保存
(起訴による時効の完成猶予や執行力を得ておくこと)は、仮差押債権者にとっても利益
になる(仮差押債務者が第三債務者と馴れ合うおそれがあれば仮差押債権者は47条で参加
してこれを阻止しうる)。また、第三債務者は仮差押債務者による執行手続に対しては執
行の停止を求めうる(民執39条 1 項 7 号)から、本判決の結論を支持しうる(この判決は、
大判昭 4 ・ 7 ・24民集 8 巻728頁を変更したものである)。

 (3) 倒産手続において、債務者に対する弁済禁止の保全処分がなされたとしても、債務
者がまだ一般的に財産の管理処分権能を失っていないかぎり、これに対して給付判決を得
る利益は失われない(会社更生につき最判(一小)昭33・ 6 ・19民集12巻10号1562頁、旧会
社整理につき最判(二小)昭37・ 3 ・23民集16巻 3 号607頁。なお、新堂ほか『教材倒産法
〔増補版〕』(1976・有斐閣)58頁参照)。これらの判決は、債権者は弁済禁止の保全処分に
拘束されないことを理由とするが、かりに拘束する命令(商法旧規定383条 2 項・433条、
会社更生24条・25条)が出ていたとしても、同様に解される。債務者に対する給付判決は、
その倒産手続内における権利行使においても意味をもつからである(会社更生158条参照)。

〔＊＊〕 **執行判決を求める訴え(民執24条)、執行文付与の訴え(民執33条)と給付の訴え
との関係**   執行判決を求める訴えにおける審理の内容と、すでに外国判決があった後に
あらためて提起された給付訴訟における審理内容とは変わらない。後者における審理にお
いても、外国判決の存在が明らかとなれば、その効力が認められるかどうか(118条)が
審理の対象とされ、その効力が認められるときにはその内容を争えないものとして給付命
令を発することになる。同様に、すでに条件付給付判決や被承継人に対する給付判決が確
定した後に、給付の訴えを提起しても、その審理内容は執行文付与の訴えにおける審理と
少しも違わない。先の給付判決の既判力を前提として条件の成就の有無、承継人に対する
給付義務の存否を判断することになる(新堂「訴訟当事者から登記を得た者の地位(2・
完)」判評153号〔判時643号〕(1971)〔同・争点効(上)341頁〕)。したがって、執行判決を
求める訴えや執行文付与の訴えができるときに給付の訴えが提起されても、実質的には執
行判決を求める訴えや執行文付与の訴えが提起されたのと変わりない(執行文付与の訴え
においては、執行文が付与されるのに、給付の訴えにおいては、民執26条により執行文の
付与をあらためて申し立てなければならないという違いがあるにすぎない)。その意味で
このような新たな給付の訴えの利益を強いて否定する必要はない(大判昭 8 ・ 6 ・15民集
12巻1498頁も同じ結論をとる。反対、兼子・体系154頁、斎藤・概論168頁)。

〔＊＊＊〕 **給付の実現を求める他の手段がある場合の給付の訴え**   給付訴訟以外の手段を

第1節　訴訟要件　　267

認めた趣旨を個別に考慮して給付の訴えの利益を決める必要がある。

(1)　不動産の競落人が競落不動産の引渡命令を申請できる場合でも、その引渡しの訴えの利益はあるし（最判(二小)昭39・5・29民集18巻4号725頁）、民訴法260条2項の損害賠償を別訴で請求することも妨げない（最判(三小)昭29・3・9民集8巻3号637頁）。これらの申立手続は、申立人の利益のために簡便な権利行使の途を認めたものであって、申立人がこの便法によらず慎重な訴えの手続によろうとするのを妨げる理由はない。

(2)　執行裁判所が、競売の申立ての取下げを有効とみて競売申立登記の抹消登記を嘱託し、競売手続の続行をしない場合に、取下げの無効を主張して競売の続行を求めるには、執行異議（民執11条）を申し立てるべきである。競売続行の前提として、債務者に対し抹消登記の回復またはその同意を求める訴えを許すべきではない（最判(一小)昭28・6・25民集7巻6号753頁）。

(2)　将来の給付の訴え（135条）

口頭弁論終結時までに履行すべき状態にない給付請求権を主張する訴えであるが、履行すべき状態にない請求権とは、期限未到来の請求権だけでなく、停止条件付請求権、または将来発生すべき請求権でも、保証人の求償権のようにその基礎がすでに成立しているものであればよい。未だ履行すべき状態にないのに給付判決を取得しておこうという訴えであるから、あらかじめ給付判決を得ておく必要のある場合に許される。どんな場合にその必要が認められるかは、義務者の態度や給付義務の性質等を考慮して個別に判断しなければならない。

　㋐　義務者が現在すでに義務の存在・履行期・条件等を争っている場合には、原告の主張どおりの時期における即時の履行は期待できないから、給付義務の内容にかかわらず、この訴えの必要を認めるべきである（条件に争いがある場合として、大判昭7・11・28民集11巻2204頁は、抵当債権額の残額につき争いがある場合に、その残額の確定請求と併合したその弁済を条件とする抵当権の登記の抹消請求を許す）。継続的または反復的給付義務については、現に履行期にある部分について不履行がある以上、将来の部分の履行も期待できないことが明白であるから、現在の部分とあわせて請求できる。

　実務上、元本の支払請求に併合して元本完済に至るまでの遅滞損害金を請求したり、土地・家屋の明渡請求に、明渡しに至るまでの賃料または賃料相当額の支払請求を併合して請求したりすること（いずれも口頭弁論終結後の部分は将来の給付請求になる）がよく行われるが、主請求が争われている以上、これらの給付の履行

も原告の主張どおりの履行が期待できないから、当然に許される[*]。

本来の給付の請求に、その請求のための執行が不能なことを慮って代償請求を併合して提起する場合（たとえば、ある物を引き渡せ、もし引き渡すことができないときは金何円支払えというような訴え。代償請求の部分は将来の請求になる。→p757）も許される（大判（民連）昭15・3・13民集19巻530頁、最判（二小）昭30・1・21民集9巻1号22頁）。もっとも、本来の給付請求が意思表示を命じる判決（民執174条）の場合には、それが執行不能となることはないので、執行不能を条件とする代償請求は、将来の給付の訴えとしては認められない（最判（二小）昭63・10・21判時1311号68頁）。

〔*〕 **継続的不法行為による将来の損害賠償請求**　定期金賠償確定判決変更の訴え（117条）が新設されたが、条文上は継続的不法行為による将来の損害賠償請求は117条から除かれている。

(1)　①最判（大）昭56・12・16民集35巻10号1369頁・1400頁（大阪国際空港夜間飛行差止・損害賠償請求事件）は、同一態様の不法行為が将来も継続することが予想される場合であっても、現在と同様に将来も不法行為を構成するか否か、および賠償すべき損害の範囲が流動性をもつ複雑な将来の事実関係の展開に左右されるため、損害賠償請求権の成否および額をあらかじめ一義的に明確に認定することができず、また、事情の変動の立証を債務者の負担とすることが不当だと考えられるときは、将来の給付の訴えを提起することのできる請求権としての適格を有しないと判示した。しかし、原告と被告との、訴訟に投入可能な資源の格差を考えるとき、疑問を禁じえない（「座談会　大阪空港の差止と損害賠償」ジュリ761号（1982）87頁以下、松浦馨「将来の不法行為による損害賠償請求のための給付の訴えの適否」中野・古稀(上)187頁。なお、山本弘「将来の損害の拡大・縮小または損害額の算定基準の変動と損害賠償請求訴訟」民訴雑誌42号（1996）25頁）。

(2)　①判決においては、将来給付請求権は無限定であったが、②最判（三小）平19・5・29判時1978号7頁（横田基地夜間飛行差止・損害賠償請求訴訟）では、口頭弁論終結時から判決言渡時までに発生する将来損害に限定して将来給付を認容した原判決に対して上告が申し立てられていた。これにつき多数意見は、先例①に従い、同じ結論をとった。

しかし、②には、2人の裁判官の反対意見が付されている。那須裁判官は、②の給付請求権の適格を認めても、先例①の趣旨に反しないと論じ、田原裁判官は、先例①から25年経った現在においては、①の先例は正面から見直されるべきだと論じている。いずれも説得力があり、先例①の問題点が多角的に洗い出されている。

(3)　賃貸駐車場から将来発生する料金収入を不当利得として返還請求する場合についても、③最判（二小）平24・12・21判時2175号20頁によれば、事実審の口頭弁論終結の日の翌日以降の分は、現在訴えを提起できる請求適格を有しないと判断しているが、千葉勝美裁

判官、須藤正彦裁判官の補足意見は、将来発生する給付請求権の変動幅の推測が重要であると判示している。また、高田裕成「将来の法律関係の確定を求める訴えとその判決の既判力」青山・古稀175頁以下は、この種の訴えが、限られた資料のもとで、将来の法律関係について暫定的確定を求めるものであること——それゆえに既判力の効果を一般の場合より縮減せざるをえないこと——を前提として、そのような暫定的確定であっても、なお現時点で、裁判所に判断を求める利益が原告にあるのかが、確認の利益の判断として問われるべきことを分析している。両論とも、実践的基準を提供するものとして、参考に値する。

　(4)　堤龍弥「継続的不法行為に基づく将来の損害賠償請求訴訟における請求適格について」民訴雑誌65号（2019）1頁以下は、①判決の団藤重光裁判官の反対意見を引用しつつ、従来の判例が、旧民訴226条の解釈において、①判決の影響のもとに、いずれも将来の損害賠償請求は「請求適格」を欠くものとし、同条の「必要性」を極めて例外的にしか認めていない解釈を、強く批判する（とくに同論文19頁注17は説得的である）。私見も、「請求権発生の基礎となるべき事実関係が継続的な態様においてすでに存在し、しかも将来にわたって確実に継続することが認定されるようなばあいには、」〔圏点は新堂〕「立法者が本条を設けた趣旨を勘案しながら、既判力の範囲の問題や当事者間の利益の均衡などを考慮して決する以外にない」（団藤反対意見）との、新しい法創造的解釈論こそ、この課題の「鍵点」（堤論文7頁）と考える。さらに、「今後の司法のあり方としては、裁判による事後的救済（過去の損害賠償請求）よりも、裁判による可能な事前の予防措置（差止請求と並んで予防的救済機能を有するとされる将来給付の訴えもその一つ）の探求の方が重要」とする——より応答的な司法を目指す（⤴ p610脚注6）・p576脚注4）——上記論文の問題提起に民事訴訟法学の未来を感じるとともに、その紛争予防的機能について、さらに踏み込んだ実態調査研究を期待したい。

　(イ)　履行が少しでも遅れると債務の本旨に適った（契約目的を達成する）給付にならない定期売買に基づく履行請求（民542条1項4号）、履行遅滞による損害が重大である扶養料の請求は、たとえ義務者が履行を確約していても、即時の履行を確保するために将来の給付の訴えの利益を認めるべきである。

5　確認の（訴えの）利益

（1）　総説

　確認の訴えの利益は、原告の権利または法律的地位に不安が現に存在し、かつ不安を除去する方法として原告・被告間でその訴訟物たる権利または法律関係の

存否の判決をすることが有効・適切である場合に、認められる。給付の訴えと異なり、確認の訴えでは、確認の対象となりうるものは形式的には無限定であるから、判決による解決を必要とする紛争が現実にあるかという観点、および、紛争解決手段としての確認訴訟 → 確認判決の効率という観点から、確認の利益の存在を個々の訴えごとに吟味しなければならない（給付の訴えには原則として訴えの利益があり、例外的にのみその存否が問われるにすぎないのと異なる）。

　沿革上も、確認の訴えが一般的な類型として承認される当初から（これがごく近時になってからのことである点については、→p203　3（2））、法律関係が即時に確定されることについての法律上の利益（確認の利益とも即時確定の利益ともいう）を原告が有する場合にかぎって確認の訴えを許すという建前がとられ（ドイツ民訴法231条（1877年）、現ドイツ民訴法256条）、その利益の研究が訴訟法理論の基本問題の一つになった。そして、その研究が進むとともに、他の類型の訴えにおいても同種の観念が必要ではないかと反省され、一般的に訴えの利益なる観念を確立させることになった。

（2）　確認の利益を判断するための視点

　確認の利益の判断は、つぎの各視点から行われる。第1は、原告・被告間の具体的紛争の解決にとって、確認訴訟 → 確認判決という手段が有効・適切であるか（方法選択の適否の視点であり、確認判決以外の解決手段との役割分担が問題となる）、第2は、確認対象として選んだ訴訟物が、原被告間の紛争解決にとって有効・適切か（対象選択の適否）、第3には、原被告間の紛争が確認判決によって即時に解決しなければならないほど切迫し成熟したものか（紛争の成熟性とも即時解決の必要性ともいえよう）、第4に、訴訟物たる権利または法律関係について確認判決による紛争の解決を図るのに、有効・適切な被告を選んでいるか（被告選択の適否）、の各点が考えられる。

　第1から第3の観点はいずれも、特定された原告と被告との間の紛争について、その解決の必要性や特定された訴訟物に対する確認判決による解決方法の有効性を問うものであるから、これらの各観点からみて確認の利益が認められるということになれば、その原告と被告とがその訴訟物について本案判決を得る資格が当然にあるということになる。そこで、「確認の訴えにおいては、当事者適格の有無の判断は確認の利益の有無の判断に吸収されてしまう」（確認の利益と当事者適格

との関連の仕方は、当事者の一方と第三者との間の権利または法律関係を訴訟物にする訴えの場合に、とくに問題になる）、と説かれるのがふつうである。

　しかし、第4の観点の働く余地がある。すなわち、特定の権利関係について確認判決を得ることによって紛争の解決を図ろうとする場合に、その訴えによって選択された被告が紛争解決のために有効・適切であったかという観点から、確認の利益の判断が可能な場合もある（たとえば法人の理事者たることの確認請求で、法人を当事者にすべきかどうかを問う場合、最判(一小)昭44・7・10民集23巻8号1423頁は、法人を被告とすべきだとする。この結論に対する疑問については、➡p303〔＊〕）。このときには、被告適格の存否がむしろ中心問題となり、その判断のなかに確認の利益が吸収されているといえよう。

　　㈦　解決手段（方法選択）の適否（他の手段との分担）

　　⒜　本案判断の前提をなす手続問題の確認を別訴で求める利益は原則としてない。たとえば、訴訟代理権の存否は、当該訴訟手続内で確認すれば足り、別訴で確認する利益は認められない〔＊〕。

〔＊〕　**手続問題についての確認の利益**　　最判(一小)昭28・12・24民集7巻13号1644頁は、係属中の別件訴訟の当事者の一方が相手方当事者の訴訟代理人を相手にした訴訟で、その代理人の訴訟代理権欠缺の確認を求める利益を否定しているが当然である。かりに、本訴と同じ当事者間の別訴であったとしても、確認の利益を否定すべきである。

　　大判昭10・12・10民集14巻2077頁は、境界確定訴訟の係属中に、相隣地を所有する被告Ｙが上記土地を第三者Ｚに売り渡し移転登記もしたので、原告ＸがＹとＺとを相手どり、上記売買は虚偽仮装のものであると主張した事件で、相隣地の所有者はＹであることの確認を別訴で請求する利益を認めているが、疑問である。境界確定訴訟の被告適格は、被告が相隣地の所有者かどうかにかかっているが、その判断の基準時は当該訴訟の基準時であり、別訴の基準時ではないから、別訴で相隣地の所有関係を確認しても、なお境界確定訴訟の被告適格に関する争いを杜絶するとは限らない。このような訴訟係属中の被告適格についての疑義は、本来、第三者Ｚに対する訴訟引受けの申立てなり被告適格を争う主張なりを契機として、その手続内でまず調査判定すべきである。また、第三者がのちに被告の適格を争って境界確定判決の無効を主張する余地を残さないためには、隣地の所有者は第三者Ｚでなく被告Ｙである旨のＺに対する確認請求を境界確定請求に追加併合して求めておくべきであろう。

　⒝　請求権につき給付の訴えが可能である場合は、その請求権自体の確認の

利益は原則として認められない（例外として、倒産法における倒産債権査定決定に対する異議の訴え（破126条、民再106条、会社更生152条）。また、給付判決のある請求権につき時効の完成を妨げるために必要がある場合など）。基本となる実体関係を前提として、そこから派生する給付請求権について給付訴訟が可能な場合でも、基本関係の確認を求める利益は認められる。なぜならば、基本関係から派生する可能性のある他の諸紛争を予防するという確認訴訟の本来の機能が期待できるからである（明渡し請求または登記請求ができる場合でも、その先決問題にあたる所有権の確認の利益はある。最判(一小)昭29・12・16民集8巻12号2158頁）。もっとも、すでに、給付訴訟が係属している場合には、その先決問題にあたる基本関係の確認は、中間確認の訴えの形をとるべきで、別訴によることは二重起訴にあたると解される（⤵p776 1（1））。

　(c)　身分関係または団体の代表機関たる地位に争いがあるときは、そこから多数の利害関係人間でさらに種々の紛争が派生することが予想されるとともに、それらの解決は利害関係人間で画一的に行う必要がある。そこで、その身分・地位自体を確認する判決をし、これに広く利害関係人および団体自体を拘束する効力を付与するならば、その身分・地位に関する多人数間の紛争を画一的に解決することが期待できる。したがって、そのような身分・地位の存否の確認の訴えは、判決効の拡張を正当化するに足りる当事者間で争われるかぎり、確認の利益を肯定すべきである（ここでは、当事者選択の適否が判決効の拡張を正当化し、そして判決効を拡張できることが、確認の訴え → 確認判決という手段を、有効な紛争解決手段たらしめる関係にある）。

　たとえば、宗教法人の代表役員、責任役員の地位にあること（または、ないこと）の確認請求（最判(三小)昭43・12・24裁判集民事93号859頁、最判(一小)昭44・7・10民集23巻8号1423頁参照）、被告が合資会社の無限責任社員の地位にないことの確認請求（最判(二小)昭42・2・10民集21巻1号112頁参照）、取締役資格不存在確認請求[4]など（なお上記各判例はいずれも被告の選択を誤ったことを理由に確認の利益なしとするが、302頁〔＊〕で詳述する）。

　親子関係の存否の確認も、誤った戸籍を訂正するためには家裁の許可による方法もあるが（戸籍113条）、基本たる身分関係を真実に則して画一的に処理する法

---

4)　西迪雄「取締役資格不存在確認の訴」松田・記念(上)363頁以下もほぼ同じ理由から利益を肯定する。

技術として、親子関係確認の訴えの利益を肯定すべきであり[5]、親子の一方の当事者が死亡した後も、同様に解すべきである[6]（最判(大)昭45・7・15民集24巻7号861頁。なお、→p275(ii)）。同様に、戸籍上離縁の記載がされている養子縁組の当事者の一方は、戸籍の記載が真実と異なる場合には、離縁無効確認判決を得て戸籍法116条により戸籍の記載の訂正をする利益がある（最判(三小)昭62・7・17民集41巻5号1381頁）。さらに、子を第三者の特別養子とする審判が確定した場合には、原則として、血縁上の父が子と戸籍上の父との間に親子関係がないことの確認を求める利益は消滅するが、上記審判に準再審事由（349条）があるときは、訴えの利益がなお存在する（最判(二小)平7・7・14民集49巻7号2674頁）。第三者の提起する養子縁組無効の訴えは、養子縁組が無効であることによりその者が自己の身分関係に関する地位に直接影響を受けないときは、訴えの利益を欠く（最判(三小)昭63・3・1民集42巻3号157頁）。

　㈠　**確認対象の選択の適否**　　原告の法律的地位に対して被告によって加えられている不安・危険を除去するために、訴訟物としてどのような権利または法律関係を選んで確認を求めるのが有効・適切かという問題である。真に保護を求める原告の地位と訴訟物たる権利または法律関係とは、一致している場合が多い。

　しかし、他人間の法律関係を訴訟物にする場合は、両者が分離する。また、過去のある行為の効力などが争いの中心である場合なども、原告の保護すべき地位と離れた訴訟物を選択する余地が生じる。そのような場合については、訴訟物の選択が原告の地位の安定をもたらすのに適切な選択であったかどうかが問われる。そこでは、まず、訴訟物たる権利または法律関係と原告の安定を求める地位との因果関係は、法律的に確実なもの[*]でなければならない。たんに感情的なものとか経済的な因果関係があるだけでは、有効な紛争の解決を担保できないからである。

　〔*〕　**国籍訴訟**　　法律的に確実かどうかを判断する上では、戦後話題となった日系二世によるいわゆる国籍訴訟が参考になる。最判(大)昭32・7・20民集11巻7号1314頁は、現在

5）　他の人訴事件の関係につき、兼子一「親子関係の確認」『家族制度全集　法律篇Ⅱ』（1937・河出書房）〔同・研究1巻341頁〕参照。

6）　鈴木正裕・民商64巻5号（1971）887頁・905頁は、すすんで親子関係の戸籍の訂正はすべて判決によるべしとする。他方、上記判決に消極的なのは、林屋礼二「身分関係存否確認の訴」実務民訴講座(6)229頁。

274　第3編　第一審手続　第2章　審判の対象

　原告が日本国籍を有することについて争いがない場合でも、その取得原因が国籍回復の許可によるものでなく、日本人を父として出生したことによる旨の確認を許している。そこでは、そのような国籍取得の原因を国（被告）に対して確認することが、原告のアメリカ国籍の承認という原告の地位の安定をもたらす蓋然性が高いとの判断が前提になっている。日本の上記確認判決によって、米国に原告のアメリカ国籍を承認する法的義務を生じさせるとはいえないが、米国が原告にアメリカ国籍を承認するであろうと合理的に期待できるといえよう。

　(a)　過去の事実または過去の法律関係の確認は原則として許されない。民事訴訟は、現在の法律上の紛争（現在の権利または法律関係についての対立した主張）の解決・調整を図るものであるから、現在の権利または法律関係の存否を問うのが直接的であり、また効果的である。その前提にすぎない過去の事実や法律関係の存否を問題にするのは、多くの場合、迂遠であるし、その後の法律関係の変動が考慮されず、現在の紛争の解決に役立つとは限らない。この原則から、法律行為、訴訟行為または手続の無効確認を求める訴えには、原則として利益がないといえる[＊]（無効とは、過去において無効であったということで、現在の法律関係の理由となるにすぎない）。もっとも、これは一応の原則で、例外が認められないわけではない。

　〔＊〕　過去の行為の無効確認の利益を否定した例　　①供託無効確認（最判(一小)昭40・11・25民集19巻8号2040頁）、②強制執行や競売手続自体の無効確認（最判(二小)昭30・1・28民集9巻1号125頁、最判(三小)昭34・9・22民集13巻11号1467頁）、③判決の無効確認（最判(二小)昭40・2・26民集19巻1号166頁）、④相続放棄の無効確認（最判(二小)昭30・9・30民集9巻10号1491頁）、⑤漁業協同組合の理事に選挙され、その後辞任した者についての理事選挙無効確認（過去において理事でなかった旨の確認）（最判(二小)昭32・11・1民集11巻12号1819頁）等、判例はいずれも確認の利益を否定している。

　(ⅰ)　証書真否確認の訴え（134条）は、事実の確認について、法がとくに確認の利益を肯定した一例である。真否とは、その書面が作成者と主張される者の意思に基づいて作成されたか否かの事実をいうのであって、この訴えは、書面の記載内容が実質的に客観的事実に合致するか否かを確定する訴えではない（最判(一小)昭27・11・20民集6巻10号1004頁）。この訴えは、確認判決によって保護されるべき原告の権利または法的地位の危険または不安が、もっぱらその書面の真否にかかっている場合に限って認めるべきである。争いがその真否の点だけでなく、そ

の書面によってなされた法律行為の効力についてもあるときは、その書面の真否だけを確認しても紛争の解決は得られないから、その場合には、通常の権利の確認を求めるべきである。したがってまた、その確認の対象となる書面も、その記載内容によって、原告の法的地位自体またはそれを理由づける法律関係を直接証明するものに限られることになる（たとえば、定款、遺言書、契約書など。しかし、書面によらなければならない法律行為の処分証書に限られない。なお、利益を否定した例として、最判(二小)昭27・12・12民集 6 巻11号1166頁、最判(一小)昭28・10・15民集 7 巻10号1083頁、最判(一小)昭42・12・21判時510号45頁。肯定例として、最判(一小)昭41・ 9 ・22判時464号28頁）。

　(ii)　しかしさらに、「現在の権利または法律関係の個別的な確定が必ずしも紛争の抜本的解決をもたらさず、かえつて、それらの権利または法律関係の基礎にある過去の基本的な法律関係を確定することが、現に存する紛争の直接かつ抜本的な解決のため最も適切かつ必要と認められる場合」（前掲最判(大)昭45・7・15民集24巻 7 号864頁の大隅健一郎裁判官の補足意見）には、確認の利益が認められる。

　たとえば、新株発行等の不存在確認（会社829条）、株主総会等の決議の不存在または無効の確認（会社830条）、婚姻の無効確認（人訴 2 条 1 号）、養子縁組の無効確認（人訴 2 条 3 号）、認知の無効確認（人訴 2 条 2 号。認知者の死亡後における検察官を被告とする認知無効の訴えにつき、最判(一小)平元・ 4 ・ 6 民集43巻 4 号193頁）、さらには親子の一方が死亡したのちの親子関係確認（最判(三小)昭34・ 5 ・12民集13巻 5 号576頁は、実父母が検察官を相手方として、双方とも死亡した戸籍上の母子の親子関係不存在確認の訴えを不適当としたが、上掲最判(大)昭45・ 7 ・15は、戸籍上の母でない実母が検察官を相手にした、死亡した子との親子関係存在確認の訴えを許した）など身分関係の存否の確認を目的とする訴え等は、基本たる行為の効力の確認をすることによって、基本たる行為を前提として多発することが予想される紛争を一挙に解決するために、法がその利益を認めたものである。さらに、このような明文の規定のない場合においても、同様の場合について確認の利益を認めるべきである。たとえば、遺言無効確認（最判(三小)昭47・ 2 ・15民集26巻 1 号30頁）、ある財産が被相続人の遺産に属することの確認（最判(一小)昭61・ 3 ・13民集40巻 2 号389頁）などである。

　(iii)　現在の原告の法律的地位を民事訴訟によって保護すべき場合であるにもかかわらず、その保護手段として、過去の事実または法律関係の存否を確認する

276　第3編　第一審手続　第2章　審判の対象

こと以外に有効・適切な手段が見当たらないときにも、やはり確認の利益を認めるべきである[7]。

　なお、請求の趣旨の文言上、過去の法律関係の確認を求めるように読める場合でも、これとまったく裏腹の関係として現在の特定の法律関係の確認を求める趣旨と認められる場合には、そのまま現在の法律関係の確認を求める趣旨として扱うことができるし（遺言無効確認を認めた上掲最判(三小)昭47・2・15は、このような理由も掲げる）、また、若干の補正で足りる場合には、釈明すべきである（解雇無効確認は、現在の従業員たる地位の確認が求められていると読める。解雇行為が数回あるような場合には、現在の地位の確認に補正すべきである）。

　(b)　確認の訴えの対象としては、より有効・抜本的な解決の得られる訴訟物を選ぶべきであるから、自己の権利の積極的確認ができるときは、相手方の権利の消極的確認を求めるべきではない[8]。たとえば、相手方の所有権の不存在確認を求めるよりは、自己の所有権の確認を求めるべきである（前者の勝訴判決は自己の所有権を確認せず、その既判力は理論上物上請求の基礎になりえない）。しかし、これも一般的な原則であり、ケースによっては、消極的確認請求のほうが適切な場合がある[*]。

　　〔*〕　「消極的確認より積極的確認を」の例外　　自己の所有権の確認を訴えうるときでも、
　　　原告が目的物の占有も登記も取得していて、さしあたり物上請求の必要がないようなとき
　　　には、相手方の所有権の消極的確認を許さないとするのは行き過ぎである。最判(一小)昭
　　　39・11・26民集18巻9号1992頁は、商標権につき、後願の商標登録者たる原告甲が先願の
　　　商標登録者乙に対し、自己の商標権の存在でなく、被告乙の商標権の不存在確認請求の訴
　　　えについて、甲の商標権の存在の主張立証よりも乙の商標権の不存在の立証のほうがやさ
　　　しいと思われる事情のもとで、二つの商標権は別個独立の権利であることを理由として、
　　　確認の利益ありとしている（松田裁判官の反対意見がある）。また、登記簿上第2順位の
　　　抵当権者が第1順位の抵当権者に対して、第1順位の抵当権者の抵当権の不存在確認と競

───────────

　7）　いわゆる国籍訴訟（→p273〔*〕）では、原告が現に有する日本国籍の取得原因が出生によるもので、いったん離脱した後の回復申請によるものではないことを確認することが、原告のアメリカ国籍の承認のために必要であり、これをたんに原告が日本国籍を有することの確認をしても目的を達しない場合であったが、最判(大)昭32・7・20民集11巻7号1314頁（→p273）は、国籍の取得原因が出生によるという過去の事実の確認を許した。鈴木忠一「国籍訴訟」曹時6巻3号（1954）217頁参照。

　8）　兼子・体系157頁、三ケ月・66頁。

売の禁止を求めた請求につき、一般理論から、原告は自分が第1順位の抵当権を有するとの積極的確認を求めるべきだとする（大判昭8・11・7民集12巻2691頁）のは、原告の訴えの本来の目的（被告はおよそ抵当権を有しないとしてその実行を阻止する目的）を看過した取扱いといえる。原告が第1順位の抵当権を有することを確認しても、原告の上記の訴えの目的は達成されない。なお、新堂・判例310頁参照。

　⒞　訴訟物たる権利または法律関係は原告・被告間のものに限られない。他人間の権利関係を訴訟物とする場合でも、その権利関係の存否を確認することによって、被告に対する関係で、原告の法律的地位の安定が得られるならば、そのような訴訟物についても利益が認められる（たとえば、自称債権者間で債権の帰属が争われる場合、なお、大判昭5・7・14民集9巻730頁参照）。

　⑺　**解決すべき紛争の成熟性の要求（即時解決の必要性）**　これは、解決の必要があり、かつ、解決に価する紛争のみを取り上げる趣旨であるが、二つの観点から考察される。第1には、被告が原告の地位に与える不安の態様という観点、第2には、不安に曝される原告の法的地位の現実性という観点である。

　⒜　原告の地位に対する不安は、被告が原告の法的地位を否認したり、原告の地位と相容れない地位を主張したりする場合（原告の主張する権利が第三者に属すると抗争する場合もある、最判（二小）昭35・3・11民集14巻3号418頁）に生じるのが通常であるが、時効の完成を妨げる必要がある場合や、戸籍など公簿の記載が誤っていて原告の真実の地位が表示されておらず、その記載の訂正のために確定判決を必要とする場合には、相手方がとくに争っていない場合でも確認の利益が認められる（最判（三小）昭62・7・17民集41巻5号1381頁は、戸籍上離縁の記載がされている養子縁組の当事者の一方は、戸籍の記載が真実と異なる場合には、離縁無効確認判決を得て戸籍法116条により戸籍の記載の訂正をする利益があり、その訴訟で相手方から縁組が無効であるとの主張がされ、かりにこの主張が認められる場合であっても、離縁無効確認の訴えの利益は失われないとする）。

　また、民訴法47条による参加人が、原告・被告双方を相手方として自己の権利の確認を求めるときには、相手方の一方が参加人の請求を争わない場合にも、他方の相手方が争うかぎり、争わない者に対する関係でも確認の利益が認められる（最判（二小）昭40・10・15民集19巻7号1788頁、→p843〔＊〕）。

278 第3編 第一審手続 第2章 審判の対象

(b) 確認判決によって不安が除去されるべき原告の利益ないし地位は現実的なものでなければならない。この関係では、将来の法律関係の確認は、原則として、その関係が発生するかどうか分からないから、紛争の成熟性の観点から、確認の利益は否定されるのが原則である。

たとえば、①遺言者がその生存中に受遺者に対して遺言の無効確認を求める利益は認められない（最判(一小)昭31・10・4民集10巻10号1229頁）。この場合に原告が保護を求めている地位とは、遺言者が死亡した場合にその遺贈に基づく法律関係が発生しないとすることについての原告の利益ないし地位であるが、受遺者とされた者の地位は、遺言者の死亡によってはじめて発生するものであり、原告自身があらたな遺言をすることによって（原告のみの意思で自由に）変動させることができるし、受遺者とされた者が、遺言者より先に死亡したときはなんらの権利も取得しないのであるから、そのような地位の存否は、そもそも確認訴訟の対象たる権利または法律関係に該当しないともいえる[*]。

②推定相続人が、被相続人と第三者とを相手どり、被相続人が所有する土地をその第三者と通謀し虚偽仮装の売買を行ったとして、その売買契約の無効確認請求をしたが、これを被相続人の生前に提起する利益は認められない（最判(三小)昭30・12・26民集9巻14号2082頁）。推定相続人の保護を求める現在の地位は、相続開始の時に被相続人の権利義務を包括的に承継し、その土地の所有権者になるかもしれないという期待権にすぎず、現在確認判決を得る必要のある現実的な地位とはいえない[9]。

③相続人間で、特別受益財産の範囲、その価額、相続財産の価額を争い、確定した遺産分割審判の前提とは異なる、いわゆる具体的相続分の額および割合の確認を求める訴訟も許されない（最判(一小)平12・2・24民集54巻2号523頁）。具体的相続分とは、遺産分割手続における分配の前提となるべき計算上の価額またはその価額の遺産総額に対する割合を意味するものであって、それ自体を実体法上の権利関係ということはできず、遺産分割審判事件の遺産分割や、遺留分減殺請求に関する訴訟事件における遺留分の確定等のための前提問題として審理判断されれば足り、これらの事件と離れ、これだけを別個独立に確認することが、紛争の直

---

9) 新堂・法学教室第2期1（1973）181頁参照。

接かつ抜本的な解決のため適切かつ必要といえないからである（なお、最判（三小）平7・3・7民集49巻3号893頁参照）。

　他方、④原告の現在の不安を解消するのに将来の法律関係を確認するほかに有効・適切な方法がない場合も考えられ、そのようなときは、将来の法律関係についても確認の利益が認められる。賃貸借契約継続中に敷金返還請求権の存在確認を求める訴えは、現在、賃貸人が賃借人による敷金交付の事実を争っているかぎり、すでに紛争は具体化しており、確認の利益が認められる。敷金返還請求権は、賃貸借が終了して明渡しがされたときに、敷金の被担保債権すべてを控除して残額があれば、その残額につき発生するという条件が付いているとしても、そのような条件付きの権利としてであれ、その存在を確認することによって、原告の現在の不安は除去されると考えられるからである〔＊＊〕〔＊＊＊〕（最判（一小）平11・1・21民集53巻1号1頁）。

〔＊〕　**遺言者の生存中の遺言無効確認の利益**　　大阪高判平7・3・17判時1527号107頁は、遺言者が老人性痴呆症の常況にあり、禁治産宣告を受けていて、遺言を取り消しまたは変更する可能性がないことが明白な場合には、上記遺言者の生存中の遺言無効確認も適法とすべきであるとしたが、その上告審である最判（二小）平11・6・11判時1685号36頁は、この原判決を破棄し、訴えを却下した一審判決を正当として控訴を棄却した。遺言は、遺言者が心神喪失の常況にあって回復の見込みがなく、遺言の取消しまたは変更の可能性が事実上存在しない場合であっても、遺言者の生存中は遺贈を定めた遺言によって何らの法律関係も発生しないという性質に変わりはないから、確認の訴えの対象になる権利または法律関係には該当しないとする（反対、中野貞一郎「将来の権利関係の確認」判タ1037号(2000)〔同・論点Ⅱ56頁〕）。

〔＊＊〕　**遺留分減殺請求を受けた受遺者等の価額弁償額の確認請求**　　旧民法1041条（平30法72による改正以前）のもとでは、遺留分減殺請求は、受遺者または受贈者が取得した財産を直ちに物権的に遺産に戻す効果までを認めていたため、受遺者らが、遺留分損害相当額の金銭の支払によって相続人らに財産を返還しないで済ますためには、受遺者らが、まずその遺留分損害相当額の支払または履行の提供をする必要があった。したがって、最判（二小）平21・12・18民集63巻10号2900頁の事件のように、受遺者が、遺留分減殺請求は受けたが、遺留分損害相当額について争いがあり、その支払または履行の提供をしない時期に、受遺者の相続人らに対する遺留分損害相当額の確認を訴えた（同事件では、その額は「2770万3582円を超えては存在しない」という確認を求めていた）場合には、まだ発生し

ていない給付請求権の額の確認請求とならざるをえなかった。しかし同判決は、①受遺者による賠償額の支払または履行の提供を解除条件とした目的物の返還義務は、その条件の内容も含めて現在の法律関係といえること、②その額についてすでに争いがあること、かつ、③その解決のためには訴訟において厳密な検討のうえ額を確認する必要があることを理由に、その訴えには確認の利益があるとしていた（平22年度重判解159頁〔渡部美由紀〕参照）。

　しかし、民法改正法（平30法72）1046条１項よれば、受遺者または受贈者に対する遺留分減殺請求は、その請求権（形成権と解されている）行使により、遺留分侵害相当額の金銭支払請求権のみが発生する建付けとなった。したがって、上記の事件のように、訴え提起の時には、すでに遺留分減殺請求権自体が行使されている場合には、その時点ですでに遺留分侵害相当額の金銭請求権は発生しており、その後の受遺者らの訴えは、現在の債務の一部不存在確認の訴えであり、確認の利益を問題にする余地はなくなった。

〔＊＊＊〕　東京地判平19・３・26判時1965号３頁（野村秀敏・百選〔第５版〕62頁）はその適例といえる。被告Ｙ損害保険会社において、RA（リスクアドバイザー）社員制度があったが、これは損害保険の募集業務等に従事する外勤の正規の社員制度で、内勤社員と異なり、賃金には個々人の業績が強く反映され、地域との結びつきが強く、その業績も顧客との個人的な信頼関係を基礎としていた。しかし、平成17年10月に、Ｙは、平成19年６月30日をもってこの制度を廃止すると決定したため、RA社員である原告Ｘら46名がRA制度の廃止は無効であるとして、平成19年７月１日以降もRAたる地位を有することの確認を求めた。東京地裁は、この訴えの確認の利益を認め、請求を認容している。RA制度の廃止のＹの意向は明白であり、この廃止によってＸらに回復しがたい損害が生じることもはっきりしており、この損害を予防する方法としては、廃止行為の無効、つまり平成19年７月１日以降もＸらがRAの地位にあることを確認することが有効適切であるとした。

　㈡　**被告選択の適否（被告適格の有無）**　当事者適格の項で述べる（→p291(2)）。なお→p270(2)。

　㈥　**確認の利益をめぐる争点整理手法**　㈠〜㈡で見るように、確認の利益を判断する手がかりが個別ケースごとに多数かつ多角的に分散されている現実を踏まえると、実務上は、争点整理段階で、確認の利益を判断するための使い勝手のよい手順が考案される必要がある。この必要を埋める最近の研究として、小林学「確認の利益をめぐる争点整理スキーム」中央ロー・ジャーナル15巻３号（2018）57頁以下が注目される。①確認訴訟の機能が、裁判所が解決基準を示して当事者

が自主的に紛争解決できるように支援するところにあることを重視する、②実務
上は、争点整理段階で、確認の利益を判断するための使い勝手のよい手順（論者
のいう「スキーム」、「当事者双方の主張をかみ合わせて争点を作り上げていく営み」をリード
するもの）を考案する必要があること、③上記の手順は、適時にどちらの当事者
が何を主張し、反論すべきかを指導するものであることが必要であるが、確認の
利益の判断をリードするには、Ⓐ確認対象の適格性、Ⓑ確認方法の適格性が肯定
されれば、特段の事情のない限り、確認の利益は一応存在すると判断することが
許される。つまり、Ⓒ即時確定の利益については、確認の利益がないと判断すべ
き特段の事情があることの立証を被告に求めること、このような証明責任の分配
が有効適切であることを提言する。

　興味深い研究であり、争点整理の活性化に一役買うものと期待する。また、こ
こで論じられる「証明責任の分配」という観念は、訴訟上の事実について用いら
れたものであるが、訴訟要件に関してではあれ、事案解明に関わることは明らか
であり、争点整理段階で働く点で、事案解明責任（→p482）の一種といってよい。
議論のさらなる展開を期待したい。

6　形成の訴えの利益

　形成の訴えは、元来、実体法自身が、法律関係の変動を　形成の訴え → 形成判
決の確定にかからせる必要の有無を、事件の類型ごとに個別に検討し、その必要
を認めた結果、これによる旨を法定した場合に限ってこの種の訴えを許す建前で
ある。したがって、所定の要件を備えた訴えであれば、原則として訴えの利益が
あると考えてよい。ただし、訴訟の係属前または係属中に事情の変化によって訴
えの目的たる法律関係を変動せしめることが無意味になるときには、訴えの利益
がなくなる。

　たとえば、メーデーのために皇居外苑使用不許可処分の取消請求中にメーデー
の日が経過した場合（最判(大)昭28・12・23民集7巻13号1561頁）には訴えの利益はな
くなる。地方議会議員の除名処分の取消訴訟中に任期が満了した場合も、かつて
利益なしとされた（最判(二小)昭27・2・15民集6巻2号88頁、最判(大)昭35・3・9民集
14巻3号355頁）。しかし、任期が満了しても、身分・資格を回復できないというだ
けで、歳費等を請求する前提として除名処分を取り消す利益があるのではないか

という反論があり（上記最判（大）昭35年のケースは、8対7の判決であった）、昭和37年制定の行政事件訴訟法では、「処分又は裁決の効果が期間の経過その他の理由によりなくなつた後においてもなお処分又は裁決の取消しによつて回復すべき法律上の利益」があることを前提とする規定（9条1項括弧書）が設けられた[10]。その後、判例も、罷免された公務員が処分取消訴訟中に市会議員に立候補したため辞職とみなされることになった以後においても訴えの利益ありとしている（最判（大）昭40・4・28民集19巻3号721頁）。また、自動車の運転免許の取消処分の取消訴訟中に免許証の有効期間が経過しても訴えの利益ありとする（最判（二小）昭40・8・2民集19巻6号1393頁）。有効期間中に免許の更新を受けないと免許の効力を失うという道路交通法の規定は、免許の取消処分を受けた者には適用されず、原告は勝訴すれば免許の更新を受け得るからである。さらに、テレビジョン放送局開設免許申請の拒否処分の取消しを求める異議申立ての棄却決定に対して、その取消しを求める訴訟中に競願者に免許が与えられ、かつ、競願者の免許期間が満了した場合でも、競願者の免許が実質上更新されて免許事業を継続しており、原告が勝訴すれば原告が再免許を受ける可能性があるならば、訴えの利益ありとする[*]（最判（三小）昭43・12・24民集22巻13号3254頁）。

　しかし、会社役員の選任決議取消請求中にその役員が退任した場合には、その役員に対する不法行為責任の追及や不当利得返還請求の前提としては、その決議を取り消す利益はない[11]。株主以外の者に新株引受権を与える旨の株主総会決議の取消請求中に新株が発行された場合、取消しの利益はなくなる（最判（二小）昭37・1・19民集16巻1号76頁）が、新株発行無効の訴えへ変更する機会を認めるべきである[12]。計算書類等承認に関する株主総会決議取消しの訴えは、その後の期の

---

　10)　原田尚彦「訴えの利益」田中二郎ほか編『行政法講座3巻』（1965・有斐閣）〔同『訴えの利益』（1973・弘文堂）19頁〕参照。

　11)　選任決議の手続の瑕疵と在任中の行為の責任とは別問題だからである。竹内昭夫・法協88巻9＝10号〔同『判例商法Ⅰ』（1976・弘文堂）179頁〕。理由は異なるが、同じ結論をとるものとして、最判（一小）昭45・4・2民集24巻4号223頁。もっとも、決議取消しについての当事者間の攻撃防御が相当に積み上げられた段階、たとえば控訴審の結審間近になっていれば、訴訟経済からも当事者の期待からも本案判決をするほうがよく、そこまで手続が積み上げられていなければ訴え却下でよいと考えるべきであろう。新堂「株主総会決議の取消の訴え」上柳克郎ほか編『会社法演習Ⅱ』（1983・有斐閣）82頁〔同・基礎409頁〕。

　12)　合併無効の訴えと合併契約承認決議取消しの訴えとの関係についても、同様のことがいえる、新

第1節　訴訟要件　　*283*

計算書類等が各期定時株主総会で承認されていても訴えの利益を失わない（最判（三小）昭58・6・7民集37巻5号517頁、取り消された場合、決議は遡って無効となり、問題の計算書類等は未確定となるから、それを前提とする次期以降の計算書類等の記載内容も不確定となる）。他方、同じ内容の第2決議が有効に成立した場合は、第1の株主総会決議の取消しの訴えは利益を失う（最判（一小）平4・10・29民集46巻7号2580頁）。

〔＊〕　**行政事件訴訟法9条2項の追加改正**　　平成16年法律84号は、従来の9条に2項を追加し、1項にいう「法律上の利益」の解釈につき、これを制限的に解釈しないように一定の方向づけをすることにした。

第4項　当事者適格

1　概　　念

　当事者適格とは、訴訟物たる特定の権利または法律関係について、当事者として訴訟追行し、本案判決を求めることができる資格をいう。その資格を有する者の権能としてみて訴訟追行権ともいう。この資格ないし権能をもつ者を正当な当事者という[1]。

（1）　当事者の確定との関係

　民事訴訟により解決すべき紛争があるとしても、これを解決するには、だれとだれとを当事者として対立関与させ、本案判決を下すのが必要であり有効適切かという問題がある。現に当事者となっている者を名宛人として本案判決をしても、つねに必要なかつ有効適切な紛争の解決が得られるとは限らないから、当事者となった者のうち、その請求との関係からそのような必要かつ有効適切な紛争解決をもたらし得る関係にある者を選別する必要がある。この選別作業が当事者適格の判断である。したがって、当事者適格の問題は、ある手続で、だれが当事者であるか（当事者の確定）の問題と理論上区別され、だれが当事者となるべきか（またはなるべきであったか）を問うものである。手続進行上は、まず当事者を確定し、ついでその確定された当事者が正当な当事者であるかを問うのが順序である

　　堂・前掲注11）411頁以下参照。
1）　学説史の研究としては、福永有利「民事訴訟における『正当な当事者』に関する研究(1)〜(4)」関西大学法学論集17巻1号・3号・5号（1967）・18巻2号（1968）参照。

284　第3編　第一審手続　　第2章　審判の対象

が、とくに手続進行後その手続の当事者がだれであったかを判定するさいに、その訴訟物についてはだれが当事者となるべきであったかの判断が逆に作用することを否定できない（▲p136(イ)）。

（2）　他の訴訟要件との関係

　当事者能力・訴訟能力が、どのような権利または法律関係が訴訟物となっているかに関係なく、特定の人について一般的に定められる資格であるのに対し、当事者適格は、訴訟物とされた具体的な権利または法律関係との関係で考察される資格であり（もっとも、当事者能力は、当事者適格と密接な関係をもつもので、正当な当事者たりうる者を選別する観念であることについては、▲p143）、訴えの利益と密接な関係にある。両者はともに本案判決による紛争解決の必要性・有効性を個々具体的な訴訟について吟味して、本案判決をなすべき場合を選別する観念である（両者をあわせると、権利保護請求権説のいう訴訟的権利保護要件にあたる）。具体的な訴訟について本案判決による紛争解決を求め得る当事者の地位を訴権ととらえるならば（▲p241(ウ)）、この両者は訴権の要件を構成することになる[2]。ただ、訴えの利益は、本案判決をなすべき訴訟物を選別するものであるのに対し、当事者適格は、本案判決をなすべき当事者を選別する点で異なるのである[3]。

（3）　当事者適格の有無をめぐる利害

　訴えの利益における状況に類似するが、若干異なる面もある。第1に、当事者適格の判断においては、原告の権利保護の要求と、これに対してどのような紛争を民事訴訟によって解決してやれば足りるかという国家または裁判所の立場とが相克する。すなわち、当事者適格の問題は、訴えの利益と同様、国家・裁判所の立場からみれば、いかなる訴訟事件について民事裁判権を行使して紛争の解決を図ってやるべきかの問題であり、まず、「訴訟制度の運営につき発現する国家的利益の一つの現れとして捉えられる」[4]。しかし、反面、紛争の対象となっている実体法的利益について、その当事者に民事裁判による保護を得るための門が開かれるかどうかの問題でもある。かくして、当事者適格を認めるか否かの判断においては、国家社会全体の秩序維持の観点から民事訴訟として取り上げるべき紛

2）　兼子・体系152頁参照。

3）　兼子・体系は、前者を客観的訴権利益、後者を主観的訴権利益という。

4）　三ケ月・184頁。

争を選別する国家的立場と、民事訴訟による権利保護の門を開けと要求する当事者の立場とがぶつかりあう場となる。しかも、この国家的立場には、一方では、立法・行政に対して司法作用の限界を具体的事件に即して問うという面があるとともに、他方で、民事訴訟制度の合理的・効率的運用という手続内在的要請に答えるという面も含まれている。このような意味で当事者適格の有無の判断は、一国の民事訴訟制度がその社会で実際にどれだけの機能を果たすかを左右する問題といえるのである。

第2には、原告に当事者適格がないなら、被告としては自分に対する原告の要求をはねつけることができるわけであるから、適格存否の判断は、原告と被告の実体的利益の調整の問題に影響を及ぼすことを否定できない。

第3には、訴えの利益にない観点であるが、判決によって影響を受ける当事者以外の者の利益の保護の問題がある。紛争解決の実効性を確保するには、判決の効力を訴訟物たる権利義務の帰属主体であると主張しまたは主張されている者に及ぼすだけでなく、第三者にも及ぼす必要のある場合がある。このように、判決の効力が手続上当事者になっていない利害関係人に法律上または事実上の影響を与えることが考えられる場合には（形成訴訟、訴訟担当、共同所有をめぐる紛争の場合など）、この利害関係人の利益保護が十分に手続上保障されているかどうかを問う必要があり、この手続外の利害関係人と原告・被告との利害の調節が、やはり当事者適格の判断のなかに求められる。かくして、判決の効力を受ける者の側からみると、当事者適格という観念による当事者（当事者として訴訟をする者）の選別は、判決の効力を当事者以外の利害関係人に及ぼすことを正当化するに足りる充実した訴訟追行を通常期待できる担当者を選出することを意味することになるのである（当事者自身が判決の効力を受けるのは、本人が当事者の地位についたことにより、手続上自分の利益主張を十分に行う機会を与えられたことによって正当化される）。

このように当事者適格の判断は、複雑に絡み合う諸利害の対立を、国家の立場、原告および被告の立場、第三者の立場から、具体的に調整する作業である。その意味で、当事者適格を、それが訴訟要件の一つであることから、たんに国家的利益の発現としてのみ説明するのは[5]、その具体的判断の過程で、国家的立場を強

5）　たとえば、三ケ月・55頁。

調する解釈論、立法論に陥る危険をもつことに注意すべきである。

（4） 当事者適格論の新たな意義

裁判所審判権を行使する要件として、具体的争訟性のある事件であることが要求されるが、そもそもこのような具体的争訟性を要求する趣旨は、一つには、訴訟の基本構造がそのような紛争の解決に適合しているからであるが、同時に、だれとだれとが何について争っているかが明確な事件を審判対象として選別することによって、だれとだれとを当事者として争わせるべきか、だれに手続保障を与えるべきかの判断、つまり正当な当事者の選別作業を、容易かつ確実にすることができ、結局は、デュー・プロセスの実現を容易にすることができるからであった（→p247 2、p45(2)）。個々の権利義務についての争いであれば、その権利義務の帰属主体が訴訟の進行・結果に対してもっとも強い利害と関心を有する者であることが明白であり、この者を当事者にしてこれに手続保障を与えるならば、デュー・プロセスの思想の実現を容易かつ確実に図ることができる。

ところが、具体的な争訟性が認められる事件であっても、その請求内容が特定の者にのみ帰属する権利義務というものでなく、たとえば、多数人の総有関係の権利であったり、騒音や大気汚染の差止請求、さらには、ジュースの内容について、ミスリーディングな表示によって被害を受ける一般の消費者を見守るために、その表示に関する事項を定める公正競争規約を認めた公正取引委員会の認定処分の取消請求[*]というように、多くの関係者が登場し、またその一人一人の被害が軽微であったり可視的でないものであったりすると、だれを当事者に選ぶのが適切かの判断は、そう簡単でなくなる。その請求の実現について、だれが1番強い利害と関心をもち、訴訟資料の提出についてインセンティブをもち十分な訴訟活動を期待できるか、だれならば利害関係者全員に納得のいく訴訟追行を期待できるかが、曖昧とならざるをえない。このような場合にも、適切な当事者を選ぶ理論が必要となるが、これも当事者適格論の新しい課題である。

ここでの当事者適格論は、当事者となった者から正当でない当事者を篩い落とすという、いわば消極的な作業をするだけでなく、多くの利害関係者のなかから適切な当事者を積極的に選定または創生する作業が期待され、だれが当事者になるべきかに迷った結果、裁判を受ける機会を実質的に奪われていた実体的利益についても、あらたに訴権を産み出すという役割を担うことになる[**]。

第1節 訴訟要件 *287*

〔＊〕 **いわゆるジュース裁判** 公正取引委員会によって認定されたジュースの表示に関す
る事項を定めた公正競争規約が、消費者に果汁入りであるかのような錯覚を与える不当な
ものであり、認定基準に反して違法であるとして、主婦連およびその会長が不当景品類及
び不当表示防止法旧10条6項（現在は、審査請求・審決取消訴訟（行政不服審査法2
条））に基づいて、認定は取り消されるべきであると主張して公正取引委員会へ不服の申
立てをしたところ、この不服申立てをなしうるものは、行訴法9条と同様、この認定によ
って具体的個別的な権利ないし法律上保護された利益を害される者でなければならないと
して、申立却下の審決がなされた。これに対して申立人らが審決の取消しを求めて東京
高裁に訴えた事件である。最判(三小)昭53・3・14民集32巻2号211頁は、審決の結論を
維持した。同景表法の規定によって一般消費者が受ける利益は、同法の目的である公益の
保護の結果として生ずる反射的な利益ないし事実上の利益であって、このような利益を失
ったからといって、消費者ないしその一定の範囲の者が、取消訴訟の提起が許される意味
での「法律上の利益」（行訴法9条）を害されたとはいえないというのがその理由であっ
た（その後、行訴法9条には、2項が追加されている。経済法判例・審決百選〔第2版〕
220頁〔高橋滋〕参照）。

これに対する筆者の反論として、新堂「民事訴訟の目的論からなにを学ぶか(10)(11)」法教
10号・11号（1981）〔同・役割199頁以下〕。筆者の考えを批判するものとして、園部逸夫
「『当事者適格と公益』論序説」田中二郎先生古稀記念『公法の理論下Ⅱ』（1977・有斐閣）、
同「『モデル志向による拒絶反応』について」司研論集73号（1984）〔同『現代行政と行政
訴訟』（1987・弘文堂）106-126頁〕。

なお、藤川忠宏日経論説委員「行政訴訟の夜明けは近い」（日経新聞2003年1月5日中
外時評）は、日本の「行政訴訟制度は、なぜ国民が訴えを起こせないようにバリアーを張
り巡らせているのか」との問いに対して、園部元裁判官自身の答えを、つぎのように伝え
ている。「行政府と裁判所の利害が一致した結果だ。裁判所に口を挟んで欲しくない行政
機関と、面倒な訴えを持ち込まれたくない裁判所が、このような使いにくい制度を作っ
た」のだと。そして、藤川氏は、違法な処分でも、取り消されないかぎり完全な効力があ
るという行政優位の発想が、戦後、官民一体で経済成長を図るうえで好都合でもあった、
とも述べている。ジュース裁判などのドグマがいかにご都合主義によるものであったかが、
透けてみえるようである。立法論としては、主婦連などの団体に訴権を認める方向にも関
心がもたれ、その結晶というべきものが、現景表法30条における適格消費者団体による事
業者に対する差止請求権の明記と差止請求訴訟の創設である。この点については、下記
〔＊＊〕(3)参照。

〔＊＊〕 **多数の利害関係人のいる紛争と適切な当事者の選抜** (1) 具体的な争訟性は、一
人対一人が特定の所有権の帰属、特定の債権の存否を争っているというような場合には、

明白に存在し当事者の選抜に困らない。しかし、現代型訴訟といわれるような紛争、たとえば、ある地域の環境汚染が問題となり、汚染源を発生させている者も多数となり、その被害者も不特定多数となってくると、環境汚染という紛争対象は明確であるとしても、一人一人の被害が拡散されるとともに、また、それゆえに、いったいだれとだれが訴訟の当事者となって争うのが適切なのかという難問を抱えることになる。

このような問題に対し、政治や行政がタイムリーな処置をしないで放置し続けると、人々は、訴訟による解決を求め、裁判所に期待を寄せざるをえない。このような社会の期待に対して、裁判所が立法や行政に問題を投げ返すのは簡単であるが、この種の紛争解決を民事訴訟という器で、どこまで受け止められるのか、そうした面で民事訴訟の機能の地平を開く努力も、裁判所の信頼回復のために貴重である。いったい訴訟構造がどこまでこの種の紛争の適正な解決に耐えうるか、その可能性を探求することは、いまの民事訴訟法学にとって避けられない緊急課題である。

住民訴訟(地自242条の2)や株主代表訴訟(会社847条-853条)、一般社団法人における責任追及の訴え(一般法人278条-283条)は、原告側について、多数の利害関係者の中からだれを原告に据えるのが適切かをあらかじめ法律に明定することによって、利害関係者による提訴の途を保障したものといえる。アメリカにおけるクラス・アクションは、このような適切な代表者の選別を、裁判所の大幅な裁量権のもとで個々の訴訟の場で判定していく方式を一般的に認めた制度といえる。⟶ p303〔＊＊〕。しかし、クラス・アクションというような制度を認めるにしろ認めないにしろ、明文の規定がない場合に誰が原告になるのが適切なのか、利害を共通にする多数人のデュー・プロセスの要請にもっとも応えることになるのかに関する研究は不可欠であり、当事者適格論における現代的課題である。⟶後記(**3**)。

(2) **紛争管理権**　　この領域の優れた先駆的研究として、伊藤・当事者101頁以下、同「紛争管理権再論」竜嵜・還暦203頁がある。そこでは、訴え提起前からの紛争過程で、相手方と交渉したり、交渉団体を結成したりするなど重要な役割を果たしているという事実に基づいて、その者に紛争管理権なるものを認め、当事者適格の基礎と考える理論を展開している。当事者適格の基礎を、実体権の管理処分権能から解放し、利益主張の真摯な行動という事実にシフトした点、示唆に富む。

最判(二小)昭60・12・20判時1181号77頁は、豊前平野、豊前海の環境維持を目的として、地域の代表として7名の者が原告となり、電力会社を相手に、火力発電所の操業停止、被告電力会社の埋め立てた海面の原状回復を求めた訴えに対して、紛争管理権なる学説を否定し、原告らは原告適格を欠くとした。

しかし、個々の権利者に権利行使のインセンティブがほとんどない実体権、さらには、実体権として認知されていないような拡散的な利益については、真摯な利益主張行動を通

じてのみ、その利益が顕在化し、実体権としての利益を享受する機会が与えられるし、またそもそも実体権として認知される機会を摑むことができる場合であることを考慮すると、紛争管理権論は正当な当事者を選抜する基準として、実践的であり、かつ合理性を有するものと思われる。 ⟶ p147〔＊〕⑵脚注 2 ）。

(3)　消費者団体訴訟制度の創設および発展　⒜　消費者契約法の一部改正（平18・法56、平19・6 ・7 施行）により、導入された。この改正は、一方で、消費者（ 2 条 1 項）の利益のために、事業者等（ 2 条 2 項・ 5 条・12条 1 項）の行為により誤認または困惑し、それによってなされた消費者契約（ 2 条 3 項）の申込みまたはその承諾の意思表示の取消権（ 4 条）、および特定の契約条項の無効（ 8 条-10条）を法定するとともに、事業者等が不特定かつ多数の消費者に対して、前記の取り消すことができる行為、または無効条項を含む消費者契約の申込みまたはその承諾の意思表示を、現に行いまたは行うおそれがあるときには、その行為の停止もしくは予防またはその停止もしくは予防に必要な措置（「差止請求権」12条）を、事業者等に対して、訴訟において（41条参照）請求できることとし、正当な当事者となるものとして、内閣総理大臣が法定の要件に適合したと認定する団体（「適格消費者団体」を認めることにした（13条以下））。これは、拡散的利益についての困難な当事者適格の判断を、あらかじめ行政が所定の要件の下に認定しておくという方式で解決したものであり、今後の運用および類似制度への立法の展開が注目された。

　平成20年 5 月 2 日法律第29号（平成21・4 ・1 施行）により、適格消費者団体の差止請求権は、大幅に拡張された。すなわち、商品または役務の品質等の内容・価格等の取引内容・条件について、実際のものまたは他の事業者のものより著しく優良ないし有利であると誤認される表示に対する差止請求権（不当景品類及び不当表示防止法30条）および訪問販売・通信販売・電話勧誘販売・連鎖販売取引・特定継続的役務提供・業務提供誘引販売取引にかかる差止請求権（特定商取引に関する法律58条の18-58条の25の追加）が認められることになった。

　もっとも、上記の消費者団体訴訟では、多くの消費者にすでに発生した損害の賠償請求をするためには役に立たず、そのためのクラス・アクションの導入がつぎの課題となった。

　⒝　消費者庁の集団的消費者被害救済制度研究会は、平成22年 9 月、同研究会名の報告書を発表した。そこでは、集団的消費者被害の救済のための一つの重要な手段として、集合訴訟（クラス・アクション）を挙げ、その各種のモデルについて検討すべき課題を抽出・分析し、実体法に関する理論との整合性の観点も加味して、さらなる詳細な検討が必要であるとしている。それに加えて、訴訟追行主体として適格消費者団体を想定するならば、この団体の飛躍的発展が必要であり、そのために、消費者庁においても適格消費者団体が全国的に設立されるように支援することや、訴訟追行に必要な資金の確保、さらに、情報面での支援など、環境整備を図ることをも並行して検討すべきだとしている。この報

告書からは、クラス・アクション導入へ向けての実践的方策が模索されていることがうかがわれた。

こうして、平成25年、懸案だった「消費者の財産的被害の集団的な回復のための民事の裁判手続の特例に関する法律（略称：消費者裁判手続特例法）」（平25・法96および同名の「規則」（平27・最高裁規5））が制定され、平成28年10月1日施行された（さらに平成29年に若干の改正）[6]。この法律による裁判手続の仕組みが実務上重いとの評判もあるが、内閣総理大臣の認定を受けた「特定適格消費者団体」（その認定条件は、差止関係業務を行う「適格消費者団体」（消費者契約13条）の認定要件より重い（消費者裁判手続特例法65条4項1号参照））の事業者に対する存在感および交渉力はかなり期待でき、さしあたり裁判外での紛争解決（和解）の実績が望めよう（消費者裁判手続特例法の内容については、消費者庁消費者制度課編『一問一答 消費者裁判手続特例法』（2014・商事法務）、山本和彦『解説消費者裁判手続特例法〔第2版〕』（2016・弘文堂、〔初版〕2015）、伊藤眞『消費者裁判手続特例法』（2016・商事法務）等を参照されたい）。

(c)　なお、〈政府機関が、一定の要件を満たした特定の団体に対しあらかじめ当事者適格を与える認定をし、この団体に、多数の人々の権利・利益のための集合的訴訟を行わせる仕組み〉は、暴力団の組事務所使用差止訴訟にも、応用された。「暴力団員による不当な行為の防止等に関する法律」（平30・法71による改正）によれば、都道府県公安委員会により各都道府県に一つ、申出により「都道府県暴力追放運動推進センター」（一般の社団法人または財団法人）が指定され、このセンターが、国家公安委員会による「適格」認定を受け（同32条の5）、付近住民等から組事務所の使用差止訴訟について委託を受けたときは、委託者のために適格センター自体の名において、一切の裁判上のまたは裁判外の行為をする権限をもつとしている（同32条の3・32条の4等）。このような対応例は、世界でも珍しいといわれる（三木浩一『民事訴訟による集合的権利保護の立法と理論』（2017・有斐閣）342頁）。

2　正当な当事者(1)── 一般の場合の選別基準

特定の請求について、有効適切な紛争解決をもたらす正当な当事者を選別する基準は何か。その請求の当否についてもっとも強い利害と関心のある者であれば十分な訴訟追行を期待でき、充実した審判をもたらしうる。かりにその者が敗訴して実体的な不利益を受けるとしても、当事者として十分な手続参加の機会が与えられているとすれば、憲法上の手続保障の要請にも反しないといえる。そうす

---

6)　適用事例はまだ数件にとどまるようである。

ると、請求の当否についてもっとも強い利害と関心を有する者はだれかが選別基準であるといえる。そして、請求が特定の権利義務の主張であることから、通常は、その権利義務の帰属主体であると主張し、主張される者がそれに該当すると考えられる。

（1）　給付の訴えにおいては、訴訟物たる給付請求権をみずから持つと主張する者に原告となる適格があり、原告によってその義務者（請求棄却によって給付義務を免れるという実体的利益の帰属主体）と主張される者に被告たる適格がある。ここでは、給付の訴えという形態をとったこと自体、つまり原告がみずからの給付請求権をその義務者たる被告に対して主張する形をとったことで、すでに原告にも被告にも適格があることになる。したがって、適格の有無の判断は、独立に行われず、被告とされた者に対する原告の給付請求権が存在するかどうかの本案の判断につねに吸収されてしまう（最判(一小)昭61・7・10判時1213号83頁参照）。

（2）　確認の訴えにおいては、原告が訴訟物たる権利義務の主体であると主張する場合は、この者に原告適格がある。しかし、訴訟物たる権利義務関係の主体でない者も、その権利関係の確認によってみずからの実体法的地位（実体法によって保護されるべき利益）を確保できる関係にある者（保護法益の帰属主体）であれば、適格が認められる（たとえば、2番抵当権者甲が1番抵当権者乙に対して抵当権不存在の確認および競売実行禁止を請求する場合、甲は、自分の抵当権の目的物件を抵当権者でない者によって任意競売されないという法益の主体として原告適格が認められる。この場合、訴訟物たる権利義務の帰属主体である抵当権設定者は判決の効力を当然には受けない点で、第三者の訴訟担当と異なる）。他方、確認の訴えの被告適格は、原告の保護法益と対立拮抗する利益を主張している者に与えられる。

　もっとも、確認の訴えにおいては、まず確認の利益の存否が問われる。しかも、この利益の有無は、当該事件の原被告間の紛争を確認判決によって解決する必要があるか、または有効適切に解決しうるかという判断であるから、確認の利益があるということになれば、その原告および被告は当事者適格が当然にあることになる。それゆえ、確認の訴えでは、当事者適格の問題は確認の利益の問題に吸収されると説かれるのがふつうである（→p269）。しかし、特定の権利関係について訴えによって選択された被告が、紛争解決のために有効適切な者であるかという観点から、確認の利益の判断が行われる場合もある（→p302〔＊〕）。

292 第3編 第一審手続 第2章 審判の対象

(3) 形成の訴えにおける当事者適格については、→p300 **4**参照。

3 正当な当事者⑵——訴訟担当

訴訟物たる権利義務の主体に代わり、またはこれと並んで、第三者がその訴訟物について当事者適格をもち、しかも、この者が受けた判決の効力がその権利義務の主体にも及ぶ場合がある。この場合、権利義務または法律関係の帰属主体は当事者として顔を出さないから代理現象とは異なり（115条1項2号は、当事者になる者のほうからみて、当事者にならない権利義務の帰属主体を「他人」と表現している）、第三者の訴訟担当と呼ばれる。当事者になる者のほうからいえば、他人の権利義務について当事者として訴訟を追行する場合である。第三者の訴訟担当には、法律上当然に行われるもの「法定訴訟担当」と、本来の権利義務の帰属主体の承認のもとに行われるもの「任意的訴訟担当」とがある。

（1） 法定訴訟担当

訴訟担当が法律上当然に行われるものは、その根拠からさらに二つに大別できる。

　㋐ 担当者のための法定訴訟担当　　第三者が、自分の利益または自分が代表する者の利益のために、訴訟物たる権利義務について管理処分権能を認められ、それに基づいて訴訟担当が許される場合をいう。

　たとえば、破産管財人による破産財団に関する訴訟[7]、差押債権者の取立訴訟（民執155条1項・157条。この場合、差押債務者に帰属する債権について差押債権者が訴訟担当者となる）、債権質の質権者または債権者がその質権または代位権に基づき債務者の権利を代位行使する訴訟（民366条・423条。この場合、債務者に帰属する権利について質権者または債権者が訴訟担当者となる）、株主代表訴訟（会社847条-853条。この場合は会社役員等に対する株式会社の損害賠償請求権について、株主が訴訟担当者となり、会社および訴訟担当株主もしくは他の株主のために訴訟追行をする）などを訴訟担当者と権利義務の帰属主体との関係からみた場合が、その例である。

7） 破80条。この場合、破産者の権利義務について破産管財人が訴訟担当者となる。ただし、破産財団に法主体性を認める——兼子一「破産財団の主体性」法協58巻7号（1940）〔同・研究1巻472頁〕——ならば、破産財団自体が当事者となり、管財人はその代表者ということになる。

これらの訴訟担当は、いずれも、権利義務の帰属主体の利益保護を直接目的としているわけではなく、訴訟担当者が他人の権利義務につき有する管理処分権能に基づいて、訴訟担当者自身またはこれと同様の地位にある者（たとえば、他の破産債権者、他の債権者、他の株主）の利益の保全ないし確保を直接の目的としている場合である。

これらの各場合に、訴訟担当者が他人の権利利益についていかなる範囲で管理処分権能をもつかは、実体法上さまざまであり、その強弱に基づいて担当訴訟の効果に差異を設けるべきかどうかが問われている。

とくに、その管理処分権能の実体的内容が弱い場合（権利の帰属主体にもある程度の管理権能が残されており、第三者と権利の帰属主体とが管理処分権能を分け合う場合）には、第1に、帰属主体が本来もっている、みずから当事者となって訴訟追行をする利益をいかに保護するか[*]という問題（「担当者のための訴訟担当」という範疇を立てる実益の一つは、この問題を浮彫りにさせることにある）と、第2には、権利義務の帰属主体に対して訴訟担当者と同等の立場に立つ第三者（たとえば、代位訴訟や取立訴訟をしていない他の債権者、役員等の責任を追及する訴えを提起していない他の株主）の利益をいかに保護するかという問題[**]（この問題は、「担当者のための訴訟担当」にのみあるというものではない）とがあり、これらの者の利益と担当訴訟の相手方の利益とを比較考量して、各種の担当訴訟の効果を決める必要がある。

[*] **担当者のための訴訟担当における被担当者の利益保護の方法**　(1)　この方法には、訴訟担当者の受けた判決の効力を勝訴の場合にのみ被担当者に及ぼし敗訴の場合にはこれを否定する方法と、被担当者自身が共同訴訟的補助参加または独立当事者参加をすることによってみずからの利益を守ればよいとする方法（この場合には既判力は不利益にも及ぶ）とが考えられる。三ケ月章博士は、取立訴訟（債権の質権者による場合も含む）および債権者による代位訴訟については、債務者を当事者として強制的に訴訟に参加させる格別の立法的手当てがされないかぎり、前者の方法をとるべきだとする（三ケ月「わが国の代位訴訟・取立訴訟の特異性とその判決の効力の主観的範囲」兼子・還暦�中〔同・研究6巻48頁以下〕。なお、フランスの代位訴訟では参加の方式が強調されている）。

(2)　三ケ月博士によれば、取立訴訟や代位訴訟の場合には、債権者が債務者の財産処理に介入する場合であり、両者の利害が対立拮抗する関係にあるのに対し、破産管財人による破産財団に関する訴訟においては、破産者の管理処分権能は完全に管財人に吸収され、破産者は管財人の行為の効力を全面的に承認せざるをえない立場におかれ、両者の間に鋭

い利害の対立があるわけではないとし、前者を対立型訴訟担当、後者を吸収型訴訟担当と名づけ（同・研究6巻8頁以下）、対立型の場合には、とくに債権者の受けた判決の効力が債務者および他の債権者に及ぶのは有利な判決にかぎるべきであると論じる。

(3) 上記の研究は、沿革的・比較法的視野の下に、外形上一様に訴訟担当とみられる場合のなかにも、その担当者のもつ管理処分機能の実体的内容に強弱があること、および担当者と被担当者との利害状況に差異のあることを鋭く分析した点、さらにこのような実体法的分析から取立訴訟・代位訴訟における判決の効力の主観的範囲について通説に反省を迫った点で、高く評価されるべきである。しかし、その結論には疑問が残る。

(4) 第1に、吸収型・対立型という区別に、なおあいまいさが残っている。たとえば、破産管財人も、破産財団に関する訴訟を追行して配当財団を形成する過程では、各破産債権者が破産以前に債務者（破産者）に対してもっていた「保全権能」を管財人が一括して行使している（全破産債権者のためにそれらの者の権利を一括行使する関係では、管財人は後述の職務上の当事者としての地位にある）ともいえ、破産者との対立拮抗関係が全然ないわけではない。破産が廃止または終了したときには、その対立拮抗関係は再び現実化するという意味で、破産手続中はそれが潜在化しているにすぎないし（その意味では、管財人の訴訟に、破産者は共同訴訟的補助参加をする利益が認められる）、また係争財産が破産者の自由財産に属するかどうか（自由財産であれば管財人の適格が否定される）という観点からは、破産手続中でも破産者と管財人との対立・拮抗関係は現実にあるといえる（このような対立が問題となるときは、破産者は独立当事者参加が可能と解すべきである）。また、遺言執行者を吸収型に入れるが（同・研究6巻9頁）、被相続人の意思なり権限が担当者たる遺言執行者に吸収されるというならば格別（被相続人との関係では、遺言執行者も後述の職務上の当事者の性格をもつ）、相続人との関係では、係争財産が執行者の管理権の範囲に入るものかどうか争われる余地があり、管理権の外にある財産（たとえば相続人の固有の財産）については、遺言執行者に当事者適格がないから、その争いは遺言執行者の適格の存否をめぐる争いといえ、遺言執行者と相続人とはやはり対立・拮抗関係にあるといわなければならない（さらに→p297〔**〕のケース参照）。

第2に、第1と関連するが、破産者や相続人との間に対立・拮抗関係が認められる破産管財人・遺言執行者も、破産債権者や被相続人との関係ではむしろ、それらの利益を吸収するともいえ、職務上の当事者という性格をもつといえる。このような点を考慮すると、担当訴訟を、吸収型か対立型かという基準で一義的、範疇的に分類することには無理があるし、担当訴訟の複合的性格を見失うおそれがある。

第3に、対立型の場合に、担当者と被担当者との利害が対立するからといって、訴訟の相手方（第三債務者）に対する関係においても、被担当者（債務者）の利益をつねに主張できるとすべきかどうかはまた別問題である。被担当者は自分に利益である場合にだけ判

決の効力を受けるとしたのでは、相手方は担当者に勝っても、なお被担当者（債務者）から訴えられる煩わしさを忍ばねばならない。それでは公平に反する（債務者が自分で訴訟をして勝訴したときは、その効力を債権者が享受しうることとの均衡から考えても相手方にとって酷である）。同じ権利を訴訟物とする訴えが２度も審判の対象となるというのも訴訟経済に反する。やはり、被担当者（債務者）には、訴訟の告知（旧非訟76条１項参照）を受けて旧71条（現47条）による訴訟参加（最判(三小)昭48・４・24民集27巻３号596頁は、原告の代位権を争う被担当者による旧71条（現47条）参加を認め、被担当者の被告に対する請求が原告の請求と同一訴訟物であっても二重起訴にならないとする）または共同訴訟的補助参加をする途を設けておき、これを利用しない場合には、公平・訴訟経済の観点から、不利な判決も被担当者に及ぶと解すべきである（池田辰夫「債権者代位訴訟における代位の構造(4)」判時999号（1981）〔同・代位訴訟82頁〕も同旨）。

　(5)　近時の民法改正（平29・法44）は上記の考え方によったものと思われる。債権者が被代位権利の行使に係る訴えを提起した場合、「債務者は、被代位権利について、自ら取立てその他の処分をすることを妨げられない」（民423条の５）とする一方、債権者は「遅滞なく、債務者に対し、訴訟告知をしなければならない」（民423条の６）と規定した。この訴訟告知は、債務者に対して、訴訟による代位権行使の事実を知らしめ、債権者の債権の存在を争うか、どちらかの当事者に補助参加するか、放置するかの態度決定を促す意味をもつ。このような債務者に熟考の機会（一種の手続保障）を与えることにより、代位債権者が敗訴した場合にも、被代位債権不存在の判断について既判力を生じさせ（民訴115条１項２号）、債務者もこれを争えなくなることを正当化できるものと考えられる。
→ p827「第３項　訴訟告知」。さらに→ p828(2)。

〔＊＊〕　**訴訟担当者と同様の立場にある第三者の利益保護の方法**　　(1)　破産管財人の場合は、破産手続上の要請から破産債権者の個別の権利行使の機能をすべて奪う代わりに、破産管財人には、総破産債権者の利益代表という性格を法律上与え、その利益を忠実に確保することを職務内容として規定し（破85条）、その現実の職務遂行に対しては裁判所または債権者委員会が監督するという形態をとる（破75条・88条・144条等。このような破産債権者との関係では、破産管財人は職務上の当事者というにふさわしい）。株式会社における責任追及等の訴えの場合の他の株主の利益などは、その訴訟に直接当事者として入らないかぎり不利益には判決の効力は及ばないという形の保護の保障が考えられなくもないが、それでは、相手方の利益が無視される。そこで、現行法上は、基本的には、訴訟担当者の熱意に加えて、訴訟告知、公告・通知、および第三者の訴訟参加（会社849条参照）による十分な訴訟追行を期待する形をとっており、株式会社における責任追及等の訴えの場合には、株主（および会社）に原被告の共謀による詐害判決に対する再審の訴えの余地

を認めている（会社853条）。債権者代位訴訟または取立訴訟における他の債権者の利益は、本文のように債務者への判決の効力を及ぼすことにして、他の債権者への効果を確保することにしている（他の債権者は債務者の受けた効力を承認せざるをえない立場である）。

　また民法改正（平29・法44）においては、債権者が「詐害行為取消請求に係る訴えを提起したときは、遅滞なく、債務者に対し、訴訟告知をしなければならない」（民424条の7第2項）とし、他方、「詐害行為取消請求を認容する確定判決は、債務者及びその全ての債権者に対してもその効力を有する」（民425条）と規定した。この場合の訴訟告知も、それにより債務者へ熟考の機会を与えることが、債権者敗訴判決効の債務者への拡張を正当化するものと考えられる。もっとも、詐害行為取消請求を棄却した確定判決の効力が債務者および他の債権者に及ぶかについては、明文の規定を欠く。そこで、民法425条の反対解釈としてその既判力の拡張を否定したと読み取れなくもない。しかし、同条は、詐害行為取消請求が認められたときの実体法上の諸効果（同425条の2-425条の4）を明確にする前提として規定されたものと理解し、訴訟法上の効果については、訴訟法理論に委ねたものと解釈することができるのではないか。そして、取消請求の却下・棄却の確定判決の訴訟法上の効果（既判力等）は、むしろ、債務者への訴訟告知による手続保障効果を手がかりとして、債務者および他の債権者への拡張を認めることが許されるものと解する（他の債権者は、債務者の受けた判決の効力を承認せざるをえない実体法的立場にある）。→ p828（2）。

　⒤　**権利義務の帰属主体のための法定訴訟担当――職務上の当事者**　　訴訟物たる権利義務の帰属主体による訴訟追行が不可能、困難または不適当であるにもかかわらず、その権利義務に関する紛争を解決する必要から、それに関する訴訟を可能にするため、法律上一般的にその帰属主体の利益を保護すべき職務にある者が訴訟担当をする関係にあるとき、この訴訟担当者を職務上の当事者という。人事に関する事件において、本来の適格者の死亡後にも訴訟を可能にするために当事者とされる検察官（人訴12条3項）、成年被後見人の離婚訴訟その他人事に関する訴えについての成年後見人（または成年後見監督人）（人訴14条。最判(二小)昭33・7・25民集12巻12号1823頁は、心神喪失の常況にある者は、離婚訴訟につき訴訟能力をもたず、また離婚訴訟は代理に親しまないとして、職務上の当事者による方式を認める）、海難救助料債務者のために海難救助料請求の被告または原告となる被救助船の船長〔*〕（商803条2項）などがその例であるが、破産管財人や遺言執行者〔**〕も、破産債権者一般および被相続人との関係でみるときは、このグループに入れることができる。

第1節 訴訟要件　297

〔＊〕　**海難救助料債権・債務と船長**　　(1)　救助料支払義務者のために被救助船の船長に被告適格または原告適格を認める（商803条2項）のは、第1に、救助料債権者たる荷主が不明であったり（積荷が船荷証券で譲渡されている場合）、船主や荷主が遠隔地にいることを考慮したこと、第2に、救助された事実関係について被救助船の船長がもっともよく知っており、真実に近づきやすいこと、第3に、船長を相手にすることによって多数の救助料債務者を相手にする必要がなくなり訴訟を単純化する便宜があること等の理由に基づく。

　(2)　同様の事情は、救助船の船主や船員の救助料請求権とその救助船の船長との関係についてもみられる。すなわち、救助船の船長は救助につきよく事情を知っており、職務上責任をもってその訴訟追行にあたることが期待できる。また船長に原告適格を認めれば、訴訟の単純化の便宜もある。さらに、実際にだれが救助にあたったかを確かめることができない場合には、船長が救助料を一括請求し、これを各船員に分配することができるとすれば好都合である。このような事情から、救助料債権者のために、救助船の船長に原告適格または被告適格が認められる（同条3項）。

〔＊＊〕　**遺言執行者の当事者適格**　　遺言執行者は、すでに死亡した遺言者の意思を実現する職務を負う者として、相続人による遺言無効確認の訴えの被告適格者である（最判（三小）昭31・9・18民集10巻9号1160頁）。

　しかし、相続開始後、相続財産たる不動産について相続人に登記がなされた後に、受遺者がその不動産が遺贈の目的物であるとしてその登記請求をする場合には、被告適格者は遺言執行者のみであるとして、相続人たる登記名義人に対する移転登記請求を、被告適格を欠く者に対する請求と判断するのは（最判（二小）昭43・5・31民集22巻5号1137頁）疑問である。登記の取得を簡潔にするという点からも、また相続人にすでに移転登記がなされていれば、遺言執行者の管理を離れた財産とみる余地がある。また、遺言執行者相手の訴訟では、遺言執行者に対して相続人への移転登記を抹消せよと要求できるだけであって、それでは紛争の直接的な解決は得られないという点からも、相続人たる登記名義人に被告適格を認めるべきであろう（五十部豊久・法協86巻7号（1969）830頁参照）。他方、受遺者へ登記がすでに行われてしまっているときは、相続人は遺言執行者ではなく登記を得た受遺者を被告とすべきである（最判（二小）昭51・7・19民集30巻7号706頁）。

　また、特定の不動産を特定の相続人甲に相続させる旨の遺言によって、甲が当該不動産の所有権を取得した場合に、甲は単独で登記申請でき、遺言執行者には遺言の執行として上記登記手続をする義務はないとされる（最判（三小）平7・1・24判時1523号81頁）。したがって、他の相続人乙によるその不動産についての賃借権確認請求において、被告適格を有する者は甲であって遺言執行者ではないとして、遺言執行者を被告とした訴えは却下

298　第3編　第一審手続　第2章　審判の対象

される（最判（二小）平10・2・27民集52巻1号299頁）。

　なお、相続財産に関する訴訟における相続財産管理人、遺言執行者の法的地位に関する学説を紹介、分析するものとして、梅本吉彦「代理と訴訟担当との交錯」講座民訴③145頁以下参照。最近の文献として、未完だが岡成玄太「いわゆる財産管理人の訴訟上の地位(1)」法協135巻10号（2018）1頁以下がある。

（2）　任意的訴訟担当

　本来の権利義務の帰属主体の承認のもとに行われる訴訟担当をいう。これを訴訟信託と呼ぶこともあるが、信託法10条でいう「訴訟信託」と混同のおそれがあるから、避けたほうがよい。

　選定当事者の制度は、任意的訴訟担当を法が許している例である（30条。→p805）。また、手形の取立委任裏書（手18条）も、裏書人の手形上の権利について被裏書人が自分の名で訴訟追行することができるように授権が行われる場合であり、やはりこれにあたる。区分所有方式の集合住宅の管理者が、区分所有者の団体の規約または集会決議によって、その職務に関して区分所有者のために訴訟追行できる（建物区分法26条4項）とされるのも、任意的訴訟担当の例である。

　これらの例のように法が許している場合以外に、任意的訴訟担当がどのような条件のもとで許されるかについては、この訴訟追行方式によると弁護士代理の原則（54条）および訴訟信託の禁止（信託10条）を潜脱するおそれが予想されるので、議論が多い。

　㈠　判例の立場　　従来、判例は、無尽講の講元（会主・総代・世話人）に講関係の債権債務に関する訴訟について任意的訴訟担当を認めていたにもかかわらず（大判昭11・1・14民集15巻1頁、大判昭11・12・1民集15巻2126頁）、民法上の組合においては、組合員の1人を清算人に選任し、この者にその名において裁判上裁判外の行為をなす権限を授与しても、訴訟担当をすることは許されないとしていた（最判（二小）昭37・7・13民集16巻8号1516頁）。しかし、最高裁は、任意的訴訟担当に上記の脱法のおそれがなく、かつ、これを認める合理的必要がある場合には許容してよいとの一般的な判断のもとに、民法上の組合において、組合規約に基づいて業務執行組合員に自己の名で組合財産に関する訴訟を追行する権限が授与されている場合に、これを認めるに至った（最判（大）昭45・11・11民集24巻12号1854頁）。ここでいう脱法のおそれがなく、かつ、合理的必要がある場合とはどのような場

合かは、なお今後の判例に残された課題であるが、この判例変更は、今後、任意的訴訟担当を広く認める方向に働きかけるものと思われる。

近時の判例としては、最判（一小）平28・6・2（民集70巻5号1157頁）がある。アルゼンチン共和国（被告Ｙ）が発行した円建て債券にかかる償還等請求訴訟において、その債券管理会社（いずれも銀行）Ｘらが、債券保有者Ａらのための任意的訴訟担当の要件を満たしているとして、原告適格を認められた事例である。最高裁は、これを否定していた第一審判決、控訴審判決をいずれも破棄して、第一審に事件を差し戻している。基本的には、社債に準じた管理委託契約による管理体制（訴訟上の授権を含む）が整えられている関係からすると、結論・理由とも妥当と考えられる。

　(イ)　**任意的訴訟担当の限界**　弁護士代理の原則や訴訟信託の禁止は、主として、いわゆる三百代言が跳梁することを防止することにある。いかがわしい三百代言が依頼者の利益を十分に保護しなかったり、依頼者を食い物にすることを防止し、司法運営の周辺を明朗化する目的をもつ。その目的からすると、訴訟担当者が被担当者の訴訟に補助参加できるような関係にある場合（つまり訴訟の結果について利害関係をもつ場合）には、その目的に反せずむしろ合理性のある場合として任意的訴訟担当を許すべきではなかろうか[8]。

たとえば、不動産が甲から乙へ、乙から丙へ売り渡された場合に、乙が丙から権利の契約不適合責任の追及を受けたときに、甲は乙から売主として同様の責任を追及されないために乙に補助参加する利益があるが、このような自分の実質的利益を守る必要のある甲が乙の授権のもとに乙に代わって訴訟担当をすることを認めても、三百代言の跋扈のおそれはないのみならず、売主甲が買主乙に代わって乙のために訴訟追行をするという甲乙間の取決めは、取引上合理性のあるものとして是認できよう。

また、労働組合が、組合員の労働契約上の特定の権利義務について組合員から紛争ごとに個別に授権を受けて訴訟担当をする場合も、組合は組合員の便宜を図りその地位・利益を守るという正当な固有の業務をもつ組織で、その権利関係に

8）　福永有利「任意的訴訟担当の許容性」中田・還暦(上)75頁以下、中野貞一郎「当事者適格の決まり方(上)」判タ819号（1993）〔同・論点Ｉ93頁以下〕参照。

つき権利主体と同じか、またはそれ以上に知識、経験をもち、十分な訴訟追行を期待できるし、また三百代言の跳梁という心配もないから、許されてよいであろう[9]。ただ、組合規約において組合員の労働契約上の権利関係全般について、あらかじめ包括的に授権することは許されるべきではない。なぜならば、労働契約上の権利関係は継続的であり、かつ、その内容はかなり広範なものであって、事情によっては、組合の利益と組合員個人の利益とが対立する場合もないではなく、しかも、そのような事情をあらかじめ予想することは難しいから、包括的な授権を認めると、組合員の利益が十分に保護されないおそれがあるからである。

これに対して、講元（世話人）が未取口者全員のために既取口者から掛戻金を請求する権能は、講元の広範囲な管理権限のなかに当然に含まれているとみてよいであろう（講員は講元を信頼してその管理を任せ、自分はもっぱら受益者になろうとする立場にある）。

4　正当な当事者(3)——判決効が第三者に拡張される場合

訴訟担当の場合には、実体的利益の帰属者や担当者と同様の立場にある第三者に判決の効力を及ぼす必要があり、そのために訴訟担当者がいかなる条件を満たす必要があるか、また、逆に効力拡張を片面的にする必要がないかなどをみたが、同様の問題は、判決の効力をひろく第三者に拡張する必要がある場合の当事者適格の判断においてもある。

（1）　正当な当事者の法定とその根拠

立法者は、形成訴訟による紛争解決方式の採択を個別に検討するさいには、判決効の拡張を正当化するに足りる程度に十分な訴訟追行を期待できる利害関係人はだれかの検討も行い、その紛争で当事者たるべき者を同時に決定するのが通常である（たとえば、民744条・774条・787条・803条-808条。会社828条2項・831条・832条・833条・834条・855条・838条等。一般法人264条2項・266条-268条・273条等）。とくに被告については法定されているのが通例である（民775条、人訴12条、会社834条・855条、一般法人269条・285条）。したがって、これらの場合には、法定の者が当事者になっ

9）　最決(大)昭27・4・2民集6巻4号387頁、最判(二小)昭35・10・21民集14巻12号2651頁は、組合の訴訟担当を否定。三ケ月・判例民訴104頁は、前者に対して疑問を示す。

ているかどうかさえ調査すれば足りる。

　しかし、形成の訴えでも、つねにその正当な当事者が法定されているとはかぎ
らない（たとえば、取締役解任の訴えの被告についてはこれまで解釈問題とされていたが、会
社法は、これを明文で解決した。会社855条。なお、一般法人285条参照）。その場合にはむ
ろんのこと、法定されている場合でもその立法の妥当性を問う場合には、やはり、
判決効の拡張によって影響を受ける第三者の保護が手続上いかに保障されている
かを個別に吟味する必要がある。さらに、同様の吟味は、形成訴訟以外の場合で
も判決の効力を手続外の利害関係人に及ぼすべき場合（たとえば、株主総会決議不存
在（会社830条）・無効確認訴訟（会社834条16号）。なお一般法人265条・273条）にも要請さ
れるのである（最判(三小)平9・1・28民集51巻1号40頁は、新株発行不存在確認訴訟の被
告は会社であるべきとする。会社829条・834条13号・838条）。

（2）　判決効拡張を正当化する手段

　第三者の利益保護を手続的に保障する方法としては、つぎのような諸手段が考
えられる。

　①なによりも、まず、当該紛争にとってもっとも強い利害をもつ対立した関係
人を当事者に選択することによって、充実した訴訟追行を期待することである
が[*]（口頭弁論終結後の承継人に既判力を及ぼすことを正当化する理由の一つでもある）、ほ
かにつぎのような方法がある。

　②処分権主義・弁論主義を制約し、職権探知主義を採用（人訴法におけるこれら
の手当て（人訴19条・20条）には、当事者にならない第三者の利益保護の趣旨が含まれてい
る）する方法。

　③訴訟係属を第三者に知らせて、その者の訴訟参加の途を開いておく方法。人
訴法24条2項は、重婚禁止規定違反を理由に婚姻取消請求がなされ、その請求棄
却判決が確定しても、前婚の配偶者の利益保護を重視して、この者が現実に訴訟
に参加しなければその判決の効力をこの者に及ぼしえないとするが、第三者の実
体法的地位が先の前婚の配偶者とは異なった関係であれば、参加の途が与えられ
ていれば、実際に参加しなかったときにも、この者に不利益にその判決の効力を
及ぼすことが正当化される可能性が出てくる（会社法上の訴えに公告が要求されるの
は、この種の機能を期待したものといえる。株主の責任追及等の訴えについては会社849条3
項・4項。なお、同旨、一般法人280条）。さらに、平成8年改正法の制定のさいに、

302　第3編　第一審手続　第2章　審判の対象

人事訴訟手続法33条（現人訴28条）を新設するとともに、同条の規定による通知に関する規則（「人事訴訟手続法第33条の規定による通知に関する規則」（平8・最高裁規8）。現人訴規16条）を制定し、死後認知の訴え提起の場合に、相続人などその訴訟の結果によって相続権を害されるおそれのある者で上記規則で定めたものに訴訟係属の通知をすることとし、これらの者が共同訴訟的補助参加をする機会を与えた。

④訴訟の結果が第三者にとって詐害的なものであるときには、この者に再審の訴えを許すことによってこれを保護する方法（行訴34条、会社853条、一般法人283条）や、第三者に利益となる判決のみに効力の拡張を認める方法（たとえば、会社838条、一般法人273条等。もっとも、合併無効、決議取消し等の効果は、一部の第三者には不利益に働くこともあるから第三者の利益保護方式として十分というわけではない）もある。

⑤もっともドラスティックな方法としては、第三者をその訴訟の必要的当事者としてしまう方法がある。たとえば、取締役解任の訴えについて、株式会社と解任を求める当該取締役の双方を被告とすべき固有必要的共同訴訟に組み立てる方法である（最判(二小)平10・3・27民集52巻2号661頁は、同訴えが会社と取締役との法律関係を解消する形成の訴えであることと、実質的にはその取締役の手続保障の観点から、これを認めた。会社855条はこれを明文化した。なお、一般法人285条）。

そして、以上のような諸手段を事件の類型に応じて取捨選択、また併用して利用する必要があるのである[＊＊] 10)。

〔＊〕　**団体の内部紛争における法人の地位**　判例は、原告がその法人の代表役員たることの確認を求める場合には、法人自身を相手に訴えるべきであり、「法人を当事者とすることなく、当該法人の代表者たる地位の確認を求める訴を提起することは、たとえ請求を認容する判決を得られても、その効力が当該法人に及ばず、同法人との間では何人も右判決に反する法律関係を主張することを妨げられないから、右代表者の地位をめぐる関係当事者間の紛争を根本的に解決する手段として有効適切な方法とは認められない。それゆえ、かかる訴は、即時確定の利益を欠き、不適法な訴として却下されるべきもの」とする（最判(三小)昭43・12・24裁判集民事93号859頁、最判(一小)昭44・7・10民集23巻8号1423頁）。この考えは、法人を相手にして勝訴すれば、その判決の効力は他の自称代表者を含

---

10)　これらの諸方式については、谷口安平「会社訴訟における訴えの利益」法学論叢82巻2＝3＝4号（1968）302頁・315頁以下。身分関係訴訟については、高田裕成「いわゆる対世効論についての一考察(1)(2)」法協104巻8号（1987）1129頁、11号（1987）1513頁にすぐれた分析がある。

む第三者に及び、だれが代表者かをめぐる紛争は根本的に解決するとするものである。

　しかし、これらの紛争において、法人自体は、第三者の利益保護を手続上保障するに足りるほど重大な利害関係をもっているかは問題である。代表者の地位は法人との間の委任契約に基づくという形式的な利害関係はあるといえても、紛争の中心は、代表者が解任・選任された内部手続の効力であり、この争いの的となった解任・選任手続において、法人なるものはなんら発言権をもつものではなく紛争の主体ではない。むしろこの紛争でもっとも強い利害の対立関係にあるのは、みずから正当な代表者と主張して互いに争う自称代表者であるから、これらの者の間の訴訟の結果を法人も含めてひろく第三者に及ぼしてもよいと考える余地があろう。その意味で自称代表者を被告とする必要はなく、法人のみを被告とすれば足りるとする判例には疑問が残る。

　もっとも、最判(二小)昭42・2・10民集21巻1号112頁は、合資会社の社員が、他の社員を被告として、被告が無限責任社員でないことの確認を求めた訴えを利益なしとして却下しているが、会社が原告または被告のどちらかに加われば確認の利益ありとし、自称無限責任社員の被告適格も認めている点で、先の二例よりも適切と考えられる。なお、株主総会による取締役選任決議の取消請求の被告についても、紛争の実質的な主体という点からは会社だけでなく当該取締役をも被告とし、これが敗訴したときはその訴訟費用を会社でなく、原則として取締役個人に負担させるべきである（会社834条17号は被告は会社のみとする）。以上については、谷口安平博士の研究に負う（同「判決効の拡張と当事者適格」中田・還暦(下)51頁以下、同「団体をめぐる紛争と当事者適格」判例展望322頁以下、同「株主の代表訴訟」実務民訴講座(5)95頁以下）。

〔＊＊〕　**クラス・アクション（class action）の法理**　　多数の消費者とか投資者が、少数の企業やその役員に対して争点の共通する少額の損害賠償請求権をもつような場合、その権利を一つ一つ切り離して別々の訴訟を考えるならば、各権利は少額であるのに立証は困難で費用も時間もかかり、訴訟による救済の途は採算が採れず、権利とは名ばかりのものになってしまうのが落ちであろう。このような場合に、代表者が多数の権利をまとめて訴訟をすることを認めれば、訴訟による救済の途を現実に保障することができよう。アメリカで発達したクラス・アクションとは、そのような工夫の、みごとな成果である。とくに連邦地方裁判所規則23条の1966年の改正以後は、消費者や投資者保護の有力な武器として、アメリカ社会において不可欠のものとなっている。

　この方式においては、代表して訴訟を担当する者は、利害を共通にするクラスの者の権利をその訴訟で一括して問題にし、代表者が相手方から一括して賠償金を取り上げてそのクラスの者に分配したり、あるいは、代表者が共通の争点（たとえば賠償義務の存否）についてクラス全員に効力の及ぶ判決を得、代表者が勝てば、上記判決の効力を基にクラス

304　第3編　第一審手続　第2章　審判の対象

のメンバーが各自の賠償金額を証明して各自賠償請求をしていくことになる。

　1966年の改正は、代表者の敗訴判決も訴訟に登場しないクラスのメンバーを拘束すると
することによって、代表者との訴訟によってクラス全員との紛争を実質上一挙に解決でき
る方式を完成させたものであるが（その全訳は、ジュリ525号（1973）55頁に掲載）、そこ
では、このように訴訟に登場しない者の利益の保護、とくに、これらの者のデュー・プロ
セスの保障をいかに確保するかが、最大の難問であった。そして、被代表者たるメンバー
の保護の手段として規則が採用したものは、ちょうど本文（2）に掲げた各種の方式であっ
た。これを要約すれば、代表者が共通の争点につき十分な訴訟追行を期待できる程度に利
害関係をもち、かつそれに相応しい能力を有して、公平適切にメンバーの利益を代表でき
る者であること、代表者による訴訟の通知をメンバーに徹底させて、メンバーが訴訟参加
する途を確保するとともに、メンバーがその代表者による訴訟を欲しないならば、判決の
効力を受けるクラスから自分を除外する自由を十分に保障するようにすることを要求し、
かつ、これらの要件が十分に満たされるように、裁判所はクラスのサイズを随時調節する
という思考で組み立てられ、さらに、クラス・アクションにおける和解・訴えの取下げな
どは裁判所の許可にかからせるなど、裁判所の後見的役割を大幅に要求したものである。

　わが国でも、早晩こうした訴訟方式の採用が要請されようが、その採用を可能ならしめ
る前提として、本文で述べたような形の当事者適格理論の深化が急務と考えられた。その
後の展開については、→p289(3)。

　クラス・アクションについては、谷口安平「多数当事者紛争とデュー・プロセス」法学
論叢78巻5号（1966）24頁以下、田中英夫=竹内昭夫「法の実現における私人の役割(2)」
法協89巻3号（1972）〔田中=竹内『法の実現における私人の役割』（1987・東京大学出版
会）70頁以下〕、新堂「クラス・アクション・アレルギーの予防のために」鈴木竹雄先生
古稀記念『現代商法学の課題(上)』（1975・有斐閣）497頁〔同・基礎185頁〕、さらにジュリ
525号（1973）にクラス・アクションの特集がある。その後の文献として、上原敏夫『団
体訴訟・クラスアクションの研究』（2001・商事法務）、三木浩一「集合的権利保護訴訟制
度の構築と比較法制度研究の意義——アメリカのクラスアクションを中心として」
NBL882号（2008）9頁。→p289(3)。

5　正当な当事者(4)——固有必要的共同訴訟の場合

　一定の法律関係をめぐる紛争については、利害関係人全員につき一挙一律に解
決する必要から、その全員が訴えまたは訴えられなければならないとされ、一部
の者のみが当事者となった訴えは却下されてしまう。この場合には、その関係者
全員が一緒になって初めて訴訟追行権が与えられ、各自単独では訴訟追行権を認

められない（どのような場合に全員が一緒に訴えまたは訴えられなければならないかについ
ては、→p782 3）。

6 当事者適格の訴訟上の意義

（1） 適格存否の判断

　給付の訴えでは、当事者適格の判断は独立に行う必要はない（→p265 4）。確
認の訴えでは、原則として確認の利益の判断のなかに吸収される（→p269 5）。
形成の訴え、訴訟担当の場合、その他判決効が拡張される場合（たとえば、親子関
係不存在確認の訴え、人訴2条・24条）、固有必要的共同訴訟の場合は、当事者適格の
存否の判断は、訴訟物たる権利関係の存否の判断（本案の判断）から独立し、その
前提として行われ、訴訟要件の一つとなり、これを欠くときは、訴えを却下すべ
きこととなる。

（2） 適格欠缺の看過

　当事者適格がないことを看過してなされた本案判決に対しては、上訴で争うこ
とができる。しかしその判決が確定しても、原則として再審事由にはならない。
しかし、訴訟担当の場合、その担当者が受けた判決は、その者が真に適格をもっ
ていた場合にのみ、権利利益の本来の帰属主体にその効力が及ぶ（115条1項2号）。
担当訴訟においては、担当者の適格の存在を帰属主体との関係で確定するわけで
はないから、帰属主体は、別に後の訴訟において、担当者に適格がなかった旨を
主張して、その判決の効力が自分に及ぶことを争うことができる[*]。また、判
決の効力をひろく第三者に及ぼすべき場合において、その当事者に適格がなかっ
たときは（固有必要的共同訴訟で全員が当事者にならなかったときも）、既判力や形成力
を生じないという意味の無効な判決となる（なお、判決効がひろく第三者に及ぶ場合に
は、338条1項3号の類推により再審の途を認めるべきである）。

〔*〕　**手続の進行と当事者適格の問題**　(1)　判決の効力を不利に受ける第三者が、相手方
　　に対して訴訟担当者に適格がなかったことを主張する機会を保障しないと、第三者の裁判
　　を受ける権利を奪うことになる。しかし、相手方当事者が敗訴判決（確定判決だけでなく
　　第一審判決、第二審判決の場合も同様）を受けた後に、この相手方が担当者の適格欠缺を
　　主張してその判決の効力を遡って争うことを（上訴審において、または帰属主体に対する
　　別訴訟で）許すべきでない（上訴審で将来に向って争うことは妨げない）。訴訟中相手方

が担当者の適格に疑義を抱かなかったとすれば、相手方としては訴訟追行の十分な機会を与えられていたといえるし、逆に適格がないと知っていたならば、担当者の適格をそこで争い、もし他に適格をもつ者がいればこれに対して受継の申立て（126条）なり引受けの申立て（50条・51条）なりをして訴訟承継を実現すべきであるのにそれをしないでいて、敗訴の結果をみてから適格の欠缺を主張させるのは公平でないからである（新堂「訴訟承継主義の限界とその対策」判タ295号（1973）〔同・争点効(下)106頁以下〕）。判決の効力がひろく第三者に及ぶ場合についても同様に解すべきである。

(2) 上記のような考察や固有必要的共同訴訟における考察（⌐p782 **3**）を可能ならしめる基礎として、ある者を当事者とする訴訟をこれからやらせるかどうかという観点から問題とする当事者適格の理論と、ある者が当事者として訴訟をすでにやってしまったあとで判決効との関係で問う当事者適格の理論とを一応分離し、両者における問題状況の差異を自覚的に識別したうえで、さらに上告審段階、控訴審段階の解釈論を考案することが適切である。前者の理論をいわば訴訟追行資格の理論、後者を判決効発生資格の理論ということができよう（新堂・争点効(下)108頁注(5)）。

(3) 大阪地判昭45・5・28下民21巻5＝6号720頁は、家屋の賃借人Aが、家屋の所有者Yに代位して第三者Xに対して家屋の明渡請求をし、勝訴の確定判決を得ていたが、賃貸借契約は、その判決の基準時前にAの賃料不払により解除されていた。そこで、YはみずからXを相手に家屋の明渡請求の訴えを提起したところ、Xは、前のA訴訟の確定判決の効力がYに及ぶので、Yの訴えは「再訴禁止」にあたると主張した。そこで、Yは、この訴訟はそのままにして、前記A勝訴の確定判決に承継執行文を得て明渡執行に取りかかったところ、今度は、XがYに対して、本件執行文付与に対する異議の訴えおよびA勝訴の確定判決に対する再審の訴えを提起した。これに対し、Yはつぎのように主張した。Xが先のYの提起にかかる訴訟において、Yの訴えは再訴禁止にあたると主張したから、やむをえずA勝訴の確定判決に執行文を得ることにしたのであって、本件異議の訴えにおけるXの主張は明らかに禁反言の原則に反し許されないと主張した。本判決は、前の確定判決は当事者適格の不存在を看過した判決であり、その効力がYに及ばないことを、代位訴訟の債務者（Y）も第三債務者（X）も主張することができるとし、またXの主張は禁反言の原則に反するとのYの主張を認めず、Xを勝訴させた。混迷を極めた事案であるが、私見によれば、そもそも、XはA勝訴となった先行訴訟において十分な訴訟活動ができたのだから、Aが当事者適格を失っていたとの主張を後のXによる訴えにおいてXに許すべきではなかったといえる。そう解しても、Xの手続保障を欠くことになるとはいえないであろう。

（3） 訴訟係属中の適格の喪失

訴訟中に当事者が適格を喪失したときは、当事者間で本案判決をする意義を失

うが（もしそのまま、従来の当事者間で本案判決をすると、適格のない担当者による訴訟担当に基づいたものになる）、従来の訴訟追行の結果を承継すべき第三者がいるときは、これに訴訟を承継させる問題になる（訴訟承継については、→p856以下）。

第2節　本案判決の対象

　訴訟要件の具備が確かめられると、裁判所は、本案判決をしなければならない。本案判決は、訴えに対する実質的な応答であり、紛争解決の基準を明らかにすることであるが、この本案判決の内容は、原告が訴えによって裁判による救済を要求した、その要求内容（申立事項）に限定される。原告からみると、本案判決の対象を決定・限定する権能が認められることを意味する。当事者がこのような主体的権能をもつことを処分権主義と呼ぶ。本案判決の内容がこの申立事項を超えていないか、またはそれ以外の事項について裁判していないかどうかを判定するさいには、訴訟物または請求の概念が重要な役割を果たす。

　そこで、本節では、まず訴訟物・訴訟上の請求とは何か、その機能、およびこれらの概念にどのような内容を盛るかに関する訴訟物論争を紹介しよう（第1款）。ついで、処分権主義の内容として、その申立事項と本案判決の照応関係をみることにする（第2款）。

　なお、処分権主義のもう一つの内容である、いったん訴えによって定立した裁判による救済要求を撤回し、当事者の意思で訴訟を終了させること（いわば、審判対象の当事者による処分）については、便宜上、次節で考察する。

第1款　訴訟上の請求の意義

1　訴訟上の請求（または訴訟物）

　訴訟上の請求という概念は、本案判決の主文で判断すべき事項の、最小基本単位——またはその単位によって識別区分された具体的事項——を指示するものであり、上記具体的事項は、訴えによって特定表示しなければならないとされる。

（1）「訴訟上の請求」の定義

　上記の意味の基本単位（またはその基本単位によって範疇的に区分された具体的事項）は、原告の被告に対する一定の法的利益の主張と、その主張を認容して特定の判決（勝訴の給付判決・確認判決・形成判決）をせよという裁判所に対する要求とから

なる。しかも、訴訟法上、上記の被告に対する主張の面のみを問題にした請求概念を用いる必要もあれば、両者を含めた請求概念を用いる必要もある。

たとえば、被告による認諾の対象は請求であるというときには、その請求は原告の被告に対する主張のみを指示した請求であるとみる必要がある（原告の裁判所に対する要求を被告が認諾できるわけはない）。また、たとえば、債務不存在確認の訴えに対して同一債権につき給付の反訴を提起する場合には、審理の対象となる債権債務は同一であるが、それについての当事者双方の主張が異なるだけでなく、裁判所に求める救済内容が異なるから、ともに本案判決の対象にする必要がある。そのためには、審判の対象の基本単位を決める要素の一つに、裁判所に対する要求の種類（給付・確認・形成のうちのどの判決を求めるか）をも、組み入れておく必要があり、かつ、そのような要素をも含んだ請求概念の用法を準備しておく必要がある[*]。

しかも、このように請求という語が種々の用法をもたざるをえないとすれば、それぞれ、どの用法の「請求」であるかを明らかにする標識を作っておくのが便宜である。その意味で、被告に対する利益主張のみを問題にする場合には、「狭義の請求」、裁判所に対する裁判要求をも含めた意味で用いるときには「広義の請求」と呼ぶのが適切であろう。

（2）　訴訟物

訴訟物という語も、従来、訴訟上の請求と同義に用いられてきているが（たとえば、「訴訟物」論争とか、新「訴訟物」理論というような用法）、狭義には、被告に対して主張される権利ないし法律関係自体を指示する語として使用することを確立しておくのが便利である（上記の債務不存在確認の訴えと給付の反訴の関係は、狭義の訴訟物は同一であるが広義の請求は異なるということができる）。

〔＊〕　権利主張（Rechtsbehauptung）説と要求（Begehren）説の対立　　ドイツにおける訴訟物論争の一つの争点であり、要求説は、請求が裁判所に対して向けられ、特定の権利保護形式（給付・確認・形成のどれか）の判決を要求するものであることを強調し、権利主張説は、請求が被告に対して向けられ、一定の権利または法律関係の存否の主張をなすものであることを強調する。その対立は、請求概念の構成要素として、権利保護形式（給付・確認・形成のいずれの判決を求めるか）をとり込むべきかどうかに関する対立といえる。権利主張説は、これを否定に解し、権利保護の形式が違っても請求の違いをもたらさないと考え、要求説は、これを請求の構成要素にとり入れ、その違いは請求の違いをもた

310 第3編 第一審手続 第2章 審判の対象

らすとする。

わが国では、権利主張説が有力とみられるが（兼子・体系162頁、斎藤・概論117頁、三ケ月・73頁）、いずれの説も、請求概念を一義的に決めなければならないとするところに無理がある。むしろ素直に、裁判所に対する方向を度外視した請求概念と裁判所に対する方向を含んだ請求概念を設定しておき、個々の問題（二重起訴、訴えの変更、既判力の客観的範囲等）の考察のためには、どちらの概念を用いるのが有用であり適当かを論じるほうが、生産的であるし、これらの個別問題における請求概念の役割の限界を明らかにする上でも有用である。

この論争の紹介と評価については、新堂「『訴訟物』の再構成(2)」法協75巻2号（1958）〔同・争点効(上)83頁以下〕、斎藤秀夫「訴訟物概念に関する近時の論争」法学5巻12号（1936）1956頁以下、三ケ月・75-77頁、同「最近のドイツにおける訴訟物理論の一断面」法協74巻5=6号（1958）〔同・研究1巻110頁〕、小山昇「西ドイツにおける近年の訴訟物理論の分析」北大法学会論集11巻1号（1960）〔同・著作集1巻385頁〕参照。

（3）「訴訟上の請求」概念の機能

訴訟上の請求という概念は、主文の判断事項の単位ないしその単位によってすでに区分された具体的な判断事項を指示する概念として、訴訟手続のはじめから終了までの種々の手続行為を、判決主文の判断の生産という統一目標につなぎ合わせる実践的意義をもつものである。

(ア) たとえば、一つの訴訟手続のなかで、請求が二つあれば請求の併合があるものと考え、そのような訴訟手続が許されるための特別の要件を考えなくてよいか——すでに実定法上そのような要件の規律（たとえば136条）があるとすれば、それを具備しているかどうか——の問題があることを指示する。また、一つの訴訟手続の過程で、ある請求から他の請求へ変更することになれば、訴えの変更となるとし、その要件（143条）の判断の必要性を指示するし、ある請求について裁判所の審理を受けている最中に同じ請求について別の手続で審判を求めるとすれば、後の訴訟は二重起訴になること（142条）を指示する。裁判所は、原告の申立事項を超えて判決することは許されないが（246条）、この申立事項を超えた判決になるかどうかを決める上でも、請求の概念は重要な役割を果たす。すなわち、原告が審判を申し立てた請求と別個の請求について判断するならば、これは申立事項につき判断せず、申立事項以外のものに判決したことになる（246条違反となる）。さらに、判決に示される諸判断のうち既判力を生じる「主文に包含するも

第2節　本案判決の対象　*311*

の」(114条1項) とは、請求についての判断であると構成し、判決確定後は、この判断に反する主張や判断が許されなくなるという規律を作り出している。このように、訴訟上の請求ないし訴訟物という概念は、いわば訴訟サイズの最小基本単位を示すものとして理解され、請求の併合の有無、訴えの変更の有無、二重起訴にあたるかどうか、申立ての範囲内かどうか等を判断する重要な基準として用いられることになる (もっとも、これらの各種の問題において、広義の請求、狭義の請求、訴訟物のどれが基準として重要か、さらに、請求や訴訟物以外の概念として、請求の基礎、事件の同一性、申立事項などが重要な基準として働くかなどは個別に考察すべき問題である)。

　(イ)　訴訟上の請求と既判力の客観的範囲の関係についていえば、当該訴訟の進行過程では、訴訟上の請求は、当事者および裁判所に対する行為規範として、既判力の発生する客観的範囲を警告し、当事者には、その警告された範囲内で遺漏のないように主張立証を尽くすように指示し、裁判所にも、その範囲内について充実した審判をするように指示する。他方、既判力の客観的範囲自体が問われる後訴においては、訴訟上の請求は、前訴において、既判力の範囲についてどのような警告が発せられたかについての情報を、後訴の裁判所および当事者に伝達する役割を果たす。そして、その情報は、後訴裁判所が、警告した範囲内において既判力を生じさせるかぎり、原則として、当事者に対する不意打ちはなく、手続保障は与えられていたといえるので、後訴裁判所が前訴確定判決の既判力の客観的範囲を決定する際の重要な評価規範となる。しかし、後訴裁判所が前訴確定判決の既判力の範囲を含め前訴によって決着済みとする争点の範囲を決定する際には、訴訟上の請求による前訴における警告情報のみによるとはかぎらない。前訴の訴訟審理の過程で、何が主要な争点として争われ審判されたか、主要な争点について当事者に主張立証を尽くすことを期待できない事情があったかどうか (たとえば後遺症の発生を予知できず、これに関する主張立証を期待できなかったというような事情)、争点形成・審判の全過程を通じて、相手方に対し請求の範囲をこえた争点の決着がなされるとの期待をもたせるような当事者の行動があり、その争点についても決着があったと解するほうが、相手方との関係で公平であり、不利益を受ける当事者についても手続保障を不当に奪うことにはならないと考えられるかなど、前訴の全過程を通じてみられる諸事実 (著者はこれらを「手続事実群」という) を評価して、前訴判決の既判力の客観的範囲、さらに前訴によって決着済み

312　第3編　第一審手続　第2章　審判の対象

とする争点（著者はこれを「正当な決着期待争点」と呼ぶ）の範囲を判断することになる[1]。なお、→p734(1)。

2　訴訟物論争の意義

昭和30年頃からわが国で行われた訴訟物論争とは、上記の意味の訴訟サイズの基本単位をどのような拡がり（枠）をもつものと考えるかをめぐる論争であり、主として、給付訴訟の訴訟物について行われた。

(1)　旧説（旧訴訟物理論）

従来のわが国の通説[2]は、その基本単位を、訴えの類型にかかわりなく、すべて実体法上の権利に求めた。狭義の請求の表示中に実体法上一つの権利があると考えられるときには一つの請求があると考える。この考えによると、同一の給付を目的とする請求権が競合して複数認められるときには、その数だけの訴訟を観念することができる。たとえば、同じ建物の明渡しを求める訴えでも、所有権に基づく明渡請求権を主張する場合と賃貸借終了に基づく明渡請求権を主張する場合とでは請求が別個となり、二つ同時に主張すれば請求の併合となり、一方から他方へ変更すれば訴えの変更となる。また一方の係属中に別の請求権を別訴で主張しても二重起訴にならない。さらに、一方の請求権を主張して敗訴しても、他方の請求権を請求内容としてもう一度同一物件の明渡しを訴えることができると扱われる。なお、形成の訴えでは、形成原因ごとに別個の請求を構成するのが、旧説の当然の立場といえる[3]。

(2)　新訴訟物理論

旧説に対して、競合する実体法上の各請求権によって分断されない、むしろこれらの請求権を包括する上位概念としての給付を求める1個の法的地位[4]を狭義

---

1)　新堂「訴訟物概念の役割」判時856号（1977）〔同・争点効(下)113頁以下〕、同「判決の遮断効と信義則」三ケ月・古稀(中)475頁以下、同「正当な決着期待争点」中野・古稀(下)1頁以下。

2)　旧訴訟物理論。近時でも、伊藤・民訴214頁、大久保邦彦「請求権競合問題について」神戸学院法学24巻3＝4号（1994）593頁。

3)　もっとも、山木戸克己「離婚原因の相対化と離婚訴訟」神戸経済大学創立五十周年記念論文集第2（1953）〔同・基礎的研究147頁〕は結論において新説に近い。

4)　三ケ月・101頁。新堂「訴訟物の再構成(2)」法協75巻2号（1958）〔同・争点効(上)62頁〕は、これを受給権とよぶ。

の請求の単位として考えるのが、新訴訟物理論である。

　給付の訴えを提起する原告の目的は、原告が被告に対して一定の給付を求める地位にあるとの判断を求め、給付判決（債務名義）を得ることにあるが、請求権が競合して複数認められても、実体法秩序がただ1回の給付しか認めない場合には、やはり、原告が被告に対して、その1回の給付を求めることができるかどうかが、直接の関心事である。その1回の給付を求める地位（受給権）が「所有権に基づく明渡請求権」があるから是認されるのか、「賃貸借終了に基づく明渡請求権」があるから是認されるのかは、原告にとり、さしあたりどちらでもかまわない。そこでは、当事者は、その1回の給付を求める地位の存否をめぐって一つの紛争があると考えるのが通常であり、各実体法上の請求権の存否ごとに別個の紛争があるとみないであろう。このように常識的に1個とみられる紛争については、裁判所としても、1回の訴訟で全面的に処理できるように訴訟サイズの単位を定めるのが妥当であるといえ、そのような単位としては新説のいう受給権が適切であると論じる。

　この立場によれば、同一の給付を目的として数個の実体法上の請求権の競合が認められても、実体法秩序が1回の給付しか是認しない場合には、一つの受給権しか考えられず[*]、各個の実体法上の請求権は、この受給権を基礎づける攻撃方法または受給権を是認するための法的観点ないし法的根拠にすぎないと考えられ、訴訟物を分断する要素とはならない。したがって、たとえば、たまたま原告が所有権に基づく明渡請求権の主張のみをして敗訴してしまうと、同一物についての他の攻撃方法たる賃貸借終了に基づく明渡請求権を主張する第2の訴えは、前訴判決の既判力で遮断されることになり、1回の訴訟で、そこにある紛争を全面的に解決でき、1回の訴訟の効用を高めることを期待できる。

　なお、給付の訴えの訴訟物についての発想を形成の訴えの訴訟物にもってくるならば、実体法に規定された各形成原因（たとえば、民770条1項に列挙された離婚原因）ごとに訴訟物を別個と構成するのでなく、変動を求める特定の法律関係（たとえば、特定の夫婦の離婚）によって画される「その法律関係の変動を求める地位ないし権利」を訴訟物とみる立場となる（なお詳しくは→p334(イ)）。

　〔*〕　**処分（譲渡）の対象としての独立性と訴訟物の単位**　　(1)　訴訟物（＝受給権）の同一性を決めるために、実体法秩序がただ1回の給付しか認めないかどうかという基準をも

ってくるのは、大まかすぎるとの批判から、経済的価値を有する請求に関しては、独立に譲渡の対象になるかどうかによって訴訟物の同一性を決めるべきであるとする説がとなえられた（斎藤・概論129頁）。

(2)　たしかに、実体法上独立して譲渡の対象になる利益は、取引社会において実際上権利としての独立性が確保されているといえ、当事者もそれに関する紛争を別個独立のものとみる可能性が強いから、その行使の場である訴訟においても、独立の訴訟物を構成すると扱うことに一理あるといえよう。事実、処分対象としての独立性の有無の判断と、これまでの新訴訟物理論による訴訟物の同一性の判断とは、原則として一致するといえる。というのは、二つの関連する権利が取引上処分の独立の対象になるためには、別々に譲渡された後、別人の手に分かれた二つの権利の運命が相互に影響し合わないという保証がなければならない。もしも一方の消滅ゆえに他方も当然に消滅するというような関係があるとすれば、取引の安全を害するから、別々に処分することは不可能である。この点からいうと、目的を同じくする請求権の競合の場合には、1回の給付しか得られず相互に影響し合うのは当然であるから、実体上も各別に独立の処分の対象となることはできず、したがってそこに1個の訴訟物を想定するということになり、従来からの新説の結果と一致することになる。

(3)　しかし、実体法上、処分対象として独立性があるからといって、まだ同一人の手元にあるところの関連する二つの権利が、これを訴訟上行使する場合の独立性をつねに基礎づけるかは問題であろう（同旨、上村明広「訴訟物論争の回顧と展望」岡山大学法学会雑誌21巻2号（1971）172-173頁）。たとえば、100万円の代金債権のうちの一部分を切り離して独立に処分することは可能である（分離された権利は相互に影響し合わない）。しかし、それが可能であるからといって、訴訟上、一部請求の許容性が当然に基礎づけられるというわけのものではなかろう。この場合、一部請求の可否をめぐって激しい論争があることだけをみても、権利がまだ同一人の手元にあるときの権利行使の訴訟上の手段としての独立性は、処分対象としての独立性とは別個に考察する必要のあることは明らかであろう（⤳ p334(イ)）。また、同じ疑問は、手形債権と原因債権とが競合する場合にも顕在化する（⤳ p317〔＊〕）。

(3)　新旧両説の論争点

(ア)　**基準の明確性**　　どちらが明確な基準を提供しているか。ドイツでの新説（しかしドイツでは古くから通説の地位をもつ）には、訴訟の基本単位を訴えの申立内容（たとえば給付の訴えでは給付の目的物、形成の訴えでは形成されるべき法律関係）と事実関係に求め、そのどちらが別のものに変っても、訴訟物が異なることになる

とする説があり、これが日本に紹介されたときには、いっせいに、訴訟物基準としてあいまいであると反論された。ある事実関係と他の事実関係とが同一といえるかどうかは、事実関係自体に同一性の基準があるわけでなく、一定の目的なり標準を立ててはじめてその同一性を論じることができるのに、その点が明らかにされておらず、論者の事実関係の同一性ありなしとする例も場当たりであると批判された[5]。

しかし、その後、わが国で提唱された新説は、そうした批判を前提にして、むしろ、給付を受ける法的地位のみに基準を求め、事実関係というあいまいな基準によって訴訟物をさらに分断することを避け、かつての旧説からの批判をかわしている。

のみならず、新説は、逆に旧説に対して、旧説自身明確な基準を提供しているとはいえないと批判する[6]。すなわち、たとえば、同一家屋の明渡しを求めるのに所有権に基づく場合と賃貸借終了に基づく場合とが別の請求になるという点では、旧説のなかで対立はないが、賃貸借終了に基づく場合に一つの請求権（したがって一つの請求）があるのみとみるのか、それとも終了原因が異なるごとに別個の請求権が考えられ、その数だけの訴訟物が考えられるのか（たとえば、正当事由による解約、それ以外の合意解約・期間満了、債務不履行による解除、の各別に請求権があるか）、必ずしも一致した見解があったわけではなく、むしろ、新説からの攻撃に刺激されて賃貸借終了で一括するいわば一元説へと「脱皮」していったほどであり[7]、しかも、この脱皮運動をなさしめた発想は、旧説の基本的立場たる「訴訟物を実体法の法律構成ごとに限定する自由」を、訴訟の実態をふまえた訴訟政策的見地から奪うべきであるとする考えであり、そこには、すでに旧説から新説への脱皮の契機さえみられた[8]。

　㋑　**訴訟類型ごとの紛争解決方式と訴訟物**　　旧説の論者は、新説に対して、給付訴訟の訴訟物を実体権（請求権）の枠から解放しながら、確認訴訟のそれを

5）　中田淳一「請求の同一性」法学論叢35巻3号（1936）〔同・訴訟及び仲裁の法理28頁〕、兼子・概論189頁。

6）　新堂「訴訟物の再構成(2)」法協75巻2号（1958）〔同・争点効(上)54頁〕。

7）　民訴演習Ⅰ135頁〔田辺公二〕。

8）　くわしくは、新堂「家屋明渡訴訟の訴訟物」実務民訴講座(4)〔同・争点効(上)207頁〕。

依然として実体法上の権利関係で枠づけているのは不徹底であると非難する[9]。それに対し、新説は、たしかに確認訴訟の訴訟物の基本単位を実体法上の権利に求めているが、旧説による上記の非難は、給付訴訟と確認訴訟の目的ないし紛争解決方式の差異を無視した形式的非難にすぎないと反論する。

そして新説は、旧説こそ、訴訟は実体権の保護を求めるものという権利保護請求権説の発想を前提にして、確認訴訟と同様、給付訴訟の訴訟物も実体法上の権利（個々の給付請求権）でなければならないと演繹したため、給付訴訟の目的、そこにおける紛争の中心を見失ったと反駁するのである。

すなわち、給付訴訟においては、請求権の目的たる特定の給付を得られるかどうかが紛争の中心であるが、確認訴訟は、実体法上の権利の存否を確定することによって、抽象的実体法規範を当事者の規範意識（たとえば、ある土地について甲が所有者であれば乙は甲の占有を奪ってはいけないという規範意識）を媒介として当事者間に顕在化・具体化せしめることができ（たとえば、係争地について原告が所有者であると確認されるならば、被告がその土地を占有してはならないという具体的規範が共通に認識される）、このことにより彼らの間の紛争が現実化・激化すること（給付訴訟を要するような紛争への展開、たとえば被告が原告の占有を奪うようなこと）を未然に防止しようとする訴訟方式であり、そこにおける訴訟物は権利内容が明確である実体法上の権利関係でなければ紛争解決の機能を果たしえない訴訟類型なのである[10]。新説は、こうした給付訴訟と確認訴訟の紛争解決方式の差異を認識し、各方式に適応した訴訟物の単位を考えるものである、と反論する。

　(ウ)　**既判力の客観的範囲の広狭**　　旧説は、新説によると、既判力によって遮断される範囲が広くなりすぎ、原告の権利保護に欠けると批判する。これに対し、新説は、たしかに新説によれば、既判力の客観的範囲が広がるけれども、常識的にみて同一の紛争とみられる範囲での失権を生じさせるのみで、原告としては、その紛争の全面について主張立証するのがむしろ通常であるから、失権の強制を課して紛争解決の一回性を要請しても、原告にとって酷ではない。むしろ、そのほうが前訴で勝訴した被告との関係では公平であると論じる。

9）　中田・訴訟及び仲裁の法理29頁。
10）　新堂「訴訟物の再構成(2)」法協75巻2号（1958）〔同・争点効(上)64頁以下〕。

たとえば、原告がその所有する家屋を被告に賃貸しているとして、その明渡しを求める訴えを提起したとしよう。このとき、実際問題として、原告が旧説のように所有権に基づく請求と賃貸借終了に基づく請求と2回に分けて2度訴訟をしようと考えるのは、いかにも常識に反する。所有権のみを請求原因として訴えて敗訴したからというので、もう一度、賃貸借の終了を原因として訴えてみたらどうかと勧める弁護士がいるとは思えない。かりにいるとしたら、依頼者のほうがびっくりするであろう。この場合、一つの訴訟において、みずからの請求を両方の請求権で基礎づけるのが、常識であろう。そうだとすると、一方だけ主張して敗訴すれば他方の主張もできなくなるという訴訟物の単位を用いても、原告として無理を強いられたとはいえまい。また、かりに所有権に基づく明渡請求権のみを請求としてもち出したとしても、実際には、相手方から賃借しているとの抗弁が出るであろうし、これに対し、原告はさらに賃貸借は終了したとの再抗弁を提出して争い、賃貸借の終了の有無が主要な争点となり、これにつき裁判所は審判せざるをえなくなるのが通常である。そこで、もしも賃貸借はなお存続しているとの判断の下に請求を棄却されたとしても、旧説によると、再び賃貸借の終了に基づいて明渡しを請求することは妨げられず、事実関係になんら変動がなくとも、裁判所は再度賃貸借終了の有無の判断を強いられ、被告も前訴と同じ防御を強いられることになる。これでは、前訴で勝訴した被告にとって公平でないし、訴訟経済にも反する。また矛盾した裁判をするおそれも出てくるであろう[*][**]。

〔*〕 **手形債権と原因債権**　(1) **二分肢説**　同一の給付を目的とする請求権が競合する場合には一つの訴訟上の請求しかないとする新説の立場にも、手形債権と原因債権とが競合する場合には、原告はその意思で、一つの受給権をこの二つの債権に分断して別々に訴訟の対象にすることができるとする立場が有力である（三ケ月・110頁、ドイツでの通説）。これは、手形債権の無因性を尊重して、同じ目的をもつにしても、当事者が欲すれば二つの訴訟を用意すべきであるとする考えであり、取引社会においても、手形のみを原因債権と切り離して処分することができる（処分の対象としての独立性がある）ので、訴訟上も当事者の意思で両者を切り離して2回の訴訟をすることが許されるべきであり、逆に二つの債権を包摂する上位の請求権（受給権）を訴訟物とみ、その一方の債権のみを主張して敗訴してしまうと他方の債権を当然に失権せしめられると取り扱うならば、手形権利者の保護に欠けると論じる（三ケ月・109頁、同「訴訟物再考」民訴雑誌19号（1973）〔同・研究7巻42頁〕。

なお、三ケ月章博士は、二つの債権を同時に訴訟物としてもち出すときは、一つの訴訟物しかなく、各個の債権は、一つの受給権を基礎づける事由としての意味しかもたなくなると考えるとともに、原告は、一つの訴訟物としてもち出すか二つの訴訟物に分断してもち出すかを任意に選択しうるとし、この自説を二分肢説と呼んでいる。三ケ月「訴訟物再考」前掲書56頁参照）。

なお、両債権を主張する訴えには二つの請求があるとする前提に立って、認容すべき債権が第一審と第二審で異なった場合の第二審の主文の書き方を論じた判例がある（最判（三小）昭39・4・7民集18巻4号520頁、これについては━━p771（**3**）〔＊〕）。梅本吉彦「手形金請求訴訟と時効中断」民訴雑誌27号（1981）97頁は、訴訟物は法的に保護されるべき経済的利益であるが、既判力を生じるのは、法的請求権であって、訴訟の対象と既判力の対象は一致しないとし、手形金請求訴訟は原因債権の時効を中断するとする。

(2) **反論①**　たしかに、手形上の権利と原因関係上の債権とは、手形の無因性という取扱いがあるから、両者が別人の手にいっても影響し合わないという保証があり、それ故にそれぞれ処分対象としての独立性をもつといえる。

しかし、この処分対象としての独立性を基礎づける手形法の無因性という理論は、手形が受取人から第三者に譲渡され、振出人と受取人間の原因債権と手形債権とが別人の手に分属したときにはじめて確立するものとなっており、手形法は、手形が受取人の手元にあるかぎりは、手形の無因性なるものを確立しているとはいえない（振出人に対する受取人の手形金請求に対して原因関係上の抗弁を提出することを制約していない。手形法17条は働かない。原因債権が時効消滅していれば、手形金の支払を拒めるし（最判（一小）昭43・12・12判時545号78頁）、手形金請求訴訟は原因債権の時効を中断する（最判（二小）昭62・10・16民集41巻7号1497頁））。そうだとすると、手形の無因性ということから、当然のことのように振出人と受取人との間でも二つの債権を切り離して行使する自由を訴訟上保障しなければならないと帰結することには、飛躍がある。

(3) **反論②**　そのうえ、受取人が振出人に対して手形金の請求をするときは、振出人から原因関係上の抗弁を出すことになろうが、そうなれば、裁判所としては、原因債権の有無も判断せざるをえなくなり、その結果、原因関係上の債権なしとして請求を棄却しても、二分肢説によれば、もう一度原因関係上の債権を訴求する余地が原告に残されていることになる。そうなると、裁判所としては、原因関係上の債権のありやなしやを2度も主要な争点として審判せざるをえない、ということになる。しかしそれでは、訴訟経済上も、裁判の矛盾するおそれのあることからも、適切ではない。前訴で勝った被告にとっても、公平でない。被告は、前訴で原因債権の存在を争い、その防御に成功したのにもかかわらず、再び原因関係上の債権に基づいて原告から訴えられるということになると、被告としては、何のために前訴で防御し勝ったのか、わけがわからなくなってしまう。そこで勝っ

たことがどれだけ被告の地位の保護に役立ったのか疑問となる。

(4) **反論③**　他方、かりに二分肢説のように、手形金のみの請求を定立することを認められても、原因関係に問題があれば、結局原因関係の抗弁が出てくるのを避けられず、手形金請求で勝つためにも、原告としては原因関係上の債権の立証を強いられることになるのであるから「手形金の請求を通常の訴えとして提起するつもりならば、必ず原因関係上の債権の請求もあわせてせよ、さもないと失権する」という強制を原告に加えたとしても、原告に対してそれほど無理な注文を付けることにならないであろう（弁護士も、このような場合に2回の訴訟の可能性を真面目に考えるとは思われない）。

　以上のような諸点を考慮すると、手形債権を原因関係の債権と切り離して独立の訴訟物たらしめる自由を原告に認める必要はないといわなければならない（新堂「訴訟物の再構成（3・完）」法協75巻5号（1959）〔同・争点効(上)109頁〕、小山昇「請求について」岩松・還暦〔同・著作集1巻5頁〕）。

(5) **手形訴訟との関係**　もっとも、手形訴訟（350条-367条、規213条-221条）においては、手形債権を原因関係と切り離して訴求することを、制度上認めている。したがって、そこでの主たる攻撃防御方法は、手形債権とその附帯債権の存否に関するものに限られ、原因関係に関するものは事実上排除されるから、あたかも手形債権自体が訴訟物になるようにみえるが、これとても、移行の申立て（353条）または異議の申立て（357条）だけによって、原告も被告も、通常手続に移行せしめることができるのであり、移行すれば、同一の請求を原因関係の観点から攻撃しまたは防御することが許されることになるのであるから、手形訴訟の訴訟物も手形債権だけに限定されると考える必要はない（小山ほか・演習民訴293-294頁）。なぜならば、手形判決に対して異議が述べられずこれがそのまま確定してしまった場合でも、この給付請求権（受給権）の実体法的属性については、原因関係上の債権として評価することが可能であると考えるべきであろうし、また、債務者が異議を述べないで手形判決を確定させてしまった後で、原因関係上の抗弁に基づいて支払った手形金を不当利得として返還請求することは、上記手形判決の既判力によって遮断されると考えるべきであるからである（なお、手形判決に対する異議については、→p909(2)）。

〔＊＊〕　**占有の訴えと本権の訴え**　(1) **旧説による批判**　旧説は、民法202条1項を新説批判の根拠としてもち出す（シンポジウム「訴訟物について」民訴雑誌9号（1962）119頁）。すなわち、民法202条1項は、本権から切り離して占有の訴えのみを提起することを認めるとともに、占有の訴えで敗訴しても、その原告も被告も本権の訴えを提起する機会を奪われないこと（旧民法財産篇212条1項・同条2項本文参照）を当然の前提にしているものと解し、そこから、占有の訴えの訴訟物と本権の訴えのそれとは、当然別個のものとして構成されなければならないと論じる。

(2) **旧民法の建前**　　民法202条1項の前身である旧民法財産篇207条-212条の規定では、フランス民訴法の影響のもとに、両訴が併行（併合でなく）して審理されることを厳格に禁ずる建前（旧民法財産篇207条1項参照）をとり、本権訴訟の先駆手続としての占有訴訟の簡易訴訟的性格が明確に打ち出されていた。すなわち、占有の訴えが提起された以上、その被告は占有の訴えの結着がつくまで——これに敗訴すればその給付命令を履行するまで——本権の訴えを提起できなくなり（旧民法財産篇212条2項但書。フランス民訴27条1項）、また、原告は本権の訴えを選んで敗訴すれば、さらに占有の訴えを提起できなくなる（旧民法財産篇209条2項。なお、フランス民訴26条参照）。さらに、本権の訴えと占有の訴えとがともに訴訟係属するときは、占有の訴えの結着がつくまで、本権の訴えの手続を中止しなければならない（旧民法財産篇208条）とされていた。このように、両訴訟を峻別し、占有訴訟に特殊な簡易訴訟的取扱いを確立している制度においては、それぞれの訴訟物を別個に構成し、占有の訴えのみを本権の訴えから切り離して提起し審判を受けることを保障する必要があったということができよう。

(3) **民法202条1項の解釈**　　ところが、民法202条1項は、ドイツ法の影響の下に、旧民法においてみられた、占有訴訟の、本権訴訟の先行手続としての簡易訴訟的性格を廃止する趣旨のものであった（梅謙次郎『民法要義巻之二物権編』（1896・有斐閣）87頁、注釈民法(7)（1968・有斐閣）197頁〔広中俊雄〕参照）。しかも、現在、この民法202条1項の解釈において、占有の訴えと本権の訴えとの併合を禁ずるものとは解されていないし、占有の訴えに対して、本権の反訴の提起を否定するわけでもない（最判(一小)昭40・3・4民集19巻2号197頁。星野英一・法協82巻6号（1966）782頁は、本権の別訴を禁じえないから反訴を禁じる実益がないとする）。そうした解釈を前提とすると、民法202条1項は、占有の訴えと本権の訴えを訴訟として別個であるとするものでなく、占有に基づく請求権と本権に基づく請求権とが別個のものである（そこから同条2項が導かれる）ことを規定するだけのものになっているといえる。しかも、民事訴訟法上も占有訴訟の簡易訴訟的性格を示すような規定は何もない現在においては（太平洋戦争後における裁判所構成法の改正により同法14条2号ハで占有訴訟が区裁判所の専属管轄とされていた点も廃止された）、民法202条1項は、もはや、訴訟物を別個に構成する根拠としての特別の意味をもたないものといわなければならない。少なくとも、民法202条1項は紛争処理の一回性という見地から、新訴訟物理論の立場を、占有に基づく請求権と本権に基づく請求権との関係にも貫徹する上で、障害となるものではない、というべきである（三ケ月章「占有訴権の現代的意義」法協79巻2号（1962）〔同・研究3巻3頁以下〕は、以上のような新説の反論を、詳細な比較法的・沿革的（系譜的）研究に基づき、展開した。小山昇「所有物返還請求と占有回収請求について」『北大法学部十周年記念法学政治学論集』（1960・有斐閣）〔同・著作集1巻108頁以下〕も、広中・前掲も、新訴訟物理論の貫徹を肯定する）。

㈤ **釈明義務および裁判官の負担の増大**　給付訴訟の審理では、当事者にしても裁判官にしても、実体法上の請求権を作業仮説として想定し、その要件事実に該当する事実があるかどうかを主張立証し判断して行く。この場合に、旧説のように、当事者の請求原因の記載によって請求自体がすでに一定の実体法上の請求権を主張するものとして特定していなければならないという立場をとれば、裁判所としては、請求原因に記載された請求権の存否のみを眼中にして審理をすれば足りるという安心が得られ、争点を形成しやすいし、他の請求権の成立の可能性まで心配する必要がないから、裁判官の作業量が当面少なくてすむように映る。

　これに対して、新説のように、同一の給付目的をもった請求権を全部主張しておかなければ失権させられるという立場に立つと、裁判官としては、失権が当事者に酷に働かないようにしなければならない。そのためには、当事者の示した請求原因事実から構成される実体法上の請求権だけを受けとるのでは足りず、同じ目的の他の請求権の成立の可能性も推測しながら、その可能性があれば釈明しなければならないということになり、裁判官はそのような負担に耐えられないという心配が生じる。実務家は、このような心配を表明して新説に反対した[11]。

　しかし、この負担増大の心配は、根拠のあるものかどうか疑わしい。旧説の立場に立つとしても裁判官は他の請求権の成立の可能性まで場合によっては釈明義務の範囲と考えて、すでに釈明作業を現実に行ってきているのではないかと思われる[12]。裁判官も、「新説による既判力の範囲の拡大はそれほど心配しない」という発言をしているが[13]、これは、実務家としては、その紛争の真の争点をもち出しまたは洗い出して、紛争の核心に迫った解決をしているとの自信に基づく発言ともみられるのであって、そのような自信の前提として、すでに十分な釈明をしているからではないかと憶測される。そうだとすれば、新説をとったことによって、ことさら釈明義務の範囲が拡大するといえるかどうか問題である[14]。かり

11）　シンポジウム「訴訟物について」民訴雑誌 9 号（1962）118-120頁の宅間発言、116-117頁の木川発言、金子文六「訴訟における実体法の規範性」民訴雑誌 7 号（1961）18-19頁。
12）　中野貞一郎「弁論主義の動向と釈明権」判例展望〔同・過失の推認215頁以下〕は、最高裁が他の訴訟物を示唆釈明することも義務の範囲としてきたことを論証している。
13）　座談会「実務と新訴訟物理論⑴」判タ154号（1964） 5 頁の西村宏一・倉田卓次・近藤完爾各発言、等。
14）　新堂「家屋明渡訴訟の訴訟物」実務民訴講座⑷〔同・争点効㊤207頁〕参照。

322　第3編　第一審手続　第2章　審判の対象

に拡大するとしても、その程度の負担増はまさに裁判官の引き受けるべき職責として甘受し、訴訟の効用を一般に顕示すべきであろう。旧説の論者自身が新説に対する反論の一つとして、旧説をとっても釈明権の行使や訴えの変更によって新説と同じ結果（訴えの実質目的の達成）は得られると論じている[15]ことは、旧説もまた、こうした釈明義務の引受けを、すでに覚悟しているといえるであろう[16]。

　(オ)　**選択的併合の論理**　　(ウ)では、請求を実体法上の各請求権に分断して2度の訴訟を観念することの不合理さをみたが、もし、原告が請求として二つの請求権を同時に審判の対象にしたとしたら、旧説によれば、二つの請求の併合の態様をどのように解するのであろうか。

　請求権の競合ということから単純併合と解すれば、二重に給付判決をすべき場合もでてくるわけで、金銭の給付請求の場合（たとえば、手形債権と原因関係上の債権を主張する場合）には、二重執行の危険を生ぜしむる難点がある。これを避けるべく、原告に順位をつけさせ、予備的併合（→p757(2)）とすることは、どの債権に基づいてもかまわない、とにかく債務名義たる給付判決が得られるかぎり、早く認められるほうで結論を出して欲しいとする原告の意思なり紛争の実態に合わない。のみならず、原告のつけた順位が審理にとって不便ということになれば不経済でもある。こうして、二重の給付判決の危険を避け、同時に、この場合の紛争の実態に適合する併合形態として考案されたのが、選択的併合の観念である。

　選択的併合とは、各請求権についての審判要求のどちらにも、相互に他方の申立てが認容されればこちらの申立てを撤回するという解除条件を付したものとして取り扱う形態で、裁判所としては、どちらの請求から審理してもよいとともに、どちらか一方が認容できるときには、他方の請求につき審判する必要がなくなる。したがって、そこではたしかに、二重の給付判決を避けうるし、また裁判所は認容しやすいと思われるほうから審理をして訴訟の結着を急ぐという便法も可能となる。

---

15)　兼子・体系168頁。
16)　伊藤・民訴322頁は、旧訴訟物理論に立ちながら、紛争の抜本的解決の視点から、同一の生活関係が前提とされているかぎり、請求原因の変更による訴えの変更について積極的に釈明権を行使すべきであるとする。

しかし、第1に、どちらでもよいから認容してもらいたい、そして一つが認容されれば他の申立ては撤回するというような申立てが、はたして確定的になされるべき審判の申立てとして許されるかどうか問題である。それはともかく、なによりも、この考えは、「要するに一つの給付判決が得たい」という訴えの実質的目的を理論の基礎にしており、この点で、個別の実体法上の請求権の個性を重視し、その個性も判決によって確定すべきであるとする旧説の基本的立場（つぎの(カ)参照）とはすでに相容れない基礎に立っているといわなければならない[17]。しかも、選択的併合という観念は、実は、攻撃または防御方法が数個主張されている場合（たとえば確認すべき所有権の取得原因として、相続と取得時効が主張されていたり、防御方法として、債務の不成立と弁済とが主張されている場合）の訴訟上の取扱い――その相互の論理的順序を問わず、審理しやすいものから審理してよく、どれか一つ認められれば他を審理する必要がなくなるという取扱い――を数個の請求の取扱いに借用しようとするものであり、このようなテクニックの借用こそは、とりもなおさず、そもそも請求権の競合が認められるような紛争について、請求が二つあると考えるほうが理論的にも不自然で、攻撃方法が二つあると考えるほうが無理がないということを自認したものといえよう[18]。

　　(カ)　**訴訟上の請求の実体法的性質**　　旧説は、訴訟を媒介とすることなくすでに既存のものと考えられ主張されている、実体法上の権利を訴訟で確認することによって、その救済を図るという発想（これは、権利保護請求権説に由来する）を前提にしたものであるから、実体法上の個々の権利が当然に訴訟物となり、実体法上の個性をもった具体的権利が訴訟で確認されなければならないと考える。そこでは、ある実体法上の権利をそのまま訴訟物に据えることによって、それが確認されれば、その確認された権利が実体法の規定する性質・効果を当然に帯有している点も、同時に既判力によって確定する、と考えることになる（確認訴訟では、こう考えてはじめて紛争解決機能が果たされる。→p316(イ)）。ところが、新説は、訴訟物と実体法上の給付請求権とのこのような直接の結びつきを（少なくとも請求権の競

---

17)　この意味で、三ケ月・94頁は、「選択的併合説は、かくて旧訴訟物理論がわが国においてたどりついた最後の墓場である」という。ただし、大久保邦彦「新実体法説に関する一考察」神戸学院法学24巻1号（1994）1頁参照。

18)　三ケ月章「請求権の競合」私法19号（1957）〔同・研究1巻82頁〕。なお、→p758。

合が認められるような場合には）断ち切った。そのため、新説の訴訟物たる受給権を認容する給付判決には、その受給権が競合する数個の実体法上の請求権のうちのどの性質をもつかという点を、既判力をもって確定する機能をもちえないことになった。この点をとらえて、旧説は新説に対して、つぎの(a)(b)二つの批判をぶつけたのである。

(a)　給付判決自体においてその権利の実体法的性質も同時に確定していれば、その給付判決のもつ紛争解決機能は、それだけ大きい。たとえば、たんに「100万円の給付請求権がある」というだけでなく、「100万円の不法行為による損害賠償請求権がある」という点まで確定していれば、被告から、反対債権で相殺を主張することは許されないことになり、相殺の可否をめぐる紛争は、この給付訴訟
→　給付判決によって実質的に解決済みにしてしまうことができる（そのことは、実際には、相殺の主張を未然に防止する機能——これは確認判決と同じ機能——をもつことでもある）。この点から、新説よりも旧説のほうが紛争解決機能が濃密であるというのが、旧説からの批判の一つである。

これに対する新説の答えはこうであった。たとえば不法行為による損害賠償請求権と不当利得返還請求権とが競合して認められるような紛争の場合に、旧説の立場をとり、選択的併合説をとれば、裁判所はどちらから認容してもよいというので、たまたま先に不当利得返還請求をとり上げ、これを認容してしまうと、この請求権だけが確定し、その結果、相殺を対抗されるのに、不法行為のほうが認容されていれば、相殺を対抗されないという違いが生じる。裁判所側の都合で、それだけの重大な差が生じること自体、選択的併合というテクニックの欠陥を露呈するものであるが、かりに選択的併合を肯定し、さらに裁判所がたまたま不当利得返還請求の方を認めたとしても、その事件では不法行為に基づく損害賠償請求権も認めることができたという事情を原告において主張し、かつ、民法509条の解釈論として、このように不法行為請求権と他の請求権が競合する場合には、やはり相殺はできないと主張して、裁判所の判断を求める余地をなんらかの形で認めるのが妥当と思われる。しかし、このような余地を認めるのは新説ではやさしいが、旧説では困難である。すなわち、訴訟物として認容されたのが不当利得返還請求権であると考えながら、この認容された請求権が同時に別個の訴訟物を構成すべき不法行為に基づく損害賠償請求権としての属性をもつということを理

由づけるのは困難だからである。これに対して、新説の場合には、先に不当利得返還請求権の認定に基づいて100万円の給付判決を得ているということは、訴訟物たる100万円の受給権が不当利得という観点から基礎づけられるということを示しているだけで、その受給権が不法行為に基づく請求権と評価できるかどうかの判断を別に排除しているわけではなく、相殺の主張が出されたときに、その評価をする余地は開かれているといえる[19]。

改正後の民法（平29・法44）509条においては、相殺を対抗できない受働債権につきより詳細な変更が行われた。これによると、「悪意による不法行為に基づく損害賠償の債務」（同条1号。筒井健夫=村松秀樹『一問一答 民法（債権関係）改正』（2018・商事法務）202頁によれば、悪意とは「積極的に他人を害する意思」と解している）および「人の生命又は身体の侵害による損害賠償の債務」（同条2号）に対して相殺を対抗できないものとなった。しかし、この改正は、新訴訟物理論にとって何ら状況の変化をもたらさない。新訴訟物理論の立場からは、受働債権を訴求する訴訟において相殺が訴訟上主張されたときに、相殺を否定する受働債権者が債権の性質決定（受働債権が民法509条の各号に該当するものであること）について新しい争点として審判を求めれば足りるというだけのことになる。もっとも旧訴訟物理論においては、相殺の主張をまって、少なくとも1号に関しては同様な争点を追加することにならざるをえないことになろう。

(b)　従来から、口頭弁論終結後の承継人（115条1項3号）および訴訟承継人（49条・50条）の範囲を定めるのに、旧説を前提とし、請求として認容されたのが物権的請求権であるか債権的請求権であるかを基準として、前者の場合にのみ、その権利義務の承継人は、49条・50条・115条1項3号にいう「承継人」にあたると解してきた。たとえば、甲が乙を相手に家屋の明渡請求をするのに、訴訟物として所有権に基づく明渡請求権をもち出して勝訴していれば、基準時後に上記家屋を占有するに至った丙は「口頭弁論終結後の承継人」にあたるとして、これ

---

19)　新堂「訴訟物の再構成（3・完）」法協75巻5号（1959）〔同・争点効(上)114頁〕。三ケ月章「法条競合論の訴訟法的評価」我妻・還暦(中)〔同・研究1巻145頁〕は、この場合、不法行為に基づく請求権の評価が可能ならば、旧民法509条の解釈としても相殺を拒否できるとする。四宮和夫「請求権競合問題について(3)」法協90巻9号（1973）〔同『請求権競合論』（1978・一粒社）102頁〕も、契約責任と不法行為責任が競合する場合に相殺禁止を認める。

に既判力を拡張しうる（甲が乙に対して、賃貸借終了に基づく明渡請求権を請求としてもち出して勝っているときは、丙に既判力を及ぼしえない）と考えてきた。ところが、新説をとると、訴訟物たる受給権はそれ自体に物権的性質をもつとか、債権的性質をもつとかいう性質決定を経ているわけではなく、また受給権が認容されても、その法的性質が既判力をもって確定するというわけでもない（新説によれば、受給権がどのような法的性質をもつ権利として評価されるかは、給付判決（債務名義）の取得を第1目的とする給付訴訟の直接の関心事ではない）。そうすると、新説の下では、「口頭弁論終結後の承継人」や「訴訟承継人」の選別をするために従来の基準が用いられなくなり、困るのではないかというのが、新説に対する第2の批判である。

これに対して、新説は、そもそも旧説のもち出す物権的請求権か債権的請求権かという基準がつねに有用なものであるかどうかを疑うとともに、旧説自身も、この基準のみによっているのでない点を明らかにした。

旧説においても、所有権に基づく明渡請求権と賃貸借終了に基づく明渡請求権とが競合する場合に、後者のみを訴訟物として勝訴した原告は、基準時後に被告から家屋の占有を取得した第三者に対しても判決の効力を及ぼし得るとの結論を認め、このような第三者に対する関係では所有権がむき出しになり、第三者に効力を及ぼすことになるとする[20]。さらに、旧説においても、たとえ物権的請求権を訴訟物にしていても、被告から目的物の占有を取得した第三者が、民法192条の即時取得者、民法200条2項の善意者、民法94条2項の善意者である場合は例外であるとし、また、たとえば、買主からの家屋明渡請求で敗訴した売主から、その家屋を譲り受け移転登記を得た第三者なども（二重売買における登記の対抗力を否定されないかぎり）、やはり例外であると考えたのではないか。しかも、これらの例外にあたるかどうかの判定は、旧説においても、第1の給付訴訟において解決済みというわけではなく、原告と第三者との第2の訴訟（ないし訴訟引受けの申立ての許否）に持ち越されたのではないか。

そうだとすれば、新説が既判力拡張、承継の可否についての判定を第三者との間の第2の訴訟（ないし訴訟引受けの申立ての許否）に持ち越さざるをえないという

20）　兼子・判民昭26年度23事件、同「給付訴訟における請求原因」菊井・献呈㊤〔同・研究3巻87-88頁〕。

ことを非難する権利は、旧説にもないし、上記の基準を絶対的であるかのように旧説の錦の御旗にすることもおかしいといわなければならない。

かくて、論争は、従来の基準の有用性の限界を明らかにし、これに代わる係争物の譲渡による訴訟承継の要件や、口頭弁論終結後の承継人を決定する基準およびそれを判定する手続構造を、利害をもつに至った第三者の実体法的地位をも含めた広い視野から、個別に検討する方向に止揚されていったのである[21]。

（4） 訴訟物論争の評価と展望

㋐ 論争の評価 民事訴訟法における基本理論や種々の約束ごとは、ややもすると、万古不易のように考えられがちである。従来の訴訟物理論もその一つであったが、近時のわが国の訴訟物論争は、このかつてほとんど疑問視されることのなかった通説の権威を、根底からゆさぶるものであった。基本問題に対するこのような大胆な挑戦は、学界・実務界全体にとって大きな刺激となり、訴訟物理論にかぎらず、民事訴訟法の種々の基礎理論の発展のきっかけとなった。元来、民事訴訟法の規律は動きが少ないが、やはり歴史的社会的要因によって規定されるものであるとともに、各時代の要請、社会の諸要請を吸い上げながら絶えず成長していかなければならないものである。論争はこのことを、訴訟物という理論について具体的に実証したものであったといえ、この論争の発展として民事訴訟法の基礎理論の多くは、いわば流動期を迎えるに至ったといってよい。

すなわち、民事訴訟法理論の方法論の深化（三ケ月章博士のいう「機能的考察方法」は、新訴訟物理論の方法論的基礎となっていたものであるが、論争は逆にこの方法論についての吟味を促すことになった。→p67〔＊〕）、既判力の客観的範囲の通説に対するチャレンジとしての争点効理論、口頭弁論終結後の承継人の範囲およびその既判力拡張のメカニズムの分析など、いずれも、訴訟物論争のなかから発展せしめられたのであり、このような基本問題について通説の再吟味の機会を用意したのは、訴訟物論争の第1の功績といえよう。

21）　小山昇「口頭弁論終結後の承継人について」北大法学会論集10巻1＝4号（1960）〔同・著作集2巻168頁〕、三ケ月章「特定物引渡訴訟における占有承継人の地位」曹時13巻6号（1961）〔同・研究1巻285頁以下〕、新堂「訴訟当事者から登記を得た者の地位（1・2完）」判時640号・643号（1971）〔同・争点効(上)297頁以下〕はそのような方向の努力であり、その成果については→p706(a)・p867(**6**)。さらに→p708(**c**)。

328 第3編 第一審手続 第2章 審判の対象

また、論争は民事訴訟法の分野にとどまらず、民法における請求権概念の理解にも反省を迫り、請求権が競合する各場合について適用すべき規範ないしその探索方式の確立を促していった点も、見逃せない[22]。

さらに、新説は、裁判官の負担が増加しないかとの実務家の心配に対して、かりに負担増があるとしても、信頼される民事訴訟制度の確立のためには、あえてこれを引き受けるべきであると論じ、裁判官や弁護士の訴訟制度に対する基本姿勢を問い質していったところも、たんなる技術面に終始しがちであった民事訴訟法理論に、これを動かす人の面から考察するという視角を導入する必要を自覚させることになった。そして、この点も、論争の逸してはならない功績というべきであろう。

　(イ)　**今後の方向**　　現在、新旧両陣営の対峙のほかに、新説自身のなかでも、いくつかの考え方の対立があるし、旧説のなかでも、新説に刺激された動きがあり（一元説への脱皮など、→p315(ア)）、今後は、論争も多面化しながら進展していくであろう[23]。ただ、今後の論争をリードすべき観点として、つぎの2点が重要と思われる。

第1は、新説は、給付訴訟と確認訴訟の類型的差異を重視して、理論を組み立てたが、同じ給付訴訟のなかにおける紛争類型の差異というものを正面から論じることが少なかった。しかし、今後の論争を実り多いものとするためには、たとえば、特定物の引渡・明渡請求、契約に基づく金銭の支払請求、損害賠償請求のなかでも消費者による少額の損害賠償請求というような紛争の各タイプ別に、新説旧説の長短所が実証的に吟味される必要があろうし、それぞれの類型に対応した別々の取扱いの可能性の追求も、慎重に吟味される必要があろう[24]。

第2は、訴訟物の特定および申立事項（246条の問題）——二重起訴——訴えの

---

22)　奥田昌道「請求権と訴訟物(上)(下)」判タ213号・214号（1968）〔同『請求権概念の生成と展開』（1979・創文社）313頁以下〕、上村明広「請求権と訴訟物」民訴雑誌17号（1971）、四宮和夫「請求権競合問題について(1)-(3)」法協90巻5号・6号・9号（1973）〔同・前掲注19)『請求権競合論』〕、加藤雅信『財産法の体系と不当利得法の構造』（1986・有斐閣）、同「実体法学からみた訴訟物論争」新堂編・特講121頁は、いずれもその成果である。

23)　近時の展開について、新堂「訴訟物論争は終わったか」法教74号（1986）〔同・争点効(下)305頁以下〕、高橋・重点(上)29頁、中野貞一郎「訴訟物概念の統一性と相対性」判タ846号（1994）〔同・論点Ⅰ 20頁〕参照。

併合——訴えの変更——既判力の客観的範囲という一連の各問題において、訴訟物ないし請求概念の果たすべき役割の差を自覚的に分析することが少なかった。今後は、訴訟物ないし請求という概念が、訴訟の初めから終りまでの各段階で、どのような役割を演じなければならないかを、各段階ごとに吟味していく必要があろう。上記にみる各問題において、訴訟物ないし請求という概念が重要な役割を果たすことは疑いないが、それぞれの問題において、それぞれの制度の趣旨に対応して、訴訟物・請求の枠に期待される役割の軽重は少しずつ異なっている。この差異を明確にし、それぞれの問題ごとに、訴訟物ないし請求の同一性のほかに考察すべき因子を解明していくことが必要と思われる[25]。

第2款　申立事項——処分権主義（その1）

1　処分権主義

　原告は、訴えによって、どのような内容の裁判を求めるかを明らかにする。それは、請求の趣旨に簡潔に表示されるが、この要求された裁判内容が申立事項といわれる。裁判所は、この申立事項を超えて、またはそれ以外の事項について本案判決をすることはできないとされる（246条）。これは、「訴えなければ裁判なし」という原則（これは、民事訴訟制度を運営する国家の基本的態度である）の、手続法的技術面での一つの現れであるが、これを、裁判所の方からいえば、原告が申立事項を明らかにしないかぎり、何について本案判決をすべきかが決まらず、応答のしようがないという意味で、訴えにおいて申立事項を明示することが訴えの適法要件（裁判所に受理されるための要件、→p218　3（1））となる。他方、原告の立場

---

24)　新堂「家屋明渡訴訟の訴訟物」実務民訴講座(4)〔同・争点効(上)207頁〕参照。なお、このような動きは、形成訴訟の訴訟物について現れた。たとえば、三ケ月章「訴訟物再考」民訴雑誌19号（1973）〔同・研究7巻19頁〕。

25)　たとえば、請求と判決の対象ないし既判力の対象とが同一でなければならないものかどうかなどが根本的に問われる必要があろう。これに対する一つの試論として、新堂「訴訟物概念の役割」判時856号（1977）〔同・争点効(下)113頁〕、同「提出責任効論の評価」法協百周年記念論文集3巻（1983）〔同・争点効(下)278頁以下〕、同「判決の遮断効と信義則」三ケ月・古稀(中)475頁以下〔同・展開3頁〕、同「正当な決着期待争点」中野・古稀(下)1頁以下〔同・展開47頁以下〕参照。なお、上訴審の審判の範囲について、新堂「不服申立て概念の検討」吉川・追悼(下)〔同・争点効(下)227頁以下〕。

からいうと、その意思で審判の対象（審判の最終目標）を特定し限定する権能をもつことを意味する（この権能は、上訴審でも認められ（304条・320条）、不利益変更の禁止という形をとる）。原告がこのように審判を求め、かつ、その対象を特定・限定できる権能と、当事者がその意思に基づいて判決によらずに訴訟を終了させることができる権能（訴え・上訴の取下げ、請求の放棄・認諾、訴訟上の和解をすることができること）とを認める原則を、処分権主義という（弁論主義との関係につき、↪p468（2））。

2　申立事項と広義の請求

両者は、ふつう同義に用いられている。どちらも審判の対象を指示する語である点は共通する。ただ、広義の請求は、訴訟サイズの基本単位自体またはその単位によって区分された具体的権利または法律関係の主張についての審判要求を意味するが、申立事項は、上記の具体的権利または法律関係によって確保される利益のうちで、原告が欲する部分（利益主張の限度）をも表示するものとして理解する必要がある。

たとえば、「被告は原告に金100万円を支払え」との判決を求めるという請求の趣旨があるときに、上記100万円は、特定の売買代金債権150万円のうちの100万円を意味するのならば、申立事項は、その売買代金債権によって理由づけられる「受給権の100万円分を認める給付判決」ということになるが、広義の請求としては、上記売買代金債権によって理由づけられる「受給権を認める給付判決」とみるべきである。このように両者を使い分けるならば、売買代金債権150万円に基づいて100万円の支払を求める請求と残り50万円の支払を求める請求とは、同じ受給権の各別の部分について給付判決を求めている点で申立事項は異なるが、訴訟物として主張されている受給権自体は同一（広義の請求も同一）であるということになる。このような説明により、いわゆる一部請求（↪p337(イ)）の特殊な性格を的確に表現することができよう。

3　民訴法246条の機能とその解釈作業

（1）　防御目標の被告への明示

本案判決の内容が申立事項に限定されるという原則は、原告にとっては、自分の意思で審判の最終目標を特定し限定する権能が認められることを意味するが、

この原則は、同時に防御の最終目標を被告に明示するという機能をもち、結局どちらの当事者にしても、最悪の事態になっても、最終目標としまたされた係争利益を失うにとどまるという保障が得られることを意味する[1]。したがって、原告も被告も係争利益の価値との関連で、みずからの攻撃・防御の仕方なり程度（たとえば事件を弁護士に依頼するかどうか、期日に欠席するかどうか、どの程度の準備をするか等）を決定してよいことになる。そこでもし、裁判所が申し立てていない事項についていきなり判決をすることは、この当事者の信頼を裏切る「不意打ちの裁判」ということになり、それによって不利益を受ける者から裁判を受ける権利を実質上奪うことになって、許されない。

逆にまた、申立事項と判決事項とが文言上多少食い違っているとしても、その不一致が不利益に働く当事者にとって不意打ちにならないかぎり、その判決を246条違反として取り消すことは、攻防の機会を平等にもった当事者間では、勝訴者にとって不公平であるし、訴訟経済上も好ましくないということになる。たとえば、建物の更正登記請求および賃貸借抹消登記手続請求において、証拠調べの結果、建物の構造の種類および建坪が、原告によって提出された物件目録の記載とわずかに違っても、上記証拠調べの結果に従って請求を認容してよい（大判昭8・6・15新聞3576号13頁）。

また、判決主文を申立事項に合せるための判決の更正（257条）、判決の変更（256条）が許される根拠も、このような不意打ちのおそれのないことに求められる。

（2）　訴訟物の枠による制約

原告の意思によって審判の最終目標が特定・限定されるといっても、上記にみるように、その意思は、明確であるとはかぎらず、不意打ちのおそれがないという保障を前提にして、当事者間の公平、さらに訴訟経済の要請から、解釈によって原告の合理的意思を逆に帰結するという面がある（たとえば、後述の債務不存在確認請求の申立事項と判決事項の関係をみよ、→p342(e)）。

のみならず、原告の指定する審判の対象があまりにも狭いときには、上記のよ

1）　谷口安平「アメリカ民訴における判決の申立と裁判」法学論叢88巻1=3号（1970）128頁も同じ指摘をする。

うな諸要請から、それに対する審判によって解決済みとすべき紛争の範囲（既判力の客観的範囲）を当然に拡げて扱う必要はないか、原告だけが訴訟に関与しているわけではないから、かりに原告の意思に反することが明らかであっても、そう解する必要がないかを問わざるをえない。そこでは、原告の意思なり便宜と、被告や裁判所の利害・制度運営上の効率とが対立緊張する関係に立ち、これを調整する作業が求められることになるが、このような作業において、訴訟の最小単位を何に求めるべきかという訴訟物論争や、その最小単位をさらに原告の便宜で分断しようとする一部請求を許すべきかどうかの問題などがとり上げられる。

（3） 246条の適用除外

246条については、さらに訴訟の特殊性から、およそ審判の対象・限界につき原告の意思に拘束されない訴訟とみるべきかどうかという問題（たとえば、境界確定訴訟では、その特殊性から、原告はその要求する境界線を主張する必要なしというべきか、また損害賠償請求では請求金額を明示する必要はなく、明示しても裁判所を拘束しないかなどといった問題、つまり246条の適用領域の問題）も論じられる。

4 民訴法246条の解釈の具体例

（1） 救済の形式・手続・順序

㋐ 原告は、給付・確認・形成のうち、どの判決を要求するかを指示しなければならない。そして、裁判所はこれに拘束される。

たとえば、原告が給付判決を求めているのに、同じ訴訟物についてであっても、確認判決をすることは許されない[2]。また、その逆も許されない。現在の給付判決の要求に対して、条件にかかっているとか、履行期が未到来として将来の給付判決をすることは、原告の通常の意思に合するものとして許すべきである（一部認容の一種になる[*]）。逆に将来の給付判決を求めているのに現在の給付判決をすることは、申立事項を超える（ただし、相手方の立場からみても、原告の主張内容から、訴訟中に履行期が到来しまたは条件が成就すれば、現在の給付判決を求める趣旨であると解される場合も少なくないであろう。そのときは現在の給付判決をしてかまわない）。

2） 給付判決が認められないなら確認判決を求めるとの当事者の意思がはっきりしているときは、許される、菊井=村松・Ⅰ 1184頁。

〔＊〕　**現在の給付請求を将来の給付請求として認容した具体例**　最判(三小)平23・3・1
判タ1347号98頁は、届出をしなかった更生債権である過払金返還請求権も、更生計画が認
可確定すれば、その計画で決定された他の届出更生債権と同じ一般的条件に従って請求権
内容（支払の猶予期間および額）が変更されたうえ、変更内容に従って支払われるとする
計画のもとで、管財人に対して、当該過払金返還請求を現在の不当利得返還請求権として
訴えが提起されている事件において、同計画によれば履行期が未到来と判明した場合には、
将来の給付請求として扱うことができるし、かつその必要も認められるとし、本案審理に
おいては、計画の条件に従って額と履行期を変更し、将来の請求権として認容している。

　(イ)　手形訴訟を利用するかどうかも当事者の自由であるから、手形訴訟によ
る審判を求めたのに、通常訴訟で審判することは許されない。また、その逆も許
されない。

　(ウ)　請求の予備的併合がなされているさいに、主たる請求について審判せず、
いきなり予備的請求について判断することは許されない。もっとも、当事者が予
備的併合をしたつもりでも、併合された請求がともに実体上認容できる関係にあ
るときは（たとえば第1に物の引渡請求をし、予備的にその引渡しが不能ならば代償請求を
するという場合）、裁判所は、原告の意思の合理的解釈として単純併合と扱うべき
である。また、当事者によるいわゆる主観的予備的併合という指定も許されるべ
きである（→p797）。

（2）　訴訟物の異同

　申立事項に包含される訴訟物と異なった訴訟物について判決することは、246
条違反となる。ただし、訴訟物の枠として何を考えるかで、結論が分かれる。旧
説の立場で246条違反となる場合でも、新説によれば違反にならない場合が多い。

　(ア)　被告が約束手形の共同振出人であるとする手形金請求を、被告は手形保
証人であるとして認容すること（最判(三小)昭35・4・12民集14巻5号825頁はこれを246
条違反とする）、売買契約の法定解除を原因とした前渡代金の返還請求を、合意解
除に基づく不当利得返還請求権があるとして認容すること（最判(三小)昭32・12・
24民集11巻14号2322頁は246条違反とする）は、いずれも、旧説によれば246条違反とな
るが、新説によれば、当事者の申し立てていない事項について審判したことには
ならない。もっとも、新説の立場においても、認容する請求権を基礎づける事実
が弁論に顕出されている必要があり、そうでなければ、弁論主義違反を問われる

ことになる。さらに、それらの事実を踏まえて、裁判所としては、想定される新たな法的構成（別の請求権の構成）の可能性について法的観点指摘義務（⌐p496(イ)）を果たし、当事者に弁論を尽くさせるべきである。

(イ)　離婚請求を、当事者の主張する離婚原因と別の原因事実に基づいて認容しても、246条違反にならない（最判(三小)昭36・4・25民集15巻4号891頁は反対であるが、判旨の重点は民法770条1項5号の原因の有無についての原審の審理が不十分であることにあったケースといえる）が、離婚の訴えに対して婚姻無効の判決をしたり、その逆は、246条違反となる。株主総会の決議の効力を争う訴訟として、決議取消しの訴え（会社831条）、決議無効確認の訴え（会社830条）、決議不存在確認の訴え（会社830条）の三つのタイプが考えられているが、どれも決議の効力の否定宣言を求める点で共通であり、同一の決議については訴訟物は共通1個であると考えてよく[3]、不存在確認を求めていても、その瑕疵の性質から取消判決をすることは246条違反にはならないと解すべきである。もっとも、この場合にも、当事者に対して不意打ちとならないよう、裁判所としては、どの訴えとして構成するのが適切かについても当事者に弁論を尽くさせるようにしなければならない。

しかし、たとえばある株主が決議取消事由を主張して敗訴した後、同じ決議が蛸配当であったことが判明したような場合には、決議無効確認請求は前訴によって遮断されないと解すべきであろう。なぜならば、前訴の段階では、蛸配当の事実が判明しなかったのであるから、これを前訴において主張を強制すること自体無理な話だからである（蛸配当の事実を主張する機会が原告にまったく与えられなくなるのは不当である）。この点は、前訴当時判明しなかった同一事故から生じた後遺症による賠償請求を後訴で請求することを妨げないとする理論（⌐p340〔＊＊〕）と同様である。

（3）　求める救済の量的範囲

(ア)　**救済の上限**　　原告は、求める救済の量的な上限を明示しなければならず、裁判所は、その限度を超えて判決してはならない。金銭の支払請求であれば、

---

3)　坂井芳雄「株主総会決議不存在確認の訴は許されるか（2・完）」判タ72号（1957）52頁、同「株主総会の決議を目的とする訴の性質」松田・記念(上)299-301頁、霜島甲一「決議を争う訴訟の訴訟物」民訴雑誌11号（1965）126頁・133頁、同「総会決議の取消・無効を主張する訴訟の訴訟物」実務民訴講座(5)3頁以下。

原告はその金額を明示すべきであり〔＊〕、裁判所は、それ以上の判決はできない。

　たとえば、原告が100万円の給付判決を求めているのに、審理したところ150万円の債権が認められるからといって150万円の給付判決をすることは許されない〔＊＊〕。もっとも、150万円を認めた原判決に対して被告の控訴がなされ、これに対して、原告が控訴棄却の申立てをしたときには、請求の趣旨の拡張をする趣旨かどうか釈明すべきものと考える。

　境界確定の訴えにおいては、どこが境界線かを主張する必要がないというのが通説であるが、紛争の実質は、所有権の範囲の争いであるから（→p210⑵）、要求の上限として欲する境界線を明示すべきであり、裁判所はこれより有利な境界線を認めるべきではない。

　損害賠償請求権者が一時金による支払を求めたのに対して、定期金による支払を命じる判決をすることはできないとするのが判例であった（最判（二小）昭62・2・6判時1232号100頁。ただし、東京高判平15・7・29判時1838号69頁）。平成8年の改正法は、定期金による賠償を命じた確定判決の変更を求める訴え（117条）を認め、定期金賠償方式に積極的な方向を打ち出したが、上記の問題に直接答えるものではなかった。

　本書前版では、定期金賠償については、被告の資力についての見通し等に不確定要素があるので、原告のその旨の申立てを要するとしていたが、つぎのように改説する。一時金払いの場合には、介護費用などの損害額の算定には、被害者の余命期間を推論せざるをえないが、この判断は事実上困難である一方、支払義務者が保険会社であれば通常支払能力をことさら問題視しなくてよい点を考えると、定期金賠償の方がより実情に近い損害額を判断できる。そうだとすれば、原告から一時金払いの申立てがあっても、被告から定期金払いの主張がなされる場合には、定期金払判決ができるとするのがベターであろう。東京高判平15・7・29（判時1838号69頁）はこの結論をとる。そうなれば、ここには処分権主義違反の問題はなく、定期金賠償を認めた判決は、より真実に即した事実認定に基づく判決であり、原告の申立ての一部認容ということになる〔＊＊＊〕。

〔＊〕　**金額を明示しない金銭の支払請求の適否**　⑴　とくに不法行為による損害賠償請求については、請求内容として一定金額を明示しなくてよいし、かりに明示しても裁判所はこれに拘束されないとする解釈論が提唱されている（五十部豊久「損害賠償額算定におけ

る訴訟上の特殊性」法協79巻6号（1963）731頁、小山昇「金額請求について」民訴雑誌6号（1960）109頁〔同・著作集1巻150頁〕、平井宜雄『損害賠償法の理論』（1971・東京大学出版会）491頁）。これは、損害賠償請求においては、損害の金銭的評価は元来裁判官の自由裁量によって決まる部分があること（たとえば慰謝料を考えよ）、両当事者の過失の有無・程度につき裁判所の判断が予測しにくいことなどから、原告による損害の評価は一応のものであることを強調し、その過小評価によって、本来得られるべき賠償金が得られなくなったり、過大評価により訴状に貼用すべき印紙額を多く払わされたりする不利益から被害者を保護する趣旨で唱えられたものである（梅本吉彦「紛争処理における損害の概念と賠償範囲」加藤一郎ほか編『自動車事故の損害賠償と保険』（1991・有斐閣）1頁）。

　しかし、裁判の結果が予測しにくいということと、原告の要求する限度がいくらであるかは、一応別個のことがらであり、原告の要求の最大限がどれだけであるかをまず知ることが、被告にとって防御の方法・程度を決定するうえで重要であるから、公平上まず要求額を明示すべきであると考える。また訴状で明示されていれば和解のチャンスをつかみやすいという利点もある。のみならず、かりにこれを要求しても、審理の進行上より多くの賠償がとれることが分かれば請求を拡張することによって、原告の受ける不利益を緩和することができるし、またそのような訴訟指揮を裁判所に期待するのは、そう無理なこととは思われない。

　(2)　ただし、離婚の訴えに付随してする財産分与の申立て（人訴32条1項）は、実質上家事審判事項の申立て（家審別表第二・四参照）といえるから、分与を求める額および方法を特定してする必要はないというべきであろう。

〔＊＊〕　**不法行為に基づく損害賠償請求における訴訟物と賠償額の主張**　　通常同一の事故から生じた損害の賠償に関する紛争は、1回の訴訟で全面的に解決するのが望ましい。なぜならば、訴訟経済の観点からも、また、なんども応訴させられる被告の煩わしさを避ける点からも、さらに、損害の金銭的評価を、原被告間の利害の調節という観点から総合的に行い合理的な結果を得るためにも、全損害を訴訟に上程せしめることが妥当と考えられるからである。その意味で財産上の損害賠償のみの一部請求とか、慰謝料のみに限定した一部請求を許すべきではないが（⤳ p338(b)）、原告が各損害の額の主張（たとえば、財産上の損害100万円、慰謝料100万円というような主張）をしていても、裁判所は、総額において要求額（200万円）を超えないかぎり、一部で各損害の主張額を超える認定をしても（主張責任に反しないかどうかの吟味はなお必要であるとしても）、246条の違反の問題にはならない（同一の身体傷害による財産上および精神上の損害賠償につき同旨、最判（一小）昭48・4・5民集27巻3号419頁。新堂・判例112頁参照）。

第2節　本案判決の対象　　*337*

〔＊＊＊〕　**一時金賠償か定期金賠償か**　　(1)　東京地判平8・12・10判時1589号81頁は、改
正民訴法の施行直前の判決であるが、改正後の判決の変更（117条）を類推できるとして、
同じ結論に至っている。この判決の評価については、とくに川嶋四郎「民事訴訟における
救済形成過程とその課題——ある医療過誤訴訟事件における下級審裁判例を手掛かりとし
て」新堂・古稀(上)219頁をあげておく。
　　(2)　大阪地判平17・6・27判タ1188号282頁は、原告が死亡逸失利益について定期金賠
償を申し立て、一時金賠償を求めない旨を明らかにしているにもかかわらず、死亡逸失利
益については定期金賠償は許されないとし、原告による一時金賠償の申立てはなくとも、
一時金賠償を認容することができると判断している。後遺障害の逸失利益や介護費用のよ
うに、将来変動する可能性のあるものについては、その変動に対応する機能をもつ定期金
賠償を認める合理性はあるが、死亡逸失利益については、死亡時にすでに確定しており、
これに定期金賠償を認めるのは整合性を欠き許されないとする。また本訴を却下しても、
原告が再度一時金賠償請求の訴えを提起することになれば、被告にとって迷惑であるし、
被告も一時金賠償を本訴において主張していることなどから不意打ちのおそれもないので、
本訴申立てについて一時金賠償を認容することができる（処分権主義に違反しない）とす
る。

　　㈡　**一部請求**　　原告は、数量的に可分な債権の一部のみを請求することが
できる（たとえば1000万円の損害賠償債権のうち100万円の支払を求めるというように）。そ
の場合、裁判所は、限定された数量以上を認容する判決をすることは許されない。
ただし、上記の一部のみを判断する判決の効力が、残額の請求を既判力によって
遮断するかどうかについては争いがあり、かりに残額請求を既判力によって遮断
するとの立場をとるとすれば、いわゆる一部請求は、原告において残額分の権利
を放棄するという不利益を覚悟しないかぎりできないということになる。
　　(a)　学説としては、一部請求において、その請求部分が全体のなかのどの部
分にあたるかを特定できる標識（たとえば、年金債権のある年分の年金というような標
識）がない場合については、その権利が申立ての限度でしか存在しないことをも
含んだ主張であると解し（したがって、それは一部の請求ではなく、権利の最大限を主張
した全部請求とみることになる）、請求棄却の場合はもちろん、認容された場合にも、
その権利の範囲はそれだけであることが確定されるとして、後に残額を請求する
ことは既判力に反するとする説が有力である[4]。
　　しかし、判例は、上記のような標識のない場合でも、数量的に一部の請求であ

338　第3編　第一審手続　第2章　審判の対象

ることを明示（「1000万円中100万円を請求する」というように）した場合ならば、その既判力は、残部について生じないとした（最判(二小)昭37・8・10民集16巻8号1720頁。判例のいう「明示」の意味については、最判(一小)平20・7・10判時2020号71頁は参考になる）。他方、45万円の支払請求を2人の被告に対してし、それらが分割債務として認容されたのち、1人の被告に対し、同一債務を連帯債務であったと主張してさらに追加分22万5000円の請求をした場合について、前訴の訴訟物は全部請求であったといえるから、残額請求は既判力に反するとする（最判(二小)昭32・6・7民集11巻6号948頁）。なお、判例は、一部であることを明示した請求であるときは、残部については時効中断（完成猶予）の効力はないとする（➘230(c)）。

　(b)　元来、申立ての範囲は原告が指定すべきものであり、審判もその範囲でしかできない建前であるから、審判した結果、それによってどこまでの範囲の紛争を解決済みとして残額請求を許さないものと扱うかという問題においても、第1に、原告の申立ての趣旨を尊重しなければならないのは当然であるが、他面、1回の訴訟で全部解決できるはずの紛争を原告の恣意によって、数回の訴訟を要することにするのは、1回で済むところをなんども応訴せしめられる被告にとって不公平である。裁判所の立場からも、権利の請求された一部についての判断のためには、その権利の成立・存続を全面にわたって審理判断せざるをえないのに、既判力は原告の恣意によって限定された一部にしか及ばないというのでは、費やした労力に比べて紛争解決の実効性に乏しいといわざるをえない。そこで、数量的に可分な債権の一部請求については、上記のような被告や裁判所の立場を重視して一部請求後の残額請求を原則として許すべきではあるまい[*] 5)。

　　〔*〕　明示の一部請求訴訟後の残部債権の時効について　　たとえば、商行為によって発生
　　した債権3億3000万円のうちの5000万円を請求する訴訟において、その債権は7000万円存

---

4)　兼子・体系342頁、同「確定判決後の残額請求」『法学新報五十周年記念論文集』第2部（1940）〔同・研究1巻391頁以下〕、三ケ月・108頁、同「一部請求判決の既判力論争の背景」判タ150号（1963）〔同・研究3巻165頁〕。これに反対し、むしろ判例の立場を支持するものに、斎藤・概論378頁、小山昇「金額請求について」民訴雑誌6号（1960）〔同・著作集1巻145頁〕、伊東乾・民商45巻5号（1960）765頁〔同・研究521頁〕、中野貞一郎「一部請求論について」染野・古稀〔同・現在問題85頁〕、同「一部請求論の展開(上)(下)」判タ1006号・1008号（1999）〔同・論点II 87頁〕。
5)　かりに、残額請求を許すとしても、債権の存否自体について争点効が働くことが考えられる。最判(二小)平10・6・12民集52巻4号1147頁は、数量的一部請求を全部または一部棄却する判決確定

在するとの認定のもとに一部請求の全部（5000万円）が認容された後に、判決理由中の判断で認められた残額債権2000万円を請求する後訴は、どう扱われるか。その残債権はいつ時効消滅するか。最判(一小)平25・6・6民集67巻5号1208頁は、上記のような後訴事例である。そこでは、2000万円の残債権は、①前訴の判決主文で確定されているわけではないから、一部請求の前訴提起によって、時効が中断されるわけではないとして、本来の時効期間である5年で消滅する。さらに、②前訴の5000万円の裁判上の請求（前訴の提起自体）が2000万円の残額債権について催告としての効果をもつ可能性はあるが、③本事件では、たまたま前訴の訴え提起前にすでに催告をしており、2回目の催告は、裁判上の催告であっても時効の進行を止められないから、最初の催告から6カ月経過時に残債権の時効が完成していると判断し、原審の判断（残債権額は2000万円と判断したが請求自体は棄却）を維持して上告を棄却している。民法改正後（平29・法44）も、同じ扱いになると考えられる（民法150条2項参照）。

(c)　不法行為に基づく損害賠償請求の場合には、損害の全貌を正確に把握できないだけでなく、過失相殺や因果関係の問題などで、損害額の認定が裁判の成行きに大きく依存し、これをあらかじめ予測しがたい上、相手方の資力もつかみにくく、いたずらに巨額の請求をしても相手方が無資力なため画餅に終わる危険もある。これらの点からは、たしかに明示された一部請求後の残額請求を許す必要は、かなりある。

　しかし、損害額の認定が予測しがたいといっても、原告の全要求の限度を明らかにすることは別に不可能ではないし、これを明らかにすることによって、被告の対応の仕方が定まり、場合によって和解の機会も生まれやすい。それに、同一の事件であるのに、なんども訴えられる被告の煩わしさや審判の実質的重複による不経済も無視できないし（もっとも、この点は、判例のように一部請求によって残部の時効完成を猶予しないとの建前をとれば、2度訴えられる可能性はほとんどなくなる。そうなれば、一部請求を許すメリットも減ることになろう）、前後2度に分けて訴求される場合に、前訴でどの部分の損害をすでに認容しているのか明らかにしにくいという技

　　後の残部請求は、特段の事情のないかぎり、信義則上許されないとする。これについては、新堂「審理方式からみた一部請求論の展開」佐々木吉男先生追悼論集『民事紛争の解決と手続』（2000・信山社）3頁以下〔同・権利実行277頁以下〕参照。

術的困難も生じよう。こうした点を考えると、被告の応訴の煩わしさ、審判の重複となっても、なお原告に一部請求を認めなければならない特段の事情が認められないかぎり、一部請求を許さないこととし、原告に認識できるかぎりの全損害を訴訟に上程せしめ、賠償請求は原則として1回の訴訟で済ますという方式をとるべきではないかと思われる[*]（損害の金銭評価が容易である物的損害の賠償請求については、迅速な救済を得るためこれのみの一部請求を認める実益がありそうに思えるが、そのような一部請求でも、自白でもないかぎり、責任の認定には全部請求と変わりない審理を要するから、やはり許すべきではあるまい。税金を使って運営されている訴訟制度を利用する者の節度の問題でもある）。

しかし、前訴当時通常の注意を払っても予見しえなかった後遺症に基づく賠償請求などは、たとえ前訴において一部の請求である旨を明示していなくとも、請求しようにも請求しえなかった賠償請求として、第2の訴訟を許すべきである[**][***]。

[*] **一部請求の一部認容の問題** 損害賠償請求の一部請求に対して過失相殺を認めるときには、全損害額を基礎とし被害者の過失を参酌した結果認められる損害賠償額を一部請求金額の範囲内で認容すべきである（いわゆる外側説。最判(一小)昭48・4・5民集27巻3号419頁、好美清光「交通事故訴訟における過失相殺の諸問題」実務民訴講座(3)247頁、演習民訴(上)241頁〔松浦馨〕）。原告がみずから過失相殺をしたうえで一部請求をしているとすれば、その意思に沿う取扱いであるし、そのような意思がない場合でも過失相殺すべき金額を、かりに請求額から控除するとすれば（大阪高判昭42・4・19下民18巻3＝4号392頁）、残額請求は既判力によって遮断されるため（判例の立場（→ p339[*]）ならば時効消滅により残額請求は敗訴となるため）、原告は不利益を被るおそれがあり、一部請求をした原告の合理的意思とはいえないからである（前掲最判(一小)昭48・4・5参照。過失相殺でなく、通常の相殺の抗弁につき同旨、最判(三小)平6・11・22民集48巻7号1355頁、中野貞一郎・民商113巻6号（1996）924頁。判旨に反対するものとして梅本吉彦・平6年度重判解13頁）。

[**] **紛争解決後の損害の増大とその賠償請求** 最判(三小)昭42・7・18民集21巻6号1559頁は、前訴の基準時後再入院してかかった治療費の追加請求を、明示の一部請求後の残額請求として認めた。最判(一小)昭43・4・11民集22巻4号862頁は、調停成立後に被害者が死亡したことによる慰謝料の追加請求を認容した。その理由として、後訴の慰謝料請求まで調停で解決済みというためには、調停のさい、その死亡がほとんど必至であり、

当事者もそれを予想して死亡による慰謝料も含めて調停を成立させたというような特別な事情がなければならないとしているが、こうした考えは、調停後のみならず、裁判上の和解のあった後にも、さらに本文のように確定判決を得た後にも応用されるべきである。なぜならば、前手続でどこまでが解決済みとみるべきかの判断では、調停や裁判上の和解があった場合でも、確定判決があった場合でも——手続後の損害増大を予想しえたかどうかの認定の厳格さに程度の差はあっても——、被害者の具体的救済の要請と相手方の地位の安定（前手続で紛争はすべて解決されたとする期待や信頼の保護）の要請とのバランスが求められている点では、共通だからである（新堂「紛争解決後の損害の増大とその賠償請求」ジュリ399号（1968）〔同・争点効(上)193頁以下〕、井上治典「後遺症と裁判上の救済」ジュリ548号「特集 医療と人権」(1973) 314-318頁）。なお、示談後の追加請求も同様の観点で許されるべきである（最判(二小)昭43・3・15民集22巻3号587頁）。

〔＊＊＊〕　前掲最判(一小)平20・7・10（↘ p338）では、のちに残額請求されることになる請求権が前訴の反訴請求として提起されている事件で、損害発生原因行為の違法性の有無自体が、まだ係属中の前反訴請求訴訟において争われていたこと、また前反訴請求の時期においては、その損害金がどれくらい増加するのか、その額もまだ確定していなかったことが明らかであることから、原告らが後訴の残額請求分までを前反訴請求で併せて請求することは期待し難いものであったこと、他方、相手側（反訴被告）側も、前反訴提起の時点で、残額請求に係る損害が発生していること、かつこれが拡大する可能性があることを認識していたことも明らかであること等の事情を考慮して、前反訴請求を明示の一部請求であると判断し、前反訴請求についての確定判決の既判力は、後訴請求には及ばないとしている。

　結論は妥当と考えるが、私見からすれば、同判決の認めた一連の背景事情は、残額請求を後訴に留保することが許される合理的な理由を満たすものとして、審判の申立て自体を反訴請求額に限定すること、および前反訴確定判決の既判力をその反訴請求額に限定することが許されてよい例外的場合であったといえる（なお、高橋宏志「一部請求判例の分析」松本・古稀216頁以下では、主だった判例について、何が決め手になっているかを読み込むとともに、各学説の分類もしており、一部請求論全体を見通すのに役立つ。上記判決についても、私見と同方向の詳細な分析をしているので参考になる）。

　(d)　これに反し、契約上の債権またはその不履行による損害賠償債権については、上記のような状況は一般的に認められないから、より一層強い理由から、明示された一部請求であっても、原則として残額請求を許すべきでなく、また、そのことはその部分を他から区別できる標識があるか否かにも直接かかわらない

というべきである（識別可能な標識があることは、それが原告・被告間の現実の紛争を一部に限定するように働く場合があるという意味で、原告が一部請求をする必要性を基礎づける一因子になるにすぎない）。

　(e)　債務者が特定の債務につき「30万円を超えては存在しない」との確認を申し立てている場合には、その債務の現存額が紛争の中心であり、この点につき審判を求めているものと解すべきである。現存額が原告の自認する30万円を超えることさえ明らかになれば、直ちに請求を全部棄却してよいと取り扱うべきではない。係争債務関係の現存額についてなんらの確定力をもたない棄却判決をしても、当事者間の紛争の根本的解決が得られないばかりか、かえって数額をめぐって紛争を誘発することになりかねないからである。裁判所としては、現存債務額が30万円を超えるときは、その超過額を確定して、それがもし10万円ならば、40万円を超えて存在しないことを確認するとの判決（量的に申立ての範囲内の一部認容判決である、大判昭7・11・28民集11巻2204頁。これに反し、20万円を超えては存在しないとの判決は申立ての限度を超えることになる）をなすべきであり（最判(二小)昭40・9・17民集19巻6号1533頁。債務総額が100万円なら、70万円のうち60万円につき請求認容、10万円につき請求棄却といえる）、少なくとも、その債務総額のうちの審判の対象とされた部分（総額が100万円なら70万円の部分）のうちの現存債務額（10万円）の判断にも既判力が生じると解すべきである。

　ところで、上記のような判決があった後に、先に原告債務者が自認した30万円についても債務が不存在であるとの確認請求を、判決の基準時以後の事由に基づかないですることが許されるか。債権者による一部請求後の残額請求が排斥されるのと同様に、既判力によって排斥されるとみるべきであろう。なぜならば、このような後訴を許すとすれば、100万円の債務という一つの訴訟物を分割して一部ずつ審判の対象にすることを許すことになるが、その一部の審判のためでも、裁判所の審理内容は、100万円の債務が存在したかどうか、そして70万円分の債務が消滅したかどうかを確認しないかぎり（つまり30万円の存在も同時に確認しないかぎり）、上記の請求に対する判決はできないはずで、結局、審理作業としては、100万円全部を審判の対象にもち出したと同様の作業を強要される。それにもかかわらず、30万円の存否についての紛争の余地を後に残すのは、紛争解決の実効性の点から疑問であるし、30万円の債権は少なくとも防御したと考える被告債権

者にとっても酷な結果となるであろう（債権者が100万円中70万円の一部請求をした場合とパラレルに考えるわけであり、30万円について債務者が請求の放棄をしたと同じになる）。

　以上のような取扱いは、100万円という係争債務の全体の額が申立て中に表示されていない場合でも、債権者が上記債権の支払を催告しているのに対抗して、債務者からたんに「30万円を超えては債務は存在しない」と申し立てていることが弁論で明らかになるならば、同様に扱ってよい（この場合、請求原因の記載などから、上記100万円の債務が訴訟物にされていると解しても、被告債権者に不意打ちとなる心配は考えられない）。

　㈢　**一部認容の限界**　判決が救済要求の一部認容と解されるかぎり、246条違反とならない。一部認容として適法といえるかどうかは、原告の意思の解釈の問題であり、全部認容判決がもらえないならば、そのような判決でも欲するかどうかを合理的に判断して決めるべきものである。具体的には、つぎのような事例が問題になっている。

　⒜　分量的な一部の認容とみられる場合には、通常、原告の申立ての趣旨に反しないと考えられる。たとえば、所有権取得登記の全部抹消請求に対し、原告の共有持分に対応する部分の一部抹消（更正）登記を命じることは許される[*]。

　家屋や土地の明渡請求に対して一部の明渡し、土地の所有権移転登記請求に対して一部を分筆してその部分の移転登記を命じることは、認容部分に個性がありうるから、原告に、その部分だけの認容判決でも求める意思がある場合にかぎって許される。たとえば、一部認容として、2戸建家屋1棟のうちの1戸の明渡判決（最判（三小）昭24・8・2民集3巻9号291頁）、一筆の土地55坪余のうち原告所有の居宅の敷地分25坪余の分筆移転登記判決（最判（二小）昭30・6・24民集9巻7号919頁）は、どちらも、原告の意思に沿うものとして肯定できる。

　もっとも、上記のどちらの場合についても、行為規範としてみるかぎり、原審裁判所としては、法的観点指摘義務を尽くして、請求の趣旨の変更を行うべきものであったといえる。ただ、被告に対して不意打ちがあったとはいえないと評価できる限度で、判例の結論を支持できる。

　〔*〕⑴　最判（三小）平22・4・20判タ1323号98頁は、甲乙の共有に属する不動産について、甲乙丙を共有者とする所有権保存登記がされている場合において、甲の丙に対する丙の持分の抹消登記請求は、甲丙の持分についての更正登記手続を求める趣旨を含むもの（1個

の登記の一部のみの抹消登記はできず更正登記となる）と解したうえ、甲が求め得るのは、丙に対し、甲の持分についての更正登記手続のみにとどまり、乙の持分の更正登記までを求めることはできないとする（かりに甲乙丙の持分割合が登記簿上1：1：1だったとすると、甲が丙に勝訴したときは、丙の持分の半分が甲の持分となるので、更正後の甲乙丙の持分比は、1.5：1：0.5となる）。最判(二小)昭38・2・22民集17巻1号235頁、最判(一小)昭44・5・29判時560号44頁、最判(三小)昭59・4・24判タ531号141頁も同趣旨。

　(2)　他方、所有権移転登記名義を有するが実際は権利を有しない第三者丙に対して、共有者の1人甲のみが提起する所有権移転登記抹消登記請求については、甲は、保存行為として、他の共有者乙の持分のためにも、実体に合致しない丙の登記の（全部）抹消を請求できるとする裁判例がある。最判(一小)昭31・5・10民集10巻5号487頁、最判(二小)平15・7・11民集57巻7号787頁。

　(b)　無条件の給付請求に対して条件付きの給付判決をする場合も、原告の申立ての趣旨から逸脱しないのが通常であろう。たとえば、無条件の土地引渡請求に対して、「原告が市長より賃借権の目的となるべき土地としての指定通知を受けたときは、右土地の引渡をせよ」との判決は許される（最判(二小)昭40・7・23民集19巻5号1292頁）。原告が明示の立退料の支払と引換えに明渡請求をしているときに、「立退料の申立額の支払と引換えに明渡し」を命ずることも許される（最判(二小)昭38・3・1民集17巻2号290頁）。さらに「明示の立退料の申立額を超える一定金額の支払を条件に目的物を明け渡せ」との判決をすることも許される（最判(一小)昭46・11・25民集25巻8号1343頁、最判(三小)昭46・12・7判時657号51頁。前者は、300万円の申立てに対し500万円、後者は、500万円の申立てに対し1000万円の支払と引換えに明渡しを認める）。

　また、同時履行の抗弁や留置権の抗弁が成り立つときには、原告の債務の履行や物に関して生じた債務の弁済と引換えに被告に給付を命じるべきである[6]。建物収去土地明渡請求に対して、被告が建物買取請求権を行使して、その代金の提

---

6)　同時履行につき大判明44・12・11民録17輯772頁、大判大7・4・15民録24輯687頁。留置権につき、最判(一小)昭33・3・13民集12巻3号524頁。なお、最判(一小)昭47・11・16民集26巻9号1619頁は、物に関して生じた債務の支払義務者が第三者であるときは、第三者からの支払と引換給付を命ずべしとする。坂田宏「同時履行関係と引換給付判決(1・2完)」民商98巻4号423頁・5号561頁（1988）。

供があるまで建物の引渡しを拒む抗弁を提出したときは、裁判所は、建物の時価を確定し、被告に対し原告が上記代金を支払うのと引換えに建物の引渡しを命ずべきである（最判(二小)昭33・6・6民集12巻9号1384頁。なお、最判(三小)昭36・2・28民集15巻2号324頁は、建物に賃借人がいて現実の引渡しができないときは建物の指図による占有移転を命じるべしとする）。遺産債権者が相続人に対してその債権の弁済を求める場合に、限定承認の事実が明らかなときは、「相続財産の限度において支払え」という判決をすべきである[7]。給付訴訟において、その給付請求権につき不執行の合意があって強制執行することができないものであることが主張され、それが認められるときは、訴訟物に準ずる審判対象として、強制執行ができない旨を判決主文に掲げるのが相当である（最判(一小)平5・11・11民集47巻9号5255頁）。

---

7) 大判昭7・6・2民集11巻1099頁、最判(二小)昭49・4・26民集28巻3号503頁、なお、この判決主文の書き方については、新堂「責任限定を明示した給付判決の効力」我妻・追悼〔同・争点効(下)1頁以下〕。

第3節　当事者の意思による訴訟の終了——処分権主義（その2）

　当事者は、その意思によって、終局判決によらないで訴訟手続を終了させることができる。その終了方法には、訴えの取下げ、請求の放棄、請求の認諾、訴訟上の和解がある（当事者による上訴の取下げ、上訴権の放棄などによっても訴訟手続が終了することがあるが、これについては、第4編でふれる）。

　民事訴訟による権利救済を求めるかどうか、つまり、特定の紛争の解決のために訴訟手続を利用するかどうかは、当事者の意思に任されている。いったん訴えによって手続が開始された後でも、当事者が訴訟および判決による紛争解決ないし権利救済を欲しないならば、裁判所としては、その当事者の意思を無視して手続を続行し判決をすることを差し控えるべきである。このことを、当事者の方からいうと、処分権主義の一内容として、みずからの意思で、終局判決によらずに訴訟手続を終了させる権能があるということになる。

　もっとも、当事者の一方のイニシアティブで終了させるときには、相手方との利害を調節する手当てが必要であるし、裁判所としてもこれまで手続を進めてきたことがまったく無意味にならないように配慮する必要がある。ことに、両者で話合いができ、両方の意思で訴訟を終わらせる場合には、裁判所としては、その話合いの結果が当事者間で今後も守られ、紛争の解決が実際に得られるように配慮する必要がある。そこで、このような手続的配慮を、それぞれの方法について工夫、吟味するのが、本節の中心的な課題となる[*]。

　　〔*〕　第一審通常訴訟における既済事件の終局区分は、→p352・p353の表を参照。なお、
　　　　どのような場合に当事者の意思による訴訟の終了の途が選ばれるか、その要因の分析究明
　　　　については、太田知行=穂積忠夫「訴訟上の和解」川島武宜編『法社会学講座6』（1972・
　　　　岩波書店）115頁以下参照。

第1款　訴えの取下げ

1　意　　義
　訴えによる審判要求を撤回する旨の、裁判所に対する原告の意思表示をいう。

第 3 節　当事者の意思による訴訟の終了——処分権主義（その 2 ）　*347*

この意思表示によって、訴訟係属の効果が遡及的に消滅し、手続が終了させられる（262条 1 項）。

（ 1 ）　請求の放棄との比較

原告の意思で、判決によらずに、手続を終了させる方法の一つであるが、紛争解決基準を手続上確立することなく訴訟を終了させる点で、請求の放棄と異なる。請求の放棄においては、被告全面勝訴という形の紛争解決基準を確立して訴訟が終えられるから、原告のみの行為によって訴訟が終了させられても被告になんの文句もない。しかし、訴えの取下げにおいては、紛争解決が手続上保障されるわけではないので、被告のこれまでの防御活動がまったく無駄になるおそれがある。そこで、法は、訴えに対して被告が防御態勢をととのえ、請求棄却の本案判決を得ようとした後には、被告の同意がなければ訴えの取下げは効力を生じないとして、被告の保護を図っている（261条 2 項）。

（ 2 ）　上訴の取下げとの比較

裁判所に対する審判要求の撤回という点では、上訴の取下げと共通であり、訴え取下げの方式・効果に関する規定が、上訴の取下げに準用されている（292条 2 項・313条）。しかし、上訴の取下げは、上訴の申立て（上訴審に対する審判要求）のみを撤回し、上訴審における係属のみを遡及的に消滅させる点で、訴訟係属の効果を全体として消滅させる訴えの取下げと異なる（控訴審において、控訴の取下げを、控訴期間経過後にすれば、第一審判決が確定することになるが、訴えを取り下げると、第一審判決も失効する）。

（ 3 ）　訴訟外での訴え取下げの合意

手続外で行われた訴えを取り下げる旨の当事者間の合意も、その存在が被告によって訴訟上証明された場合には、当事者の効果意思どおり、訴えの取下げと同様の効果が認められる[*]。

〔*〕　**訴え取下げ契約**　(1)　期日外で原告・被告間において、訴えを取り下げる旨の合意が成立した場合、その合意にはどのような効果が与えられるか。古くは、訴訟上の効果はもちろん私法上も無効とされた（上訴の取下げについてであるが、大判大12・ 3 ・10民集 2 巻91頁）。しかし、その後は、私法上は有効であり、訴訟においてその存在が認められるならば、訴えの利益が欠けることになり訴えを却下すべきであるとする説（私法契約説）が通説となり（兼子一「訴訟に関する合意について」法協53巻12号（1935）〔同・研

究 1 巻279頁〕、同・体系293頁、菊井=村松・Ⅱ215頁）、最高裁も、この立場を表明した（最判（二小）昭44・10・17民集23巻10号1825頁）。さらに、近時では、訴え取下げ契約は、訴訟係属の遡及的消滅という訴訟上の効果を直接目的とした訴訟契約であるとの認識の下に、契約成立が訴訟上主張されることによって直接訴訟係属消滅の効果を生じ、裁判所は、訴えの取下げの合意に基づき訴訟が終了した旨を宣言する判決をなすべきであるとする説（訴訟契約説）が唱えられている（竹下守夫「訴取下契約」立教法学 2 号（1961）50頁、75頁。もっとも、三ケ月・434-435頁は、終了宣言判決によってはじめて訴え取下げの効果を生じるとする）。

(2)　訴えを取り下げるかどうかは、本来、原告の意思に任されているのであるから、訴訟外で訴えの取下げをすることを被告との間で合意し、訴えを取り下げるべき義務を被告に対して負うことを訴訟法上禁ずべき理由はない。ほかに公序良俗違反として無効にすべき理由もない。しかし、合意どおりに原告が訴えを取り下げないときに、通常の契約と同じように、履行請求なり損害賠償請求の別訴を提起し、判決を得てはじめて訴えの取下げの効果が得られるというのでは、救済方法としてまったく迂遠であるから、判例のような取扱いが必要である。

(3)　この種の合意の目的が、もっぱら訴訟係属の遡及的消滅に向けられている点から、これを訴訟契約と呼ぶことは差しつかえないが、訴訟契約説のように訴訟終了宣言判決をするか、判例のように訴え却下の判決をするかは、実質的差異をもたらさない。しいていえば、原告は相変わらず訴えを維持しているのであるから、訴えに対する正面からの応答の形である訴え却下のほうがわかりよい。また、訴訟契約といっても、原告が被告に対して訴えを取り下げる義務を負う面を否定することはできないが（これを否定すると、被告は合意の成立を訴訟上証明する手間をつねに負わされることになる）、訴訟契約説のように、一方でこの義務の発生を認めながら、他方で合意の直接の効果として訴え取下げの効果が生じる（あるいは訴訟上の主張または判決をまって生じる）とする（柏木邦良・続百選98頁）のは、説明として成功しているとはいえないであろう。さらに、訴訟契約と性質決定したからといって、その要件・効果が自動的に定まるというものではない。

(4)　合意の要件・効果を考える上では、その合意が裁判外で行われ、当事者間のみで行われる行為であるという実態の認識から出発すべきである。

　とくに指摘すべき点としては、第 1 に、合意成立のさい、裁判所が当事者の真意を確かめる機会がなかったのだから、その効力を考える上では、一般の実体上の取引行為と同じような取扱い——たとえば意思表示の瑕疵の取扱い——をするのが適当である。

　第 2 に、紛争の派生を防止する意味からも、管轄の合意などと同様、書面によることを要するとすべきであろう（訴訟能力を要する点につき、→p152〔*〕）。

　第 3 に、合意の存在が被告から主張されることなく本案判決が確定したときは、もはや

第 3 節　当事者の意思による訴訟の終了――処分権主義（その 2）　349

合意によって訴訟が終了している旨を主張しえない。しかし、原告が被告をあざむいて、ことさら合意の存在を主張する機会を被告から奪ったような場合には、原告の合意違反の訴訟追行に基づく損害賠償責任を生じさせる余地がある（最判(三小)昭44・7・8民集23巻8号1407頁は、確定判決の再審による取消しを待たないで原告の被告に対する不法行為責任を認める。新堂・法学教室第2期1（1973）180頁参照）。

　第4に、終局判決後に、合意の存在が訴訟上主張されて訴えを却下するときは、通常の訴えの取下げと同様再訴の禁止が働くと解されるが、訴え取下げの合意は、その請求についての不起訴の合意（ ⤳p259〔＊〕）の趣旨を含むことが多いと思われる。そのときには、終局判決前に合意に従って訴えを取り下げまたは合意に基づいて訴え却下となったときも、再訴は禁止（再訴も却下）されることになろう。

2　訴え取下げの要件

（1）　訴え取下げは原告の自由意思

　訴えを取り下げるかどうかは、原告の自由に任される。職権探知主義がとられ、請求の放棄・認諾が許されない事件（人訴19条2項。ただし同37条・44条）においても、訴えの取下げはできる。この種の事件でも、訴えの提起自体が原告の意思に任されている以上、原告がもはや裁判所の審判を欲しなくなった場合には、その意思を尊重して訴え提起がなかったことにするのが適当だからである。もっとも、訴えの提起自体が原告1人の意思ではできない固有必要的共同訴訟の場合には、取下げもまた原告1人ではできない（最判(三小)平6・1・25民集48巻1号41頁）。

（2）　訴えの取下げはいつまでできるか

　訴えの取下げは、訴えに対する終局判決が確定するまで、することができる（261条1項）。終局判決言渡後でも、上級審に移審してからでもできる。しかし、被告が本案（請求の当否に関する事項）について、準備書面を提出し、弁論準備手続で申述し、または口頭弁論をした後は、被告側に、訴訟追行をして請求棄却判決を得る利益が生じるから、被告の同意がなければ、訴え取下げの効力を生じない（261条2項。ただし、同条項ただし書）。

（3）　訴訟能力は必要か

　取下げを有効にするには、原告に訴訟能力があるか（ ⤳p152〔＊〕）、または代理人に代理権のあることが必要である（32条2項1号・55条2項2号）。ただし、訴訟無能力者または無権代理人でも、追認のあるまでは、みずから提起した訴えを取

350 第3編 第一審手続 第2章 審判の対象

り下げることができる（控訴の取下げについては、無能力者または本人の利益保護のために無効と解する余地がある）。

（4） 意思表示の瑕疵

訴えの取下げの効果は、原告の意思表示に基づいた効果であるから、その意思表示に瑕疵がある場合には、その効力を否定すべきである。

判例は、終局判決後の取下げが、詐欺脅迫等明らかに刑事上罰すべき他人の行為によりなされたときは、旧民訴法420条1項5号（現338条1項5号）の法意に照らし、無効と解し、かつ、その無効の主張には、同条2項の要件は不要とする（最判(二小)昭46・6・25民集25巻4号640頁）。

しかし、このような場合だけでなく、錯誤による取消し（たとえば、和解契約が成立したと思ったので訴えを取り下げたが、和解は成立していなかった場合）を認める余地もあると解すべきである。なぜならば、第1に、とくに終局判決後の取下げには、再訴禁止の効果が生じ、原告は、実体権の放棄に等しい不利益を受けるわけであるから、その意思に基づかない場合にまでこれを甘受させるとすれば酷であるし、被告を不当に利することにもなる。しかも、この両者の利害の対立は、私法上の契約における当事者の利害の対立と同じであるから、これを調整する基準も、意思表示の瑕疵に関する私法の規定とその理論を利用することが妥当と考えられる。第2に、そのような取消しによる無効を認めても、手続の安定を害することもない（取下げ後それを基礎にしてさらに手続が進展していくわけではない）。第3に、無効になる範囲がひろがれば、それだけ裁判所の負担も増加するけれども、裁判所の本来の職責であることから、負担増を理由に原告の真意でない訴え取下げの効力を維持するのは、裁判を受ける権利を不当に奪う結果になるからである[1]。

（5） 訴えの一部取下げ

取下げは、訴えによって審判を求めた数個の請求のうちの一つについてできるが、ある請求の一部分についての取下げは、一部請求が許される場合にかぎって許される。請求金額のみの減縮は（たとえば、貸金債権100万円の請求を80万円にするような場合）、その部分について一部請求を許すとすれば、訴えの一部取下げとみる余地があるが（最判(一小)昭27・12・25民集6巻12号1255頁参照）、一部請求を許さない

1） くわしくは、新堂・判例352-359頁参照。

立場からは（→p338⒝）、請求の一部放棄をしたと同じ効果が生じる（減縮した部分を後訴で請求することは放棄の効果として遮断される）から、被告の同意は不要である〔＊〕。しかし、請求の趣旨の変更にあたるから、書面でなし、かつ、これを相手方に送達すべきである（143条2項・3項。前掲最判（一小）昭27・12・25は訴えの取下げとみて、書面による必要なしとする）。

〔＊〕 **訴訟物論と訴えの一部取下げとの関係**　　競合する二つの請求権の一方の主張を撤回するのは、新説に立てば、攻撃方法の一部の撤回でしかないから、とくに相手方の同意も必要でないが、旧説に立つと、訴えの一部取下げか、請求の一部放棄かになり、そのどちらであるかは、原告の意思による。結局不明であれば、原告に有利な方の訴えの取下げとみることになろう。一部取下げであるときは、相手方の同意が要ることになる。最判（一小）昭32・2・28民集11巻2号374頁は、原告が、滞納処分によって差し押えた滞納者訴外Aの被告に対する貸金債権を、Aに代位して請求し、第一審で勝訴したが、控訴審で、上記貸金債権は保証契約上の求償債権であると主張を変更し、貸金債権の主張は撤回すると陳述したケースにつき、旧説の立場から、交換的訴えの変更になるとし、旧請求（貸金請求）については、請求の放棄か訴えの取下げになるはずであり、後者ならば、相手方の同意が要ると判示している。

3　訴え取下げの手続

（1）　取下書の要否

　訴訟が係属している裁判所に、取下書を提出すれば足り、期日に口頭で陳述する必要はない。もっとも、口頭弁論、弁論準備手続（電話会議方式のときでもよい、平15・法108による170条旧5号の削除）または和解の期日（これらの期日を総称して、「口頭弁論等の期日」という。261条3項括弧書参照）において、口頭でしてもよい（261条3項ただし書）。進行協議期日（規95条以下）においてもすることができるが（規95条2項）、電話会議の方法によった当事者はすることができない（規96条3項）。取下げの陳述は調書へ記載される（規67条1項1号）。

（2）　相手方の同意の要否

　相手方が本案について準備書面を提出し、弁論準備手続で申述し、または口頭弁論をした後に訴えの取下げがあった場合には、取下書を相手方に送達する（261条4項）。取下書の送達は、取下げをした者から提出された副本によってする（規162条1項）。口頭弁論等の期日において訴えの取下げが口頭でされ、相手方が

第一審通常訴訟における既済事件の終局区分 （カッコ内は%）[1]

地方裁判所

年 度	総 数	判 決				決 定
		総 数	対 席	欠 席	その他	
平成12	158,799	80,542(50.7)	49,204	31,298	40	1,230(0.8)
16	148,706	71,428(48.0)	44,711	26,649	68	1,057(0.7)
22	227,435	83,796(36.8)	60,574	23,138	84	1,607(0.7)
26	141,012	61,458(43.6)	40,201	21,196	61	1,116(0.8)
27	140,991	59,871(42.5)	38,375	21,458	38	1,274(0.9)
28	148,016	61,323(41.4)	36,803	24,463	57	1,175(0.8)
29	145,971	58,640(40.2)	35,500	23,106	34	1,172(0.8)

家庭裁判所[2]

年 度	総 数	判 決				決 定
		総 数	対 席	欠 席	その他	
平成16	2,561	1,129(44.1)	404	725	—	82(3.2)
22	11,048	4,836(43.8)	3,347	1,480	9	115(1.0)
26	10,477	4,863(46.4)	3,468	1,387	8	126(1.2)
27	10,619	4,621(43.5)	3,309	1,305	7	108(1.0)
28	10,214	4,167(40.8)	2,867	1,296	4	125(1.2)
29	10,238	4,271(41.7)	2,987	1,277	7	117(1.1)

簡易裁判所

年 度	総 数	判 決				決 定
		総 数	対 席	欠 席	その他	
平成12	301,185	143,280(47.6)	39,755	103,502	23	3,075(1.0)
16	347,851	157,469(45.3)	40,759	116,670	40	21,111(6.1)
22	624,443	226,286(36.2)	110,853	115,363	70	131,707(21.1)
26	320,607	125,948(39.3)	46,014	79,921	13	59,050(18.4)
27	321,827	128,888(40.0)	45,111	83,757	20	55,034(17.1)
28	329,379	132,677(40.3)	44,286	88,358	33	53,938(16.4)
29	339,711	137,128(40.4)	43,506	93,599	23	51,577(15.2)

1） 最高裁判所事務総局・司法統計年報1民事行政編による。

2） 人事訴訟法（平15・法109、施行平16・4・1）により、人事訴訟の管轄が地裁から家裁へ移管された。

命　令	和　解	放　棄	認　諾	取下げ	その他
671(0.4)	50,779(32.0)	173(0.1)	1,334(0.8)	21,823(13.7)	2,227(1.4)
510(0.3)	51,331(34.5)	169(0.1)	1,007(0.7)	21,140(14.2)	2,064(1.4)
772(0.3)	72,683(32.0)	215(0.1)	918(0.4)	64,935(28.6)	2,509(1.1)
826(0.6)	48,691(34.5)	239(0.2)	615(0.4)	26,117(18.5)	1,950(1.4)
1,090(0.8)	50,694(36.0)	192(0.1)	500(0.4)	24,514(17.4)	2,856(2.0)
1,303(0.9)	52,957(35.8)	245(0.2)	483(0.3)	23,683(16.0)	6,847(4.6)
897(0.6)	53,032(36.3)	225(0.2)	483(0.3)	21,041(14.4)	10,481(7.2)

命　令	和　解	放　棄	認　諾	取下げ	その他
2(0.08)	781(30.5)	2(0.08)	18(0.7)	520(20.3)	27(1.1)
8(0.07)	4,813(43.6)	12(0.11)	31(0.3)	1,134(10.3)	99(0.9)
7(0.07)	4,265(40.7)	9(0.09)	21(0.2)	1,083(10.3)	103(1.0)
9(0.08)	4,620(43.5)	12(0.11)	18(0.2)	1,100(10.4)	131(1.2)
8(0.08)	4,601(45.0)	12(0.12)	17(0.2)	1,162(11.4)	122(1.2)
8(0.08)	4,516(44.1)	17(0.16)	11(0.1)	1,173(11.6)	125(1.2)

命　令	和　解	放　棄	認　諾	取下げ	その他
576(0.19)	85,392(28.4)	77(0.03)	246(0.08)	63,238(21.0)	5,301(1.8)
340(0.10)	86,446(24.9)	76(0.02)	157(0.05)	77,824(22.4)	4,428(1.3)
525(0.08)	78,742(12.6)	201(0.03)	216(0.03)	184,699(29.6)	2,067(0.3)
218(0.07)	41,476(12.9)	161(0.05)	94(0.03)	91,380(28.5)	2,280(0.7)
243(0.08)	40,864(12.7)	121(0.04)	97(0.03)	93,673(29.1)	2,907(0.9)
193(0.06)	40,509(12.3)	134(0.04)	73(0.02)	98,823(30.0)	3,032(0.9)
230(0.07)	38,706(11.4)	193(0.06)	83(0.02)	109,599(32.3)	2,195(0.6)

出頭していないときは、その期日の調書の謄本を相手方に送達しなければならない（261条4項）。

　相手方の同意を要しないときは、裁判所書記官は、訴えの取下げのあった旨を相手方に通知する（規162条2項）。これらの送達または通知は、取下げのあった旨を相手方に知らせ、それ以上無用な準備をさせないためである。送達はまた必要な同意を促す（不同意権喪失の期間（261条5項）の起算点となる）ためでもある。もっとも、同意を要しない場合は、訴えの取下げは、取下書の提出または期日における口頭の陳述によって完了し、その時に取下げの効力を生じる（ただし、大決昭10・9・13民集14巻1608頁は、支払命令（現在は、支払督促）に対する異議申立てへの準用の場合について取下書の送達時とするが、取下げの効力の発生時が取下げの相手方の行為期間の起算点として問題になった例であるから、その結論は妥当である）。

（3）　被告の同意

　訴えの取下げについての被告の同意も、裁判所に対し、書面または口頭ですべきである。同意があるまでは、訴えの取下げの効力の発生が停止され、同意する旨の意思表示（同意書の提出またはその旨の期日における陳述）があったときに、取下げの効力が発生し、不同意の意思表示のあったときは、効力を生じないことが確定する。いったん不同意の意思表示をした後は、これを撤回し改めて同意をしても、取下げの効力は復活しない（最判(二小)昭37・4・6民集16巻4号686頁）。

　被告が明確な態度を示さないと、訴訟が遅滞するおそれがあるので、取下書・取下げを記載した調書の送達の日から（被告が出席した期日で取下げのあったときはその日から）、2週間以内に被告が異議を述べないときは、同意があったものとみなされる（261条5項）。被告が期日の指定を申し立てまたは期日で弁論するときは、黙示的に異議を述べたとみるべきである[2]。

4　訴え取下げの効果

（1）　訴訟係属の遡及的消滅（262条1項）

　㋐　取り下げられた訴えは、初めから訴訟係属がなかったものとみなされる。たとえば、当事者の攻撃防御方法の提出の効果、訴訟告知の効果、応訴管轄の効

2）　兼子・体系295頁。

果も消滅し、裁判所の証拠調べや裁判も失効する。ただし、事実や事実の記録（たとえば調書など）が消滅するわけではないから、調書を他の訴訟で書証として用いることはできる。また、ある請求の訴訟係属に基づいて他の請求について生じた関連裁判籍（たとえば、7条・47条・146条）は、管轄の判断の基準となる後者の起訴当時に前者の請求が係属していた以上、この前者の取下げによって消滅しない（15条）。

　(イ)　起訴の実体法上の効果も、遡及して消滅するかは、場合によって異なる（時効完成猶予および出訴期間遵守の効果は消滅する（262条1項）。裁判上の和解が成立し権利が確定していれば、時効はあらたに進行する（民147条2項）→ p227(1)）。また、攻撃防御方法の一つとして、訴状に記載され、または口頭弁論において行われた私法行為の効果も、一律に決められない。判例は、たとえば、履行の請求（大判大2・6・19民録19輯463頁）、解除（大判昭8・1・24法学2巻9号1129頁）の効果については消滅しないとし、相殺の効果は消滅するとする（大判昭9・7・11法学4巻2号227頁）。

　もっとも、和解契約が成立し、その一内容として訴えの取下げがなされることが多いが、その場合には、和解の内容として、それまでの私法上の効果をどのように扱うか（そのまま残すか消滅させるか）を取り決めるのが通常であるし、はっきりその点まで合意がされていないときには、和解契約全体の趣旨から合理的に解釈して定める必要がある。また、和解がなく訴えが取り下げられるときについては、訴え却下の場合に準じて取り扱うべきである（→ p463）。

　(ウ)　訴訟費用の負担は、申立てにより、第一審裁判所が決定手続で裁判する（73条1項）。訴訟費用の負担の点では、原告は、原則として敗訴者と同視される（61条・73条2項）。しかし、起訴当時は請求の理由があったが、その後の事情で訴訟を維持する必要がなくなった場合（示談が成立しその一内容として訴えが取り下げられるような場合）には、権利の伸張に必要だった費用を被告に負担させることができる（62条・73条2項）。負担の決定が執行力を生じた後に、その裁判所の裁判所書記官が、負担の額を定める（73条1項）。

（2）　再訴の禁止（262条2項）

　訴えを取り下げると訴訟係属が初めからなかったことになるとすれば、その訴えを再び提起することも妨げられないはずである。しかし、裁判所がせっかく本案の終局判決（訴訟判決を含まない）まで作成した（紛争解決の実質的基準がこれによっ

て作られる）のに、これを失効させ徒労にさせることを自由に許すのは、訴訟経済上好ましくない。そこで立法としては、本案の終局判決後は訴えの取下げを禁止するか、これを禁止しないが取下げ後の再訴を禁止するかの2通りが考えられるが、現行法は、取下げの自由に比重をおいて後者の途をとった。

しかし、裁判所の努力を無駄にさせないためならば、直接その取下げを禁ずるほうが徹底しているし、立法技術としても簡明で適用上問題が少ない（現行法の方式では、取下げ後の訴えが再訴にあたるかどうかという紛らわしい判断を要求される）。のみならず、かりに、当事者が強いて訴訟と別に解決を望み訴訟追行を欲しないとしても、訴訟上の和解によってその目的を達することができるから、訴え取下げの自由を本案の終局判決後まで認める必要はないと思われる[3]。

　㋐　**同一の訴え**　　再訴の禁止については、裁判を受ける権利を不当に奪うことのないように適用する必要がある。その意味から、当事者および訴訟物たる権利関係が同一であるだけでなく、訴えの利益も同一であることを要すると解すべきである（最判(三小)昭52・7・19民集31巻4号693頁）。

　⒜　その終局判決が確定したとすれば生じたはずの、既判力が及ぶ範囲に属する訴え（同一の訴訟物を主張する訴え）は、再訴の禁止に触れる。たとえば、訴訟物に関する新説によれば、同一の行為を不法行為と主張して損害賠償を請求する訴えと、これを債務不履行として請求する訴えとは、同一の訴えである（大判昭11・12・22民集15巻2278頁は反対）。

　⒝　取り下げた訴えの訴訟物たる権利を前提とする権利を訴訟物とする訴えも、許されない（たとえば、元本請求の訴えの取下げ後は、その利息請求も許されない。逆の場合の元本請求は許すべきである。→p729）。

　⒞　確認の利益が、訴えの取下げ後に新たに生じた場合には、同一の訴えといえない。給付の訴えでも、期限の猶予その他義務の態様が変更したため、訴訟を維持する必要がなくなって取り下げたが、後に履行期が来たとして再訴をすることは妨げられない。

　㋑　**本案の終局判決後の取下げ**　　本案の終局判決後、控訴審で訴えの交換的

3）　兼子・体系296頁。

変更があったときは、旧請求については、本案の終局判決後の訴えの取下げとなる[4]。第一審の本案の終局判決が控訴審で取り消され差し戻されたときは、取下げによらないで本案の終局判決がなくなったのであるから、差し戻された第一審で改めて本案判決がなされるまでの訴えの取下げは、再訴禁止の効果を生じない（最判（三小）昭38・10・1民集17巻9号1128頁）。

(ウ)　この禁止は、前述のように、被告の保護を図るためのものではないから、被告の態度いかんにかかわらず、これに触れる訴えは、不適法として却下すべきである。もっとも、自分から訴えることができないだけで、訴訟物たる権利が消滅するわけではない。したがって、債権であれば、任意弁済を受けたり、相殺の用に供することは可能である。その権利のために担保権を実行することもできる。したがって、被告の方がその権利の不存在確認の訴えを起こす利益は、必ずしも否定されない[5]。

(エ)　人事訴訟事件においても訴えの取下げの自由を認める以上、再訴は禁止される[6]。ただし、継続的な身分関係においては、起訴に至らしめる状況が時とともに微妙に変化するのが通常であるから、「同一の訴え」にあたるかどうかの判断においては、再訴が前訴と同じ状況の下で起訴されたものであるかどうかを慎重に判断すべきであり、真実に則した救済を求める訴権を軽々に奪わないように配慮すべきである（その意味で、認知請求の再訴を禁止した大判昭14・5・20民集18巻547頁の結論には、疑問が残る）。

5　訴え取下げの有無および効力についての争い

（1）　訴え取下げの有無および効力は、訴訟係属の有無を決める問題（裁判所が訴訟手続をなお進行せしめるべきかどうかの問題）であるから、職権でも調査しなければならない。

（2）　訴え取下げに関して当事者間に争いが生じたときは、その訴訟の手続問題として（取下げが無効ならその手続をさらに進行させなければならないことになるから）、

4）　大判昭16・3・26民集20巻361頁参照。もっとも、このケースは、旧訴訟物理論のもとでも、既判力によって再訴が遮断されると解すべき事件であった。兼子・判例民訴349頁。
5）　兼子・体系297頁。
6）　兼子・体系298頁は、請求の放棄が許されないなら、再訴の禁止も働かないとして反対。

その訴訟の手続内で即刻解決すべきである（訴え取下げの無効または不存在の確認を別訴で請求することは許されない）。当事者は訴え取下げの不成立または無効を主張して期日指定の申立てをすることができ、その申立てがあれば、裁判所は、口頭弁論を開いて審査しなければならない[*]（申立てを却下すべきでない、大決昭8・7・11民集12巻2040頁）。

> [*] 終局判決後の訴え取下げの無効の主張方法は、上訴によって上訴審でこれをするほかはない。上訴審で、訴え取下げを有効と判断すれば、終局判決で、訴え取下げによる原審訴訟の終了の宣言をし、上訴を棄却すべきであろうし、訴え取下げを無効と判断するときは、上訴審の審理を進めるべきである。しかし、第一審勝訴の原告が訴えを取り下げ、その無効を主張するために控訴を提起し、控訴審が取下げを無効と判断したときは、控訴人の本案に関する控訴は本来利益がないから（勝訴当事者には上訴の利益がない）、取下げの無効の宣言判決をすることになろう。なお、この場合の被告には、第一審判決に対する控訴の機会を実質的に保証するために、取下げの無効宣言判決の確定の日から1週間内にかぎり第一審判決に対する控訴の追完（97条）を許すべきであろう。

（3） 調査の結果、訴えの取下げを有効と判断するときは、訴訟は取下げによって終了した旨を宣言する判決をすべきである（前掲大決昭8・7・11）。不存在または無効と判断するときは、訴訟は係属中であるから（最判(三小)昭30・7・5民集9巻9号1012頁参照）、審理を続行するが、その判断を中間判決（245条）で示すか、終局判決の理由中で示すべきである。

6 訴え取下げの擬制

当事者双方が口頭弁論または弁論準備手続の期日に欠席した場合、または弁論もしくは弁論準備手続において申述をしないで退廷もしくは退席した場合の取扱いとして、訴えの取下げがあったものとみなされる場合がある（263条）ほか、行政事件訴訟法15条4項、民事調停法20条2項、家事事件手続法276条1項などによる訴え取下げの擬制がある。

第3節　当事者の意思による訴訟の終了——処分権主義（その2）　*359*

第2款　請求の放棄および認諾

1　放棄・認諾の意義

　請求の放棄は、請求の理由のないことを認めてもはやこれを請求しない旨の、期日における原告の意思表示であり、請求の認諾は、請求を認めて争わない旨の、期日における被告の意思表示である。形式的には、これらの意思表示を裁判所が確認し調書に記載することによって完成する。

　一方の当事者が相手方の主張（請求または請求棄却の申立て）を全面的に認めて争わない意思を明らかにするならば、訴訟によって解決すべき紛争は解決されたも同様であるから、訴訟を続行する意味がない。ただ、当事者がその表明した意思を後で変更する余地が残っているのであれば、相手方としては、訴訟をやめるわけにいかない。そこで、法は、その意思の陳述内容（つまり相手方の請求についての主張内容）に確定判決と同様の効力を与え（267条）、それが紛争解決基準として当事者間に通用することを保障して、訴訟を終了させることにしている。

　（1）　請求の放棄・認諾は、当事者の意思どおりを紛争解決基準とすることによって訴訟を終了させるものである点で、訴訟上の和解と共通であり、手続上紛争解決の実質的基準をなんら残すことなく訴訟を終了させる訴えの取下げと異なる（結果からいうと、請求の放棄は請求棄却判決の確定にあたる）。

　（2）　請求の放棄・認諾は、判決によらず、しかも、一方の当事者のみの行為（相手方の行為を要しない）によって、訴訟の対象とされた紛争を解決し訴訟を終結せしめるものであるから、解決基準となるべき放棄・認諾の意思内容は、請求の当否についての相手方の主張を無条件に認めるものでなければならない。この点、両当事者の合致した意思内容が紛争解決基準となる訴訟上の和解と異なる。

　　㋐　請求の理由である個々の事実や先決的権利関係（たとえば、土地明渡請求における土地所有権）の存在または不存在を認める自白や権利自白とは異なる。自白や権利自白があっても、裁判所は、自白された事実や権利関係を基礎にして、さらに請求の当否を審判しなければならないが、放棄・認諾は請求の当否についての審判を全面的に不要にする。

　　㋑　相手方の主張を無条件で認めるものにかぎる。たとえば、請求は認める

が反対債権で相殺するとか、反対給付と引換えであれば認めるなどの陳述は、認諾とはならない（請求を認める部分については権利自白が成立する。条件について相手方が認めるならば、訴訟上の和解になる）。

(ウ)　もっとも、請求金額の分量的一部を認める認諾はできる。その一部についての紛争は独立して終結したとみることができるし、その部分について自主的な紛争解決を認める実益もあるからである（残額部分については、訴訟は続行されるが、訴額を引き下げ、和解や請求の放棄の可能性を著しく増大させる）。請求金額の分量的一部を否定する放棄も可能である。請求金額を減縮する旨の原告の陳述は、一部請求を許す立場（→p337(イ)）では、訴えの一部取下げと解される余地があるが（最判（一小）昭27・12・25民集6巻12号1255頁）、一部請求を許さない立場であれば、請求金額の減縮は、減縮分を放棄したことになる（その手続は、請求の趣旨の変更になるから書面でし、かつ、これを相手方に送達すべきである。143条2項）。

（3）　放棄・認諾の意思は、その訴訟の口頭弁論等の期日（266条1項・261条3項）において陳述されなければならない（その趣旨が認められるかぎり、どんな表現を用いてもよい）。訴訟外で、相手方や第三者に同じ内容の陳述をしても、放棄・認諾の効果は生じない（ただし158条の適用を妨げない）。ただし、放棄または認諾をする旨の書面を提出したときは、その効力が認められる（266条2項）。

（4）　放棄・認諾行為は、訴訟手続内における行為であるし、直接訴訟上の効果を目的としている点からも、訴訟行為といって差しつかえないが、原告または被告の意思に基づいて訴訟物たる権利関係を実体上処分したのと同じ結果を生じさせるものであるから、私法上の法律行為と同じ作用も果たす。この点から、放棄・認諾の意思については、私法上の意思表示の瑕疵に関する規律を類推する余地が生じる（→p366）。

2　放棄・認諾の要件

(1)　係争利益についての処分権

当事者が訴訟物についての係争利益を自由に処分できる場合であること。放棄・認諾は、当事者の意思による自主的な紛争の解決を認めるものであるが、実体法的には、係争利益をその意思で処分することを意味するから、当事者間でその係争利益を自由に処分できることが前提となる。

係争利益を自由に処分できる場合としては、通常は、当事者が、訴訟物たる権利義務の帰属主体または管理主体として、その権利義務を自由に処分できる場合がこれにあたる。しかし、訴訟物たる権利関係が他人に帰属し当事者はこれを自由に処分できなくとも、その権利関係の確認によって保護される利益ないし地位（他人間の権利関係の確認請求における係争利益）が自由に処分できる場合も含まれ、その訴訟物に関して放棄・認諾ができる（ただし、その効果は、訴訟物たる権利義務の帰属主体に及ばない）。

これに対し、当事者の自由な処分を認めず、裁判所が真実を探知すべしとされる係争利益（職権探知主義のとられる事件）については、放棄・認諾は許されない。

人事訴訟では、職権探知がとられているから（人訴20条）、請求の放棄・認諾は認められない（同19条2項）。もっとも、離婚・離縁請求事件では、協議による離婚・離縁を認めている以上、認諾を認めないのは矛盾である（最判（一小）平6・2・10民集48巻2号388頁は、離婚請求は放棄もできるとしていた）。人事訴訟法（平15・法109）は、明文で、請求の放棄・認諾を認めた（同37条1項・44条）。ただし、離婚の訴えにおける認諾については、附帯処分（子の監護に関する処分または財産分与に関する処分）についての裁判（同32条1項）または親権者の指定についての裁判（同32条3項）をする必要のない場合にかぎる（同37条1項ただし書）。また、関係者に及ぼす影響の大きい少数株主による株式会社の解散請求（会社833条1項）なども認諾は許されないと解すべきであろう[1]。

（2）　認諾により認められる権利関係の適法性

　(ア)　認諾（または消極的確認請求の放棄も同様、以下同じ）によって認められることになる訴訟物たる権利関係自体が、法律上存在の許されないものでないこと、または公序良俗に反するものでないこと（法定の物権以外の物権や賭博行為を求める請求権などを訴訟物にする場合でないこと）。

またその権利関係自体が存在の許されるものであっても、不法な原因や強行法規違反の原因に基づく請求（たとえば、賭博によって生じた金銭の支払請求、利息制限法の制限を超えた利息請求など）については、認諾は効力を生じないと解すべきである。

---

1)　大阪地判昭35・1・22下民11巻1号85頁。小山・民訴268頁は、会社関係訴訟全般について認諾を許さないとする。

もっとも、認諾があれば、裁判所としては請求の当否およびその理由についての法律判断を一切しない建前であるから、請求の理由が強行法規に反するかどうかは裁判所の関知しないところであるとして、認諾の効力を認める説があるが[2]、強行法規違反の原因に基づく請求は、かりに当事者が認めても、国家はその権利の行使および実現に協力すべきではない。したがって、訴状その他にみられる原告の主張自体から強行法規違反の原因が明らかになるならば、認諾の成立を否定（認諾調書の作成を拒否）して、請求を棄却すべきである。請求が不法原因や強行法規違反の原因に基づくことが原告の主張自体からすでに明らかであるのに、これを当事者の意思に任かせるのは行き過ぎであり[3]、さらに、その認諾調書による強制執行を許すとしたら、裁判所は無責任だとの非難を免れないからである[4]。

　(イ)　(ア)以外の場合で、原告の主張自体から原告の請求に理由のないことが明らかな場合でも、認諾はすることができる。ただ、裁判所は、請求に理由があるかないかにかかわらず係争利益を処分する意思なのかどうか、被告の意思を十分に確かめるのが適当である（大判昭9・11・17民集13巻2291頁は、原告の主張事実が請求を理由あらしめるに足りないときは、認諾の効力を生じないとするが、被告は、係争利益を処分する意思はなく、法律問題について誤解した結果認諾してしまったとすれば、錯誤による認諾とみる余地があろう）。

（3）　訴訟要件の具備の要否

　請求について訴訟要件が具備している必要はない。認諾は請求認容、放棄は請求棄却の本案判決と同様の解決をもたらすことを理由に訴訟要件の具備を要するのが通説[5]・判例（最判(一小)昭28・10・15民集7巻10号1083頁、最判(二小)昭30・9・30民集9巻10号1491頁は、ともに、確認の利益の認められない請求の認諾を否定）であるが、被告の利益保護や紛争解決の実効性を確保するための訴訟要件（→p235(2)）については、その具備は必要でないと解すべきであろう（確定判決と同一の効力を生じさせるために、当事者の実在、専属管轄に反しないことは必要である。もっとも専属管轄に反してもいったん調書が成立すれば問題とする余地はない）。

2）　兼子・体系300頁。
3）　斎藤・概論330頁。
4）　新堂「民事訴訟の目的論からなにを学ぶか」法教4号（1981）〔同・役割132頁〕。
5）　兼子・体系301頁、三ケ月・437頁、斎藤・概論330頁等。

放棄・認諾の意思が明らかであるかぎり、被告の利益を考慮する必要はない（放棄のときは、被告の勝訴であるから、被告に文句はないし、認諾の意思が明らかであれば、訴訟要件による保護も放棄しているとみることができる）。当事者間ではその請求に関するかぎり紛争は解決をみているのにもかかわらず、放棄・認諾による紛争解決の実効性を吟味するために、さらに訴訟を続行するのは無駄であるし、紛争解決の実効性がない（訴訟要件の欠缺）として訴えを不適法却下し、紛争解決のための実質的基準をなんら残さない取扱いをするべきではない。それよりは、当事者の意思を反映した放棄・認諾調書を紛争解決基準として——それが実効があるかどうかはともかく——残す取扱いをする方が、効率の点からいってベターであると考えられるからである。通説・判例は、放棄・認諾調書が本案判決の代用であることにこだわりすぎ[6]、当事者の意思に基礎をおいた自主的な紛争解決方式である点を軽視し、かつ、なに故に各訴訟要件の具備を要求するかの個別的検討を省略したものとの非難を免れないであろう（前掲最判(一小)昭28・10・15では、書面真否確認の訴えの対象たりえない文書の不真正についての認諾の効力を否定するが、その不真正につき当事者間での拘束力を否定するまでもない。前掲最判(二小)昭30・9・30の結論も疑問）。

（4） 訴訟能力の必要性

放棄・認諾をするには、訴訟能力があること。法定代理人・法人等の代表者・訴訟代理人がするには、特別の授権または委任が必要である（32条2項1号。37条・55条2項2号）。当事者の真意の調査を迅速にし、その保護を手続上確実にするためである。

3　放棄・認諾の手続

（1）　放棄・認諾の意思の表明は、「口頭弁論等の期日」（和解期日、弁論準備手続期日も含む。261条3項参照）において口頭の陳述によって行う（266条）。電話会議による弁論準備手続においても行うことができるようになった（平15・法108による170条旧5項の削除。ただし人訴37条3項）。進行協議期日（規95条以下）においても行うことができるが（規95条2項）、電話会議の方法によった当事者はできない（規

6）　河野正憲「請求認諾について」九大法学24号（1971）〔同・法的構造215頁〕は、同様の理由から、認諾につき訴訟要件「一般」の具備を要求することに疑問を提出。

364　第3編　第一審手続　第2章　審判の対象

96条3項)。裁判所にその意思が明示されれば足りるから、相手方が欠席した場合でも可能である。ただ、請求の放棄は、被告による請求棄却の申立てを全面的に認めるものであるから、その申立てをまってから認めるべきである。すなわち、被告は、請求棄却を申し立てるまでは認諾の余地があり、認諾すれば、放棄の余地はなく認諾が成立する。なぜならば、既判力の双面性 (⤳p716) から、その訴訟では原告敗訴となっても、他の関係では被告に不利に働く場合もあるから、被告の態度をみずに放棄を許すのは、この被告の立場を無視することになるからである。

　放棄・認諾の陳述は原則として現実にする必要がある (放棄・認諾の語を用いることは必ずしも必要でなく、請求は正当であるとか、理由があるとかの陳述も認諾とみてよい)。被告が欠席しかつ答弁書も出さないというような態度から、認諾を擬制することはできない (自白と異なる)。しかし、口頭弁論等の期日に欠席しても、それ以前に請求の放棄または認諾をする旨の書面を提出していれば、放棄・認諾の陳述が擬制される (266条2項)。

　(2)　当事者の自主的解決の機会をひろく用意するのが望ましいから、放棄・認諾は、終局判決言渡し後でも確定前ならばできると解すべきである。したがって、放棄・認諾の陳述のために期日指定の申立てがあったときは、終局判決後であっても、これを許すべきである (放棄・認諾のためだけに、上訴の利益を認め上訴審手続を開始させるのは、複雑である)。また上告審でもできる。

　(3)　放棄または認諾にあたる陳述があったときは、口頭弁論等の期日における受訴裁判所または受命・受託裁判官は要件の具備を調査し、当事者の意思を確かめるべきである。放棄・認諾が無効であるときは、その陳述を無視して審理を続行すればよい。当事者間に争いがあれば、中間判決 (245条) でその旨を宣言するのが適切である。有効と認めるかぎり、裁判所書記官にその陳述を調書に記載させる[*](規67条1項1号)。裁判官がその真意を確かめて裁判所書記官に調書の作成を命ずるまでは、当事者はその陳述を撤回することができる[7]。

　〔*〕　**放棄判決・認諾判決**　旧々民事訴訟法においては、放棄・認諾があったときは、申

---

　7)　自白とちがい、直ちに重大な結果をもたらすから、相手方の同意がなくとも撤回できると解すべきであろう。兼子・体系303頁は反対。

立てにより放棄（「却下」）判決または認諾（「敗訴」）判決をする建前がとられていた（旧々229条）。しかし、申立てがなされなかったときの取扱いについて疑義を生じたこと（加藤正治『改正民事訴訟法案概説』（1937・有斐閣）64頁）、および訴訟経済の考慮（菊井・(下)379頁参照）から、旧法（旧203条）では、あらためて判決をする制度をやめ、調書への記載で足りることにした。この旧法の立場に対しては、当事者の申立てを要しないとし、通常の判決に比べて思いきった簡易化の措置を講じつつ放棄判決・認諾判決の制度を復活すべきであるとする意見がある（三ケ月・440-441頁、戸根住夫「請求の放棄、認諾に関する現行法上の問題点」民商106巻3号（1992）273頁）。しかし、放棄・認諾の対象が明確でないという点は、調書の記載方法の工夫の仕方で対処できるであろうし、判決をすれば上訴の可能性がでてくるという点も、瑕疵のある放棄・認諾の意思表示をした当事者の救済にどれだけプラスになるかは疑問であろう。瑕疵のあったことについて上訴期間内に気付くことは、まずまれであろうからである。のみならず、訴訟上の和解との関係からいっても、いずれも当事者の意思による紛争解決制度であるのに、放棄・認諾についてのみ判決をし、和解の方を放置するのはおかしいと考えられる。

4　放棄・認諾の効果

　放棄・認諾を記載した調書が成立すると、その記載は、放棄ならば請求棄却の、認諾ならば請求認容の「確定判決と同一の効力」を生じる（267条）。

（1）　訴訟の終了

　訴訟は、放棄・認諾のあった限度で当然に完結する。

　(ｱ)　訴訟費用の負担は、申立てにより第一審裁判所の決定手続に委ねられ、負担を命じる決定が執行力を生じた後、その裁判所の裁判所書記官がその額を定める（73条1項）。認諾または放棄をした当事者は、敗訴者として、費用を負担するのが原則である（73条2項・61条。ただし、62条・63条）。

　(ｲ)　上級審で放棄・認諾がなされたときは、上訴の対象となっている下級審判決はその範囲で、当然失効する（大判昭12・12・24民集16巻2045頁、大判昭14・4・7民集18巻319頁）。

　(ｳ)　放棄・認諾がなされたのに誤って本案判決がなされたときは、これに対する上訴によって、原判決を取り消し、訴訟終了を宣言する判決を求めることができると解すべきである（大判昭18・11・30民集22巻1210頁は、原審が本案判決をしても訴訟係属が生ずるわけでないから、これを上訴の対象にすることができず上訴を却下すべきものとしているが、訴訟状態を明瞭にする途を閉ざすべきではなかろう）。

（2）　執行力・形成力

認諾調書は、請求認容の確定判決と同視されるから、給付請求についての認諾調書には執行力を生じ（民執22条7号）、形成請求についてであれば、形成力を生じる。

（3）　既判力の有無

放棄調書・認諾調書に既判力が生じるか。267条の文言に忠実に肯定する説が多いが[8]、確定判決の場合と同等の既判力が生じるとするのは、疑問である[9]。

既判力を認めるか認めないかの議論は、放棄・認諾の無効・取消しの主張をどこまで許すかとの議論と結びついている。すなわち、肯定説は、再審事由である338条1項5号を類推して、他人の刑事上罰すべき行為によって放棄・認諾をなした場合にかぎってその無効の主張を許すべきであり、またそれで十分であるとの判断を基礎にしている。

しかし、放棄・認諾は、訴訟上の和解と同様、当事者の意思表示（訴訟上の和解の場合は双方の意思表示、放棄・認諾の場合は一方の意思表示）による自主的な紛争解決を尊重し、これに判決による解決と同等の効力を与えようとするもので、当事者の意思がその核心であり、判決によらないで放棄・認諾をした者に不利な確定判決と同一の効力を発生せしめることを正当化するのは、まさにこの意思の存在である。したがって、その意思に瑕疵のないことが、出発点である。この点を無視して、判決と同じ効力を付与する点のみから、当事者の意思表示の瑕疵による無効の主張は再審事由に相当するもののみに制限されるべきであるというのは、論理が逆であり、放棄・認諾という紛争解決方式の機能を過大視した見方といえよう。それでは、紛争解決の実効性を追及するあまり、当事者間の公平を害し、正義に反した結果を承認することになろう。

しかも、放棄・認諾は、その結果において、係争利益を実体上処分したと同じ効果をもたらす。のみならず、放棄・認諾の意思の成立過程は、判決の成立過程と違って、裁判所が知り得ない場合が多く、その陳述が口頭弁論等の期日でなさ

8）　兼子・体系303頁、三ケ月・439頁、斎藤・概論331頁。

9）　同説、岩松三郎「民事裁判における判断の限界(2)」曹時3巻11号（1951）〔同・民事裁判の研究99頁以下〕、河野・法的構造242-244頁。

れるからといっても、それが瑕疵のない意思表示であることをつねに担保できる
わけではない。そういう意味では、放棄・認諾の意思表示は、民法上の和解にお
けるそれと実質的に類似するから、民法上の和解の場合の意思表示の瑕疵に関す
る規律に従って、放棄・認諾の無効・取消しを主張し得ると解すべきである。

　したがって、たとえば、転付金請求に対して転付命令は有効であると信じて認
諾をした後、その転付命令が無効であることが判明した場合には、錯誤による認
諾の取消しを主張する余地がある（もっとも、放棄・認諾は、口頭弁論等の期日で陳述
されること、またはその旨の書面が裁判所に提出されることが必要な行為であるから、私法の
適用の余地を認めるといっても、実際には、瑕疵の認定を厳格にすべきである）。また放
棄・認諾の基礎に和解契約があり、それが解除された場合には、放棄・認諾も和
解契約とともに効力を失うと解すべきである（たとえば、賃金返還請求を放棄する代
わりに、訴訟物と関係のない物の引渡請求権を得たが、この和解による債務を被告が履行しな
い故をもって和解契約を解除したときは、請求の放棄は効力を失う）。このように放棄・認
諾の効力が判決に比べて不安定であることを称して、放棄・認諾には既判力はな
いということができよう[10]。しかし、制限的既判力説も有力となった[11]。

　したがって、いったん放棄・認諾調書が成立しても、その効力を争う方法を再
審事由に該当する場合に限定し、かつ、再審の訴えに準じた独立の訴えにかぎ
る[12]必要はない。その効力を争う方法は、訴訟上の和解の効力を争う場合と同様
に考えればよい（⤵ p372（3））。

第3款　訴訟上の和解

1　意　　義

　訴訟の係属中、当事者双方が訴訟物についての主張を譲り合って訴訟を終わら
せる旨の、期日における合意をいう。形式的には、裁判所がその合意を確認し、
合意の内容を調書に記載することによって完成する。

10）　条解2版・1472頁〔竹下守夫＝上原敏夫〕。
11）　松本博之「請求の放棄・認諾と意思の瑕疵」法学雑誌（大阪市大）31巻1号（1984）173頁、中
　　野貞一郎「請求認諾の要件と効力」判タ814号（1993）〔同・論点Ⅰ189頁〕。
12）　兼子・体系304頁、三ケ月・439頁、斎藤・概論331頁。

368 第3編 第一審手続　第2章　審判の対象

（1）　期日における合意

係属中の訴訟の期日における合意は、期日において両当事者がともに互譲の結果を認める旨の陳述をすることによって確認される。訴訟が係属していても期日外で締結されたにすぎない和解は、民法上の和解契約（民695条）にとどまり、訴訟上の効果を生じない（その和解契約の内容を期日において両当事者が一致して認めるといえば、期日における合意として訴訟上の和解となる）。

簡易裁判所の起訴前の和解（275条。これは即決和解ともいう）は、訴訟の係属を前提にしていないから、訴訟上の和解ではないが、裁判所の面前における和解であるから、訴訟上の和解と同じ効力を与えられる。起訴前の和解と訴訟上の和解と合せて、裁判上の和解という。

（2）　互譲の内容

訴訟物に関する主張を当事者双方が譲り合う必要がある。相手方の主張を全部認める旨の陳述ならば、請求の放棄または認諾になる。もっとも、互譲の程度は問わない。

たとえば、請求の全部を放棄しても訴訟費用の負担において相手方の譲歩があればよい（大判昭8・2・13新聞3520号9頁）。被告が原告主張の債務を認める代わりに、原告が分割払いを合意するとか、期限の猶予を認める代わりに新たに物的担保を付けるというように、訴訟物以外の法律関係を新たに形成・設定することも互譲の内容となり得る（その結果、訴訟上の和解も、たんなる請求の一部認容では考えられないような内容のものが可能となる）。そして、互譲の内容として上記のような工夫が可能であるところにこそ、多くの場合、訴訟上の和解の成立するきっかけがあるといえるのである。

しかし、訴訟物たる権利関係にまったく触れることなく、たんに訴訟を終わらせる旨の合意（訴訟で争うのはつまらないからやめようというような合意）は、訴えの取下げとこれに必要な同意とみるべきである[13]。

（3）　第三者の加入

当事者間の合意であるが、第三者が和解に加入することもできる[14]。この場合

---

13)　兼子・体系305頁、斎藤・概論332頁。反対、三ケ月・442頁。

14)　たとえば和解による債務の保証人として参加して合意すれば、この第三者に対しても債務名義となる、大判昭13・12・3評論27巻民訴357頁。

には、この第三者との関係では起訴前の和解があったとみられる[15]。

2 訴訟上の和解の要件

請求の放棄・認諾とほぼ同様である。

（1） 当事者が係争利益を自由に処分できる場合であること。職権探知主義の
とられる事件については、和解は許されない（人事訴訟事件の多くはこれに属するが、
離婚・離縁請求事件で訴訟上の和解を許さないのは、一方で協議による離婚・離縁を認めてい
ることと矛盾するので、許される。人訴37条・44条はこれを明文で認めた）。

（2） 和解条項によって認められる権利義務が、法律上存在の許されないもの
でないこと、または公序良俗に反するものでないこと。

（3） 請求について訴訟要件が具備している必要はない。ただし、確定判決と
同一の効力を生じさせるために、当事者の実在していることおよび専属管轄に反
しないこと（これに反しても調書が成立すれば問題にならない）が必要である。これら
の点は、請求の放棄・認諾と同様であるが、訴訟上の和解については、起訴前の
和解が認められていることから、通説も訴訟要件一般の具備は不要としている[16]。

（4） 訴訟能力があること。法定代理人・訴訟代理人が訴訟上の和解をするに
は、特別の授権または委任が必要である（32条2項1号・37条・55条2項2号）。

3 訴訟上の和解の手続

（1） 和解の成立過程

その訴訟の口頭弁論等の期日（和解期日、口頭弁論期日、弁論準備手続期日、261条3
項参照）において、当事者双方が口頭で陳述することを要する（進行協議期日でも和
解することができる、規95条2項参照。ただし電話会議による当事者はできない、規96条3項
参照）。上告審になってからでもできる。

最初の口頭弁論期日および弁論準備手続における陳述の擬制については、158
条・170条5項が規定されているが、平成8年改正法は、当事者の一方が遠隔の
地に居住しているなどの事由によって出頭することが困難と認められる場合の便

15） 兼子・体系305頁。
16） 兼子・体系307頁、三ケ月・446頁、斎藤・概論333頁。

法として、その当事者があらかじめ裁判所（受命裁判官・受託裁判官を含む）から提示された和解条項案を受諾する旨の書面を提出し、他の当事者が口頭弁論等の期日に出頭してその和解条項案を受諾したときには、和解が調ったものとみなすことにした[*]（264条、なお規163条参照。ただし人訴37条2項）。

　もっとも、弁論準備手続で電話会議方式をとったときでも、和解が可能となったので（平15年改正による170条旧5項の削除）、話し合いながら和解する方が便利であろう。

　　〔＊〕　**仲裁的和解制度の導入**　　和解の過程で、両当事者が一部の争点については合意に達したが、なおある点で対立が残り、全体として和解が成立するに至らないけれども、残された対立点については、第三者、裁判官または調停者の判断に従って解決しようという合意に達することがある。このような場合を想定して、平成8年改正法は、和解を試みている裁判所または受命裁判官もしくは受託裁判官（裁判官等）に対し、いわば仲裁人的な仕事として事件解決のために適当な和解条項を定め、それによって和解を成立させる権能を与えることにした。民調法24条の3・31条・33条にならったものであるが、より整備されたものになっている。

　　　265条および規則164条によれば、裁判官等の定める和解条項に服する旨の書面による両当事者の共同の申立てがあれば、裁判官等は、当事者の意見を聴いた上（規164条1項）和解条項を定め、相当と認める方法によって当事者双方に告知をする。これによって、当事者間に和解が成立したものとみなすことにした。和解成立の機会を増大させる制度として活用が期待される（ただし、高橋宏志「書面和解と裁判官仲裁」判タ942号（1997）47頁〔同『新民事訴訟法論考』（1998・信山社）181頁〕は、懐疑的である）。なお、当事者の意思を尊重する意味から、当事者は、告知前にかぎり、相手方の同意なしに、この申立てを撤回することができることとされている（265条4項）。離婚・離縁の訴えにおける和解、起訴前の和解では、この方法は認められない（人訴37条2項、民訴275条4項）。平15年の改正により、簡易裁判所の特則の一つとして、和解に代わる決定制度（275条の2）が設けられた。

（2）　和解の試み

　裁判所は、訴訟中いつでも当事者に対し和解を勧めることができる。とくに和解のための期日を開くこともでき、その場合には、受命裁判官または受託裁判官にさせることもできる（89条）。和解のためには、訴訟代理人がいても、当事者本人または法定代理人の出頭を命じることもできる（規32条1項）。訴訟代理人に和解の権限があっても、本人から事情を聴き、また本人を納得させることが、和解

第3節　当事者の意思による訴訟の終了——処分権主義（その2）　　*371*

を成立せしめるにあたって必要かつ適切であるからである。この出頭命令に従わ
ないと、訴訟費用負担の不利益を受けることがある。ただし、過料の制裁はない
（調停の場合の不出頭には、過料の制裁がある（民調34条、家事51条3項））。裁判所または
受命・受託裁判官は、相当と認めるときは、裁判所外で和解をすることができる
（規32条2項）。なお、裁判所は、適当と認めるときは、いつでも職権で、事件を
調停に付すこともできる（民調20条1項本文、家事274条1項）。

　このように、和解の試みをひろく許しているのは、その成立によって、当事者
は自主的に円満な解決を得ることになるし、裁判所にとっては負担軽減となるか
らであるが、事件が裁判に熟し、当事者も裁判を求めているのに、和解万能の思
想から強引に和解を勧め、いたずらに和解期日をくり返して判決を事実上引き延
ばすことは、裁判の拒否になりかねないことに留意しなければならない[17]。法も、
争点・証拠の整理を完了した後に事件を調停に付し訴訟の中止を命じるには、当
事者の合意が必要であるとしているが（民調20条1項ただし書）、これも、そのよう
な裁判拒否の印象を避けるためである。もっとも、和解の可能性が生じるのは、
弁論や証拠調べが進行し、事件の内容や事実関係がある程度明らかにされた段階
であるのが通常であるし、また、そのような段階で初めて適正な和解案の勧告が
可能でもある[18]から、結局、裁判官の適切な訴訟指揮に待つことになるが、事件
の進行に応じて、和解の見込みにつき、つねに熟達した判断が求められる[19]。

　（3）　和解の合意が陳述された場合、裁判所または裁判官は、その要件を審査
し、有効と認めれば裁判所書記官をしてその内容を調書に記載させる（規67条1
項1号・88条4項・163条3項・164条2項）。和解を不成立または無効と認めれば、審
理を続行する。和解の効力について争いがあるときも同様である（ただ、審理を続
行するときは無効の判断を中間判決（245条）で示すのが適当であろう）。

　訴訟上の和解の効力は、訴訟係属の有無、したがって判決をすることの要否を
決める問題であるから、その調査は原則として職権事項であるが、いったん調書
への記載がなされた後は、当事者の指摘をまって調査すれば足りる（和解を無効と

---

17)　三ケ月・448頁参照。
18)　倉田卓次「民事交通訴訟の課題」兼子・還暦(上)461頁〔同『民事交通訴訟の課題』（1970・日本
　　評論社）39頁〕参照。
19)　草野芳郎『和解技術論』（1995・信山社）。

した中間判決を控訴の不服申立ての理由としなければ、控訴審はそれを職権で審理する必要はない、大判昭15・3・5民集19巻324頁）。

4 訴訟上の和解の効力

請求の放棄・認諾とほぼ同様である。

和解調書は、確定判決と同一の効力を有する（267条）。

（1） 訴訟の終了

和解の成立した範囲で、訴訟は当然に終了する。訴訟費用については、和解の内容として別段の定めをしないときは、各自支出した費用を負担する（68条）。和解で負担の割合だけを定めた場合は、第一審裁判所（275条の和解においては和解が成立した裁判所）の裁判所書記官が、申立てにより定める（72条）。

訴訟中防御方法として私法上の形成権が行使されていた場合、その効果が消滅するかどうかは和解の内容による（東京地判昭45・10・31判時622号92頁参照）。

（2） 執行力

和解調書の記載が具体的な給付義務を内容とするときは、執行力を有する（民執22条7号。債務者に対し登記手続を命じているときは、債権者は調書に基づいて単独で登記手続の申請をなしうる、民執174条1項）。その執行力の及ぶ人的範囲も執行力ある判決に準ずる。

たとえば、家屋収去を約した裁判上の和解は、和解成立前の借家人に対して及ばない（大決昭7・4・19民集11巻681頁）。裁判上の和解によって土地所有者に対して建物収去土地明渡しの義務を負う者から建物を借り受け、建物の敷地たる土地を占有する者は、執行力を受ける（最判(二小)昭26・4・13民集5巻5号242頁）。

（3） 既判力の有無

㋐ 和解で認められた権利関係について、既判力は生じるか。旧々民訴法時代から論争の絶えないところであるが、実質的には、つぎの二つの考え方が対立している。

第1は、訴訟上の和解が成立しても、民法上の和解契約の場合と同様に、私法の規律するところに従って、訴訟上の和解の意思表示の瑕疵に基づいて、その無効または取消しを認めるべきであり、しかも、その主張を再審の訴えによってする必要はないとする考えである。これに対して、第2の考え方は、和解の成立過

程における意思表示の瑕疵は、再審事由に相当する場合（他人の刑事上罰すべき行為によってなされた場合。338条1項5号の類推）にだけ、しかも、再審の訴えによって和解ないしその調書の取消しを求め得るにすぎないとする。

第1の考え方は、既判力を否定し[20]、後者は既判力を肯定する[21]。もっとも、実質的には第1の立場をとりながら、和解に瑕疵がなく有効なかぎりで既判力があるとする説[＊]（制限的既判力説）もある[22]。

> [＊]　**判例の立場**　一貫した立場をとっているかどうか詳細な検討を要するが、まず、訴訟上の和解に既判力を肯定することを前提にしたものがある（①最判(大)昭33・3・5民集12巻3号381頁）。しかし反面、裁判上の和解の実体を私法上の契約とみ、契約に存する瑕疵のために当然無効になることを認め（②最判(二小)昭31・3・30民集10巻3号242頁参照）、さらに要素の錯誤に基づいて訴訟上の和解が無効であることを認めるものがあり（③大判昭10・9・3民集14巻1886頁、④最判(一小)昭33・6・14民集12巻9号1492頁）、そのときには、訴訟終了の効果もないとしている（⑤大決昭6・4・22民集10巻380頁）。その立場は、しいて分類すれば、制限的既判力説といえようか。

（イ）　ところで、既判力肯定説は、267条の文理に忠実であるし、和解による紛争解決の実効性を判決による場合と同じ程度まで高めるというメリットがある。たしかに、紛争解決の終局的な場面である訴訟までいって、しかも裁判所の関与の下に判決に代えて紛争解決を図ったのに、後からその和解無効や取消しを私法上の和解と同じように認めることは、裁判所にとっても、相手方にとっても、耐えられないところである。だから、既判力を認めることを通じて、逆に当事者にも裁判官にも十分な慎重さを期待すべきであるという政策論にも一理ある[23]。

しかし、訴訟上の和解が裁判所の関与の下に行われるといっても、その関与の度合は千差万別である。訴状送達の段階で当事者間で話がつき、第1回期日で訴訟上の和解が成立するという場合から、重要な証人尋問が済み、裁判官が事件に

---

20)　三ケ月・444頁、岩松三郎「民事裁判における判断の限界(2)」曹時3巻11号（1951）〔同・民事裁判の研究99頁以下〕。

21)　兼子・体系309頁、既判力を肯定しつつ取消方法を再審の訴えに限定しない立場として、梅本吉彦「訴訟上の和解の効力について」三ケ月・古稀(中)567頁。

22)　菊井・(下)375頁、中村英郎「裁判上の和解」民訴法講座(3)838頁。斎藤・概論335頁も同様か。

23)　兼子・体系309頁。

374 第3編 第一審手続 第2章 審判の対象

ついての心証を形成し、判決内容を念頭にしながら強力に和解成立に努力した場合もあろう。また原審の判決があった後、上訴審で和解することもあるし、さらに、手続がかなり進行した後でも、裁判所の心証とは関係なく裁判外で示談が成立し、それがそのまま訴訟上の和解として成立する場合も考えられる。このような成立過程の種々の態様を考えると、訴訟上の和解を一律に判決と同視して、それに対する無効の主張を再審という形に絞るのは、穏当でない。

　訴訟上の和解といっても、実質は私法上の和解と大差ないような和解が私法上の和解とまったく異なった取扱いを受けるのは、当事者間の利害の調節の仕方として適当でない。なによりも、私法上の和解について展開されてきた精緻な理論をあまりにも無視することになろう。

　そうとすれば、このような多様な成立過程をもつ訴訟上の和解の効力については、事件ごとにその具体的状況に対応して、当事者間の利害の調節ができるような枠組みを与えておくのが訴訟法理論としては適切である。その意味で、訴訟上の和解には既判力を否定し（再審という関門を設けず、いきなりその無効・取消しを主張しうるとし）、かつ、その効力は和解契約に関する私法上の規律にも服することを一般的に承認したうえで、その私法の解釈・適用において、訴訟手続の進行状況、裁判官や弁護士の関与の程度など——和解の成立過程の一部をなす訴訟上の経過——をも十分に考察した評価を期待するのが正当ではなかろうか〔＊〕。

　なお、既判力を認めながら、再審によらない和解の当然無効の主張を許している制限的既判力説に対しては、前記の既判力肯定説および否定説のどちらからも、既判力の概念を不明確にすると批判される。再審によらない当然無効の主張を許さないとするところに既判力を認める実益があるのに、そのような主張を許しながら既判力を認めるのは背理だからである[24]。

〔＊〕　**訴訟上の和解の性質論**　　(1)　民法の和解契約と同様に、その意思表示の瑕疵によって、再審をまたずに無効または取り消されうるかの論争に関連して、訴訟上の和解の性質については、つぎのような説が対立している。

　　①　私法行為説　　訴訟の期日において、たまたま当事者間に締結される私法上の和解契約であって、和解調書はこれを公認するためのものにすぎないとする説（この立場と思

---

24)　兼子・体系309頁、三ケ月・444頁。

われるものとして、石川明「訴訟上の和解の法的性質」法学研究38巻4号（1965）〔同『訴訟上の和解の研究』（1966・慶応義塾大学研究会）3-25頁〕）。

②　訴訟行為説　民法上の和解とはまったく別個な純然たる訴訟上の合意（双方が互譲した結果を裁判所に対し陳述する合同訴訟行為）であり、その前提として私法上の和解契約があるとしても、それは、訴訟上の和解の陳述内容を定める前提にすぎず、訴訟上の和解を構成するものではないとする説（兼子・体系306頁、三ケ月・446頁）。

③　両性説　民法上の和解と訴訟上の合意との双方の要素性質を兼ねそなえるものとみる説であり、これにも、私法行為と訴訟行為とが結合して併存するものとみる説（併存説）、訴訟行為の形式で行われる私法上の和解という、単一の行為であるが、私法行為と訴訟行為の性質をもつとする説（両面説）がある（民訴法演習Ⅰ231頁〔宮脇幸彦〕）。

(2)　訴訟行為説は、その性質論をもって既判力肯定説を正当化しようとするし、両性説は、既判力否定説ないし、制限的既判力説の結論を説明しようとする。

しかし、性質論自体から既判力の有無、その意思表示の瑕疵の取扱いを演繹しようとするのは、誤りである。まず訴訟上の和解にいかなる効果を与えるのが適切かを論じるのが先決であり、しいて必要ならば、その与えられた効果から、訴訟上の和解の性質を帰結するということになるべきである（三ケ月・444頁も同様の立場をとり、既判力を否定しながら訴訟行為説をとっている）。本文で述べたような効果を付与する立場は、あえてその性質を定めるとすれば、私法上の和解と同じ行為が裁判所の面前で行われ、その和解内容および効力が裁判所によって確かめられ調書に記載されることによって訴訟上の効果が付与される行為であるというもので、私法行為説をとるものといえようか。しかし、いずれにしても性質論自体は実益のある議論ではない。

㋑　訴訟上の和解における合意は、和解契約解除の原因が契約後に生じたときは、契約を解除することができる[25]。この点は、訴訟上の和解に既判力を認める立場でも同様である。なぜならば、その既判力によって争えなくなるのは、和解の陳述の時を標準とした和解内容たる権利関係の存否であって、既判力によってその後の変動まで固定させるものではないからである。

（4）　訴訟上の和解の瑕疵

㋐　和解調書は、確定判決と同一の効力を有する（267条）とされるから、和

25）　解除しても和解によりいったん終了した訴訟は復活しない、最判（一小）昭43・2・15民集22巻2号184頁。旧訴復活の意義を重視するものとして梅本吉彦「訴訟上の和解の効力について」三ケ月・古稀㊥555頁。

376 第3編 第一審手続 第2章 審判の対象

解調書に書き損じその他の記載上の誤りがあるときは、判決に準じて、更正決定をすることができる（257条）。また、確定判決の無効原因は、訴訟上の和解の無効原因となる（和解の目的物たる土地を確定できないときは和解は無効となる、最判（二小）昭31・3・30民集10巻3号242頁）。確定判決の再審事由にあたる事由があるときは、再審によるまでもなく、訴訟上の和解は無効と取り扱ってよい（代理人に代理権が欠缺するときは（338条1項3号）、和解は無効であり、請求異議の事由（民執35条）となる、大判昭14・8・12民集18巻903頁）。さらに、前述のように和解の効力は、その意思表示の瑕疵に基づいて無効となりまたは取り消されることがある。

　(イ)　**和解の瑕疵を争う方法**　　和解の効力を争うには、どのような方法をとるべきか。

　(a)　既判力を認める説を徹底すれば、むろん和解調書に対して再審の訴えに準じた方法をとることになる（338条1項5号の類推。なお、この立場でも、338条2項の要件を不要とする立場もありうる）。

　他方、再審の訴えに準じる必要はないとする既判力否定説、制限的既判力説においては、その方法についてさらに議論が分かれている。判例は、不服を申し立てる当事者の出方に対応して、(i)和解をした裁判所に対して期日指定の申立てをして前訴を続行する方法（大決昭6・4・22民集10巻380頁。なお、この場合、和解を有効とするときは、応答として、「訴訟上の和解により訴訟は終了した」との終局判決をする、最判（三小）昭38・2・12民集17巻1号171頁では、上記のような第一審判決がなされ、被告による控訴・上告がいずれも棄却されて同一審判決が確定)[26]、(ii)別訴で和解無効確認の訴えによ

---

26)　最判（一小）平27・11・30民集69巻7号2154頁は、訴訟上の和解が成立した期日後に、被告が和解無効を理由とする期日指定の申立てをし、これに対して第一審は、和解が成立しているとの理由で、訴訟終了を宣言する第一審判決がなされた事件であるが、この判決に対して、被告が控訴を申し立てたのみで、原告からは附帯控訴も控訴もなされなかった。控訴審は、和解は無効であると判断して第一審判決を取り消したうえ、原告の請求を一部認める本案判決、すなわち被告に40万円を支払うのと引換えに本件請求である本件貸室の明渡しと賃料相当損害金の支払を認める本案判決をした。これに対し、最高裁は、両当事者とも、和解の無効確認を申し立てていないことを記録上確かめたうえ、原判決には当事者の申し立てていない事項について判決をした違法があると判示するとともに、請求を一部容認した原審の本案判決は、第一審の訴え却下の訴訟判決に比べて、控訴人（被告）に不利益な判決であるから、原審の本案判決は不利益変更の禁止（→p935(3)(イ)）にあたるとして許されない、原審が自判する限りは、控訴人に不利益にならない判決としては控訴を全部棄却する判決しかないとして、原判決を取り消し、「控訴棄却」の自判をした。結局、この最高裁判決によって、和解の有効・無効については決着がつかなかった。これには、違和感を禁じえない。

る方法（大判大14・4・24民集4巻195頁）、(iii)請求異議の訴えによる方法（大判昭14・8・12民集18巻903頁）のいずれをも認めている[27]。

これに対して、学説は、このような複数の救済方法を認めるのは便宜にすぎるとして、期日指定の申立てに限定するか[28]、逆に、つねに別訴（和解無効確認の訴えか、必要に応じて請求異議の訴え）によるべきであるとする[29]。

(b)　元来、訴訟上の和解の効力に関する争いには、二つの面がある。一つは、訴訟上の和解によってその訴訟が終了するわけであるから、その有効無効は、訴訟係属の存否にかかわる問題であり、その結着はなるべくその手続内で解決しておくべき事項であるという面である。他方、訴訟上の和解はまた、互譲によって実体上の権利関係になんらかの変動をもたらす新たな事由であり、その争いは新たな実体上の紛争（旧請求の当否に包摂されない紛争）という性質をももつ。そして、この実体上の新たな紛争という面を強調すると、和解の効力を別訴で争わせることに抵抗は少ないし、とくに上級審において和解の効力を争うときには、別訴によるのが審級の利益を十分に保障した権利救済の常道ということになろう（和解が無効となっても、訴訟終了の効果は動かないということになる）。しかし、前者の面を強調するならば、和解無効のときは、その後の本案審理において和解成立までの訴訟状態をそのまま利用したほうが、当事者双方にかえって公平ともいえるし、より早期の解決が得られるという利点も無視できない。

　　かりに、被告の控訴は、和解は無効であること、および第一審がなんら判断していない本案について控訴審による請求棄却の判決を求める趣旨であったと読み込む（高橋・重点講義(下)634頁は、原告の控訴について同じ読み込みが可能とする）とすれば（控訴によって本案事項も移審したとみる）、訴訟終了を宣言する第一審判決を取り消したうえ、さらに、本案について、不利益変更禁止とは関係なく、審理し結論を出したこと自体には違法はなかったことになろう（原審もそう考えたのであろう。もっとも、原審としては、訴え却下の部分は取り消し、本案については一審に差し戻すことも可能であったといえようか）。原審のする処理の方が被告の控訴の意思（和解後被告が期日指定を求めた理由からも、被告の和解無効の主張が推測される）にも沿うことになり、また、高橋説が言及しているように紛争を後に残さないで済んだのではないか。本件のような訴訟終了判決の効力およびその控訴審の構造について判例学説ともに錯綜していること（「時の判例」ジュリ1499号（2016）86頁〔小田真治〕参照）を考えれば、少なくとも、原審としては、被告に対し控訴の趣旨を釈明し控訴申立内容を明確にさせるべきであったといえよう。

27)　中村英郎「裁判上の和解」民訴法講座(3)838頁は判例と同説。
28)　菊井・(下)375頁。
29)　三ケ月・445頁。

378　第3編　第一審手続　第2章　審判の対象

　このように考察すると、期日指定の申立てによる方法と別訴（請求異議の訴えも含む）による方法とは、どちらか一方に限定すべしというほど、どちらか一方が他方に優れているとはいえない。そうだとすれば、当事者の便宜を第1とし（どちらかに限定し、その選択の危険を当事者に負わすのは酷である）、すでに安定した判例の立場を是認して両方の途の選択を当事者に許す（別訴の途を選択しても二重起訴の禁止にふれないとする）のが、解釈論としては、さしあたり穏当と思われる（和解成立後の権利変動を同時に主張したいときには別訴によるのが便利であるし、代理権の欠缺等の形式的瑕疵を同時に主張したいときは、期日指定の申立てによるのが便利である）。もっとも、判例の立場をとるとしても、起訴前の和解（275条）については、期日指定申立ての方法はなく、別訴によらざるをえない。

第3章　訴訟準備活動とそのサポート・システム

　民事訴訟制度を利用しようとする者をサポートするシステムとして、弁護士その他の隣接士業制度、民事法律扶助制度、訴訟費用保険、訴訟上の救助などがあるが、弁護士と訴訟との関わりについてはすでに第2編で述べた。訴訟上の救助については、訴訟にかかる費用に関することから第6編で扱う。民事法律扶助、訴訟費用保険については、本書では解説を割愛する。

　当事者（訴訟代理人も含めて）が原告にしても被告にしても訴訟に勝つためには、自分に有利な事実や証拠を集めて、適切な権利主張を組み立て法廷にもち出す必要がある。本章では、このような当事者の訴訟準備活動（民訴規85条参照）のために、民事訴訟制度としては、どのようなサポート・システムを用意しているかという問題を扱うことにする。

　民事訴訟規則85条は、「当事者は、主張及び立証を尽くすため、あらかじめ、証人その他の証拠について事実関係を詳細に調査しなければならない」と謳っている。しかし、自己に有利な証拠がどこにあるのかわからない場合もあるし、それが相手方の手中にあって、こちらで利用することができない場合もある。このような場合のために、当事者が相手方に対しまたは第三者に対して、事実や証拠を収集する手段をどれだけ保障されているかは、当事者の手続保障・武器対等の原則という観点からも、真実の裁判の要請からいっても、民事訴訟法上の重要な課題である。証拠開示義務と秘匿特権の問題となる。

　アメリカのディスカバリー制度は、そのような手段・義務を広く保障するものである。わが国の法では、証拠収集の手段として、弁護士法上の照会制度（弁護士23条の2）、民事訴訟法上の調査および鑑定の嘱託の申立て（186条・218条）、文書の送付嘱託の申立て（226条）、文書提出命令の申立て（219条以下）、鑑定の申立て（212条以下）、検証物の送付嘱託の申立て（232条・226条）、検証物提示命令の申立て（232条・223条）、証拠保全手続（234条以下）が設けられていた。

　平成8年改正の立法過程では、アメリカのディスカバリーに類似する制度の導入が重要な検討事項とされた結果、当事者照会制度の新設、調査の嘱託制度の拡

充、文書提出命令の一般義務化、インカメラ手続の創設などの注目すべき改正が行われた。しかしこれらの手段は、証拠保全手続を除き（235条2項参照）、いずれも訴訟係属後に用いることのできる手段であった。

平成15年改正法では、訴え提起を予告する制度（提訴予告通知制度）を創設して、当事者照会制度ならびに文書送付、調査および専門的意見陳述の嘱託を、訴え提起前にも可能とするほか（132条の2-132条の9）、鑑定人を得やすくするために鑑定人の陳述方式を工夫するなど（215条-216条）の改正が行われた。

公害訴訟、製造物責任訴訟、医療事故訴訟などのように、企業側・医療者側が事実関係全体についてよく知っており、それを裏付ける資料も独占しているという証拠が偏在する事件では、裁判所の釈明権の行使を求める求釈明も有効な武器となるが（149条3項）、主張責任・証明責任の分配を修正して、資料を独占している側に事案解明の義務・責任を負わすのも、当事者間の公平を図るための有力な手段となる（→p482(4)）。

第1節　現行法における訴訟準備活動のためのサポート・システム

第1款　当事者照会制度

1　意　義

平成8年改正法以前においては、訴訟関係を明瞭にするため必要があるときは、裁判長を介して、相手方に対して、釈明権の行使を求めることができるものとされていた（旧127条3項、現149条3項、求問権または求釈明といわれる）。しかしこの方法は、相手方の主張立証の不明瞭な点を質したり、相手方に主張立証を促すにとどまり、当事者が自分の主張立証を準備するために相手方のもっている情報を入手するというものではない。主張立証を準備するためには、相手方がどのような事実や資料に基づいて主張立証しているのか、しようとしているのか、こちらに有利な証拠をもっていないか等の情報をあらかじめ取得できれば、それに適合した十分な準備をすることができる。無駄な主張を省き、真の争点に向けて焦点を合わせた主張立証の準備が可能となる。

第1節　現行法における訴訟準備活動のためのサポート・システム　　*381*

　そこで、平成8年改正法は、弁護士側の提案に基づき[1]、訴訟の係属後に利用できる当事者照会制度を設けた（163条）が、平成15年改正法では、これを訴え提起前にも利用できる制度に拡充した。当事者は、相手方に対し、主張または立証を準備するために必要な事項（訴え提起前は、「主張又は立証を準備するために必要であることが明らかな事項」にかぎられる）について、相当な期間を定めて、書面で回答するよう、書面で直接照会することができる（132条の2）。これにより、当事者は、相互に、事実や証拠について相手方が有する情報の開示を求める権能を有することになり、相手方はこれに誠実に回答する義務を負うこととなった。

　照会できる範囲は、特定の訴訟について主張立証を準備するのに必要な事項と広範囲にわたる。主張事実にするもの、証拠として使うものにかぎられない。このような広範な情報開示義務が明定されたことの意義は大きい。今後の当事者の訴訟戦略にとっても、弁護士の業務形態にとっても、影響するところ大である[2]。訴訟代理人としては、この制度をフルに活用して弁論の準備をすることが、依頼者からも制度自体からも期待されることになろう。争点・証拠の整理手続の進行にも、証人尋問等の集中化にも、少なからぬ積極的な影響を及ぼすものと期待される。

　しかしながら、当事者照会に対して、誠実に回答をする義務が定められたといっても、誠実に回答しない場合の制裁については、法は、なにも規定していない。裁判所がなんらかの形で、仲介するということも規定されていない。したがって、この制度が証拠収集の手段として有効なものになるかどうかは、もっぱら、運用次第ということになっている。照会の相手方にとっては、むろん自分に不利な事項も含まれているわけであるから、すんなりと回答が得られることを期待できないかもしれないが、信義に従い、誠実に訴訟を追行する原則に則って（2条）、有効な情報収集制度となることを期待したい。

---

1)　竹下守夫ほか編『研究会新民事訴訟法』ジュリ増刊（1999）167頁〔田原睦夫発言〕。
2)　自己が主張・証明責任を負う事実についても照会することができる。すなわち、相手方としては主張・証明責任のない事実についても情報を開示しなければならず、訴訟に関する基本思想に転換があったと解すべきであろう。高橋・重点(下)70頁。なお、→ p417「第2節　情報開示義務の基本理念」。

382　第3編　第一審手続　第3章　訴訟準備活動とそのサポート・システム

2　訴え提起前における照会

（1）　予告通知と訴え提起前の照会

平成15年の改正で導入された。訴えを提起しようとする者が、訴えの被告となるべき者に対して、訴えを提起する旨の予告通知（以下、単に「予告通知」という）を書面でした場合に、その通知をした日から4カ月以内に限り、訴えの提起前に、訴えを提起した場合の主張立証の準備に必要であることが明らかな事項について、相当な期間を定めて、その期間内に、書面による回答をするよう、書面で照会することができることとなった（132条の2）。

予告通知を受けた者（被予告通知者）も、予告通知に記載された請求の要旨および紛争の要点に対する答弁の要旨を記載した書面で返答したときには、予告通知者に対し、予告通知がされた日から4カ月以内に限り、訴え提起前に、自分の主張立証の準備に必要であることが明らかな事項について、相当な期間を定めその期間内に、書面による回答を書面で照会することができる（132条の3）。

予告通知者に訴え提起義務が認められるわけではないが、訴え提起を前提としているので、予告通知者および被予告通知者の行為は、訴え提起前とはいえ、訴訟の準備行為として認められ、訴訟係属中の当事者照会制度と同様に、法2条の適用を受けるものと考えられ、予告通知者および被予告通知者には、2条に基づく信義誠実義務とこれに対応する照会権を想定することができる。

この照会制度における予告通知制度およびこれに対する返答という制度は、訴え提起前における証拠収集処分の前提ともなっている（132条の4）。

（2）　照会できる時期

予告通知をした日から4カ月以内に限り、訴え提起前に照会しなければならない（132条の2第1項）。予告通知をしたからといって訴え提起の義務が生ずるわけではないので、予告通知をしていつまでも訴えを提起しないまま、照会を続けるのは、相手方にとって迷惑な話であり、また、訴え提起自体の準備のために必要な証拠を集めるのに、4カ月あれば十分であろうと考えられたからである。

また照会は、すでにした予告通知と重複する予告通知に基づいてすることはできないし（132条の2第4項）、すでにされた予告通知と重複する予告通知に対する返答に基づいてすることはできない（132条の3第2項）。4カ月の制限を潜脱することを禁止する趣旨である。

（3） 照会できる事項

　訴訟における主張立証の準備に必要であることが明らかな事項であれば照会できる。ただし、つぎの照会はできない。①訴訟係属中の当事者照会で、照会できないとされる事項の照会（132条の2第1項ただし書・同項1号・163条各号・132条の3第1項後段）、②相手方または第三者の私生活についての秘密に関する事項の照会であって、その回答により、これらの者が社会生活を営むのに支障を生ずるおそれがあるもの、③相手方または第三者の営業秘密に関する事項の照会。ただし第三者の私生活についての秘密または第三者の営業秘密に関する照会において、相手方が回答することについて、その第三者が承諾した場合は、照会することができる（132条の2第1項ただし書・同条2項・132条の3第1項後段）。

　訴訟係属中の当事者照会の場合に比べて、訴え提起前の照会では、訴訟における主張立証の準備に必要であることが「明らかな」事項に限定されているのは、訴え提起が必ずしも義務づけられているわけではなく、相手方をして無用に悩ますことを避けるためである。

（4） 照会の手続

　㋐　**予告通知書の記載事項**　　訴えを提起しようとする者が照会を求めるには、訴え提起を予告する通知を書面でしなければならない（予告通知書）。予告通知書には、①提起しようとする訴えに係る請求の要旨および紛争の要点を記載しなければならないほか（132条の2第3項）、②予告通知をする者および予告通知の相手方の氏名または名称および住所ならびにそれらの代理人の氏名および住所、③予告通知の年月日、④132条の2第1項による予告通知である旨を記載しなければならない（規52条の2第1項）。⑤また、訴え提起の予定時期を、できるかぎり明らかにしなければならない（規52条の2第3項）。予告通知書には、予告通知者またはその代理人が記名押印する。

　請求の要旨および紛争の要点は、相手方において、予告通知者がどのような争点に基づいてどのような請求をたてる予定なのかを予測することが可能な程度で、かつ、求めている照会事項がその訴訟の準備のために必要であることが明らかであるかどうかを判断することができる程度に、「具体的に」、記載しなければならない（規52条の2第2項）。

　㋑　**返答書の記載事項**　　被予告通知者が照会をするには、返答書を予告通

知者に送付しなければならない（132条の3第1項前段）。返答書には、①予告通知に対する返答の書面（返答書）に、答弁の要旨を記載するほか、②返答者および相手方の氏名または名称および住所ならびにそれらの代理人の氏名および住所、③返答の年月日、④予告通知に対する返答である旨を記載して、返答者またはその代理人が記名押印する（規52条の3第1項）。答弁の要旨は、相手方において、どのような答弁をするかを予測できる程度に、かつ、求める照会事項がその答弁の準備のために必要であることが明らかであるかどうかを判断できる程度に、具体的に記載しなければならない（規52条の3第2項）。

　㈦　**書面による照会・回答の手続**　　予告通知者または被予告通知者による照会およびその回答は、書面（照会書・回答書）を相手方に送付して行う。相手方に代理人があるときは、照会書および回答書はその代理人に対して送付する（規52条の4第1項・5項）。

　照会書には、①照会をする者および照会を受ける者ならびにそれらの代理人の氏名、②照会の根拠となる予告通知の表示、③照会の年月日、④照会する事項（照会事項）およびその必要性、⑤132条の2第1項の規定により照会する旨、⑥回答すべき期間、⑦照会者の住所、郵便番号およびファクシミリの番号を記載する（規52条の4第2項・5項）。照会事項は、項目を分けて記載する（同条4項・5項）。

　回答書には、①照会者および照会を受ける者ならびにそれらの代理人の氏名、②予告通知の表示、③回答の年月日ならびに④照会事項に対する回答を記載し、照会を受けた者またはその代理人が記名押印する（同条3項前段・5項）。回答書において、照会できない事項に該当することを理由として回答を拒絶するときは、163条各号および132条の2第1項2号・3号のどの号に該当するかも記載する（規52条の4第3項後段・5項）。照会事項に対する回答は、できるかぎり、照会事項の項目に対応させて、かつ、具体的に記載する（同条4項・5項）。

3　訴え提起後における当事者照会

（1）　時期

　訴訟の係属中にかぎられる。当事者は信義誠実義務を相互に負っていること（2条）から、当事者の照会権が基礎づけられ、訴訟の係属中においてはより一層、このような権能と義務を認めることができる。

第1節　現行法における訴訟準備活動のためのサポート・システム　　*385*

（2）　照会の対象

主張立証の準備に必要な事項であれば、163条ただし書に列挙された場合に該当しないかぎり、照会することができる。除外されるものとしては、①具体的または個別的でない照会、②相手方を侮辱しまたは困惑させる照会、③すでにした照会と重複する照会、④意見を求める照会、⑤回答に不相当な費用または時間を要する照会、⑥証言拒絶権の認められる事項と同様の事項についての照会、である。あくまでも具体的・個別的な事実についての情報の開示を求める制度である。

（3）　照会の手続

　㋐　**照会書および回答書の送付**　　当事者照会およびその回答は、照会書および回答書を相手方に送付して行う。相手方に代理人があるときは、照会書は、その代理人に対して送付する（規84条1項）。

　㋑　**照会書・回答書の記載事項**（規84条2項・3項）　　照会書の記載事項は、訴え提起前の照会書とほぼ同様である。①当事者および代理人の氏名、②事件の表示、③事件の係属する裁判所の表示、④年月日を記載するとともに、照会書には、⑤照会する事項および照会が必要な理由、⑥163条に基づいて照会する旨、⑦回答すべき期間、⑧照会者の住所、郵便番号およびファクシミリの番号を記載して、当事者または代理人が記名押印する（規84条2項）。回答書には、①から④のほか、照会事項に対する回答を記載し、当事者または代理人が記名押印する。この場合、照会事項中に、163条各号に掲げる照会に該当するとしてその回答を拒絶するものがあるときは、その条項をも記載する（規84条3項）。照会事項については、項目を分けて記載するものとし、回答は、できるかぎり、照会事項の項目に対応させて、かつ、具体的に記載しなければならない（同条4項）。

4　誠実に回答しなかった場合等の効果

（1）　制裁の有無

訴え提起前の照会または当事者照会に対して、回答すべき場合かどうか、回答を拒絶することができるかどうかの判断は、照会を受けた相手方の判断に最終的に委ねられ、不服申立て等の手続は設けられていない。誠実に回答しなかった場合、回答すべき場合に回答を拒絶したとしても、訴訟の審理において、裁判官の心証に何らかの影響を及ぼすことは考えられるが、過料等の制裁を直接受けるこ

とはない。これは裁判所からの嘱託（186条・226条）、捜査機関からの照会（刑訴197条2項）についても、これに応じない場合に制裁が設けられていないこととの均衡を考慮したためであるし、制裁等を規定するとその適用をめぐって訴訟が遅延することを考慮した結果であるとされている。

（2） 回答がない場合

照会者はつぎのステップとして、文書に関する照会であれば、文書特定のための申立て（222条）、文書そのものの提出命令を申し立てたり、物に関する照会であれば、検証の申立てをすることになる。照会事項が釈明権の範囲内の事項であれば、裁判長に対して釈明権を行使することを要求して、回答を得ることができよう。もっとも、照会事項で、釈明できる範囲を超えたものについては、証明責任を負わない当事者の事実・証拠の提出義務が認められる範囲では釈明権の行使を期待できる。また、当事者尋問や証人尋問を通じて照会事項についての回答を得ることも可能であろう[3]。さらに、誠実に回答しないことが、なんらかの徴憑として事実認定に影響することもあり得るであろう（ただし、不回答は口頭弁論中の現象ではないから、弁論の全趣旨には該当しない）。しかしいずれにしても、弁論の準備を促進するためという趣旨は損なわれるわけで、当事者には、照会に応じて、誠実な回答をすることが要請される[*]。

〔*〕　**日弁連改正要綱試案**　日本弁護士連合会「文書提出命令及び当事者照会制度改正に関する民事訴訟法改正要綱試案」2012（平24）年2月16日。同案（I第四の一から六）では、当事者照会制度を、文章提出義務の除外事項や文書特定のための手続（222条）にリンクさせるとともに（第四の一・二）、照会等を求めたのに対して、相手方が、正当な理由なく回答等を拒絶をした場合に、裁判所が回答等の「促し」措置をとることができ（第四の四）、さらに回答等の「命令」を出すことができる（第四の五）。この命令に対して即時抗告ができるものの、確定した命令に従わないときには、「過料の制裁」（これも即時抗告に服する）に至る（第四の六）という裁判所の介入と強制的措置を導入する案になっている。照会制度の実効性を高めようとする意図は分からないでもないが、すべての照会等に関して裁判所が介入することを強いられるのは、裁判所としては煩わしいし、手続として重いと感じられる。ここは、訴訟代理人間において、適切で節度のある、照会と回答のやりとりが自主的に行われるのを期待したい。また、訴訟係属後は、事案解明義務・責任（→p482(4)）などを念頭にした訴訟指揮・釈明活動に期待するのが実践的ではないだろ

---

3)　一問一答167頁。

第1節 現行法における訴訟準備活動のためのサポート・システム　*387*

うか。

（3）　濫用的照会

　照会によって得た情報を他の目的に利用するような濫用的な照会に対しては、訴え提起前の照会であれば、①照会者が「訴えを提起しようとする者」に該当しないこと（132条の2第1項本文）、②その事項が、訴訟における主張立証の準備に必要であることが明らかでないこと（同項本文）、または③相手方を困惑させる照会であること（132条の2第1項1号・163条2号）等を理由に、当事者照会であれば、訴訟の準備に必要でない照会事項であることまたは前記③の理由などで、回答を拒絶することも可能である。さらに照会によって得た情報を不法に利用し、その結果、回答者が損害を被った場合には、民法上の不法行為による損害賠償請求の対象にすることもありえよう[4]。

（4）　不誠実な回答

　相手方が、誤った情報を故意または過失で伝えた場合には、不法行為責任を問われよう。

第2款　公務所等に対する照会、調査・鑑定の嘱託

1　弁護士法上の照会制度

　弁護士は、受任している事件について、公務所または公私の団体に照会して必要な事項の報告を求めることを、所属弁護士会に対し申し出ることができる。弁護士会は、申出を適当でないと認めるときはこれを拒絶するが、そうでなければ、申出に基づき、それらの団体に照会して、必要な事項の報告を求めることができる（弁護士23条の2）。

　受任している事件の処理のために必要な情報を収集する手段であり、交渉による処理を受任しているにすぎない場合であっても、受任事件の処理のために、この制度を利用できる。むろん、受任事件について、訴え提起前に、訴え提起の準備として利用することも可能である。

4）　小野瀬ほか・一問一答平成15年改正38頁参照。

(1) 照会先

団体であり、個人に対してはできない。公務所または公私の団体の報告は、一般的に信用度が高いこと、および資料の保管、回答の手続などが一般に整備されていることを考慮したものである。もっとも、法人格を有しなくても、団体としての管理機構をもっていればよい。受任事件の相手方に対しては、当事者照会を利用すべきであり、これによる照会はできないと解すべきであろう。

公務所とは、公務員がその職務を行う組織体（刑7条2項参照）で、国家機関であると地方自治体の機関であるとを問わない。本条文上、外国の公務所または公私の団体に対して直接照会しても当然に報告義務があるとはいえない。それらに照会する必要があるときは、当該外国に置かれているわが国の外交機関宛に照会し、その調査結果の回答を得ることにより、目的を達することができよう。

(2) 報告義務

基本的人権を擁護し、社会的正義を実現することを使命とする弁護士活動の公共的性格を考慮して、その受任事件に関し真実の発見と公正な判断を得るための重要な手段として弁護士および弁護士会に認められたものであり、照会を受けた公務所等は、正当な事由のないかぎり、弁護士会に対して報告する公的義務を負うものと解される。

正当な事由とは、報告することによって、弁護士がその当該受任事件について真実を発見し公正な判断を得るという利益に勝る他の法益が侵害されるおそれがある場合というべきである（特定の事件との関連で、真実発見の利益と他の法益とのバランスを考慮する民訴法191条2項・197条等の証言拒絶権の認められる範囲が参考にされるべきであろう）。一般的な職務執行上の支障というだけでは、正当な事由とはいえない（191条2項は「公務の遂行に著しい支障を生ずるおそれ」とする）。前科または犯罪経歴などを市区町村長がみだりに漏洩すべきものではないが、判例は、それが訴訟の重要な争点となっていて、その回答を得るのでなければ他に立証方法がないという場合には、報告することも許されないわけではないとする[1]。報告義務が認められるとしても、弁護士の職務執行のために認められた制度であるから、これに違

---

1) 最判（三小）昭56・4・14民集35巻3号620頁。その他の実務例については日本弁護士連合会調査室編『条解弁護士法〔第5版〕』（2019・弘文堂）179頁以下参照。

反したからといって、照会先に、弁護士個人やその依頼者に対する損害賠償義務を発生させるものではないと解される（岐阜地判昭46・12・20判時664号75頁、大阪高判平19・1・30時判1962号78頁）。照会をした弁護士会自体については、どのように考えられるであろうか〔*〕。

〔*〕　**弁護士会の照会権限と照会先の報告義務の成否**　つぎのような事件がある。BとCとの間で訴訟上の和解が成立したが、Cによる和解上の債務の任意履行が期待できないし、Cが住民票上の住所に現に居住していないので、A弁護士がBを代理して、弁護士法23条の2第2項により、郵便会社Yに対して、照会請求をした。照会の内容は、C宛の郵便物について、①転居届の提出の有無、②同届出の年月日、③転居届記載の新住所（居所）および④転居届記載の新住所（居所）の電話番号であったが、報告をすべて拒絶された。

そこで、A所属の弁護士会Xが、郵便会社Yを相手に不法行為に基づく損害賠償を求める主位請求と予備的に①から④の照会事項についての報告義務の確認請求を提起した（予備的請求は控訴審で併合提起）。この事件についてYの上告受理申立てを取り上げた最判（三小）平28・10・18民集70巻7号1725頁によれば、照会の権限が弁護士会に与えられているのは、この「制度の適正な運用を図るためにすぎず、」「報告を受けることについて弁護士会が法律上保護される利益を有するものではない」ので、報告拒絶行為が弁護士会に対する不法行為を構成しないとして、原判決（主位請求を一部認容（上記照会事項①から③までを認容）していた原判決）を破棄し控訴を棄却（主位請求を全部棄却していた一審判決が確定）、報告義務確認請求については、そのまま原審に差し戻した。この差戻審では、報告義務の確認請求が審理され、Yに報告義務があると確認されれば、Yによる任意の報告が期待できるし、報告義務がないことが確定すれば、弁護士会Xとしては再度の照会はしないと明言しているので、本件紛争は終結に向かうことが期待できるとして、①から③についての報告義務の確認請求を認容した（④については棄却）。この差戻審の判決に対して、Yからの再度の上告受理申立てがあり、これを受理したのが、最判（二小）平30・12・21民集72巻6号1368頁）であった（以上の事件の経過については、金融・商事判例1567号8頁の解説を参照した）。

同判決は、報告義務の確認を求める訴えには確認の利益はないと判断し、原判決破棄、訴え却下の判決をした。同判決は、上記平成28年第三小法廷判決の理由（弁護士会に私法上の利益を認めたものでない）のほかに、報告拒絶について制裁規定がないこと、報告義務を確認する判決が確定してももっぱら任意の履行を期待するほかはない（強制履行はできない）ことに照らせば、報告義務を判決で確認しても、報告義務をめぐる「法律上の紛争の解決に資するものとはいえない」〔圏点は筆者〕とし、原判決のいう任意履行が期待できるといった事情は、「判決の効力とは異なる事実上の影響にすぎず」、法律上の利益である、訴えによる確認の利益はない、と判示している。

2　民事訴訟法上の調査・鑑定の嘱託

　民事訴訟法上の制度としては、訴訟係属後の証拠収集手段として、裁判所は、官庁もしくは公署、外国の官庁もしくは公署または学校、商工会議所、取引所その他の団体（「官公署等」という。132条の4第1項2号参照）に対し、必要な調査を嘱託することができる（186条）。また必要があるときは、官庁もしくは公署、外国の官庁もしくは公署または相当の設備を有する法人に対して、鑑定を嘱託することができる（218条、規136条）。

　これらの嘱託は、弁護士法上の照会制度と類似するが、民事訴訟法上のこれらの調査および鑑定の嘱託は、裁判所が証拠調べの一種として行うもので、調査報告書・鑑定意見書は、それが口頭弁論に顕出され、当事者に意見を述べる機会を与えれば、そのまま証拠資料となる（あらためて書証として提出する必要はない）。当事者としては、この調査・鑑定の嘱託を申し出ることによって、これを証拠収集の手段として利用することができるが、当事者としては、調査・鑑定の結果を撤回する自由はない。平成15年改正法は、これらの嘱託を、訴え提起前にもできるようにした（132条の4第1項2号および3号、規52条の5。→p392）。もっとも訴え提起前の場合には、報告書等がそのまま証拠資料となるとはいえない。

　嘱託を受けた団体は、裁判所に対して、調査・鑑定の結果を報告する公的義務を負う。しかし回答を拒否しても制裁はなく、また依頼者の「権利又は法律上保護される利益を侵害した」（民709条）とまではいえず、依頼者に対して不法行為責任を発生させるものではない（大阪高判平19・1・30時判1962号78頁は、金融機関が、預金開設者の名称・住所等について同人の同意が得られないことを理由に報告を拒否した事例）。

第3款　訴え提起前における証拠収集の処分

　平成15年改正法は、「第1編　総則」に続いて、「訴えの提起前における証拠収集の処分等」と題した第6章を新設し、予告通知または返答に基づいて行われる、相手方に対する照会と証拠収集の処分について規定を置いた。相手方への照会については、第1款ですでに述べた。本款では、後者について述べる。

1 訴え提起前における証拠収集処分の意義

平成15年改正法は、予告通知またはこれに対する返答という制度を考案し、それらを前提にした、訴え提起前の、原告または被告となるべき者による相手方への照会と裁判所による証拠収集処分とを認めた。後者は、その訴訟における立証に必要であることが明らかな証拠となるべきものを、訴え提起前に収集することを目的とした裁判所の処分を定めている。いずれも、訴え提起前に、その訴訟において必要となることが明らかな資料を、早期に収集することを可能にし、その訴訟における争点整理および証拠調べの充実化・迅速化を期待したものである。

ただ、前者は、裁判所が関与せず、当事者となるべき者による相互の活動にすぎず、その効果の程も必ずしも十分な成果を期待できないが、後者は、裁判所が行う証拠収集活動であって、十分な成果を期待できるであろう。

当事者は、このような処分を求める申立てをすることによって、自分の立証活動に必要な証拠を集めることができる。しかし、訴え提起前に、相手方または第三者に対して、手間をかけさせるものであるだけに、訴え提起後に予定されている証拠収集処分よりも種類が絞られており（文書提出命令が含まれていない）、また処分の申立要件も、厳格になっている。

2 申立要件 （132条の4）

（i） 訴え提起前の証拠収集処分の申立ては、予告通知または返答をした者でなければできない（同条1項柱書）。

（ii） 訴え提起前で、予告通知がされた日から4カ月間の不変期間内に申し立てなければならない（同条2項）。ただし、その期間経過後に申し立てることについて、相手方の同意があれば、申し立てることができる（同項ただし書）。

（iii） 証拠収集処分によって収集しようとする証拠は、予告通知に係る訴訟において、立証に必要であることが明らかな証拠でなければならない（132条の4第1項柱書。規52条の5第2項4号参照）。

（iv） 申立人にはその証拠を収集することが困難であると認められるときでなければならない（132条の4第1項柱書、規52条の5第2項5号）。

392　第3編　第一審手続　第3章　訴訟準備活動とそのサポート・システム

3　証拠収集処分の種類 (132条の4第1項)

　裁判所は、以下の証拠収集処分ができる。ただし、その収集に要するであろう時間または嘱託を受けるべき者の負担が不相当なものとなることその他の事情により、以下の処分をすることが相当でないと認めるときは、処分はできない（同条同項ただし書）。いったん処分をした後でも、以下の処分をすることが相当でないと認められるに至ったときは、その処分を取り消すことができる（同条4項）。

　(ⅰ)　文書（準文書を含む、231条、以下同じ）送付の嘱託 (132条の4第1項1号)
文書の所持者に対してその文書を送付することを依頼すること。訴え提起後における文書の送付嘱託 (226条) に相当する処分である。

　(ⅱ)　官公署等への調査の嘱託 (132条の4第1項2号)　　官庁もしくは公署、外国の官庁もしくは公署または学校、商工会議所、取引所その他の団体に、必要な調査を依頼すること。訴え提起後における官公署等に対する調査の嘱託 (186条) に相当する処分である。

　(ⅲ)　専門的知識経験に基づく意見陳述の嘱託 (132条の4第1項3号)　　専門的な知識経験を有する者に対して、その知識経験に基づく意見陳述を依頼すること。訴え提起後の鑑定の嘱託 (218条) に相当する処分である。

　(ⅳ)　物の現況等の調査命令 (132条の4第1項4号)　　執行官に対して、物の形状、占有関係その他の現況について調査を命じること。訴え提起後の検証に相当する処分である。

4　管轄裁判所 (132条の5)

(1)　証拠収集処分の申立て

　その種別ごとに定められた地を管轄する地方裁判所にしなければならない。

　㋐　①文書の送付嘱託、②官公署等への調査嘱託および③専門的な意見陳述の嘱託申立てについては、いずれも、申立人または相手方の便宜を考慮して、これらの者の住所等の普通裁判籍所在地を定めているほか、①の申立てについては、文書所持者の居所（同条1項1号）、②の申立てについては、調査嘱託を受けるべき官公署等の所在地（同条1項2号）、③の申立てについては、特定の物につき意見陳述の嘱託がされるべき場合のその物の所在地（同条1項3号）も加えられている。いずれも嘱託の手続を円滑に実施できるようにする趣旨である。

第1節　現行法における訴訟準備活動のためのサポート・システム　*393*

(イ)　物の現況等についての調査命令の申立てについては、調査に係る物の所在地のみが定められている (同条1項4号)。現場に赴いて現況調査することになる執行官は、その所属する地方裁判所の管轄区域内でのみ職務執行ができることを配慮したものである。

(2)　管轄違いの場合の取扱い

移送の裁判が行われること (16条1項)、移送決定および移送申立却下決定に対する即時抗告ができること (21条)、移送の裁判は移送を受けた裁判所を拘束することおよび移送裁判が確定したときの効果等 (22条) については、上記各条項が準用される (132条の5第2項)。

5　証拠収集処分の手続等

(1)　各証拠収集処分の手続

申立ての方式および添付書類については、民訴規則52条の5および52条の6に詳細に規定されている。証拠収集処分の申立ては、証拠の申出に相当するので、証明すべき事実を特定して、しなければならない (132条の6第5項による180条1項の準用、規52条の5第2項4号)。

裁判所は、必要があると認めるときは、嘱託を受けるべき者その他参考人の意見を聴くことができる (規52条の7第1項)。

文書送付、官公署等による調査または専門的意見陳述を、外国においてしなければならない場合には、外国における証拠調べの規定 (184条1項) が準用される (132条の6第5項)。裁判所は、嘱託を受けた者が、文書の送付、調査結果の報告または意見の陳述をすべき期間を定めなければならない (132条の6第1項)。

文書の送付は、原本、正本、認証ある謄本のほか、受託者の負担その他の事情を考慮して相当と認めるときは、写しですることもできる (規52条の7第2項)。官公署等および執行官の調査結果の報告ならびに専門的知識経験に基づく意見陳述は、申立人等が閲覧・謄写等によりその内容を確実に受け取るために、いずれも書面でしなければならないとされている (132条の6第2項)。

これらの書面が裁判所に提出されたときは、裁判所は、申立人および相手方にその旨を通知する (同条3項) とともに、これらの者の利用に供するために (→つぎの6参照)、その通知をした日から1カ月間それらの書面を保管しなければなら

ない（同条4項）。

（2） 証拠収集処分の申立てについての裁判に対しては、不服を申し立てることができない（132条の8）。

6 申立人および相手方の事件記録へのアクセス

申立人および相手方は、裁判所書記官に対し、証拠収集処分の申立てに係る（送付された文書、調査報告書、意見陳述書を含む）事件の記録の閲覧もしくは謄写、その正本、謄本もしくは抄本の交付またはその事件に関する事項の証明書の交付を請求することができる（132条の7第1項）。事件の記録中の録音テープまたはビデオテープ等に関しては、申立人または相手方の請求があるときは、その複製を許さなければならない（132条の7第2項・91条4項）。申立人または相手方によるこれらの請求は、事件の記録の保存または裁判所の執務に支障あるときは、することができない（132条の7第2項・91条5項）。

7 費用の負担

証拠収集に係る申立てについての裁判に関する費用は、申立人が負担する（132条の9）。

第4款 訴訟係属後の証拠収集処分

第1項 文書提出命令・送付嘱託

1 文書の提出命令・送付嘱託の意義

相手方または第三者が所持する文書を証拠方法として用いるには、訴訟の係属後、文書の所持者に対する文書提出命令を申し立てる方法と、所持者に対する送付の嘱託を申し立てる方法とがある（219条・226条）。後者は、文書の所持者が、裁判所の嘱託があれば任意に提出する可能性がある場合の方法で、嘱託の相手方について法律上限定はないが、官公署や公法人（国の利害に関係のある訴訟についての法務大臣の権限等に関する法律7条1項および同項の公法人を定める政令参照）に対してなされるのがほとんどである。

民事紛争の解決において、書証のもつ証明力は極めて重要であるから、任意に提出しない相手方または第三者に対して裁判所が提出を命じることができる文書提出命令制度は、当事者からみると証拠収集のための重要な手段である（もっとも、当事者照会制度などが証拠調べに入る前の、むしろ、争点・証拠を整理するために必要な情報を収集する手段であるのに対し、文書提出命令は、それ自体、証拠調べを求める手段でもある）。

とくに関係する証拠が当事者の一方の支配下に偏在する事件（たとえば、公害訴訟、薬害訴訟、医療事故訴訟、製造物責任訴訟、環境訴訟など）においては、事実関係（「過失」「欠陥」「瑕疵」「因果関係」など）の証明責任を負わない被告事業者側としては、提出を欲しない重要文書について提出を命じられるかどうかは、しばしば、勝敗の分かれ目になる。かりに、文書提出命令を受けた当事者が、その命令に従わない場合には、文書の記載に関する相手方（提出命令の申立人）の主張を真実と認めることができるにとどまらず（224条1項）、相手方がその文書の記載に関して具体的な主張をすること、およびその文書により証明すべき事実を他の証拠により証明することが著しく困難であるときは、裁判所は、その事実に関する相手方の主張自体を真実と認めることまで可能とされているからである（同条3項）。そこで、本項では、おもに文書提出命令制度をみることにする。なお、図面、写真、録音テープ、ビデオテープその他の情報を表すために作成された物件で文書でないものも文書に準じた扱いを受ける（231条、規147条-149条参照）。

2 文書提出義務の範囲

（1） 旧法とその判例

旧法では、312条の1号から3号までの規定（現220条1号-3号と同趣旨）を置き、提出すべき場合を限定列挙する建前をとるにとどまった。このように提出義務を限定したのは、文書の記載内容について所持者が有する処分の自由を尊重したこと、および記載内容が本来不可分であるため、裁判に関係のない部分まで公開させられる所持者の不利益を考慮したことによるとされる[1]。

---

1) 竹下守夫=野村秀敏「民事訴訟における文書提出命令（2・完）」判評206号〔判時804号〕（1976）116頁、注釈民訴(7)56頁〔廣尾勝彰〕。

396 第3編 第一審手続 第3章 訴訟準備活動とそのサポート・システム

しかし、判例は、証拠の偏在等による挙証者の不利な立場を解消するため、同
条3号の「法律関係文書」または「利益文書」を拡張解釈する努力を重ねるとと
もに[*]、他方、拡張解釈の歯止めとして、証言拒絶権に該当する事項が記載さ
れた文書を除外するという方向がとられ、とくに「所持者の自己使用のために作
成された内部文書」（「自己使用文書[**]」）、および「技術・職業上の秘密[***]」
（旧281条1項本文・3号参照）を記載した文書は法律関係文書にあたらないとされた。
このような拡張解釈の努力は、武器対等の原則、当事者間の公平、真実発見とそ
れに基づく公正な裁判の要請等、民事訴訟法の基本理念に根ざすものとして、多
くの賛同を得ていた。

〔*〕 (1) **「法律関係文書」**　①タクシーの運転手の賃金支払請求訴訟で、運転日報を法律
関係文書と認めたのをはじめ（福岡高決昭48・12・4判時739号82頁）、②原発訴訟での行
政庁に提出した文書（伊方原発訴訟―高松高決昭50・7・17行裁集26巻7＝8号893頁）、
③金融機関の貸付元帳（東京高決昭59・6・7下民35巻5＝8号336頁）、④商品取引外務
員の業務日誌（大阪高決平7・2・21判時1543号132頁）、⑤自衛隊機墜落における航空事
故調査報告書（東京高決昭50・8・7下民26巻5＝8号686頁）等々が法律関係文書と認め
られた。しかし、⑥河川氾濫による国家賠償事件で河道計画調査報告書（東京高決昭54・
3・19下民32巻9＝12号1391頁）、⑦差別賃金訴訟での賃金台帳（大阪高決昭54・9・5労
民30巻5号908頁）等では文書提出義務が否定されている（ただし、⑧大阪高決昭53・
3・15労判295号46頁は賃金台帳の提出を命じる）。

　(2) **利益文書**　⑨被告製薬会社が申し立てた原告の診療録が利益文書と認められたの
をはじめ（福岡スモン訴訟―福岡高決昭52・7・13高民30巻3号175頁）、⑩公害健康被害
の補償等に関する法律による認定過程で作成され市長が所持する文書（東京高決平元・
6・28判時1323号64頁）も利益文書と認められたが、⑪被告製鉄会社が求めた原告の診療
録が利益文書でないとされた例もある（東京高決昭59・9・17高民37巻3号164頁）。詳細
は、小林秀之「文書提出命令の利益文書・法律関係文書の意義」判タ549号（1985）20頁、
注釈民訴(7)50頁〔廣尾勝彰〕参照。

〔**〕 **「自己使用文書」**　　組織体を考えた場合に、自己使用文書にあたるかどうかの判断
は微妙である。たとえば、仙台地決平5・3・12判タ818号70頁では、原子炉施設の保安
規定（被告設置者たる電力会社が定め通産大臣の認可を受けるべきもの）を記載した文書
は、本来、電力会社の内部で使用されるものであるが、その認可の基準の設定趣旨（核原
料物質、核燃料物質及び原子炉の規制に関する法律37条参照）から、その保安管理体制が
原子炉施設の周辺の住民等の生命、身体に対して重大な危害を及ぼすおそれのないもので

第1節　現行法における訴訟準備活動のためのサポート・システム　　397

あることを明らかにする目的をも有するとして、自己使用文書にあたらないとする。

〔＊＊＊〕「技術・職業上の秘密」の守秘義務と文書提出命令　　判例によれば、技術・職業上の秘密に該当する事項についての証言拒絶権を定めた規定は、文書提出義務に類推適用があるが、技術・職業上の秘密のすべてに拒絶権が認められるわけではなく、保護に値する秘密のみが拒絶の対象になるべきであり、その事項が保護に値するかどうかは、それが公表されることによって受ける秘密保持者の不利益と、拒絶によって具体的訴訟が受ける真実発見と裁判の公正にとってのマイナス効果とを比較考量して判断すべきものとされる。被告たる原子炉の施設者が訴外製造者との間で守秘義務を負う事項の含まれた文書であっても、設置の認可を得るために被告が通産大臣に提出した文書であり、原子力発電機の安全性の有無が争点となった訴訟においては、その記載内容は真実発見の要請にかなうことが予想される。さらに、自己の計画する事業の安全性を示してその認可を受けた企業が、その安全性を問題とした第三者による事業差止請求訴訟において、企業の秘密を理由として上記の資料の提出を拒否することは、公平の原則、信義則に照らし相当でないとして、守秘義務にもかかわらず、提出を拒めないとする（仙台高決平5・5・12判時1460号38頁）。ここには、すでに「証明責任を負わない当事者の証拠提出義務」を認知する発想がうかがわれる。━→p482（4）(ｱ)。

（2）　平成8年・13年改正法とその運用

　平成8年・13年改正法においては、上述した判例の流れを踏まえて、220条で、従来と同様の規定である1号から3号の次に、あらたに4号を加え、前3号に該当する場合のほか、4号に列挙する例外イからホの各項目に該当しないすべての文書が提出命令の対象になるとして、文書提出義務をいわば一般化する条項を入れた。これにより、旧条項の下で、判例によって拡張されてきた義務の範囲をそのまま包摂するとともに、さらに4号の新設によって、文書提出義務が拡大されたものと考えられる。

　(ｱ)　**220条の1号から3号文書**　　ここでは、文書の提出を拒めない場合として、①当事者が訴訟において引用した文書を所持するとき、②挙証者が文書の所持者に対しその引渡しまたは閲覧を請求できるとき、③文書が挙証者の利益のために作成され、または挙証者と文書の所持者との間の法律関係[＊]について作成されたときを列挙している。

　(ｲ)　**220条の4号文書**　　前3号に該当する文書のほか、以下の(i)～(v)に該当

しないすべての文書について所持者は提出を拒めない。

(ⅰ) 文書の所持者自身または所持者と一定の身分関係（196条各号に掲げる関係）を有する者について、刑事訴追を受けまたは有罪判決を受けるおそれのある事項が記載されている文書（220条4号イ）。

(ⅱ) 公務員の職務上の秘密に関する文書[****]で、その提出により公共の利益を害し、または公務の遂行に著しい支障を生ずるおそれのあるもの（↪後述[****](2)(ⅰ)）（同号ロ）。

(ⅲ) 197条1項2号または3号に基づいて証言拒否ができる事項で、黙秘の義務が免除されていないものが記載されている文書[**]（同号ハ）。

(ⅳ) もっぱら文書の所持者の利用に供するための文書[***]（以下、「自己専利用文書」という）（同号ニ）。

(ⅴ) 刑事事件に係る訴訟に関する書類もしくは少年の保護事件の記録またはこれらにおいて押収されている文書（↪後述[****](2)(ⅱ)）（同号ホ）。

220条1号から3号の規定の仕方および4号の規定ぶりからすると、文書提出を求める側に除外事由がないことにつき主張立証責任があるとするように読める。しかし、4号の規定は文書提出義務を一般化したものだとする立場からすると、4号に列挙された事由については、文書提出を拒否する側が、除外事由の存在について主張立証すべきものと考えられる。さらに、4号が規定されるかぎり、3号の規定を残しておくことに意味があるのか、疑問が残る。

[*] **「技術・職業上の秘密」「自己使用文書」の平成8年改正法における解釈**　これらの概念は、旧法下で、主として「法律関係文書」（旧312条3号）の拡張解釈の歯止めとして用いられていたところ、これと同種の概念が、平成8年改正法220条4号において、ロ、ハ（平成13年改正後はハ、ニ）の各項目として一般的提出義務を制限する条項として明文化されることになった。その結果、平成8年改正法は、旧法下の判例が拡大してきた提出義務の範囲を、さらに拡大したものなのか、どういう点で拡大することになるのかなどについて、法の今後の運用が注目される。今後は、4号のハ、ニの項目の解釈をめぐって、議論されることが多くなり、判例が積み重ねられることになるであろうし、そのさいに、従来の解釈を引き継ぎながらも、平成8年改正法の立法趣旨からして、同条項らに該当する文書の範囲は狭められる方向が予想される。

[**] **「技術又は職業の秘密」（220条4号ハ・197条1項3号）**　　最決（一小）平12・3・

10民集54巻3号1073頁は、「その事項が公開されると、当該技術の有する社会的価値が下落しこれによる活動が困難になるもの又は当該職業に深刻な影響を与え以後その遂行が困難になるものをいう」として、相手方としては、その情報の種類、性質、開示することによる不利益の具体的内容を主張しておらず、これを認定していないこと、また「自己専利用文書」について、文書が外部の者に見せることをまったく予定せずに作成されたものであることから直ちにこれが220条4号旧ハ（現ニ）所定の文書にあたると判断し、開示によって所持者の側に看過しがたい不利益が生じるおそれがあるかどうかについて具体的に判断しなかったことから、原審の提出命令申立却下決定を破棄した。

　また文書提出義務は、旧法下においても実務上は、その訴訟における当該文書の重要性、代替証拠の有無など（必要性の有無）を勘案し相対的に文書提出義務の範囲が画されていたと思われるが、改正法の下でも同様である。必要性の有無に関する判断については、本案の裁判所の判断を優先させるべきであるから、即時抗告（223条7項）の対象とならない（最決(一小)平12・3・10民集54巻3号1073頁）のが原則であるが、必要性の度合いが、たとえば「職業の秘密」（220条4号ハ）に該当するかどうかの判断に影響を及ぼすことが考えられる。最決(二小)平19・8・23判タ1252号163頁は、取調べの必要性の高いことと、他方その文書を開示しても相手方に与える影響はさほど大きくないこととを勘案して、220条4号ハの該当性を否定しているので、そのような場合には、必要性の有無・度合いの判断も即時抗告の対象になりうると考えるべきであろう。

〔＊＊＊〕**「自己専利用文書」（220条4号ニ）**　(1)　**裁判例の展開**　「専ら」と条文にあることもあり、相対的に解釈されるべきである。金融機関の貸出稟議書も、一般的には自己専利用文書にあたるが（一問一答251頁）、事案によっては文書提出命令が発せられるであろう（後述③参照）。個人の日記やメモは、プライバシーの保護があり、原則として自己専利用文書といえようが、事情によっては提出義務を認められる場合もあり得よう。企業が作成する同種製品のクレーム報告書、社内用の製品事故調査結果報告書などは、外部の人間に関係することも記載されており、自己専利用文書から除外されることが事案によってはあり得よう（松井秀樹「新民事訴訟法における文書提出命令と企業秘密（1〜5・完）」NBL604号6頁、605号30頁、606号30頁、609号58頁、611号28頁（1996-7）参照）。

　①　**第三者調査委員会の報告書**　最決(二小)平16・11・26民集58巻8号2393頁は、破綻した保険会社Yの保険管理人が、金融監督庁長官から保険業法に基づき、旧役員の経営責任を明らかにするために弁護士、公認会計士等の第三者を委員とする調査委員会の設置を命じられ、その実行として、調査委員会の調査報告書の提出を受けていたところ、Yに対しYからの虚偽の情報を受けて基金を拠出したため300億円の損害を被ったとしてその賠償請求をしたX社がこの調査報告書の提出を申し立て、これを認容している。本決定に

よれば、上記調査報告書は、法令上の根拠に基づく調査結果を記載したものであり、もっぱらＹの内部で使用するために作成されたものでないと判断されている。また、民訴法197条１項２号所定の「黙秘すべきもの」とは、一般に知られていない事実のうち、秘匿することについて、弁護士等の事務処理を依頼した本人にとって単に主観的利益だけでなく、客観的に見て保護に値するような利益を有するものと解すべきであり、本件調査報告書の作成に弁護士が加わったのは、公益のために調査に加わったにすぎないことを考えると、本調査報告書は、同条項所定の「黙秘すべきもの」にもあたらないとした。

　② 金融機関の貸出稟議書──否定例　最決(二小)平11・11・12民集53巻８号1787頁は、「専ら文書の所持者の利用に供するための文書」をつぎのように定義している。「ある文書が、その作成目的、記載内容、これを現在の所持者が所持するに至るまでの経緯、その他の事情から判断して、専ら内部の者の利用に供する目的で作成され、外部の者に開示することが予定されていない文書であって、開示されると個人のプライバシーが侵害されたり個人ないし団体の自由な意思形成が阻害されたりするなど、開示によって所持者の側に看過し難い不利益が生ずるおそれがあると認められる場合には、特段の事情がない限り、」220条４号ハ（現ニ）の文書に該当するとし、貸出稟議書は、銀行内の利用に供する目的で作成され、外部に開示することが予定されていない、開示されると銀行内部の自由な意見の表明に支障を来すおそれがあるものとして、特段の事情がないかぎり、同条項の文書にあたるとする。本件の原判決（提出命令を認める）に対する検討として、新堂・金融法務1538号（1999）６頁以下参照。最決(一小)平12・12・14民集54巻９号2709頁も、信用金庫の会員が提起した代表訴訟において同金庫の貸出稟議書について同旨。

　③ 金融機関の貸出稟議書──認容例　最決(二小)平13・12・７民集55巻７号1411頁は、信用組合の作成した貸出稟議書を所持している株式会社整理回収機構（RCC）に対して、同文書の提出を命じたが、特段の事情として、①文書作成者である信用組合は、営業の全部を RCC に譲り渡し清算中であって、将来においても貸出業務を行うことはない、②提出命令の名宛人 RCC は、法律の規定に基づいて、同信用組合の貸付債権等の回収にあたっているもので、この文書の提出を命じられることによって、RCC において、自由な意見の表明に支障を来しその自由な意思形成が阻害されるおそれがあるとは考えられないと判示する。

　④ 金融機関の社内通達文書　最決(二小)平18・２・17民集60巻２号496頁は、社内通達文書は、内部の者の利用に供する目的で作成されたものではあるが、当該金融機関の意思が形成される過程で作成される文書ではなく、当該金融機関によりすでに形成された意思決定内容を各営業店長などに周知伝達するための文書であって、その開示により当該金融機関の自由な意思形成が阻害されるものでないとして、自己専利用文書にあたらないとする。

第1節　現行法における訴訟準備活動のためのサポート・システム　　*401*

　⑤　金融機関の自己査定文書　　被告銀行Ｙの取引先企業Ａに対する再生債権者ＸがＹ
銀行を訴えた不法行為に基づく損害賠償請求事件において、Ｘは、Ｙ銀行がＡの経営破綻
の可能性を認識しており全面的に支援する意思を有していないにもかかわらず、Ｘに対し
ては全面的に支援すると虚偽の表明をしてＸを欺罔したこと、あるいは正確な情報を提供
すべき注意義務を怠ったことを主張し、この欺罔行為または注意義務違反を立証するため
に、Ｙ銀行が有するＡに関する自己査定文書（融資先に対して有する債権の資産査定を行
う前提として債務者区分をするために銀行が作成・保管している文書）の提出を申し立て
た案件について、最決(二小)平19・11・30民集61巻8号3186頁は、Ｙ銀行は法令により資
産査定が義務付けられていること、またこれらの文書は、監督官庁による事後的検査に備
える目的で保存された文書であり、かつ、そこにおいて、資産査定の正確性を裏付ける資
料として必要とされているもので、金融機関自身による利用にとどまらず、それ以外の者
による利用が予定されているもので、外部の者に開示することが予定されていない文書と
はいえないとして、自己専利用文書にあたらないとして原決定を破棄し、その文書に「職
業の秘密」(220条4号ハ)が含まれているかどうかの審理のために、原審に差し戻した。
その文書が監督官庁による検査の対象になるとしても、公務員の守秘義務によりその情報
の不開示が保障されているので、一般に公開することと同一には論じられないのみならず、
監督官庁による検査の対象になることで自己専利用文書性が否定されるならば、銀行の所
持文書全般について同様のことがいえそうであり、220条4号ニの要件の存在自体が無意
義となりかねない問題をはらんでいる。判例は、自己専利用文書該当性をほとんど認めな
い方向に進むのであろうか。下記(2)参照。
　⑥　ところで、前記⑤の事件の第2次許可抗告審、最決(三小)平20・11・25民集62巻10
号2507頁では、その文書のうち、取引先企業Ａの非公開財務情報が記載された部分につい
ては、銀行にとって秘匿する独自の利益はないこと、開示されたとしても民事再生開始決
定を受けたＡの被る不利益は軽微であること、文書提出申立人ＸがＡの再生債権者である
ことなどに照らせば、公開によりＡの業務の遂行が困難になるとはいえず、Ａは文書提出
を拒絶できないから、銀行の「職業の秘密」にあたらないとする。また顧客の財務状況に
ついて銀行による分析評価が記載された部分は、一般的には「職業の秘密」にあたるが、
本件決定の分析評価は、Ａの民事再生開始決定以前のものであり、開示による不利益・影
響は軽微であり、本件訴訟の重大さ、本件文書の証拠価値の高さ、代替する中立的・客観
的な証拠の不存在を考慮して「職業上の秘密」にはあたらないとして、文書全体の提出を
認めた。
　⑦　金融機関の取引明細表　　被告名義の預金口座に特定の期間に一定金額の入金があ
ったかどうかを証するために、一定時以後の被告とその金融機関との取引明細書の提出を
原告が求めた事案について、最決(三小)平19・12・11民集61巻9号3364頁は、金融機関は

402　第3編　第一審手続　第3章　訴訟準備活動とそのサポート・システム

顧客との取引内容やその顧客の信用に関わる情報について商慣習上または契約上の守秘義務を負うが、それは個々の顧客との関係において認められるにすぎず、その顧客自身が民事訴訟の当事者として開示義務を負う場合には、その顧客は金融機関の守秘義務により保護されるべき正当な利益を有しない、金融機関はこれを開示しても守秘義務違反とならない、したがって、本件取引明細書は、「職業の秘密」（220条4号ハ・197条1項3号）として保護されるべき情報が記載された文書といえないから、その開示を拒むことはできないとした。

(2)　「自己専利用文書」をめぐる最近の展開

(a)　法制審議会民事訴訟・民事執行法部会「民事訴訟法及び民事執行法の改正に関する要綱中間試案」（平成15年9月12日決定）では、補足説明によると、自己専利用文書については、この条項を削除すべしとの意見、除外事由になる範囲を限定するための法律上の手当てをすべきだとの意見などが出たが、文書作成者の自由な活動の保障は必要なこと、その範囲については運用状況をなお見守るべきだなどの理由で、解釈に委ねるべきだとの意見も多く、結論としては、220条4号ニについて「何らかの見直しをするかどうかについては、なお検討する」こととされた（NBL770号（2003）95頁。その後平成20年に刊行された『小島武司先生古稀祝賀　民事司法の法理と政策(上)』（2008・商事法務）には、上記の議論を受け継いだとみられる二つの論文が同時に登載された。

三木浩一「文書提出命令における『自己利用文書』概念の現在と未来」同書833頁と、垣内秀介「自己使用文書に対する文書提出義務免除の根拠」同書243頁である。三木論文は、平成11年11月12日最高裁決定が「自己専利用文書」の該当要件として定立した三つの要件（①開示が予定されていないこと、②開示により所持者に看過しがたい不利益を生ずるおそれがあること、③自己専利用文書該当性を否定する特段の事情のないこと）を、その後の判例の分析を通じて、実質的には、②の要件がほぼ唯一の要件といえると論じる。さらに②の要件は、結局のところ、「プライバシーの侵害の場合」と「団体の自由な意思形成を阻害する場合」とに分解されるが、前者については、日記などでさえその記載内容から見てプライバシーの権利として保護すべきかどうかの判断を要すること、後者については、営業の秘密と比較すると、開示による被害や影響を現実的に検討することができない抽象的な危険に過ぎず、法的保護に値するとはいえないなどの理由から、結論としては、「自己利用文書」概念を廃止し、「個人のプライバシーの侵害」を独立の除外事由として規定するとともに、「団体の自由な意思形成の阻害」については、文書提出義務の除外事由として不適当とし、220条4号ハおよび197条1項3号に定める「技術又は職業の秘密」および「個人のプライバシーの侵害」を通じて保護すれば足りるとする。つまり、文書提出義務を免除するかどうかを判断するには、文書の記載内容に立ち入った実質的な審理が必要であり、文書の記載内容から離れて文書の類型的形式的特徴に依拠せざるをえない要件

とみられる「自己専利用文書」という要件の建て方自体を廃止すべしと論じる。

これに対して、垣内論文は正反対の方向を提言する。垣内論文も「自己専利用文書」という要件が文書の類型的特徴に依拠した要件であることに着眼する。しかし、職業の秘密などと異なった、記載内容と離れて、文書化すること自体に独自の保護法益を求めようとする。すなわち、文書提出義務の免除事由には、①証言拒絶が認められる場合と同様に情報内容自体を保護するための除外事由（220条4号イからハ）のほかに、同条同号ニに該当するものとして、文書上の情報自体を保護する趣旨でなく、文書を類型的にみて、②日記帳のように、文書にして残すこと自体に独自の保護法益が認められる免除事由（「表現形態選択の利益」に基づく免除事由）と、③文書の作成・保管を萎縮させず、これを促進することに一定の社会的価値が認められるような場合に認められる免除事由（文書化促進利益に基づく免除事由）とがあるとする。たとえば、稟議書などは、その作成を促進させることに、業務執行の適性を確保するという社会的価値があることからみて免除事由になると分析する。

二つの論文は、同時に発表されていて、相互に直接のやりとりはないものの、ともに「自己専利用文書」のもつ問題性をえぐり出し、この共通の認識を前提にしながらも反対方向を打ち出しており、今後の動向を占う上で、示唆に富む論戦であったといえる。同じ頃に刊行された山本和彦「各論書証を中心に」「日本民事訴訟法学会第77回（平19）大会シンポジウム」民訴雑誌54号（2008）110頁も、立法論として、220条4号ニの解体を示唆する。しかし、その後、最決(三小)平23・10・11判夕1362号68頁は、弁護士会の綱紀委員会議事録の「重要な発言要旨」部分を、綱紀委員会の内部の意思形成過程に関する情報が記載されているとして、「220条4号ニ」（自己専利用文書）にあたるとした。

なお、累積しつつある多くの文書提出義務に係る判例全体を整理・分析する視点を提供するものとして、伊藤眞「文書提出義務をめぐる判例法理の形成と展開」判夕1277号（2008）13頁、西口元=春日偉知郎編『文書提出等をめぐる判例の分析と展開』金融商事1311増刊号（2009）がある。

(b) 日本弁護士連合会「文書提出命令及び当事者照会制度改正に関する民事訴訟法改正要綱試案」2012（平24）年2月16日（以下、「日弁連試案」という）は、ほぼ三木論文に沿いつつ次のように提案している。①現220条4号柱書を、「文書提出義務除外事由に該当する場合を除き文書提出を拒むことができない」と改め、文書提出義務除外事由の存在の立証責任が文書所持者側にあることを明確化、②現220条3号、同条4号ニおよび同号ホの削除、③文書提出義務の例外として、「個人の私生活上の重大な秘密が記載された文書であって、その提出により当該個人が社会生活を営むのに著しい支障を生ずるおそれがあり、かつ、当該訴訟との関係においてその支障を受忍させることが不当と認められるもの」を新たに規定する（日弁連試案I第一の一から五）。

404　第3編　第一審手続　　第3章　訴訟準備活動とそのサポート・システム

　(c)　秘匿特権について　　上記日弁連試案（I第一の六）では、さらに、証言拒絶権の一つとして、いわゆる秘匿特権を新たに提案している。すなわち「弁護士等（弁護士（外国法事務弁護士を含む。）、弁理士、弁護人及び公証人をいう。以下同じ。）の法的助言を得ることを目的とした弁護士等と依頼者の間の協議又は交信にかかる事項であって、秘密として保持されているものについて〔弁護士等に限らず、依頼者を含めて〕（〔　〕内は新堂による説明）尋問を受ける場合」を新たに規定するとともに、同事項が記載されている文書を、一般的文書提出義務の例外に加えるとする。長谷部由起子「弁護士・依頼者間秘匿特権に関する覚書——民事手続法からのアプローチ」曹時71巻1号（2019）14-23頁は、同提案にかかる秘匿特権が従来の民訴法197条1項2号・220条4号ハとどのような違いがあるかを詳しく分析している。後者は、問題の情報の内容が秘匿に値することを根拠にしているのに対し、秘匿特権は、弁護士・依頼者間の素直な情報交換を促進させるために認められるものとし、秘匿できる範囲は、後者よりも広いと論じる。

　この依頼者・弁護士通信秘密保護制度（秘匿特権）については、近時、公正取引委員会が、新たな課徴金減免制度の導入に際して、同制度利用のインセンティブとして、減免制度を利用する弁護士と事業者とのコミュニケーションに限定した秘匿特権の運用に配慮すると表明した（独占禁止法研究会報告書2017年4月25日）。この問題提起に関しては、いずれも積極的立場からの、「特集　弁護士との相談内容は秘密ではないのか？」自由と正義68巻11号（2017）8頁以下がある。また、出井直樹「依頼者・弁護士通信秘密保護制度（いわゆる「秘匿特権」）の論題」NBL1127号（2018）38頁、伊藤眞「実態解明と秘匿特権との調和を求めて（En quête de l'harmonie）——課徴金賦課手続における実質的手続保障の必要性」判時2367号（2018）128頁以下がある。なお➡p419　2。

〔＊＊＊＊〕　**公務員の所持する文書の取扱い**　　(1)　**平成8年改正法施行の状況**　「公務員又は公務員であった者がその職務に関し保管し、又は所持する文書」は、220条の4号文書から、すべて除かれていた（平成13年改正前の220条4号本文括弧内）。その結果、公務員等の所持する文書については、平成8年改正法には、なにも規定が置かれず、もっぱら解釈に委される状態となった。政府提出の原案では、220条4号ロとして、「公務員の職務上の秘密に関する文書でその提出について当該監督官庁（括弧内省略）が承認しないもの」とあり、この公務員等文書について提出命令の申立てがあった場合において、必要があるときは、この「承認」をするかどうかを当該監督官庁に照会しなければならない（原案222条1項。その承認に関しては、191条2項を準用）とするほか、さらに、この公務員等文書については、平成8年改正法創設にかかるインカメラ手続は、利用できないものとされていた（原案223条3項参照）。その内容は、旧法における公務員等の証言拒絶に関する規定を忠実に文書提出命令に準用するだけのものにすぎなかった。

第1節　現行法における訴訟準備活動のためのサポート・システム　　*405*

それは、判例がすでに認めてきた公務員等文書に対する文書提出命令の範囲を縮減する
ものであり（⤳p396〔＊〕⑤・⑩）、他方、情報公開法の制定が論議されている政治状況に
水をさすものでもあった。かくて、政府原案に対する国会での議論の結果、平成8年改正
法公布後2年をめどに、情報公開制度の検討と並行して総合的な検討を加えた上、必要な
措置を講ずるものとする（附則27条）ことと引き換えに、平成8年改正法では、公務員等
文書についての改正をすべて見送ることになった。

(2)　**平成13年改正法**　　平成13年第151通常国会において、3年をめどに見直すことを
附則に定めた上で、懸案であった改正法が成立した。その内容は、(a)公務員または公務員
であった者が職務に関し保管し、または所持する文書については、私文書と同じ提出義務
の除外（220条4号イ・ハ・ニ）、(b)公務員の職務上の秘密に関する文書で、その文書の提
出により公共の利益を害し、または公務の遂行に著しい支障を生ずるおそれがあるもの
（同号ロ）の除外、および、(c)刑事事件に係る訴訟に関する書類もしくは少年の保護事件
の記録またはこれらの事件において押収されている文書（同号ホ）の除外を認めるとし、
これらにあたらないものは、提出義務があるとする。

　(a)において、4号ニに該当する文書であっても、「国又は地方公共団体が所持する文書
にあっては、公務員が組織的に用いるもの」は、4号ニの除外事由にならない（4号ニの
括弧書）。この種の文書は、国民に対する説明責務を果たす観点から、行政機関の保有す
る情報の公開に関する法律（情報公開法）（平11・法42）上、開示文書の対象とされてい
ることによる（同2条2項・3条参照。広島高岡山支決平16・4・6判時1874号69頁は、
国立大学医学部附属病院が作成した医療事故報告書がこれにあたるとする。秋山幹男「民
事訴訟における公務文書の文書提出命令制度」筑波大学法科大学院創設記念・企業法学専
攻創設15周年記念『融合する法律学(下)』（2006・信山社）463頁、476頁参照）。

　(i)　公務秘密文書──220条4号ロに該当する文書（上記(b)の除外事由）　　その提出申
立てが明らかに理由がないときを除き、裁判所は、監督官庁（衆議院または参議院の議員
の職務上の秘密に関する文書についてはその院、内閣総理大臣その他の国務大臣の職務上
の秘密に関する文書については、内閣）の意見を聴かなければならず、この場合、監督官
庁が同号ロに該当するとの意見を述べるときは、理由を示さなければならない（223条3
項）。監督官庁が、220条4号ロの文書に該当する理由として、国の安全が害されるおそれ、
他国もしくは国際機関との信頼関係が損なわれるおそれ、またはこれらとの交渉上不利益
を被るおそれ、または、犯罪の予防、鎮圧または捜査、公訴の維持、刑の執行その他の公
共の安全と秩序の維持に支障を及ぼすおそれがあることを述べるときには、裁判所は、相
当の理由があると認めるに足りない場合にかぎって、その提出を命じうる（223条4項）。
また、監督官庁が、文書の所持者以外の第三者の技術または職業の秘密に関する事項が記
載されている文書について意見を述べようとする場合には、220条4号ロに該当すると述

べる場合を除いて、その第三者の意見を聴くものとする（223条5項）。

220条4号ロに関する判例には、つぎのようなものがある。

①最決（二小）平16・2・20判時1862号154頁は、漁業を営む組合員個人が県を相手に補償金の支払請求をした事件において、県が漁業協同組合との間で漁業補償総額について交渉する際の手持ち資料として作成した補償額算定調書の中の文書提出命令申立人（原告）に係る補償見積額が記載された部分が4号ロ文書にあたるとしている。補償交渉は、その総額について県と組合が交渉し決定してから、個別の組合員への補償額の決定、配分については、組合に委ねられている事情の下では、当該文書の提出は、組合による補償額の決定・配分に著しい支障を生ずるおそれがあり、県と組合との信頼関係を著しく害し、将来、県が他の組合と漁業補償交渉をする際の著しい支障ともなり得ると判断して、220条4号ロにあたることが明らかとしている。また同様の理由から、本件文書に対する220条3号に基づく申立てについても理由がないとしている。

②最決（二小）平17・7・22民集59巻6号1888頁は、外交上の口上書に対する提出命令を破棄差戻している。

③労災事故に基づく損害賠償請求訴訟において、労働基準監督官が事業所における調査等の結果をまとめて労働基準監督署長に提出した「災害調査復命書」の提出を求めた原告の申立てについて、最決（三小）平17・10・14民集59巻8号2265頁は、つぎのように答えている。この復命書の記載内容には、⑴調査担当者が職務上知り得た情報として、事業所の安全管理体制、事故の発生状況、発生原因等の事業所（被告）にとっての私的な情報と、⑵再発防止策、行政上の措置についての担当者、署長の意見等、行政内部の意思形成過程に関する情報とが含まれており、前者については、公務の遂行に著しい支障のおそれが具体的にあるとはいえないとし、後者については、著しい支障のおそれが具体的にないとはいえないとして、文書全体を一律に4号ロ所定の文書にあたるとした原決定を破棄して、⑴の情報にかかる部分の特定等についてさらに審理を尽くさせるため、本件を差し戻している。

（ⅱ）刑事関係書類——220条4号ホに該当する文書（前記⒞の除外事由）　保険会社が提起した、保険金詐欺の不法行為に基づく損害賠償請求訴訟において、被告が、その共犯とされた者の捜査段階における供述調書で、公判に提出されなかったものにつき文書提出命令を申し立てた事件において、当該調書は、220条3号「法律関係文書」にあたるが、その所持者は、刑訴法47条により、それを提出するか否かについて裁量権を有するため、提出義務の有無が問題となった。最決（三小）平16・5・25民集58巻5号1135頁は、保管者がその裁量権の範囲を逸脱し、または濫用していると認められる場合にかぎってその提出を命ずることができると論じた上で、本件では、共犯者についても申立人についてもすでに有罪判決が確定していることを考慮しても、他の証拠で十分立証が可能であること、共

犯者やその他の第三者の名誉、プライバシーが侵害されるおそれがないとはいえないことから、その提出の拒否が、裁量権の逸脱・濫用とはいえないとして、提出を命じた原決定を破棄して自判し、提出を認めなかった原々決定を維持した（原々決定に対する控告を棄却）。また、最決(二小)平17・7・22民集59巻6号1837頁は、捜索差押を違法と主張する国家賠償請求の原告が、被疑者は未特定で捜査中の段階において、捜索差押許可状および同令状請求書の提出命令を求めたが、同許可状自体の提出を認め、同令状請求書の提出は認めなかった。

　しかし最決(二小)平19・12・12民集61巻9号3400頁は、勾留請求の資料とされた告訴状のみならず、被害者の供述調書が220条3号の「法律関係文書」に該当するとし、かつこれらの文書の提出を拒否することは、刑訴法47条の裁量権の逸脱・濫用にあたるとしている。Xは、Aを強姦したとの被疑事実に基づき逮捕・勾留されたが、その後、勾留請求は取り消され、不起訴処分となっていること、Xは勾留請求が違法であるとして国家賠償請求（本訴訟）をしており、本訴訟においては、すでに国が被疑事実を詳細かつ具体的に記載した陳述書を提出していること、AとXの間では、相互に不法行為による損害賠償請求訴訟が提起されており、Aの名誉、プライバシーが侵害されることによる弊害が生ずるおそれがあると認めることができる等を理由として、裁量権の逸脱・濫用を認めている。

　(3)　**平成24年（2012）日弁連試案**（↘p403〔＊＊＊〕(2)(b)参照（Ⅰ第一の四））　　ここでは、刑事関係書類（220条4号ホ）については、公務秘密文書（同条同号ロ）として扱う（インカメラを利用できる）ことにして、同条同号ホの削除を提案している。同条4号ホをめぐる改正論議については、秋山・前掲論文477頁以下が参考になる。

　なお、刑事被告事件の終結後は、原則として、何人も訴訟記録を閲覧することができる（刑訴53条1項、刑事確定訴訟記録法（昭62・法64）4条参照）。犯罪被害者やその遺族等は、その権利利益を守る目的で、裁判所の判断によって、所定の要件の下に、当該刑事被告事件および同種余罪の刑事被告事件の第1回公判期日後事件の終結までの間、それらの事件の訴訟記録の閲覧または謄写をすることができる。犯罪被害者等の権利利益の保護を図るための刑事手続に付随する措置に関する法律3条・4条参照。

　㈦　**インカメラ手続（非公開審理手続）**　　平成13年改正法は、220条4号ロ文書についても、いわゆるインカメラ手続を設けた（223条6項）。その結果、受訴裁判所は、提出命令を申し立てられた文書が、220条4号イからニに掲げる文書（ホの文書を除く）のどれかに該当するかどうかを判断するため必要があると認めるときは、文書の所持者にその文書を提示させ、裁判所のみがこれを閲覧して、その該当性を判断することができる。こうして提示された文書に対して、裁判所以外だれも開示を求めることはできない（in camera とは、「裁判官室で」という意味で、非

公開の審理を意味する）。

　受訴裁判所がこの手続を行うことになっている。この点は、文書提出命令を拒絶する場合にも、裁判官はすでに閲覧ずみで、そこから心証を得てしまっており、これを本案の判断に用いることができて不都合ではないか、提出命令を申し立てた当事者の立会権を侵害しないかという問題がある。

　しかし、事件の全貌を知らない他の裁判官にインカメラ手続だけを嘱託することは、かなりの負担を強いることになることを考慮し、かつ、受訴裁判所にその文書からの心証の切捨てを期待してあえて受訴裁判所が行うこととした。いかなる場合にこの手続が必要であると認めるのかは、この手続が本来有する上記問題点とのバランスから判断されるべきであろう[＊]。

　　[＊]　**当事者開示によるインカメラ**　　インカメラ手続を原則としながらも、必要と認めるときは、裁判所だけが見るのでなく、当事者等関係者に、当該文書を開示してそれらの者の意見を聴いて文書提出命令の当否を判断する方法がある。

　　　近時の法改正によって、特許権等の侵害に係る訴訟などにおいて採用された（裁判所法等の一部を改正する法律（平16・法120））。その侵害行為の立証のため、または侵害行為による損害の計算のために必要な書類の提出を所持者が拒むことについて正当な理由があるかどうかを判断する場合に、裁判所は、その所持者にその書類を提示させてインカメラ手続で判断するが（特許105条1項・2項）、その場合に、裁判所は、当事者等（当事者（法人である場合はその代表者）または当事者の代理人、使用人その他の従業者、以下、「当事者等」という）、訴訟代理人または補佐人に対し、その書類を開示して意見を聴くことが必要であると認めるときは、これらの者にその書類を開示することができるとする（同条3項）。

　　　文書の記載内容を正確に理解するために、専門的な知見を要する文書が対象になっている場合には、裁判所としても、提示者に詳しく説明を聴く必要があるが、そのような場合には、文書提出を求めた側にもその説明内容に反論する機会を与える方が公平であることを考慮したものである。一方で、当事者等関係者に対する秘密保持命令（同105条の4）によって、当該文書の記載内容を訴訟目的以外に使用し、または第三者へ開示することを禁じて営業秘密が一般に公開されないように配慮するとともに、他方、文書提出命令の当否の判断について、当事者等関係者の立会権を保障し公正な判断を得る方法であり、注目に値する。

　　　このような方法は、営業秘密の開示を避けるために当事者尋問等の公開を停止するかどうかを決定する際にも、応用されている。裁判所は、公開停止を求める当事者等に法廷で陳述する事項の要領を記載した書面をあらかじめ提出させてインカメラで判断するが、そ

の際に必要と認めれば、当事者等、訴訟代理人または補佐人にその書面を開示した上で、その意見を聴いて判断することができるとしている（同105条の7第3項・4項）。この方法は、実用新案法（30条）、意匠法（41条）、商標法（39条）、不正競争防止法（7条3項4項・10条・13条）、著作権法（114条の3第3項4項・114条の6）等にも採用された。

3　文書提出命令手続

（1）　文書提出命令の申立て

申立ては、①文書の表示、②文書の趣旨、③文書の所持者、④証明すべき事実、および、⑤提出義務の原因を明らかにした書面でしなければならない（221条1項、規140条1項。なおこの申立てには規83条の準用がある（規99条2項））。

提出義務の原因が、220条4号に基づく場合には、書証の申出を文書提出命令の申立てによってする必要がある場合でなければすることができない（221条2項）。これは、文書提出命令の申立てが、証拠申出の一方法として行われるものであり、本来は挙証者が自分で証拠を提出するところを、代わりに、裁判所の命令で、他人の所持する文書を提出させる方法であるから、挙証者が容易に入手できる文書（たとえば、登記簿謄本とか公刊されている文書など）についてまで文書提出命令を利用することを認めるとすれば、文書の所持人に対して酷であることによる。

220条の1号から3号までの文書についてこの要件が規定されていないのは、これらの文書が当事者と特別の関係にあることが必要とされる場合であり、別に提出命令による必要性の要件まで要求するまでもないとの判断による。他方、220条の4号文書については、こうした特別の関係の存在を要求していないところから、文書提出命令による必要性をとくに要件として明示したものである。

なお、書証の申出の方法としては、文書提出命令の申立てによらずに、文書の所持者に対して、裁判所が送付を嘱託するように申し立てることによっても可能であるとされているが（226条本文）、当事者自身が法令によって文書の正本または謄本を入手できるときはこのかぎりでないとされるのも（同条ただし書）、同じ理由からである。

（2）　文書の特定のための手続

文書提出命令を申し立てる当事者は、つねに文書を明確に特定できるとはかぎ

410 第3編 第一審手続 第3章 訴訟準備活動とそのサポート・システム

らず、そのため申立てが事実上できないか、文書不特定の故に申立てを却下され
ることも少なくないであろう。平成8年改正法は、このような場合のために、文
書の特定を求める手続を新たに設けた。すなわち、申立当事者が、①「文書の表
示」または、②「文書の趣旨」(221条1項1号・2号)を明らかにすることが著し
く困難であるときは、その申立時には、これらの事項に代えて、どの文書が提出
を求められているかを文書の所持者の方で識別できる程度の事項を明らかにすれ
ば足りるとされ、同時に、その申立てにおいて、裁判所に対し、文書の所持者に
①、②の事項を明らかにすることを求めるように、書面で申し出なければならな
いものとされた(222条1項、規140条3項)。このような文書特定の申出があったと
きは、裁判所は、文書提出命令の申立てに理由がないことが明らかな場合を除き、
文書の所持者に対して、①②の事項を明らかにすることを求めることができる
(222条2項)。

　相手方がこの求めに応じないときの制裁の規定はない。相手方が応じない場合
には、特定ができないのであるから文書提出命令を出すことができないという解
釈が形式論理的には素直であるが、特定の程度には弾力性があるので概括的な特
定で文書提出命令を出すことができると解すべきであろう〔*〕(特定の程度について、
最決(一小)平13・2・22判時1742号89頁は、「特定の会計監査に関する監査調書」との表示で
もって足りるとする)。

　相手方は、文書提出命令の申立ておよび文書特定の申出について意見があれば、
意見を記載した書面を裁判所に提出しなければならない(規140条2項・3項)。

　〔*〕　日弁連試案(→p403〔＊＊＊〕(2)(b))(Ⅰ第二)では、222条の改正案として、①同条
　　　1項から「著しく」を削る、②第1項の申出があった場合には、裁判所は、文書の所持者
　　　に対し、文書の表示および文書の趣旨を明らかにするよう命じることができること、③文
　　　書の所持者が②の命令に従わないときは、裁判所は、222条1項で識別された文書につい
　　　て提出を命じることができることとする規定を提案している。

(3)　文書提出命令

　裁判所は、文書提出命令の申立てを理由がある(取調べの必要があり(181条1項)、
かつ、提出義務がある)と認めるときは、決定で、所持者に対してその提出を命じ
る(223条1項前段)。申立てに理由がない(取調べの必要がないか、または提出義務がな
い)場合は、申立てを却下する。文書の一部について、取調べの必要のない場合

または提出の義務がない場合には、その部分を除いて、提出を命じる（223条1項後段。前掲最決(一小)平13・2・22は、氏名、会社名等の部分をのぞいて提出を命じた例）。

　第三者に対して提出を命じる場合には、その第三者を審尋しなければならない（223条2項）。

　文書提出命令の申立てについての決定に対しては、即時抗告ができる（223条7項。ただし、証拠採否の判断は受訴裁判所の専権に属するので、取調べの必要なしとして申立てを却下した場合を除く、最決(一小)平12・3・10民集54巻3号1073頁）。即時抗告のできる者は、文書の提出を命じられた所持者および申立てを却下された申立人であり、それ以外の者は、本案事件の当事者であっても、できない（最決(一小)平12・12・14民集54巻9号2743頁）。受訴裁判所が文書提出命令の申立てを却下する決定をした上で、即時抗告前に口頭弁論を終結したときは、もはや申立てに係る文書についてその審級で証拠調べをする余地はないから、口頭弁論終結後にされた即時抗告は、不適法であるとするのが判例である（最決(一小)平13・4・26判時1750号101頁）。この場合、文書提出命令の申立てを却下した決定は、終局判決前の裁判として、控訴裁判所の判断を受けるから、当事者は、控訴審においてその当否を争うことができることになる。

4　文書提出命令に従わない場合の効果

（1）　当事者に対する制裁

　当事者が文書提出命令に従わないときは、裁判所は、当該文書の記載に関する相手方の主張を真実と認めることができる（224条1項）。当事者が相手方の使用を妨げる目的で提出の義務がある文書を滅失させ、その他これを使用することができないようにしたときも、同様の効果を認めることができる（同条2項）。

　平成8年改正法は、さらに、相手方が、その文書の記載内容を知り得ないため記載内容について具体的な主張をすることが著しく困難であり、かつその文書で証明すべき事実を他の証拠で証明することが著しく困難であるときは、文書の記載内容ではなく、証明すべき事実に関する相手方の主張そのもの（要証事実）を真実と認めることができると規定する（224条3項）。後者の効果は、旧法下においても、判例によって認められていたものであるが[2]、平成8年改正法は、これを明文で認めた。

412　第3編　第一審手続　第3章　訴訟準備活動とそのサポート・システム

　文書提出命令は、通常証明責任のない当事者に対して出されるが、本来、当事者が所持する文書について提出義務が認められる場合とは、証明責任を負わないとしても、真実に基づく公正な裁判のために、その文書の提出を受忍すべき場合であると考えられる。しかも、記載内容について具体的な主張をすることおよびその文書で証明すべき事実について他の証拠で証明することが著しく困難である場合とは、文書提出命令を申し立てた当事者としては、その要証事実に関する具体的な事実経過が自分にとって知り得ない状況下のもの（たとえば、密室内の医師の手術経過など）であって、その文書による以外には、その具体的経過を知る手段も証明手段も有しない場合であると考えられる。そのような証拠偏在の場合には、事実および証拠を独占的に所持する相手方に、当該文書を提出させて、これによる事案の解明を求めるのが公平であり、これに協力しないとすれば、信義則に反するというべきであって、本条項による効果は正当なものということができるとともに、信義則が自由心証主義の領域を限定する場合と解すべきである。さらに、このような本条項は、証明責任と切り離された、むしろ証明責任を負わない当事者の事案解明義務の存在と、その義務違反の場合には、要証事実を推認することができるという原則（事案解明責任→p483(4)(イ)）の実定法上の基礎を提供するものとみることができる[3]。

（2）　第三者に対する制裁

　第三者が文書提出命令に従わないときは、裁判所は、決定で、20万円以下の過料に処する。この決定に対しては、即時抗告ができる（225条）。

第2項　検証物の提示命令または送付の嘱託

1　検証物の提示命令または送付の嘱託の申立て

　物の物理的性状等を証拠資料にするための検証の申出は、書証の申出に準じて行われる。相手方または第三者が所持する物について検証を求めるには、検証物の提示を相手方または第三者に命じることを申し立てる方法と、送付の嘱託をす

　2）　東京高判昭54・10・18判時942号17頁、竹下守夫「模索的証明と文書提出命令違反の効果」吉川・追悼(下)163頁。

　3）　松本博之「民事訴訟における証明責任を負わない当事者の具体的事実陳述＝証拠提出義務について」曹時49巻7号（1997）1611頁、とくに1649頁。

るように申し立てる方法とがある（232条1項による219条・226条の準用）。

　検証の目的物については、文書特定のための手続（222条）は準用されないが、インカメラ手続は準用される（232条1項による223条の準用）。

2　検証協力義務およびその範囲

（1）　検証協力義務の意義

　検証の目的物を挙証者の相手方または第三者が所持している場合に、所持者が目的物を裁判所に提出すべき義務を、検証物提示義務という。目的物の移動が困難な場合には、その所在場所で検証を行うことになるが、このような検証を受忍すべき義務を、検証受忍義務といい、二つ併せて検証協力義務という。

（2）　検証協力義務の範囲

　この義務の範囲を直接定める規定はない（証人となる義務については190条、書証を提出する義務については220条、鑑定人となる義務については212条などの規定がある）。ただ、正当な理由なく提示命令に従わないときは、当事者に対しては、224条（文書提出命令に従わない場合の効果）を準用し（232条1項）、第三者に対しては、裁判所は決定で、20万円以下の過料に処する（同条2項）と規定するのみである。旧法においても同様な規定の体裁であったが、文書提出義務が限定的義務とされるのに対して、検証物については、文書と同様に所有権を観念できるとしても、所持者の思想内容や精神生活とは関わりのない客観的な存在であり、文書の提出に比べ検証物を提出する方が所持者の負担は軽いとみられるというので、検証協力義務は、一般的義務であると解し、旧280条・281条の証言拒絶事由に該当するような場合にかぎり、拒絶の正当事由ありとするのが、通説であり、判例の立場でもあった[1]。

　平成8年改正法では、文書提出義務の範囲が一般的義務といえるまでに拡張されたわけであるが、そこでの当事者間の武器対等の原則、真実発見の要請という趣旨は、検証の場合にもまったく変わりないので、検証協力義務の性質・範囲について従来の一般義務説が妥当するであろう。この趣旨は、223条や224条の準用

1）　学説については、注釈民訴(7)206頁・209頁〔加藤新太郎〕。大阪高決昭58・2・28高民36巻1号39頁、大阪高決昭61・6・23高民39巻3号45頁など。

を明示した（232条1項）ところからも窺えないわけではない（220条のような規定を
なぜ設けなかったかとの疑問もないではないが、220条自体が未だ限定列挙主義の残滓を残した
体裁であるので、同条全体を準用することも、4号のみを準用する旨の規定を置くこともどちら
らも適当でなく、他方、すでに一般義務と解する、ある程度確立した学説があることを考えて、
解釈論に任せたものと考えられる）。

3 検証協力義務の違反の効果

　正当な理由なく提示命令に従わないときは、当事者に対しては、224条（文書提
出命令に従わない場合の効果）を準用し[*]（232条1項）、第三者に対しては、裁判所は
決定で、20万円以下の過料に処する（同条2項）。いかなる場合に正当な理由が認
められるかについては、前述2参照。過料の決定に対しては、即時抗告をするこ
とができる（同条3項）。

〔*〕　**親子関係訴訟とDNA鑑定等の拒否**　　夫から妻に対し、①民法772条の嫡出推定が
　　働かない親子関係不存在確認請求事件と、②被告らの不貞等を理由とした損害賠償請求事
　　件において、被告である女性とその子がDNA鑑定を含む血液鑑定を拒否したことに対し、
　　東京高判平7・1・30判時1551号73頁は、①事件において、客観的かつ明白に父子関係を
　　否定できるのは、だれも疑いを差し挟まないような信頼するに足りる科学的証拠によって
　　立証されることが必要であるとする一方、当事者の利害だけにとどまらない公益性のある
　　身分関係訴訟においては、一方当事者の訴訟上の態度によって、立証上その者に不利益な
　　判断をすることは許されず、旧民訴法317条（平成8年改正232条1項・224条1項・2
　　項）の規定は親子関係事件に適用されないとし（人訴19条1項参照）、父子関係の不存在
　　の証明はないとした。これに対し、②事件では、原告の「主観的立証責任が転換されるべ
　　きである」との主張を退け、夫婦間の性交の時期と子の出生時期との関係（間接証拠）か
　　ら、その子が原告の子ではないことは明らかと認定し、これにより妻の不貞を認めて損害
　　賠償請求を認容した。
　　　春日偉知郎「父子関係訴訟における証明問題と鑑定強制（検証協力義務）」曹時49巻2
　　号（1997）1頁以下は、①について、証明度を高く要求しすぎることと検証協力義務とそ
　　の履行確保について立法的配慮がないこととは矛盾し、結局、原告に立証不能を強いるこ
　　とになると批判し、証明度の要求を合理的な程度にすること、証拠提出責任の転換を認め
　　ること、さらに鑑定を強制させるための過料等の制裁など立法的手当を説く。

第5款　証拠保全手続

1　証拠保全の意義

　訴訟における正規の証拠調べを待っていたのでは、その証拠方法の使用が困難となる事情（たとえば、証人の死亡や外国への移住、文書の消失または検証すべき現状の変更等のおそれ）があると認めるときに、本来の訴訟手続とは別個に、あらかじめその証拠を取り調べ、その結果を保存しておくための付随手続である。訴訟提起前にも認められる手続であり、実務上証拠収集の手段として用いられている（医療過誤訴訟などの提起前に、改竄のおそれを理由にして、診療記録等の謄写をするためによく用いられていた）。またこのように事前に事実関係を把握することによって、無用な訴訟を取りやめたり、和解の機運を醸成することができ、訴訟の防止・抑制にも役立っている。しかし、このように、証拠保全手続を証拠収集の手段に流用するのは、解釈論の域を超え、相手方に不利益をもたらさないともかぎらないし、不意打ち的に行われるため、相手方に心理的反発を引き起こし、裁判所の公平さを傷めかねない面があるから、慎重な運用をすべきであるとの意見もある[1]。

　しかし、改竄されてしまえば、真正なカルテの証拠調べは不可能になるから、証拠保全の要件を満たすわけで、必ずしも、制度の流用とまではいえない。ことに、医療過誤訴訟では、申立人としてはどのような診療が行われたかをカルテなしではほとんど知ることができず、他方、医師側はこれを排他的に所持していて歪曲の誘惑の大きい状況にあるのであるから、改竄のおそれを理由にした申立てを認める方向には、合理性がある[2]。医師としては、法律上作成を義務づけられたものであり（医師24条）、患者としては、医師に対して、カルテ等に基づいて、診療行為の経過の説明を求める権利（民645条参照）を有しており、その説明が十分でないか、納得のできないものであるから、証拠保全の申立てになっているわ

1）　大竹たかし「提訴前の証拠保全実施上の諸問題」判タ361号（1978）75頁。
2）　小島武司「証拠保全の再構成――『挙証限界』と『二重機能』の理論をめぐって」自由と正義29巻4号（1978）〔同・基礎法理73頁〕。広島地決昭61・11・21判時1224号76頁は、改竄のおそれは抽象的なものでは足りず、具体的なものでなければならないと判示するが、事案としては、証拠保全を認めている。

けで、その際に患者にカルテ等へのアクセスを確保するために裁判所が手を貸すことは、むしろ当事者間の公平を回復する措置として積極的に評価すべきものであろう[3]。

2 証拠保全の手続

管轄裁判所は、訴訟係属中にあっては、その証拠を使用すべき審級の裁判所である（235条1項）。ただし、最初の口頭弁論の期日が指定され、または事件が弁論準備手続もしくは書面による準備手続に付された後、口頭弁論終結に至るまでの間は、受訴裁判所である（同項ただし書）。急迫な場合または訴訟係属前は、尋問を受けるべき者もしくは文書を所持する者の居所または検証物の所在地を管轄する地方裁判所または簡易裁判所である（235条2項・3項）。手続の開始は、原則として申立てによる（234条）。申立てには、書面で、相手方の表示、証明すべき事実および証拠を記載し、かつ、証拠保全の事由を明らかにし、これを疎明しなければならない（規153条）。申立てを認めるときは、証拠保全の決定をする。訴訟係属後は、申出のあった証拠について、職権で証拠保全の決定をすることができる（237条）。証拠保全の申立てを却下する決定に対しては抗告ができるが（328条）、証拠保全決定に対して不服を申し立てることは許されない（238条）。

証拠調べには、申立人と相手方を立ち会わせるのが原則であるが（240条本文）、将来訴訟で相手方とすべき者をまだ指定できない場合には、裁判所はその者のために特別代理人を選任して立ち会わせることができるし（236条）、急速を要する場合には、当事者を呼び出さないでも証拠調べができる（240条ただし書）。

証拠保全の記録は、本訴訟が行われるようになれば、その裁判所の裁判所書記官に送付する（規154条）。保全手続の費用は、後の本訴訟の費用に加えられる（241条）。

---

3) 新堂「訴訟提起前におけるカルテ等の閲覧・謄写について」判タ382号（1979）10頁以下〔同・展開151頁〕参照。加藤・要論450頁は証拠保全は、「立法論としては、公証制度等と同じく、事実関係を明確ならしめ予め紛争を絶ち訴訟を予防する目的のために訴訟と離れて独立の私権保護制度の一科として之を施設するを適当とする」と述べている。

3　証拠保全の結果

本訴訟で行われた証拠調べと同一の効力をもち（証人尋問調書が書証として扱われるのではない）、後日訴訟でこの証拠について正規の証拠調べがなお可能であっても効力を失わない。ただ、証人尋問であって、口頭弁論でなお尋問が可能であるときは、直接主義の要請を徹底させるため、その申出があれば、裁判所は必ず尋問し直さなければならない（242条）。

第2節　情報開示義務の基本理念

前節では、現行法の認める当事者の訴訟準備活動をサポートする手段をひとわたりみたが、当事者照会制度や提訴予告通知制度創設は、基本的に失敗したといわれている。自分にとって不利な事実や証拠までも開示する義務があるとすると、訴訟代理人としても、依頼者本人にとって不利益な情報を進んで開示するのは、代理人としての倫理（弁護士職務基本規程22条参照）に反するのではないかとの思惑もあろう。回答もおざなりになることが考えられ、お互いにこの制度を利用しなくなるという結果になっているのかもしれない。また重要な事実や証拠の早期の開示には、相手方にうまく利用されるおそれを感じ、訴訟代理人として躊躇する面もあるので、このような事情を考慮した上で、実効性のある制度への工夫改善が、今後も求められるべきである。しかし、制度の改善を考えるにしても、その基本理念を明らかにしておく必要があろう。

他方、民事訴訟による紛争解決のためといえども、憲法上、社会生活上保護されるべき秘密情報にはどのようなものがあるか、そして、本来保護されるべき秘密情報を有する者が、訴訟のためにそれを開示せざるをえなかった場合に、訴訟以外の目的で広く利用されることに対する歯止めとして、秘密保持命令の問題を考察する必要がある（これは、他面で、訴訟における開示を促進するインセンティブになるともいえる）。

1　情報開示義務の基本理念

平成8年改正、さらに平成15年改正によって導入された訴え提起前と提起後の照会制度、文書提出義務の一般義務化、さらに訴状・答弁書・準備書面の記載に

関する民事訴訟規則改正（↳p526〔＊〕）などは、当事者間および裁判所との間で、訴訟のできるだけ早い段階において事件に関する情報について最大限の共通認識をつくることが、無駄な争点を除き、証拠の整理につながり、審理の充実・促進を図ることができると考え、そのための不可欠の手段であるとして導入されたものである[1]。これは、原則として、当事者にとって有利か不利かを問わず、その訴訟に関する事実や証拠については、お互いに手持ちの情報、また訴訟のために集めた情報について、相互にできるかぎり共通の認識をもって攻防を尽くすというのが、適正な訴訟手続の根本原理であるという理解を前提にしている[2]。自己に不利な証拠を隠し、相手がこれを知らないことを奇貨として勝訴するという訴訟戦術は、もはや許されないとするフェアプレイの精神にも通じる[3]。これは、アメリカのディスカバリー制度を支えている基本原理と共通する[4]。

このような当事者間および裁判所との間で、事件に関する情報について最大限の共通認識が保障されるならば、不意打ちは少なくなり、真の争点に的を絞って、人証調べに入ることが可能になり、審理の促進にも役立つし、充実した審理も期待される。また、効率よく真実の発見に近づくこともできよう。争点が整理されれば、それぞれの勝訴敗訴の見込みも立ち、和解の機会も増える。結果として資源の節約にもつながる。

民事訴訟制度は、国民の税金を使って運営されており、制度の運営は効率的でなければならない。そして、そこでの理想は審理の促進と充実にあるとすれば、これを確保するための情報開示義務は、いやしくも民事訴訟制度を利用する者、民事訴訟を通して正義を実現しようとする者にとっては、国民に対する基本的な義務ともいうべきものである。弁護士の訴訟代理人としての業務（弁護士職務基本

1）　伊藤眞「開示手続の理念と意義(上)(下)」判タ786号 6 - 7 頁・787号23頁（1992）。

2）　伊藤眞ほか『民事訴訟法の論争』（2007・有斐閣）182頁〔伊藤眞発言〕は、証拠収集の権利こそが手続保障の中心という。また山本和彦「手続保障再考」井上・追悼155頁は、法に関する情報も含めて、事実・証拠に関する情報にアクセスする機会が確保されなければ「実質的手続保障」を欠くとする。

3）　高橋・重点(下)70頁によれば、平成 8 年改正法はこのような方向での思想・精神の転換を行ったとする。

4）　連邦最高裁ヒックマン対テイラー事件、小林秀之『新版・アメリカ民事訴訟法』（1996・弘文堂）151頁参照。

規程（平16・日本弁護士連合会会規70号）21条・22条参照）も、このような義務（同74条参照）を前提にしたものと理解すべきであり、そうあってこそ、国民の目線からの批判（⤵p10〔＊〕）に耐えることができる、と考える。

2 情報開示義務の限界（秘匿特権）

　情報開示義務が、当事者からみれば民事訴訟における実質的な手続保障といえる反面、当事者が信頼する弁護士に相談し意見・助言をえて自己に有利な主張立証を選択できる権利を手続上保障することもまた、同程度に実質的な手続保障といえる[5]。そして後者の手続保障を確立するためには、当事者が弁護士らに安心して相談できる環境を整える必要があるが、そのためには、そこで交換された情報が外部に漏らされないことを保障する必要がある。これが、弁護士会等が要求する秘匿特権という考えである。もし、相談内容が外に漏れるかもしれないとなれば、相談自体をためらうことになる。この萎縮効果を避ける必要こそが秘匿特権の目的といえる（現行民訴法上の自己専利用文書を文書提出命令の除外理由とする趣旨に近似するといえようか）。機能面からみると、情報開示義務と秘匿特権とは、相矛盾するところがあるから、実際には、秘匿特権をどのような範囲で認めるべきかが重要な課題となる。

　周知のように、秘匿特権は英米法に由来し、そこでは、その限界を定める手法についても多くの経験を積み重ねており、わが国での熟成にも、有益な示唆を与えるものと思考する[6]（わが国では近時、公正取引委員会の調査手続について具体的議論が始まったことについては⤵p404〔＊＊＊〕(2)(c)）。

5）　伊藤眞「実態解明と秘匿特権との調和を求めて──課徴金賦課手続における実質的手続保障の必要性」判時2367号（2018）128頁以下、では、手続保障を形式的手続保障と実質的手続保障とに分類し、前者は、一定の要件の下に判決なり処分を受ける場合には、その要件の存否を判断する過程に自ら参加して自己の主張立証をする地位を保障されるべきだとするにとどまるものであるとし、ここでいう事案または実態解明のために必要な情報を得られるという地位（情報開示義務）と秘匿特権を認めることは、実質的手続保障として、社会的にも尊重されるべき法的価値を有すると論じる。

6）　とくに英米法における秘匿特権の歴史および現状の把握と、日本法における弁護士倫理における秘密保持（弁護士23条、弁護士職務基本規程23条・51条）、自己負罪証言拒絶権（民訴196条）、職業上知りえた秘密についての証言拒絶権（民訴197条）、文書提出命令における自己専使用文書等の除外（民訴220条4号ニ）等の規定とのすり合わせ作業（立法論も含む）、グローバル化を踏まえた

420 第3編 第一審手続 第3章 訴訟準備活動とそのサポート・システム

3 秘密保持命令制度について

　民事訴訟法上は、秘密を保護する規定としては、訴訟記録の閲覧等の制限（92条）、証言拒絶権（196条・197条）、文書提出義務の除外事由（220条4号イからホ）など間接的な規定が散見された。これに対して、平成24（2012）年、日本弁護士連合会は、民訴法の改正要綱試案（→p403〔＊＊＊〕(2)(b)）Ⅰ第三において、秘密保持命令制度の新設を提案している。

　その内容は、大略次のようなものである。①営業秘密（不正競争防止法2条6項に規定する「営業秘密」）またはプライバシーの保護のために、申立てにより裁判所がその訴訟の当事者・代理人等に対して、必要性の要件の下で、その秘密を訴訟以外の目的で利用することを禁じ、または第三者への開示を禁ずる命令を出すこと、②秘密保持命令の方式、送達、効力発生時期、秘密保持命令に対する即時抗告、秘密保持命令の取消し、訴訟記録の閲覧等の請求の通知その他については、特許法105条の4ないし6を参照にして規定すること、③上記の命令違反者に対する親告罪として、懲役・罰金刑またはその併科を定めること、④文書提出命令または文書送付嘱託における文書の所持者も、現92条における記録閲覧制限の申立てができるように規定すること等が盛られている。時宜を得た望ましい提案といえよう。

　企業法務における訴訟外での弁護士の役割、内部通報制度・社内調査・いわゆる第三者委員会等における弁護士の役割にかかる秘密保持のあり方など、喫緊の課題である。このような問題について、2019年3月9日に行われた「法曹倫理国際シンポジウム東京2019『秘密の保持——その理論と実践』」は、多くの示唆を含み、有益であった（当日会場で「予稿集」「資料」が配布されている）。なお、精神病セラピストの職業については、カリフォルニアで起こったタラソフ事件が多くを語る（太田勝造『民事紛争解決手続論』（1990・信山社）127-139頁に紹介がある）。

第4章　訴訟審理の進行

訴訟の審理とは、内容的にいえば、訴えに対して判決するために、より細かくいえば、判決の結論的判断のために、資料を収集することである。この結論的判断とは、訴訟要件の存否と請求の当否についての判断であり、訴訟審理は、これに必要な限度で行われる。資料の収集は、弁論と証拠調べによって行われる。弁論とは、当事者の法律上の主張、事実の主張および証拠の提出行為であり、証拠調べとは、弁論で提出された証拠から、事実および法規を認定するための資料を感得する裁判所の行為である。

したがって、訴訟の審理は、訴訟主体の行為の面からみると、当事者の弁論と裁判所の証拠調べに大別できる。しかし、両者とも、あらかじめ指定された期日に行われるのが原則であるから、訴訟の審理は、手続の進行面からみると、この期日の指定・準備・実施・続行・終了の過程でもある。

このような審理の過程を理解するために、本章では、まずその総論として、訴訟審理の促進と充実を図るための基本的な道具概念である期日・期間・送達の説明をし、あわせて訴訟手続の停止についてふれ（第1節）、審理をめぐる当事者と裁判所の役割を概観する（第2節）。ついで、第5章においては、審理の第1段階として、当事者の弁論活動とこれに対する裁判所の整序活動を取り扱い、第6章において、審理の第2段階として、当事者の立証活動とこれに対する裁判所の事実認定を扱うことにする。

第1節　手続の進行と停止

訴訟手続は、時系列でみると、訴状や呼出状の送達、期日の指定・準備・実施・終了、判決の送達、期間の経過という形で進行する。期日・期間・送達という概念は、このように手続の進行を時間的に段階づけ、訴訟の迅速化を図るためのチェック・ポイントを指示する機能をもっているが、同時に、これらは、当事者に弁論やその準備の機会を手続上保障して十分な審理ができるように手続を組

422 第3編 第一審手続 第4章 訴訟審理の進行

み立てるための道具でもある。その意味では、手続の骨格を形成するための基本的な道具概念であり、これらに関する規律内容は、審理の促進と充実という、二つの矛盾しかねない要請をともに汲み上げ調和させるものでなければならない。訴訟手続の停止という概念も、当事者に手続関与の機会を実質的に保障するためのものであるが、訴訟の促進との関係も密接である。

　本節では、これらを、審理の促進と充実という本章の課題のいわば序説にあたるものとして、審理の具体的展開の説明に入る前に、概観しておくことにしたい。

　　　第1款　期　　　日

1　概　　　念

　期日とは、当事者その他の訴訟関係人が会合して（電話会議による弁論準備手続でも、当事者の一方は出頭していなければならない。170条3項ただし書）訴訟に関する行為をするために定められる時間をいう。その目的とする事項によって、いろいろな名称がある（たとえば、口頭弁論期日、準備的口頭弁論期日、弁論準備手続期日、証拠調期日、和解期日、判決言渡期日など）。

2　期日の指定

　（1）　期日は、あらかじめ場所、年月日および開始時刻を明示して指定される（ただし、273条）。やむをえない場合のほかは、日曜日その他の一般の休日（裁判所の休日に関する法律（昭63・法93）1条1項にいう休日と同じと解される。なお95条3項参照、→ p428〔*〕）をさけなければならない（93条2項）。

　（2）　期日の指定は、申立てによりまたは職権でする（93条1項）。裁判所の手続の期日は裁判長（同条1項）、受命裁判官または受託裁判官の手続の期日（たとえば、弁論準備手続期日、和解期日、証拠調期日）は、その裁判官が指定する（規35条）。指定は、これらの裁判官の命令の形で行われる。

　（3）　当事者の期日指定の申立てを却下することは、手続の進行を拒否することを意味するから、裁判所の決定ですべきである。期日指定の申立てが訴訟終了後になされるときは（たとえば、訴え取下げ・訴訟上の和解の無効を理由とする場合）、訴訟は終了せずなお係属中であるという主張を含むから、この申立てに対しては、

口頭弁論を経て終局判決で裁判すべきである（訴えの取下げにつき、大決昭 8・7・11民集12巻2040頁、訴訟上の和解につき最判(三小)昭38・2・12民集17巻 1 号171頁。➡p376(a)）。

（4）　期日の指定を欠いた日時に期日でなすべき訴訟行為がなされても効力を生じない。判決言渡期日の指定がなく判決の言渡しがあったときは、判決の手続の法律違反（306条）になる（➡p672(2)・p933〔*〕）。

3　期日の変更

（1）　概念

期日の変更とは、期日の開始前にその指定の裁判を取り消し、別の期日を指定する裁判をすることをいう。期日を開始したがその期日には訴訟行為を全然しないで、別の期日を指定すること（期日の延期）とは異なるし、また、期日に訴訟行為を行ったが完結しないで、これを継続して行うために別の期日を指定すること（期日の続行）とも異なる。

（2）　期日変更の要件

期日の指定は、もともと訴訟指揮の裁判であるから、裁判長において職権で変更できるが（120条・93条 3 項本文 4 項）、裁判所の都合だけで変更すると、関係人の予定を狂わせ不測の迷惑・損害を被らせるし、また、とくに当事者の都合でむやみに変更すると、訴訟遅延の原因になるので、その要件を厳格にする必要がある。

　㋐　弁論準備手続の最初の期日の変更および弁論準備手続を経ない口頭弁論の最初の期日の変更だけは、当事者の合意に基づく変更の申立てがあれば、無条件に許す裁判をする（93条 3 項ただし書）。最初の期日は、当事者の都合をきかないで指定される関係で、準備が間に合わなかったり当事者間に示談が進行中であったりして、審理を開始するのが適当でない場合があるからである。ここにいう「最初の期日」とは、最初に指定された期日を指す（最判(三小)昭25・10・31民集 4巻10号516頁）。当事者の合意がなければ、顕著な事由がある場合にかぎり、期日変更の申立てを許容する（最判(二小)昭24・5・21裁判集民事 2 号265頁）。

　㋑　弁論準備手続の続行期日の変更および弁論準備手続を経ない口頭弁論の続行期日は、顕著な事由が存するときにかぎり、変更が許される（93条 3 項本文。ただし、弁論準備手続を経ない口頭弁論の続行期日でも、すでに弁論で争点および証拠の整理

が完了した場合は、(ウ)の扱いとなる)。これは、当事者の一方に、出頭して弁論できない合理的な事由がある場合には、相手方の同意がなくとも、これに口頭弁論の機会を与えるべきであるからである。顕著な事由にあたるかどうかについて民事訴訟規則37条は、一応の解釈基準として、「当事者の一方につき訴訟代理人が数人ある場合において、その一部の代理人について変更の事由が生じたこと」、「期日指定後にその期日と同じ日時が他の事件の期日に指定されたこと」は顕著な事由にあたらないとする。ただし、やむをえない事由があるときは、変更の申立てができるとする。急病で出頭不能であるときはこれにあたる（大判昭9・3・9民集13巻249頁。ただし、出頭不能の場合でも訴訟遅延の意図が認められるときは、これにあたらない。大判昭10・5・11民集14巻1020頁は、控訴審の最初の期日について同旨）。さらに、主張や証拠提出の準備が間に合わない正当な事由がある場合も、顕著な事由ありと解すべきである。

　　(ウ)　弁論準備手続を経た口頭弁論期日の変更は、やむをえない事由がある場合でなければ、許すことができない（93条4項）。また弁論準備手続を経なくともすでに争点および証拠の整理が完了した後の口頭弁論期日の変更についても、同様と解すべきであろう。弁論準備手続を経た事件や、これを経なくとも争点・証拠の整理が終わった事件については、口頭弁論における証拠調べを継続的に集中して行うようにするためであり（182条、規101条参照）、やむをえない事由は、顕著な事由よりも、きびしく解すべきである。事実および証拠の調査が不十分であることは、むろんやむをえない事由にあたらないし（規64条参照）、たんに本人が脳溢血で絶対安静を要するとの診断書が添付されていても代理人を選任できないなどの事由が示されないかぎり、これにあたらない（最判(二小)昭28・5・29民集7巻5号623頁）。

（3）　期日変更の手続

　　期日変更の申立ては、期日の変更を必要とする事由を明らかにしてしなければならない（規36条。変更を求める理由を明らかにする資料等をも提出しないと、申立てを却下され弁論を終結されることがある、最判(二小)昭43・11・15判時546号69頁）。裁判長は、申立てを認めるときは期日変更の命令をし、申立てを認めないときは、裁判所が決定で却下する。この許否の裁判に対しては、不服申立ては許されない（大決昭5・8・9民集9巻777頁など。司法行政上の監督権の発動を求める余地はある。裁80条）。も

第1節　手続の進行と停止　*425*

っとも、期日の変更が許されなかった場合でも、当事者が自分の責めに帰しえない事由で現実にその期日に出頭できず、実際に攻撃防御の機会を失ったため、そのまま敗訴となった者には、期日において正当に代理されなかった者に準じて上訴または再審による救済（312条2項4号・338条1項3号）を認めるべきであろう[1]。

4　期日の呼出し

（1）　指定した期日を当事者その他の関係人に知らせて、出頭を要求することを呼出しという。呼出しは、呼出状の送達、その事件の関係で出頭している者に対する期日の告知（この二つが正式の呼出方法）、その他相当と認める方法（「簡易な呼出し」といわれる）によってする（94条1項）。

平成8年改正法では、最初の期日の呼出しも含め、簡易な呼出しができることとなった（旧154条2項参照）。もっとも、簡易な呼出しをした場合には、欠席者に対して法律上の制裁その他期日の不遵守による不利益を帰することができない（94条2項）。ただし、これらの欠席者が期日の呼出しを受けた旨を記載した書面を提出したときは、このかぎりでない（同項ただし書）。これは、名宛人が「期日請(受)書」を提出する慣行を基礎にしたものとみられるが、名宛人が呼出しを受けた事実を認めている以上、期日懈怠の不利益を課すことができないとする理由はないからである。

（2）　期日の呼出しがないときは、その期日の実施自体が違法になる。ただし、その当事者の責問権の放棄によって治癒される（90条）。期日の呼出しがないために出頭できず、そのまま敗訴の判決を受けた者は、期日において正当に代理されなかった者（312条2項4号・338条1項3号）に準じて、上訴または再審による救済を認めるべきである。

もっとも、判決言渡期日の呼出しを欠いても判決内容に影響はないから、上訴の理由にはならない。判例は、期日指定の裁判が告知された期日に欠席した者に対しても、期日指定の裁判の効力は及ぶ（122条・251条2項）から、これに対する呼出状の送達を欠いても訴訟手続の違反にならないとするが（最判(一小)昭28・7・30民集7巻7号851頁、最判(三小)昭32・2・26民集11巻2号364頁、最判(一小)昭24・

1）　兼子・体系184頁。

8・18民集3巻9号376頁など)、裁判例は、いずれも、判決言渡期日の指定の裁判についてであるから、その結論を肯定できる（それ以外の期日の指定の裁判であれば、欠席者には、呼出状を送達すべきである。なお、→p672(2)）。

5　期日の実施

　期日は、指定された日時および場所において、裁判長が事件を特定指示して審理の開始を宣言することによって始まる。この宣言を事件の呼上げというが（規62条）、実際には裁判所書記官または廷吏（裁63条2項参照）に行わせている。期日の開かれる場所（法廷）は、原則として裁判所（本庁）または支部である（裁69条1項。例外、裁69条2項、民訴185条）。期日の目的たる事項（たとえば弁論、証拠調べ、和解の成立、判決の言渡し）が完了すれば期日は終了するが、その目的たる事項に入らず他の期日にすることにして期日を終えること（期日の延期）もあるし（これも、期日の変更と同様、むやみに許すべきでない。規64条参照）、その事項を完結できないために次回に継続することにして期日を終えること（期日の続行）もある。期日の終了は、その旨の裁判長の宣言による（黙示でも行われる）。

第2款　期　　間

1　期間の意義および種類

（1）　行為期間と猶予期間

　期間には、訴訟手続の迅速・明確化を図るために、一定の行為をその間にさせようとする趣旨の期間と、当事者その他の関係人に、ある行為をするかしないかを考慮させ、またはその行為の機会を保障するために、つぎの段階に進むには一定の時間をおかなければならないという趣旨で設けられる期間（たとえば、112条、非訟103条・117条2項、外国等に対する我が国の民事裁判権に関する法律21条1項）とがある。前者が行為期間であり、後者が猶予期間または中間期間といわれる。

　行為期間のうち、当事者の行為について定められるものを、本来の（または固有の）期間という。たとえば、補正期間（34条1項・59条・137条1項）、担保提供期間（75条5項）、準備書面提出期間（162条・170条5項）、争点・証拠の整理結果要約書面の提出期間（規86条2項・90条・92条）、上訴期間（285条・313条・332条）、再審期

間（342条）など。当事者が行為期間中にその行為をしないで経過すると、その行為の機会を失うとか、その他の不利益な取扱いを受けることになる。これに対して、裁判所の行為について定められる期間を、職務期間というが、原則として訓示的意義をもつにとどまる（たとえば、251条1項、規159条1項・60条2項。ただし、256条1項の1週間は訓示的でない）。

（2）　法定期間と裁定期間

期間の長さが法律で定められているものが法定期間であり、その長さを裁判所が場合に応じて裁判で決めるものが裁定期間である（たとえば、34条1項・75条5項・79条3項・137条1項・162条。規25条1項の期間は裁判所書記官が定める）。

（3）　通常期間と不変期間

法定期間のうちで、法律が特に不変期間と定めている期間が不変期間である[*]（285条・313条・327条2項・332条・342条1項・357条・393条）。不変期間でない期間は、通常期間とよばれる。不変期間は、そのほとんどが裁判に対する不服申立期間であり、裁判所がこれを伸縮することはできない（96条1項ただし書。ただし付加期間を定められる、96条2項）反面、その徒過について追完が認められる点で（97条）、通常期間と異なる。

〔*〕　旧238条（現263条）の期間は不変期間ではなく、期日指定申立ての追完は許されない（最判(二小)昭33・10・17民集12巻14号3161頁、最決(二小)昭35・6・13民集14巻8号1323頁）。旧398条（現315条、規194条）に定める上告理由書提出期間も不変期間ではない（大判昭11・10・31法学6巻2号239頁）。

2　期間の計算

期間の計算は、民法の定めるところによる（95条1項）。初日は、原則として算入しない（民140条）。期間の末日が日曜日、土曜日、国民の祝日に関する法律による休日、1月2日、同3日または12月29日から同31日[*]にあたるときは、期間は休日（連休にあたったときは最後の休日）の翌日に満了する（95条3項、裁判休日1条）。たとえば、「控訴は、判決書……の送達を受けた日から2週間の不変期間内に」（285条）とあるときは、判決の送達日（たとえば4月1日）の翌日（4月2日）から期間が進行し、2週間の経過（4月15日の経過、もし4月15日が日曜日ならば4月16日の経過）によって期間が満了する。しかし、たとえば、判決の送達が民訴法110条

428　第3編　第一審手続　第4章　訴訟審理の進行

3項の公示送達で行われた場合には、掲示を始めた日（たとえば4月1日）の翌日（4月2日）に送達の効力が生じるが（112条1項ただし書）、これは、その翌日（4月2日）の午前零時に生じることを意味し、このように初日が午前零時から始まるときは初日を算入して期間を計算する（4月15日の経過で控訴期間が満了する）。

　　〔＊〕　一般の休日　　裁判所の休日に関する民訴法上の規定であったが、旧民訴法156条2項の改正（昭63）により、削除された概念である（しかし、まだ93条2項に残っている、➡p422　2（1））。かつて、大審院時代、1月1日、1月2日は、一般の休日ではないとされていた（大判昭9・11・27民集13巻2090頁、1月3日は法令上の休日であった）。その後は、1月2日、3日は休日とされている（1月1日は法令上の休日、1月3日につき最判（大）昭33・6・2民集12巻9号1281頁）。しかし、なお判例は、12月29日（最決（三小）昭43・1・30民集22巻1号81頁）、12月30日（最判（一小）昭43・9・26民集22巻9号2013頁）、12月31日（最判（二小）昭43・4・26民集22巻4号1055頁）を、いずれも一般の休日にあたらないとしていたが、一般の官庁の休日とずれており、利用者に不測の損害を与えかねないところから、休日扱いとなった（95条3項）。現在の裁判所の休日については、「裁判所の休日に関する法律」（昭63・法93）で明定された。

3　期間の進行

　裁定期間においては、期間を定めた裁判で始期を定めたときは、その始期の到来の時から進行を始める。始期を定めなかったときは、その裁判が効力を生じた時（告知の時、119条）から進行を始める（95条2項）。期間の進行は、訴訟手続の中断および中止の間は停止し、その解消とともに、あらためて全期間が進行を始める（132条2項）。

4　期間の伸縮

　不変期間を除き、法定期間は裁判所が、また裁定期間はこれを定めた裁判機関が伸縮することができるのが原則である（96条1項、規38条）。ただし、裁判所の訴訟指揮的裁量に親しまないものは伸縮できないと解すべきである（明文のあるものとしては、97条2項・112条3項。明文がなくとも、263条・387条・392条等も同様）。不変期間については、裁判所は、遠隔の地に住所または居所をもつ者のために、付加期間を定めることができる（96条2項）。これにより、本来の期間は付加期間分だけ長い一つの不変期間となる（不変期間経過後に付加期間は定められない）。期間の伸

縮および付加期間の定めの処置は、職権裁量事項に属するから、当事者の合意に拘束されないし、当事者はその処置に対して不服を申し立てられない。

5 期間の怠り（懈怠）とその救済

当事者その他の関係人が、本来の行為期間中に定められた行為をしないことを、期間の怠りという。これによって、通常、その行為をする機会を失うことになるから、かりに当事者らが自分の責めに帰すことができない事由で期間を遵守できなかった場合には、なんらかの救済を図る必要がある。しかし、通常期間の怠りの場合には、なお訴訟係属が存続しているから、当事者らはその後の手続においてなんらかの救済を求める余地がある。

ところが、不変期間の怠りは、当然に裁判の確定や訴権の喪失（116条・285条・313条・342条1項、非訟110条）という当事者にとって重大かつ終局的な結果をもたらすし、また、不変期間が訴訟の迅速化のためにもともと短い期間として定められている点も考慮して、法は、とくに追完という救済制度を設けている。すなわち、当事者がその責めに帰すことができない事由で不変期間を遵守できなかったときは、その事由が消滅した後1週間以内にかぎり行うべきであった行為をすれば、不変期間中にこれをしたのと同一の効果が生じることになる（97条1項、追完は再審と同様の機能を果たすが、両者の関係については、→p973(3)）。

（1） 当事者の責めに帰すことができない事由

これは訴訟追行のさい通常人なら払うであろう注意をしても避けられないと認められる事由をいう。

　(ア) 積雪のための汽車の延着（大判大7・7・11民録24輯1197頁）、関東大震災による通信の途絶（大判大13・6・13新聞2335号15頁）、暴風雨のため汽船が避難した結果による郵便物の遅延（大判昭10・12・11新聞3928号12頁）などの、予期しない天災地変は、その例である。これらの場合でも、ほかに期間遵守のためとるべき方法があったとすれば、責めに帰すことができない事由といえないが、それが事由発生後に至って初めて知ることができるもので事由発生前には知ることができないものであったときは、やはり追完が許される（大判明43・10・19民録16輯713頁）。郵便の遅延でも、その当時の状況から通常予想される程度のものは、この事由にあたらない（ふつうなら5日かかるのが3日間遅れたケースにつき最判(一小)昭23・5・6民

集2巻5号109頁)。

　(イ)　過失なくして判決の送達を知らなかったことも、これにあたる。公示送達の不知についても、事情によっては認められる[*]。

〔*〕　**公示送達と追完**　　公示送達は、本来、送達場所の不明者に対しても送達ができるようにした制度であり、送達名宛人が送達書類の内容を現実に了知していなくとも法律上了知したものとして通常の送達の効力を与えるものであるから、名宛人の不利益は制度上当然に予想されている。かりに、裁判所の掲示場の掲示はだれも注意しないからというだけで、公示送達の不知は責めに帰することができない事由によるとして、たやすく追完を許すとすれば、公示送達制度を無意義にするおそれがある。たとえば、外国でなすべき送達ができないために、被告の最後の住所地を管轄する裁判所で公示送達がなされ、現住地を管轄する裁判所でなされなかったというだけで、その不知を追完事由とするのは（最判（二小）昭36・5・26民集15巻5号1425頁）、やや緩やかに過ぎよう。被告が原告から訴えを提起される可能性につき予想できない状況にあったかどうかをさらに調査すべきであろう（兼子・判例民訴139頁参照。もっとも、追完を許した処置についての不服はよほどのことがないかぎり認容すべきではない。その意味で上記判決の結論は支持しうる）。

　　しかし、原告が、訴え提起直前に、被告とその法定代理人が居住し住民登録をした場所に、被告らを訪ね、訴えの目的たる土地所有権移転登記請求のことで折衝したことがあったにもかかわらず、原告が訴状の受送達者の住所を不明であるとしてなした公示送達につき控訴の追完を許す（最判（二小）昭42・2・24民集21巻1号209頁）ことは、原告の方に問題があるケースとして、原被告間の公平の観点から是認できよう（兼子・前掲140頁が、相手方（原告）の故意過失を考慮すべきでないとするのは賛成できない。被告の責めに帰しえない事由の有無は、つまるところ原被告間の公平を図る基準であるからである）。最判（三小）平4・4・28判時1455号92頁は、原告（被告のかつての内縁の夫）の粗暴な言動を恐れて、被告が住民票変更の手続をしなかったところ、原告が裁判所に対しては従来の和解の交渉の経緯を伏し、被告が海外渡航中であることを知りながら、訴えを提起し公示送達の許可を得て手続を進行した場合につき、被告に控訴の追完を許しているが、妥当である。なお、再審の途も許されよう。大判昭10・12・26民集14巻2129頁は、原告の過失で被告の住所不明として公示送達がなされたケースにつき、再審事由にあたらないとする。また、最判（一小）昭57・5・27判時1052号66頁は、送達場所を知っていながら公示送達を申し立てたという主張は、旧420条1項3号（現338条1項3号）の再審事由に該当しないとする。いずれも疑問である（同旨・梅本吉彦「不意打防止と訴訟法理論──公示送達・追完・再審」法教33号（1980）〔新堂編・特講404頁〕。詳細な比較法の研究として、小山昇「不実の申立てに基づく公示送達を受けた者の救済について（前・中・後）」北大法学論集38巻5＝6号下（1988）・39巻5＝6号上（1989）、北海学園大学法学研究25巻1号

〔同・著作集10巻335頁以下〕参照）。なお、公示送達の要件欠缺については→p438。

　(ウ)　訴訟代理人に過失があれば、本人に過失はなくとも、追完は許されない（最判(三小)昭24・4・12民集3巻4号97頁）。訴訟代理人たる弁護士の事務員が送達を受領しながら弁護士に渡すのを忘れた場合も（大判昭9・5・12民集13巻1051頁）、訴訟代理人の主宰する事務所に常勤し同人の指揮命令を受けて働いている弁護士が旧163条（現100条）に定める送達によって判決正本を受領したのにその受領を告げなかった場合も同様である（最判(二小)昭27・8・22民集6巻8号707頁。ただし、このケースでは係の書記官が送達未了を思わせるような誤った言明をしている点で、その結論には疑問がある）。ただし、送達受取人たる弁護士に過失があるとしても訴訟代理人に責めがないとして追完を認めた例がある（最判(三小)昭46・4・20判時630号64頁）。

（2）　追完の手続

　(ア)　追完は障害が止んでから1週間（外国にある当事者については2カ月、97条1項ただし書）以内にしなければならない。この1週間は伸縮できない（同条2項）。追完をできる者は、その事由が存した者にかぎられる。追完は、怠った行為をその方式に従ってすればよい（控訴期間を徒過したならば控訴を提起する）。

　(イ)　追完事由は、その行為の適法要件となるから、その訴訟手続内で調査される。たとえば、追完する行為が控訴の提起であれば、追完事由の存否は、控訴の適法要件の一つとして、審理・判断する。もっとも、追完事由の性質上、他の要件に先立って、これに弁論を制限して調査し、これを認めるときは、その判断を中間判決で示すのが適切であろう。追完事由の主張および立証の責任は、追完者が負う。

　(ウ)　追完の行為をしただけでは、不変期間の徒過による判決の形式的確定は解消しないから、確定裁判に基づく執行に対しては、再審の訴えの場合に準じて執行停止を認めるべきである（403条1項1号参照）。

432　第3編　第一審手続　第4章　訴訟審理の進行

第3款　送　　達

1　意　　義

　送達とは、特定の名宛人に対し、訴訟上の書類の内容を知らせる機会を与える
ための、法定の方式に従った通知行為であり、裁判権の行使として行われるもの
である。

　（1）　送達を受けることは、裁判権に服することになるから、裁判権が及ばな
い者に対する送達は、この者がその受領を拒むかぎり、することができない。

　（2）　送達は、法定の方式をふむ必要がある点で、無方式の当事者への「通
知」（127条、規65条・104条など）と区別される[*][**]。特定人を名宛人とする点で、
不特定人に対する「公告」（非訟102条、民執64条5項、民執規4条、破10条・32条など）
と違う。どういう場合に送達が必要かは、法が明示している[***]。

　（3）　送達が必要な場合には、職権でするのが原則である（98条）。送達は、訴
訟手続の進行・終了の時点となる場合が多いから、その迅速・確実を期するため
に、当事者の申立てを待たないし、またその実施も当事者に任せない（職権送達
主義）。ただし、公示送達は、その要件の証明を当事者の責任とする関係上、原
則として申立てによる（110条1項）。

　（4）　各送達には、種々の効果が結びつけられており（たとえば、不変期間の進行、
285条・391条・393条など。もっとも、たんに通知を確実に保障するための場合もある、規20条、
民訴261条4項など）、送達の欠缺や方式違背の取扱いも、結び付けられる効果との
関連で考察する必要がある。

　〔*〕　**送付**　　訴訟上、書類の伝達方式として、送達のほかに、送付という方式がある。平
　　成8年改正法では、送達すべき場合を絞るとともに、新規則において送付の方式を合理化
　　する規定を置いた。送付の方式は、送付すべき書類の写しを、交付するかまたはファクシ
　　ミリを利用して送信することによる（規47条1項）。裁判所が当事者その他の関係人に対
　　し行う書類の送付事務は、裁判所書記官が取り扱う（同条2項）。送付が行われる場合と
　　しては、①裁判所書記官から裁判所書記官への訴訟記録を送付する場合として、規9条・
　　105条・154条・168条・174条・185条・199条2項・202条・237条等、事件の送付の場合と
　　して、規197条・206条など、②裁判所の告知書を鑑定人に送付する場合として、規129条
　　4項・131条2項、③当事者が提出した書類を裁判所が訴訟関係人に送付すべき場合とし

ては、規22条 3 項・137条・217条 2 項など。

　なお、官公署や公務員が所持する文書などについて、書証として提出してもらうように裁判所に送付の嘱託（文書送付の嘱託）を申し立てることができるが（226条）、これは、書証申出の一方式を指す名称である。

〔＊＊〕　**直送**　　当事者が提出した書類を裁判所が相手方に送付しなければならない場合については、当事者が相手方に対して直接送付することを認め（これを「直送」という、規47条 1 項）、当事者が直送したときは、裁判所が改めて送付しなくてよいこととした（同条 3 項）。とくに準備書面については、直送を受けた相手方当事者が、その準備書面を受領した旨を記載した書面を送付当事者に直送するとともに、裁判所にもその書面を提出するか、または準備書面の提出にあたり、準備書面自体に直送によりこれを受領した旨を相手方当事者に付記させたものを裁判所に提出することによって、裁判所が直送の有無を確認することができることにしている（規83条・47条 5 項）。他方、当事者が直送しなければならない場合で、直送することが困難であるかその他相当とする事由がある場合には、当事者はその送付を裁判所書記官にさせるように裁判所に申し出ることができることとした（規47条 4 項）。当事者が直送すべき場合としては、規24条 2 項・82条 2 項・83条・99条 2 項・107条 3 項・129条 2 項・138条 1 項など。

〔＊＊＊〕　**送達が必要な書類**　　当事者等の関係人に書類の内容を了知させる方法として、送達はもっとも確実な方法であるが、費用も時間もかかるので、平成 8 年改正法においては、これを要求する場合を名宛人への到達によって訴訟上重大な効果が生じる場合に限定し、簡易な方法である「送付」（➘前掲〔＊〕）を多用することにした。

　同改正法下で、送達を要する書類として、訴状・上訴状に類する書面（138条 1 項・143条 3 項・144条 3 項・145条 4 項・146条 4 項・289条 1 項・293条 3 項・313条・331条・341条等）、各種の参加申出書（47条 3 項・52条 2 項、規20条）、判決書およびこれに相当するもの（255条、規160条 1 項など）、仮執行宣言付支払督促（391条 2 項）等は、従来どおりとされているが、特別代理人の選任・改任の命令は告知で足りるとされ（119条、規16条）、訴訟告知書については被告知者へは送達を要するが、相手方へは送付で足りる（規22条）。期日の呼出状については、送達のほかに簡易な呼出しの方法が一般的に認められた（94条 1 項）。支払督促も、債務者へは送達を要するが、債権者へは通知で足りる（規234条）。訴え、上訴または異議の取下げに類するものも、相手方の同意が必要なもの以外は、通知または送付で足りる（規162条 2 項・218条 2 項 3 項・221条・230条）。手形・小切手訴訟から通常訴訟への移行もそれを記載した書面の送付で足りる（353条 3 項。少額訴訟から通常の手続への移行も通知でよい、規228条 2 項・ 3 項）。準備書面についても「直送」方

式となった（規83条。　→p433〔＊＊〕）。

2　送達機関

（1）　送達担当機関

送達事務は、原則として裁判所書記官が取り扱う（98条2項）。その事務として
は、送達に用いる書類（101条、規40条）を作成または認証し、その書類を送達実
施機関に付し、実施後送達報告書を受け取り（109条参照）、これを記録に添付し
て保管する事務が含まれる。受訴裁判所の裁判所書記官は、送達事務を送達地の
裁判所の書記官に嘱託することができる（規39条。送達地の執行官に送達を実施させる
ために行われる）。これらの送達事務については、裁判所書記官が自己の独立の職
務行為として行うが、例外として、裁判所または裁判長らが処理する権限をもつ
場合がある（110条2項・108条、規45条）。

（2）　送達実施機関

送達の実施にあたるのは、通常の交付送達は執行官、郵便による送達〔＊〕は、
郵便の業務に従事する者である（99条。なお執行官を用いることができないときに、廷吏
を用いることができる、裁63条3項）。例外として、裁判所書記官が、その所属する裁
判所の他の事件（当該担当事件を含む）のために出頭した者に対しては、みずから
交付送達をすることができる（100条）。なお、外国において送達すべき場合には、
受訴裁判所の裁判長（規45条参照）が、その国の管轄官庁（通常は裁判所）またはそ
の国に駐在する日本の大使、公使もしくは領事に、送達の実施を嘱託する〔＊＊〕
（108条）。

送達をした者は、送達報告書を作成して裁判所へ提出しなければならない
（109条）。送達報告書は、たんなる証明方法であるから、その作成を怠っても、送
達の効力に影響はない[1]。送達報告書は、送達が適式になされたかどうかについ
ての唯一の証明方法ではない（その記載事項を別な証拠で証明または争いうる、大判昭
8・6・16民集12巻1519頁）。

〔＊〕　**郵便による送達**　　送達実施機関が郵便業務に従事する者である送達をいう（99条2
項）。送達の実施機関からみた送達の種類であり、実施方法の一つである「郵便に付する

---

1)　反対、兼子・体系188頁。

送達」（107条）と異なって、送達を受けるべき者に現実に交付されなければ効力を生じないのが原則である。もっとも、補充送達（106条1項・2項）、差置送達（同条3項）は可能である。また送達をすべき場所で、受送達者にも補充送達受領資格者にも出会わない場合には、その書類を日本郵便株式会社の営業所に持ち帰って一定期間保管し、その間に同所の窓口で、受送達者または補充送達受領資格者にその書類を交付する方法がとられる（106条1項後段参照）。

〔＊＊〕　**外国においてすべき送達**　　民訴法108条、民訴規45条による送達を嘱託できるためには、その前提として、条約または国際慣行によって送達が国際間の共助としてなされることが認められている必要があるが、「民事訴訟手続に関する条約」（昭45・条6）および「民事又は商事に関する裁判上及び裁判外の文書の外国における送達及び告知に関する条約」（昭45・条7）が批准され、これに伴って民事訴訟法、非訟事件手続法および「外国裁判所ノ嘱託ニ因ル共助法」の特則として、「民事訴訟手続に関する条約等の実施に伴う民事訴訟手続の特例等に関する法律」（昭45・法115）が施行された。詳しくは、三井哲夫「国際民事訴訟法の基礎理論——民訴条約、送達条約及びその実施法の素描（1～14・完）」曹時22巻10号（1970）～23巻11号（1971）〔同『国際民事訴訟法の基礎理論』（1995・信山社）322頁〕、最高裁判所事務総局編『国際司法共助執務資料』（民事裁判資料200号）（1992・法曹会）、同監修『民事事件に関する国際司法共助手続マニュアル』（1999・法曹会）参照。なお、110条1項3号・4号参照。

3　送達用書類

通常は、送達すべき書類の謄本または副本〔＊〕を用いる（規40条1項）。送達すべき書類を提出する代わりに調書を作成したときは（規1条、民訴271条・273条など）、その調書の謄本または抄本を用いる（規40条2項）。ただし、呼出状や上告提起通知書（規189条）の送達は原本、裁判の送達は正本（判決書に代わる調書について民訴255条2項は謄本でするとあるが、規159条は正本ですることができるとする。支払督促の債務者への送達は正本による、規234条・236条2項。→p658〔＊〕）を用いる。

〔＊〕　**副本**　　訴状、上訴状、補助参加申出書、訴え・上訴の取下書などは、当事者等から提出されて裁判所側から相手方に送達されるが、その送達によって私法上の意思表示がなされることから、裁判所の記録に編綴する原本と同一の内容、同一の効力を有する文書を送達する必要がある。実務上は、従来から、このような文書を副本と呼び、原本とともに送達用として副本の提出を求め、これを送達していた。平成8年改正規則ではこの副本の

送達を明文上明らかにした（規40条1項・20条2項3項・22条2項・58条・162条1項・195条・198条等。なお旧規則52条参照）。なお、副本が提出されなかったときは、謄本を送達することになる（最高裁・条解規則86頁）。

（1）　送達を受けるべき者は、原則として送達書類の名宛人であるが、この者が訴訟無能力者であるときは、その法定代理人が送達を受けるべき者である（102条、法人その他の団体の場合は37条。ただし103条1項ただし書）。送達書類の名宛人たる当事者が訴訟委任をしているときは、訴訟代理人が送達を受けるのが通常であるが、本人に対して送達しても有効である（最判（二小）昭25・6・23民集4巻6号240頁）。共同代理の場合でも、送達はそのうちの1人にすれば足りる（102条2項）。送達書類の名宛人が刑事施設に収容されている者であるときは、送達を受けるべき者は、刑事施設の長である（同条3項。刑事収容施設及び被収容者等の処遇に関する法律（平17・法50）附則36条による改正）。

（2）　送達受取人の届出がある場合には、この者も送達を受けるべき者である（104条1項後段）。送達受取人とは、送達受領のために、当事者またはその代理人が設けて届け出る個別的代理人である。

4　送達の方法

（1）　交付送達

送達は、交付送達が原則である。交付送達は、原則として送達すべき書類の謄本または副本を送達を受けるべき者に交付する方法による（101条）。補充送達・差置送達（後述(イ)参照）も交付送達の一種である。

　(ア)　**交付すべき場所**　送達を受けるべき者の住所、居所、営業所または事務所（以下「住所等」という）である（103条1項）。ただし、法定代理人に対する送達は、訴訟無能力者本人（法人その他の団体（37条参照）も含む）の営業所または事務所でもよい（103条1項ただし書）。以上の場所がわからなかったり、その場所での送達に支障があるとき、または本人が就業場所において送達を受ける旨を述べているときは、本人の「就業場所」（「送達を受けるべき者が雇用、委任その他の法律上の行為に基づき就業する他人の住所等」をいう）でも送達することができる（103条2項・106条2項）。送達を受けるべき者が日本に住所等を有することが明らかでない

ときは、この者に出会った場所で送達することができる（105条前段）。日本国内に住所等を有することが明らかな場合でも、この者が拒まないときは、同様である（同条後段）。これを出会送達という。裁判所に出頭した者に対して裁判所書記官みずからする送達（100条）も、交付送達の一種である（この方式によって弁護士へ送達するときの交付の方式に関する裁判所の多年の慣行については、最判(二小)昭27・8・22民集6巻8号707頁、最判(二小)昭30・10・28民集9巻11号1739頁参照）。

　　(イ)　**補充送達・差置送達**　　就業場所以外の送達すべき場所で送達を受けるべき者に出会わない場合は、その使用人その他の従業者または同居者で、書類の受領について相当のわきまえのある者に交付することができるし、就業場所で受送達者に出会わない場合は、就業先またはその法定代理人もしくは使用人その他の従業者であって、書類の受領について相当のわきまえのある者[2]に交付することができる（106条1項・2項）。これを、補充送達または代人送達という。郵便の業務に従事する者が日本郵便株式会社の営業所において書類を交付すべきときも補充送達ができる（106条1項後段）。補充送達がされたときは、裁判所書記官は、その旨を送達を受けた者に通知する（規43条）。

　　送達を受けるべき本人またはその代人が正当な理由なしに受領を拒んだときは、書類をその場に置いてくれば、送達の効力を生じる（106条3項）。これを差置送達という。

（2）　郵便に付する送達

　裁判所書記官が書類を送達場所に宛てて、書留郵便等（その定義は、107条1項柱書）で発送すれば、その発送時に送達したことになる送達方法である（107条、規44条）。送達の効力の発生のために現実に到達したかどうかや到達の時期を問わない点で、送達を受けるべき者に不利益な扱いであるから、これが許されるのは、補充送達も差置送達もできない場合（たとえば、送達場所に本人も代人もいない場合）に限られる（107条1項）。したがって、補充送達および差置送達をすることがで

---

2)　最判(一小)平4・9・10民集46巻6号553頁は、7歳9カ月の女子を「わきまえのある者」とはみず、送達は無効とし、判決が確定しても再審事由（旧420条1項3号、現338条1項3号）にあたるとする。またこの事件ではさらに、被告の妻が夫の敗訴判決を受け取ったが、これを夫に渡さなかったとしても、この補充送達を有効とするが、旧420条1項ただし書の適用はないとし、再審を認めた。

438　第3編　第一審手続　第4章　訴訟審理の進行

きないかどうかの判断は、原告にとっては郵便に付する送達によって訴え提起ができるかどうかの分かれ目になり、訴えられる側にとっては、自分の知らないところで訴訟手続が始まる危険を負わされるもので、両者の利害が鋭く対立するところであるが、裁判所書記官の判断に任される[3]。

（3）　公示送達

裁判所書記官が送達すべき書類を保管し、出頭すればいつでも送達を受けるべき者に交付する旨を裁判所の掲示場に掲示することによって行う送達方法をいう（111条。裁判所はさらに念のため官報または新聞紙に掲載させることもできる、規46条2項）[4]。

　㋐　当事者の住居所その他の送達場所が知れない場合、および外国で嘱託送達の方法がとれないか、効なしと認められる場合（外国の管轄官庁に嘱託してから6カ月たっても送達を証する書面が送られてこないときも同様）、つまり他の送達方法が不可能な場合の最後の手段として認められる（110条1項1号-4号）。

　㋑　公示送達は、原則として、当事者の申立てにより、裁判所書記官によって行われる（110条1項）。申立人は、その要件、とくに送達を受けるべき当事者の住居所の知れない事情を証明しなければならない。訴訟の遅滞を避けるため必要がある場合には[5]、裁判所が職権で、裁判所書記官に公示送達を命じることができる（同条2項）。同一訴訟で同一の当事者に対する2回目以降の公示送達は、職権でする（同条3項、なお同項ただし書参照）。

　㋒　公示送達は、提示を始めた日から2週間（外国にいる者に対しては6週間）を経過してその効力を生じる（112条1項・2項）。ただし、2回目以後の分は、翌日直ちに効力を生じる（112条1項ただし書）。

　公示送達がその要件を満たしていないのに行われた場合、その送達は無効となる（旧法下では、裁判長の許可があったため当然無効にはならないと解されていたが、平成8年改正では裁判長の許可を経由しないこととなったため、要件欠缺は無効をもたらすと解すべ

3）　裁判所書記官が、原告からの誤った回答に基づき、就業場所不明として行った郵便に付する送達を有効とした事例がある（最判（一小）平10・9・10（①事件）判時1661号81頁参照。なお新堂「郵便に付する送達について」鈴木禄弥先生古稀記念『民事法学の新展開』（1993・有斐閣）509頁参照。
4）　公示による意思表示については、→p464〔＊〕。
5）　たとえば、訴え提起後、原告が所在不明となったが、被告から公示送達の申立てがなされない場合等。条解2版500頁〔竹下守夫＝上原敏夫〕参照。

きである）。

5 送達場所の届出制度

（1） 当事者等への送達——送達場所の届出制度

4で述べたように、送達は、交付送達が原則である（101条）。しかし、最近の核家族化、共働き家族の増加などにより、週日の昼間は、だれも在宅しておらず、郵便による送達（99条2項・106条1項後段）が困難になっている。そこで、受送達者の就業場所への送達を可能にする改正がすでに行われていたが（昭和57年、旧169条2項追加）、就業場所の探索が困難なことなどが指摘されていた。平成8年改正法は、一方で、遠隔地への送達の困難を考慮した受訴裁判所の所在地内の送達受取人を届け出させる制度（送達受取人制度、旧170条）を廃止し、むしろ受訴裁判所の所在地にこだわらず、当事者等が送達書類を受け取りやすい場所で、かつ、送達が確実にできる場所を届け出させる、送達場所の届出制度を設けた。

すなわち、当事者、法定代理人または訴訟代理人（以下「当事者等」という）に対して、送達を受けるべき場所（日本国内に限る）の届出義務を課し、この届出をした場合には、その場所で送達をする（104条1項・2項）。この場所で受送達者に出会わなかったときは、その場所において補充送達、差置送達ができる（106条）。しかし、これらの送達ができなかったときは、それ以上住所や就業場所を探したり、それらに送達を試みることなく、届出場所宛てに郵便に付する送達をすることができることとした（107条1項2号）。なお、送達場所の届出のさいに、送達受取人を届け出ることもできるが、これを届け出た場合には、この送達受取人を基準として、補充送達や差置送達が可能となる。

他方、当事者等が送達場所の届出をしないときは、1回目の送達についてだけ、当事者等以外の訴訟関係人（たとえば、証人鑑定人等）と同様の送達方法（前記、4 送達の方法）で行うが、2回目以降の送達については、原則として、最初の送達をした場所で送達を実施することとなる（104条3項1号）。1回目の送達が郵便に付する送達であったときには、その送達において宛先とした場所にする（同項3号）。

さらに、届出がされていても、届出をした者が拒まなければ、出会送達を実施することはできる（105条）。届出をしていなかった者が、1回目の送達が日本郵

便株式会社の営業所において出会送達または補充送達された場合には、2回目以降の送達は、その営業所でなく、1回目の送達において郵便による送達をするべき場所とされていたところですることになる（104条3項2号）。

（2） 当事者等以外の訴訟関係人への送達

前記（4 送達の方法）で述べた方法で行う。

6 送達の瑕疵

（1） 法定の方式に違反した送達は無効であり、送達はなかったことになる。しかし、送達によって仲介される行為やこれに結びつけられた効果が送達を受けるべき者の利益を保護する趣旨の場合には、責問権の放棄・喪失によりその無効を主張しえなくなる。しかし、不変期間の起算点になる場合は、責問権の放棄も許されない。なお、交付送達の方式を誤っても、送達を受けるべき者がその書類を任意に受領すれば、その時点で送達が完成するとみてよい[6]。

（2） 送達を受けるべき者でない者を誤って送達を受けるべき者として送達した場合（たとえば、法定代理人に対して送達すべきなのに本人に対して送達した場合）も、送達は無効であるが、送達を受けるべき者がその受領を追認すれば、その者に対する送達として有効になる。

送達を受けるべき当事者（被告）に宛てて適式に送達がされたときでも、相手方（原告）によってこれを現実に了知することを妨げられた場合（たとえば、夫が妻に対して離婚訴訟を提起した事実を秘し、訴状、呼出状、判決の送達をすべて夫の使用人に受領させ妻に渡さなかった場合や、故意に被告の住居所を不明と偽って公示送達によって訴えた場合など）にも、送達は無効と解すべきであり、上訴期間の経過によって判決が形式的に確定するとしても、被告に判決の効力を及ぼしえない無効の判決というべきである（被告がその氏名を冒用された訴訟と実質的に同じとなる）。もっとも、その判決の形式的存在を消滅させるために、当事者の選択により、上訴の追完（97条）または再審によるその判決の取消し（338条1項3号）の途を許して差し支えない[*][7]。

6） たとえば、本人の留守中にきていた友人が受け取って本人に渡した場合。最判(二小)昭38・4・12民集17巻3号468頁、新堂・判例399頁参照。

7） 大判大13・3・7民集3巻98頁は、上記離婚訴訟の事例につき妻による控訴の追完を認めた。

〔＊〕　最決(三小)平19・3・20民集61巻2号586頁は、義父が同居の女婿の氏名および印章
を冒用して自分の債務の保証人にした事件で、債権者からの保証人に対する訴状を義父自
身が受け取って女婿に渡さなかった場合について、同居者（義父）と受送達者（女婿）の
間には事実上の利害の対立はあるものの、補充送達は有効とし、判決の確定は認めたが、
女婿からの再審の訴えを取り上げるべきだとした。山本弘「送達の瑕疵と民訴法338条1
項3号に関する最近の最高裁判例の検討」青山・古稀513頁参照。

第4款　訴訟手続の停止

1　意　義
（1）　訴訟手続の停止
　訴訟の係属中に、その訴訟手続が法律上進行しない状態になることを停止とい
う。たんに裁判所や当事者が訴訟の進行を図らないために、手続が事実上停滞し
ている場合とは異なる。停止には、現行法上、中断と中止がある。このほかに、
除斥または忌避の申立てがあったときの停止があるが（26条）、これは絶対的でな
いし、性質上終局判決後には生じない点で、他の場合と異なる。なお、現行法で
は、当事者の合意による訴訟の休止を認めていない（旧々民訴188条。→p532〔＊〕）。

（2）　訴訟手続の中断
　訴訟の係属中に、一方の当事者側の訴訟追行者が交代すべき事由が発生した場
合に、その当事者の手続関与の機会を実際に保障するために、新追行者が訴訟に
関与できるようになるまで手続の進行を停止することをいう。法定の事由によっ
て当然に発生し、新追行者からもしくはこの者に対し相手方から受継をするか、
または裁判所の続行命令によって解消する。

（3）　訴訟手続の中止
　裁判所または当事者に障害があるなどの他の事由から、訴訟を進行させること
ができないかまたはそれが不適当な場合に、法律上当然にまたは裁判所の訴訟指
揮上の処分によって認められる停止をいう。

442　第3編　第一審手続　第4章　訴訟審理の進行

2　訴訟手続の中断の発生および解消

(1)　中断事由

中断は法定の事由があれば当然に発生するもので、裁判所や当事者がこれを知ると否とにかかわらない。以下のような中断事由がある。

　(ア)　**当事者の消滅**　　自然人の死亡（124条1項1号）および法人の合併による消滅（同項2号）。

　(イ)　**当事者の訴訟能力の喪失または法定代理人の死亡もしくは法定代理権の消滅**（124条1項3号）　　ただし、法定代理人が保佐人または補助人である場合については、その死亡または法定代理権の消滅の場合には特則がある（同条5項。後記(2)(ウ)）。訴訟代理権の消滅は、本人が直ちにみずから訴訟追行にあたれるから、中断事由とならない（→p191(3)）。

　(ウ)　当事者が当事者適格を喪失した結果、訴訟から当然に脱退する場合（係争物の譲渡による適格喪失は当然脱退するわけではないから、中断事由にならない）。

　(a)　信託財産に関する訴訟において、④当事者である受託者、回当事者である信託財産管理者もしくは信託財産法人管理人または④当事者である信託管理人の任務終了（124条1項4号イ・ロ・ハ）。

　(b)　一定の資格を有する者で自己の名において他人のために訴訟の当事者となる者（職務上の当事者）の死亡その他の事由による資格の喪失（同項5号）　　この当事者には船長（商803条2項）、破産財団に関する訴訟の破産管財人（破80条・44条）、成年被後見人の離婚訴訟についての成年後見人・成年後見監督人（人訴14条）、遺言執行者（民1012条）などは入るが、債権者代位権による代位債権者（民423条）、取立訴訟の差押債権者（民執157条）、責任追及等の訴え（株主代表訴訟）における株主（会社847条）等は、自己の権利に基づく場合として、これに入らない。不在者の財産管理人が提起した訴えについて、不在者が帰来したことによりその選任処分が取り消されたときは、中断し、破産手続終了の場合の規定（破44条4項・5項・6項）を類推して、不在者が訴訟手続を受継できる（東京地判平元・3・28判時1342号88頁）。

　(c)　選定当事者全員の死亡その他の事由による資格喪失（124条1項6号）一部の者の資格喪失があっても、残余者によって訴訟ができるから（30条5項）、中断しない。

第1節　手続の進行と停止　　**443**

（2）　中断を生じない場合

(ｱ)　前掲の中断事由中、破産の場合を除いては、その当事者側に訴訟代理人がいる間は、訴訟追行上の障害が生じないから、中断しない（124条2項）。これらの事由によっては、訴訟代理権は消滅しないから（58条）、他の事由で訴訟代理権が消滅するまで訴訟手続は続行される[*][1]。もっとも、民訴法124条1項各号の中断事由が発生したときは、訴訟代理人はその旨を裁判所に書面で届け出なければならない（規52条）。

> 〔*〕　国家の代表者が交代したときに、前代表者と新代表者とが対立していることを理由に、旧代表者から訴訟委任を受けた訴訟代理人がいるとしても、訴訟は中断すべきものとした最判(三小)平19・3・27民集61巻2号711頁がある（↪p195〔**〕）。

(ｲ)　当事者の消滅や適格喪失の場合であって、たまたま相手方が承継人であるため対立当事者の地位の混同を生じるか、あるいは訴訟物たる権利関係の性質上承継人の存しないときは、訴訟自体が終了してしまうから、中断の余地がない（↪p131〔*〕）。

(ｳ)　被保佐人または被補助人が訴訟行為をすることについて保佐人または補助人の同意を得ることを要しないとき、およびこれらの同意を要する場合においてすでに同意を得ているときは、これらの法定代理人が死亡しまたは代理権の消滅があっても中断しない（124条5項1号・2号）。

（3）　中断の解消

中断は、当事者の受継の申立てまたは裁判所の続行命令によって解消し、訴訟手続の進行が再開される。

(ｱ)　**受継**　　受継とは、訴訟追行者がする中断した手続の続行の申立てである。

(a)　**受継申立権者**　　中断事由ある当事者側の新追行者および相手方である（124条1項・126条）。新追行者は、各中断原因ごとに法定されている。中断事由が、

---

1)　↪p191(3)(ｱ)。もっとも、八木良一「当事者の死亡による当然承継」民訴雑誌31号（1985）32頁は、相続という請求原因が加わるのであり、実務上は訴訟代理人がいない場合の中断・受継に準じて、請求の趣旨、当事者の記載の変更を求めているとするが、妥当な実務慣行というべきである。↪p861〔*〕。

444　第3編　第一審手続　第4章　訴訟審理の進行

同時に訴訟の当然承継（↘p859）を生じる場合は、承継人である新当事者が新追行者となる。相手方は、新追行者が定まり訴訟追行に障害（124条3項参照）がない以上、新追行者に対して受継を申し立てられる。障害のある間に受継を申し立てたとしてもその障害がなくなれば、中断解消の効果を認めてよい（大判昭15・2・17民集19巻413頁参照）。

　(b)　**申立てをすべき裁判所**　受継の申立ては、中断当時訴訟が係属した裁判所になすべきである〔＊〕。

　〔＊〕　**終局判決後の中断と受継を申し立てるべき裁判所**　終局判決の言渡し後に中断した場合も、その審級の裁判所であるが、上訴人の便宜、手続の安定のため、上訴とともにまたは上訴後には、上訴審裁判所になすこともできると解すべきである（大判昭7・12・24民集11巻2376頁）。

　　民訴法128条2項（旧民訴218条2項）によれば、つねに原裁判所にしなければならないようにも読めるが、これは、上訴のための不変期間進行の起算点を明確にする必要から原裁判所の裁判を要求する趣旨の規定で、すでに上訴がなされたときの取扱いは別に考えることができると解すべきである。中断中は移審の効果も生じえないから受継は必ず原裁判所へ申し立てるべきであるとの反論（兼子・判例民訴257頁、同・体系289頁）もあるが、中断は中断事由を生じた側の当事者を保護する制度であるから、中断の利益をもつ当事者がいきなりみずから上訴する場合は、中断中の上訴であることを主張する利益はどちらの当事者にもないというべきである（前掲大判昭7・12・24はこの種の場合であった。このような場合は黙示の受継申立てがあったとみてよい）。

　　いきなり相手方が上訴した場合も、中断の利益をもつ側の新追行者が異議なくこれに応訴することを見越して上訴審の手続を進めるのが実際的であるし（34条1項参照）、さらに、その上訴後にその上訴審に上訴人が受継の申立てをすることによって適法な上訴の提起ありと認めてもよい（大判昭13・8・19民集17巻1638頁は、この種のケースで、しかも、上訴審が受継決定をしている。また大判昭13・2・23民集17巻259頁は、上告後の上告審の続行命令によって瑕疵が遡って治癒されるとする）。新追行者の上訴審における手続関与の機会を保障しておくかぎり、中断の利益をもつ当事者側としてなんら失うものはないから、この者が中断中の上訴であったことを理由として上訴の不適法却下を求めることは許されないと扱うべきである。

　(c)　**受継の手続**　受継申立ては、書面でしなければならない（規51条1項）。新追行者および受継の意思を明示し、かつ調査に備えて新追行者の資格を証明する資料を添付しなければならない（同条2項）。ただし、新追行者から上訴を提起

したり、期日指定の申立てをするときは、受継の意思は明らかになったとして、いわば黙示の受継申立てを認めることが許されよう。受継申立てがあったときは、裁判所は、その旨を相手方に通知する（127条）。相手方に対しては、この通知によって中断が解消する。

　　(d)　**受継に関する裁判**　　(i)　裁判所は、受継の申立てを職権をもって調査し、理由なしと認めるときは、決定をもって却下する（128条1項）。却下決定に対しては、抗告で不服を申し立てられる（328条）。受継申立てが却下されると、中断は解消しなかったことになり、あらためて適法な受継を待つことになる。

　終局判決後に中断し、その裁判所に受継を申し立てた後上訴が提起されたときには、事件が上級審に移審しているから、原裁判所は却下の決定をなすべきでない。上訴の適否（中断中の上訴でないかどうか）の前提問題として受継の当否の判断も上級審に委すべきである（→後注〔＊〕(3)）。すでに原裁判所が却下の決定をしたときには、抗告裁判所はそれを取り消すべきであるが[2]、誤って抗告裁判所が受継申立てを却下したときは、終局判決に対する上訴自体は中断中の上訴ということになり、上訴審における適法な受継によって補正されるべきものとなる。

　　(ii)　受継の申立てを理由があると認めれば、口頭弁論終結前に中断した場合ならば、期日を指定し、申立人および相手方を呼び出せばよく、明示の裁判を要しない〔＊〕。手続を受継しまたは受継させられたことに対する不服は、続行された手続内で当事者適格を争う形で行われる。

　〔＊〕　**口頭弁論終結後の中断と受継の裁判**　　(1)　口頭弁論終結後中断し、その裁判所に受継申立てをした場合は、弁論を再開しないかぎり、必ず決定をもって申立てを適法と宣言し、これを送達すべきである（128条2項（旧218条2項）は「裁判の送達後に中断した」としているが、口頭弁論終結後に中断した場合を含めて解すべきである、コンメ民訴Ⅱ571頁）。

　　(2)　この決定は、その判決における訴訟追行者の表示を新追行者に変更する付加的裁判であり（事後的になされた中間判決ともいうべき性質をもつ）、新追行者との関係であらためて上訴期間の進行を開始せしめ、かつ、その時点を明確にするために行われるものである。したがって、この決定に対しては、独立して抗告はできず（大決昭9・7・31民集13巻1460頁）、判決に対する上訴によって上級審の判断を受けることになる（大判昭13・

────────────

　2)　反対、兼子・判例民訴263頁。

7・22民集17巻1454頁）。しかし最高裁は、控訴審の終局判決後の受継決定に対しては、その決定のみの破棄を求める上告が許され、上告審は、原審のした受継決定のみを破棄して事件を原審に差し戻し、受継申立ての調査のみを原裁判所にさせることができることを認めた（最判(二小)昭48・3・23民集27巻2号365頁。原審は調査の結果、受継資格なしとするなら受継申立てを却下して新追行者を排斥する。受継資格ありとするなら受継決定をする）。これによれば、上告の形式を借りながらも、実質は受継決定のみに対する独立の抗告を認めたと同じ結果が認められることになった。控訴審の終局判決後の受継決定の場合には、本案と切り離して受継決定の当否のみに結着をつける方式のほうが簡便な取扱いであり、上告審が受継決定を破棄してその当否をもう一度原審に調べさせる場合に、先の終局判決までを一括して破棄する必要はないから、上記取扱いを是認できよう。

平成8年改正法は、最高裁への上告の途を制限したので、旧法下の本判例に基づく最高裁への上告が、どのような形で認められるか問題となる。受継決定を受けた新追行者にとっては、いきなり原判決の効力を受けることに対して不服を申し立てる唯一の機会であり、新追行者に手続参加の機会を十分に保障するために、312条2項4号を類推してつねに上告できるものと考える（312条2項4号は、当事者本人の立場からは、十分に手続参加の機会が与えられなかった場合ということができる）。かりに、このような上告を許さないとすれば、原判決確定後、手続参加の機会を十分に与えられなかったとして、やはり338条1項3号を根拠に再審の訴えを許すことになろう。

(3) もっとも、受継決定を待たなくとも、受継申立てがあれば、中断は解消するから、終局判決に対する上訴は可能であり（大判昭7・10・26民集11巻2051頁）、もし上訴がなされれば、事件は上訴審に移審するから、原審では受継申立てに対する裁判の余地がなくなり、上訴の適否の問題として承継資格の有無を判断することになる（上訴後に原審で受継決定がなされた場合も、それは、終局判決前になされた裁判として上訴審の判断を受けることになる）。

(イ)　**続行命令**　　当事者双方が受継申立てを怠る場合には、職権で、訴訟手続の続行を命ずる決定をして、中断を解消させ、その進行を図ることができる(129条)。続行命令を発することができるのは、中断当時訴訟の係属した裁判所であるが、中断中に上訴がされたときは、上訴審もこれを発することができると解するのが実際的であろう（上告審につき大判昭13・2・23民集17巻259頁、控訴審につき同じ取扱いを前提とするものに大判昭14・12・18民集18巻1534頁）。続行命令後に当事者双方が欠席すれば、訴えの取下げが擬制される（263条）。

3 訴訟手続の中止の発生および解消

中止は、種々の理由で認められ、その発生・終了も各場合で違っている。

（1） 裁判所の職務執行不能による中止（130条）

天災その他の事由により裁判所の職務執行が不能な状態となった場合には、中止は当然に発生し、その状態が消滅すれば、中止も解消する。

（2） 当事者の故障による中止（131条）

当事者に不定期間の故障があって手続を続行することができないときにも中止が認められる。たとえば、当事者が急に精神病になった場合とか、天災等で交通断絶の地域にあって回復の見通しがつかず当分出頭できない場合である。この中止は、申立てによりまたは職権で、裁判所が中止の決定をすることによって生じ、これを取り消す決定によって終了する。

（3） その他の中止

他の法令上、訴訟の続行を不適当とするため、裁判所が中止することができるとする場合がある。たとえば、訴訟が係属する事件について調停の申立てがあった場合（民調規5条、家事275条）、特許審判が先決関係にある場合（特許168条1項・2項、なお、労働審判27条、裁判外紛争解決26条、消費者契約46条、雇均25条、建設25条の17等参照）。なお、一般に、他の民事事件または刑事事件が先決関係にあるときも、中止を命じることができると解すべきである（なお→p227(イ)）。

4 訴訟手続の停止の効果

（1） 訴訟手続上の行為

停止中は、当事者も裁判所も、その事件の訴訟手続上の行為をすることができない。訴訟手続外で行われる訴訟委任の解除や訴訟救助の申立てなどは停止と関係がない。なお、受継や続行命令のように、停止を解消させる行為が妨げられないのは当然である。

　(ア)　停止中の当事者の行為は、相手方に対する関係で無効である。後に停止が解消しただけでは、遡って有効となるものではない（大判昭13・8・19民集17巻1638頁、前掲大判昭14・12・18、中断中の上訴後中断解消があれば上訴提起時点に遡って上訴が有効になるとするが、中断解消時に適法な上訴があったとみれば足りる）。しかし、相手方が責問権を放棄・喪失すれば、有効となる（大判昭14・9・14民集18巻1083頁）。

448　第3編　第一審手続　第4章　訴訟審理の進行

　(イ)　停止中に裁判所がした裁判、証拠調べその他の行為は、当事者双方との関係で無効であるが、当事者の責問権の放棄があれば有効となる。ただ、口頭弁論終結後に中断が生じたときは、もはや当事者の関与を要しないし、早く裁判する方がよいから、中断中でも判決を言い渡すことができる（132条1項）。その判決の変更（256条）も同様にできる。しかし、判決の送達は、中断解消後にするべきである。

　弁論終結前に停止となっていれば、弁論を終結して判決することは許されない。このような停止中の終局判決は、当事者が法律上訴訟追行を妨げられた状態で判決されたものとして、適法に代理されなかった場合と同視できるから、代理権欠缺の理由を類推して（312条2項4号・338条1項3号）、上訴または再審で、取り消すことができる。ただし、不利益を受けた当事者が追認すれば、その事由はなくなる。

（2）　期間の進行

　停止になれば、期間は進行を開始しないし、すでに進行中の期間はその進行を止め、停止が解消してから、残存期間ではなく、改めて全期間が進行する（132条2項）。終期を定めた裁定期間は、停止によって適用がなくなる[3]。

第2節　手続進行における訴訟主体の役割

　訴訟手続、とりわけ審理の過程は、当事者と裁判所との共同作業として展開していく。そのさい、法は、裁判所には、手続の主宰者としての役割を与え、その迅速な進行を図る責任を負わせ、他方、事件の内容を明らかにし、判決のための資料を供給するのは、当事者の役割とする。しかし同時に、裁判所の手続の主宰に対しては、当事者から督促と異議を申し立てる権能（責問権や訴訟の進行・指揮に関する各種の申立権）を認める反面、当事者の弁論活動に対しては、正確な資料を十分に得るため裁判所が当事者に働きかける職責（釈明義務）を認め、相互の牽制と協力を通じて、迅速にして適正公平な審理の達成を期待している（なお、2条参照）。

3）　兼子・体系286頁。

さらに、平成15年改正法では、第2編に新に「第2章 計画審理」を起こし、事件一般について、「裁判所及び当事者は、適正かつ迅速な審理の実現のため訴訟手続の計画的な進行を図らなければならない」と規定する（147条の2）とともに、複雑な事件その他必要と認められる事件については、裁判所は、当事者双方と協議し、その結果を踏まえて法定事項等を含んだ「審理の計画」を定めなければならないと規定した（147条の3）。詳しくは⤳p527(3)・p531(5)。本節では、手続の進行面における裁判所の訴訟指揮権とこれを牽制する当事者の申立権について触れる。

1 手続進行に関する当事者主義と職権主義

訴訟手続という裁判所と当事者の共同作業の過程で、どちらにどれだけの役割を分担させるか、またどちらを主役にするかは、その訴訟制度のあり方を左右する基本的な問題であるが、当事者に多くの権能を与える主義（当事者主義）と裁判所に多くを与える主義（職権主義）とが対立し、立法例も、時代とともに変遷している。

元来、民事訴訟は私的紛争にかかわるところから、当事者主義が基調であり、極端な職権主義はとりえないが[1]、近代訴訟法典の生まれた頃は、当時の自由放任思想の影響も受けて、裁判所の不干渉主義が徹底し、手続は大幅に当事者の支配に任された（フランス民事訴訟法（1806年）や、これにならったドイツ民事訴訟法（1877年））。しかし、その後、訴訟遅延が顕著になるに及び、手続の進行を図るための裁判所の役割が重視され、職権主義を強調した立法がつづき（オーストリア法（1895年）その後のドイツ法の改正）、わが国の大正15（1925）年の改正も、この流れに従った。こうして現在では、手続の進行については、職権主義を強化するというのが一般的傾向となっている（職権進行主義）。事案の解明のために裁判所が協力すべき範囲も、わが国においては、両当事者の対等・公平の原則の形式的強調から、太平洋戦争後一時縮小したが、近時は、当事者対等の原則の実質的保障と充実した審理のために、再び拡大されつつある。

---

1) プロイセン法典（1793年）はその失敗例である。鈴木正裕「18世紀のプロイセン民事訴訟法——職権主義訴訟法の構造(1)(2)」神戸法学雑誌23巻3＝4号115頁以下・24巻2号（1974）109頁以下参照。

450　第 3 編　第一審手続　第 4 章　訴訟審理の進行

2　裁判所の訴訟指揮権

（1）　意義

　訴訟指揮権は、手続を主宰する権能で、訴訟の審理を迅速、公平にして、かつ充実したものにするために、裁判所に認められる。手続を迅速に進め、公平にして充実した審理をするには、法規に適合した手続を進める必要があるだけでなく、事件の具体的内容や審理の進行状況に対応して、期間を裁定したり、当事者の弁論を整理したり、釈明を求めたりなど、争点整理のために随時適切な処置を講ずる必要があるが、これらの処置が訴訟指揮権の行使という形式で行われる。

　平成 8 年改正法は、審理過程に厳格な法定の段階を設けてはいないが、争点整理を終えてから、証拠調べを集中的に行うことを目標にした建前をとっている。この目標を達成するためには、裁判所がこの権能によって、審理の進行・争点整理を具体的事件に則した適切な方法で行う必要があり、訴訟指揮権をどのように行使するか、その巧拙は、個々の事件の解決の巧拙、ひいては訴訟制度全般の効用を現実に左右することになる。

（2）　訴訟指揮権の主体

　訴訟指揮権は、原則として裁判所に属する（たとえば、151条-155条・157条）。もっとも、弁論や証拠調べ中の指揮は、合議体の審理においては主として裁判長がその発言機関としてあたり（148条・149条・202条、規113条 3 項・114条 2 項・115条 3 項・116条 3 項）、この裁判長の措置に対して当事者から異議が出れば、裁判所がこれについて裁判する（150条・202条 3 項、規117条）。裁判長は、このほか、合議体から独立して訴訟指揮権をもつ場合もある（93条 1 項・108条・137条等）。受命裁判官または受託裁判官も、授権された事項を処理する関係で、訴訟指揮権を有する（規35条・38条、民訴206条、規125条など）。

（3）　訴訟指揮の内容

　訴訟指揮は、審理の全般にわたって必要であるが、主要なものとしては、つぎのものがある[2]。

　　㋐　**手続の進行を図る行為**　　期日の指定および変更（93条）、期間の裁定および伸縮（34条 1 項・75条 5 項・96条・162条、規196条 1 項・201条）、訴訟手続の中止

　2）　萩原金美「訴訟指揮と当事者」新実務講座(1)195頁。

第2節　手続進行における訴訟主体の役割　　*451*

(131条)、中断した手続の続行 (129条)、口頭弁論の開始・終結・再開 (139条・153
条)。これらの手続の進行に関する処置は、当事者の申立てをまたないし、当事
者間の合意にも拘束されないとして、訴訟進行の権能を裁判所に認めている (職
権進行主義。例外として93条3項ただし書など)。

　　(イ)　**期日における弁論および証拠調べの整理**　　口頭弁論の指揮 (148条) とい
われるもので、当事者や証人等の関係人に発言を命じ、許しまたは禁じたりする
ことが中心となる (60条1項2項・148条2項・154条・155条・158条)。いわゆる法廷警
察権も、同じ裁判機関によって行使されるが、これは開廷中の法廷の秩序維持の
目的で、審判の妨害を制止排除するために必要な処置をとる裁判権の作用であり、
特定の事件の審理とは無関係に、また事件と無関係の傍聴人らに対しても行使さ
れる点で、弁論の指揮権とは別の観念である。

　　(ウ)　**事件の審理方法の変更および整理**　　弁論の制限・分離・併合 (152条)、
裁量移送 (17条・18条)、争点および証拠の整理手続に付する処理 (164条・168条・
175条、規95条1項・96条1項) などがある。

　　(エ)　**訴訟関係を明瞭にする処置** (149条・151条)　　釈明権といわれるものであ
る (⤳ p495)。

　　(オ)　**訴訟の促進および解決方法に関する措置**　　和解を試みたり (89条)、時機
に後れた攻撃防御方法の却下 (157条) など。

（4）　訴訟指揮権行使の態様

　訴訟指揮権の行使は、事実行為として行われる場合もあり (たとえば、弁論や証
拠調べ中の指揮)、裁判の形式で行われる場合もある (たとえば出頭・提出等の命令、弁
論の制限・分離・併合など)。裁判の場合には、裁判所がするときは決定であり、裁
判長・受命裁判官・受託裁判官がその資格においてするときは命令の形式をとる。

　もっとも、訴訟指揮権の行使が裁判の形式で行われても、その内容は手続の進
行や審理方法に関する処置であり、一定の事項についての確定的判断を示すもの
ではないから、いったんこの裁判をしても、それが不必要または不適当と認めれ
ば、いつでも、みずから取り消すことができる (120条・54条2項・60条2項・152条
1項)。

3 手続進行、審理の整理に関する当事者の地位

（1） 申立権を認める場合

手続の進行を図るのは、主として裁判所の役割とされているが、当事者に、裁判所を促して訴訟指揮上の処置を要求する申立権を認める場合がある。たとえば訴訟の移送（17条・18条）、求問権（149条3項）、相手方が時機に後れて提出した攻撃防御方法の却下（157条・157条の2）、期日の指定（93条1項）、中断手続の受継（126条・129条参照）など。このように当事者に申立権が法律上認められている事項について、当事者が申立てをしたときは、裁判所は、これを放置することは許されず、必ずその許否を明示しなければならない（これに反し、職権事項について当事者が申立てをなしても、その職権の発動を促す事実上の陳情にすぎないから、これを容れない場合もとくに却下の裁判をしなくてよい）。

（2） 当事者の意思にかからせる場合

審理方式または手続の選択について、当事者の利害が深く関わる場合、または当事者の意思に任すのが合理的な場合には、それをもっぱら当事者の一方または双方の意思にかからせている。そのような場合として、管轄の合意（11条）、応訴管轄（12条）、管轄簡易裁判所からその地を管轄する地方裁判所へ移送（19条）、最初の期日の変更（93条3項ただし書）、弁論準備手続に付する裁判の取消し（172条ただし書）、弁論更新における証人の再尋問（249条3項）、専門委員の証人らに対する発問および和解手続への関与（92条の2第2項後段・3項）、専門委員の手続関与決定の取消し（92条の4ただし書）。裁判所が相当と認めかつ当事者の同意または異議のないことに基づく場合として、証人尋問に代わる書面の提出（205条）、証人尋問等の速記原本の引用添付（規73条）などがある。

手形・小切手訴訟から通常訴訟への原告による移行申述（353条）、少額訴訟から通常訴訟への被告による移行申述（373条1項・2項）も、手続選択を当事者の一方の意思にかからせた重要な例である。

（3） 当事者の意見を聴くことが法規上必要な場合

平成8年・15年改正法では、裁判所が相当と認めても、なお当事者の意見を聴くことを義務づけ、審理の方法についても、当事者の意向を尊重すべき場合を設けた。これには弁論準備手続の実施（168条）、電話会議による弁論準備手続の実施（170条3項）、書面による準備手続の実施（175条）、証人の尋問順序の変更（202

第2節　手続進行における訴訟主体の役割　*453*

条2項）、当事者尋問を証人尋問に先だって行う場合（207条2項ただし書）、裁量移送につき相手方の意見（規8条1項）、鑑定人に対する質問順序の変更（215条の2第3項）、電話会議の方法による進行協議期日の実施（規96条1項）、テレビ会議の方法による証人尋問の実施（規123条1項）、証人尋問のさいの傍聴人の退廷（規121条）、専門委員の指定・関与（92条の5第2項・92条の2第1項・同条2項前段・92条の3）、和解に代わる決定（275条の2第1項）などがある。審理計画については、当事者双方と協議しその結果を踏まえて策定・変更すべきものとされている（147条の3第1項・4項）。

　手続の進め方、審理の方式などについては、当事者の意向を無視した形では、しょせんスムースな手続進行を期待できないのが通常であるが、当事者の意見を聴くことを法的義務として明定しているところに、手続進行についても当事者の主体性を尊重する思想をみることができる。先に、手続の進行については、裁判所の訴訟指揮権を中核とした職権進行主義が原則であると述べたが、手続進行についてもこのように当事者の主体性を尊重する改正法の下では、当事者および訴訟代理人と裁判所とが協同しながら審理の迅速・充実を図るべきであるという方向への切り替えがみられる[3]。

　なお、裁判所が当事者の意見を必ず聴く必要はないが、当事者に、意見を述べる権利を認めた場合として、関係人の陳述を録音テープ・ビデオテープに記録し、これを弁論調書に代える場合がある（規68条1項）。他方、裁判所が必要と思えば、その権能として、当事者の意見を聴くことができることを認めた場合として、職権による裁量移送の場合（規8条2項）、口頭弁論開始前に訴訟進行に関して当事者の意向を聴取する場合（規61条。この場合は、当事者の一方の立会いなしに他方当事者から紛争の経緯を聴いたりするのは相手方に余計な不信感を抱かせたり、公平感を害するとの考えから、「訴訟の進行」に限定して、当事者の意向および参考とすべき事項を聴くことができるとしたものである）などがある。

3）　竹下守夫ほか『研究会新民事訴訟法』ジュリ増刊（1999）224頁（竹下発言）、山本和彦「当事者主義的訴訟運営の在り方とその基盤整備について」民訴雑誌55号（2009）60頁・72頁は、このような方向を「協同進行主義」と呼んで評価している。

454　第3編　第一審手続　第4章　訴訟審理の進行

4　責問権

（1）　意義

当事者には、訴訟の主体として、裁判所の主宰する手続進行の適法性を監視し手続上も自分の利益を擁護する権能が与えられなければならない。この権能が責問権であり（ただし、条文上は「訴訟手続に関する異議権」と表現されており、責問権は講学上の表現である）、相手方や裁判所の規定違反の行為ことに方式違反の行為に対して異議を述べ、その効力を争うことができる。

（2）　適用範囲

訴訟手続に関する規定違反について認められる。訴訟追行の形式面についてであり、訴訟行為の内容や訴訟上の主張の当否とは無関係である。したがって、管轄違いの抗弁、参加の申立てに対する異議（44条）などは、責問権ではない。また自分の行為については責問権は認められない（能力や代理権の欠缺による無効の主張は責問権の行使ではないし、その追認は責問権の放棄ではない）。

（3）　責問権の放棄および喪失（90条）

任意規定違反についてのみ認められる。これによりその手続違反の瑕疵が治癒され、手続の安定と訴訟経済が図られる（→p50(b)）。放棄は、責問権を行使しない旨の明示または黙示の、裁判所に対する意思表示によって行われる。責問権は違反があってから発生するものであるから、事前の放棄はありえないし、これを認めると任意訴訟の禁止にも触れる（→p63）。喪失は、規定違反を知り、または知ることができた場合において、遅滞なく異議を述べないときに生じる。裁判所の行為について、当事者双方に責問権を生じる場合には、双方がこれを放棄または喪失したときに瑕疵が治癒される。

第5章　当事者の弁論活動と裁判所の役割(審理の第1段階)

　訴訟の審理は、裁判所からいえば、請求について最終判断（終局判決）をするための資料（訴訟資料・証拠資料）を集める過程である。当事者からいえば、終局判決のための資料を裁判所に提出する過程である。段階的に見ると、当事者の弁論と裁判所による争点および証拠の整理をする手続段階と、証人等を集中的に調べる段階とに分けることができる。当事者の弁論活動は、まず、訴状と答弁書の応酬に始まり、当事者が各自の主張を戦わせ、争点はどこかを明らかにしていくとともに、事実の存否をめぐる争点については、証拠の申出をして、裁判所による証拠調べに備える（請求、攻撃防御方法の提出）。このような当事者の弁論を受けながら、裁判所は、適時釈明権を行使しつつ、当事者の主張を正確に受け止め、争点を必要最小限に絞り込み、取り調べるべき証人等を選定していく（争点・証拠の整理作業）。当事者は、攻撃防御方法の提出を通じて、事件の内容を明らかにしていく主役といえるが、裁判所による争点・証拠の整理作業も重要であり、これが適切に行われるならば、必要かつ適切な証人等の尋問を集中的に行うことが可能になり、審理の充実と促進が約束される。

　平成8年改正法は、この争点・証拠の整理作業を重視し、その手続に工夫を凝らすとともに、こうした訴訟過程に関わる裁判所および当事者の基本的行為規範として、裁判所に対しては、「民事訴訟が公正かつ迅速に行われるように努め」ること、当事者に対しては、「信義に従い誠実に民事訴訟を追行しなければならない」ことを明文で定めた（2条。もちろん評価規範として働くことを否定するものでない。➡p142(エ)、p481〔＊〕など）。

　平成15年改正においても、審理の充実と促進を狙って、提訴予告通知制度、訴え提起前における証拠収集手段の創設、計画審理、専門委員の制度をとり入れ、さらに平成16年改正（平16・法120）においては、裁判所調査官の制度などを整備した。

　本章では、審理における弁論と争点・証拠の整理の手続段階を取り扱う。当事者の立証活動および裁判所の事実認定作業については、次章で扱うこととする。

456　第3編　第一審手続　　第5章　当事者の弁論活動と裁判所の役割（審理の第1段階）

提訴予告通知制度、および証拠収集手段の一部についてはすでに述べた（➘p379以下）。

そこで本章では、まず、訴訟審理の本格的な場である口頭弁論において、当事者が行う行為の類型を総覧し（第1節）、当事者の弁論活動すなわち主張活動を指導する原則（第2節）として、弁論主義と職権探知主義、真実義務・事案解明義務・事案解明責任（以上第1款）、ついで、事案解明のための裁判所側の役割（第2款）に関し、釈明権・釈明義務、法的観点指摘義務、専門委員制度、裁判所調査官制度の整備を説明する。

第1節　審理過程における当事者の行為

1　訴訟に関する当事者の行為

訴訟に関して行われる当事者の行為には、その時期・場所の点からみると、①訴訟以前に将来の訴訟を予期して行われるもの（訴訟準備のための事実・証拠の収集、不起訴の合意、管轄の合意、仲裁合意、訴訟委任など）、②訴訟係属中手続外で行われるもの（訴えの取下げの合意、選定当事者の選定、訴訟代理人に対する委任契約、その解除など）、③訴訟手続内、とくに口頭弁論において行われるもの（本案の申立て、攻撃防御方法の提出行為）に分けられる。その行為の目的からみると、有利な裁判または裁判所の特定の行為の取得という目的をもつ行為（各種の申立て、弁論における事実の主張・証拠の提出など）と、勝訴判決の取得という目的はないが、またはそのような目的と並んで別のより具体的な目的ないし効果意思をもった行為（当事者の意思で訴訟を終了せしめる訴えの取下げ、請求の放棄・認諾、訴訟上の和解などはその典型であるが、自白や証拠契約などもこれに入る）とに大別できよう〔＊〕。訴訟外で裁判所の関与なしに行われる行為かどうか、どのような目的ないし効果意思をもつ行為であるかは、いずれも、その行為を訴訟上どのように取り扱うか、また、どのような効果を認めるべきかを考察する上で、手引きになる視点となる（➘p122(イ)〔＊〕、p152〔＊〕）。

〔＊〕　**取効的行為**（Erwirkungshandlung）と**与効的行為**（Bewirkungshandlung）の区別
　　　訴訟状態論を唱えたゴールドシュミットの提唱にかかる。彼の訴訟状態論は賛成者が少なかったが、この分類は多くの賛成者を得ている。日本では、やっと三ケ月章博士により、

第1節　審理過程における当事者の行為　　*457*

本格的に評価される機会を得た（三ケ月・267-269頁、277頁、281-284頁、なお、斎藤・概論235頁）。

(1)　取効的訴訟行為とは、「裁判所（又は他の機関、たとえば書記官）に対し、特定の裁判（又は他の司法活動）をなすことを求める行為及びそれを基礎づけるために資料を提供する行為」であり、「裁判（又は他の裁判所の行為）によってはじめて本来の目的を達し、裁判を離れては独自の意味がないものである」（三ケ月・268頁）。これに対して、与効的訴訟行為は、「取効的訴訟行為のように裁判（又は裁判所の他の行為）を介在せしめてはじめて意義をもつものでなく、直接に訴訟上の効果を生じるものをいい、いわば取効的訴訟行為以外の訴訟行為の汎称である」（同・269頁）。

(2)　区別の実益　　(a)　三ケ月章博士においては、裁判を離れては独自の意味がないという取効的行為の特質を手がかりとして、つぎのような解釈論が導かれている。

第1は、私法上の形成権を訴訟上いきなり行使し、これを攻撃防御方法として主張するのは、取効的行為であり、かりにその後訴え却下または訴え取下げにより訴訟係属がなくなり有利な裁判の取得という目標がなくなったときには、その目標を離れて、形成権行使の効果が残存するとみるべきでないとの結論、第2は、取効的行為は直ちに一定の効果を生じないから、撤回は原則として自由であるとの結論が導かれている（同・281頁）。

(b)　しかし、第1点については、後述のように（⤳ p464〔＊＊〕）、私法上の効果が残るかどうかは、個々の当事者の意思の解釈によって決まるべきもので、取効的行為だからということで一律に結論を出すべきものとは思われない。第2点については、三ケ月博士自身、個々の行為の目的・性格の個別的検討から撤回の自由を基礎づけたり、また多くの例外を認めており、取効的行為であるとの分類が個々の行為の解釈論にとって、一応の手がかりにすぎないことがすでに自覚されている（なお、同・281頁の同所で、撤回の自由は、申立てについては処分権主義の角度から、主張や証拠の申出については弁論主義の角度から基礎づけることもできるとしている）。

(c)　さらに、たとえば、仲裁契約は与効的行為としてあげられているが（同・285頁参照）、仲裁契約が結ばれただけでは、その後の訴えを却下すべき訴訟上の効果が直ちに生じるとはいえない。そのためにはその締結を弁論に顕出する行為——それはおそらく取効的行為——が必要であるから、仲裁契約を与効的行為と分類しただけでは、その訴訟上の取扱いを十分に明らかにしたとはいえないであろう。

(d)　のみならず、ある行為を取効的行為とみるべきか与効的行為とみるべきかが、必ずしも明らかでない場合がある。たとえば、証拠契約は与効的訴訟行為とされているが（同・286頁）、契約に反した証拠を提出しないという合意であるとすれば、その契約自体、裁判所の事実認定（したがってまた裁判）を求めることを前提にし、それによって本来の目的を達し、それを離れて契約することの独自的意義はないと考えられるのに、なに故に

458 第3編 第一審手続 第5章 当事者の弁論活動と裁判所の役割（審理の第1段階）

与効的行為とみるのか、逆に、自白行為は取効的行為とするが（同・273頁）、自白によって裁判所の事実認定を拘束するという訴訟上の効果が直接生じるのに、なに故に与効的行為としないのか。いずれも、両者の区別がつねに明確であるとはいいがたい。

(e) かくして、範疇的に取効的行為と与効的行為とを区別することは、はじめから無理と思われる。しかも、かりにその無理を強いて克服したとしても、そこからは、個々の行為の解釈上一応の手がかりしか得られないというならば、むしろ、本文で述べたように、一応の区別として、「裁判の取得という抽象的な目的をもつ行為」と、「そのような目的をもたないかまたはそれをもつとしてもそれと合わせて、より具体的な特定の目的なり効果意思をもつ行為」という分類をたてることで十分というべきであろう。そして、前者を裁判取得目的をもつ行為、後者を特別目的をもつ行為とかりに呼ぶことができよう。この分類は、裁判取得目的と特別目的を合わせもつ行為をも予定した一応の区分でしかないが、その程度の区分にとどめることにより、かえって個々の行為の取扱い・効果を考察するさいに、つねにその行為の目的、行為者の効果意思を個別に検討しようとするアプローチを導くことになろう。

たとえば、このような区分によれば、自白や証拠契約は、ともに裁判ないし事実認定を前提にその資料を提出ないし形成する行為である点で、裁判取得目的をもつ行為であるが、裁判所の事実認定を拘束するという特定の目的をもった行為として位置づけられ、事実認定過程において裁判所の権能を制約するという類似の目的・機能をもつ行為としてグループ分けされることになり、その視点からの解釈論を展開するのに役立つことになろう。

2　裁判取得目的をもつ行為

これは、裁判所に対して、特定の裁判その他の行為を直接に要求する行為（申立行為）と、この申立てを基礎づける資料（裁判所のほうからいうと申立てに応答する場合の判断の資料）を提出する行為とに分けられる。これらの行為は、行為者の利益のために行われるものであるから、裁判所がその目的である裁判などをするまでは、任意に撤回できるのが原則であるが、相手方がこれを機会に自己のために利用しようとする態度に出た場合には、その同意が必要とされるし（たとえば、訴えという申立行為を撤回する行為である訴えの取下げにつき、261条2項）、相手方の防御活動に支障をきたしたり手続の安定を害したりするような場合には、撤回の自由を制約することになる（たとえば、57条・60条3項の更正権は直ちに行使しないと行使できなくなる）。

（1） 申立て

　㋐　裁判所に対して、一定の行為（裁判のほか、証拠調べ、送達、執行処分など）を要求する行為で、申請とも、申出ともいわれる。請求について裁判を求める申立て（本案の申立て）と種々の付随的または派生的行為を求める申立て（これを訴訟上の申立てという）とに分けることができる。証拠申請も、証拠の取調べを求める意味では、訴訟上の申立ての一例といえるが、本案の申立てを基礎づける資料の提出という機能をもっている（この点で、攻撃防御方法の一つに属する）。申立行為は、裁判所に対し、一定の行為を求める意思を陳述する形式をとるが、その陳述は別段の定めがないかぎり、書面でしてもよいし、口頭で行ってもよい（規1条）。申立てのうちとくに定められたものには、原則として収入印紙の貼用によって（民訴費8条、民訴費規4条の2）、裁判所に手数料を納めなければならない（民訴費3条・6条・8条）。

　㋑　申立ては、手続の安定の要請から、確定的にしなければならない。したがって、条件や期限を付けられない。もっとも、予備的申立て（たとえば、請求の予備的併合 → p757(2)）は、主たる申立てが容れられない場合に取り上げてもらう趣旨のもので、訴訟手続の不安定をもたらさないから許される（なお、訴えの主観的予備的併合の許容性については、→ p797(1)）。申立権の認められている事項については、裁判所はこれを放置することは許されず、申立てに応じた行為をするか、さもなければ却下の裁判をするかして、必ず応答しなければならない。

　㋒　**オンラインによる申立方式**　　平成16年法改正（平16・法152）によって、申立てその他の申述（以下「申立て等」という。132条の10第1項）を迅速かつ円滑に行えるように、これをオンラインですることができる旨定められた（なお支払督促に関しては、→ p895〔＊〕・p902　7）。

　⒜　**対象となる申立て等**　　申立て等で、書面等でするものとされているものであって、最高裁判所の定める裁判所に対してするもの。書面等とは、書面、書類、文書、謄本、抄本、正本、副本、複本その他文字、図形等人の知覚によって認識することができる情報が記載されたものをいう（132条の10第1項）。

　⒝　**申立てのできる裁判所**　　最高裁判所の定める裁判所。この「裁判所」には、その裁判所の裁判長、受命裁判官、受託裁判官または裁判所書記官も含まれる（同項）。

460　第3編　第一審手続　第5章　当事者の弁論活動と裁判所の役割（審理の第1段階）

(c)　**方式**　最高裁判所規則で定めるところによるが、電子情報処理組織を用いる。電子情報処理組織とは、裁判所の使用する電子計算機（入出力装置を含む。以下同じ）と申立て等をする者の使用する電子計算機とを電気通信回線で接続した電子情報処理組織をいう（同項）。その申立て等について、署名等（署名、記名、押印その他氏名または名称を書面等に記載することをいう）を要する場合には、これに代えて、最高裁判所規則で定めるところにより、氏名または名称を明らかにする措置を講じなければならない（同条4項）。

(d)　**事後の処理手続**　前記の方式による申立て等は、書面等をもってされたものとみなされる（同条2項）。この申立ては、その裁判所が使用する電子計算機に備えられたファイルへの記録がされた時に、その裁判所に到達したものとみなされる（同条3項）。裁判所は、その申立て等がファイルに記録されたときには、その情報の内容を書面に出力しなければならない（同条5項）。訴訟記録の閲覧等（91条1項・3項）は、この書面をもって行う。またこの申立て等に係る書類の送達または送付も、この書面をもって行う（132条の10第6項）。

（2）　判断資料の提出行為

これには、法律上の主張、事実の存否の主張、さらに事実の存否の主張を証明するための挙証がある。

(ア)　**法律上の主張**　広義では、法規の存否・解釈適用に関する意見の陳述も含むが、これらは、裁判所の注意を促し、その参考に供する意義をもつにとどまる。狭義には、法規の適用の結果である、具体的な権利関係の存否（その発生・変更・消滅の効果）の主張をいう（たとえば、自分がその土地の所有者であるとか、消費貸借は成立しなかったというような主張）。この種の陳述は、権利自白の対象となる（→ p591 6 ）。なお、この種の陳述が直接に訴訟物たる権利関係についてなされた場合が請求自体または請求の放棄・認諾となるが、請求の放棄・認諾は、終局判決を不要にする点で、裁判のための判断資料を提出する行為とはいえない。どの法条を適用するか、どのような法的構成をとって権利主張をするかは、主張すべき事実の範囲に影響を及ぼし、争点の所在・範囲を左右させる。その意味で、争点整理の作業上、事実上の主張とともに狭義の法律上の主張も重要な視点となる（→ p477〔＊〕(3)）。

(イ)　**事実上の主張**　具体的な事実の存否の主張である。

第1節　審理過程における当事者の行為　　*461*

(a)　事実上の主張は、矛盾して一貫しないものは無意義であるが、ある主張事実が認められず、攻撃防御の目的が達せられないことを慮って、あらかじめこれと同時に、その事実が認められれば法律上は無意義に帰する他の事実を仮定的（または予備的）に陳述しておくことは許される。たとえば、原告が、所有権の取得原因としてその物件を買った、かりにそうでないとしても、10年間占有しているから時効取得したと主張したり（仮定主張）、被告が、金を借りた事実はない、かりに借りたとしても、すでに返したと主張する（仮定抗弁）場合である。もっとも、このように、同じ目的をもつ数個の主張が提出されたときには、その相互の論理的関係や歴史的前後にかかわらず、裁判所はどれを取り上げてその主張者を勝たせてもよい（主張者を敗訴させるには、そのすべての主張を排斥したうえでなければならない）。それは、どちらの主張事実を認めるかは判決の理由中の判断であり、これには既判力が生じないので、勝訴の法律上の結果に差異を生じないからである。これに対して、相殺の抗弁については、例外的に既判力が生じるから（114条2項）、最後に審理すべきである（→p702(ウ)）。

(b)　事実上の主張に対して、相手方当事者の示す態度は、その事実はないと争う（否認）、その事実は知らないと述べる（不知）、その事実を認めると述べる（自白）、その事実についてなにもはっきりしたことをいわない（沈黙）の4通りがある。これらの相手方の行為、態度も判断資料を提出する行為で、事実の存否に関する当事者の主張の一種とみてよい（もっとも沈黙は不作為）。弁論主義においては、自白された事実は裁判所を拘束するから、否認された事実が争点となり、これについて裁判所は事実認定をすることになるが、不知の陳述は否認と推定し（159条2項）、沈黙は他の陳述から争うと認められないかぎり自白とみなされる（擬制自白、159条1項。→p589　5 ）。

(ウ)　**挙証**　　事実上の主張を証明するための行為または活動をいう。証拠の申請のほか、証拠調べに協力・関与する行為が含まれる。証拠申請は、証拠調べを求める行為という意味では申立行為であるが、事実上の主張を裏付けるという機能をもつ挙証活動の中心をなす行為である。

3　口頭弁論における当事者の行為

当事者は審理の本格的な場所である口頭弁論において種々の行為（訴訟追行行

為）をするが、これらは、本案の申立て、これを基礎づける攻撃防御方法の提出、およびその他の行為（たとえば、請求の放棄・認諾、訴訟上の和解など）に大別できる。これらの行為は、原則として口頭の陳述という形式で行われる。

（1）　本案の申立て

口頭弁論は、まず、原告が訴状に基づいてその請求の趣旨を陳述することによって始まる。これに対して、被告が訴訟要件の欠缺による訴えの却下を求めるか、原告の請求の棄却を求める陳述をする。このような、いかなる終局判決を求めるかの当事者の陳述を、本案の申立てまたは判決事項の申立てという。

もっとも、訴訟要件の具備は原則として職権調査事項とされているから、被告が訴え却下を申し立てなくとも、裁判所は、これを欠くと認めるときは訴えを却下すべきであるし、原告の本案の申立てを理由がないと認めるかぎり請求棄却の判決をすべきことも裁判所の職責に属するから、被告が請求棄却を申し立てなくとも（被告が答弁書を提出せず、期日に欠席した場合などにありうる）、裁判所は請求棄却の判決をすべきである。なお、訴訟費用の裁判（67条）、仮執行の宣言（259条）も、終局判決の主文に掲げられるから、それに関する申立ても本案の申立てであるが、これらも本来職権でできるものである。

（2）　攻撃防御方法の提出

（ア）　主として、本案の申立てを支持するため、または排斥するためにする判断資料の提出を、一括して攻撃防御方法の提出という。訴えの変更や反訴は、新しい本案の申立てであり攻撃防御方法ではない（予備的請求の追加は157条によって却下できない、大判昭16・10・8民集20巻1269頁）。攻撃防御方法には、訴訟手続の方式や効力等の訴訟法上の事項に関する裁判取得目的をもつ行為（たとえば、責問権の行使、相手方の攻撃防御方法の却下の申立て、訴訟要件の欠缺についての事実上の主張および証拠の申出など）も含まれるが、主要なものは、請求を支持または排斥するための判断資料の提出行為であり、なかでも、事実の主張と証拠の申出がもっとも重要であるから、これを当事者の弁論と呼ぶわけである（↘p455・p507）。

（イ）　原告は、被告が請求を認諾しないかぎり、請求を理由づけなければならない。請求内容たる権利関係の存否の判断は、その発生・消滅という法律効果の判断の複合によって行われるから、原告がその権利の存在を主張するには、その権利の成立・取得という法律効果を生じさせる要件事実にあたる具体的事実を主

張しなければならない（請求内容たる権利関係の発生を基礎づけるに必要な事実を請求原因事実ということがある。→p218〔＊＊〕）。これに対して、被告は、その権利の取得要件にあたる事実の存在を否認することもできるし、また、その権利の発生・取得は認められるがすでに消滅したと主張することもできる。これらは、被告の防御方法としての事実の提出であるが、前者は否認、後者が抗弁である。すなわち、防御方法として、相手方（原告）に証明責任がある事実を争うのが否認、被告に証明責任がある事実——請求原因事実によって認められる効果の発生を妨げる別の事実——を主張するのが抗弁である[1]。抗弁に対し、さらに、原告は抗弁事実を否認することもできるし、抗弁事実によって認められる効果の発生を妨げる別の事実を主張することもできる（再抗弁）。請求原因事実、抗弁事実、再抗弁事実……がそれぞれ相手方によって争われるかぎり、提出者はその事実の存在を証明する必要が生じる。

　㈦　私法上の法律効果の要件事実にあたる契約や形成権行使の意思表示などは、通常、すでに訴訟外で行われた結果を弁論行為により口頭弁論に上程してはじめて裁判所の判断資料になる。この場合には、私法上の効果の要件事実にあたる当事者の行為とこれを裁判の資料とする行為（弁論）とが、外形上も別個のものとみられるので、その取扱いはそれぞれ別個に考察せざるをえない。

　しかし、私法上の契約や形成権の行使が、いきなり訴訟で行われる場合もある〔＊〕。たとえば、和解契約が口頭弁論において締結されたり[2]、相殺の意思表示を口頭弁論で行う場合などである。これらの場合には、外形上1個の行為しか行われていないので、その性質をどうみるかについて争いがある。私法上の形成権をいきなり弁論行為として行使する場合は、弁論行為として適法に行われたかぎり、私法上の形成権行使の効果の発生を認めることができるし（仮定抗弁として主張することもできる）、その主張が裁判上審理されないで却下されたり、訴えが却下されたときには、原則として、後に私法上の効果を残さないという条件の下に行使されていると解し、そのとおりの効果を認めてよいと思われる〔＊＊〕[3]。

1）　抗弁と否認の区別については、大判昭11・10・6民集15巻1771頁、山木戸・判例研究189頁参照。

2）　訴訟上の和解自体は攻撃防御方法の提出とみるべきではない。その性質論が実益のないことについては、→p374〔＊〕。

3）　準備書面に記載されただけで弁論されなかったときも、私法上の効果を残さないと解すべきである。なお、→p586（4）。

464　第3編　第一審手続　第5章　当事者の弁論活動と裁判所の役割（審理の第1段階）

〔＊〕　**公示による意思表示**　　民法は、意思表示の相手方がわからない場合、または相手方の所在がわからない場合に、公示送達の方法を使って、意思表示の相手方への到達の効果を生じさせる制度を設けている（民98条）。ただ、この制度は、民事訴訟法上の公示送達と、要件、管轄、公示の方法、効果発生の時点などで異なっている（一問一答119頁参照）。そこで、たとえば、賃貸借契約の解除の意思表示とともに、目的物の明渡請求の訴えを提起する場合には、解除の意思表示を記載した訴状の公示送達をしても、解除の意思表示は相手方に到達したことにならず、原告は、別に公示による解除の意思表示をしなければならないとされていた。

　　平成8年改正法においては、このような2度手間を省くため、所在のわからない被告に対する訴訟において、その訴訟で攻撃防御の方法になる意思表示に限って、それを記載した訴訟書類の公示送達により意思表示の到達の効果をも認めることにした（113条）。もっとも、到達時期については、訴訟書類については掲示の日の翌日に到達したとみなされる場合であっても（112条1項ただし書）、つねに掲示を始めた日から2週間を経過した時であり、また相手方の所在を知らなかったことについて表意者に過失があったことを相手方が立証すれば、到達の効果は生じなかったことになる（113条後段）など、民法の規定するところに従う。この場合には、後に訴えが取り下げられたとしても、私法上の意思表示の効果は撤回されたことにならないと解される。

〔＊＊〕　**私法上の形成権を行使する弁論行為**　　その性質については、とくに相殺の意思表示が予備的抗弁として行われた場合について争われた。

　　(1)　併存説によれば、外形上1個とみえても、相殺の意思表示という実体上の行為と、これを訴訟上援用する行為とが併存するとみ、その要件・方式・効力ともに、前者は私法、後者は訴訟法によって別個に定められるもので、なんら相関するところはないとする（兼子・体系211-212頁）。これによれば、私法行為としては、相手方に到達してはじめて効力を生じるし、また形成権の行使には一般に条件が付けられないとされるが（民506条1項参照）、訴訟行為としての主張や抗弁は裁判所に対する陳述であるから、相手方の受領を要しないし（ただし161条3項の制限はある）、また、仮定的に提出することもできる。仮定的相殺の抗弁でも、私法上の意思表示に条件を付けるものではない（債務があれば相殺するというのは当然のことで条件付相殺ではない）。

　　しかし、この説によると、援用行為が不適法として却下された場合には（たとえば157条）、援用行為自体は無に帰しても、私法上の効果は残るから、両債権は対当額で消滅するのに、相殺の抗弁は訴訟上考慮されず、原告勝訴となり、被告は自分の債権を無益に消滅させることになると批判される（斎藤・概論241頁、河野正憲「訴訟行為論の現況と評価」法学教室第2期3（1973）58頁〔同・法的構造35頁〕以下。なお、石川明「訴訟上の

相殺の法的性質㊤㊦」判タ214号・215号（1968）〔同『訴訟行為の研究』（1971・酒井書店）67頁以下〕は、実体行為と訴訟行為との併存を認めながらも、ドイツ民法139条の一部無効なら全部無効となるという理論を通じて、却下または取下げの場合には、実体上の効果も「無効」となるとする）。

(2)　これに対して、両性説のように、私法行為と訴訟行為の両方の性質を兼ねそなえた1個の行為が存するとみるならば、相殺の抗弁が却下されてしまえば私法上の効果も消滅するとみられやすいけれども、仮定的相殺の抗弁は、相殺の意思表示に条件を付すものとみられることになろう。

(3)　訴訟行為説は、併存説に対し当事者の主観的意図を無視するものであると批判し、当事者は、そのような行為においては、「有利な裁判の取得を目標としそれを基礎づけるための資料を提供するということを眼中に置いているのであって、それをはなれて私法上の効果を独立に生ぜしめることは必ずしも直接には意図していない。」したがって、「訴訟上、『取消す』とか『相殺する』とかいう主張（陳述）は私法上の行為ではないのは勿論、私法行為と訴訟行為との結合（両性説）でもなく、私法上の効果をも伴う訴訟行為（併存説）でもなく、純然たる訴訟行為というべく、要件・効果ともに専ら訴訟法の規定に従って判断すべきもの」（三ケ月・280頁）であり、そう解することによって、相手方不在廷のときもなしうるといえるし（準備書面に記載されそれが相手方に送達されたときに私法上の意思表示がなされたという技巧を弄することもいらない）、裁判を基礎づける以上の独自の意味をもたないから、訴えの取下げ、抗弁の却下のときは、なんら実体法上の効果をあとに残さないという結果を認めやすい、と論じる（同趣旨、中野貞一郎「相殺の抗弁」阪大法学9号（1954）〔同・訴訟行為95頁〕）。

(4)　訴訟行為説が、この種の行為をするさいの当事者の意図を明らかにし、その意図に沿う効果を与えようとした点の功績は評価すべきであるが、純然たる訴訟行為として、その要件・効果をすべて訴訟法の規律に服せしめようとした点は行き過ぎと考えられる。

　たしかに、私法上の効果を裁判を離れて独立に生ぜしめる意思であったかどうかは疑問の場合もあろうが、論者の説明では、相殺の抗弁が相殺という私法上の効果（私法の適用によって認められる効果）を生ぜしめないで、なに故に有利な裁判を基礎づける資料たりうるのかが明らかでない。民法上の相殺と別個の「裁判上の相殺」という制度によって対立債権消滅の効果を判決中で認めることができるというのは（中野・前掲108頁）、相殺制度の沿革に忠実かもしれないが、相殺を実体法の規律下においた現行法においては、にわかに賛成しがたい。のみならず、その他の私法上の形成権（たとえば取消権・解除権など）についても同じ説明が可能なのかどうかも疑問である。やはり、相殺の効果は実体法上の効果であり、相殺の抗弁は、そのような実体法上の効果を発生せしめる行為という意味で、実体法の規律を受ける行為というべきであろう。

（5）　**私見**　しかし、上記のように訴訟上の相殺の意思表示が実体法の規律に従うからといって、訴訟上で行われる相殺が訴訟外で行われる相殺と同内容の規律を受けると考える必然性はない。訴訟の場という特殊な状況の下に行われる相殺の意思表示にふさわしい要件・効果を付与すべきであるし、そのような規律内容の変容は、実体法の解釈論として十分に可能と考えられる。

すなわち、仮定抗弁としての相殺の意思表示も、相殺の効果を欲したものであるが、裁判所が債務があるとの判断に至ったときに考慮してもらう趣旨であるとともに、訴えの却下や相殺の抗弁自体の却下があった場合のように防御方法としての意味を失ったときには、白紙にもどすという効果意思をもつものとみることができる。しかも、このような効果意思を法律上承認することは、争いの過程における意思表示であるということから、争いがない場合の相殺の意思表示の理論と矛盾するわけでないし、他方で、訴訟手続の安定を害したり、とくに相手方に不公平であるという心配もないのみならず、そのほうが公平であり、相殺制度の趣旨に沿うであろう。

さらに争いのある受働債権に対して裁判外で相殺の意思表示をし、これを訴訟で抗弁として提出したが却下された場合（大判昭9・4・4民集13巻573頁参照）にも、その意思表示が訴訟での主張を当然予定したものであれば、相殺の意思表示の撤回の効果を認めるべきであろう。このような立場は、また、もし抗弁としての意味を失っても私法上の効果を残さないと相手方に対して不公平であるような場合には、むしろその効果を残すべきであるという解釈の可能性を認める立場でもある（最判(二小)昭35・12・23民集14巻14号3166頁が、相殺の主張の前提としてなされた受働債権の「承認」の効果を、相殺の主張の撤回後も残存するとするのは、妥当である）。

上記の私見は、行為の性質論から結論を導くというよりも、当事者の意図・効果意思、その行為のなされた状況、手続の安定の要請、公平、相殺制度の趣旨という種々の点から妥当な規律を考案するもので、それは、実体法的観点も訴訟法的観点もともに考慮する解釈論というべきである（同趣旨の考察をするものとして、河野正憲「相殺の抗弁とその実体法上の効果」法政研究39巻1号（1972）117頁以下。なお、山木戸克己「訴訟における契約解除ならびに相殺」民訴雑誌2号（1955）〔同・基礎的研究52頁以下〕も、筆者の考えに近いと思われる）。

第2節　弁論活動を指導する原則

本節では、攻撃防御方法の提出、証拠の申出をする当事者の行為を規律する原則として、弁論主義と職権探知主義（第1款）、さらに当事者の弁論活動を補完する裁判所の釈明活動（第2款）について説明する。

第1款　弁論主義と職権探知主義

1　弁論主義と職権探知主義の意義

判決の基礎をなす事実の認定に必要な資料（訴訟資料）の提出（主要事実の主張と必要な証拠の申出）を当事者の権能と責任とする建前を、弁論主義という。それらの資料の探索を当事者の意思のみに委ねず、裁判所の職責ともする建前を、職権探知主義という。そして、判決（または判断）の内容を当事者のみの意思で左右することが許される種類の訴訟（または事項）については、弁論主義が採用され、そうでない場合については、職権探知主義がとられる。

（1）　弁論主義の根拠

弁論主義は、私益に関する事項は当事者の自由な処理に任すべきであるという思想に基づく。すなわち、実体私法上当事者の自由な処分に任せた事項は、それに関する紛争の解決を裁判所に求めたときも、その解決内容はできるだけ当事者の意思を尊重した自主的解決に近いことが望ましい。このような紛争解決内容における当事者の意思の尊重というところに、裁判の前提となる事実関係の解明を当事者の役割とする弁論主義の根拠があるし〔＊〕、当事者間で自由に処理してよい事項について弁論主義をとる理由がある1)。

〔＊〕　**弁論主義の根拠についての学説の対立**　(1)　本文で述べたように、弁論主義の根拠を、私益に関する紛争の解決を目的とする民事訴訟の本来的性格に求める説（兼子・体系197-198頁）に対して、真実発見のための合目的的考慮によるとする説（村松俊夫「弁論主義に就ての一考察」民商10巻3号（1939）〔同『民事裁判の研究』（1955・有信堂）151頁〕、菊井・㊤161頁、三ケ月・157頁、斎藤・概論204頁）も有力である。後者はつぎの

---

1)　山本克己「弁論主義論のための予備的考察」民訴雑誌39号（1993）170頁。

ように説く。すなわち、私益をめぐる紛争においては、もっとも強く利害を感ずるのは当事者であるから、その利己心を利用してそれぞれ自分に有利な資料の提出の責めを負わせるならば、客観的にも十分な資料の収集が期待でき、労少なくして真実を発見しやすい。しかも、かりにこれが不十分なために敗訴を招いたならば、それは当事者のせいであると取り扱っても不公平ではない。他面、裁判所が複雑な事実関係を探索する任にあたることは実際上不可能であるし、中途半端な探知をすれば、かえってどちらかの当事者に不公平との不満を抱かせかねない。このような真実発見のための合目的的政策的考慮をもって、弁論主義の根拠と説くのである。

(2) 弁論主義を合目的的考慮の所産とする説は、弁論主義をもって真実発見のための便宜と説くことによって、同じく真実発見のための手段としての釈明権の行使を積極的に推し進めようとする実践的意図に支えられたものであり、その限度ではこの説を評価すべきであるが、しかし、この説によって指摘される状況と真実発見のための手法は、職権探知をとる訴訟においても、多かれ少なかれ同様にあてはまることであるから、ある訴訟についてなに故に職権探知主義でなく弁論主義をとるかを説明できない。前記の説は、むしろ、弁論主義をとっても真実の発見が可能であることを指摘し、弁論主義をとっても真実発見の理想を放棄するものでないことを明らかにすることによって、弁論主義を正当化する議論というべきであろう。

(3) さらに、弁論主義の根拠を一元的に説明することは困難とし、私的自治の尊重、真実発見の効率、不意打ち防止の観点、裁判の公平さへの信頼の確保の要請等を加えた多元的な根拠に基づいて歴史的に形成されたものとする説がある（竹下守夫「弁論主義」演習民訴375頁。同旨、三ケ月・研究8巻80頁。なお高橋・重点(上)409頁参照）。

（2） 処分権主義との関係

弁論主義および職権探知主義とは、請求の当否の判断に必要な事実と証拠の、探索および提出をだれの権能ないし責任とするかの問題である（当事者のみの権能・責任とするのが前者、裁判所にも責任を負わすのが後者）。これに対して、処分権主義は、審判を求めるかどうか、また何について求めるかを当事者の意思に委ねる建前であり、弁論主義・職権探知主義の対立とは、もともと次元を異にする。職権探知をとったから当然に処分権主義をすべて否定しなければならないというわけではない。職権探知主義をとる人事訴訟でも、訴えなければ裁判なしの原則は認められるし、当事者が審判の対象を請求面で特定する権能や訴えを取り下げる権能は認められる。

しかし、処分権主義はその内容として、請求の放棄・認諾、訴訟上の和解をす

る権能を当事者に認めるが、これらの権能は審判要求を撤回するという面と、当事者の意思に従った紛争解決内容に判決と同等の効力を付与するという面をもっており、前者の面では、職権探知主義と抵触するわけではないが、後者を問題にするかぎり、紛争の解決内容を当事者の意思で左右させないとする職権探知主義をとる訴訟（たとえば、人訴20条・19条1項）では、やはりこれらの訴訟処分行為は許されないことになる（人訴19条2項。ただし、離婚・離縁の訴えにおいては、協議離婚・協議離縁が認められるところから、一定範囲で、請求の放棄・認諾または和解が許される。人訴37条・44条）。そして、この面から処分権主義をみるかぎり、それは、紛争の解決内容を当事者の自主的解決に近づけるために、その解決過程において当事者の意思を尊重する原則であるという点で、弁論主義と共通の機能をもつといえる。さらに、より基本的には、処分権主義が審判の対象を「請求」面で特定する権能を当事者に認めるという建前である点においても、弁論主義が、審判の対象を——「事実」面からにせよ——限定する権能を当事者に与える点と共通しており、両者は相手方に攻撃防御目標を明示し、十分な審理を尽くさせる機会を与えるという、類似した機能をもつといえる。

（3） 弁論主義・職権探知主義を考慮すべき問題

弁論主義をとるか職権探知主義（⤳ p492 4）をとるかは、主として請求の当否を判断するための資料（必要な事実と証拠）の収集について問題になるが、訴訟要件の具備を判断するための資料（必要な事実と証拠）の収集についても問題になる（⤳ p235 4(1)）。

これに対して、適用すべき法規の探索や解釈適用（ただし、裁判所に法的観点指摘義務があることについて⤳ p496(イ)。立法事実論について⤳ p582〔＊〕）、取り調べた証拠の評価は、裁判官の本来の職責であり、弁論主義か職権探知主義かを問題にする余地はない。事実認定のさいに利用される経験則も、判決の基礎となる事実ではないから、法規と同様に考えられる（ただし、⤳ p581 2）。

2 弁論主義の内容

判決の基礎をなす事実や証拠の収集に関して当事者の意思を尊重し、事実面から審判の範囲および内容を限定する権能を当事者に認める規律は、現行法上つぎの三つのルールの形をとる。もっとも、弁論主義の内容を正面から規定する条文

470　第3編　第一審手続　第5章　当事者の弁論活動と裁判所の役割（審理の第1段階）

はなく、職権探知に関する規定（人訴20条・19条等）から逆に推論せざるをえない。

（1）　主張責任ルール

　弁論主義の下では、主要事実は、当事者が口頭弁論で陳述しないかぎり（弁論に現出しないかぎり）判決の基礎に採用することができない。したがって、当事者は自分に有利な主要事実はこれを主張しないとその事実はないものと扱われ、不利な裁判を受けることになる。この不利益を主張責任という。どの主要事実につきどちらの当事者がこの責任を負うかの定め（主張責任の分配）は原則として証明責任の分配（事案解明義務および同責任による修正を含む。→p482(4)）に従うが、主張責任は弁論主義においてのみ観念し得るもので、職権探知主義の下では考えられない点、証明責任と異なる。

　弁論に現出されない主要事実は判決の基礎にできないという原則は、第1に、争点の形成を両当事者の意思にかからしめ、判決によって解決すべき紛争のいわば土俵を、事実面から、その意思によって限定する働きをもつ。その結果として、裁判所の作業範囲、とくに存否を判断すべき事実の範囲を定める機能をもつ。第2には、当事者に対し主張立証活動の指針を与えることになる。すなわち、原告は、請求を理由づける主要事実、抗弁事実に対する認否、および再抗弁事実等を主張するように促されることになる（規53条1項・81条参照）。また、被告は、訴状に記載された事実に対する認否[2]、抗弁事実等を主張するように指導される（規80条参照）。第3に、この原則により、どちらの当事者も相手方の弁論した事実に対してのみ攻撃防御を尽くせば足りることになるわけであるから、当事者に事実面における攻撃防御の目標を明示し、かつ、主要事実レベルでの不意打ちのおそれを排除して防御の機会を実質的に保障する機能をもつことになる[*][**]。

〔*〕　**一般条項と弁論主義の適用**　権利濫用を職権でとり上げたものとして、最判(大)昭43・12・25民集22巻13号3548頁、権利濫用の主張は必要としつつ、必ずしも明示である必要はないと解されるものとして、最判(三小)昭39・10・13民集18巻8号1578頁。また、最判(一小)昭36・4・27民集15巻4号901頁は、当事者が公序良俗違反による無効の主張をしなくても、これに該当する事実の陳述さえあれば、裁判所は有効無効の判断をできるとする。ほかに、信義則違反を職権でとり上げた判例として、最判(二小)昭42・4・7民集

2）「自白」とみなされないためには「否認」・「不知」と答える必要がある。

21巻3号551頁、最判(二小)昭56・10・30判時1022号55頁がある。いずれも、評価規範としてみれば妥当と考えられるが、事実審における行為規範としてみると、法的観点指摘義務を尽くすべきであろう。なお、山本和彦「狭義の一般条項と弁論主義の適用」広中俊雄先生古稀祝賀論集『民事法秩序の生成と展開』(1996・創文社)66頁は、公序良俗違反、権利濫用、信義則違反について、近時の民法学の進展をとり入れ、公序良俗違反行為も、「当事者の不利益よりも社会規範への牴触(反社会性)に着目する類型」(犯罪にかかわる行為、取締規定に反する行為、人倫に反する行為、射倖行為)と「一方当事者に生じた被害や権利侵害を問題とする類型」(自由を極度に制限する行為、暴利行為・不公正な取引行為、男女平等に反するもの)に分け、前者については、弁論主義の適用は否定しなければならないが、後者においては、当事者が任意履行をあえて欲する場合にまでその履行を否定するべきか疑問の場合もあり、弁論主義の適用の可能性は否定できないとする。さらに公序良俗について弁論主義の適用を否定すべしとするときでも、公序良俗違反の行為を違反でないとする場合には、当事者の処分権を否定し弁論主義の適用を排除すべきだが、公序良俗違反でない行為を違反とする処分権は認められてもよく、弁論主義の適用可能性があるとする(片面的な弁論主義)など、きめの細かい分析をしている。また弁論主義の適用を否定する場合の審理のあり方として、職権探知主義の内容の多様性を示唆するなど、教えられるところが多い。さらに、一般条項の解釈適用は、裁判による法の創造・修正の要素が大きい法的価値判断であるから、立法事実(→p582〔*〕)の取扱いにおいて弁論主義をどの程度適用すべきかという視点からのアプローチも必要となる→p608〔****〕。

〔**〕 **職権による過失相殺** 判例は、過失相殺は債務者または加害者の主張がなくても職権ですることができるとするが(債務不履行につき最判(三小)昭43・12・24民集22巻13号3454頁、不法行為につき大判昭3・8・1民集7巻648頁)、債権者または被害者の過失を構成する主要事実は、やはり弁論に顕出される必要がある。ただ実際問題として、相殺されるべき両方の過失を構成する事実は、相互に密接な関連をもち、加害者・債務者の過失の主張を加害者・債務者が争う過程で、被害者・債権者の過失を構成する事実も弁論に顕出されるのが通常であろう。なお、倉田卓次・続百選132頁参照。

　⑺ **訴訟資料と証拠資料の峻別** 主張責任を認めたことのコロラリーとして、訴訟資料と証拠資料とを峻別し、当事者が弁論に現出しない主要事実は、たとえ証拠調べから心証を得たとしても、それを採用できないことになる(証拠資料によって訴訟資料を補えない)。たとえば、証人がたまたま弁済があった旨を証言し裁判所もこれを信用できると認めても、当事者が弁済の事実を主張していないかぎり、

472 第3編 第一審手続 第5章 当事者の弁論活動と裁判所の役割（審理の第1段階）

弁済の事実を認定することができない。したがって、訴訟を指揮する裁判所としては、重要な証拠資料については、当事者の主張の意思と相手方のこれに対する防御の機会を確保するように配慮すべきである。もっとも、いったん弁論を終結してしまった後において、証拠資料によって訴訟資料をどこまで補えるか、弁論事実と認定事実との食い違いがどこまで許されるかを評価する場合には、その認定事実が不利益に働く当事者にその事実を争う機会が現実にあったか、あったとみてよいかどうか——不意打ちでないといえるかどうか——を中心として評価すべきである（→p476〔＊〕）。

㈑ 主要事実と間接事実の区別

⒜ 区別の機能

主張責任が認められるのは、主要事実についてだけである。したがって、間接事実は、当事者が弁論として陳述したものでなくとも、証言などによって弁論に顕出されたものであれば、判決の基礎に採用してよい[3]。また、間接事実でも当事者間に争いがあれば証明の対象になるが、当事者の主張する事実と異なる事実を認定しても差し支えない。もっとも間接事実から推認される主要事実が弁論に現われていなければ、その間接事実は役に立たない[4]。このように、ある事実が主要事実か間接事実かは、弁論主義の適用を決める基準となる。さらに、主要事実の存否について証明責任の分配が決められており、審理の結果、主要事実の存否いずれとも明らかにならないときに、それに基づく法律効果の発生を認めるか認めないかが証明責任によって定められる（→p605(2)）。そしてこの証明責任の定めは、審理の過程では、まずその責任を負う者に主張立証を促すという形で、裁判所の訴訟指揮の基準にもなる。このような意味で、主要事実か間接事実かの区別は、当事者の弁論活動の指針であるとともに、裁判所の審理活動の指針であり、争点の整理・立証活動・心証形成作業の指標となる。

⒝ 区別の基準

このような働きをもつ主要事実と間接事実は、具体的にはどのように区別すべきか。

通説によれば、主要事実とは権利の発生・消滅という法律効果の判断に直接必

---

3) 反対、竹下守夫「弁論主義」演習民訴377頁。
4) 主要事実について自白があるときも当然に間接事実は問題にならない。なお、間接事実について自白をした場合、裁判所および当事者を拘束するかについては、→p587(2)。

要な事実であり、間接事実とは主要事実を推認するに役立つ事実である[5]。しかし、このような形式的定義だけでは、両者の区別がつねに明らかになるとはいえない。とくに、ある法律効果の要件事実として、「過失」とか「正当事由」などの不特定概念を用いている場合には、弁論として「過失がある」と主張されていれば、「酒を飲んでいたから過失がある」と認定してもよいのか、「酒を飲んでいた」という主張がなければ、「酒を飲んでいた」という事実を認定してはいけないのかは、あいまいであり[6]、通説による主要事実と間接事実の区別の基準が、具体的な事件において弁論主義の適用を決める基準として十分なものであるか疑問である。つまり、このような場合には、どの程度の抽象度の事実を主要事実としてつかまえるかを定める必要があるのに、これについては、通説の基準はなにも答えていないからである。

　本来、主要事実は事実認定の目標となるべきもので、その抽象度は、これから進めるべき審理を円滑・迅速に進め、両当事者が攻防を尽くした充実した審理になるように配慮されたものでなければならない。そして、ここでその抽象度を決定する作業は、このような基本的要請を、審理の範囲を事実面から限定する権能を当事者に与えるという弁論主義の建前の下で、満足させる作業であると考えられる。こうした認識からすると、主要事実は、第1に、裁判所が事実審理を進める上で手続の明確な目標となり、手続を混乱せしめない程度に具体的な事実でなければならないとともに、第2に、相手方にとっても防御活動を十分に行うことができ、不意打ちのおそれのない程度に具体的でなければならない。

　たとえば、たんに「正当事由がある」とか「過失がある」ということだけ主張されても、裁判所として審理の見通しが立たないし[7]、相手方としても、どのような防御をしたらよいのか、見当がつかない。

　しかし逆に、あまりにも具体的な細かい事実を主要事実とすると、審理内容は

---

5)　たとえば、兼子・体系198頁、三ケ月・195頁。このような発想は法条に表現された要件事実について証明責任の分配を考える法律要件分類説（⟶p614〔＊〕）に由来すると思われる。

6)　山内敏彦「一般条項ないし抽象的概念と要件事実（主張立証責任）」判タ210号（1967）〔本井巽＝賀集唱編『民事実務ノート』3巻（1969・判例タイムズ社）6頁以下〕、田尾桃二「主要事実と間接事実に関する二、三の疑問」兼子・還暦㊥269頁参照。

7)　どの範囲の事実の有無を調べたらよいのか、またそのためにどの範囲の証拠を取り調べれば足りるのか裁判所として決めかねる。一般条項の取扱いについては⟶p608〔＊＊＊＊＊〕。

煩雑となり、証明が困難となり、裁判の長期化を避けられない。また、当事者の主張する事実と裁判所が心証を得る事実とは、多かれ少なかれ、ずれがあるのは当然であるから、主要事実をあまりに具体的レベルのものとしてとらえると、その事実の認定を不可能にし、ひいては、立法目的に反するおそれも出てくる。たとえば、医師の麻酔注射にさいしての過失の有無について、かりに消毒の不完全さが注射器具にあったか、施術者の手指にあったか、あるいは患者の注射部位にあったかまでを主要事実とすると、立証はきわめて困難となり、また当事者の主張した事実と証拠によって心証を得た事実はつねに食い違うことにならざるをえず、医師の過失の認定はほとんど不可能となろう[8]。その意味で歴史的経緯の一部始終を主要事実とみるのは不適当である[9]。

結局、その法条の立法目的、当事者の攻撃防御目標として明確かという観点、および認定すべき事実の範囲が審理の整理・促進という観点からみて明確であるかという配慮に基づいて、なにが主要事実であるかを、具体的な事案の類型ごとに帰納的に定めていくことになる。その意味で、個別ケースについての判例・学説の積み重ねによって、次第に明確な基準が確立されることを期待する以外にない[10]。そして、その判例・学説の作業は、どの範囲の、いかなる事実を主張立証すれば、その法条の要件事実ありと判断し、その法条の規定する法律効果を認めてよいか、または認めるべきかを判断するもの（いわゆる「あてはめの問題」）であり、上述のように、実体法規の立法趣旨のみならず、訴訟上の種々の効果の比較考量を要する法解釈の課題である[11]。

（2） 自白ルール

当事者間に争いのない事実（自白したまたは自白したとみなされる事実）は、証拠に

---

8) この意味から、最判(三小)昭39・7・28民集18巻6号1241頁が、これらいずれかの消毒不完全ということで過失を認定してよいとするのは妥当である。なお、新堂・判例106頁参照。

9) 所有権取得の経過に関する主張と認定の食い違いについて弁論主義違反でないとする判決（最判(二小)昭25・11・10民集4巻11号551頁、同(一小)昭26・2・22民集5巻3号106頁）にはこのような思想が現われている。ただし、その事件に適切な理由であったかどうかは別問題である。新堂・法学教室第2期3 (1973) 166-167頁参照。

10) 筆者の主要事実についての立場は、石田穣「立証責任の現状と将来」法協90巻8号 (1973)〔同『民法と民事訴訟法の交錯』(1979・東京大学出版会) 3頁〕に啓発された。

11) なお、主張責任に反するとしてすでになされた判決を取り消すべきかどうかの判断——評価規範としての主張責任の判断——においてさらに考慮されるべきファクターについては、後述3参照。

第2節　弁論活動を指導する原則　*475*

よって認定する必要がないのみならず（179条・159条1項）、これに反する認定を
することができない（↳p583以下）。この原則により、弁論主義は、当事者に対し、
事実についての審判の範囲を限定する権能を認めるのみならず、その審判の内容
をも決定する権能を認めるものということができる。

（3）　証拠申請ルール

争いのある主要事実は証拠により認定するが、証拠は原則として当事者が申請
したものでなければならない[*]。もっとも、どちらの当事者が申請したかは関
係ない[12]。

> [*]　**職権証拠調べの規定と弁論主義**　　行政事件訴訟法24条は、裁判所は、必要があると
> 認めるときは、職権で証拠調べができるとする（同条は、同43条3項・41条1項により住
> 民訴訟にも準用されている）。これは、その訴訟の結果が、多数の利害関係人の利害に影
> 響したり、住民訴訟のように住民全体の利害に関する場合があることを考慮し、かつ、原
> 告側の資料不足等を考えたからであるが、人事訴訟のレベルまで徹底した職権探知（人訴
> 20条・19条参照）を認めたわけでなく、主張責任ルール、自白ルールについては、なお弁
> 論主義が適用になるものと考えられる。しかし、主張責任ルールを認めるとしても、職権
> 証拠調べを認めたと同様の趣旨から、裁判所による積極的な釈明をすべき義務が要請され
> よう。最判（大）平22・1・20民集64巻1号1頁・27頁以下の田原睦夫裁判官の補足意見は、
> 住民訴訟において、同趣旨を確認している。

3　弁論主義の限界

（1）　「不意打ち」の有無による調整

前述したように、不意打ちのおそれという観念は、主要事実・間接事実を区別
するさいの重要な基準として、弁論主義の適用範囲を実質的に画する働きをもつ
が、主要事実・間接事実の区別は、訴訟審理の過程で裁判所・当事者の行動基準
となり、弁論主義による審理を実現するための主要な基準となるわけであるから、
そこで働く不意打ちのおそれという観念は、行為規範として機能しているといえ
よう。

ところで、「不意打ちのおそれ」がこのように行為規範として機能するところ

---

12)　もちろん申請された証拠をつねに全部取り調べなければならないわけではない。心証形成に必要
　な限度で調べれば足りる。

から、「不意打ちの有無」という観念が、再び弁論主義の妥当領域を限定するために、評価規範として機能することになる。すなわち、主張責任の原則は、相手方に対して不意打ちのおそれがないように、防御目標を具体的に明らかにし十分な防御の機会を保障するものであるが、これを当事者の方からいえば、どちらの当事者も、相手方の弁論するところに対してのみ攻撃防御を尽くせばよいという信頼を得ることを意味する。そこで、主要事実について、当事者の主張内容と判決で認定した内容が食い違った判決がなされたとき、その判決を主張責任ルール違反として取り消すべきかどうかを判断する場合——主張責任ルールを原判決に対する上訴理由の有無を判断するための評価規範として考察する場合——には、上記の当事者の信頼を裏切るような状況——不意打ち——があったかどうかが問題となる。この場合、当事者によって主張された事実と判決で認定された事実との食い違いが利益に働いた当事者側は、当然にその認定されたと同じ事実を主張する意思があったと推測してよいから、問題は、それが不利益に働く当事者側にとって上記の信頼を裏切り、この者にとって不意打ちにならないかが問題となる。そして、かりに弁論の経過などから、判決で認定された事実について現実に防御活動をしたか、または防御活動をしえたとみても無理とはいえない場合には、不意打ちの事実認定とはいえないのみならず、すでになされた事実認定を維持したほうが、かえって当事者間の公平を図ることになろう〔＊〕。

　かくして、「不意打ち」という観念は、二重の意味で弁論主義の適用範囲を限定する規範として働くべきである。すなわち、第1は、これから審理を進めるにあたって不意打ちのおそれのない防御目標を掲げさせるという行為規範として、第2は、不意打ちが現実になかったといえるかぎりで、主張と認定との食い違いを救済する——弁論主義違反としない——評価規範として、弁論主義による審理の妥当なあり方を規律すべきであると考えられる。

〔＊〕　**不意打ちといえない事実認定の類型**　　(1)　相手方の援用しない自分に不利益な事実を自分で陳述しているときは、その事実を認定しても自分から不利な土俵を作っているのであるから、およそ不意打ちは問題にならない（その例については、→p584(1)）。
　　(2)　証拠資料から出た新事実を認定した場合でも、その事実に対して反駁を試み、かつ、その反論のために証拠申請をし、証拠調べまでしている場合。不意打ちを問題にすること自体が言いがかりであり、新事実について主張があったものとみてよい。たとえば、証拠

資料から認定できる事実は間接に主張があるとするもの（大判昭8・4・18民集12巻714頁）、証拠の援用等の弁論の全趣旨から事実の主張ありといえるとするもの（大判昭15・2・27民集19巻239頁）がある。さらに、最判（大）昭45・6・24民集24巻6号712頁が、連続した裏書の記載のある手形を所持した原告がその手形に基づいて手形金の請求をしている場合に、被告に不意打ちを与えその立場を不安定にするおそれなしとの理由を明示して、当然に手形法16条1項（裏書の連続による所持人の権利の推定）の適用の主張ありとみているのが、注目される。

(3) 認定されたものが、事実関係としては、当事者の主張したものと同一であるが、それに対する法律構成において違うにすぎないときは、当事者が法律構成した事実関係を中心にした攻撃防御が、当事者と違った法律構成の下では攻撃防御として不十分という場合もあるが、かりに裁判所が法律構成した事実に対して攻撃防御の機会を与えても、より以上の弁論や新証拠提出の可能性が考えられないような場合は、認定事実に対する防御も尽くされている場合と考えられ、不意打ちはなかったといえよう。たとえば、原告→被告 Y_1 →被告 Y_2 と移っている所有権移転登記の抹消請求において、原告は、その所有であった本件物件を Y_1 に代物弁済で移転したが後に Y_2 から出た金で買い戻したと主張し、被告側は、Y_2 が原告から Y_1 に移った本件物件を85万円で買い受けたが、そのさい原告が一定期間内に95万円を Y_2 にもってくれば原告に売り渡す約束があったところ、その期間内に原告は95万円を持参しなかったと主張している場合、Y_2 が Y_1 の債権の肩代わりをしたというのが、主張された事実関係といえ、この肩代わりを、原告は Y_2 から借りた金で Y_1 から買い戻し、直ちに Y_2 に譲渡担保として譲渡したという形に法律構成して認定することは、差し支えない（反対、最判（三小）昭41・4・12民集20巻4号548頁）。証明の対象となるべき争点は、肩代わりの事実があったかどうかであり、その法律構成の違いによって審理が影響を受ける場合とはいえないからである（なお、上記最判に対する評釈として、新堂・判例262頁）。

　上記判決後の重要な最高裁判例として、最判（一小）昭55・2・7民集34巻2号123頁（遺留分減殺請求事件）がある。この判決は、移転登記請求訴訟において、原告が、AからBへの譲渡、Bから原告への相続を主張した場合において、被相続人Bの本件土地所有権取得が争われるときに原告が主張責任を負う事実は上記の二つであり、被相続人Bの死亡時まで同人につき所有権喪失の原因事実がなかったこと、被相続人Bの処分行為により本件土地所有権が遺産から逸出した事実のなかったことは、被告においてそれらの事実の存在を主張すべきものであるところ、被告が、AからC（被告の夫、Bの子で原告の兄弟）への譲渡、Cから被告への相続を主張しているにすぎないのに、原判決が、AからBへの譲渡、BからCへの死因贈与、Cから被告への相続を認定して原告の請求を棄却したのは弁論主義違反であるとした。この判決は同趣旨の事案につき弁論主義違反ではないと

した、大判昭11・10・6民集15巻1771頁（兼子博士に反対の評釈がある。同・判例民訴法206頁）を変更したものである。昭和55年判決の破棄差戻しという具体的な解決に対しては、被告が「仮にCがAから本件土地を買い受ける資金の大部分がBにより出捐されたものだとしても、それはCがBからその金銭を贈与されたものである」、原告が「BがAから買い受けた土地をCの所有名義とした行為が、本件土地をCに贈与する意思でなされたとしても、右は遺留分権利者である原告を害することを知ってなされたものであり、遺留分減殺の意思表示をなした」等の事実を主張している事情の下では、BからCへの死因贈与という認定の基盤となる生の事実は主張されていた（小林秀之・重判解昭55年度143頁）、あるいは原告にとって不意打ちはなかった（福永有利・民商85巻3号〔1981〕499頁）とする批判的評価と、原告が主張する不利益陳述であるBからCへの贈与と判旨認定の死因贈与とでは時間に隔たりがあり、同一事実とはいえない、本件死因贈与は黙示の意思表示であるが、黙示の意思表示の場合、その主張が当事者間で認識されないかぎりそれを基礎づける生の事実は訴訟上の攻撃防御の対象としての重要性をもたないから、原判決による死因贈与の認定は原告にとって思いがけない不意打ちであった、とする肯定的評価（榎本恭博・最判解昭55年度7事件79頁）とが対立しており、問題の難しさを示している。しかし、これらはいずれも評価規範が直接問題になった事例であるが、むろん、行為規範として論じるかぎり、裁判所と当事者との間で法的構成についても十分に了知し合いながら審理・証拠調べを進めるべきであることは明らかである。

　本最高裁判決は、BからCへの死因贈与という被告の主張がないのにこれを裁判所が認定したのは弁論主義違反だとしたものであるが、かりに、主張責任ルールが、主要事実を弁論しない（処分する）ことを私的自治に基づいて保護するものであると考えると、この場合の弁論主義（主張責任ルール）違反という最高裁の判断は、「死因贈与は主張しない」という被告側がもつ事実主張についての処分権能を侵害したという理由で、原告側の不服を認めることを意味することになり、原告の方から、そんなことについてまで、そもそも文句がいえるのかという疑問が生じる。むしろ、ここでの原告の不満は、死因贈与という被告の主張があれば、原告としては、これに伴う新たな攻撃防御方法を提出する機会が保障されたはずであるのに、これが保障されなかったところにあるとして、原告の弁論権の保障を強調する立場から、弁論主義違反というよりは、被告との関係での法的観点指摘義務ないし釈明義務違反というべきだとする説が有力に唱えられている（山本・基本問題127頁・137頁、初出2008年）。弁論主義よりもインフォームドされた弁論権の保障を強く打ち出す立論として注目される。（法的観点指摘義務については ➜ p496(イ)）。

　(4)　さらに、主要事実に属する事実でも、当事者双方がこれに触れず重要な争点としないことが審理の過程からうかがわれ、その事実の主張がかりになされても、これを争うために重大な証明活動が展開したとはいえない場合には、その主張のない事実の認定は、不

意打ちのなかった認定として、弁論主義違反を理由に取り消すべきではあるまい。たとえ
ば、契約が代理人によって成立したという事実は、主要事実であるが、両当事者ともその
点についてなんら触れない状況のときには、代理人によって成立したか本人によって成立
したかを重要な争点にするつもりはない場合が多く、証拠資料のみから、代理人によって
成立した旨の認定をしても、不意打ちのあった認定とはいえないであろう（田辺公二「反
対論として——契約が代理人によって成立したことの主張を要するか」判タ71号（1957）
46頁〔近藤完爾=浅沼武編『民事法の諸問題Ⅰ』（1965・判例タイムズ社）82頁・85頁〕は、
実務上こうした場合があることを指摘している。最判(三小)昭33・7・8民集12巻11号
1740頁も、その理由には賛成できないが、同じ結論をとる）。

（2）　間接事実レベルでの不意打ち防止

　弁論主義の機能として、不意打ちを防止する機能があることは確かであるが、
弁論主義によってすべての不意打ちを避けることができるわけではない。弁論主
義においては、審理の目標・骨格を明瞭にするという理由から、主要事実と間接
事実を区分し、主要事実についてのみ主張責任ルールを認めた結果、勝敗の決め
手になるような重要な間接事実について不意打ちのおそれが生ずることは避けら
れない。

　たとえば、大判大5・12・23民録22輯2480頁（中西正・百選〔第5版〕106頁参照）
においては、被告名義の保存登記のある家屋について、原告は被告との合意によ
って自分が所有権者となったと主張し、それを理由づける間接事実として、原告
はその家屋の家屋税（現在の固定資産税）を終始支払ってきたという事実を主張し
たのに対し、原審はかりにそういうことがあるのならば、原被告間に契約その他
特別な法律関係が存在するはずであるからとして、被告の主張を待たず、「家屋
税については原告が支払う旨の約定があったこと」（A事実）を認定して請求を棄
却した。しかし、大審院は原審のA事実の認定は当事者の主張に基づかない架空
の推断にして不当に事実を推定した違法ありとして、この原判決を破棄した。

　この事案の場合、A事実について被告の主張がないとの理由で、原告を勝訴さ
せていたとすれば、被告にとって不意打ちになったであろうし、原判決のように、
A事実を被告の主張を待たずに、これを認定して被告を勝たせたとすれば、A事
実についての原告の反論の機会がなかったという意味で、原告にとって不意打ち
となろう。このように、間接事実であっても、訴訟の勝敗を決する重要な争点と

480　第3編　第一審手続　第5章　当事者の弁論活動と裁判所の役割（審理の第1段階）

なる場合が少なくない。このような場合には、被告からＡ事実の主張がない場合には、Ａ事実を弁論に上程するように釈明すべきであり、Ａ事実について攻撃防御を尽くさせるべきであろう。このような意味で、不意打ち防止策としては、弁論主義とともに、釈明義務（→p495 1（1）⑦）、法的観点指摘義務（→p496⑷）の役割は大きい〔＊〕。

〔＊〕　主要事実についてのみ主張立証責任を考慮すればよいとの建前を形式的に貫くと、つぎのことがいえる。「原告の請求をその主張した請求原因事実に基づかず、主張しない事実関係に基づいて認容し、または、被告の抗弁をその主張にかかる事実以外の事実に基づいて採用し原告の請求を排斥することは、所論弁論主義に違反するもので、許されないところであるが、被告が原告の主張する請求原因事実を否認し、または原告が被告の抗弁事実を否認している場合に、事実審裁判所が右請求原因または抗弁として主張された事実を証拠上肯認することができない事情として、右事実と両立せず、かつ、相手方〔請求原因事実については被告、抗弁については原告〕に主張立証責任のない事実を認定し、もつて右請求原因たる主張または抗弁の立証なしとして排斥することは、その認定にかかる事実が当事者によつて主張されていない場合でも〔その事実は主要事実の存否を推認するに役立つ間接事実であるから〕弁論主義に違反するものではない」（最判（三小）昭46・6・29判時636号50頁）という結果になろう。

　ところで、本事案では、抗弁である弁済のための支払の事実を認定したが、原告の主張していない「その支払は別口の債務の弁済に充当されたこと」を証拠上認定して、抗弁を退けている。これは、救済判決の一例といえなくはないが、上記判決は、「その支払が本来の債務の履行として行われたこと」についても、被告が立証責任を負うとしており、そうだとすれば、裁判所としては、その立証責任を尽くすように釈明すべきであったといえる。

　本書第4版までは、この判決を支持し、「両立しない事実〔積極否認事実〕については、請求原因事実なり抗弁事実について証明責任を負う当事者がその事実の不存在を自分から立証する必要がある（そうでなければ、請求原因事実または抗弁事実の本証に成功したことにならない）のであるから、その両立しない事実の存在を否定することは当然に攻撃防御目標の中に入っていたはずであって、その事実が主張なしに認定されることがあっても不意打ちのおそれはほとんど考えられないからである」と論じていた。しかし、実際には不意打ちになるおそれも予想されるので、本件のような勝負の決め手になるような事実については、訴訟指揮上は、釈明を通じて、明確に争点に掲げ、攻防を尽くさせるのが望ましいと考え（規79条3項参照）、改説する。

（3） 真実義務

弁論主義は、解決すべき紛争を事実面から限定する権能と責任を当事者に認めるが、自分の認識に反して、事実を主張したり争ったりすることによって、裁判所の判断を誤らせることは信義誠実の原則に反し、許されない。弁論も、実体的な利益追求の一過程であり、裁判外の取引行為の延長ともみられるのであるから、後者に要求される信義誠実の原則は、前者にも当然に前提となっているとみなければならない[13]。旧法にはこのような真実義務（正直義務ともいうべきもの）を課す明文の規定はなかったが、旧331条（現230条）・旧339条（現209条）などはこれを前提にしているものと考えられていた[14]。

平成8年改正法は、訴訟追行の基本原則として信義誠実の原則を正面から認める規定を設けた（2条）。もっとも、訴訟上正面から、不正直な弁論に対して、なんらかの法的制裁を加えることによってこれを抑圧しようとするのは、実際的でない[15]。不正直であるかどうかの認定が、さらに紛争の種になろう。訴訟代理人の弁護活動における行為規範として、機能することを期待すべきであろう[16]。しかし、禁反言に触れるとして主張自体許されないとする解釈の有力な手がかりになると考えられる[＊][17]。

〔＊〕　**信義則による主張自体の排斥**　①原告が契約の無効等を主張して、内金等の返還請求をしたのに対して、被告がこれを争い、反訴として、契約の残代金の請求をしたのに対して、原告が被告の主張に沿って、残代金を供託したうえ、売買の目的物の引渡請求等の再反訴を提起し本訴請求を放棄したところ、被告が反訴請求を放棄して、原告の再反訴請求を拒否するために、契約の効力を再度争う主張をした事件において、最判(三小)昭51・3・23判時816号48頁は、このような被告の態度は、訴訟上の信義則に著しく反し許され

---

13)　このような義務の内容およびこれを強調する傾向がみられることについて、中野・訴訟行為38頁以下・74頁参照。

14)　1895年のオーストリア法で明定され（178条）、ドイツ法も1933年の改正でこれにならった（138条1項）。それについての学説の紹介として、中田淳一「訴訟上の真実義務」法学論叢34巻2号（1936）〔同・訴訟及び仲裁の法理65頁以下〕参照。

15)　中野貞一郎「民事訴訟における真実義務」末川・古稀中〔同・過失の推認153頁〕参照。

16)　弁護士としては、認識に反しても争おうとする本人の意思を断念させるように説得すべきである。同旨、加藤新太郎「真実義務と弁護士の役割」判時1348号（1990）〔同『弁護士役割論〔新版〕』（2000・弘文堂）290頁〕。

17)　新堂ほか・考える民訴〔510〕参照。

ないとした。②特定の道路が、建築基準法42条2項にいう道路（いわゆる「みなし道路」または「2項道路」）にあたるかどうかが紛争になった場合に、基準時たる昭和29年当時における道路の状況を確定しなければならず、その認定は実際上困難である。被告らが本件道路上に塀などを設置して原告らの通行を妨げているとしてその撤去を求めた事件において、原審は本件土地が基準時当時法42条2項の要件を満たしていたことの立証がないとして請求を棄却した。これに対して、最判（一小）平18・3・23判時1932号85頁は、この事件の道路が2項道路であることを被告らが否定する趣旨の主張をすること自体、信義則上許されないとした。すなわち、被告らは自宅建物を建築する際に本件道路が2項道路であることを前提にして建築確認を得、4メートルの道路を開設したこと、本件道路が公衆用道路として非課税とされていることなどが明らかなことを考慮すると、被告らが本件土地を2項道路であることを否定することは、本件道路周辺の建物所有者との関係において著しく正義に反すると理由づけている。主張自体を信義則上許さないとして、別な事実認定方法により原審の陥った認定の困難さを巧妙に緩和した、評価すべき解決といえよう。なお参考判例として、③最判（二小）昭48・10・26民集27巻9号1240頁、④最判（三小）平17・2・15判時1890号143頁を引用しておく。

（4）　証明責任を負わない当事者の事案解明義務および事案解明責任

　㋐　**事案解明義務**　　主張責任のルールは、当事者に対し、自分のみがもつ、事案解決にとって重要な情報で自己に不利益なものを秘匿する結果をもたらしかねない。したがって、主張立証責任を負わない当事者（特に被告）がそのような情報を独占しているときには、主張立証責任を負う側（原告）としては、抽象的な事実主張しかできない場合がある。このような場合に、公平の観点からおよび弁論権の実質的保障（→p132〔＊〕(1)）の観点から、情報を独占する被告側に具体的な事実および証拠を提出する義務、すなわち事案解明義務を認めることによって、事案の解明を促進し深めることができる（医療事故訴訟においては、医師側の事案解明義務は、顛末報告義務（民645条参照）からも、基礎づけられる）。

　このように、事案解明義務は、まず、訴訟提起以前から訴訟の比較的初期段階では、文書提出命令、検証物提出命令や当事者照会制度などと通底する事実・証拠を収集する効用をもち、アメリカにおけるディスカバリーのような一般的な情報開示制度などの立法論にも繋がる意味をもつ。この意味の事案解明義務は、証

---

18)　山本・基本問題144頁に示唆された。

明責任に寄り添った主張責任の分配原則を修正する[18]意味では、真実義務（⌐p481(3)）を超えた訴訟協力義務といえよう（その基本理念については⌐p417 第2節)[19] [20]。

　(イ)　**事案解明責任**　(a)　事案解明責任は、争点整理の段階、あるいは裁判官の心証形成作業と密着したところで作用するものであり、そこでは、「一応の推定」理論（⌐p619(3)）・間接反証論（⌐p622〔＊＊〕）・表見証明理論（⌐p619(3)等）を包含した、実質的に証明責任を転換するまでの重大な働きをもたらす規範的事実認定法則として認識されるべきである[21] [22]。

　このような主張・立証責任転換の手法は、科学的知見を必要とする事実認定過程等においては、その知見をもつ側ともたない側との公平を図る有用な道具となることに注意すべきである。この責任の存否・内容は、個別訴訟の進展過程にお

---

19)　春日偉知郎『民事証拠法論――民事裁判における事案解明』(2009・商事法務) がある。これに対する書評として発表された加藤新太郎「民事証拠法の現在をめぐる対話」判タ1309号 (2010) 85-90頁には、事案解明義務論をめぐる実務家の反応が広く描かれており、示唆に富む。

20)　具体例としては、原告の主張する事実関係や義務違反の内容が抽象的にとどまっている事案などで、たとえば、居住地域の空間放射線量について原告の提出した資料が訴訟で問題としている期間後のものであったケースで、被告に期間内の資料を提出するように求めたり、病院内の転倒事故について、原告に主張立証責任があることに言及しつつも、事故現場の状況について共通の認識を得たうえで争点整理するのが相当であるとして、被告に同施設の図面の提出等を求めたりする例が挙げられる（谷口安史ほか「争点整理手続における口頭議論の活性化について(1)」判タ1436号 (2017) 15頁〈事例・設例【19】【20】〉参照。

21)　「一応の推定」・「表見証明」などの事案においては、証明責任の修正ないし転換が行われていることを、つとに分析したものに太田勝造『裁判における証明論の基礎』(1982・弘文堂) 207頁以下がある。また春日・前掲注19)17頁では、狭義の事案解明義務（⌐注23）の発生について要件化をつぎのように試みている。「証明責任を負う当事者が、(a)事件の事実関係から隔絶されていること、(b)これにより事実関係を知ることができず、そのことについて非難可能性のないこと、(c)自己の主張が抽象的でなく、主張を裏づける具体的な手掛かりを提示していること、および……(d)証明責任を負わない相手側に事案解明（事実の主張又は証拠の提出）に協力することを期待することが可能であること（期待可能性）の、4つ」とする。それ自体もっともな提案と評価できる。⌐p619(3)。ただ、この事案解明責任については、先例的事案と思しきケースを広く漁り、それらの事案ごとに、適用すべき法規の立法趣旨、事案の特性、当事者間の公平を中心とした、その事実関係と適用結果の具体的妥当性、その射程距離などを、一つひとつ吟味しながら、ひろく事案解明責任の地平を求める作業を、あえて望みたい。ここでは、その一部を、〔＊〕～〔＊＊＊＊〕、さらに⌐p620(3)〔＊〕～〔＊＊＊〕に列挙するにとどめる。

22)　伊藤滋夫『要件事実の基礎〔新版〕』(2015・有斐閣) 60頁は、同趣旨の分類として、「事案解明義務」/「事案解明義務（狭義)」と分類する。

いて確認され（個別事件の特質や当該事件の具体的な進展過程を考慮し、かつ、実体法規の趣旨をも踏まえて、どのような条件・状況が認められれば主張・立証責任転換の効果まで認めるべきかが考案され、裁判所と両当事者間で議論され、確認され）、それによりその後の証拠調べ・事実認定・心証形成をリードすることになるものであり、勝敗を左右する事実認定過程における重要な指針となる。

　個々の訴訟の特質およびその具体的進展を踏まえることなく、いわば抽象的に定められた証明責任の分配法則を前提としつつ、かつ、これに対し、個別事案の特質およびその手続の進展状況を踏まえて主張・立証責任の再分配を行う点からいえば、証明責任の分配原則に対して、いわば臨床的修正を迫るものであり、かつ、その修正基準（証明責任転換要件）の洗い出しには、その臨床性故に判例の積み重ねがどうしても求められるところである[*][**][***][****]。紛らわしさを避ける意味で、前者(ｱ)を「広義の事案解明義務」あるいは「事案解明義務」、後者(ｲ)を「狭義の事案解明義務」[23]とする説もあるが、本書では(ｲ)を端的に「事案解明責任」と呼ぶことにする。

　　(b)　事案解明責任の実定法上の根拠　　民訴法224条3項（本項は検証協力義務について準用される、232条1項。同種の規定として、229条2項、208条がある）は、文書提出命令に従わないときには、相手方当事者がその「文書の記載に関して具体的な主張をすること及び当該文書により証明すべき事実を他の証拠により証明することが著しく困難であるときは、裁判所は、その事実に関する相手方の主張を真実と認めることができる」と規定する。この規定を、文書の所持者の行為規範として言い換えるならば、証拠の偏在する事件においては、証明責任を負わない当事者（文書所持者）に対しても、文書提出命令が認められること（文書提出義務を負わせられること）があり、かつ、そのような義務が認められたのに、これを果たさないときは、その文書によって証明しようとした相手方の主張は、真実とみなされ

---

23)　山浦善樹「事案解明を効果的に行うための訴訟活動について──代理人の立場からの考察」伊藤滋夫編『要件事実の機能と事案の解明』法科大学院要件事実教育研究所報10号（2012）によれば、事案解明義務（狭義）は、実務的に使いにくいから一般開示制度への改革を進めるべきだと主張する。その提言自体に異論はない。ただ「狭義の事案解明義務」は、一般的な開示促進手段・制度とは別個の課題である。それは、証明責任の転換の効果を含めた公平な事実認定の臨床的手法を探求・確立する作業であり、自由心証に透明性を与え、かつ枠をはめる法的課題であり、個々の判例の積み重ねを通じて、地道に追求されるべきものと考える。

る（真実を擬制され、反対証明も許されない）という内容になるであろう。このような実定規定の存在は、同様の証拠偏在事例において相手方の主張を真実と推定するにとどまるという、上記の証明責任の転換（事案解明責任）という事実認定手法にとっては、十分な実定法上の根拠といえるのではないか（→p411 4（1）・p413（2）・p414 3・p632(1)）。

(c) 事案解明責任という発想が何故定着しなかったか　このような事案解明「責任」といえるものが、ドイツなどでは判例法として採用されていたにもかかわらず、わが国では、理論としても実務上もほとんど定着しなかったことは否めない[24]。おそらく、わが国では、「証明責任」の教示・理解において、その分配は訴訟以前に実体法上確定的に定められているべきもので、訴訟の攻防の過程中もどちらかの当事者が一貫して負うべきものであり、攻防の過程で生じる「立証の必要」（→p611(イ)）とは違うものという説明があまりにも強調された教育に由来するものではなかろうか[25] [26]。しかし、藤原弘道裁判官は、1983年に、この種の証明責任の転換について、実務上、「地に足のついた理論として定着させ根付かせていくことが課題」と宣明している[27]。なお、事案解明責任については、→p619（3）。そこでの説明および設例等も合せて吟味されたい。

(d) 抽象的証明責任論の適用の限界——事案解明責任論と証明度軽減論との関係　事案解明責任がもともと個別事案ごとに、臨床的に、より具体的な事実

---

24)　藤原弘道「一応の推定と証明責任の転換」講座民訴⑤127頁〜、とくに148頁。

25)　萩原金美「P.O.ボールディングによる「ローゼンベルク『証明責任論〔第3版〕』」の書評（訳）」〔萩原『訴訟における主張・証明の法理』（2002・信山社）67-70頁〕は、わが国の証明責任論の基本となったローゼンベルクの理論を徹底的に批判したボールディングの書評を紹介する。その内容は、事案解明義務論のみならず事案解明責任論を示唆する。「二つの仮説（事実的事象経過に関する）が互いに一致しないとき、裁判官は『常に』（原文イタリック）一方の仮説のためにかなり高度の蓋然性を要求する規則〔しかも訴訟過程での証明責任の転換はあり得ないとするローゼンベルクのドグマ〕（〔　〕内説明は新堂）を適用することを強いられる（そして他の仮説より蓋然性が低い場合でも承認されうる結果を伴う）というやり方は合理的でありうるのか？」とローゼンベルク理論を鋭く批判している。

26)　法律要件分類説は、証明責任が訴訟前から訴訟を通じ一貫して変更がないことを強調し、それが変動することに対しては、法的安定性や当事者の予測可能性を害するとの反論が予想される。これに対しては、萩原金美『訴訟における主張・証明の法理』（2002・信山社）204頁(注23)〔初出1992〕を、さしあたり引用することができる。また、法律要件分類説が建前論にすぎない場合がかなりあることについては、後述(d)を参照。

27)　藤原・前掲注24)158頁。

486　第3編　第一審手続　第5章　当事者の弁論活動と裁判所の役割（審理の第1段階）

認定について考察されるものであるから、そこで推定される事実も推定前提事実も推定を破る事実も、かなり具体的なレベルに降りてくる。それらを証明する証拠もまた事実上限定されざるをえない場合が多いと予想される。そこでは、推定の前提事実の証明度に高度の蓋然性を要求するのは無理となろう。かりに、そこで高度の蓋然性を求め、ノンリケットとして裁判で打ち切るとすれば、社会常識に反した事実認定とならざるをえない。市民が常識的に納得できる結論を求めるならば、たとえ実体法が定める抽象的証明責任における証明度おいて高度の蓋然性説をとるとしても、この事案解明責任レベルでは、証拠の優越程度の証明でよしとせざるをえない場合が多いと思われる。

　仙台高秋田支判平10・12・10（判時1681号112頁）は、東京高判平9・11・20（判時1673号89頁）（↪p574〔＊＊〕(b)・p576脚注4））におけるセクハラの事実の認定と同様の手法をとっており、秋田支部の判決では、さらに、両当事者の供述についてより詳細な比較検討を行っているが、その前提として、判決自体において、「控訴人の供述と被控訴人の供述の信用性を比較検討するとき、」「証拠の優勢を吟味する観点では、控訴人の供述の方が信用性が高いといわざるを得ず、他に、事件を客観的に明らかにするような証拠がない以上、控訴人の供述を採用するほかなく、これによれば、事件の内容は、控訴人の供述のとおりのものであったと認定するのが相当である」としている（竜嵜喜助『真偽と証明——正義は一つか』（尚学社・2004）294-295頁、田村陽子「民事訴訟における証明度論再考——客観的な事実認定をめぐって」立命館法学327=328号（2009）523頁(注23)を参照した）。

　また、岸日出夫ほか「建築訴訟の審理モデル——出来高編」判タ1455号（2019）5頁以下、とくに16-17頁によれば、工事完成が履行不能になったと評価される事案の裁判例では、故意・過失といった概念を用いることなく〔これらについてどちらが証明責任を負うかにこだわらず〕（圏点および〔　〕内は新堂による）、当事者間に争いのない事実や証拠に基づいて、契約締結時から履行不能に至るまでの事実経過（とくに相互のやり取りなど）を時系列に沿って詳細に認定し、その事実経過全体を見て、履行不能の原因やその責任がどちらにあるかを評価することで、履行不能の帰責事由を判断することになると述べている（↪p608〔＊＊＊＊＊〕）。このような建築訴訟の審理モデルをみると、瀬木比呂志元裁判官のつぎのような経験談も、信憑性を帯びてくる。同『民事訴訟実務・制度要論』（2015・日本評論社）

256頁は、つぎのように述べる。「一般的な訴訟においては、裁判官が行う心証形成、事実認定の過程は、ことにその詰めの段階では、リアルにみると、原告の提示するストーリーと被告のストーリーのいずれが正しいのかを、客観的な証拠、人証による供述の信用性、そして経験則に照らして判断していく場合が多いと私は考えている。こうしたとらえ方は独特のものかも知れないが、多数の判決（ことに高裁在籍時代にまとめて読むことのできたごく普通の事案における地裁の日常的な判決例）に現れた判断と説示のあり方に照らすと、それほど突飛なものでないと考える」〔圏点は新堂〕と。これによると、事実認定の、少なくとも詰めの段階では、抽象的証明責任論の無用化、証明度の軽減が事実上行われていることを考えさせられるし、このような事実認定の実際からすると、ローゼンベルクの証明責任論を基礎にした、従来の証明度をめぐる論争や証明責任分配論（いわゆる要件事実論）が、セクハラ事件などに限らず日常的な事件においても、「リアルな」事実認定作業の「詰めの段階」を、どれだけリードできるものであるかに疑念をもたざるをえなくなる（→p485脚注25))。

また、伊藤眞「証明度をめぐる諸問題」判タ1098号（2002）4 – 6 頁は、最判（三小）平12・7・18（判時1724号29頁、長崎原爆訴訟〔*〕）、最判（二小）平12・9 ・22（民集54巻 7 号2574頁、心筋梗塞の医療過誤事件）、最判（二小）昭50・10・24（民集29巻 9 号1417頁、ルンバール事件）などの判決において、総論として高度の蓋然性の証明度を要求しながら、実際の事実認定レベルでは、「沈黙の中に」証拠の優越程度に証明度を下げているのではないかとの疑問を呈している（平成12年度重判解〔太田匡彦〕34・36頁も参照。なお→p568)。

他方、加藤新太郎「証明度軽減の法理」木川・古稀㊥〔同『手続裁量論』（弘文堂・1996）124頁以下〕は、高度の蓋然性説を堅持すべしとしつつも、規範論として証明度の軽減を認めている。同様に、松本博之も、優越的蓋然性を証明度とすべき事案類型があることを認めている（松本博之『証明軽減論と武器対等の原則』（日本加除出版・2017）85頁)。

以上のような事案および研究を通覧してみると、証拠の偏在する事案で、過失や因果関係などを立証する場合においては、抽象的証明責任と離れて証拠の優越のレベルまで証明度を軽減するだけで、事実認定の困難さを回避でき当事者間の公平を図ることができる場合と、証明度を下げるに留まらず、事案解明責任によ

488　第3編　第一審手続　第5章　当事者の弁論活動と裁判所の役割（審理の第1段階）

り証明責任の転換を図ることまで認めることによって、はじめて当事者間の公平が得られる場合とが存在するのではないかと考えられる（↘p485脚注25）参照）。

　(e)　事案解明責任の合理的な争点形成機能　事案解明義務さらに事案解明責任の発想が定着してくれば、争点整理段階において、裁判所は法的観点指摘義務（↘p496(イ)）の実践行為の重要な一環として、両当事者との間で、暫定的心証を披瀝しながら、具体的な事実レベルでの証明度軽減、事案解明責任の分配を議論し、合理的なあてはめを話し合いつつ、当事者の納得を得た証明度、責任分配を組み立てたうえで、まずどちらの当事者に何を主張させ、相手方に反論させるかなどの見通しを立てやすくなる。つまり、事案解明責任は、証明度軽減論とともに、実質的な争点の立て方を容易にし、事実認定過程を可視化させるとともに、争点整理手続の合理化・活性化につながると考えられる。同時に、事案解明責任の存在が、抽象的証明責任を負わない当事者に対して、立証活動を促進させる働きが見られる。間接反証の議論（↘p622〔＊＊〕）はその典型例である（↘p547〔＊〕の末尾）。確認の利益の判断のための訴訟上の事実の認定においても、指針を提供することについては、↘p280(オ)。

　〔＊〕　(1)　**立法政策論に基づく証明責任の転換（原発設置許可取消訴訟）**　最判（一小）平4・10・29民集46巻7号1174頁は、「原子炉設置許可処分の取消訴訟における裁判所の審理、判断は、原子力委員会若しくは原子炉安全専門審査会の専門技術的な調査審議及び判断を基にしてされた被告行政庁の判断に不合理な点があるか否という観点から行われるべきであ」り、「被告行政庁がした右判断に不合理な点があることの主張、立証責任は、本来、原告が負うべきものと解されるが、当該原子炉施設の安全審査に関する資料をすべて被告行政庁の側が保持していることなどの点を考慮すると、被告行政庁の側において、まず、その依拠した前記の具体的審査基準並びに調査審議及び判断の過程等、被告行政庁の判断に不合理な点のないことを相当の根拠、資料に基づき主張、立証する必要があり、被告行政庁が右主張、立証を尽くさない場合には、被告行政庁がした右判断に不合理な点があることが事実上推認される」という。本来主張責任を負っていない当事者に主張立証の必要を説き、それを怠った場合の効果にまで言及している点、注目に値する。本判決は事案解明義務を認めたものとして評価されている（竹下守夫「伊方原発訴訟最高裁判決と事案解明義務」木川・古稀(中)1頁）。本件の場合は、訴訟の進行状況如何にかかわらず訴訟の早期の段階で、かつ原子炉設置許可処分の取消訴訟一般に共通するような形で、証明責任の転換が行われているので、いわゆる「臨床的転換」とはいい難いことから、事案解明義務の例とみることに異論（伊藤・前掲脚注22）66頁）もある。

第2節　弁論活動を指導する原則　*489*

　ここでは、原子炉の設置をどのような条件のもとで許可するかという行政による政策判断の当否が一般的に問われている事件と考えられるので、「法政策分野における汎用的な論証の作法ないし論証責任（Argumentationlast）」（原竹裕『裁判による法創造と事実審理』（2000・弘文堂）286頁以下、太田・手続論153頁にいう「正当化責任」にあたる）が問題とされるべきではなかろうか（宇賀克也＝小畑純子編『条解国家賠償法』689頁2(1)(ウ)〔巽智彦〕）。とすれば、本件のような場合には、いわゆるローゼンベルク流の証明責任分配論がそもそも意味をなさない事件というべきであり、その観点からすれば、判決の立論・結論に納得できる。

(2)　**立法政策論に基づく証明度軽減（放射線起因性認定事件）**　　最判（三小）平12・7・18判時1724号29頁は、原子爆弾被爆者の医療等に関する法律（原爆医療法）8条1項にいう「放射線起因性」の認定申請を却下した処分の取消請求において、取消しを是認した原審判決を維持して国からの上告を棄却している。原審では、起因性の立証について相当程度の蓋然性で足りるとしたのに対して、最高裁は、これを否定し一般論として高度の蓋然性の立証を要するとしたうえで、同法7条1項の解釈として、「放射線と負傷又は疾病……との間に通常の因果関係があることを要件として定めたものと解すべきである」〔圏点は新堂による〕と論じ、結論において原審の判断を是認している。本文(d)で述べたように、証明度を下げるという手法と、証明責任を臨床的に転換させる手法とが近似した機能を果たすことがみてとれる（平12年判決については、加藤新太郎「放射線起因性の意義と証明度」NBL721号（2001）75・78頁に詳細な分析がある）。

　平成12年判決は、原爆医療法8条1項（実定法規）の解釈から本来の抽象的証明責任の転換を帰結したが、このような特別規定のないところで、どのようにして証明責任を転換するかを課題として残しており、証明責任の臨床的転換理論を正面から否定したものとまではいえないであろう。

　いずれにしても、萩原（↘p485脚注25））が批判するように、同法8条1項のような実定法規がない場合において、今一歩証明責任の転換まで進まないと、裁判官の公平観念、正義感を満足させることができないケースがあることは否定できないと思われる。かりに、ここまで来ても抽象的証明責任論を押し通すとすれば、「通常人」の常識を超え、裁判官の自己満足のための事実認定ではないかとの通常人の不信を招くであろう。

(3)　なお、下級審判決であるが、東京地判平22・4・9判時2076号19頁（沖縄返還「密約」文書開示請求事件）を、秘密文書の存在について、原告らの証明努力とその結果を踏まえて、その不存在について被告国に事案解明責任を認めた例として挙げられる。ただし、これは、あくまでもその文書は存在しないものとして、高裁、最高裁によって否定された。この事件全体の政治的意義については、奥平康弘「陳述書」法時1085号（2015）6頁以下、蟻川恒正「奥平陳述書解題」同号20頁以下、藤原静雄「『密約』訴訟における主張立証責

任の法理」同号26頁以下に詳しい。

さらに、永石一郎「要件事実論の変遷——IBM事件からみた租税訴訟における要件事実論およ証明責任分配論」伊藤眞ほか編『これからの民事実務と理論』（2019・民事法務研究会）88頁以下とくに126頁以下においては、実定法上行為規範が前面に出る租税訴訟、独禁法訴訟、労働訴訟においては、安易に民法の法律要件分類説ないし修正法律要件分類説によらず、また規範的、評価的要件をなるべく用いない、そして予測可能性の高い証明責任分配論を、新たに構築すべきと論じており、傾聴に値する。ただし、ここで求められるものがいわゆる証明責任分配論の問題に尽きないことについては、→p608〔＊＊＊＊＊〕。

〔＊＊〕　**国籍法2条3号「父母がともに知れないとき」の認定手法**　　最判（二小）平7・1・27民集49巻1号56頁は、国籍法2条3号の「父母がともに知れないとき」の適用に際し、国籍取得を主張する側（原告）が「出生時の状況等その者の父母に関する諸般の事情により、社会通念上、父及び母がだれであるかを特定することができないと判断される状況にあることを立証すれば、『父母がともに知れない』という要件に当たると一応認定でき」、そして、国籍取得を争う側が「ある者がその子の父又は母である可能性が高いことをうかがわせる事情が存在することを立証しただけで、その者がその子の父又は母であると特定するには至らない場合には、なお右認定を覆すことはできないもの」とする。ある者が父または母である可能性が高いというだけでは、その者の国籍を前提として子の国籍を定めることができない。そうだとすれば、無国籍者の発生を防止するためには、同法2条3号を適用せざるをえない。そういった立法趣旨からすると、証明責任の転換を図らざるをえない事情が見えてくる。この事例も、事実認定作業の比較的初期段階で、証明責任の立法政策的転換の必要性が見えてくるという点で、上記〔＊〕平成4年の先例に近い位置にあるといえよう。

〔＊＊＊〕　**保険事故の偶発性の証明責任**　　保険事故の発生に当事者の意思が介入する場合には、偶然の確率計算をゆがめるから保険者の免責事由となる（保険法17条・51条・80条）。保険金の不正請求が疑われる場合には、保険事故の偶発性の立証、つまり保険事故の発生が保険契約者または被保険者の意思に基づかないものであることが立証課題となる。これは、いわゆる「不存在の証明」を保険金請求者に強いることになる。そこで、保険金請求者側に対しては、事故発生の事実を具体的に特定して主張立証させ、この具体的に特定された事故状況に関して、保険者側が、保険契約者または被保険者の意思が介入したことの証明責任（事案解明責任）を負担する構造となる（なお、→p613〔＊＊〕）。

最判（一小）平19・4・23判時1970号106頁は、被保険自動車の盗難という保険事故に基

づき車両保険金を請求する者について、「被保険自動車の持ち去りが被保険者の意思に基づかないものであること」までの主張立証責任を負わないが、しかし、同保険金請求者は、「被保険者以外の者が被保険者の占有に係る被保険自動車をその所在場所から持ち去ったこと」という盗難の外形的な事実を主張、立証する責任は免れないとしている。ところが、原判決は、この盗難という外形的な事実を立証するには、「外形的・客観的にみて第三者による持ち去りとみて矛盾のない状況」が立証されれば、盗難の外形的な事実が推定されるとした上で、この「矛盾のない状況」は立証されたと認定して、保険金請求を認容した。これに対して、最高裁は、この「矛盾のない状況」を立証しただけでは、盗難の外形的な事実を合理的な疑いを超える程度にまで立証したことにならない、原審の判断は盗難の外形的事実についての主張立証責任の分配に実質的に反するとして、原判決を破棄、差し戻している。

　ここでの原審は、法規の定めはないが、解釈によって事実上推定規定を想定し、それに基づく事実認定をしているといえるが、一般的にそのような解釈による推定規定の想定自体は、つねに否定されるわけではなく、事案解明責任の一つとして考えうる。しかし本件の場合は、原告は、本件事故当時1000万円以上の負債を抱えており、また別の盗難事件で、すでに保険金詐欺の有罪判決を受けたことがあり、また別の事故で保険金を受領したことがあった。それにもかかわらず、本件保険金請求の際の保険会社による過去の盗難被害の調査に対して、原告は被害「なし」と答えていたことなどから、保険会社としては、原告の盗難被害の申告は信憑性に乏しく、本件はその偶然性に疑問の余地があるとして、保険金の支払いを拒絶していたという事情が認められている。このような特別事情の存在は、原審の想定した事案解明責任としての推定判断を覆すに足りる事情の証明に成功した事例と考えられる。なおこの事例は、先の〔＊＊〕掲載の平成7年のケースと同様に、「不存在の事実の証明（悪魔の証明）」の困難さを回避する手法の一事例ともいえる[28]。

〔＊＊＊＊〕　**不利益取扱いの不当労働行為の認定手法**　　不当労働行為として、一労働組合の組合員全般に対する人事考課上の大量差別が、労働委員会に申し立てられたとき、同委員会は、人事考課資料の取得困難から組合側の立証困難および審理の遅延を避けるため、いわゆる「大量観察方式」という認定方法を考案した。

---

28)　中島肇「『不存在の証明』をめぐる事実認定の手法」高橋・古稀593頁。とくに606-618頁では、保険事故全般にわたって、事故の「偶然性または偶発性」（その保険事故が保険契約者または被保険者の意思に基づかないこと＝意思の不存在）の証明手法につき、いくつかの判例の紹介・分析があり、参考となる。刑事裁判のアリバイの立証、行政裁判における不存在の立証、会計監査における「不存在の証明」（リスク・アプローチ）と関連させた、民事裁判における「不存在の証明」手法の紹介ともなっている。

492 第3編 第一審手続 第5章 当事者の弁論活動と裁判所の役割（審理の第1段階）

　まず、申立組合に対して、組合員の当該昇給、一時金、昇格などに関する査定が他の組合の組合員または従業員らと、同期・同学歴・同職種のグループごとに比較して全体的に低位にあることを立証させるとともに、その低さが、使用者の組合に対する弱体化意図または組合員に対する差別的意図に基づいていることについて立証させることにし、後者の会社の意図の立証としては、使用者が過去において申立組合を嫌悪しその弱体化に努めてきたこと、申立組合員に対する査定が、申立組合の戦闘化後、申立組合への加入後または他組合結成後に全体的に低くなったことなどを立証させ、このような「外形的立証」に成功すれば、不利益取扱いの不当労働行為が成立するとの一応の推定を行うこととした。他方、被申立人使用者側は、その格差には申立組合員らの勤務成績・態度に基づく合理的な理由のあることの立証（個別立証）により上記推定を覆さなければ、不当労働行為の成立を認定することとした[29]。

　最近では、多くの企業の人事制度が年功序列型からいわゆる成果主義・個別管理の方向で修正され、従業員の処遇における評価が短期的成果や発揮能力（コンピタンシー）を重視する傾向を考慮して、一応の推定を可能とする申立人の立証の中で、差別されたと主張する組合員らが比較対象になる従業員集団との関係で、勤務成績・能力において劣っていない集団であることを、勤怠の実績（遅刻・早退・欠勤）、規律に従った勤務態度（上司による注意や懲戒処分の有無など）、能力の状況（仕事上のミス、達成度）などについて一応の立証をすることを要請することとしている（修正大量観察方式）[30]。

　また個別的査定差別事件においては、組合員に対する査定の低さと使用者の意図のほか、個々の組合員の勤務成績の同等性を入手可能な資料で立証させたうえで、使用者側に対し査定の合理性を立証させることとしている。

　裁判所も、こうした労働委員会の認定方式を採用している[31]。これらも事案解明責任の事例として挙げることができる。

4　職権探知主義

（1）　判決の効力を当事者間だけにとどめず、第三者に対して及ぼす必要のある場合にも、弁論主義をとって判決内容を当事者の弁論に任すのは、その訴訟に関与する機会のない第三者の利益を害するおそれがあるので、適当でない。あくまでも真実を求める手続を用意する必要がある。そこで、このような場合には、

---

29)　くわしくは、菅野和夫『労働法〔第12版〕』（2019・弘文堂）1042頁、加藤新太郎「不当労働行為該当性認定方法としての大量観察方式の適否」NBL1105号（2017）76頁以下参照。

30)　菅野・前掲注29)1042頁。

31)　最判（二小）昭61・1・24労判467号6頁参照。

裁判所にも、当事者の弁論にかかわらず、事件の事実関係を探知し、その判断に必要な証拠の収集の責任を認める職権探知主義がとられる。その典型的な例は、人事訴訟事件にみられる（人訴20条）。また、行政事件訴訟において、証拠調べは一般に職権でできるとされるのも（行訴24条・38条1項・41条1項・43条）、職権探知主義の一部が認められたものといえる（行政処分の取消しまたは無効を確認する判決は第三者に効力が及ぶとされる、同32条・33条・38条1項・41条1項・43条参照）。

　なお、通常の民事訴訟でも、公益に関する訴訟上の事項の判断、たとえば訴訟要件の具備の判断の多くについては、職権探知によるべきである（→ p235 4）。

（2）　職権探知主義における当事者の地位

　職権探知主義がとられる手続（人訴20条）においては、当事者は請求の放棄・認諾、訴訟上の和解をする権能を奪われるし（人訴19条2項。ただし、37条・44条）、自白によって裁判所の証拠による事実認定を排除することも許されない（人訴19条1項は、民訴179条の自白に関する部分および159条1項の適用を排除）。これらはいずれも、裁判の内容を当事者の意思によって左右する結果をもたらす行為であるからである。反面、当事者にのみその攻撃防御の提出の責任があることを前提として、その提出を促すための規定（たとえば、157条・157条の2・208条・224条・229条4項・244条）も、真実を求める手続とはいえないので、それらの適用はない（人訴19条1項）。

　このように、職権探知主義の下では、当事者はその権能の一部を制約されるが、処分権主義の主要内容をなす、裁判を求めるかどうか、何について求めるかを決定する権能（訴え取下げの権能も含まれる）は認められるし、手続主体としての地位、とくに訴訟追行の地位と機会の保障一般を失うとみるべきではない（当事者は、裁判所が当該当事者を尋問して資料を得る証拠方法としての意義しか持たなくなるわけではない）。したがって、ここでも、両当事者に対し、その利益主張のために攻撃防御を尽くす十分な機会と地位を対等に与えなければならないことは、弁論主義をとる訴訟手続と同じであり、不意打ちとなるような審判を避けるべきである。ただ、弁論主義においては、主張責任や証拠調べを当事者の申請したものにかぎるという形で、不意打ちのおそれを防止することができるが、職権探知主義においては、裁判所自身が当事者の知らないところで事実および証拠を探索し収集する可能性があるので、当事者に反駁する機会を与えるために、これらの資料について当事者

494　第3編　第一審手続　第5章　当事者の弁論活動と裁判所の役割（審理の第1段階）

が意見を述べる機会を与える方法によって（人訴20条後段、行訴24条ただし書）、不意打ちのおそれのない、当事者に納得のゆく審判を保障することになる[32]。

（3）　職権探知主義と職権調査事項

　職権調査事項とは、当事者が異議や申立てによって指摘しなくとも、裁判所がつねに進んでその事項を取り上げ、事柄に応じた処置をとらなければならないとされる事項を意味する。当事者はこの事項については合意や放棄によって裁判所の処置を不要とすることが許されない反面、職権による処置を促す申立てや主張は、他の攻撃防御方法と違って、提出時期の制約を受けない（157条・322条参照）。

　これらの点では、職権探知の取扱いに類似するけれども、職権調査事項かどうかの問題は、ある事項を職権でも顧慮しなければならないかどうかに関するものであり、ある事項を判断ないし裁判する場合の判断の基礎となる資料（事実や必要な証拠）の収集をだれの責任とするかの問題、つまり弁論主義をとるか職権探知主義をとるかとは、次元の異なるものと解すべきである[＊][33]。

　たとえば、請求の当否の裁判は、訴えがないかぎり問題にならないという意味では、職権調査事項とはいえないが、請求の当否の裁判のための資料の収集については、すでにみたように弁論主義も職権探知主義も可能である。また、訴訟要件の具備の判断は、抗弁事項以外は職権調査事項というべきで、任意管轄や訴えの利益の有無の調査もその例外ではない（訴えの利益の欠缺の主張につき157条・157条の2は適用にならない、最判（一小）昭42・9・14民集21巻7号1807頁）。しかし、その有無の判断のための資料の収集は、当事者の弁論に待つわけで、職権探知によるわけではない（→ p234(2)）。

　〔＊〕　**職権調査事項についての異説**　　三ケ月章博士によれば、職権調査とは、「とくに自白に拘束されないという点で弁論主義と異なるが、裁判所が職権で事実を探知する義務を負っているとみるべきではなく、必要があれば当事者の主張立証を求めうるに止まるのが原則である点で、職権探知とも一応区別される」（三ケ月・167頁）として、弁論主義と職権探知主義と同じ次元において両者の中間に位置し、かつ、両者から範疇的に独立した主義と理解している（類似の考え方として、高島義郎「訴訟要件の類型化と審理方法」講座民訴②115頁以下参照）。

---

32)　このような弁明の機会を与えなかった事実認定は、法令違反として上告審の破棄理由となる。
33)　兼子・体系205頁、斎藤・概論209-210頁。

第2節　弁論活動を指導する原則　*495*

　しかし、当事者がすでに自白しているような場合に、「当事者の主張立証を求めうる」といっても、どれだけの意味があるのか明らかでない（このような釈明に当事者が応じないからといって不利な判断をすることは許されないし、そうだとすれば、主張立証を求めるのは事実上の問題にとどまる）。さらに、職権調査と職権探知を範疇的に独立した対立概念としてみると、322条でいう職権調査事項には、その判断の資料の収集につき職権探知主義がとられるものも含まれていることを説明できないことになろう。むしろ、職権探知主義といっても、職権探知の程度に、職権証拠調べのみを認めるもの（→ p475〔＊〕）から、人事訴訟におけるような職権探知まで認めるものまで、その深度にバラエティがあると観念すれば足りるところである。

第2款　裁判所による協力

　弁論主義の下での迅速で充実した審理は、当事者の訴訟追行の具体的能力が十分でかつ対等であり、さらに事件に関する必要な証拠や事実に関する情報を得られる保障が十分であるならば、理想的に達成できる。しかし実際には、当事者の知識・経験・経済力等が十分でありかつ対等であるとはいえないし、事件に関する必要かつ十分な情報が得られるとはかぎらないので、これを補充調節して迅速かつ充実した弁論を展開させるために、裁判所の協力が要請される。この裁判所の協力は、主として釈明権の行使という形で行われる（弁護士付添命令（155条2項）も、この種の協力の機能を営む）。釈明権の行使は一定範囲では裁判所の責務とされる（釈明義務）。

　また、裁判所は、審理に専門的知見が必要な事件について、専門委員を指定して、その専門的な知見に基づく説明を当事者とともに受け、争点・証拠の整理、証拠調べの結果の理解、および和解に役立てることができる（92条の2以下、→ p503　2（1））。裁判所にとって、当事者の主張立証を正確に理解し、円滑な訴訟進行を図る上で有効な武器となる。また釈明権を的確に行使するための補助手段ともなろう。

1　事案解明のための裁判所の活動（釈明権）

（1）　釈明権の意義

　㋐　弁論主義は、事案の解明を当事者の弁論に待つが、当事者の弁論を正確

496　第3編 第一審手続　第5章 当事者の弁論活動と裁判所の役割（審理の第1段階）

に受領するために、さらに進んで、当事者にできるだけ十分な弁論を尽くさせるために、裁判所が、訴訟指揮権の一作用として、当事者に対してはたらきかけることができる権能を釈明権という。それは裁判所の権能であるが、その適切な行使によって、弁論主義の形式的な適用による不合理を修正し、適正にして迅速公平な裁判を可能にすることは、裁判所のなすべき責務でもある。その意味で、釈明義務ともいわれる。釈明権行使の態様としては、口頭弁論（または弁論準備手続）における発問が主要なもの（149条）であるが（この権能のみを指して釈明権ということもある）、ほかに釈明処分（151条）といわれるものがある。このような意味で、従来から釈明権・釈明義務は弁論主義を補完するものと位置づけられてきた。

ところで、平成8年改正法は、審理の充実・促進を目指して、争点および証拠の整理手続の合理化を一つの目玉としたところ（⤵p541(4)・p545〔*〕）、実際にそれが所期の目的を達成するには、事案全体の理解、争点の認識、適切な法的構成の選択、さらに重要な証拠方法の存在などについて、各当事者・裁判所の有する情報が、その相互間で、どれだけ効率よく、かつ、豊富に交換されるかどうかにかかっている。釈明権・釈明義務は、このような情報交換のうち、裁判所から当事者への伝達を法的に認知するものといえるのであり、その適切な行使は、争点・証拠の整理手続を成功させる不可欠の要素である。逆に、争点・証拠の整理手続の方からいえば、釈明権が適切に行使されるような場をいかに確保するかが、その手続を考案するさいの重要な目標となる[1]。さらに、当事者間の資源の格差を埋め、実質的な公平を確保する手段でもあると考えられる。

このようにみると、釈明権・釈明義務の問題をたんに弁論主義を補完するものと位置づけるだけでは、適切でない。職権探知主義の場合も含め、審理の充実・促進化と公平な審理を実質化するための裁判所側の手段と位置づけるべきものである。当事者の方からいえば、事件についての裁判所の見通しおよび相手方の見立てを十分にインフォームドされた状況で、みずからの弁論を展開できる地位（弁論権）ないし手続保障を確保される重要な装置ということになる。

　(イ)　**法的観点指摘義務**　釈明権の重要な内容の一つとして、法的観点指摘義務がある[2]。請求を理由づける実体法上の請求権（法的構成）が複数想定される

1）　奈良次郎「新民事訴訟法と釈明権をめぐる若干の問題(上)」判時1613号（1997）3頁。

ときには、当事者としては、そのどれかを選択してそれに対応した事実を主張することになる。実際に主張された事実関係、事件の背景となっている事実関係さらに書証などからすると、別の法的構成の方が事案の抜本的解決ないし適切な解決をもたらすと推認できるような場合には、そのことを当事者に示して、当事者と法的構成について議論することが裁判所に求められる。そのような裁判所の義務を法的観点指摘義務という[3]。これは新訴訟物理論の下では、請求を理由づける主張の変更に関わる釈明といえる。他方、旧訴訟物理論の下では、訴訟物自体の選択に関わる釈明になる場合であるが、現在では積極的に行われるべきであると論じられている[4][*]。

　争点整理過程における、裁判所と当事者との対話において、裁判官がリードすべき重要な論点として、事案解明義務および事案解明責任（→p483(イ)）、証明度軽減の法理に関する指摘があるが、これらも、法的観点指摘義務のなかに入ると解すべきである。

[*]　最判(一小)平22・10・14判タ1337号105頁の事案は、こういうものであった。ある大学法人（被告Y）には、定年を65歳とし職員は定年に達した日の属する年度末に退職する旨を定めた定年規程があったが、現実には70歳を超えて勤務する教職員は相当数いた。Y大学の教授（原告X）は、Yに昭和62年4月に雇用される1年ほど前、Yの理事の一人から、定年は実際はなきに等しく、80歳くらいまでは勤務可能との話を聞き、それを信じていたところ、平成18年9月に学長から、定年規程により満65歳で定年退職となると伝えられ、同19年3月31日、Yから定年により職を解く旨の辞令を受けた。そこでXは、Yとの間で、定年を80歳とする合意（「本件合意」という）があったと主張して雇用契約上の地位の確認と未払賃金および将来の賃金等の支払請求をした。一審では、本件合意が認められるかどうかを争点として証人、本人尋問も行われ、本件合意はあったとは認められないとして請求棄却となった。控訴審は、第1回口頭弁論期日において、控訴理由およびそれに対する答弁が陳述されて結審されたが、それらの陳述は、もっぱら本件合意の存否に関するものであった。ところが、控訴審判決は、本件合意にはまったく触れず、Yが定年規程に沿った運用をするのであれば、相当の期間をおいてその旨を教職員に周知させる必要

2）　徳田和幸「法領域権における手続保障」吉川・追悼(上)125頁以下、山本克己「民事訴訟におけるいわゆる"Rechtsgespräch"について（4・完）」法学論叢120巻1号（1986）32頁、山本・構造論17頁。
3）　山本・構造論168頁以下、そこでは「法律問題指摘義務」と呼んでいる。
4）　伊藤・民訴322頁。

があり、Xに対しては、「少なくとも、定年退職の1年前までに、Xに対し、定年規程を厳格に適用し、かつ、再雇用をしない旨を告知すべき信義則上の義務があった」こと、およびYはXに対して「具体的な告知の時から1年を経過するまでは、信義則上、定年退職の効果を主張できない」として、地位確認請求は棄却したが、賃金請求の一部を認容した。

これに対し、最高裁は、かりにYの信義則違反の点について判断をするのであれば、原審としては、適切に釈明権を行使して、Xにその点を主張するかどうかを促すとともに、Yに十分な反論反証の機会を与えるべきであり、原判決には、釈明権行使を怠った違法があるとして、Y敗訴の部分を破棄し差し戻した。法的観点指摘義務について釈明権の行使を必要とする先例として注目に値する。

最判(大)平22・1・20民集64巻1号1頁（ p475）も、原判決に対して、必要な法的観点についてなんら審理判断せず、釈明権を行使することもないまま結論を出したことについて、判決に影響を及ぼすことが明らかな法令違反があるとして破棄差戻しをしている。なお、古くは、最判(一小)昭51・6・17民集30巻6号592頁もある。

（2） 釈明権の行使

㋐　釈明権は、合議体においては、裁判長が行使する（149条1項）。陪席裁判官も、必要があれば、裁判長に告げたうえでこれを行使できる（同条2項）。裁判長または陪席裁判官は、当事者に対し、つぎの口頭弁論期日を待つまでもなく、期日外で釈明を求めることもできることとされた[*]（同条1項・2項）。これらの裁判長または陪席裁判官の処置に対し当事者が異議を述べたときは、裁判所（合議体）が決定で裁判する（150条。単独制のときはこの問題は起こらない）。なお、当事者は、相手方の陳述の趣旨を確かめるために、直接問いを発することはできないが、裁判長を通じて発問してもらうことができる（149条3項。これを求問権または求釈明という）。

〔*〕　**期日外における釈明**　　旧法下においては、裁判所が、口頭弁論期日前に、あらかじめ釈明する事項を指示して、その準備を命じる制度（釈明準備命令）があった（旧128条）。しかし、これは決定という厳格な形式によるもので、よほどの場合でないと利用されず、実際には、裁判所書記官を通じて、電話やファクシミリで、主張立証の不明瞭なところを次回期日までに補充するように求めることが行われていた。平成8年改正法は、裁判所書記官に命じて行わせることも含め（規63条1項）、このような実務を明文で認め、他方、使いにくい釈明準備命令の制度は廃止した。

期日外であらかじめ釈明をしておけば、期日における審理の充実を期待でき、審理の促進にも役立つ。しかし、期日外で、しかも、決定の形式をとらないで釈明がなされると、

どのような釈明がなされたかを相手方が当然に知ることはできない。そこで、攻撃防御方法に重要な変更を生じさせるような釈明をした場合には、裁判所書記官がその内容を訴訟記録上明らかにするとともに（同条2項）、これを相手方に通知しなければならないものとして（149条4項）、相手方に準備をする機会を与え、その手続保障に配慮した。したがって、通知をし忘れたような場合には、相手方に十分な準備の機会を与えるべきであり、直ちに弁論を終結することは許されないと解される（一問一答153頁参照。もっとも、通知の欠缺は、当然には上訴理由にならないであろう）。

　(イ)　当事者には、釈明に応じる義務があるわけではない。ただし、それに応じないため、不利な裁判を受けることになるかもしれないし、とくに攻撃防御方法についてその趣旨が不明であるとして釈明を促されたのに、必要な釈明をせず、または、あらかじめ準備をして釈明をするように促されていた期日に欠席すると、裁判所はその攻撃防御方法を却下して審理を打ち切ることができる（157条2項）。

（3）　釈明権の範囲

　釈明権は、適切な範囲で行使しなければならない。行使が行きすぎれば、事案の真相を曲げ、不公平な裁判を受けたとして利用者の信頼を失う危険がある。反面、これを怠れば、不親切な審理との非難を免れない。とくに、釈明義務の重大な懈怠のため、当事者が十分に弁論をする機会を不当に与えられなかったと認められるときは、その機会を保障するために法令違反として、上告審による破棄理由（312条3項・325条1項後段・2項）となる。

　(ア)　釈明権・釈明義務の範囲を考察する上では、第1に、事実審の裁判官がどこまで釈明権を行使するのが適切であり妥当かという問題（いわば行為規範としての釈明義務の問題）と、上告審が釈明義務の不履行を理由として原判決を破棄すべきかどうかの問題（評価規範の問題）とを、一応区別しておくべきであり、いずれも重要な課題であることを銘記しておきたい。しかも、上告審の判例で直接問題となるのは、後者の義務の範囲である。後者の義務の範囲の決定が前者の義務の範囲の決定に影響することは当然であるが、前者の問題は、上告審判決の判例研究だけではカバーし切れないものであることに注意すべきである[5]。

　(イ)　**判例の変遷**　　原判決破棄の理由となる義務の範囲について、判例の態

5）　釈明権が適切に行使されているかぎり釈明義務違反の判決は顕在化しないし、釈明義務違反を不服とする申立自体も減少することになろう。→p73(2)。

度は、時代とともに変わってきている[6]。昭和初期から10年前後にかけて釈明権不行使を理由として原判決を破棄する大審院判決が相当の数に及んだが[7]、戦後、最高裁になってからは、一転して釈明権の不行使を理由とする破棄判決がほとんどみられなくなり、釈明義務をまったく否定するかのような態度がとられた[8]。

こうした傾向は、実際問題として最高裁自身が未処理事件の滞積に悩まされていたことや、理論的には戦後の英米法流当事者主義の極端な強調という思潮に基づくものであったとみられるが、適正・公平な裁判のために果たすべき裁判所の役割が再認識されるようになり[9]、昭和30年前後から再び破棄判決がみられ[10]、その傾向が時とともに次第に強まった。

それも、昭和40年頃までは、当事者のした不明瞭な申立てや主張等を問い質すべきであるにもかかわらずこれをしなかったという、釈明義務違反を理由にしたもの（消極的釈明義務の違反）にとどまったが、昭和40年代に入ると、当事者が適当な申立てや主張等をしない場合に裁判所が積極的にそれを示唆・指摘してこれをさせるべきであったとする、釈明権の不行使を理由とするもの（積極的釈明義務の違反）が現われてきている[＊]。

[＊] 奈良次郎「釈明権と釈明義務の範囲」実務民訴講座(1)219頁以下、中野・前掲脚注6）論文。「消極的釈明」「積極的釈明」の分類は中野論文による。さらに同論文は、後者の例として、最判(二小)昭39・6・26民集18巻5号954頁、同(三小)昭44・6・24民集23巻7号1156頁、同(一小)昭45・6・11民集24巻6号516頁、同(一小)昭45・9・24民集24巻10号1450頁、同(一小)昭45・8・20民集24巻9号1339頁等を指摘し、判例の積極的傾向を浮彫りにしている。

6）　その簡潔な要約として、中野貞一郎「弁論主義の動向と釈明権」判例展望（1972）〔同・過失の推認215頁以下〕。

7）　村松俊夫「釈明義務の履行」法曹会雑誌11巻12号（1933）〔同『民事裁判の研究』（1955・有信堂）3頁以下〕、同『総合判例研究叢書・民事訴訟法(1)』（1956・有斐閣）97頁以下。

8）　たとえば、最判(一小)昭27・11・27民集6巻10号1062頁は、留置権の権利抗弁について、抗弁権取得の事実関係がすでに弁論に現われていても、裁判所はその権利行使の意思を確かめ、その権利行使を促す責務はないとして上告を棄却している。

9）　三ケ月「弁論主義の動向」法協72巻2号（1954）〔同・研究1巻49頁以下〕。

10）　安井光雄「釈明権について(1〜2・完)」法学23巻3号（1959）1頁以下・24巻2号（1960）80頁以下参照。

㈡　釈明権の目的から、いわゆる消極的釈明をしなかったことが裁判の結果に影響を与えている場合に原判決破棄の理由となると解すべき点については、おそらく異論はなかろう。その意味で近時の最高裁の傾向は、基本的に是認されるところである。ただ、積極的釈明においては、その権能の過度の行使は、事案の真相を曲げ、当事者間の公平を害するおそれが十分に予想される。そこで、どのような範囲で、積極的釈明をなすべきであったとし、その不行使を原判決破棄事由にするかが問題になる。具体的には、諸ファクターの多面的な利益考量に基づいた判例の積み重ねによってその合理的範囲を決めていかざるをえないが、考量されるべき視点として、とりあえず、つぎのようなものを掲げることが許されよう。

第1に、弁論の全趣旨からみて、釈明権が適切に行使されていれば、裁判の結果に重大な影響を与えたであろうという蓋然性が高い場合には、勝つべき者が勝たず、負けるべき者が負けなかったと評価され、釈明権の不行使によって不公正な裁判がなされたとの評価を受けることになろう[*]。これには法的観点指摘義務が適切に尽くされなかった場合が多いであろう[**]。

第2に、当事者が釈明権の行使を待たずに適切な申立てや主張等ができる場合であったかどうかという自己責任を問う視点がある。もしその期待可能性が高い場合にまで、釈明権不行使を理由に原判決を破棄するとすれば、敗訴者を不当に優遇し勝訴者には酷な結果となろう[***]（本人訴訟か弁護士訴訟か、難件かどうかなどで期待可能性は異なるだろう）。

しかし、第3に、釈明により紛争のより抜本的な解決が可能となったであろうという事情は、——原判決の結果が変わる蓋然性が高くないかぎりは——すでに事実審理を終えた段階である上告審においては重視すべきではなく、むしろそこでは、原判決破棄による訴訟遅延のマイナスのほうをより重く評価すべきであろう（評価規範としての制約）[11]。第4に、当事者間に証拠が偏在しているような場合には、事実や証拠を有する当事者に事実の解明を促す釈明義務も、公平の見地から認められるべきである（⤴ p482(4)）。

---

11)　以上の分析は中野・前掲注6）論文に負う。これを批判するものとして、山本・構造論310頁以下が示唆に富む。

502　第3編　第一審手続　第5章　当事者の弁論活動と裁判所の役割（審理の第1段階）

〔＊〕　**確定判決の遮断効と釈明義務**　①最判（二小）平9・3・14［平5（オ）921号］判時1600号89頁は、亡Aの共同相続人XとYの間で、かつてAの所有に属した土地について、単独で所有権を取得したと主張するXの請求を棄却した判決が確定した後は、Xは相続による共有持分の取得を主張することができないとする（新堂「既判力と訴訟物再論」原井・古稀258頁以下〔同・権利実行249頁以下〕参照）。そこで、②最判（一小）平9・7・17判時1614号72頁は、共同相続人の一人であるXが他の相続人Yらに対して、単独所有権の主張をし、これに対して、相続財産に属するとの反論が弁論に出ている場合、Xが相続により持分を取得したとの予備的請求を提出していなくとも、釈明権を行使したうえでこれを斟酌して、Xの請求について、一部認容の判決をすべきであるとした。②判決の趣旨を受けて、③最判（二小）平12・4・7判時1713号50頁においては、Bの相続人Aの妻Xは、係争の本件各土地上に建物を有することによってそれぞれ単独で占有しているBの他の相続人Yら2名に対して、上記土地は、被相続人Bから、夫Aが贈与を受け、その後Aの死亡により自分（X）が相続によって取得したと主張して、建物収去土地明渡しと地代相当額の損害賠償請求をしたことに対して、相手方Yらが、Bの相続による3分の1の持分取得を理由として、持分の確認および持分移転登記手続請求の反訴を提起している事情の下では、適切に釈明権を行使して、Aが相続による持分を取得し、Xがその持分に応じた土地の使用を妨げられているかどうかを確定し、Xの請求の一部認容の可否について審理判断すべきであったとして、金員の支払請求の部分につき、原判決を破棄し、原審に差し戻している。

　①判決が論じるように、Xの後訴における持分の主張が既判力によって遮断されることを前提とすれば、②・③判決で、釈明権行使を義務づける点は、異論のないところであろう。

〔＊＊〕　最判（一小）平14・9・12判時1801号72頁は、債務者Xが期日までに借入金の返済をしないときはX所有の土地を債権者名義に変更し第三者に売り渡すことを承諾する旨の契約に基づき、返済がないので、Y₁は代物弁済を原因として登記名義を変更し、さらに第三者Y₂に売り渡した。Xは、この契約を仮登記担保契約にあたるとして、債権者Y₁は清算見積額をXに通知していないから、XからY₁へ所有権移転は生じていないと主張して、所有権移転登記手続請求をした。一審、二審ともXの請求を認めたが、最高裁は、この契約は譲渡担保であり、Y₁の目的物の処分（Y₂への譲渡）によって、Xは所有権を確定的に失ったと判断して、原判決破棄、一審判決取消し、請求棄却をしている。

　これに対して、藤井裁判官の反対意見は、当事者の主張していない法律構成である譲渡担保と判断することは、Xに対して不意打ちになるとしている。反対意見は、Y₁の主張としての譲渡担保構成について、裁判所に行為規範としての法的観点指摘義務を認めたとい

う意味で評価できるが、反対意見が、Y₁の抗弁としての代物弁済の主張を立証できなかったから、X勝訴の結論に影響しないとして、上告棄却の結論をとったことには、賛成できない。本件の場合、適切に釈明が行われていれば、Y₁が譲渡担保構成に変更したことは明らかであるから、X勝訴の結論に影響を与え反対の結論に至った蓋然性が高いからである。他方、法廷意見が法的観点指摘義務という論点を明確にしなかった点は残念であるが、Xの主張の無理なことを見越して、破棄自判した点はむしろ落ち着きのよい結論であり、本文の第3の視点からも是認できよう。

北秀昭「弁論主義下における『生の事実』と『法的に構成された事実』との関係についての一考察」判タ1209号（2006）34頁・40頁は、本件について、Y₁らが譲渡担保的構成の主張を拒否している点を強調して譲渡担保と認定することを弁論主義違反と論ずるが、釈明があれば、譲渡担保構成をとった場合のY₁らへの確定的な所有権取得原因を想定することは、Y₁らにとってもそれほど難しいわけではないから、Y₁らが譲渡担保構成について適切な釈明を受けていれば、その法的構成をあくまでも拒否したとは考えられない。

〔＊＊＊〕　**本文における第1の視点と第2の視点との関係**　　両者は、ある意味では矛盾しかねないところがある。最判（一小）平17・7・14判時1911号102頁は、つぎのような案件で、釈明義務違反として原判決を破棄、差し戻している。原告の被告に対する代金の元本と遅延損害金の請求を認容した一審判決後に、訴外税務署が原告に対する滞納処分として、その訴求債権を差し押さえたため、被告は、訴求債権の全額分を税務署に支払い、その旨の領収書を貰った。ところが被告が書証として提出した差押通知書には、訴求債権の遅延損害金のみを差し押さえる旨が記載されていた。原判決は、これらの事実を認定した上、なんらの釈明なしに、本件差押えは遅延損害金のみを対象にしたものであると認定し、被告による元本部分の税務署への支払いは原告に対する弁済の効力をもたないと判断して、本件請求の元本部分を認容した。これに対して、最高裁は、元本部分の差押えについて主張の補正とその立証を被告に促すべきだとしたのである。被告の不注意に基づく誤解が原判決を招いたといえ、第2の視点からは、原判決を是認できなくはないが、最高裁は事件解決の落着きのよさ、すなわち第1の視点の方を尊重したといえ、妥当なところと思われる。

2　専門委員制度

（1）　専門委員制度の目的

平成15年改正法は、司法制度改革審議会の意見書の提言を踏まえ、医療関係、建築関係、公害事件など、その処理に専門的知見を要する事件の適正かつ迅速な

504 第3編 第一審手続 第5章 当事者の弁論活動と裁判所の役割（審理の第1段階）

解決のために、専門家の適切な助言を求める民事訴訟法上の制度として専門委員制度を創設した（平成15年民訴改正法92条の2-92条の7。平成15年最高裁規則20号）。

　㈦　専門的知見を裁判に利用する場合には、①専門家から必要な知見をいかにして獲得するか、②獲得した知見内容を、素人である裁判関係者がより深く理解するためにどうすればいいか、さらに、③その知見内容を裁判手続において、争点の整理、事実の認定、判決の終局的判断のために、どのように利用するのかの課題があるが、この専門委員制度は、とくに②を主たる目的としたものである。訴訟資料、証拠資料を直接収集するためのものではなく、争点等について専門委員の「意見」を求めるものでもない。これらの資料を正確に理解するために専門家の知見を調達することを目的とし、専門委員の「説明」を聴く制度として構成されている。

　㈧　しかし、専門委員は事件ごとに指定されて（92条の5第2項）、手続に関与し、証人・当事者尋問または鑑定人質問の期日において専門委員に説明をさせるときには、専門委員が証人等に対し、直接発問することまで許されることとなっている（92条の2第2項）ので、当事者の主張立証、裁判の結果に重大な影響を与えることも否定できない。実質は専門家による裁判であるとの批判を受けかねないので、そのような外観をもつこと自体をも避ける必要がある。

　㈨　そこで法は、専門委員を手続に関与させるには、「当事者の意見を聴く」（92条の2第1項2項・92条の3・92条の5第2項）さらには「当事者の同意」（92条の2第3項）を要するとするなどの、専門委員が関与する手続ないし事項に応じた厳格な要件を設けること、および当事者双方の申立てにより、無条件で関与決定を取り消すことなどの手当て（92条の4ただし書、規34条の8第2項ただし書）をして、当事者の意向に配慮するほか、期日における口頭説明を原則とすること（92条の2第1項後段・92条の3、規34条の7）で当事者の立会権を保障し、手続の透明化のための工夫を図っている。また除斥および忌避の制度を設ける（92条の6）などとして、公正中立の専門委員の確保に意を用いている[*]。

　〔*〕　**専門委員の活用について**　　その具体的イメージとしては、森富義明（東京地裁部総括判事）ほか「医療訴訟ケースブック」曹時67巻10号（2015）35頁のコラム④を中心とした前後の期日・期間合議など（32-45頁）を参照されたい。門口正人（名古屋高裁長官）ほか「医療訴訟⑵」ジュリ1510号（2017）67-68頁によれば、東京地裁では、利用度

は低く、むしろ知見を深めるためにも、「カンファレンス鑑定」（⎯ p650(ウ)〔＊〕）の方が確実だとされている。ただし、歯科の場合には活用の余地があるとする。他方、門口正人編『裁判官の視点――民事裁判と専門訴訟』（2018・商事法務）245頁〔福田剛久〕によれば、原告側に協力医がいない場合は、初期の争点整理段階で、専門委員の存在は貴重であったと報告している。

（2）　手続関与の決定

　裁判所は、決定で、専門委員を手続に関与させることができる（92条の2第1項前段）。この決定は、専門委員を、争点整理手続もしくは進行協議手続、証拠調期日または和解期日（当事者双方が立ち会うことができる和解を試みる期日）に、手続関与を認めるという包括的なものであり、具体的にどの期日にどのような事項について説明を求めることとするかについては、裁判長が、訴訟指揮権に基づいて適時判断することになる。

　裁判所が専門委員を手続に関与させることができるのは、つぎの場合である。

　①争点もしくは証拠の整理または訴訟手続の進行に関し必要な協議をするにあたり、訴訟関係を明瞭にし、または訴訟手続の円滑な進行を図るため必要があると認めるとき。この場合には、裁判所は、当事者の意見を聴いて、手続に関与させる（同条1項前段）。

　②証拠調べにあたり、訴訟関係または証拠調べの結果の趣旨を明瞭にするため必要があると認めるとき。この場合には、証拠調べの期日において専門委員の説明を聴くために、裁判所が、当事者の意見を聴いて、手続関与を決める（同条2項前段）。裁判長が本人・証人の尋問期日または鑑定人の質問期日において専門委員に説明させるときは、裁判長は、必要な事項について直接証人等に発問することを許すことができるが、これには当事者の同意を得なければならない（同条2項後段）。これは、その発問が、直接証拠を作り出しかねないことに配慮したものである。また証人尋問期日において、裁判長は、専門委員の説明が証人の証言に影響を与えないように、説明の際、当事者の意見を聴いて、証人の退廷などの適当な措置をとることができるし、当事者は裁判長にそのような措置をとることを求めることができる（規34条の4）。

　③和解のために必要があると認めるとき。この場合には、当事者双方が立ち会うことができる和解を試みる期日において専門委員の説明を聴くために、専門委

員を手続に関与させることができるが、この場合は、当事者の同意を得なければならない（92条の2第3項）。

3 裁判所調査官制度の整備

　最高裁判所、各高等裁判所、各地方裁判所に裁判所調査官が置かれ、裁判官の命を受けて、事件（地裁においては、知的財産権または租税に関する事件にかぎられる）の審理または裁判に関して必要な調査等を担当することになっていたが（裁57条）、今回の司法制度改革の一つとして、知的財産権に関する事件において裁判の一層の充実および迅速化を図るため、調査官に、期日における釈明や、証人等に対する発問、裁判官に対し事件について意見を述べるなどの事務を行わせることができるように、その担当事務を拡充する改正が行われた（裁判所法等の一部を改正する法律（平16・法120））。その内容については、民訴92条の8-92条の9。→p878　4。

第3節　口頭弁論の手続　*507*

第3節　口頭弁論の手続

第1款　審理の方式

1　口頭弁論の意義

（1）　口頭弁論とは、狭義では、受訴裁判所のそのための期日（口頭弁論期日）に、当事者双方が対立した形で、口頭で、本案の申立ておよび攻撃防御方法の提出その他の陳述をすることを指すが（87条・161条参照）、広義には、これと結合してなされる裁判所の訴訟指揮、証拠調べおよび裁判の言渡しをも含めた、審理の方式ないし手続を意味する（148条・152条・153条・160条・249条1項、規66条・67条参照）。したがって、受訴裁判所における証拠調期日は、広義の口頭弁論の続行期日であり、口頭弁論終結後の判決言渡期日も、この意味の口頭弁論期日の一種といえる。

口頭弁論は、当事者双方を対立関与させる形式で行われるが、このような対立構造をとらず、関係人に対して、無方式で個別的に、書面または口頭による陳述の機会を与えることを審尋という[*][**]（87条2項・88条）。

［*］　**審尋**　審尋は、決定手続（25条・44条1項・87条1項ただし書・223条1項・225条等参照）の審理方式の一つであり、これには、当事者・申立人の言い分を聴くという、「口頭弁論に代わる審尋」と、当事者や参考人に証人としての供述をさせる「証拠調べとしての審尋」とがある。口頭弁論に代わる審尋には、裁判所が裁判をする前提として、必ずしなければならない必要的審尋（50条2項・199条1項・223条2項）と任意的審尋（87条2項・335条）とがある。決定手続において、証人や当事者本人から供述証拠を得るためには、従来は、わざわざ口頭弁論を開いて、証人尋問や当事者本人尋問をしなければならないとされていた。

しかし、民事執行法（5条）および民事保全法の下では、すでに、決定手続における簡易な証拠調べとして、当事者や参考人を尋問して供述証拠を得ることができるようになっていた。この点を平成8年改正法は決定手続に一般化する形で、証拠調べとしての審尋を認めることにした（187条）。ただし、この証拠調べとしての審尋については、相手方のある事件では、相手方の立会権を保障する（同条2項）とともに、参考人については、証人

508　第3編　第一審手続　第5章　当事者の弁論活動と裁判所の役割（審理の第1段階）

尋問が当事者の申出にかかる者にかぎられることとの均衡上、当事者が申し出た者にかぎって審尋できる（同条1項ただし書。民保旧30条ただし書参照）。なお、平成8年改正法は、口頭弁論に代わる審尋も証拠調べとしての審尋も受命裁判官ができるものとした（88条）。

〔＊＊〕　**審問**　　本来、非訟事件における事情聴取や証拠調べのための期日での手続を指す語であるが（旧非訟13条、借地借家51条等参照）、旧民訴法では、受命・受託裁判官がその職務を行う期日を「審問」の期日と呼んでいた（旧152条2項）。しかし、平成8年改正法では、受命裁判官の職務権限が拡充し、審尋もできるようになったので、民事訴訟上は紛らわしい「審問」の表現を廃止し、受命・受託裁判官が職務を行う期日を「……が行う手続の期日」と表現することにした（規35条参照）。

受命・受託裁判官の行う手続の期日としては、和解期日（89条）、裁判所外の証拠調期日（185条）、鑑定人の質問期日（215条・215条の4）があり、受命裁判官が行う手続の期日としては、審尋期日（88条）、弁論準備手続期日（171条）、証拠保全期日（239条）、大規模訴訟における裁判所内の証人・当事者本人の尋問期日（268条）、進行協議期日（規98条）等がある。なお、期日に準ずるものとして、高等裁判所における書面による準備手続（176条1項ただし書、規91条1項）がある。

（2）　必要的か任意的か

口頭弁論には、裁判をするためにこの手続をとることが法律上要請される場合と、裁判所の裁量でこれを開くことができる場合とがある。前者が必要的口頭弁論といわれ、裁量で開かれたものが任意的口頭弁論である。

　（ア）　**必要的口頭弁論**　　訴えまたは上訴に対しては終局判決で応答しなければならないが、そのための審理は、必要的口頭弁論によるのが原則である（87条1項）。ただし、例外的に口頭弁論を開かないで終局判決ができる場合が個別に規定されている（87条3項・78条・140条・290条・319条）。必要的口頭弁論においては、口頭の陳述だけが裁判の基礎となる。書面上の陳述を裁判の基礎にすることは、これを認める旨の特別の規定のある場合にかぎられる（158条・277条）。口頭弁論の終結は、終局判決のための審理の最終段階を意味する（251条1項、民執35条2項参照）。終局判決のための当事者の弁論は、この口頭弁論によってのみ行われるから、口頭弁論期日の不出頭は、「弁論の怠り」（⤳p532　第3款）を意味する。

　（イ）　**任意的口頭弁論**　　決定で裁判すべき事件について裁判所の裁量で開か

れるものである（87条1項ただし書）。もっとも決定で裁判する事件でも、性質上、訴訟についての必要的口頭弁論のなかで問題となるものは、そこで審理され裁判される（たとえば、34条1項・44条1項・75条・151条・152条1項・157条・143条4項・223条等）。任意的口頭弁論は、書面審理を補充するものとして開かれるのであるから、それに基づく決定のためには、書面上の陳述を併用しても差し支えない。なお、仮差押・仮処分申請に対しては、かつて、口頭弁論を経るかどうかは裁判所の裁量に任されるけれども、口頭弁論を開いたときは、判決で裁判しなければならないとされていたから（旧々民訴742条1項・756条）、その口頭弁論は、必要的口頭弁論の性質をもつとされていた[1]。

2 審理の方式に関する諸原則

口頭弁論の手続には、つぎのような審理方式に関する種々の要求が盛り込まれている[2]。

（1） 公開主義

㋐ **意義**　訴訟の審理および裁判を一般公衆が傍聴し得る状態でする主義をいう。司法権行使の公明正大さを公衆に示すとともに、公衆の監視によって、これを支えようとするもので、近代市民革命の掲げた政治的要求の一つであった。とくに刑事司法において強調されたが、民事においてもひろく認められ、わが憲法も、民事刑事を問わず、「裁判の対審及び判決は、公開法廷でこれを行ふ」と規定する（憲82条1項）。ここに対審とは、民事訴訟では口頭弁論を指し、裁判とは、非訟事件に対する訴訟事件の裁判を意味すると解され、訴訟事件については、公開の口頭弁論に基づき判決を受けられることが、裁判を受ける権利（憲32条）の主要な内容と解されている。

口頭弁論（判決の言渡しも含めて）を公開したかどうか、公開しなかった場合の理由は、口頭弁論調書の必要的記載事項とされる（規66条1項6号）。公開すべき場合であるのに、公開しなかった審理に基づく判決は、現実に傍聴人がいたかど

1） 判決で裁判するか決定で裁判するかが裁判所の裁量にかかっていた。しかし現在ではすべて決定によるとされ、口頭弁論を開いても任意的なものとなった、民保3条。
2） 竹下守夫「『口頭弁論』の歴史的意義と将来の展望」講座民訴④1頁。

うか、判決に影響があるかどうかを問わず、上告によってつねに取り消される（312条2項5号。再審事由にはならない。判決の言渡しは、つねに公開してする必要があるが（裁70条）、言渡しのみを公開の法廷でしなかったときは、言渡しなきものとして、公開の法廷で言渡しをあらためてすればよい）。口頭弁論の公開の制度より、その趣旨を徹底する意味から、訴訟記録[*]の公開原則が導かれる（91条1項）。

〔*〕 **訴訟記録** 訴状、答弁書、準備書面、口頭弁論調書、判決原本など、一つの訴訟に関して作成された書面で、裁判所が保存しておかなければならない一切のものを綴じ込んだ帳簿をいう。これを管理し保管するのは、訴訟が係属中はその裁判所の書記官であり、完結後は、第一審の裁判所書記官である（裁60条2項参照）。したがって、事件の移送（規9条）、控訴の提起（規174条）、事件の差戻し（規202条）、控訴審での訴訟の完結（規185条）等があると、訴訟記録が送付される。

訴訟記録は何人も閲覧できるのが原則である（91条1項）。もっとも、裁判所書記官に対して、訴訟記録の謄写、その正本、謄本もしくは抄本の交付または訴訟に関する事項の証明書の交付を請求できるのは、当事者および利害関係を疎明した第三者にかぎられる（同条3項）。記録中の録音テープ、ビデオテープ等については、当事者または利害関係を疎明した第三者はその複製を作ることを求めることができ、裁判所書記官はこれを許すことになる（同条4項）。以上の訴訟記録の閲覧、謄写および複製の請求は、訴訟記録の保存または裁判所の執務に支障があるときは、することができないとされている（同条5項）。

(イ) **公開主義の例外** 裁判の公開を保障した憲法82条は、公の秩序または善良な風俗を害するおそれがある場合には、口頭弁論を公開しないことができることを予定している（憲82条2項）。

近時、不正競争防止法において、営業秘密の保護のために事後的な損害賠償という救済に加えて（不正競争4条）、その不正な取得、使用または開示行為の差止請求権をも認めるに至った（同3条）。しかし、この請求権を訴訟で行使する場合に、公開の法廷でその権利の内容を明らかにして主張・立証することになれば、ただちに非公知性（同2条6項参照）を失い、権利そのものが消滅してしまって、請求棄却を免れない。権利の存続を望むならば訴訟による救済を断念せざるをえないというジレンマに陥る（東京地判平3・9・24判時1429号80頁参照）。このような実体権についても訴訟による救済を保障しようとするならば、審理を非公開で行わざるをえない。このように、手続のあり方によって実体権の存否自体が影響を

受けるという新たな事態[3]に直面して、非公開の審判を求める要望が高まった。

このような差止請求権も立派な財産権として認知されたのであるから、その財産権としての保障（憲29条）を貫徹してこれにも裁判を受ける権利を保障するためには、憲法82条の公開の原則は制限されるべきであり、解釈論としても、この場合の財産権およびその裁判を受ける権利の保障は、同法82条2項でいう「公の秩序」にあたるものとして非公開の審理が許されると考える[4]。平成8年改正法の立法過程では、このような場合には非公開の審理ができる旨を法律で明記することが可能かつ適当であるかが検討されたが（「民事訴訟手続に関する改正要綱試案」第四の七（後注）参照）、十分なコンセンサスは得られず、立法は見送られた。

しかし同改正法は、権利として認知されつつあるプライバシーの保護の問題も含めて、訴訟記録の閲覧等[*][**]を当事者にのみ限定することができる制度を設け（92条）、実務の運用に任せることになった。さらにその後の司法制度改革に伴う法整備により、人事訴訟（後記ウ）、特許権等の侵害訴訟（後記エ）につき、公開制限の規定が定められるに至る。

[*] **秘密保護のための訴訟記録の閲覧等の制限**　公開を禁止した口頭弁論に係る訴訟記録は、当事者および利害関係を疎明した第三者に限り、閲覧請求等ができる（91条2項）のは従来どおりであるが、平成8年改正法は、公開を禁止してない場合にも、秘密を保護するために閲覧等を当事者のみに制限する制度を設けた。すなわち、訴訟記録に不正競争防止法2条6項にいう営業秘密が記載・記録されている場合、または当事者の私生活についての重大な秘密が記載・記録されており、かつ第三者がこれを閲覧等をすることにより、その当事者が社会生活をするのに著しい支障を生ずるおそれがある場合には、その疎明があれば、裁判所は、申立てにより、決定で、その秘密記載部分を特定した上（規34条参照）、閲覧等を請求できる者を当事者にかぎることができる（92条1項）。

この申立てがあると、それについての裁判が確定するまで、第三者は、その秘密記載部分の閲覧等の請求ができない（同条2項）。相手方当事者は、その訴訟かぎりの閲覧を許されている者として、秘密保持義務を負うことになる。第三者は、閲覧等の制限の要件を欠くことまたは欠けるに至ったことを理由として、制限決定の取消しの申立てをすること

3）　従来の実体権はその救済を求める手続のあり方によって影響を受けることはなかった。

4）　伊藤眞「営業秘密の保護と審理の公開原則(上)(下)」ジュリ1030号78頁、1031号（1993）77頁、知的財産研究所「『民事訴訟手続に関する改正要綱試案』に対する意見書」NBL538号（1994）54頁、梅本吉彦「営業秘密の法的保護と民事訴訟手続」法とコンピュータ10号（1992）77頁。

ができる（同条3項）。閲覧等の制限を求める当事者の申立て、制限決定の取消しを求める第三者の申立てについての裁判に対しては、いずれも、即時抗告をすることができる（同条4項）。制限決定を取り消す決定がなされても、その決定が確定するまではその効力を生じない（同条5項）。

〔＊＊〕　**当事者公開**　　一般公衆に公開する場合を一般公開というが、関係人に、審理の立会、記録の閲覧・謄写等を許すことを当事者公開という。平成8年改正法の秘密保護のための訴訟記録の閲覧等の制限は、いわばこの当事者公開の一つの形といえる。非訟事件は原則として非公開で行うが（非訟30条、民調22条、家事33条）、争訟性の強い非訟事件では、とくに相手方に対する審問に立会う機会を法令上保障することがある（民訴187条2項、借地借家51条2項、借地非訟規15条参照）。このような当事者公開の保障は、一般公開をしない点で、当事者のプライバシーを尊重しうるし、また、手続の形式化を免れる利点があるとともに、当事者間の利害の調節を目的とする民事裁判においては、当事者公開によっても、裁判の公正を監視する効果をかなり期待できるので、訴訟事件の非訟化の立法を考案するさいには、当事者公開の保障によって、公開の要求についての違憲の疑いを緩和することができる。なお、弁論準備手続は、関係者公開である（→ p550(3)）。

　　(ウ)　**人事訴訟における当事者等・証人尋問の公開停止**　　平成15年に制定された人事訴訟法（平15・法109）は、人事訴訟の審理において、公開を停止するための要件・手続を詳細に定めたので、実務の適切な運用が期待される。

　　(a)　**公開停止の要件**　　当事者本人もしくは法定代理人（「当事者等」という）または証人が、①当該人事訴訟の目的である身分関係の形成または存否の確認の基礎となる事項であって自己の私生活上の重大な秘密に係るものについて尋問を受ける場合において、②その当事者等または証人が公開の法廷で当該事項について陳述することにより、社会生活を営むのに著しい支障を生じることが明らかであることから、当該事項について十分な陳述をすることができず、かつ、③当該陳述を欠くことにより他の証拠のみによっては当該身分関係の形成または存否の確認のための適正な裁判をすることができないと、裁判所が認めるときに、その事項の尋問を公開しないでできる（人訴22条1項）。

　　(b)　**手続**　　①裁判官全員の一致による決定で行う（同条1項）。②この決定をするには、あらかじめ、当事者等および証人の意見を聴かなければならない（同条2項）。③公衆を退廷させる前に、その旨を理由とともに言い渡さなければ

ならず、当該事項の尋問が終了したときは、再び公衆を入廷させなければならない（同条３項）。

(c) **違反の効果**　　絶対的上告理由となる（312条２項５号）。

㈡　**特許権等の侵害訴訟における当事者尋問等の公開停止等**　　平成16年の司法制度改革の一つとして、特許権・実用新案権もしくはこれらの専用実施権の侵害または不正競争による営業上の利益の侵害に係る訴訟（以下「特許権等の侵害訴訟」〔*〕という）において、当事者尋問等を公開停止できる要件・手続を定めるとともに、当事者公開を促進する前提として秘密保持命令についても詳細に定めた。裁判所法等の一部を改正する法律（平16・法120）による、特許法105条の４‐105条の７、実用新案法30条、不正競争防止法10条（平成17年改正前６条の４）・13条（平成17年改正前６条の７）等が追加ないし改正された。その規定の体裁は、ほぼ同様であるので、便宜、以下、特許法105条の７および105条の４について説明する。

〔*〕　最決(三小)平21・１・27民集63巻１号271頁は、秘密保持命令を発令できる場合を規定する特許法105条の４第１項柱書にいう「特許権又は専用実施権の侵害に係る訴訟」には、これらの侵害の差止めを求める仮処分事件も含まれるとする（同法54条２項・168条２項参照）。秘密保持の必要性は、仮処分事件においても変わらないから当然の結論であるが、刑事罰などが結びつくことからすれば規定上明記するのが適切である。

(a) **公開停止の要件**　　①当事者等（当事者（法人である場合には、その代表者）または当事者の代理人（訴訟代理人および補佐人を除く）、使用人その他の従業者をいう。以下同じ）が、当事者本人もしくは法定代理人または証人として、②特許権等の侵害の有無についての判断の基礎となる事項であって当事者の保有する営業秘密に該当するものについて尋問を受ける場合であって、③当事者等が、公開の法廷でその事項について陳述することによりその営業秘密に基づく当事者の事業活動に著しい支障を生ずることが明らかであることから、その事項について十分な陳述をすることができず、かつ④その陳述を欠くことにより他の証拠のみによってはその事項を判断の基礎とすべき特許権等の侵害の有無についての適正な裁判をすることができないと裁判所が認めるとき、その事項の尋問を公開しないで行うことができる（特許105条の７第１項）。

(b) **公開停止の手続**　　①裁判官全員一致の決定で行う（同条１項）。②公開停止の決定をするにあたっては、あらかじめ当事者の意見を聴かなければならない

（同条 2 項）。③この場合、必要と認めるときは、当事者等にその陳述すべき事項の要領を記載した書面の提示をさせることができる。この書面の開示は、何人も求めることができないのが原則である（同条 3 項）。これは、公開停止を判断するための資料をインカメラで調査する手続といえる。しかし、裁判所は、この書面を開示して当事者等、訴訟代理人または補佐人の意見を聴くことが必要であると認めるときは、これらの者に同書面を開示することができる（同条 4 項）。これらの者に対しては、秘密保持命令（特許105条の 4）によって、開示される営業秘密についての目的外の使用を抑制できるからである。④公衆を退廷させる前に、公開停止をする旨をその理由とともに言い渡さなければならない（同105条の 7 第 5 項）。

(c) **公開停止手続違反の効果**　絶対的上告理由になる（312条 2 項 5 号）。

(d) **秘密保持命令**　裁判所は、当事者の申立てにより、当事者等、訴訟代理人または補佐人に対して、これらの者が訴訟遂行上取得した当事者の保有する営業秘密について、訴訟追行目的以外の目的で使用し、または秘密保持命令を受けた者以外の者に開示してはならないことを命ずることができる（特許105条の 4）。この秘密保持命令は、特許法、実用新案法（30条）、不正競争防止法（10条-12条）だけでなく、意匠法（41条）、商標法（39条）、著作権法（114条の 6 -114条の 8）においても、発令することができることになっている。

(i) **要件**　①申立人は、準備書面（すでに提出したものおよびこれから提出されるもの）、証拠（取調べ済みおよび将来取り調べる）および損害の計算に必要な書面の提出拒否を正当とする書面または公開停止を求める陳述の要領を記載した書面（特許105条 3 項・105条の 7 第 4 項）の内容に当事者の営業秘密が含まれていること、およびその営業秘密がその訴訟追行以外の目的で使用され、または開示されることにより、その営業秘密に基づく当事者の事業活動に支障を生ずるおそれがあり、これを防止するためその営業秘密の使用または開示を制限する必要があることを疎明すること。ただし、②命令を受けるべき者が、①の準備書面の閲読、証拠の取調べまたは特許法105条 3 項・105条の 7 第 4 項による書面の開示以外の方法によって、その営業秘密を取得・保有していた場合には、命令することができない。

(ii) **手続**　①裁判所は、当事者の申立てにより、決定で命じる。②申立ては所定の事項を記載した書面でしなければならない（特許105条の 4 第 2 項）。③秘

密保持命令決定書は、受命者に送達する（同条3項）。④秘密保持命令はその決定書が送達された時から効力を生じる（同条4項）。⑤申立てを却下した裁判に対しては、即時抗告ができる（同条5項）。

(iii) **秘密保持命令の取消し**　秘密保持命令の申立人またはこれを受けた者は、命令の要件を欠くに至った場合には、訴訟記録の存する裁判所（訴訟記録の存する裁判所がない場合には、命令を発した裁判所）に、命令の取消しを申し立てられる（特許105条の5第1項）。取消申立てについて裁判があったときは、その決定書を申立人および相手方に送達する（同条2項）。取消しの申立てについての裁判に対しては、即時抗告ができる（同条3項）。秘密保持命令を取り消す裁判は、確定しなければその効力を生じない（同条4項）。秘密保持命令を取り消した裁判は、取消申立人、その相手方のほかに、秘密保持命令が発せられた訴訟において、その命令を受けた者がいるときは、その者に対し、直ちに、秘密保持命令を取り消す裁判をした旨を通知しなければならない（同条5項）。

(iv) **訴訟記録の閲覧等の請求の通知等**　秘密保持命令が発せられた訴訟に係る訴訟記録について、民訴法92条1項による訴訟記録の閲覧等を当事者にかぎる旨の決定があった場合において、当事者から同項に規定する秘密記載部分の閲覧等の請求があり、かつ、その閲覧等の請求の手続をした者が秘密保持命令を受けていない者であるときは、裁判所書記官は、同項の閲覧制限等を申し立てた当事者に対して、その閲覧等請求後直ちに、その請求があった旨を通知しなければならない（特許105条の6第1項）。秘密保持命令を受けていない当事者にも、秘密保持の趣旨を徹底させるために、この者に対しても、秘密保持命令を申し立てる機会を保障する趣旨である。したがって、裁判所書記官は、閲覧等の請求があった日から2週間を経過する日までの間（それまでにその者に対する秘密保持命令の申立てがあった場合にはその申立てについての裁判が確定するまでの間）、閲覧等の請求をした者に対して秘密記載部分の閲覧等をさせてはならない（同条2項）。このような措置は、すべての秘密保持命令が取り消されている場合、または閲覧等を請求した者に閲覧等をさせることについて、記録の閲覧等の制限を申し立てた当事者全員が同意しているときは、とらない（同条1項・3項）。

(v) **秘密保持命令違反の罪**　親告罪で、5年以下の懲役もしくは500万円以下の罰金またはその併科（特許200条の2・201条2項）。

（2） 双方審尋主義

　訴訟の審理において、当事者双方に、その主張を述べる機会を平等に与える建前をいう。当事者対等の原則とも、武器対等の原則ともいう。公平な裁判のための基本原則であり、訴訟事件については憲法上の要請と解されているが（憲82条）、判決のための必要的口頭弁論の手続は、つねに同一期日に双方を呼び出して、両者の主張をぶつけ合う形で審尋する形態であり（そこから口頭弁論は対審ともよばれる（憲82条））、双方審尋をもっとも徹底させた審理方式といえるのである。これに対し、督促手続では、まず債務者を審尋しないで支払督促を発する点で一方審尋主義をとっているが、債務者の異議があれば、双方審尋の通常の訴訟手続に移行する。また、訴訟手続の中断・中止の制度は、この原則を実質的にも保障するためのものであるが（→p441（2））、さらに、適式な呼出しがあっても当事者がその責めに帰することができない事由で出頭できずその代理人をも出頭させる機会を与えられないまま敗訴したときには、その者の対審に基づく裁判を受ける権利（憲82条）を保障するために、手続上は、事案により、上訴の追完（97条）または代理権欠缺（312条2項4号・338条1項3号参照）を理由とした上訴もしくは再審による救済を与えなければならない。

（3） 口頭（審理）主義

　書面（審理）主義に対し、弁論および証拠調べを口頭で行う原則をいう。

　　（ア）　**両主義の長所・短所**　　両主義は、相互に反対の長所・短所をもつ。口頭主義では、陳述から受ける印象が鮮明で、事実の真相をつかみやすい。また、当事者と直面しているので、あいまいな陳述をその場で確かめ、無駄な陳述を制止できるなど、臨機応変の釈明に便利で争点の発見・整理に適し、双方の弁論を噛み合わせた活発な審理を期待できる。さらに、公開主義、直接主義と組み合せやすいのも長所である。しかし、口頭の陳述と聴取には脱落が生じやすく、複雑な事実関係については、口頭の説明だけでは、すぐには理解しにくいこともあり、相手方が即答できない場合もある。また、いったん聴取した結果の記憶保存にも難点がある。

　これに対し、書面主義では、陳述は確実で、その保存・再確認ができて便利であるが、書類が膨大となり、その閲読や交換に時間がかかり、争点がぼけ、間の抜けた審理になるおそれがある。また合議制の実を上げるのも難しい。

(イ) 現行法の立場

(a) **口頭主義の原則**　歴史上両主義は交互に尊重されてきたといえるが、フランス革命後は、公開主義の要請と結びつきやすい点から、口頭主義が原則としてとられるようになった。わが現行法においても、必要的口頭弁論の制度のなかに口頭主義を原則とする旨が表明されている[*](87条1項)。

〔*〕 **口頭弁論の形骸化と弁論兼和解**　一方で、法自体が重要な訴訟行為について書面を
　要求しているためもあり、他方、期日における1件あたりの審理時間を短縮して限られた
　開廷時間内に多数の事件の処理を可能にするためもあって、実務上、「原告の主張は提出
　した訴状および準備書面記載どおり」と述べるだけで、その記載内容の口頭陳述を擬制し
　てしまう慣行が確立している（近藤完爾「口頭主義の反省」岩松・還暦237頁）。ドイツで
　は、20世紀の初頭から、当事者間の合意や一方の欠席などを梃子にして、口頭弁論を省略
　する立法化がかなり進められた（ドイツ民訴法128条2項の新設等、三ケ月・338頁参照）。
　わが国でも、旧々民訴法にあったきわめて厳格な口頭主義の規定（106条1項2項・110条
　3項）を旧法では削除したが、これらの立法の動きもまた、口頭主義への過剰な期待に対
　する反省の現われとして、上記のような実務を定着させる支えになっている（近藤・前掲
　232頁は、このような実務を、現状における訴訟促進の方策として正当化しようとする。
　問題の簡潔な叙述として、岡垣学「口頭弁論の形骸化」法学教室第2期5（1974）65頁）。
　　しかし、このような準備書面の交換のみに終わる短時間の「口頭弁論」によっては、思
　い切った争点整理は期待できず、いきおい期日の回数が増えざるをえない。しかも争点の
　整理が不十分なまま証拠調べに入るため、審理の長期化の原因になるとともに、充実した
　審理ができないとの批判が高まった。
　　ドイツにおける、口頭主義の徹底による訴訟促進の実績が報告され（吉村徳重「西ドイ
　ツにおける各種訴訟促進案とその問題点」法政研究36巻2－6合併号（1970）327頁以下、
　木川統一郎「西ドイツにおける口頭弁論集中への努力」民訴雑誌17号（1971）〔同・比較
　政策73頁以下〕、同・促進政策1頁以下参照）、その効用をめぐる論議が活発になり、現在、
　口頭主義の実行をどのような問題につき（たとえば、証人尋問における口頭主義の効用と
　それ以外とでは明らかな差がある）、どの程度図るのが合理的か、口頭主義の実行が訴訟
　の審理の充実と促進に役立つのは、裁判所、裁判官、弁護士等につきどのような条件（た
　とえば、裁判官の担当事件数、弁護士との力関係など）が必要かなどが問題とされ、わが
　国の立場からの工夫が急がれていた（この関係で、やや古いが、経験に基づいた示唆に富
　む論文として、畔上英治「民事訴訟における口頭主義の実践」判タ150号（1963）9頁が
　ある）。
　　やがて、わが国でも、実務の工夫の産物として、「弁論兼和解」という審理方式が生み

518　第3編　第一審手続　　第5章　当事者の弁論活動と裁判所の役割（審理の第1段階）

出された。これは、和解期日のような方式を使いながら、和解を進めるが、同時に、争点・証拠の整理を行うもので、法廷外で裁判官と当事者（代理人だけでなく本人も含め、場合によってはその他の関係人も含める）が一つのテーブルを囲んで、形式ばらない相互の対話を通じて行う審理方式であり、ひろく利用されるようになった（小島武司ほか・シンポジウム「民事訴訟の促進について」民訴雑誌30号（1984）135頁〔三宅弘人発言〕において初めて紹介されているが、1981年5月当時すでに地裁レベルではかなり利用されているという）。これは、実質的な弁論の活性化を目指したものとも、また争点・証拠の整理手続においての口頭主義の再生とも、評価することができる（鈴木正裕「『弁論兼和解』方式について」民訴雑誌36号（1990）1頁）。

　平成8年改正法においては、この弁論兼和解を法律上も認知できるかどうかが重要な検討課題とされた結果（検討事項第四の三1㈡、改正要綱試案第四の三2、要綱試案補足説明20頁・22頁参照）、従来利用されなかった準備手続を廃止するとともに、弁論準備手続（168条-174条、規88条-90条）が新設されることになった（さらに➡p541(4)）。

　⒝　**口頭主義の例外**　　口頭主義の欠点を補う意味で、現行法は、例外的に書面の作成を要求し、またはその利用を許している。

　⒤　訴えや裁判など重要な訴訟行為については、確実を期すために書面によることを要求し（252条・133条・143条2項・145条4項・146条4項・261条3項・286条1項・314条1項・327条2項）、あるいは調書の作成を義務づける（160条、規1条2項）。なお、11条2項・47条2項、規15条・20条等参照。なお、平成16年改正法では、書面をもってすることが要求されている申立て等のうち、最高裁判所の定める裁判所に対するものについて、オンラインですることができる旨の改正が行われた（132条の10。➡p459(ウ)）。

　⑾　口頭弁論のために準備書面の提出を要求し（民訴161条・162条、規79条-83条、民訴315条・316条1項2号、規201条、民訴319条）、また、当事者の一方の欠席のために審理が遅れるのを防止し、かつ出席者に迷惑をかけないために、欠席者の口頭陳述を擬制する（158条・277条）。

　⒤⒤⒤　さらに、口頭弁論によらない判決も、口頭弁論をするまでもない問題のない事件につき例外的に認めるほか（78条・140条・290条）、上告審では、事実の審理をしない点から、書面審理を原則にしている（319条。➡p939(3)）。

　⒤⒱　証人尋問は、口頭で行う。この場合、書面をみながら陳述することも許されないのが原則である（203条本文）。ただし、裁判長の許可があれば書面に基

づいて陳述できる（同条ただし書）。さらに、証人が遠隔地に居住していたり入院していたりするが、書面の提出が期待でき、相手方による反対尋問を経なくとも真実の陳述が期待できる見込みがある場合等、裁判所が相当と認めるときは、当事者に異議がないならば、尋問に代えて書面を提出させることができる（205条、規124条。簡裁では、278条により裁判所が相当と認めるならば可能）。他方、鑑定人については、原則口頭というのではなく、口頭または書面で意見を述べることができるとされる（215条）。なお平成8年改正法は、遠隔地にいる証人・当事者本人のためにテレビ会議による方法で尋問する途を開いた（204条・210条）。さらに平成15年改正法は、鑑定人についてこの方法を認めた（215条の3）。

（4） 直接（審理）主義

(ア) 意義　弁論の聴取や証拠調べを、事件について判決をする受訴裁判所がみずから行う原則で、他の者の審理の結果の報告に基づいて裁判する間接（審理）主義に対する。弁論内容を理解し事案の真相を把握するのは直接主義が優れており、口頭弁論の手続は、このような直接主義の要請にも応える審理方式である。なお、口頭主義と直接主義とは、類似するが同じではない。口頭の陳述でも、受訴裁判所以外の者の面前でなされるならば、間接的な資料の提出になるし（195条・296条2項参照）、書面による陳述でも、受訴裁判所がみずから読むならば、直接的な聴取になる（158条・277条・319条参照）。

(イ) 現行法における直接主義（249条1項）**の例外**

(a) 受命裁判官または受託裁判官等による証拠調べ　証拠調べは、つねに受訴裁判所の法廷でできるとはかぎらないので（現場での検証や、証人が外国にいたり、病人で出頭できない場合等）、裁判所が相当と認めるときは、裁判所外において証拠調べができ、その場合に受命裁判官または受託裁判官に証拠調べをさせ、その結果を調書に基づいて判決資料にできるとしている（185条、規104条・105条。なお外国で証拠調べをする必要があるときも嘱託しうる、184条）。もっとも、証人尋問については、受訴裁判所が尋問に直接立会うことを重視して、受命裁判官・受託裁判官に嘱託できる場合を限定している（195条。大規模訴訟においても、当事者に異議がないことを条件に認める、268条）。

(b) 弁論の更新手続　**(i)** 受訴裁判所を構成する裁判官が交代したとき、直接主義を徹底するならば、弁論および証拠調べを初めからやり直さなければなら

ないはずであるが、それでは訴訟経済に反するし、当事者にも迷惑な話である。そこで、新裁判官の前で、当事者をして、従前の弁論の結果を報告させることで済ませている[5]（249条2項）。これは、直接主義の形式を満足させるための報告であるから、概括的でよく、また当事者のいずれか一方がするだけで足りる（当事者の一方が欠席しているときは、出席者に双方の弁論の結果を陳述させることができる、最判（二小）昭31・4・13民集10巻4号388頁）。しかし、この手続をしないまま新裁判官が判決すれば、口頭弁論に関与しない裁判官のなした判決となる（312条2項1号の絶対的上告事由となる、最判（三小）昭33・11・4民集12巻15号3247頁）。地方裁判所で審理中に単独事件を合議体に移した場合（裁26条2項1号）も、当然この手続が必要である（反対に合議体の審判を、その構成員の一人の単独審判に移行した場合はその必要がない、最判（一小）昭26・3・29民集5巻5号177頁）。

　(ii)　とくに証人尋問については、直接審理による心証形成を重視し、これを実質的に保証するため、単独裁判官または合議体の過半数の裁判官が交代した場合には、当事者が申し出るかぎり、新裁判機関による再尋問をするものとしている（249条3項。ただし、さきの尋問の効力がなくなるわけではない）。これは、同一審級の口頭弁論中の問題であって、第一審裁判官と控訴審裁判官との間で適用になるわけではない（第一審における証人尋問を必ず控訴審で再尋問しなければならないとするものではない、最判（一小）昭27・12・25民集6巻12号1240頁）。また、本人尋問には適用にならない（249条3項は「証人」に限定）。

　(iii)　当事者を異にする事件について弁論の併合を命じた場合には、その前に尋問した証人について、尋問の機会のなかった当事者は、その尋問を申し出ることができ、裁判所は、その尋問を行わなければならないとされる（152条2項）。これは、弁論の併合によって共同訴訟人となった者に対して、手続保障を配慮する趣旨の定めであるが、担当する裁判官が異なった事件について弁論の併合が命じられた場合においては、併合事件の担当裁判官からいって、直接主義を実質的に満足させる取扱いといえる。

　(c)　**受命裁判官による弁論準備手続**　裁判所は、弁論の準備として行われる弁論準備手続を受命裁判官にさせることを認めている（171条1項）。そこで行われ

5）　鈴木正裕「当事者による『手続結果の陳述』」石田＝西原＝高木・還暦下407頁。

第3節 口頭弁論の手続 *521*

た攻撃防御方法の提出は、口頭弁論で改めてやり直さないかぎり裁判の基礎とならないはずであるが、「結果の陳述」(173条)で足りるとされる。平成15年改正法により、受命裁判官も文書・準文書の取調べができることとなった(171条2項括弧書参照)。書証をみることによって、当事者の主張や証拠の申出をより正確に把握でき、また証人尋問の要否、その範囲を必要かつ適切なものに絞ることができよう。

(5) 継続審理主義と併行審理主義

(ア) **意義** 裁判機関が受理した多数の事件の処理方式に関する対立で、継続審理主義は、一つの事件について集中的に審理し判決まで終えてからつぎの事件の審理に入る原則であり、集中審理主義ともいわれる。これに対し、併行審理主義とは、同時に多数の事件の審理を併行して行う原則である。併行審理方式によれば、どの事件も受理後比較的早い時期に審理が始められ、多数の事件の審理が一様に進められる便宜があるが、一つの事件の期日と期日の間隔が長くなるため、裁判官の記憶が薄れがちとなり、期日の来る度ごとに予習を強いられ、そのための労力・時間の損失が軽視できない。また、いきおい記録に頼る裁判となって、直接主義・口頭主義、公開主義を空洞化させる傾向がある。それに、多数の事件の処理の中途で裁判官が交代することになる場合が多い点でも、この傾向に拍車をかけるし、事務処理上のロスが大きい。

これに比べると、継続審理のほうは、新鮮な印象に基づく裁判を可能にし、口頭弁論に盛り込まれた諸要請に答え、その本来の機能を発揮させることができる。とくに、証人尋問・本人尋問は、集中して行うことが望ましい。そこで平成8年改正法では、争点および証拠の整理手続を充実し、その整理終了後に、証人および当事者本人の尋問をできるかぎり集中して行わなければならないと明定した(182条、なお規100条・101条・102条参照)。

(イ) **旧法下の建前と問題点** わが国では、大陸法系の伝統である併行審理方式が永い慣行となっていたが、太平洋戦争後、アメリカ法の影響の下に、訴訟遅延に対する対策として、継続審理の建前が強く推し進められ、現在に至っている。すなわち、昭和25年の継続審理規則(昭25・最高裁27)によって、継続審理のための諸規定が置かれ、その後これらの規定は、若干弱められながらも、旧民事訴訟規則(昭31・最高裁規2)に受け継がれた。そこでは、口頭弁論が2日以上

522 第3編 第一審手続 第5章 当事者の弁論活動と裁判所の役割（審理の第1段階）

を要する場合には終結に至るまでできるかぎり継続して行うこと、これが不可能なときも期日と期日の間をできるかぎり短くすべきことが定められた（旧規27条）ほか、期日変更の要件を厳格化する規定（旧民訴152条4項の昭25年改正による追加、旧規13条・14条・29条）、継続審理のために単独制の場合も準備手続を可能とする規定（旧民訴249条の昭25年改正、旧規20条・21条・24条参照）、証拠決定を口頭弁論期日前にすべき旨の規定（旧規25条）などが置かれた。

しかしながら、この原則は、たんに法規を設けるだけで軌道に乗るというものではない。このような法令上の転換にもかかわらず、その後も、併行審理の実務が支配的であり、その改革には、従来の慣行を改めようとする裁判官や弁護士の熱意と実行力が要求された。ことに、ひろく弁護士一般が1期日における審理の充実を願い、訴訟代理人双方が期日前に自発的に十分な準備を整えて期日に臨むようになること[6]が、まずもって必要であるといわれた。

　㈦　**平成8年改正法における方向と期待**　　平成8年改正法は、争点の整理、証拠の整理を十分に行うことによって、証人や当事者本人の尋問を集中的に行うことを期待し（182条、規100条-102条参照）、このような意味の集中審理の実現をサポートするための各種の規定を整備した[7]。当事者に対して、訴状、答弁書等の提出段階から、請求を理由づける事実、抗弁事実、再抗弁事実およびこれらに関連する事実で重要な事実と証拠の具体的記載を要求し、書証の写しで重要なものを添付することをも要求している（規53条-55条・79条-81条）。相手方の主張を否認するには、その理由の記載が要求されるなど、重要な訴訟資料の早期の提出を求めるとともに、当事者には、当事者照会の制度を新設して（163条、規84条）、情報の収集手段に配慮するとともに、「主張及び立証を尽くすため、あらかじめ、証人その他の証拠について事実関係を詳細に調査」すべき義務を明記している（規85条）。他方、裁判所側からの働きかけとして、裁判長に対して、最初の口頭弁論期日の前に手続の進行に関する意見等を聴取する権能（規61条）、期日外での釈

6）　これは併行審理の下でも、訴訟代理人に要求されるもので、依頼者に対する弁護士の基本的な忠実義務の一つである。

7）　旧法下での試みの代表的文献として、西口元=太田朝陽=河野一郎「チームワークによる汎用的訴訟運営を目指して（1〜5・完）」判タ846号7頁・847号11頁・849号14頁・851号18頁・858号51頁（1994）。

明権能（149条、規63条）を認めるなどしているほか、争点および証拠の整理手続については、弁論準備手続をはじめ、各種の手続に関する規定を整備している（民訴法第2編第3章第3節、規則第2編第2章第3節）。そして、これらの争点整理手続により、当事者の主張・証拠の申出を尽くさせるように配慮し（167条・174条・178条、規100条・102条等）、かつ、証人・当事者の尋問の目標を具体的にしてこれに専念できるようにし、いったん証人・当事者の尋問に移ったら、これを集中的に実施する運用を期待している（なお、→ p542 2）。

第2款　攻撃防御方法の提出時期

　ここでは、口頭弁論の準備および口頭弁論の実施過程を、当事者の方からみることにして、当事者としては、いつどの段階でまたはどの段階までに、各自の権利主張や攻撃防御方法を提出（弁論）すべきかについてみることにしよう。これは、すでに述べた「第3編第3章　訴訟準備活動とそのサポート・システム」と密接に関わるところである。また、第3款においては、当事者が口頭弁論または弁論準備手続の期日に欠席したりした場合（弁論の怠り）の取扱いについてみることにする。

1　口頭弁論の一体性

　口頭弁論は、数期日にわたって行われても、同時に行われたものと観念される。後の期日の弁論は、先行期日までの弁論を前提にして続行すればよい（前回までの口頭弁論の結果の報告（249条2項参照）は不要）。また、当事者の弁論も証拠調べの実施も、ある段階までにしなければいけないという画一的な制限はなく、どの段階でしても、判決の資料として同一の効果をもつのが原則である（たとえば弁論の終結までに相手方の主張を争えば、擬制自白（159条）の成立を妨げることができる）。この原則を口頭弁論の一体性という。

　しかし、裁判所は、具体的状況に応じて審理を整序する必要から、訴訟指揮権に基づき、弁論の制限や中間判決によって審理に段階を設けることができる。また裁判所は、答弁書もしくは特定の事項に関する主張を記載した準備書面の提出または特定の事項に関する証拠の申出をすべき期間を定めて、審理に節目をつけ

ることができる（162条・301条、規124条2項）。

とくに、平成8年改正法においては、争点および証拠の整理の段階と証人およ
び当事者本人の尋問の段階を区分けすることを予定しており、争点および証拠の
整理手続を経る場合には、攻撃防御方法の提出をこの手続内にさせるものとし、
その後の口頭弁論においては証人および当事者本人の尋問を集中的に行うことを
期待している（165条・167条・170条5項・174条・177条・178条・182条、規100条-102条）。

2　適時提出主義

（1）　意義

口頭弁論の一体性を当事者の方からみると、その攻撃防御方法を口頭弁論の終
結まではいつでも提出できることを意味する（旧137条）。これを随時提出主義と
いった。これにより、当事者としては、審理の進行に応じその時その時の論点に
焦点を合せた主張立証を適時に行えば必要にして十分ということになり、自由で
活気のある審理が期待できるとして考案されたものである[*]。しかしながら、
随時提出主義を純粋な型で実施すると、争点がいつまでも定まらず、証明すべき
事実を明らかにしないまま証人尋問に入るなど、散漫な審理に流れ、ひいては当
事者の引延し戦術にも手を貸すことになりかねない。

平成8年改正法は、こうした随時提出主義の欠陥を考慮して、争点・証拠の整
理段階と証人・当事者本人の尋問の段階とを区分けし、厳格な失権効を直結させ
るわけではないが、当事者が攻撃防御方法の提出を前段階において尽くすように
期待した。そこで従来、随時提出主義を表明していた旧137条を改め、新156条で
は、攻撃防御方法は「訴訟の進行状況に応じ適切な時期に提出しなければならな
い」と宣言した（これは、適時提出主義といえよう）。

〔＊〕　**法定序列主義・同時提出主義・証拠分離主義**　　ドイツ普通法時代の訴訟法は、弁論
　　段階と証拠調べ段階とを峻別し、弁論段階には、さらに主張・抗弁・再抗弁というように
　　機械的な段階を設け、各段階の順を追って弁論を進行させる（法定序列主義）とともに、
　　証拠判決によって弁論段階を打ち切ったうえで証拠調べに入ることにし（証拠分離主義）、
　　証拠判決には新たな主張の追加・補充を許さないとする失権の効果を結びつけていた。さ
　　らに、証拠判決により、証拠申出期間が、本証、これに対する陳述および反証についてそ
　　れぞれ定められ、同種の攻撃防御方法は定められた段階ですべて提出し尽くさないと失権
　　するという建前（同時提出主義）がとられた。これらの制度は、書面審理のもとでは、書

面の交換を順序立て、審理にけじめをつける手段として一理ある方式といえなくはなかった。しかし、形式的段階づけと失権という建前は、審理を硬直化させるとともに、当事者は失権をおそれてむやみに仮定主張や仮定抗弁を提出することになり、無用な資料が膨れ上って訴訟遅延を招いた。

　これに対し、革命後のフランス法は、口頭主義の採用とともに随時提出主義をとり、弁論と証拠調べを適時にとり混ぜる方式（証拠結合主義）を採用して、審理手続についての窮屈な制約を撤廃した。それ以来、口頭主義・随時提出主義・証拠結合主義が近代訴訟法の原則とされるようになった。

（2）　攻撃防御方法提出の具体的順序と時期

　⑺　**訴状・答弁書・反論書段階**　⒜　弁論としてでなくその準備としてみると、すでに訴え提起の段階から、攻撃方法の提出が行われることは、すでに述べたとおりである（→p217）。すなわち、訴状には、請求を理由づける事実（訴訟物たる権利の発生要件に該当する具体的事実）を記載し、予想される争点ごとに、重要な間接事実および証拠を記載することが要求されるし（規53条1項）、証拠となるべき重要な書証の写しを添付しなければならない（規55条2項）。これらの訴状の記載や添付された書類は、準備書面として扱われるが、被告に対して、紛争の骨格を提示して、訴えに対する被告の対応をかなり具体的な形で問うものである。

　⒝　ついで、被告側の答弁書の提出という段階になる。答弁書には、請求の趣旨に対する答弁を記載するほか（訴え却下、請求棄却を申し立てるなど）、訴状に記載された事実に対する認否と抗弁事実を具体的に記載する。また予想される争点ごとに、重要な間接事実および証拠を記載する。さらに、答弁書には、訴状の場合と同様、各要件ごとに、重要な書証の写しを添付しなければならない。これらすべてを記載できないときは、答弁書提出後すみやかに、これらを記載した準備書面を提出する（規80条1項・2項）。裁判長は、答弁書その他特定の事項に関する主張を記載した準備書面の提出または特定の事項に関する証拠の申出をすべき期間を定めて、その提出・申出を促すことも可能である（162条）。

　⒞　答弁書に対してさらに反論書が必要となるであろう。原告は、すみやかに提出しなければならない。答弁書に対する反論書には、答弁書に記載された事実に対する認否および再抗弁事実を具体的に記載し、立証を要することとなった事由（争点）ごとに、重要な間接事実と証拠を記載し、重要な書証の写しを添付

しなければならない〔＊〕（規81条）。

〔＊〕　準備書面（訴状・答弁書を含む）の記載事項・記載方法および添付書類　　(1)　平成
　　8年改正法のもとでの民事訴訟規則では、訴状、答弁書その他の準備書面の記載事項・記
　　載方法、添付書類について、かなり詳細な規定を置いた。これは、期日における争点およ
　　び証拠の整理を効率化するためである。ことに、準備書面において相手方の主張する事実
　　を否認する場合には、その理由を記載しなければならない（規79条3項）。これは積極否
　　認（理由付否認）といわれるが、たんに「否認する」（これを「単純否認」という）とい
　　うだけでなく、相手方の主張事実と両立しない事実をあわせて主張するなど、積極否認が
　　励行されれば、争点を浮かび上がらせ審理の促進充実に役立つので、このような慣行の確
　　立を期待したものである。「不知」の陳述も、自分が関係したことについては許されない
　　と解すべきである。
　　　(2)　(1)で述べた準備書面等の記載事項・方法、重要な書証の写しの添付などは、事件の
　　審理に必要な法的主張、これを支える事実、証拠等に関する情報を、訴訟のできるだけ早
　　い時期に準備させ、争点および証拠の整理を効率的に行い、人証調べを集中的に行い、も
　　って訴訟の迅速化を図ろうという趣旨のものである。平成8年改正以前から、一部の弁護
　　士会において業務改善運動（訴訟の迅速化を実現しなければ、弁護士業務が社会から見放
　　されるという運動）の中核的な動きとして、提案されかつ実行されていたところであった
　　（多くの文献があるが、小山稔「モデル訴状、答弁書の試み」判タ664号（1988）19頁を挙
　　げる。高橋宏志ほか「新民事訴訟法の10年―その原点を振り返って」判タ1286号（2009）
　　5頁・33頁以下に日付順の文献一覧表がある）。これが平成8年の改正に結びついた。さ
　　らに平成15年の改正にもきっかけを与え、当事者の訴訟準備活動のために事件に関する必
　　要な情報の収集手段を整備すべきである（⤵p381）という動きにも繋がったといえよう。
　　弁護士会の活動として、特筆に値する運動であった。

　　(イ)　**争点・証拠整理段階**　　以上のような段階を経て、争点・証拠の整理手
続の段階に入る。ここでは、裁判官と当事者双方がコミュニケートしながら、争
点・証拠を確認し整理する。この手続の終了段階では、その後の証拠調べにより
証明すべき事実が何であるかを明確にする必要がある（165条・170条5項・177条。
⤵p542）。この手続が終わるまでに、原則として、すべての攻撃防御方法を提出
するように期待されている（167条・174条・178条）。
　　(ウ)　**本格的口頭弁論段階**　　争点・証拠の整理手続が終了すると、本格的な
口頭弁論が開かれる。争点・証拠の整理手続の結果が確認され（165条）、または
口頭弁論に上程され（173条・177条）た上、証人尋問等の証拠調べ段階に入る。そ

こでは証明すべき事実についての証人尋問等を集中して行うことが予定されている。

　以上が法の予定している、攻撃防御方法提出の順序と時期の筋書きである。筋書きどおりに進行するかどうかは、当事者とくにその訴訟代理人の調査・準備活動のペースが、これにどこまで対応できるかに多く依存せざるをえない。

（3）　計画審理

　㋐　**意義**　　平成15年改正法では、審理の一般方針として、裁判所および当事者に対して、適正かつ迅速な審理の実現のために、訴訟手続の計画的な進行を図ることを義務づけるとともに（147条の2）、複雑な事件については、近時、審理の遅れが目立つことから、法は、とくに審理計画を定めるべき場合、定める方法、計画において必ず定めるべき事項（147条の3第1項・2項）のほか、特定の事項に関する攻撃防御方法の提出期間など、計画的に手続を進めるうえで必要な事項を定めることができる（同条3項）として、計画審理の推進を図ることとした。

　㋑　**複雑な事件の審理計画**

　ⓐ　**審理計画を定めるべきとき**　　「裁判所が、審理すべき事項が多数でありまたは錯綜しているなど事件が複雑であることその他の事情により、その適正かつ迅速な審理を行うために必要があると認めるとき」である（147条の3第1項）。公害訴訟のような大規模な事件、争点が複雑で整理しにくい医療関係事件、争点の多い建築関係事件などがその典型であるが、そのような事件以外でも、積極的に計画審理を進めることが望ましい。

　ⓑ　**当事者の協力**　　せっかく計画を立てても、当事者の協力がなければ計画倒れになるから、計画を定めるにあたっては、当事者双方と協議をし、その結果を踏まえて審理計画を定めなければならない（147条の3第1項）。

　ⓒ　**審理計画で定めるべき事項**　　必ず定めるべき事項としては、①争点および証拠の整理を行う期間、②証人および当事者本人の尋問を行う期間、③口頭弁論の終結および判決の言渡しの予定時期である（147条の3第2項）。これらの事項が定められていない審理計画には、提出期間に後れた攻撃防御方法の却下といった法の予定する効果（156条の2・157条の2、→p531(5)㋑）は生じない。

　このほか、特定の事項に関する攻撃防御方法を提出すべき期間その他の訴訟手続の計画的進行にとって必要な事項を定めることができる（147条の3第3項・156

条の2参照）。たとえば、重要な争点についてより具体的な事実の主張およびそれに対する反論の提出期間、人証の申出期間などを定めることができる。

　(d)　**審理計画の変更**　　裁判所は、審理の現状および当事者の訴訟追行状況その他の事情を考慮して必要があると認めるときは、当事者双方と協議をし、その結果を踏まえて、いったん定めた計画を変更することができる（147条の3第4項）。事件の内容について当初予想できなかったような事実が明らかになったりして、当初の計画と手続進行の現況とが食い違った場合に、現実的な計画を立て直して、手続のさらなる計画的進行を図るためである。

3　攻撃防御方法提出の怠り

　適時提出主義の内容として、攻撃防御方法の提出についてつぎのような制約を規定している。

（1）　時機に後れた攻撃防御方法の却下（157条1項）

　当事者の故意または重大な過失によって時機に後れて提出された攻撃防御方法を却下して審理を打ち切る権能を裁判所に与え、これによって弁論の促進を図ろうとするものである。

　(ア)　却下の要件としては、時機に後れて提出されたものであること、時機に後れたことが当事者の故意またはこれと同視できる重大な過失による場合であること、および、これを審理すると訴訟の完結が遅延する場合であることを要する。時機に後れたとは、より早い時期に提出できるものであり、かつ、提出する適切な機会があったことを意味する。控訴審での提出については、第一審以来の手続の経過を通じて判定すべきである[1]。

　故意または重過失の判定においては、本人の法律的知識の程度（たとえば、本人訴訟で、関連性を理解せず提出が後れたという場合には、重過失ありといえない）、攻撃防御方法の種類[2]等を考慮する必要がある。また、その場ですぐに取り調べられるような証拠の申出は、訴訟の完結を遅らせるものといえない。次回期日にその取調

---

1)　大判昭8・2・7民集12巻159頁、最判(三小)昭30・4・5民集9巻4号439頁。

2)　たとえば、相殺の抗弁とか建物買取請求などのように仮定抗弁は当初からの提出を期待するのは困難である。ただし、建物買取請求につき最判(二小)昭46・4・23判時631号55頁は時機に後れたものとして却下。

べを延ばさなければならないときでも、その他の証拠調べのために次回期日を開く必要がある場合は、上記と同様である。

(イ) 却下するには、口頭弁論に基づき独立の決定でするか、判決の理由中で判断を示すべきである。却下の決定に対しては独立して抗告はできず、終局判決とともに上訴審の判断を受けるにとどまる（283条ただし書）。却下は、訴訟指揮権能の一つであり職権でもなしうるが、相手方に却下の申立権が認められている。しかし、その申立てを却下されても、裁判所の訴訟指揮に委ねた事項であるから、不服申立てはできないと解される。なお、時機に後れた攻撃防御方法を却下されない場合でも、それによって訴訟を遅延させた当事者は、勝訴しても、そのために生じた訴訟費用の負担を命じられることがある（63条）。

（2） **釈明に応じない攻撃防御方法の却下**（157条2項）

時機に後れた攻撃防御方法と同じ要件・手続の下で釈明に応じない攻撃防御方法は却下される。

（3） **準備的口頭弁論、弁論準備手続または書面による準備手続を経た場合の新主張の制約**〔＊〕

これらの争点・証拠の整理手続を経る場合には、その手続を終えるにあたり、その後の証拠調べにより証明すべき事実を確認することにし（165条・170条5項・177条、規89条・93条）、その後の口頭弁論において攻撃防御方法を提出することを排除するわけではないが、提出する場合には整理の段階で提出しなかった理由を相手方の求め（詰問権と呼ばれる）に応じて説明しなければならない（説明義務）（167条・174条・178条、規87条・94条）。この効果は、控訴審にも及ぶ（298条2項、規180条）。争点・証拠の整理手続自体に適時提出主義が妥当する。

（4） 以上の制限は、弁論主義の場合に限られる（人訴19条1項参照。→p492　4以下）。なお、弁論の制限があれば、許された範囲外の弁論は一時留保されるし、中間判決があると、その判断事項についてはそれ以前に提出できた攻撃防御方法は、その審級では提出できなくなる[3]。

〔＊〕 **随時提出主義の下の制限規定の問題点**　旧法における随時提出主義の下では、訴訟

3）　→p667　3。なお、会社831条1項も、他の決議取消事由の追加を制限する点では、適時提出主義の一つの発現とみるべきである、新堂「決議取消しの訴えにおける取消事由の追加」商法の争点（1978）〔同・争点効(下)151頁〕。

促進を図るには、旧139条や旧255条（準備手続を経た場合には、その調書に記載されていない事項は口頭弁論で原則として提出できないとされていた）を果敢に適用すべきであると主張された。しかし、これらの規定の適用には、つぎのような難点が指摘されていた。①主観的要素を要件事実にしているので、裁判官の裁量の余地がひろく、これを適用するには、かなりの決断を要すること、②さらに旧139条の規定の仕方では、裁判官がこれを適用して攻撃防御方法を却下するには、その要件を積極的に認定しなければならない形になっており（大判昭12・6・2民集16巻683頁）、この点もまた適用の障害を高くしていること、③控訴審の裁判官は自分のタッチしていない第一審手続を通じて時機に後れたかどうかを判断することが困難であり、いきおい、控訴審での新たな主張を緩やかに許すことになりやすく、旧139条による心理的強制の機能は、控訴審ではほとんど期待できないこと、などが挙げられていた。そして、多少なりともこれらの規定を適用しやすくするために、準備手続の終了、第一審手続の終了というところに区切りをつけ、それぞれの段階を過ぎたら、当事者が前段階に提出しえなかった合理的事情を疎明しないかぎり却下するという規定方式に切り換えたらどうか（旧255条のような方式を控訴審について採用したらどうか）との提案がなされていた（中田淳一「控訴審における更新権について」私法6号(1952)〔同『訴訟及び仲裁の法理』(1953・有信堂) 217頁・246頁〕、三ケ月・345頁）。このような提案の傾向は、さらに同一審級内の審理にもいくつかの段階を設けて失権の効果を認定しやすくしようとする——同時提出主義の再生ともいえる——動きにまで発展した（木川統一郎「訴訟促進のための具体的諸方策とその評価」実務民訴講座(1)139頁・141頁参照）。このような、手続に節目を設け、失権効を強化する方向も、立法の選択肢の一つと考えられた。

　しかし、このようないわば強面の改革のみで問題が氷解するわけではない。とくにわが国では、訴訟代理人の一般的な準備不足の風潮や、その怠慢を当事者本人に帰せしめるのは酷であるという意識や、訴訟の促進も必要だが真実の発見も重視しこれを優先させようとする裁判官気質も強い。さらに、日本の裁判官は自分の心証を披瀝することを避けるため、手さぐり的証拠申出が多く、これを却下すると、不十分な審理ではないかとの疑惑を当事者に起こしやすいこともある。却下措置が上訴の原因を作り上級審で非難される原因を作ることになるのはごめんだという事実審裁判官の心理もある。このように問題は法曹の体質にまで及ぶものであり、立法とともに、法曹のあり方、そのための指導という面にも十分な配慮をした政策の樹立が必要であることも指摘されていた（新堂・旧著328頁）。

　平成8年改正法は、弁論兼和解（⤷ p517〔＊〕）という審理方式を生みだした実務を踏まえて、失権効を強化して争点および証拠の整理を行う方向ではなく、裁判所および双方の当事者相互間のコミュニケーションを濃密化することにより、争点・証拠の整理の実を挙げようとする方向を選択し、争点・証拠の整理手続を整備した。攻撃防御方法を提出さ

第3節　口頭弁論の手続　*531*

せるための強制手段としては、相手方に対する信義則上の要請として後れたことの弁明を求めるにとどめ、当事者とくに訴訟代理人のプロフェッショナルとしての自覚に待つことを期待したものである。しかし、同時に、争点と証拠の整理段階と証人・当事者本人の尋問段階との間に緩やかな節目をつけた点では、同時提出主義的方向を再生させたともみられよう。平成15年改正法の審理計画の推進は、手続の進行予定をビジュアルな形にし、これに手続参加者をコミットさせようとする試みである。

（5）　審理計画による提出期間とその期間に後れた攻撃防御方法の却下

　（ア）　**提出期間の定め**　　裁判所は、審理計画のなかで、特定の事項についての攻撃防御方法の提出期間（147条の3第3項）を定めることもできるが、審理計画に従った手続の進行のために必要と認めるときは、裁判長は、当事者の意見を聴いて、特定の攻撃防御方法の提出期間を定めることができる（156条の2・170条5項）。

　裁判長が、訴訟指揮権に基づき、手続の現実の推移に従った的確な提出期間を定めることができるように配慮したものである。

　（イ）　**提出期間経過後の提出**　　(a)　審理計画に定められた、または審理計画に従った進行を確保する必要上裁判長によって定められた、特定の攻撃防御方法の提出期間の経過後に、当事者が提出した場合において、これにより審理計画に従った手続の進行に著しい支障を生じるおそれがあると認めたときは、裁判所は、申立てによりまたは職権で、却下の決定をすることができる（157条の2本文）。

　　(b)　ただし、その当事者がその期間内にその攻撃防御方法を提出できなかったことについて相当の理由があることを疎明したときは、却下できない（同条ただし書）。その例として、当事者や代理人の重大な病気、主張内容を固めるために聴取すべき第三者の都合で聴取が遅れたことなどが挙げられる。

　　(c)　受命裁判官による弁論準備手続においては、この却下の裁判は、受命裁判官ではなく、受訴裁判所の判断に委ねられる（171条2項）。審理計画に基づく失権効という重大な効果を生じる判断であるから、計画を作成した裁判所の判断に委ねる趣旨である。

532　第3編　第一審手続　第5章　当事者の弁論活動と裁判所の役割（審理の第1段階）

第3款　弁論の怠り（当事者の欠席等）に対する措置

　口頭弁論期日または弁論準備手続期日に当事者が欠席したり、出席しても事件について弁論せずに退廷退席したりする場合に対しても、怠った者に対する制裁と、そのために手続の進行を遅延させない工夫が必要である。

1　当事者双方の欠席

　当事者双方が期日に出頭せず、または出頭しても事件の弁論をしないで退廷した場合には、その期日は目的を達せず終了せざるをえない（ただし、予定した証拠調べ、判決の言渡しはできる、183条・251条2項）。この場合、裁判所は243条1項（旧182条）を適用して弁論を終結することができると解されていたが[1]、平成8年改正法は明文の規定を置いた。審理の現状および当事者の訴訟追行の状況を考慮して相当と認めるときは[2]、弁論を終結して終局判決ができるとする（244条本文）。

　これをしないときは、当事者双方に訴訟進行の意思がないかもしれないので、どちらかの当事者が期日の指定を申し立てることによってその意思を示したときに、新期日の指定をすればよい[*]。しかし期日指定の申立てがなく1カ月が経過したときは[3]、訴訟を維持する熱意のないものとして、訴えの取下げがあったものとみなし、訴訟係属を消滅させることにしている[**]（263条）。この取扱いは、当事者双方が連続して2回口頭弁論の期日に出頭せず、または弁論をしないで退廷したときも、同様である。このような訴え取下げの擬制は、弁論準備手続においても同様であり、控訴審手続にも準用される（控訴審では控訴の取下げとみなされる。292条2項）。

　　〔*〕　訴訟手続の休止および旧238条の改正論と243条　　旧々民訴法188条は、当事者間の合意で1年間に限り手続を休止することができ、双方欠席のときは、この合意があったものとして、手続を休止し（休止中は、期日指定によりこれを解消しないと訴訟行為ができない）、1年内に期日指定の申立てをしないと訴えの取下げとみなした。旧法は、このよ

1）　最判（三小）昭41・11・22民集20巻9号1914頁は、これを認めていた。
2）　いかなる場合に相当と認められるべきかについては、→p555〔*〕。
3）　この期間は、不変期間ではなく、当事者の追完を許さない。→p427〔*〕。

うな制度をとっていないので、当事者双方が欠席した後、裁判所が職権で新期日を指定することは妨げない（大判昭12・12・18民集16巻2012頁）。ただし、この期日にも当事者双方が出頭しないときは、訴訟維持の熱意のないことは一層明らかになった場合であるから訴え取下げの効果の発生時点は、先の期日から起算すべきであるとの議論もあった（反対、大決昭6・2・3民集10巻33頁）。

しかし、いずれにしても、旧238条の下では、双方の欠席と期日指定の申立てをくり返せば、訴え取下げの効果を免れることができた。これでは、裁判所の方がせっかく期日を指定して期日の準備をしたのを勝手に無駄にしてしまうことになり、制裁としての意義がほとんどない。そこで、従来から立法論として、正面から休止を認めるとともに、休止になったら一定期間は棚上げにして期日指定の申立てが許されなくなるとする方式の採用が提案されていた（兼子・体系234頁、なお、ドイツ民訴法251条参照）。さらに、すでにある程度弁論が進行した後の続行期日における双方欠席の場合の取扱いとしては、それまでの資料を無駄にしないためにも、場合によっては、対席判決をする裁量権を裁判所に与えることも考慮すべきであると論じられていた（ドイツ民訴法251 a 条参照、三ケ月・351頁→p534〔＊〕）。

最高裁は、この旧238条に対する後者の提言に対応して、解釈論として、口頭弁論期日において当事者双方が不出頭であっても、口頭弁論を終結できるとし、旧238条が適用になるのは、弁論を終結せずかつ新期日も指定しないでその期日を終了した場合であるとしていた（最判(三小)昭41・11・22民集20巻9号1914頁）。平成8年改正法244条はこれを立法化した。同時に、当事者双方が弁論期日を2回連続して怠った場合にも訴えの取下げを擬制することにした（263条）。

〔＊＊〕　**263条が適用されない場合**　受命裁判官または受託裁判官により証拠調べをする旨の決定があった場合は、受訴裁判所における口頭弁論はその完了まで中止されているから、その間に開いた口頭弁論期日に当事者双方が欠席しても本条の適用はない（旧238条の控訴審につき、大決昭8・5・8民集12巻1084頁）。1カ月の期間満了前に裁判所が管轄違いによる移送の決定をしてその送達があったときも、移送決定に不服がなければ、移送裁判所に期日指定の申立てをすることはないはずであり、受送裁判所による新期日の指定を待つのが当然であるから、本条の擬制をすべきではない（旧238条について最判(三小)昭38・10・1民集17巻11号1301頁）。

2　当事者の一方の欠席

当事者の一方が勝手に欠席したため、期日が無駄になり、そのための時間や費用の浪費を出席当事者が受忍しなければならないとすれば、不公平であるし、事

務処理上も不経済である。ところが、口頭主義を貫くと、第1回期日に原告が欠席した場合、出席した被告に弁論させようにも主題がなく、弁論手続を進めることができない[4]。これを解消するためには、最小限、訴状の請求の趣旨および原因を原告が陳述したものとして被告に弁論をさせる必要がある。しかし、原告の不出頭の場合にその陳述の擬制を認めるならば、同様に被告欠席の場合にも、被告の陳述を擬制するのが公平である。他面、口頭主義を骨抜きにしないための歯止めも必要である。そこで法は、原告の陳述の擬制がどうしても必要になる口頭弁論をなすべき最初の期日にかぎり、どちらの当事者が欠席した場合（出席しても本案の弁論をしない場合も含む）でも、その者がそれまでに提出している訴状、答弁書その他の準備書面に記載した事項は、これを陳述したものとみなすことにして、出頭した相手方に弁論させることができるとしている（158条）。なお、このような最初にすべき口頭弁論における陳述の擬制の規定は、弁論準備手続にも準用される（170条5項）。

（1）　158条の「最初にすべき口頭弁論の期日」とは、口頭弁論がなされるべく最初に開かれた期日で、第1回期日が延期されたときは、延期後口頭弁論を行うべく最初に開かれた期日をいう。本条は、控訴審にも準用になるが（297条）、控訴審における最初の口頭弁論が行われる期日をいう（最判（三小）昭25・10・31民集4巻10号516頁）。差戻しがあったときは、差戻し後の控訴審における最初になすべき期日をも含む（大判昭12・3・20民集16巻320頁）。

（2）　欠席者は、出席者の準備書面に記載された事実（出席者はそれ以外を主張しえない、161条3項）については、自分の提出書面で明らかに争っていないかぎり、自白したものとみなされ（159条3項）、出席者はその事実を証明する必要はない。争っていれば、出席者の証拠調べに進む。その結果、その期日で裁判に熟すれば、直ちに弁論を終結する。弁論の続行が必要ならば、次回期日を指定する。つまり、欠席者の陳述の擬制をする以外は、欠席者が出席しているのと同様に取り扱うわけである。このような建前を、対席判決主義[*]という。

〔＊〕　**欠席判決主義**　　現行法のとる対席判決主義に対する。欠席という事実に基づいて欠

4）　もっとも、弁論準備手続で争点の整理を終えた場合ならば、その結果を出席した当事者が陳述すれば、手続は進められる、173条。

席当事者敗訴の判決（欠席判決）をして手続を打ち切ることができるとともに、この敗訴判決に対しては、上訴でなく、同一審級への申立て（故障の申立て）により、敗訴判決以前の状態から改めて審理をすることを求められる建前をいう。わが旧々民訴法は、かつてのドイツ民訴法にならって、欠席判決主義をとっていた。原告欠席のときは訴え却下、被告欠席のときは、被告が原告の事実の主張を自白したものとし（この建前を承認的争点決定という）、原告の請求を正当とするときは被告敗訴の欠席判決をする（旧々246条以下）。

　しかし、そこでの欠席判決は、弁論の最初の期日であると続行期日であるとを問わず、従来の弁論のいきさつを一切無視してなされる点で、きわめて形式的であった。また、欠席判決に対して、7日以内であれば無条件に故障の申立てを許していたため、欠席と故障の申立てをくり返すことによって訴訟引延しの恰好の手段とされた。旧法は、この種の制度を全廃したが、ドイツでは、1924年の改正でこれを全廃せず（ドイツ民訴法331条）、続行期日においては、出席者は欠席判決の代わりに従来の弁論とすでに提出された書面とに基づく「記録による裁判」（Entscheidung nach Aktenlage）の申立てを選択できる途を認め（同法331 a条）、大きく書面主義への傾きを示した（⤷ p517〔＊〕）。

　わが国でも、欠席判決の書式の簡便さを利用して裁判官の負担軽減に役立たせる意味で、最初の段階で、しかも故障申立ての余地を厳しく絞りながら、またドイツのように対席判決の選択の可能性も認めたうえで、欠席判決制度を導入すべし、との傾聴すべき立法論があったが（三ケ月・350頁）、平成8年改正法はこれを採用しなかった。しかし、その代わりドイツの記録による裁判に類似した審理の現状に基づく判決（244条）を新設した。出席当事者からの申出がある以上、判決に熟すには足りない場合であっても、この判決をなしうると解すべきであろう（宇野聡「審理の現状に基づく判決についての一考察」香川法学16巻2号（1996）191頁）。

（3）　弁論続行期日における当事者の一方の欠席

　この場合は、弁論開始後その期日までに提出した準備書面があっても、その記載の口頭陳述は擬制されない。ここまで認めると、口頭主義がまったく骨抜きになるからである。裁判所は、欠席者の従前の弁論と出席者の弁論とをつき合わせ、裁判に熟すれば、弁論を終結することができる（244条）。まだ資料が不十分と認めるならば、続行期日を指定する。ただし、簡易裁判所の手続では、訴額が少額であり、出頭のための費用・時間・労力とのバランスを考えると、当事者に書面で間に合わす途を用意しておくのが適当であるから、続行期日における欠席の場合も、その期日までにその者が提出した書面の内容を陳述したものとみなすことにしている（277条）。

第4款　口頭弁論の準備

弁論の実施を、迅速にし、しかも遺漏のない弁論を尽くさせるためには、あらかじめ相手方の主張立証内容が予知されていて、それに対する応答の準備をして口頭弁論に臨ませる必要がある。とくに、証人尋問等の集中審理を達成するには、十分な準備が必要となる。そこで、法は、口頭弁論の準備のための制度として、準備書面と「争点及び証拠の整理手続」の制度を設けている。平成8年改正法が認めた争点および証拠の整理手続には、「準備的口頭弁論」、「弁論準備手続」、「書面による準備手続」の3種類のほか、規則上の制度として進行協議期日がある。

民事裁判の充実・促進は、なによりも争点および証拠の整理に尽きる、とまでいわれる。平成8年改正で新設された争点および証拠の整理手続の活性化は、民事訴訟制度の運営全体にかかわる緊急かつ重大な課題である。

第1項　準備書面

1　意　　義

準備書面とは、口頭弁論に先立って、弁論の内容を相手方に予告する書面で、攻撃防御方法および相手方の攻撃防御方法に対する応答内容を記載したものである（161条・162条、規79条）。

訴状・上訴状には、その必要的記載事項（133条2項）以外の攻撃防御方法の記載が認められているが、その部分は準備書面の性格をもつことになる（規53条3項、民訴158条。訴状の記載方法については、→p215　2）。被告または被上訴人の本案の申立てを記載している準備書面を答弁書という（158条・319条、規80条・201条）。準備書面に、期日指定の申立て、証拠申出、受継申立てなどの事項が記載されているときは、その部分は準備書面ではなく、申立てとしての効力をもつ。準備書面の記載形式は、法定されているが、形式上不備があっても実質的に準備の目的を達するものであれば準備書面とみてよい。

2　準備書面の交換

　口頭弁論は、準備書面の交換によって準備しなければならない（161条1項、ただし276条1項）。「準備」するとは、予告された弁論内容に対する応答を準備することである。準備書面は、期日前に、相手方がこれを受けてから準備をするのに必要な期間をおいて「直送」（相手方に裁判所を介しないで直接送ること）するとともに（規47条。➡p433〔＊＊〕）、裁判所に提出すべきである（規79条1項。なお規3条参照）。準備書面の直送を受けた相手方は、その準備書面を受領した旨を記載した書面（受領書）を直送により返送するとともに、その受領書を裁判所に提出する（規47条5項）。もっとも、当事者は、相手方がこれを直送により受領した旨を記載した受領書（通常準備書面の鏡に記載されている）と一緒にみずからの準備書面を裁判所に提出するのが普通である（規47条5項ただし書参照）。裁判長も、あらかじめ期間を定めてその提出を促すことができる（162条）。訴状・答弁書・その他の準備書面には、立証を要する事由について、重要な書証の写しを添付しなければならないことになっているが（規55条・80条2項・81条後段）、証拠となるべき文書（書証）、準備書面に引用した文書については、裁判所または相手方がその閲覧を要求するときは、その写しを直送し、合わせて裁判所に提出する（規82条）。もっともこれを怠ったとしても、直接的な制裁はない。

3　準備書面の提出・不提出の効果

（1）　提出の効果

　準備書面は、口頭弁論を準備するもので、その代わりになるものではない。準備書面の記載は、そのまま弁論の内容になるのではなく、口頭弁論で陳述して初めて判決の基礎としての訴訟資料になる〔＊〕。もっとも、これを提出しておけば、最初の期日に欠席した場合に、その記載事項を陳述したものとして取り扱われる（158条・170条5項。なお、簡易裁判所の手続では、続行期日でも同様、277条）。なお、被告が本案に関する準備書面を提出した後は、訴えの取下げにつき、被告の同意が必要となる（261条2項）。

　〔＊〕　**準備書面に記載した私法上の形成権行使の意思表示**　準備書面は、弁論の準備のために交換されるものであるから、これに私法上の形成権の行使（たとえば相殺・取消し・解除）をなす旨が記載されて相手方に直送されたとしても、当事者の意思は、一般的には

攻撃防御方法として口頭弁論で行使する趣旨であろうから、私法上の効果を直ちに結びつけるべきではない。しかし、準備書面の直送という形式をとっていても、その意思表示をこれによって確定的にする趣旨が明らかである場合には、その行使の効果を直ちに認めることができよう。私法上の意思表示を準備書面を使ってすることが禁じられているわけではないからである（⌐ p463(ウ)）。

（2） 不提出の効果

(ア)　相手方に送達された準備書面、または、相手方からこれを受領した旨を記載した書面が提出された準備書面に記載した事実でなければ、相手方が在廷しないときには、口頭弁論で主張することができない（161条3項）。欠席した相手方は、予告されていない主張に対しては応答の機会がまったく与えられていないといえるのに、欠席ゆえにこれを自白したものとみなされ（159条3項）、結審されてしまうことになっては、不公平となるからである。

(a)　ここでいう「事実」には、証拠申出も含まれる。証拠調べへの立会いやその結果についての陳述も事実認定にとって重大な影響があるから、それらの機会を奪うことは、やはり不公平だからである[1]。職権証拠調べの場合も、その結果について当事者に陳述の機会を与えなければならないから（人訴20条、行訴24条）、当事者の一方の知らない間に証拠調べを済ませてしまうことは許されない。したがって、準備書面で予告されていない証拠の申請があっても、その期日でこれを取り調べることは許されない。しかし、法律上の意見は、これに含まれない。

(b)　相手方が十分に予想できた場合ならば、不公平にならないから、主張を認めてよい。相手方の主張事実に対する否認や不知の陳述は、その一例であるが（反対、大判昭8・4・25民集12巻870頁）、その他の場合でも、とくに相手方が十分に予想することができたといえる事情があるならば、主張を違法と評価すべきではない（書証につき、最判(三小)昭27・6・17民集6巻6号595頁参照）。

(イ)　出席当事者が準備書面に記載していない事実を主張しようとするときは、続行期日の指定を求め、それまでに準備書面を提出すべきである。この場合、出席当事者の主張を封じたまま弁論を終結することは、相手方を出席した場合以上

1）　兼子・体系221頁、傍論であるが大判昭8・4・18民集12巻703頁。

に有利に扱うことになるから、許されない[2]。

　(ウ)　相手方が出頭した場合には、準備書面に記載しない事実でも主張できるが、予告がなかったために相手方が即答できず、その結果とくに続行期日が必要となった場合には、当事者は、勝訴してもこれにかかった訴訟費用の負担を命じられることがある（63条）。

第2項　準備手続の沿革と挫折

1　準備手続の意義および沿革

（1）　旧法の準備手続

　旧法下では、口頭弁論における審理、とくに証拠調べを集中的・能率的に行えるようにするために、争点および証拠の整理を目的として単独裁判官の主宰の下で当事者が協議をする準備手続を設けていた[*]。

> 〔*〕　準備手続について比較法的な観点からの簡潔な叙述としては、三ケ月・364-367頁、実務上の解釈・運用についての詳しい叙述としては、高桑昭=荒井史男=稲葉威雄『準備手続の実務上の諸問題』（1966・司法研修所資料21号）がある。

（2）　準備手続の変遷

　旧々民事訴訟法においては、ドイツの改革前の古い制度を継受して、計算事件についてだけ、受命裁判官による準備手続を認めていたが（旧々民訴208条・266条以下）、大正15年、旧法制定のさいには、これを地方裁判所の第一審事件のすべてに拡大するとともに、必ず行うべきものとして、合議体の負担の軽減と能率化を期待した。しかし実効はあがらず、実務上次第に行われなくなった。太平洋戦争後は、裁判所法の制定により、地方裁判所が単独制を原則とすることになったため、法律上も、例外的に合議体で裁判する場合にかぎり、かつ適当と認めるときにだけ利用する任意的な手続になり、一段と影をひそめてしまった[1]。

　ところが、訴訟促進の対策として、集中審理が唱導されるや、その不可欠の前

2）　兼子・体系221頁。ただし、大判昭8・4・25民集12巻870頁は、傍論といえるが、最初の期日に一方が欠席したときは、続行期日に取調べをする必要のある証拠の申出がある場合のほか弁論を終結すべしとする。

1）　昭和24年1月には、準備手続に付された事件は全国平均でわずか3％と報じられている。関根小郷「継続審理を中心とする民事訴訟の改正と最高裁判所規則の制定」曹時3巻1号（1951）43頁。

提として、再び準備手続が脚光をあび、昭和25年、原則としてこの手続を経ることを要するとする建前がとられるとともに、単独審判の場合にも用いられる手続として再生した[2]。しかし、この改正も、実際には活用されず、昭和31年に制定された旧民事訴訟規則では、準備手続を繁雑な事件にかぎることにする一方、口頭弁論自体のなかで本格的審理の準備をさせようとして、準備的口頭弁論という段階を設ける試みが導入された（同規則26条-29条）。

（3） 準備手続の失敗の原因

準備手続の歴史は、上記にみるように失敗の連続であった。合議体の負担軽減という面でも、集中審理の達成という面でも、立法目的は裏切られた。その理由としては、つぎのような諸点が挙げられよう[3]。

(ア) 準備手続を成功させるには、第1に、訴状、答弁書や若干の書証のみから、早期に事件の核心を摑み、枝葉の争点を大胆に整理する必要がある。しかし、これは、経験豊かな老練な裁判官にして初めて可能と思われるのに、このような裁判官を本格的な審理の場でない準備手続に配する人的余裕がなく、多くは、若い裁判官をしてこれにあたらせざるをえなかった。

(イ) 第2に、たとえ練達の裁判官があたるにしても、集中審理や合議体の負担軽減に役立つほどに争点・証拠を整理して審理の枠組みを固めるには、ある程度は証拠を調べ、事件の全貌をほぼ誤りなく摑んで初めてできることである（ある程度心証を摑んだうえの整理であれば当事者も納得しやすい）。しかるに、法規上、準備手続では証拠調べは一切できないとされており、その結果、裁判官は、自信をもった整理ができず、結局、この手続の終結に強い失権効を結びつけること（旧255条）に躊躇せざるをえなかったことが挙げられる。

(ウ) 第3に、期待したほどの争点・証拠の整理の成果を上げられないにもかかわらず、手続としては、期日に裁判所書記官が立ち会って調書を作る（旧250

2） 旧民訴249条の改正と、旧民事訴訟規則（昭31・最高裁規2）の前身である「民事訴訟の継続審理に関する規則」（昭25・最高裁規27）の制定。同規則10条によれば、最初になすべき口頭弁論期日に、「争点及び証拠の整理が完了したときその他裁判所が相当と認めるとき」、「弁論を終結する場合のほか、事件を準備手続に付さなければならない」とされ、また、この手続を主宰する裁判官は合議審判の場合もその構成員でない同一官署内の裁判官であればよいとされている（18条）。

3） 兼子・体系222頁、三ケ月・368頁、宮川種一郎「準備手続制度の問題点」判タ201号（1967）128頁、今井功＝筧康生「準備手続の問題点」同号130頁、西迪雄「準備手続の反省」同号132頁等参照。

条）など、かなり重い手続であったことも、利用を見合わせる原因となった。

　（エ）　第4に、弁護士側の事情として、集中審理・訴訟促進の要請が利用者の権利救済の実質の向上という点から明確に裏付けられたものでなく、訴訟代理人の真の自覚を伴った唱導とはいいがたかったこと、したがって、従来の併行審理によって培われたさみだれ式準備の習慣を打ち破ろうとする弁護士側の協力が得られなかったことも、その原因として考えられる[4]。

（4）「弁論兼和解」の出現から弁論準備手続の創設へ

　準備手続の失敗にかんがみ、準備的口頭弁論という試みがなされたが、準備手続以上に重い手続であることは避けられず、一般の事件の争点・証拠の整理作業を行うには、不向きであった。こうした実務経験から、平成8年改正法以前には、事実上、弁論兼和解という手続が考案され、ひろく行われるようになった。この方式によると、法廷のような形式張ったところでなく、テーブルを囲んで、くだけた雰囲気の対話を通じて当事者本人からも事情を聴き、重要な書証も取り調べたりして、事案の全貌を早期に把握でき、争点・証拠の整理を効率的に行うことができる。和解のきっかけを摑むことも容易である。しかも、常時裁判所書記官を立ち会わせるわけではないので、かなり自由に期日が入れられるという利点もあって、事実上多くの裁判官によって利用されるようになった。

　しかし、公開法廷での弁論でない、「弁論」兼和解が果たして適法なのかどうか、またこのような密室での審理においては、裁判官が強引に和解を勧め、当事者としてこれに抗しきれないという弁護士からの危惧ももたれていた。そこで、このような弁論兼和解という手続を法律上認知できるかどうか、どのような修正を加えれば、適法視できるかが、平成8年改正の主要な検討課題となった。

　審議の過程では、それが公開法廷での審理でない点から、弁論自体でなくその準備手続であるという位置づけが与えられ、弁論への上程行為が要求される「弁論準備手続」なるものが新設されることになったが、弁論兼和解がもっていた融

---

4 ）　この点では、弁論に先立って相手方のもつ証拠資料に接しうる権能（アメリカ式のディスカバリーの制度）が確立されていないことが、弁護士をして十分な事前準備に走らせない遠因といえなくはないが、平成8年・同15年改正法による事前準備のための諸制度の導入がどの程度のインセンティブになるかどうか、これからの課題であろう。いずれにしても、依頼者の経済力のほか、弁護士一般がそのような権能を駆使する機動力をもっているかどうかがまず問われるであろう。

542　第3編　第一審手続　　第5章　当事者の弁論活動と裁判所の役割（審理の第1段階）

通無碍の利便性がある程度殺がれたものとなったことは否めない。そこで、この新たな手続が将来どんどん活用されることになるのか、それとも、使い勝手が悪いとして、相変わらず、弁論兼和解が事実上横行するのか、予断を許さなかったが[5]、現在は弁論準備手続自体は、定着した（その後の評価については、 p545〔＊〕）。

2　平成8年改正法の認めた争点および証拠の整理手続

　平成8年改正法は、争点および証拠の整理手続を整備し、効率的な争点・証拠の整理をすることによって、人証の取調べを集中して実施することを期待した（ p522(ウ)）が、法律上の手続としては、準備的口頭弁論（164条-167条、規86条・87条）、弁論準備手続（168条-174条・規88条-90条）、書面による準備手続（175条-178条、規91条-94条）を設けた。規則上の手続としては、さらに進行協議期日（規95条-98条）がある。これは、直接、争点整理を担うものではないとされているが[6]、大規模訴訟などでは争点・証拠の整理に活用されている。

第3項　準備的口頭弁論

1　意　　義

　口頭弁論自体を、本格的審理の段階とその準備をする段階に分けて運用する場合の、弁論の準備をする段階を指す講学上の概念であった[1]。口頭弁論と切り離した別個の手続で弁論の準備をしようとする準備手続の構想が失敗した原因を反省して、練達の裁判官がある程度証拠調べにも入りながら争点や証拠の整理を実質的に行い、またいつまでも立証しない場合には訴訟を終結して判決ができるようにする手続ということで、口頭弁論自体を実効性のある準備目的に用いようとする構想である。

　旧民事訴訟規則においては、その制定のさいに（昭31）、継続審理規則（昭25）

5）　西野喜一「争点整理と弁論兼和解の将来(上)(下)」判時1583号19頁、1584号17頁（1997）は、弁論兼和解が、平成8年改正法の下でも適法であると論じているが、立法関係者による解釈には反しよう。

6）　最高裁・条解規則216頁注（5）。

1）　東京地裁で、昭和33年9月、特別の部がもっぱら準備的口頭弁論のみを担当するという試みが行われ、通称新件部といわれた、古関敏正「新件部の設置」書時11巻9号（1959）1頁以下参照。

がとっていた準備手続を経ることを原則とする建前（↪p539 1）を後退させ、このような口頭弁論の運用方式を取り入れた（旧民訴規26条）。平成8年改正法も、この方式を争点・証拠の整理手続の一つとして法律上採用した（164条-167条、規86条・87条）。

2　準備的口頭弁論の手続および効果

（1）　口頭弁論の中で争点および証拠の整理にふり向ける段階を設けるかどうかは、受訴裁判所の裁量に任される。公開の法廷で行われる手続であり、社会的に注目されている事件や多数の当事者がいる事件について争点・証拠の整理をする場合に適していると考えられる。

当事者が期日に出頭せず、または裁判長によって定められた期間内（162条）に準備書面の提出もしくは証拠の申出をしないときも、裁判所は準備的口頭弁論を終了することができる（166条）。準備的口頭弁論の終了後に、攻撃防御の方法（職権調査事項に関するものも含むと解される）を提出した者は、相手方の求めにより、準備的口頭弁論の終了前に提出することができなかった理由を説明しなければならない（167条）。この当事者の説明は、期日において口頭でする場合には、相手方はその説明の内容を記載した書面を交付するよう求めることができる（規87条2項）。期日において口頭で説明しないときは、書面でしなければならない（同条1項）。

これは、当然に失権という厳格な制裁による強制でなく、相手方に対する弁明を要求するという、当事者の相手方に対する信義則上の要請（2条参照）に基づく要求といえるが[2]、訴訟代理人を含む当事者相互の牽制と、訴訟代理人に対しては弁護士というプロフェッショナルとしての自覚に訴えることによって自発的な協力を期待したものである。

（2）　準備的口頭弁論は、準備手続と異なり、争点および証拠の整理に必要な行為をすべてすることができる。ただし、電話会議の方法をとることはできない。

（3）　準備的口頭弁論を行ったときは、これを終了するにあたり、その後の証拠調べにより証明すべき事実を当事者との間で確認しなければならない（165条1

2）　詰問権・説明要求権と呼ばれることもある。中野・解説新民訴37頁・39頁・40頁。

項）。この場合の「事実」とは、主要事実にかぎらず、争われている間接事実も当然に含む。ここに掲げられない事実については証拠調べはしないことが確認されたとはいえ、そのまま手続が進行・終了してしまえば、自白が擬制されることになろう。この場合、裁判所が相当と認めるときは、裁判所書記官にその確認された事実を準備的口頭弁論の調書に記載させる（規86条1項）。また裁判長は、相当と認めるときは、準備的口頭弁論を終了するにあたり、期間を定めて（同条2項）、当事者に準備的口頭弁論における争点および証拠の整理の結果を要約した書面を提出させることができる（165条2項）。

3　制度の評価

　旧法下で、準備的口頭弁論の終了宣言に強力な失権効が結びついていないこと、また一部証拠調べに入っていながらいまさら準備の完了の宣言をするのは煩わしいということもあって、準備完了の宣言は実務上行われにくいし、現に行われていなかった[3]。しかし、口頭弁論自体にある程度の節目を設けて、準備と本格的な審理をそれぞれ集中的に行うという発想は、口頭弁論の指揮の方式として考慮に値するものであり、平成8年改正法の認めた前記の区切りとその効果は、この制度を用いるかぎり、最低限必要なところであろう。これによって争点・証拠の効率的な整理が可能となるかどうかは、主として弁護士の自発的な協力を得られるかどうかにかかっている。

第4項　弁論準備手続

1　意義と沿革

　旧法下で実務上多用されていたいわゆる「弁論兼和解」の修正版として、平成8年改正法が認めた争点等整理手続である（→p541(4)）。公開の法廷外で、テーブルを囲んで、くだけた雰囲気の対話によって行われる手続であり、事案の内容の把握に適し、争点の整理・証拠の整理を効果的に行うことが期待される。公開法廷の手続でなく、当事者が申し出た者および裁判所が相当と認める者の傍聴を許すにとどまる。その点からも、口頭弁論自体でなく、あくまでもその準備段階

3）　西迪雄「準備手続の反省」判タ201号（1967）132頁。

という位置づけになっており、争点・証拠の整理の結果は口頭弁論に上程する必要があるとされている。また、受命裁判官に行わせることもできる。しかし従来の準備手続と異なり、書証の取調べなどもできることとして、事件につきある程度の心証を得ながら、争点を絞り込み、取り調べるべき証拠を選定することができるように配慮されている。当事者が遠隔地にいる場合などのために、電話会議の方法によることも可能にしている。そして、この手続終了後の攻撃防御方法の提出についても、当然に失権という制裁（旧255条参照）でなく、準備的口頭弁論終了後と同様、この手続で提出できなかった理由を相手方に対して弁明することを要求することとしている[*]。

[*]　**弁論準備手続の創設は成功したか**　(1)　**現状**　平成8年改正法による弁論準備手続の創設は、「弁論兼和解」の目玉であった「くだけた雰囲気での対話（口頭の協議）」（その利点については、→p541(4)）を、争点および証拠の整理段階に取り込んで、承継しようとするものであった。しかし改正後20年を迎える現時点では、この狙いはどうやら、成功しなかったと評価されている[1]。あいかわらず、期日は、多くの場合、準備書面等の交換の場と化しているのが実情のようである。期日に出席した代理人としては、口頭でのやり取りに慎重になり、裁判官の問いかけに即答することを避け、次回期日に準備書面で答える（「持ち帰り」問題といわれる）ということになりやすい。基本的には、裁判所と弁護士とが法曹というプロフェッショナルとしての自覚と協働と訓練に待つべき課題と思われる[2][3]。

　(2)　**最近のチャレンジ**　(a)　近時の福岡地裁における自発的な口頭協議の実践プログラムは、注目に値する。地元弁護士会との了解・連携を得ながら、ノンコミットメント・

---

1)　田原睦夫「民事裁判の再活性化に向けて」金融法務1913号（2011）1頁。相羽洋一ほか「民事裁判シンポジウム　民事裁判プラクティス　争点整理で7割決まる!?──より良き民事裁判の実現を目指して」判タ1405号（2014）25-26頁での田原発言には重みがある。高橋宏志（最高裁判所の「裁判の迅速化に係る検証に関する検討会」座長）の2018年3月29日「民訴法施行20周年シンポジウム」の講演メモによれば、「争点・証拠整理が形骸化したと語られている」とある。
2)　2013年（平8年改正施行後15年）における、各論点についての東京三会弁護士有志100名の反応については、東京地方裁判所プラクティス委員会第二小委員会「争点整理の現状と今後の在るべき姿について（東京三弁護士会有志によるアンケートを踏まえて）」判タ1396号（2014）5頁以下がある。
3)　最高裁判所による、裁判の迅速化に係る検証結果の第7回報告（裁判の迅速化に関する法律8条1項参照）は、2017年7月21日に公表されているが（最高裁HP）、そこでの「Ⅱ　地方裁判所における民事第一審訴訟事件の概況及び実情」（2016年1月〜同年12月までの既済事件を対象）70頁に、「口頭の議論」についての報告と分析がある。

ルール（発言の撤回自由の原則）の作成、争点整理を「早期事案説明期日」と後期の「集中争点整理期日」に分けて実施するなどの工夫、さらに若い法曹の積極的コミット、他の裁判官による「期日見学」の試みなど、真摯な取組みはどれも示唆的であり、その成功を期待したい[4]。

　(b)　さらに最近の実情報告として、東京地方裁判所プラクティス委員会の下での東京3弁護士会からの弁護士を加えた「民事訴訟の運営に関する懇談会」（民訴懇）の成果として、つぎの文献がある。東京地方裁判所プラクティス委員会第一小委員会による、谷口安史ほか「争点整理手続における口頭議論の活性化について(1)」判タ1436号（2017）、同第二委員会による佐久間健吉ほか「同(2)」判タ1437号（2017）、同第三委員会による河合芳光ほか「同(3)」判タ1438号（2017）がある。口頭議論の目的および対象に応じ、第一局面（主要事実を中心とした双方の主張が一応そろい、裁判所が事案を概括的に理解するまでの局面）、第二局面（事実主張および書証の提出が一通りそろったところで、主張事実および書証の関連性・重要性などを検討して、裁判所が認定すべき事実（争点）の絞り込み・深化を図り、集中証拠調べをすべき要証事実を見定める局面）、第三局面（争点整理の成果を総括した上で、集中証拠調べをすべき要証事実を確定し、その立証に向けての証拠整理をし、集中証拠調べをする局面）にわけ、各委員会がその名称に順じ各局面を分担・執筆したものである。具体的な事例モデルを用いて口頭議論の内容を紹介したもので、わかりやすい。上記の論稿および最高裁の報告（脚注3）参照）を踏まえたパネルディスカッションも発表された。佐久間健吉（司会）「争点整理は、口頭議論で活性化するか」判タ1453号（2018）31頁以下。司会役のほか、部長クラスの裁判官3人と弁護士3人（44期、50期、51期）との口頭の話合いで、裁判官と弁護士のそれぞれの立場の言いにくい事情を明かすとともに、将来に向かっての建設的な意見も語られており、興味深い。弁護士からの発言で、口頭議論に積極的になるための弁護士の心構えとして、①口頭議論を行わなかった場合のリスクを認識・予見すること、②口頭議論を難しく考えすぎないこと、③事件についての自分の見方を検証する絶好の機会であると心得ることを上げている点などは、新鮮に感じた。

　(c)　研究者の試案　山本和彦「争点整理手続の過去、現在、未来——口頭審理期日立法再論」高橋・古稀769頁以下が注目される。山本論文では、口頭議論の実現を目指して、

---

4)　福岡地裁の試みについて、裁判官から、林潤「福岡地裁における民事訴訟の争点整理の充実に向けた取組について」民訴雑誌61号（2015）168頁以下；弁護士から、石本恵「民事訴訟の争点整理手続の充実に向けた取組について——新人弁護士でもできる書面上の工夫」判タ1435号（2017）55頁以下；裁判官から、船所寛生「福岡地方裁判所における民事訴訟の口頭協議活性化に向けた取組について——弁護士会とともに創る民事訴訟のより良いプラクティス」判タ1440号（2017）38頁以下がある。

過去、現状の紹介につづき、なぜそれが実現できないか、その隘路の原因の整理、そして、その打開策としての立法論にまで至っている。簡潔であり、現時点での研究の出発点とするにふさわしい。ただ、その立法論については、実務の実情から出発した内容で説得力があるが、そもそも立法による誘導が適当かどうか、なお議論の熟成が必要と思われる。ただ、現時点での立法論は、見方によれば、裁判官や弁護士のプロフェッショナルとしての意地を呼び覚ます誘因になるかもしれない。いずれにしても立法によって、口頭議論の活性化を全国的に普及させるには、現時点ではかなり困難と思われる（大坪和敏「弁護士からみた審理の充実と促進」論究ジュリ24号（2018）26頁参照）。

　私見としては、伊藤眞「基調講演　争点整理手続の過去、現在、未来——民事訴訟に対する市民と企業の信頼を支えるもの」判タ1455号（2019）30頁以下、38頁に記された見解に同調したい。「公平中立の立場にある裁判官が事件の全体像を背景として、提出された証拠に合わせて主張事実についての暫定的心証を示すべきことが争点整理に不可欠」と考え、「心証開示を武器とし」た「裁判所の積極的役割を」期待し、「当事者がこれに協働する」体制が、実践的と考える。とくに、その際、抽象的な証明責任の分配にこだわらず、暫定的心証を適時に開示し、事案解明義務およびその責任の分配を考慮した勝敗の予測を当事者と共有しながら、各当事者（訴訟代理人）に対し適切な主張立証の誘導または抑制に心がけるのが、賢実ではないかと考える。→ p485(d)-488(e)。

　(3)　**将来**　　各地での実践の試みは、貴重である。とくに裁判官と弁護士との交流協議を通じて改革への新たな情熱を燃え立たせること、また新世代のパワーを引き出すこと（たとえば法教育課程での、協議のスキル向上のため、交渉コンペ、弁論準備手続を含めた模擬裁判の体験など、さらに、弁護士および裁判官自身による労働審判事件の実体験[5]などが、必要ではないだろうか。

　裁判官による気配りの行き届いた発問・リード（釈明権の適切な行使）によって、また事件の特性・進展に応じ濃淡様々の暫定的心証を開示しながら、①主張・反論された事実について裁判官が理解を深めたり、②事件の背景事情を聴きだしたり、また、③適用法条についての議論を深めることとともに、④証拠調べの重点（特に事案解明義務および同責任など（→ p482(4)参照）に関する協議——これらは法的観点指摘義務（→ p496(イ)参照）の実践の一つとして行われるべき作業である——を展開して、当該事件審理に関する

---

5)　定塚誠「労働審判制度がもたらす民事司法イノベーション——口頭主義・一括提出主義・審尋主義・PPPな実務家養成・IT審判制度等」判時2251号（2015）3頁以下、14頁は、労働審判法式の審理は、「民事裁判実務家としての基本的な能力を飛躍的に向上させる他に類を見ない最高の『道場』である」という。「PPP」とは、論者によれば、民事法律実務家としての高い意識と能力を有する「プロフェッショナル」（Professional）が、しっかりとした事前準備のために「汗をかき」（Perspiration）、「情熱」（Passion)を持って紛争解決にあたることを指している。

548 第3編 第一審手続 第5章 当事者の弁論活動と裁判所の役割（審理の第1段階）

相互理解が深まる、そのような期日の運営がごく日常的になることを、期待したい。

2 弁論準備手続の開始

裁判所は、訴訟指揮権の作用として、必要があると認めるときは、当事者の意見を聴いて、決定により、この手続に付することができる（168条）。いったんこの手続に付した後も、裁判所が相当と認めるときには、申立てによりまたは職権で、決定を取り消すことができるし、当事者双方の申立てがあるときは、取り消さなければならないとされている（172条）。当事者双方の協力を得られなければ所期の目的を達成することはおよそ困難であるが、弁論兼和解における経験から、和解を強引に勧められたり、裁判所の強圧的な訴訟指揮に悩まされる場合もないではないとの弁護士の危惧の念から、当事者双方にこの手続によらないことを求める権利を付与したものである。

3 弁論準備手続の期日

争点・証拠の整理作業は、口頭弁論の準備段階であるというものの、裁判所は、当事者との対話を通じ、また文書の証拠調べをし、事件についてある程度の心証を形成しながら、適切な法律構成を選択し、主要事実、重要な間接事実はなにか、それらに関する証拠にどんなものがあるかなどを認識しながら、双方の主張をかみ合わせ、争点を絞り込み、取り調べるべき証人等、争点の判断に適切と思われる証拠を選び出すという作業であり（口頭弁論に関する多くの規定が準用になる）、訴訟の勝敗の帰趨に、また審理の充実・促進にかかる重要な審理段階である。

（1） 受訴裁判所ができる行為

（ア） 裁判所は、準備書面を提出させ事前の準備をさせることができる（170条1項、同条5項による準備書面提出期間の裁定規定（162条）の準用）。

（イ） 口頭弁論における訴訟指揮権の行使（148条）、期日内または期日外の釈明権の行使（149条-151条）、弁論の整序の裁判とその取消し（152条1項）、弁論の再開（153条）、通訳人の立会（154条）、弁論能力を欠く者に対する措置（155条）などの諸規定が準用になる（170条5項）。さらに、攻撃防御方法の提出にかかる諸原則、すなわち適時提出主義（156条）、時機に後れた攻撃防御方法の却下（157条）、欠席者等の陳述の擬制（158条）、自白の擬制（159条）の準用がある（170条5項）。

もっとも、欠席者の口頭弁論の陳述をわざわざ擬制する必要はないから、158条・159条の準用も、最初の期日に限定せず、書面の記載内容が斟酌されるものと解しえよう[6]。訴えの取下げ（261条3項参照）、和解（89条）、請求の放棄・認諾（266条1項）もできる。

(ウ) 受訴裁判所がこの手続を行う場合には、証拠の申出に関する裁判をすることができる（170条2項）。すなわち、文書提出命令・検証物提示命令の申立てについての裁判などをすることができる。さらに、文書等（準文書を含む）の証拠調べをすることができる（170条2項）。争点や証拠の思い切った整理をするには、裁判所が事件についてある程度の心証を得なければできないので、従来の準備手続では法律上認められなかった文書等の取り調べもできることとしたものである。さらに受訴裁判所は、公開法廷ですることを要しない裁判（口頭弁論の期日外で行うことのできる裁判）、たとえば、訴訟引受の決定、補助参加の許否の決定、受継申立ての却下の決定、訴えの変更申立て、または請求の追加申立許否の裁判などをすることができる（170条2項）。

（2）　受命裁判官ができる行為

裁判所は、受命裁判官にこの手続を行わせることができる（171条1項）。この場合には、裁判所および裁判長の行う職務は、その裁判官が行う。しかし、証拠の申出に関する裁判その他の口頭弁論の期日外においてすることができる裁判（170条2項）、訴訟指揮等に対する異議についての裁判（150条）および審理計画が定められている場合の攻撃防御方法却下の裁判（157条の2）はできず、受訴裁判所が行う（171条2項）。もっとも、調査の嘱託（186条）、鑑定の嘱託（218条）、文書・準文書（→p651(1)）、送付の嘱託（226条・229条2項・231条）をすることができるし（171条3項）、さらに、平成15年改正法で、文書・準文書の証拠調べもできるようになったことは特筆されるべきである（171条2項括弧書・170条2項参照）。

4　電話会議の方法による期日

当事者の一方が遠隔地に居住するような場合など、裁判所が相当と認めるときには、当事者の意見を聴いて、裁判所および当事者双方が音声の送受信により同

6）　旧準備手続について、三ケ月・371頁、新堂・旧著320頁。

時に通話することができる方法（電話会議の方法）によって、期日の手続を行うことができるとされている（170条3項）。ただし、当事者の一方が期日に出頭した場合にかぎられる。この期日に出頭しなくとも、電話会議の手続に関与すれば、出頭したものとみなされる（170条4項）。訴えの取下げ、和解（89条）、請求の放棄・認諾もすることができる（平成15年改正による170条旧5項の削除）。電話会議の方法によった場合には、裁判所または受命裁判官は、通話者および通話先の場所を確認しなければならない（規88条2項）。

5　当事者の手続保障

（1）　手続選択権

当事者双方がこの手続に付する決定の取消しを申し立てた場合は、裁判所は決定を取り消さなければならないとされていることは前述のとおりである。

（2）　立会権の保障

この手続は、当事者双方が立ち会うことができる期日において行う（169条1項）。期日において和解を勧めることは自由であり（89条）、その場合には、交互面接の方式で行うことは許される。しかし、争点・証拠の整理作業についての立会権を侵害しないために、争点・証拠の整理作業をしているのか、和解作業を進めているのかが、当事者に明確になるように配慮されるべきである。

（3）　傍聴権

裁判所はその裁量で、相当と認める者に傍聴を許すことができるが、当事者が申し出た関係者については、手続に支障を生ずるおそれがあると認める場合以外は、その者の傍聴を許さなければならないとされている（169条2項）。これは、当事者が、自分の指定する関係者の傍聴を許すことを求める当事者の権利として認められる。当事者公開と一般公開の中間として、関係者公開と称せられる。

6　弁論準備手続調書

弁論準備手続調書には、当事者の陳述に基づいて、攻撃または防御の方法と相手方の請求または防御の方法に対する陳述を記載し、とくに証拠については、その申出を明確にしなければならない。電話会議の方法によった場合には、その旨および通話先の電話番号を調書に記載しなければならず、この場合、電話番号に

加えて、その場所を記載することができる。このほか口頭弁論調書に関する規定の準用がある（規88条）。

7　手続の終了とその効果

（1）　争点および証拠の整理が完了したときは、弁論準備手続を終了させるべきである。当事者の怠慢によってその目的が達成できないときは、弁論準備手続を打ち切ることができ（170条5項による166条の準用。この場合は、取消し（172条）と異なり、終了の効果が生ずる）、その後の攻撃防御方法の提出に対して弁明を求め（174条）、その弁明もないか、適切な弁明がなければ、これを、故意・重過失を立証する資料として、さらにその攻撃防御の方法の却下の申立て（157条）に及ぶことが可能となろう。

（2）　準備的口頭弁論と同様、手続の終了にあたり、その後の証拠調べにより証明すべき事実を当事者との間で確認し（170条5項による165条1項の準用）、裁判所が相当と認めるときには、弁論準備手続調書に記載させなければならない（規90条による規86条1項の準用）。裁判長は相当と認めるときは、弁論準備手続を終了するにあたり、当事者に対し争点および証拠の整理の結果を要約した書面を、期限を定めて（規90条による規86条2項の準用）提出させることができる（170条5項による165条2項の準用）。

（3）　当事者は、口頭弁論において、弁論準備手続の結果を陳述しなければならない（手続結果の陳述、173条）。弁論準備手続終結後に、口頭弁論においてその結果の陳述をするときは、その後の証拠調べによって証明すべき事実を明らかにしなければならない（規89条）。こうして、その後の口頭弁論においては、証人・当事者本人の尋問が集中的に実施されることが期待されている。

（4）　弁論準備手続終了後に、攻撃防御方法を提出した当事者に対しては、相手方は、手続終了前に提出できなかった理由の説明を求めることができる点は、準備的口頭弁論終了の場合と同様である（174条）。

（5）　いったん弁論準備手続を終結しても、これを再開することは法律上可能であるが（170条5項による153条の準用）、特別の事情（たとえば、弁論の併合があったような場合）がない限り、弁論準備手続を設けた平成8年改正法の期待するところではあるまい。

552　第3編　第一審手続　第5章　当事者の弁論活動と裁判所の役割（審理の第1段階）

第5項　書面による準備手続

1　意　義

　平成8年改正法は、争点および証拠の整理手続の一つとして、当事者の出頭な
しに準備書面の提出等により争点および証拠の整理をする手続を認めた。それが、
書面による準備手続である。裁判長または受命裁判官が必要があると認めたとき
は、電話会議の方法を用いた協議をすることもできる。裁判所は、当事者が遠隔
の地に居住しているときその他相当と認めるときに、当事者の意見を聴いて、決
定によりこの手続に付すことができる。書面による準備手続は、単純な準備書面
の交換というものではなく、一貫した争点・証拠の整理手続として行われ、審理
手続に一つの段階を設けるものである点では、他の整理手続と同様である。

　すなわち、この手続に付する決定によって始まり、これを終了するにあたって
は、準備的口頭弁論におけると同様に、当事者に争点・証拠の整理結果を要約し
た書面を提出させることができるし、この手続終了後の口頭弁論においては、裁
判所は、その後の証拠調べによって証明すべき事実を当事者との間で確認し、そ
の事実を口頭弁論調書に記載する。そして、この手続終了後の口頭弁論において、
前記の結果要約書面の陳述または証明すべき事実を確認した後においては、原則
として、新たな攻撃防御方法の提出を制限する建前であり、もし提出するのであ
れば、他の手続と同様、相手方から要求されれば、提出が遅れた理由を説明しな
ければならないとされている。

2　手続の実施方法

　（1）　この手続に付するのは裁判所であるが（175条）、手続自体は、裁判長が
行う。ただし、高等裁判所においては、受命裁判官に行わせることができる
（176条1項）。

　（2）　裁判長または高等裁判所の受命裁判官（以下、「裁判長等」という）は、準
備書面の提出または特定の事項に関する証拠の申出をすべき期間を定めて（176条
2項）、提出または申出を促す。裁判長等は、必要があると認めるときは、あら
かじめ日時を指定して（規91条1項）、電話会議の方法を用いて、当事者双方と協
議をし、争点・証拠の整理を進めることができる（176条3項）。弁論準備手続に

おいて電話会議の方法を利用するには、当事者の一方が期日に出頭した場合に限られるが（170条3項ただし書）、書面による準備手続では、そのような制約はない。前者は裁判所における手続とされているのに対し、書面による準備手続は、元々裁判所における期日と考えられていないことによる。電話会議による協議をした場合には、裁判所書記官に、その手続についての調書を作成させ、電話会議による協議をした旨、通話先の電話番号・場所を記載するとともに、協議の結果をこれに記録させることができる（176条3項、規91条2項-4項）。書面による準備手続においても、裁判長等は、釈明権を行使できる（口頭弁論の期日および期日外における釈明権の行使に関する規定が準用される、176条4項による149条・150条の準用、規92条による規63条の準用）。

3　手続の終了

（1）　手続終了にあたり、当事者に手続の結果の要約書面を提出させることができる（176条4項による165条2項の準用）。この手続終了後の口頭弁論においては、裁判所は、その後の証拠調べにおいて証明すべき事実を当事者との間で確認をし、確認された事実を口頭弁論調書に記載する（177条、規93条）。

（2）　この手続終了後の口頭弁論において、当事者の提出した結果要約書面の陳述、または証明すべき事実の確認が行われた後においては、新たな攻撃防御方法の提出をするには、相手方に対して、要求により、提出が遅れた理由を説明しなければならないとされる（178条、規94条）。この趣旨は、他の争点・証拠の整理手続の終了後に、新たな攻撃防御方法を提出する場合と同様である。

第6項　進行協議期日

1　創設の経緯

　平成8年改正に伴う民訴規則は、規則上の制度として、口頭弁論の審理をスムースに進行させるために、口頭弁論期日外において、口頭弁論における証拠調べと争点との関係の確認をしたり、その他訴訟の進行に関する必要な事項について協議をするための、特別の期日を規定した（規95条-98条）。

　これは訴訟の節目節目で、審理の進め方や証拠調べのスケジュールなどについて、裁判所と当事者双方とが打ち合わせをし、共通の理解をもって口頭弁論に臨

むことを目的としている。とくに大規模訴訟などでは、審理の充実・スムースな進行に役立つことを考慮し、他方、専門的技術的な事項が問題となる訴訟においては、従来から、口頭弁論外で、裁判所と当事者双方が集まり、専門家の話を聴き、基礎的事項について共通の理解を深めるための説明会的なものが開かれていた実務があった。そうしたことをも考慮して、口頭弁論の進行に関する協議を形式ばらないで行う期日として、このような進行協議期日が規定された。なお裁判所は、この手続を受命裁判官に行わせることができる（規98条）。

2 協議の内容

他の争点・証拠の整理手続のように、訴訟資料的なものが提出されることを予定していないし、審理手続に一応の段階を設ける趣旨のものでもない。したがって、この期日後の口頭弁論において証明すべき事実を確認することを予定していない。しかし進行協議期日は、他の争点・証拠整理手続の終了後であっても、また口頭弁論の期日と期日の間でも、この期日を入れて、次回以降の証拠調べと争点との関係を確認したりすることができる。またこの期日の終了によって、新たな攻撃防御の方法の提出に制約が生じるということもない。弁論準備手続におけるように、文書等の取調べはできないが、訴えの取下げ、請求の放棄および認諾はすることができる（規95条2項・3項。ただし規96条3項）。傍聴を許す必要もない。裁判所が相当と認めれば、裁判所の外で行うこともできる（規97条）。

3 期日の規律

協議を目的とするにしても、当事者双方の立会権を保障された期日であるから、あらかじめ進行協議期日を指定して当事者を呼び出さなければならない（規95条1項、民訴94条参照）。当事者が遠隔の地に居住している場合その他相当と認めるときは、電話会議の方法を用いて手続を行うことができる。しかし当事者の一方がその期日に出頭している場合にかぎられ（規96条1項ただし書）、弁論準備手続における電話会議の場合と同様の規律を受ける（規96条2項-4項）。

進行協議期日の調書は、口頭弁論調書のような厳格なものを作成しなくてもよい（規96条4項。この手続では、規88条2項は準用しているが、同条4項を準用していない）。

第3節　口頭弁論の手続　555

第5款　口頭弁論の実施

1　口頭弁論の開始から終結・再開

（1）　開始

　口頭弁論は、裁判長によって定められた一定の期日に行われる（規60条、民訴93条1項）。口頭弁論は裁判長の指揮の下に進められるが（148条1項）、最初の期日においては、弁論は、通常、まず原告が訴状に基づいてその本案の申立てを陳述することによって開始される（期日の開始については、→p426　5）。弁論準備手続を経た事件の場合には、当事者は弁論準備手続調書（規88条）またはこれに代わる準備書面（170条5項による165条2項の準用）に基づいて弁論準備手続の結果を陳述しなければならない（173条、規89条）。これによって弁論準備手続で予行された陳述内容が確定的に弁論の内容となる。これは、公開主義の形式を満足させるためである（受命裁判官が弁論準備手続を行った場合には直接主義を満足させるためもある）から、双方の当事者が各自自己の陳述をくり返す必要はなく、いずれか一方がすれば足りる（一方が欠席していれば、出席者がする）。

（2）　続行

　口頭弁論開始後は、終局判決に熟するまで審理が続けられる。その期日で足りないときは、裁判長は続行期日を指定して審理を続ける。証拠調べも、裁判所以外でする場合を除けば、口頭弁論期日で行われる。口頭弁論の続行中に裁判官が交代したときは、当事者に従前の弁論の結果を陳述させた上でさらに続行する（249条2項・3項）。

（3）　終結・再開

　審理が終局判決のできる状態まで尽くされたと認めるときは[*]、裁判所は口頭弁論の終結を宣言する。いったん終結しても、弁論や証拠調べが不十分であったときその他必要があると認めるときは、終局判決を言い渡すまでは、職権で弁論の再開を命じることができる[**]（153条）。

[*]　**「訴訟が裁判をするに熟したとき」（243条）**　　いかなる場合をいうかについては、二つの側面から考察する必要がある。一つは、審理の結果として、終局判決をするに必要な情報が十分に収集された状態（情報の量の問題）と、釈明権も適切に行使され、攻撃防御

方法提出の機会が十分に与えられたという状態（手続保障の確保の問題）とがある（太田勝造「『訴訟カ裁判ヲ為スニ熟スルトキ』について」法教58号（1985）〔新堂編・特講429頁以下〕）。両者が満たされた場合には、裁判をするに熟したといえるが、244条は、裁判所が「相当と認めるとき」という裁判所の判断を介して、攻撃防御方法提出のため十分な機会が与えられながら、当事者が不熱心なために必要な情報の収集がこれ以上期待できない場合には、不十分な資料に基づいて結果的に一方に不利な裁判になることを是認するものである。このような扱いも自己責任の原則によって、正当化されよう。具体的には、弁論の怠りの態様、帰責性の程度、すでに獲得した裁判のための情報量の程度、将来期待できる情報とそのためのコストなどを勘案して相当かどうかが判断されることになろう。また「裁判に熟している」かどうかは、終結した弁論を再開すべきかどうかの判断の基準としても働く（後注〔＊＊〕参照）。

〔＊＊〕　**弁論の再開**　これについては、当事者に申立権はないから、再開の申請に対して許否の決定をする必要はない（最判(一小)昭23・11・25民集2巻12号422頁）。これを採用しなくとも弁論を不当に制限したことにならない（最判(二小)昭23・4・17民集2巻4号104頁）のが原則である。申出にかかる証拠が唯一の証拠方法である場合においても同様である（最判(一小)昭45・5・21判時595号55頁）。これは、いったん弁論を終結してしまえば、その後は訴訟資料の提出の機会を失うことを当事者に警告し、勤勉な訴訟進行を期待するためである（前掲最判昭23・11・25）。

しかし、最判(一小)昭56・9・24民集35巻6号1088頁に注目する必要がある。事案は、土地所有者である原告から、その無権代理人を通じてその土地を購入した被告に対して、所有権移転登記および抵当権設定登記の抹消登記を求めた訴訟において、控訴審の口頭弁論終結直前に原告が死亡し、その無権代理人が包括承継して原告の地位に着いたが、訴訟代理人がいたため訴訟は中断せず弁論が終結されたところ、その後、被告が原告の死亡を知って弁論再開を申請したが、原審はそのまま被告敗訴判決を言い渡し、被告が上告したという事案である。ここで最高裁は、弁論再開の申請理由（原告が死亡し、無権代理人が相続したので、無権代理人自身が法律行為をしたことになる）は、判決の結果に影響を及ぼす重要な攻撃防御方法であり、これを提出する機会を与えないまま被告敗訴判決を言い渡すのは、民事訴訟における手続的正義の要求に反するとする。弁論を再開すべきかどうかは裁判所の専権事項とされているけれども、手続保障の観点からの一定の制約があることを示した点、および裁判に熟するときの具体例を提供する事例として注目される。太田勝造・法協100巻1号（1983）207頁以下参照。

第3節　口頭弁論の手続　*557*

2　口頭弁論手続の整理手段

裁判所は、訴訟の審理を整理するために、最初にすべき口頭弁論期日の前に、当事者から、訴訟の進行に関する意見その他訴訟の進行について参考とすべき事項を聴取することができる（規61条）。また、口頭弁論中に、弁論の制限・分離・併合を命じることができる（152条）。このほか、終局判決の前提事項について、まず中間判決をして審理に区切りをつけることもできる（245条。→p665）。また、その手続で審理されている訴訟全部の審理が終わらなくとも、訴訟の一部が終局判決に熟するときは、その部分を一部判決で処理することもできる（243条2項・3項）。いずれも、訴訟指揮権の行使として職権により行うのが原則である。

（1）　最初の口頭弁論期日前における参考事項の聴取

通常は、原告側に対し、被告への特別送達の方法による訴状送達の可能性、第1回期日に被告が出席するかどうかの見込み等を聴取して、第1回口頭弁論期日の指定やその進行を整理することに役立てることができる。従来の交渉経過や和解の希望などまで聴くかどうかについては、地域の実情に応じた各裁判所ごとのローカル・ルールを定めるのが適当である[1]。とくに争いのない事件については、第1回口頭弁論期日において調書判決（254条）をするための準備を整えることもできる。

（2）　弁論の制限

裁判所は、数個の請求のうちのあるものに、またある請求の当否の判断の前提事項のうちのあるものに、または、ある請求に関する訴訟要件のうちのあるものに限定して、弁論および証拠調べをすることを命じることができる。このような措置を弁論の制限という。制限された事項についての審理だけで終局判決に熟すれば（たとえば、訴訟能力の欠缺のみに弁論を制限したところ、その欠缺が認められた場合）、弁論を終結する。その事項が中間判決に熟すれば、中間判決をすることもできる（245条）。むろん、その事項についてなんら裁判せず、制限を取り消して他の事項の審理に移ってもかまわない。

（3）　弁論の分離

裁判所は、数個の請求についての併合審理をやめ、ある請求の弁論および証拠

1）　最高裁・条解規則135頁。

558　第3編　第一審手続　第5章　当事者の弁論活動と裁判所の役割（審理の第1段階）

調べを独立別個の手続で行う旨を命ずることができるが、このような処置を弁論の分離という。その後は、弁論・証拠調べだけでなく、判決も別々に下される。したがって、別々に判決されてはならない事件（たとえば必要的共同訴訟（40条）や独立当事者参加訴訟（47条）、同時審判の申出のあった共同訴訟（41条）、さらに主要な争点を共通にする併合請求）（→p759(2)）では、弁論の分離は許されない。

　分離があっても、裁判所の管轄は影響を受けない（15条）。分離前の証拠資料は、そのまま分離後の両手続の証拠資料となる（甲乙共同訴訟における甲の本人尋問は、分離後の乙訴訟にも本人尋問のままで証拠となる、大判昭10・4・30民集14巻1175頁）。

（4）　弁論の併合

　同一の訴訟上の裁判所または官署としての裁判所に別々に係属している数個の請求を、同一の手続内で審判することを命ずることができる。この処置を弁論の併合という。これは、弁論または証拠調べだけの併合でなく、その後は、数個の請求が1個の訴訟手続で併合審理されることを意味する[*]。したがって、請求の併合の許されない場合には弁論の併合も許されない（136条参照）。逆に、法が弁論の併合を命じている場合がある（人訴8条2項、会社837条）。この場合には、併合しないで審判すると判決が違法となる。これ以外の一般の場合は、弁論の併合をするか否かは、裁判所の裁量にまかされる。

　〔*〕　**弁論の併合とそれ以前の証拠資料の扱い**　　併合前にそれぞれの事件においてされた証拠調べの結果は、併合後の口頭弁論において当事者が援用することによって、併合された事件の関係のすべてについて、証拠資料となる。同一当事者間の数個の事件の併合ならば援用をまつことなく、証拠資料になると解してもかまわない。しかし、当事者が同じでない場合には、一方の事件でなされた証拠調べに立ち会う機会がなかった者は、それにもかかわらずその結果たる証拠資料を押し付けられることになり、その手続上の地位を不当に害されることになろう。とくに併合によって共同訴訟人となった者の間に利害の対立があるような場合には、その侵害は重大と思われる。

　　そこで、併合前の別事件の証拠資料を判決の基礎に用いるには、併合後の弁論において、先に立会いの機会をもたなかった当事者による援用行為を要するとする立場（新堂・旧著325頁）と、援用なしに証拠資料になるとする説（井口牧郎「証人尋問と弁論の併合分離」兼子・実例民訴(上)294頁、奈良次郎・昭41最判解137頁）と対立していた（最判(三小)昭41・4・12民集20巻4号560頁は、この点を明言していないが、併合前になされた証拠調べの結果をそのままの性質で（たとえば証人尋問が行われたときは、証拠調調書を書証として援用するというのではなく、証言そのものを証拠資料とする形で）証拠資料にな

第3節 口頭弁論の手続 559

るとする。中村英郎・民商55巻5号（1966）798頁参照）。

　平成8年改正法においては、前に行った証人尋問に関して、併合の結果、尋問の機会がなかった当事者は尋問の申出をすることができ、裁判所はその尋問を行わなければならないことと規定して（152条2項）、証人尋問についての防御権を保障することにした。その結果、従来の援用の要否をめぐる対立のほとんどは解消したとみられる。今後、併合審理にあたる裁判所としては、従来関与していなかった手続については、その当事者に主張立証の補充なり、再尋問の申出、従前の書証等に対する反論等を提出するかどうかを確かめ、必要ならば、審理計画の調整をして防御権の保障に留意すべきであろう。なお、併合によって受訴裁判所の構成が変わったときは、249条3項の準用を認めるべきである。

（5）　判決の併合

　弁論の併合は、併合後さらに弁論や証拠調べを併合して続行する場合を予想した措置であるが、別々に審理が進行し、併合すべき事件の双方の審理がすでに完了して終局判決に熟している場合には、いまさら弁論の併合はできない。しかし、主要な争点を共通にした同一当事者間の数個の事件については、併合して1個の判決をすることによって、その後の上訴審において両事件が同一手続内で処理されるようにすることは、二重の審理や裁判の矛盾を避けるうえで望ましい。そこで、併合すべき事件が同一の受訴裁判所で別々に審理され終局判決に熟しているときは、1個の判決で双方を処理する判決段階からの併合（判決の併合ともいうべきもの）を認めるべきである[*]。

〔*〕　その必要を示す例として、最判（二小）昭43・11・15民集22巻12号2659頁、新堂・判例71頁、同・争点効(上)269頁。注釈民訴(3)208頁〔加藤新太郎〕、大江ほか編・手続裁量156頁以下〔加藤新太郎〕は、法に規定されていないが、「創設的手続裁量」として、この種の判決併合が許されるとし、債権者が主債務者と連帯保証人とを一緒に訴えたが、送達の関係から弁論が分離され、別々に弁論が終結した場合にも可能とする。梅本・577頁は、便宜的にすぎるとして、判決併合に反対。

3　口頭弁論調書

　口頭弁論の経過を明確に記録し保存するために、裁判所書記官が作成する文書をいう。証拠調べが行われた口頭弁論期日の調書は、とくに証拠調調書（証人尋問調書、検証調書など）といわれる。なお、口頭弁論調書に関する規定は裁判所の審尋（87条2項）および口頭弁論の期日外に行う証拠調べならびに受命裁判官ま

たは受託裁判官が行う手続（→p508〔＊＊〕）について準用される（規78条）。

（1） 口頭弁論調書の作成者

　裁判所書記官は、つねに口頭弁論に立ち会い、期日ごとに口頭弁論調書を作成し、訴訟記録に綴り込む（160条1項。なお規69条参照）。調書を作成する裁判所書記官は、その期日に立ち会った者でなければならない（調書の完成後、立会書記官以外の者によって従前の口頭弁論の結果を陳述した旨の記載がなされても、適法に弁論の更新が行われたと認めることができない、最判(三小)昭33・11・4民集12巻15号3247頁）。

（2） 口頭弁論調書の記載事項

　必ず記載すべき形式的事項と、実質的事項である期日における弁論の経過とがある。

　　㋐　形式的記載事項として、調書はつねに民訴規66条1項各号の事項を記載し、かつ、作成者である裁判所書記官が記名押印し、あわせて弁論の指揮者である裁判長が認印する（規66条2項）（裁判所書記官の押印のない口頭弁論調書は、手続の方式遵守に関して証明力がない（160条3項）、大判昭6・5・28民集10巻268頁）。裁判長に支障があるときは、陪席裁判官がこれに代わって捺印し、かつその事由を記載しなければならないが、裁判官全員に支障あるときは、裁判所書記官がその旨を記載すれば足りる（規66条3項）。

　　㋑　実質的記載事項としては、当事者の弁論、証拠調べの結果、裁判の言渡しなどを記載すべきであるが、弁論の内容自体は、裁判官が直接聴取して判決事実に整理要約すべきことがらであるから（253条2項参照）、調書にはその要約を記載すべきである（規67条1項）。

　しかし、つぎの事項については、その重要性に基づき法がとくに明確にすることを要求している〔＊〕〔＊＊〕（規67条1項各号）。すなわち、①訴えの取下げ（上訴の取下げを含む）、和解、請求の認諾および放棄ならびに自白、②審理の計画の定め（147条の3第1項）、またはその変更（同条4項）の内容、③証人、当事者本人および鑑定人の陳述、④証人、当事者本人および鑑定人の宣誓の有無ならびに証人および鑑定人に宣誓をさせなかった理由、⑤検証の結果、⑥裁判長が記載を命じた事項および当事者の請求により記載を許した事項、⑦書面を作成しないでした裁判（たとえば、期日の指定・変更、弁論の併合・分離・終結、157条による却下等の裁判）、⑧裁判の言渡し。

第3節　口頭弁論の手続　　*561*

　ただし、訴訟が裁判によらないで完結した場合には、裁判長の許可を得て、証人、当事者本人および鑑定人の陳述ならびに検証の結果の記載を省略することができる。もっとも、当事者が訴訟の完結を知った日から1週間以内にその記載をすべき旨の申出をしたときは省略できない（規67条2項）。

　調書には、証拠物件たる文書の謄本、検証の結果たる図書・写真、録音テープ、ビデオテープなど裁判所が適当と認めるものを引用添付して調書の一部とすることができる（規69条）。

〔＊〕　**口頭弁論における録音テープ等の利用**　　**(1)　調書に代える利用**　　証人、当事者本人および鑑定人（以下「証人等」という）の陳述を記載した調書は、つぎの弁論期日の準備にとって重要な記録であるが、その作成には時間がかかり、次回期日の指定に影響を与えることになる。平成8年改正法においては、裁判所書記官は、裁判長の許可を得て、証人等の陳述を録音テープ等（これにはビデオテープその他類似のものを含む）に記録し、これをもって調書に代えることを認めた（規68条1項）。これは、証人等の尋問が集中して行われるようになれば、先行した証人尋問の調書をみて証拠調べの準備をすることはなくなることを考慮して、裁判所書記官の負担軽減と手続の迅速化を狙ったものである。ただ当事者が上訴の準備のため、または上訴裁判所が審理の参考にするため、録音内容を確かめる必要が考えられる。そこで、訴訟が完結するまでに当事者から申出があったとき、または上訴裁判所が必要と認めたときは、証人等の陳述を記載した書面を作成しなければならないとされる。もっとも、この書面を作成するのは、弁論に立ち会った裁判所書記官でなければならないわけではない（規68条2項では、裁判所書記官が主語になっていない）。

　調書に代えて録音テープ等に記録した場合には、その録音テープ等が確定的に訴訟記録になり、その反訳書面は、たんに録音テープ等の内容を理解するための補助的な手段でしかない。このような録音テープ等の利用は、当事者の準備の仕方に深く影響するものであるから、裁判長がその許可をするさいには、当事者は意見を述べることができる（規68条1項後段）。もっとも当事者の同意まで要求するものではない。

　(2)　**調書の記録の正確性を得るための録音**　　裁判所は、必要と認めれば、調書の記載の正確性を確保する目的で、録音装置を使って、口頭弁論における陳述（当事者の主張、証人等の陳述など）の全部または一部を録音することができる（規76条）。これは旧規則上も認められていたものであるが（旧規10条）、あくまでも、調書を作成するための便宜的措置であり、この場合には、録音テープ等を調書の一部にすることはできない。

〔＊＊〕　**口頭弁論における速記の利用**　　旧法時にもすでに利用されていたところである

が（旧規9条の2-9条の7）、裁判所は、必要と認めるときは、裁判所速記官に口頭弁論における陳述を速記させることができる（規70条）。この場合には、裁判所速記官は、すみやかに、速記原本を反訳して、速記録を作り（規71条前段）、この速記録を調書に引用し、訴訟記録に添付して調書の一部とするのが原則である（規72条）。

しかし、証人等の尋問については、裁判所が相当と認め、当事者が同意したときは、裁判所速記官が作成した速記原本を引用し、訴訟記録に添付して調書の一部にすることができる（規73条）。この場合には、速記官はすみやかに反訳する必要はないが、①訴訟記録の閲覧等を請求する者が反訳を請求したとき、②裁判官が代わったとき、③上訴の提起または上告受理の申立てがあったとき、④その他必要があると認めるときは、裁判所は速記原本の反訳をさせなければならない（規74条1項）。こうして反訳された速記録は、訴訟記録に添付し、先に調書の一部とされた速記原本に代わって調書の一部となる。したがって、その旨を当事者その他の関係人に通知することになる（規74条2項・3項）。また訴訟記録の閲覧を請求する者が、調書の一部とされた速記原本の訳読を請求した場合には、裁判所書記官の求めにより、速記官は、その訳読をしなければならない（規75条）。

なお、上記のような裁判所の認める録音・録画・速記等のほかは、法廷の秩序維持のため、また当事者等の名誉の保持、その他証人等の自由な陳述の確保という観点からも、法廷における写真の撮影、速記、録音、録画または放送は、裁判長の許可を得なければできないとされている（規77条）。

（3） 関係人への開示

旧法では、調書の記載は、期日において当事者その他の関係人の申立てがあれば、その法廷で読み聞かせ、またはその法廷で閲覧させなければならず、そうしたときはその旨を記載すべき旨を規定していたが、その期日中に調書を作成することは困難であり、当事者がその申立てをすることはほとんどなかったので（旧146条1項）廃止した。しかし、関係人が調書の記載につき異議を述べたときは、その旨を記載しなければならない（160条2項）。なお、訴訟記録の閲覧、謄写、正本・謄本・抄本の交付または訴訟に関する事項の証明書の交付の請求については、91条・92条、規33条・33条の2（平27・最高裁規6で新設）・34条がある（→p509 2(1)）。訴訟記録中の録音テープまたはビデオテープに関しては、当事者または利害関係を疎明した第三者の請求があるときは、裁判所書記官はその複製を許さなければならない（91条4項）。

（4） 調書の証明力

調書が存在するかぎり、口頭弁論の方式に関する事項は、調書の記載によった

第3節　口頭弁論の手続　　*563*

だけで証明ができ、それについて他の証拠方法で補充したり、反証を挙げて争うことはできない（160条3項）。調書にその事実の記載があれば、その事実はあったと認められ、記載がなければその事実はなかったものと認められる[2]。このように、調書のみに証拠能力・証明力を限定しているのは、手続をめぐって紛争が派生し、本来の審理を遅延紛糾させないようにするためであるが、このような強力な証明力を与える前提として、法は、わざわざ裁判所書記官をして弁論に立ち会わせて調書を作成させ、閲覧の機会を与えて、その記載内容の正確を期しているのである。

　口頭弁論の方式とは、弁論の外部的形式をいい、弁論の時および場所、公開の有無、関与した裁判官、当事者の出欠、裁判の言渡し[3]、弁論の結果の陳述（249条2項・254条。最判（二小）昭31・4・13民集10巻4号388頁参照）などがこれに入る。これに反し、当事者の弁論の内容、証人の供述等はこれに入らず、その調書における記載も一応の証拠となるにすぎない。

2）　たとえば、最判（二小）昭45・2・6民集24巻2号81頁は、提出された準備書面が陳述された旨の記載がなく、その記載のないことについて当事者から異議の述べられた形跡がない場合においては、特段の事情のないかぎり、上記準備書面の陳述はなかったとみる。

3）　調書に、判決が原本に基づいて言い渡された旨記載されていれば、上記言渡しが原本に基づかなかったとの主張は認められない、最判（一小）昭26・2・22民集5巻3号102頁。

第6章　当事者の立証活動と裁判所の事実認定
（審理の第2段階）

第1節　総　　説

1　証拠の機能

（1）　証拠の必要性

事件について判決をするには、事実関係を認定し、適用すべき法規の存在および内容を明らかにする必要がある。事実関係の認定には、さらに経験則が必要である。むろん、当事者間で争いのない事実、裁判所にすでに明らかな事実、わが国の法規に関する知識や通常人としてもっている経験則などは、そのまま判決のために使用できるとしても、それ以外の事実や知識は、裁判所がみずから認定しまたは獲得しなければならず、そのための手がかりが必要となる。

また、係争事実を裁判官がたまたま私的に経験して知っていることも考えられるが、だからといって、その事実を直ちに判決の基礎として認定したのでは、その認定過程が客観化されず、他人がその過程を追跡して吟味することができないから、一般にその認定の公正さについて疑惑を生じさせることになろう。そこで、判決に必要な裁判官の事実認定や知識が偶然的主観的なものでなく、客観的に公正であることを担保する必要から、その認定の手がかりを訴訟に現出させることによって、利害の対立する当事者がこれを感得できるようにし、かつ、当事者にその評価を述べる機会を与えながら、裁判所がその手がかりを収集・感得する方法がとられる。

この裁判官の事実認定や知識獲得の手がかりとなるものが訴訟における「証拠」であり、それを収集感得する手続が「証拠調手続」といわれる。そして、これによって事実関係などが明らかにされる過程が「証明」の問題である。

（2）　勝敗のキーとしての証拠

上記の証拠の必要性を当事者の側からみると、自分にとって有利な事実の認定を正当化するに足りる強力な証拠を探索・収集し、それを訴訟に現出し、その事

実の存在について裁判官を説得することによって訴訟を勝利に導くことができることを意味する。訴訟の勝敗は、相手方より、いかにしてより有力な証拠を、より多く収集し、これを、裁判官に、より説得的にプレゼンするかにかかっている。そこで、当事者としては、裁判官によって自分に有利な事実を認定してもらうためには、どのような事実についてどこまで立証活動をすれば足りるのか（本章第2節第1款「証明とはなにか」）をまず理解する必要がある。

　また、そもそも裁判官が事実を認定するという作業は、どういう作業なのか、そこでの手法はどのようなものか（同第3節「事実認定の方法」）も、立証活動を進める上で、重要な指針となる。どちらの当事者がどの事実の存在または不存在を証明しなければいけないのか（「証明責任の分配」）、事実の推定作業のメカニズムの理解なども、立証活動に不可欠な前提である。さらに、当事者は証拠収集活動に走るとしても、いったい、相手方や第三者の手中にどのような証拠が存在するか、これを知ることができるか、もしそれが自分にとって有利なものならばそれを訴訟で利用できるかどうか、訴訟法は、そのためにどのような手段を用意すべきであるのかという問題（「第3章　訴訟準備活動とそのサポート・システム」ですでに講じた）が重要な関心事となる。

　医療過誤訴訟とか公害訴訟のように、一方の当事者が証拠のほとんどすべてを把握しており、相手方は事件の真相を摑めないという場合もあろう（証拠の偏在）。そのような場合に、公平でかつ真実を得られる裁判を可能にするために、どのような手段が考えられるか（事案解明義務および責任）など、多くの課題が待っている。また、証拠のより説得的なプレゼンをするには、証拠調べの手続（第4節）に習熟する必要があることはいうまでもない。

2　証拠の概念

　証拠は、一般的には、裁判官が判決の基礎を確定するための手がかりをいうが、技術的には、種々の意味で用いられる。すなわち、その取調べの対象となる有形物（証拠方法）を指すこともあるし、その取調べによって裁判所が感得した内容（証拠資料）を意味し、さらに、裁判官が認定をするに至った原因（証拠原因）を意味することもある。なお、さらに直接証拠・間接証拠、本証・反証などの用語もある。

（1） 証拠方法

裁判官がその五官によって取り調べることができる有形物をいう。人的証拠（人証）と物的証拠（物証）とがある。人証としては、証人、鑑定人、当事者本人があり、物証としては、文書、検証物があり、その種類別にそれぞれ取調手続が規定されている。有形物が証拠方法として用いられることのできる適性を、証拠能力という。

（2） 証拠資料

証拠方法の取調べによって感得された内容をいう。証言、鑑定意見、文書の記載内容、検証の結果などがこれである。官庁その他の団体の調査報告（186条）の内容も、証拠資料である。証拠資料が証明対象とされた事実の認定に実際に役立つ程度を、証拠力、証明力または証拠価値という。

（3） 証拠原因

裁判官の心証形成の原因となった資料や状況をいう。証拠調べの結果だけでなく、弁論の全趣旨が包含される（247条参照）。

（4） 直接証拠・間接証拠

主要事実を推認させる事実（たとえば、アリバイ、裁判外の自白）を間接事実または徴憑といい、証拠能力や証拠力を明らかにするための事実（たとえば、証人の性格とか証人と挙証者との特別の利害関係）を補助事実という。主要事実を証明するための証拠を直接証拠、間接事実・補助事実を証明するための証拠を間接証拠という。

第2節　立証活動の目標

第1款　証明とはなにか

第1項　民事訴訟における証明の意義

一般には、ある事項の存否を証拠などによって明らかにすることを広く証明というが、訴訟法上は、証明と疎明とを使い分けており、訴訟法上の証明は、限定された意味で用いられる（第1項）。また証明と疎明のほかに、厳格な証明と自由な証明、本証と反証という使い分けもあるが、これらについては、第2項で取り扱う。

1　証明の定義

証明とは、裁判の基礎として認定すべき事実について、それが存在したことの確からしさ（蓋然性）が、証拠や経験則などによって裏付けられた状態をいう。または、この状態に達したかどうかは裁判官によって判断されるので、証拠を提出して裁判官に働きかける当事者の行為（立証活動）を指して証明ということもある。訴えに対する判決の基礎となる事実を認定するには、この証明がなければならない。勝訴を求める当事者からいえば、立証活動の目標となる裁判官の心理状態でもある。

事実についての当事者の主張を真実と認めるべきかどうかは、裁判官が自由な心証に基づいて判断する建前である（自由心証主義）が、「弁論の全趣旨および証拠調べの結果を斟酌して」行わなければならず（247条）、かつその事実主張について「証明」がなければならないとされている（179条参照）。その意味では、ここでいう証明とは、自由心証主義を合理化するための制約の一つということになるが、実践的には、証拠などによって真実であるとの裏付けをどの程度得たときに、裁判官は証明ありと判断してよいか、判断すべきかが問題となる。理論的には、その基準をどのように定めるか、どのような基準であれば、裁判における証

明過程の実践において有効に働く基準たりうるかを見定めることが重要となる。

2　証明過程の構造

当事者と裁判官の共同作業ともいえる訴訟上の証明過程を解明するには、つぎの三つの視点を欠かせない。証明主題の蓋然性、審理結果の確実性、裁判官の心証形成の視点である。

（1）　証明主題の蓋然性

第1に、ある証明主題たる事実自体の存否についての確からしさ（蓋然性）の程度（これを「証明度」といっておこう）が問題となる。証明があったと判断するためには、どの程度の証明度を要求すべきか、証明度は高ければ高いほどよいというものではない。当事者の立証活動は、実際には、限られた時間・資源・労力の下で行われるのであり、これらの条件の下での実践的基準を定める必要がある。

　㋐　**日常生活における証明で足りる**　　証明度の基準を一般的に定めることは困難であるが、通常、人が日常生活上の決定や行動の基礎とすることをためらわない程度に真実であることの蓋然性が認められれば、証明があったとすべきである（むろんその程度は、決すべき事項・問題の性質・価値によって左右される）。なぜならば、事実関係の証明を要するとする訴訟上の目的は、実体法を適用して権利義務の存否を判断する——当事者間に紛争解決基準を具体的に定立する——前提になる事実関係の判断を、当事者および広く社会の人々の納得できる程度に真実に即したものにし、このような認定を基礎にした裁判をすることによって、その裁判の当事者に対する説得力を高め、裁判に対する信頼を広く社会的に確立し維持するためである。そうだとすれば、事実認定において通常人の社会生活上の行動の基準となりうる程度の真実の蓋然性が得られるならば、その目的は十分に達成できると考えられるからである。

　訴訟においてしばしば問題となる因果関係の証明について、裁判例によれば、「一点の疑義も許されない自然科学的証明ではなく、経験則に照らして全証拠を総合検討し、特定の事実が特定の結果発生を招来した関係を是認しうる高度の蓋然性を証明することであり、その判定は、通常人が疑いを差し挟まない程度に真実性の確信を持ちうるものであることを必要とし、かつ、それで足りる」（最判（二小）昭50・10・24民集29巻9号1417頁）と述べられている。

第2節　立証活動の目標　　569

　もっとも、この説明において、「自然科学的証明」が、訴訟上の証明と違い、一点の疑義も許されないかのように読める点は、ミスリーディングである（自然科学的証明においても「仮説が反証されなかった」というだけのことで、その仮説が真になるわけではないし、そこでの証明作業も、確率判断をより高める作業であり、すべての定理等は、確率的命題である、→p573〔＊〕）。しかし、この裁判例の言明は、民事訴訟における証明のために通常人の判断に基礎を置いた基準を設けるべきだとした点に意義があると考える〔＊〕（→p414〔＊〕）。

　上記引用の判決の言明には、もう一つの問題がある。それは、証明度として要求すべき程度については「高度の蓋然性」という言葉を用いながら、その意味を敷衍する説明として、「通常人が疑いを差し挟まない程度に真実性の確信を持ちうるものあること」で必要十分としている点である。つまり、「高度の」というだけでは、数字的にはどれくらいを意味するかを全く指示していない。他方、「通常人が疑いを差し挟まない程度に真実性の確信を持ちうる」との表現からも、蓋然性の程度については具体的な指示はない。ただ、「通常人」という表現からは、常識的な人であり、法のみならず他の分野の科学的専門的知見は期待されていないという程度の枠組みは考えられなくはない。それだけでなく、むしろ、事件についての社会的・個人的関心の度合い、経済的利害等によってさまざまな証明度による「確信」（事件によって証明度にかなりばらつきがある確信）があってもおかしくはないようにも読める。また、社会的関心の高い政策決定訴訟（たとえば、→p486のセクハラ事件や、→p488の原子炉事件、なお太田・手続論125頁(注35)参照）にあっては、判決による政策決定の結果の正当化責任が問われる意味では、個々の事実の証明度もさることながら、判決の結果が社会的に納得できるものかどうかが重要な関心事であるように考えられる。

　そう考えると、第1に、判旨のいう「高度の蓋然性」の意味は、証明度の一般論の中で、「証拠の優越説」と対比して用いられる「高度の蓋然性説」にいうところの一義的な「高度の蓋然性」（後記(ウ)参照）の意味とは、かなり異なった意味内容のものと理解する方が自然である。そうであれば、この判旨を、いわゆる高度の蓋然性説の根拠づけに用いることには、飛躍があるということにならないだろうか（伊藤眞、春日偉知郎が当該判決が用いた証明度について、実質的には、むしろ証拠の優越説をとっているのではないかとの疑問をもった（→p485(d)）のも、不思議ではなかろう。

570 第3編 第一審手続 第6章 当事者の立証活動と裁判所の事実認定（審理の第2段階）

また後述する「高度蓋然性説から証拠優越説へのスライド現象」（⏎p574〔＊＊〕(b)）もむしろ当然の現象と捉えられよう）。第2に、当該事件のように、専門的知見に基づいて蓋然性の程度を判断する必要がある場合に、専門的知見を評価しようのない通常人がどのようにして「確信」ができるのかという課題、別の言い方をすれば、いかにして公平・中立的な専門的知見を裁判の場に顕出することができるかという課題があること、そして、そのような顕出がえられない場合に、どのような合理的事実認定手法が考えられるかという課題（⏎p576脚注4））が残されているという点である。

〔＊〕　**疫学的証明と訴訟上の証明**　　(1)　いわゆる公害訴訟においては、原告側の集団的疾病とその発生源との因果関係の証明のために疫学の成果が大いに利用されている。疫学においては、原因不明の疾病の集団的発生に対し、必要かつ十分な防疫対策を立てる基礎として、その原因を究明し、仮定した原因と疾病とのその因果関係の蓋然性を証明しようと努める。それは、人間集団の健康の増進・防疫という人間の社会的行動を合理的に決定するための基礎事実として因果関係を確定するものであるという点で、訴訟上の証明と基本的には同一の性格をもち、疫学的分析の手法は、裁判における事実認定の手法に貴重な示唆を与える。

裁判で議論されている疫学的手法とは、疫病の原因とその発生との間の因果関係の存否を判断する手法として、つぎの4条件を満たすかどうかを調べる。①その因子が発病の一定期間前に作用するものであること、②その因子の作用する程度が著しいほどその疫病の罹患率が高まること、③その因子が除去されたところでは罹患率が低下すること、④その因子が原因として作用するメカニズムが生物学的に矛盾なく説明できること、を掲げている。このような思考方法は、われわれの日常の判断においても無意識的に使っており、裁判の場合にも多く使われているところであり（吉田克己「疫学的因果関係論と法的因果関係論」ジュリ440号（1969）107頁参照）、その手法の積極的な利用は、証明の程度を客観化するために大いに役立つであろうし、同時に、このような手法に基づく裏付けが得られたときには、訴訟上証明ありとすることができ、それ以上の科学的証明を要求する被告の戦術に対する防壁としての役割を果たすであろう。

(2)　しかし、疫学の研究成果を直接事実認定に利用しようとする場合には、疫学が本来集団現象を取り扱うものであるから、その集団的データを個人対個人の民事訴訟にどのように反映させ得るかという困難な問題があると反論されている。これは、本文に掲げた昭和50年10月最高裁判決にもみられるように、自然科学における証明、あるいは疫学における証明と、裁判における証明とは、本来別物と考えてきた法律家の伝統的誤解に由来するものと思われる。

しかし、「事実上の推定」（→p619）のためのより客観化された基準（経験則）として疫学の成果を利用することは、なんら背理ではない（沢井裕「イタイイタイ病判決と鉱業法109条（5・完）」法時44巻2号（1972）87頁参照）。太田・法律72頁によれば、裁判官が経験則によって因果関係の証明ありとする作業は、疫学的因果関係の証明作業とまったく同質のものであるという。裁判官が用いる経験則自体が集団的調査や、集団的現象の観察から帰納された集団的因果関係にほかならず、そこでの裁判官の心証形成過程は、まさに集団的因果関係（経験則）から個別的因果関係を推論するというものであるからである。

(イ)　**証明度基準領域**　証明があったと判断するのは個々の裁判官であるから、各裁判官が証明ありと判断する証明度（これを「証明点」ということにする）には高低の差があるのは当然であり、証明点の基準を設けるとしても、一定の証明度に達したときには証明ありとしてよいという証明点Aから、さらにこれ以上の証明度を求めてはならず、証明ありとしなければならない証明点Bに至る領域をもった基準が必要である。これを証明度基準領域と呼ぶことにしよう。A点より低い証明度で事実の存在を認定しても、またB点を超えた証明度を要求して事実の存在を否定した場合でも、経験則違反として上告審のコントロールを受けることになる。その意味で、証明度基準領域の設定自体、および、各証明点が基準領域内にあるかどうか、これより低い証明点で事実を認定したか、証明度基準領域を超えた証明度を求めてその事実の存在を否定したかどうかは、法的評価の問題である。

(ウ)　**証明度基準領域をどのように定めるべきか**　証明度は高ければ高いほどよいというものではないが、原則として高度の蓋然性を要求し、証拠が偏在するなど証明が困難な事案類型においては証明度を引き下げるとするのが、通説（高度の蓋然性説）と思われる[1]。これに対して、原則として、存在する蓋然性が50％を超えていれば足りるとする説（「証拠の優越説」とも「優越的蓋然性説」ともいわれる）がある。以下の①〜④の理由から後者の証明度を妥当と考える[2]。また、上述の証明度基準領域という発想のもとでは、個々の裁判官の証明点が、60％以上

---

1)　代表的なものとして、加藤新太郎「確信と証明度」鈴木・古稀549頁以下。

2)　以下の叙述は、伊藤眞「証明度をめぐる諸問題」判タ1098号（2002）4頁以下、田村陽子「民事訴訟における証明度論再考」立命館法学327=328号（2009）515頁以下に多くを負う。

の領域に入っているのに証拠の優越なしと判断するのは、違法とみるべきであろう[3]。

① **高度の蓋然性を要求する必要性はない**　高度の蓋然性説は、裁判においては、公権的の行為であり間違は許されず、日常生活上での判断と異なり、より慎重なものでなければならないとの信念に基づくものではないかと思われる。そうでなければ当事者や社会一般の納得・信頼を得ることはできないとの信念を前提にしていると思われる。しかし、民事訴訟においては、刑事訴訟におけるように一人の冤罪も出してはならないという絶対的要請はないので、刑事訴訟における程の高度の蓋然性を要求する必要が基本的にない。また当事者双方にとって証拠収集手段がかなり制約されている（証拠が偏在する場合があるとしても）ことからすれば、民事訴訟において高度の蓋然性を求めるとすれば、証明責任を負う側にとって負担が重く不公平である。

　本来、民事訴訟において、ある程度の証明度を要求するのは、すでに述べたように、裁判について当事者や社会一般の納得・信頼を得るためであるとすれば、「実際の社会生活上その存否を判断しても問題がない程度」の蓋然性を要求すれば足りるはずである。そして、実際の社会生活においては、証明責任の分配などという仕分けは考えられておらず、むしろ50％を超えた蓋然性が認められれば、存在すると判断するのが普通であろう。

② **高度の蓋然性を求めれば求めるほど誤判率は高まる**　高度の蓋然性説によれば、証明度が高度の蓋然性に至らない場合には、証明責任を利用して「不存在」と判断せざるをえないが、50％を超える蓋然性で「存在」と判断する建前と、証明度が60％、70％を超えても80％に達しなければ証明責任によって「不存在」と判断せざるをえない建前とを比べると、本当は存在する事実を存在しないと判断する確率（誤判の確率。この誤りを統計学では「疑陰性（false negative）」という）は後者の方がずっと高くなる。果たしてそれでよいか、再考されるべきだろう。

　さらに、そのような誤判率をあえて容認してでも、80％に達しないならば「不存在」と判断せよとする立場は、訴訟による権利主張に制約を課し、結果として

3）　太田勝造「訴訟上の判断——統計学の考え方と事実認定」民訴雑誌63号（2017）150頁以下特に169-170頁を参照した。

第2節　立証活動の目標　　573

紛争以前の当事者間の実体法的現状の維持に加担する結果となる。高度の蓋然性説は、まさにこのような結果を志向した政策論ともいえる。しかし、ここで問われているのは、実体法秩序の一般論として現状維持政策をとるかどうかではなく、訴訟になって互いに争っている個別事件においては、どちらの当事者にどれだけのハンディを負わせるべきかのバランスの問題になっており、そこでは、両当事者の立場をできるだけ公平に取り扱う方が、かえって手続原理、武器対等の原則にかなうであろう。証明責任を負う当事者としては、高度の蓋然性を要求されると、証明に成功した場合と不成功に終わった場合との落差が大きすぎることになり、ここでも当事者間の公平の原理に反することになる[*][**]。

[*]　証明点を高くすればするほど、存在する事実が不存在と判断される蓋然性が高くなる。かりに証明点Ｐを80％と決め、証明点が80％に到達したとして当該事実を認定した場合に、その事実の存在の判断が誤判である蓋然性は１−Ｐで20％となる。逆に、たとえば90％の証明度を前提にして、証明点が80％に達してもその事実を認定しない場合、当該事実が真実である確率はすでに80％であるから、事実誤認の蓋然性は80％となる。その場合、誤判によって失う原告の期待損失は、誤判によって原告が失う効用（Ｋπ）の0.8倍となる。他方、80％で証明ありとして原告を勝たせた場合にそれが誤判である確率は20％であり、その誤判によって被告が被る期待損失は、誤判によって被告が失う効用（Ｋδ）の0.2倍となる。かりに、原告と被告の各期待損失を見合ったものにする（$0.8Kπ = 0.2Kδ$）とすれば、ＫπとＫδの比率を0.2：0.8と評価することになる。したがって、Ｋδの重みを、Ｋπの４倍の重みあるものと評価することになる。つまり被告の保護を原告の保護より４倍重くみることになる。70％の証明度とすれば、$0.7/(1−0.7) ≒ 2.3$であるから、被告のＫδをＫπの約2.3倍の重さと評価することを意味する。証明度を50％とすると、ＫδとＫπとがほぼ同等となる。つまり証拠の優越説に依れば、原告と被告の誤判によって失う効用（ＫπとＫδ）をほぼ等しく評価していることになる（太田・証明論147頁以下）。その意味では、証拠の優越説のように証明度を50％を超えるところに設定するのがもっとも公平な扱いといえる。

[**]　**証明度の軽減**　　(a)　法律上の証明度の軽減　　裁判上の事実認定には、証明を要するというのが原則であるが、立法目的の達成のため（多くは権利救済を容易化する）ために、特定の事件類型について、法律上その証明度を下げることが行われる。その場合、明文の規定が置かれるのが通常である（たとえば、損害額の認定についての248条。→p607[**]。高度の蓋然性説の下では、このような証明度の軽減が重要となるが、証

拠の優越説でも不要ではない）。しかし、たとえば、不法行為に基づく損害賠償請求の場合には、相当因果関係の証明達成度を賠償額に反映した賠償を命ずべし（⤵ p606〔＊〕）というように、実体法の解釈問題として、証明度の軽減および実体法規範内容とは異なった裁判をすべき旨を論じられることもある（⤵ p624 **5（1）**）。

(b) 高度蓋然性説から証拠優越説へのスライド現象　　仙台高秋田支判平10・12・10判時1681号112頁（⤵ p576脚注４））は、セクハラ事件で、証拠としては当事者の証言しかないような場合において、明文の規定がないにもかかわらず、裁判官が自覚的に「証拠の優勢を吟味する観点から」事実認定を行っている点が注目される。確かに、証明度一般論としては、高度の蓋然性説と証拠の優越説とは対等の原理として議論されている。しかし現実の事実認定においては、判断者自身が、主要事実の認定レベルでは高度の蓋然性説に立っていると自覚し、あるいは漠然とそれを目標にしているとしても、より具体的、より細部の、よりクルーシャルな事実（心証形成を左右するような事実）の認定で迷うような場合には、結局、総合的に見てどちらの話がより信用できるかという観点で——つまり証拠の優越説の観点で——決着をつけているのが実際ではないのか。ひいては高度の蓋然性説自体が、事実認定作業の実践を離れたモデル論ないし理想論にすぎない場合もあることを示唆する点で注目される。竜嵜喜助『真偽と証明——正義は一つか』（2004・尚学社）294頁、さらに⤵ p485脚注25)参照。

③　**証明度基準としての使い勝手**　　証明度を裁判官の個別判断を統制する基準としてみたときには、証拠の優越説の方が明確で使いやすいと思われる。「高度の」という基準がどの程度の高さをいうのかを指示する要素はそれ自体のなかには含まれていないため、むしろ裁判官が確信したときに高度の蓋然性があったと逆に擬制されているのではないかと思われる。それに比べると、「５分５分か、それ以下か、それを超えているか」という証拠の優越説の基準の方が、明確であり実践的には判断しやすいし、個々の裁判官による判断誤差（証明点のばらつき）も比較的少ないと思われる。

④　**立証活動の活性化**　　さらには、高度の蓋然性を要求する場合には、証明責任を負う当事者の立証活動が高度の蓋然性を超えることはまずないと相手方が自分の立証活動を怠るおそれがあるのに対して、相対的蓋然性で足りるならば、相手方としても、つねに反対の立証活動に努力せざるをえない立場に置かれることになり、全体として当事者双方による立証活動が活発になり、結果として、証明度も、つぎにみる解明度も高まり真実に近づくことが期待できる〔＊〕。

第2節　立証活動の目標　　575

〔＊〕　**科学的な因果関係の証明の場合**　　医療訴訟などの因果関係の証明において、高度
の蓋然性を要求する立場にたてば、証明責任を負う患者（原告）側は、因果の流れを時系
列で各節目を立証して次の節目への流れを証明し（a→b→c→d→……）、結果事実
（……→x：事故結果にあたる明らかな事実）に至るまでを立証しなければならない。証
明責任を負わない医師側（被告）としては、各節目から次への流れのどれか一つ、ないし、
いくつかを攻撃すればよい。しかも反証（⟶p579）で十分と考え、その程度の立証活動
で足りると考えがちである。さらに、各節目に対する反証が相互に矛盾していても、無頓
着な場合さえ見かける。

　他方、証明度の基準を証拠の優越で足りるとしたときは、被告側も、結果xに至る別の
因果の流れ（原因不明、不可抗力など医師の過失責任を回避しうる流れ）を主張して、そ
の証明を原告と同程度に立証することが必要になろう。裁判官としては、双方が主張する、
結果xに至る別々の因果の流れ（いずれも仮説の主張であるが）について、それぞれの立
証結果（相手側の因果の流れの主張に対する各反証も含めて）を比較して、より蓋然性の
高い、より納得できる、より合理的とみられる流れの方を採用することになるのではない
か。しかも、このような双方の立証活動こそ、医学上の因果関係を追及する場合の科学的
手法でもある（自然科学的証明については、⟶p568）。前者の考え方だと、被告は、結果
事実（x）が生じた原因までの流れ全体を説明しなくてもよいことになる。つまり、「原
因不明」との説明で、こと足りる（⟶p625脚注17））。患者側としては、医療行為にあた
った、かつ専門家である医師側にこそ、事件の真相を詳しく語ってもらいたいのに、高度
の蓋然性説では、そこまでたどり着けない。これでは、患者側は、やりきれない。この問
題の解決方法については、さらに、「事案解明責任」（⟶p482（4））、「一応の推定理論」
（⟶p619（3））、とくに「外形的事実による因果関係等の推定と証明責任の転換」（⟶p623
〔＊＊＊〕・p624　5）が、コラボしてくれる。

（2）　審理結果の確実性（解明度）

当事者双方の立証活動が積み重ねられていくと、それまでの審理結果が新たな
証拠によって覆されるリスクは次第に少なくなり、審理結果の確実性（事実認定
レベルにおける解明度）〔＊〕が高まる。もうそれ以上は結果は動かないという状態（そ
の程度は「尽証度」といわれる）またはそれに近い状態になれば、少なくとも事実認
定のレベルにおいては、「裁判をするのに熟した」（243条）ことになる。解明度の
高まりは、事件全体の事実についての証明達成度を認知させ、裁判官に対し事件
全体についての心証形成を促すことになる。ここでもどの程度の解明度に達すれ
ば、判断に熟したとして審理を打ち切ることができるかの問題がある。

これは、訴訟に必要な時間的物質的なコストと紛争の社会的重大性との比較考量によって決せられるべきものと考えられる。少額訴訟で、訴額を超えて証拠の探索や時間・労力をかけるのは無意味である。密室でのセクシュアルハラスメントの事件などでは、当事者本人の証言以外には証拠がなく、なんらかの経験則によって解明度の上昇を求めるほかはない場合が少なくないが[4]、これとて多くを望めないので、解明度が相対的に低くても審理の打ち切りが許されよう（この場合には、証明度基準領域も低く設定せざるをえない）。他方、人事訴訟や公害事件のように、利益の対立が深刻かつ重大である訴訟においては、高い解明度が要求される。このように、解明度においては、コストと争われる利益の絶対量との比較が決め手となる。そしてこれもまた、法的評価にかかる問題である[5]。

〔＊〕　太田勝造「『訴訟カ裁判ヲ成スニ熟スルトキ』について」新堂編・特講429頁以下によれば、243条にいう解明度には、ここでいう事実認定レベルでの審理結果の確実性のほかに、法律構成と争点形成のレベルで十分な審理が尽くされたかという意味での手続保障的側面の解明度が含まれるとする。

4）　横浜地判平7・3・24判時1539号111頁（一審判決）と東京高判平9・11・20判時1673号89頁（控訴審判決）は、セクハラの被害者が加害者に対する損害賠償請求において、一審判決では、セクハラに対して原告は逃げたり大声を上げたりしなかったという話（目立った抵抗をするのが普通だからという常識・経験則）から、請求を棄却されたが、控訴審では、米国における強姦被害者の対処行動に関する（原告のような行動も少なくないとする）研究が紹介され、それが事実認定を逆転させるきっかけとなったと推測される判決で、経験則、とくに専門的知見の活用に関する興味ある事例である。この東京高判平9年判決と同様な立場をとるものに、仙台高秋田支判平10・12・10判時1681号112頁がある。竜嵜喜助『真偽と証明——正義は一つか』（2004・尚学社）293頁を参照した。なお、→p574〔＊＊〕。さらに、セクハラ問題については、渡辺千原「非専門訴訟における専門的知見の利用と評価——セクシャル・ハラスメント訴訟からの一考察」和田仁孝ほか編『法の観察——法と社会の批判的再構築に向けて』（2014・法律文化社）223頁以下〔渡辺『訴訟と専門知——科学技術時代における裁判の役割とその変容』（2018・日本評論社）221頁以下に所収〕がある。そこでは、フェミニストカウンセラーによる支援活動が、いわゆるセクハラ京大事件（京都地判平9・3・27判時1634号110頁）などの個々の訴訟事件において被害の認定に重要な役割を果たしたこと、それらの裁判がジェンダー問題に関する社会活動の有効な手段となったことを紹介するとともに、社会に向けて、裁判の「応答性のある」司法（上掲書15頁・221頁参照）への変換を促進する方向において、広く専門的知見を利用した事実認定モデルの探求を試みる。またセクハラ問題、事実認定における「ストーリー・モデル」などの全体像を知るうえでも、貴重かつ便利である。

5）　解明度に関しては、太田・証明論105頁以下に負う。

（3）　裁判官の心証形成との接点

　裁判の進行につれ、証明点が高くなるとともに、解明度も増していくとき、事件全体の事実についての証明達成度も高くなる。裁判官の心証も次第に固まっていくことになる。やがて、裁判官としては、自信・確信をもってあるいは納得して事件全体の事実の存否（証明ありまたは証明なし）の判断が下せるような証明達成度になったことを認知する。裁判官の心証形成が最終的に固まったということになる。この裁判官による心証形成は、事件において達成された証明点と解明度についての総合的判断として行われることになる[6]。裁判官の心証形成に関わる問題でもあるので、当然個々の裁判官によって、高低差があろう（合議制審判における証明においては、構成裁判官の過半数が最終的な心証形成に至れば、合議体としての最終的な心証は形成されたとしてよい）が、その最終的な心証形成が法的に許容範囲のものかどうかは、証明度基準領域、尽証度の各視点から総合的に評価されるべきである。

第2項　その他の証明に関する用語

1　疎　　明

　証明と対比して用いられるものに疎明がある。疎明とは、証拠などによる裏付けが証明の程度には至らないで、一応確からしいとの推測を裁判官が行ってよい状態、またはそのような状態に達するように証拠を提出する当事者の行為をいう。高度の蓋然性説においては、疎明における証明度（証明度基準領域）も証拠の優越程度まで一般的に下げられるものと考えられている。証拠の優越説においては、疎明の証明度（証明度基準領域）は「証明」の場合と異ならないが、迅速・簡易な処理のために解明度は「証明」における程度まで要求しない場合といえる。

　　㋐　訴えに対する判決の基礎たる事実以外の迅速な処理を要する事項や派生的な手続事項については、その基礎たる事実を認定するには疎明の程度で足りるとされる場合が多い（35条1項・44条1項・91条2項3項・198条、規10条3項・24条2項・25条・30条2項・130条2項・153条3項、民保13条2項、会社836条3項・847条の4第3項など）。

　6）　この考え方は、田村・前掲注2）517頁とくに535-536頁から示唆を受けた。

578　第3編　第一審手続　第6章　当事者の立証活動と裁判所の事実認定（審理の第2段階）

(イ)　疎明においては、迅速・簡易な処理を目指すために、証拠方法も即時に取り調べられるものにかぎることにしている（188条）。たとえば、在廷する証人の尋問、自分の所持する文書物件の検証を求めるような場合に限られる（証人尋問ができないためにその者の供述書を書証として提出したり、現場検証の代わりに写真を提出することになる）。他方、このような即時性を要求する結果、利用できる証拠方法がなくなることを心配して、裁判所は、その裁量で、当事者または法定代理人に、保証金を供託させまたはその主張が真実であることについて宣誓させて、疎明があったと取り扱い（旧267条2項、ただし民保旧13条3項）、後日虚偽の申述をしたことが判明したときは、保証金の没収または過料の制裁を受けるという取扱いを認めていたが、実務上ほとんど利用されていなかったので、平成8年改正法では廃止した（旧267条2項-270条の削除）。

2　厳格な証明と自由な証明

前者は、法定された証拠調手続（179条-242条）によって行う証明である。後者は、この法定手続によらないで行われる証明である。両者とも証明であるから、証明度基準領域に差異はないし、証拠方法を制限され、解明度の低い疎明とも異なる。この区別は、刑事訴訟の分野で、広く用いられているが、民事訴訟でもこの区別を認め、職権調査事項の前提事実を認定するには自由な証明で足りるとする説が有力である[1]。

証拠調べの法定手続は、事実認定の公正さを担保するために、証拠の信憑性を手続上保障するとともに（たとえば各種の宣誓義務、当事者尋問の補充性、書証の真正に関する規定、交互尋問など）、相手方に準備の機会を付与したり（規99条・102条・107条・137条など）、証拠調べの実施に立ち会う権利や証拠調べの結果に関する弁論の機会を保障したり（→p631 3）、また、直接主義や口頭主義を確保する（たとえば

---

1)　村松俊夫「証拠における弁論主義」岩松・還暦270頁〔同『民事裁判の理論と実務』（1967・有信堂）142頁〕、三ケ月・382頁。岩松三郎「民事裁判における判断の限界（3・完）」曹時5巻3号（1953）〔同『民事裁判の研究』136頁〕も認めるが、職権調査事項全般に拡げることには反対。菊井維大「自由な証明」『北大法学部十周年記念法学政治学論集』（1960・有斐閣）361頁以下は、決定手続につき認めようとする。なお、歴史的研究として高田昌宏「民事訴訟における自由証明の存在と限界」早稲田法学65巻1号（1989）1頁〔同『自由証明の研究』（2008・有斐閣）〕参照。

第2節　立証活動の目標　　579

203条）ものでもあるから、訴訟物たる権利関係の基礎事実の認定は、この手続によらねばならない。しかし、その他の訴訟上問題となるすべての事実の確定にこの厳格な手続による証明を要求するかどうかは、その事実を確定する趣旨および訴訟経済との関係で個別に決められるべき問題である。

　職権調査事項（法規、経験則なども含む）全般についてはともかく、訴訟要件の調査に関するかぎり、自由な証明でよいと思われる。訴訟要件の調査自体が本案の審理とは一応別個の前提問題であるし、訴訟要件の判断のための前提事実は、多くの場合訴訟手続内で容易に把握できる事実（代理権や保佐人の同意の有無、費用担保提供の有無など）や形式的な事実[2]であるから、審理の簡易迅速という見地からも、また実際上判断の公正を疑わしめる余地が少ないという見地からも、これらについては厳格な手続をつねに要求するよりは、裁判官の判断を信頼して、それぞれの事項に応じた適切な方法を臨機にとるように期待するほうが得策である。

3　本証と反証

　自分が証明責任を負う事実を証明するための証拠が本証、それを否認する相手方が提出する証拠が反証である。本証は、その事実の存在につき証明度基準領域に達する立証状態にまで至ってはじめてその目的を達する（その事実はあると認定される）。他方、反証においては、否認する事実についての心証を、存在するとも存在しないとも分からないという状態（ノンリケット）に至らせれば、その目的を達する（証明責任（→p603）の原則によりその事実はないとして裁判される）。そこで、本証・反証の語は、上記の各目的を達成するに足りる証明状態ないし裁判官の心理状態を指す意味でも用いられる。

2）　訴えの利益の前提事実や管轄原因事実が本案の主要事実でもある場合、併合の要件や訴訟参加の理由を満たす事実などについては、原告や申立人の主張したところをそのまま判断の基礎にする。また、当事者能力・訴訟能力の基礎事実なども比較的形式的に決められるものである。裁判権の存否の基礎事実の例については、新堂「裁判所の調査義務と釈明義務」民訴演習Ⅰ-118頁〔同・展開301頁〕参照。

第2款　証明の対象

通常は事実であるが、経験則や法規も、時として証明の必要がある。のみならず、裁判による法創造の必要性を否定できないとすると、その法創造が合理的かつ適切であるための保証を考える必要がある（→p582〔＊〕立法事実論）。

1　事　実

（1）　事実認定と権利の存否の判断

判決をするには、訴訟物たる権利関係の存否を判断しなければならないが、権利や義務は、観念的な形象であるから、その現存を裁判官の五官の作用によって直接認識できるものではなく、また直接証明する方法もない（民法188条のような権利推定のあるときは例外である）。現存の権利の存否は、過去においてその権利が発生したか、消滅したかを確かめることによって明らかにされる。さらに、権利の発生または消滅の判断は、その発生または消滅を規定する法規の構成要件に該当する具体的事実（主要事実）が存在したかどうかを判断することによって行われる。そして、ある事実が存在したかどうか、ということならば、それを推測する事実や証拠を調べることによって判断することが可能となる。こうして、訴訟では、通常過去の事実の存否が証明の対象となり、証拠調べによって事実の存否を判断すること（事実認定）が裁判の重要な作業となるのである（訴訟要件の存否の判断についても、ほぼ同様の作業が必要である）。

（2）　弁論主義との関係

弁論主義の下では、当事者の主張がないかぎり主要事実を判決の基礎に採用できないが、主張された主要事実は、裁判所に顕著であるか相手方が争わない場合を除き、つねに、証明の対象となる（179条）。これに対し、間接事実および補助事実は、それが主要事実の証明の手段として必要な限度で証明の対象となるにすぎない。

第2節　立証活動の目標　　581

2　経　験　則

（1）　意義

経験から帰納された事物に関する知識や法則であり、一般常識に属するものから、職業上の技術、専門科学上の法則まで含まれる。経験則は、ここでは、具体的な事実ではなく、事物の判断をする場合の前提となる知識ないし法則をいう。およそ人が論理的に事物を判断する場合には、必ずなんらかの経験則を前提にしている。裁判官も、この助けを借りなければ、当事者の主張の趣旨を理解することも、証拠力を合理的に評価し、そこから事実を認定することもできない[*]。

> [*]　**経験則が機能する場面**　　経験則が民事訴訟手続上どのような場合に用いられ、どのような機能をもつか。概括的な私見であるが、第1に、事実に法律を適用する場面、これには、法規の意味を確定するときに、言語上の経験則が用いられるし、とくに法規が一般条項・不特定概念を使用している場合には、法的価値判断に指導される経験則が用いられ、法規の当てはめ作業を正当化する働きをもつ。ついで、当事者の主張、提出された証拠および弁論の趣旨などがどの程度の証明力、説得力あるいは納得性をもつかを判断する場合に用いられ、証拠決定、証拠調べの限度、弁論の終結決定、自由心証の限界などを左右する働きをもつ（杉山悦子「経験則論再考」高橋・古稀479頁、483頁参照。一般条項と経験則の関連については、→p621[*](2)）。

（2）　経験則と証明の必要

裁判官も、常識的な経験法則ならば社会人の一人として知っているはずであるから、これを証明する必要はないし、これをそのまま使用して事実認定をしても、だれでもが知っているような経験則ならば、その認定について疑惑をもたれる心配はない。法規の内容として職責上裁判官の知ることが要求されるような経験則についても、同様に考えられる。しかし、これ以外の、特殊の専門的知識に属する経験則については、標準的裁判官が知っていることを期待できないから、証明の必要があるし、かりに、たまたま個人的研究や私的経験から知っていたとしても、やはり訴訟に現われた資料に基づきこれを明らかにしたうえで事実認定に利用すべきである（専門の学識経験に属する経験則やその適用による判断について、専門家の意見を聴き、裁判官の知識や判断能力を補充するための証拠調べが鑑定といわれるものである）。なぜならば、裁判官がその特殊な知識をもっていることは偶然的なことで当事者を納得させるに足りないし、たとえ裁判官がその道の専門家として有名な場合でも、鑑定人とその意見の採否を決する裁判官とが同一であってはならないという

582　第3編　第一審手続　第6章　当事者の立証活動と裁判所の事実認定（審理の第2段階）

法の趣旨（23条1項4号）に反し、客観的な事実認定といえなくなるからである。むろん、鑑定意見から、どのような知見・経験法則を選んで事実認定に利用するかは、事実審裁判官の自由心証の問題である[1] [2]。

3　法　　規

法規を知ることは裁判官の職責であるから、裁判官は、当事者の主張や証明を待たずに知っている法を適用して差し支えない[*]（当事者の法知識や法解釈に拘束されることもない）。しかし、外国法、地方の条例、慣習法などを知っているとはかぎらず、そのままではこれを適用されないおそれがある。そこで、その適用を欲する者は、その法の存在および内容を証明する必要がある（その手続は、通常、鑑定や書証の手続によるが、自由な証明（→p578　2）で足りる）。

[*]　**立法事実論**　　これまでの民事訴訟法は、法律要件に当てはまる具体的な事実（主要事実）およびこれらを推測する事実（間接事実、補助事実）など、判決において法適用の基礎となる事実に関して様々な理論や制度を議論してきたが、適用すべき法については、裁判官の職責として、当然にこれを知っているという建前から、議論の対象にならなかった。しかし、社会変化の激しい現代にあっては、立法作業が追いつかず、現場の裁判官がそのギャップを埋める必要が高まってくる。一般条項のような法律要件では、その現場にふさわしい具体的な規範の定立を裁判官に期待しているといえる。このように裁判による法の創造・修正が不可欠であり、無視できないとすると、裁判を通じて創造・修正される法規範が、当事者のみならず、関係者にとって、また社会にとって望ましいものであること、合理的であることを保証する制度が必要となる。

そこでは、裁判で問われている法の諸選択肢がそれぞれどのような社会的効果をもたらすかを正確に予測することがなにより重要となる。わが国でも、憲法学の分野では早くから研究されてきた（嚆矢として、芦部信喜「合憲性推定の原則と立法事実の司法審査——アメリカの理論・実態とその意義」清宮四郎博士退職記念『憲法の諸問題』（1963・有斐閣）[同『憲法訴訟の理論』（1973・有斐閣）117頁以下所収]）が、民事訴訟法の分野でも、このような正確な予測を可能にするための社会的事実や法則一般（多様な社会科学・自然科学における知見などを含む）を「立法事実」と呼び、法の適用対象となる前記の事実

1）　経験則一般について、岩松三郎「経験則論」民訴雑誌1号（1954）2頁以下〔同『民事裁判の研究』147頁以下〕参照。経験法則違反が原判決破棄の理由になる点については、→p599(2)。

2）　ただし、経験則は、自由心証の限界を法的に画する道具としても登場する。→p600[*]・p601[**]。

（これを「判決事実」と呼ぶ）と対比して、立法事実の重要性を説き、これを裁判に顕出させ、裁判所、当事者間で十分に議論させる機会を設けることが必要であるとする理論が唱えられるようになった。

立法事実をどのようにして裁判に顕出させるかに関しては、弁論主義における主張責任ルール、自白の拘束力ルール、証拠申請のルール、不意打ち防止ルール、さらに釈明義務、法的観点指摘義務、事実解明義務・責任、証明責任のルールなどの各ルールとの関連で、訴訟上どう取り扱うべきかが議論されるべきである。

吉野正三郎「裁判による法形成と裁判官の役割」立命館法学201=202号（1988）1077頁は、職権鑑定を認め、これによって、「『立法事実』を提出することにより、法廷における弁論の内容と質を、立法府たる国会における討論に相当するほどのレベルにまで引き上げ、裁判の結果に民主的正当性を付与するのに寄与す」べきだと論じる。より浩瀚な優れた研究として、太田・手続論139頁以下（初出・1988）、同・法律129頁、原竹裕『裁判による法創造と事実審理』（2000・弘文堂）294頁以下がある。

太田教授によれば、立法事実については、不意打ちを防止して対論のテーマにする必要がある一方、立法事実の内容が客観的な自然科学や社会科学の成果であることが多く、当事者がこれらの科学に通暁していることは期待できず、収集が困難・不可能なことが考えられるので、主張責任ルールは認めるべきでないとし、また諸科学の成果を自白によって内容を変えてしまって、それを判決の基礎とすることは妥当でないから、自白ルールも認めるべきでない、さらに立法事実については、その量の不足や評価が対立拮抗して裁判所が判断に窮する場合もあるので、自己に有利な法の創造ないし法解釈を求める当事者側に、証明責任に対比した、裁判所にそのような法・法解釈を認めさせる責任（「正当化責任」と呼んでいる）があると論じている。なお、→ p252(6)。

第3款　証明を要しない事実

証明の対象となるのは、ふつう、事実であることは第1款で述べたが（→p567）、事実のうちでも、弁論主義の適用を受ける場合には、当事者の弁論に現われない事実は、そもそも判決の基礎にできないから、証明の対象とならない。弁論に現われた事実のうち、当事者間に争いのない事実および裁判所に顕著な事実も、証拠による認定を必要としない（179条）。当事者が自白した事実（179条）または自白したとみなされる事実（159条）は、当事者間に争いのない事実であるが、これらについて証明が不要なのは、裁判所が介入すべきでないという弁論主義の建前から、これを証明の対象にしないことによる（人訴19条1項は民訴179条の

584 第3編 第一審手続 第6章 当事者の立証活動と裁判所の事実認定（審理の第2段階）

うちの自白にかかる部分のみの適用を排除する）。裁判所に顕著な事実について証明が不要とされるのは、裁判所が証拠によることを省略してこれを認定しても、その判断が恣意に流れない保障があるからであり、この取扱いは、職権探知主義の下でも適用がある。

1　裁判上の自白の意義

自白とは、相手方の主張する自分に不利益な事実を争わない旨の意思を表明する、弁論としての陳述（事実の主張の一態様）である[*]。自白の対象は、原則として法的三段論法の小前提をなす具体的な事実である。法的三段論法の大前提にあたる法規（大判昭16・11・13法学11巻6号626頁）や経験則（大判昭8・1・31民集12巻51頁参照）は、自白の対象にならない。しかし、訴訟物たる権利関係の前提をなす権利や法律効果も自白の対象となる（これは権利自白といわれる。→p591　6）。

> [*]　**自白行為の性質**　自白の内容をそのまま裁判の基礎にしなければならないという効果を正当化するのは、あくまでも自白によって不利益を受ける当事者の、その事実を認めて争わないとの意思であり、その撤回が許されないのは、その意思を信頼して行動した相手方の保護のためである（松本博之「裁判上の自白法理の再検討」民訴雑誌20号（1974）〔同・自白法13頁〕が、自白の効力の根拠を、「弁論主義から派生する自己責任の原則」と相手方の信頼保護に求めているのも同趣旨と思われる）。ただ、通常、相手方と一致した陳述が弁論においてなされれば、そのような意思があるものと一般的に推論できるから、そのような陳述を自白の外形としてとらえているのである。したがって、たとえば、いかなる場合に自白が成立するか、自白につき錯誤があったかどうかが問題になる場合には、つねに、自白者に上記のような意思があったとみるのが合理的かどうかが問われ、その上で、そのような自白者の意思にどれだけの法的効果を付与すべきかが問われるのである。

2　自白の成立

（1）　自分に不利な事実を認める陳述

これだけが自白になる。不利とは、その事実に基づく判決が自分にとって全部または一部敗訴を意味する場合をいう[1]。必ずしも、その事実の証明責任が相手方にある場合にかぎらない[2]。

1）「不利益」概念を鋭く分析したものとして、松本・前掲[*]論文〔同・自白法26頁〕参照。
2）これにかぎる挙証責任説として、三ケ月・388頁。

たとえば、所有権確認請求の原告が、はじめ目的物件は先代Aの所有に属し、原告はこれを相続したと主張し、被告が、Aが生前被告に売り渡したと主張した後、原告が前言を翻して、原告はBから買い受けたと主張し、目的物がAに帰属したことはないと主張することは、自白の取消しに当たるといえる。その場合、「Aに帰属していた」との原告の先の主張は、後の陳述である「原告はBから買い受けた」との原告が証明責任を負う事実をみずから否定する原告に不利な陳述となるが、自白の成立を妨げない[3]。もっとも、この種の場合には、証明責任を負う当事者が首尾一貫しない主張を同時にしている場合（たとえば、書面をもって締結すべき契約に基づく請求をしながら同時に口頭でなされたと主張するような場合）もあるから[4]、裁判所は釈明により、その事実を基礎にして判決をすることになってもよいかどうかを当事者に確かめるべきである。

（2）　先行自白

当事者がみずから進んで不利な陳述をした場合（これを先行自白という）でも、のちに相手方が援用すれば自白となる（大判昭8・2・9民集12巻397頁）。相手方が援用する前に撤回すれば自白となる余地がない（大判昭8・9・12民集12巻2139頁）。自分に不利な陳述を相手方が争う場合でも訴訟資料にはなるから、請求の当否のために斟酌できる[5]。また、自白となる前に撤回したときでも、相手方の主張の当否の判定のために、撤回自体が弁論の全趣旨として斟酌されることは免れない。

（3）　理由付否認と制限付自白

ある事実の陳述が、相手方の陳述と一致する部分とそうでない部分とから成り立っている場合がある。この場合、どの部分を判決の基礎として認める意思かを解釈して、どの部分が自白されたかを決めなければならない。相手方の主張事実を全体として争いながらもその一部について一致した陳述をする場合（金員を受け取ったことは認めるが、借りたのではなく、代金として受け取ったというような場合）、ま

3）　このような事案につき、大判昭8・2・9民集12巻397頁は、一般論として証明責任説をとるようであるが、自白の成立を認める。同旨、兼子・体系246頁、同「相手方の援用せざる当事者の自己に不利なる陳述」〔同・研究1巻204頁〕、斎藤・概論268頁。

4）　三ケ月・388頁は、この理由から判例の一般論に賛成するが、上記にみるようにそういう場合ばかりでもない。

5）　兼子・研究1巻201頁、最判(一小)昭41・9・8民集20巻7号1314頁、新堂・判例271頁参照。

たは、相手方の主張を認めながら、これに関連する別個の事実を付加して防御方法とする場合（金は借りたが返したという場合）とがある。いずれも一致した部分について自白の成立を認めてよい。前者の場合は理由付否認といわれ、本来相手方に証明責任がある場合、不一致の部分については相手方に証明責任が残り、後者の場合は、制限付自白といわれ、付加事実については自白者に証明責任がある[6]。

（4）　弁論としての陳述

　自白が成立する陳述とは、その訴訟の口頭弁論または弁論準備手続における弁論としての陳述である（弁論準備手続には159条などが準用される（170条5項）とともに、173条により口頭弁論に上程されて弁論としての陳述になる）。これ以外の場面で自分に不利な事実を述べても、裁判上の自白にならない。訴訟外で相手方や第三者に対してした場合はもちろん、他の訴訟の口頭弁論でしたものでも同様である[*]。準備書面に記載しただけでは、自白とはならない（ただし、158条により自白になることはある、159条3項参照）。また弁論として陳述した場合にかぎるから、当事者尋問を受けて供述した事実は、自白とならない。また訴訟代理人の陳述は、当事者が直ちに取り消せば、自白にならない（57条）。裁判外の自白は、訴訟上相手方が援用しても、裁判所がその事実の存否を判断する場合の一つの資料となるにすぎない。

〔*〕　**同一訴訟手続内における他の請求についての事実主張と自白の成立**　　数個の請求が同一訴訟手続内で審理されている場合には、共通の争点となる同一の事実の主張が、一方の請求については有利な主張であり、他方については不利な主張であることがある。このようなとき、有利に働く請求についてのみその事実を主張し、不利に働く請求についてはそれを主張しないという自由はない。もしその事実を一方が主張し、他方がこれを認めるならば、不利に働く請求について自白が成立する。

　　たとえば、甲が乙に対して土地の明渡請求をし、これに対して、乙がその土地の時効取得を理由にその所有権の確認の反訴を提起している場合、甲が乙に上記土地を賃貸したという事実は、甲の請求については甲に不利に、乙の請求については時効取得の成立の障害になる事実として甲に有利に働く事実であるから、上記事実に争いがなければ、甲の請求については甲の自白が、乙の反訴請求については乙の自白が成立する（同様の例として、前掲最判(一小)昭41・9・8参照）。なぜならば、弁論主義のもとでは、当事者が事実に

6）　中田淳一「制限附自白について」法学論叢39巻4号6号（1938）〔同・訴訟及び仲裁の法理85頁〕。

第2節　立証活動の目標　　*587*

ついての審理の範囲および内容をその意思で限定し得るといっても、適正・公平な裁判を
すべしとする要請に制約されるのは当然で、主張者に有利な請求についてだけその事実を
認定し得るというほど極端な当事者主義が認められるものではないからである。

3　自白の効果

（1）　いったん自白が成立すれば、その内容を証明する必要がなくなる（179
条）。自白された事実について証明責任を負う者は、証明の必要から解放される。
裁判所はこれをそのまま判決の基礎としなければならず、これと異なる判断をし
てはならない。自白者もこれに拘束され、自白の内容に矛盾する別の事実を主張
することは許されないことになる。この効力は、上級審にも及ぶ。ただし、職権
探知主義の行われる事件や事項については、このような効力は認められない（人
訴19条1項参照）。そこでは、裁判所は自白に拘束されず、自由心証によって事実
認定をする。

（2）　間接事実と自白の効果

主要事実について争いがある場合であっても、その徴憑たる間接事実について
自白は成立し、その間接事実について証明を要しなくなる。ただ主要事実と異な
り、裁判所は、別の間接事実から、主要事実の存否を自由心証によって認定する
ことを妨げない。しかし、自白した当事者は、禁反言の作用によって自白に反す
る主張は許されなくなると解すべきであろう[*][7]。

〔＊〕　**間接事実の自白の拘束力**　　これを否定する理由として、裁判官が証拠調べなどから
　　疑いをもつのに、自白された間接事実を前提にして主要事実の心証を形成せよと要求する
　　ことは、無理な注文であるという説が有力である（兼子・体系248頁、三ケ月・391頁）。
　　しかし、その自白された間接事実を前提にし、これを打ち消すに足る別の間接事実が認め
　　られないかぎり、自白された間接事実（たとえそれに疑いをもっていたとしても）から主
　　要事実を推論することは、無理な注文とはいえない。法律上の推定規定のある場合で、そ
　　の前提事実について自白があり、かつ推定をくつがえすための立証活動があったときと同
　　様の心証形成作業であり、不可能なものとはいえないであろう。
　　　最判（一小）昭41・9・22民集20巻7号1392頁は、間接事実の自白は、裁判所に対しての
　　みならず、自白者にも拘束力がないとする。この事件は、原告Xの貸金請求に対して、被

7）　最判（一小）昭41・9・22民集20巻7号1392頁の評釈、三ケ月・判例民訴法246頁は判旨に反対。

告Yが、訴訟物たる30万円の債権はXと訴外Aとの間の不動産の買戻約款付売買の代金債務70万円の支払の一部としてすでにX（買主）からA（売主）に譲渡されたものであると主張したのに対し、原告Xは、いったん上記買戻約款付売買の事実を認めた後、上記不動産はXのAに対する40万円の債権のための譲渡担保としてXがAから譲り受けたという主張に変え、Yに対する30万円の債権をXからAに譲渡すべき原因がないことを主張した事件である。

最高裁は、本件の主要事実は、XからAへの「債権（XのYに対する債権）の譲渡」であり、間接事実にすぎないAからXへの「本件建物売買」についての原告の自白は取り消されるべきものであったにもかかわらず、原審がこの自白をもとに、本件建物売買を認定したのは、証拠資料足りえないものを事実認定の用に供した違法があり、本件売買の認定からさらに本件債権の譲渡を認定した（その結果XのYに対する債権は不存在であると判断して請求を棄却した）原判決は破棄を免れないと判断し、原審に事件を差し戻した。本件で間接事実について自白を認めるとしても、この事件で、かりにXとAとの間の契約が70万円の買戻約款付売買契約であった点（間接事実）についてXの自白の効力を認め、それを前提にして、上記売買代金残額の30万円の支払がほかになければ、Yに対する30万円の債権のAへの譲渡を認定することは、裁判所としてそう無理な作業とはいえないであろう（本件では、XとAとの間の取引が70万円の買戻約款付売買であったのか、40万円の債権の担保のための譲渡担保であったのかは、原告に債権が存続するかどうかを判断するための重要な争点である）。ただ、本件の場合、XとAとの間の契約の解釈に関わる難しい法律問題が介在しているわけであるから、原告が初め70万円の買戻約款付売買がなされたとの被告の主張を認めたとしても、権利自白にあたるので、容易に錯誤に基づきその自白の成立を否定することのできる場合であったという意味で、自白の当事者に対する拘束力を認めなかった判旨の結論には賛成しうる。

（3） 公知の事実に反する自白

当事者の一方が、公知の事実に反する事実を主張し、これを相手方が認めても、原則として自白の効果は生じない[8]。公知の事実に反する事実を裁判の基礎にするならば、裁判の威信を害し、一般の信用を失墜しかねないからである。ただし、公知性にも種々の程度が考えられるから、公知といっても、公知性そのものが争いになる程度のごく限定された時・場所における公知性にとどまる場合まで自白の効果を否定すべきではあるまい。

8） 反対、兼子・体系248頁。

第 2 節　立証活動の目標　589

4　自白の撤回または取消し

自白は原則として撤回できない。自白成立の時点で、自白の効果が生じており、これによって得た相手方の訴訟上の利益状態を自白者だけの意思で失わせるのは不当だからである。

（1）　相手方の同意があれば、取消しを認められる。それによって争点が増えたとしても、本来審理すべき対象が自白によって審理の対象からはずされていたものが、審理すべき対象に戻ったというだけであるから、裁判所としては文句をいう理由はないであろう（その取消しの主張が時機に後れた提出となる場合は別）。

（2）　判例によれば、相手方の同意がなくとも、真実に反する自白をした場合には、それが錯誤によるものであるときは取り消すことができるし（大判大11・2・20民集1巻52頁）、さらに、自白した事実が真実に反するとの証明がある以上、その自白は錯誤に出たものと認めてよいとする（最判(三小)昭25・7・11民集4巻7号316頁等）。たしかに、真実に反する証明がなされた場合には、錯誤の立証がたやすくなるのが通常であるから、錯誤を事実上推定できるという趣旨において判例に賛成できよう。錯誤があっても自白が真実に反しないときは、自白を取り消して自由心証による認定をまっても同じ結果になるだけであるから、取消しの利益はない。

（3）　第三者の刑事上罰すべき行為によって自白した場合は、真実に反するかどうかにかかわらず、適正手続の要請から自白は無効とすべきであり（338条1項5号参照。詐欺行為につき、最判(二小)昭33・3・7民集12巻3号469頁）、自白の形式が残っているかぎり、その取消しを認めるべきである。その場合、確定判決に対する再審の場合とは違い、338条2項の要件を具備する必要はない（最判(一小)昭36・10・5民集15巻9号2271頁）。

5　自白の擬制

当事者が口頭弁論または弁論準備手続で、相手方の主張する事実を明らかに争わないときは、これを争う意思のないものとみてよいから、法は自白したものとみなし（159条）、その事実の証明を不要とする。このような自白を擬制自白という（これを認めた例として、最判(三小)昭44・11・11判時579号62頁。否定した例として、最判(一小)昭43・3・28民集22巻3号707頁参照）。

590　第3編　第一審手続　第6章　当事者の立証活動と裁判所の事実認定（審理の第2段階）

（1）　擬制自白が認められるのは、弁論主義の適用になる事項にかぎられる（人訴19条1項参照）。事実の主張についてのみ認められる。権利自白や請求の放棄・認諾の擬制はない[9]。原告の主張事実がかりに全部自白されたとしても、それらが請求を理由づけるに足りるかどうかの法適用の判断が、裁判所の職責として残っているからである。なお、弁論準備手続においても、争点を整理・確定するために擬制自白が認められる（170条5項による159条の準用。なお173条）。

（2）　口頭弁論に出席していて相手方の主張事実を争わない場合（159条1項本文）だけでなく、欠席している場合でも、出頭した相手方の準備書面の記載によって予告されている事実（161条3項参照）については、争わないものとみなされる（159条3項本文）。これは、争う機会があるのに争わなかった点では、出席して争わなかった場合と同視できるからである。ただし、欠席者があらかじめ提出した準備書面にこの事実を争う旨の記載があり、この書面が口頭弁論で陳述されたとみなされる場合（158条・277条）には、争ったことになる。不知の陳述は、争ったものと推定される（159条2項）。

また、欠席者が公示送達によって呼出しを受けているときは、争う機会が現実にあったとはいえないから、自白とみなさない（159条3項ただし書）（なお、大判（民連）昭19・12・22民集23巻621頁は、公示送達のケースではないが、当事者がその責めに帰しえない事由で出頭できず、答弁書の提出もできなかったケースにつき自白の成立を否定する）。この場合、相手方は主張事実の証明をしなければならないが、とくに公示送達によって呼出しを受けた者は、およそ抗弁や反証を提出する機会がまったくない点で、たんに擬制自白の成立を否定するだけではその者の保護は十分といえず、場合によっては、上訴の追完または再審を別に考慮する必要がある（→p440　6）。

（3）　自白とみなされるかどうかの判定は、口頭弁論の一体性から、口頭弁論終結時点を基準にする。この時までに争うことが明らかになれば、自白は擬制されない（159条1項ただし書）。しかし、否認の陳述も攻撃防御方法の提出にあたるから、場合によってその制限を受けることがある（157条1項・170条5項）。さらに、第一審の審理を充実させる意味から、擬制自白ありとして第一審判決がなされた後も争うことが許されないわけではないが（301条1項参照）、第一審において争点

9）　藤原弘道「動産所有権の証明」民訴雑誌34号（1988）21頁は、擬制権利自白を認めてよいとする。

第2節 立証活動の目標　591

証拠の整理手続を経ている場合には、それぞれの手続内で争うことができなかった理由を説明しなければならない（298条2項）。

6　権利自白

　訴訟物たる権利関係の前提をなす権利関係や法律効果（これらは、訴訟物の存否の判断の小前提にあたる命題である）を認める旨の陳述も、自白となる。このような自白は権利自白といわれ、その効果については争いがあるが、自白の効果を認めるべきである。

　（1）　所有権侵害に基づく賠償請求において、所有権が原告にあることを認める被告の陳述はその例である。請求自体についての権利自白は、請求の放棄・認諾となる。「過失を認める」とか「正当事由がある」というような陳述も、具体的事実が過失や正当事由に該当するという法律判断の結論にあたる陳述であるから、権利自白というべきである[10]。

　訴訟物自体についての自白ともいうべき請求の放棄・認諾の場合も、法的効果についての理解が問題となるが、そこでは、結論の勝敗に直結した法律効果が対象になっている関係で、それを争わない旨の陳述は、法的効果を理解した上での争わない意思であることを推認しやすい。ところが、結論において相手方の主張する権利または法的効果を争いながら、その前提たる権利または法的効果を認める旨の陳述からは、直ちにその権利関係を判決の基礎（紛争解決の前提）にしてよいという意思を推測しにくい。その意思があるといえるためには、問題の権利または法的効果の内容を、訴訟物および事実との関連で十分に理解していることが前提であり、そのような理解にはかなり法律的能力を要するところだからである（本人訴訟かどうかでかなり評価が分かれよう）。したがって、自白した法律関係の内容を理解した上で、その権利を争わない意思が明らかである場合にのみ自白の成立を認めるべきである[*]。むろん、対象となる権利が日常用いられ通常人がその内容をよく理解しているようなもの[11]ならば、上記の意味の意思もあると認める

---

10)　小山ほか・演習民訴(上)425頁〔柏木邦良〕、松本博之・法学教室第2期3（1973）123頁、倉田卓次「一般条項と証明責任」法学教室第2期5（1974）71頁〔同『民事実務と証明論』（1987・日本評論社）259頁〕。

11)　坂原正夫「権利自白論（3・完）」法学研究44巻2号（1971）222頁は、このような要件を曖昧と

ことができよう。

〔＊〕　東京地判昭49・3・1判時737号15頁、21頁は、被告たる国の「自衛隊機の包括的、一般的過失を認める」との陳述に自白の拘束力を認めるが、その理由として被告が事故の状況を調査認識し、しかもその事実を正しく法的評価しうる能力を有し、もとより陳述の内容を正当に理解していたことを判示しているのが参考になる。

（2）　**権利自白の効果**

　権利自白があると、相手方は一応その権利主張を理由づける必要がなくなるが、確定的に裁判所の判断を排除するわけではないから、自白した権利と矛盾するような基礎事実が弁論に現われて認定されるかぎり、裁判所は自白に反する法律判断を妨げないとする説[12]が、わが国では有力である。しかし、この説のいうような場合——自白した権利と矛盾する事実主張をしているような場合——には、その権利を紛争解決の基礎にするとの意思は存在しない場合であるとして、権利自白は成立しないというべきであろう。

　消費貸借の借主が、貸主主張の金額につき消費貸借の成立したことを認める陳述をしても、他方において、借主が貸借のさい利息の天引きが行われたことを主張しているときは、判例は消費貸借の成立した金額につき法律上の意見を陳述したものであって自白ではないとする[13]。利息の天引きがあるとき、どれだけの額について消費貸借の成立を認めるかは、法律判断であるが、およそ権利自白の対象にならないというわけのものではない。貸主主張の金額について消費貸借が成立したと陳述しても、他方で天引きの事実を主張している場合は、被告はどれだけの額の消費貸借が成立したかについて十分な理解をもっていないと推測できる場合であるといえ、その意味で額については権利自白は成立していない場合であるというべきであろう。

　（3）　具体的事実を簡潔に表現する方法として、法律的用語が用いられることがある。たとえば、売買とか賃貸借とかの主張なり陳述は、特定の具体的な歴史的事実としての売買や賃貸借を構成する事実関係を簡潔に示す語として使われる

　　し、主要事実該当の法律関係全般に権利自白の成立を認めるが、他面、撤回を自由に認める。

12)　兼子・体系246頁、同「相手方の援用せざる当事者の自己に不利なる陳述」『法学協会五十周年記念論文集第2部』（1933）〔同・研究1巻206頁〕、菊井＝村松・II396頁。

13)　最判（三小）昭30・7・5民集9巻9号985頁、新堂・判例371頁。

第2節 立証活動の目標　593

場合がある。このようなときには、それが自分に不利な陳述であれば、本来の事実の自白の成立を認めるべきである。

7　顕著な事実

　これには、公知であるために裁判所にも明白である事実と、とくに裁判所にだけ明白な事実とがある。これらの事実は証明を要しないとされる（179条）。これは、証拠によらないで認定しても、裁判所の判断の公正さが疑われることがないからである。しかし、弁論主義のもとでは、顕著な事実といえども、それが主要事実であるかぎり、当事者の陳述がなければ、判決の基礎にはならない。

（1）　公知の事実

　世間一般の人が信じて疑わない程度に知れわたっている事実である（このような事実は、裁判官も社会人として知っているはずであるから職務外で知った事実も当然含まれる）。そのような公知性がその事実の存在の確からしさを保証してくれるから、わざわざ証拠による証明をする必要がない。歴史上有名な事件、天災、大事故、恐慌等はその例である。いかなる程度に知れていればここでいう公知というかは、逆に、その存在の確からしさを保証するに足りる程度に知れわたり、広く信じて疑われないかどうかによって決めざるをえない。

　したがって、公知であるかどうかは時や場所によって異なるし、公知といえるかどうか問題になれば、公知であることの証明が必要になり、裁判所がこれを認定することになる。公知かどうかの判断は事実問題であるから上告審でその判断の当否は争えないというのが判例であるが（最判（二小）昭25・7・14民集4巻8号353頁）、公知と認定するに至った経路が常識人によって一応納得できる程度のものであることを要する。そうでなければ、適法な事実の確定といえず（321条1項参照）、その限度では判決の法令違反として上告審の審査を受ける[14]。当事者は、公知であっても真相は違うことを主張立証することはできる（もっとも、申立てがあればつねにそのための証拠調べをしなければならないものではない、前掲最判（二小）昭25・7・14）。

---

14)　三ケ月・395頁、なお↘p599（2）。

（2） 裁判所にとくに顕著な事実

判決すべき裁判所の裁判官が知っている事実で、裁判官としての職務の遂行上当然に知ることのできたものであり、現在も明白に記憶が残っているものをいう。たとえば、自分の下した判決内容、裁判官の職務上注意すべき公告に記載された破産手続開始決定、後見開始の審判等。合議体の場合は、過半数の裁判官が明確な記憶をもっていることが必要である（最判（二小）昭31・7・20民集10巻8号947頁参照）。必ずしも一般に知れわたっていることを要しない（最判（二小）昭28・9・11裁判集民事9号901頁）。

これに対し、裁判官がその職務関係を離れたところでたまたま知ることのできた事実は、裁判所として顕著な事実といえない。私的知識まで証明なしに認定できるとすれば、判断の正しさが疑われるおそれがあるからであり、自分の経験事実を供述する証人とその証言の真偽を評価する裁判官とは同一人であってはならないとする建前（23条1項4号）にも反するからである。

当事者は、公知の事実と異なり、裁判所にとくに顕著であることを立証することはできないし、相手方がそれを否認しても、裁判所はそれがとくに顕著な事実であれば、そのまま判決の基礎に採用できる[15]。しかし、相手方は、裁判所に顕著にみえる事実が真実に反することを主張立証することは、公知の事実についてと同様、許される。

15） もっとも、主張責任については争いがある、小室直人「裁判所に顕著な事実」中村宗・還暦111頁参照。

第3節　事実認定の方法

　裁判所が認定すべき事実は、裁判官が直接経験していない過去の事実である。したがって、当事者の立証活動は、ある事実が存在した（または存在しなかった）ことを推認させる手がかりとなる証拠を集め、その証拠調べを通じて自分に有利な認定をするように裁判所に働き掛ける作業となる。その立証活動を有効適切なものにするためには、まず裁判官による事実認定がどのような法則に基づいて行われるかを理解する必要がある。証拠から事実の存否を推論する過程では、さまざまな証拠について、そもそもその証拠を利用してよいかどうか、またそれぞれの証拠の証明力を一つ一つ吟味しながら進む必要があるが、証明力の判断を裁判官はどのような基準に沿って行うのか。これが本節で扱う第1の課題、自由心証主義の問題である。

　つぎに、当事者の立証活動は尽きたが、問題となる事実の存否が証明されるに至らないという場合、判決の前提となるその事実の存否はどのようにして決められるのか。これが証明責任およびその分配の問題である。

　さらに、この証明責任の分配法則は、遡って、立証活動自体の進め方に影響を与えるのか、影響を与えるとしたら、それはどのようなものか。これが本節の第2の課題である。

第1款　自由心証主義

1　意　　義

　（1）　裁判官が自分で直接経験しない過去の事実の存否を判断する過程は、種々の証拠資料の証拠価値を吟味して取捨選択しながら、その価値の高い諸資料から過去の事実関係を推論する過程である。裁判官の心理からみると、資料の収集整理の進行につれて、その事実が存在したとの判断に近づいたり、存在しなかったとの判断に向かったりする心理の動きを経て、次第にどちらかの判断に傾き、ついにその判断に確信をもつ状態になる。このように動的にとらえた裁判官の事実についての判断を心証といい、この確信に至ることを心証形成と呼んでいる。

596　第3編　第一審手続　第6章　当事者の立証活動と裁判所の事実認定（審理の第2段階）

　この心証形成の過程では、種々の証拠資料の証拠価値を吟味・測定する場合に
も、またその資料から事実を推論する場合にも、経験則が適用される。この心証
形成の方法について、これに用いることのできる証拠方法や経験則を法がとくに
限定せず、裁判官の自由な選択に任せる建前と、証拠方法を限定し、事実を推認
する法則を法定して裁判官をこれに拘束させる建前（たとえば、一定の契約の存在の
証明は書証に限るとか、一定数の証人の証言が一致したときは一定の事実を認定せよと、法定
する主義）とがある。前者が自由心証主義、後者が法定証拠主義といわれる。

　（2）　法定証拠主義の下では、どんな裁判官でも、同じ条件の下では同じ心証
形成をするという保証があり、裁判官の素質が十分でなく不揃いであるときには、
無責任な独断を抑制する効果をもつ。しかし、わずかの、しかも形式的な証拠法
則で、複雑に変化する社会生活の現実を認識することは不可能である。そこで、
近代訴訟法においては、いずれも、裁判官の識見を全面的に信頼して自由心証主
義をとるようになった。わが法でも、民事、刑事とも、これをとっている[1]。

2　自由心証主義の内容

（1）　証拠原因となることができる資料

　心証形成のために用いることができる資料（つまり証拠原因となる資格のある資
料）は、適法に訴訟に顕出された一切の資料や状況である。これには、証拠調べ
の結果と弁論の全趣旨とがある（247条参照）。

　㋐　証拠調べの結果　　適法に行われた証拠調べから得られた証拠資料のす
べてをいう。

　(a)　証拠能力の制限　　法律上、原則として証拠能力の制限はなく、あらゆる
人、物を証拠にできる（児童にも証人として証言する能力がないわけではない、最判（二
小）昭43・2・9判時510号38頁）。伝聞証言でも証拠能力がある（最判（二小）昭27・12・
5民集6巻11号1117頁。やむをえない事由で反対尋問の機会がなかった臨床尋問も証拠資料た
りうる、最判（二小）昭32・2・8民集11巻2号258頁。刑事訴訟では、捜査のゆきすぎを抑え誤
判の危険を避けるという強い要請から伝聞証拠の証拠能力が制限される、刑訴320条以下）。起

1）　民訴247条、刑訴318条、春日偉知郎「自由心証主義の現代的意識」講座民訴⑤〔春日・証拠法研
　　究41頁以下〕。

訴後、係争事実に関して作成された文書でも証拠にできる（第三者の作成したものにつき、大判昭14・11・21民集18巻1545頁、挙証者自身の作成したものにつき、最判（二小）昭24・2・1民集3巻2号21頁）。

例外として、証拠方法が制限される特別の場合がある[*]。たとえば、代理権の書面による証明（規15条・23条1項）、口頭弁論の方式に関する事項の調書による証明（160条3項）、疎明のための証拠の即時性の要求（188条）、手形・小切手訴訟または少額訴訟における証拠方法の制限（352条・367条2項・371条）などがある。適法な証拠制限契約の主張立証がなされたときも、その合意に反する証拠の申請は、証拠能力なしとして却下される（↘p602(ア)）。

[*] **違法に収集された証拠の証拠能力**　東京高判昭52・7・15判時867号60頁は、無断録音テープの証拠能力を、つぎのように判示して認めている。すなわち、その証拠が、著しく反社会的な手段を用いて、人の精神的肉体的自由を拘束する等の人格権侵害を伴う方法によって採集されたものであるときは、それ自体違法の評価を受け、その証拠能力を否定されてもやむをえない。話者の同意なくしてなされた録音テープは、通常話者の一般的人格権の侵害となり得ることは明らかであるから、その証拠能力の適否の判定にあたっては、その録音の手段方法が著しく反社会的と認められるか否かを基準とすべきものであり、本件の録音は、酒席における訴外人らの発言供述を、たんに同人らが知らない間に録音したものであるにとどまり、いまだ同人らの人格権を反社会的な手段方法で著しく侵害したものではないから、証拠能力を有するとしている。他方、大分地判昭46・11・8判時656号82頁は、無断録音による人格権の侵害は不法行為に基づく損害賠償などで解決すれば足り、無断録音テープの証拠能力には影響を及ぼさないとの立場も考えられなくもないが、反面、上記損害賠償の義務を甘受することと引換えに、不法な手段で獲得した録音テープを法廷に提出することを訴訟当事者の自由に任せ、これをすべて証拠として許容することは無断録音による人格権侵害の不法行為を徒らに誘発する弊害をもたらすとともに、法廷における公正の原則、訴訟上の信義則にも背馳するとして証拠能力を否定している。

問題はどのような条件の下で証拠能力を否定すべきかであるが、違法の程度・態様、本案の内容との関係などを事案ごとに分析する必要があり、判例の積み重ねが必要であろう。なお、新堂ほか・考える民訴310頁以下、間渕清史「民事訴訟における違法収集証拠(1)(2・完)」民商103巻3号（1990）453頁・4号（1991）605頁参照。

(b) **証拠共通の原則**　裁判官は、一方の当事者の主張事実を認定するために、その者の申請にかかる証拠調べの結果のみならず、相手方の申請にかかる証拠資料のなかにも証拠原因を求めることが許される。当事者の方からいえば、自分か

ら申請した証拠も、いったん取り調べられた以上は、自分の利益に作用すること
もあれば、相手方の利益に働くこともある、ということである。このような証拠
資料の作用を証拠共通の原則という（共同訴訟人の1人の申出にかかる証拠から得た証
拠資料が他の共同訴訟人にも共通に証拠資料になることを証拠共通の原則ということがある。
→p796(2)）。これは、証拠調べの結果を総合的に評価して心証形成を自由にさせ、
より真実に近づいた認定を可能にする趣旨のものである[*]。

このような原則の下では、いったん証拠調べが開始されれば、相手方にも有利
な証拠資料が得られる可能性が生じるから、相手方の同意がなければ、その証拠
申請の撤回はできないと解すべきであろう（証拠調べに入る前は自由に撤回させてかま
わない。証拠調べが終わったあとは、心証形成に影響を与えてしまっており、それを打ち消す
ことは困難であるから、たとえ相手方の同意があっても許されない）。

[*] **証拠共通の原則と弁論主義**　　証拠共通の原則は、弁論主義と抵触するものではない。
弁論主義は、事実に関する判断資料（証拠）の提出を裁判所との関係で当事者の責任とす
るもので、すでに証拠の提出がなされた以上、弁論主義の期待した当事者の任務は果たさ
れたのであり、その取調べの結果をどう事実認定に利用するかは、もはや弁論主義の領域
外の問題というべきだからである。証拠調べの結果を事実認定に利用する過程は、もっぱ
ら裁判所の仕事になる。

したがって、証拠共通の原則を通じて、相手方の申請にかかる証拠調べの結果を自己に
有利な事実認定に利用してもらおうとする場合でも、その結果を援用するという当事者の
行為は不要である。実際にそのような援用行為が行われたとしても、裁判所の注意を喚起
する事実行為にすぎない（最判(一小)昭28・5・14民集7巻5号565頁）。

(イ)　**弁論の全趣旨**　　口頭弁論に現われた、証拠資料以外の、一切の資料を
いう。弁論内容はもちろん、釈明処分（151条）によって得られた資料、当事者ま
たは代理人の陳述の態度（あやふやな陳述であったとか訂正したとか、共同訴訟人が自白
したとかの状況・模様）、攻撃防御方法の提出時期なども含まれる。弁論の全趣旨は、
証拠調べの結果を補充するだけのものではなく、これのみで心証形成ができると
きは証拠調べをしないでもよいし（相手方が不知と答えた文書の成立につき、最判(三
小)昭27・10・21民集6巻9号841頁。刑訴317条が事実の認定は証拠によるとしているのと異な
る）、証拠調べをしたときも、その結果より弁論の全趣旨を重視することもでき
る。弁論の全趣旨の内容の説示も、具体的に記載しなくてよい[2]。

第3節　事実認定の方法　　599

（2）　証拠力の自由な評価

　証拠調べの結果や弁論の全趣旨の証拠力を評価するのも経験則であるが、その取捨選択は裁判官の自由な判断に任される。証拠価値を法定する規定は原則としてない。ただ、弁論主義の下では、当事者の一方が相手方の立証を故意に妨げる行動をとったときには、それだけで、公平の見地から、その者の不利に認定しても妨げないとする規定がある（224条・232条等）。また、形式的証拠力については若干の推定規定が置かれているが（228条2項・4項・5項）、これは経験法則を法定した場合といえる（しかしここでも、証拠による認定について自由心証が排除されるわけではない）。調書の証明力の法定（160条3項）も、この点の例外といえる。証拠力の自由な評価という点は、訴訟上の請求の当否の判断に必要な事実だけでなく、訴訟上の事実（訴訟要件に該当する事実など）の認定にも適用があるし、証明の場合にも疎明（⤳p577 1）の場合にも適用がある。また厳格な証明にも自由な証明にも適用がある。

3　事実認定に対する不服

　自由心証の範囲内では、どんな事実認定をしても、違法の問題は起こらない。法律審たる上告審は、事実審の認定をそのまま受け取らなければならず、原審の事実認定が不当であるというだけでは、上告理由にならない。

（1）　適法な弁論・証拠調べの結果をすべて斟酌

　自由心証による認定も、その基礎となる資料は適法に得られたものでなければならないし、適法な弁論や証拠調べの結果はすべて斟酌しなければならない。違法な弁論や証拠調べの結果を採用したり、適法な弁論や証拠調べの結果を看過した場合は、事実認定は違法となる（違法な認定は上告審を拘束しない、321条）。

（2）　通常人の納得

　自由といっても、その事実認定は、通常人の常識に照らして考えうる判断でなければならない。事実認定は、種々の経験法則によりながら、各証拠を評価して事実を推論し、また、間接事実から直接事実を推論する作業である。このような

2）　最判(二小)昭36・4・7民集15巻4号694頁参照。ただし、山本和彦・百選Ⅱ（1992）254頁は疑問とする。

600 第3編 第一審手続 第6章 当事者の立証活動と裁判所の事実認定（審理の第2段階）

事実認定が当事者や一般人の納得を得、裁判に対する信頼を保持するためには、その推論の過程が、常識ある者の一応の納得（そのような推論も常識上考えうるという程度の納得）を得られるものでなければならず、したがってその納得が得られる程度の説明を判決の理由中に示さなければならない（どの証拠を採用しまた排斥したかを判決で明らかにする必要があるが、採用・排斥の理由まで説示する必要は原則としてない、最判（二小）昭37・3・23民集16巻3号594頁参照）。

判決理由中の説明から、事実認定の判断過程がまったく納得できず、常識上到底ありえない推理に基づいた事実認定とみられるときは、適法な事実の確定といえず、やはり判決の法令違反として上告審による原判決破棄理由となる（325条）。前述したように、事実認定の推論過程で用いる経験法則の取捨選択は、事実審裁判官の専権に属するけれども、その選択があまりにも非常識であるときには、この判決理由において示される判断過程が非常識なものとなったり、論理的に飛躍したものになり、通常人の一応の納得を得られる適法な事実認定といえなくなろう。このような限度で、事実審裁判官による経験法則の取捨選択の自由も、上告審のコントロールを受ける[*][**]。

たとえば、時価151万余円の建物および敷地の借地権が代金10万円で売買されたと認定するのは、経験則に反して許されない（最判（三小）昭36・8・8民集15巻7号2005頁。同判例については、一応の推定と特段の事情との関係からの詳細な分析がある→p621[*](2)。最判（一小）平16・2・26判時1853号90頁は、遺言公正証書の原本に公証人の署名押印がないこと、その他原判決の説示する事情から、原審は、その原本に、その作成時および謄本作成時にも、公証人の署名押印がないとの認定をしたが、遺言作成時に遺言者に交付された正本および謄本には公証人の署名押印がされていたなどその他の事情に照らすと、経験則または採証法則に反するとする）。

〔*〕 **経験則違反の事実認定**　(1) 経験則を法規と同視して、その認定なり適用の誤りを直ちに法令違反とみる見解も考えられる。経験則も、法規の内容やその解釈論を支える概念や知識である場合には、その認定や適用の誤りを直ちに法令違反とみてよい。しかし、事実の認定過程で用いられる経験則をいうかぎり、その取捨選択は事実審の裁判官の自由心証に任されているのであるから、その認定や適用の誤りを直ちに法令違反と解すべきではなく（兼子・体系244頁）、本文でいうように、ある経験則を用いまたは用いなかった事実認定が非常識としかいえないようなものとなれば、違法な事実認定として上告理由にな

るというべきである。このような意味の法令違反を「経験則違反の法令違反」と呼ぶことは差し支えないし、そのような名を付けておくことは便宜であろう（なお、松本博之「事実認定における『経験則違背の上告可能性』」小室=小山・還暦(中)224頁）。

(2) 他方、専門的な知識にわたる経験則については、上告審の裁判官とても素人であるから、事実審の認定が適法な鑑定意見に基づいているかぎり、それを批判して違法な事実認定とする余地はないとの説がある（兼子・体系244頁）。しかし、最判(二小)平18・1・27判時1927号57頁は、数通の鑑定意見から医師に過失はないとした原判決に対して、経験則または採証法則の違反ありとして破棄差戻しをしている。そこでは、鑑定意見の採否にあたっては、意見書の真意を正確に読みとっているか、その射程距離を的確に判断しているか、どちらの当事者から提出された意見書か、反対尋問に曝されていないことなどを考慮しているか、鑑定事項以外のことについて意見書がまったく触れていないことを正確に評価しているかなどの諸観点から吟味すべきものであることを要求している。これらの吟味は、その採否にあたって当然行われるべきことである。また最判(三小)平18・11・14判時1956号77頁は、一審判決が原告の提出した医師Aの鑑定意見その他の事実から、担当医の過失を認定し原告を勝訴させたのに対し、原審（控訴審）では、第1回口頭弁論期日において弁論を終結し、同日被告から提出された医師Bの鑑定意見に基づいて、医師の責任を否定して、一審判決を取り消し、請求を棄却した。最高裁としては、Aの意見には患者の病状の推移等の事実関係から相当の合理性があることを否定できないこと、Bの意見の方に疑問があると思われること、原審は両意見の各内容を十分に比較検討することなくB意見を主たる根拠としたこと、A医師にB意見に対する反論の機会を与えていないことなどの事情から、原審の判断は、採証法則に違反するとしている。これらの判決の教訓的および先例的意義は大きい。

〔＊＊〕　**経験則違反の上告理由と「理由不備または理由齟齬」**（312条2項6号）　絶対的上告理由としての理由不備または理由齟齬（平成8年改正法では、「理由を付せず、又は理由に食違いがあること」（312条2項6号）と表現された）は、全体的に理由と認めるべきものが欠けているか、あるいは、それが矛盾していて判決理由としての体を成さない程度の瑕疵をいう。個々の点について、たとえば事実の推論の過程に不十分、不明瞭、論理的飛躍があるという程度のものは、むしろ判決の結論へ影響するかぎりで、上告審による破棄理由となるにすぎない（325条2項）と解すべきものであり、312条2項6号に該当するものとみるべきではない。したがって、ここにいう経験則違反も事実認定のある部分に関するものであるかぎり、理由不備・理由齟齬というべきではない。

しかし、判例は、経験則違反とみるべき原判決を理由不備とか審理不尽と称して、破棄している。たとえば、書証の記載および体裁から、反対の事情のないかぎり、その記載どおりの事実を認めるのが通常である場合に、なんら首肯するに足る理由を示すことなくそ

の書証を採用できないと扱うのは、理由不備の違法となる（最判(一小)昭32・10・31民集11巻10号1779頁)、当事者の被備者である証人のきわめてあらっぽい推測に基づく証言だけで、複雑多様な営業の月額純益を認定するのは客観的基礎を欠き、採証法則の限界を超え、結局、理由不備審理不尽の違法がある（最判(三小)昭31・10・23民集10巻10号1275頁）という。しかし、これらの判例でも、その「理由不備」が判決の結論に影響することを前提にしたうえで、これを破棄理由として用いていると思われるので、用語として不適当である。

なお、経験則違反をいう判例を整理したものとして、後藤勇「民事裁判における事実認定と経験則（1～5・完)」判タ300-304号（1974）〔同『民事裁判における経験則』（1990・判例タイムズ社)〕。

平成8年改正法の下では、経験則違反を上告受理の理由（318条1項「法令の解釈に関する重要な事項」）にあたるという扱いをしている。上記注〔＊〕引用の各判例も、上告を受理して、原判決破棄、原審差戻しをしている。反面、このような扱いは、個別事件の救済のために最高裁が事実審の事実認定に介入する機会を認めるもので、上告制限を掲げた改正法の趣旨には沿わないが、高裁判決の実情を踏まえると、このような原判決破棄の途を設けておく必要は否定しえない。藤原弘道「事実誤認と上告」民商120巻1号（1999）1頁以下は、その必要を弁護士の経験を通して説得的に展開するとともに、このような扱いを「最高裁の裁量的運用」と位置づけて肯定する（同・「判例紹介」民商131巻1号（2004）160頁・169頁）。

4　証拠契約

（1）　意義

広義では、判決の基礎をなす事実の確定方法に関する当事者間の合意をいう。狭義では、とくに証拠方法の提出に関するものをいう。たとえば、一定の事実を認め争わないことを約する自白契約（被告に過失があったことを争わないとの合意)、事実の確定を第三者の判定に任せる仲裁鑑定契約（保険事故の原因や損害額を第三者に判定してもらう旨の合意)、証明責任を定める合意（債務者に重大な過失があることを債権者が立証した場合に限り違約金を払う旨の合意）などは前者の例であり、証拠制限契約（ある事実の証明は書証だけに限るとか証人だけに限る旨の合意)、は、証拠方法の提出に関する。

（2）　効力

㋐　当事者が自由に処分できる権利関係については、その存否または内容を

第3節　事実認定の方法　　*603*

一定の事実なり一定の方法なりで定まる事実を前提にして決めることは、間接に
その係争の権利を変更・処分することにほかならないから、自白契約や仲裁鑑定
契約（ドイツ保険契約法84条・189条は明文で認めている[3]）は当然に有効であり、裁判
官もこれに拘束されるとみるべきである。間接事実の存否のみを自白する合意は、
争いのある主要事実の認定を裁判所の自由心証に任すことと矛盾するから許され
ないとするのが一般であるが、間接事実についても自白が可能であるから
（→p587(2)）、その自白契約も有効と解して妨げない。

　証拠制限契約も、弁論主義の下では、有効とみてよい。証拠の提出とその撤回
の自由を認め、これによって自由心証の資料を制約し、審判の結果を左右できる
としている以上、当事者がみずからこの自由をある程度制限する内容の合意をす
ることを否定する根拠はないからである。もっとも、すでに取り調べた証拠方法
を後から用いないことにする合意は、いったん形成された心証を抹殺することは
できないから、許されない。

　(イ)　自白契約が有効に存在することが主張立証されれば、自白がなされたと
同様に取り扱うべきであるし、有効な仲裁鑑定契約の存在が主張立証されれば、
受訴裁判所は、仲裁が行われるまで、事件について調停が行われている場合や特
許審判が先決関係にある場合に準じて、訴訟手続を中止できると解される（民調
規5条、家事275条、労審27条、特許168条2項参照）。証拠制限契約に違反して証拠の申
出がされたときは、証拠能力なしとして取調べをすることなく却下すべきである。

第2款　証明責任

1　証明責任（挙証責任）の意義

　判決をするには、判決の基礎たる事実を認定しなければならないが、当事者の
努力や裁判所の能力にも限度があるから、裁判所がある事実について、あるとも
ないとも心証が形成できないままに審理が終わることもあり得る。その場合に、
事実が不明だからといって裁判をしないで放置するわけにはいかない。それでは、

---

3)　日本損害保険協会=生命保険協会編〔新井修司=金岡京子共訳〕『ドイツ保険契約法（2008年1月
　1日施行）』（2008・社団法人生命保険協会）295頁・516頁参照。

604 第3編 第一審手続 第6章 当事者の立証活動と裁判所の事実認定（審理の第2段階）

当事者間の紛争は解決されず、訴訟制度の目的も達せられない。そこで、事実が存否不明のときにも、判決を可能にするための法規範が要請される。これが証明責任規範[*]といわれるもので、その規範内容は、原則として、存否不明の事実は存在しないものと扱い、その事実を要件とする法律効果の発生を認めない裁判をするように命じるものである。これを当事者の方からみると、ある事実の存否不明のときには、いずれか一方の当事者が、その事実を要件とした自分に有利な法律効果の発生が認められないことになるという危険または不利益を負わされているとみることができる。このような当事者に及ぼす危険または不利益を証明責任または挙証責任（立証責任）という。

たとえば、貸金返還請求の訴訟において、原告が被告に金を貸したと主張し被告がこれを争い、結局どちらの主張が真実であるかわからないというときには、消費貸借の成立要件をなす事実の存在については、原告が証明責任を負わされているから、消費貸借の成立によって生じる法律効果（貸金返還請求権の発生）は認められないとして請求棄却の判決をすることになる。

〔＊〕 **証明責任規範説と法規不適用説の対立**　　実体法規は、その法律効果を法律要件に該当する事実の証明または訴訟上の確定に結びつけていると解するならば、その事実が真偽不明ならば、その法規を適用しないというだけであり、実体法規と別に証明責任規範の独自の存在を認めるまでもないことになる。こう考えるのが、法規不適用説である。これに対し、証明責任規範説は、実体法規がその法律効果を結びつけているのは法律要件の存否であって、その存否不明の場合にも裁判を拒否しないならば、その場合にその実体法規を適用すべきかどうかを命じる別個の規範（証明責任規範）が必要となると考える。かつては法規不適用説が通説であったが（たとえば、ローゼンベルク（倉田卓次訳）『証明責任論〔全訂版〕』(1987・判例タイムズ社) 21頁、兼子・体系257頁、新堂・旧著347頁以下）、近時、証明責任規範説が有力に主張されている（松本・証明責任21頁以下）。

実体法は、訴訟外においてすでに権利の発生・消滅の効果を認めている（権利既存の観念）ことからすると、実体法自体がその法律効果を事実の証明とか訴訟上の確定に結びつけていると考えるのは、実体法を裁判規範に限定した偏った見方とみられる。のみならず、実体法と証明責任規範とを二元的にとらえることによって、後者の規定の仕方によって前者に変容を加える現象（たとえば、自賠法3条の規定により、自賠責任の実現を容易にすること、各種の法律上の推定規定による権利実現の容易化、248条による損害額の認定の容易化などの現象）を正確に把握することができよう。

第3節 事実認定の方法 605

（1） 証明責任は、必ず当事者のどちらか一方が負担する

証明責任は、ある事実の真偽不明な場合（non liquet ノンリケットという）にも現在の権利関係の存否の法律判断を可能にするためのものであるから、ある特定の請求を判断するうえで、ある事実については、必ず一方が負担するもので、一方がその事実の存在につき、他方がその不存在につき、それぞれ証明責任があるということはありえない（それでは、ノンリケットの場合に法律効果の発生を認めるべきかどうかが決まらなくなる）。もっとも、別個の請求については、共通の同一の事実の証明責任が双方に分かれることはある。たとえば、売買契約の成立事実は、代金請求については原告に証明責任があるとともに、売買による目的物の引渡しの反訴請求については反訴原告（すなわち本訴の被告）にある（売買の成立事実が存否不明なら両請求とも棄却される）。

（2） 証明責任は主要事実について定められる

法律効果の発生・消滅の判断を可能にするためのものであるから、その効果の発生・消滅を直接に規定する法規の構成要件に該当する事実（つまり主要事実）について定めるべきであり、かつ、それで足りる。

　㋐　経験法則や間接事実もその存否が不明に終わることがあり得るが、裁判を可能にするという観点からすれば、その結果、主要事実が認定できない場合にかぎって、その主要事実を構成要件とした法律効果の発生の有無を定めれば足りる[1]。適用すべき法規についても、その存在や内容が不明である場合があり得るが、そのときはその法規がないのと同様に取り扱って裁判するほかはない。そのさいに、なにを規準にするかは法源論の問題である。準拠法としての外国法が不明の場合の裁判の規準は、国際私法の課題である[2]。

　㋑　証明責任は、特定の法律効果の要件に該当する事実について定めるべきものであり、同じ性質の事実でも、どのような法律効果の要件事実として構成されるかによって、証明責任を負う当事者が異なることもある。たとえば、同じ過失を構成する事実でも、一般の不法行為による損害賠償請求では原告に証明責任があるが、自動車の運行供用者に対する損害賠償請求では、被告がその運行につ

1）　伊藤滋夫『事実認定の基礎』（1996・有斐閣）77頁。
2）　池原季雄『国際私法（総論）』（1973・有斐閣）230-248頁参照。

606　第3編　第一審手続　第6章　当事者の立証活動と裁判所の事実認定（審理の第2段階）

いて注意を怠らなかったこと等について証明責任を負わされる（自賠3条ただし書。
なに故にこのように証明責任を負う当事者が違うのかは、証明責任の分配の問題である）。

（3）　証明の必要と証明責任

　⑺　**ノンリケットの場合の裁判の規準**　　証明責任をどちらの当事者が負うか
は、特定の主要事実については、最初から抽象的に定まっており、具体的な訴訟
の経過、具体的な立証活動如何によって動くことはない。はじめ原告にあった証
明責任が、原告の立証活動によって被告に転換されるということはない。たとえ
ば、原告が証明責任を負う事実について有力な証拠を出して裁判官に確信を抱か
せれば、相手方としては、反対の証拠を出して、その確信をゆるがさないと審理
が打ち切られその事実を認定されてしまう関係で、立証の必要に迫られる（この
ような立証の必要を「具体的証拠提出責任」ということがある。抽象的証拠提出責任について
は、→p611⑴）が、これは被告がその事実の不存在につき証明責任を負わされる
ことになったことを意味しない。この場合も相変わらず原告にその事実の証明責
任があるのであり、被告は反対の証拠によって裁判官の確信をゆるがし再びその
存否いずれともわからない状態にまでもち込めば（その事実の不存在について確信を
抱かせなくとも）、原告に証明責任がある結果、その事実に基づく法律効果は認め
られないことになるのである。このように、証明責任は、当事者の具体的な立証
活動と無関係に定まっているとともに、審理の最終段階でいずれにも心証形成を
なしえない場合の裁判の仕方を定める規範である[＊][＊＊][＊＊＊][＊＊＊＊][＊＊＊＊＊]。

　この意味で、証明責任は、心証形成の方式に関する自由心証主義とは不可分の
ものではなく、自由心証主義であれ法定証拠主義であれ必要になる観念である
（自由心証による場合のほうが心証の形成をしやすいから、証明責任の働く場合が少ないといえ
るにすぎない）。むしろ自由心証の働きの尽きたところから、証明責任の役割が始
まるといえる。また職権探知主義の下でも証拠不足から事実が不明に終わること
がありうるから、この種の証明責任に頼る必要があるのであって、証明責任は弁
論主義をとることと必然の関連があるわけではない。

　〔＊〕　**相当因果関係の蓋然性と損害賠償額**　　ノンリケットといっても、種々の心証の程度
　　がある。確信には至らないが、70％は相当因果関係はあるといえるというような場合、証
　　明責任によって請求棄却の裁判をするのも一つの方法であるが、不法行為の成立は認めつ
　　つ、その心証の程度を賠償額に反映させて損害額の70％を認容するとするのも、実体法の

解釈の一つとしてあり得る。しかも、損害の公平な分担をはかることを理念とする不法行為法の一つのあり方と評価することができる（東京地判昭45・6・29判時615号38頁参照）。この解決は、ノンリケットのさいに証明責任によらないで裁判をする一場合であり、ノンリケットと証明責任との結びつきがあらゆる場合に論理必然なものでないことを示す事例として興味深い。

〔＊＊〕　**損害額の認定**　　平成8年改正法は、損害の発生は認められるが損害額の立証が極めて困難な場合には、裁判所は、口頭弁論の全趣旨および証拠調べの結果に基づいて相当な損害額を認定できるとの規定を設けた（248条）。立法担当者の説明では、損害額の認定も証拠による事実認定の対象になるという理解を前提にして、損害の発生は認められるのに、その額の立証が困難なために損害賠償が得られなくなる（たとえば最判(二小)平元・12・8民集43巻11号1259頁〔鶴岡灯油訴訟〕）ことを避け、権利実現を容易にするため、事実の認定のために一般的に必要とされる証明度を、損害額の認定のために、とくに下げたもの（証明度軽減説）とされている。しかし、損害額の認定はそもそも証拠による事実認定の問題ではなく、裁判所の法的評価作業によって行われるものであるという理解を前提とし、同条は、裁判所によるこのような裁量評価を許したものと解する説（裁量評価説）が対立している。

　前者の立場からは「加害行為によって発生した損害額を賠償させる」という実体法規範につき、「その発生額について『証明』がない場合には、損害額は零として裁判せよ」という証明責任規範を、「その損害額の証明が極めて困難な場合には、弁論の全趣旨および証拠調べの結果に基づき裁判官が相当と認める額の賠償を命じる裁判をせよ」という内容に変容させ、その限度で、実体法規範の適用可能性を拡大したものといえる。

　しかし、春日偉知郎「『相当な損害額』の認定」ジュリ1098号（1996）73頁は、損害額の算定が客観的事実の存否の問題でなく損害の金銭的評価の問題であり、同条は、事実認定の証明度を軽減するものでなく、損害額の認定を裁判所の裁量に委ねたものであり、結果として、原告の損害額の立証負担を軽減する効果を導くものと説明される。

　たしかに、損害額の認定に評価の要素が入らざるをえない点はそのとおりであるが、損害額の認定が「それほど困難でない」場合、さらに「困難である」場合の判断構造と「極めて困難である場合」の判断構造との間に隔絶した違いがあるわけでなく、損害の性質に対応して、損害を構成する諸前提事実から額を推論するさいの経験則が次第に蓋然性の低いもの（疫学的証明を用いるような場合、幼児の逸失利益の認定など）になるとともに、代わりに公平感・相当性を満足させるための合理的理由が加味され、遂には、そのような経験則とは関係なく合理的理由があればそれで足りるという純粋の裁量評価という判断構造に変化していくものと思われる。この終局の判断構造を裁量評価のみの問題と説明する

ことはよいが、実務的には、裁量評価判断の加味が多かれ少なかれ許される場合であるか、損害の性質上その額の立証が極めて困難な場合として裁量判断のみでよいとされる場合であるかを見極めることが肝心であり、かつ「相当な損害額」の相場感については、さらに判例の積み重ねに期待すべきであろう。

裁量評価説を明快に主張するものとして、三木浩一「民事訴訟法248条の意義と機能」井上・追悼412頁以下参照。なお、談合行為による損害額の認定については、契約額（落札額）の３％から15％あたりとする下級審判決が出ている。たとえば、東京地判平18・４・28判時1944号86頁は、15％とする。その他の裁判例については、草野芳郎・百選〔第４版〕124頁参照。

〔＊＊＊〕　**248条の適用範囲**　条文の表現上は、「……認定することができる」とあるが、被告の不法行為に基づく損害賠償責任を認めながら、248条の適用を考慮することなく、損害額の認定が困難であるとして請求を棄却することは許されない（最判(三小)平20・６・10判時2042号５頁）。

〔＊＊＊＊〕　**所有権範囲確認訴訟**　実質は土地の境界争いが、原告の土地所有権の範囲の確認を求める形で訴えが提起された場合に、原告の所有権の範囲について原告の証明責任とし、その主張を認めるに足りる証拠がないとして判断すると、多くの場合に、提訴する側にとってつねに不利な結果になりかねない。したがって、原告だけでなく、「被告に対しても、主張立証を十分に尽くさせた上で、証拠の全部を、全体的に、公平かつバランスよく吟味した上で、どちらの主張が、証拠の全体により合致し、合理的で説得力があるかという観点から結論を導き出す」べきである（福岡高判平18・３・２判タ1232号329頁）。前注〔＊＊〕の損害額の認定と類似した認定方法と考えられる（山本・基本問題68頁以下参照）。

〔＊＊＊＊＊〕　**一般条項における要件事実と証明責任**　(1)　一般条項について、要件の存否自体は法的評価の問題とするが、その要件に該当する事実を、要件の存在を基礎づける方向で働く事実群ａ、ｂ、ｃ（評価根拠事実（A））と、これと両立するが要件の存在を妨げる事実群ｄ、ｅ、ｆ（評価障害事実（B））とに分類し、評価根拠事実（A）については一般条項に基づく効果を主張する当事者が、評価障害事実（B）についてはその相手方が主張責任および証明責任を負うとし、かつ、BはAの抗弁と位置づけるのが、司法研修所での考え方であろうか（司法研修所民事裁判教官室編『増補　民事訴訟における要件事実　第１巻』(1989・法曹会) 34-37頁）。

(2)　これに対して、不法行為法上の「過失」のように要件を満たす行為の多様性に着眼

して一般条項と構成されているもの（選択型一般条項）でなく、借地借家法上の「正当事由」のように、要件の存否の判断において多様な要素を同時的に考慮すべきことに着眼して一般条項と構成されているもの（総合判断型一般条項）については、弁論主義の観点から個々の評価根拠事実および評価障害事実いずれについても、主張責任は認めるべきであるが、証明責任の適用は排除されるべきであるとの説が有力になりつつある（最近の代表的なものとして、山本和彦「総合判断型一般条項と要件事実」伊藤滋夫・喜寿65頁）。それぞれの個々の事実については、得られた心証の度合いについて証明責任を適用することなく、弁論に検出されたそれらの事実を、その心証の度合いのまま、総合的法的評価の基礎にすべきであるとするのである。

　同じ評価根拠事実または評価障害事実といっても、個々の事実（ａ、……、ｆ）についてみれば、総合的評価の基礎としての重要度に種々のニュアンスがあるだけでなく、その心証度にもさまざまな程度が考えられるわけで、これに一律に証明責任を適用すれば、事実全体の総合的把握としては真実から遠ざかる確率が高くなる（山本・前掲79-80頁参照）。また同時に考慮すべき具体的事実が多くなる場合には、請求原因、抗弁、再抗弁という論理的段階的処理になじまない。むしろ各事実の重要度の評価とそれぞれの心証度とを判断材料にして総合的に法的判断をする方が、実務における「総合的判断」の実態にも合致しており、より適正な判断が期待できると思われる。

　なお、小粥太郎「民法上の一般条項と要件事実論」大塚直ほか編『要件事実論と民法学との対話』（2005・商事法務）113-114頁は、諸学説をひろく紹介するとともに、この種の事件に対して、現場の裁判官がどのような思考過程をとるかを、審理段階、判決書段階ごとに追跡した研究として興味深い。

　(3)　私見（「総合的判断」の意味するところ）　　裁判において、一般条項、たとえば「過失」に該当するかどうかの判断は、形式的には法適用作用（包摂の問題）とはいうものの、一般の要件事実認定作業よりも法創造作用が多く含まれざるをえない[3]。そこでは、まず①当該事件において過失の判断に関係するような具体的事実群を選び出し、かつ、②それらが過失を基礎づける方向で働くものか否定する方向で働くものかを吟味しながら事実の存否に関する争点を作り出すとともに、どちらが主張立証すべきかも決めなくてはならない。つぎに、③それらの争点についての事実認定をどのように行うかを考えなければならない。そして、①および②の作業は、具体的な法を創造する作業そのものともいえ、その結果に対しては、立法的作業を通してそこで決められた政策決定自体の正当性（正当

---

3)　法形成と法適用は連続した作業であり、一般条項に限らず、ルーティーン・ケースにおいても、多かれ少なかれ、法創造・政策形成の契機は存在する。この点については、太田・手続論125頁(注35)参照。

化責任）が問われるべき問題である（正当化責任については、太田・手続論153-158頁参照[4]）。なお具体例としては→p488〔＊〕）。他方③は、事実の存否の証明の問題であり、証明責任の分配を前提にした心証形成に係る問題として、①②とは範疇的に区別されるべきものである（以上は、太田・証明論138-141頁の説明による）。

　ところが、①②③の作業を、実際の審理過程の段階と関連して観察すると、訴訟資料が乏しい初期の段階では、①②の作業も暫定的なものとして③も進行させざるをえない面がある。その段階では、上記小粥論文が指摘するように、裁判官としては、手慣れた方法として、先例や学説との「類似関係の遠近」感覚を通じて作業が進められることが多いだろう（この作業は、裁判官に省エネをもたらす反面、裁判官から、「ここで法政策決定をしている」との意識を薄めさせるとともに、解決のすべては事実の存否の判断に帰着せしめうるとの認識に馴染ませることになろう。このような裁判官の現場感覚は、いわゆる要件事実論によって助長されているとも考えられる）。ついで、③の作業の進行とともに、その結果が①②の判断にフィード・バックされ、次第に①②の内容も固まってくるというのが実際であろう。たとえば、③の作業の進行によって、当該事件と先例と主張された事件の事実関係との遠近関係が明らかになるにつれ、近ければ先例や学説の適用で済みますが、「遠い」と判断するならば、なんらかの形で、先例の変更（法創造）について考えていかざるをえないだろう。

　このような審理過程を想定すると、③の作業については、山本和彦教授が主張するような「総合的判断」、あるいは、どちらの当事者が主張立証するストーリーがより信用できるかという比較による「総合的判断」の手法が適切といえる。他方①②の作業では、その法創造化の妥当性・正当性を総合的に論証することが要請されていることを、当事者・裁判官ともに自覚すべきところである[5][6]。そして、これらの二つの検証方法の異なる

4）　太田同論文の趣旨を概括的にいえば、「制定法・慣習法等を争う側に正当化責任が課せられるべきである」（同論文156頁（注118））。何故かといえば、それらの規範内容を基準として国民が現に生活しているからであって、その法的安定性を維持する必要を評価しているからであるということになろう。もっとも、正当化責任は、法律判断に関わる責任分担の話であり、訴訟手続上当事者に対しては、せいぜい主張責任の分配が想定されるだけである（後掲注6）参照）。法創造は、事実の存否の判断と異なり、ノンリケットということは考えられない。最後は裁判官の決断で決着されるべき問題である。その意味では、正当化の責任は最終的には、判決の妥当性の問題として、裁判官にあるといえる。

5）　その正当化プロセスが正しく機能する条件を、太田・手続論125頁は、つぎのようにまとめている。「① 問題認識の適切性：　② 政策決定の正当性の保障：　③ 法的規整の選択肢の網羅：　④ 効果予測の正確性：　⑤ 追跡調査による批判的再検討：　」〔：以下の若干の説明は新堂により省略〕。正当化作業を検証するうえで、いずれも必要かつ十分な条件といえるが、その検証には、時間を要する難問であり、多くの専門家の知見に頼らざるをえないところでもあろう。

6）　裁判手続のあり方としては、当事者の主張責任に頼るのみでなく（弁論主義における主張責任の

「総合的判断」が一体的・同時的に行われるのが、判決における「過失」の有無の判断であると考えられる。それまでの間繰り返される、争点・証拠の整理手続における裁判官と当事者双方との三者間で展開される議論内容も、上記のような経過をたどるものであろう[7]。

　そうなると、そこは、⑴で触れた、いわゆる要件事実論に基づく証明責任の分配法則（具体的な実定法規の存在を前提とし、具体的な要件事実——具体的事実の存否によって、存否の判断が可能とみられる要件事実とその証明責任の分配法則——があらかじめ事件以前に決められており、かつその分配法則は審理中、訴訟後も変動しないという理論）を当てはめるべき領域ではなく、「立法における政策決定の正当化責任」をも包含した主張責任（立法事実については弁論主義からくる主張責任の緩和も考慮した責任）を分配する争点形成が必要な領域であると考えられる。そして、このような一般条項の判断方式は、「セクハラ行為」があったのかどうかの判断、「建築訴訟の審理」の場合などにも、採用されるべきものと考える（さらに→p486(d)）。

　㋑　**主観的挙証責任（抽象的証拠提出責任）の提唱**　　上記のように、証明責任は、本来、ノンリケットの場合の裁判の規準を定めるものであるが、その定めがあること自体が、訴訟の審理過程における当事者および裁判所の行動を規律し、その行為規範として働く面のあることも無視できない。たとえば、原告に証明責任があるが故に、原告には裁判官が確信を抱く程度までの立証（これを本証という）が要求され、被告の立証活動はその確信をゆるがす程度の立証（これを反証という）で足りるとされるように、立証活動の指針に反映されるし、また、裁判官がその事実について確信に近づけば、そのままでは審理の打切りとなることを予告して被告に立証を促すなど、裁判官の訴訟指揮の指針にも投影される。そこで、証明責任のこの面の作用を重視する立場から、わが国でも、自覚的に主観的挙証

緩和）、社会の要望を幅広く吸い上げるルート・手続（訴訟外の利害関係者の声、専門家の知見の聴取など）が保障されるべきである。そこでは、立法事実をも提出できるようにして、「法廷における弁論の内容と質を立法府たる国会における討論に相当するほどのレベルまで引き上げ、裁判の結果に民主的正当性を付与する」（吉野正三郎「裁判による法形成と裁判官の役割」立命館法学201=202号（1988）1077頁）べきところであり、その指導理念は、「裁判官は法を知る」ではなく、「当事者と裁判所は一緒に法を創る」でなければならない（太田・手続論141頁参照）。このような方向を、社会からの要請をできるだけ幅広く吸い上げるべきだとする、より応答的な司法を目指す理論として賛成したい。

7）　林田敏幸「不貞慰謝料請求事件における過失の認定について」判タ1452号（2018）5頁以下は、裁判官の日常的作業内容を知るうえで参考になった。

責任なる観念が提唱されるに至った。すなわち、ノンリケットの場合の裁判の基準をなす証明責任を客観的挙証責任と称し、これに対して、係争事実の存否を不利益に判断される危険を避けるための、審理過程における立証の必要性を主観的挙証責任（または抽象的証拠提出責任）と称して、客観的証明責任の審理過程への働きかけを考察しようとする[8]。

　もっとも、論者は、同時に、主観的挙証責任は、客観的挙証責任を前提し、そこから流出するものであり、その責任の所在も客観的挙証責任の所在に従って決められるものであって、主観的挙証責任は、いわば客観的挙証責任の存在が弁論主義を通して特殊な投影をされたものにほかならず（証拠共通の原則や職権証拠調べの認められる限度でも、立証活動について当事者の行為責任の面はあいまいとなる）、その独自性は乏しいという点も自認しており[9]、そのような観念を導入する実益を否定する説も有力であった[10]。

　しかし、近時は、証明責任の審理過程における行為規範面の機能を重視し、これを独立に論じる実益を肯定する説が有力となった[11]。証明責任を負わない当事者の事実および証拠の提出義務（事案解明義務）の認知（↘p483(4)(イ)(a)）、「一応の推定」理論（↘p619(3)）や「間接反証」理論（↘p622[＊＊]）が裁判所の釈明活動や当事者の主張活動・立証活動の指針として働くことを考慮すると、客観的証明責任とは別に行為規範としての証拠提出責任の独自の意義を認めるのが適切であろう。

2　証明責任の分配

　各主要事実についてどちらの当事者が証明責任を負うかの定めを証明責任の分配という。この分配を明記した法条（証明責任規範）はまれであり（たとえば、民117条1項、自賠3条ただし書）、通常は、権利の要件を規律した個々の実体法規の解釈としてこれを定めなければならない。その分配を決定する実質的要素としては、

8）　三ケ月・406頁。

9）　三ケ月・408頁。こうした理解がローゼンベルクの証明責任論、ひいては、わが国の証明責任論の基本的前提の一つであったことについては、↘p485注25）参照。

10）　兼子一「立証責任」民訴法講座(2)〔同・研究3巻128頁〕、なお新堂・旧著351頁参照。

11）　松本・証明責任9頁。

つぎのようなものが考えられる。

（1） 法規の立法趣旨

証明責任の分配によってある法規または契約条項の適用の可否が実際上決められる結果にもなるわけであるから、個々の法規の立法趣旨、契約条項の締結趣旨も当然に、分配の基準として働くべきである。権利救済の途をひろげるのが望ましいと考えるかどうかの立法趣旨や、実体法の解釈・政策論、約定の趣旨も、証明責任の分配を決定する重要な因子である。民法709条において、過失に該当する事実の証明責任を損害賠償請求権者に負わせているのを、自動車損害賠償保障法3条ただし書では、被害者救済の立場から、被告に注意を怠らなかったことの証明責任を負わせているのは、その典型的な例である[*][**]（→p617 3）。

> 〔＊〕　**民法612条2項による解除権の制限**　　判例は、賃借人保護の趣旨から、法解釈によって、背信行為と認めるに足りない特段の事情がある場合には本条による解除を認めないとする法理（最判(二小)昭28・9・25民集7巻9号979頁など）を確立させたが、他方では、この特段の事情に関しては、賃借人がその存在について主張立証責任を負う（最判(一小)昭41・1・27民集20巻1号136頁）として、バランスをとっている。近時の議論を紹介するものとして、吉田克己・民法判例百選Ⅱ〔第6版〕118頁参照。

> 〔＊＊〕　　最判(二小)平16・12・13民集58巻9号2419頁は、法の趣旨および約款の規定から、火災保険金請求訴訟において、その火災が保険契約者、被保険者またはこれらの者の法定代理人の故意または重過失によって生じたものであることを、保険者の免責事由としたと解し（旧商629条・665条・641条、保険法17条参照）、保険金請求者は、火災が偶然のものであることの主張・立証責任を負わないとする。その免責事由と解した理由づけは、証明責任の分配方法について参考になる。また最判(一小)平18・6・1民集60巻5号1887頁も、車両保険金の請求者は、その事故の発生が被保険者の意思に基づかないものであることについて主張、立証責任を負わないとする→p490〔＊＊＊〕。

（2） 当事者間の公平の観点

証明責任を負うかどうかで権利の有無が決まり訴訟の勝敗が決まるおそれもあるから、その権利の有無を定める実体私法の理念である当事者間の利害を公平に調整するという観点からも、また訴訟上の武器対等の原則からも、公平の観点を、この証明責任の分配に反映させるのは当然である。

　　㋐　公平の理念から、現状を変更しようとする者が、変更のための要件の証

明責任を負う。これを証明責任分配の消極的基本原則と呼ぶ[12]。すなわち、ある者が権利があると主張して現状の変更を求めてきたとき、権利を争う相手方に対して権利の発生原因となりそうな事実をすべて探索しその不存在の証明を要求するのは、相手方の負担を増大させ、争点を無用に増加させるし、裁判官も権利の存在の確信を得られないのに、権利を争う相手方がその発生原因の不存在の立証に成功しなかった故に権利を認めざるをえなくなるのは不合理である。これでは、理由のない訴訟を提起した原告が勝訴することになり、理由のない訴訟を奨励し優遇することになろう。また、権利を主張する者に対し、権利の消滅原因となりそうな事実をすべて探索し、それらすべての不存在の証明を要求する場合も問題である。通常、法規は、ある事実の存在に、ある法律効果を結びつける形式をとっているので（権利の存在を権利の発生原因事実に、権利の不存在を権利の消滅原因事実に結びつけている）、かくして、権利の存在を主張する者は、その発生原因たる事実（権利根拠事実）について証明責任を負い、権利の不存在を主張する（権利を争う）者は、権利の消滅原因たる事実（権利消滅事実）について証明責任を負うことになる。これが負担の分配として公平である。

　また、権利の発生を妨げる原因となる事実（権利障害事実）についても、権利を争う者に証明責任がある。ここでも、消極的基本原則が妥当する。もっとも、権利障害事実は、権利の発生原因のすべてをその主張者に証明させるのは酷であるとの考慮から、公平上、その一部を権利の発生を妨げる事実と構成して、それについての証明責任を権利を争う者に分担させる趣旨のものである。つまり、これら権利障害事実は権利を争う側に証明責任を分配した結果生れるものである。したがって、権利根拠事実とみるか権利障害事実とみるかの判断には、法文の表現形式もその一助となるが、必ずしもこれだけで決まるわけではなく、立法目的、規定の趣旨、公平かどうか、その事象の性格（例外的事情かどうか）等に基づき証明責任の分配を実質的に判断して決める必要がある[＊]。

　〔＊〕　**法律要件分類説**　(1)　意義　これによると、①各当事者は、自分に有利な法律効果の発生を定める法条（権利根拠規定）の要件事実について証明責任を負う。②根拠規定に基づく法律効果の発生を妨げる旨を定める規定（権利障害規定）の要件に該当する事実

---

12)　松本・証明責任76頁。

は、その法律効果の発生を争う者に証明責任がある。たとえば、虚偽表示の無効原因など がこれに当たる。③いったん発生した権利の消滅も、新たな法律効果の発生であるから、 ①と同様、その効果（つまり権利の消滅）を主張する者が、その根拠をなす規定（権利消 滅規定）の要件事実について証明責任を負う。たとえば、債務の弁済、免除、契約の取消 し[13]、解除、消滅時効の援用などの事実がこれである。この分類のうち、①（権利根拠 規定）と③（権利消滅規定）についてはその区分は明確であるが、①と②（権利障害規 定）とを区別するのはかなり困難である。その区別のために、法律要件分類説のなかでも、 規範説といわれる立場では、あくまでも、各個の法条の表現形式（たとえば、本文とただ し書と書き分けているときは、ただし書で除外された事実は、その法条の効果の発生を争 う側が証明責任を負うという。たとえば民93条1項ただし書により無効について表意者が 証明責任を負い、同条2項により、第三者が善意の証明責任を負う）と法条適用の論理的 順序にこだわり（たとえば、民法95条1項（権利障害規定）に対し4項はその例外の規定 （権利障害障害規定）として、4項の適用を主張する第三者が「善意」の証明責任を負う とする）、これによって定められるとする。これに対し、このような各個の法条の表現形 式を用いるとしても、必ずしもこれにこだわらず、より実質的な原理・考慮によって分類 する立場（この立場によれば、取引の安全を確保する趣旨から、無効を主張する者に第三 者の「悪意」の証明責任を負わす立場も解釈上可能となる）もあり、この立場も有力であ る。

(2) いわゆる規範説に対しては、条文の表現形式のみに分配の基準を求めるのは、無理 であり、なんらかの実質的な考慮による調整の必要は否定できない、と批判されている。 さらに、①と②の区別については、あいまいであり、証明責任を分配する実質的基準たり えないとの批判がある。たとえば、表示上の効果意思と内心の意思とが一致することが法 律行為の効力発生の事由になると構成することも、両者が不一致であることを効力発生の

---

13) 意思表示の瑕疵の取扱について　平成29年の民法改正（平29・法44）により、錯誤を意思表示 の無効事由と扱うことから取消事由に変更した。結果として、錯誤の主張は、権利障害事実から権 利消滅事由に変わった。規範分類説によれば、新民法95条1項1号および2号の取消事由は、意思 表示の効力を消滅させる側（表意者）に証明責任があることが明かとなった。また動機の錯誤につ いては、同条2項において、「その事情が法律行為の基礎とされていることが表示されていたとき に限り、」取消しを「すことができる」と規定され、その規定ぶりからすると、この事情表示にあ たる事実については、取消権の権利根拠事由として取消しの効果を主張する表意者側に証明責任が あるように読める。他方、「錯誤が表意者の重大な過失によるものであった場合には、」「第1項の 規定による意思表示の取消しをすることができない」と規定されているので（同95条3項柱書）、 表意者の重大な過失の存在については、取消権の権利障害事由として、取消しの効果を否定する相 手方に、さらに3項1号および2号に係る相手方の事情については、取消権の権利障害事由にさら に例外（取消しを可能とする例外）を規定する条項として、その例外事由の存在については、表意 者に、それぞれ証明責任があると判断されよう。

616　第3編　第一審手続　第6章　当事者の立証活動と裁判所の事実認定（審理の第2段階）

障害事由としてとらえること（虚偽表示を抗弁事由としてみるのはその例）も実体法規としては等価であり、それが権利根拠規定になるか権利障害規定になるかは、むしろ表示された意思と内心の意思との一致・不一致につきどちらが証明責任を負うかによって逆に定まるといえる（②を①から区別するものは、証明責任の分配を定める規範によってのみであり、実体法規の規定ぶりからは区分できない）。にもかかわらず、規範説が根拠規定か障害規定かによって責任が分配されるとするのは論理が逆であるというのである（柏木邦良「西ドイツ民事訴訟法学の現況(4)」ジュリ493号（1971）123頁、石田穣「立証責任論の現状と将来」法協90巻8号（1973）〔同『民法と民事訴訟法の交錯』（1979・東京大学出版会）3頁〕）。また、規範説を補完するものとして提唱された間接反証理論に対しても批判が投げかけられている（↳ p622〔＊＊〕）。

　(3)　①②③の命題は証明責任の分配を考える上では、参考になり、有益な基準であるといえる。とくに①③については、本文でもみるように、公平の観点から一般的に肯定されるであろう。また②については、法律効果の発生に必要な事実のすべての事実を、その効果の発生を主張する者の責任とするのは酷であり、通常は存在すると思われる事由、たとえば行為能力とか、特別な場合と考えられる事由、たとえば錯誤などの事由については、効果の発生を争う側が発生の障害事由として、証明責任を負うこととする方が公平でもあり取引の安全にも資すると考えられる。このように①と②との区分けについても、実質的観点による分配を肯定するならば、法律要件分類説も使用に耐えるものと考えられる。また、法条の表現形式も、証明責任の分配を探索するための一応の手がりとしては十分に利用価値が認められるが、それから得られる結論の当否は実質的観点からつねに吟味されなければならない。

　(イ)　さらに、証拠の偏在が想定され、権利主張者にその主張に必要な事実・証拠を把握しにくい事情があるような場合には、必要な証拠方法をより利用しやすい地位にある当事者がその事実の証明責任を負うのが公平であるといえる〔＊〕。もっとも、偏在の程度、証明困難な程度はさまざまであり、具体的には、他の要素も加味して慎重な判断が要請されよう。なお、証明責任を負わされるところ（証明責任の転換）まで行かないが、証明責任を負わない当事者に事実および証拠の提出義務を認める段階もあり得る（↳ p482(4)(ア)(イ)）。

　〔＊〕　**危険領域説**　損害賠償請求において、損害原因が加害者の危険領域から発した場合には、加害者の過失や損害との因果関係について被害者が証明困難に陥る反面、加害者の方が事実関係を容易に解明できる立場にあるので、過失および因果関係について、加害者側に証明責任を負わすとする説である。ドイツの判例・学説に由来する。

第3節　事実認定の方法　　*617*

　これによれば、危険領域とは、当事者の一方が事実上法律上の手段によって支配しうる生活領域を指すとされるが、証明責任を加害者に転換する基準としてあいまいではないかと批判されている（松本・証明責任59頁）。たとえば、麻酔をかけられた専門的知識のない患者は医師の過失を証明できないので医師に無過失の証明責任を負わすべきだという場合などは、端的に、被害者の証明困難を理由として、公平の観念・権利救済の必要性から直截に論ずれば足りよう。

　㈦　また、例外的な事象についてはその事実を主張する者が証明責任を負担するのが、公平といえる。たとえば、内心の意思は、表示された意思に一致しているという場合が普通であるから、その不一致については例外的な事実として主張する者が証明責任を負うとすべきである。たとえば、心裡留保や虚偽表示に該当する事実は、これらを主張する者に証明責任が負わされるのはこれによる。破産法161条2項・162条2項も、その一例といえよう（破産法人の役員等または破産者の親族や同居者等は、破産者が隠匿等の処分をする意思を有していたことを知っているのが普通であるから、これらの者（否認の相手方）に知らなかったことについて証明責任を負わせている）。

3　証明責任の転換

（1）　一般の場合の証明責任の分配と異なり、特別の場合に、反対事実について相手方に証明責任を負わすこととする法規範上の現象を証明責任の転換という。たとえば、不法行為に基づく損害賠償請求では、民法709条により、損害賠償請求権を主張する原告が、被告の過失にあたる事実の証明責任を負うのが一般であるが、特別の場合として自動車事故による損害賠償請求につき、自動車損害賠償保障法3条ただし書によって、注意を怠らなかったこと（過失がないこと）にあたる事実について被告（損害賠償請求権の不存在を主張する者）が証明責任を負うとされるのは、その一例である。

　証明責任の転換は、その分配を規定する一つの法技術である。原則的な証明責任の分配をいかなる場合に転換させるかは、本来の証明責任の分配と同様の立法政策の問題であり、また実体法の解釈論の問題でもある。したがってまた、具体的事件の審理の経過によって生じる立証の必要の転換とは違う。

（2）　法規において一般的抽象的に行われる証明責任の分配に対し、当事者間

の公平を図るために、具体的な事実認定過程において、これを修正する場合がある。これについては、事案解明責任を参照されたい（↘p483（4）（イ））。

4　推定と証明責任

（1）　推定の意義

推定とは、あることから他のことを推認することであるが、これを可能ならしめるのは経験則である。推定には、事実上の推定と法律上の推定とがある。裁判官の自由心証の一作用として経験則を用いて事実上行われるものが事実上の推定であり、経験則が法規化され、法規の適用という形で行われるものが法律上の推定である。

法律上の推定には、事実推定と権利推定とがある。「甲なる事実（前提事実）があるときは乙なる事実（推定事実）があると推定する」と規定され、乙なる事実が他の法条の要件事実となっている場合が法律上の事実推定を定めたものである（例、民186条2項・619条・629条・772条、手形20条2項、破47条2項・51条・162条2項等）。「甲なる事実があるときはＡなる権利ありと推定する」と規定され、甲なる事実としてＡの権利の発生原因とは異なる事実を掲げている場合が権利推定を定めた場合である（例、民188条）。事実推定の規定の方が多いので、法律上の推定といえば法律上の事実推定を指すのが通常である。

（2）　法律上の推定

(ｱ)　法律上の推定規定は、証明困難な推定事実または推定権利の発生原因事実の代わりに、証明の容易な前提事実の証明をすれば足りるとする趣旨の定めであり、推定事実についての証明責任（権利推定の場合はその発生原因事実についての証明責任）を緩和するためのものである。乙事実（またはＡ権利の存在事由）の代わりに甲事実の証明をすれば、乙事実を構成要件とする法律効果（またはＡ権利）が認められる。むろん、乙事実（またはＡ権利の存在事由）を直接証明することも妨げない。相手方としては、むろん甲事実（前提事実）の証明を妨げる立証をしてもよいが、甲事実が存在しても、乙事実は存在しない（Ａ権利は存在しない）旨を証明して推定を覆すことが許される。この点で、推定は擬制と異なる（「甲なるときは乙とみなす」と規定する擬制の場合、擬制されたことについては、相手方が真実でないことの証明をすることは許されない）。しかし、推定を覆すための乙事実の不存在

（またはA権利の不存在）の証明は、本証でなければならず、反証では足りない。したがって、推定規定とは、その効果の主張者に対しては、証明主題の選択を許すとともに、これを争う者に対しては、反対事実について証明責任を負わすもの（証明責任転換の一例）である。

　(イ)　法文上「推定」と表示されていても、法律行為の解釈規定の場合がある（たとえば、民136条1項・420条3項）。これは事実を推定するものではないから、ここにいう法律上の事実推定ではない。また、事実の推定規定には、無条件の推定規定もある（たとえば、民186条1項）。これは、ある効果の要件事実の不存在の証明責任を、その効果を争う相手方に負わせるための立法技術で、ただし書で規定するのと同義である（このように推定される事実を暫定真実ということがある）。たとえば、民法186条1項の推定は、時効取得の要件（民162条1項）の証明責任を転換したことになり、「他人の物を20年間占有した者は、その所有権を取得する。ただし、所有の意思をもって善意で平穏に、かつ、公然としない場合はこの限りでない」と規定するのと同義になる（商503条2項の「商人の行為は、その営業のためにするものと推定する」というのも1項の要件事実の証明責任を転換したものである）。法律上の推定は、別個の前提事実を規定するもので、このようにただし書の形式には書き換えられない。

（3）　事実上の推定、一応の推定、表見証明、間接反証

　事実上の推定とは、裁判官が心証を形成する過程で、経験則を利用してある事実から他の事実の推認を、事実上することをいう。この場合に利用される経験則には、高度の蓋然性をもつ場合もあれば、そうでない場合もある。その経験則がかなり高度の蓋然性をもつならば、前提事実の証明をもって推定事実の心証も一挙に証明度に近づくとみてよい。このような事実上の推定を一応の推定という[*] [14]。その証明に近い状態を指して表見証明ともいう。このような推定が成り立つ場合には、相手方がその推論を誤りとする、または少なくとも疑わしいとする特別の事情を証明しないと、そのまま推定事実が認定される[15]。

---

14)　一応の推定の理論については、中野貞一郎「過失の『一応の推定』について（1～2・完）」曹時19巻10号・11号（1967）〔同・過失の推認1頁以下〕参照。

15)　「一応の推定」「表見証明」は、ドイツの判例に由来する用語であるが、日本法からみた意義の分析については、藤原弘道「一応の推定と証明責任の転換」講座民訴⑤127頁が優れている。

620　第3編　第一審手続　　第6章　当事者の立証活動と裁判所の事実認定（審理の第2段階）

　一応の推定によって主要事実が推定される場合には、この推定を覆すための相手方の立証活動を間接反証[**]ということがある。これら「一応の推定」「表見証明」「間接反証」などの理論は、すでに説明したように（⤵p483(4)(イ)）、いずれも、証明責任の転換・修正（事案解明責任）の各事例に該当するものと理解すべきである。注射事件（⤵p620[*]）、間接反証事件（⤵p622[**]）、医療過誤事件（⤵p623[***]）などは、その種の先例としてカウントされるものである[***]。

　ところで、このような証明責任の臨床的修正（事案解明責任）において、いかなる具体的事実をもって権利根拠的事実（原告が証明すべき事実＝事案解明責任を相手方に発生させる事実）とみるか、また権利障害的事実（被告が証明すべき事実、「特段の事情」といわれることもある）とみるべきかについては、一般的な基準を立てがたい。むろん、法規に明示されるべくもなく、個別事件の争点整理手続において、裁判所および当事者間で詰めていく必要がある。当事者の納得をうるためには、裁判官の釈明権の行使、暫定的心証の開示がどうしても必要となろう。どの段階で、どのような事案解明責任の判断枠組みを協議し確認し合うのかは、争点整理の後期段階における裁判官・弁護士らの腕の見せ所である（⤵p545[*]）。そして、その枠組みが当該事案の解決にとって妥当なものであったかについては、個別事案ごとに、さかのぼって吟味されるべきであり、その法的安定性は、事例の積み重ねを待たざるをえない。

〔*〕　**一応の推定の例**　　(1)　たとえば、皮下注射の後、その部位が腫脹して疼痛を伴うようになった事実から、注射のさいに医師になんらかの不注意・不手際があったと推認することが許されよう。これは、診療行為の目的たる疾病と無関係に、注射後にその部位が化膿したとすれば、注射した医師に何らかの不注意があったとみてまず間違いがないという高度の蓋然性のある経験則によって、医師の過失を推定することができ、医師側で、医師として要求される注意義務を尽くしたことを積極的に証明しないと、その過失がそのまま認定されてしまうことになる（最判（二小）昭32・5・10民集11巻5号715頁、最判（三小）昭39・7・28民集18巻6号1241頁、新堂・判例106頁参照）。すなわち、一応の推定により、証明責任が転換され、医師に、非難されるべき不注意な行為の不存在について証明責任を負わされることになる。この場合には、原告は、医師の過失に関しては、注射行為とその後の結果（これらが主要事実になる）を主張立証すれば足りる。「何らかの不注意・不手際」が何であったかを特定しなくても、医師の過失を認定することができる（「注射器の消毒不完全か注射部位の消毒の不完全かのいずれかがあった」という選択的な認定も許さ

れる）。これに対して、医師の方は、注射の際に注意すべき諸事項に関する事実（たとえば、注射部位、注射器および施術者の手指等の消毒が完全であったこと）をすべて証明するか、あるいは、診療行為の目的とした疾病の性質上注射部位が腫脹する蓋然性の高いことなどを証明しなければならず、これらの事実が、被告の証明すべき事実となる。

(2) 一応の推認と特段の事情　最判（三小）昭36・8・8民集15巻7号2005頁は、原告Xが、土地賃借権付家屋を10万円で被告Yに売却し、売買契約を原因として移転登記をしたが、売買は通謀によるものであるとして登記の抹消と家屋の所有権確認請求をした事件であった。原審は、売買価格が10万円と低くても、仮装売買ではないとして、原告の請求を棄却した。家屋と借地権は鑑定よれば151万円余の時価と評価されているが、①X・Yは旧知の仲であったこと、②Yが所有者となってもXにとりあえず賃貸し相当の期間内であればXが買い戻す意向であったこと、③家屋が税金の滞納処分により差押え中であったこと等から、家屋の売買代金が安く定められたことは取引の通念により当然であると判断し、売買は有効と判断した。

これに対し、本最高裁判決は、まず、このように「時価と代金が著しく懸絶している売買は、一般取引通念上首肯できる特段の事情のない限りは経験則上是認できない」とし、④滞納額はそれほど多くないとみられること、⑤「鑑定の結果ならびに右〔税務署長の〕回答書の記載〔これによると売買当時の滞納額は13万2千余円に過ぎない〕を措信できるか否か」、および⑥「買戻しの特約があるために特に代金を廉価に定めたものであるか否かなど一般取引通念上是認できる特段の事情について審理判断を加うべきであるにもかかわらず」、原判決が上記①②③の事情を認定しただけでXの主張を排斥した（売買は有効と判断した）ことには「審理不尽、理由不備の違法」があるとして、原判決を破棄し、事件を原審へ差し戻した。

原判決は、推認とか推定という言葉は使っていない。しかし、本件のように代金と時価とに大差があっても、上記①から③の事情があれば売買は有効と推認できるという取引上の通念を基礎にした事実認定の枠組み（ないし争点整理）を前提にしていたと考えられる。最高裁は、まずこの原審の枠組みを経験則違反と評価し、本件のような代金と時価との大差は、むしろ売買は無効との推認を可能にし、①〜③の事情だけではその推認を覆すに足りず、④から⑥までの事情の審理・判断いかんによって覆すことができるかどうかが決まるという法的判断に立っているとみられる。

本判決は、事件を原審に差し戻したため、「特段の事情」についてどちらが立証責任を負うかについてまでは言及していないが、事案解明責任の一例として、被告側が負うことになるのではないかと考えられる。それはともかく、争点整理段階において、事実認定の枠組みを考案するさいに、「経験則」「取引上の通念」の名のもとに法的評価判断が先行し作用すること、および事案解明義務ないし事案解明責任を考案することによって事案解明

622　第3編　第一審手続　第6章　当事者の立証活動と裁判所の事実認定（審理の第2段階）

のレベルが一段と深まることが、つぶさに読みとれる判例である。

〔＊＊〕　**間接反証**　(1)　意義　　いくつかの間接事実（a、b、c）から、証明責任を負う当事者の主要事実（A）の存在を強く推認できる場合に、Aにつき証明責任を負わない相手方がa、b、cとは両立する別個の間接事実（d）の存在を証明することによって、a、b、cからAを推認することが誤りであること（推定事実の不存在）または少なくともAの存在につき真偽不明状態に引き戻す証明活動をいう。この場合、dの存在について相手方は積極的に立証する必要があり、そのかぎりで証明責任を負う。

　(2)　批判その1　　しかし、間接反証の証明主題となる間接事実については明らかに間接反証を試みる者に証明責任があると説く点では、本来の証明主題たる主要事実についての証明責任の分配を一部変更したものというほかはなく、法律要件分類説によって決められた主要事実についての証明責任の分配法則を一部修正する理論というべきである。

　(3)　批判その2　　本来「正当事由」とか「過失」というような抽象的な事実は、これについて証明責任を規定しても、訴訟の審理をリードする役割は果たせない。むしろ、当事者が実際に立証の攻防を尽くす対象となる、より具体的な諸事実（たとえば運転中酔ぱらっていたか、脇見したか等）につき、証明責任を定めてはじめて、訴訟審理の指標たりうるのであって、このようなより具体的な事実こそ、この場合の主要事実とみるべきである（倉田卓次「一般条項と証明責任」法学教室第2期5（1974）〔同『民事実務と証明論』（1987・日本評論社）252頁〕は、これを準主要事実と名づける）。規範説は法規の形式、文言にこだわる結果この点を見失わせる点で致命的な欠陥をもつ。かくて、間接反証の証明主題となる「間接事実」は、むしろ当事者間の攻防の要となるものであって、その名称はともかく、事案解明義務および責任を組み立てる重要なより具体的な事実ととらえられるべきものである。その事実（上記(1)例ではd）については反対当事者が事案解明責任を負うと端的に説明すれば足りる（賀集唱「間接反証」ジュリ争点〔新版〕254頁参照）。

　(4)　具体例による説明　　たとえば、不法行為に基づく損害賠償請求において、一般に被害者の被った損害の発生と加害行為との因果関係の証明責任は被害者にあるとされているが、公害事件などで問題となるのは、①被害疾患の特性とその原因（病因物質）、②原因物質が被害者に到達する経路（汚染経路）、③加害企業における原因物質の排出（生成・排出のメカニズム）の各事実である。そして、これらの事実がむしろ証明の主題であり、これをめぐって当事者の立証活動は展開される点からいって、これらの事実こそ弁論主義の適用を受ける主要事実とみるべきで、本来これら各事実について証明責任の分配を考えるべきである。そして、これら三つの事実の証明があったときに（法的）因果関係ありと判断すべきかどうかは、事実の法律要件へのあてはめの問題として、むしろ法の解釈の問題となる。したがって、〈①と②の事実の証明があれば、③の事実のないこと（汚染

源になりえない事実）が積極的に証明されないかぎり法的因果関係を認定してよい（また
は認定すべきである）〉という考察は、上記の意味で、法解釈の一つのあり方であり、①
②③についての立証過程において、その指針として定め得るものとなる。

　かくて、間接反証という思考をこのような因果関係の立証について論ずるとすれば、本
来は法解釈の問題でもあるものを、自由心証の領域内に埋没せしめる危険があり、問題の
所在を曇らせるものというべきである（石田穣「立証責任論の現状と将来」法協90巻8号
(1973)〔同『民法と民事訴訟法の交錯』(1979・東京大学出版会) 7頁〕。これに対し、竹
下守夫・法学教室第2期5 (1974) 144頁は、間接反証概念の効用を肯定する)。

　(5) もっとも、事実認定一般の方法論としてみた場合、多くの間接事実からある事実が
高度の蓋然性をもって推認される場合に、別個の間接事実を積極的に証明することで上記
の推論を真偽不明にもち込み得るという立証活動は、実は法律上の推定の場合と同じ構造
をもつもので、経験則上は認できるだけでなく、公平の要請にも合する事実認定の手法と
いえる。その意味では、間接反証という道具自体の効用まで否定するのは行き過ぎであろ
う。要は、それが、具体的な事実認定過程において法解釈論として証明責任の修正・転換
をもたらす場合があること（事案解明責任、⤵p483(4)(イ)）を認識すべきである。

〔＊＊＊〕　**医療事故関係訴訟における事案解明責任**　　園尾隆司「医療過誤訴訟における主
張・立証責任の転換と外形理論」新堂・古稀(下)213頁以下は、実務上も理論上も注目に値
する。医療過誤事件において、最高裁の破棄判決の一連の流れ[16]の分析から、外形的事
実（つまり権利根拠的な事実で、性質上は原告にも立証が比較的容易な事実であり、過失

---

16) 園尾論文が分析の対象とした判例は、つぎの1970年代後半から2000年までのもので、いずれも、
因果関係・過失を否定した原判決を破棄したものである。①最判(二小)昭50・10・24民集29巻9号
1417頁〔東大ルンバール事件〕、②最判(一小)昭51・9・30民集30巻8号816頁〔インフルエンザ予
防接種事件〕、③最判(三小)平7・5・30裁判集民事175号319頁〔核黄疸事件〕、④最判(二小)平
7・6・9民集49巻6号1499頁〔未熟児網膜症事件〕、⑤最判(三小)平8・1・23民集50巻1号1
頁〔虫垂炎麻酔剤事件〕、⑥最判(三小)平9・2・25民集51巻2号502頁〔薬剤副作用顆粒球減少症
事件〕、⑦最判(一小)平11・2・25民集53巻2号235頁〔肝細胞癌検査不実施事件〕、⑧最判(三小)
平11・3・23裁判集民事192号165頁〔脳神経減圧手術事件〕。
　これらの事例において、①判決で宣言された「訴訟上の因果関係の立証は、一点の疑義も許され
ない自然科学的証明ではなく、経験則に照らして全証拠を総合検討し、特定の事実が特定の結果発
生を招来した関係を是認しうる高度の蓋然性を証明することであり、その判定は、通常人が疑いを
差し挟まない程度に真実性の確信を持ちうるものであることを必要とし、かつそれで足りる」
(⤵p568(1)(ア))との①最高裁判決の趣旨を通底とし、どの事例においても、「健全な社会通念」
（園尾論文234-235頁）に照らした因果関係や過失を推定していると指摘。なお最判(二小)平21・
3・27判時2039号12頁も、園尾論文の「判例」に追加されるべきであろう（本判決については、後
掲注17))。また、門口正人編『裁判官の視点――民事裁判と専門訴訟』(2018・商事法務) 251-255
頁〔福田剛久〕が園尾理論をフォローしている。

や因果関係の推定前提事実となるもの）と権利障害的事実（多くは医学的証明を要する事実）とを切り分けるとともに、もっぱら医学的知見に基づくのでなく場合によってはこれに反するとしても、社会通念ともいうべき健全な経験則（証明責任の転換をも考慮に入れた「法的な経験則」）や医療水準の解釈を判断基準として、その外形的事実から因果関係や過失を推定し、後者の権利障害的事実について医療側の証明責任とするという理論を抽出している。これは藤原弘道がつとに指摘した方向（﹈p619脚注15））を開拓する研究でもある。今後とも、このような研究によって、患者側の証明負担を公平化するとともに、医療過誤訴訟の審理の充実促進にも、少なからず貢献できよう。

5　立証命題の変更による立証負担の軽減

（1）　法律上の推定規定は、立証命題となる立証困難な事実を実体法上変更することによって、立証負担を軽減する実体法的技術の一つであるが、証明責任の転換を伴わなくても、立証命題を解釈上変更することによって、立証負担の軽減を図ることも考えられる。

たとえば、医師が医療水準に見合う適切な診療行為を適時にしなかったために患者が死亡したケースで、医師のその不作為と患者の死亡との因果関係の存在を認定するには、「適時に適切な診療を行っていたら一定期間延命したことを高度の蓋然性をもって証明しなければならない」という立証命題を立てるならば、一定の延命期間まで証明しなければならないことになり、患者側はほとんどの場合に証明困難に陥るであろう。しかし、「適時に適切な診療を行っていたら患者が現実に死亡した時点では、なお生存していたことを高度の蓋然性をもって証明すれば足りる」というように変更するならば、患者側の立証負担は大いに軽減されよう。この立証命題の変更は、立証困難という理由と、患者側の救済の確保という実体法的考慮によって考案される法解釈問題といえる（最判（一小）平11・2・25民集53巻2号235頁。延命期間は損害額の算定にあたって考慮すれば足りる。そして損害額の算定

　さらに、園尾論文は、科学的知見が必要となる訴訟において、科学的知見と社会常識的な外形的な経験則とがどのようにかかわるか、かかわるべきかの研究テーマをひろく示唆しているが、この関係では、最判（二小）平18・1・27判時1927号57頁、および最判（三小）平18・11・14判時1956号77頁が興味深い事例を示している。そこでは、複数の医師による鑑定意見が相反する場合に決着をつけるのは、外形的な事実を基礎とした法的な経験則（健全な社会通念）によらざるをえないことを明らかにしている（﹈p601〔＊〕(2)）。

については248条を利用できる)。

さらに、適切な診療行為が行われていたならば、患者が現実に死亡した時点では「生存していた」ことを証明できなくとも、「生存していた相当程度の可能性」までは証明できる場合も多いであろう。そこで、このような「生存の相当程度の可能性」を人格権の一つの保護法益とみ、これを奪ったことを人格権侵害の一態様と認めることも解釈上可能であろう。そうなれば、生存の可能性しか証明できない事案でも、少なくとも、生存の可能性を奪われたことによる慰謝料は得られることになる (最判(二小)平12・9・22民集54巻7号2574頁、最判(一小)平16・1・15判時1853号85頁)。

(2) 立証負担を軽減するというテクニックとしてみるときは、「証明責任の転換」と、ここでいう「立証命題の変更」とは、連続した問題であること、そしてある意味では、両者はトレードオフの関係にあることに注意すべきである。証明責任の転換が可能かどうかについての吟味をおろそかにして、安易に後者のテクニックに頼るとすれば、原告として本来得られたはずの実体的利益 (損害賠償額) を不当に減じられることになるからである[17]。

---

17) この関係で、最判(二小)平21・3・27 (前掲注16)) はよい教訓になっている。この事例で原審は、全身麻酔薬と局所麻酔薬を併用するにあたり、各麻酔薬の投与量を調整 (減量) すべき注意義務を怠った過失を認め延命の可能性を認めながら、患者の死亡を回避するに足りる調整 (各麻酔薬の減量) の程度を明らかにする資料もないから、死亡を回避できる具体的注意義務の内容を確定することができないとして、死亡との因果関係および過失を否定し、延命可能性の侵害による損害賠償のみ認めた。これに対して、最高裁は、死亡を回避できる投与量の限界を明らかにすることまで原告の証明責任とするのは酷であるとして、死亡への因果関係および過失を認めて原判決を破棄したのである。本判決は、事案解明責任の一例を示しているが、同時に、安易に立証命題を変更し一部救済のみにとどめる選択に対する警告事例としても評価できる。

第4節 証拠調手続

第1款 総　説

1 証拠調べの開始

弁論主義のもとでは、証拠調べは、当事者の申し出た証拠について行われるのが原則である（補充的に職権証拠調べを認めていた旧261条は、太平洋戦争後削除された）。管轄に関する事項の証拠調べ（14条）、調査の嘱託（186条）、鑑定の嘱託（218条）、公文書真否の問合せ（228条3項）、当事者尋問（207条1項）、検証のさいの鑑定（233条）、訴訟係属中の証拠保全としての証拠調べ（234条-242条とくに237条）、商人の商業帳簿等の提出（商19条4項、会社434条・616条）は、職権でできる旨規定されている。鑑定は、裁判所の知識や判断能力を補充するものであることから、鑑定一般が職権でできるとする説[1]もあるが、立法論としてはともかく[2]、明文の規定のない現行法の解釈としては、職権による鑑定は許されないと解すべきであろう。

職権探知の下では、当事者の申出のない証拠でも取り調べられる（人訴20条）。職権探知まで認めなくとも、職権による証拠調べを一般的に許す場合もある（行訴24条）。

（1）　証拠の申出

裁判所に対し、特定の証拠方法の取調べを要求する申立てであり、攻撃防御方法の提出行為の一つである。

(ア)　**証拠申出の方式**　　申出には、証明すべき事実およびこれと証拠との関係を具体的に明示するほか（180条1項、なお規99条）、証拠の種類に応じて、それぞれ特定の事項を表示しなければならない（規106条、民訴219条、規150条など）。訴えの提起前の証拠保全の申立て（民訴費3条1項・別表1第17項イによると500円）を除

1）　菊井・(下)329頁、三ケ月・418-419頁。
2）　兼子・体系262頁、菊井=村松・Ⅱ343頁は立法論として認める。

いて、証拠の申出には印紙の貼用を要しないことになったが（民訴費3条1項・別表1参照）、申出人は、原則として証人等に対する報酬や裁判官および裁判所書記官の旅費・宿泊料などの概算額の予納を命じられ、これが予納されないと、裁判所は、証拠調べを行わないことができる（民訴費11条・12条）。もっとも、費用の予納は、相手方がしてもよい（最判(三小)昭32・6・25民集11巻6号1143頁）。証拠申出書は、準備書面と同様、相手方に対し直送をしなければならない（規99条2項）。

　　(イ)　**証拠申出の時期**　　攻撃防御方法の一種として訴訟の進行状況に応じ適切な時期に申し出なければならない（156条）。期日における取調べを可能にするために証人の呼出しや書証の提出命令をあらかじめしておく必要があるから、申出は口頭弁論期日前にすることができる（180条2項）。裁判長は、特定の事項に関する証拠の申出をすべき期間を定めることができるし（162条）、書面による準備手続においては、これを定めなければならない（176条2項）。

　　争点および証拠の整理のために、準備的口頭弁論、弁論準備手続または書面による準備手続が行われる場合には、これらの手続終了後の最初の口頭弁論期日において直ちに証拠調べをすることができるように準備するわけであるから（規101条）、これらの手続の終了までに、証拠の申出を尽くさなければならない。また準備的口頭弁論または弁論準備手続において、裁判長が定めた証拠申出のための期間内（162条）に証拠の申出をしないときは、裁判所は準備的口頭弁論または弁論準備手続を終了することができる（166条・170条5項）。そして、これらの手続が終結した後に、証拠の申出をする場合には、他の攻撃防御方法の提出の場合と同様、相手の求めがあれば、これに対して、これらの手続終了前に申出ができなかった理由を説明しなければならないことになる（167条・174条・178条）。

　　また、証人および当事者本人の尋問は、争点および証拠の整理が終了した後に集中して行わなければならないため（182条）、証人および当事者本人の尋問の申出は、できるかぎり一括してしなければならない（規100条）。

　　(ウ)　**証拠申出の撤回**　　証拠の放棄ともいう。申出に基づいて証拠調べに入る前は、任意に撤回できるが、取調べにかかれば、証拠共通の原則により相手方にも有利な証拠資料が現われる可能性が生じるから、取調べの中途で撤回するには、相手方の同意を要する。取調べが済んだあとは、これに影響を受けた裁判官の心証を抹殺することはできないから、撤回の余地はない（証人尋問につき、前掲

(ｱ)最判(三小)昭32・6・25)。

（2） 証拠申出の採否

(ｱ) 申出が不適式であったり、時機に後れたものである場合（157条）は、申出を却下すべきである。適式な証拠申出があっても、その取調べの要否は、裁判所の訴訟指揮に委される（181条1項）。もっとも、その採否は裁判所のまったくの自由というわけではなく、とくに申出のあった証拠を取り調べない場合には、合理的な理由が必要である[3]。

(a) 要証事項と無関係な証拠は取り調べる必要はない。裁判所がその立証事項についてすでに心証を得ている場合も、それ以上証拠を取り調べる必要はない（弁論の全趣旨との関係につき、→p598(ｲ)）。ただし、その事実を争う相手方から申し出た証拠を全く排斥するのは、公平を欠くから許されない。また証拠力が薄弱であるという予断だけでその取調べを排斥すべきではない。

(b) 本来なら取り調べるべき証拠でも、その証拠調べにつき不定期間の障害があるとき（証拠調べがいつできるか見込みがつかない場合）は、取り調べないまま結審できる（181条2項）。たとえば、証人の行方不明、文書の紛失など。

(ｲ) 唯一の証拠方法の採否　証拠採否の具体的基準は判例法の形成にまたざるをえないが、判例においては、その証拠が各争点について唯一の証拠であるかどうかに触れたものが多い。唯一の基準自体あいまいであるし（各争点ごとに考えているのでなく、事件全体を通じて唯一かどうかをみているようでもある）、そのような形式的基準を用いることに学説は消極的であるが[4]、この基準は判例法の実態を知るうえで重要な手がかりである（しかも、各争点ごとか事件全体を基準にした唯一のものかという点は、むしろ唯一の証拠方法でも排斥してよいとする事由との関連でとらえるべきである）。

判例によれば、唯一の証拠でないかぎり、証拠の採否は、事実審裁判官の裁量に任されるとする原則が固定しているが（最判(一小)昭41・4・14民集20巻4号649頁）、判例の多くは、唯一の証拠方法でも取り調べなくてよいとするもので、その事由

---

3) 木川・改正問題95頁は、敗訴見込みの当事者の申し出た証拠は全部採用するのが原則だとまでいう。

4) 各学説につき、五十部豊久・百選108頁参照。

には、つぎのようなものがある。

 (a) 証拠申出が不適法である場合（費用を予納しないとき、最判(一小)昭28・4・30民集7巻4号457頁）や時機に後れたものである場合（最判(大)昭30・4・27民集9巻5号582頁）。

 (b) その他申請者の怠慢のため証拠調べが合理的な期間内にできない場合。たとえば、唯一の証拠方法たる当事者本人が呼出しを受けながら正当の理由なく期日に出頭しない場合（最判(二小)昭29・11・5民集8巻11号2007頁、類似の場合として、最判(二小)昭39・4・3民集18巻4号513頁）、期日延期を重ねながら本人が出頭せず、また代理人も選出しないため、その者の出頭を待って証拠調べをすることが期待できない場合（最判(三小)昭35・4・26民集14巻6号1064頁）、証拠申出が採用された後、尋問事項を記載した書面を提出しないまま10カ月を徒過したとき（最判(二小)昭36・11・10民集15巻10号2474頁）。

 (c) 申請者に怠慢はなくとも証拠調べについて不定期間の障害があるとき（証人の呼出状が2度とも不送達の場合、最判(二小)昭30・9・9民集9巻10号1242頁）。

 (d) 職権証拠調べが認められる場合（特許審判につき大判昭4・3・16民集8巻185頁）。

 (e) 鑑定の場合（大判昭15・6・28民集19巻1087頁）。

（3）　証拠決定

 証拠調べをするかどうかの裁判は決定で行われるが、これを証拠決定という。

 ㋐ 証拠申出が不適法であるとし、またはその取調べを不要として、申出を拒否する場合は、当事者の立証活動に指針を与える意味でも、なるべく早く却下の決定をすべきである[5]。しかし、却下の決定もせず取調べもしないまま弁論を終結すれば、黙示的に却下の裁判をしたことになる[6]。却下の裁判に対しては、終局判決に対する上訴によって争うことになる（283条）。

 ㋑ 証拠申出に基づいて証拠調べをするには、必ずしも証拠決定をする必要

---

5) 兼子・体系265頁。

6) 唯一の証拠方法でない場合につき、最判(一小)昭27・12・25民集6巻12号1240頁。もっとも、最判(一小)昭27・11・20民集6巻10号1015頁は、弁論の終結に異議を述べないときは、その証拠方法を放棄したものとみるが、それでは、証拠申出の効力を控訴審まで持続させないことになり、当事者の意思に反しよう（兼子・体系265頁）。

はない。ただ、とくに証拠調べのためだけの新期日を定めたり、受命裁判官、受託裁判官による証拠調べを行う場合には、その旨の証拠決定をすることになる。ただし、この場合の証拠決定も、証拠調べのために受訴裁判所における本来の口頭弁論を中止する旨の訴訟指揮上の裁判にすぎず、要証事項について証明責任を確定したり、その点の弁論を打切る中間判決の性格をもつわけではない（ドイツ普通法時代の中間証拠判決 Beweisinterlokut は、証拠分離主義のかなめをなすものとしてこの意義をもち、独立に上訴の対象ともなった）。

2 証拠調べ実施の場所および機関

（1） 直接主義の要請から、受訴裁判所が法廷内でするのが原則である。この場合、当事者の口頭弁論と結合して、口頭弁論期日において行われる（これを証拠結合主義という）。例外として、実地検証や証人が遠隔地にいたり入院中である等の事由で、相当と認めるときは、受訴裁判所外で、証拠調べを行うことができる（185条1項前段・195条）。この場合には、受命裁判官または受託裁判官に行わせることができる（185条1項後段・2項、⤵p645（8））。大規模訴訟（当事者が著しく多数で、かつ、尋問すべき証人または当事者本人が著しく多数である訴訟）に係る事件では、当事者に異議がないときは、受命裁判官に、裁判所内で、証人または当事者本人の尋問をさせることができる（268条）。

（2） 外国において証拠調べをしなければならないときは、その国の裁判所またはその国に駐在するわが大公使・領事に嘱託して、行うほかはない（184条1項）[7]。この嘱託に応じて外国の裁判所が証拠調べをする場合には、その手続はその国の訴訟法（法廷地法）によるから、その法律上適法ならば、わが法上もその効力を認めるべきである。しかし、その国の法律には適合していなくとも、わが法上適法であれば、これを有効とする（184条2項）。日本の外交官が証拠調べをするには駐在国がこれを容認している必要があるが、日本人に対する証拠調べは一般に容認されている。その証拠調手続は、わが法による。

7） なお、詳しくは注釈民訴(6)181頁以下〔柏木邦良〕参照。

第 4 節　証拠調手続　*631*

3　証拠調べにおける当事者の立会い

　審理手続に関与する当事者の手続保障の重要な権能として、当事者は、証拠調べに立ち会って、みずから取調べにあたり、あるいは証拠に関する主張をする利益をもつ[*]。この立会いの機会を保障するために、裁判所は、証拠調べの期日および場所を当事者に告知して呼び出さなければならない（240条・94条、規104条）。しかし、適式の呼出しを受けた当事者の一方または双方が出頭しなくとも、裁判所はできるかぎりの証拠調べができる（183条）。これは、当事者のためには立会いの機会を与えれば足りるし、当事者不出頭のために無駄足をふまされる証人の迷惑をも考慮しなければならないからである。不出頭のまま証拠調べが完結したときは、不出頭の当事者は、みずから立会いの機会を放棄したのであるから、その再施の申立ては、原則としてできない[8]。嘱託した調査の結果を証拠とするには、当事者の援用は要らないが、口頭弁論に提示して当事者に意見陳述の機会を与えなければならない（最判(一小)昭45・3・26民集24巻3号165頁）。

> [*]　**当事者尋問等の公開停止**　　人事訴訟においてプライバシーについて、または特許権等の侵害に係る訴訟において営業の秘密について、当事者等または証人が尋問を受ける場合に、尋問の公開停止をするための手続が整備されたことについては、→ p512(ウ)(エ)。また後者におけるインカメラ手続において、相手方への書面の開示を認め相手方の立会権を保障する規定を整備したことについて、→ p408[*]。

4　証拠調べへの協力

　取調べを必要とする証拠方法が申請者本人またはその支配下にある物である場合には、これを取り調べられる状態に置くことは比較的容易である（たとえば、文書であればそれを提出すれば足りる、219条）。しかし、それらの証拠方法が相手方または第三者であったり、それらの支配下にある物である場合には、相手方または第三者の協力を得なければならない。その協力義務の範囲については、各証拠方法ごとにみる必要があるが（証人義務について→ p634　2以下、文書提出命令について→ p395　2以下、検証協力義務→ p413　2、鑑定義務→ p651(オ)）、ここでは、協力義務に反して、取調べを妨害する場合の効果をまとめておく。

---

8)　次回期日に証人を同道してくるなど、とくに訴訟を遅延させず、証人にも納得してもらえる場合などは、許すべきであろう、兼子・体系266頁。

（1） 当事者の証明妨害

当事者が、相手方による証拠の収集や提出を妨害した場合に、裁判所がその事実認定にあたって妨害を受けた当事者の有利に調整することをいう。妨害の態様程度に応じた調整がなされるべきである。

(ア) 文書提出命令に従わない場合など、協力義務のある証拠調べに対して、取調べを妨害する当事者に対しては、裁判所は、相手方の主張を真実と認めることができる（書証につき224条・229条2項-4項、検証につき232条1項、当事者尋問につき208条）。

これは、当事者間の公平を図ることを目的としたもので、裁判所の自由心証に対する一つの制約を成すと考えられる。かりに、経験則——妨害するのは不利益な証拠または真実だろうという法則——の適用とみると、むしろ自由心証の一作用ということになるが、そう考えると、過失による証明妨害の場合には、この種の経験則は働かないため、証明妨害に対する制裁をあきらめなければならない点に難点がある。しかしまた、これらの規定を法定証拠法則とか証明責任の転換〔*〕と解するのも、画一的にすぎ、妨害の態様程度等をその認定に反映できない難点がある。結局、裁判所は、すでに他の証拠や弁論の全趣旨から得られた自由心証の結果に対して、信義則の適用例として、その裁量で、妨害の態様、帰責の程度、妨害された証拠の重要度等から妨害に対するサンクションを勘案して、証明ありとみるかどうかを定めるべきである（帰責の程度が高いならば、反対の心証を得ていても主張者の事実を認定する余地もある）。また、この種の当事者間の信義則による自由心証の制約はとくに法定された場合に限らず、証拠方法全般に考慮されるべきである[9]。当事者による証明妨害のいわば一般的基礎としての民訴法224条3項の意義を、上記のように包括的に把握する立場からすると、同条はまた、その発露の一事例とみられる事案解明責任論のために、実定法上の強固な基礎を提供していると解することができる（→p484(b)）。

---

9) 以上は、本間義信「証明妨害」民商65巻2号（1971）181頁・207-215頁に負う。なお、医療過誤の事件についての証明妨害については、中野貞一郎「医療裁判における証明責任」ジュリ548号（1973）312頁、春日偉知郎「証明妨害をめぐる近時の動向——西ドイツの医療過誤訴訟における証明妨害を手掛かりとして(上)(中)(下)」判タ412号9頁・413号17頁・414号23頁（1980）〔同・証拠法研究191頁〕参照。

第4節 証拠調手続 *633*

〔＊〕 東京地判平2・7・24判時1364号57頁は、保険者が分割保険料の支払が事故発生の前
　　であったことは明らかでないとして保険金の支払を拒絶した事件において、裁判所は、そ
　　の保険料支払のさいに代理店が日時を記載してない受領書を発行していたことが判明し、
　　これが保険金請求者に対する立証妨害にあたるとして、保険者の方が保険料の支払前に事
　　故が発生していたことについて主張立証すべきだとして、証明責任の転換を認めている。
　　ただし、判決は、その他の証拠などを総合判断して、事故発生後に保険料の支払があった
　　ことを推認して請求を棄却している。証明責任の転換も調整手段の一つになることは確か
　　である。なお、同種の事案として東京高判平3・1・30判時1381号49頁があるが、ここで
　　も、証明妨害による証明責任の転換を理論として認めつつも、事案の解決としては、これ
　　を認めず請求を棄却している。この事件の解説に、河野憲一郎・百選〔第5版〕130頁が
　　ある。なおさらに、⤵p414〔＊〕。

　　(イ)　裁判所の真実の発見をことさら妨害する当事者の行為に対して、過料の
制裁も規定されている（230条・209条）。

（2）　第三者の協力

　　取調べを必要とする証拠方法が第三者またはその支配下にある物であるときに
は、これを取り調べるには、第三者の協力を得なければならない。そこで、法は、
裁判権に服する者が公法上の義務として証拠調べに協力する義務を負うことを前
提とし、その具体的内容を規定している。この義務には、証人義務（⤵p634 2）、
鑑定義務（⤵p651(オ)）、文書提出義務（⤵p395 2）、検証受忍義務（⤵p413 2）があ
る。

5　証拠調調書

　　証拠調べの経過および結果は、調書に記載する。証拠調べが、口頭弁論期日に
おいて行われたときは、口頭弁論調書（⤵p559 3）に記載される（規67条1項3号
-5号）。もっとも、訴訟が裁判によらないで完結した場合には、裁判長の許可を
得て、証人、当事者本人および鑑定人の陳述ならびに検証の結果の記載を省略す
ることができる。ただし、当事者が訴訟の完結を知った日から1週間以内にその
記載をすべき旨の申出をしたときは省略できない（同条2項）。受命裁判官または
受託裁判官の面前における証拠調べの結果は、証拠調調書に記載され（規78条）、
これに基づき、当事者が受訴裁判所における口頭弁論においてその結果を報告し
て、弁論を進める。

634 第3編 第一審手続 第6章 当事者の立証活動と裁判所の事実認定（審理の第2段階）

口頭弁論における録音テープ等または速記の利用については⇀p561〔＊〕〔＊＊〕。

第2款 証人尋問

1 意 義

証人に対して、口頭で質問し、口頭の応答を得るという方法で行われる証拠調べである。

証人は、自分が過去に知得した事実を裁判所で報告することを命じられた第三者である。特別の学識経験があったことによって知り得た過去の事実を報告する者を鑑定証人というが、過去に知得した具体的事実を報告する以上、証人と同じ手続で尋問する（217条）。当事者およびこれに代わって訴訟を追行する法定代理人以外の第三者は、すべて証人となる資格（証人能力）をもつ（法定代理人を誤って証人として尋問した場合は違法で証人の供述といえないが、弁論の全趣旨としては、適法な証拠資料となる、大判昭11・10・6民集15巻1789頁）。

2 証人義務

裁判権に服する者は、一般にこの義務を負うが（190条）、つぎの三つに分けられる。

（1） 出頭義務

証人として呼出しを受けた場合に、正当の理由なしに出頭しないと、費用の負担および過料の制裁を受け（192条1項）、犯罪として、罰金・拘留に処せられる（193条）。また裁判所は、正当の理由なく出頭しない証人を勾引することもできる（194条、規111条）。なお証人は、旅費、日当および宿泊料を請求することができ（民訴費18条）、訴訟費用の一部となる（同2条2号・11条1項1号・18条）。

（2） 宣誓義務

証人は原則として宣誓する義務があるが（201条1項）、若干の例外規定がある（義務のない者―同条2項、裁判所が免除できる場合―同条3項、証人が拒絶できる場合―同条4項）。故なく宣誓を拒むと、やはり出頭義務と同様の制裁・処罰を受ける（同条5項）。また宣誓した証人が虚偽の供述をすれば、偽証罪が成立する（刑169条）。

（3） 供述義務

証人義務の本体を成すが、これに付随して、手記その他の行為義務が認められる（規119条）。ただし、一定の範囲の証言拒絶権がある（196条-199条）。故なく証言を拒絶すると、出頭義務と同様の制裁・処罰を受ける（200条）。

3 証言拒絶権

（1） 自己負罪拒否権

証言が、証人または証人と一定の親族関係等にある者が刑事訴追を受け、または有罪判決を受けるおそれがある事項に関するときは、証人は、証言を拒むことができる。証言がこれらの者の名誉を害すべき事項に関するときも、同様である。一定の親族関係等とは、①配偶者、4親等内の血族もしくは3親等内の姻族の関係にあり、またはあったこと、②後見人と被後見人の関係にあること、である（196条）。

（2） 証人が黙秘の義務を負う場合

黙秘の義務を免除されないかぎり、証言を拒否できる。

（ア） 公務員等の場合　　公務員または公務員であった者を証人として職務上の秘密について尋問する場合には、裁判所は、当該監督官庁の承認を得なければならない（191条1項）。衆議院もしくは参議院の議員またはその職にあった者についてはその院、内閣総理大臣その他の国務大臣またはその職にあった者については内閣の承認が必要である。監督官庁は、公共の利益を害し、または公務の遂行に著しい支障を生じるおそれがある場合を除き、承認を拒むことはできない（同条2項）。承認がない事項については、証言を拒むことができる（197条1項1号）。

（イ） 他人の秘密をうち明けられる専門的職にある者等　　医師、歯科医師、薬剤師、医薬品販売業者、助産師、弁護士（外国法事務弁護士を含む）、弁理士、弁護人、公証人、宗教、祈禱もしくは祭祀の職にある者またはこれらの職にあった者が、職務上知り得た事実で黙秘すべきものについて尋問を受ける場合、黙秘すべき義務を免除された場合を除き（197条2項）、証言を拒むことができる（197条1項2号）。ここで、「黙秘すべきもの」とは、一般に知られていない事実のうち、弁護士等に依頼した本人が、これを秘匿することについて、単に主観的利益だけではなく、客観的にみて保護に値するような利益を有するものをいう（最決(二小)平

636　第3編　第一審手続　第6章　当事者の立証活動と裁判所の事実認定（審理の第2段階）

16・11・26民集58巻8号2393頁）。

　　(ウ)　**技術または職業の秘密**　　技術または職業の秘密に関する事項について尋問を受けるとき、その黙秘義務を免除された場合を除いて、証言を拒むことができる（197条1項3号）。「技術または職業の秘密」とは、公開されると当該技術の有する社会的価値が下落しこれによる活動が困難になるもの、または当該職業に深刻な影響を与え、以後その遂行が困難になるものをいい（最決(一小)平12・3・10民集54巻3号1073頁）、判例上は、製造・販売原価およびそれを推知させる資料（大阪高決昭48・7・12下民24巻5＝8号455頁）、退職希望者のうち使用者側が慰留した者の氏名のように人事管理・経営に関する事項（東京地八王子支決昭51・7・28判時847号76頁）につき証言拒絶が認められている[*] 1)。秘匿特権との関係について、→p404(c)・p419 **2**。

　　〔＊〕　**報道関係者の取材源の秘密**　　最決(三小)平18・10・3民集60巻8号2647頁は、この秘密が保護に値するものかどうかは、「当該報道の内容、性質、その持つ社会的な意義・価値、当該取材の態様、将来における同種の取材活動が妨げられることによって生ずる不利益の内容、程度等と、当該民事事件の内容、性質、その持つ社会的な意義・価値、当該民事事件において当該証言を必要とする程度、代替証拠の有無等の諸事情を比較衡量して決すべき」とし、その手法としては、「当該報道が公共の利益に関するものであって、その取材の手段、方法が一般の刑罰法令に触れるとか、取材源となった者が取材源の秘密の開示を承諾しているなどの事情がなく、しかも、当該民事事件が社会的意義や影響のある重大な民事事件であるため、当該取材源の秘密の社会的価値を考慮してもなお公正な裁判を実現すべき必要性が高く、そのために当該証言を得ることが必要不可欠であるといった事情が認められない場合には、当該取材源の秘密は保護に値すると解するべきであり、証人は、原則として、当該取材源に係る証言を拒絶することができると解するのが相当である」と判示している。

（3）　証言拒絶についての裁判

　証言拒絶の理由は疎明しなければならない（198条）。公務員等の証言拒絶の場合を除き、証言拒絶の当否については、受訴裁判所が、当事者を審尋して、決定で、裁判する（199条1項）。この裁判に対しては、当事者および証人は、即時抗告をすることができる（同条2項）。証言拒絶を理由なしとする裁判が確定した後

---

　1)　なお、梅本吉彦「営業秘密の法的保護と民事訴訟手続」法とコンピュータ10号（1992）78頁。

第4節　証拠調手続　*637*

に、証人が正当な理由なく証言を拒む場合には、証人の不出頭に対する場合と同様の制裁を受ける（200条）。

4　証人尋問の手続

（1）　証人尋問の申出

申出は、証人を指定し、かつ、尋問に要する見込み時間を明らかにしてする（規106条）。証人尋問の申出をするときには、同時に、尋問事項を記載した書面（尋問事項書）を2通提出しなければならない。ただしやむをえない事由があるときは、裁判長の定める期間内に提出すればよい。尋問事項書は、できるかぎり個別的かつ具体的に記載しなければならない。尋問事項書は、相手方に直送しなければならない（規107条）。

（2）　証人の呼出し・出頭

申出を採用するときは、期日を定めて呼び出す。呼出状には、①当事者の表示、②出頭すべき日時および場所、③出頭しない場合における制裁を記載する（規108条）。証人を尋問する旨の決定があったときには、申出当事者は、証人を期日に出頭させるように努めなければならない（規109条）。証人は、期日に出頭ができない事由が生じたときは、直ちに、その事由を明らかにして届け出なければならない（規110条）。正当な理由なく出頭しないときの制裁については、前述したとおりであり、証人を勾引することもできる（192条-194条）。

（3）　宣誓

　　⑺　**宣誓の実施**　　証人に対し、まず人違いでないことを確かめる（人定尋問）。その後、宣誓させてから尋問に入る（201条1項、規112条1項前段）。特別の事情があるときは、尋問の後に宣誓させることができる（規112条1項後段）。これは、宣誓能力を有するかどうか不明であったり、宣誓拒絶権を有するため宣誓を免除することができる者を尋問する場合には、尋問を終わった後で、宣誓させるべきかどうかを判断することができるようにするためである。

　裁判長は、宣誓の前に、宣誓の趣旨を説明し、かつ、偽証の罰を告げる（規112条5項）。宣誓は起立して厳粛に行う（同条2項）。裁判長は、証人に宣誓書を朗読させ、かつ、これに署名押印させる。証人が宣誓書を朗読することができないときは、裁判長は、裁判所書記官にこれを朗読させなければならない（同条3項）。

宣誓書には、良心に従って真実を述べ、何事も隠さず、また何事も付け加えないことを誓う旨を記載しなければならない（同条4項）。

(イ) 宣誓能力・宣誓拒絶　16歳未満の者または宣誓の趣旨を理解することができない者は宣誓無能力者として宣誓させることができない（201条2項）。自己負罪拒否権を有する者でこれを行使しない場合には、宣誓させないことができるし（同条3項）、とくに、自己または自己と196条各号に掲げる関係を有する者にとって著しい利害関係のある事項について尋問を受けるときは、証人に、宣誓を拒絶する権利が与えられる（201条4項）。

宣誓を拒んだときの裁判については、証言拒絶についての裁判の規定（198条・199条）が準用される（201条5項）。また宣誓拒絶を理由がないとする裁判が確定した後に正当な理由なく宣誓を拒んだときは、不出頭に対する制裁（192条・193条）と同様の制裁が科せられる（201条5項）。

（4）　証人尋問の順序

交互尋問を原則とする。すなわち、尋問を申し出た当事者（主尋問）、ついで相手方当事者（反対尋問）、さらに申出当事者（再主尋問）、裁判長の順序で行う（202条1項、規113条1項）。裁判長は、適当と認めるときは、当事者の意見を聴いて、この順序を変えることができる（202条2項）。この順序の変更について、当事者が異議を述べたときは、裁判所が、決定で、その異議について裁判する（同条3項）。もっとも、これらの順序にかかわらず、裁判長は、必要があると認めるときは、いつでも、みずから証人を尋問し、または当事者の尋問を許すことができる（規113条3項）。当事者は、裁判長の許可を得て、さらに尋問することができる（同条2項）。陪席裁判官は、裁判長に告げて、証人を尋問することができる（同条4項）[2]。

（5）　質問事項の制限

(ア)　主尋問は、立証すべき事項およびこれに関連する事項について、反対尋問は、主尋問に現れた事項およびこれに関連する事項ならびに証言の信用性に関する事項について、再主尋問は、反対尋問に現れた事項およびこれに関連する事

2）　わが国の交互尋問制度につき、証拠収集手段を伴っていないこと等の不備を批判するものとして、木川統一郎「交互訊問制度の運用と将来」新実務講座(2)〔同・改正問題63頁以下〕。

項について行うものとし、各尋問における質問がそれぞれに定められた事項以外の事項に関するものであって相当でないと認めるときは、裁判長は、申立てによりまたは職権で、これを制限することができる（規114条）[3]。

　(イ)　質問は、できるかぎり、個別的かつ具体的でなければならない（規115条1項）。当事者はつぎに掲げる質問をしてはならない。ただし、②から⑥までの質問は、正当な理由がある場合は、このかぎりでない（同条2項）。

　①証人を侮辱し、または困惑させる質問、②誘導質問、③すでにした質問と重複する質問、④争点に関係のない質問、⑤意見の陳述を求める質問、⑥証人が直接経験しなかった事実についての陳述を求める質問。

　裁判長は、質問が上記の規定に違反したと認めるときは、申立てによりまたは職権で、これを制限することができる（規115条3項）。

（6）　尋問方法

　(ア)　(a)　**書類に基づく陳述の禁止、尋問に代わる書面の提出等**　証人には、自分が経験した事実を陳述することが求められる。書類をみて自分の経験しない事実を陳述することを防ぐために、書類に頼って陳述することを禁じる（203条本文）。しかし、計算関係、技術等の複雑な事実関係とか、証人が記憶を失っている事項、人・土地等の特定に関する事項などについては、覚書や記録をみないと正確な記憶が戻らない場合もある。また記録や図面などをみながら、証言することを求めた方が、より精密でわかりやすい証言を得ることも考えられる。

　そこで、当事者は、証人に質問する場合、裁判長の許可を得て、文書、図面、写真、模型、装置その他の適当な物件を利用してすることができる（規116条1項）。この場合に、それら文書等が、証拠調べをしていないものであるときは、その質問の前に、相手方に閲覧する機会を与えなければならない。ただし、相手方に異議がないときは、このかぎりでない（同条2項）。裁判長は、調書への添付その他必要あるときは、当事者に対し、文書等の写しの提出を求めることができる（同条3項）。

　また裁判長の許可を得て、証人自身がメモや記録などをみながら証言することもできるとする（203条ただし書）。この場合のメモなどは、相手方に開示し、何を

---

3)　実務上の技法については、加藤新太郎編著『民事尋問技術〔第4版〕』（2016・ぎょうせい）参照。

みながら証言したかが記録される必要があろう（規116条2項・3項参照）。

　　(b)　**陳述書を利用した人証調べの功罪**　　最近では、人証調べ（当事者尋問を含む）の場合、証人または当事者本人が作成した陳述書をあらかじめ書証として提出し、主尋問については主要な争点以外に関しては法廷での供述を短縮したり、これに代える場合が多くなった。このような陳述書を利用した人証調べは実務に定着しつつあるが、作文による事実の歪曲等のリスクに注意しながら、重要な事実については反対尋問権を十分に確保するならば、陳述書のもつ証拠開示機能（証言内容の事前開示機能）は、時間の節約、精密な尋問を可能にし、有用であるとともに[4]、人証の集中証拠調べには不可欠と考えられる[5]。

　　(c)　**平成8年改正法の内容**　　裁判所が相当と認め、かつ当事者に異議がないときには、「証人尋問に代わる書面」の提出をさせることができるものとした（205条）。

　類似の制度は、簡易裁判所の手続として従来から認められていた（278条参照）。証人が遠隔地にある場合とか、どうしても出頭が困難な場合で、かつ、反対尋問をしなくとも信用度が高い供述が得られる見込みのある場合に、審理の簡易化の見地から認められていた（旧358条ノ3。ここでは当事者に異議がないことという限定はない）。この従来からの簡易裁判所での手続制度を、鑑定人の場合を除いて証人の場合にかぎり、かつ、当事者に異議のない場合にかぎって、一般的に認めることにしたものである（205条）。鑑定人を除外したのは、鑑定の場合には書面によることが一般的に認められているためであり（215条1項参照）、当事者に異議がないときとしたのは、反対尋問権を放棄しても文句ないかどうかを相手方当事者に確かめるためである。

　裁判所は相手方当事者に対して、証人による回答を希望する事項を記載した書面を提出させることができる（規124条1項）。証人に対し、「尋問に代わる書面」（証人の回答書）の提出期限を定めることができる（同条2項）。証人は、この書面に

　4）　中本和洋「陳述書のガイドライン」判タ937号（1997）54頁、北尾哲郎「陳述書の運用準則」判タ937号（1997）57頁以下参照。

　5）　古い文献としては、那須弘平「争点整理における陳述書の機能」判タ919号（1992）19頁がある。最近のものとしては、東京地方裁判所プラクティス委員会第二小委員会「効果的で無駄のない尋問とは何か」判タ1340号（2011）50頁。

署名押印しなければならない（同条 3 項）。

　なお、耳が不自由な証人には書面で質問せざるをえないし、話すことが不自由な証人には書面で答えてもらうほかないが、このような場合には、裁判長は、裁判所書記官に、質問または回答を記載した書面を朗読させることができる（規122条）。

　　⑷　**遠隔地とのビデオリンク方式による尋問**　　テレビ画面を通じて会議ができる装置を用いて遠隔地に居住する証人を尋問することを認めるもので、平成 8 年改正法によって創設された。隔地者が「映像と音声の送受信により相手の状態を相互に認識しながら通話することができる方法」を用いると規定されている（204条 1 号）。細目は規則に委ねられている。

　この方法による尋問は、当事者の意見を聴いて、当事者は受訴裁判所に、証人はこの装置のある他の裁判所に、それぞれ出頭させて行う（規123条 1 項）。この方法で尋問する場合は、尋問の際提示すべき文書を用意したりその他尋問の実施に必要な措置をするために、ファクシミリを利用することができる（同条 3 項）。証人尋問調書には、この方法によった旨および証人が出頭した裁判所を記載する（同条 4 項）。

　　⑼　**証人の不安や緊張を和らげるための措置**　　「犯罪被害者等の権利利益の保護を図るための刑事訴訟法等の一部を改正する法律」（平19・法95）によって、犯罪被害者等が証人または当事者として陳述する際に受ける不安や緊張を緩和するために、民事訴訟法上も、「付添い」「遮へい」「傍聴人の退席」「ビデオリンク方式の尋問」の措置を認めたものである[6]。犯罪の数人の被害者の内の一人の被害者が加害者に対し不法行為に基づいて損害賠償請求をする訴訟で、別の被害者が証人になるときなどがその典型例であるが、制度上は犯罪被害者に限定されていない。

　　⒜　**付添い**　　裁判長は、証人の年齢または心身の状態その他の事情を考慮し、証人が尋問を受ける場合に著しく不安、緊張を覚えるおそれがあると認めるときに、その不安・緊張を緩和するのに適当な者を、その証人の陳述中、付き添

---

6 ）　刑訴157条の 4 から157条の 6 参照。本改正全般について小野瀬厚「犯罪被害者等の保護に関する民事訴訟法の改正について」民事月報62巻 8 号（2007） 7 頁以下を参照した。

わせることができる（203条の2第1項）。

この措置をとるにあたっては、当事者および本人の意見を聴かなければならない（規122条の2第1項）。付添いになる者は、裁判長もしくは当事者の尋問もしくは証人の陳述を妨げ、または陳述内容に不当な影響を与えるおそれのないと認める者でなければならないし（203条の2第1項）、付添いとなった者は、証人の陳述中、そのような言動をしてはならない（同条2項）。この措置をとったときには、その旨ならびに付添者の氏名およびその者と証人との関係を調書に記載する（規122条の2第2項）。

(b) 遮へいの措置　(i) 当事者本人等と証人との間の遮へい　証人となる犯罪被害者等の権利利益保護の観点から、証人尋問中、証人と当事者またはその法定代理人との間に、衝立を置くなどして、相手の状態を見えないようにする措置である。裁判長は、「事案の性質、証人の年齢又は心身の状態、証人と当事者本人又はその法定代理人との関係（証人がこれらの者が行った犯罪により害を被った者であることを含む）その他の事情により、証人が当事者本人又は法定代理人の面前において陳述するときは圧迫を受け精神の平穏を著しく害されるおそれがあると認める場合」であって、かつ「相当と認めるとき」に、この措置をとることができる（203条の3第1項）。この措置をとるにあたっては、当事者および証人の意見を聴かなければならない（規122条の3第1項）。証人尋問において証人の様子が見えないのは尋問する側からすると訴訟活動に少なからぬ制約を受けるので、適用事例を絞る意味から、犯罪被害者が証人になるような場合を典型例としている（203条の3括弧書）。多くの証人が感じる一般的な不安や緊張は、適用事例にあたらない。被害者の一人が加害者に対して損害賠償請求をしている訴訟において、他の被害者が証人となる場合とか、同じような訴訟において、少年犯罪の他の被害者が証人となった場合に、証人が少年の法定代理人との示談交渉において威圧を受け精神的に傷ついているなどの場合が考えられる。「相当と認めるとき」に該当しない例としては、証人自身がこの措置を望まないとき、また起訴前で犯罪（不法行為）の成否自体が争われているような段階で、証人が見えない状態での尋問では、損害賠償請求を受けた被告にとって著しく不公平と判断される場合などが考えられる。遮へいの方法としては、一方からと相互に相手を見えなくする方法を選択できる。当事者に訴訟代理人が付いていなくとも、この措置をとること

ができる（刑訴157条の5第1項ただし書は適用にならない）。(d)のビデオリンクの方式の尋問の場合であっても、遮へいの措置をとることができる（203条の3第1項の二つ目の括弧書）。

(ii) **傍聴人と証人との間の遮へい** 「裁判長は、事案の性質、証人が犯罪により害を被った者であること、証人の年齢、心身の状態又は名誉に対する影響その他の事情を考慮し、相当と認めるときは、」傍聴人とその証人との間で、相互に相手を認識できないように遮へいの措置をとることができる（203条の3第2項）。裁判の公開主義にかかわる制限であるので、「証人が犯罪により害を被った者」に限定し、かつ尋問者の訴訟活動に影響することは少ないので、相互に遮へいする方法に限定している。

(i)(ii)いずれの措置をとるにあたっても、当事者および証人の意見を聴かなければならない（規122条の3第1項）。またこの措置をとったときはその旨を調書に記載する（同条2項）。

(c) **傍聴人の退廷** 裁判長は、証人が特定の傍聴人の面前においては威圧され十分な陳述をすることができないと認めるときは、当事者の意見を聴いて、その証人が陳述する間、その傍聴人を退廷させることができる（規121条）。他の傍聴人には、傍聴の自由が保障されているので、裁判の公開の原則に抵触するとまではいえないが、退廷させられた者からは、傍聴の自由を奪う措置であるから、慎重に判断する必要がある。本規定による措置は、本条の「括弧書」から推して、証人を保護するために、遮へいの措置（203条の3第2項）やビデオリンク方式（204条2号）を採用する場合の基準に相当する場合に行われるべきものと考えられる。また遮へいまたはビデオリンクの方式をとっている場合でも、この措置を重ねてとることができる。

(d) **ビデオリンク方式による尋問** 遠隔地に居住する証人のためのビデオリンク方式による尋問形式（前述(イ)）を、犯罪被害者等の証人を保護するために用いることができることとした（204条に2号を追加。刑訴157条の6第1項3号参照）。この方式の尋問をするには、(a)、(b)の措置と異なり、裁判所が決定する。203条の3第1項（(b)(i)）とほぼ同様の要件であるが、裁判長や当事者等が在席する法廷という場所的要因により圧迫を受け精神の平穏を著しく害されるおそれがあると認められる場合であって、相当と認めるときに（たとえば、証人が法廷で遮へい方式で

の証言を望む場合はその方式をとる）、当事者および証人の意見を聴いて（規123条2項）、この方式をとることができる。

直接主義の制限に関わるので、この場合も、犯罪被害者が証人である場合を典型的適用例とし（203条の3第1項内の一つ目の括弧書参照）、証人の一般的に感じる圧迫・不安感などの事例には適用されない。この方式の尋問において、証人を受訴裁判所に出頭させることもできるが、その場合は、証人を法廷以外の場所に出席させる（規123条2項）。その他、ファクシミリの利用、調書への記載などは、遠隔地ビデオリンクの場合と同じである（規123条3項・4項）。

　(エ)　**文字の筆記等**　　裁判長は、必要があると認めるときは、尋問の際、証人に手記その他の行為をさせることができる（規119条）。手記させて書証中の文字や筆跡と対照させたり、事故の状況を図示させたり、証人の障害部位の提示、視力・聴力の簡単なテスト、手足の運動・歩行などをさせることができる。これにより、証言内容をより具体的に理解し、また証言の信憑性を確かめることができるが、比較的簡単な行為にかぎるべきであり、複雑な検査・調査に関連するものは、検証または鑑定で行うべきである。

　(オ)　**他の証人の扱い（隔離、在廷、対質）**　　証人尋問は、後に尋問する証人を隔離して行うのが原則である。前の証人に後の証人が暗示を受ける可能性があるし、隔離した証人が前者と同じ証言をすれば、その信憑性が高まると考えられるからである。隔離した証人が複数いるときは、別々の部屋に待機させる。

尋問事項が異なる場合には、在廷させて問題はないし、前者の証言に影響を受けるおそれがなく（証人が事件に全く利害関係をもたない場合など）、かえって、関連する事項を尋問する場合であっても、記憶の喚起に役立つことも考えられる。そこで、裁判長は、その裁量で、後に調べる証人の在廷を許すことができる（規120条）[7]。

さらに、裁判長は、その裁量で、複数の証人に対して対質尋問を命じることもできる（規118条1項）[8]。密室で2人だけが関与した交渉内容などが証明対象である場合などで、両者の証言が食い違うか、その可能性がある場合に、複数の証人

---

　7)　注釈民訴(6)390頁〔太田幸夫〕参照。

　8)　西口元「対質尋問の実証的研究」中村英・古稀265頁。

に同一内容の質問をして他証人の証言内容を聞かせ、その証言の真否を問うなり、認識の違う理由などを陳述させるなどの尋問方法をとるものである。どちらの証言が正しいかは、両方の証言内容のみならず、証人相互の態度の変化、その雰囲気なども斟酌して判断することができる。対質尋問をしたときは、その旨を調書に記載しなければならない（規118条2項）。対質尋問では、証人同士が議論しだしては、かえって心証がとりにくくなるおそれがある。そこで、対質尋問の場合には、裁判長がまず尋問することができる（同条3項）。

（7） 裁判長の処置に対する異議

　裁判長による、尋問の順序の変更（202条2項）、尋問の許否（規113条2項・3項）、質問の制限（規114条2項・115条3項）、質問における文書等の利用許可（規116条1項）に対して、当事者は異議を述べることができる（規117条1項）。異議は、遅滞なく述べないと異議権を失う（責問権。90条）。異議に対しては、裁判所は、決定で、直ちに裁判をしなければならない（規117条2項。民訴202条3項には「直ちに」の制約はないが、同様に解される）。付添いの措置（203条の2第3項）、遮へいの措置（203条の3第3項）についても同様である。これ以外の裁判長の行う証人尋問に関する措置（書類に基づく証言、対質命令、文字の筆記等、他の証人の取扱い、書面尋問等）に対しては、異議を申し立てられない。

（8） 受命裁判官等による証人尋問

　　㋐　**受命裁判官または受託裁判官の証人尋問をする権限**　　直接審理主義の建前から、証拠調べは原則として、受訴裁判所において行うのが原則であるが、裁判所が相当と認めるときは、裁判所外で行うことができるとしており、この場合には、裁判所は受命裁判官に命じまたは他の裁判所に嘱託して、証拠調べをさせることができる（185条）。証人尋問については、この場合の要件を、さらに195条により、つぎのように絞っている。①証人が受訴裁判所に出頭する義務がないとき、または正当な理由により出頭できないとき（1号）、②出頭するについて不相当な費用または時間がかかるとき（2号）、③現場において証人を尋問することが事実発見のために必要であるとき（3号）、④当事者に異議のないとき（4号）とされている[*]。また大規模訴訟において当事者に異議がないときは、受命裁判官に証人尋問・当事者本人尋問をさせることができる（268条）。

　〔*〕　平成8年改正法195条に該当する旧279条には、195条3号・4号にあたる規定はなか

った。その時代の判例（最判（二小）昭50・1・17判時769号45頁）であるが、現場におけ
る受命裁判官による証人尋問の決定に対し、旧279条に該当する事由がなかったとしても、
なんら異議を述べた事跡がなく、責問権の放棄により瑕疵は治癒したものとしている。

(イ)　**受命裁判官等の証人尋問手続**　　受命裁判官または受託裁判官が証人尋問
をする場合には、裁判所および裁判長の職務は、その裁判官が行う（206条本文、
規125条）。ただし、尋問の順序の変更についての異議の裁判は、受訴裁判所が行
う（206条ただし書）。しかし、その他の異議の裁判は、受命・受託裁判官が行う
こととしている（規125条には、206条のようなただし書がない）。これは、尋問に関連し
て即決が求められる事項で、受訴裁判所の判断を仰いでいたのでは円滑な尋問が
できないことを考慮したものである[9]。

第3款　当事者尋問

(1)　意義（口頭弁論との違い）

　当事者を証拠方法として、その見聞した事実についてこれに尋問し、その応答
を証拠資料として収得する証拠調べである。当事者の弁論も、結果的には口頭弁
論の全趣旨という形で、裁判官の心証に影響を与え、証拠原因となるが（247条）、
弁論は、あくまでも、訴訟資料を提出する自発的な訴訟追行行為である。これに
対して、当事者尋問は、意識的に当事者を取調べの対象とし、これから証拠資料
を得るために行われるものであって、その供述は、訴訟資料とならない。訴訟資
料を提供させるのではないから、訴訟能力を欠いても、当事者尋問の対象となる
ことを妨げない（211条ただし書・210条・201条2項参照）。法定代理人もこれを証拠
方法として尋問するには、当事者尋問の手続による（211条、規128条）。

(2)　当事者尋問の補充性とその緩和

　当事者は、訴訟の主体として、訴訟の結果に直接的な利害をもつ者であり、勝
訴を目指して証拠の申出をする者でもあるから、その供述の証拠力は一般的に低
いし、また、これに供述を強いるというのも酷であるから、当事者尋問は、まず
証人尋問をした後に行うのが原則である（207条2項本文）。

---

9)　最高裁・条解規則273頁。

ただし、平成8年改正法の下では、当事者本人が事実関係をよく知っている場合も多く、その供述が必ずしも信用性に乏しいともかぎらないため、裁判所が適当と認めるときは、当事者の意見を聴いて、当事者尋問からすることができることとした（同条2項ただし書）[1]。さらに、少額訴訟においては、証人が先という原則はなく事案を迅速に理解し、心証を得るために、裁判官が相当と認める順序で行うことになっている（372条2項）。

　これに対し、職権探知主義の下では、第三者の利益を害さないように真実の探究が要請され、真実発見のために当事者に協力を求める必要も強いから、当事者尋問の補充性という制限はない（人訴19条1項による民訴207条2項の適用除外）。

（3）　当事者尋問の手続

　大体は、証人尋問の規定が準用される（210条、規127条）。しかし、申立てによるほか、職権でもできる（207条1項前段。本人訴訟の場合も、職権で尋問できる、大判昭16・12・16民集20巻1466頁）。当事者は、自分または相手方の尋問を申し出ることができる。尋問が命じられると、当事者は、出頭、供述の義務を負う。裁判所は当事者に宣誓させることができる（207条1項後段）。正当の理由なくして尋問に応じないと、尋問事項に関する相手方の主張を真実と認められる不利益を受けることがあるし（208条。ただし人訴19条1項参照）、宣誓したのに虚偽の陳述をすると、偽証罪にはならないが、過料の制裁を受ける（209条）。犯罪被害者等の証人を保護するため「付添い」「遮へい」「傍聴人の退廷」および「ビデオリンク方式の尋問」の規定も準用される（210条、規127条）。

　第4款　鑑　　定

（1）　鑑定の意義

　裁判官の判断能力を補充するために、特別の学識経験に属する経験法則その他の専門的知識や意見を陳述させる証拠調べであり、その証拠方法が鑑定人である[2]。特別の学識経験により知り得た過去の具体的事実に関して尋問する場合は、

　1）　中野貞一郎「当事者尋問の補充性」判タ506号（1983）〔同・現在問題188頁〕。
　2）　鑑定人と証人との差異については、注釈民訴(6)236頁〔藤原弘道〕参照。

証人尋問に関する規定による（217条、規135条）。この場合、尋問を受ける者は鑑定証人といわれるが、鑑定人でなく証人である。たとえば、治療にあたった医師に、当時の傷の態様や手術の経緯などを尋問する場合である。この場合さらに、後遺症の程度等についての予測を尋問するとすれば、鑑定となり、両方とも尋問するとすれば鑑定人兼証人となる。

鑑定人も、証人と同様、第三者でなければならない。鑑定に必要な学識経験を有する者は、鑑定義務を負うが（212条1項）、鑑定に必要な知識経験は、証人のように不代替的なものではないから、鑑定人の人選は裁判所に任されるし（213条）、不公正な鑑定をするおそれのある者をわざわざ選ぶ必要はないから、裁判官のような欠格事由も認められ（212条2項）、当事者による忌避も認められている（214条、規130条）。いやがる者を無理に引張り出しても真摯な鑑定は期待できないので、勾引の強制もない（216条は194条を準用していない）。個人以外の法人等に嘱託できるのも（218条1項）、証人と異なった性格による[3]。

（2） 鑑定の申出

鑑定の申出をするには、同時に鑑定を求める事項を記載した書面を提出し、相手方に直送する。相手方はこれに意見があれば、それを記載した書面を提出する。裁判所は、これらの書面に基づき、鑑定人を指定し、鑑定事項を定め、これを記載した書面を鑑定人に送付する（213条、規129条）。

（3） 鑑定人の地位

証人と同様、宣誓義務を負うが、宣誓書を裁判所に提出し、裁判長が宣誓の趣旨、虚偽鑑定の罰の告知を記載した書面を鑑定人に送付する方法によって行うこともできる（規131条2項）。より適切な鑑定を行うため、鑑定人は、審理に立ち会うことができ、裁判長に対して証人・当事者本人に対する尋問を求めることができる。また、裁判長の許可を得て、自ら証人・当事者本人に直接問いを発することもできる（規133条）。鑑定人は、証人と同様に旅費、日当および宿泊料のほか、相当の鑑定料を受けられ（民訴費18条・26条）、訴訟費用の一部となる（同2条2号・11条1項1号・18条）。

3） なお、鑑定の諸問題については中野貞一郎「鑑定の現在問題」判タ685号（1989）〔同・現在問題141頁〕。

（4） 鑑定人の陳述方式等

　　(ｱ)　**平成15年改正法の意義**　　従前は、原則として証人尋問の方式に準ずるとされていた（平8年改正216条、平8年改正規134条）。しかし、証人尋問のように、一問一答方式で当事者がリードした尋問に答える形では、専門家としての意見を十分に開陳することが難しいとの指摘もあり、また糾問的反対尋問にきりきりと曝^{さら}される雰囲気は、専門家から専門的意見を冷静に聴く環境としては相応しくないと考えられる。またこのことが鑑定人になることを回避する事由にもなっているとの指摘もあったので、平成15年改正法は、鑑定人から意見を聴く方式を大幅に改めた。

　　(ｲ)　**鑑定人の陳述方式**　　裁判長の裁量により、口頭または書面（215条1項）、共同または各別に陳述させることができる（規132条）。書面（鑑定書）でしても、これが書証として扱われるわけでない。裁判所は、鑑定人に意見を述べさせた場合において、その意見の内容を明瞭にし、またはその根拠を確認するために必要があると認めるときは、申立てによりまたは職権で、鑑定人にさらに意見を述べさせることができる（215条2項）。当事者がこの申立てをするには、同時に、さらに意見を求める事項を記載した書面を提出しなければならない（規132条の2第1項本文）。やむをえない事由があるときは、裁判長の定めた期間内に提出すれば足りる（同項ただし書）。裁判所が、職権でさらに意見を述べさせるときには、あらかじめ、当事者に対し、さらに意見を求める事項を記載した書面を提出させることができる（同条2項）。これらの書面を提出する当事者は、相手方にこれを直送しなければならないし（同条3項）、相手方はこれらの書面について意見があるときは、その意見を記載した書面を裁判所に提出しなければならない（同条4項）。裁判所は、これらの意見を考慮して、さらに意見を求める事項を定め、これを記載した書面を鑑定人に送付しなければならない（同条5項）。

　　(ｳ)　**鑑定人の口頭陳述**　　裁判所は、鑑定人に口頭で意見を述べさせる場合には、はじめから交互尋問方式でなく、まず鑑定人に意見を陳述させ、その後に質問をすることができることとする（215条の2第1項）。しかも、質問の順序は、証人尋問の場合と異なり、裁判長からはじめ、ついで鑑定申出当事者、それから他方の当事者の順序ですることを原則とし、裁判長が適当と認めるときは、当事者の意見を聴いて、その順序を変更できることとした（同条2項・3項）[*]。この

650 第3編 第一審手続 第6章 当事者の立証活動と裁判所の事実認定（審理の第2段階）

順序変更に対する当事者の異議については、裁判所が、決定で裁判する（同条4項）。受命裁判官・受託裁判官が鑑定人に意見を述べさせている手続では、裁判所および裁判長の職務は、その裁判官が行うが、順序変更に対する異議についての裁判は、受訴裁判所がする（215条の4）。

〔＊〕 **カンファレンス鑑定**　東京地裁においては、2003年1月以降、医療訴訟で鑑定をする場合は、カンファレンス鑑定（年間10件程度）が行われている。この鑑定方式では、事件について、都内13大学から順番で各大学から1名計3名を推薦してもらい、この3名に、あらかじめ鑑定事項と訴訟記録を送付し、期日前に簡単な（A4用紙で3〜4枚程度の）意見書を提出してもらう。期日では、まず裁判所から、各鑑定人に順次聴いてゆき、意見書の補充なども聞き、また質問もする。その後に、当事者から、補充で聞くべきところがあれば質問する、といった手順で進められる。①鑑定人の選定に時間がかからない、②冷静な雰囲気で党派的でない意見を聞き出すことができ、即時に、意見内容を理解し深めることができる、③3名でやることで、鑑定人になる医師の精神的負担を軽減することができる、などのメリットがある、と評されている[4]。このような鑑定方式の考案は、また科学技術に関する公共的な意思決定や規範形成のための手続にとって不可欠のものである[5]。

4） 門口正人ほか「医療訴訟(2)」ジュリ1511号（2017）69頁。東京地裁以外の方式について、信濃孝一「専門的知見獲得のための工夫——座談会方式の経験から」判時2309号（2016）21頁以下、岡崎克彦「日本における専門的知見の獲得のための制度と方策」判時2309号（2016）25頁とくに29頁。海外の紹介事例として、ブライアン・J・プレストン（渡辺千原訳）「オーストラリアにおける専門家証拠のための特別な訴訟手続」判時2309号（2016）12頁以下参照。

　平野哲郎「カンファレンス尋問——複数専門家による口頭での知見提供の新しい方法」判時2315号（2017）3頁以下では、当事者双方がそれぞれ選任した専門家2名（被告の場合、被告本人であることもあり）と、裁判所が選任した専門家1名、この3名が鑑定人となり、ラウンドテーブル法廷で裁判官、弁護士と一緒に議論する「カンファレンス尋問」という方式を提案している。この方式では、尋問を2段階に分け、第1ステージでは、専門委員がファシリテーターとなって、専門家（鑑定人）同士が議論し、意見の一致、不一致点を明らかにする。この段階では裁判官と当事者は傍聴に徹する。第2ステージでは、裁判長が議長になり当事者も参加して質疑応答を進め、法律家たちも専門家の意見内容の理解を深めるとともに、意見の不一致点があればこれを確かめ、法的判断（過失・因果関係の有無）を下すべき争点を、当事者の納得を得ながら、明確にしていくという方式である。第三者的立場の専門家同士の意見交換の場で、できるだけ党派的でない公平な専門的知見を引き出そうとするカンファレンス鑑定方式に対して、当事者の立場を重視する方向にゆり戻そうとする方向での一つの修正方式といえる。この方式には、早期に争点を洗い出せるのではないかという期待がもてる。

5） この問題について、渡辺千原「裁判と科学——フォーラムとしての裁判とその手続のあり方についての一考察」『法と社会研究』1号（2015・信山社）99頁以下とくに123頁以下は、示唆に富む。

第4節　証拠調手続　*651*

㈏　**鑑定人のビデオリンク方式による陳述**　裁判所は、鑑定人が遠隔の地に居住しているときその他相当と認めるときには、隔地者が映像と音声の送受信により相手の状態を相互に認識しながら通話することができる方法によって、意見を述べさせることができる（215条の3）。鑑定人の便宜を図り、鑑定人の調達を潤滑にする趣旨である。

　この方法を採用する場合には、裁判所は、当事者の意見を聴いて、当事者を受訴裁判所に出頭させ、鑑定人を、必要な装置の設置された場所であって裁判所が相当と認める場所に出頭させて行う（規132条の5第1項）。必要な場合は、ファクシミリを利用できる（同条2項）。この方式をとったときは、その旨および鑑定人が出頭した場所を調書に記載することになっている（同条3項）。

㈐　**証人尋問の規定の準用**　公務員または公務員であった者に鑑定人として職務上の秘密について意見を述べさせる場合（191条）、鑑定人が鑑定を拒む場合（197条-199条）、鑑定人に宣誓させる場合（201条1項）、鑑定人が正当な理由なく出頭しない場合、宣誓を拒否する場合、鑑定拒絶を理由なしとする裁判確定後も正当な理由なく拒む場合（192条・193条）、それぞれ、証人尋問の規定が準用になる（216条）。勾引（194条）の規定は準用しない。これらのほか、細則について、証人尋問に関する民訴規則上の規定の準用がある（規134条）。

第5款　書　　証

（1）　書証の意義

　文書を閲読して、それに記載された意味内容を証拠資料として収得するための証拠調べをいう（実務上の慣用語では、証拠調べの方式だけではなく、文書自体をも書証と

　科学技術に関する公共的な意思決定や規範形成のための制度としては、裁判より、行政機関や各専門家団体が優位に位置づけられてきたが、現実には裁判もまた科学に関する規範形成の役割に結びついているのと現状認識から、社会も納得できる裁判手続のありようを考えるべきとの問題意識のもとに、専門家と素人との効率的対話の活性化を求め、極端な分離主義、かつ、極端なポピュリスト的スキームに陥ることなく、これを達成しようとする立場から、各鑑定方式を細かく分析・評価し、地方全体を含めての実現可能性を重視して、いわゆる「座談会方式」に望みを見出す。渡辺の時代をリードする問題意識、当事者の納得という視点を社会にも受容されるための重要な要素とみていること、さらに実現可能性を踏まえた実践論を展開していること、いずれも注目に値する。

652　第3編　第一審手続　第6章　当事者の立証活動と裁判所の事実認定（審理の第2段階）

呼ぶ）。文書とは、文字その他の記号（たとえば、電信符号・暗号）の組合せによって、思想的（意思・意見・感情等）意味を表現した紙片その他の有形物をいう[*][**]。図画、写真、割符（たとえば下足札）や境界標のように、さまざまな情報を表わすために作成された物件で、文書でないものも、閲覧によって内容を認識しうるので、準文書として書証の手続の対象となる（231条）。

[*]　**文書の種類**　　訴訟上、つぎのような種類が問題となる。

　⑴　公文書・私文書　　公文書とは、公務員がその権限に基づいて職務上作成した文書であり、それ以外はすべて私文書である。公文書のうち、公証権限を有する公務員（たとえば、公証人、裁判所書記官）が正規の方式に従って作成したものを、公正証書という。

　⑵　処分証書・報告証書　　処分証書は、法律上の行為がその書面によってなされたものをいい（たとえば、裁判書、手形、遺言書、契約書）、報告証書とは、その他の証書で、作成者の見聞、意見、感想などを記載したものである（たとえば、各種の調書、戸籍簿、商業帳簿、診断書、日記等）。

　⑶　原本・正本・謄本・抄本　　謄本は原本の記載内容を全部謄写したものであり、抄本は関係ある部分を抜き写したものである。公証権限をもつ公務員が原本と相違ない旨を付記した謄本を認証謄本という（たとえば、市町村長の認証ある戸籍謄本、内容証明郵便の証明書）。正本とは、公証権限をもつ公務員がとくに正本として作成した原本の写しで、法律上原本のもつ効力を発揮するものであり、とくに裁判書またはこれに準ずる文書について用いられる（255条2項、民執25条等参照）。訴訟記録の正本・謄本・抄本については、91条3項・4項、規33条参照。

[**]　**録音テープまたはビデオテープ**　　これらは、磁気テープ上に一定の電磁的符号の組合せによって音声や画像を記録するもので、記録された音声等が思想的意味を表現しているときは、文書に準じて取り扱われる（231条）。文書の閲読にあたる行為は、それらのテープを再生または上映して視聴することである。したがって、ここに準文書と扱われるのは、裁判所で容易に再生または上映できるものにかぎられる。磁気テープであっても、裁判所で容易に再生または上映できないものは、技術者等による鑑定や検証の方法によらざるをえない。大阪高決昭54・2・26高民32巻1号24頁は、磁気テープは文書に準ずるものであり、その性質に照らし、磁気テープとそれをプリントアウトするのに必要なプログラムおよびプリントアウトした結果を記載した書面を提出する必要があるとする。梅本吉彦「情報化社会における民事訴訟法」民訴雑誌33号（1987）17頁以下。

（2）　文書の証拠能力

自由心証主義の下では、証拠能力（証拠に供する資格）のない文書は存在しない。

第 4 節　証拠調手続　*653*

紛争発生後に挙証者が係争事実につき自ら作成した文書（最判(二小)昭24・2・1民集3巻2号21頁）や第三者が証人として尋問されるのを回避するために作成したものでも、証拠能力を欠くわけではなく（刑訴320条以下のような供述書に関する制限は、民事訴訟にはない）、すべて証拠力の程度の問題として処理することになる。

（3）　文書の証拠力

　書証は、ある人の思想（意思・意見・感情等）を、文書の記載から収得するものであるから、人証が直接にその者にあたって聞くのと異なり、その証拠力を判断するには、まず、その文書が挙証者が主張する特定人の思想の表現と認められるかを確かめた上で、その特定人の陳述として記載内容が要証事実の証明にどれだけ役立つかをみなければならない[1]。ただ例外的に、文書を特定人の思想の表現としてでなく、その種の文書の存在を証拠にする場合（たとえば、ビラや落書を当時の流行や世論の証拠として用いる場合）は、それに該当する文書であれば足り、だれの思想の表現であるかは問題にならない（このときは、形式的証拠力は問題にならない。最判(一小)昭46・4・22判時629号60頁）。

　(ア)　**形式的証拠力**　文書の記載内容が、挙証者の主張する特定人の思想の表現であると認められることを、形式的証拠力という。

　(a)　文書が挙証者の主張する特定人の意思に基づいて作成された場合に、訴訟上、その文書の成立が真正であるというが（刑事上偽造文書かどうかとは意味がちがう。偽造文書でも偽造者の作成にかかるものとして証拠に供するならば、真正に成立した文書といえる）、この真正が確立されてはじめて、その文書の記載内容がその者の意思・感情・意見の表現であると認められるのが通常である。ただし、習字の目的で書いたような場合は、文書の成立は真正でも、なお形式的証拠力はない。

　(b)　文書の成立を否認するには、その理由を明らかにしなければならない（規145条）。文書の成立の真否に争いがあれば（当事者が故意または重大な過失によって真実に反してこれを争うと過料の制裁を受ける（230条））、証明の対象になる（228条1項）。その認定も、自由心証に任されるが、若干の推定規定がある。

　文書の方式および趣旨から一見して公文書と認められるものであれば真正に成

1）　倉田卓次「書証実務の反省」民訴雑誌32号（1986）〔同『民事実務と証明論』（1987・日本評論社）160頁〕。

654　第3編　第一審手続　第6章　当事者の立証活動と裁判所の事実認定（審理の第2段階）

立したものと推定される（228条2項・5項）。したがって、これを争う相手方で反証を挙げなければならない。裁判所は疑いがあれば、職権で当該官公署に問い合わすことができる（同条3項）。私文書については、挙証者側でその成立の真正を証明しなければならないが（同条1項）、もしもその文書に署名または押印がある場合は、その署名・押印が作成者本人または代理人のものであることが証明されるならば文書全体の真正が推定される（同条4項。作成名義人の印影が同人の印章によるものであることが明らかとなれば、その押印が同人の意思に基づいて行われたものと事実上推定され、さらに文書全体の真正が推定される（二段の推定といわれる）、最判(三小)昭39・5・12民集18巻4号597頁）。したがって、この場合には、相手方において、本文書が本人の意思に基づいて作成されたものでないことについて、反証をあげる必要がある。

　(c)　文書の真否の証明のためには、人証等も用いることができるが、とくに他の筆跡または印影との対照によることもできる（229条1項）。これは、検証の一種であるが、裁判所は、対照用に供する物の提出を文書提出命令・送付の手続に準じて命ずることができ（同条2項）、または、対照のために相手方に対して文字の手記を命じることができる[*]（同条3項）。

　〔*〕　被告が提出した重要な処分証書の原告の署名部分の成立を原告が否認した事案で、一審では、被告からの筆跡鑑定の申出があったが、これを退けて、その成立の真正を認めて被告の抗弁を認容し請求を棄却した。原審では、被告から裁判所へ、その証書の成立に疑問があるとする場合には、一審で鑑定を求めていた事情を考慮して釈明権の行使に十分配慮されたいと述べていたにもかかわらず、原審は、成立に疑問があるとして、被告の抗弁を認めず、請求を認容した。これに対し、最判(一小)平8・2・22判時1559号46頁は、その書証の署名の筆跡と尋問のさいの宣誓書にみられる署名の筆跡とを比較すると、その筆跡が明らかに異なると断定することはできないとし、このような事情の下では、あらためて筆跡鑑定の申出をするかどうかについて釈明権を行使すべきであり、審理不尽の違法ありとして、破棄差戻をしている。書証の真否の認定について、説得力のある判決とみられる。

　(d)　対照用文字の筆記を命じる決定（229条3項）に従わないとき、および書体を変えて筆記したときは、裁判所は、文書の成立の真否に関する挙証者の主張を真実と認めることができる（同条4項）。第三者が対照用文書その他の物件の提

第4節　証拠調手続　655

出命令に正当な理由なく従わないときは、裁判所は決定で10万円以下の過料に処する（同条5項）。また、当事者またはその代理人が故意または重大な過失により真実に反して文書の成立を争ったときは、裁判所は、決定で10万円以下の過料に処する（230条1項）。もっとも文書の成立の真正を争った当事者または代理人が訴訟の係属中その成立の真正を認めたときは、事情により過料の決定を取り消すことができる（同条3項）。過料の決定に対しては即時抗告が許される（229条6項・230条2項。なお、規146条参照）。

　(イ)　**実質的証拠力**　特定人の思想の表現としての文書の記載内容が、要証事実の証明に役立つ効果をいう。処分証書の場合には、その真正が証明されれば、この証書によって作成者が記載内容の法律行為をした事実が直接に証明されることになる[2]。報告証書の場合には、記載内容が信用できるかどうかにかかるが、これは、作成者の身分、職業、性格、作成の目的・時期、記載の方法・体裁などあらゆる状況を考慮して、裁判官が自由心証で認定する問題である。

（4）　書証の手続

　(ア)　**書証の申出**　申出は、挙証者が自分で所持する文書であればこれを提出し、提出義務を負う相手方または第三者が所持する文書については、その所持人に対する提出命令を申し立てる方法（221条）で行う（219条）。文書を提出して書証の申出をするときには、その写し2通（相手方の数が2以上であるときは、その数に1を加えた通数）を提出するとともに、文書の記載から明らかな場合を除き、文書の標目、作成者、および立証趣旨を明らかにした証拠説明書を同通数提出する。ただし、やむをえない事由があるときには、裁判長の定める期間内に提出する。そして、これらの書証の写しおよび証拠説明書は相手方に直送することができる（規137条。その他、外国語文書についての訳文の添付、訳文についての相手方の意見の提出、書証写しの提出期間等について、規138条-139条参照）。

　写真または録音テープ等の証拠調べの申出をするときには、その証拠説明書において、撮影、録音、録画等の対象ならびにその日時および場所をも明らかにし

2）　もとより、そのさいの能力・意思の欠缺の有無やその行為の意思解釈の問題は別問題として残る。ただし、注釈民訴(7)17頁〔吉村徳重〕は、強迫のように作成者の意思に重大な瑕疵がある場合には、形式的証拠力ありといえるか疑問だとし、これを形式的証拠力の問題と解するようである。

なければならない（規148条）。録音テープ等については、裁判所または相手方の求めがあるときには、その録音テープ等の内容を説明した書面（そのテープを反訳した書面を含む）を提出し、直送しなければならない。相手方は、この書面について意見があれば、それを記載した書面を裁判所に提出する（規149条）。所持者に提出義務のない場合でも、官庁の保管する文書などのようにその協力をうる見込みがあれば、これに送付の嘱託をすることを求める申立てをすることができる（226条）。

（イ）**文書提出命令**　文書提出命令の申立て、および提出を求める文書の特定のための手続（222条）については、→p409　**3**以下。申立てがあったときは、所持者に提出義務があるかどうかを調査する。調査は、所持者が当事者の場合は口頭弁論において、第三者の場合はこれを審尋して行い、決定で裁判する（223条1項・2項）。裁判所は220条4号文書についてはインカメラ手続（非公開審理手続）をとることができる（223条6項。→p407（ウ））。申立てを却下する決定に対しても、文書提出命令に対しても即時抗告ができる（同条7項）。

（ウ）**文書提出の方法**　文書の原本、正本または認証ある謄本を提出すればよいが、裁判所はとくに原本の提出を命じることもできる（規143条）。貴重な文書のように提出に困難な事情がある場合は、受命裁判官または受託裁判官に裁判所外で取り調べさせることができる（規142条）。なお、証人尋問等で使用する予定の文書は、弾劾証拠である場合を除いて、証人尋問等の開始する時の相当期間前までに提出しなければならない（規102条）。証拠調べを充実させるためである。

第6款　検　　証

（1）意義

検証は、裁判官がその五感作用によって、直接に、事物の性状・現象を検査しその結果を証拠資料にする証拠調べである。検査の対象となるものを検証物という。文書でも、その記載内容を証拠とするのでなく、その紙質、筆跡、印影等を証拠にする場合は、検証物となる。人も、その供述内容である人の思想を証拠にする場合は人証であるが、その身体容貌を問題にする場合は検証物となる。

（2） 検証の手続

大体書証に準じる（232条1項、規151条）。検証の申出には、検証物を表示してしなければならない（規150条）。検証のさいに、専門的知識・意見等が必要であれば、鑑定を命じることもできる（233条）。検証物の提出命令に従わない当事者または第三者に対する制裁も、文書提出命令の場合と同様である（232条1項による224条の準用、232条2項・3項）、くわしくは、→ p412　第2項。

第7章　終局判決

　訴訟の審理が進み、訴えに対する結論的判断が可能になるか、その判断のための資料が出尽くしたと考えられると、裁判所は審理を打ち切って、結論的判断を示す運びとなる。この結論的判断が終局判決という形式で行われる。

　本章では、この終局判決の意義を明らかにすることを中心にし、それとの関連で、裁判一般、判決一般の説明もしよう。すなわち、はじめに、終局判決が「裁判」や「判決」一般の中に占める位置および終局判決の種類を説明し（第1節、第2節）、ついで、判決を、成立手続の面から（第3節）、およびその効力の面から（第4節）考察し、最後に、終局判決に付随して行われる裁判についてふれる（第5節）。

第1節　裁判の意義

1　裁判の意義

　訴訟法上の用語としては、ひろく、裁判機関がその判断または意思を法定の形式で表示する手続上の行為をいう。訴訟事件を終局的に解決するための裁判である終局判決がもっとも重要であるが、このほか、審理に関連して生じる派生的または付随的事項（裁判官の除斥・忌避、管轄の指定など）の解決、訴訟指揮上の処分（期日の指定、期間の裁定、弁論の分離・併合、訴訟手続の中止など）、裁判所のする執行処分（債権差押命令、転付命令、強制競売の開始、売却許可など）なども、裁判の形式で行われる。

　裁判は、狭義の裁判所または裁判官の行為であり、裁判所書記官や執行官の行為と区別される。これらの機関の行為でも、裁判に類するものがあるが[*]、これらは処分と呼ばれることがあっても（121条参照）、裁判とはいわない。

　また裁判は、観念的な判断や意思を表示する行為であって、裁判官の事実行為（弁論の聴取、証拠の取調べなど）と区別される。

　〔*〕　たとえば、裁判所書記官による訴訟費用額の確定（71条1項、規24条-26条）、公示送

達（110条）、支払督促の発付（382条）など。これらは従来裁判所または裁判長の職分とされていたが、平成8年改正法により、裁判所書記官の職分とされた。このほか、裁判所書記官による執行文の付与（民執26条）、執行官による超過差押えの取消し（同128条2項）もある。

さらに平成16年改正法（法152）により、民事執行の費用予納命令（同14条）、配当要求の終期の決定（同49条）、物件明細書の作成（同62条）、売却実施処分（同64条1項・3項）、売却決定期日の指定（同64条4項）、代金納付期限の指定（同78条）、配当表の作成（同85条5項）などについても同様の改正が行われた。

2 裁判の種類

（1）判決、決定、命令

裁判機関および成立手続等の違いによる区別である。判決が一番重要であるから、法律も、判決を中心にして規定し、これを、その性質に反しないかぎり、決定および命令に準用している（122条）。

(ｱ) 裁判機関の面からいうと、判決と決定は、裁判所がする裁判であり、合議審判の場合には合議体がするものである。これに対し、命令は、裁判官が、裁判長、受命裁判官または受託裁判官という資格においてする裁判である（たとえば、訴状の却下（137条2項）、期日の指定（93条1項・139条）、証人等に対する過料の裁判（206条・192条））。

単独審判の場合には、1人の裁判官が裁判所の権限も裁判長の権限も合わせて行使するから、決定と命令の区別が明瞭でなくなるが、合議審判であれば裁判所がするはずの裁判事項は決定により、裁判長がする裁判事項については命令による。

なお、差押命令、転付命令、仮差押命令などの「命令」という表現は、裁判の内容を指して用いられたもので、ここでいう裁判の形式としての命令を意味しているわけではない（これらは、通常、裁判所のする決定の形式でなされる。民執4条・143条・159条・161条、民保3条）。

(ｲ) 成立過程や不服申立方法の視点からいうと、判決が慎重であるのに対して、決定および命令はともに簡易迅速にすることができる。すなわち、判決は原則として口頭弁論に基づくし（例外、78条・256条2項・140条・290条・319条・355条1項・359条等）、その成立には必ず言渡しという厳粛な告知方法が必要である（250条）。また判決に対する上訴は、控訴または上告である。

660 第3編 第一審手続 第7章 終局判決

これに対して、決定および命令をする場合には、口頭弁論を経るかどうかは裁判機関の判断に任されており（87条1項ただし書。ただし、口頭弁論の過程で問題となる事項については、当然に口頭弁論を経ることになる。たとえば、弁論の制限・分離・併合（152条）、時機に後れた攻撃防御方法の却下（157条）、訴え変更の不許（143条4項）など）、したがって、口頭弁論を経ないでできる裁判といえば、決定および命令を指すことになる（民保3条、民執4条、破8条1項、民再8条1項、会社更生8条1項参照）。

また、裁判書になすべき裁判官の署名押印（規157条）も、決定および命令の場合には、記名押印で足りるし（規50条1項）、告知の仕方も、特別の規定のないかぎり（規160条）、相当と認める方法をとれば足り、必ずしも言渡しを要しない[*]（119条）。独立の上訴ができる場合には抗告による（異議申立てという同一審級内における不服申立方法が、判決（378条・357条）または決定・命令について（329条。なお、民保26条、民執11条1項参照）認められる場合がある）。

〔＊〕　この場合、決定は、告知の行われた時に外部的に成立するが、言い渡さない決定の場合、書面審理の終結時点たる裁判資料提出の終期は、決定原本を裁判所書記官に交付した時である（大決昭11・4・17民集15巻985頁）。

（ウ）　裁判事項の点からいうと、判決は重要な事項、とくに訴訟（訴え・控訴・上告など）についての終局的または中間的判断を下すのに用いられる。決定および命令は、それ以外の、訴訟指揮としての処置、付随事項の解決、民事執行・民事保全に関する事項等を対象とする。もっとも、本来は判決によるべき中間的または終局的裁判を決定でできるとしている場合がある（中間的裁判として、21条・50条・128条1項・143条4項・346条1項等。終局的な裁判として、317条・345条1項2項等）。

このような裁判事項の分配の関係から、地方裁判所において、判事補（特例判事補（→p79（ア））を除く）は、単独で判決することはできないとされるが（裁27条1項）、受命裁判官または受託裁判官（裁判長にはなれない（裁27条2項））として、決定または命令をすることはできる（123条。ただし、本来判決によるべき中間的裁判は、判決裁判所だけができるから、決定の形式による場合でも、判事補にはできないと解すべきである）。

（2）　中間的裁判、終局的裁判

事件の処理を完結するのが終局的裁判であり、終局的裁判の準備として審理中

に問題となった事項を解決する裁判が中間的裁判である。前者の例としては、終局判決、訴状却下命令、抗告審の決定、後者には、中間判決、受継決定、攻撃防御方法の却下決定などがある。中間的裁判に対しては、原則として独立に上訴ができず、終局的裁判に対する上訴の機会に上級審の判断を受けることになる（283条）。

（3）　確認的裁判、命令的裁判、形成的裁判

　裁判の内容および効力からみた分類である。確認的裁判は、現在の法律関係を確認するだけの裁判である（たとえば、確認判決、除斥の裁判）。命令的裁判とは、特定人に特定の義務の履行を命じまたは特定の行為を要求する内容の裁判である（たとえば、給付判決、証人の呼出し、出頭命令、文書提出命令）。形成的裁判は、既存の法律関係の変更、新たな法律関係の創設をする内容のものである（たとえば、形成判決、上級審の取消判決、忌避の裁判、移送決定）。

第2節　判決の種類

　判決は、いろいろに分類できるが、まず、ある審級での審理を完結するかどうかで終局判決と中間判決とに分けることができる。終局判決に対しては独立に上訴することができるが、中間判決に対する不服は、終局判決を待ち、これに対する上訴の中で主張することができるにとどまる[*]。終局判決は、さらに、審理を完結する範囲によって全部判決と一部判決に分けることもできるが、判断の内容によって本案判決と訴訟判決とに分けることもできる。本案判決には、請求認容と請求棄却（上訴審の場合には、上訴認容と上訴棄却）の判決があるが、請求認容の判決には、訴えの類型に対応して、給付判決、確認判決、形成判決の別がある。このほか、原因判決、追加判決などの観念もある。

[*]　**控訴裁判所の差戻判決の取扱い**　　大審院は、この判決に対する独立の上訴を認めなかったが（大判昭5・10・4民集9巻943頁）、最高裁はこれを認めるに至った（最判（三小）昭26・10・16民集5巻11号583頁。なお、その上告の利益については、→p940　3。控訴審判決による第一審判決の取消しは正しかったという上告審の判定を得てから、差戻し後の第一審の審理を始める方が審理の無駄を省けるから、最高裁の取扱いを妥当というべきである。この判例変更により、控訴審の差戻判決（取消移送判決（309条）も同様）も

終局判決の一つとなった。その判決は当事者からの申立てを待つまでもなく審理をさらに続行することを予定した判決であるが、当該控訴に基づくその控訴審の審理を完結し、事件をその審級から離脱させるという意味でも、終局判決の一つということができる。

第1款　終局判決

1　全部判決と一部判決

(1)　意義

同一訴訟手続で審理している事件の全部を同時に完結するのが全部判決であり、その一部を他の部分と切り離してまず完結するのが一部判決である。一部判決後、残部については、その審級での審理が続行されるが、これを完結する判決を結末判決または残部判決という。

訴訟の審理が進み、訴えまたは上訴に対して結論を出せる状態に達した場合には、速やかに弁論を終結し、終局判決をすべきであって、これを躊躇して徒らに無駄な審理を続けることは、当事者の利益を無視するものとして許されない。したがって、事件全部について裁判に熟したと認めるときは、全部判決をするのは当然であるが（243条1項）、その一部についても他と切り離せば裁判できる場合には、当事者になるべく早く解決を示すために一部判決を認める実益がある。これによって審理の整理に役立つことも考えられる。

しかし、他面、一部判決をした後、これに対して上訴があると、残余の部分と異なる審級で審判されることになり、関連した審理が以後二手に分かれ、かえって不便や不経済を招き、かつ解決が不統一になる危険もある。のみならず、一部判決をするからには、その部分についての弁論を尽くさせるように訴訟指揮をしておく必要もある。そこで、訴訟の一部が裁判に熟して一部判決が可能な場合でも、これをするか否かは、裁判所の裁量に任される（243条2項・3項）。

(2)　一部判決のできる場合

　㋐　同一請求の一部（たとえば、土地明渡請求のうちの特定部分の明渡し、一定金額の支払請求において争いが結着して額の確定している部分の支払い）と、同一の訴えで併合提起されている数個の請求のうちの一部について、一部判決ができる（243条2項）。

第2節 判決の種類 663

しかし、数個の請求に共通した事実がともに主要な争点になっているときは、単純併合の場合でも、一部判決は許されない（⤶p760(3)）。予備的併合請求の場合の主位請求を棄却する一部判決は許されないが、認容判決は、副位請求につき判決をする余地はなくなるから、全部判決である。

本訴と反訴の一方について、また裁判所が弁論を併合した数個の訴訟のうちのあるものについても、一部判決ができる場合もあるが（243条3項。たとえば関連性はないが、原告が応訴しまたは同意した反訴の場合）、本訴と反訴とが同一の権利関係を訴訟物としている場合（同一債権についての不存在確認請求と給付請求）は許すべきでないし、本訴と反訴とが同一目的の形成請求である場合も（たとえば離婚の本訴と反訴）、その一方のみを認容する一部判決は許されない（一方のみを認容すると他方を審判する余地がなくなる）。その他の場合も、通常は、主要な争点を共通にするから、一部判決は許されない。

　㈡　一部判決が許されない場合であるのにこれをしてしまったときの取扱いについては、（⤶p760〔＊〕）。

（3）　同一の訴訟手続で審理された、同一当事者間の数個の請求につき同時にした一つの全部判決のうち、敗訴した一部（請求のあるものについて判断した部分）に対してのみ上訴が提起されても、判決全部にわたって上訴の効力（確定防止および移審の効果）が生じる（本訴および反訴に対する同時判決につき大判昭6・3・31民集10巻178頁）（⤶p761㈣）。

（4）　当事者の双方または一方の欠席の場合の終局判決（⤶p532・p533）。

2　裁判の脱漏と追加判決

（1）　裁判所が終局判決の主文で判断すべき事項の一部について裁判することを漏らし、無意識に一部判決をしてしまった場合を、裁判の脱漏という（訴えの一部取下げを全部取下げと誤認したときも同じになる。無効な訴えの一部取下げを有効とみたための脱漏の例として、最判(三小)昭30・7・5民集9巻9号1012頁）。脱漏した部分は、なお裁判所に係属したままであり（258条1項）、裁判所がこれに気づけば、いつでも職権で判決をしなければならない（当事者も期日指定の申立てをしてこれを促しうる）。この判決を追加判決という。

裁判の脱漏は、主文で判断すべき請求についての判断のし漏らしであり、攻撃

防御方法についての判断のし漏らしである判断の遺脱（これは判決の瑕疵として再審
事由となる、338条1項9号）と異なる。

訴訟費用の裁判は主文でなされるが、その脱漏は別の規律を受ける（258条2
項・3項、規161条）。また、判決理由からその部分の裁判をしていることが明らか
であるのに、それを主文に掲げるのを失念したにすぎない場合には、更正決定を
すればよく（257条）、追加判決をするまでもない。

（2）　一部判決の許されない場合に脱漏した場合で、統一的審判の要請が強度
のものについては（そうでない場合については、→p760〔＊〕）、残部判決と同じ性質の
追加判決ができないから、その判決を瑕疵のある判決として、これに対する上訴
によって取消しを求めるべきである（独立参加訴訟で参加人の請求を脱漏した場合につ
き、→p847(ウ)(a)）。

（3）　追加判決は、前の判決とは別個独立の判決であり、上訴期間は別々に進
行する。

（4）　**訴訟費用の裁判の脱漏**

終局判決中で本来すべき訴訟費用の裁判を脱漏したときは、追加の裁判を、申
立てにより（規161条）または職権で、決定をもってするが（258条2項・3項）、終
局判決に対して適法な控訴があったときは、その決定は効力を失い、控訴審が改
めて訴訟の総費用について裁判する（同条4項）。

3　訴訟判決と本案判決

（1）　**訴訟判決**　　訴訟要件または上訴の要件の欠缺を理由として、訴えまた
は上訴を不適法として却下する終局判決である。訴えの取下げの効力が争われる
場合に、これを有効と判断するときは、終局判決で訴訟終了の宣言をするが、こ
の判決も訴訟判決といえる。

（2）　**本案判決**　　訴えによる請求の理由または上訴による不服申立ての理由
があるか否かを裁判する終局判決である（262条2項参照）。訴えによる請求の全部
または一部を認容する本案判決は、訴えの類型に応じて、給付判決、確認判決、
形成判決に分けられる。請求を理由なしとして棄却する判決は、すべて確認判決
である。なお、訴訟費用の裁判（67条・258条4項）や仮執行宣言（260条参照）に対
して、本案の裁判というときは、訴訟費用の裁判等と同時に判決主文に掲げられ

る事件ついての裁判を指すから、この意味の本案の裁判には、訴え却下の訴訟判決も含まれることになる。

第2款　中間判決

1　意　義

中間判決は、審理中に問題となった当事者間の争いを、終局判決に先立って解決しておく判決で、審理を整理し終局判決を準備する目的をもつ。したがって、訴訟の審理がまだ終局判決のできる程度に達していない段階でこれをする実益があるが、その場合でも中間判決をするかどうかは、訴訟指揮の問題として、裁判所の裁量に任されており、その争いに対する判断を終局判決まで持ち越してその理由中で示すことにしても差し支えない。

2　中間判決事項

中間判決をしてよい事項には、つぎの三つがある (245条)。なお、当事者間の中間の争いでも、とくに決定で裁判をすることになっている場合は中間判決によらない (128条・143条4項・223条1項等)。また、訴訟中に生じる当事者と第三者との間の争いは、それぞれ決定で裁判をすることになっているから、中間判決はできない (44条・50条・51条・199条・223条2項、規146条2項等)。

(1)　「独立した攻撃又は防御の方法」

本案に関する争点のうち、他のものと切り離して判断でき、かつ、独立に判断しておくことが審理の整理に役立つ程度にまとまった争点に関する攻撃防御方法という趣旨である。たとえば、所有権侵害を理由とする損害賠償請求において、所有権の取得原因として買得と時効取得が主張されている場合、あるいは債務の消滅事由として被告が債務の成立を否認し、仮定的に弁済や消滅時効の抗弁を提出した場合、それぞれの争点に関する攻撃防御方法はこれにあたるが、損害賠償請求における過失の有無に関する争いは、独立したものと解すべきではあるまい。独立した攻撃防御方法を判断すると請求認容または棄却ができることになる場合には、終局判決をすべきである (243条1項。たとえば、時効を認めるなら請求棄却の終局判決をすべきだが、否定する場合には弁済の抗弁と切り離して中間判決ができる)。

666　第3編　第一審手続　第7章　終局判決

(2)　「中間の争い」

　訴訟手続に関する当事者間の争いのうち、口頭弁論に基づいて判断すべきものを指す。たとえば、各訴訟要件の存否[*]、訴え取下げの効力、訴訟行為の追完の有無、訴訟承継の有無等に関する争いが、これにあたる。もっとも、これらの場合でもその判断の結果が訴訟を完結するときは（たとえば、訴訟要件の具備を否定し、訴えの取下げの効力を肯定するとき）、終局判決をしなければならない。

　　〔*〕　**中間判決の例**　　交通事故の被害者が、加害者に対する損害賠償請求に併合して、加害者の保険会社に対して有する保険金請求権を加害者に代位して請求した事件で、保険会社に対する請求が加害者の賠償額の確定以前に許されるかどうかについて、併合を条件としてこれを認める中間判決をした例がある（東京地判昭44・11・5下民20巻11=12号787頁）。

(3)　「請求の原因及び数額について争いがある場合」の原因

　　(ア)　ここでいう請求の原因とは、数量範囲の点を除外して考えた訴訟物たる権利関係の存否自体に関する事項をまとめていうものである（訴訟物の同一性の識別基準として問題とされる請求原因（→p216(3)）と異なる）。数額の点についても争いが予想される場合には、まず、原因の問題を切り離して審理し、中間判決によって原因において理由があることを判断してから、数額の審理に入ることができる（原因において理由がなければ、請求棄却となる）。この中間判決は原因判決といわれる。たとえば、不法行為に基づく損害賠償請求では、損害額についても争いがあることが多く、しかも、原因をこれと切り離しやすいから、この種の中間判決をする実益がある。

　　(イ)　中間判決では、債権の発生に関する事項（加害者の故意過失、権利侵害および損害発生に関する争い）および消滅に関する事項（弁済、消滅時効、過失相殺の割合（大判昭9・7・5法学4巻2号224頁））が審判されるべきである。相殺の抗弁も含まれるが（大判昭8・7・4民集12巻1752頁）、受働債権の額と密接な関係にあるから、原因判決で留保する旨を明らかにしておけば、のちに判断することができると解される[1]。

　　(ウ)　原因判決がなされても、数額が零ということになれば、請求棄却となる。

---

1)　兼子・判例民訴175頁。反対、中野・訴訟行為133頁。

数額が認められ請求が認容されても、控訴審で原因が否定されれば、一審判決は取り消され請求棄却となるから、一審における数額の審理は無駄だったことになる。そこで、立法論としては、原因判決に対して独立に上訴ができるとして、これを確定させた上で安心して数額の審理に入れるようにすること（旧々民訴228条はそうしていた）も考えられるが、原告の救済が遅れる難点があろう。

3 中間判決の効力

（1）　いったん中間判決をすると、その審級の裁判所はこれに拘束され、その主文で示した判断を前提として終局判決をしなければならなくなる（中間判決の理由中の判断には拘束されない、大判昭8・12・15法学3巻5号563頁）。そのため、当事者も、その判断を争うために中間判決に接着する口頭弁論終結までに提出しえた攻撃防御方法を提出することを妨げられる。したがって、裁判所も、弁論の制限（152条1項）その他の方法により、当事者に中間判決を予知させ、その点についての攻撃防御を尽くさせる必要がある。

（2）　中間判決には、既判力も執行力も生じない。中間判決に対しては独立の上訴は認められず（281条1項）、終局判決に対する上訴によって上級審の判断を受ける（283条本文）。中間判決の拘束力は上級審に及ばないから、控訴審は、中間判決に対する不服についても続審として審理することになる。上級審が終局判決のみを取り消して、事件を原審へ差し戻した場合には、中間判決はなお有効で、差戻しを受けた審級を拘束する（大判大2・3・26民録19輯141頁）。なお、中間判決が維持された形で事件が確定された場合には、中間判決における判断には、争点効（⤻p718以下）が生じる。

第3節　判決の成立

判決を成立させる手続は、裁判所が、まず、どのような内容の判決にするかを確定し、ついで、この内容を表示する判決書（判決原本）を作成し、これに基づいて判決の言渡しをするという段階に分けられる。言渡しによって判決は確定的に成立し、判決の正本が当事者に送達されることになる。

668　第3編　第一審手続　第7章　終局判決

1　判決内容の確定

（1）　判決内容を確定する裁判官

判決の内容は、判決の基礎となる口頭弁論に関与した裁判官で構成される裁判所が、これを確定する（249条1項）。したがって、弁論終結前に裁判官が代わったときは、当事者は従前の口頭弁論の結果を陳述（弁論の更新）しなければならないし（249条2項）、弁論終結後判決内容を確定する前に代わったときは、弁論を再開した上（153条）、弁論を更新して判決をするべきである（ただし、あらかじめ補充裁判官が関与していた場合はこのかぎりでない。裁78条）。判決内容を確定した後ならば、これに関与した裁判官が死亡、退官、転任等によって判決書に署名押印できなくても、合議体の他の裁判官がその理由を記載して署名押印すればよいから（規157条2項）、判決の成立は妨げられない（単独制の場合には、この便法は用いられない）。

（2）　判決内容を確定する手続

単独制の場合には、1人の裁判官がそれを決めればよいが、合議制の場合には、合議体を構成する定足数（↳ p80(ア)）の裁判官の評議採決によらなければならない。

評議は、裁判長が開き、かつこれを整理し、秘密に行う（裁75条）。評議は、判決の結論を導くために必要な、事実認定および法規の解釈適用のすべてについて行う。各裁判官はこれらすべての点について、必ず自分の意見を述べなければならない（裁76条）。裁判官の意見が一致しないときは採決を行う。

採決は、いきなり、判決の結論をどうするかについて行うのではなく、結論を導く理由について、その論理的順序に従って、個々に行う。裁判官は、ある点について自分の意見が少数で通らなかった場合でも、これを理由にその点の多数意見を前提にしたつぎの事項の評議に加わることを拒めない。

採決は、原則として過半数の意見による（裁77条1項）。数額について、意見が3説以上に分かれ各説いずれも過半数を制しないときは、もっとも多額の意見の数を順次少額の意見の数に加えていき、過半数に達したときのもっとも少額の意見による（裁77条2項1号）。いったん評決しても、言渡しをするまでは、裁判所内部の問題であるから、全員が同意すれば、評決し直すことができる[1]。

1）　そのほか評議については、岩松三郎「民事裁判における合議」曹時1巻2号（1949）〔同・民事裁判の研究1頁以下〕がある。

第3節 判決の成立 669

2 判決書（判決原本）

（1） 判決内容が確定したときは、それを書面に作る。この書面を判決原本または判決書という。判決原本を作成して判決内容を言い渡すのが原則である[*]（252条・254条参照）。

〔*〕 **判決書の作成目的** 判決書を作成しこれに基づいて言い渡すことを原則とするのは、第1に、当事者の求めた裁判の申立てに対する応答としての裁判所の判断およびその判断の過程を正確に当事者に知らせるためである。当事者は、これによって、上訴するかどうかの判断を的確にすることができるし、判決の効力（既判力、執行力、形成力等）の範囲をより正確に予測することができる。

　判決書作成の目的として、このほかに、①一般国民に対して、具体的事件に対する裁判所による法の適用の内容を明らかにし、このことを通じて裁判の公正を保障すること、②とくに事実の記載は、裁判官をして自己の審理が完全であったかどうかについて反省する機会を与えるものであること、③上級審による判決の当否の審査を容易ならしめることなどが挙げられる。しかし、いずれも、付随的なものというべきであり、第1の目的をよりよく達成するために、当事者に理解しやすい記載内容・記載方法を工夫すべきであり、そのために、①以下の機能を若干殺ぐことになったとしてもやむをえないものと考える（判決書の記載についての改善提案については、→下記（2）(イ)〔*〕）。

　判決内容を批判検討するために、検討のための材料のすべてを判決書に記載するように要求することは本来無理な話である。また自己の審理の反省のために必要であるからといって、判決書の中身が当事者にとって煩わしい難解な内容になっても仕方がないというのは、本末転倒である。上級審の審理には、訴訟記録もあり口頭弁論調書もあるのだから、これらをも利用するのが正道であって、判決書自体にすべての資料を要求するのは疑問である。

（2） 判決書の記載事項

　(ア) **主文**（253条1項1号）　(a) 判決内容の結論を簡潔かつ明確に表示するもので、終局判決では、訴えまたは上訴に対する応答を示す。たとえば、「原告の訴えを却下する」とか、「原告の請求を棄却する」とか、また、請求を認容する場合であれば、請求の趣旨に対応した判断を表示する（→p202 1，2・p205以下）。

　(b) なお、主文には、このほかに、職権でなされる訴訟費用の裁判（67条）、申立てまたは職権でなされる仮執行・仮執行免脱の宣言（259条）、仮執行失効による原状回復命令（260条2項）、上訴権濫用に対して金銭の納付を命ずる裁判

670　第3編　第一審手続　第7章　終局判決

（303条・313条・327条2項）が記載される。

　(イ)　事実（253条1項2号）　　「事実」の記載は、請求を明らかにし、当事者の主張のうち、請求に対する「主文が正当であることを示すのに必要な主張を摘示しなければならない」（253条2項）〔*〕。申出があった証拠をすべて記載する必要はない。理由の中で、判断の根拠となった証拠を、調書を引用する形で（旧191条2項ただし書参照）、記載すれば足りる。

　〔*〕　**新様式の判決書における事実と理由の記載**　　事実摘示の方法については、旧法下においてすでに、審理の充実と相まって、わかりやすい判決を書こうという裁判官の努力が重ねられ、第一審判決書について、後記のような改善策が提案され、少なからぬ裁判官によって採用されていた。

　　(1)　旧法191条1項2号の「事実及争点」の摘示は、口頭主義の貫徹を前提にし、当事者の口頭での弁論（主張および証拠の申出）を完全に聴取し審理を尽くしたことを証明するものと考えられ、請求を理由あらしめる事実の主張とこれに対する被告の認否、抗弁事実の主張とこれに対する原告の認否、原告の再抗弁事実の主張とこれに対する被告の認否というように証明責任の分配によりながら、自白された事実、争いのない事実（擬制自白の認められる事実）、争いのある事実を明らかにして、当事者の弁論全体を漏れなく記載することに意が用いられていた（それ故にまた、事実を摘示する作業は、裁判官がみずからの審理に遺漏がないかどうかを反省するためのものであるともいわれた）。

　　しかし、準備書面による弁論の準備が行われ、また正確な口頭弁論調書の作成が期待できる体制のもとでは、事実および争点の記載に、当事者の弁論を完全に聴取したとの証明書の役割を期待する必然性がないと指摘されていた（藤原弘道「事実摘示と間接事実」判タ653号（1988）4頁以下）。また、事実の摘示と、理由の記載で、重複する記載が多く冗漫な記述となるほか、中心的争点と枝葉の争点との区分けがないまま、それらに対する裁判所の判断（理由）の記載が単調であり、中心的争点については簡略すぎるとの不満も表明されていた（鈴木正裕ほか「座談会　民事判決書の新しい様式をめぐって」ジュリ958号（1990）15頁以下とくに29頁以下、鈴木正裕ほか「ミニ・シンポジウム　民事判決書の新様式について」判タ741号（1990）とくに10頁以下）。

　　(2)　改善案が提唱した新様式は、裁判官が当事者との協議を密にして争点・証拠の整理（弁論兼和解など）を尽くすことを前提にして、枝葉の争点と中心的争点を区分けし、「事実及争点」の記載（旧191条1項2号）と「理由」（旧同条同項3号）の記載とを一部合体する形で、まず「事実の概要」と題した中で、争いのない事実、自白した事実を用いて、事件の内容を明らかにする。その際、枝葉の争点については、証拠による事実認定をも行って、これも使って事案の概要を説明する。そのあと、「争点」と題して、事件の中心的

争点を記載し、最後に、「争点に対する判断」と題して、各中心的争点に対する裁判所の判断を記載するという方法である（東京高・地裁民事判決書改善委員会＝大阪高・地裁民事判決書改善委員会「民事判決書の新しい様式について」判タ715号（1990）4頁。

これを検討するものとしては、上記の座談会、ミニ・シンポジウムのほか、批判的に評価するものとして、西野喜一「民事判決書の新様式について」判タ724号（1990）22頁、同「民事判決書新様式再論」判タ733号（1990）〔同『裁判の過程』（1995・判例タイムズ社）439頁以下所収〕、小林秀之「民事判決書新様式の評価と検討」判タ724号（1990）4頁以下、木川統一郎「民訴法の基本理論からみた新様式判決」判タ752号（1991）〔同・改正問題221頁〕）。積極的に評価するものとして、藤原弘道「新様式判決と事実摘示」木川・古稀(上)740頁、後藤勇「新様式の判決」木川・古稀(上)717頁）。

(3) この新様式は、大筋において、争点・証拠の整理を尽くして中心的な争点を洗い出し、これについて集中的な証人尋問等を行うことによって、審理の充実と促進を図ろうとする平成 8 年改正法の狙いを、判決の書き方に投影したものと評価できる（篠原勝美ほか『民事訴訟の新しい審理方法に関する研究』司法研究報告書48輯 1 号（1996・法曹会）207頁参照）。平成 8 年改正法は、このような新様式の判決書の実務を前提にして、事実の記載は、請求のほか、主文を導き出すのに必要な主張を記載すれば足りると規定するにとどめている。

(ウ) **理由**（253条 1 項 3 号） (a) 主文の結論を導き出した経路を明らかにする部分で、「原告が請求原因として陳述した事実が自白証拠等各資料によつて認められるか否か、認められるとすれば被告が抗弁として述べた事実が同様資料によつて認められるか否か、及び認められた事実に対して法を適用した結果どうなるかを示せば足る」（最判(三小)昭25・2・28民集 4 巻 2 号75頁）。ある証拠を措信するまたは措信しない理由を記載しなくても違法にならない（最判(三小)昭32・6・11民集11巻 6 号1030頁参照。最判(二小)平 9・5・30判時1605号42頁は、文書の成立の真正は判決書での表示を要しないとする）。理由を付さないか、または理由に食違いがある判決は上訴により取り消される（312条 2 項 6 号）。理由の記載が十分でないときも、理由を付さない場合として上訴の理由になりうる。新様式のように、事実と理由とを一部分合わせた形式をとったことで違法とはいえない。

(b) 上級審判決において、判決事実および理由を記載するには、下級審判決のそれと重複するかぎり、これを引用して省略することが許され（規184条、なお→p937 4〔＊〕）、手形判決に対する異議後の訴訟の判決における判決事実および

理由の記載には、手形訴訟の判決を引用しうる（規219条）。また、簡易裁判所の判決における事実および理由の記載は、請求の趣旨および原因の要旨、その原因の有無ならびに請求を排斥する理由である抗弁の要旨を表示すればよい（280条）。

　　(エ)　**裁判官の署名押印**　　判決書には、評決に関与した裁判官が署名押印することを要する（規157条1項）。

　評決後、合議体の一部の者に、転任や退官のため、署名押印をするのに支障があるときは、合議体の他の裁判官がその事由を付記して署名押印すれば足りる（規157条2項）。3人中の2人に支障があるときでもこの方式でよい（大判昭9・12・27法学4巻6号749頁）。なお、転任、退官後は署名押印することはできない（大判大11・5・31新聞2012号21頁）が、反証ないかぎり、転任前の署名と推定すべきである（最判(二小)昭25・12・1民集4巻12号651頁）。

3　判決の言渡し

(1)　意義

　判決の内容を宣言する事実行為である。判決はすべて言渡しが必要であり、これによって判決の成立が確定する（250条）。判決内容が確定され判決原本が作成されていても、裁判所内部の問題であって、言渡しがなければ、判決があったことにならない。

(2)　判決言渡期日

　判決の言渡しは、口頭弁論期日ですることを要する。言渡期日は、口頭弁論終結の日から2カ月以内でなければならない（251条1項。ただし、これは訓示規定）。言渡期日はあらかじめ裁判長によって定められ、当事者に知らされなければならない。

　期日の指定がなく当事者に適法に告知されない期日に言渡しがなされたときは、判決成立手続の違法（306条）になる（最判(三小)昭27・11・18民集6巻10号991頁は、すでに第一審判決の言渡しを違法として取消差戻しをした原判決に対する上告を棄却した例で、しかも第一審で控訴人は弁論の機会を実質的に与えられなかったケース）が、それによって上告人の権利関係になんらかの不利益を及ぼすことがなければ、上告の理由にするまでもない（控訴審判決の言渡しにつき、大判昭18・6・1民集22巻426頁。言渡期日前に言い渡したケースにつき同旨、大判昭8・1・31民集12巻39頁）。判決言渡期日には、通

第3節　判決の成立　*673*

常の方法（→p425。例外256条3項）で当事者を呼び出さなければならないはずであるが、実務上は以下の解釈により、呼出状が送達されることはない（口頭弁論を経ないで判決することができる場合には呼出手続をとらなくてよい。旧383条（平成8年改正290条）による控訴却下につき、最判(二小)昭33・5・16民集12巻7号1034頁。旧399条ノ3の場合につき、最判(一小)昭44・2・27民集23巻2号497頁があるが、平成8年改正法317条は、決定で却下することになったので、先例的価値はなくなった）。

　最終口頭弁論期日（または延期された判決言渡期日）に出頭しなかった当事者に対しては、判決言渡期日の呼出状を送達しないで言渡しをしても違法とはならない（最判(一小)昭23・9・30民集2巻10号360頁、最判(一小)昭24・8・18民集3巻9号376頁、最判(一小)昭28・7・30民集7巻7号851頁、最判(三小)昭32・2・26民集11巻2号364頁等。判決言渡期日の日時はあらかじめ裁判所書記官が当事者に通知するものとするという規則156条は、これら欠席当事者には呼出状不要とする解釈を改めたものではなく、主として、最高裁判所における言渡期日の通知を新設したものであり、かつ、訓示規定であって、通知を怠っても判決の言渡しが違法になるわけではない[2]。なお、→p425　4）。なお、当事者の一方または双方が出頭しないときでも言渡しをすることができる（251条2項）。また、訴訟手続の中断中でもできる（132条1項）。

（3）　言渡行為の方式

　言渡しは、判決言渡期日に、公開の法廷で（裁70条）、判決裁判所を構成する必要な数の裁判官が出席した上、裁判長が主文を朗読して行う（規155条1項）。判決原本に基づいて行うのが原則である（252条）。判決の理由の朗読は任意であり、要領を口頭で告げてもよい（規155条2項）。判決原本に基づかないで行う言渡しのときは、裁判長が主文および理由の要旨を口頭で告げてする（規155条3項）。言渡しに立ち会う裁判官は、口頭弁論に関与し判決原本に署名押印した裁判官である必要はない。言渡しのみに関与することは、判決に関与したこと（23条1項6号・312条2項2号・325条4項・338条1項2号）にならない。

（4）　判決原本に基づかない言渡し

　平成8年改正法は、当事者間に実質的争いがないと認められる事件および少額訴訟事件においては、判決原本に基づかないで、口頭で判決の主文等を告げる言

---

2)　最高裁・条解規則324頁。

渡方式を認めることにした（254条・374条）。迅速な言渡しのためにその形式を緩和したものである。

少額訴訟以外では、被告が口頭弁論において原告の主張した事実を争わず、その他なんらの防御方法も提出しない場合（被告が弁論に出席し、自白した場合もしくは自白したと擬制される場合、弁論に欠席したが、擬制陳述された準備書面により自白または自白が擬制された場合、または公示送達以外の方法により呼出しを受けて口頭弁論に出席せず、擬制陳述もされない結果、自白が擬制された場合であって、何らの抗弁事実の主張をしない場合）（254条1項1号）および公示送達を受けて口頭弁論に出頭しない場合（同項2号。擬制陳述があり、それにより自白または擬制自白が成立する場合には1号に該当する）に、判決原本によらない言渡しができる。

少額訴訟においては、相当でないと認める場合を除き、弁論終結後直ちに判決を言い渡すことにし、判決原本に基づかないで行うのを原則とする（374条1項・2項第1文）。

判決原本に基づかないで言渡しをしたときには、判決書の作成に代えて、裁判所書記官に、当事者および法定代理人、主文、請求ならびに理由の要旨を、判決の言渡しをした口頭弁論期日の調書に記載させる（判決書に代わる調書、254条2項・374条2項第2文）。

4　判決の送達

裁判長は、判決の言渡し後遅滞なく判決原本を裁判所書記官に交付し、裁判所書記官はこれに言渡しおよび交付の日を付記して押印する（規158条）。さらにその正本を作成し、これを交付の日から2週間以内に当事者へ送達しなければならない（255条、規159条）。判決原本に基づかないで言い渡された場合には、その言渡しの日から2週間以内に、判決書に代わる調書を作成し、その謄本、または正本を送達する（255条、規159条）。

判決の送達は、当事者に対して判決内容を確知せしめ、不服申立てを考慮する機会を与えるためであり、判決に対する上訴期間は、当事者がこの送達を受けた時から起算される（285条・313条）。

第4節　判決の効力　　675

第4節　判決の効力

　判決は事件に対する解決基準を示すものであるが、言渡しによっていったん外部的にその存在が明らかにされた以上、むやみに取り消されたり、変更されたり、その存在が無視されたりしたら、その紛争解決機能を果たすことができない。事件を解決するはずの基準がいつまでも確定せず、またその内容が尊重されないというのでは、訴訟の目的は達成されない。そこで、法は、事件解決の基準としての判決の内容を確定させる方法として、一方では、判決自体の取消しの可能性を一定の合理的範囲に制限するとともに、他方では、判決の判断内容を、その後、事件解決の基準として通用せしめるという効力を与えている。

　判決自体の取消し可能性を制限するものとして、法技術的には、判決の自縛性および判決の確定という観念が認められている。判断内容の通用力としては、同一手続内で働くものとして覊束力があり、一定範囲の他の手続において働くものとして既判力、執行力、形成力、争点効などの規律がある。

　もっとも、外観上判決の体裁をもっていても判決といえない場合（判決の不存在）もあるし、また、判決として確定しても（訴訟を終了せしめる効力をもち、訴訟費用の弁償請求権を発生せしめるものであっても）、判断内容の通用力をもたない場合（判決の無効）もある。

　そこで、本節では、まず、判決の効力のいわば総論として、判決の取消制限（第1款）と判決の無効（第2款）を考察した後、内容上の通用力（第3款以下）を検討する。

第1款　判決の取消制限

1　自縛性（不可撤回性）

　裁判所は、いったん言い渡した判決を撤回したり変更したりすることは許されない。このような性質を自縛性あるいは不可撤回性という。判決の成立自体がいつまでも不安定では、事件を解決する機能を果たしえないからである。もっとも、現行法上、この自縛性は、法定要件の下に判決の更正、判決の変更ができる限度

676　第3編　第一審手続　第7章　終局判決

で緩和されている。

　なお、決定および命令においても同様の要請がないわけではないが、抗告に基づく再度の考案による変更が認められるほか（333条）、訴訟の指揮に関するものは、確定的な判断の表示ではないから、いつでも取り消すことができる（120条・54条2項・60条2項等。→p451(4)）。

2　判決の更正

(1)　意義

　判決の判断内容を変更するのではなく、判決書の表現上の過誤を訂正補充することをいう。現行法上、判決をした裁判所が簡易に決定で更正をすることを認めているが、この決定を更正決定という。

(2)　更正の要件

　判決書に計算違い、誤記その他これに類する明白な誤りがあるときにかぎられる（257条1項）。誤記その他これらに類する誤りとは、用語がそれによって表現しようとした判断内容に合致していないことをいうが、この誤りが判決の全趣旨（訴訟記録を参照してよい、最判(一小)昭30・9・29民集9巻10号1484頁）から明白に読みとれる場合でなければならない（たとえば計算の基礎が明白にされているが、計算自体を誤っている場合、大判昭8・5・16民集12巻1178頁）。これは、表現の訂正に名を借りて判断内容の訂正をもたらすことのないようにするためである。

　誤りは、判決書のどの部分にあってもかまわない。誤った表現だけでなく、不適切な表現を更正してもよい。誤りは、明白であれば、それが裁判所の過失によるか、当事者の陳述に基因するかは問わない（たとえば、原告が明渡しを求める土地の表示を誤ったために判決主文でも誤った場合にも更正できる、最判(二小)昭43・2・23民集22巻2号296頁）。

(3)　更正の手続

　㋐　更正は、申立てによりまたは職権で、いつでもできる（257条1項）。上訴提起後でも、判決確定後でも可能である。更正は、自分のした判決を正確にするための権能であるから、更正ができるのは、判決をした裁判所にかぎられるのが原則であるが、判決の審査権限をもつ上訴裁判所も誤謬を訂正できると解すべきである[1]。

第4節　判決の効力　　677

　(イ)　更正は決定でする。口頭弁論を経るかどうかは任意である。更正決定は、判決書の原本および正本に付記する。ただし、付記ができないときは（たとえば、すでに正本を送達してしまっている場合）、別に決定の正本を作り当事者に送達すればよい（規160条1項）。

　(ウ)　更正決定に対しては、即時抗告ができる（257条2項本文）。ただし、判決に対して適法な控訴があったときは、ともに控訴審の判断を受けるから、抗告は許されない（同項ただし書）。更正申立てを理由なしとして却下した決定に対しては、抗告は許されない（大決昭13・11・19民集17巻2238頁）。なぜならば、判決裁判所自身が誤りなしとする以上、他から強制する筋合のものではないし、これに不服があるとすれば、それはもはや、判決の判断内容自体に対する不服といわざるをえないからである（大決昭5・11・29民集9巻1102頁は、競売手続開始決定の債務者兼所有者の表示の更正申立てを理由なしとした決定に対する抗告を認める）。もっとも、更正の申立てを不適法として却下した決定に対しては、抗告が許される（328条1項）。

（4）　更正の効果
　更正決定は、判決と一体になり、遡って、最初から更正されたとおりの判決があったことになる。判決に対する上訴期間は、更正があったことによって影響を受けない（大判昭9・11・20新聞3786号12頁）。

3　判決の変更

（1）　意義
　判決をした裁判所が自分で法令に違反したことに気づいて、その判決の判断内容を変更することをいう。判決の自縛性と相容れないが、上訴でどのみち取り消されるような瑕疵があるならば、上訴を待たずに是正した方が、法的安定性を害しない限度では合理的であるとの考慮に基づく[2]。

1）　最判（三小）昭32・7・2民集11巻7号1186頁は、第一審判決の誤謬——その理由からみると間口一間半とすべきところ主文では間口一間とあった——を、控訴審が控訴棄却の判決をする際に、その判決に理由を示してその主文で更正してよいとする。同説、菊井＝村松・Ⅰ1235頁。谷口安平・百選142頁は上訴裁判所に更正権をかぎるべしとし、反対に兼子・体系328頁は判決をした裁判所にかぎるべしとする。

2）　変更判決については、小室直人「変更判決に関する研究(1)(2)」民商26巻2号（1950）・3号（1951）参照。

（2）　要件（256条1項）

　㋐　判決が法令に違反したこと——これは、判決自体から発見しやすく直ち
に是正できる場合が多いからである。事実を誤って認定したことに気づいても、
変更は許されない。

　㋑　言渡し後1週間以内であること——判決の変更による判決の確定や執行
への影響をなるべく避けるためである。不控訴の合意、上訴権の放棄などにより、
判決の確定後は、たとえこの期間内でも許されない。当事者からの上訴による変
更の可能性がなくなったのに、自縛性を緩めるのは、著しく法的安定性を害する
からである。

　㋒　判決の変更をするために口頭弁論をする必要がないこと——直ちに変更
できる場合にかぎるとともに、弁論が必要ならば上訴審の審判に譲るのが適当で
あるとの考慮に基づく。法令違反を是正するために新たな事実認定が必要である
場合も、口頭弁論を開けないから、やはり判決の変更はできない。

（3）　判決変更の手続

　つねに職権で行う。当事者には、判決変更の申立権はない（上訴の手段によるべ
きである）。判決の変更は、判決で行う。この判決を変更判決という（256条2項参
照）。変更判決は、変更されるべき判決に関与した裁判官のみがこれをすること
ができる。変更判決も言渡しが必要であり、これを1週間以内にする必要がある。
そのための期日の呼出状の送達（94条）については、通常の方式では間に合わな
い場合もあるので、発送の時に送達の効力が生じるとしている（256条3項）。

（4）　変更判決の効力

　判決の変更とは、前の判決を撤回し、新しい判決をすることである。変更判決
に対しては、撤回に対する不服と新判決の判断に対する不服とが考えられるが、
上訴が許される。上訴期間の進行も変更判決の送達の時から新たに開始する。変
更判決による前判決の撤回は確定的に生じているから、変更を不当として変更判
決を取り消す判決があっても、前の判決が復活するわけではない（もっとも、前判
決に対する上訴が変更判決前に提起されているときは、上訴人の利益のために、変更判決に対
する上訴としての効力を認めるべきである。ただし、変更判決があったことにより上訴の利益
が失われる場合もあろう）。

4 判決の確定

(1) 概念

判決は、それをした裁判所によって変更されなくとも、当事者が上訴（手形本案判決・少額訴訟判決については異議申立て、高裁の第二審判決に対する上告受理の申立てを含む）をすれば、上級裁判所（手形本案判決・少額訴訟判決についてはその判決をした裁判所、357条・378条。上告受理の申立てについては最高裁、318条1項）の審査を受け、その結果その訴訟内で取り消される可能性がある。しかし、上級裁判所等は、職権で審査を始めるわけではないから、当事者が通常の不服申立手段（すなわち上訴、上告受理の申立て（318条5項）、手形本案判決・少額訴訟判決については異議申立て）によってそれを争うことができなくなれば、その判決は、その訴訟内では、取り消される機会がなくなる。このような状態になることを判決の確定といい、この取消し不可能な状態を、判決の効力とみて、形式的確定力ともいう。判決の判断内容に応じてその訴訟の外でも認められる効力である、既判力（または実体的確定力）、執行力、形成力等は、この確定を待って生じるのが原則である。

(2) 判決の確定時期

個別にみると、つぎのような諸時期がある。

(ア) そもそも不服申立てができない判決（上告審判決、手形訴訟によれない旨の訴え却下判決（355条1項・356条ただし書参照））であれば、言渡しと同時に確定する。不控訴の合意（→p919(2)）があるときも同様である（ただし、控訴を省略する合意のあるときは、上告期間の徒過の時に確定する）。

(イ) 当事者が上訴（上告受理の申立てを含む）または異議申立てをすることなく、上訴期間（285条・313条・318条5項）または異議申立て期間（357条・378条1項）が経過したときは、その期間満了時に確定する（116条1項）。いったん上訴しても、上訴期間経過後に、上訴を取り下げた場合または上訴却下の判決を受けた場合は、遡って上訴がなかったことになるから、同じことになる。異議の取下げまたは却下についても同様である。

(ウ) 上訴期間満了前でも、上訴権のある当事者が上訴権の放棄（284条・313条）をしたときは、放棄の時に確定する。異議申立権の放棄（358条・378条2項）の場合についても同様である。

(エ) 上訴期間内に上訴が提起されれば、判決の確定は遮断され、上訴期間が

過ぎても確定されず、上訴棄却の判決（上告受理の申立ての排斥も含む）が確定するまで原判決の確定も延ばされる。手形本案判決・少額訴訟判決に対して異議が申し立てられた場合も同様で、判決の確定はこれを認可する判決の確定まで延ばされる（116条2項）。

（3） 判決の確定の範囲

判決は全部について確定するのが原則である。併合請求の全部について同時に判決がなされたときも、判決全部が同時に確定する（共同訴訟人の全員について同時に判決がなされたときも同様である）。ただし、当事者の一方が敗訴の部分について、上訴権だけでなく附帯上訴権も放棄したとき（284条・293条1項3項、規173条参照）は、その部分だけその放棄の時に確定する。また、通常共同訴訟人のうち一部の者が上訴したのに、他の者が上訴せずかつ上訴したことにもならないとき（→p796）は、上訴しない者の部分だけ先に確定する（規48条2項は、判決の一部の確定を予定している）。

（4） 判決の確定の証明

判決が確定しているか否かは、判決書の原本または正本自体には記載されていないから、確定判決に基づいて戸籍の記載、登記、強制執行などをするために、確定の証明が必要となるが、現に事件の訴訟記録を保管している裁判所の書記官に、確定証明書の交付を請求できる（規48条1項・2項）。裁判所書記官は、確定しているか否かを訴訟記録に基づいて調査する。訴訟がなお上訴審に係属中であるときは、上訴裁判所の書記官が、判決の確定した部分についてのみ確定証明書を交付する。

第2款　判決の無効

1　判決の不存在

ある判断内容が判決として成立したと認められるためには、裁判官が判決するという職務遂行の外観をもって、対外的に発表したものでなければならない。裁判官でない者のした判決（たとえば、裁判所書記官が言い渡した判決。意思能力を欠いた裁判官の判決もこれと同視できる）は判決として不存在であり、言い渡されない判決も、判決の草案にとどまり、判決とはいえない。これらは判決の体裁をなしてい

ても、なんら訴訟上の効力をもたず、上訴の対象にもならない（もっとも、これに執行文が付されて強制執行がなされることも考えられるが、このような場合には、所定の異議（民執32条）の対象になる）。

2 瑕疵のある判決

判決であるかぎり、その手続や内容に瑕疵があっても、これを当然無効として、不存在の場合と同視することは原則としてできない。判決がなんらの手続を待たないで、その効力が問題とされ、だれでもこれを否認できるようでは、紛争の終局的解決は得られないからである。したがって、判決としていったん成立した以上、その瑕疵も、判決の変更、上訴、再審等の手続による判決の取消事由として問題となるにすぎない（訴えの取下げによっても失効する）。

3 判決の無効

判決が上訴などによって取り消されなくとも、内容上の効力たる既判力、執行力、形成力、争点効などを生じない場合がある。これを判決の無効という。実在しない者を当事者とした判決（⤙p138）、治外法権者に対する判決（⤙p103(2)）、当事者適格のない者の得た形成判決（⤙p305）などが、その例である。このような判決でも、手続上は有効に成立したものである以上、その確定によって訴訟を終了させる効果はある。このような判決も、判決の外形は残るから、有効なものとして利用されるおそれがあるので、これに対して、上訴、再審によって取り消す利益を認めてよい（⤙p137〔＊〕）。

4 確定判決の騙取

当事者が、相手方や裁判所を故意に欺いて確定判決を得た場合に、相手方は、判決の当然無効を主張することが許されるか、また、当然無効を前提とし、その判決によって被った損害の賠償を不法行為に基づいていきなり請求することができるか。争いのあるところであるが、既判力制度を動揺させないために、上訴の追完（⤙p429）なり、再審の訴えによって、まずその判決の取消しを図るべきで、当然無効の主張は許すべきでないとする意見が有力である[1]。しかし、原告が被告の住所を不明であると偽って公示送達を得て被告の知らない間に勝訴の確定判

決を得たとか（支払命令の騙取につき、最判（三小）昭43・2・27民集22巻2号316頁参照）、訴え取下げの合意をして被告不出頭の原因を原告みずから作っておきながら、合意に反して訴えを取り下げず、被告の不出頭を奇貨として訴訟追行して勝訴判決を得た場合には、被告の裁判を受ける権利が実質的に保証されなかった場合であり、氏名冒用訴訟判決の効力と同じに（↷p137㋐）、当然無効の主張を認めるべきであろう。したがって、判決の当然無効を前提にして、再審を経ることなく、いきなり損害賠償請求することも許されると解する（最判（三小）昭44・7・8民集23巻8号1407頁）。このような請求をしても、裁判所が、再審事由にあたる事由があるとみられるか（とくに338条1項3号）を厳格に判断した上でその請求を認めるとすれば、実際上既判力制度を動揺させることにはならないと思われる[＊]2)。

> 〔＊〕 最判（一小）平10・9・10〔平5（オ）1211号〕判時1661号81頁では、前掲昭和44年判決につぎのような要件を加え、「その行為が著しく正義に反し、確定判決の既判力による法的安定の要請を考慮してもなお容認し得ないような特別の事情がある場合に限って、許される」との前提の下に、本件については、前訴における被告の行為には重大な過失があるにとどまり、原告の権利を害する意図をもったものとは認められないとして、被告の不法行為に基づく、原告による再度の損害賠償請求を許さなかった。最判（三小）平22・4・13裁判所時報1505号12頁も、同様の前提から、主として証拠の評価を異にするという理由で前訴判決の認定事実と異なる判断がなされるという程度では、既判力に反する不法行為の成立は認められないとする。いずれも妥当な結論と思われる。平22年度重判解163頁〔坂田宏〕参照。

第3款　羈束力（きそくりょく）

判決にかぎらず裁判一般における判断内容が、種々の手続内的要請から、当該事件の手続内において、他の裁判所を拘束することが認められており、これらの効果を羈束力と総称する。

---

1) 兼子・体系333頁、上田徹一郎「騙取判決の既判力と不当利得」谷口知平教授還暦記念『不当利得・事務管理の研究(3)』（1972・有斐閣）265頁以下。最判（三小）昭40・12・21民集19巻9号2270頁は、当事者が通謀して、第三者を害する意図のもとに裁判所を欺罔して取得した確定判決に対し、その第三者による請求異議の訴えを否定する。

2) 新堂・法学教室第2期1（1973）180頁参照。

（1）　事実審の判決において適法に確定した事実認定の判断は、上告審を拘束する（321条1項）。これは、上告審を法律審とするために要請される（→p939(3)）。

（2）　上級審の裁判における、原裁判の取消しまたは破棄の事由となった判断は、差戻しまたは移送を受けた下級裁判所を、その事件について拘束する（裁4条、民訴325条3項後段）。これは、事件が下級審と上級審との間を同じ理由でいつまでも往復するのを避けるためである（→p957〔＊〕）。同じように、終局的解決をもたらす必要から、上告審は、破棄差戻し後の控訴審判決に対する上告について再び審判する場合において、さきに上告審がした破棄差戻判決の破棄理由に拘束される。

（3）　移送の裁判は移送を受けた他の同級の裁判所を拘束する（22条1項）。これは、移送した事件が再び移送した裁判所に戻されたり、転々と移送されることを防止するためである（→p129(2)）。

（4）　中間判決の拘束力は、上級審に及ばないが、上級審が終局判決のみを取り消して原審に差し戻したときに、差戻審を拘束する限度では、ここにいう覊束力といえよう。

第4款　既　判　力

第1項　総　　説

1　概　　念

　終局判決が確定すると、その判決における請求についての判断は、以後、当事者間の法律関係を律する規準となり、同一事項が再び問題になったときには、当事者はこれに矛盾する主張をしてその判断を争うことが許されず、裁判所もその判断に矛盾抵触する判断をすることが許されなくなる。この確定判決の判断に与えられる通用性ないし拘束力を既判力という。形式的確定力（→p679(1)）に対比して、実体的確定力ともよばれる。

　終局判決は、当事者間の紛争の解決規準を示すために下すものであり、これに対する通常の不服申立方法が尽きて確定したからには、当事者および裁判所がその判断を紛争の解決規準として尊重しなければ、紛争の終局的解決は得られない。

既判力は、こうした終局的判断の尊重を制度的に確保し強制するための手段であり、紛争の終局的・強制的解決という民事訴訟の制度目的の達成に不可欠のものとして、確定した終局判決に付与される効力である。羈束力が、訴訟手続上の技術的要請に基づいて、その訴訟手続内において、裁判所を拘束するものであるのに対し、既判力は、紛争解決のための本決まりの規準として、のちの別訴において、当事者および裁判所を拘束するものである。

2　既判力本質論の意義

（1）　本質論の現況

　訴訟の終結点において既判力が必要なことについてはだれも疑わないが、とくに不当な間違った判決にも既判力が生じる現象や、既判力が当事者間にのみ生じる現象を説明するために、既判力の根拠が論議され、民事訴訟制度の目的論や訴権論と密接に関連した民事訴訟法の基礎理論の一つとされてきた。

　㋐　**実体法説と訴訟法説**　　実体法説は、確定判決を実体法上の法律要件事実の一種とみ、正当な確定判決は、和解契約などと同様に訴訟物である実体法上の権利関係に新たな根拠を追加するにすぎないが、不当判決の場合は、これによって従来の権利関係が判決どおりに実体法上確認・変更修正され、その結果、裁判所もこれに反する判断ができなくなると説明する。訴訟法説は、既判力を、国家的判断の統一という要求に基づくものと捉え、訴訟外の実体法上の権利関係とは無関係の、もっぱら訴訟法上の効果として、後訴の裁判所が前訴裁判所の判断に牴触する判断が許されなくなり、その結果、当事者もこれに反する主張をしても無駄になる、と説明する。

　実体法説では、既判力が原則として当事者間に生じることの説明や既判力が職権調査事項とされていることの説明がつかず、実体権の存否に関しない訴訟判決の既判力を根拠づけることも難しい。他方、判決と実体関係との関連を断ち切ってしまう訴訟法説においては、実体法を適用して裁判するということと調和しないし、不当判決の実体関係に及ぼす影響も明らかにしえないという難点がある。

　㋑　**権利実在説または具体的法規範説**　　実体法説、訴訟法説が、いずれも訴訟以前に権利の存在を認め、これと食い違った不当判決がなされ得ることを前提としているのに対して、権利実在説は、訴訟以前には、当事者の私的な法適用に

よる権利の主張ないし仮象が存在するにすぎず、裁判所が訴訟を通じて下す確定判決こそが、その社会の公認する通用性をもつ判断であり、これによって初めて仮象としての権利に実在性が与えられ、その実在化した権利が裁判所および当事者を規律する規準となるとする。そして、その権利の実在性は、当事者間の紛争を相対的に解決するために下される判決によって初めて形成されたものであるから、その規準としての効果（既判力）が当事者間に相対的に妥当するにすぎないことも当然であると説明する[1]。具体的法規範説は、この権利実在説に類するもので、訴訟は抽象的法規範を具体的な法規範として実現するもので、この具体的な法規範が裁判所と当事者を拘束するとする。これらの説によると、違法な判決はあっても訴訟以前の権利と判決における権利とを同一平面で比較する意味での不当判決というものは存在しないことになり、実体法説のするように判決に合わせて実体関係の方を作り直したり、また訴訟法説のように判決と実体との関連を断ち切らないで済む。

　(ウ)　**新訴訟法説**　権利実在説が、訴訟による権利の実在化が既判力を基礎づけると説くように解される点を捉え、権利の実在化はむしろ既判力制度を認めることの結果であり、権利実在説は、結局なに故に権利が実在化するのかの説明を欠くと批判し[*]（また、既判力が実在化した権利に基づく面を強調すれば、実体法説と同じような難点をもつことになるし、具体的法規範である面を強調すると、既判力を当事者間に限ることの説明が困難になるとも批判する）、もしその点の説明を求めるとすれば、紛争解決の一回性の要請であり、一事不再理の理念であるとする説である[2]。既判力を訴訟制度に必然的に要請される拘束力とする点で訴訟法説を評価し、その拘束力の根拠をさらに一事不再理の理念によって補充するものといえよう。

〔*〕　**権利実在説に対する新訴訟法説の批判**　新訴訟法説と自称する三ケ月章博士が、兼子一博士の理論体系に対する主要な批判の一つとして展開したところであるが（三ケ月「民事訴訟の機能的考察と現象的考察」法協75巻2号（1958）〔同・研究1巻266頁〕）、はたして三ケ月博士が理解されたように、兼子博士の権利実在説が、訴訟によって「権利が実在性を取得する、それが紛争解決制度の要めとしての既判力の本質を基礎づける、という形で説き進められ」「上昇の系列において推論される」ものであったと断定することは

1）　兼子・体系335頁、同・実体法と訴訟法157頁。
2）　三ケ月・20頁。

686　第3編　第一審手続　第7章　終局判決

疑問である。なぜならば、兼子博士は、法を一義的に決定する制度がなければならないという法社会の「実践的要請」から、訴訟による裁判所の判断が「その社会の公認する通用性をもつ判断である」とすることが要請され、それ故に、「その内容としての権利関係の実在性がこれ〔確定判決〕によって形成される」（兼子・体系336頁）と説いていると解されるのであり、またそう解さなければ、博士がさらに、「既判力の範囲も、民事判決の目的からこれにどの程度の通用力を認めることが必要で充分であるかによって定められるべきである」（同・実体法と訴訟法162頁）とし、「特に民事判決は、当事者間の紛争を相対的に解決するために、……具体的な解決内容として権利関係を判断するのであるから、権利関係の実在性も常に紛争を契機とし、訴訟を通じて初めて形成されるのであり、又当事者間に相対的な妥当性をもつに過ぎないことも当然なのである」（同・体系336頁）と説く意味を理解したことにならない。兼子博士の説く権利実在説は、「権利の実在化」という観念を導入した結果、既判力が再び私法生活関係の規律として作用する面を正当に指摘していた点で評価できる。

（2）　従来の論争の意義

判決前における権利の既存の観念を認める実体法説や訴訟法説は、市民社会における市民の権利意識の発達と、国家はたんなる夜警国家にとどまるべきであるという法治国的な発想を前提にしたものであり、これに対して、権利実在説のように、判決前の権利の既存の観念を否定する考えは、それによって、裁判官を実定法の桎梏から解放し、彼に自由な法の発見を認めようとする、自由法思想に連なる面があると評価できる[3]。このようにそれぞれの説はそれぞれの時代思潮を背景にし、それぞれに重要な実践的目的を秘めた主張であったといえ、学説史なり法思想史の興味ある研究対象となるであろうが、訴訟法学の当面の課題である、既判力をどのような形で、かつ、どのような範囲で認めるかを検討する上で、どれだけ実益のある議論であるかは疑わしい。新訴訟法説のように、既判力という制度が訴訟目的の達成のために不可欠のものであること（これにはだれも異論がないし、各説ともその必要を否定するものではない）を説くだけでは、制度の設営者の立場のみを指摘するにとどまり、既判力の範囲や作用についての解釈および立法の指針としては、まったく不十分であるのみならず、制度設営者の立場を不当に強調するおそれがあろう。また、現行法上、確定した判決でもその効力を否定しなけ

　3）　鈴木正裕「兼子博士の既判力論（権利実在説）について」兼子・還暦㊤328頁。

れば正義に反すると考えられる場合があることを予定して再審制度が設けられているが、権利実在説では、その存在理由を説明しにくいし、また他の説によっても、いかなる場合に不当といえるかを明らかにしていないから、どのような要件の下に再審を認めるか、どのような条件の下に判決の無効を認めるかの解釈および立法論にとって、プラスにならない。これらの訴訟法学の当面の課題に対して指針を与える基礎理論としては、いかなる条件があれば既判力を受けることが正当と考えられ、あるいは不当と考えられるか、その正当または不当ということの意味を明らかにしていくことではないかと思われる。

（3） 既判力を正当化するもの

当事者が既判力を不利益に受けることを正当化する根拠は、当事者の地位につくことによって手続上対等にその訴訟物たる権利関係の存否について弁論し、訴訟追行をする権能と機会とを保障されることに求めることができる。法は、原告が訴えによって訴訟物たる権利関係の存否について裁判所の終局的判断を求め、裁判所もこれについてのみ判断するという建前を確立すること（246条）によって、被告に防御目標を明確にし、不意打ちを防止する一方、訴状の送達をはじめ期日の呼出し、一定の場合の手続の中断中止等の諸制度によって、当事者双方に弁論の機会が実質的に保障される仕組を用意している。

法は、このような手続保障を当事者の地位についた者に当然に与えるとともに、当事者がこの地位と機会をフルに利用して自分の実体的地位を主張し防御することを期待する。むろん当事者がこの地位と機会を現実にどのように利用するかまた事実上利用しないかは、その意思に任すが、その結果には、みずから責任を負うべきだとするのである。まさに、このような当事者に対する手続保障と自己責任を認めるということに、訴訟物たる権利関係の存否の判断が当事者に対し、その当事者の意思に反しても国家権力によって通用せしめられることを正当化する根拠があると考えられる。当事者として手続上戦う権能と機会を与えられていた以上仕方がないではないかというのが、国家権力による強制力を正当化し、近代人たる私人を説得し納得せしめる論理であり、双方対等に弁論の地位と機会が与えられた以上、敗訴の結果を再び争うのは、公平の観念に反するではないかというのが、当事者が相手方に対する関係で既判力の効果を不利益に受けることを正当化する理論である。

688　第3編　第一審手続　第7章　終局判決

　そして、既判力の範囲の決定も、このような論理が働く範囲の人および判断に
及ぼすかぎりにおいて正当化されるのである。このような意味の手続保障がない
「者」または「係争事項についての判断」に対して既判力を認めることは許され
ない。判決のほうからいえば、当事者に対する判決がそのような手続保障なしに
なされた場合には、その主文の判断につき当事者に対して既判力を生じさせるこ
とが正当化されず、既判力を及ぼすような外形をもつその判決自体は不当な判決
と評価されることになる（再審事由の338条1項1号-9号は手続保障のない場合を列挙した
ものといえる。同項10号は紛争解決上終局判断の統一性が要求されることに基づくものである）。

　(a)　訴訟制度としては、訴えによって定立された訴訟上の請求についての争
いを解決することを目標として、その判断に強制的通用力を与えることを予定し
ている。他方、当事者には、訴訟上の請求の当否の判断にいたる過程で、何を中
心的争点として争うかについては、むしろ当事者に選択権を与えている。当事者
は、紛争の実情に応じて主要な争点を選択することができる建前になっている。
　その意味では、訴訟物の判断については、拘束力を認めても、よほど特別の事
情がないかぎり、当事者にとって不意打ちとなる心配は原則としてない。十分に
争う機会を与えられたといえるはずである。しかし、主要な争点にされなかった
事項については、争う機会を与えられていたとしても、制度上、争うことが当然
に期待されていたわけではない。当事者としても、主要な争点を選択する自由を
与えられている以上、選択しなかった事項について、なんらかの拘束力を生じさ
せるとすれば、これは、当事者にとって、不意打ちであり、手続保障を欠くこと
になる。
　この意味で、既判力は、原則として、訴訟上の請求についての判断に生じるが、
前提となる争点の判断について既判力類似の拘束力（争点効など）を認めるには、
訴訟の過程において、それが主要な争点として選択されたかどうか、そしてそれ
について、主文の判断（請求についての判断）の中心的前提として裁判所による判
断がなされたかどうかということを、個別に吟味する必要があり、この作業を抜
きにして、個別の争点に拘束力を認めるとすれば、手続保障を欠く扱いとなり不
当である。

　(b)　形式上当事者とならなかった者でも、当事者となった者によって正当に
その係争利益の保護が確保されている地位にある者ならば、同様の論理から既判

力の拡張が正当化される[4]。

3　既判力をもつ判決

（1）　確定した終局判決

これはすべて既判力を生じる。これに反して、中間判決は、前提問題について判断を固め、その裁判所自身および当事者を拘束する効力をもつが、終局判決を準備するために行われるだけであるから、別訴において他の裁判所まで拘束する既判力は生じない（ただし、終局判決確定後争点効が生ずるであろう）。

　㋐　**訴訟判決**　訴訟要件の存否に関する紛争の解決に終局性と安定性を与えるため、事件についての裁判権、訴えの利益または当事者適格の不存在の判断には既判力を認め、同一請求の後訴を排斥する効果を付与すべきである[5]。もっとも、その前提としては、訴訟要件のうちのどれが問題になっているかを当事者に徹底させ、却下事由とすべき要件について当事者に不意打ちを与えないように配慮すべきである（当事者能力につき⤵p151〔＊〕）。起訴行為の有効要件としての訴訟能力の欠缺などの判断は、その起訴行為の無効を確定するだけであるから、その訴えが却下されても、既判力を問題にする余地がない（再訴があったときは、前訴とは別に再起訴行為の効力を判定することになる）。上級審裁判所がする原判決の取消差戻しもしくは取消移送、破棄差戻しもしくは破棄移送の判決（309条・325条1項）も、訴訟判決の一種であるが、その効力は羈束力である。

　㋑　**本案判決**　確認判決（請求棄却判決のすべてを含む）、給付判決、形成判決にも、既判力を認めるべきである（⤵p202　1・p212(2)）。

（2）　外国裁判所の確定判決

民訴法118条に定める要件の下にわが国で効力を認められるときは、既判力を

---

4)　同様の考えをとるものとして、上田徹一郎「判決効の主観的範囲拡大における法的安定と手続権保障との緊張関係と調和点」判タ281号（1972）〔同・判決効108頁〕がある。

5)　コンメ民訴Ⅱ442頁、上田徹一郎「却下・棄却判決の既判力」実務民訴講座(2)〔同・判決効88頁〕。反対、小野木＝中野・196頁。最判(二小)平22・7・16民集64巻5号1450頁は、住民訴訟における共同訴訟参加の申出につき、これと当事者、請求の趣旨および原因が同一である別訴において、適法な住民監査請求を経ていないことを理由として訴え却下判決がすでになされ、これが確定している場合には、本申出は別訴の却下判決の既判力により、不適法なものとして却下すべきであると判断している。

690 第3編 第一審手続 第7章 終局判決

もつ。

(3) 決定

決定で完結すべき事件において実体関係につき終局的判断をした決定は、既判力を認めるべきである。たとえば、訴訟費用負担に関する決定 (69条・73条)、支払督促に対する異議却下決定 (394条)、間接強制の手段としての賠償支払決定 (民執172条1項・2項) など。訴訟指揮の裁判は、既判力を有しない。

(4) 法律上確定判決と同一の効力を認められる裁判や裁判上の調書

調停に代わる裁判 (民調18条5項、家事287条、労働審判 (労審21条4項)) には、既判力を認めるべきであろう (ただし、民調18条5項、労審21条4項は裁判上の和解と同一の効力と規定しており、問題は残る)。確定した仮執行宣言付き支払督促 (396条) は、旧法下では、既判力があると解されていたが、裁判所書記官権限となった平成8年改正法下では、民事執行法35条2項後段の削除により既判力がないことが立法上明らかにされた。非訟事件の裁判に既判力を認めるべきかどうか、その意味については、→p30〔＊＊〕。請求の放棄・認諾または裁判上の和解調書 (267条) については、→p365以下および→p372以下。調停調書 (民調16条・24条の3第2項、家事268条1項、労審29条2項) については、裁判上の和解調書に準じる[6]。犯罪被害者等保護のための民事上の争いについての刑事訴訟手続における和解については、裁判上の和解と同一の効力を有するし (犯罪被害保護19条4項)、確定した損害賠償命令は既判力を有する。(犯罪被害保護33条5項)。

(5) 仲裁判断 (仲裁45条1項)。

第2項 既判力の範囲

既判力の範囲は三つの視点から限界づけられる。いつの時点における判断として通用力をもつか (時的限界)、判決中のどの判断に通用力が与えられるか (客観的範囲)、および通用力がだれとだれとの間で生じるか (主観的範囲)、の3点である。

---

6) なお、新堂「紛争解決後の損害の増大とその賠償請求」ジュリ399号 (1968) 65頁〔同・争点効 (上)202頁〕参照。

1 既判力の範囲を決定する諸要因

　上記の各視点から既判力を具体的に画定する作業は、諸要因を比較考量して行われることになるが、それらの決定要因としては、対等の手続保障の有無（↘p687(3)）のほか、つぎのようなものを抽出できる。

　⑺　**正当な決着期待争点について攻防を尽くす義務**　　対等の手続保障の有無と関連するが、一方当事者がある争点について決着をつけるべく要求したことに対して、他方当事者が公平上その争点について、防御方法を尽くす義務が認められるかどうかが重要な分析視点となる。相手方が正当に決着を期待した争点については、それに関する攻撃防御を尽くすことが公平上要求される。そのような場合には、関連する攻撃防御の方法の一部を後訴に留保することは許されない。訴訟物概念は、まさに訴えによって紛争の決着を求める対象を特定表示するための道具であるから、訴訟物については、原則としてこのような正当な決着要求が表示されていると考えられる。ただ訴訟物たる権利関係の存否の判断に至る過程で、何を中心的争点にするかについて、当事者にある程度の選択権が与えられているので、訴訟物という最終決着目標とは別に主要な争点を見定める必要があり、かつこれについて両当事者とも攻防を尽くすべき義務を相互に負うものとし、そのような争点をめぐっては、遮断効が働いても、公平上正当化されると考えることができる。

　訴訟進行過程においては、そのような正当な決着期待争点を当事者双方に抽出・了解させ、これについて攻防を尽くさせるように誘導することが、争点・証拠の整理をする裁判所の重要な作業目標となり、当事者に実質的な手続保障を確保することになる。そのことは逆に、どのような争点・証拠の整理作業が実際に行われたかが、遮断効の正当な範囲を決定するさいの重要な評価規範要素になることを意味する（↘p735⑴）。

　⑴　**紛争の終局的・強制的解決という制度目的の可及的達成**　　訴訟法説や新訴訟法説が説くように、既判力はまさに紛争の終局的・強制的解決という制度目的を達成するために要請される観念であるから、その範囲を決定するにあたっては、これをできるだけ達成できるように配慮すべきことがまず必要である。

　⑼　**紛争の相対的解決に必要な限度であること**　　民事訴訟による紛争の解決は訴えとして裁判所にもち出された紛争の解決であり、特定の訴訟物とされた権

利関係についての紛争を、特定の当事者間で相対的に解決するものである。したがって、当事者に対し、訴訟物とされた権利関係の存否の判断に既判力を生じさせることは、最小限必要であるとともに、その限度であるかぎり、当事者に対する手続保障はすでに法律上確立されているから、既判力を及ぼすことが当然に正当視される。

　問題は、紛争解決機能を拡大し制度の効率を高めようとして、その範囲を超えて認めることがどこまでできるかという点にある。訴訟物の判断の前提をなす権利関係や事実の存否の判断にまで既判力を及ぼそうとするとき、また、第三者たる利害関係人に対してまで既判力を及ぼそうとするときには、制度の効率の観点（拘束力の範囲をひろげればひろげるほど終了した訴訟の効率は高められる）に対して、既判力を不利に拡張される者の利害とが鋭く対立する。既判力を生じさせようとする前提問題の判断の形成過程において、当事者にさきにみた意味の手続保障が与えられていたか、既判力を拡張されようとする第三者の立場は、当事者によって代弁されており、手続保障があったとみてよいかという点の吟味が必要になる。もしも訴訟物について、当事者双方に与えられる基本的な手続保障と同等のものが、その事項につきまたその第三者につき与えられていたといえないのにかかわらず、これらに既判力を及ぼすとすれば、それによって不利益を受ける者の裁判を受ける権利を奪ってしまったという評価を受ける。その意味で、既判力の範囲を画する作業は、裁判を受ける権利の内容を手続上具体的に明らかにする作業ともなる。

　たとえば、主たる債務者が受けた敗訴判決を、その手続になんら関与しなかった保証人が保証債務の前提として無条件に争い得なくなるとすれば、保証人の裁判を受ける権利と正面から衝突することになろう。

　　(エ)　**実体法秩序との調和の要請**　　既判力による拘束は、実体法説や具体的法規範説の説明から示唆されるように、訴訟物たる権利関係の存否の判断を強制的に通用せしめる形で行われるものであり、以後は、その判断が、当事者をとりまく私法生活における一つの規準として働いていくことになる。したがって、とくに既判力の主観的範囲を決めるにあたっては、その働きの結果が、利害関係人間に妥当な実体法秩序を確立するように配慮すること、つまりそれらの者の間の生活利益の公平な分配をもたらすように配慮することが必要である。制度の効率を

追うあまり、とくに当事者以外の第三者への既判力の拡張が、既判力という拘束力を抜きにして組み立てられた私法秩序とことさら矛盾するような結果をもたらすとすれば、訴訟法の独走という非難を免れない。

たとえば、土地所有者たる売主に対して第1買主が得た明渡判決に、その土地を譲り受けて原告より先に所有権移転登記を得た第三者たる第2の買主が無条件に従わなければならないとすれば、二重売買に関する実体法規を無視した生活関係を現出させることになるが、このような結果は避けるべきである。

(オ) **既判力以外の効力の影響**　既判力の範囲外において、争点効（参加的効力を含む）や反射的効力が働くことがあるが、これらの効力も、判決中の判断の通用力という形で、特定の事項の判断につき特定の範囲の第三者を拘束するように作用するのであるから、紛争の終局的解決に資し、その機能を既判力と分担する。したがって、既判力の範囲自体も、この種の拘束力を認めるかどうか、認めるとしてどの範囲で認めるかの態度決定と密接に関連して画されることとなる（⤳p720（2））。

(カ)　「既判力が及ぶ」とされる場合の取扱い（既判力の作用の問題）をどう理解するかも、既判力の範囲に影響を与える。たとえば既判力の主観的範囲における実質説と形式説の対立を参照せよ（⤳p707(b)）。

2　既判力の時的限界（標準時）

(1)　意義

既判力は、通常私法上の権利関係の存否の判断に生じるが、権利関係は時間の経過とともに発生・変更・消滅する可能性をもつから、既判力を与えられる判断が、いつの時点における権利関係の存否を問題にしたものかを明らかにする必要がある。当事者は事実審の口頭弁論終結時まで事実に関する資料を提出することができ、終局判決もそれまでに提出された資料を基礎としてなされる関係から、この時点において権利関係が認められるか否かの判断に既判力が生じるとされる。それ故、それ以前に権利が存在したか、それ以後に消滅したかまで既判力で確定されるわけではない。このような既判力の範囲の限定を時的限界といい、その基準となる時点を、既判力の標準時とも、訴訟の基準時ともいう。

694　第3編　第一審手続　第7章　終局判決

(2)　時的限界の効果

標準時における確定判決の判断に既判力が生じ、これに反する判断をすることが禁止される。

　(ア)　後訴において、前訴確定判決の既判力ある判断を争うために、前訴の基準時までに存した事実に基づく攻撃防御方法を提出することは、許されない（基準時後に生じた事由に基づいて争うのは妨げられない、民執35条2項）。当事者がこの禁止に反してその事由を提出したとしても、裁判所は、その審理に入ることなく排斥しなければならない。このような既判力の作用を、排除効または遮断効という。これは、制度上訴訟物という概念を設け、基準時点における訴訟物たる権利関係の存否を確定することを訴訟の目標としているところから、訴訟物の存否に関する主張はすべて提出せよという警告が発せられていることに基づく。前訴においてその事由を提出しなかったことに過失があったかどうかを問わない。もっとも、その事由は前訴の基準時までに存在したが、その提出をおよそ期待できなかった場合にまでこれを排斥するのは手続保障を欠くことになるので、その提出を認めるべきである[*] 1)。

〔*〕　**賃料増減請求訴訟における既判力の対象・標準時と訴訟資料自体の時的限界**

　(1)　最判(一小)平26・9・25民集68巻7号661頁は、借地借家法32条1項に基づく賃料増減請求においては、期間を限定した賃料の増減請求をする場合は別として、期間を定めない増減請求がされるのが通常であり、そのような一般的な増減請求の場合には、既判力の対象は、増減請求をした時点（A時点）における増減額を確認する判断に既判力が生じるとし、A時点とその訴訟の最終口頭弁論終結時（C時点）との中間時点（B時点）でなされた別の増減請求とその賃料増減請求訴訟（後訴請求）の提起を、前訴確定判決の既判力に反しないとする。どの時点での賃料額に既判力が生じるかについては、判例のいうとおりと考えるが、既判力の標準時および訴訟資料のいわば時的限界については、つぎのような考慮が必要である。

　(2)　実体法上、各当事者は賃料の増減を一方的に決定できる形成権をもち、その権利を行使する意思表示をした時点（A時点）で賃料額の増減が決まるという構成をとっている。そのため、増減決定を争う訴訟では、すでに決定された賃料の増額または減額された賃料債権額が確認の対象とされ、その審理は、すでに形成された増減額がその形成時点（A時点）において相当であったかどうかを、A時点以前の経済状況などを訴訟資料として審理

──────────

1)　新堂「正当な決着期待争点」中野・古稀(下)5-7頁〔同・展開49-51頁〕。

第 4 節　判決の効力　695

することになる（そこではＡ時点以後の事情の変化等は訴訟で主張しても取り上げられない）。つまり、Ａ時点までに存在した賃料決定にかかわる諸事実（Ａ時点以前の時期におけるＡ時点以後に関する将来予想も、これに入るとしてよいだろう）を審理の対象にしてＡ時点での賃料額の決定が相当であったかどうかを判断することになる。このような訴訟構造を前提とすれば、既判力の対象は、判例のいうとおり、Ａ時点での賃料額の判断であるが、その基礎になる訴訟資料は、Ａ時点までに存在したとされる経済事情の変動などの資料であり、そのような内容の資料である限り、その訴訟の最終口頭弁論終結時まで、主張・立証することができ、その後は既判力によって遮断される（つまり既判力の基準時は、最終口頭弁論終結時である）。反面、Ａ時点後の事情などは訴訟資料とならない。またＡ時点以後に再度Ｂ時点で行われた賃料増減請求に係る訴訟は別個の訴訟物ついての訴訟であり（前訴との併合審理は混乱を招く）、Ａ時点での賃料額（前訴判決が確定していれば、既判力によって確定された額）を前提にし、かつＡ時点後からＢ時点までの経済事情の変化などを訴訟資料にして、Ｂ時点で増減された（実体法上形成された）賃料額の当否を訴訟物として判断することになる。

　(3)　上記のように、賃料増減額請求においては、判決が確定される標準時（Ｃ時点）と既判力によって確定される法律関係の標準時（Ａ時点）とがずれることになる。高田裕成「既判力の標準時について」高橋・古稀895頁、908頁によれば、Ａ時点における賃料額の判断に既判力が生じるとしているが、既判力による遮断効は、その判断に用いられる資料の時的制約によって正当化されるといえよう。

　(a)　給付判決が確定すれば、「基準時に給付義務がある」との判断に既判力が生じ、被告は、この判断を争って、後訴において、債務の不成立はもちろん、基準時前に生じた弁済・免除などに基づく債務の消滅を主張することも許されないし、基準時前にすでに完成していた時効を援用することも許されない（大判昭14・3・29民集18巻370頁）。ただし、後遺症の発生やその額については、確かにその発生原因事実は事故時つまり基準時前に存在したといえるが、それを口頭弁論において主張することを期待できないと認められるときには、後訴での主張は既判力に反しない。

　(b)　**債務負担行為の取消権・解除権**　　これらについては、その行使を基準時後にしたとしても、取消権・解除権がそれ以前に存在し、いつでも行使することができた場合には、やはり遮断されるとするのが判例（最判(三小)昭36・12・12民集15巻11号2778頁、最判(一小)昭55・10・23民集34巻5号747頁）および通説である。遮断されないとすれば、取消事由より重大な無効事由が遮断されることと釣り合わない

696 第3編 第一審手続 第7章 終局判決

との理由が挙げられる。

これに対して、反対説[2]はつぎのようにいう。元来既判力で確定されるのは、取消原因・解除原因のある債務負担行為の存否であるにすぎない。既判力によって、本来ある実体法上の地位がその瑕疵を洗い流して強固になるというのは、実体法を無視するものである。取消事由か無効事由かは、その瑕疵の重大性に違いがあるわけでなく、取消事由としたのは、取り消すかどうかの裁量を取消権者に与えたものであって、釣り合わないとの理由もあたらない。むしろ、遮断説は、実体法が認めている取消権の存続期間内は取消権を自由に行使できるとする地位を否定するものであると反論し、執行の遷延を狙う不当な取消権・解除権の行使に対しては、別途、権利濫用、信義則違反などで排斥すれば足りるとする。

しかしながら、債務負担行為の効力を主要な争点にして攻防をしているときには、その有効性を主張する側は、その効力について最終決着を求めるのは当然であり正当な要求とみられるのに、その効力を争う側が取消権・解除権の行使を別訴にわざわざ留保するのは、非常識であり、不当な意図がむしろ推認される。取消権・解除権の行使に思い至らなかったとすれば、その他の抗弁と同様の扱いを受けてもおかしくない。取消権の存続期間（民126条）は、訴訟による争いがない場合に、取引交渉上いつまで取消しができるかを規定したものにとどまると解することができる。訴訟で、債務負担行為の効力が中心的争点になった場合に、それらの権利を行使するかどうかの判断を迫られても、実体法上取消権の存続期間を定めた趣旨に反するとは考えにくい。この場合、公平の観点から、基準時点において、その争点につき主張可能な防御方法を尽くすべき義務（行為規範としての提出義務）を被告に負わすのが公平と考え、遮断説をとるべきである[*][3]。

〔*〕 **基準時後に白地補充した手形金の再請求**　最判(三小)昭57・3・30民集36巻3号
501頁は、手形訴訟による手形金支払請求が振出日白地の故に請求棄却になり、これに対
して原告は異議を提出したものの、のちにこれを取り下げたため、同判決が確定したが、
その1年3カ月後、原告が白地を補充して再度手形金請求の訴えを提起したのに対して、
これは既判力により許されないとした。みずから攻撃を仕掛けておきながら、やろうとす

2）　中野貞一郎「既判力の標準時」判タ809号（1993）〔同・論点I250頁〕。
3）　谷口・口述326頁、河野正憲「形成権の機能と既判力」講座民訴⑥〔同・法的構造121頁〕、高
橋・重点(上)621頁。

ればいつでも可能な必須の攻撃方法（白地を埋めること）を尽くさないで敗訴した後、再訴を許すのは、妥当でない。この場合の攻撃方法を尽くす義務は、取消権などについて認められる防御を尽くす義務よりも、いっそう認めやすいと考えられる。判例を肯定するものとして、高橋宏志・法協100巻11号（1983）2129頁。

(c) **相殺と遮断効**　　通説によれば、相殺については、反対債権をもつ被告は、それが基準時前に相殺適状にあっても、基準時後に相殺の意思表示をして債務の消滅を主張しうる（大判（民連）明43・11・26民録16輯764頁、最判（二小）昭40・4・2民集19巻3号539頁）。反対債権の存否は、訴訟物たる訴求債権（受働債権）についての紛争とは本来別個独立の紛争であり、原告が訴求債権と一緒に決着をつけることを強制できるとするのは行き過ぎであり、被告が相殺の主張をしないで敗訴したときに相殺適状にあった反対債権による相殺権を失うことになるとすれば、相殺するかしないか、いつするかの自由を債務者に認めている実体法上の相殺の法理から離れるといえよう〔*〕（ただし、不法行為に基づく損害賠償請求においては、原告に過失があるならば、少なくとも原告の過失を構成する事実を主張して過失相殺を得ておかないと、被告は、原告の過失による、原告に対する損害賠償請求権を失う。この場合は、別個の紛争といえないからである）。

〔*〕　**建物買取請求権と遮断効**　　建物収去土地明渡請求に対して、被告が建物買取請求権があることを知りながら行使しないで、請求認容の判決が確定した後は買取請求権は失権してしまうのか。それとも、買取請求権を行使し代金を請求できるのか（最判（二小）昭52・6・20裁判集民事121号63頁は代金請求を認める）。さらに、被告は請求異議の訴えを起こし、建物買取請求権を行使して、代金の支払があるまで、土地明渡しの強制執行を阻止できるか。買取請求権をどの程度保護すべきかの実体法の趣旨に関わる問題であるが、代金請求のみを認めるあたりが妥当かと思われる。しかし、最判（二小）平7・12・15民集49巻10号3051頁は、借地上に建物を所有する土地賃借人は、賃貸人から提起された建物収去土地明渡訴訟で建物買取請求権を行使せず請求認容判決が確定した場合でも、その後に建物買取請求権を行使することができ、行使すれば建物の所有権は法律上当然に賃貸人に移るので、賃借人の建物収去義務は消滅し、前訴確定判決は建物収去義務の範囲で執行力を失い、請求異議事由となると判示した。

(イ)　基準時において権利が存在するとの判断は、基準時前に成立し基準時まで存続したとの判断に基づくが、このような基準時前における権利関係についての判断自体（これは判決理由中に示される）には、既判力は生じない。したがって、

前訴の訴訟物たる権利と異別の権利関係の存否の基礎としてであれば、後訴で基準時前にその権利は存続しなかったという主張をすることは、既判力によって妨げられない。また、当初から権利は成立しなかったという理由で権利の不存在の判断に既判力が生じている場合でも、権利が成立しなかったとか、基準時前に存在していなかったという判断にまで既判力が生じるわけではなく、訴訟物たる権利関係と別の権利関係の基礎としてであれば、これらの主張が既判力によって妨げられることはない。

たとえば、甲が乙に対して、乙から土地を買得したと主張してその土地の所有権確認請求をしたが、売買は無効であり、甲の所有に属さないとして請求棄却となり、甲の敗訴が確定した後、甲がさらに乙に対して、上記土地の買得時から前訴の基準時までの地代相当額の損害賠償請求を提起し、その理由として上記期間土地は甲の所有に属したと主張することは、既判力によっては妨げられない（ただし、争点効によって妨げられることについては、→p722（4）(ア)(イ)）。

　　(ウ)　**定期金賠償を認めた確定判決の変更を求める訴え**　　平成8年改正法は、この種の訴えを認めた（117条1項。この訴えは第一審裁判所の管轄に専属する、同条2項）。これは、損害額算定の基礎になった基準時の事情が基準時後に著しく変更したことの主張・立証を許し、すでに既判力によって確定している定期金額を前提として、将来に向かって一定額の増加・減少を求めるものである（増加の場合の既存の定期金額分、または減額修正された残額部分の債務名義としての効力は存続する）。

身体傷害による損害賠償請求における治療費や付添い介護費などの賠償を考えると、将来長期にわたって次第に現実化するものであるから、定期金として賠償を命じる方式が適切な場合もありうる（東京地判平8・12・10判時1589号81頁、大阪地判平16・1・21判時1907号85頁参照）。ただ、確定判決の基準時後、算定のさいに予想した後遺障害の程度が著しく変わったり、賃金水準が大幅に変更された場合には、確定した定期金額をそのまま維持しつづけるのは、不公平感を顕在化させる。それを避け、公平な救済を保障するために制度化されたものである。したがって、この訴えが認容されるためには、変更を求める原告は、後遺障害の程度、賃金水準その他の損害額算定の基礎となった事情について、前訴の基準時後に著しい変更が生じたことを主張・立証しなければならない。著しい変更とは、確定した定期金額の支払を維持しつづけることが当事者間の公平を著しく害する程度の変更

をいうものと理解され、具体的には、判例の積み重ねを要しよう。

またこの制度は、口頭弁論終結前に生じた損害についての定期金給付判決について認められるもので、一時金賠償方式の給付判決確定後に後遺症の程度が著しく予想に反した場合は、対象にしていない。もっとも、一時金賠償方式でも、算定基準の基礎事情に大幅な変更があれば、不公平感が残るのは同様であるが、一時金賠償方式に必然的に伴うリスクとしてある程度までは、甘受すべきものであろう（定期金方式に比べ、紛争はすべて決着したとの期待感が高い）。しかし、共通の問題があることは確かであり、前訴当時は主張立証を期待することがおよそ無理であったと評価できるかぎりで、既判力の遮断効を否定すべきものと考えられる（→p735(エ)。最判(一小)昭37・5・24民集16巻5号1157頁は、判決確定の5年後になされた強制執行に対する請求異議事件において、営業活動不能と予想した後遺症がすでに治癒していた事件で、いまさら強制執行にでるのは権利の濫用にあたるとして異議を認めている。定期金賠償の場合の減額ないし全部否定の事例としても参考になろう）。

さらに、本条は、将来発生すべき損害について定期金支払を命じる判決（たとえば、「建物明渡しに至るまで賃料相当額として月10万円を払え」という判決）を対象としたものでもない（→p268〔＊〕）。

3　既判力の物的限界（客観的範囲）

これは、判決に表示される判断のうち、どの事項についての判断に既判力が生じるか、の問題である。

（1）　判決主文中の判断

既判力は、判決の主文で表現されている判断についてのみ生じるのが原則である（114条1項）。紛争解決の終局性を保証するために既判力が認められるが、訴訟による紛争の解決は、当事者が意識的に審判を求めた紛争に対してのみ解決規準を示す建前であるから（→p329 1）、既判力を生じさせてそれによる解決の終局性を保証すべき判断は、請求についての判断（訴訟判決の場合には、訴訟要件欠缺の判断、→p664 3）であるべきであり、この判断を主文で表示することにしているのである。

ただ、主文の文句は簡潔であるから、どんな請求について（またはどの訴訟要件が欠けているかを）判断しているかは、判決の事実や理由を参酌する必要がある。

とくに請求棄却の判決であれば、判決事実中に記載されている請求の趣旨および原因によって判定しなければならない（訴え却下の判決では、判決の理由によってどの訴訟要件が備わっていなかったと判断したかを判定する）。具体的に後訴におけるどのような権利主張（この主張には、請求自体としてなされる場合もあるし、先決問題としてなされる場合もある）までが既判力によって排斥されることになるのかは、難問であるが、とくに給付の訴えおよび形成の訴えについては、訴訟物論争の中心問題の一つとして、新旧両説が鋭く対立しているところである。→ p316(ウ)。

　(ア)　**給付の訴えおよび形成の訴え**　　これらの訴えにおいては、給付の目的ないし内容、形成の効果が同一であるかぎり、１回の訴訟で落着させるべきであり、その給付、形成を理由づける実体法上の請求権、形成原因ごとに別個の訴訟を許すべきではない。したがって、両請求において、求める給付の目的ないし内容、形成の効果が同一であるかぎり、それぞれ異別の実体法上の請求権なり形成原因を主張していても、両請求は同一と観念すべきであり、また、一つの実体法上の請求権・形成原因を主張して敗訴してしまえば、再度同一の給付または形成を求める訴えを提起して他の請求権または形成原因を主張することは、既判力によって許されない。

　たとえば、特定の土地の明渡しを求める給付請求においては、「その明渡しという給付を求める権利ないし法的地位（受給権）」がなんらかの実体法規によって是認されるかどうかがまさに審判のテーマとみるべきであり、たとえ原告が実体法上の請求権の一つとして「賃貸借の終了に基づく明渡請求権」のみを主張して理由づけ、裁判所もこれについてのみ判断して請求棄却をした場合でも、そのような受給権ないし法的地位が訴訟物であり、「そのような地位が是認されない」との判断に既判力が生じ、のちに、同一土地の明渡請求をして別の実体法上の請求権である「所有権に基づく明渡請求権」があると主張することは許されない（後訴においては、この請求権の存否の審理に入るべきでないが、後訴の基準時までに生じた既判力に触れない新事由の主張がないことも確かめられるので、この点を結論に出す意味で、後訴に対しては請求棄却の本案判決をして、既判力の標準時を前訴の基準時から後訴の基準時までくり下げる取扱いがなされる）。

　また、不貞を理由として、離婚請求をして敗訴しても、その基準時点において原告には離婚を求める地位があるかどうかが審判の対象であり、その地位一般が

ないとの判断に既判力が生じるから、前訴の基準時までに存した別の離婚事由に基づいて再度離婚請求をすることは許されない。

以上は、新説の説くところであるが、これに対して、旧説は、実体法上の請求権、形成原因の同一性に請求の同一性の基準を置き、その各個について別個の訴訟が可能であるとする建前をとるから、上記の例では、後訴における異別の実体権の主張がつねに許され、その実体審理が必要となり、それが認められれば、実質上、前訴の結果を覆しうることになる。

(イ) **確認請求**　確認訴訟の目的から（↘p202）、実体法上の権利関係を訴訟物とし、その存否の判断に既判力が生じる。したがって、特定の土地の所有権確認の訴えにおいて買得の事実のみを主張し、裁判所もこれが認められないとして請求を棄却した後、再び所有権確認の訴えを提起して、前訴の基準時以前に時効取得が完成していたと主張することは許されない（確認訴訟だけが問題となったものではないが、最判（二小）平9・3・14［平5（オ）921号］判時1600号89頁は、買得を理由とする所有権確認・移転登記請求で敗訴した原告が、相続による共有持分の取得を理由に移転登記請求をするのを既判力に反するとする。この判決の評価については↘p736脚注1））。この点では、わが国の訴訟物論争においては、新旧の対立はない（その訴訟物論争における意義については、↘p312 2）。

(ウ) **一部請求**　可分な権利の一部のみを請求した場合、その一部の存否の判断についてだけ既判力が生じ、残部には生じない（たとえば、一筆の土地の特定された部分のみの所有権確認請求を棄却されても、他の部分の所有権の不存在まで既判力で確定するわけではない）。1000万円の損害中の100万円を請求するという場合のように、たんに数量的に可分な債権の一部を請求した場合には、残部の請求は、前訴の既判力によって妨げられる（↘p337(イ)。ただし、前訴で100万円の訴求債権に対して150万円の反対債権を相殺に供して請求棄却を得た被告が反対債権の残額50万円の支払請求を提起することは、既判力によって妨げられない。114条2項参照）。

（2）**判決理由中の判断**

(ア) **既判力を生じさせない理由**　判決理由中の判断には、既判力を生じないのが原則である。すなわち、請求の当否についての紛争が、当事者の直接の関心事であり、解決すべき当面の紛争であることに基づいて、請求についての判断をそれに至る他の判断から画然と区別し、後者はたんに前者に至るための手段とし

702 第3編 第一審手続 第7章 終局判決

てのみ意味があるとし、他の請求との関係では意味をもたないとする。このような判決主文の判断と理由中の判断との区別および後者の相対的性格を強調するのは、これにより、一方では当事者に対し、その請求についての結論のいかんのみを考慮に入れて訴訟活動をすればよいという保障を与えるためである。請求についての判断の前提となる各争点についての攻撃防御がその訴訟かぎりのものであるとすれば、当事者としては、結論で勝てばよいということで前提問題についてはある程度自由な処分が可能となり、争点を必要最小限に絞って（トリビアルな点については自白もして）、結論を急ぐというような訴訟追行ができることになる。他方、裁判所としても、そうした当事者の訴訟追行の態度を計算に入れつつ、実体法の論理的な順序にこだわらず、結論に到達するのに最短距離と思われる順序で審理できるという自由を得る。こうして、訴訟は、自由に弾力的に、しかも迅速に結論が出るように仕組まれるのである（→p720(2)）。

　(イ)　**既判力を認めない効果**　　判決理由中の事実の認定や法律判断には既判力が生じないから、他の訴訟で同一事実や同一法律問題が争いになっても、争点効が働かなければ、別の認定・判断が可能である。たとえば、利息請求において、元本債権の存在を判決理由中で認めていても、この判断に争点効が生じていないかぎり（→p729）、後の元本請求において、その元本債権を争うことが許される（元本請求についての確定判決後に利息請求をする場合は、既判力に拘束される）。また、所有権に基づく返還請求・妨害排除請求においては、所有権そのものは訴訟物にならずその存否の判断に既判力は生じない（最判(一小)昭30・12・1民集9巻13号1903頁は、所有権に基づく登記請求につき同趣旨）。当事者が事のついでに訴訟物の前提となる権利関係についても、紛争解決を図りたいならば、それについて中間確認の訴えを提起し（145条）、その判断を終局判決の主文に掲げさせるべきである（中間確認の訴えを提起しなくとも、争点効が生じるならば同様の拘束力が生じるが、争点効はつねに生じるとは限らない）。

　(ウ)　**相殺についての判断**　　被告から相殺の抗弁が提出され、その効果について判断したときは、訴求債権（受働債権）を消滅させるに必要な額にかぎり、反対債権（自働債権）の不存在につき既判力を生じる（114条2項）。

　　(a)　反対債権の不存在を理由として相殺の抗弁を排斥した場合に、反対債権の不存在につき既判力を生じる。これがないと、被告は反対債権を訴求すること

が妨げられず、このような訴えを許せば、被告の反対債権を否定して訴求債権を認容した判決による解決が実質的に崩壊してしまうからである。

　(b)　相殺の抗弁を認め、原告の請求をその限度で棄却した場合には、原告の訴求債権の不存在のほか、被告の反対債権不存在の判断にも既判力が生じる〔*〕。さもないと、被告としては、反対債権の存否については既判力が生じていないとして、反対債権を訴訟物として別訴を提起することが可能となるからである。

〔*〕　旧著（『民事訴訟法〔第2版補正版〕』(1990) 416頁）までは、相殺の抗弁を認め原告の請求をその限度で棄却した場合に、「訴求債権と反対債権とがともに存在し、それが相殺によって消滅した」との判断に既判力が生じるとしていた。これは、原告による「反対債権は始めから存在しなかった」とする不当利得返還または損害賠償の後訴請求、および被告による「原告の訴求債権は別の理由で存在しなかった」とする不当利得返還または損害賠償の後訴請求を遮断するのに上記の既判力が必要ではないかと考えたことによる。しかし、この点は改説した。これらの後訴請求は、どちらの場合も、前訴で審理された自分の債権（前訴原告が後訴原告のときは前訴の訴求債権、前訴被告が後訴原告のときは前訴の反対債権）が前訴基準時に存在したことを前提にせざるをえないから、これらの後訴を遮断するには、前訴基準時における前訴の訴求債権および反対債権の不存在の判断に既判力を生じさせておけば十分と考えられるからである（中野貞一郎「相殺の抗弁(上)(下)」判タ891号・893号 (1996)〔同・論点II 136頁〕）。

　(c)　114条2項の特別の既判力を生じるのは、請求の当否の判断をするのに反対債権の存否を実質的に判断する必要があった場合（反対債権が自白された場合にも生じることを妨げない。この点、争点効とはちがう）に限られる。

　反対債権にかかわりなく訴求債権の存在が否定された場合はもちろん、相殺の抗弁が時機に後れたとして排斥された場合（157条）、相殺が許されない（民509条・505条2項）としてまたは相殺不適状として（民505条参照）排斥された場合は、除かれる。なぜならば、これらの場合は、前訴において反対債権の存否自体が判断されたわけではなく、それについての紛争がすでに解決済みであるということはできないからである。

　この関係から、判決においては、相殺の無効と反対債権の不存在との択一的理由で相殺の抗弁を排斥することは許されない。

　(d)　訴求債権の存在を仮定して相殺の抗弁により直ちに請求棄却をすることは許されない。相殺によって棄却となれば、被告は、反対債権を失うことになる

から、裁判所としても、相殺によらなければ請求認容となることを確かめた上で相殺についての判断をすべきである（この点、弁済や時効の抗弁と取扱いが異なる。これらの抗弁では、債権がもともと不成立として棄却されても、弁済によって棄却されても、債権の不存在につき既判力が生じるだけである）。

　(e)　既判力によって争うことができなくなる反対債権の不存在の額は、相殺をもって対抗した額、すなわち、訴求債権の消滅の効果を認めるのに必要な額にとどまる。訴求債権に満たない反対債権の場合その一部のみを相殺に供することは許されない（反対債権についての一部請求を許さない趣旨から）。そして、反対債権の全額を相殺に供したところ反対債権の一部の存在のみが肯定された場合でも、むろんその全額が「対抗した額」である。反対債権が訴求債権を上回るときは、対抗額を超える部分についての判断には、既判力は生じない（しかし、その債権自体の成否の判断につき争点効を生じる余地はある）。反対債権がもともと不存在であると判断された場合であると、相殺により消滅して不存在であると判断された場合であるとを問わない。

4　既判力の人的限界（主観的範囲）

　既判力は、対立する当事者間にだけ作用するのが原則である。判決は当事者間の紛争を解決するためになされるものであるから、その結果も裁判所および両者を拘束すれば足りる。またそれ故に、当事者だけの弁論に基づいて審判することにしているわけで、弁論をする機会を与えてない第三者に対しても解決結果を強要することは、その者の利益に対する不当な干渉となり、その者の「裁判を受ける権利」を実質上奪うことになる[4]。したがって、当事者の一方と、訴訟外の第三者の間はもとより、訴訟に関与する代理人との間、また共同訴訟人の間でも、既判力は生じないのが原則となる。

　しかし、訴訟物たる権利関係に利害をもつ第三者と当事者の一方との間に既判力を及ぼさなければ、当事者間で行われた訴訟の紛争解決の実効性が確保されな

---

[4]　したがって、形式的には当事者として名指しされていたが、実質的に手続保障が与えられなかった者は、115条1項1号にいう「当事者」には含まれないと解釈されるべきである。松原弘信「既判力の相対性原則における『当事者』概念の再構成」熊本ロージャーナル2号（2008）25頁、49頁以下参照。

い場合や、また関係人すべての間で画一的処理をするために、一般第三者にもひろく既判力を及ぼす必要のある場合もある。法も、既判力を当事者以外の者に拡張する場合として、訴訟担当の場合の被担当者（115条1項2号）、「口頭弁論終結後の承継人」（同項3号）と当事者、被担当者またはそれらの承継人のために「請求の目的物を所持する者」（同項4号）という一般的範疇を用意しているほか、訴訟脱退者（48条・50条・51条）を規定するが、法は、さらにひろく第三者に既判力を及ぼすべき場合を個別に規定している（人訴24条1項・会社838条・行訴32条等）。そこで、これらの条項の解釈適用またはその立法の評価においては、既判力を及ぼされる第三者の手続上の保障をどのように確保し、この者に対する既判力の拡張を正当化することができるかが吟味される。

（1） 口頭弁論終結後の承継人

既判力の基準時後に、第三者が訴訟物たる権利関係について当事者の一方（前主）と同様の利害関係をもつに至った場合に、この者と前主の相手方当事者との間で、実体関係を処理・審判するにあたり、当事者間に下された判決主文の内容を前提にするように拘束する効果を認める。このような利害関係人を口頭弁論終結後の承継人という。これは、基準時後に利害関係をもつに至った者が、当事者間における紛争解決の結果を自由に争えるとすれば、敗訴した当事者がその訴訟物たる権利関係を第三者に処分することによって、簡単に訴訟による解決の結果を無駄にでき、訴訟による解決の実効性が失われるからである（これらの者に対して既判力の拡張を正当化する理由としては、紛争解決の実効性の確保のほか、その権利義務については原則として被承継人が手続保障をすでに享受したものと考えるところにある）。

㋐ 口頭弁論終結後の承継人の範囲

前訴で解決された紛争およびそれから派生した紛争の主体たる地位を、基準時後に取得した者であるが、つぎの2種類が考えられる。

⒜ 基準時後に、訴訟物たる権利または義務自体の主体となった者

その権利義務の前主は、原告または被告、勝訴者または敗訴者のいずれでも妨げない。その地位を取得する態様は、承継的取得が通常であるが、時効取得のような原始取得も含まれる。承継の態様は、一般承継（相続・合併など）たると、特定承継（債権譲渡、債務引受など）たるとを問わない。承継の原因は、任意処分（契約や遺贈など）、国家の強制処分（転付命令や競売など）、法律による当然承継（相続）のいずれたると

を問わない。

(b) **訴訟物たる権利関係またはこれを先決関係とする権利関係について基準時後に当事者適格を取得した者**　たとえば、所有権確認請求の目的物件を被告から買い受けた者、所有権に基づく返還請求の目的物件の占有を取得した者や土地の賃貸借終了に基づく家屋収去土地明渡請求の被告から上記家屋を譲り受けた者（大決昭5・4・24民集9巻415頁）または上記家屋を賃借した者（前主たる被告の土地明渡請求権を先決関係とする家屋退去義務についての適格者）などである。これらの場合で被告に対する原告の請求権が物権的請求権であるか債権的請求権であるか、また、Herausgabeanspruch（返還ないし取戻請求権）であるか Verschaffungsanspruch（交付請求権）であるかは問わない[5]。たとえば、代物弁済に基づく移転登記請求で勝訴した原告から買受けによる所有権取得の登記を得た第三者に対する関係においても、被告は、「被告が原告に移転登記をする義務がある」との前訴判決の判断を争い得ない（大阪高判昭45・5・14高民23巻2号259頁は反対）。したがって、被告は、この代物弁済の無効を、原告に対すると同様、この第三者に対しても主張しえない。

(イ) **口頭弁論終結後の承継人に対する既判力の作用**　既判力が承継人に拡張されるという意味は、承継人は、前主の相手方と自分との間の請求を判断するにあたり、当事者間の前訴判決主文の判断を争えないものとして自分に有利または不利に前提にした上、承継人の実体法上の地位を判断しなければならないということである。したがって、たとえば敗訴者たる被告の承継人は、敗訴者が義務を負うことを承継人も争えないというにすぎず、承継人に固有の防御方法を提出することは許される。

(a) **承継人に固有の利益とその保護**　たとえば、①原告甲が被告乙に対して家屋収去土地明渡請求訴訟で勝訴した後、乙から上記家屋を譲り受けた丙は、甲との間で、「乙が甲に対して上記家屋を収去して土地を明け渡す義務を負う」とい

---

5) これらの点が訴訟物論争の一つの論点になっていたことについては、⟶p325(b)。三ケ月章「特定物引渡訴訟における占有承継人の地位」曹時13巻6号（1961）〔同・研究1巻295頁以下〕は、原則として Herausgabeanspruch の場合に既判力の拡張ありとする。その評価については、新堂「訴訟当事者から登記を得た者の地位（1・2完）」判評152号〔判時640号〕（1971）・判評153号（判時643号）（1971）〔同・争点効(上)297頁〕参照。

う判断を争うことはできないが、丙は、基準時以前にすでに甲から土地を賃借しているという丙に固有の防御方法を主張することは妨げられない。丙がこの防御に成功すれば、甲の丙に対する家屋収去土地明渡請求は棄却される（丙の甲に対する承継執行文付与に対する異議の訴え（民執34条）は認容される）。

　②原告甲が、被告乙に対して、虚偽表示による土地売買の無効を理由に、売買による乙への所有権移転登記の抹消を請求して勝訴したが、乙への移転登記を抹消しないうちに乙から譲り受けて登記を得た丙は、「乙が甲に対して甲→乙の移転登記の抹消をしなければならない」ことは争えないが、丙に固有の防御方法として、丙は、「自分は民法94条2項にいう善意者である」と主張して、甲の丙に対する請求（丙→甲の移転登記請求または乙→丙の移転登記の抹消請求）を斥けることができる（最判(一小)昭48・6・21民集27巻6号712頁参照）。

　③原告甲の目的物の引渡請求の敗訴被告乙から目的物を譲り受けた者丙は、乙の甲に対する返還義務を争いえないが、丙はみずから即時取得（民192条）したことを主張して、自分に対する甲の引渡請求を争うことができる。

　④甲の乙に対する売買による所有権移転登記請求で乙が敗訴したのち、まだ甲が判決によって移転登記を得る前に、乙から二重に買い受け先に移転登記を得た丙は、甲に対して対抗要件の存在を主張して甲の丙に対する所有権の移転登記請求を斥けることができる。もっとも、これに対し甲は「丙は乙の敗訴を知っており、丙は甲の地位を害することを知って登記を得たから、丙は背信的悪意者に当たり、甲は登記なくして丙に対抗することができる」と再抗弁することは許される。

　⑤占有回収訴訟の敗訴被告乙から目的物の占有を取得した丙は、甲に対して、甲が訴訟係属につき丙の悪意を立証しないかぎり（民200条2項ただし書）、原告甲の丙に対する引渡請求は認められないと主張することができる。

　(b)　**実質説と形式説の対立**　　上に述べた考えは、基準後に訴訟物たる権利関係について利害関係をもつに至った（前訴で解決した法律関係から派生した紛争の主体たる地位を取得した）者というだけで、例外なくこの者に既判力が及ぶとする反面、この承継人に固有の防御方法の提出を許し、その結果承継人を保護すべきかどうかを、前主の相手方と承継人との間の本案の問題として判断しようとするものである。これに対し、(a)でみたような諸例の場合に、丙を保護する方法として、丙

はそもそも口頭弁論終結後の承継人にあたらないとする考えもあり得る[6]。これによれば、利害関係人たる丙を保護すべきかどうかの判断が、既判力を及ぼすべきかどうかの判断の中で行われることになる。この説は、丙の地位を実質的に審理した上で、既判力の拡張を決めるという意味で、実質説と呼ぶことができ、私見のような考え[7]を形式説と呼ぶことができよう。

両説とも(a)掲記の諸例の場合に、丙の地位を保護する結論において変わりがないから、説明の巧拙の問題になるが、実質説をとると、甲丙間の請求の趣旨が甲乙間の請求の趣旨と異なるような場合（たとえば②例の甲乙間の訴訟は甲→乙の移転登記の抹消請求であり、甲丙間の訴訟は乙から丙への移転登記の抹消請求）において、甲丙間の本案の問題と既判力の拡張の可否の問題とがどのように区別されるのか明確でないきらいがある[8]。

(c) **口頭弁論終結後の承継人への既判力の拡張に関する理論の展開** 2013年ころまでの、既判力の承継人への拡張に関する理論の展開については、越山和広「口頭弁論終結後の承継人への既判力拡張論の現状」実務民訴講座〔3期〕3巻 (2013) 301頁以下に詳しい。ここでは、その後についてみる。

(ⅰ) 形式説か実質説かの論争の展開 形式説か実質説を対比させる議論は、既判力拡張作用の仕方についての説明の違いにすぎず、これを無意味だとする議論（注釈民訴(4)411頁〔伊藤眞〕）に対して、加波慎一「口頭弁論終結後の承継人への既判力拡張論の現状」徳田・古稀 (2017) 385頁以下は、反対している。

その要点はつぎのとおりである。実質説・形式説ともに、既判力の拡張が認められるときには、その既判力は、裁判所に対し、後訴の当事者間に、前訴判決と同じ内容の判決をすることを要求するのであるから、後訴の訴訟物は、当事者が代わっても、前訴の訴訟物と同一であることが必要になり、そこに実体法による請求権のありようとは異なる請求（訴訟物）の同一性を擬制せざるを得ない。この点は両説とも同じである（後述の厳格説はこれを認めない）。

6）兼子・体系345頁。

7）山木戸克己「訴訟物たる実体法上の関係の承継」法セ30号 (1958) 47頁、小山昇「口頭弁論終結後の承継人について」北大法学会論集10巻合併号 (1960)〔同・著作集2巻168頁〕。

8）なお、くわしくは、新堂「訴訟当事者から登記を得た者の地位(2・完)」判時643号 (1971)〔同・争点効(上)327頁〕参照。形式説の利点を分析するものに高橋・重点(上)693頁。

しかし、形式説によれば、既判力の拡張がまず定まる（このような形式説の建前は、立法史上、まず執行力の承継人への拡張が考えられ、その趣旨を受け継ぐ形で既判力の承継人への拡張が規定された経緯によるとの指摘がある）。そのうえで、第三者と相手方との後訴において固有の事情の存否が審議の対象になる。その後訴においては、同時に、前訴の基準時後の第三者と相手方の実体関係の変動も併せて審議されることになる。

他方、実質説によれば、第三者の固有の事由の不存在を既判力拡張の要件ととらえるものであるから、前訴の相手方の第三者に対する後訴では、第三者に既判力拡張を妨げる固有の事情の存否がまず争われ、その結果固有の事由がないとなれば、既判力の拡張が肯定され、後訴は直ちに請求認容となる。その結果、第三者としては、前訴の基準時後の実体関係の変動を主張する機会が奪われる結果となる。これは、既判力拡張の負担と併せると、第三者にとっては二重の負担を強いられるもので、公平でないと説き、形式説と実質説との区別はなお意味があり、かつ形式説（修正説）をとらざるを得ないと論じる。

(ⅱ)　「承継」概念にかかわる訴訟法説と実体法説との対立　　山本弘「弁論終結後の承継人に対する既判力の拡張に関する覚書」伊藤眞・古稀 (2015) 683頁以下は、そもそも、訴訟法が判決理由中の判断に既判力を認めないとの建前を選択したがゆえに、115条1項3号にいう承継人に対する「効力」は、ほとんど意味をなさなくなった。それにもかかわらず、本条項に、より多くの意味を与えようとする既判力を重視する訴訟法的発想に無理があることを指摘する。

たとえば、甲が所有権に基づく土地の明渡訴訟で勝訴し、敗訴した乙が判決確定後に明け渡すべき土地の占有を丙に移転した場合において、明け渡すべき土地は同一でも、甲の乙に対する明渡請求権（A）と甲の丙に対する明渡請求権（B）とは、実体法上は、別個独立に成立する関係にあり、丙は、A請求権に対応する乙の義務を乙から「承継」したとはいえない。この点からすれば、115条1項3号は適用されないはずである。しかしこれでは、あまりにも既判力の意義を殺いでしまう。そこで、「甲の勝訴判決によって明渡請求権の対象物たる土地に付着した明渡義務を、丙は承継した」との訴訟法的な説明を加え、乙から丙への明渡義務の「承継」を認め既判力の拡張を認めようとした。また上記の形式説の修正説のように、訴訟物の同一性の擬制をしたりした。しかし実体法説によれば、これ

らの説明こそが、訴訟法による実体法の勝手な「擬制」、「書き換え」、「乗り越え」であると批判し、甲の取得した確定判決は、丙に対して既判力を及ぼしえない、もし甲の所有権の判断に既判力を及ぼしたいならば、前訴において自らの所有権の中間確認請求を提起しておくべきであったと主張する。山本克己「物権的返還請求権と口頭弁論終結後の承継人——積極説に対する反論」高橋・古稀(2018) 995頁以下も、同じ方向を打ち出しており、自らは消極説と称するとともに、この消極説は、既判力の本体は、前訴基準時に甲は乙に対して所有権に基づく明渡請求権があるとする積極的側面にあり、この積極面に生じた効力を争うための攻撃防御方法を排斥する効力ないし失権効・遮断効を従たるものととらえることを前提にしているとみずからを分析している。つぎにみる失権効拡張説からは、失権効拡張否定説と呼ばれるわけである。

(iii) 失権効拡張説と失権効拡張否定説の対立　　他方、長谷部由起子「口頭弁論終結後の承継人の訴訟上の地位」上野・古稀 (2017) 371頁以下は、上記の訴訟法が作り出した「承継」概念とは離れて、乙は基準時における甲の所有権を争うことは許されないという前訴判決の遮断効ないし失権効（既判力の消極的作用）が丙に対しても拡張されるべきだと論じ、自説を「失権効拡張説」と命名した（山本克己・前掲論文からは、「裸の失権効説」とよばれているが、長谷部は、両山本らの議論を失権効拡張否定説と分類する。加波・前掲論文によれば、山本らの議論を形式説の中の厳格説に、長谷部説を「形式説の修正説」と位置づけている。同論文392頁（注11））。長谷部論文では、失権効は、初めから既判力の作用として議論されているが、その失権効拡張の正当化を基礎づける手法は、第1に、民訴115条1項3号の趣旨を尊重しかつこれを実効性あるものにするという既判力拡張重視の視点と、既判力の拡張を不利益に受ける第三者丙の方から見て、「正当な決着期待争点」に遮断効拡張の正当性を認めるべきだという理論である。これは争点効拡張のそれと酷似したものである（→p729（5））。たとえば、前訴において乙がどのような訴訟追行をしたかによって失権効の拡張に消長をきたすとするあたりの長谷部論文は、私見（既判力の承継人への拡張は争点効の拡張でほとんど埋められると考える）にとっても有益である。

なお、岡庭幹司「判決理由中の判断の拘束力についての立法史素描」高橋・古稀 (2018) 835頁以下は、立法過程において、判決理由中の判断に既判力を認める

べきかどうかの激しい議論の末の妥協から「主文に包含するものに限り、既判力を有す」との曖昧な表現に落ち着いたものであると分析し、そこから、争点効の拡張論も長谷部のいう失権効の拡張論も、前訴後訴とも同程度の実体的利益（設例の場合、どちらも明渡請求であり、どちらも同一土地の使用価値が訴訟にかけられている）が追求されている限りでは、114条・115条1項3号によって否定されているものではないことを論証している。また堤龍弥「訴訟物と確定判決の遮断効をめぐる一考察」徳田・古稀（2017）369頁以下も、「主文に包含するもの」の歴史的経緯をふまえ、判決効の消極的作用たる失権効の一部は既判力として肯定されると論じている（なお⟶p717 3参照）。

　今後の議論の展開については、長谷部が論じるように、行き届いた争点整理の実現とそれを前提にした遮断効拡張論の深化を期待したい[*]。そのような視点から、一方では、アメリカ法における「事実上の代表法理の理論」などを、再度探求する方向（たとえば、堤・上記論文371頁（注6）での叙述参照。またそこに引用された山中稚菜「アメリカ民事訴訟法における『事実上の代表法理』の生成と展開」同志社法学67巻5号（2015）415頁以下）などの研究の進展にも期待するとともに、他方、判決の遮断効まで見通した争点証拠整理手続の工夫や活性化が、課題として浮かび上がっているとみる。

〔＊〕　**区分所有法59条1項に基づく競売請求権を認容した確定判決による承継人に対する競売申立て**　　区分所有法59条1項に基づく競売請求権を認容する確定判決を得た原告は、被告の口頭弁論終結後の承継人（区分所有権（敷地利用権を含む。以下同じ）の譲受人）に対して、その区分所有権の競売申立てをすることができるか。

　最決（三小）平23・10・11判タ1361号128頁は、これを否定する。その決定によれば、同条項は「特定の区分所有者が、区分所有者の共同の利益に反する行為をし、又はその行為をするおそれがあることを原因として認められるものであるから」、その区分所有者がその所有権を譲渡した場合には、もはやその所有権の譲渡を目的とする競売を申し立てることはできないとする。この問題について、池田愛「区分所有法59条の競売請求訴訟と区分所有権の譲渡をめぐる諸問題」熊本法学145巻『松原弘信教授退職記念論文集』（2019）65頁以下は、類似の立法をもつドイツ法の紹介とともに、口頭弁論終結後の承継人にかかわる近時の論争を踏まえた解決を追求したもので、参考になる。もっとも、池田は、結論においては、原告が、共同利益に反する行為の継続を理由として初めから承継人に対して競売請求訴訟を再度提起するか、確定判決に基づく競売申立てを認め、第三者（承継人）の方から執行に対する異議を申し立てるべきかの選択の問題となるとし、いずれの途をとる

のも大差なし（同論文102頁）として、最高裁決定に賛成している。

さらに、最高裁は、最決(二小)平28・3・18民集70巻3号937頁において、競売請求権を被保全権利として区分所有権の処分の禁止まで認める仮処分は認められないとしている。競売請求権は、問題の区分所有者を区分所有関係から排除することを目的とするものであり、その任意の処分まで禁じるのは行き過ぎとみられるからであろう。このように、一方で競売請求訴訟の係属中その権利の保全方法が閉ざされた原告とすれば、認容判決に仮執行宣言をつけてもらうか、勝訴の確定判決を債務名義とした執行（競売申立て）が認められなければ、極めて不安定な状態に置かれてしまう。被告または第三者からすれば、問題の区分所有権の一部の共有権のみを譲渡すれば簡単に原告の確定判決の効用を殺いでしまうことが可能となる。そのことを勘案すると、承継人（譲受人）側が障害行為消滅を理由とした執行異議を申し立てる方式（起訴責任の転換）を認める解決が穏当ではないかと考える。

（2）　訴訟担当の場合の利益帰属主体（115条1項2号）

訴訟を担当する権能資格をもつ者が当事者として受けた判決は、隠れた当事者ともいうべき訴訟物たる利益の帰属主体に、この者が自分で訴訟をしたのと同じ効力を及ぼす（大判昭15・3・15民集19巻586頁は、担当者の訴訟による時効中断の効力が被担当者に及ぶとする。なお、→p292 3）。利益の帰属主体には、訴訟を担当した者が担当する権能・資格がないという主張をなしうるほかは、固有の防御方法はない。

（3）　請求の目的物の所持者

請求が特定物の現実の引渡しを求めるものである場合に、その特定物の所持につき固有の利益をもたず、もっぱらこれを当事者またはその承継人のために所持している者（たとえば、受寄者、同居人）は、当事者の受けた判決の既判力に拘束される（115条1項4号）。その者の占有はもっぱら当事者のためであるから、引渡請求に関するかぎり当事者と同視してこれに既判力を及ぼしても、所持者の固有の実体的利益を害する心配はない。したがって、また、裁判を受ける権利を侵害するおそれもないからである。

　⑺　請求が物権的請求権に基づくか、債権的請求権に基づくかは問わない。物が動産であるか不動産であるかも問わない。基準時前からの所持者をも含む（基準時前に所持するにいたった者に対しては、訴訟承継（参加・引受け）を許してもよいが、訴訟承継をさせなくともこれに既判力を及ぼしうる）。

㈠　所持者が目的物を自己のために占有しているときは、これに該当しない。その占有が同時に当事者の占有代理人としてなされるときも同じである。たとえば、目的物の賃借人（大決昭7・4・19民集11巻681頁）や質権者は、これに入らない[9]。また、法定代理人、法人の代表者の所持も、本人または法人の占有とみられるから、これに入れることはできない。雇人も主人の住居、店舗内で所持しているときは、主人自身に占有があるといえよう。

　㈡　しかし、名義上所有者であっても、引渡請求の執行を免れる目的で債務者から仮装に譲り受けた者は、債務者のためにのみ物を所持している場合として、これに入れるべきである。なぜならば、この者に対して既判力を及ぼす必要はきわめて大きい一方（既判力を及ぼしえないとすると、この者に対して執行できるようにするには、この者に対して訴訟引受けの申立てをして訴訟承継をさせる必要があり、またそうしないと従来の訴訟は無駄になってしまうのに、実際問題としてそのような者への占有移転に原告がつねに気づくとはかぎらない、→p865(4)）、仮装譲渡が認定できるかぎり、保護すべき譲受人の固有の実体的利益はないといえるから、この者に既判力を及ぼしても、仮装譲渡かどうかの判断過程において手続保障を与えていれば、譲受人の手続保障として欠けるところはないと考えられるからである。

　さらに、原告が売買による所有権移転登記請求をしているときに、被告から仮装売買に基づいて移転登記を得た者も、自分自身のために登記を保有すべき利益はないはずであるから、本条項を類推して目的物の所持者に入れるべきである[10]。仮装譲渡かどうかの認定は、所持人に対する後訴で既判力の拡張が問題とされるとき、または、所持人に対して執行文を付与するさい（民執23条3項・27条2項・33条）もしくはその付与を争うさい（民執32条・34条）に行われるが、これらの手続においては、所持人は仮装譲渡でない旨の主張立証を展開できる。

9）　基準時以前からのこれらの占有者を含めると、訴訟承継主義（→p863）を採用することと矛盾する。本条項の手本となったドイツ民訴325条においては、これらの占有者を含むと解されているが、これは、当事者恒定主義をとっていることの帰結である。なお、新堂・判例298頁、新堂「訴訟承継主義の限界とその対策」判タ295号（1973）〔同・争点効⒟77頁〕参照。

10）　大阪高判昭46・4・8判時633号73頁、なお新堂・判例298頁、同・前掲注9）論文〔同・争点効⒟77頁〕、上田徹一郎「既判力の主観的範囲の理論の再構成」民訴雑誌20号（1974）〔同・判決効126頁〕。

714 第3編 第一審手続 第7章 終局判決

（4） 訴訟脱退者（48条・50条・51条）

独立参加（47条1項・51条）または訴訟引受け（50条1項・51条）によって、第三者が当事者となったため、従来の当事者の一方がこれに訴訟追行を譲って脱退した場合には、その後の第三者と相手方との間の訴訟の判決は、脱退者に対して既判力その他の効力を及ぼす（48条・50条3項・51条）。その内容については、（↘p849（3））。

（5） 一般第三者

通常の訴訟は、対立する当事者間の紛争を個別的相対的に解決すれば足りるから、既判力を第三者に及ぼす必要はない。しかし、身分関係や団体の法律関係においては、個別的相対的解決を与えるとかえって利害関係人の法律生活を混乱させるおそれがある。そこで、一つの訴訟でその関係が問題になった機会に、その判決の既判力を当事者以外の者（基準時以前の利害関係人を当然に含む）に対しても及ぼすことによって、その法律関係の画一的処理を図る必要がある。しかしこのような当事者以外の者への既判力の拡張は、その者の利益を害するおそれも大きいので、法は、画一的処理の必要がある請求類型を個別に選んで、既判力の利害関係人または一般第三者への拡張を規定するとともに、第三者らの利益保護のために種々の方策を用意している（その詳細については、↘p301（2））（なお、↘p743 3）。

第3項　既判力の作用

1　既判力の存在の訴訟法上の意義

既判力の存否は、職権調査事項であり、当事者はその既判力を無視する旨の合意をしても無効であって、その調査を不要にすることはできないし、その拘束力を免れることもできない。ただし、既判力ある判断によって確定された権利関係を実体的に変更する旨の合意をすることは可能である。また、その拘束力は、たんにその後に、既判力ある判断を不当にするような法令変更があっただけでは、消滅しない。

前訴判決の既判力と抵触する判決は、当然無効ではないが、違法なものとして、上訴により取り消すことが可能であるし、確定後も再審によって取り消される（338条1項10号・342条3項）。しかし、後の確定判決が取り消されるまでは、新しい基準時をもつ判決であり、その判断が既判力あるものとして通用する。たとえば、

第4節　判決の効力　*715*

前訴の給付判決に基づく執行に対して後訴の請求棄却判決に基づいて請求異議の訴え（民執35条）を提起することが可能である。

2　後訴における作用の仕方(1)

　既判力を受ける者は、既判力の生じた判断に反する主張をすることは許されないし、裁判所もこれに反する判断を下すことが許されず、既判力の生じた判断を前提にして、後訴を審判すべきである。この既判力の作用は、手続的に分解すると、一つは、既判力の生じた判断を争うためになされる主張立証を許さず、その主張、証拠の申出を取り上げない（その当否の審理に入らない）という取扱い（消極的作用、または遮断効ともいう）と、もう一つは、当面の後訴の審判の基礎として既判力ある判断を前提にしなければならないという取扱い（積極的作用）とに分解することができる。両者は、相互補完の関係にあるが、両面からみることによって、後訴における既判力の作用の仕方を正確に理解することができる。

　たとえば、口頭弁論終結後の承継人が既判力の拡張を受け、したがって前訴判決の判断内容を前提として後訴を審判しなければならないが、しかし、承継人に固有の防御方法（これは基準時後の事由に限らない）を提出して、自己の敗訴を免れうるという形式説（→p707）による手続上の取扱いは、既判力の作用を消極面と積極面との両面からアプローチすることによって初めて考案され得るものと思われる。民事訴訟においては、一事不再理という観念は、上記の意味の消極的作用を表現するものとして理解すべきである[1]。

（1）　前訴の訴訟物が後訴でも訴訟物とされているとき

　㋐　前訴の敗訴原告が前訴被告に対し同一請求を提起したとき、および前訴の敗訴被告が前訴原告に対して前請求と正反対の主張を請求内容とするとき（たとえば、給付判決を受けた被告が同一債務の不存在確認請求をするとき）は、まず、前訴の既判力ある判断を争うために主張する前訴の基準時以前の事由の主張立証は排斥し、既判力によって遮断されない新しい主張（基準時後に生じた事由の主張）があるかどうかを調査し、それがなければ直ちに前訴判決内容に沿う本案判決をすべきである。

1）　新堂「民事訴訟における一事不再理」民訴雑誌6号（1960）〔同・争点効(上)125頁〕。

716 第3編 第一審手続 第7章 終局判決

この場合、狭義の実体審理はなされていないが、新主張がないこと（したがって前訴判断を変更すべき新事由はないこと）は確かめているのであるから、既判力の基準時点を前訴のそれから後訴の基準時まで移動させても後訴の原告に酷ではないので、訴えの不適法却下とするよりは、請求棄却の本案判決をなすべきものと考える。

既判力に触れない新しい主張があれば、その主張の当否の実体審理を進め、その結果を前訴の既判力ある判断と突き合わせて後訴請求の当否につき本案判決をすべきである。

　(イ)　**前訴の勝訴者が同一請求を繰り返すとき**　すでに勝訴の確定判決を得ている場合であるから、通常ならば、後訴は訴えの利益を欠くものとして却下される。しかし、さらに勝訴判決を得る特別の必要がある場合には許される。たとえば、時効完成猶予のため起訴以外に適当な方法がない場合（大判昭6・11・24民集10巻1096頁）、判決原本が滅失したために執行正本を得られない場合、新しい主張が既判力によって排斥されるべきかどうかがすでに争われ、相手方から請求異議の訴えを起こされそうな場合などが考えられる。これらの場合の取扱いは(ア)と同じである。

（2）　**前訴の訴訟物を先決問題とする権利関係を訴訟物とするとき**

（1）(ア)の場合で、既判力に妨げられない新事由が主張されたときとほぼ同じである。すなわち、前訴判決の判断に、既判力に妨げられない新事由についての判断および後訴に固有の争点についての判断を合わせて、後訴の本案判決をすることになる。また、後訴が既判力の拡張を受ける第三者との間で提起される場合もまったく同様に考えればよい。

3　後訴における作用の仕方(2)（既判力の双面性）

既判力ある判断は、訴訟で勝った当事者の利益に働くのが通常であるが、その者の不利益にも働く。たとえば、金銭債権の全部請求を全部認容した判決の既判力は、原告に対して、その債権がそれ以上の額であることの主張を排斥する形で働くし、また、家屋の所有権確認請求で勝訴した者は、その後相手方からの家屋収去土地明渡請求に対して、その家屋は自分が所有するものではないと主張することは許されない。このような既判力の性質を既判力の双面性という（このよう

な作用は、既判力の規律が当事者間の公平という理念によっても指導されるべきことを示している）。堤龍弥「訴訟物と確定判決の遮断効をめぐる一考察」徳田・古稀（2017）369頁以下は、たとえば、双務契約に基づく給付と反対給付のように、両請求が相互に牽連・依存関係にある場合（たとえば売買代金支払請求と目的物引渡請求）には、売主の前訴請求（たとえば代金請求）を基礎づける前訴判決理由中の判断（売買契約の有効の判断）には、買主の後訴請求（目的物の引渡請求）において、売主に対して売買契約無効の主張を許さないという遮断効が作用するとし、この遮断効を既判力作用の一つとみることができると論じる。

第5款　争　点　効

1　争点効の概念

（1）　意義

前訴で当事者が主要な争点として争い、かつ、裁判所がこれを審理して下した
その争点についての判断に生じる通用力で、同一の争点を主要な先決問題とした
異別の後訴請求の審理において、その判断に反する主張立証を許さず、これと矛
盾する判断を禁止する効力をいう[*]。

たとえば、甲が乙に対して乙からの買受けを理由に建物の明渡請求をしたのに
対し、乙は上記売買の詐欺による取消しを主張して争ったが容れられず、甲の勝
訴が確定した後、乙が甲に対して、建物の上記売買を原因とする甲の所有権取得
登記の抹消を求める訴えを提起し、その理由として上記売買は詐欺による取消し
によって効力を失ったと主張立証することは、争点効によって許されない[1]。

[*]　**争点効の生成と展開**　(1)　争点効という観念は、英米法のコラテラル・エストッペ
ルの法理と、兼子一博士の参加的効力を当事者間にも拡張せよとの主張（同「既判力と参
加的効力」法時14巻3号（1942）〔同・研究2巻57頁、64-67頁〕）に示唆を受けて、新堂
「既判力と訴訟物」法協80巻3号（1963）、同「条件付給付判決とその効果」民訴雑誌10号
（1963）〔同・争点効(上)145頁、183頁〕によって提唱され、同「争点効を否定した最高裁判
決の残したもの」中田・還暦(下)〔同・争点効(上)269頁〕、同「参加的効力の拡張と補助参加
人の従属性――争点効の主観的範囲に関する試論（その1）」兼子・還暦(中)〔同・争点効
(上)227頁〕、同「訴訟当事者から登記を得た者の地位――争点効の主観的範囲に関する試
論（その2）をかねて（1・2完）」判時640号・643号（1971）〔同・争点効(上)297頁〕によ
って展開された。

(2)　その間、倉田卓次「いわゆる争点効の理論について」判タ184号（1966）〔同『民事
実務と証明論』（1987・日本評論社）91頁〕がその基本的方向に賛成しながらも、理論的
成熟がないとして、その要件の不明確さを克明に批判し、伊東乾「判決の争点効」実務民
訴講座(2)102頁は基本的に争点効に反対した。

賛成するものとして、中務俊昌「民事訴訟の動向」『現代の裁判』（岩波講座・現代法

---

1)　反対、最判(三小)昭44・6・24判時569号48頁、なお、この事件の意義につき、新堂「争点効を
否定した最高裁判決の残したもの」中田・還暦(下)〔同・争点効(上)269頁〕参照。

第4節　判決の効力　*719*

５）（1965・岩波書店）77頁、斎藤・概論397頁があり、吉村徳重「判決理由中の判断の拘束力」法政研究33巻3＝6号（1967）486頁および住吉博「争点効の本質について（1・2完）」民商61巻2号（1969）・5号（1970）〔同・論集1巻187頁〕によって、要件の明確化の努力がつづけられた。

　その後さらに、信義則に基づく制度である点を強調して肯定し、理論の深化を促そうとしたものとして、小山昇「いわゆる争点効について」ジュリ504号（1972）〔同・著作集2巻89頁〕、奈良次郎「争点効」小山ほか・演習民訴(上)521頁、同「争点効」小山ほか・演習民訴561頁、中野貞一郎「いわゆる争点効を認めることの可否」法学教室第2期4（1974）61頁〔同・過失の推認201頁〕らが発表されている。

　(3)　他方、ドイツの学説の影響の下に、既判力の効果として、類似した結果を認めるべしとする説も唱えられている。すでに争点効の提唱以前に、Zeuner, Die objektiven Grenzen der Rechtskraft im Rahmen rechtlicher Sinnzusammenhänge（1959）の立場をとり入れた、上村明広「既判力の客観的範囲に関する一問題」岡山大学創立十周年記念論集(上)(1959) 181頁があるが、この方向でのドイツの進展が顕著にみられ、Henckel, Prozessrecht und materielles Recht, insb. S. 149-232（1970）; Rimmelspacher, Materiellrechtlicher Anspruch und Streitgegenstandsprobleme, insb. S. 175-309（1970）が発表されている。前者の紹介として、文字浩「ヘンケル『訴訟法と実体法』」法学論叢87巻5号（1970）74頁、吉村徳重「判決理由の既判力をめぐる西ドイツ理論の新展開」法政研究39巻2＝4号（1973）453頁。そこには、わが国ですでに独自に展開されてきた争点効理論と類似した点もあれば、異なる点も見出され、西ドイツにおける展開は、わが学界に対して新しい刺激剤となった。柏木邦良「訴訟物概念の機能」講座民訴②181頁、同「規範合成と既判力」判タ877号（1995）104頁にも、ドイツ法の影響が見られる。

　(4)　いずれにしても、従来、タブーとさえ考えられた判決理由中の判断になんらかの形で拘束力を認めようとする傾向は、わが学界に根づきつつあり、いまや、ドイツ流の既判力の拡張という発想とどのような絡み合いをもつかを一つの手がかりとして、理論的深化を図るべき段階に入ったといってよい。さらに、信義則の発現形態に着目して、争点効といわれるものに、禁反言の法理による場合と権利失効の法理による場合とがあり、それぞれ適用要件を異にすることを分析した、竹下守夫「判決理由中の判断と信義則」山木戸・還暦(下)72頁以下、これに対し、争点効を権利失効の法理でグループ分けすることに反論した、新堂「判決の遮断効と信義則」三ケ月・古稀(中)475頁は、争点効理論ひいては判決の遮断効理論をさらに展開させた。上記竹下論文が果たした役割と学説史上の意義について、明快な分析をしたものに、山本弘「判決理由中の判断の拘束力」鈴木・古稀641頁以下がある。

　(5)　他面、裁判例としては、下級審レベルでは、争点効を肯定するものと否定するもの

と半々に分かれていたところ、最判(三小)昭44・6・24判時569号48頁、最判(一小)昭48・10・4判時724号33頁によって一応否定された形となっている。しかし、その結論が不安定であることもまた裁判官自身の実感として語られているのが現状である（奈良・前掲論文488頁。なお、新堂・前掲「争点効を否定した最高裁判決の残したもの」は昭和44年の上記判決を批判したものである）。この最判(三小)昭44年の事案のその後の展開については、新堂「判決の遮断効と信義則」三ケ月・古稀㈩480頁以下〔同・展開3頁以下〕参照。なお、判例の進展については、竹下守夫「争点効・判決理由中の判断の拘束力をめぐる判例の評価」民商法雑誌創刊五十周年記念論集Ⅰ（1986）259頁以下、新堂「正当な決着期待争点」中野・古稀㈦1頁以下〔同・展開47頁以下〕参照。

（2）　既判力を主文の判断に限定する建前との関係

　前述したように（⏎ p688⒜）、請求の当否についての判断（主文に示される判断）を、それに至る他の判断（理由中の判断）から区別し、前者にのみ既判力が生じるとし、後者には前者に至るための手段としての意味しかもたないとし、他の請求との関係では意味をもたないことにした。そうしたわけは、第1に、訴訟の最終目標を明確にして、これにつき不意打ちを防止し充実した弁論を期待する反面、いったん当事者の地位についた者は、その保障された訴訟追行の機会と権能を現実にどのように使おうと使うまいと、その訴訟目的達成のために最小限必要なこととして、主文の判断には拘束されることを明らかにする趣旨である。第2には、前提問題については当事者の訴訟活動および審理に弾力性（複数の攻撃防御方法の審理の順序は、当事者の指定した順序に拘束されないし、その論理的・時間的先後関係にも拘束されない）をもたせるためである。そこで、既判力を主文の判断に限定するという建前の下では、当事者は、主文の判断については、争うと争わないとにかかわらず、手続保障を与えられたことの結果責任としてその判断に拘束されるが、前提問題については、他の請求に対する影響を心配しないで、その訴訟かぎりの処理として自白したり、とくに争わなかったりする自由をもつことになる。それ故、前提問題について争わなかった結果（自白の効力）がそのまま別の請求の審理において同様の効力をもちつづけると取り扱うことは、まさに前提問題について保障した自由を奪うことを意味し、この別の請求についての裁判を受ける権利を当事者の意に反して奪うことになろう。

　しかしながら、上記の自由は、争わない自由を認めることであって、主要な争

点として争った場合に、これに基づいて裁判所が下した判断を尊重しなくてよいという自由まで当然に含むものではない。いったん、主要な争点として争った以上、その結果を関連した別個の請求の当否の判断の基礎として通用させる方が、むしろ当事者間では公平であると考えられる。

すなわち、関連した請求——社会生活上は一つの紛争の一部とみられながら、実体法の権利義務の技術的性格から訴訟上は別個の請求と構成されざるをえない関連した請求——に共通する主要な争点について、一方の請求（A）の審判で争って得られた判断はそのまま他方の請求（B）の審判の基礎にするのが、公平と考えられる。結果として下されたその争点についての判断が、A請求にとって有利だがB請求にとって不利に働く場合（たとえば、売買代金請求で被告に有利に働く売買の無効が認定されたのち、売主が引き渡した目的物返還請求をする場合には、売買無効は被告に不利に働く）は、前訴における判断に反した主張（被告買主による売買は有効との主張）を許すべきでないし[＊]、またA請求にとって不利な判断がB請求にとっても不利に働く場合（たとえば売買による目的物の明渡請求で売買の無効の認定は、同一売買による移転登記請求をする場合にも不利に働く）には、手続上保障された相手方の主張を争う機会と権能をすでに実際に利用した者が相手方に負う結果責任として、その蒸し返しを禁じ、一方で出された結論を他方の請求の審判にもそのまま通用させるのがやはり公平であろう。

このような当事者間の公平の観念に支えられた争点効は、裁判所の立場からみても、既判力を主文の判断に限定することによって確保した攻撃防御方法についての審判方法の弾力性を損なわない[2]。のみならず、関連した紛争に統一的な解決を可能ならしめる手段として望ましい方策といえる。

以上のような考察から、争点効という概念は、既判力を主文の判断に限定した現行法の枠組みの中においてその存立の余地を見出すことができるだけでなく、既判力と並び、これを補完してより充実した紛争解決の実を収めさせる有効な手段であると評価できる。

2）　井上正三「既判力の対象と裁判所の選択権(1)」立命館法学32号（1960）74-75頁は、この弾力性を損なう故に、判決理由中の判断に既判力を認めることができないとするが、この批判は争点効には当たらない。

〔＊〕　原告売主の売買代金請求（前訴）において、原告売主が売買は無効だと自白した結果、
　　被告買主が勝訴していた場合には、争点効は生じない。しかし、売主がすでに引き渡した
　　目的物の返還請求をする後訴において、被告買主が売買の無効を争うことは、禁反言の原
　　則により、許されないこととなる。

（3）　既判力との異同(1)

　争点効も、判決に示された判断に生じる後訴に対する通用力という点では、既
判力と同様の働きをする。すなわち、その争点についての当事者間の紛争を解決
し、その結果を貫徹せしめる効果をもち、既判力と相まって判決による紛争解決
の実効性を増幅する。

　しかし、判決理由中に示される判断に生じるものである点で既判力と異なるし、
また、主要な争点とされ、かつ、それに基づいて裁判所もこれを実際に審理・判
断した場合にのみ発生する効力である点で、既判力が、被告が請求を争おうと争
うまいと、また当事者が主張立証活動を尽くそうと尽くすまいと、請求の当否に
ついての判断に生じるというのと異なる。

（4）　既判力との異同(2)

　争点効は、当事者間の公平の観念にその根拠を求める。それ故、紛争解決制度
の実効性の確保のために必然的に要請される既判力とは、その根拠を異にすると
みられやすい。しかし、既判力も争点効もその拘束力の正当性をともに公平の理
念（信義則）に求めている点では差異はない。

　(ｱ)　既判力の根拠も、当事者として、訴訟追行の機会と権能を対等に与えら
れた以上、その訴訟の結果たる判決主文の判断を相手方との間で強制されても仕
方がない、むしろ、そうした地位についた者どうしの間では既判力を認めること
が、その間の公平を図り信義則に合するものとして、正当化される。その意味で、
争点効、既判力のいずれにも、必然的に内在する相手方に対する強制を正当化す
る根拠として、当事者の責任を内容とした信義則ないし公平の観念を抽出するこ
とができる（最判(二小)昭49・4・26民集28巻3号503頁は、既判力の遮断効の根拠を、権利
関係の安定、訴訟経済のほか、訴訟上の信義則にも求めている）。ただ、その責任の内容
が、両者で若干ちがう。

　(ｲ)　既判力においては、紛争の当面の対象が請求という形で明確にされ、そ
れについての紛争の解決を図るために訴えが提起され、審理が進められ判決がな

されるという仕組になっているのであるから、その訴訟においては、当事者はその請求の当否を争うべく予定されているのであって、実際に争わないで欠席を続けた結果敗訴を招いたとしても、すべてその当事者の責任であるという評価を内容とする。これに対して、争点効の根拠となる公平とは、本来争わない自由のある前提問題でも、当事者が実際に争った以上その結果は甘受すべしという責任を内容とする。

つまり、既判力という拘束力を正当化する根拠としての信義則ないし公平とは、争うことが平等に可能であるという地位ないし権能に由来する当事者間の責任を内容とする。これに対して、争点効のそれは、そのような地位ないし権能を現実に行使してみずから判決の基礎を作ったことに基因する当事者間の責任を内容とする点で差異がある[3]。

(ウ) 既判力を正当化する公平の理念は、訴訟目的達成のために必要不可欠の既判力を正当化し、その範囲を合理的に調整するものとして機能するが、争点効は、当事者間の公平を確立すること自体を目的として要請された制度であるという点も、やはり両者の違いとして指摘すべきであろう。この違いが、既判力の存在は職権調査事項とされているのに対し、争点効の存在は当事者の主張を待って取り上げれば足りるという取扱いを基礎づける。

(5) 争点効の機能——新訴訟物説との関連

(ア) **争点効による遮断効の拡大**　わが国で訴訟物に関する新説（新訴訟物説）が唱え出された最大の動機は、紛争解決の一回性の強調ということであった。たとえば、甲が乙に対して所有権に基づき土地の明渡しを請求し、乙は賃借権の存在を抗弁し、甲がさらに賃借権の消滅を主張して争ったところ、賃貸借は消滅していないという理由で乙が勝訴した後、甲が賃貸借は消滅しているという請求原因で再び土地の明渡しを請求することを遮断するところに新説の面目があった。

しかし、たとえば、甲が乙に対して所有権に基づいて土地の明渡しを請求し、その土地の所有権が甲にあるか乙にあるかが争点となって、結局甲の所有に属すると判断されて甲の請求が認められた後、乙から、所有権の移転登記抹消請求の

---

3) この分析は、小山昇「いわゆる争点効について」ジュリ504号（1972）75頁〔同・著作集2巻89頁〕に示唆された。

前提として、その土地が乙の所有に属すると主張することは既判力によって妨げられない。もちろん、訴訟物に関する旧説（旧訴訟物説）に立っても結論は同じであるが、新説は紛争解決の一回性を強調するだけに、この種の紛争の蒸し返しをチェックすることなく放置しておいてよいかと、旧説以上にきびしく問われることになる。

前後二つの訴訟で、いずれも問題の土地の帰属が紛争の中心問題であり、後訴はこの点をまさに蒸し返した訴訟であるにもかかわらず、前後二つの請求が形式上別個の趣旨の請求に構成されているため、既判力による遮断効が働かない。争点効は、この種の紛争の蒸し返しを禁じ、関連した前後の請求について統一的な解決をもたらす機能をもつものであり、新訴訟物説によって強調された紛争解決の一回性を徹底させるものといえる。

　(イ)　**新訴訟物説による遮断効の拡大に伴う内容の希薄化の防止**　　争点効という考え方を導入すると、請求権競合のさいの判決の効力の説明をわかりやすくすることができ、新説が訴訟物の枠を拡げ、遮断効の範囲を拡げたことから生じる紛争の解決済みとされる内容の希薄化をも食い止めることができる。すなわち、たとえば、1000万円の支払請求の根拠として不法行為に基づく損害賠償請求権と債務不履行に基づく損害賠償請求権とが競合する場合に、新訴訟物説はそこに一つの請求を観念し、この請求の枠に対応して想定される実体法によって是認される1000万円の給付を受ける地位（受給権）――不法行為とか債務不履行とかの色合いをもたない地位ないし請求権――の存否の判断のみについて既判力が生じるとすることによって、遮断効の範囲を拡げる（不法行為のみを主張して敗訴してしまえば債務不履行を主張して同一金額の請求をすることは遮断される）。

しかし、他面で、請求の認容判決の理由となる「不法行為に基づく損害賠償請求権がある」との判断（または「債務不履行に基づく損害賠償請求権がある」との判断）には既判力が生じないということになり、訴求債権に対する反対債権による相殺の適否などについて、この認容判決はなんの基準も提供しえないというおそれが生じる（民509条1号参照）。

この批判に対して、三ケ月章博士は、認容判決の理由中の判断である不法行為に基づく損害賠償請求権の存在の判断に「法律的拘束力が生じる」として相殺を許されないものとして扱いうると論じる[4]。

第4節 判決の効力 *725*

　ただ、その「法律的拘束力」[5]とは何か、博士によっては十分の解明が与えられていないが、これに既判力というレッテルを貼ってしまうと、いったんどちらかの実体法上の請求権ありとした判断に既判力が生じたのちには、その請求の法的性質についての法的評価の再施が許されないというような誤解を招きやすい。この場合に、既判力が生じるのは、拡大された訴訟物たる受給権の存否についてであり、判決理由で示される実体法上の性質決定を得た請求権の存否の判断には争点効が生じると説明することが可能であり、それによれば、請求棄却判決と認容判決とで既判力の範囲をことさら違える必要もないし、認容判決で判断されなかった方の請求権の主張（受給権についての法的評価の再施の主張）は排斥されないとの趣旨も明らかとなる。このような意味でも、争点効理論は、新訴訟物説の理論的支柱を提供する働きをもつ[6]。

2　争点効を生じる判断およびその発生の条件

　判決理由中の判断のどの部分が、どのような条件で、後のどの範囲の別訴につき拘束力を生じるべきか。

（1）　争点効を生ずべき判断

　㋐　前後両請求の当否の判断過程で主要な争点となった事項についての判断であること。

　争点効のいわば客観的範囲の問題といえるが、「主要」とは、その争点の判断によって結論が左右されるような場合をいう。このような事項であれば、それを争点にする態度をとった以上、前訴においてその請求自体を争うのと同様の真剣さで双方が争ったはずであるとみることができ、その結果責任を負わされても仕方がないといえるからである。

4）　たまたま債務不履行に基づいて請求が認容されている場合には、原告は、その認容された請求権について法的評価を再施し、その受給権が不法行為に基づく損害賠償請求権としても基礎づけうると判断できれば相殺を排除しうると論じる（三ケ月章「法条競合論の訴訟法的評価」我妻・還暦㊥〔同・研究1巻145頁〕）。

5）　井上正三「既判力の対象と裁判所の選択権(2)」立命館法学33号（1960）47-51頁は、どちらの実体法上の請求権から審理するかにつき原告が指定できるという条件のもとに、同種の拘束力を認める。

6）　新堂「既判力と訴訟物」法協80巻3号（1963）〔同・争点効㊤175頁〕。

726　第3編　第一審手続　第7章　終局判決

(a)　甲の乙に対する所有権に基づく引渡請求の前訴において、甲に所有権なしとの理由で棄却された場合は、後訴において、甲は、自分の所有権確認請求の基礎としても、また前訴被告の自分に対する所有権に基づく妨害排除請求を争う基礎としても、自己の所有権を主張することは許されない。

逆に、前訴で乙が甲の所有権を争ったが、甲に所有権ありとして甲が勝訴したときは、乙は移転登記の抹消請求の前提として自分の所有権を主張することは許されない。土地所有権の侵害による所有者甲の損害賠償請求において、係争地につき被告乙に通行権が認められて請求棄却となったのちは、乙の甲に対する通行権侵害（通行禁止の仮処分による侵害）に基づく損害賠償請求に対して、甲は乙の通行権の不存在を主張しえない（最判（一小）昭48・10・4判時724号33頁は、同種のケースで反対）。

(b)　所有権に基づく土地明渡請求で、原告がその土地を第三者から買い受けるにあたり登記名義のみを被告の名前にしたにすぎず、第三者から買い受けたのは自分であると主張した場合に、裁判所が「被告が第三者から買得したものである」と判断しているとき、これは原告の所有権を否定する理由にすぎないが、その判断は、前訴の被告がその所有権に基づいて前訴原告に対し妨害排除を求める後訴請求において通用力を認めるべきである。なぜならば、このような場合、第三者から買い受けたのが原告か被告かの判断は、実際には二者択一の形で行われ、裁判所の心証としては、被告の所有権取得事実につき積極的な心証を得ていると思われるからである（もし、原告の所有権取得事実を疑わせる程度の心証しかもっていなければ、その旨を理由中に明らかにすべきである）。

(c)　買主が売主に対し売買契約に基づいて土地の明渡請求訴訟をし、売買の効力が主要な争点となり、売買は無効であるという判断がなされて請求棄却となったのちは、原告は、売買による所有権移転登記請求の理由として売買の有効を主張することは許されないし（紛争の蒸し返しになる場合）、売主も代金請求の前提として売買の有効を主張しえない（禁反言的主張になる場合）。前訴で売買が有効であるとして、明渡判決がなされたときには、買主の所有権移転登記請求に対して売主が売買の効力を争うことは許されないし、売主の代金請求に対して買主が売買の効力を争うことも許されない。

(d)　抵当債務300万円の全額弁済を理由とした設定者（原告）の抵当権抹消登

記請求に対して被告が50万円の残債務があると争い、無条件の給付判決がされた場合、その判決における残債務なしとの判断には、争点効が生じる。残債務30万円の支払を条件とした給付判決がなされた場合の30万円の残債務の存在の判断についても同様である[7]。また、抗弁として限定承認の存否が争われ、これにつきなされた判断には争点効が生じる[8]。

　(イ)　争点効の生じる判断は、前訴の基準時における判断であること。

　それ以後に生じた事由に基づいてその判断を争うことは妨げない。この点は、既判力と同様である。

（2）　当事者が前訴においてその争点につき主張立証を尽くしたこと。

　「尽くした」とは、訴訟上通常予想し得る主張立証が行われ、それについて、裁判官が心証形成をするのに足りると通常考えられる資料が得られたことを意味し、その争点についての自白や証拠契約をした場合を除く趣旨である[9]。これは、前提問題について争わない自由を保障するために要求される。

（3）　裁判所がその争点について実質的な判断をしていること。

　(ア)　競合するいくつかの事由の一つが認められればそれだけで勝訴の結論に至る場合、たとえば、原告についていえば、競合するいくつかの実体法上の請求権がともに争点となっている場合、被告についていえば、債務の不発生と弁済とがともに争点になっている場合、それぞれ主要な争点として攻防が展開され、それに基づいて裁判所が判断した争点については、争点効が生じると考えてよいが[*]、判断をしなかった他の事由の存在を別訴で主張することは妨げられない。その意味で、給付請求を理由づける事由として論理的に競合可能な数個の請求権が考えられる場合には、判決主文で認められた受給権について法的に再評価することが争点効によって妨げられるわけではない（→p724(イ)）。

　〔*〕　ヘンケルによると、このような場合、すなわち、棄却事由が選択的に競合している場

7）　新堂「条件付給付判決とその効果」民訴雑誌10号（1963）〔同・争点効(上)183頁〕参照。
8）　最判（二小）昭49・4・26民集28巻3号503頁は、相続財産の限度で支払えとの確定判決があると、限定承認の存在・効力につき「既判力に準ずる効力」が生じるから、その後、同一債権者が同一債権につき限定承認と相容れない事実（たとえば法定単純承認の事実）を主張して無留保の給付請求をすることは許されないとする。詳しくは、新堂「責任限定を明示した給付判決の効力」我妻・追悼〔同・争点効(下)1頁〕。
9）　小山・前掲注3）参照。

合の棄却判決の理由、また認容事由が選択的に競合している場合の認容判決の理由には拘束力は生じないとする（Henckel, a. a. O., S. 158-168）。これは、原告が競合する他の理由によって棄却は免れないと思って、または被告が競合する他の理由で敗訴は免れないと思い、判決理由となった事由を、それのみが争点になった場合ほどの緊張度をもって争う動機がない場合であるからだとする。この考えは、判決理由中の判断の拘束力を既判力の拡張としてとらえたため、訴訟の具体的経過における当事者の攻防の実際を考慮に入れることをできるだけ差し控えたいとの考えに基づくものと思われるが、これによると、「当事者が敗訴をおそれてむやみと主張や抗弁を提出したとき、拘束力の認められる範囲がきわめて限定されてくる」ことになろう（文字浩「ヘンケル『訴訟法と実体法』」法学論叢87巻5号（1970）87頁）。信義則なり公平の理念の実現のために争点効を認めるべきだとの発想からは、このような場合、もう一歩訴訟の具体的経過に立ち入って実際に攻防を展開したといってよいかどうかを問うべきであり、そのために後訴裁判所の負担がいくらか増すことになっても、公平の実現のために甘受すべきものと考えられる。

(イ)　またたとえば、甲が乙に対して1000万円の貸金返還請求の訴えを提起したところ、乙は甲の債権の不発生を主張し、かりにそうでないとしてもすでに弁済したと抗弁したところ、裁判所がまず債務の発生を認定し弁済を認めて請求を棄却した場合には、両争点について争点効を認められる。これに対し、裁判所が直ちに弁済の抗弁を認めて請求を棄却した場合、後に乙は、債権は初めから不発生であったと主張して弁済した金員の返還（不当利得返還）を請求することは許される[10]。ただし、乙がもっぱら弁済の抗弁ばかり主張していた場合には、債務は当初から不発生であったとして、先の弁済金額を不当利得として返還請求することは、むしろ禁反言に触れるとして許されない[11]。

（4）　前訴と後訴の係争利益がほぼ同等であること。

これは、どの範囲の後訴請求に対して通用力を認めるかの問題にかかわる。後

---

10)　新堂・前掲注6）論文「既判力と訴訟物」〔同・争点効(上)166頁〕。兼子一「既判力と参加的効力」（1942）〔同・研究2巻66頁〕も同じ結論を認める。もっとも、かような不当利得返還請求の余地を残すことから、逆に債権の成立を仮定して直ちに弁済の抗弁を認めて請求を棄却するという取扱いが合理的かどうかは検討に値しよう。

11)　同旨、兼子・前掲注10)同頁。相手方としては、乙の抗争の態度から、紛争の中心を弁済に絞り、債務の発生はもはや争わないという期待をもつことになり、この期待に反して、債務不発生の争点をもち出すことは、公平に反する。これは既判力の効果としてとらえることも可能である。　→p737図表〔モデルⅡの2〕に該当。

訴で蒸し返しの主張を公平上許さないとするには、前訴でその争点につき争ったことが、後訴でもその争点につきすでに争ったと評価できることが必要である。しかし、そのような評価をするには、前提問題についての訴訟追行は、あくまでもその訴訟の主文の判断の生産を目的とした活動であるから、主文の判断で決着のつけられる（当事者がその訴訟に賭けた）係争利益の経済的価値が、前訴請求と後訴請求とではほぼ同一であることが要求される。もしも、前訴の係争利益があまりに少額で、後訴のそれと比較にならないとすると、両者に共通でしかも主要な争点を前訴で争ったとしても、少額の係争利益のための争い方でしかなく、高額の係争利益のために争ったとするわけにはいかない[*]。

　たとえば、元本債権額に比べてかなり少額の利息請求に対して、被告が元本債権の存在も争った結果、元本債権の存在が判断されても、この判断に元本請求における拘束力を認めるべきでない。なぜならば、被告が利息請求において元本債権を争ったからといっても、額のかなりちがう元本請求において元本債権を争ったことと同視できないという意味で、かなり少額の利息請求において元本を争った責任を、元本請求についてまでとらされるのは、被告にとって酷であり公平といえないし、被告の元本債権について裁判を受ける権利を実質的に奪うものと評価されるからである。

[*]　**前後訴の経済的価値の同一性**　このような要件は、ヘンケルが既判力を判決理由中の判断に拡張するときに、判決の理由中の判断の正当性を保障するものとして、当事者の訴訟追行上の緊張度を掲げ、これを決定する要因として前訴と後訴の経済的価値の同一性という基準を用いたことに示唆されたものであるが（Henckel, a. a. O., S. 171-176）、争点効理論にとっても「すでに前訴で争った点かどうか」の後訴裁判官の判断をより精密にする基準として役立つと思われる。しかし、ここで経済的価値を基準とするのは、すでに争った点を蒸し返すのは信義則に反するとする公平の理念の徴憑として用いる趣旨であるから、厳密な価値の同一性を要求する必要はない。

（5）　争点効が第三者に及ぶ場合（争点効の主観的範囲）

　同一当事者間で働くのが原則であるが、既判力の拡張に準じた争点効の拡張を考えることができる。

　㋐　**口頭弁論終結後の承継人**　たとえば、甲が乙に対して売買は無効であると主張して売買による所有権移転登記の抹消請求をし、売買は無効であると判断

されて甲が勝訴した後、丙が乙から目的不動産を譲り受けたので、甲が丙に対して明渡請求をした場合、丙は、口頭弁論終結後の承継人として、甲乙間の売買が無効であることを争えない（丙は、自分に固有の防御方法、たとえば民法94条2項の善意の主張を提出することは許される）。なぜならば、甲が乙と争って作り上げた訴訟の結果の一つである甲乙間で働く争点効が、乙が丙へ目的物を譲渡したとたんに消え失せてしまうのは、甲乙間に働く既判力が消え失せてしまうのと同様に、甲丙間の公平を害するし、丙の代わりに乙がその点をすでに争ったといえる意味からも丙に争点効が及ぶと解すべきである[12]。

(イ) **実質的に当事者と同視できる者への拡張も考えうる** (a) 民訴法115条1項4号の「請求の目的物を所持する者」に準じて、たとえば、当事者から仮装譲渡を受けた者は、その譲渡が前訴の基準時前であっても当事者の受ける争点効がこれにも及ぶ。

(b) 補助参加人も、参加の時期および被参加人の明示の意思によってその訴訟追行活動が阻害されなかったかぎりで、相手方に対する関係では被参加人と一体となって訴訟追行をしているとみられるのであり、被参加人が争った結果不利に受けることになった争点効は、相手方と補助参加人との間にも及ぶとみるべきである。なぜならば、補助参加人も参加の時期や被参加人の意思によって訴訟追行活動が阻害されないかぎりでは、当事者の地位についたと同じ訴訟追行の機会と地位を与えられるから、被参加人が受けることになった争点効は、補助参加人も受けるとするのが、相手方との間で公平と考えられるからである。

たとえば、債権者甲が保証人丙に対して保証債務の履行を請求し、丙の側に主たる債務者乙が補助参加して主債務の不存在を主張して争ったが主債務の存在が認められ甲の勝訴となったので、丙が保証債務を履行し、乙が丙に償還したのち、乙が甲に対して主たる債務の不存在を再び主張して、甲が丙から受けた弁済金額を不当利得として返還請求することは許されない。これは、前訴に補助参加してその判決の基礎に加功している主債務者乙が、前訴判決において主債務が存在していると判断されたのは自分のせいではないとしてこれを争うのは、信義則に反するとみられるからである。

---

12) 新堂「訴訟当事者から登記を得た者の地位(2・完)」判時643号 (1971)〔同・争点効(上)346頁〕。

第4節 判決の効力 *731*

(c) また、同様の事例で乙の主債務不存在の理由で、甲の丙に対する請求が棄却されて確定した場合、甲は乙に対して、乙の主債務の存在を主張することは許されない。甲は、丙に対してであれ、乙の主債務の主張につき攻撃を尽くした結果、主債務なしと判断された以上、主債務の存否については、訴訟追行をする機会と権能を現実に利用したといえ、その責任は乙に対してもとるのが公平と考えられるし、このような拡張を認めても、甲の乙に対する主債務の履行請求につき裁判を受ける権利を甲から奪ったとはいえないからである（→p746(3)とくに(イ)）[13]。

3 争点効の訴訟上の取扱い

(1) 争点効の調査

争点効においては、紛争解決の終局性の確保という要請は既判力におけるほど強くなく、むしろ、当事者が主張立証を尽くして争った結果出された判断を一連の紛争において（関連した諸請求において）統一的に通用せしめることが相手方の期待するところとして、当事者間の公平を図ることを主目的としたものであるから、争点効によって利益を受ける側の主張を待ってその効力の存否を調査すれば足りる[14]。ただし、その効力の存否を判断するための資料は職権で探知することができると解すべきであろう。

(2) 後訴請求において争点効が働く場合には、当事者は、それが生じている判断に反する主張立証をすることは許されず、裁判所はその判断を前提にして当面の後訴請求の実体審判をしなければならない。もっとも、争点効が生じる判断は、前訴の基準時における判断であるから、後訴請求の前提問題に争点効が働く場合であっても、前訴の基準時後に生じた事由に基づいて、争点効の生じた判断に反する主張立証をすることは許される。このような後訴における争点効の働き方は、先決問題につき既判力ある判断がある場合と同様である（→p716(2)）。

(3) 判決理由中の判断に対する不服

判決理由中の判断にもなんらかの拘束力を生じるということであれば、結論に

---

13) 詳しくは新堂「参加的効力の拡張と補助参加人の従属性」兼子・還暦㈔〔同・争点効(上)236頁〕参照。なお、争点効と参加的効力との関係については、→p821(ア)。

14) 中野貞一郎「いわゆる争点効を認めることの可否」法学教室第2期4 (1974)〔同・過失の推認209頁〕。

おいて不服はなくとも、その理由中の判断のみに不服があるときにも、上訴を認めるべきかどうかが問題となる。相殺の抗弁については、請求債権の当初からの不存在で請求棄却となるか反対債権を相殺に供した結果請求棄却となるかで被告の実体的利害はまったく異なるから、被告は請求棄却判決に対しても、相殺によって請求債権（受働債権）が不存在となったという理由を争い、請求債権は当初から不存在であったと主張して上訴する利益が認められる。

しかし、その他の場合には、争点効を生じさせるべきだという理由から、請求自体の判断において勝訴したが理由中の判断にのみ不服がある者に、特別に上訴の利益を認めるべきではない。やはり、訴訟の本来の目的たる主文の判断に不服がない以上は、その訴訟の決着を速やかにつけることを第一義とすべきであり、そのために上級審の判断を受けられなかった判断については、むしろ審級の利益を保障する意味で、争点効の発生をあきらめるのが穏当と思われるし、そのように解しても、争点効を認めるべき場合が激減するということもないからである[15]。

たとえば、請求棄却を受けた被告が、債務は発生したが弁済により消滅したという判断に不服で、債務は不発生であったと主張したい場合、被告に上訴の利益を認めるべきでなく、相手方による上訴がなくそのまま確定したときは、債務成立、弁済の判断に争点効の発生を認めるべきではあるまい。

第6款　信義則による遮断効の拡張・縮減

1　判　例

判例は、信義則を根拠にして、既判力の客観的範囲を超えて既判力作用と同じ遮断効が及ぶことを認めている。最判（一小）昭51・9・30（民集30巻8号799頁）がその先例である（私見では、これを「51型遮断効」（→p737図表〔モデルⅣ〕）と呼んでいる）。

事案は、自作農創設特別措置法に基づき、国によって昭和23年頃買収され売り渡された農地について、被買収者である元所有者A側から、売渡処分により登記上の所有名義人となったB側に対して、その土地の返還を求めた争いである。

---

15)　奈良次郎「争点効」小山ほか・演習民訴576頁。

前訴は、Aの共同相続人の1人X₁（Aの子）から、Bの共同相続人C（Bの妻）、Y₁・Y₂（いずれもBの子）の3名を相手に、X₁が本件土地をBから買い戻す契約を昭和32年5月に締結したことを理由にした所有権移転登記請求と、予備的請求として、上記買戻契約が無効の場合の代金の不当利得返還請求の訴えを提起した。これが前訴であるが、最高裁判所まで争われ、昭和41年12月に、主位請求は棄却、予備的請求については、76万円余の返還が認容されて確定した。ところが、翌年の昭和42年4月になって、X₁（前訴原告）とX₂〜X₄（X₂〜X₄もAの共同相続人で、Aの妻および子）の4名が原告となり、Bの相続人Y₁・Y₂（前訴被告Cは前訴係属中に死亡）およびY₁らから本件土地の一部を譲り受けたY₃の3名を被告として、昭和23年の買収処分が無効であることを理由にして、所有権移転登記抹消登記に代わる所有権移転登記請求の訴えを提起した。これが本件（後訴）である。

第一審で、Y₁らは、訴権の濫用のほか、10年の時効取得を主張したところ、後者が認められて、X₁らの請求棄却。控訴審では、X₁らは、昭和24年頃のAとBとの間の所有権返還約束を原因とする所有権移転登記請求および耕作物収去・土地明渡請求を追加した。控訴審は、第一審判決を取り消し、信義則により訴えを却下した。上告審も、上告棄却。

上告審では、後訴請求が前訴の請求と訴訟物を異にすることを前提としつつも、①「前訴と本〔後〕訴は、訴訟物を異にするとはいえ、ひっきょう、Aの相続人が、Bの相続人及び右相続人から譲渡をうけた者に対し、本件各土地の買収処分の無効を前提としてその取戻を目的として提起したものであり、本訴は、実質的には、前訴のむし返しというべきものであ」ること、②前訴で本訴の請求をするにつきなんらの支障もなかったこと、③それにもかかわらず、さらに本訴の提起を許すときは、本訴提起時にすでに本件買収処分から約20年を経過しており、本件買収処分によって売渡しを受けたBおよびその承継人の地位を不当に長く不安定な状態に置くことになること、を考慮すると、本訴提起は「信義則に照らして許されない」と判示した。

このような遮断効が肯定されるとなると、訴訟上の請求という観念による既判力の客観的範囲と矛盾しないか、さらには、争点効とはどのような関係に立つのかを明らかにする必要がある。

2 遮断効論（私見）

これに関する私見は、つぎのように要約できる。

(1) 主要な争点と「正当な決着期待争点」との一致とずれ

まず、ある訴訟において「主要な争点」と認識されたものと、それに関連して相手方当事者が最終決着がついたと期待する争点（これを「決着期待争点」という）とがあり、この両争点が一致しないことがある。そのような場合に、他方当事者の態度を含めた手続経過ないし紛争過程の諸々の状況（これを私見では、「手続事実群」という）から、もっとも公平であるといえる争点を探索する必要があるが、その最適解となる争点を、ここでは、「正当な決着期待争点」ということとする。

　(ア)　モデルⅢ　　主要な争点と正当な決着期待争点とが一致する場合には、当事者責任がストレートに働く場合である。主要な争点について、互いに相手方に対し、攻防を尽くすことを正当に要求でき、現実に攻防を尽くした場合には、その争点について決着をつけることが、相互に期待されている場合であり、両当事者がその争点に関する裁判所の判断に従うというのが、両当事者の共通の了解である。それにもかかわらず、裁判所の結論に反する主張を蒸し返すのは、共通の了解に反し、相手方に対する不信行為として許されない。そのような蒸し返し行為は、審理を要求できるとの訴訟上の権能の濫用にあたるといえよう。

　たとえば、売買契約に基づく所有権移転登記請求の前訴において、売買契約が売主の錯誤による取消しの効果が主要な争点となっており、そのほかに売買契約の効力にかかる主張立証はなく推移した場合には、売買契約の効力について攻防を尽くすべき要求が相互に生じ、それが正当な決着期待争点になる。そのような場合には、売主の錯誤による取消しが認められて請求棄却となり、その判決が確定した後は、買主は、再度売主を訴え、売主には錯誤はなかったと主張して目的物の明渡しを請求しても、売買契約は錯誤に基づく取消しにより無効であるとの判断に遮断効が生じ、後訴は請求棄却を免れない。このような遮断効は、まさに、争点効の範疇に入る（モデルⅢの1）。この後訴において、たとえば、原告買主が、売主に錯誤があったとしても、売主には、重大な過失があったと主張する場合はどうか。やはり後訴は、紛争を蒸し返すものとして、売買契約は無効であるとの前訴判決の判断により、後訴は請求棄却を免れないであろう。ただ、売主に重過失があったとの主張は、前訴で争点になったわけではなく、裁判所も判断してい

ない点を強調するとすれば、この場合の遮断効は、争点効モデルを若干はみ出した事例（モデルⅢの2）といえよう。

　　(イ)　モデルⅣ　　つぎに、最高裁昭和51年判決にみられる遮断効（51型遮断効）（モデルⅣ）とは、買戻契約は有効かどうか（A争点）を主要な争点とした原告敗訴の判決が、前訴でもち出されなかった国の買収処分は無効かどうか（B争点）を主要な争点とする原告の後訴を不適法とする効果である。ここで、B争点の失権を正当化するものは、前訴の紛争過程における原告の態度を中心とした手続の諸経過から、原告がA争点のみの決着によって所有権の帰属（C争点）についても最終決着とすると被告に思わせ、被告がそう期待しても無理のない状況（ある程度、B争点がもち出されない状態が長く続くという事実が入ってこざるをえないだろう）が認められることであり、争点効における後訴の主張を遮断する根拠とは異なっている[*]。

　　〔*〕　数量的一部請求を全部または一部棄却する判決確定後の残部請求は、特段の事情のないかぎり、信義則上許されないとする最判(二小)平10・6・12民集52巻4号1147頁は、審理の方式からみて、正当な決着期待争点は「現存額がいくらか」という点にあることがかなり明確な場合であるが、訴訟物を超えた遮断効を認める事例として、形式的には、モデルⅣの系に位置づけることができる。新堂「審理方式からみた一部請求論の展開」佐々木吉男先生追悼論集『民事紛争の解決と手続』21頁以下（2000・信山社）〔同・権利実行277頁〕参照。

　　(ウ)　モデルⅡ　　さらに、正当な決着期待争点を訴訟物レベルにおく場合の遮断効は、ほかならぬ既判力の作用とみることができる。前訴請求と後訴請求とがまったく同じであり、各請求の主要な争点も同じである場合は、既判力がストレートに働く（モデルⅡの1）。また、後訴の主要な争点が前訴において主張立証されていないとしても、訴訟物の役割として、訴訟物に正当な決着期待争点があらかじめ設定され、そのことが警告されているという点から、後訴が同一の訴訟物をもつかぎり、原則として、後訴は排斥されることになる（モデルⅡの2）。そして、後訴の主要な争点Bが前訴でもち出されていなくとも、既判力によって遮断されることを正当化する根拠は、後訴の訴訟物が前訴の訴訟物と同じであることによる訴訟物の役割に求めることができる。

　　(エ)　モデルⅠ　　例外的に、前訴と後訴が同一の訴訟であっても、訴訟物の

736 第3編 第一審手続 第7章 終局判決

範囲枠一杯に遮断効を働かせることが、一方当事者にとって極めて酷な場合もないではない。それは、訴訟物の枠一杯の遮断効を期待する当事者をその期待通り保護したのでは、その相手方が後訴を遮断されることによって被る侵害が大きく、著しく公平を害するという事情が認められる場合と考えられる。たとえ前訴の過程中、訴訟物の枠一杯の遮断効が警告され、訴訟物の枠一杯の紛争の決着が制度的に要請され期待されていたとしても、前訴において主張立証することを期待することがおよそ無理であったという争点Bについては、これを後訴で遮断してしまうことは当事者間の公平を著しく害してしまう。このような場合の評価規範としては、訴訟物レベルに、正当な決着期待を求めることはできないことになる（モデルⅠの1）。

たとえば、前訴当時は予想しえなかったような後遺症による損害賠償を後訴で請求する場合などがその例といえよう（⤷p695(a)）。また金銭の支払請求に対し、被告から限定承認の抗弁が出され、これが認められて、相続財産限度で支払えとの判決が確定した後、被告が相続財産を隠匿処分していたことがわかったので、原告が限定承認の効力を再度争って、無条件の支払請求をする場合などは、原告の再度の主張は排除されるべきではないであろう[1]。

　㋑　**各モデルの相互関係**　　正当な決着期待争点が主要な争点と一致する場合だけでなく、決着期待争点が主要な争点よりもより上位のレベルで考えられている場合（モデルⅢの2）をも争点効の場合として取り込むかどうかは、言葉の問題ともいえなくはないが、少なくとも決着期待争点が訴訟物を超えたレベルになった「51型遮断効」（モデルⅣ）などは、それとして命名し、これを争点効と既判力との連続線の他方の極限に位置づけておくのが、判決の遮断効を統一的に理解しその理論をいっそう深めることに役立つと思われる。

　すなわち、51型遮断効は、主要な争点と決着期待争点とが極限近くまで乖離し

1）　新堂「責任限定を明示した給付判決の効力」我妻・追悼〔同・争点効(下)14頁〕。反対、最判(二小)昭49・4・26民集28巻3号503頁。最判(二小)平9・3・14［平5（オ）921号］判時1600号89頁は、モデルⅠの系に属する興味ある事例（⤷p737図表〔モデルⅠの2〕）を提供しており、その福田裁判官の反対意見は筆者の考えに近い。しかし、私見では、既判力によって遮断されない後訴において争点効が認められる。これについては新堂「既判力と訴訟物再論」原井・古稀247頁・265頁〔同・権利実行249頁・270頁〕参照。

第 4 節　判決の効力　737

（図表）

〔モデルⅠの 1〕
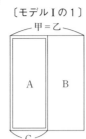
Bに基づく乙請求は可能

〔モデルⅠの 2〕

〔モデルⅡの 1〕既判力

〔モデルⅡの 2〕

Bに基づく乙請求は遮断

〔モデルⅢの 1〕争点効
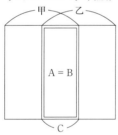

〔モデルⅢの 2〕
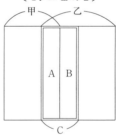

〔モデルⅣ〕　51型遮断効
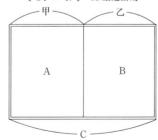

| 甲 = 前訴請求 |
| 乙 = 後訴請求 |
| A = 前訴の主要な争点 |
| B = 後訴の主要な争点 |
| C = 正当な決着期待争点 |
| ☐ = 遮断効の範囲 |

738 第3編 第一審手続 第7章 終局判決

た事例であり、これと対極の端に、主要な争点と決着期待争点とが乖離せず、前
訴での主要な争点が後訴でもそのまま主要な争点となり、それについて新しい主
張も証拠の提出もないというようなケース——争点効の働くいわば基本的ケース
（モデルⅢの1）——を置き、その両者の中間に、主要な争点と決着期待争点との
乖離の度合に応じて、さまざまなケースを位置づけることができるであろう。そ
して、その乖離の度合が大きくなれば大きくなるほど——つまり51型事例に近づ
けば近づくほど——、正当な決着期待争点を判断する要素もまた、51型遮断効の
それに近づくという関係を認識することができるのではなかろうか。またこの観
点から、既判力なるものを位置づけるとすれば、前述のように正当な決着期待争
点が、訴訟物の枠と一致するときの遮断効こそ、既判力として制度的に保障され
た判決の遮断効という位置づけになる。

（2） 訴訟指揮の指導理念と遮断効論

裁判官の訴訟指揮の指導理念・行為規範の面から、さらに付言するならば、決
着期待争点をなるべく明確にし、それに現に争われている主要な争点との関係を
当事者に了知させるようにすべきであり、予想される正当な決着期待争点につい
てなお未提出の主張があり、かつ、それが真面目に審理するに足りる実質的な攻
撃防御方法であることが予想されるならば、それについて失権するかもしれない
ことを予告し、その決着期待争点についていっそう充実した審理を目指すべきも
のと思われる[2]。そのようにして行われた審理の結果、正当な決着期待争点をど
こに位置づけるかは、すでに行われた審理の経過の見直しの問題、すなわち評価
規範の問題として扱われるべきものである。問題は正当な決着期待争点をどこに
求めるのがベターかであるが、給付訴訟の場合、給付請求権の基礎たる権利、た
とえば、所有権の存否、売買契約の有効無効に決着期待争点が来るように誘導す
るのが望ましいのではないか。またそこまで要求しても、個々の訴訟を重くする
という批判は、必ずしも当たらないであろう。所有権確認訴訟が提起されれば、
決着期待争点は、いやおうなく、所有権の存否のレベルまで、直ちに高められる
はずであり、そのように高められたからといって、訴訟が重くなるという批判は

2） 最判(一小)平9・7・17判時1614号72頁、最判(二小)平12・4・7判時1713号50頁、新堂「既判
力と訴訟物再論」原井・古稀258頁以下〔同・権利実行262頁以下〕参照。

あり得ないからである[3]）。

第7款　その他の効力

　判決の判断内容に生じる効力には、さらに執行力、形成力、法律要件的効力、反射効（または反射的効力）、参加的効力がある。

1　執　行　力
（1）　狭義の執行力
　執行力には、二つの意義がある。狭義には、裁判で命じられた給付内容を実現するために強制執行手続を利用できることを裁判のもつ効果とみて執行力という。通常、執行力といえば、この意味の執行力を指す。この執行力は、判決の中では、給付判決のみに生じ、判決の確定を待って生じるのが原則であるが、仮執行宣言によって確定前にも付与される（民執22条1号・2号参照）。

（2）　広義の執行力
　強制執行以外の方法によって判決内容に適合した状態を実現できる性質をいう。たとえば、確定判決に基づいて戸籍簿の記載・訂正、登記の抹消・変更を申請できることを、判決の効力としてみた言い方である（判決によって執行の停止・取消しを申し立てることができるのもやはり広義の執行力の一例である、民執39条1項1号2号6号7号・40条）。これは、判決に基づく戸籍届出または登記申請という手続が別に規定されていること（戸63条・77条・79条・116条、不登63条1項）に基づいて認められた効果であり（被告に登記手続を命じる給付判決の確定によって登記申請に必要な被告の意思の陳述が擬制されるのは、狭義の執行力に基づく効果であるが（民執174条1項）、そのような確定判決によって原告が単独で登記手続をとり、その内容通りの登記が行われる関係は、広義の執行力に基づくと考えられる）、給付判決に限らず、確認判決、形成判決にも認められる。この効力は、判決の確定を待ってのみ生じると解される場合が多いが、

　3）　なお、以上の私見については、新堂「判決の遮断効と信義則」三ケ月・古稀㊥477頁、とくに512頁以下〔同・展開3頁、とくに37頁以下〕、同「正当な決着期待争点」中野・古稀㊦1頁以下〔同・展開47頁以下〕。最高裁昭和51年判決後の判例の傾向については、新堂・前掲中野・古稀㊦8頁以下〔同・展開52頁以下〕参照。

例外的に、確定前にその効力を発揮させるために、仮執行の宣言を付す必要のある場合がある（民執37条1項後段）。

（3） 執行力をもつ証書（債務名義）

給付判決のように、給付義務を明記した証書で、その義務について強制執行ができるとされる（狭義の執行力をもつ）ものを債務名義というが、これには、判決以外のものもある。

(ア) **給付判決**　判決で執行力が生じ債務名義となるのは給付判決だけである。確認判決、形成判決には認める余地がない（もっとも、これらの判決でも訴訟費用の裁判には執行力がある）。給付判決の中でも、命じられた給付義務が性質上強制執行の許されないものであるときは、執行力がない（たとえば、同居を命じる判決、小説を書くことを命じる判決など。謝罪広告を新聞に掲載すべきことを加害者に命じる判決には執行力が認められる、最判(大)昭31・7・4民集10巻7号785頁）。

(イ) **給付判決以外の債務名義**　執行力は、判決にかぎらず、確定判決と同一の効力をもつ調書（267条）、仮執行宣言付損害賠償命令（犯罪被害保護32条2項）、仮執行宣言付支払督促、抗告に服すべき裁判、一定の要件を具備した公正証書（執行証書）などにも認められる（民執22条3号-7号）。決定または命令は、告知により成立するとともに（119条）、即時に執行力（広義の執行力も同様）を生じるのが原則である（例外、家事74条2項、民執159条5項）。

外国判決は、そのままでは執行力はなく、これに基づいて強制執行をするには、あらかじめ訴訟によって執行力のある旨を宣言する執行判決を得る必要がある（民執22条6号・24条[*]）。仲裁判断も同様であったが（旧公催仲裁802条）、仲裁法（平15・法138）の制定により、「執行決定」を求めることとなった（同46条、民執22条6号の2）。

〔*〕　**執行判決請求訴訟の具体例**　①最判(二小)平9・7・11民集51巻6号2573頁は、執行判決請求事件において、カリフォルニア州裁判所が懲罰的賠償として支払を命じた確定判決を、日本の公序良俗に反するとして承認しなかった。また、②最判(二小)平31・1・18民集73巻1号1頁の執行判決請求事件は、カリフォルニア州裁判所の手続において判決の送達がなかったケースについて、その判決内容を被告に了知させることが可能であったことがうかがわれる事情のもとでは、その了知の機会が実質的に与えられ不服申立ての機会が与えられていたか否かについて検討することなく、直ちに民訴法118条3号にいう公序に反するとした原判決を破棄し、事件を原審に差し戻している。②は手続保障の内容を

第4節　判決の効力　　*741*

考えるうえで参考になる。

（4）　執行力の限界

　㋐　**執行力の客観的範囲**　　これは既判力の客観的範囲と同じであると考えるのが通説であったが、近時再考察すべきであるとの説が唱えられている[1]。確かに、不作為義務についての違反結果除去の強制執行などは、明らかに、既判力で確定した不作為義務と執行により実現しようとする違反結果除去義務およびその費用支払義務とが異なる。判決手続は、訴訟物たる権利の確定を目的としているのに対して、強制執行手続は、債務名義で認められた給付義務の任意履行によって実現されるべき結果（給付利益）とできるかぎり同じ状態を、債務者の協力なしに実現することが目的であり、このような目的の違いを踏まえた分析が必要である。また客観的限界として、その債務名義によって強制実現できる給付内容の範囲ないし限界の問題がある。たとえば、建物収去土地明渡の債務名義取得後に建物買取請求権が行使された場合には、同一の債務名義により、建物退去、土地明渡の執行ができる（東京高判平2・10・30判時1379号83頁、最判（二小）平7・12・15民集49巻10号3051頁）。また、類似商号使用差止請求を認容した確定判決後、わずかな変更を加えただけの類似商号の新たな使用に対して、同一の債務名義による間接強制を認めることも可能といえる。侵害態様のちょっとした変化に対応して繰り返し新訴を起こさなければならない債権者の不便と新しい商号を使えるという債務者の自由との調整の問題として解決されるべきであろう[2]。

　㋑　**執行力の主観的範囲**　　ある債務名義によって、どの範囲の人のためにまたはどの範囲の人に対して執行できるかという人的限界の問題がある。人的限界（主観的限界）については、形式説にいう既判力の拡張が認められても、その既判力を受けた第三者に固有の防御方法が成立するときには、執行力はこれに及ばない[*]。

　〔*〕　**執行力の拡張と既判力の拡張**　　従来両者は、まったくパラレルに考えられてきた。しかし、既判力の拡張について形式説と実質説との対立を見出し、形式説に立つ場合には（→p707(b)）、両者を区別して考える必要が生じる。すなわち、執行力の拡張という語は、

1）　中野貞一郎「執行力の客観的範囲」山木戸・還暦(下)〔同・現在問題258頁以下〕。
2）　中野・民執278頁。札幌高決昭49・3・27判時744号66頁は反対。

強制執行の要件を明確にするために、債務名義に記載されていない第三者に対しても（または第三者のためにも）強制執行ができるかどうかを示す言葉として用いるのが適当と考えられるが、この意味の第三者に対する（または第三者のために）執行力の拡張を肯定するためには、その第三者が形式説の既判力の拡張を受けることのみならず、その第三者の側に（または第三者に対して被告に）固有の防御方法が成り立たないことが肯定される場合でなければならない。

ただし、現行法上、こうした第三者に対しても執行力があることを簡易に認める手続がある（民執27条2項、特別な場合として同条3項・23条、有限責任事業組合契約に関する法律〔平17・法40号〕21条）。そこでは、第三者に対する（または第三者のための）給付命令の内容を明確にすることと合わせて、上記の要件が一応認められるかどうかについて、簡易に審理され、これらが肯定されれば、第三者に対して（または第三者のために）執行力ありとする執行文が付与されることになっており、この執行文の付与された債務名義で強制執行を適法に進められることになる。そこで〈簡略な一応の判断によって、既判力が及ぶこと、および固有の防御方法が成立しないことが認められるときに、「執行力の拡張」が認められる〉と考えておく必要がある。

もちろん、このような簡易手続で執行力の拡張が否定されても、執行文付与の訴え（民執33条）で、第三者に対する執行力を得る途もあるし、逆に一応の判断で執行力を認められても（執行文を付与されても）、執行文付与に対する異議の訴え（民執34条）によって、否定されることもある。これらの、第三者との間で展開される新たな判決手続においては、前主に対する判決の、形式説のいう既判力の拡張と固有の防御方法の成否が審理内容となり、その内容はちょうど原告が第三者に対して（または第三者が被告に対して）前訴判決後に、新たに給付の訴えを提起した場合、または第三者が原告に対して（または被告が第三者に対して）新たに債務不存在確認の訴えを提起した場合とまったく同様であり、そこに執行力の拡張という観念を介在させる余地はない。もっとも、これらの訴え（民執33条・34条）の結果、執行力が肯定される場合に執行力の拡張があると説明することはできなくはないが、これらの訴えの審理内容を明確にする言葉としては、「執行力の拡張」の語は、むしろ、民執27条2項・23条1項3項などによって、第三者に対し簡易に執行力が認められる場合（執行文が付与される場合）に限定して用いるのがベターであろう（以上については、新堂「訴訟当事者から登記を得た者の地位(2・完)」判時643号（1971）〔同・争点効(上)338頁〕参照）。

2　形成力

これについては、すでに述べた（→p205・p212(**2**)）。

第4節　判決の効力　　*743*

3　法律要件的効力

民法その他の法律が、確定判決の存在を要件事実として、一定の法律効果の発生を規定する場合があるが、その効果を判決の効力としてみて、とくに法律要件的効力ということがある[3]。しかし、これは、むしろ他の法律の規定に基づく効果の発生であって、判決に通常生じる効力ではない。たとえば、確定判決による時効の進行および短期時効の普通化（民147条・169条1項）、判決の確定による供託物取戻権の消滅（民496条1項）などがある。いわゆる広義の執行力といわれる効果も、これに属するとみてよい（判決内容に適合した状態を実現できるのは、確定判決のあることを要件として、判決内容に適合する状態を作り出す一定の手続──戸籍申請とか登記手続──が別に法定されていることに基づくからである）[4]。

4　反　射　効

（1）　意義

　⑺　当事者間に既判力の拘束のあることが、当事者と特殊の関係にある第三者に、反射的に利益または不利益な影響を及ぼすことを、既判力の拡張とは別個に、判決の効力の一種として反射的効力または反射効とよぶことがある[5]。

たとえば、①保証人は、主債務者と債権者の間の判決の既判力を受けないが、主債務者が勝訴判決を得て債権者に弁済する必要がなくなれば、保証債務の付従性（民448条）から保証人も債権者に対してその勝訴の結果を援用できる。②共有者は、他の共有者が共有物について取り戻し、または妨害排除の請求で第三者に対して勝訴した場合は、これを保存行為として（民252条ただし書）、第三者に対してその判決を援用できる。③無限責任社員のみで設立されている合名会社にあっては会社が受けた判決の効力は、会社法576条2項・580条1項・581条によって、社員の有利にも不利にも及ぶ。④一般債権者は、債務者が第三者との間で債務者

---

3)　鈴木正裕「判決の法律要件的効力」山木戸・還暦⒟149頁。
4)　勅使川原和彦「詐害行為取消請求訴訟の判決効に関する若干の検討」徳田・古稀（2017）409頁以下は、改正民法425条にいう確定判決の「効力」とは、この種の法律要件的効力とみるべきではないかと論じている。なお→p295〔＊＊〕-296参照。
5)　兼子・体系353頁、斎藤・概論402頁。ただし、注釈民訴⑷447頁以下〔伊藤眞〕は反射効概念を認めない。

の財産の帰属について受けた判決の効力を受ける、といった例が挙げられる[6]。

(イ) このような効力は、確定判決があったことを、当事者間で判決どおりの和解契約を結んだことと同視して、この和解契約に拘束される第三者がいるかどうかを実体法的に探索し、もしいれば、その者に判決の効力も及ぼすという考え方に基づいて認められてきたものである。この効力が既判力と同じものか、それとは別のものかが争われているが[7]、その性質決定自体にどれだけの実益があるかは疑わしい。

問題は、そのような効果を認めるのが妥当かどうか、どういう要件の下にどの範囲で認めるのが合理的か、たとえば、第三者の利益に働く場合にのみこの種の効力を認めるとする、いわゆる「勝てば官軍」説的発想[8]が妥当かどうか、また、その効力の有無を決定する上で、判決を和解契約と同視してその第三者に及ぼす効果から判決の拘束力を割り出すという理論が有効なものであるか、どのような場合に有効か、という点にあろう[9]。

（2） 反射効が第三者に不利益に及ぶ場合

既判力の拡張と同視するかどうかを別としても、既判力の拡張の場合と同様、第三者が当事者となることなしに訴訟の結果を不利益に受けることを認めるならば、第1に、なに故にその者の裁判を受ける権利を害しないかを吟味する必要がある[10]。

(ア) 合名会社とその社員は、会社が債務を負えば社員はつねにその連帯債務を負うという実体関係にあるが、そのような関係にあることだけから、社員の連

6） これらの例および学説の詳細については、鈴木正裕「既判力の拡張と反射的効果(1)(2)」神戸法学雑誌9巻4号508頁・10巻1号（1960）37頁。

7） 鈴木正裕「判決の反射的効果」判タ261号（1971）2頁参照。

8） 加藤正治「判例批評」法協41巻1号（1923）〔同『民事訴訟法判例批評集1巻』（1926・有斐閣）55頁〕。

9） 三ケ月章博士は、反射効による解釈論に反対し立法による解決を主張するが、勝てば官軍説にみられる発想は既判力の片面的拡充という立法論の支えとして活用すべしとする、三ケ月・35頁、同「わが国の代位訴訟・取立訴訟の特異性とその判決の効力の主観的範囲」兼子・還暦(中)〔同・研究6巻60頁〕。

10） 竹下守夫「判決の反射的効果についての覚え書」一橋論叢95巻1号（1986）30頁は、反射効を不利に受ける者を共同被告にすることが可能であったのであるから、それをせずに反射効を不利に及ぼすことは正当化されないと論じ、不利に作用する反射効を否定するが、やや狭すぎるであろう。

帯債務の存否の前提問題として会社の債務の存否・態様を、社員自身が会社とは別に債権者と訴訟で争う利益を当然に否定することにはならない。紛争解決の相対性という原則からすれば、会社が債務を負うと判決されても、債権者と社員との間の訴訟では、会社は債務を負わないと判断することはむしろ妨げないはずである。

　しかし、合名会社の場合は、会社にかかわる権利義務関係については、社員間の強い信頼関係から、個々の社員の訴権利益は会社代表者による訴訟追行によってつねに代表されているとみても、社員の手続における利益保護に欠けることがないといえるし、また、社員自身も社員となることによって代表者による会社の訴訟追行の結果に全面的に服することを第三者に向かって意思表示していると解し得る。その意味では、社員となったことで任意的訴訟担当が当然に行われている関係にあるといえ、会社の受けた敗訴判決の効力（既判力・争点効）がそのまま社員に及んだとしても、社員の裁判を受ける権利を侵害したことにはならないと考えられる（社員は、その効力を排除する固有の防御方法として、自分は社員でないという主張をすることは妨げられない）。

　また、一般債権者は債務者が第三者との間で受けた判決の効力（既判力および争点効）を利益にも不利益にも受ける。一般債権者は、倒産手続が開始されたり、債権者代位権（民423条）、詐害行為取消権（民424条）の要件を満たす場合にかぎって、債務者の取引活動に介入する権能をもつにすぎず、通常は、債務者による処分の自由を前提にした債務者の総財産から満足を受ける地位しかもたない者である。したがって、債務者が第三者との間の訴訟で、ある財産は債務者のものでないと確定したときには、その効果は当然に一般債権者に及ぶ。一般債権者は、この効果を排除するためには、債権者代位権・詐害行為取消権、または倒産手続上の否認権の行使（破160条・161条・162条、民再127条、会社更生86条）をもって排除する以外には介入できない。

　(イ)　これに反して、甲が乙に土地を賃貸し、乙がその地上に建物を所有しこれを丙に賃貸している場合、甲乙間で、賃貸借の解除を理由にして建物収去土地明渡しの判決がなされても、その判決の効力によって、丙は、当然に甲の土地明渡請求を拒めなくなるわけではない。実体法上、乙が丙の了解なしに甲との合意によって土地賃借権を消滅させたとしても、このような丙を除いた甲乙間の行為

は丙に対抗できないとして、乙の地位とは別に丙の地位が保護されるべきである。このような丙の実体法上の地位にふさわしい訴訟上の取扱いとしては、丙を除外した甲乙間のみの訴訟の結果は丙を除外してなされた交渉の結果たる両者間の合意と同視できるから、丙は、甲乙間の訴訟の結果に拘束されず、甲乙間の賃貸借の効力について、独自に訴訟追行をする地位と機会を与えられるべきであろう（最判（二小）昭31・7・20民集10巻8号965頁は同結論）。

(ウ) 判決を和解と同視して、その和解契約の効力を不利益に受ける第三者ならば判決の効力も受けるべきだとする理論は、上記にみるように、第三者の実体法上の地位に不利益を及ぼす当事者間の係争利益の変動があった場合に、この第三者に訴訟上どれだけの手当てをするのが実体法的にみて適切かの判断を簡潔に割り出す基準として、卓抜したものというべきであろう。

（3） 反射効が第三者に利益に及ぶ場合

この場合には、判決の効力が第三者に不利益に及ぶ場合と違い、第三者の方の裁判を受ける権利は問題とする必要はない。むしろ敗訴当事者から、第三者との間で訴訟を追行する機会を不当に奪わないかの考慮が必要になる。ここでは、〈敗訴当事者が相手を代えて紛争の蒸し返しをすることは勝訴当事者および第三者に対して信義に反するから、この敗訴当事者から第三者との間の訴訟追行の機会と地位を奪っても、敗訴当事者の裁判を受ける権利を侵害したとはいえない〉と評価できるかどうかが問われなければならない。

(ア) たとえば、債権者が主債務者に対して敗訴した場合に、その判決主文の内容を保証人に対する関係でも争えなくなるのは、保証債務の付従性によると考えられているが、保証債務の付従性というだけで、紛争解決の相対性という民事訴訟の原則を当然に排除することになるかは問題である。債権者と主たる債務者との間の訴訟で主債務の不存在が確定しても、債権者と保証人との間の訴訟で主債務の存在を認定することは、紛争の相対的解決という原則からすれば否定されるわけではないから（現に主債務者との間で主債務があると判断されても、保証人との間の訴訟で主債務がないと判断することは可能とされている）、主債務者との訴訟の結果に関係なく、債権者と保証人との間では主債務の存在を認め、保証債務の存在を認めることも、論理的には可能であり、そのような解決も、債権者と保証人間の紛争の解決基準としての保証債務の付従性の原理を無視しているわけではない（債

権者と保証人の間で、もし主債務が消滅したと判断されれば、付従性によって保証債務もない
と判断されるという形でこの原理は働いている）。この場合、保証人の求償債権が認め
られるかどうかも相対的に解決される。そのため、債権者と保証人との間では主
債務、保証債務がともに存在すると判断されながら、保証人と主債務者との間で
は、それらの存在したことが認められず、求償権が認められない可能性もあるが、
紛争の相対的解決という原則の上では、それほど不思議な状況ではない（甲から
乙が不動産を買得し、丙が乙から抵当権の設定を受けた後、甲乙間で売買は無効だから所有権
は甲にあると判断されても、甲丙間で甲乙の売買が有効で乙に所有権があると判断することは
許されていることと対照してみよ）。保証人の訴訟追行の拙劣さが、保証人の一方的
な出捐をもたらしたとしても仕方がないということができる。

　それにもかかわらず、主債務者に対して敗訴した債権者が保証人との間でも拘
束力を受けることが一般に受け容れられやすいのは、第1には、第三者（保証
人）の裁判を受ける権利に関係しないかぎりは、保証債務の付従性を訴訟上にも
反映させ、二つの関連した紛争——主債務者との間の紛争と保証人との間の紛争
——のそれぞれの解決結果においても保証債務の付従性に反しないようにするた
め、判決の効力を第三者にも及ぼして統一的な解決を図る——その限度で相対的
解決の原則の例外を認める——のが、この種の関連紛争の解決方法として常識的
であり妥当であるとの考慮が働いていること、第2には、債権者が主たる債務の
存否について主たる債務者と争って裁判所によって不存在と判断されたのに、主
債務の存在・態様につき付従する債務を負う保証人との間で、主債務の存在をも
う一度主張するのは、実質的には紛争の蒸し返しとして許されないし（債権者は
すでに保証人との間の紛争についても、主債務の存否に関するかぎり、裁判を受ける権利を行
使ずみといえる）、当事者が訴訟の結果についてとるべき責任の内容としても、債
権者は保証人に対する関係でも主債務の不存在を争えないとするのが公平である
という考慮が働いているとみられる[*]（これは既判力の拡張の一例といってよい）。

〔*〕　**既判力と反射効の交錯**　主債務者が勝訴する前に債権者が保証人に対して勝訴の確
　　定判決を得ている場合には、その既判力に拘束される保証人は、主債務者が後に勝訴の確
　　定判決を得たとしても、これを援用して、自ら受けた敗訴の確定判決を否定することはで
　　きないとされよう。
　　　最判（一小）昭51・10・21民集30巻9号903頁は、債権者甲が、債務の支払を請求して、

748 第3編 第一審手続 第7章 終局判決

主債務者乙と連帯保証人丙とを共同被告として訴えたところ、丙は、請求原因事実をすべて認め、乙はこれを争ったので、弁論が分離され、昭和41年11月、丙に対する甲の勝訴判決が確定した。その後、昭和45年8月、乙勝訴の判決が確定した。昭和48年12月に甲が丙に対する強制執行を開始したところ、丙は、乙の勝訴判決を援用して請求異議の訴えを提起した事件である。判旨は、丙の請求異議を認めなかった。一般に乙勝訴判決の反射効の丙による援用が認められるとしても、主債務者乙の勝訴の理由になった事由（主債務はそもそも不成立であったという事由であり、それは丙敗訴判決の基準時よりずっと以前に生じていたといえる）が、丙敗訴判決の基準時以後に生じたものでないかぎり、丙は自己の受けた確定判決の効力（既判力）により請求異議事由とすることはできないとする。

既判力の性質を形式的理論的に筋を通したものといえるが、反面、据わりの悪い判決である。丙が初めに請求原因を争わないとした真意は、すべては乙に任せるというものではなかったか、弁論を直ちに分離して別々に判決することに問題はなかったかなど、疑問が多い。

霜島甲一・本件原判決評釈・判タ323号（1975）90頁は、丙の真意が「甲乙間の訴訟の勝敗に関係なく自分は争わない」というものであることがはっきり確認されないかぎり、弁論を分離して丙敗訴の判決を先に出すべきではなかったとする。「すべては乙に任せる」という程度のものであったとするならば、弁論は分離しても、甲乙間の訴訟が判決に熟するのを待って、再び弁論を併合して統一的な判決をすべきであったとし、本件のように先に丙に対する判決を出したのは誤りであり、丙の意思を無視しないために、丙の敗訴判決確定後においても、第一審と同様に、乙の勝訴判決を援用した丙の請求異議の訴えを許すべきであるとする。弁論の具体的経過（手続事実群）を判決（丙の敗訴判決）の遮断効の範囲に反映させた興味ある解決案というべきであろう（高橋・重点(上)766頁）。同種のケースへの教訓としては、まずは丙の真意を確かめるべく十分な釈明をすべきであり、それがわからないならば、本件のような結果になることを防ぐ措置を考えるべきであったといえよう。なお、不真正連帯債務者間の問題については、畑瑞穂・百選〔第5版〕188頁参照。

(イ)　保証人が判決の拘束力を援用しうる根拠を上記のように考えると、債権者がまず保証人に対して保証債務の履行請求をし、そこで主たる債務の存否が重要な争点として争われ裁判所がその不存在を判断した場合には、債権者と保証人との間に主債務の不存在の判断につき争点効が生じるだけでなく、債権者は主債務者に対する関係でもその判断を争えないとするのが合理的である（→p731(c)）。

同様に、たとえば、甲が不動産を乙に売却して移転登記をし、さらに乙が丙に

譲渡した後、甲が乙に対し、甲乙間の売買は無権代理で無効であるとして登記の抹消請求をしたところ、売買による乙の所有権取得が認定されて甲の敗訴が確定した後で、甲が丙に対して所有権に基づく明渡請求をし、甲乙間の売買の無効を主張することは、紛争の蒸し返しとして許すべきではあるまい。甲乙間で売買の効力につき争点効が生じており、甲が乙に対する関係で売買の無効を主張し得ないならば、関連した紛争の相手である丙に対する関係でも主張しえないとする方が、公平の理念に合し、かつ、統一的な解決をもたらすものとして妥当と考えられる（これらの例は、争点効の人的拡張例といってよい）。

5　参加的効力

これについては、補助参加の項で述べる（⤵p819　5）。

第5節　終局判決に付随する裁判

1　仮執行の宣言

（1）　意義

未確定の終局判決に、確定したと同様に、執行力（広義の執行力も含めて）を付与する裁判をいう。敗訴者には終局判決に対して上訴が許されるが、上訴があると、判決の確定が延ばされ、確定を前提として生じるのが原則である執行力の発生も遅れ、それだけ勝訴者の権利の実現が阻止される。仮執行の制度は、このような不利益から勝訴者を保護し、敗訴者の上訴の利益との均衡を図るために認められた制度である[1]。

（2）　仮執行宣言の要件（259条）

（ア）　**財産権上の請求に関する判決であること**　　この種の請求であれば、執行した後上級審で請求が棄却されることになっても、原状回復が比較的容易であり、金銭賠償で収拾できるのが通常であるからである。終局判決にかぎるが（ただし、391条1項）、広義の執行力を発揮させるために必要な場合もあるから、給付判決に限らない。たとえば、執行の停止・取消し・変更・認可をする判決（民執37条

---

1)　仮執行宣言の詳細については、竹下守夫「仮執行の宣言」民訴演習Ⅰ 179頁参照。

1項後段・38条4項）、上訴を棄却する判決にも付すことができる（原判決に執行力が
生じることになる）。

終局判決でも、意思表示を命ずる判決については、その確定によってのみ執行
のあったと同じ効果（意思表示があったという効果）を認められるものであるとの理
由から（民執174条1項）、仮執行宣言を付けられないとするのが通説[*]であるが、
民事執行法174条1項は執行実現の擬制の時点を定めたにすぎず、意思表示を命
じる判決でも、財産権上の訴えであるかぎり、仮執行宣言を否定する根拠に乏し
い[2]。

　　〔*〕　**登記請求と仮執行宣言**　　通説は登記請求を念頭にして消極説をとっているとみられ
　　る（斎藤・概論407頁）。昭25・7・6法務府民事局長通達甲1832号（その解説として、竹
　　下守夫・不動産登記先例百選（1970）196頁）は、この種の仮執行宣言付判決による単独
　　の登記申請を認めない。最判（一小）昭41・6・2判時464号25頁も、同旨だが、判決の確
　　定によりその瑕疵は治癒されるとする。この消極説の根拠は、登記手続請求については登
　　記請求権保全の仮登記制度（不登105条2号）や仮登記仮処分命令（同108条）などにより
　　同様の目的を達成できるから、仮執行宣言付判決による登記の必要は大きくないことによ
　　るものと思われる（香川保一「判決に因る登記(2)」登記研究99号（1956）2頁、谷水央
　　「仮執行宣言附判決等による登記の可否」幾代通ほか編『不動産登記講座Ⅰ』（1976・日本
　　評論社）401頁）。しかし、このことから意思表示を命じる判決のすべてについて、一律に
　　その確定によってのみ執行力を生じるとするのには飛躍がある。

　　(イ)　**仮執行の必要が認められること**　　この判断は、裁判所の裁量に任される。
上級審で取り消される可能性が少ないかどうか、即時の執行が勝訴者の権利保護
のために必要かどうか、逆に、仮執行によって敗訴者に回復しがたい損害や危険
の発生のおそれはないかどうか等を考量するとともに、担保を条件とするか、仮
執行免脱宣言（259条3項）を掲げるか等の宣言の内容をも考え合せて具体的に決
めるべきである。ただし、手形または小切手による金銭の支払およびこれに付帯
する法定利率による損害賠償の支払を命じる判決には、権利の実現を早急に保障
するために、職権で必ず仮執行宣言を付さなければならない（259条2項。この場合
も担保を立てることを条件とすることができる、同項ただし書）。少額訴訟の請求認容判

────────────

　2）　中野貞一郎「作為・不作為債権の強制執行」民訴法講座(4)〔同・訴訟行為294頁〕。

第5節 終局判決に付随する裁判 *751*

決も、職権で、必ず仮執行を宣言しなければならない（376条1項）。控訴審では、金銭支払請求訴訟においては、申立てがあれば原則として仮執行を無担保で宣言しなければならない（310条。なお同条ただし書参照）。

（3）　仮執行宣言の手続

仮執行の宣言は、終局判決と同時にその主文中でする場合（259条4項）のほかに、決定でする場合がある（259条5項・294条・323条。ただし支払督促手続においては裁判所書記官の処分で宣言される、391条）。財産権上の請求に関する終局判決については、裁判所が申立てによりまたは職権で行う（259条1項・2項）。裁判所は、勝訴者に担保を供せしめて仮執行を許し、また敗訴者に対し、担保を供せしめて仮執行を免れ得ることを宣言できる[3]。

（4）　仮執行の性質および本案の判断との関係

仮執行宣言に基づく強制執行（仮執行）は、確定判決によるのと同様であり、執行そのものが仮というわけでなく、権利の終局的実現の段階まで進む（民執22条2号・4号参照）。ただ仮執行後に上級審が請求権の存否を判断する場合には、仮執行の結果を度外視して判断すべきである（金銭請求につき、最判(一小)昭36・2・9民集15巻2号209頁。仮執行によって引渡しを受けた牛を屠殺したことから、その引渡請求権は不能となったとして控訴審が原判決を取り消し請求を棄却することも許されない、大判昭13・12・20民集17巻2502頁）。なぜならば、仮執行は、上級審における請求権の存否の審理の結果請求権は存在しないとしてその判決が将来取り消されることを解除条件にして許されるものであるのに、仮執行をしたことで請求権が消滅し条件が成就するとしたのでは、上級審がなすべき請求権の存否の判断自体が不可能になるからである[*][4]。

〔*〕　執行の気勢を示されこれを免れるために被告がやむなく債務を履行した場合も、任意弁済と認められず、仮執行宣言の結果として、同様に解すべきである（竹下・前掲脚注

3）　仮執行免脱宣言（259条3項）。仮執行免脱宣言の実効性を高めるため、仮執行宣言そのものの執行開始時期を遅らせることができるとするのが判例である。東京高判平6・3・30判時1498号25頁。国に対する強制執行については、中野貞一郎「国に対する強制執行」判タ466号（1982）〔同・現在問題389頁〕。

4）　ただし、仮執行ですでに受領済みの債権が倒産時に倒産債権になるかは、別問題である。東京地判昭56・9・14判時1015号20頁、青山善充「仮執行の効果に関する一考察」法学協会百周年記念論文集3巻（1983）343頁。

1）183頁。260条2項「給付したもの」にあたる場合はすべて同様と解すべきである）。最判（二小）平24・4・6民集66巻6号2535頁は、判旨には明示されていないが、仮執行直前にやむなく任意に明渡しに応じた当該事件において、仮執行による明渡し後の控訴審での審理と同じ扱い（明渡しの事実を考慮することなく明渡請求権の存否を判断すべきだとの取扱い）をしている。また同判決では、上記取扱いは、明渡請求に併合されている賃料相当損害金等の支払請求の当否や同損害金等請求に対し抗弁として主張されている敷金返還請求権の存否を判断をする場合においても、異ならない（仮執行による明渡しの事実を考慮しないで審理すべきだ）と判示している。

（5）　仮執行宣言の失効

　仮執行宣言は、給付判決の確定前にその宣言が変更されるか、または基本である終局判決が変更を受ければ、その限度で失効する（260条1項）。この失効は既往（さかのぼ）に遡らないから、すでに完結した執行処分は、これによって無効とならない（強制競売で競落許可決定が確定していれば、競落人の所有権取得の効果は影響を受けない、大判昭4・6・1民集8巻565頁）。

　裁判所は、仮執行宣言付終局判決を変更する判決において、被告の申立てがあれば、仮執行によって被告が原告に給付したものの返還、および仮執行によってまたはこれを免れるために被告が受けた損害の賠償を、原告に命じなければならない（260条2項・3項。被告はこの申立てをする代わりに、独立に損害賠償請求の訴えを提起することは妨げない）。

　被告が、仮執行宣言付判決に対して上訴を提起して債務の存否を争いながら、同判決で命じられた債務につきなした弁済は、それが全くの任意弁済であると認め得る特別の事情のないかぎり、260条2項にいう被告に返還されるべき「給付したもの」にあたる（最判（一小）昭47・6・15民集26巻5号1000頁）。この仮執行宣言の失効による原告の被告に対する損害賠償義務は、無過失責任である（大判昭12・2・23民集16巻133頁）。原告が提供した担保はこの損害の賠償のためである。

　被告が仮執行免脱のために提供した担保は、免脱後、給付判決が維持された結果、執行が遅れたことによる原告の損害の担保のみならず、執行請求権が金銭債権であるときは、これ自体をも担保するものと解すべきである[5]。

5）　新堂・判例277頁。最判（二小）昭43・6・21民集22巻6号1329頁は、執行が遅れたことによる損害のみを担保するとする。

2 訴訟費用の裁判

裁判所は、終局判決の主文において、職権をもって、原則としてその審級の訴訟費用について、当事者のどちらにどれだけ負担させるかを裁判する（67条1項・2項等参照）。なお、詳しくは、⤵ p994 **3**。

第8章　複雑な訴訟形態

　第7章までは、もっとも単純な訴訟の形態として、一つの訴訟手続において、終始同一の原告と同一の被告が関与し、その間に一つの請求が審判の客体となっている場合を中心に考察した。本章では、複雑な訴訟形態として、一つの訴訟手続において、数個の請求が同時にもしくは時を異にして審判の客体を成す場合（複数の請求をもつ訴訟）と、一つの訴訟手続に3人以上の当事者が同時にもしくは時を異にして関与する場合（多数の当事者をもつ訴訟）とを扱う。

第1節　複数の請求をもつ訴訟

　一つの訴訟手続を数個の請求の審判に利用することが認められている。このような請求の併合審理は、当事者の訴訟追行上の負担を軽減するだけでなく、相互に関連した請求であれば、審理の重複も省け、裁判の矛盾を生じないで済む利点がある。しかし、むやみにこれを認めると、かえって審理が繁雑になり、訴訟を混乱させ遅延させるおそれもある。そこで、一方で、各類型ごとに合理的な併合要件を定める一方、これを具備する場合でも、裁判所が訴訟指揮権に基づいて弁論の制限・分離や一部判決などをすることによって、審判を分離する途をある程度認め、裁判所による状況に応じた適切な処理を期待することにしている。

　複数の請求をもつ同一の当事者間の訴訟手続は、当事者または裁判所の併合行為によって生じるが、訴訟の最初から併合されている場合と訴訟中に併合される場合とに分けられる。前者（原始的複数）は、原告が最初から一つの訴えで数個の請求をすることによって生じる（固有の訴えの客観的併合）。後者（後発的複数）は、原告による訴えの変更（143条）、被告による反訴の提起（146条）、原告または被告による中間確認の訴えの提起（145条）などによって生じるほか、裁判所による弁論の併合（152条）や判決の併合（→p559(5)）によっても生じる。

第1節　複数の請求をもつ訴訟　755

第1款　請求の併合（固有の訴えの客観的併合）

1　請求の併合の意義

（1）　1人の原告から1人の被告に対する数個の請求が一つの訴訟手続で審判される現象を、請求の併合というが、原告が当初から一つの訴えで数個の請求について審判を申し立てることによってこれが生じる場合を、とくに固有の訴えの客観的併合と呼ぶことがある。固有というのは、一つの訴えを、数人の原告が提起したり、数人の被告に対して提起する場合には、訴えの主観的併合（共同訴訟形態）を伴うこととなるし、また、訴訟の途中で原告が新請求を追加併合することは、最初の訴えを変更することになるので、これらの特別の場合を除く趣旨であり、これが請求の併合の基本型となることを示す趣旨である（ただこの「訴え」という用語は、請求と訴えとを厳密に使い分けない用法によるものであるから、意味は、請求と同義である）。

（2）　請求が1個か数個かは、請求の同一性を識別する基準によって判定されるが、いかなる訴訟物理論をとるかによって結論が異なってくる。旧説によれば、たとえば、同一給付金額を不法行為および不当利得の発生原因事実を挙げて請求するときは、原告が意識すると否とにかかわらず、二つの請求についての審判を求めたことになり、請求の併合となる[1]。新説によれば、上記の場合には、一つの請求しかなく、数個の攻撃方法を挙げたにすぎないとみられる（→p312(2)）。

2　請求の併合の要件

（1）　数個の請求が、同種の訴訟手続によって審判されるものであること（136条）

通常の民事訴訟手続と人事訴訟手続と行政訴訟手続とは、それぞれ異種の訴訟手続である（むろん、非訟手続と家事事件手続は訴訟手続とは異なる手続である）。これらの異種手続の請求を併合することは、弁論や証拠調べの基本原理の違いに応じて異種の手続をわざわざ設けた趣旨に反するから許されない。ただし、法律が許している場合[*]（人訴8条・17条、行訴13条1号・16条参照）には、併合を妨げない。な

1）　たとえば、兼子・体系365-366頁。

お、再審訴訟は、訴訟手続として異種ではないから、事実審判決に対する再審の訴えに他の請求を併合することが許される。

〔＊〕 **行政事件訴訟に併合された民事請求の審判方式** たとえば、抗告訴訟に国家賠償請求が併合された場合に、後者はやはり一般の民事事件と同じように弁論主義のもとで審理すべきかという問題がある。弁論主義の合目的的性格を強調し、このような場合に弁論主義を後退せしめるのは実際的であるとして、行政事件訴訟手続に服するとする説（三ケ月・130頁）もあるが、共通の争点については職権主義によるが、そうでない損害額などの賠償請求にのみ関する争点については、むしろ原則に戻って弁論主義の支配に任せるべきである（南博方編『注釈行政事件訴訟法』（1972・有斐閣）181頁〔上原洋允〕、矢野邦雄「関連請求の併合とその問題点」実務民訴講座(8)196頁）。職権主義をとること自体が例外現象であり、かつ、職権で証拠調べをするということも実際にはまれであるから、これを原則に戻すについては、一つの手続内でも争点ごとに整理すれば、さして実際上の困難はないと考えられる。

（2） 各請求について受訴裁判所に管轄権のあること

もっとも、他の裁判所が専属管轄権（合意による場合も含む）をもつ請求を除けば（13条1項）、普通は、7条の併合請求の裁判籍の定めによって、一つの請求について管轄権がありさえすれば、他の請求もこれに併合されることによって、管轄権が生じる。

（3） 各請求の間に関連性は不要

関連性のあることは、原則として必要でない（ただし行訴16条1項、人訴17条参照）。被告としては、一つの請求につき応訴しなければならないのならば、他の請求も同時に一つの手続で審判されるほうが別々に応訴するより便宜であるし、また訴訟の最初の段階から併合するのであるから、訴訟の遅延、防御の困難のおそれや審級の利益を考慮する必要もない（訴訟全体が遅延したり、焦点がぼけて審理が混乱するのであれば、弁論の分離・制限や一部判決などで対処しうる）。

3 請求の併合の態様

単純併合と予備的併合の二つがある。

（1） 単純併合

併合された他の請求が認容されることと無関係に、各請求のすべてについて審

判を求める併合の態様である。この場合には、裁判所は、各請求について必ず判決をすべきである。たとえば、売買代金請求と貸金請求というように、請求の内容が相互に無関係な場合はもちろんこれにあたるが、土地明渡請求と明渡しまでの賃料相当の損害金請求というように相互に関連のある場合もこれに入る。また引渡請求とその将来の執行が不能の場合のための代償請求とを併合する場合も同様である[＊]。

> [＊] **物の引渡請求と代償請求の併合** すでに履行不能なことが明らかであれば代償請求のみをせざるをえないが、そうでないかぎり、引渡請求をするとともに執行不能であった場合のために、代償請求を同時にしておくことがよく行われる。この代償請求は、将来の執行不能を条件として請求するつもりの代償請求についてあらかじめ給付判決を得ておこうとする、将来の給付請求をなすものであり、裁判所は必ず両請求について判決すべきである。引渡請求とその執行不能を条件とした代償請求とは同一時点では両立しないが、引渡請求は基準時における引渡請求権の存在を主張するものであり、代償請求は基準時以後の執行不能となった時点における代償請求権の存在を主張するものであるから——その損害を評価する時点として、基準時が選ばれている（大判(民連)昭15・3・13民集19巻530頁、最判(二小)昭30・1・21民集9巻1号22頁）のは、執行不能となる時点がいつかわからないから、それに1番近いはずの時点として便宜、基準時が選ばれたにすぎない——それぞれ主張された請求権は両立しうるし、したがってまた両請求をともに認容する判決をしてもおかしくない。
>
> もっとも、基準時までに履行不能かどうかも同時に問題となっており、原告の申立ての趣旨を、基準時にすでに履行不能ならば代償請求をするという趣旨に限定して解するならば、原告としては、どちらかを認容されれば足りるはずであり、予備的併合の態様と解すべきであろう。ただ、申立ての趣旨をそのように限定する意思が明らかでないかぎり、現在の給付請求と将来の給付請求の単純併合と解して差し支えない（→p268）。

（2） 予備的併合

第1次（主位）の請求が認容されないことを慮（おもんぱか）って、その認容を解除条件として、第2次（副位）の請求についてもあらかじめ審判を申し立てる場合の併合である。裁判所は、第1の請求を認容するときは、副位請求について審判する必要がなくなるが（訴えの取下げがあったと同様）、主位請求を棄却するときは、副位請求についても審判しなければならない。数個の請求が相互に両立しない場合にかぎって許される。たとえば、売主が代金請求をしながら、売買が無効と判断され

758　第3編　第一審手続　第8章　複雑な訴訟形態

ることを慮って、引き渡した目的物の返還を予備的に請求する場合、また目的物
の占有権限を明らかにするために、所有権確認請求をし、予備的に賃借権確認請
求をする場合に認められる²⁾。このような場合、両請求は、訴訟追行・審理の過
程できわめて密接に関連するので、二つの請求を同一の手続内で審理するほうが
当事者にとっても裁判所にとっても都合がよいし、判断の統一も図れる。しかし、
両立しない両請求を同位的に主張するとすれば、原告の主張として意味をなさな
いから（同時に、一方で売買は有効といい、他方で無効と主張することになる）、原告とし
ては両請求に順位をつけ、どちらでまず勝ちたいかを明らかにする必要がある。
それ故に、両請求に順位をつけることを条件として両請求の併合審判を可能にす
る途を認めるのが、この予備的併合というテクニックである（主位請求が容れられ
たとき副位請求を撤回するという点は、予備的併合という形態を成立させるために不可欠な事
柄ではない。ただ主位請求で勝訴すれば副位請求で敗けることは明らかであるから、原告にこ
れをさらに追行する意思がないのが当然であるところから、予備的併合の一要素とされている）。

　したがって、各請求が両立する関係にあってとくに順位をつける必要のない場
合にまで、このような条件付申立てを含む併合形態を認める趣旨ではない。当事
者がかりに各請求を予備的に併合した形の訴えを提起しても、単純併合として取
り扱うべきである（原告は、第2の訴えにつき判決を欲しないなら訴えの取下げをすべきで
ある）。

（3）　選択的併合（択一的併合）

　数個の請求のうちの一つが認容されることを残りの請求についての審判申立て
の解除条件として、数個の請求の併合審判を申し立てる場合である。裁判所は、
そのうちの一つの請求を認容すれば残余の請求について審判しないで済むが、原
告を敗訴させるには、全部の請求を棄却しなければならない。しかし、これは、
旧訴訟物理論をとる者によって、請求権競合・形成権（形成原因）競合の場合を
処理する観念として生成されたものであり、それが旧訴訟物理論の理論的破綻を
意味することについては前述した（⤵p322(オ)）。新訴訟物理論をとれば、この場合

2）　小山・民訴520頁は、所有権確認請求を棄却する理由は賃借権確認請求の審理に役立たないとし
て、この組合せの予備的併合は許されないとするが、所有権取得の事情と賃借権取得の事情とは、
実際には、密接に関連しているか、同一の事実関係に対する法的構成・評価の違いに基づいてどち
らかが認められるという場合が多いと考えられるので、予備的併合を認めてよいと考える。

第1節　複数の請求をもつ訴訟　*759*

一つの請求しかないと考え、各競合する請求権・形成権は、請求を理由あらしめる事由にすぎないとみるから、この種の併合形態を認める必要はない（最判(三小)昭39・4・7民集18巻4号520頁は、手形金請求とその原因たる貸金請求とを第一審では選択的に併合し、第二審では、予備的併合に改めたケースで、判決は、これらの併合形態を前提とした議論をしている。なお、この判決については、➡p771(3)〔*〕)。

4　併合訴訟の審判

(1)　併合要件の調査

併合要件は併合訴訟の訴訟要件であり、裁判所は、職権で併合要件の具備を調査しなければならないが、これを欠くときは、併合が許されないというだけであるから、各請求ごとに別個の訴えの提起があったものとして取り扱えばよい（大判昭10・4・30民集14巻1175頁は、職権で弁論の分離をすべしとする。その結果、管轄が異なることになれば移送し、訴状の貼用印紙が不足すれば追貼を命じる)。その他の訴訟要件は各請求ごとに調査し、欠缺があれば、当該請求について却下または移送の裁判をする。

(2)　審理の共通

弁論および証拠調べは、すべての請求のためのものとして行われる。期日はすべての請求を審理する期日であり、そこで顕出される訴訟資料および証拠資料はすべての請求についての判断の資料となる。弁論を一時ある請求だけに制限して審理した場合でも、その結果は、すべての請求の資料となる。

もっとも、弁論の分離（152条）をしてしまえば、以後は、別々の手続で審判されることになり、それぞれの手続で顕出された資料はその手続でのみ意味をもつことになる。ただし、弁論の分離は主要な争点を共通にしない各請求が単純に併合されている場合にかぎるべきである。主要な争点が共通である場合には、前後して別々に提起されれば後訴が二重起訴にあたる場合であり（➡p224(b))、二重の審判や裁判の不統一を避けるために別個の手続で審理すべきではない[3]。

---

3)　小室直人「訴の客観的併合の一態様」中田・還暦(上)197頁、217頁も同じ結論をとり、この種の併合を「関連的併合」と名づけ、単純併合の一態様でも特別に扱うべきとする。ただし、同論文では、二重起訴の禁止との関係は論じられていない。さらに次注〔*〕参照。

760　第3編　第一審手続　第8章　複雑な訴訟形態

(3)　終局判決

(ア)　**一部判決の可否**　　併合請求の全部について判決に熟したときは、全部判決をすべきである（243条1項。この場合に全部判決をしないときは、判決の脱漏（258条1項）となる）。併合請求のあるものがまず裁判に熟したときは、その請求についてのみ判決（一部判決）をすることができる（243条3項）。

ただし、単純併合の場合でも各請求が主要な争点を共通にする場合（弁論の分離が許されない場合でもある）には、一部判決によって以後の手続が二分される結果、訴訟追行上の不便（一部判決に対しては独立に控訴がなされる）や判断の不統一を招くことになるから、一部判決をすべきではない[4]。また、予備的併合の主位請求を排斥する場合も同様の理由から予備的請求と各別に判決することは許されない。

しかしこれらの場合に、一部判決をしてしまったとき、その判決の瑕疵として上訴によって取り消すかどうかは、訴訟経済・公平とのバランスで別個に考察すべきである[*]。なお、主位請求を認容する判決は、その審級では訴訟全部を完結するものであるから、全部判決である。

[*]　**一部判決の許否と一部判決の取消基準**　　一部判決の許否についても、行為規範としての一部判決の許否の基準と、一部判決をしてしまった後上訴により取り消すべきかどうかを決める基準とは、区別して考察すべきである。

たとえば、最判（二小）昭38・3・8民集17巻2号304頁が、一般論として予備的併合につき一部判決は許されないとする点は、一種の行為規範を宣言する限度では、妥当である。しかし、68万円の貸金請求のみを排斥して同額の不当利得返還の予備的請求について裁判しなかった原判決（控訴棄却判決）を破棄し差し戻している結論には、疑問がある。第1に、新訴訟物理論の立場からは、請求の併合自体がない場合といえ、判断の遺脱（338条1項9号参照）が問題になるケースと考えられるが（新堂・判例256頁参照）、この点はしばらくおき、かりに本件を予備的併合のケースであるとすれば、本件で審判の統一を確保するために原判決を破棄して事件を差し戻すまでの必要があったかは疑問である。この事件の場合、予備的請求については裁判の脱漏として原審に係属しており、他方、最高裁が上告審として、主位請求のみを棄却した原判決をそのまま維持して上告を棄却しても、直ちにその主位請求についての判断は確定するから、原裁判所が残部判決をするさいには、その確定した判断を前提にすることになるわけで、上記の一部判決を維持しても、判断の統一は十分に保ちえたと考えられるからである。なお、→ p663　2 (1)。

4）　同旨、小室・前掲注3）。

第1節 複数の請求をもつ訴訟 *761*

(イ) **控訴審の取扱い**　全部判決の一部に対して控訴したときも、すべての請求についての訴訟が移審する。

予備的併合の場合、主位請求を認容した第一審判決に対して控訴があると、副位請求も移審する。控訴審が主位請求を認容した第一審判決を取り消すべきときは、副位請求についても、第一審に差し戻さず、みずから審判できる。この場合、副位請求について第一審の審理を経ていないので審級の利益を失わせるようにみえるが、この種の併合においては、両請求が密接に関連しており、主位請求のための審理の重要部分は副位請求にも共通なはずであるから、副位請求の審理も実質上はすでに審理済みといってよい。また、控訴審になってからも、訴えの変更によって、新たにこの種の請求を追加できるとされていること（143条・297条）との均衡を考えても、控訴審は副位請求について審判できると解すべきである[*]（大判昭11・12・18民集15巻2266頁、最判(三小)昭33・10・14民集12巻14号3091頁）。なお、予備的併合訴訟の上告審の審判の範囲については→p953[*]。

[*]　**副位請求を認容した原判決に対し被告のみが上訴した場合の取扱い**　主位請求を棄却し副位請求を認容した第一審判決に対し、被告のみが控訴し、原告が控訴も附帯控訴もしていない場合には、主位請求に対する請求棄却の第一審判決の当否は審判の対象とはならないとするのが判例（最判(三小)昭58・3・22判時1074号55頁）である。しかし、原告には、主位請求の棄却部分について実質的な不服があるものとして、審判の対象になると解すべきである（新堂「不服申立て概念の検討──予備的併合訴訟における上訴審の審理の範囲に関して」吉川・追悼(下)[同・争点効(下)227頁以下]）。

　　他方、判例は、甲請求と乙請求を選択的併合として申し立てている場合に、甲請求につきその一部を認容し、原告のその余の請求（乙請求も含め）を棄却した第一審判決に対し、被告が控訴し、原告が控訴も附帯控訴もしていない場合でも、控訴審は、第一審判決の甲請求の認容部分を取り消すべきであるとするときは、乙請求の当否につき審判判断し、請求を認容できると判断するときは、第一審判決の甲請求の認容額の限度で（被告にとって原判決を超えた不利益変更にならないように）、乙請求を認容すべきであるとする（最判(一小)昭58・4・14判時1131号81頁。なお、最判(一小)平21・12・10民集63巻10号2463頁もこの先例を踏襲する）。その結論は妥当と考える。被告の控訴申立ては甲請求の認容部分に対するものであるのに、乙請求の当否の審判に当然に向かう扱いは、予備的請求についての上記判例の扱いと異なるが、この違いは、選択的併合の特質（甲請求と乙請求とを別々の「請求」とはいうものの、同一請求を基礎づける二つの「攻撃防御方法」に近い性質をもつこと→p758(3)）に由来すると思考する。

第2款　訴えの変更

1　訴えの変更の意義

訴訟の係属後に、原告が当初の訴えによって審判を申し立てた事項を変更することをいう。すなわち、当初の訴えによって開始された訴訟手続を維持しながら、中身の申立事項を変更することである。

(1)　申立事項の変更

これには、請求の同一性を変更する場合と、たんに請求の範囲（原告の利益主張の限度）のみを拡張・減縮する場合（たとえば請求金額のみの増額・減額）とがある。請求の同一性を変更する態様としては、従来の請求をそのままとして、これに別個の請求を追加する場合（追加的変更）と旧請求に代えて新請求について審判を申し立てる場合（交換的変更）とがある。

追加的変更の場合には、請求の併合となるから、単純併合と予備的併合の別が生じ、予備的併合となる場合は、どちらを主位にするかも申し立てなければならない。

(2)　攻撃方法の変更

請求を理由づける攻撃方法たる主張を変更することは、訴えの変更にならない[*]。たとえば、所有権の確認請求で、初めその承継取得を主張し、後にその原始取得を主張する場合（最判(三小)昭29・7・27民集8巻7号1443頁）である。

[*]　**訴訟物論争と訴えの変更**　　訴訟物に関する旧説によれば、訴えの変更（請求原因の変更による）となる場合も、新説によれば、攻撃方法の変更にすぎない場合が多い。同一の給付・形成を目的とした請求権・形成権が競合する場合に、一つの権利から他の権利への変更は、新説においては、請求を変えたことにならない。

　　判例によれば、①同一物の賃貸借に基づく賃料請求から賃貸借の無効に基づく不法占拠による損害金請求（大判昭11・3・13民集15巻453頁）、②ある債権に基づく請求とその更改によって生じた債権に基づく請求（大判昭7・6・9民集11巻1125頁）、③ある物の引渡請求で、被告から買い受け被告に賃貸していたところ上記賃貸借を解除したと主張し、控訴審で、被告に対する貸金債権のために売渡担保として上記売買と賃貸借がなされたが、被告が債務の弁済をしないので担保物件換価のために引渡しを請求すると主張した場合（最判(二小)昭28・4・24裁判集民事8号831頁）、④手形金請求から原因関係たる貸金債

権の請求に変更した場合（大判昭 8 ・ 4 ・12民集12巻584頁）、⑤貸金債務の支払確保のために授受された小切手が時効で消滅したとしてその利得償還請求をし、これを貸金債権自体の請求に改めた場合（最判(三小)昭31・ 7 ・20民集10巻 8 号1089頁）、⑥約束手形を裏書によって取得した原告が振出人たる被告会社に対して、初めに手形金の請求をし、後に予備的に、上記手形が被告会社の被用者によって偽造されたものならば、その被用者が被告会社の事業の執行につきなした行為により手形割引金相当額の損害を受けたとして賠償請求をした場合（最判(三小)昭32・ 7 ・16民集11巻 7 号1254頁）、いずれも、請求自体は別個だが請求の基礎には変更ないとする。

しかし、両請求とも同一の経済的利益を追求するもので、その利益の享受を正当化する法的観点ないし権利が複数考えられるにすぎない場合であるから、新訴訟物説によれば、そもそも請求の変更があるとはいえない場合である（なお、→p765〔＊〕）。

また、⑦不法占拠に基づく家賃相当額の損害賠償請求を賃料請求としてならば認容できる可能性がある場合に、後者の請求への訴えの変更を示唆することなく前者を棄却するのは審理不尽とする（大判昭 9 ・ 3 ・13民集13巻287頁）が、これも訴えの変更を示唆する釈明の問題とはいえない。旧説は、訴えの変更をひろく許す以上、これによって原告は訴えの実質目的を達しうるから、新説のように訴訟物の枠をひろくしなくてよいとする（たとえば、兼子・体系168頁）。確かに訴えの変更によって原告の訴えの実質目的を達する可能性は確保されるが、旧説によれば、原告が訴えの変更をしないかぎり、再訴の可能性は既判力によって遮断されないから、一つの訴訟による紛争解決の実効性を高めること（紛争解決の 1 回性の確保）は新説ほどには図られない。

（3） 当事者の変更との関係

当事者を変更することは、法の予想する訴えの変更の観念には含まれない。当事者を変更した場合には、従来の訴訟手続をどこまで利用できるかが問題となるが、これには、新当事者の裁判を受ける権利をどこまで保障すべきかという別の問題が含まれているので、当事者の変更は、理論上も、同一当事者間において申立事項のみを変更する場合とは別個に考察するのが適当である（→p853）。

（4） 沿革と現代的意義

ドイツ普通法時代には、同時提出主義をとった関係から手続の安定を害し、かつ、被告の防御を困難にする面が強調されて、訴えの変更が禁止された。しかし、適時提出主義の下では、最初の請求を変更しても直ちに手続の安定を害するわけでもなく、また、関連した請求であるならば、被告の防御に支障をきたすわけでもない。むしろ、従来の手続を利用できるかぎり紛争の実質的な解決に適した形

764　第3編　第一審手続　第8章　複雑な訴訟形態

の請求に変更することを認めるほうが、訴えの目的に適合する。原告にとっても、裁判所にとっても、効率がよい。こうした実際的考慮から、訴えの変更は次第にひろく許されるようになった[1]。さらに近時では、訴えの実質的な目的を達成させるために、原告に対して訴えの変更を示唆する釈明権の行使を積極的に認めるべきであるとの説さえ出現するに至った[2]。

　ところで、訴えの変更という制度は、その沿革からも明らかなように、原告に与えられた権能であって、新請求の提起は訴えの変更によらなければならないとするものではなかった。しかし、私見のように、二つの異なった請求でも、主要な争点を共通にする関係にあれば、二重起訴の禁止を受けるとして、二重起訴の禁止の制度を拡充し、主要な争点について二重の審判や裁判の不統一を避け、紛争解決の実効性を高めようとするならば、旧請求の係属中に、これと主要な争点を共通にする新請求についても審判を受けたい場合には、別訴によることを得ず、訴えの変更によらざるをえない。その結果、訴えの変更の制度は、それを利用するかしないかは原告の自由であるという、原告や裁判所の便宜に基づいた任意の制度という性格がうすくなり、関連請求については、併合審判を確保するために必要不可欠の制度という積極的意義を帯び、いわゆる「積極的釈明」（⤵p321(エ)）の重要性も著しく増大することになる。このような機能の変更は、訴訟中の請求の追加的併合形態の特殊な場合である、反訴、中間確認の訴えについても、同様に当てはまる（⤵p772　1(1)・p776　1(1)）。

2　訴えの変更の要件

　旧申立事項についての審理を新しい事項の審理に利用するための手続であるから、新事項が旧事項の審理を利用できるような関係にあることが必要であるとともに、進行中の訴訟に新申立事項をもち込む点で、手続の混乱や遅延を避けるための配慮も要請される。現行法は、つぎの諸要件を規定する。

(1)　請求の基礎に変更がないこと　(143条1項本文)

　これは、新旧両請求間の関係から訴えの変更を限定するために旧法（旧232条1

1）　菊井維大「訴の変更」民訴法講座(1)188-196頁参照。
2）　中野貞一郎「訴の変更と釈明義務」判タ279号（1972）〔同・過失の推認229頁〕は判例自体がこの種の積極的釈明を肯定している点を論証する。伊藤・民訴322頁(1)も同じ。⤵p499(イ)(ウ)。

項本文）が創設した要件を平成 8 年改正法もそのまま受け継いだものである。したがって、訴えの変更を被告との関係で合理的な範囲にとどめるための要件（とくに防御目標が予想外に変更されて被告が困ることのないようにする要件）として、その内容を定めるべきものである。

　そのような観点からいうと、両請求の主要な争点が共通であって、旧請求についての訴訟資料や証拠資料を新請求の審理に利用することが期待できる関係にあり、かつ、各請求の利益主張が、社会生活上は同一または一連の紛争に関するものとみられる場合と解すべきであろう。このような場合には、一つの手続内で解決することが、原告の訴えの当初の目的から逸脱せず、被告としても、当初の防御目標が予想外に変更されて困惑することもなく、審理の重複を避け統一的な紛争解決を得る便宜がある。

　㋐　**具体例**

　⒜　請求の同一性を変えず、その主張の限度を変更するにすぎない場合は、当然に請求の基礎に変更はない。たとえば、請求金額のみの増減、無条件の明渡請求を1000万円の支払を条件にした請求に変える場合、さらに、売買代金の請求に加えて、売買が無効である場合のために予備的に、引き渡した物の返還を求める場合、物の引渡請求に代償請求を加える場合、同一の物の所有権の確認請求とその引渡請求、境界確定請求とその境界までの所有権の範囲の確認請求（→下記⑵㋐）など、いずれもその基礎に変更はないといえる。同一物の所有権確認請求を地上権確認もしくは賃借権確認に切り換える場合、またはその逆も、同一物の占有権限の基礎が問われているかぎりで社会的には同一の紛争とみられるし、審理も実際上共通する点が多いので請求の基礎に変更はない。

　⒝　同額の金銭請求でも、売買代金請求からまったく無関係の貸金請求に変えるのは、請求の基礎に変更があるが、代金債権を貸金に更改した場合などは請求の基礎の変更にならない〔＊〕。また、甲番地の土地の所有権の確認を乙番地の土地の確認に切り換える場合も、原則として請求の基礎に変更があるが、同一の売買契約や相続で取得したというような場合には、請求の基礎に変更はない。

〔＊〕　前渡金10万円と貸金 2 万円の計12万円の債権について、 5 万円の弁済を受けたのち、残債務 7 万円を、前渡金残金 7 万円として請求していたのを、前渡金残金 5 万円と貸金 2 万円として請求する場合は（最判（二小）昭31・ 9 ・28民集10巻 9 号1197頁は請求の基礎に

変更のない場合とするが)、さきに弁済された5万円の充当の仕方によって二つの法律構成が可能になるにすぎず、原告の主張する利益は終始同一であるから、請求自体に変更がないと考えられる（なお⤵p763〔＊〕）。

　　(イ)　この要件は、防御目標を予想外のものに変更されて被告が困惑することを避けるためのものであるから、相手方の防御方法の基礎事実に立脚して訴えの変更をする場合は、被告が防御に困ると主張することは許されないから、この要件を考える必要はない（最判(二小)昭39・7・10民集18巻6号1093頁は、家屋の明渡請求に対して、被告が家屋の所有権を主張したので、家屋収去土地明渡請求を予備的に追加した場合につき同趣旨、なお、最判(一小)昭42・10・12判時500号30頁は、訴訟手続を遅滞せしめるときはこのかぎりでないとする）。

　また、被告が積極的に同意するか、または異議なく新請求に応訴する場合にも、この要件を考える必要はない。新旧両請求が無関係であっても、被告が応訴の不便を意に介しないかぎり、当初からの併合提起（無関係な請求の併合でもこの場合は許される、⤵p756(3)）と同視してよいからである（控訴審において、建物明渡請求を拡張し、付属建物の収去および隣接地の明渡請求を加えた場合につき、最判(三小)昭29・6・8民集8巻6号1037頁）。もっとも、いずれの場合も、手続を著しく遅滞させるときは、許されない。

（2）　新請求の審理のため著しく訴訟手続を遅滞させないこと（143条1項ただし書）

　　(ア)　請求の基礎に変更がない場合でも、また被告の同意もしくは応訴がある場合でも、新請求の審判のために従前の資料があまり利用できないとか、弁論終結間際であるなど、手続の完結が予想以上に遅れるような場合には、むしろ別訴による解決を適当とする趣旨である。

　たとえば、利息請求に元本請求を加える場合、請求の基礎に変更はないとみてよいが、主張する経済的利益が急に大きくなるので、従来の審理がそのまま利用できるとは限らない（たとえば、利息請求だけなら前提問題の元本債権につき自白していたり、争わなかったとしても、元本を請求されるならあらためて争うというような場合があろう）。裁判所が、職権でこのような具体的状況を判断し、著しい遅滞を防止することにしたものである。

　判例（最判（二小）昭38・1・18民集17巻1号1頁）によれば、境界確定請求を所有

権確認請求に変更した期日の次回期日において、証人2名を調べ弁論を終結しているときは、著しく手続を遅滞させたといえない。

　　㈠　請求の基礎を同じくする請求でありながら、手続の著しい遅滞を理由として訴えの追加的変更による併合審判が拒否されたときは、その新請求については、二重起訴の禁止は働かず、別訴による提起が許されると解すべきであろう（上記の例で利息請求と元本請求は、請求の基礎は同一といえても、利息請求の前提として元本債権が争われていなかったとすれば、両請求は主要な争点を共通にするといえない）。

　　㈡　旧請求について確定判決があると、新請求について別訴を提起することが法律上許されなくなる場合（たとえば人訴25条1項）には、紛争の総合的・1回的解決のために手続遅滞の方は甘受すべきであるから、この要件の適用はない（人訴18条）と解すべきであろう。たとえば、1個の債権1000万円中の100万円の請求を1000万円全額請求に拡張する場合、自白の拘束力などを考え直す必要があるが、一部請求を許すべきでないから（残額請求の余地が認められないから）、拡張を認めるべきである。

（3）　事実審の口頭弁論の終結前であること（143条1項本文）

　訴状の送達前ならば、被告はまだ利害関係をもたないし、手続の遅延も問題にならないから、原告は自由に訴状の記載を訂正・補充して請求を変更することができる（これは143条にいう訴えの変更にあたらない）。

　第一審の口頭弁論終結後でも、控訴審で口頭弁論が開かれれば、訴え変更の余地がある（297条。最判（二小）昭28・9・11民集7巻9号918頁）。ただし、控訴審の裁判長は、それが許される期間を定めることができる（301条1項）。全部勝訴をした原告が訴えの変更のために控訴することは原則として許されないが（この場合も被告が控訴すれば、附帯控訴の方式でその請求を拡張しうる、最判（二小）昭32・12・13民集11巻13号2143頁）、控訴で請求金額の拡張をしておかなければ残額請求の余地がなくなる場合には、請求金額の拡張を求めるためだけの控訴も許すべきである（↳p918㈠(a)）。控訴審で訴えの変更をしても、請求の基礎が同一であるかぎり、新請求の重要な事実関係については、それが争点となっているかぎり、事実上第一審の審理を受けているから、相手方の審級の利益を害するとはいえない（最判（二小）昭29・2・26民集8巻2号630頁。なお、利息債権の請求で先決関係たる元本債権が争われていない場合に、控訴審で元本債権を追加請求する場合には、元本請求については実質的な審理を開

始するという意味で、元本債権の存否が本格的に争われるかぎり、手続の遅滞を招くが、一審の審理を受けさせるためにも、訴えの変更を認めるべきではなかろう）。

審級の利益を放棄することはかまわないから（311条2項参照）、相手方が控訴審における訴えの変更に対して同意するかまたは異議なく応訴すれば、たとえ請求の基礎に変更があっても訴えの変更を許してよい[*]（最判(三小)昭29・6・8民集8巻6号1037頁）。上告審は、事実審ではないから、口頭弁論が開かれても訴えの変更はできない[3]。

[*]　**訴え却下判決に対する控訴審での訴えの変更**　第一審が訴訟判決である場合に、控訴審の審判の対象は訴え却下の当否に限られ、請求自体の当否を審理判断することはできないとされている（307条）ことから、訴訟判決に対する控訴審において訴えの変更は原則として許されない（吉井直昭「控訴審の実務処理上の諸問題」実務民訴講座(2)282頁、菊井=村松・Ⅲ123頁）。この点について、判例は、抗告訴訟における訴訟判決に対する控訴審において、国に対する賠償請求を追加する旨の申立てがなされた事案において、傍論ではあるが訴えの変更は許されないとしている（最判(三小)昭41・4・19訟月12巻10号1402頁）。もっとも、第一審において事実関係について審理を遂げており、相手方が訴えの変更に異議を述べていない場合については、控訴審における訴えの変更を認めている（最判(一小)平5・12・2判時1486号69頁）。

3　訴え変更の手続

(1)　変更書面の提出の要否

訴えを変更するには、その趣旨の書面を裁判所に提出しなければならない（143条2項。ただし、簡裁では口頭で足りる、271条）。判例は、請求原因のみの変更は書面によることを要しないとするが（最判(三小)昭35・5・24民集14巻7号1183頁等）、問題となったケースは、新説によれば、そもそも訴えの変更とならない場合が多い（上記の判決は、家屋の明渡請求の理由を所有権から使用貸借の終了に変えたもので、請求自体に変更はない）。その場合には、一般の攻撃方法の提出方式によればよいが、請求の変更をもたらすような原因事実記載の変更の場合（たとえば、一連の取引関係

---

3)　ただし、上告審係属中に被告が破産宣告を受けたときに、原告が給付請求を破産債権確定の訴えに変更することは許される。最判(二小)昭61・4・11民集40巻3号558頁、同旨・兼子一『新版 強制執行法・破産法』（1964・弘文堂）237頁。

から生じた別口の同額の貸金請求に変更するような場合）には、書面を要する。

（2）　訴え変更書面の提出の効果

訴え変更の書面は、新請求の訴状に相当するもので、被告に送達され（143条3項）、その送達のときに新請求について訴訟係属が生じる（書面の提出または送達の欠缺については、被告の責問権の喪失によって治癒される、最判（三小）昭31・6・19民集10巻6号665頁）。時効完成猶予または法律上の期間遵守の効果は、原則として訴え変更の書面を提出した時に生ずる（147条、ただし請求金額のみの拡張の場合（⟶ p223(ii)）とか、最判（二小）昭38・1・18民集17巻1号1頁の場合（境界確定請求を所有権確認請求に変更）などは、旧請求の時効完成猶予がそのまま維持される）。

4　訴えの変更に対する処置

訴え変更の有無または許否について疑いが生ずれば、職権でも調査する。

（1）　変更の存否

訴えの変更がないと認めれば、そのまま審理を続行してかまわないが、当事者間に争いがあれば、中間判決によるか（245条）または終局判決の理由中で、その判断を示すべきである。

（2）　変更を不許可とする場合

訴えの変更があるが許されないとする場合には、申立てによりまたは職権で、変更を許さない旨の決定をする（143条4項。もっとも、最判（三小）昭43・10・15判時541号35頁は、予備的反訴を追加変更したケースについて、終局判決の理由中で、変更不許の裁判をしてもよいとする）。この決定は、審理を整序するためになされる中間的裁判であり、新請求を終局的に却下するものではない。この裁判を前提として旧請求についてなされる終局判決によって新請求の排斥も終局的に行われる。したがって、上記決定に対する不服は、その終局判決に対する上訴の方法によるべきで、抗告は許されない（大決昭8・6・30民集12巻1682頁）。控訴審は、第一審の訴え変更を不許とした処置を不当と認めたときは、その決定を取り消して、訴えの変更を許し、みずから新請求について審判することができる（請求の基礎に変更がないかぎり、新請求の事実の審理は大体済んでいるから、被告にとくに不利益はない。もちろん、差し戻すこともできる（308条1項））。

770 第3編 第一審手続 第8章 複雑な訴訟形態

（3） 変更を許可する場合

訴えの変更を適法と認めれば、とくに裁判をするまでもないが、被告が争うときはこれを許す旨の決定をする（143条4項の類推）。この決定も中間的な裁判であるが、これに対する不服は終局判決に対する上訴によっても申し立てることができないと解すべきである。なぜならば、すでに新請求について審理をし本案判決までしてしまったのに、これを取り消して別訴によらせるのは訴訟経済に反するし、またその結果、新請求による時効完成猶予の効果まで失うことになっては妥当でないからである。

5 新請求についての審判

（1） 変更前の訴訟資料について

訴えの変更を許すときは、新請求について審判するが、旧請求についてすでに収集された資料は、すべて、新請求の資料となる。自白なども新請求の審理において効力をもつと解すべきである（大判昭11・10・28民集15巻1894頁）。ただし、利息請求を元本請求に変えた場合のように、訴え変更の結果、係争利益の価値が著しく異なってくる場合には、訴訟追行の態度を変更する自由を当事者に認めるべきであるから、訴えの変更による自白の取消しの余地を認めるべきであろう。

（2） 追加的変更の場合

この場合は、請求の併合として審判する。交換的変更の場合は、新請求のみについて審判する。ただ、旧請求の訴訟係属を消滅させる点については、訴え取下げの場合と同様、被告の利害が絡むので、その同意がないかぎり、追加的変更として取り扱うべきである[*]。

〔*〕 **訴えの交換的変更という観念の必要性**　　旧請求の訴訟係属の消滅は、訴えの取下げまたは請求の放棄によってのみなされうるとして、訴えの変更としては追加的訴えの変更しかありえないとする説がある（三ケ月・140頁）。確かに交換的訴えの変更の場合には、被告の同意があれば旧請求について審判しなくてよいという点では、交換的訴えの変更を新請求の提起と旧請求についての訴えの取下げと構成できなくはない（最判(一小)昭32・2・28民集11巻2号374頁は、その構成の下に、旧請求についての運命に言及する。最判(二小)昭41・1・21民集20巻1号94頁は、そのような構成のもとに相手方が異議なく応訴すれば旧請求の取下げにつき暗黙の同意ありとする、新堂・判例342頁参照）。
　　しかし、そう構成したのでは、新請求審判のために旧請求についての従来の審理が利用

できる点を説明しにくいから、やはり、交換的訴えの変更という特別の観念を認める実益
があろう（中村英郎「訴の変更理論の再検討」中田・還暦(上)〔同『民事訴訟における
ローマ法理とゲルマン法理』(1977・成文堂) 109頁)。最判(二小)昭38・1・18民集17巻1
号1頁も、境界確定の請求から所有権確認請求への交換的訴えの変更にもかかわらず、旧
請求の提起による時効中断の効果を維持する必要から、訴えの交換的変更は訴訟の終了を
意図する通常の訴えの取下げと異なり旧民法149条にいう訴えの取下げにあたらないとして
いた)。

（3） 控訴審での訴えの変更と判決主文

(ア)　控訴審で訴えの変更が行われたときには、その変更があったことを判決
主文で明らかにすべきである。たとえば、第一審で家屋の引渡請求が棄却され、
控訴審でその家屋の所有権確認請求を追加した場合で、しかも新請求を棄却すべ
きときは、たんに控訴棄却として第一審判決の主文を流用すべきではなく、旧請
求の控訴を棄却し、新請求を棄却する旨の主文を掲げるべきである[*]（最判(一小)
昭31・12・20民集10巻12号1573頁)。

〔*〕　最判(一小)昭43・3・7民集22巻3号529頁は、第一審で貸金請求が認容されたのち、
控訴審で予備的請求として保証債務請求（請求の趣旨は同じ）が追加され、予備的請求の
方を認容するケースについて、原審はたんに「控訴を棄却する」としたが、最高裁は、第
一審判決を取り消し第1次請求を棄却し、予備的請求を認容する旨の扱いをする。この事
件では、新訴訟物説では、請求の併合があったとはみられないケースであったから原審の
取扱い（控訴棄却）が是認されるべきである（兼子一「控訴審において訴の変更のあった
場合の控訴判決の主文」兼子・実例民訴(上)357頁は、同種のケースにつき控訴棄却でよい
とする)。

最判(三小)昭39・4・7民集18巻4号520頁は、選択的に併合された手形金請求と原因
たる貸金請求のうち後者を認容した第一審判決後、控訴審で予備的併合に改められ、控訴
審がその第1次請求たる手形金請求のみを認容する判決（第一審判決の主文と同じ主文の
判決）をするときは、貸金請求を認容した第一審判決は当然に失効するから、これを取り
消す必要はないとするが、取扱いとしては、もしも両請求を別個とみる立場ならば、第一
審判決を取り消しておくのがベターであるし、請求は一つしかないとする私見の立場
（→p318〔*〕）では、むしろ、控訴棄却をすべきである。

(イ)　請求を認容した第一審判決に対する控訴審でたんなる請求の減縮がなさ
れた場合について、判例は、第一審判決の減縮部分は当然に失効するとして、第

一審判決をそのまま維持して控訴棄却をしてかまわないとするが（最判(三小)昭24・11・8民集3巻11号495頁）、主文を掲げる趣旨からして、原判決を取り消し減縮後の請求限度で認容する旨の原判決の変更をなすべきであろう（最判(二小)昭45・12・4判時618号35頁も、たんに控訴を棄却した従来の取扱いと異なり本文と同じ扱いをする。請求の拡張の場合には当然原判決を変更すべきである）。

第3款　反　　訴

1　反訴の意義

反訴とは、係属中の訴訟（本訴）の手続内で、被告から原告を相手方として提起する訴えである。被告からの、訴訟中の訴えによる請求の追加的併合の一種である。

（1）　原告に請求の併合や訴え変更の途が認められることに対応して、被告にも原告から訴えられたのを機会に、原告に対する請求の審判のために本訴手続を利用する途を認めるのが公平であるし、また関連した請求を同一手続で審判することによって、審判の重複や裁判の不統一を避けることができることを考慮した制度である。

被告は、原則として、反訴によるか別訴によるかの自由をもつと説かれるのが通常であるが[1]、私見のように、二重起訴の禁止の制度を拡充して運用するならば（係属中の請求と主要な争点を共通にする請求の別訴は二重起訴にあたるとする、→p224(b)）、本来反訴を提起できる請求のうち、それが本訴と主要な争点を共通にする場合には、すべて二重起訴の禁止を受ける関係にあるとみられるから、反訴によらず別訴を提起し本訴の手続と併行した別々の審理・判決を求めることが禁じられることになる。したがって、被告としては、本訴の係属中にみずからの請求についても審判を得たいと欲するならば、反訴の方法をとらざるをえない（本訴の判決が確定したのちに別訴を提起することはかまわないが、本訴の判決の効力を受ける）。

さらに、特定の人事訴訟事件では一つの訴訟を契機にして関連した紛争を全面的に解決する利益と必要を重視して、反訴を提起できる範囲が別に法定される反

1）　兼子・体系376頁、三ケ月・141頁。

面（人訴18条）、反訴として提起しておかないと、その請求について審判を求めることが、およそできなくなるという制約がある（人訴25条2項。→p259 3(1)）。

（2）　反訴にも、請求の併合と同様に、併合審判の態様からみて、単純反訴（単純併合と同じ）と予備的反訴とがある。後者は、たとえば、買主が売買代金の請求に対して売買の効力を争いながら、もし有効ならば、目的物の引渡しを請求するというように、本訴の却下または棄却を解除条件として反訴請求について審判を申し立てるものである。また、反訴に対する再反訴も許される[2]。

2　反訴の要件（146条）

（1）　反訴の請求が、本訴の請求またはこれに対する防御方法と関連するものであること（146条1項本文）。これは、訴えの変更について請求の基礎の同一が要求されるのに対応した加重要件である。

　(ア)　本訴と訴訟物が同じである反訴は、当然にこの要件を満たすが、本訴の棄却以上の積極的な要求をするのでなければ、訴えの利益が認められない（たとえば、給付の訴えに対して債務不存在確認の反訴は許されないが、債務不存在確認請求に対して給付の反訴は許される、→p223(イ)(a)(i)）。

　(イ)　反訴請求が本訴と関連するとは、訴訟物たる権利の内容またはその発生原因事実において共通するところがあることをいう。たとえば、同一物についての所有権確認請求と賃借権確認の反訴請求、同一事故から生じた損害賠償請求を本訴と反訴で求め合う場合など。また同一の土地の占有権限をめぐる、占有保持の本訴請求に対して、所有権に基づく建物収去土地明渡しの反訴請求（最判（一小）昭40・3・4民集19巻2号197頁）も許される（→p320〔＊〕(3)）。

　(ウ)　反訴請求が本訴の防御方法と関連するとは、本訴請求を理由なからしめる事実が反訴請求を理由あらしめる事実の全部または一部をなすという関係にあることをいう。たとえば、金銭請求に対して相殺の抗弁を提出し、反対債権の残額の給付請求をする場合、物の返還請求に対して留置権の抗弁を提出し、その被担保債権の支払請求をする場合など。ただし、その防御方法は、反訴の提起当時

---

2)　旧々民訴200条3項は再反訴を禁じていた。旧法の立法者も否定説をとっていた、『第51回帝国議会民事訴訟法改正法立案委員会速記録』627頁。

774 第3編 第一審手続 第8章 複雑な訴訟形態

現実に提出されており、実体法的に成り立つ可能性のあるものであり（相殺禁止債権に基づく反訴は不適法となる）、かつ提出が許されるもの（その防御方法が157条で却下されたときは、反訴も不適法となる）でなければならない。なぜならば、防御方法が実体的に成り立つかどうかを審理する場合でなければ、それに基づいた反訴請求を同一手続内で審判する実益がないからである。

　　㈢　この関連性の要件は、訴えの変更における請求の基礎の同一性の要件と同様に、相手方たる原告の同意または応訴があれば、問題にしなくてよい。

（2）　反訴は、本訴の係属中、事実審の口頭弁論の終結に至るまで提起することができる（146条1項本文）。反訴提起後に本訴が却下または取下げになっても、反訴は影響を受けない。ただし、本訴の取下げがあれば、被告は、原告の応訴後でも、その同意なしに反訴を取り下げることができる（261条2項ただし書）。

　控訴審で反訴を提起するには、反訴被告（本訴原告）の同意または応訴を必要とすると規定されているが（300条1項）、人事訴訟事件の反訴（人訴18条）については適用はないし、その他の場合でも、第一審で関連する争点につき審判がなされているかぎり、別訴を提起すれば二重起訴の禁止に触れる関係にあるから、反訴被告の同意を要しないで提起できると解すべきである（最判(一小)昭38・2・21民集17巻1号198頁は、原告の土地明渡請求に対して第一審が賃借権の抗弁を肯定した後、控訴審で賃借権確認の反訴を提起するには、原告の同意を不要とする。新堂・判例360頁参照。なお、最判(三小)昭45・10・13判時614号51頁は、請求の基礎が同一であれば、第一審で提起した反訴を控訴審で変更（請求の一部拡張）するのに相手方の同意は不要とする）。なぜならば、このような場合には、反訴被告をして一審を失わせる不利益を与えるとはいえない。のみならず、別訴を提起することが許されない被告にとっては、反訴被告の同意の有無にかかわらず反訴の提起が許されなければ酷にすぎるからである。また、反訴被告が異議を述べないで反訴の本案につき弁論したときは、反訴の提起に同意したものとみなされる（300条2項）。

（3）　反訴請求が他の裁判所の専属管轄に服するときは、反訴は許されない（146条1項1号、専属的合意管轄を除く）。専属でなければ、反訴につき本来の管轄がなくとも反訴の要件を満たせば、受訴裁判所に関連裁判籍を生じる。なお274条参照。

（4）　同種の手続によって審判される請求であること。反訴が禁止される場合

（351条・367条2項・369条）でないこと。

（5）反訴の提起により、著しく訴訟手続を遅滞させることとなるときは、反訴は許されない（146条1項2号）。もっとも、主要な争点を共通にする反訴については、手続を遅滞させる場合は少ないであろう。控訴審では、裁判長が反訴の提起のための期間を定めることができる（301条1項）。

3　反訴の提起および審判手続

（1）　反訴の提起の方式

本訴に準じるが（146条4項、ただし271条）、反訴である旨を明示すべきである。本訴の目的と経済的価値が重複する部分については、反訴状に印紙の貼用を要しない（民訴費3条1項別表1第6項下欄参照）。

（2）　反訴の要件の調査

反訴の要件と一般の訴訟要件を調査すべきである。反訴の要件を欠くときは、別個独立の訴えとして取り扱うべきである[3]。別の手続で審判されるならば被告としてはその請求を維持する意思がないという場合には、反訴原告は、その請求を取り下げればよい。

（3）　反訴の審判

本訴と併合して行われる。本訴と主要な争点を共通にする反訴については、原則として審理の重複や裁判の不統一を避けるために、弁論の分離および一部判決をすべきではない[*]（関連性はないが原告が応訴しまたは同意した反訴については、審判の整序のため許される、243条3項）。なお、→ p662（2）・p760(ア)。

［*］　最判(一小)平16・6・3判時1869号33頁は、離婚の訴えに対する反訴および附帯処分の申立てとして、離婚請求が認められることを条件として、予備的に、慰謝料請求および財産分与の申立てを行った場合に、この反訴および附帯処分の申立てについては、旧人事訴訟手続法8条（現人訴18条）の趣旨から相手方の同意を要しないとする。さらに、上訴審が原審判断のうち財産分与の申立てにかかる部分に違法があることを理由に原判決を破棄し、または取り消して原審に差し戻すとの判断に至ったときには、離婚請求を認容した原審の判断に違法がない場合であっても、原判決を全部破棄して、慰謝料および財産分与

3）　最判(一小)昭41・11・10民集20巻9号1733頁は反対。同最判に対する批判として新堂・判例366頁。そのために訴状の補正が必要ならば、補正命令によってこれを促すべきである。

の点についてさらに審理を尽くさせるために、本件を原審に差し戻すべしとする。そこまで一体的審理（同時解決）を貫く必要があったのか、疑問が残る。判旨の結論には、本件が旧人訴手続法の適用事案であったことが影響したのかも知れない。現人訴法36条を前提にすると、離婚判決部分は上告棄却として確定させ、それを前提として反訴および附帯処分の申立て部分のみを破棄して差し戻す途もあると考えられる。詳細な本件評釈として、梶村太市・判時1891号（2005）205頁参照。

第4款　中間確認の訴え

1　中間確認の訴えの意義

ある請求についての訴訟手続の中で、その当否の判断の前提問題をなす法律関係（先決関係）の存否について確認判決を求める申立てである。たとえば、所有権に基づいた引渡請求訴訟で、所有権の確認を申し立てる場合をいう。

（1）　先決関係に立つ事項については、多くの場合争点効を生じるけれども、つねに生じるとはかぎらないので、正面から審判の対象（訴訟物）として、これについても既判力を得る途を認めたものである。

この訴えによらずに、係属中の訴訟と併行して別訴を認めるのが通説であるが[1]、別訴によると、二重の審理による不経済や裁判の不統一が考えられるから、別訴によって併行的に審理することを求めるのは、二重起訴の禁止に触れると解すべきである（本訴が終わったのちの別訴ならかまわない）。

（2）　原告が提起するときは、訴えの追加的変更の一種であり、被告が提起するときは、反訴の一種であるが、特殊な場合として別に規定されている（145条）。請求の基礎の同一性、反訴の関連性の要求は当然に満たされる場合であり（この意味で、145条1項は「請求を拡張して」というため、原告のみにその提起を許すように読めるが、そのように狭く解すべきではない）、控訴審で被告が提起したときも、相手方の同意（300条）は不要である。

1）　兼子・体系379頁。

第1節　複数の請求をもつ訴訟　777

2　中間確認の訴えの要件

（1）　時期

当事者間に訴訟が係属し、かつ、事実審の口頭弁論終結前であること。先決問題については、争いがあるかぎり、主要な争点として審理が行われるのがつねであるから、この訴えを提起しても手続を遅延させる心配はなく、口頭弁論終結の直前でもかまわない（控訴審における301条の期間制限の対象にもならない）。本来の当事者間にかぎられ、他の共同訴訟人や補助参加人との間での提起は、請求の主観的追加的併合の一場合として別個に考察する必要がある。

（2）　当事者間に争いがあれば、申立ての利益はある。利息請求の前提として元本債権を被告が現に争っていないような場合には、中間確認の訴えとしては不適法であるが、元本債権の請求をすれば被告はこれを争うというときには、通常の訴えの追加的併合の場合として、手続を著しく遅滞させないかどうかも検討してその許否を決すべきである（→p766(2)）。中間確認の訴えの形をとったからといって、とくに過去の事実の確認が許されるわけではない（「成立又は不成立」といっているのは、過去における発生の有無ではなく、現在の存在または不存在の意味である。もっとも、大判昭8・6・20民集12巻1597頁は傍論であるが過去の権利でも対象となるとする）。

（3）　確認請求が本来の請求と同種の手続で審判されるべきものであり（136条）、また他の裁判所の専属管轄に属しないことを要する（145条1項。ただし特許訴訟等の専属管轄については同項の適用なし、同条2項）。専属的合意管轄が別の裁判所にあったとしてもかまわない。

3　中間確認の訴えの手続

（1）　訴え提起の手続

中間確認の訴えは、その訴えであることを示す書面を裁判所に提出してする（145条4項・143条2項。ただし、271条）。裁判所は、これを相手方に送達する（145条4項・143条3項）。この送達によって先決関係の存否についても、訴訟係属が生じる。時効完成猶予または法律上の期間の遵守の効果は、書面を裁判所に提出した時に生じると規定されているが（147条）、先決関係について最初から争っている場合には、本来の請求について訴えを提起した時点まで遡って認める余地があろう（→p229(7)(b)）。口頭の起訴や訴状送達の欠缺の方式違反は、被告が異議なく応

訴することによって治癒される。なお、中間確認の訴えの提起は、本来の請求についての授権や代理権には含まれない。

（2）審判

中間確認の訴えに対する処置および審判については、訴えの追加的変更のあった場合に準じる。本来の請求と併合（単純併合形態）して審理し、1個の全部判決によって同時に裁判すべきである。中間確認の訴えについてまず一部判決をすると、本訴についての残部判決と確定が別々になり、判断の統一も図れないからである。弁論の分離も許されない。

（3） 本来の請求が取り下げられ、または却下されるときは、前提問題でなくなるから、中間確認の訴えではなくなるが、本訴の取下げ・却下後もそれ以前の訴訟資料を「中間確認」の請求の審判に利用できるし（訴えの交換的変更の場合と同様、→p770〔＊〕）、本訴の取下げ後は、中間確認の反訴は相手方の同意なしに取り下げうる（反訴の場合と同じ→p774（2））。

第2節　多数の当事者をもつ訴訟

　本節では、一つの訴訟手続に3人以上の者が、同時にまたは時を異にして、当事者の地位につく訴訟形態を扱う。同時に3人以上が当事者となる形態（同時的多数）には、2人以上が同じ側に立つ場合と3人以上が互いに対立する場合とがある。前者には、2人以上が同格で訴訟をする共同訴訟（第1款）と主従の関係で関与する補助参加訴訟（第2款）とがある。後者は、三面訴訟（第3款）といわれる場合である。また、同時的多数当事者の訴訟の発生事由としては、訴訟の初めからそのような形態である場合（狭義の共同訴訟）と、訴訟係属中にそうなった場合（後発の同時的多数）とがある。この後者には、第三者が自分から訴訟に加入する（参加）場合と、既存の当事者によって訴訟に引き込まれる場合（引受けおよび引込み）とがある。時を異にして数名が当事者の地位につく場合は、当事者の交替である。これには、任意的当事者変更（第4款）と訴訟の承継（第5款）とがある。

第1款　共同訴訟形態

　共同訴訟とは、一つの訴訟手続に数人の原告または被告が関与している訴訟形態をいう。この場合、同一の側に立つ数人の原告または被告を共同訴訟人という。各共同訴訟人と相手方との間の各紛争が相互に関連する場合には、同一の手続内で同時に審判すれば、共通の争点について審理の重複を避けられ、当事者も裁判所も労力を節約できるし、統一的な紛争の解決も期待できる。原告側としては、数人に対する関連した請求を同一手続で審判されるならば、訴えの実質的な目的を1回の訴訟で果たしうるという便宜がある。被告側としても、関連した請求ならば、数人の原告との間で同時に審判を受けた方が繰り返し応訴を余儀なくされる煩わしさを避けることができるし、共通の争点について防御を共同にできる利点もある。このような種々の利点から、共同訴訟はかなり広範に許されている。

　民訴法上は、共同訴訟の審判方式としては、「訴訟の目的が共同訴訟人の全員について合一にのみ確定すべき場合」の必要的共同訴訟と、それ以外の場合の通

780 第3編 第一審手続 第8章 複雑な訴訟形態

常共同訴訟の2種を用意しているのみであるが（40条・39条）、前者は、さらに、共同訴訟の形態をとること自体が必要であるかどうかによって、固有必要的共同訴訟と類似必要的共同訴訟とに分けられる。

本款では、これらの類型を比較考察した上（第1項、第2項）、これらの共同訴訟を発生せしめる原因ないし手続をみ（第3項）、合わせて、共同訴訟審判を単純化する手段としての選定当事者の制度を紹介しよう（第4項）。なお、平成8年改正法は、いわゆる大規模訴訟について若干の特則を新設したが（法第2編第7章）、これについては次章で触れる（本書第3編第9章）。

第1項　必要的共同訴訟

1　必要的共同訴訟の意義

共同訴訟人全員について一挙一律に紛争の解決を図ることが要請される場合の共同訴訟形態で、合一確定共同訴訟とも、特別共同訴訟ともいわれる。本来は、訴訟物に利害関係を有する一定範囲の者すべてが共同訴訟人とならなければ、本案判決が得られないとする場合（単独の訴訟は許されず全員の共同訴訟形態が必要である場合、すなわち、全員が揃って当事者になることによってはじめて当事者適格が認められる場合）のみを指したので、「必要的」という名称が生まれた。

しかし、現在では、各人が単独で訴えたり訴えられたりすることもできるが、数人の者が訴えまたは訴えられたときには、共同訴訟形態をとることが必要であり、かつ、合一確定を法律上保証すべき場合をも包含することになった。そこで、前者をとくに固有必要的共同訴訟、後者を類似必要的共同訴訟と呼んでいる。

2　固有必要的共同訴訟の選定基準

どのような紛争について固有必要的共同訴訟の扱いをすべきか。法律の規定は網羅的でない。訴訟物たる権利の性質、紛争解決の実効性、原告・被告間の利害の調節、当事者と当事者にならない利害関係人との間の利害の調節、当該手続の進行状況など、実体法的観点と訴訟法的観点との両方から考量して判定していく必要がある。

すなわち、(i)多数の者が関係する紛争は、これを一挙一律に解決することは望ましいことに違いないが、各人がその訴訟物たる権利利益を単独で処分できる場

合にまで、一律解決を訴訟上強制することは実体法の建前に反する。そこでまず単独では処分できない利益に関する紛争について、この共同訴訟形態が考えられる。

(ii)しかしこのような紛争でも、関係人の中に当事者にすることが容易でない者がいる場合には、その他の関係人または相手方が訴訟をすることを妨げる結果になり、これらの者の本案判決を受ける権利（訴権）を事実上否定することになりかねない点をも考慮すべきである（共同提起の事実上の困難度および一部の者による訴訟追行を許さない場合の不都合の考慮）。

(iii)逆に関係人の一部の者による訴訟追行を許すならば、これらの者の本案判決を受ける権利の保護にはなろうが、この一部の者が敗訴したときには、他の共通の関係人の利益を実質的に害するおそれが考えられるし、一部の者による訴えの提起の場合には、相手方がこの一部の原告に勝ってもなお他の関係人から再訴される煩わしさを忍ばねばならなくなる（一部の者による訴訟追行を許した場合の不都合の考慮）。

(iv)また第一審当時は共同訴訟人たるべき者を漏れなく当事者にしていたとして本案判決まで得たが、その後、漏れていることが判明したような場合には、第一審判決を取り消して差し戻し、最初から審理をやり直すかどうかは、訴訟経済のほか、漏れていた者の利益の保護がすでに行われた審理で十分に図られていたか、将来の関与のみで十分とみてよいかどうかの判断にもかからしめるべきであろう（訴訟進行段階およびその具体的経過の考慮）。

(v)ある紛争を固有必要的共同訴訟として取り扱うべきかどうかを定める作業は、以上のような錯綜した諸要因・利害を調整する難しい判断であり[1]、裁判官の状況に応じた判断が要請され、判例法の形成によって法的安定を期待しなければならない問題というべきである。ここでは、判例・学説上問題とされている若干の

---

[1] 同様の利益考量にかからしめる立場として、小島武司・判評142号〔判時609号〕(1970) 123頁、同「判批」民商66巻6号 (2008) 1116頁、同「共同所有をめぐる紛争とその集団的処理」判例展望〔同『訴訟制度改革の理論』(1977・弘文堂) 117頁〕参照。利益考量の結果、必要的共同訴訟を拡大する方向を示すものに、高橋宏志「必要的共同訴訟論の試み(3・完)」法協92巻10号 (1975) 1259頁、逆に財産権紛争では固有必要的共同訴訟の必要性は乏しいと論ずるものに、高田裕成「いわゆる『訴訟共同の必要』についての覚え書」三ケ月・古稀㊥175頁がある。

具体例に触れることにする。

3 固有必要的共同訴訟の具体例

（1） 他人間の権利関係の変動を生じさせることを目的とする形成訴訟、または変動を生じさせると同じ程度に重大な影響を与える確認訴訟においては、原則として、その権利関係の主体を共同被告とする必要がある。

たとえば、第三者が提起する婚姻無効または取消しの訴えにおいては、夫婦を一緒に訴えなければならない（人訴12条2項はこの旨を明定）。また、取締役解任の訴えにおいても会社と当該取締役とを共同被告とすべきである（会社855条）。株主総会の取締役選任決議の取消請求（会社834条17号参照。→p803 3（2）(ウ)）、同無効確認請求（同条16号参照）などにおいても、会社法834条16号・17号にかかわらず、当該取締役と会社を共同被告にすべきである[2]。なぜならば、これらの者は、いずれも高度の利害関係をもち、その一方を除いては十分な訴訟追行を期待できないのみならず、もしも一部の者のみを当事者とした訴訟の結果が除かれた者をも拘束するとすれば、この除外された者の裁判を受ける権利を侵害することになるし、だからといって、個別に解決するということになれば、当該紛争を解決したことにならない、という関係がみられるからである。

（2） 数人が共同して管理処分すべき旨が第三者との関係で明らかになっている財産に関する訴訟。

たとえば、数人の受託者のある信託財産に関する訴訟（信託79条。なお同80条1項2項・81条参照）、数人の更生管財人のいる更生会社の財産に関する訴訟（会社更生69条1項。最判(三小)昭45・10・27民集24巻11号1655頁は、更生管財人が追加選任されたときには、新旧管財人による訴訟は固有必要的共同訴訟になるとして、手続の中断を認める）、数人の選定当事者の訴訟（民訴30条）など。

（3） 共同所有財産をめぐる紛争については、いかなる場合に共同所有者全員が訴えまたは訴えられなければならないか。つぎの(ア)(イ)(ウ)の場合に分けて整理するのがわかりやすい。

　　(ア) **共同所有者の内部で争いを解決すべき場合**　　判例は、その1人の持分全

2） 谷口安平「判決効の拡張と当事者適格」中田・還暦(下)55頁以下参照。

部を他の共有者全員が買い受けて売主の持分全部の移転登記を求めるには、その共有者全員が一致して訴えるべしとするが（大判大11・7・10民集1巻386頁）、請求の趣旨に、売主が共有メンバーでないことの確認が含まれていると解されるならば、だれとだれが共有者であるかを共有者全員について確認する必要があると考えられるので、その結論を是認できる。

　また、共有物分割の訴えについても、判例は、他の共有者全員を被告としなければならないとする（大判明41・9・25民録14輯931頁、大判大12・12・17民集2巻684頁、大判大13・11・20民集3巻516頁等）。全員につき画一処理の要請が強いから、肯定すべきである。

　最判（三小）平16・7・6（民集58巻5号1319頁）は、法定相続人の1人Xが法定相続人Yのみを相手に、Yのした行為が相続欠格事由にあたるとして、被相続人の遺産についてYは相続人の地位を有しないことの確認を求めた訴訟において、この種の訴えは固有必要的共同訴訟であるとして、他の法定相続人全員を当事者としていない訴えを却下した原審判決を是認する。

　㈡　**共同所有者が原告側に立って第三者と対する場合**

　⒜　判例は、共有者の一部の者が第三者に対して、共有物全部の引渡しまたは明渡しを求めうるとするほか（大判大10・3・18民録27輯547頁、大判大10・6・13民録27輯1155頁、たんなる共有財産につき最判（二小）昭42・8・25民集21巻7号1740頁等）、所有権取得登記の全部の抹消請求をすることができるとする（相続財産につき最判（一小）昭31・5・10民集10巻5号487頁、組合財産につき最判（三小）昭33・7・22民集12巻12号1805頁）。

　ただし、遺産確認の訴えは、その財産が共同相続人による遺産分割前の共有関係にあることの確認を求めるもので、共同相続人全員が当事者になるべきだとする（最判（三小）平元・3・28民集43巻3号167頁）。また、総有関係に基づく登記抹消請求（最判（二小）昭41・11・25民集20巻9号1921頁）および「共有権（数人が共同して有する1個の所有権）」に基づく所有権移転登記手続請求（最判（一小）昭46・10・7民集25巻7号885頁）については、関係人全員が共同して訴えなければならないとする。さらに、特定の数人が共同所有（共有、合有または総有）する旨の確認を外部の者に対して請求する訴えは、共同所有者全員で訴えなければならないとする〔*〕（「共有権」の確認請求につき前掲最判（一小）昭46・10・7、境界確定の訴えにつき最判（一小）昭46・

12・9民集25巻9号1457頁）。

〔＊〕　**入会権の確認請求**　　総有関係の確認請求やその妨害排除請求を構成員全員でしなければならない不便（前掲最判(二小)昭41・11・25）を解消する方法が、判例により種々考案されている。①入会権の確認請求につき、最判(一小)昭57・7・1民集36巻6号891頁は、立木の小柴刈り、下草刈りおよび転石の採取を行う使用収益権は、構成員たる資格に基づいて認められるものであるから、その確認、それに基づく妨害排除は各自請求できるとする。しかし、入会権自体に対する妨害排除としての地上権設定仮登記抹消請求については、各自の使用収益権に基づいては認められないとする。もっとも、②最判(三小)平6・5・31民集48巻4号1065頁は、入会権者が入会団体を形成しそれが権利能力なき社団にあたる場合には、団体自体に当事者適格を認めたうえで、団体規約上その不動産の処分に必要な授権を得た代表者のみで訴訟を追行し得るとし、さらに、③規約上の手続により、登記名義人とすることとされた代表者は、単独でその登記請求をなし得るとする。さらに、④最判(三小)平22・6・29民集64巻4号1235頁は、権利能力のない社団を債務者とする金銭債権を表示した債務名義に基づいて、社団の構成員全員に総有的に帰属する不動産で、社団のために構成員以外の第三者の登記名義となっているものに対して、強制執行の申立てを可能とする（ただ、民執23条3項の規定を拡張解釈して、登記名義人を債務者とし、その不動産を執行対象とした同27条2項の執行文の付与を認めない）。この場合、債権者は、社団を債務者とする執行文の付された債務名義のほか、その不動産が社団構成員全員の総有に属することを確認する旨の、債権者と社団および登記名義人との間の確定判決その他これに準ずる文書を添付してすべきものとして、社団自体を執行債務者としながら、他人名義の不動産に対する執行を可能とする途を正面から認めた。⑤もっとも、仮差押をする場合については、確定判決までは要求されない（最決(二小)平23・2・9民集65巻2号665頁）。

　　他方、⑥最判(一小)平20・7・17民集62巻7号1994頁は、さらに進んで、入会権者ら（Xら）が第三者 Y_1 に対して入会権確認請求をする際に、入会権者の一部のもの（Y_2）が入会権の確認請求の提訴を拒否する場合には、これらの者（Y_2）を被告に加えて訴えることも許されるとした。この場合、入会権者全員（Xらおよび Y_2）が Y_1 を相手に固有必要的共同訴訟として入会権確認請求訴訟を提起した場合と同じ効果を期待するためには、Y_1 と Y_2 との間で入会権の存否について再度争いが生じたときのために、ⓐ原告Xらの被告 Y_1 に対する入会権確認請求およびⓑ原告Xらの Y_2 に対する入会権確認請求についての判決の拘束力が、なんらかの形で Y_2 と Y_1 との間にも及ぶものと解する必要がある。同判決は、当事者と各請求とを切り離して、訴訟に登場し攻防の機会があったのであれば、Xら、Y_1 および Y_2 はすべてⓐおよびⓑ請求についての判決の結果に拘束され、Y_1 と Y_2 間でも、その間にⓒ入会権確認請求が定立されていなくとも、Y_1 と Y_2 の間でⓐおよびⓑ請求につ

いての判決結果を争えなくなると構成している。

　これは魅力ある理論構成であるが、請求と当事者とを切り離さない従来の考え方からすれば、入会権者全員（XらおよびY_2）が原告となる固有必要的共同訴訟を提起した場合と同じ効果をもたらすためには、まず@請求と⑥請求とが合一に確定される必要があるとともに、Y_1とY_2との間で入会権の存否について再度争いが生じたときのために、ⓒ請求（Y_2のY_1に対する入会権確認請求）を擬制してこれも合一確定しているとみるか（47条4項の類推、高橋・重点（下）347頁注39参照）、あるいはY_1とY_2との間には、当然の補助参加関係があるとして、XらがY_1に対して勝ったときはY_1敗訴の結果をY_2もY_1に対して争えないとし、かつY_1がXらに勝訴したときにはこのY_1勝訴結果を無視して、Y_2がY_1に対して、入会権の存在を再度主張をすることを禁反言として許さないと構成することが必要となろう（山本弘・百選〔第5版〕204頁）。

　(b)　通説では、遺産分割前の相続財産や組合財産については、その性質は合有であり、共有者全員が共同しなければ管理処分できないから、全員が共同原告になる必要があるとして判例に反対する[3]）。

　(c)　私見　基本的には、判例の立場を是認してよいと考える。確かに、判例はかなり混乱しているようであるが、学説のように各人の管理・処分権能の実体法上の抽象的な性格（共有か合有か総有か）のみから、固有必要的共同訴訟かどうかを決するのは、多様な様相を呈するこの種の紛争の解決方式として実態に適しない。他方、固有必要的共同訴訟か、さもなければすべてバラバラでよいとする思考もまた、工夫がなさすぎる。

　(i)　まず、給付訴訟関係では、①相続人などの場合には全員が揃って訴えることは実際上不便である場合もあり、相続人や組合員各自に共同財産を保全する権能を与えておくことは共同財産の管理運営上望ましいこと、②実際問題として、共同所有者の一部の者の訴訟の結果、敗訴したときでも、全員が納得して紛争の解決が得られる場合も予想されること、③また各人に個別の訴訟提起を認める結果、理論上、相手方が1人の共同所有者に勝っても、他の者からさらに訴えられる危険にさらされることになるが、そのような危険が予想されるときには、相手方から残りの共同所有者に対して給付義務の不存在確認請求の反訴を主観的追加的に併合することによって避けることができること、等を考慮して判例の認める

3）　兼子・体系384頁、三ケ月・218頁、斎藤・概論446頁。

786　第3編　第一審手続　第8章　複雑な訴訟形態

範囲の個別提起の余地を認めることには賛成してよい。ただ、共同提起が実際上困難でなく、しかも個別提起を認めたのでは、再度の訴訟が行われるおそれが高い紛争状況のときには、むしろ共同提起を要するとすべきである。

　(ii)　つぎに、共同所有関係そのものの確認を対外的に請求する場合には、共同所有関係の画一的処理の必要性がとくに高いから（共同所有者甲乙丙のうち、甲と第三者丁との間で甲乙丙の共有権が否定され、乙と丁との間で甲乙丙の共有権が肯定されては甲乙丙対丁の紛争は実質的な解決をみないから）、判例のいうように、共同所有者全員が当事者になることを要すると考えるべきである[4]。ただし、共同所有者全員が原告にならなければならないとすると、共同所有者の一部の者が訴え提起に反対するかぎり、他の者の訴権が実質的に否定されることになるから、原告になることを拒んだ者を被告にして訴えることができると解すべきである（最判(三小)平11・11・9民集53巻8号1421頁は、共有者による境界確定訴訟においてこの方式を認める。原告になることを拒んだ者の利害は相手方の利害と共通するといえるから、これを被告とすることは利害の分布状況にかえって一致する。最判(一小)平20・7・17（→p784〔＊〕⑥）は、入会権の確認請求についてこの手法を認めた）。また、構成員の数も多くなり、かつ社団的実体を備える場合には、団体自体に当事者適格を認める方向（最判(三小)平6・5・31民集48巻4号1065頁、→p784〔＊〕②）を活用すべきである。

　(iii)　共同所有者の1人が全員のために、妨害排除請求をすることはもちろん[5]、自分1人への引渡しを求めることも保存行為として許されると解すべきであるが[6]、共同所有者の1人が共同所有者全員のために第三者に対して自分1人への所有権移転登記の請求をするのは、全員のために自己への引渡しを求める場合と異なって他の共同所有者の承諾を要すると解すべきであるから、許されない。

4）　小山昇・判評160号〔判時664号〕（1972）〔同・著作集4巻107頁〕。なお、兼子一「共有関係の訴訟」法学新報59巻12号（1952）〔同・研究2巻151頁〕は、通常の共有についてこの種の確認の利益を否定する。

5）　最判(二小)平15・7・11民集57巻7号787頁は、共有者の1人は、その持分権に基づき、不実の持分移転登記を了している者に対しての抹消手続請求をできるとする。兼子・前掲注4）「共有関係の訴訟」〔同・研究2巻155頁〕。

6）　被告には、他の共有者を訴訟に引き込む手段（山木戸克己「追加的共同訴訟」神戸法学雑誌6巻1＝2号（1956）〔同・基礎的研究79頁〕）を認めることによって、なんども訴えられる不利益を避けうる。

第2節 多数の当事者をもつ訴訟 787

もっとも、社団実体を形成する共同所有関係者から、その団体規約上の所定の手続を経て所有名義人とすることとされた者が、その登記請求をすることは許される（最判平6・5・31、⤴p784〔＊〕②。なお「地縁による団体」については、⤴p145）。持分に応じた移転登記を求めること（甲が単独で丁に対して訴え、甲乙丙の各持分の移転登記を請求すること）は、保存行為の一種として、単独でもできると解せられる（甲が勝訴したときは、その効力を乙も丙も援用できるし、甲が敗訴したときは、乙および丙が、甲丁間の訴訟係属を知り、訴訟参加（主観的追加的併合）の機会があった場合には、黙示の訴訟信託があったものとして、甲の敗訴判決の効力を受ける余地がある）。

　(ウ)　**共同所有者が被告側に立って第三者と対する場合**　判例は全員を相手にしなくてもよいとする。たとえば、遺産分割前の相続財産に対する訴訟についても、給付請求については、各共同訴訟人が各自不可分債務を負いその履行を各自に対して求められるという理由から、個別提起を認めている（建物明渡請求につき最判(二小)昭43・3・15民集22巻3号607頁、所有権移転登記請求につき最判(二小)昭36・12・15民集15巻11号2865頁、同じく最判(一小)昭44・4・17民集23巻4号785頁。ただし、所有権に基づく登記抹消請求について大判昭8・3・30裁判例7巻民57頁は、共有者全員を相手にしなければならないとする）。また、共有物の所有権確認請求についても個別提起を認め（家屋台帳上の共有名義人に対する建物所有権確認請求につき最判(二小)昭34・7・3民集13巻7号898頁）、さらに賃貸人の共同相続人に対する賃借権確認訴訟についても、争わない者を相手にする必要はないとして個別提起を許している（最判(二小)昭45・5・22民集24巻5号415頁）[7]。

　学説も、共同所有者に対する給付請求については、組合債務や相続債務は各人の債務となるから全員を相手にしなくてもよいとの理由[8]、組合財産や相続財産に対して執行したり登記を実現するにはいずれにしても全員に対する債務名義が必要だから、一部の者に対する個別訴訟を認めても他の組合員や相続人の利益が害されるおそれはないという理由[9]などから、判例に賛成している。

　判例のいうように、個別提起の可能性を認めるのは賛成であるが、つねに個別提起が適法であるとすべきではなかろう。訴え残された者の利益が執行段階で守

───────────────

7)　三ケ月・218頁も同旨。
8)　兼子・体系384頁。
9)　三ケ月・218頁参照。

788　第3編　第一審手続　第8章　複雑な訴訟形態

られるということも、場合によっては十分であるとはいえないのみならず、全員
一律に解決するほうが紛争解決として実効性が高いことはいうまでもないから、
全員を相手に訴えることにさしたる困難が予想されず、かつ、訴え残した共同所
有者との間で共通の紛争が起こる可能性がかなり高い事件の場合には、全員を相
手にしなければならないと取り扱うべきである[10]。その意味で、判例が確認訴訟
についていう「争わない者を相手にする必要はない」という考慮はむろん給付訴
訟にも及ぼしてよいが、いかなる状況にあるとき「争わない」といえるかについ
て、さらに判例の集積を期待したいし、またその判断は、紛争解決の実効性を可
及的に高める要請との緊張関係において行われるべきである。

（4）　必要的共同訴訟人を訴え漏らした場合

固有必要的共同訴訟の共同訴訟人として本来当事者となるべき者が誤って除外
されて提起された訴えでも、共同訴訟参加（52条。→p803）、訴えの主観的追加的
併合（→p801）、または別訴を提起して弁論を併合する方法によって当事者とな
れば、その瑕疵が治癒される。

判例は、第一審中、共同被告として参加した場合についてこれを認めるが（大
判昭9・7・31民集13巻1438頁）、原審で共同訴訟人側が勝っているかぎり、上級審
でも、この種の補正を認めるべきであり、相手方に審級の利益を主張する余地は
ないと解すべきであろう。

原告側について固有必要的共同訴訟を構成する場合に、原告が所在不明の者に
公示送達により訴訟告知をしても、訴訟告知を受けた者は、告知によって当然に
当事者または補助参加人となるものではない（53条4項・46条参照）ので、直ちに
瑕疵が治癒されることにはならないとするのが判例（最判（一小）昭46・12・9民集25
巻9号1457頁）であるが、事案の落しどころとしては、疑問が残る（なお、→p828
（2））。

4　類似必要的共同訴訟とすべき場合

請求について各自単独に適格をもち、個別に訴えまたは訴えられるけれども、

---

10)　同趣旨、小島・前掲注1）判評142号123頁以下。このような訴訟上の観点も考慮に入れると一部
　　固有必要的共同訴訟という類型が考えられる。

共同して訴えまたは訴えられた以上は、その訴訟物についての判決を共同訴訟人全員に合一に確定させ勝敗を一律に決めることが、法律上要求される場合が類似必要的共同訴訟とされる。しかし、どのような場合がこれにあたるかについては、つぎの（1）の場合のみに限定する説が有力である[11]。しかし、（2）の場合も含めるべきであると考える。

（1）　合一確定とせざるをえない場合

　共同訴訟人のうちの1人がかりに単独で訴訟をした場合でも、その判決の効力が他の共同訴訟人と相手方との間に拡張される場合には、各共同訴訟人と相手方との間の勝敗をバラバラに決めると、共同訴訟人の1人について自分の受けた判決の効力と、他の共同訴訟人に対する判決から拡張されてくる効力とが矛盾衝突して収拾がつかない結果となるからである。

　たとえば、数人の提起する会社設立無効の訴え（会社828条2項1号・834条1号・837条・838条）、株主総会決議の取消しまたは無効の訴え（同830条・831条・834条16号17号・837条・838条）、数人の異議者との間の破産債権査定異議訴訟（破126条4項6項・131条）。さらに、数人の債権者の債権者代位権に基づく訴え（民423条）、数人の差押債権者の取立訴訟（民執157条1項）、数人の株主による責任追及の訴え（会社847条・849条）などの場合も、権利義務の帰属者（被担当者）への既判力の拡張を通じて判決の効力が相互に及ぶから、この類型に入れるべきである。判例は、複数の住民の提訴した住民訴訟（平成14年改正前の地方自治法旧242条の2第1項4号による）について、類似必要的共同訴訟とする（最判（二小）昭58・4・1民集37巻3号201頁、最判（大）平9・4・2民集51巻4号1673頁）。

（2）　合一確定が要請される場合

　（1）の場合のように、判決の効力の抵触のおそれがあるわけではないが、共同所有関係自体が対外的に主張される請求において、個別提起が例外的に許される場合においても、共同して訴えまたは訴えられた者については、紛争解決の実効性の観点から合一確定が法律上要請されると考える（最判（一小）昭34・3・26民集13巻4号493頁、最判（三小）昭38・3・12民集17巻2号310頁等は、共同所有者全員を被告とした訴訟で旧62条（現40条）の適用を認めるが、すでに共同被告となった以上は一律解決が望まし

---

11)　兼子・体系385頁、三ケ月・219頁。

790 第3編 第一審手続 第8章 複雑な訴訟形態

いとの政策判断が一つの支えになっていると思われる)。

（3） 合一確定が認められない場合

（1）および（2）の場合のほか、共同訴訟人のまたはこれに対する請求が重要な争点において共通する場合（たとえば同一事故の数人の被害者の賠償請求、主債務と保証債務の請求）でも、さらに、数人の被告に対する請求が目的手段の関係にあるために、全員に対して勝訴の判決を得ないと終局の目的が遂げられないという場合も、合一確定の要求があるとはいえない。

たとえば、甲が、順次経由した乙丙の所有権取得登記の抹消請求をする場合には、ある共同訴訟人が共通の争点について不利益な行為をすると、事実上他の共同訴訟人に不利に働く場合が考えられるが[12]、このような事実上の不利益は合一確定の要求がある場合と取り扱っても同様に存在する心配であるし（他の共同訴訟人が不利益な行為をすること自体を止められるわけではない）、また各人の訴訟対象についての処分機能（請求の放棄・認諾、訴え・上訴の取下げ、自白等を独自になす機能）を否定しては、あまりにも実体法の建前から離れるし、そうまでして一挙一律の解決をしなくても、審判の重複や裁判の矛盾を避けることがかなり期待できると考えられるからである（共同訴訟人間には当然に補助参加関係が認められたり、主張ないし弁論の共通（→p795（2））が認められる上、甲と乙との間で丙の地位を詐害するようなおそれのある場合には、丙は47条により乙に対しても自らの地位の確認を併合提起して、三面訴訟にもち込み、これを阻止することもできる）。

5 必要的共同訴訟の審判

合一確定の必要から、訴訟資料や訴訟進行を一律にするための規制が行われる。この点では、固有であると類似であるとを問わないが、後者については、個別に訴えまたは訴えられる場合であるから、1人のまたは1人に対する訴えの取下げが可能である。

（1） 訴訟要件の調査

必要的共同訴訟の場合でも、訴訟要件は、共同訴訟人の各別について調査し、これを欠く共同訴訟人についての訴えは、終局判決で却下する。固有必要的共同

---

12)　五十部豊久「必要的共同訴訟と二つの紛争類型」民訴雑誌12号（1966）195頁。

訴訟の場合には、1人について訴えの却下事由があると、その者を当事者にすることが実際上困難な場合に準じ、その者を除外した一部の者だけによる必要的共同訴訟も許されるかどうかをさらに吟味し、不許とするときは、全訴訟を却下する。

（2） 訴訟の進行

　弁論および証拠調べは共通の期日で行う。弁論の分離（152条1項）、本案についての一部判決（243条2項）は、許されない[13]。判決に対して共同訴訟人の1人が上訴すれば、全員に対する判決の確定が妨止され、全訴訟が移審して、共同訴訟人全員が上訴人の地位につくと解するのが通説である[*]。被保佐人または被補助人が共同訴訟人の1人である場合、自分が上訴するには保佐人または補助人の同意が必要であるが、他の共同訴訟人の上訴によって上訴人となり、上級審の訴訟行為をするのには、保佐人または補助人の同意を要しない（40条4項）。判決の確定も、全員について上訴期間が経過するまでは、生じない（自分についての上訴期間が満了しても他の者の上訴期間がなお残っているかぎり、上訴も許される。最決（一小）平15・11・13民集57巻10号1531頁は、遺産分割審判に対する即時抗告についてこれに反対するが、追完を認めるべき場合にあたるとしてこの即時抗告を適法とした）。

　共同訴訟人の1人について、手続の中断または中止の原因が生じると、全訴訟の進行が停止される（40条3項。ただし、死亡した共同訴訟人の承継人も共同訴訟人であって自ら訴訟を続行した場合は、中断の効果を主張できない、最判（一小）昭34・3・26民集13巻4号493頁）。もっとも、1人について中断・中止の事由が生じその事由の解消が不当に長びくおそれがある場合には、他の者かぎりの必要的共同訴訟として訴訟を進行せしめるべきかどうかがもう一度問われるべきであろう。そこでは、合一確定の要請の程度や中断事由の生じている者の受ける事実上の不利益（残りの者だけの訴訟追行およびこれらの者に対する判決の効果を事実上受けることの不利益。たとえば、事実審の審理がほとんど終了しているような場合は、その不利益は少ないであろう）と、残り全部の者についての訴訟の解決が遅れることによる残りの共同訴訟人および相手方の不便・不利益とが考量されるべきである。

　13）　誤って一部判決をした場合には、追加判決をして事件を二分すべきではないから、全部判決として名宛人でない共同訴訟人も上訴ができると解すべきである、兼子・体系394頁。

792　第3編　第一審手続　第8章　複雑な訴訟形態

〔＊〕　**必要的共同訴訟人の手続保障**　　必要的共同訴訟人のうち、甲は上訴し、乙は上訴の
意思がないという場合、甲の意思が優先して、全訴訟について判決の確定が遮断され、移
審することになっているが、なぜ甲の意思が乙の意思に優先しこれを抑えることができる
のか。上訴する意思のない者が多数おり、上訴したい者が1人だけであっても、上訴した
者の意思が優先するのはなぜかという問題がある。甲の地位・権限は当事者権（この場合
は上訴権）を行使することができる地位であり、乙の方は当事者権を行使しない自由とい
う地位が問題になっている。このように、いわば積極的手続保障権と消極的手続保障権と
が抵触したときには、手続保障とは、本来それが行使されることを予定し、行使されるこ
とによって、より充実した審判が可能になるとして認められたものであるから、それを積
極的に行使しようとする方を、行使しない自由を主張する者の地位に優先させるのが手続
保障を認めた趣旨に合致する扱いといえよう（新堂「共同訴訟人の手続保障」民訴雑誌33
号（1987）〔同・争点効(下)346頁以下〕参照）。

　　しかし、もちろん甲の意思を乙の意思に優先させるとしても、乙の意思もできるだけ尊
重されるべきであり、合一確定の必要のある限度でのみこれを制約しうると解すべきであ
る。その意味では、上訴をしなかった者を訴訟脱退者として取り扱うならば、合一確定の
要求を貫くことができると同時に、上訴するかどうかの判断を各共同訴訟人に委ねること
ができ、そのほうが当事者の意思をより尊重した取扱いといえよう（井上治典「多数当事
者訴訟における一部の者のみの上訴」甲南法学15巻1＝2号（1975）〔同・多数当事者法理
204頁〕）。

　　最判（二小）昭58・4・1民集37巻3号201頁は、複数の住民による住民訴訟において、
原告の一部が控訴したときは、その他の共同訴訟人についても控訴の効力を生じ、控訴審
は第一審原告の全員を判決の名宛人として1個の判決をすべきであるとした。これに対し、
木下裁判官の反対意見は、私見と同趣旨の意見を述べ、上訴の意思を有しない者に上訴人
としての地位を付与し、その権利義務を課すのは不当であり、訴訟経済にも反するとした。
その後、最判（大）平9・4・2民集51巻4号1673頁は、上記最判（二小）昭58・4・1を変
更し、みずから上訴しなかった共同訴訟人は、上訴人にはならないとするとともに、いっ
たん上訴した共同訴訟人のうちの一部の者が上訴を取り下げても、その者に対する関係に
おいて原判決が確定することにはならないが、その者は上訴人ではなくなるとした。最判
（二小）平12・7・7民集54巻6号1767頁も株主代表訴訟につき平成9年大法廷判決に従う。

（3）　一部の共同訴訟人による、またはこれに対する訴訟追行行為の効果

　　㋐　共同訴訟人がする行為は、それが有利な行為である場合には1人がして
も、全員のために効力を生じる（40条1項）。たとえば、1人でも相手方の主張事
実を争えば、全員が争ったことになるし、1人でも応訴すれば、訴えの取下げに

は、全員の同意が必要になる（大判昭14・4・18民集18巻460頁。最判(三小)平6・1・25民集48巻1号41頁は、固有必要的共同訴訟における共同被告の一部に対する訴えの取下げは、効力を生じないとする）。また、1人でも期日に出頭すれば、欠席した他の者に不出頭の不利益（244条・263条）を帰すことはできない。以上に反し、請求の放棄・認諾、自白、控訴権の放棄のように、不利な行為は、全員がしなければ効力を生じない。

もっとも、1人だけ出頭して、この者が自白した場合には、他の者がその後の期日に出頭して争わないと擬制自白（159条1項・3項）が成立することになるし、1人が自白し、他の者が争うというように、各共同訴訟人が矛盾する主張をする場合には、そのこと自体が弁論の全趣旨の一要素として不利な心証形成の原因となることも妨げられない（247条）。

(ｲ)　相手方の行為は、共同訴訟人の1人だけに対して行われても、全員に対して効力を生じる（40条2項）。共同訴訟人の一部の者が欠席しても、相手方が訴訟行為をすることに差し支えないようにする趣旨である。したがって、その行為が共同訴訟人にとって有利であるか不利であるかは問わない。たとえば、期日に共同訴訟人の1人でも出頭していれば、相手方は、準備書面に記載しない事実でも主張することができ（161条3項参照）、全員に対して主張したことになる。

（4）　合一確定の必要と不利益変更禁止（⏎p935(ｲ)）の例外

上訴人に不利益に原判決を変更することは、相手方から上訴または附帯上訴がないかぎり、許されないが、相共同訴訟人との間で、合一確定に必要な限度で、不利益変更の禁止にかかわらず、上訴人に不利益な原判決の変更を認めざるをえない場合がある[*]。

〔*〕　上告人についてであるが、最判(三小)平22・3・16民集64巻2号498頁は、その一例を示している。相続人の1人甲が原告になって、他の法定相続人乙と丙を相手に、被告乙が被相続人の自筆証書遺言を偽造したとして、「乙は相続人たる地位を有しない」とする確認請求をした事案において、一審判決は、偽造したとまではいえないとして甲の乙・丙に対する両請求を棄却した。甲の控訴に基づき、原審は、甲の乙に対する請求については、一審判決を取り消して認容したが、甲の丙に対する請求については、丙は当事者適格を有しないとの理由で控訴の利益なしとして控訴を却下した。その結果、甲の丙に対する請求については、請求棄却の一審判決が残る結果となった。乙の上告により、最高裁は、甲の乙・丙に対する両請求については合一確定の必要がある（最判(三小)平16・7・6民集58

巻 5 号1319頁）との前提から、丙も上告したことになるとともに、原判決は合一確定の要請に反するとして、丙の上告については、相手方甲の上告または附帯上告がないときであっても、丙に対する原審判決を丙に不利益に（控訴却下による請求棄却の結論を請求認容に）変更できるとする（上告審たる最高裁としては、結論としては、職権で、乙および丙に対する請求について原判決全部を破棄、一審判決を取り消し、甲の両請求を認容した）。

第2項　通常共同訴訟

1　意　義

　各共同訴訟人が他の共同訴訟人に煩わされることなく、独自に訴訟追行をする権能（たとえば訴えの取下げ・請求の放棄などをする権能）を認められる場合で、合一確定が法律上保障されていない共同訴訟である。

　たとえば、①数人の被害者から同一の加害者に対して損害賠償の請求をする場合。また、②複数の連帯債務者を一緒に訴える場合（大判明29・4・2民録2輯4巻5頁等）[1]。③主債務者と連帯保証人とを一緒に訴える場合（最判（一小）昭27・12・25民集6巻12号1255頁）、数人に対して自分の所有権の確認を求める場合（最判（二小）昭34・7・3民集13巻7号898頁、最判（一小）昭33・1・30民集12巻1号103頁。反対、大判昭12・6・4民集16巻745頁）、④買主と転得者を相手にして売買の無効を主張して各移転登記の抹消を請求する場合（最判（二小）昭29・9・17民集8巻9号1635頁。さらに最判（二小）昭31・9・28民集10巻9号1213頁）、⑤土地の工作物の設置または保存に瑕疵があることを理由にして占有者と所有者に対して損害賠償請求（民717条）をする場合など、いずれも、共同訴訟人が各自の訴訟物にかかる係争利益を処分する独立の権能を認められる場合であり、それに対応して独立に訴訟追行する権能を与えるべき場合であるから、通常共同訴訟と解すべきである[*]。

　⑤の場合、原告の占有者に対する損害賠償請求と所有者に対する損害賠償請求とは実体法上両立しないが、弁論を分離して別々に判決すると、原告が双方の被告に敗訴するおそれがあるので、同時審判の申出をして弁論および裁判の分離をしないことを求めることができる（41条）。ここでの訴訟上の取扱い、審判のやり

1）　これに関する学説・判例の形成につき、新堂「共同訴訟人の孤立化に対する反省」法協88巻11=12号（1971）〔同・争点効(下)33頁〕参照。

第2節　多数の当事者をもつ訴訟　　795

方は、通常共同訴訟と必要的共同訴訟の中間に位置する方式ともいえるし、共同
訴訟人独立の原則の特別な方式ともいえる。

〔＊〕　上記②、③の場合、論理的には合一確定の必要は大きい。そこでこのような場合にも、
　　その審判方式は、必要的共同訴訟に準じた取扱いをすべきであるとする説もある（中村英
　　郎「特別共同訴訟理論の再構成」中村宗・古稀〔同『民事訴訟におけるローマ法理とゲル
　　マン法理』（1977・成文堂）195頁〕。ただ、後述の共同訴訟人間に主張共通、証拠共通の
　　原則を認め、かつ弁論の分離を慎重に行うことによって、不都合な結果（　p747〔＊〕）
　　を避けることができよう。

2　訴訟上の取扱い(1)──共同訴訟人独立の原則

　各共同訴訟人が、他の共同訴訟人に掣肘されることなく各自独立に訴訟追行を
する権能をもつ建前を、共同訴訟人独立の原則という。

　（1）　各共同訴訟人は、各自独立に、訴訟代理人を選任し、とくに請求の放
棄・認諾、自白、和解、上訴、訴え・上訴の取下げなどを他の共同訴訟人に掣肘
されることなくできる（たとえば、他の者が争っても自分だけは自白できる）。また1人
について生じた中断・中止の効果は他の者に影響を与えない。その結果、訴訟資
料は各共同訴訟人に共通でなくなるし、訴訟の結果もまちまちになり得る。判決
の確定時期も異なり得る。裁判所は、そのような訴訟状態の具体的状況に対応し
て、ある共同訴訟人の訴訟について、原則として弁論の分離や一部判決をしてか
まわない〔＊〕。このように、通常共同訴訟においては、合一確定が法律上保障さ
れているわけではない。

　しかし、独立の原則は、各自独立にいわゆる訴訟の処分をする権能を与えるに
すぎず、その権能を行使するかどうかは各自の自由であるし、弁論および証拠調
べは、原則として共通の期日で行う建前であるから、実際には、共通の主張や証
拠申出がなされることも多く、事実上、訴訟進行も一様となり、訴訟経済や裁判
の統一をかなり期待することができる。

〔＊〕　最判（一小）昭51・10・21民集30巻9号903頁のようなケース（　p748〔＊〕）で弁論の
　　分離、一部判決が適切であったとはいえない。

（2）　共同訴訟人独立の原則の限界

　独立の原則といっても、各自が他の者の制約を受けないで積極的な訴訟追行行

796　第3編　第一審手続　第8章　複雑な訴訟形態

為をすることができるというにとどまり、その権能を行使しなかった場合の訴訟上の取扱いは、もはやこの原則と直接の関係はない。むしろ、共同訴訟の効用、当事者間の公平という観点から、合理的な取扱いがなされるべきであり、共同訴訟人間に主張共通、証拠共通の原則の適用が考えられる。

　1人の共同訴訟人がある主張をし、他の共同訴訟人が、これと抵触する行為を積極的にしていない場合には、その主張が他の共同訴訟人に利益なものであるかぎり、この者にもその効果が及ぶと解すべきである[2]。もっとも、このような取扱いは、判決段階の評価規範として用いられるべきもので、裁判官の争点整理段階における行為規範としては、他の共同訴訟人の意思を確認し、整理しておくべきであろう。また、1人の共同訴訟人の申し出た証拠から得た証拠資料も、他の共同訴訟人がその申出に反対して弁論の分離を得られなかったかぎり、共通の証拠資料になる（これを証拠共通の原則ということがある、最判(二小)昭45・1・23判時589号50頁。対立する当事者間で働く証拠共通の原則については、→p597(b)）。なお、全員が期日に欠席したのち、1人のみが期日指定の申立てをした場合には、訴え取下げの擬制を阻止する効果を全員について認めてもよかろう（大判昭15・12・24民集19巻2402頁も具体的事案は適切でないが同じ立場を表明する）。

　しかし、共同訴訟人の一部の者だけが上訴した場合には、上訴行為自体、かなり種々の複雑な考慮（費用、勝訴の見込み等）の下にそれをするかしないかが判断される性格のものであり、単純に有利なものとは限らないから、上訴していないという他の共同訴訟人の態度は、上訴しないという積極的な意思の表明と同視して、上訴の効果はこれに及ばないと解すべきであろう[3]。ただし、共同訴訟人相互間に補助参加の利益が存在し、現に補助参加の申出が認められている場合には、上訴した共同訴訟人は上訴しない共同訴訟人をも勝訴させることについてみずからの利益をもつから、1人の上訴は、他の共同訴訟人のためにも、原判決の確定を妨止し、移審の効果を認めるべきである。

2）　河本喜与之『改訂　民事訴訟法提要』（1965・酒井書店）137頁はこれを主張共通という。新堂・前掲注1）論文〔同・争点効(下)33頁〕参照。最判(一小)昭43・9・12民集22巻9号1896頁は反対。
3）　同時審判共同訴訟の場合との均衡から、補助参加の申出なしに補助参加したと同じ扱いを認める参加申出不要説（兼子・体系399頁、新堂・前掲注1）論文〔同・争点効(下)73頁〕参照）を上訴の関係で改説する。

3　訴訟上の取扱い(2)──同時審判の申出がある共同訴訟[4]

(1)　主観的予備的併合

旧法上その適否の争われた主観的予備的併合とは、共同訴訟人のまたはこれに対する各請求が、その実体上の理由で両立することができない関係にある場合に、原告側が、どちらか一方の請求の認容を優先して申し立て、それが認容されることを解除条件として他方の請求の審判を求める申立てをする併合形態である。

たとえば、①土地の工作物の瑕疵に基づく損害賠償を一つの訴えで第1次的には占有者に、それが認容されない場合を慮って、予備的に所有者に請求する場合（民717条）、②債権の譲受人の履行請求に併せて、譲渡が無効とされる場合を慮って譲渡人が予備的に履行請求をする場合など。副位請求も主位請求と同時に訴訟係属するが、主位請求につき認容の判決をするときは副位請求につき審判する必要がなくなる。このような主観的予備的併合形態については、肯定説と否定説が対立していた。

肯定説は、数人に関係する実体的関係を訴訟上にもそのまま反映するための直接的な手段であり、これによって、審判の重複を避けられるとともに、紛争の統一的な解決を図ることがかなり期待できるから、これを許すべきであるとした[5]。併位的に審判の対象となっていると解して肯定する説[6]、40条を準用する型で肯定する説[7]があった[8]。

これに対し、否定説は、第1に、副位被告の地位の不安定さを挙げる。すなわち、主位請求が認容された場合には、副位被告は自分の同意なしに、しかも、請求棄却判決を得ることなく訴訟係属を消滅させられることになり、その地位が著しく不安定であるとする[9]。第2に、この訴訟形態の目的たる裁判の統一が、上

4）　これに関しては、高田裕成「同時審判の申出がある共同訴訟」三宅省三ほか編『新民事訴訟法大系第1巻』172頁以下（1997・青林書院）が示唆に富む。

5）　新堂・旧著483頁、兼子・体系388頁、中村修三「訴の主観的予備的（または選択的）併合の適否」判タ174号（1965）52頁〔本井巽=中村修三編『民事実務ノート第2巻』（1967・判例タイムズ社）105頁〕。

6）　西村宏一「訴の主観的予備的併合」兼子・実例民訴(上)66頁。

7）　小山昇「訴の主観的予備的併合」実務民訴講座(1)〔同・著作集4巻306頁、316頁〕。

8）　その他学説の分布については、河野正憲「訴えの主観的予備的併合」中野・古稀(上)507頁以下参照。

9）　中田淳一「訴の主観的予備的併合の許否」法学論叢64巻2号（1958）〔同・訴と判決の法理62頁〕、

798　第3編　第一審手続　第8章　複雑な訴訟形態

訴との関係で必ずしも保障されない点を挙げていた[10]。

　最判（二小）昭43・3・8（民集22巻3号551頁）は、主観的予備的併合は許されないとする立場から、主位被告に対して所有権に基づき移転登記を求め、所有権が認められない場合には、所有権を喪失せしめた副位被告に対して損害賠償を求めるという訴えは許されないとしていた[11]。

（2）　同時審判共同訴訟

　平成8年改正法では、この種の訴えについては、原告側の便宜を考慮して、原告の申出があれば、弁論および裁判を分離しないで行うこととした（41条1項）。原告は、この申出をすることによって、別々に審理判断されたとすれば相互に矛盾した理由で、双方の請求を棄却される危険を避けることができる。他方、かつての副位被告についても、審判がつねになされることになり、予備的という不安定な地位はなくなった（この意味では、従来のように、この種の主観的併合の訴えを、主観的予備的併合と呼び続けるのは適当でなく、「同時審判共同訴訟」というべきであろう）。なお、41条は、複数の被告に対する同時審判共同訴訟を認めるにとどまり、複数の原告についてのものは認めていない[＊]（その必要性は少ない）。

　〔＊〕　解釈論としては、たとえば、連帯保証人として履行請求を受けた被告が主債務者に対してあらかじめ求償請求をし、これを裁判所が保証債務の履行請求に併合した場合には、被告に同時審判の申出を認める類似の必要があろう。高田・前掲脚注4）192頁注52。

　⑺　同時審判の申出は、訴え提起の時にしなければならないわけではない。控訴審の口頭弁論終結時まですることができる（41条2項）。また同時審判の申出により同時審判がなされたところ、判決の各敗訴者から各別に控訴がなされたときには、事件は各別に控訴裁判所に係属することになるが、同一の控訴裁判所に両事件が係属するかぎり、弁論および裁判は併合してしなければならないとされ（同条3項）、この限度で、裁判の統一が控訴審でも図られることになる（上告審では、証拠共通の原則などが働く余地はないため、弁論および裁判の併合を法律上要求しないこととされた）。

　　　斎藤・概論463頁、三ケ月・211頁。

10)　中田・前掲注9）65-68頁。

11)　本件評釈、井上治典・民商59巻4号（1968）〔同・多数当事者法理421頁〕参照。

第2節 多数の当事者をもつ訴訟 799

㈡ 原告甲と共同訴訟人乙との間のA請求について、他の共同訴訟人丙は甲の補助参加人という関係（当然の補助参加関係）にあるので、甲丙間のB請求に関して、乙は甲の補助参加人であると解すべきである。それぞれ主張共通、証拠共通の原則が働くものと考える。

ただし、上訴については、別に考えるべきであろう。その結果、原告甲が勝訴したB請求について被告丙は控訴したが、甲がみずから敗訴したA請求について控訴しなかった場合、控訴審がB請求について原審と異なった判断をする場合には、甲はどちらの請求についても敗訴の憂き目にあうことになる。甲が統一裁判を望むならば、敗訴したA請求について控訴しておくべきである[12]。

㈢ 共同訴訟人が各自独立に訴訟の処分（自白、認諾、放棄、訴え・上訴の取下げ等）をなし得ると解すべきであるから（そのかぎりで39条の適用がある）、このような処分によって実体上の権利の択一関係をそのまま紛争解決に反映しえない結果になることが考えられる。たとえば、被告乙が認諾しても、原告が被告丙に対する請求を取り下げなければ、審理は続行され、これが審判によって認容されることがあり得る。

第3項 共同訴訟の発生手続

共同訴訟形態（ここでは、通常共同訴訟も必要的共同訴訟も含む）を発生させる手続には、訴えの当初から、共同訴訟を発生させる場合（訴えの主観的併合）と、既存の訴訟手続に新たに第三者が当事者として加わる結果、共同訴訟となる場合（訴えの主観的追加的併合、共同訴訟参加、準独立当事者参加、引込み併合）とがあるほか、弁論の併合による場合などがある。固有必要的共同訴訟も前者の一例であるがすでに述べた。

---

12) この点、主観的予備的併合においては、控訴をわざわざ提起せずとも当然に上訴審に移審すると解する説に立てば、主観的予備的併合には同時審判の申出にない利点が残り、同時審判の申出が法定されても主観的予備的併合は適法だと解される余地がある。同説、高橋・重点㈦407頁。

800　第3編　第一審手続　　第8章　複雑な訴訟形態

1　訴えの主観的併合

（1）　意義

数人の原告の各請求または数人の被告に対する各請求について、一つの訴えで同時に、審判を申し立てる場合で、共同訴訟のもっとも普通の発生手続である。単純な訴えが、当事者の点からみて数個併合されているといえるので、この名称がある。

（2）　併合の要件

（ア）　**主観的要件**　　数人の当事者を一つの訴訟手続に関与させる場合であるから、各自の請求相互間に、これを共通に審判することを正当化するだけの関連性または共通性がなければならないが、法はこれを38条に例示している。もっとも、この要件は、他人間の紛争と無関係な者の紛争までが共同審判を強制させられることを防止することに主眼があるので、原告側の意思で共同審判方式を余儀なくさせられる被告側に異議がなければ、これを欠いてもよい（大判大6・12・25民録23輯2220頁）。その意味で職権で調査する必要はない。38条に例示されるものには、つぎのような場合がある。

(a)　訴訟物たる権利義務が共通である場合。たとえば、数人に対する同一物の所有権の確認請求、数人の共同所有者のまたはこれに対する目的物の引渡請求、数人の連帯債務者に対する支払請求など。

(b)　訴訟物たる権利義務が同一の事実上および法律上の原因に基づく場合。たとえば、同一事故に基づく数人の被害者の損害賠償請求、地主が建物の所有者に対してその収去を求めその借家人に対して退去を請求する場合などである。1人に対し所有権の確認請求をし、他方に対してこれに基づく目的物の引渡しや所有権侵害の損害賠償を求める場合、主たる債務者と保証人とを訴える場合などもこれに入る。

(c)　訴訟物たる権利義務が同種であって、事実上および法律上同種の原因に基づくとき。たとえば、数軒の各借家人に対する各自の家賃請求、数通の手形の各振出人に対する各別の手形金請求など。

（イ）　**客観的要件**　　各共同訴訟人と相手方との間に、それぞれ別個の請求が存し、請求の併合を伴うから、訴えの客観的併合要件としての同種の手続で処理される請求であることと（136条）、共通の管轄権とが必要である。併合請求の裁

判籍（7条）は、上記(c)の場合は適用にならない（7条ただし書）。

（3） 併合の態様

各請求についての審判の申立てには、順位はなく、裁判所はそのすべてについて審判する必要があるというのが通常である。しかし、主観的併合の場合にも、共同訴訟人の、またはこれに対する各請求を予備的に併合すること（主観的予備的併合）が許されるかについては争いがあったが、平成8年改正法は同時審判を保障することによって立法的解決を図った（41条。→p798(2)）。

2　訴えの主観的追加的併合

（1）　意義

訴訟の係属中に、第三者の当事者に対する請求または当事者の第三者に対する請求の併合審判を求めることも、併合の主観的要件（38条）が満たされるかぎり、許容してよい[1]。併合審判により、審判の重複や裁判の矛盾を避けることが期待できよう。

判例（最判(三小)昭62・7・17民集41巻5号1402頁）は、甲が、乙を被告とする旧請求に丙に対する請求を追加して1個の判決を得ようとする場合は、丙に対する別訴を提起したうえで、弁論の併合を裁判所に促すべきであり、新旧両訴訟が共同訴訟の要件を具備する場合でも、新訴訟が弁論の併合を待たずに当然に旧訴訟に併合される効果を認めることはできないとする。

（2）　具体例

⑺　**第三者がイニシアティブをとる場合**　　第三者が原告側の共同訴訟人になる場合と、被告側の共同訴訟人になる場合とがある。前者の例としては、たとえば、ある事故の損害賠償請求訴訟に、同一事故による他の被害者が損害賠償請求をして併合審判を求める場合、後者の例としては、たとえば、交通事故の被害者が損害保険会社に対して直接請求をしている訴訟に、加害者（被保険者）が会社側の共同訴訟人として、被害者に対してある額以上の損害賠償義務がないことの確認請求をする場合がある。47条、49条、51条前段および52条による参加は、この種の追加的併合の特殊な場合である（52条によって第三者が被告側に参加するときは、

1）　兼子・体系388頁。

とくに自分の請求を定立せず、原告の被告に対する従前の請求を争う形をとる）。

(イ) **当事者がイニシアティブをとる場合** 原告が第三者に対する請求を追加併合する場合と、被告が第三者に対する請求を追加併合する場合とが考えられる。

前者の例としては、たとえば、被害者がタクシーの運転手に対して損害賠償を請求している訴訟中にタクシー会社に対する損害賠償請求を併合する場合、連帯債務の履行請求中に他の連帯債務者に対する請求を追加する場合などがある。

後者の例としては、原告から売買の目的物につき追奪請求された買主（被告）が売主に対する担保責任を追及する請求を併合する場合など[2]が考えられる。50条または51条による訴訟引受けの申立て、民事執行法157条による他の債権者の呼出しの申立ては、この種の場合の特殊例である。被告が51条・50条で原告の権利承継人に対して引受申立てをしたとき、または第三債務者が民事執行法157条1項による申立てをしたときは、従前の訴訟物たる権利の存否が新当事者と申立人との間でも争われることになる[*][3]。

[*] 霜島甲一「当事者引込みの理論」判タ261号（1971）18頁によれば、さらに、解釈上、旧74条（現50条）を（同条は承継事由を生じた当事者（前主）にも引受申立権を認めるとして、これを）手がかりに、被告が原告の第三者に対する請求を定立して、本訴と併合審判する道を肯定すべしとする。たとえば、交通事故の被害者から損害賠償の請求を受けた被告は、責任者は第三者Zであると主張して原告のZに対する請求を定立して本訴との併合を求めることを可能にすべしとする。

　立法論として傾聴に値するが、解釈論としては、いかなる要件があれば被告が原告の請求を定立することが許されるかは、なお検討を要しよう。さらに立法論としては、裁判所が第三者を引き込む道を設けることも、その第三者の利益保護または適正手続の保障という観点から要請されることになろう（フリッツ・バウァー（鈴木正裕訳）「第三者の訴訟関与」中田・還暦(下)305頁以下参照。行訴22条1項・23条1項参照。

---

2) 井上治典「被告による第三者の追加」甲南法学11巻2＝3号（1971）〔同・多数当事者法理153頁〕はこの種の併合の許容性を論証する。

3) 山木戸克己「追加的共同訴訟」神戸法学雑誌6巻1＝2号（1956）〔同・基礎的研究79頁〕は、これらの条項から、被告が第三者を原告の共同訴訟人として追加することを、一般的に認めようとする。しかし、前掲最判(三小)昭62・7・17は、原告が被告を追加する最も単純な類型において主観的追加的併合を否定した。別訴提起と、裁判所の裁量である弁論の併合で賄えるとする。これに反対し限定的に主観的追加的併合を肯定するのは注釈民訴(2)31頁〔山本弘〕。

第2節　多数の当事者をもつ訴訟　*803*

（3）　要件

　第三者に対する請求を併合する場合には、この第三者の審級の利益を保護する
ために、第一審の係属中に限定すべきである[4]。他方、第三者が当事者に対し自
分から請求を定立し併合審判を求める場合には、本人が第一審の終了しているこ
とを承知しているから、この者につき審級の利益を考える必要はない。相手方当
事者が共通の争点につきすでに実質的に審判を受けているといえるかぎり、控訴
審でこれを認める余地がある。追加併合される請求についての審判申立てが係属
中の請求に対して実体法上両立しえないものである場合には、原告は同時審判の
申出ができる（41条）。

3　共同訴訟参加（52条）

（1）　意義

　係属中の訴訟手続に、第三者が原告または被告の共同訴訟人として加入するも
ので、その参加の結果、必要的共同訴訟として40条の適用を受ける場合をいう。

（2）　要件

　㋐　訴訟の係属中であること。上告審に係属中でもよい[5]。参加とともに上
訴することもできる。

　㋑　当事者間および参加人と相手方との間で合一に確定する必要のある場合
であること。すなわち、本訴訟の判決の効力が参加人と相手方との間にも及び、
類似必要的共同訴訟となる場合である（例外的に固有必要的共同訴訟の瑕疵を治癒する
手段としても用いられる。→p788(4)）。

　㋒　参加人が相手方に対し、本訴の請求またはその請求棄却と同内容の主張
をする当事者適格をもつこと。この参加が別訴の提起に代わるものであるからで
ある（民訴費3条1項別表1第7項は、この参加の申出には、訴状または上訴に相当する額の
手数料の納付を要求している。被告側に参加するときは、請求棄却を申し立てるだけであるが、
新たに当事者になる意味で、同額の手数料を要求している。旧法下の最判（三小）昭62・7・17

4）　兼子・体系388頁。
5）　三ケ月・230頁は、新訴提起の実質をもつことを理由にして反対するが、参加しなくとも既判力
　　が及ぶことを考えると、上告審のみでも防御の機会を与えるべきであるから、参加を許すべきであ
　　る。

民集41巻5号1402頁。民訴費9条3項1号参照）。この適格のない者は、当事者間の判決の効力を受ける場合でも補助参加しかできない[6]。たとえば、会社を被告とする取締役選任決議取消訴訟において、当該取締役の被告適格を否定する場合には（会社834条17号。→p302〔*〕）、その取締役は会社の共同被告として参加できない（最判（二小）昭36・11・24民集15巻10号2583頁、なお、大判昭13・12・24民集17巻2713頁は、設立無効の訴えの被告側への株主の共同訴訟参加を否定する。なお、会社834条1号参照）。

（3） 参加の手続

参加申出は、43条の補助参加方式が準用される（52条2項）。参加の趣旨として、どの訴訟のどちらの当事者側に参加するかを示し、参加の理由としては、合一に確定すべき場合である事由を示す。要件を欠く参加申出の排斥は、共同訴訟人の、またはこれに対する請求についての終局的判断となるから、終局判決で却下する（44条1項は準用されない）。適格のない者の共同訴訟参加の申出は、補助参加の要件を満たしていれば、補助参加の申出として取り扱うべきである。

4　その他の事由による共同訴訟の発生

（1） 弁論の併合（152条1項）

同一裁判所に係属中の異なる当事者間の数個の訴訟について、弁論の併合を命じると、以後同一手続で審判されることになるから、共同訴訟となる。とくに合一確定の要求のある数個の訴えについて、法が併合を要求する場合がある（会社837条）。当事者を異にする事件について弁論の併合が命じられた場合には、それ以前に行われた証拠調べの結果も共通の訴訟資料となる。そこで、前に尋問をした証人について、尋問の機会のなかった当事者は、再度の尋問を申し出ることができ、この場合、裁判所はその尋問をしなければならない（152条2項）。手続保障を考慮したものであるが、同時に、直接主義の要請にも実質的に対応するものである（249条3項参照。なお→p558（4）〔*〕）。

（2） 訴訟中に一当事者の地位を数人が承継した場合

たとえば、当事者が死亡し、数人の相続人が承継した場合にも共同訴訟となる。

6）　共同訴訟的補助参加となる。ただし、桜井孝一「共同訴訟的参加と当事者適格」中村宗・古稀246頁は、当事者適格を欠く者にも共同訴訟参加を認める。

第4項　選定当事者

1　意　　義

選定当事者とは、共同の利益に関して共同して訴訟をしようとする多数の者の中から選ばれて、選定した者（選定者）のためにこれに代わって当事者となる者をいう（30条）。

（1）　共同訴訟人が多数になると、訴訟中各人に中断事由が発生して審理の進行が揃わなくなったり、とくに必要的共同訴訟の場合には、全訴訟の進行が阻害される。またそのような状態にならないまでも、弁論が複雑になり、送達事務が煩雑になる。

この種の訴訟を単純化する方策としては、共同訴訟人が一致して同じ訴訟代理人を選任するということも考えられるが、共同の利益をもつ者のうちから一部の者を代表者に選び、これに他の者の訴訟も任せる選定当事者の制度が認められている。しかし、この制度を利用するかどうかは、当事者の自由である。

（2）　選定当事者は、選定者全員の訴訟追行権を信託された者であって、選定当事者による選定者のための訴訟追行は、任意的訴訟担当の一例である（→p298（2））。

2　選定の要件

（1）　選定者について

共同訴訟人として原告または被告になるはずの者が多数いること。実際には相当数を予定しているが、とくに制限はないから2人以上いれば足りる。また原告側が選定する場合が多いであろうが、被告側でもよい。これらの者が社団を構成し、共同の利益が社団の目的とするところと認められる場合には、社団が当事者になるから（29条参照）、理論上選定の余地はない。ただし、実際問題としては、社団として当事者能力が認められるかどうかに疑いがある場合（たとえば最判（二小）平14・6・7民集56巻5号899頁（→p146〔＊〕））には、これを利用する実益がある。

（2）　共同の利益

多数者が共同の利益を有することとは、多数者各人の、またはこれに対する各請求が主要な攻撃防御方法を共通にするため、社会観念上、相手方に対して一団

806　第3編　第一審手続　　第8章　複雑な訴訟形態

として対立していると認められる場合をいう。このような場合であれば、訴訟資料が重要な部分で共通になり、訴訟の単純化を期待できるからである。

たとえば、同一交通事故に基づいて損害賠償請求をする多数の被害者、地震約款を無効と主張する多数の保険金請求権者、土地所有者から明渡しを請求されている家屋の所有者と家屋の賃借人（大判昭15・4・9民集19巻695頁）、同種の売掛代金債権を有する多数の者の代理人が各債権につき一括して締結した連帯保証契約の履行を請求する場合の債権者（最判(一小)昭33・4・17民集12巻6号873頁）などが共同の利益をもつといえる。

（3）　選定当事者

選定当事者は、共同利益をもつ者の中から選定されること。これ以外の第三者を選べるとすると、訴訟代理人を弁護士にかぎる建前（54条1項）を潜脱するおそれがあるからである。

3　選定行為

選定とは、自分の権利利益についての訴訟追行権を授与する行為である。

（1）　代理権授与に類する効果をもつものであり、選定行為には訴訟能力が要求される。方式の定めはないが、選定当事者はその資格を訴訟において書面で証明しなければならないから、選定書の作成によるのが通常である（規15条後段）。

（2）　選定は、多数決で決定できない。なぜならば、選定行為とは、選定者団の全体の意思を形成するものではなく、各人の個人的利益を各自の意思に基づいて処理する行為であるからである〔*〕。したがって、共同して同一人を選定する必要はなく、多数の者がした選定行為に賛成しない者は、自分で訴訟をすることも、別人を選定することもできる。なお、相手方が多数者のうちの特定の者を選定すること（大決昭7・9・10民集11巻2158頁参照）はできない。

（3）　選定は、控訴審で行うことも可能であるが、「共同の利益」を有する選定者の請求が、係属中の訴訟と主要な争点を共通にしない場合には、相手方の審級の利益を保護する観点から、請求の追加には、原則として相手方の同意が必要となる（300条3項）。

〔*〕　**選定当事者とクラス・アクション**　　小島武司「共同所有をめぐる紛争とその集団的処理」判例展望〔同『訴訟制度改革の理論』（1977・弘文堂）117頁〕は、多数者間に緊密

な団体的結合が認められる場合（たとえば、多数の入会権者、掛戻債権者たる未落札講員）には、事件ごとの個別の選定行為は必要ではなく、その場合の選定当事者の資格はその者が多数者の利害と一致する利害をもち、多数者の利益を十分に代表してこれを擁護するにふさわしい地位にあることによっても正当化されるとし、選定当事者制度を梃子にして、多人数の共同所有関係につきクラス・アクション（⟶ p303〔＊＊〕）の可能性を解釈論としても認めようとする。示唆に富む見解である。最判(三小)平6・5・31民集48巻4号1065頁は、入会権者集団が権利能力なき社団を形成している場合に、団体に当事者適格を認め、団体の規約上その不動産の処分に必要な授権をえた代表者が訴訟を追行し得るとするが、この趣旨を踏まえ、共通ないし共同の利益追求のために訴える者が団体を構成することを通じてクラス・アクション的訴訟に近づくことも工夫に値しよう。⟶ p289〔＊＊〕(3)。

（4）　選定は、選定当事者の当事者適格を定める行為であるから、これに条件を付すことは許されないが、選定を促す意味から、審級を限定した選定は許されると解すべきである（大判昭15・4・9民集19巻695頁）[1]。

（5）　訴訟係属の前でも後でも選定は可能である。全員について訴訟係属した後に選定が行われたときは、選定当事者だけが当事者として残り、選定者は自動的に訴訟から脱退する（30条2項）。

（6）　係属中の訴訟の原告または被告と共同の利益を有する者は、自己の選定当事者になるように、その原告または被告を選定することができる（30条3項）。この場合、原告として選定当事者となった者は、口頭弁論の終結に至るまでに、その選定者のために請求の追加をすることができる（144条1項）。被告となるべき者の選定があったときは、原告の方から、その選定者に係る請求の追加をすることができる（同条2項）。これらの手続は訴えの変更の手続に準じて行う（同条3項）。

4　選定当事者の地位

(1)　選定当事者の権限

選定当事者は、選定者全員および自分の訴訟について、訴訟当事者として訴訟

1）　同旨、斎藤・概論465頁。否定説、兼子・体系396頁、三ケ月・189頁。

追行の資格をもつ。その訴訟について一切の訴訟行為ができ、訴訟委任による代理人のような制限（55条2項参照）はない（もっとも第一審に限定された選定の場合には、訴訟追行権能もその審級に限定される）。訴訟上の和解をする権限も当然に含まれ、これを制限しても無効である（最判(三小)昭43・8・27判時534号48頁）。訴訟追行上必要な私法上の行為もできると解される。ただし、同一の多数者から数人が選定されたときは、その数人は選定当事者たる資格を合有し（信託79条参照）、その訴訟は固有必要的共同訴訟となるから、各選定当事者の訴訟追行権は、合一確定の要請による制約（40条）を受ける。

（2）　選定当事者の資格の喪失

　(ア)　選定当事者は、その死亡または選定の取消しによって、将来に向かってその資格を喪失する。取消しは、選定者によって、いつでもできる。取消しと同時に他の者を選定すれば、選定当事者の変更（30条4項参照）となる。選定の取消しまたは変更は、相手方に通知しない間は効力を生じない（36条2項、規17条）。

　(イ)　選定者の死亡、その能力の喪失、共同利益の喪失（たとえば係争権利の譲渡）は、この制度を認めた趣旨から、選定当事者の資格に影響はない（58条の類推）。

　(ウ)　訴訟中に数人の選定当事者のうちの一部の者が、死亡その他の事由で資格を喪失したときは、その者の訴訟追行権は残りの者に吸収されるから（信託86条4項参照）、残りの者が全訴訟を続行できる（30条5項）。全員がその資格を喪失したときは、選定者全員または新選定当事者において訴訟を承継し、これらの者が受け継ぐまで訴訟手続が中断する（124条1項6号。ただし、124条2項・58条3項）。ただし、選定の取消しまたは変更の場合には、選定者みずから訴訟追行のできる状態においてするわけであるから、中断を認める必要はない[2]。

5　選定者の地位

（1）　訴訟係属後の選定によって、選定者は当然に訴訟から脱退する（30条2

2）　兼子・体系398頁、同・判例民訴31頁。これに対して、コンメ民訴Ⅱ550頁は、相手方からの受継申立て（126条）と裁判所の続行命令（129条）を認めているので中断を認めても差しつかえないとする。

第2節　多数の当事者をもつ訴訟　*809*

項)。選定者は、選定をしたのち、相手方から訴えられた場合は、選定を主張立証して訴え却下を申し立てることができるし（選定当事者も同時に訴えられているならば、脱退することができる（30条2項の類推))、またすでに選定当事者による訴訟が別に係属中であれば、選定者との訴訟は二重起訴の係属として禁止される（142条)。

（2）　選定当事者の受けた判決の効力は、選定者に及ぶ（115条1項2号)。給付判決であれば、これに基づいて選定者のために、または選定者に対して、執行することができる[3]。

---

3) 　民執23条1項2号。中野貞一郎「代表訴訟勝訴株主の地位」判タ944号（1997）41頁〔同・論点 II 204頁〕。

第2款　補助参加形態

第1項　補助参加

1　補助参加の意義

（1）　定義

　訴訟の係属中、当事者の一方を勝訴させるために、第三者が訴訟に参加し、その当事者を補助して訴訟を追行する手続形態をいう。この第三者を補助参加人、補助される原告または被告を被参加人または主たる当事者という。

（2）　当事者との違い

　補助参加人は、共同訴訟人のように相手方との間で、自分のまたは自分に対する請求について審判を求めるのではなく、もっぱら被参加人に付随して被参加人の訴訟を追行する。その点で真の意味の当事者とはいえない。しかし、補助参加をするのは、被参加人を勝訴させることによって参加人自身の利益を守ることを目的としており、一定の利害関係が認められるかぎり、当事者から依頼されなくとも、またその意思に反しても、自分の名と費用において訴訟に関与することが許される点で、当事者の名でもっぱら当事者のために訴訟行為をする代理人と異なる（むしろ補助参加人のために法定代理人や訴訟代理人が認められる）。このような点から、補助参加人は、従たる当事者または準当事者（151条1項2号の者を準当事者と呼ぶこともあるが、それとは別の概念である）ともいわれる。

（3）　現行補助参加制度の評価

　現行法は、一方で、この制度が補助参加すべき者の利益を保護するための制度として、この者に訴訟関与の機会を与えるべく、訴訟の結果について一定の利害関係が認められるかぎり、当事者（相手方のみならず被参加人）の意思に反しても補助参加する権能を認めているが、他方では、補助参加人は、被参加人の行為に抵触して訴訟追行行為をすることはできないとしており、訴訟追行面では、被参加人に従属した地位を与えるにとどまっている。その結果、補助参加人は自分の利益擁護のために、時間と費用を使って補助参加をしても、心ない被参加人の行為によってそれまでの努力が無に帰せられるおそれがある。しかし、補助参加だか

らといって、そのために要する準備や費用・時間が自分が当事者となって訴訟をする場合に比べて少なくて済むというわけのものではない（たとえば弁護士費用は同じようにかかるし、要する時間に違いはない）。

これらの点を考えると、訴訟の結果に利害関係をもつ第三者にとって、現行法の構想する補助参加という手段は、補助参加人の利益保護の手段として中途半端なものであり、立法論として、効率のよい合理的な制度といえるか疑問である。

解釈論としても、せっかく訴訟に参加してきた補助参加人の地位を不安定にしない工夫をし、その利益擁護の手段として効率のよいものを考案する一方、判決の結果をひろく補助参加人にも及ぼす工夫をすることにより、この参加による紛争解決の実効性を少しでも高めることが望ましい[1]。

2　補助参加の要件（42条）

(1)　他人間に訴訟が存在すること

(ア)　自分の訴訟の相手方に参加することは無意義であるが、自分の共同訴訟人またはその相手方（自分の相手方でもある者）に参加することは可能である（最判（三小）昭51・3・30判時814号112頁は、被害者XがY・Zを共同不法行為者として損害賠償請求をし、第一審で、Yのみが敗訴し、Zは過失なしと判断されたので、Yは、X側に補助参加してXのZに対する敗訴判決について控訴を申し立てた事例で、補助参加を認める）。

自分の訴訟の対象となっている請求と、共同訴訟人とその相手方との間の請求の相互関係から、補助参加の理由が認められる場合には、特別に補助参加の申出をしなくとも、補助参加関係を認めるべきである。たとえば、買主と転得者が売主からそれぞれの所有権移転登記の抹消を請求された場合には、買主と転得者の相互間に補助参加の関係を当然に認めるべきであるし[2]、さらに、補助参加の理由の有無にかかわらず、共同訴訟人間に主張共通の原則を働かせるかぎりでは（→p796(2)）、補助参加がなされているのと近い結果を認めることになる[3]。ま

---

1)　補助参加人の地位の独立性を強めることによって、同じ方向を意図するものとして、井上治典「補助参加人の訴訟上の地位について（1・2完）」民商58巻1号・2号（1968）〔同・多数当事者法理3頁〕参照。

2)　兼子・体系399頁。

3)　新堂「共同訴訟人の孤立化に対する反省」法協88巻11=12号（1971）〔同・争点効(下)73頁〕参照。

た、売主甲が主位請求として買主乙に対して代金請求をし、乙の代理人丙の代理権が認められない場合のために、副位請求として丙に対する損害賠償（民117条）を求める場合、代理権の存否の審理・判断については、主位請求においては丙が甲に、副位請求については乙が甲にそれぞれ補助参加しているものとして取り扱うべきである[4]。

　(イ)　1人で対立当事者双方の参加人となることはできない。しかし、参加人は判決の参加的効力を双方との関係で受けることがあり、また双方から訴訟告知（53条）されることはある。

　たとえば、売主甲が買主乙に対して売買代金請求をするときに、甲は、乙の代理人丙の代理権が認められず、また表見代理によっても乙に支払義務が認められない場合のために、丙に対して訴訟告知をして、無権代理に基づく責任追及請求を用意し、他方、乙も、自分が売買代金を支払わされた場合には丙に対して売買の目的物を自分に引き渡せと請求するつもりで、丙に訴訟告知をすることがある。

　(ウ)　訴訟の係属中ならば、上告審でもできる。

（2）　補助参加の理由

　補助参加人となる第三者が訴訟の結果について法律上の利害関係を有することを補助参加の理由という。訴訟の結果について利害関係をもつとは、その訴訟の主要な争点についての判断を前提にして、参加人の権利義務その他法的地位が決められる関係にあることから、被参加人の受ける判決の判断によって参加人の法的地位が事実上不利な影響を受けるおそれがある関係にあることをいう。

　(ア)　影響を受ける参加人の地位は、法律上のものでなければならない。財産権上のものだけでなく、身分法上の関係でも、また公法上、刑事上のものでもよい（たとえば、訴訟で第三者の詐欺による取消しが主要な争点になっており、その勝敗如何では、詐欺罪に問われるおそれがある場合の第三者）。しかし、当事者の一方が負けると親友として気の毒だという感情的理由だけでは、参加の理由にならない。

　(イ)　訴訟の判決の効力が直接参加人に及ぶ場合でなくとも、参加人の法的地位を判断する上で本訴訟の主要な争点についての判断が論理的に前提となる場合

4）　井上治典「補助参加の利益」民訴雑誌16号（1970）〔同・多数当事者法理65頁〕もこの種の争点ごとの補助参加の必要性を認める。

第2節　多数の当事者をもつ訴訟　813

であればよい。

　たとえば、主債務者敗訴判決の効力は、保証人に対して及ばないが、保証債務
は、主債務の存在を前提とするから参加の理由がある。したがって、主要な争点
を共通にして参加人が相手方に対して被参加人と同様な地位に立つ場合にも、参
加の理由は認められる。たとえば、各住民に対する村の寄付割当金の請求につき、
被告が、その請求の理由たる住民大会の決議を無効と主張しているときに、同様
の請求を受けるはずの他の住民には参加の利益を認めるべきである[5]。同様に、
同一の事故の被害者の1人の損害賠償訴訟に他の被害者が参加する理由も認める
べきである[6]。

　また、係争山林についての産物採取権侵害排除請求訴訟の被告に隣接地の所有
者が参加する理由としては、原告が隣接地についても同様の請求を起こす計画を
もっているというだけでは十分でなく（大決昭7・2・12民集11巻119頁）、その隣接
地の所有者の地位が本訴の主要な争点の判断によって影響を受ける関係にあるか
どうかによって参加の許否を決すべきである。

　役員等の責任追及等の訴え（会社847条）において、株式会社が被告役員に補助
参加できるかについては、請求のレベルでみると、被告と会社とは利害が対立す
るところから（被告が勝訴すれば、会社の被告に対する訴訟物たる請求権を失うことにな
る）、補助参加は許されないとする説も少なくない[7]。しかし、その請求棄却の
前提としての被告の役員としての行為の適法性を確立することが、会社にとって
重大な法益となることも考えられるから、その補助参加を論理的に許されないと
するのは行き過ぎである[8]。平成13年12月（法149号）の改正により参加の理由は

5）　大決昭8・9・9民集12巻2294頁、井上・前掲注4）「補助参加の利益」〔同・多数当事者法理85
　頁〕。東京高決昭49・4・17下民25巻1＝4号309頁は、スモン病患者らがキノホルムがスモン病の
　原因であるとして国と製薬会社を訴えた訴訟に、すでに別訴で訴えられているキノホルムを投与し
　た医師の補助参加を否定する。新堂・判例202頁はこれに反論。なお、消極説としては兼子・体系
　400頁、斎藤・概論484頁。

6）　反対、兼子一「選定当事者の場合の共同の利益と補助参加の利害関係の差異」実例民訴(上)90頁。

7）　徳田和幸「株主代表訴訟における会社の地位」民商115巻4＝5号（1997）602頁、高田裕成・私
　法判例14号（1997）126頁。

8）　最決(一小)平13・1・30民集55巻1号30頁は、取締役会の意思決定の違法を理由とする株主代表
　訴訟において、会社は取締役に補助参加できるとする。新堂「株主代表訴訟の被告役員への会社の
　補助参加」新堂・展開79頁、伊藤眞「補助参加の利益再考」民訴雑誌41号（1995）1頁。

814　第3編　第一審手続　第8章　複雑な訴訟形態

つねにあるものとし[9]、監査役または監査委員の全員の同意を条件として、会社による被告側への補助参加が認められることが明文化された（旧商268条8項・266条9項、会社849条3項）。

　(ｳ)　被参加人の受ける判決の判断によって補助参加人の法律上の地位に不利な影響を受けるおそれがあるとしても、判決の判断と補助参加人の法律上の地位との関係が法論理的なものでなければならない。それがたんなる経済的な因果関係にとどまるかぎり参加の理由としては不十分である。

　たとえば、当事者が敗訴して財産が減少すると、利益配当が少なくなるとか扶養の額が減るおそれがあるというような、たんなる経済的因果関係があるだけでは、参加の理由として不十分である。もっとも、一般債権者は債権者代位権行使の要件を満たすに至れば、債務者の財産権に関する訴訟に補助参加できる（大決大11・7・17民集1巻398頁）。また、所在不明の夫に対する金銭請求訴訟への妻の補助参加も、夫婦の協力扶助義務の履行行為として肯定されるべきであろう（名古屋高決昭43・9・30高民21巻4号460頁）。

（3）　他の訴訟上の手段との競合

　参加人が、その地位を擁護するために他の訴訟上の手段（たとえば47条・52条）を与えられていても補助参加を選ぶことは妨げない。

（4）　補助参加の禁止

「消費者の財産的被害の集団的な回復のための民事の裁判手続の特例に関する法律」（平25・法96、施行平28・10・1）8条によれば、「消費者」（同2条1号参照）が、「共通義務確認の訴え」（同条4号）に、補助参加することを禁じている。その消費者が「対象債権」（同条5号）をもつ「対象消費者」（同条6号）であっても、許されないとする。対象消費者であれば、補助参加の利益は当然あると考えられるが（同法9条）、原告である「特定適格消費者団体」（同法2条10号）を信頼し（同65条とくに75条参照）、かつ訴訟手続の煩雑化を避けるための立法者の決断によるものと考えられる（伊藤眞『消費者裁判特例法』（2016・商事法務）84頁以下、山本和彦『解説消費者裁判手続特例法〔第2版〕』（2016・弘文堂）179頁以下参照）。

9）　反対、笠井正俊「補助参加の利益に関する覚書」井上・追悼215頁。

第2節　多数の当事者をもつ訴訟　*815*

3　補助参加の手続

（1）　補助参加の申出

申出は、書面または口頭によって（規1条参照）、参加の趣旨（参加すべき訴訟およびどちらの当事者の補助かを示す）および理由（補助参加の理由を示す事情）を表示し、参加後に訴訟行為をすることになる審級の裁判所へ行う（43条1項、貼用印紙類は、民訴費3条1項別表1第17項ニ）。補助参加申出は、上訴の提起、再審の訴えの提起、支払督促に対する異議の申立てなどと同時にすることができる（43条2項）。申出書または口頭での申出の場合はその調書を、当事者双方へ送達する（規20条1項・1条2項）。

なお、同時審判の共同訴訟人間、共同訴訟人の1人と相手方との間では、補助参加の申出を待つまでもなく、補助参加がなされたと同じ取扱いをすべきことについては、→ p799(イ)。

（2）　補助参加の許否

申出の方式または参加の理由の有無については、当事者から異議の出た場合にかぎり調査する（もっとも、申出行為の訴訟行為としての有効要件（たとえば訴訟能力・代理権の存否）は職権でも調査し、これを欠くときは却下する）。当事者は、異議を述べることなく、参加人とともに、または参加人に対して弁論をし、または弁論準備手続において申述をすれば、異議権を失う（44条2項）。異議の出たときは、参加申出人は参加の理由を疎明しなければならない（同条1項）。

参加の許否は、参加申出のなされた裁判所が、決定で裁判する（この審理の費用は、異議者と参加人との間の争いとして、その間で負担を定める（66条））。この参加を許す決定に対しては、異議を述べた者、または異議を述べることができる当事者から、参加を許さない決定に対しては、被参加人または参加人から、即時抗告をすることができる（44条3項）。

参加申出に対して異議が出ても、本訴訟の手続は停止されない。参加不許の決定があっても確定するまでは、参加人は訴訟行為をすることができるが（45条3項）、参加不許の決定が確定したときはその効力を生じない。しかし、その場合でも、被参加人が援用すれば効力を保持する（同条4項）。

816 第3編 第一審手続 第8章 複雑な訴訟形態

4 補助参加人の地位

（1） 従属的性格

補助参加人は、自分の、または自分に対する請求について審判を申し立てる者ではなく、参加した訴訟の判決は補助参加人に対してなされない。その意味では、真の訴訟当事者ではない。補助参加人は、第三者として証人または鑑定人となる能力がある。また、参加人について死亡、訴訟能力の喪失などの訴訟手続の中断事由が生じても、本訴訟は停止しない。参加人の訴訟関与がその新追行者が出てくるまで事実上できないだけである（参加人の地位は消滅しない）。その結果、判決に影響を及ぼす重要な行為をする機会を失った場合には、判決の効力の除外事由として評価されるにとどまる[10]。また、補助参加人による上訴は、被参加人の上訴期間内に限られる[11]。

（2） 独立的性格

補助参加人は、当事者に由来しない独立の権能として、訴訟に関与する者であるから、当事者と別に、これに対し、期日の呼出し、訴訟書類の送達をすべきである。補助参加人に対する呼出しを欠くときは、期日を適法に開けない（ただし、主たる当事者が全部自白をしているときには、参加人の行為の余地はないから、この違法は問題にならない）。また、補助参加人は、自分の計算で他人の訴訟に関与する者であり、その支弁した訴訟費用（参加人の行為で被参加人の訴訟に無関係のものによって相手方に生じた費用も同様、62条参照）については、相手方との間で、その負担の裁判を受ける（66条後段）。

また、参加人は、いつでもみずからの参加申出を取り下げる権能をもつ。しかし、いったん参加がなされると参加人と相手方との間に判決の効力が生じる基礎が生じているので、相手方の同意を要すると解すべきであろう（261条2項の類推）。参加人は、その取下げをしても訴訟告知を受けている者と同じ地位にある者とし

10） 被参加人または相手方は、この事実上の中断を解消させるために、参加人の承継人に対して訴訟告知に準じた受継の申立てができる。兼子・体系402頁参照。

11） 控訴につき、最判（二小）昭37・1・19民集16巻1号106頁、上告または上告理由書提出期間につき、最判（二小）昭25・9・8民集4巻9号359頁、最判（一小）昭47・1・20判時659号56頁。これに対して、参加人に独自の上訴期間を保障すべきであるとする説として、小室直人「補助参加人の控訴申立期間」民商47巻2号324頁（上記最判昭37年の批評）、井上治典「補助参加人の訴訟上の地位について（2・完）」民商58巻2号（1968）〔同・多数当事者法理38頁〕があり、検討に値する。

て、参加的効力を免れるわけではない。また、参加人のした訴訟行為は、被参加人が援用すれば、取下げにかかわらず効力を保有する（45条4項の類推）。

（3） 補助参加人ができる訴訟行為

参加人は、原則として一切の訴訟行為を、被参加人がしたのと同じ効果をもってすることができる（45条1項本文）。ただし、つぎの行為は、被参加人の利益を保護するために、することができないし、しても効力を生じない。

⑺ **私法上の権利行使**　参加人は、訴訟追行上必要または適切であっても、被参加人のもつ私法上の権利を行使することは、私法上その権能が認められている場合（たとえば、民423条・439条2項・457条3項等参照）を除き、当然にはできない[12]。

しかし、参加人が本来はできないはずの権利行使をし、そのことが訴訟に上程された場合、被参加人が遅滞なく権利行使の意思のないことを明示する行為を訴訟上とらないと、無権代理行為を黙示的に追認したと評価される余地がある（被参加人としても自分の勝訴を願うのが通常であるから、被参加人の意思に沿うことが多いし、参加人の行為を否定する機会と権能を訴訟上与えられているのにあえてこれを行使しないことは、その行為を肯定するものと推認できる）。

⑷ **訴訟を処分・変更する行為**　補助参加人は、既存の訴訟を前提とし、その当事者の一方（被参加人）を勝訴させるために、または主要な争点について有利な判決を得るために参加するのであるから、補助参加人としては、訴えの取下げ、訴えの変更、反訴の提起などはできない。ただし、補助参加人自身による訴えの主観的追加的併合、47条による参加が許されることはある（たとえば、主債務者に補助参加していた保証人が保証債務不存在確認請求を追加併合する場合、売主の買主に対する登記抹消請求において、買主に補助参加していた転得者がのちに売主に対して自分の所有権確認と、買主に対して移転登記請求をする場合）。

⑺ **被参加人に不利な行為**　請求の放棄・認諾、自白、上訴権の放棄等の行為は、効力を生じない。自白については、事実の報告であるという性質論から可能とする説もあるが[13]、訴訟物についての裁判の基礎となる事実を争わないと

---

12) 兼子・体系403頁、中野・訴訟行為126頁。反対説、コンメ民訴Ⅰ446頁、斎藤・概論488頁、三ケ月・238頁、井上・前掲注11)56頁。

13) 井上・前掲注11)42頁。

いう意思に基づく行為であると解すべきであるから（→p584 1〔*〕）、許すべきではない。

 ㈑ **参加当時の訴訟状態上被参加人のできない行為**（45条1項ただし書）　たとえば、被参加人が撤回できない自白の撤回、被参加人としてすでに時機に後れたとみられる攻撃防御方法の提出（157条参照）、上告審における事実資料の提出等。

 ㈒ **被参加人の行為と抵触する行為**（45条2項）　被参加人の行為がすでに行われているときは、これに矛盾する行為はできない。たとえば、被参加人が自白したのちは、争うことはできないし、被参加人が上訴権を放棄したのちは、被参加人のためには上訴することはできない（これに反する上訴は不適法）。もっとも、被参加人がただ消極的に何もしていないときは、実際にはその意思に反する参加人の行為でも、当然に無効になるというわけではない。たとえば、被参加人が明らかに争わない事実を参加人が争ったり、被参加人の上訴権の放棄がない以上、参加人は、上訴を適法に提起しうる〔*〕（控訴の申立てにつき、大判昭11・3・18民集15巻520頁、最判（三小）昭46・6・29判時639号78頁）。したがって、補助参加人が上訴したのち、被参加人が上訴をすれば、後者が二重上訴として不適法となる（最判（三小）平元・3・7判時1315号63頁）。被参加人としては、参加人の行為がなされても、遅滞なくそれを取り消すことができるし、またこれと抵触する行為をすることによって参加人の行為を無効にすることができる。

> 〔*〕　**争点かぎりの参加人による独自の上訴**　被参加人による上訴権の放棄があっても、参加人は、みずからの地位に関する争点についての原判決の判断に対して、相手方に対し独自に上訴してその終局判断を相手方との間および被参加人との間で既判力をもって確定せしめる利益を認めるべきであろう。
>
> 　　たとえば、保証債務の履行請求に主債務者が補助参加して保証人とともに主債務の存在を争ってきたところ、保証人が上訴権を放棄したときには、主債務の存否に関するこれまでの訴訟追行を生かす意味からも、当事者間の公平を図る意味からも、主債務者の防御権を実際上有効なものにする意味からも、主債務者に主債務の存否について独自に上訴する利益を認めるべきである（主債務者が両当事者を相手に主債務不存在の中間確認の請求を保証債務の履行請求に追加併合した上、追加併合した部分のみについて上訴するという形（47条による詐害妨止参加の一例といえる）と同じになり、上訴に対する判決の効力は、参加人と被参加人との間にも生じる。なお、新堂「参加的効力の拡張と補助参加人の従属性」兼子・還暦㊥440-445頁〔同・争点効㊤252頁〕参照）。

第2節　多数の当事者をもつ訴訟　*819*

5　判決の補助参加人に対する効力

　民訴法46条の規定する「裁判の効力」がどのような性質をもつか、だれとだれとの間に生じる効力か、またどのような判断に生じる効力かについては、既判力説と参加的効力説との対立があり、近時では、後者が通説となっている。しかし、どちらの説も、既判力か参加的効力かのどちらかでなければならないと考えるところに、問題状況の正確な把握を曇らせ、46条の「裁判の効力」にもっとも有意義な内容を盛り込みえなかった原因があると思われる〔*〕。

〔*〕　**旧民訴70条（現46条）をめぐる既判力拡張説と参加的効力説**　　(1)　旧々民訴法55条１項のもとでは、補助参加人は被参加人との関係で判決の不当を主張できないと規定されていたから、その効力は参加人と相手方との間に拡張される既判力とは違うものとみられやすかった。ところが、旧民訴法70条では、裁判は参加人に対してもその効力を有するという表現に改められた。そのため、改正の当初は、その効力を、既判力が補助参加人と被参加人との間だけでなく、補助参加人と相手方との間にも拡張されたものとするいわゆる既判力拡張説が一時有力となり（宮崎澄夫「民事訴訟法第七十条に所謂裁判の効力の本質を論ず」法学研究11巻４号（1932）93頁、106頁、細野長良『民事訴訟法要義　2巻下』（1930・巌松堂）301頁、加藤・要論153頁、中島弘道『日本民事訴訟法　1編』（1934・松華堂書店）304頁等）、判例（大判昭15・7・26民集19巻1395頁）もこの立場を表明していた。しかし、その後、旧民訴法70条の効力は、補助参加人と被参加人との間にのみ生じ、かつ、判決理由中の判断にも生じるとする説が有力となり（雉本朗造「判決ノ参加的効力」京都法学会雑誌13巻７号（1918）・法学論叢３巻３号（1920）・４巻６号〔同『民事訴訟法の諸問題』（1955・有斐閣）331頁〕は旧々民訴法改正前のものであるが、改正後のものとして、山田正三『改正民事訴訟法　3巻』（1930・弘文堂）594頁、兼子一「既判力と参加的効力」法時14巻３号（1942）〔同・研究２巻55頁以下〕、菊井・(上)107頁、三ケ月・239頁、斎藤・概論489頁）、最高裁もこの説をとることを明らかにした（最判(一小)昭45・10・22民集24巻11号1583頁）。

　(2)　たとえば、債権者甲の保証人丙に対する保証債務の履行請求に、主債務者乙が補助参加して争ったが、丙が敗訴し、保証債務を履行して乙に求償請求をしたとしよう。このような例を念頭にすると、46条の「裁判の効力」を、①被参加人敗訴のときに、その敗訴の責任を分担する意味で、被参加人丙と参加人乙との間に生じる効力で、②判決理由中の判断（主債務の存在の判断）に生じる拘束力と解することによって、46条の存在を、より活かすことになる（判決主文にしか拘束力を生じないと考えると、乙は主債務の存在を争うことができ、丙は乙に対しても敗訴するおそれが生じる）。しかも、③上記のような拘束力は、補助参加人の訴訟追行が45条１項ただし書および同条２項のような制約を受けな

い限度でのみ生じるという条件が付せられている。そして、このような諸点はすべて既判力には通常みられない性質であるところから、46条の効力を既判力とは別個の参加的効力と説明する説には、それなりの説得力があるといえよう。

(3)　しかし、はたして、補助参加人と相手方との間になんらかの拘束力を生じさせる必要性と合理性はないのだろうか。参加的効力説は、既判力説との差異を強調するあまり、その点を虚心に精査することをやめてしまい、しかも、その態度を補助参加人は当事者でないという理屈で正当化したところに、参加的効力説の限界があったと考える（新堂「参加的効力の拡張と補助参加人の従属性」兼子・還暦(中)〔同・争点効(上)231頁〕）[14]。

（1）　相手方に対する関係

さて、46条の判決の効力は、相手方に対する関係と被参加人に対する関係とに分けて考察するのが便宜である。まず、相手方と補助参加人との間には、訴えによって直接解決を要求されている紛争はないが、補助参加人は、被参加人と相手方との間の紛争（これは訴えによって直接解決を求められている紛争）について、訴訟の進行状況および被参加人の行為による制約（45条1項・2項）がないかぎり、被参加人と並んで主張立証を尽くして相手方と争うことができる地位を与えられているのであるから、訴訟の結果について自分のせいではないと文句をいわせるのは、相手方に対し公平でない。したがって、信義則上、その地位に対応した責任に基づく拘束を受けさせる必要がある[15]。

(ア)　請求自体についての判断が補助参加人の権利関係の先決問題になっているときは、補助参加人は、その訴訟追行が訴訟進行状況または被参加人によって妨げられた場合を除き、相手方と被参加人との間の既判力の拡張を受ける（補助

---

14)　つぎに本文(1)から(3)までの、「補助参加人に対する効力」（現46条）について私見を述べるが、西理「民事訴訟法上のいくつかの論点について(中)」判時2124号（2011）16頁以下も、内容的には、私見と同じような「効力」を説きつつ、それらの効力全体を「参加的効力」という名で一元化して捉えることを提唱されている（とくに同20-21頁参照）。そのように命名すること自体に反対するわけではないが、それぞれの効力がなぜ認められるべきなのかを解明し正当化する作業が、命名によって省略できるわけではないであろう。

15)　鈴木重勝「参加的効力の主観的範囲限定の根拠」中村宗・古稀414頁は、第1の訴訟における相手方の敗訴原因事実が、とりもなおさず相手方の補助参加人に対する別個の請求権の発生原因になるという関係がある場合に限定し、第1の訴訟で敗れた相手方が前訴の補助参加人を相手にした第2の訴訟で上記の別個の請求権を主張するとき、参加人はその発生原因を前訴判決の判断に反して争いえないとする。しかし、そのような場合に限定するのは狭すぎる、新堂・争点効(上)236頁。

参加人に訴訟追行の具体的可能性がなかったという事由は、既判力の拡張を阻むための補助参加人の防御方法となる）。

たとえば、債権者の主債務者に対する履行請求に保証人が主債務者側に補助参加した場合、保証人は、被参加人の自白や上訴の取下げなどによってその訴訟追行を制約されなかった限度で、債権者と主債務者との間の判決の既判力の拡張を受け、前訴で主債務の存在が認められた場合は、債権者の保証人に対する後訴において、保証人は主債務の存在を争うことが許されない。

また、債権者は、前訴で主債務は存在しないとしてその敗訴が確定した後は、保証人に対する保証債務の履行請求において主債務の存在を主張することは許されない（これらは反射的効力として基礎づけられてきたものである、→p743 4 (1)(ア)）。なぜならば、補助参加人は、補助参加をすることにより、その請求の当否を補助参加人自身の地位を決する重要な争点として、それについての訴訟追行を自由に――訴訟の進行の程度による制約や被参加人による積極的な制限のないかぎり――できる立場に立った以上、上記の制限のもとではあるが、訴訟の結果につき当事者と同様の責任を負うのが妥当だからである。そして、補助参加人にこうした地位と責任を与えるならば、逆に相手方敗訴の場合には、補助参加人のために既判力の拡張を認めるのが公平であるからである。

(イ)　請求の当否の前提をなす主要な争点についての判断に、補助参加人が直接の利害をもつ場合には、当事者間に争点効が生じる限度で、かつ、46条の制限のもとで、補助参加人と相手方との間にも争点効が生じる。その主要な争点について補助参加人も被参加人と共同して主張立証を尽くして相手方と争った以上、その結果については相手方に対して被参加人と同じ責任（46条の条件による制約はあるが）を負うのがやはり公平だからである（補助参加人が主張立証していなくとも、被参加人がしていれば、補助参加人も争ったとしてよいし、逆に補助参加人が主張立証するのを被参加人が黙認していただけでも、被参加人は争って主張立証を尽くしたとみてよい）。たとえば、保証人に対する保証債務の履行請求において、主債務の存否につき争点効が生じる場合には、保証人に補助参加した主債務者と相手方との間にも争点効を生じさせるべきであろう。

（2）　被参加人に対する関係

(ア)　**参加的効力の根拠**　　被参加人敗訴の場合に、いわゆる参加的効力が生

じる。たとえば、債権者による保証人を相手とした保証債務の履行請求に、主債務者が補助参加して主債務の存在を争ったが、主債務は存在すると判断されて保証人の敗訴が確定し、保証人がそれを履行したのち、主債務者に対してその求償を求める後訴を提起した場合、前訴において補助参加した主債務者は、その主債務の不存在（前訴の基準時における）を主張することは許されない。

　これは、利害を共通にする争点（求償権の前提としての主債務・保証債務の存否）について、補助参加人は被参加人を援助して被参加人の勝訴をもたらさないかぎり、被参加人の敗訴が自分に不利に働いても仕方のない実体的地位にあり、かつ、そのために訴訟追行をする機会が与えられている者として、被参加人がその争点について不利な判断を受けたことの責任を被参加人にだけ負わせるのは信義に反するというところから認められる。

　もっとも、現実に主債務者が保証人に補助参加して主債務の不存在について主張立証を尽くしたが、主債務の存在が認められ保証人が敗訴した場合には、自分でもその争点を現実に争った結果には従うべきであるという信義則——争点効を基礎づけるもの——によっても、この参加的効力を基礎づけることができるから、ちょうど争点効と参加的効力が二重に働いていることになる。

　しかし、参加的効力は、この種の場合に限られず、たんに訴訟告知を受けたにとどまり補助参加をしなくても、告知を受けて遅滞なく参加することができた時に参加したと同様に生じるし、また、補助参加はしたが主張立証を尽くさず、たとえば主債務の存在につき保証人の擬制自白をそのまま成立せしめてしまったという場合（この場合は補助参加人たる主債務者は主債務の存在を争えたはずである）でも生じる（争点効は生じない）点で、争点効とは発生の根拠を異にするというべきである。同じく信義則を根拠にしているといっても、参加的効力は、〈当事者（被参加人または訴訟告知者）を保護すべき実体上の地位にあり、かつ、そのための訴訟追行の機会をもったこと自体に基づいて当事者敗訴の責任を分担すべきである〉という内容のものである。

　　(イ)　**訴訟上の取扱い**　　参加的効力においては、争点効と同じように、紛争解決の終局性の確保という要請は既判力におけるほど強くなく、むしろ、補助参加人と被参加人との間の公平の確保が中心であるから、職権調査事項とする必要はない。当事者の援用を待って取り上げれば足りる。

第 2 節　多数の当事者をもつ訴訟　*823*

㈦　参加的効力の生じる判断

(a)　**被参加人が敗訴した場合**　　参加的効力は、補助参加人と被参加人とが相手方に対する関係で利害を共通する争点についての判断に生じ、したがって、被参加人の敗訴の理由になった判決理由中の事実の認定や法律判断について被参加人のために生じる。

　たとえば、甲が乙に対して所有権に基づいて建物の明渡しを請求したのに対し、丙が建物の所有権は自分にあり、乙に賃貸しているものであると主張して乙に補助参加したが、結局、丙は建物の所有権を取得したことはないとして、乙の敗訴となった場合、乙の占有権原が丙の所有権に由来するかどうかが利害を共通にする争点であるから、丙が前訴の基準時までに建物の所有権を取得したことはないとの前訴判決理由中の判断に参加的効力が生じ、丙は、乙に対して、乙が上記建物を占有していた期間の賃料および賃料相当額の損害金（丙は途中で乙に対する賃貸借を解除している）の支払請求の前提として、賃貸当時（前訴の基準時以前の期間）建物の所有権は丙にあったと主張することは許されない（最判(一小)昭45・10・22民集24巻11号1583頁。なお→p831〔＊〕・〔＊＊〕）。

　また、同様の拘束力は、被参加人の不利益にも生じる。たとえば、上記の例で、乙敗訴ののち、乙が丙に対して、建物の瑕疵から前訴基準時前に乙が受けた損害の賠償の請求をした場合、丙は、建物の所有権は自分に属していなかった旨の前訴判決の判断を援用することができ、乙はこれを争えないと解すべきであろう。

(b)　**被参加人が勝訴した場合**　　参加的効力の根拠である信義則は、被参加人または訴訟告知者の敗訴の責任を分担すべきであるという内容のものであるから、被参加人が勝訴した場合には参加人と被参加人との間には、参加的効力を生じない。

　しかし、参加人が被参加人を補助して実際に訴訟追行した場合には、本訴の争点に関連する被参加人と参加人との法律関係は、本訴の結果に従って処理するのが、被参加人と補助参加人との間では公平といえるから、争点効の現われとして、参加人は、本訴の結果を自分の利益に援用することが許されるべきであろう。

　たとえば、先の例で丙の所有権が肯定されて乙が勝訴したのち、丙が乙に対して賃料請求をした場合、丙は、丙の所有権を肯定した前訴判決の判断を乙に対して援用することができ、乙はこれを争うことが許されないとすべきである。同様

に、丙の所有権が肯定されて乙が勝訴した後、乙が建物の瑕疵から前訴の基準時前に受けた損害の賠償を丙に請求した場合、乙は、丙に対して、建物の所有権が丙に属していた旨の前訴判決の判断を援用することができ、丙はこれを争うことは許されないと解すべきであろう。

　　㈓　**参加的効力の時的限界（標準時）**　たとえば、上の例で、丙が所有権を取得したことはないという理由で乙が敗訴しても、丙は前訴基準時後に所有権を取得した旨を主張することは妨げない。

（3）　判決の効力の除外事由（46条）

　補助参加人に対して不利に働く判決の効力は、相手方との関係においても、被参加人に対する関係においても、補助参加人が自由に訴訟追行をしたか、またはその可能性があったことを前提にしている。したがって、その被参加人に従属する地位、または参加もしくは告知の時期の関係から、訴訟追行の現実の可能性がなかった場合には、補助参加人は、これらの事情を主張立証して自分に対して判決の効力が及ぶのを排除することができる。

　たとえば、上告審に至ってはじめて告知を受けた場合には、参加的効力を排除することができる（大判昭16・7・19民集20巻999頁は、上告審ではじめて告知を受け参加した参加人に対し、参加的効力を否定する）。同様に、上告審ではじめて補助参加した場合には、事実認定について、当事者間の争点効を排除できる。また、被参加人の自白行為、認諾、放棄などのため補助参加人の訴訟追行の可能性が奪われた場合も（45条2項。なお被参加人が、参加人の知らない事実の主張を怠ったり参加人の行使できない私法上の権利行使を怠った場合も同様である）、既判力、参加的効力および争点効を排除することができる（被参加人の上訴の取下げの場合については、上訴権の放棄の場合と同様、参加人と相手方との間の争点かぎりの訴訟が残ると解すべきである。→p819〔＊〕）。

（4）　参加的効力の拡張・類推と争点効

　兼子一博士は、参加的効力の働く場合として、他人の訴訟についてみずから追行に当たった訴訟無能力者の法定代理人や、第三者の訴訟を担当した者に対しても、本人との間に参加的効力を認めるべきであるとし、さらに、訴訟当事者間においても、類推されるべきだとした。たとえば、甲が乙に対して売買代金の請求をしたのに対して、乙が売買の無効を主張して勝訴したのち、甲が乙に対して乙に引き渡した物の返還請求をした場合には、乙は前言をひるがえして売買の有効

を主張しえないという形で、参加的効力が類推されるべきであると論じた[16]。このような考えが、英米法におけるコラテラル・エストッペルという考え[17]とともに争点効という制度的観念を生み出すきっかけとなったものであるが、上記設例の場合は、禁反言の原則からも争点効という視点からも、正当化される。

第2項　共同訴訟的補助参加

1　共同訴訟的補助参加の意義

　本訴訟の判決の効力が相手方当事者と第三者（補助参加人）との間に及ぶ場合に、この第三者が補助参加する場合をいう[1]。これは、元来判決の効力を受ける参加人の利益を保護するため、通常の補助参加の場合と異なって、必要的共同訴訟人に準じた訴訟追行の権能を与える必要があることに基づいて認められる[2]。

　わが国では、これを認める規定はなかったが、人事訴訟法（平15・法109）15条は、この種の参加形態を明文で認めた。

　同条によれば、検察官を被告とする人事訴訟（人訴12条3項）において、裁判所は、被告を補助させることが必要と認めるときは、訴訟の結果により相続権を害される第三者（「利害関係人」という）を訴訟に参加させることができることとされている（人訴15条1項。たとえば、死亡した親に対する死後認知請求訴訟において、被告検察官を補助させるために、相続人である子または配偶者を利害関係人として参加させる）。しかし、この利害関係人は、みずから被告になる当事者適格が認められていないので（人訴12条3項）、形式的には補助参加の方式で参加せざるをえない（人訴15条3項前半参照）。しかし、判決の効力を受ける関係では、被参加人の訴訟行為と抵触する訴訟行為もすることができるし（人訴15条3項は民訴45条2項の適用を排除）、共同訴訟

---

16)　兼子・体系406頁、同「既判力と参加的効力」法時14巻3号（1942）〔同・研究2巻64頁〕。

17)　吉村徳重「判決理由中の判断の拘束力」法政研究33巻3＝6合併号（1967）486頁参照。

1)　ドイツ民訴法69条はこれを明文で認める。共同訴訟的補助参加の形成史については、井上治典「共同訴訟的補助参加論の形成と展開(1)」甲南法学9巻1＝2号（1968）〔同・多数当事者法理109頁〕、わが国における沿革については滝川叡一「株主総会決議の効力を争う訴訟における訴訟参加」松田・記念(上)328頁参照。

2)　ただし保証人は主たる債務者の受けた判決の効力を有利な場合にのみ受けるから、主たる債務者の訴訟にこの種の補助参加を認める必要はない。しかし鈴木正裕「判決の反射的効果」判タ261号（1971）15頁は反対。

826　第3編　第一審手続　第8章　複雑な訴訟形態

参加（民訴52条）をした場合と同じような訴訟追行権が保障されている（人訴15条4項により、民訴40条1項から3項（同3項の中断・中止については中止のみ）が準用される）。

　このように、第三者（利害関係人）にとって民訴法52条による共同訴訟参加ができるかぎり、この種の補助参加形態を認める必要はないが[3]、第三者が独立に原告または被告となる適格を有しないため補助参加しかできないときには（たとえば、株主が株主総会決議取消訴訟の会社側に参加する場合、遺言執行者の訴訟に相続人が参加する場合。→p297[＊＊]）、明文の規定がなくとも解釈上、このような特別扱いを認めるのが妥当である[4]。これによって、参加人は自分の利益を害するような本訴訟の進行を牽制することができる。

2　共同訴訟的補助参加人の地位

必要的共同訴訟人の地位に近くなる（人訴15条4項参照）。

　（1）　被参加人の行為と抵触する行為もできる（40条1項類推。人訴15条3項参照。参加人のなした上訴を被参加人は取り下げることが許されない、大判昭13・12・28民集17巻2878頁、最判（一小）昭40・6・24民集19巻4号1001頁）。反面、これを理由にして参加的効力を免れることはできない。参加人と相手方との間には、46条の制約なしに争点効も生じる。

　（2）　参加人の上訴期間（285条参照）は、被参加人と独立に計算される。

　最決（二小）平28・2・26（判タ1422号66頁）は、検察官Yを被告とした、原告Xが自分が死亡したAの子であることの死後認知請求訴訟において、Aの相続人である長女Bが、第一審からYのために補助参加していたところ、原審でも敗訴したYは上告も上告受理の申立てもしなかったが、Bだけが上告および上告受理の申立てをした。このBの申立ては、Yのための上告期間は過ぎていたが、Bへの

3）　最判（一小）昭63・2・25民集42巻2号120頁は、旧地方自治法242条の2第1項4号に基づく住民訴訟の係属中に、適法な監査請求手続を経た他の住民が出訴期間内に共同訴訟参加できるにもかかわらず、補助参加の申出をしたときは、この申出を共同訴訟的補助参加と解することはできず、合一確定の効力などを認めることはできないとする。

4）　コンメ民訴 I 450頁、兼子・体系407頁、三ケ月・242頁。小野瀬厚＝岡健太郎編著『一問一答　新しい人事訴訟制度』（2004・商事法務）71-73頁によれば、人訴15条2項および3項の明文をもって、上記の利害関係人である相続人の補助参加が共同訴訟的補助参加であることを立法的に結着をつけたものとする。なお、後述2（2）（3）参照。

第 2 節　多数の当事者をもつ訴訟　　*827*

原判決送達時から起算した上告期間内には提起されていたので、最高裁はBの申立てを適法なものとして扱った（結果は、Bの上告は棄却決定、上告受理申立ては不受理の決定）。

（3）　参加人に訴訟手続の中断・中止の事由が発生した場合には、参加人を除外した本訴訟の進行経過が参加人の利益を詐害するものと認められるときは、本訴訟の中止を命じるべきである（人訴15条4項括弧書参照）。詐害妨止参加（47条1項前段）によって本訴訟に介入する機会も、中止によって、実質的に保障されることになる。無条件に本訴訟の停止を認めるところまでの強い地位を与えるとすれば[5]、この第三者の当事者適格を否定した趣旨を無視することになるし、他方、本訴訟の進行にまったく影響しないとするならば[6]、この種の形態を認めて参加人の利益が本訴訟の当事者によって妨げられないようにした趣旨がかなり減殺されてしまうからである。

第3項　訴訟告知

1　訴訟告知の意義

訴訟告知とは、訴訟の係属中、当事者から訴訟の結果について利害関係を有する第三者に対して、訴訟が係属している旨を、法定の方式によって通知することをいう。これによって、第三者（被告知者）は、参加することができる訴訟の存在を認知することができ、訴訟参加・補助参加の機会を保障されるとともに、当事者と被告知者との間の紛争解決に寄与する可能性が生じる。

（1）　告知者にとっての効用

告知者は、これによって被告知者に対しその訴訟の判決の参加的効力を及ぼすことができる。たとえば、債権者から訴えられた保証人は、主たる債務者に訴訟告知することによって、主債務者に参加的効力を及ぼすことができる。保証人は、主たる債務の存在が認められて債権者に敗訴し保証債務を支払ったのち、保証人が主債務者に対して求償請求をしたときに、主債務者（被告知者）は、参加的効力によって、前訴判決における主債務存在の判断（判決理由中の判断）を争うこと

5）　兼子・体系407頁。
6）　三ケ月・242頁。

が許されない。

（2） 被告知者にとっての効用

上記保証人の例に対し、債権者が主債務者をまず訴えたとして、主債務者が保証人に対し告知した場合には、参加的効力が働く余地はない。しかし、告知を受けた保証人は、参加をして自分の利益を守る機会（主たる債務を争う機会）を保障されることになるし、告知者もその援助を受けられる。同時に、債権者と参加人との間の紛争解決もある程度統一的に図られる（→ p820(1)）。

さらに、債権者代位訴訟においては、民法の改正（平29・法44）により、債権者は、必ず債務者に対し訴訟告知をしなければならないものとする（民423条の6）。また改正民法は、債務者は、債権者が代位訴訟を起こした場合でも、自らの債権についての処分権を失わない（差押えによってはじめて失う）とした（民423条の5）。このような改正を前提にし、かつ債権者代位訴訟において債権者の受けた判決は、勝訴にしろ敗訴判決にしろ、被訴訟担当者である債務者に既判力を及ぼす関係にある（民訴115条1項2号）ことからすると、ここで債権者に義務づけられた訴訟告知の意義は、債務者に代位訴訟の存在を知らせ、債務者自らが訴訟参加する機会を保障されることにあり、かつ、債務者の参加がない場合にも、この手続参加の機会の保障を通じて、債務者への既判力拡張を正当化する意義を有することが明かである[1]。

2 訴訟告知の要件 （53条）

（1） 告知の時期

訴訟の係属中であること。判決手続が国内の裁判所に係属していること。上告

1） 高須順一「訴訟告知の効力——債権法改正の文脈において(上)(下)」NBL1063号・1064号（2015）は、このような訴訟告知の意義を析出することにより、訴訟告知制度の総括的な見直しを提案し、債権者代位の場合は遅滞なき訴訟告知を怠った場合には訴えは却下すべしとし、会社法849条4項の訴訟告知については、これを怠っても訴え却下とならず、また株主の受けた判決は会社に利益にしか及ばないこと、民事執行法157条1項の取立訴訟については、執行債務者に対する必要的訴訟告知の導入などを論じる。解釈論および立法の指針として示唆に富む。ただ高須論文によると、代位債権者敗訴の確定判決の既判力が債務者（被代位者）に及ぶのは、民訴法115条1項2号によると強調されるが、代位債権者から債務者へ早期の訴訟告知が保障されていることが115条1項2号の適用を実質的に支えているとみるべきではなかろうか。

第2節　多数の当事者をもつ訴訟　　829

審に係属中でもよい。

（2）　告知者について

告知できる者は、その訴訟の当事者、補助参加人、およびこれらの者から告知を受けた第三者である。告知を受けた者は、参加しなくとも、さらに告知できる（53条2項。たとえば、手形の裏書人として告知された者が順次前裏書人に告知できる）。告知が法律上義務づけられている場合（会社849条4項）でも、告知しないことが訴訟追行の妨げにならないのが原則である。しかし、上記のように、債権者代位訴訟の場合、債務者は従前どおり被代位債権についての処分権をまだ失わないとすれば、債権者代位訴訟に自らも当事者として参加する利益をもつのであり、この場合の訴訟告知が、このような手続参加の機会を債務者に保障し、かつ債務者に対する既判力の拡張を正当化する根拠をなすものであるとすると、その重要性からいって、債務者への告知を欠く訴訟追行は許されず、したがって、訴えは却下されるべきである[2]。

（3）　被告知者について

告知を受ける者は、訴訟参加の利害関係を有する第三者である。当事者参加（47条・52条による参加）の利益をもつ者も入るが、普通は、告知者に補助参加する理由をもつ者である。

訴訟の相手方に告知することはできないが、相手方の補助参加人に対してなら可能である。

また、第三者が当事者双方から告知される立場にあることもある（代理行為に基づく請求において、代理権の有無に争いがある場合に、代理人は、訴訟の当事者たる本人およ

---

[2]　詐害行為取消権を行使する場合も、債権者はやはり債務者に訴訟告知しなければならないことになった（民424条の7第2項）。しかも、取消請求を認容する確定判決の効力は、債務者およびすべての債権者に対して効力を及ぼすとされた（民425条）。しかしながら、この告知を欠くからといって、債権者の取消権の行使自体を妨げる効力まで認めるべきであろうか。債権者に与えられる取消権は、あくまでも債権者固有の形成権であり、これを行使する取消訴訟において債務者は当事者適格を有しない。債務者としては、受益者側に補助参加して自らの行為の効力を主張するか、債権者側に補助参加して、責任財産の回復を図るか、いずれにしても、補助参加の従たる利益しかもたないのであるから、取消訴訟の存在自体を債務者に知らしめることは必要であるとしても、訴訟告知がないからといって、取消訴訟をやらせない（訴えを却下する）までの効果を認めるのは行き過ぎであろう（伊藤眞「改正民法下における債権者代位訴訟と詐害行為取消訴訟の手続法的考察」金法2088号（2018）36頁、47頁も同じ説をとる）。

830　第3編　第一審手続　第8章　複雑な訴訟形態

び相手方双方から告知を受けうる。⟶ p812(イ)。代理人がどちらかの当事者に補助参加した後も、相手方当事者から告知を受けることもある）。

　参加的効力を及ぼすためだけならば、自分の共同訴訟人や補助参加人に対して告知することは不要である（もっとも、告知の実体法上の効果（⟶ 後述4（3））を及ぼすためには、告知をする実益はある）。また、同様に、1人の共同訴訟人に対する請求につき、他の共同訴訟人に対して告知することも不要である（⟶ p795（2））。

3　訴訟告知の方式

（1）　告知の方法

　告知の理由（被告知者がその訴訟について参加の利益をもつ事由）および訴訟の程度（訴状の送達を受けたとか、準備手続中であるとかいう進行状況）を記載した書面（告知書）を、受訴裁判所へ提出して行う（53条3項）。裁判所は、これを被告知者に送達する（規22条1項・2項）。これらの告知の方式の瑕疵は、被告知者の責問権の放棄があれば治癒される。なお、告知書は、訴訟の相手方にも送付しなければならないが（同条3項）、これは、参加申出があったときに異議を述べるかどうかを準備させるためであるから、これを欠いても、告知の効力を害しない。

（2）　告知に要する費用

　告知書には、手数料としての印紙の貼用（民訴費3条1項別表1参照）は不要であるが、その提出のさいには、送達に要する費用の概算額を予納する必要がある（民訴費11条1項1号・12条）。

　告知に要する費用は、参加がなされないかぎり、その訴訟の費用に算入されず、告知者が負担する。もっとも、後日、被告知者に対して権利行使をするさいに、その必要費として償還請求できる場合があろう。告知の結果、参加がなされれば、「参加によって生じた費用」に算入され、告知者に償還されるべきであろう（66条後段参照）。

4　訴訟告知の効果

（1）　告知を受けた者は、当然に参加人になるわけでない。参加するかどうかは、自由である。ただ、被告知者が参加の申出をしたとき、告知者はその参加について異議を述べられないと解すべきであろう。

第2節　多数の当事者をもつ訴訟　*831*

（2）　被告知者は、告知者の補助参加人となる利益をもち、告知者が敗訴すれば告知者から権利行使を受ける立場にあるときは、告知を受けて遅滞なく参加することのできた時に参加したと同様に、判決の参加的効力を受ける（53条4項。その根拠については、→p821（2）㋐）。被告知者がまったく参加しなくても、また遅れて参加したとしても変わりない〔＊〕〔＊＊〕（相手方の異議で参加申出が却下されたときはこのかぎりでない）。

〔＊〕　**訴訟告知の効果と参加的効力**　　訴訟告知の効果は、実際に訴訟に補助参加しなくても生じる点で、実際に参加した場合の参加的効力と比較して、拘束力の生じる範囲について別個の考慮が必要である。最判（三小）平14・1・22判時1776号67頁が参考になる。家具の販売業者Ⅹは、カラオケボックスに家具等の本件商品を納入したが、その注文主はカラオケボックスの建築業者Ａであるとして、Ａに対して商品の代金支払請求訴訟を提起したところ、Ａは、納入された商品はカラオケボックスの施主Ｙが注文者であるとして争ったので、Ⅹは、Ｙに訴訟告知した。Ｙは補助参加をしなかったが、本件商品はＹが購入したものであるとの理由で、請求棄却判決が確定した。これが前訴であるが、ⅩがＹに対して訴えた本件後訴において、原審は、Ｙが購入したとの前訴判決の理由中の判断に拘束力を認め、本件商品の買主がＹであるかどうかについて審理することなくⅩの代金請求を認容した。これに対して、最高裁は、買主はＹであるとの判断は、前訴においては「判決の結論に影響のない傍論において示された事実の認定や法律判断」にすぎないものであるから、「判決の主文を導き出すために必要な主要事実に係る認定及び法律判断」にあたらず、そのような判断にまで参加的効力は及ばないとして、破棄差戻しをした。
　　本件は、前訴においてＹが補助参加しなかったケースである点で、最高裁の結論に賛成できる。しかしかりに、Ｙが補助参加して、買主はＡかＹかをめぐってＡとＹとが争った結果、買主はＹであるとの理由で、前訴が決着されていたとすれば、かりに買主がＹであるとの判断が前訴の主要事実ではないとしても、参加的効力を認めるべきものと考える。前訴で、Ｙが補助参加したことにより、「買主はＡかＹか」が中心的争点になったとみるべきであり、その結果についてＹが責任を負うのは妥当であり、Ｙから裁判の機会を奪ったとはいえないからである。

〔＊＊〕　仙台高判昭55・1・28高民33巻1号1頁は、売主Ⅹ側の代理人Ｙが無権代理であったことを理由に、売主Ⅹが買主Ａに所有権確認と抹消登記に代わる移転登記を求めた前訴において、Ⅹが無権代理人Ｙに対して訴訟告知をしたところ、Ｙは代理権ありと主張して相手方Ａに補助参加し、Ａ・Ｙ側が表見代理成立を理由に勝訴した後、Ⅹが被告知者たるＹに対して無権代理による損害賠償請求をしたという事案である。訴訟告知は告知者の主

観的利益を基準に判断すべきであるとし、結論として、前訴判決の参加的効力を認めてX勝訴とした。

　しかし、被告知者が実際に補助参加してきた場合には補助参加の効力（→p819）で考えれば足り、訴訟告知による参加的効力をもち出すべきではない。のみならず、この事件の前訴は、有権代理の存在は確定できないが、少なくとも表見代理の要件は認められると判示してA勝訴を導いたに過ぎず、無権代理であったか否かは前訴で直接の争点とはなっていなかったと考えられる。新堂幸司=井上治典=佐上善和=高田裕成『民事紛争過程の実態研究』（1983・弘文堂）参照。そのような判断が後訴を拘束するのは不当というべきである。東京高判昭60・6・25判時1160号93頁は、直接の争点でない前訴の判断には参加的効力は生じないとする。井上・多数当事者法理135頁、竹下守夫「判批」金融商事604号（1980）16頁参照。

（3）　実体法上、訴訟告知にとくに時効完成猶予の効果を結びつけている場合がある（手86条1項・70条3項、小73条1項）。そのような特別の規定がない場合でも、告知に催告と同様、一応の猶予の効力を認め（民150条・147条参照）、その訴訟終了後6カ月以内に起訴すれば、その猶予の効力を維持できる、と解すべきである[3]。

第3款　三当事者訴訟形態

1　独立当事者参加の意義

（1）　意義

訴訟の係属中に第三者が当事者として参加する形態（当事者参加）の一つであるが、第三者が、訴訟の原告および被告の双方または一方に対して、それぞれ自分の請求をもち出し、原告の請求についてと同時にかつ矛盾のない判決をすることを求める場合（47条1項）をいう。当事者の一方の共同訴訟人となり、その相手方当事者と訴訟をする共同訴訟参加（52条）と異なる。

（2）　原告および被告の双方を相手方とする独立当事者参加訴訟の構造

民事紛争は通常二当事者間で生じ、これを解決すべき民事訴訟も、通常はその

3）　我妻榮『新訂民法総則』（1965・岩波書店）466頁、コンメ民訴Ⅰ516頁、兼子・体系410頁、斎藤・概論498頁、三ケ月・243頁。

間の紛争を個別に解決すれば十分であるとして、紛争において対立する二当事者を、訴訟においても訴訟主体としてそのまま対立関与せしめ、判決の名宛人にする建前（二当事者対立主義）をとっている。

　しかし、3人以上の者が対立・牽制し合う形の紛争が生じることも現実であり、しかもそのような複雑な紛争をかりに伝統的な二当事者対立の訴訟に分解して別々に相対的解決を図るとすれば、審理が重複して不経済であるだけでなく、各判決間に矛盾が生じて、その紛争の全面的かつ終局的解決がついに得られないおそれがある。そこで、こうした三者（あるいはそれ以上の者）がそれぞれ対立・牽制し合う紛争の実態を、そのまま紛争解決方式に反映させるために、三当事者がそれぞれ独立して対立関与する訴訟構造をとり、その三者間の三面的紛争を矛盾なく一挙に解決できるように、共同訴訟における合一確定の併合審判の技術（40条1項-3項・47条4項）をこれに応用したというのが、原告および被告双方を相手方とする独立当事者参加の訴訟形態である（このような三面訴訟形態は、共有物分割訴訟にすでにその実例がある）。

　この参加により、参加人は、本訴訟の当事者間の訴訟追行を牽制して、その間に自分に不利な判決の生じることを食い止めながら、また食い止めえないまでも、本訴訟の間に割り込んで、自分の両当事者に対する請求の貫徹を図るための訴訟追行の地位と機会が与えられる[*]。

　　[*]　**独立当事者参加訴訟の構造**　　本文のように解するのが、三面訴訟説で、近時は、通説といえよう（兼子・体系416頁、斎藤・概論467頁）。これに対して、共同訴訟説、主参加併合訴訟説、三個訴訟併合説などがあるが、いずれも、二当事者対立の各訴訟を併合した訴訟形態とみるものである（これらの学説の対立については、奈良次郎「独立当事者参加について(1)」判評120号〔判時538号〕（1969）113頁参照）。
　　　共同訴訟説は参加人が当事者のいずれか一方の共同訴訟人になるとする説であるが、共同訴訟人間に現実に存する対立関係を反映できないという難点をもつ。主参加併合訴訟説は、主参加訴訟（旧60条）[**]と本訴訟とが丁字形に併合されたとみ、参加人と在来の当事者との間に共同訴訟的補助参加関係を認め、それ故に40条1項から3項が準用されるとする説である。立法の沿革に忠実な説明であるが、たんに併合されたというだけでは、40条1項から3項までを準用して合一確定を要請する根拠が明らかでない。その根拠を参加人と当事者との補助参加関係に求めるとすれば、この両者の間でも対立牽制し合って訴訟追行する関係が説明しにくい。三個併合訴訟説は、同一の紛争をめぐって三つの訴訟が併

834　第3編　第一審手続　　第8章　複雑な訴訟形態

合されたものとする説明であるが、ここでも併合というだけでは、他の説と同様の批判に
晒されるし、各当事者間の独立の地位を強調すれば、三面訴訟説と変わりがないことにな
ろう。もっとも後述するように（→p845(イ)）、40条の準用が抑制されるべき場合には、主
参加併合訴訟説と説明することもできよう。

〔＊＊〕　主参加訴訟（旧民訴法60条）――旧々民訴法51条・52条の建付け　これらの条文に
よると、係属中の訴訟（「本訴訟」という）の目的物の全部または一部を自己のために請
求する第三者は、本訴訟の係属が終了するまでに、当事者双方に対する訴え（これを「主
参加訴訟」という）を、本訴訟の係属した第一審裁判所に提起して、その請求を主張する
ことができる（旧々51条1項）とされ、本訴訟が一審に係属するか上級審に係属するかを
問わず、原告、被告もしくは主参加人の申立てまたは職権により、主参加訴訟の終わるま
で、本訴訟を中止させることができた（旧々52条1項）にとどまり、本訴訟と主参加訴訟
とを同一手続で併合審判する建付けではなかった。さらに、旧民訴法60条は、旧々民訴法
51条1項のみを引き継いだにすぎなかった。

（3）　準独立当事者参加

　訴訟の目的の全部または一部を自分の権利と主張して、当事者の一方のみに対
する請求をもち出して参加する場合をいう。民訴法旧71条（現47条）は、旧々民
訴法51条・52条の主参加が本訴訟に当然には併合されなかった点を改め、主参加
の機能を強化するものとして規定されたものである[1]。その沿革からいえば、本
来、原告および被告の双方に対してそれぞれ請求をもち出して参加する形態を予
定していたといえる。しかし、いったん主参加訴訟と本訴訟が当然に併合される
旧71条（現47条）の参加形態が認められると、同じような紛争を対象としながら、
第三者の権利主張を当事者の一方がさしあたり争わないために他方の当事者に対
する請求のみを提起して参加する場合も生じ、その取扱いが問題として表面化す
ることになった。

　この種のいわば片面的参加は、形式からいうと、第三者による訴えの主観的追
加的併合（→p801 2）の一種ではあるが（訴訟の判決の効力が第三者に及ぶ場合にかぎ

1）　沿革については、山木戸克己「訴訟参加と訴訟承継」民訴法講座(1)273頁以下、徳田和幸「訴訟
参加制度の継受と変容」民訴雑誌37号（1991）1頁参照。

られるわけではないので、共同訴訟参加（52条）と異なる）、旧71条の参加の理由があるかぎり、主観的併合の一般要件としての関連性（旧59条、現38条）は当然に満たすとみられるし、また、参加ができる時期を第一審係属中に限定する（→p803(3)）必要も特にない（参加人は自分から参加しようとするのであるから、審級の利益を放棄しているとみられるし、参加人の相手方は、すでに同一権利の紛争について実質的には原審の審判を受けているといえるからである）。

　他方、当事者の一方（被参加人）とは争いがないとして片面的参加をしたとしても、係争権利が参加人と被参加人との間で両立しない関係にあるときには、訴訟中にその間で紛争が顕在化することも考えられるし、係争権利が両立する場合にも、被参加人が参加人の訴訟追行を積極的に阻止するおそれ（被参加人が訴訟を処分してしまうおそれ）が生じることもありうる。そのような場合には参加人は被参加人に対し、請求を追加提起して本来の両面参加の形態に移行する途を許すべきである。また、片面的参加の形態でも審判の統一の要請という点から、旧72条（現48条）の訴訟脱退の制度の適用を考察する必要も考えられる。

　このように、片面的参加の場合でも、両面的参加に準じて取扱いを考察すべき点が多い。したがって、旧71条の独立当事者参加を三面訴訟形態に限定し、片面的参加をたんに主観的追加的併合の一種と分類するだけでは問題を解決したことにならない。そこで旧法下の解釈論として、片面的参加であってもどこまで本来の独立当事者参加と共通な取扱いをすべきか、どの点で、なに故に、異なった取扱いが要請されるかを明らかにする必要があった。そのような観点から、片面的参加も旧71条の参加の一態様として位置づけ、これを準独立当事者参加と名付けておくのが便宜であった。

　平成8年改正法47条は、このような参加形態を明文で認め、40条1項から3項の準用（47条1項・4項）、訴訟脱退制度の適用も明文で明らかにした（48条）。

2　独立当事者参加の要件

（1）　独立当事者参加が許される事由

　民訴法47条は、この参加が認められる場合として、二つの場合を規定している。一つは、第三者が「訴訟の結果によって権利が害されることを主張する」場合であり、他は、第三者が「訴訟の目的の全部若しくは一部が自己の権利であること

を主張する」場合である。ここでは、前者を詐害妨止参加、後者を権利主張参加と呼ぶことにしよう。

　(ア)　**詐害妨止参加**（47条1項前段）　　この理由による参加制度の立法趣旨は、一方では、旧々民訴法483条の詐害を理由にした確定判決の取消制度（同条は、第三者が再審の訴えによって詐害判決であることを理由にして確定判決の取消し（詐害再審）を求めることができると規定していた）の趣旨を、訴訟が未終了の段階にまで遡らせた意味がある（現行法上は、会社853条に詐害再審の例があるが、旧々民訴483条を削ってしまったのは立法として疑問である）とともに、他方では、実体法上の処分行為に対して、詐害行為取消権の行使や虚偽表示の無効の主張を認める趣旨を、訴訟過程にも及ぼし、詐害の目的をもつ訴訟追行行為の妨止というところまで貫徹した制度と理解することができる。

　しかし、具体的にいかなる場合がこれにあたるかについては、つぎのような争いがある。

　(a)　**判決効説**　　判決の効力（既判力または反射効）が第三者に及ぶ場合に限定する説で、判決効説と名づけられよう。補助参加との対比から、この参加においては、原被告間の訴訟に直接干渉して自分の独自の立場で、当事者間の解決を牽制するのであるから、補助参加の利益に比べてより差し迫った必要がある場合でなければならないとし、たんに参加人の権利または法律的地位が、訴訟物たる権利関係の存否を論理的に前提とする関係にあるだけでは足りず、訴訟の判決の既判力や反射効が参加人にも及ぶ結果、訴訟を放置するとその判決の効力によって参加人の権利が侵害されることになる場合がこれにあたるとする[2]。

　たとえば、〔事例1〕一般の債権者は、債務者の執行当時の財産から満足を受けるだけで、債務者と第三者との間で財産の帰属を争う訴訟において確定判決があれば、これを承認せざるをえない地位にある（反射効を受ける地位にある）から本条の参加が許される。〔事例2〕土地所有権移転登記抹消請求訴訟において、被告からすでに抵当権設定登記を受けている者は、判決の効力を受けないから、この者の参加は認められないことになる[3]。

---

　2)　兼子・体系412頁。
　3)　兼子・体系413頁。しかし、菊井・(下)257頁は、判決の既判力を受ける場合だけでなく、「これを

第2節　多数の当事者をもつ訴訟　*837*

　しかし、〔**事例2**〕の場合にも、被告が抵当権者の意思に反し、原告と馴れ合って敗訴に甘んじようとしている場合には、被告敗訴の確定判決のために抵当権者は自分の地位が事実上危険に晒されるのを待つ以外にないというのでは、この参加制度の役割をあえて制約する解釈とみられる点に難点がある。むしろ、自己の請求を本訴訟の当事者にぶつけていく途を認めるべきではないかと考えられる。

　また、補助参加との体系的比較という観点からいっても、他人間の訴訟の判決の効力を受ける結果、不利益を受けるおそれのある者の保護手段としては、すでに共同訴訟参加、共同訴訟的補助参加という手段が設けられているので、かりに47条1項前段の適用範囲を判決の効力を受ける者に限定するとすれば、これらの制度のほかに本条による参加制度を設けた趣旨があいまいにならざるをえない。

　(b)　**詐害意思説**　これは、ドイツ法にないフランス法の流れを汲む詐害判決の再審による救済制度（旧々民訴483条）に由来する本条の沿革に基づき、他のドイツ法系の参加制度とは異質なものであるとの認識から出発する。詐害訴訟ないし詐害判決の妨止という制度目的をその要件論に直接投影して、「権利ヲ害セラルヘキコト」とは、「当事者がその訴訟を通じ参加人を害する意思をもつと客観的に判定される場合」であるとし、補助参加の利益とは別に本条による参加の要件を考えようとする説[4]である。

　(c)　**詐害意思説の展開**　(ⅰ)　詐害意思説は、参加すべき第三者が判決の効力を受けない場合（共同訴訟参加、共同訴訟的補助参加の認められない場合）でも、その地位が判決の主要な争点に対する判断を論理的前提とするため、当事者の一方が敗訴すると、その第三者が法律上または事実上不利な影響を受けるおそれがある場合に、参加の申立てを許すものである。参加人がみずから請求を定立し、同時かつ統一的審判を申し立てることによって、相手方と馴れ合った当事者の訴訟活動を牽制する途を第三者に認めたのが本条項である（馴れ合いが明らかにされるかぎり、前掲〔**事例2**〕の場合も本条項による参加が許される）とする説である。そう解することによって本条項の立法目的を忠実に実現することになるし、他の参加制度をもつ現行法体系の中に矛盾なく組み入れることができる点でも評価することができ

　受けないまでも他人間の判決を無視できない場合」にも参加を許すとする。同旨の判例として、大判昭12・4・16民集16巻463頁。
　4)　三ケ月・225頁、斎藤・概論470頁。

838　第3編　第一審手続　第8章　複雑な訴訟形態

　(ii)　もっとも、詐害の意思が客観的に判定される場合という要件は、抽象的であり適用に困難を生じる難点がある。むしろ直截に、詐害的な訴訟追行が行われる場合に参加を認めると解すべきであり、当事者の訴訟追行の態様から十分な訴訟活動の展開を期待できないと判定される場合に、詐害的な訴訟追行が行われると推論することができるであろう[5]。たとえば、〔事例3〕第三者として敗訴してもらいたくない当事者の一方が、答弁書も準備書面も提出せず期日に欠席をするという場合（最判(一小)昭42・2・23民集21巻1号169頁は、原告から所有権移転登記請求を受けている被告側に、その物件について競売開始決定を得た被告の一般債権者が参加することを認めたが、この被告は答弁書も出さず期日にも出頭していないケースであった。前掲大判昭12・4・16も、被告が公示送達を受け不出頭のケースであった）はもちろん、利害を共通にする当事者が、第三者の意思に反して訴訟を処分しようとする場合にも参加を認めるべきであり（たとえば、被参加人が補助参加人の意思に反して、自白、認諾、放棄、取下げ等の行為をしそうな場合、補助参加人は本条の参加をなし得ると解すべきである）、また、さらに自分が参加すれば当事者のしていない訴訟活動をできる旨の疎明があれば参加を認めてよいであろう（当事者が控訴せず敗訴した原判決をそのまま確定させようとする場合、補助参加人として控訴するとともに47条1項前段の参加をすることができると解すべきである。→p818〔＊〕）。

　もっとも参加申立人に本訴訟の判決の判決効が及ばない場合については、事実審の終局に近い時期に参加する等の事由から、参加人には別訴で争わせるほうが訴訟審理の整理もしやすいし、参加人にとっても、審級の利益の関係では実際上その利益保護になるという場合には参加を否定すべきである。

　(iii)　ところで、このように、47条による参加をひろく認めるとすると、47条4項による40条の準用に関して注意を要することになる。この点については→p845　4（2）(ア)で触れる。

　(イ)　**権利主張参加**（47条1項後段）　　第三者が訴えの目的たる権利関係の全部または一部が自分に帰属することを主張する場合に認められる参加である。参加人の請求およびそれを理由づける権利主張が、本訴の請求またはそれを理由づける

───────────
　5）　小島武司「独立当事者参加をめぐる若干の問題」実務民訴講座(1)132頁参照。

る権利主張と論理的に両立しない関係にあることが必要である〔＊〕。

　たとえば、つぎのような場合が問題となる。〔**事例4**〕原告の被告に対する所有権確認請求に対して、第三者が原告および被告に対して自分の所有に属するとの確認を求める場合、〔**事例5**〕買主甲が売主乙に対して所有権移転登記請求をしているところに、売主乙から二重に目的不動産を譲り受けた者丙が、所有権の確認と売主乙に対する自己への移転登記請求をする場合[6]、〔**事例6**〕また買主甲の売主乙に対する売買契約に基づく所有権移転登記手続請求に対し、第三者丙が、乙に対し代物弁済予約に基づき予約完結の意思表示をしたことを理由として所有権移転請求権保全の仮登記に基づく本登記手続を求め、かつ上記仮登記後にされた処分禁止の仮処分登記の名義人である買主甲に対し上記本登記手続の承諾を求めた場合（最判(三小)平6・9・27判時1513号111頁は参加の要件を満たさないとする）、〔**事例7**〕訴訟物たる給付請求権は自分に属すると主張して、自分への給付を求める場合、〔**事例8**〕原告の給付請求権に対して、質権をもつことを主張して自分への給付を求める場合（民366条）、〔**事例9**〕土地の賃借人Xがその土地上に建物を所有して土地を占有しているYに対して、所有権者（兼賃貸人A）を代位して提起した建物収去土地明渡請求に、AはXとの土地賃貸借契約を解除（XのYへの無断転貸を理由に）したとして、AがYに対し自分への明渡しを求める場合（最判(三小)昭48・4・24民集27巻3号596頁）等があげられる。〔**事例5**〕〔**事例6**〕については争いがある。請求の趣旨および原因からして、原告の請求と参加人の請求とが実体法上両立することが明らかであるので、この権利主張参加の要件を欠くものと考えられる（この点、従来の私見を本書第4版から改めた）。その他の例については、参加が許される。

〔＊〕　**権利主張参加と詐害妨止参加・補助参加との関係**　(1)　〔**事例10**〕所有権に基づく建物明渡請求訴訟中に、第三者丙が原告甲に対して所有権確認請求、被告乙に対して賃料の請求をして参加する場合には、参加人丙の請求が認められれば原告甲の請求は成り立たなくなる関係にあるので、やはり47条の権利主張参加とみてよい。また、同様に〔**事例11**〕売主甲の委任状が偽造されたとして、売買の無効を理由にした売主甲による所有権移

6）　条解2版253頁〔新堂幸司＝高橋宏志＝高田裕成〕は肯定。反対・吉野衛「不動産の二重譲渡と独立当事者参加の許否」判タ152号（1963）8頁〔近藤完爾＝浅沼武編『民事法の諸問題Ⅱ』（1966・判例タイムズ社）332頁〕。なお→p842(ii)。

転登記抹消登記請求訴訟において、その被告乙（買主）からすでに所有権を譲り受けた者丙が原告甲（売主）に対し所有権確認請求、被告乙に所有権移転登記請求をする場合も権利主張参加を認めてよい。

　しかし、〔**事例12**〕かりに第三者丙が上記被告たる買主乙から目的物を賃借占有していると主張して、原告甲および被告乙に対して賃借権の確認を請求して参加を申し出た場合には、紛争の統一的解決のためには、原被告甲乙間の売買の効力については三者間で画一に判断することが望ましいが、原告甲の抹消登記請求と参加人丙の賃借権の存在とは論理上両立し得る（原告は、参加人丙の賃借権を承認しても論理上自分の請求を維持しうる）から、47条の権利主張参加は認められない。もっとも、この場合に、原告甲と被告乙間で馴れ合いのおそれがあるならば、賃借人丙は、47条の詐害妨止参加をして、原被告甲乙に対して賃借権の確認請求をすることができる。しかし、このような詐害妨止参加の要件が満たされないかぎり、賃借人丙としては、47条の当事者参加は許されないとすべきであろう。

　(2)　上記〔**事例12**〕のような参加申出が、47条の権利主張参加としては許されない場合でも、第三者による訴えの主観的追加的併合の一場合として、40条1項-3項の準用がない併合形態であるが、原告甲の請求と参加人丙の二つの請求とを同時に併合審判することは許されてよい。なぜならば、売買の効力に弁論を制限するなどの訴訟指揮により審理の混乱は避けられるし、この争点については、統一的な判断に到達することが望ましいからである（この場合、売買の効力については参加人は被告の補助参加人としての地位が当然に与えられる、→p811）。解釈論としては、原告甲から参加人丙に対して訴訟引受けの申立てがなされた場合と同視して（→p871(4)）、同時審判の申出（50条3項・41条1項3項）ができると解されよう。そして、もし、その訴訟の途中で、被告乙が参加人丙の意に反して原告甲の主張を認めようとするときには、被告乙に詐害の意思がある場合として、参加人丙は、詐害妨止参加の申立てを再度することができると考えるべきであろう。被告乙の訴訟追行によって参加人丙の地位が害されるかどうかの判断は、被告乙の訴訟追行の段階によって動く可能性があるから、このような丙の再度の申立てを認める必要があろう。

（2）　独立当事者参加の許される時期

他人間に訴訟が係属している必要がある。

　上告審でも参加できるかについては、上告審は事実審でなく、参加人の請求の当否について判決することができないから許されないとするのが判例であるが[7]、

---

7)　大判昭13・12・26民集17巻2585頁、最判(三小)昭44・7・15民集23巻8号1532頁、三ケ月・226頁も同説。

第2節 多数の当事者をもつ訴訟　　*841*

上告審で原判決が破棄され事実審へ差し戻される可能性のあるかぎり、参加の実益があるから、参加して上告を支持できると解すべきであろう[8]。

　たとえば前掲〔**事例4**〕のような場合で、第三者が基準時直前に係争物を譲り受けた場合とか、また当事者がいずれも上告せず、詐害的判決をそのまま確定させようとする場合には、とくに参加の申出とともに上告ができるとする必要がある。

　反対説によれば、原判決の破棄を求める限度では、まだ独立参加人の立場ではなく補助参加人と同じ立場で行動しているにすぎないと反論するが[9]、たとえば、当事者の上告の取下げ等をも阻止し得る点では、たんなる補助参加人による上告と違い、やはり独立参加人として独立の上告権能を行使しているとみられるし、そのような権能の行使を認める実益があろう。もっとも、上告を理由なしとして上告を棄却すべき場合、上告審としては参加人の請求について審判する余地がないので、その時点で独立当事者参加は分解し（参加の申出のうち併合審判を求める部分は却下を免れないが、参加の申出が遡って不適法となるわけではない。結果的には上告審で共同訴訟的補助参加ないし補助参加をしたことになる）、参加人の請求を別訴として審判するべく、上告裁判所は第一審裁判所に移送すべきである（この別訴では、参加人は、事実の主張を新たになしうる）。

（3）　独立当事者参加の趣旨

　㋐　参加人は原告および被告の双方またはどちらか一方に対し自分の請求をもち出すことが必要であるとするのが、一般的である。

　⒜　最高裁は、被告のみを相手方にした権利主張参加にも旧62条（現40条1項‐3項）の準用を認めていたが（最判（一小）昭36・3・16民集15巻3号524頁）、その後変更され、原告被告を相手として請求しなければ旧71条の参加でなく、旧62条の準用はないとした（最判（大）昭42・9・27民集21巻7号1925頁）[10]。しかし平成8年改正法は、どちらか一方のみに対して請求をもち出すことも認めた（47条1項）。

　⒝　どんな請求をするかは事情によって異なるし、また両方に対する請求は

8）　兼子・体系412頁。
9）　三ケ月・226頁。
10）　新堂・判例191頁。

同趣旨のものである必要はない。

　(i)　詐害妨止参加の場合には、原告の請求に対して訴え却下または請求棄却の判決を求めるだけでは足りないとするのが、判例（最判（一小）昭45・1・22民集24巻1号1頁）であり、通説といえよう。

　しかし、詐害防止の目的達成のためには、参加人が自ら当事者となり、原被告間の訴訟追行に介入する権限を付与することで必要にして十分であり、無理して請求を定立する必要はないものと考える[11]。これは、最決（一小）平26・7・10（判時2237号42頁）の山浦善樹裁判官の反対意見（同46頁）に従うものである。同意見は、通説（私見も本書第5版までこれに従っていた）に対して、「請求なき当事者参加はありえない」、「独立当事者参加は三面訴訟」といった「モデル志向[12]」を反省させるものであった。同決定については、さらに、 → p979〔＊〕。

　(ii)　権利主張参加においては、原告に対しては原告の請求と両立しない自分の権利の積極的確認を求める必要があり、被告に対しては、原告に対すると同様の確認請求をするか、その権利内容に応じた給付請求（たとえば債務の支払、目的物の引渡請求）をすることになる。原告と参加人の各請求の趣旨および原因の記載において両立しないことが判定されれば十分で、本案審理の結果、権利帰属の相対性から両者が両立する結論になっても、そのために参加が不適法になるわけではない。

　たとえば、前掲〔**事例5**〕の場合で、参加人が原告被告間の売買は売主の委任

---

11)　参加者が自前の請求を定立しないとすると、どうして「当事者」参加といえるか、どうして当事者としての訴訟追行ができるのか、という疑問にぶつかる。井上治典「独立当事者参加論の位相」甲南法学17巻2＝3号（1977）〔同・多数当事者法理298頁〕は、当事者と請求を不可分とする思考自体を批判し請求なき当事者を容認してよいとの斬新な理論を展開していた。また、徳田和幸「独立当事者参加における請求の定立について」新堂・古稀(上)705頁以下〔同『複雑訴訟の基礎理論』（2008・信山社）164頁以下〕は、詐害防止参加の立法の沿革をたどり、若干の判例も分析して、参加人としては、詐害防止のためには、原告または被告の積極的確認または消極的確認を求めることになるのが通常であることからすると、参加人に独自の請求の定立を要求することにどれだけの意味があるのか、その要求は必ずしも必然的なものでなく、場合によっては、原告の請求棄却を求めるだけで足りるのではないか、その意味では、従来の訴訟構造論の見直しが必要ではないかと論じる。いずれも傾聴に値する。

12)　新堂「民事訴訟法をめぐる学説と判例の交錯」新実務講座(1)〔新堂・基礎221頁以下〕では、「事件志向型」と「モデル志向型」を対比して、判例と学説のあり方を模索しているが、本問題では、私自身が「モデル志向」に嵌っていたことを反省している。

第2節　多数の当事者をもつ訴訟　*843*

状が偽造されたものだとして、売買の無効をも主張する場合には、参加を認める
必要はあるが、権利主張参加が認められたのち、審理の結果その主張が認められ
なかった場合には、原告も参加人も被告から所有権を譲り受けたがいずれも未登
記ということになり、参加人の原告に対する請求は棄却され、参加人の被告に対
する請求と原告の請求とがともに認容されることになってもかまわない。

　㈡　**当事者の一方が参加人の主張を争わない場合**

　⒜　詐害妨止参加の場合は、法律上利害を共通にする当事者に詐害的訴訟追
行が認められるかぎり、この者が参加人の主張を表面上争っていないようにみえ
ても、この当事者と参加人との間には実際上主張の対立があるとみることができ
るから、この当事者に対してその参加人の地位の確認を求める参加人の請求には
確認の利益が認められる（もっとも、表面上争っていない者に対して請求を定立しないで
参加した場合には準独立当事者参加として扱うことになる）。

　たとえば、前掲〔**事例12**〕において、参加人の被告に対する「被告の土地所有
権の確認請求」も確認の利益が与えられる。詐害追行があると認められるかぎり
では、被告と参加人との間にも紛争があると解されるから、確認の利益が認めら
れ、このような確認の利益が認められるような紛争の状況ゆえに47条4項を準用
することも基礎づけられるのである。

　⒝　権利主張参加においては、当事者の一方が参加人の主張を争わない場合
には、これに対する参加人の確認請求は利益を欠くようにみえるが、参加人の主
張する権利と争わない当事者の一方の主張する権利とが本来両立しない関係にあ
り、その間で紛争が顕在化するおそれがあるので、原告被告双方に対する権利主
張参加をできないとする必要はない[*]（ただ、参加人は、現に争う相手方のみに対して
自分の権利主張をする参加（準独立当事者参加）の方式をとることもできる。双方に対する権
利主張参加をしても、争わない当事者は訴訟脱退をするのが通常であろう）。

　〔*〕　最判(二小)昭40・10・15民集19巻7号1788頁は、参加人の請求を当事者の一方が争っ
　　ていなくとも他方が争っているかぎり旧62条の準用によって原告被告とも争っていること
　　になるとして確認の利益を基礎づけているが、なに故に旧62条を準用するのかが明らかで
　　ない。もし旧71条の参加の場合だからというのであれば、なに故に旧71条の参加が許され
　　るのか明らかでなく、循環論法に陥らざるをえない。争わない当事者に対する訴えの利益
　　はやはり紛争の顕在化のおそれに求めるべきであろう。

3 独立当事者参加の手続

(1) 独立当事者参加の申出方式

その方式は、補助参加の申出（43条）に準じる（47条4項）。ただし、補助参加の場合と異なり、独立当事者参加の申出は訴え提起の実質をもつから、簡易裁判所以外では、書面でする必要がある（47条2項。貼用印紙額も訴状なみである、民訴費3条1項別表1第7項）。したがってまたその書面は、当事者双方に送達されなければならない（47条3項）。また、権利主張参加において、独自の権利主張をする場合には、申出書の提出によって、参加人の請求につき時効の完成猶予の効力を生じるが（147条の類推）、当事者の権利を承継した旨の権利主張参加の場合には、原告の訴え提起による時効の完成猶予の効果を受ける（49条・51条）。参加人の訴訟代理人が当事者の一方の代理人を兼ねることは、双方代理となり、許されない。

(2) 独立当事者参加の許否の審判

補助参加と異なり、独立当事者参加の要件は、訴訟要件と同様に、口頭弁論に基づいて調査する（44条の準用はない、大判昭15・4・10民集19巻716頁）。参加の理由および参加の趣旨により、40条1項から3項までの規定の準用のある47条の独立当事者参加としては許されない場合でも、一般の主観的追加的併合としての併合審判ができる場合には、参加人の請求についても併合審理を進めてよい（争いがあれば、中間判決で示すべきであろう）。この意味の併合審判も許されない場合には、別訴として処理する（弁論の分離をしたり、上訴審での参加の申出であれば、決定で第一審に移送する）〔*〕。

〔*〕 移送決定が確定するまでの間は、参加申立人は、本訴に関与して訴訟行為ができるし（45条3項・4項の準用。同旨、条解2版1603頁〔松浦馨＝加藤新太郎〕、コンメ民訴Ⅰ471-472頁）、移送決定の確定までは、本訴の判決を控えるべきである。最判（三小）昭37・5・29民集16巻5号1233頁は、参加を許さないとするときには、参加人の請求につき終局判決で却下をすることを前提とし、この判決が確定する前でも本訴について終局判決をして差し支えないとするが、コンメ民訴Ⅰ同頁、条解2版同頁は、本訴について終局判決をするべきでないとする。

4 独立当事者参加訴訟の審判

(1) 訴訟要件の調査

原告の訴え、参加人の参加申出について各別に調査する。

第2節　多数の当事者をもつ訴訟　*845*

（2）　本案の審判

　　㋐　**詐害妨止参加の場合**　　参加人が、原告または被告のどちらか一方の当
事者（これを「詐害当事者」と名づけよう）を勝訴に導くことを通じて詐害を妨止し
ようとする形態である（詐害当事者と参加人とは（特殊な）連合関係にあるという意味で
必要的共同訴訟に類似する）とともに、参加人が本訴訟の判決の効力を承認せざるを
えない立場にあるときには、本訴請求についての判決と参加請求についての判決
とを合一に確定しなければ、参加の目的を貫徹することができない。したがって、
40条1項から3項までの規定の準用は、必要的共同訴訟で適用される場合と同じ態
様と考えられる。すなわち、詐害当事者による参加人に不利な行為は、参加人に
とってのみならず、本訴訟の当事者間でも効力を生じないものと扱うことになる。
　　これに対し、詐害妨止参加の場合であっても、参加人が本訴訟の判決の効力を
受けない場合には、詐害当事者の敗訴判決は、参加人に対して事実上の不利益を
与えるに過ぎない（参加人はみずからの権利を相手方との間で、別個に争う機会がある）
ので、詐害当事者の訴訟処分権を奪ってまで、合一確定の要請を貫くのは行き過
ぎと考えられる。したがって40条1項から3項までの規定を準用すべきでない。
本訴訟の原告被告は、請求の放棄、認諾、訴訟上の和解はでき、その結果、参加
人の請求のみが残ることになることも認めざるをえない。また、この類型の場合
には、自白も原告被告間では効力を認められるが、参加人には効力を生じないと
考えられる。
　　㋑　**権利主張参加の場合**　　三者間で対立・牽制しあう紛争を一挙に統一的
に解決するのがこの参加の目的であるから、原告および参加人の請求について審
理の足並みをそろえ共通の資料に基づいて統一的な判決をしなければならない。
その手段として、法は40条1項から3項を準用している（47条4項）。
　　しかし、必要的共同訴訟においては、共同訴訟人間の連合関係を訴訟追行に反
映せしめる技術として40条1項から3項が規定されているのに対し、ここでは、
どの当事者もそれぞれ対立関係にあり、自分を除外して他の2人だけで勝手に自
分に不利な訴訟追行がなされることを阻止・牽制する必要があり、このような相
互の排斥関係を手続に反映させる技術として40条1項から3項の取扱いを応用し
ているのである。
　　したがって、この場合には、40条本来の適用の場合と異なり、被告乙が原告甲

に対して不利な行為をした場合に、他の参加人丙にとってそれが不利であれば、乙の行為の効果は丙に及ばないとすれば足り、乙の行為の甲に対する効力まで失わせる必要はない。すなわち、二当事者間の訴訟行為は、他の1人に不利益をもたらすかぎり、この者に対しては効力を生じないが（40条1項の準用）、その二当事者間では効力を生じる。

　たとえば、被告が本訴請求を認諾したときは、原告に対しては認諾の効果を生じるが、参加人にとって効力を生じない。もっとも、そうはいっても、この認諾は、参加人に対しては、原告が被告に対して勝ったに等しい事実上の結果をもたらし、参加人の地位にかなりのダメージを与えかねないところであろう。しかしながら、本訴訟に介入しこれと合一確定を求める参加人の要求をそのまま認めることは、参加以前に原告・被告が本来有していた各自の自主的解決権能（処分権能）を参加人の意思のみで奪うことを認めることを意味するものであって、そこまで参加人に本訴訟への介入権を認めるのは行き過ぎと考えられる。参加人としては、被告の認諾はなかったものとして、原告および被告と争い続けることができるにとどまるとするのが、バランスのよい取り扱いではないかと考える。

　被告が自白した場合には、本訴請求の弁論を分離して審判することも考えられる。原告が請求を放棄する場合には、本訴請求は自主的に解決したことになるとともに、原告の請求の放棄は、参加人にとって不利益とはならないから、参加人にとっても効力を生じるとしてかまわない。その後は、原告および被告に対する参加請求が残るだけとなる〔＊〕。

〔＊〕　**独立当事者参加訴訟における和解の可否**　　二当事者間における和解について、裁判例は無効とする（仙台高判昭55・5・30判タ419号112頁、東京高判平3・12・17判時1413号62頁）。しかし、他の権利主張者の利益を害するような和解はできないが、内容が他の当事者に不利益を与えなければ、有効と解する説（条解204頁〔新堂〕、井上・前掲脚注11）「独立当事者参加論の位相」〔同・多数当事者法理284頁〕、同「独立当事者参加」新実務講座(3)61頁〔同・多数当事者46頁〕、中野貞一郎「独立当事者参加訴訟における二当事者の和解」判タ802号（1993）〔同・論点Ⅰ184頁〕、これに反対する説、奈良次郎「続・独立当事者参加訴訟(4)」判評245号〔判時925号〕（1979）140頁）、さらにより一般的に、訴訟上の和解もすべて適法とする説（三木浩一「多数当事者紛争の審理ユニット」法学研究70巻10号（1997）37頁）があるが、参加人の本訴訟への介入権も、本訴訟当事者間の自主的解決権能を尊重する立場から、本書第4版から改説して、最後の説に賛成する。参加人

の介入権を制限する方向の近時の文献として、三木・前掲66頁、畑瑞穂「多数当事者訴訟
における合一確定の意義」福永有利先生古稀記念『企業紛争と民事手続法理論』（2005・
商事法務）125頁以下参照。

(ウ)　合一確定の必要がある限度で、1人が1人に対して訴訟行為をすれば残
りの1人に対してもしたことになる（40条2項の準用）。たとえば、1人に対する
上訴は、他の1人に対しても上訴したと同じ効果を生じる。

(a)　合一確定の必要がある限度で、期日は共通でなければならない（ただし、
上訴期間のような訴訟行為のための期間は各人について計算すべきである）。したがって、
1人について中断・中止の事由が生じれば、全訴訟手続が停止し（40条3項の準
用）、弁論の分離や一部判決は許されない。裁判所が誤って一部の請求につき判
決することを脱漏したときも、追加判決によって補充する余地はなく、違法な判
決として上訴による取消しの対象となる（大判昭5・12・22民集9巻1189頁、最判(二
小)昭43・4・12民集22巻4号877頁）。

1人が1人に対してのみ上訴しても、判決の全部について確定が妨止され、事
件は上訴審に移審する。この場合、他の当事者は、40条1項の準用によって上訴
人になるとする説（大判昭15・12・24民集19巻2402頁）、40条2項を準用して被上訴人
となると解する説が対立していたが、最判(一小)昭50・3・13（民集29巻3号233
頁）は、被上訴人の地位につくとした。なお、この場合、自動的に被上訴人とな
った者が、原判決中の一部敗訴の部分につき上訴および附帯上訴をしていなくて
も、上訴人の他の被上訴人に対する上訴についての判断と合一に確定する必要が
ある限度で、上訴人に不利な原判決の変更がなされる余地がある（→p935）（最判
(二小)昭48・7・20民集27巻7号863頁）〔＊〕〔＊＊〕12)。

〔＊〕　**上訴しない当事者は上訴人となるか被上訴人となるか**　　合一確定の必要がある場合
　　で、たとえば、参加人が勝訴して、被告のみが上訴し、上訴しない原告が自動的に上訴人
　　の地位につくとしたとき、上訴審としては、原告が勝訴すべきであったとして原告の被告
　　に対する棄却判決を認容判決に変えなければならないとすると、これは、実際には被告に
　　とっては不利益変更禁止にあたる。他方、原告が被上訴人の地位につくとすれば、上訴審

―――――――――――――
12)　この最高裁判決以前の学説の対立については、小島武司「独立当事者参加をめぐる若干の問題」
　　実務民訴講座(1)132頁参照。

として被告が勝訴すべきであったとすると、参加人の原告に対する請求認容判決を棄却判決に変更することになるが、これは原告にとって利益変更禁止にあたる。しかしこれらの不利益変更・利益変更は、合一確定の必要がある限度でやむをえないものと考えざるをえない。

〔＊＊〕　**上訴審における合一確定の必要の限度**　　原告が被告に対し所有権確認請求をし、これに参加人がみずからの所有権の確認請求をして、参加した場合において、①原告が勝訴したときに、上訴した被告は、上訴しない参加人の敗訴判決をそのまま確定させても、痛痒を感じないし、そのほうが望ましい。その意味では、合一確定の必要はないし、上訴されなかった参加人の請求の棄却部分は確定すると考えるべきであろう。参加人のみ上訴したときは、原告の被告に対する請求認容判決の確定を妨止する必要がある（この場合には、3請求とも合一確定の必要がある）。

　　また、②被告が全面勝訴し、原告のみが上訴したときに、参加人の原告および被告に対する請求棄却判決について確定を妨止する利益はない。したがって、合一確定の必要もない。参加人のみが上訴したときは、参加人は、原告の被告に対する請求棄却判決の確定を妨げる必要はない。

　　これに対し、③参加人が勝訴し、被告のみが上訴した場合には、原告の被告に対する請求棄却判決の確定を妨止する必要はないが、参加人の原告に対する勝訴判決の確定の妨止をする必要がある。他方、原告のみが上訴した場合には、参加人の被告に対する請求認容判決の確定をも妨止する必要がある（この場合には、3請求すべてについて合一確定の必要がある）。

　(b)　合一確定の必要のある限度で、判決は全請求につき論理的に矛盾のない内容でなければならない。

　(c)　判決効を受けない者の詐害訴訟参加の場合、または権利主張参加において原告被告が訴訟を処分する場合（訴訟上の和解、請求の放棄・認諾、自白などをする場合）においては、審判の統一は図られない。40条の準用はないものと考えるべきであろう。

　(エ)　**訴訟費用の負担**　　1人が勝訴した場合、この勝訴者に生じた費用は、他の2人が分担し（65条1項）、この二者の間で生じたものは、請求を定立した方が負担する。たとえば、参加人が勝訴すれば、参加人に生じた費用を原告と被告とが平等に分担し、原告は、被告に生じた費用の半分を弁償し、他は各自の負担

とする（被告に生じた費用の残り半分は参加人との間で生じたものとみて被告本人が負担する）のが通常である[13]。

5　二当事者訴訟への還元

　三面独立当事者参加訴訟は、つぎの事由によって、一つの単純な訴訟または共同訴訟に還元される。

（1）　本訴の取下げまたは却下

　参加後も原告は本訴を取り下げられる。しかし、参加人は本訴の維持について利益をもつから、取下げについては被告のほか参加人の同意も必要であると解する（最判（二小）昭60・3・15判時1168号66頁）。この場合、参加人との関係でも261条5項が適用され、参加人が訴えの取下げの書面の送達を受けた日から2週間以内に異議を述べないときは、訴えの取下げに同意したものとみなされる（上掲最判）。取下げ後は、参加人の原告および被告に対する共同訴訟が残る。本訴が不適法として却下されたときも同じである。

（2）　参加の申出の取下げ

　参加人は、訴えの取下げに準じて、参加申出の取下げができる。参加人が両請求を取り下げる場合は、各請求の相手方たる当事者双方の同意が必要である。片方の請求のみを取り下げる場合も、本訴の取下げに準じて、その請求の相手方たる当事者のみならず、他方の当事者（つまり当事者双方）の同意が必要である。

　参加人の両請求の取下げによって本訴訟のみの訴訟となる。参加人の一方の請求の取下げによって、本請求と参加人の請求との共同訴訟形態となる（この場合、なお47条の参加型態が残る）。併合審判を許さずとして参加訴訟の弁論を分離したり、その部分のみを他の裁判所へ移送した場合も、本訴訟のみが残る。

（3）　原告または被告の脱退

　㋐　権利主張参加があった場合、従来の原告または被告が、当事者として、訴訟を続ける必要を感じなくなる場合がある。たとえば、被告が請求された債務の存在自体は認めるが、真の債権者が原告か第三者かわからないために原告の請求を争っていたところ、その第三者が参加した場合の被告、原告が訴訟係属中に

---

13)　兼子・体系419頁。

850　第3編　第一審手続　第8章　複雑な訴訟形態

訴訟物たる債権を譲渡し、その譲受人が参加してきた場合の原告などが考えられる。このような場合に、従前の当事者は、相手方の同意の下に、参加人の訴訟目的と相手方の訴訟目的の追求を妨げない前提の下に、自分を当事者とする請求（従来の請求と参加人の自分に対する請求）について訴訟追行権を放棄することが、48条にいう訴訟脱退の制度である（48条は、権利主張参加のみに適用されるように読めるが、これは脱退の必要が権利主張参加の場合に通常認められることによるのであって、詐害妨止参加においても、参加人の地位の論理的前提をなす権利者たる当事者について、この種の脱退を否定する理由はない）。

　ここに、訴訟追行権の放棄とは、脱退者に関する訴訟の訴訟係属まで無にするわけではないが、それらの訴訟において当事者としての主張立証を一切しない旨の訴訟処分の一種と考えられる（→p330)[14]。したがって脱退者にかかる請求については、もっぱら参加人と相手方との主張立証行為を前提にして裁判され、その確定判断に脱退者は拘束されることになる。48条でいう脱退者に対する判決の効力とは、このような脱退者に関する請求についての判決の効力と考えられる。脱退者に関わる訴訟の訴訟係属自体はなくならないものとして、この場合、これに対する判決も行うものと取り扱うのが簡明である。

(イ)　脱退の具体的効果

(a)　被告脱退の場合　　まず、脱退被告に対する原告および参加人の各請求については、残存者間（参加人の原告に対する請求）の勝敗の論理的帰結として考えられる脱退被告に対する効果【①原告勝訴（参加人の原告に対する請求の棄却）ならば、(i)参加人の脱退被告に対する請求の棄却、②参加人勝訴（参加人の原告に対する請求の認容）ならば、(ii)参加人の脱退被告に対する請求の認容および(iii)原告の脱退被告に対する請求の棄却】の判決を保障し、被告の脱退にもかかわらず、原告と脱退被告との間および参加人と脱退被告との間の紛争解決をも確保しておく必要がある。

　さらに、①の場合で、(iv)原告の脱退被告に対する請求の認容判決は、参加人の原告に対する請求の棄却判決から論理的に帰結されるとはいえないが、この判決がないと、原告が参加人に対し勝訴しても脱退被告に対する権利が確定できず、

───────────

14)　井上治典「訴訟脱退と判決」判タ320号（1975）〔同・多数当事者法理251頁〕参照。

当初の訴えの目的を達成できないので、原告の請求について認容判決をすべきものと考える。被告は脱退することによって、原告の主張を一切争わなかったのであるから、その請求を認容されても仕方がないといえる（さらに(ウ)を参照）。

(b) **原告脱退の場合**　まず脱退原告対残存者間の請求（参加人の脱退原告に対する請求と脱退原告の被告に対する請求）について、残存者間（参加人の被告に対する請求）の勝敗の論理的帰結として認められる脱退者に対する効果【①参加人の勝訴（参加人の被告に対する請求の認容）ならば、(v)参加人の脱退原告に対する請求の認容、(vi)脱退原告の被告に対する請求の棄却、②被告勝訴（参加人の被告に対する請求の棄却）ならば、(vii)参加人の脱退原告に対する請求の棄却】の判決を保障し、原告の脱退にかかわらず、参加人と脱退原告との間の紛争解決をも確保すべきである。

脱退原告の被告に対する請求については、被告の主張立証および参加人の被告に対する主張立証の結果に基づいて判決するが、結果として、参加人と被告との訴訟の勝敗に関係なく、つねに請求棄却判決をする。すなわち、参加人が被告に勝つときは、その参加人の権利と脱退原告の請求とは両立しないはずであるから、脱退がなければ原告の請求は棄却を免れなかったのであり、このような判決を得る参加人および被告の利益は、原告が脱退しても奪われるべきではない（前記(vi)の場合）。また、②(viii)被告が参加人に勝つとき（参加人の被告に対する請求の棄却の場合）は、脱退原告の請求の当否は論理的に決まらないけれども、脱退原告は被告の脱退原告に対する主張を一切争わなかったのであるから、請求棄却判決をして（この場合は、合一確定の必要はないので、参加人の被告に対する請求棄却判決の理由が訴訟物たる権利が原告に属するというものであっても同様に考えられる（同旨、大阪高判昭39・4・10下民15巻4号761頁。旧著〔第2版補正版〕522頁を改説））、脱退原告と被告との間の紛争解決を保障することになる。

(ウ)　以上が参加人と残存当事者間に判決があったときに発生する効果のすべてであるが、これらの効果のうち、被告脱退において原告が参加人に勝ったときに生じるところの、原告の脱退被告に対する請求認容（前掲(イ)(a)①(iv)）と、原告脱退において被告勝訴のときに生じる脱退原告の請求棄却（前掲(イ)(b)②(viii)）とは、どちらも、参加人と残存当事者との間の判決の論理的帰結として、脱退者に対して生じる効力とはいえない[15]。しかし、脱退の効果を、残存当事者と参加人との間の判決の論理的帰結のみから考えるのは妥当でない（なおその他の効果は、すべて、

852　第3編　第一審手続　第8章　複雑な訴訟形態

判決の主文内容と論理的に帰結される判断についての効果であり、それと矛盾する主張を脱退者との間でも排斥するという判決の効力——既判力の拡張——として説明できる）。それらの効果は、脱退者が自らの訴訟追行権を放棄したことの結果[16]というべきであろう。

　さらに、その他の効果の中でも、参加人または残存当事者が敗訴したときに脱退者に対して生じる敗訴の結果（被告脱退のときの敗訴者の脱退被告に対する請求棄却の効果、原告脱退のときの敗訴参加人の原告に対する請求の棄却の効果）は、脱退当事者の利益に生じる効果であるから48条後段にいう「脱退した当事者に対しても」生ずる効力とはいえない。

　そこで、結局、脱退とは、参加人と残存当事者間の訴訟追行に基づいてみずからに関する請求について判決を受けることを条件に、脱退者が訴訟当事者としてもつ訴訟追行権の放棄処分を認める制度といえる。

　　⑴　**残存当事者および参加人の承諾の要否**　　上記のように脱退の効果を考えると、脱退があっても、参加人としては、残存当事者に勝てば、脱退者に対する勝訴が保障されており、また、残存当事者は、参加人に対して勝訴すれば、脱退者に対しても請求が係属しているときと同じ効果を保持できる。そうであれば、とくに脱退について参加人および残存当事者の承諾（48条）を要するとする必要はない[17]。

　また、参加人または残存当事者がその間の訴訟で敗訴した場合に、脱退者との間で受ける不利益な効果も、脱退について承認したから認められるというものではなく、むしろ、参加人と残存当事者との間での訴訟の結果を脱退者との間にも貫徹するのがこの種の紛争の解決のために不可欠であり、かつ、敗訴者にとって手続保障に欠けるところはないという考慮に基づくとみればよい。

　　⑴　勝訴者の脱退者に対する請求が給付義務である場合には、執行力も生じるが、その内容を明確にするためにも、また現実に債務名義を作成するためにも、参加人と残存当事者との間の判決の主文中に、脱退者に対する給付命令をも掲げ

15）　この理由から、小山昇「民訴71条の参加訴訟における判決の内容と効力に関する試論」中田・還暦⑴〔同・著作集4巻207頁〕は、これらの二つの効果の発生を否定する。

16）　兼子・体系417頁はこのように説明。

17）　コンメ民訴Ⅰ485頁。なお、大判昭11・5・22民集15巻988頁および兼子・体系417頁は参加人の承諾は不要とするが、相手方当事者の承諾も同様の理由から不要となろう。

るべきである。

第4款　任意的当事者変更

1　当事者の変更

　同一訴訟手続内で、第三者が当事者として加入するとともに、従前の当事者の一方が当事者でなくなる場合を、ひろく当事者の変更という。このなかには、ある請求について当事者とすべき者を誤り、またはその一部を脱落したときにこれを補正するために行われる場合と、訴訟中に紛争の主体たる地位が当事者から第三者に移転したことに基づいて、新主体となった第三者が当事者となって従前の訴訟を続行する場合とがある。前者が任意的当事者変更、後者が訴訟の承継といわれる。

　訴訟承継の場合に、従前の訴訟の審理状態（訴訟状態）を新当事者が当然に引き継ぐという見解のもとでは、これと訴訟状態の引継ぎをしないことを原則とする任意的当事者変更とを対比して考察することに重要な意義があった。しかし後述するように、訴訟承継の場合でも訴訟参加および訴訟引受けの場合には、従前の訴訟状態を引き継がないとの立場（改説後の私見）からすると、これらの訴訟承継と任意的当事者変更は、主観的追加的な併合形態を生じさせる二つの場合として位置づけられ、両者間のむしろ連続性を認識することが両制度の解釈論にとって参考になろう。

2　任意的当事者変更の意義

　訴訟係属後に、原告が最初の被告以外の者にその訴えを向けかえ、あるいは最初の原告以外の者が原告に代わって訴えを提起する場合で、当事者とすべき者を誤り、またはその一部の者を脱落した場合に、訴えの当初の目的を貫徹するために行われる[*]。最初の当事者の同一性を害せずに訴状等における表示を訂正するのは、これにあたらない（⤵p140(ウ)）。同一の当事者間で請求の変更をする訴えの変更（143条）とも異なる（⤵p763(3)）。

　[*]　**任意的当事者変更の理論構成**　(1)　実定法上これに関する規定がないため、その要件・効果をどのように規律するか、また既存の諸制度との関係をどのように説明するかに

854　第3編　第一審手続　第8章　複雑な訴訟形態

ついて争いがある（学説・判例の諸立場については、福永有利「任意的当事者変更」実務民訴講座(1)99-107頁参照）。

①　訴え変更説　これを訴えの変更の一種とみ、その要件・効果を訴えの変更に関する規定によって規律しようとする説であり、ドイツでは、現在なお有力である。これによると、従来の訴訟追行の結果は新当事者との関係においても全面的に効力をもつとされる。

②　新訴の提起と旧訴取下げとの複合現象とみる説（複合説）　これは、新訴の提起と旧訴の取下げという可分な2個の現象として説明するもので、その要件・効果は、それぞれの規定に従って別個に判断される。この説は、形式的当事者概念を前提として唱えられたもので、新旧両訴をまったく無関係のものとして理解し、従前の訴訟追行の結果に新当事者が拘束されることを一切否定しようとする。わが国では、兼子一博士による紹介以来、通説となっている（兼子一「訴訟承継論」法協49巻1号・2号（1931）〔同・研究1巻16頁〕、同・体系420頁、菊井維大「訴の変更」民訴法講座(1)185頁、三ケ月・230頁、福永・前掲論文108頁）。

③　特殊行為説　当事者の変更を生ぜしめることを目的とした特殊な単一の行為とみ、既存の法規とは別個にその要件・効果を規律しようとする（鈴木重勝「任意的当事者変更の許容根拠」早稲田法学36巻3＝4号（1960）165頁、五十部豊久・商判昭和33年度62事件、斎藤・概論499頁）。この説は、従来の訴訟追行の結果を新当事者に及ぼすことを前提として、任意的当事者変更の許容範囲を決めようとしている点に特色がある。

(2)　訴え変更説は、任意的当事者変更が当事者の変更を伴い、新当事者の裁判を受ける権利がどのように保障されるかという問題を含んでいる点を明確に指摘しない点で、妥当といえない。これに対し、複合説は、新訴訟が新しい当事者に向けられたものであることを明確にして、新当事者の手続保障の問題を鮮明にする点ではすぐれているが、従前の訴訟追行の結果を新当事者に対してまったく無関係とする点には論理の飛躍があるし（福永・前掲論文190頁）、そう解するかぎり、当事者の通常の意思（旧当事者に対する訴訟追行をなるべく生かそうとする意思）に沿わないし、この制度の実益を弱める見解であるとの非難を免れない。これに対して、特殊行為説は、当事者を変更しようとする関係者の通常の意思を正面から問い、それに相応しい合理的な要件・効果を既存の制度にとらわれないで考案しようとする態度は、高く評価されるべきであるが、効果の面から逆に要件を一義的に絞ろうとする点に窮屈さがある。

しかし、いずれの説も、新旧両訴訟の関係を一様のものと前提した上で、その要件・効果を一義的に規制しようとしている点に無理があり、この種の当事者変更の必要が考えられる種々の例をひろく包摂して合理的に規制できないうらみがある。たとえば、許容要件や従前の訴訟追行の新当事者に対する効果を考えるのに、法人格否認が認められないまでも、密接な関連をもつ会社から代表者個人に訴えを向け変えるようなケースと、同姓同名

ではあるがまったくの別人に訴え替えるような場合（たとえば大阪高判昭29・10・26下民
5巻10号1787頁参照）とを同一に規律しようとするのは無理なはなしであろう。その意味
で、新旧両訴の関連の度合に応じた要件・効果の多様な規制を可能ならしめる理論的基礎
を用意することが、必要であると思われる。

　(3)　以上のような考察を前提にすると、とりあえず複合説の立場をとって、新当事者の
裁判を受ける権利を害しないという視点を明確に保持しながら、新当事者が従前の訴訟追
行の結果を受け、または利用できる条件・範囲を事案の類型ごとに考案するのがもっとも
実際的であるように思われる。

3　任意的当事者変更の手続

　通常は、訴えの主観的追加的併合、当事者参加等の新訴の追加併合提起によっ
て行われ、旧当事者と交代する場合には、さらに旧当事者のまたはこれに対する
訴えの取下げを伴う形で行われる。しかし、新訴の提起は、最初の訴えの目的と
経済的には重複するから、その訴状に印紙を貼用する必要がないと考えるべきで
あろう。原則として、新当事者の審級の利益を確保する必要があるから、第一審
の口頭弁論終結前に限り、許される。当事者の脱退は、その者に対する旧訴の取
下げによるから、訴え取下げの要件および方式による。

　訴訟手続上、新当事者は旧当事者の地位を承継しないのが原則である。

　しかし、新訴による時効完成猶予の効力および期間遵守は、旧訴提起の時点を
基準にして判断してよい。また、新当事者は旧訴の当事者による訴訟追行の結果
を追認してみずからの訴訟の資料にすることができ、このような「援用」に対し
て相手方当事者はこれを拒否できないと解すべきである（これはちょうど弁論併合前
の別訴における資料を援用する場合と同様の取扱いである、→ p558〔＊〕）。さらに、旧当事
者の訴訟追行が新当事者による訴訟追行と実質的に同一視できる場合には、公平
上、新当事者は旧当事者の訴訟追行の結果を争うことが許されないと扱うべきで
あろう。たとえば、旧被告と新被告とが本人とその法定代理人というような関係
にある場合である[1]。

---

1)　福永有利「任意的当事者変更」実務民訴講座(1)112頁も、以上とほぼ同様の取扱いを提言する。

856　第3編　第一審手続　第8章　複雑な訴訟形態

4　行訴法15条による被告の変更

　これも、原告の申立てに基づいて行われる点から任意的当事者変更といってよ
いが、ただここでは、被告適格者の判断に困る原告の救済を徹底させるために、
原告の申立てがあれば、裁判所の決定で、被告の変更が行われ（同条1項）、出訴
期間の遵守については最初から新被告に対して訴えが提起されたものとして扱う
（同条3項）とともに、その決定によって、旧被告に対する訴えの取下げの効果も
同時に生じる（同条4項）とされるもので、新訴の提起と旧訴の取下げのたんな
る複合でなく、「被告の変更」という一つの独立の制度として作られたものと解
することができよう。この被告の変更は上級審でも許され、その変更があると第
一審へ移送される（同条7項。従前の訴訟手続上旧被告の防御が新被告によるものと実質的
に同視できる場合はその必要がない）。

第5款　訴訟の承継

第1項　総　　説

1　訴訟承継の意義

　訴訟の係属中、実体関係の変動の結果、当事者が紛争の主体たる地位を失う
（当事者能力や訴訟物についての適格を失う）と、それ以上その者との間で訴訟を追行
しても紛争の解決は得られず、新たに紛争の主体になった者との間で訴訟をする
必要が生じる。また、訴訟の係属中に紛争が第三者をも巻き込む形に発展し、当
初の訴訟の目的を実質的に貫徹するには、さらにこの第三者との間でも訴訟をす
る必要が生じる場合もある。

　これらの場合に、新たに紛争の主体となった第三者との間で係属中の訴訟と別
個独立に訴訟を始めると、たんに訴訟経済に反するだけでなく、これまでの訴訟
追行の努力を無視することになり、相手方と第三者との間に不公平を生じる。本
来、いったん訴訟が開始され、紛争解決過程としての訴訟状態——やがて終局判
決に実を結ぶところの訴訟上の当事者の有利不利な地位——が形成された場合に
は、原告も被告の同意なしには訴えを取り下げられないとすること（261条2項）
によって、訴訟状態における既得的地位を当事者に保障しているし、他方、口頭

弁論終結後の承継人には、判決の効力を及ぼすことによって、この者に対する解決も図ろうとしている（115条1項3号）。したがって、その中間段階である訴訟係属中に紛争の主体たる地位を承継した者に、その段階までの訴訟状態をできるだけ引き継がせるのが合理的である。訴訟承継制度とは、新当事者にこのような訴訟状態の引継ぎを可能とさせるものである。

2 訴訟承継の種類

訴訟の承継には、紛争の主体に変動があったときに、新たに紛争主体となった者が法律上当然に訴訟当事者になる場合と、その者の訴訟参加（49条・51条前段）の申出によるか、またはその者に対する相手方当事者からの訴訟引受けの申立てによって（50条・51条後段）、訴訟当事者になる場合とがある。前者が当然承継（包括承継）、後者がいわゆる係争物の譲渡の場合の承継（特定承継、→p863）であり、これには訴訟参加と訴訟引受けとがある。

3 訴訟承継の効果

（1） 従来の通説の立場

当然承継の場合、従前の訴訟状態をそのまま引き継ぐ。これは、当事者が変更したとしても、新当事者は、手続法上、前主と同一の法主体とみられ、新当事者が承継した権利義務について前主の形成した訴訟状態を有利不利を問わず承継するのに、新当事者に訴訟の初めに遡って手続保障を与える必要はなく、前主に与えられた手続保障で十分と考えられる場合である。法人格否認が認められる場合に、新当事者が、自分は前主とは別の法主体であることを理由に、前主の行った自白を取り消すことはできないとされる場合と同じである（以上の取扱いも、本書第4版において改説した。→p862(3)）。

（2） 訴訟参加・引受参加の場合

これに対して、訴訟参加または訴訟引受けの場合には、新当事者が、被承継人の訴訟状態上の地位をどのような手順で、かつどのような範囲において承継するかについては、学説上の争いがある。従来はすべての訴訟状態を強制的に承継させられるとするのが通説であった。この説こそ「訴訟承継」と称するにふさわしい説であり、本書も第3版まではこのような説をとっていた。しかしこれを第4

版において改説した[1]。

通説によれば、すでに形成された訴訟状態を前提として、相手方と承継人との間の審判が行われる。すなわち、従前の弁論、証拠調べ（たとえば、承継前に行われた証人尋問は、承継後も証人尋問としての効力を維持する）、中間判決等もすべて新当事者との訴訟において効力を生じる。従前の訴えの提起による時効の完成猶予・期間遵守の効果も、当然新当事者に及ぶ（49条・50条3項・51条）。旧当事者が訴訟上できなくなった行為は、新当事者もできない（たとえば、自白に反する主張、時機に後れた攻撃防御方法の提出など）。以上が通説の立場である。

（3） 改説後の私見

改説後の私見によれば、実体法上の効果としての従前の訴えの提起による時効の完成猶予・期間遵守の効果は引き継がれるが、その他の訴訟状態（審理の枠組み、弁論に顕出された訴訟資料・証拠資料、中間判決の存在など）は、強制的に引き受けさせられるのでなく、これらを利用するかどうかは新当事者の選択に委ねられる。もっとも、従来の訴訟状態が「弁論の全趣旨」として、新当事者の訴訟に使われることは避けられない。

また一般的にいえば、訴訟引受けの場合には、引受当事者に従前の訴訟状態の引継ぎを拒むための訴訟活動の範囲をひろく認める必要が予測されるが、参加承継の場合には、みずから進んで従前の訴えに参加し、それまで形成されてきた訴訟状態をむしろ利用しようとする意思が推測される場合であるから、従前の訴訟状態の引継ぎを拒否するための新たな手続保障を付与する必要を欠く場合が多いと思われる。新当事者にどこまでの手続保障を与えるかについては、これらの要素を踏まえた裁判官による合理的な裁量・調整が期待される。

（4） 従前の訴訟について生じた訴訟費用の負担の関係は、実体法上の権利関係として、本案とは別個に考察すべきである。包括承継を原因とする場合には、訴訟費用の点も承継するが、特定承継の場合は、特別の事情のないかぎり、承継しない。

1） 新堂「訴訟承継論よ、さようなら」新堂＝山本・民事手続355頁以下参照。

第2節　多数の当事者をもつ訴訟　859

第2項　当然承継

1　意　義

　実体的な承継原因が直ちに訴訟に反映して、法律上当然に当事者の交替が行われる場合をいい、いかなる承継原因が当然承継の事由となるかは、主として訴訟手続の中断および受継の規定から推知される。というのは、法律上当然に当事者の交代が生じる場合には、現実の訴訟追行の引継ぎを考慮して、新当事者が実際に訴訟追行ができる状態になるまで手続を中断させる必要があるので、法は、当事者が交代する場合を原則として中断事由としているからである。

　ただし、手続の中断・受継は、現実の訴訟追行者が交代する場合の引継ぎを考慮したもので、訴訟の承継とは別個の観念である。したがって、当事者が交代しなくても訴訟追行者が交代する場合には（たとえば、訴訟能力の喪失、法定代理権の消滅の場合、124条1項3号）、中断事由となるし、逆に、当事者が交代しても現実の訴訟追行者が交代しない場合には、中断事由とならない（訴訟代理人のある場合124条2項、選定当事者を選任した場合30条2項参照）。

2　当然承継の原因

（1）　当事者の死亡（124条1項1号）

　この場合、相続人（有限会社解散の訴え、社員総会決議取消しの訴えおよび同無効確認の訴えを提起した社員の持分を取得した相続人につき、最判（大）昭45・7・15民集24巻7号804頁。なお124条3項参照）、受遺者（特定受遺者も含む、大判昭13・2・23民集17巻259頁）、遺言執行者（→p297〔＊＊〕）または相続財産管理人などがその承継人となる。人事訴訟事件では、法律がとくに承継人を定めている場合がある（人訴12条・26条2項・41条2項・42条2項3項・43条2項3項）。なお、→p131（1）〔＊〕。

（2）　法人その他の団体（29条・37条参照）**の合併による消滅**（124条1項2号）

　この場合、新適格者は、合併により設立された法人その他の団体、または吸収合併後存続する法人その他の団体である（会社750条1項・752条1項・754条1項・756条1項）。

（3）　信託に関する受託者等の任務の終了（124条1項4号イからハ）

　イ　当事者である受託者については（信託56条等）、新たな受託者または信託

財産管理者（同63条・64条参照）もしくは信託財産法人管理人（同74条参照）
ロ　当事者である信託財産管理者または信託財産法人管理人については、新たな受託者または新たな信託財産管理者もしくは新たな信託財産法人管理人
ハ　当事者である信託管理人（同123条参照）については（同128条）、受益者または新たな信託管理人

がそれぞれ承継人になる。

（4）　一定の資格の喪失（124条1項5号）

これらの資格（破80条、会社更生74条、商803条2項）に基づいて当事者である者がその資格を喪失した場合は、同一の資格を有する者が承継する。

（5）　選定当事者の全員の資格喪失（124条1項6号）

選定者の全員または新たな選定当事者が承継する。

訴訟中の選定または一部の者の資格喪失の場合には、当事者の減少による承継となる（30条2項5項）。

（6）　破産手続開始決定または破産手続終了（破44条・45条・46条・127条・129条2項-4項・134条3項4項）等。会社更生手続につき（会社更生52条・52条の2・53条・156条1項・158条2項-4項）、民事再生手続についても（民再40条・40条の2・67条・68条・69条・107条・109条2項-4項・112条の2第4項-6項・140条・141条・254条）規定されている。

3　当然承継の取扱い

（1）　訴訟手続の中断を伴う場合

承継の有無および承継人がだれかは、承継人自身による、または承継人の相手方による受継申立ての適否の判断において、まず問題になる。裁判所は、職権で承継人の資格を調査し、これを欠くときは、決定で受継申立てを却下する（128条1項、これに対する不服は328条1項による抗告）。一応承継適格を認めれば、その者による訴訟の続行を許す。その後に承継適格のないことが判明したときの、この者との間で続行をみた訴訟の取扱いは、当事者適格の存否に関する通常の取扱いとなる（たとえば、受遺者を相手にすべきなのに相続人を相手にした続行訴訟は請求棄却の判決で終了させる）。

第2節　多数の当事者をもつ訴訟　861

　しかし、僭称承継人が受け継いで中断訴訟を続行しても、真の承継人との関係では、訴訟は依然として中断したままであるから、真の承継人はその中断した段階から受け継ぐことになる。

（2）　訴訟手続の中断を伴わない場合

　承継があっても手続の進行に影響がない。訴訟代理人があって中断しない場合（124条2項）には、訴訟代理人は中断事由が発生した旨を裁判所に書面で届け出なければならないが（規52条）、受継すべき者が確かでないときには、とりあえず、背後の当事者の交代を不問に付したまま、形式的には、その代理人が旧当事者の名で訴訟を追行することになる。この場合も、実質的には、承継人が当事者となりこの者の代理人として追行しているのであって、旧当事者宛の判決も承継人に対して下されたものとみるべきである〔*〕。ただし、その判決で執行するためには、承継人のためにまたはこれに対する執行文の付与を求める必要があり、そのさい、だれが承継人となったかが調査されることになる（民執23条・27条2項、民執規17条2項）。もっとも、判決段階でだれが訴訟承継人となったかが明確となれば、受継のための必要な手続をとらなくとも、判決には承継人を当事者として表示すべきであるし（最判（二小）昭33・9・19民集12巻13号2062頁）、原判決が旧当事者を表示しているときは、上訴審はこれを更正すべきである（最判（二小）昭42・8・25判時496号43頁）。

　〔*〕　**当事者死亡の場合の実務**　　八木良一「当事者の死亡による当然承継」民訴雑誌31号（1985）32頁以下、38頁によれば、当事者の死亡が裁判所に判明したときは、原則として受継類似または任意的当事者変更類似ともいえる取扱いをする。すなわち当事者の死亡が判明すると、従来の訴訟代理人は、戸籍謄本を取り寄せたり、相続放棄や遺言の有無を確認するなどして、死亡者の承継に関する事実調査をする。そして、訴訟代理人は、上記調査の結果、承継すべき者がAであるならば、Aから訴訟委任を受け、裁判所に対し、その委任状を提出するとともに、「訴訟手続承継申立書」「受継申立書」「上申書」等と題して、死亡者の権利義務をAが承継したとの内容の書面を提出する。そして、原告側は、上記の書面または別の書面で、死亡者のまたは死亡者に対する請求を、AのまたはAに対する請求に変更する旨の請求の趣旨の変更（または訂正）の主張、請求原因事実として、当事者の死亡とそれをAが承継したとの事実を追加する旨の主張をする。なお、このさい、新たに立件して事件番号を付したり、印紙を貼用することはない。しかし、裁判所は、口頭弁論において上記の各書面を訴訟代理人や相手方に陳述させ、死亡の事実とAへの承継の点

862 第3編 第一審手続 第8章 複雑な訴訟形態

について認否を求める。被告側は、これに対する答弁や反論の主張をする。そして、以後
の準備書面、口頭弁論調書にはAが当事者として表示され、Aに対する尋問は本人尋問と
して施行され、最終的には、和解調書・判決にもAが当事者として表示されて訴訟が終了
する。もちろん、その間、訴訟代理人は、攻撃防御方法の取捨選択、訴訟追行の仕方、特
に和解するかどうか、その条件いかんといったことはすべてAと打ち合わせ、Aの意向を
受けて訴訟に臨むことになる。また、判決には、その事実摘示欄に、AのまたはAに対す
る関係の請求の趣旨が記載され、Aへの承継の点も訴訟原因として記載され、理由中では、
Aへの承継の有無も含めて、AのまたはAに対する関係での請求の当否を判断するとされ
ている。またこのような実務の取扱いを前提とすると、訴訟代理人がいれば、当事者が死
亡しても訴訟は中断しないとする立法が適切であったか疑問だとする（同論文45頁）。こ
のような実務は適切と考える。

（3） 前主の行った訴訟追行の結果（訴訟状態）に承継人は拘束されるか

拘束されない。承継人は、前主の行った訴訟を強制的に承継させられるが、新
しい当事者として、すべての手続保障を与えられるべきである。この点は、訴訟
参加および訴訟引受けの場合と同じである（→p867(6)）。この点、新堂「訴訟承
継論よ、さようなら」（新堂=山本・民事手続355-392頁）により改説した[*]。

[*]　金美紗「訴訟承継論における『訴訟状態の拘束力』について」慶應法学17号（2010）
95-136頁は私見に賛成し、解釈論をさらに深めようとしている。最近の文献として、加波
眞一「訴訟承継再論」高橋・古稀245-270頁がある。いわゆる「承継効」（訴訟状態の拘束
力）を認める立場からではあるが、その効力範囲を「従前の当事者が承継人の代理人のよ
うに訴訟追行することが期待できる状況にある場合、ないしは承継人がすべき主張につき
従前の当事者間で十分審理がなされていると評価できる状況にある場合には、」「従前の当
事者に承継人のための訴訟上の法定代理人ないしそれに準じる法的地位を認めて、それら
の審理に関し代理行為が成立するとして、従前の当事者の形成してきた（共通する争点に
係る）訴訟結果を承継人に及ぼす」（同262-263頁）としている。
　承継人の手続保障を重視し、「承継効」を制限しようとする意図は評価できる。しかし、
「従前の当事者が承継人の代理人のように訴訟追行することが期待できる状況にあった」
または「承継人がすべき主張につき従前の当事者間で十分審理がなされていると評価でき
る状況にある場合」（圏点は新堂による）を、どのように識別するのかについてさらなる
検討を期待したい。

第2節　多数の当事者をもつ訴訟　　*863*

第3項　訴訟参加および訴訟引受け

1　係争物の譲渡

当然承継となる場合以外の紛争主体の変動は、当然には訴訟に反映しない。新たに紛争の主体となった者から訴訟参加の申出をするか（49条・51条前段）、この者に対して相手方当事者から訴訟引受けの申立てをすること（50条1項・51条後段）によって、はじめて相手方と承継人との間で訴訟の承継が行われる。これら訴訟参加・訴訟引受けの原因となる紛争主体の変動は、当事者の生存中、紛争の基礎をなす実体的法律関係に特定承継のあった場合に生じるので、これらの承継は、訴訟物の譲渡〔*〕の場合として論じられている。

> 〔*〕　**訴訟物の譲渡**　「訴訟物」の語は、これまで、訴訟上の請求として相手方に対して主張される権利関係そのものを意味する趣旨で用いてきたが、ここでの訴訟物は、そのような訴訟物を意味するにとどまらず、さらに、その権利関係が帰せしめられる物件をも意味する。たとえば、土地明渡請求訴訟における土地自体も意味する形で用いられている。もっとも、誤解を避けるためには、「係争物の譲渡」というほうがよいであろう。

（1）　訴訟承継主義と当事者恒定主義

ローマ法は、係争物の譲渡を禁止したが、訴訟に要する時間を考えると、経済取引の実情に合わないので、近代では、譲渡の自由が認められている。ただ、これに対処する方法としては、訴訟承継主義と当事者恒定（固定）主義の対立がある。前者は、紛争主体の変動を訴訟に反映する主義、つまり承継人を当事者として訴訟に加入させ、前主の訴訟上の地位を承継させる主義である。後者は、ドイツ法のとるところで、係争物の譲渡があっても従前の当事者適格に影響を及ぼさないものとして、従前の当事者がそのまま訴訟を追行する権能を認め、基準時後の譲渡と同様に、訴訟係属中の承継人に対しても判決の効力を及ぼす主義である[1]。

---

1)　これらの立法主義の詳細ならびにそれに対する批判については、兼子一「訴訟承継論」法協49巻1号・2号（1931）〔同・研究1巻105頁以下〕、日比野泰久「訴訟承継主義の限界について」法政論集120号（1988）85頁参照。

（2）　旧々民事訴訟法の立場

旧々民訴法は、係争物の譲渡の場合についてなんらの規定も置かず、上記立法におけるどの主義も採用していなかった。そのため、口頭弁論終結当時を基準にして判決する建前から、係争物の譲渡があると、それだけで、従来の当事者間では請求棄却となるか[2]、そうならないまでも、当初目指された紛争解決の一部しか達成されない結果になった。この不合理を避けるべく、旧法は、訴訟承継主義を採用したものと解されていた[3]。そして、そこでいう訴訟承継主義とは、新当事者（承継人）が従前の訴訟状態を（生成中の既判力をもつものとして）強制的に引き受けさせられることが前提とされていた。

（3）　旧民事訴訟法の規定と解釈論

係争物の譲渡について、旧民訴法には、承継人の加入を規定する旧73条および旧74条と、従前の当事者の脱退を規定する旧72条とがあるだけであり、しかも、これらの規定には、新しく訴訟に加入した者が前主の訴訟状態を承継する旨が明定されていたわけではない。しかし、旧73条が旧当事者の訴え提起による実体的効果が新当事者のために及ぶと規定するのは、前主の訴訟上の利益・不利益な地位すべてを承継することを前提にしたものと解され（大判昭16・10・8民集20巻1269頁は、訴訟承継がなされないまま前主の訴えが取り下げられると権利承継人は時効中断の効果を承継しないとする）、さらに、旧201条1項が口頭弁論終結後の承継人に既判力が及ぶ旨を規定していたので、旧法は訴訟承継主義を採用したものと理解されていた。

また、旧73条、旧74条は、いずれも、実体法上の権利者側のみが、従来の訴訟状態を自分のために利用する手段として、訴訟参加または引受けの申立てができるように規定しているだけであった。

しかし、従来の訴訟状態が義務者側にとって有利な場合もあるから、義務者側にも、これを自分のために利用する対等の手段が与えられるのが公平であり、承継制度のあり方としても合理的である。そこで、旧73条および旧74条は、権利者が訴訟状態上有利な立場にある通常の場合を例示したもので（立法者は、実体法的

2）　大判大13・11・20民集3巻516頁は、承継人が共同訴訟人として加わらないかぎり請求棄却とする。加藤正治・判民104事件参照。

3）　わが国における沿革については、兼子・研究1巻128頁以下参照。

思考から抜け出ていなかったため、義務承継人が進んで参加する利益もないし、義務者が権利承継人を訴訟に引き込む利益もないと考えたためであろう）、義務承継人による訴訟参加、義務者の権利承継人に対する訴訟引受けの申立ての途を閉ざすものではないと解されるに至った[4]。平成8年改正法は、以上の趣旨を49条から51条までで規定した。51条は、義務承継人の訴訟参加および権利承継人に対する訴訟引受けを明定した。

（4）　訴訟承継主義の限界とその対策

当事者恒定主義には、承継人の参加が制限される上、紛争の主体でなくなった者が訴訟追行の熱意を持続するとはかぎらず、承継人の保護が十分に図られないといった欠点がある。他方、わが訴訟承継主義に対しては、紛争主体に変動があっても、それが直ちに訴訟に反映されるとはかぎらず、その間、主体の変動を知らない相手方が無意味な訴訟追行を強いられるという欠点が指摘されている[5]。

このような訴訟承継主義の欠陥に対しては、原告側ならば、仮処分を利用することによって、被告側の主体変動による不安にある程度は対処できる（民保25条の2・53条・58条-60条・62条・64条）。たとえば、建物の占有移転禁止の仮処分の執行により建物明渡請求の被告適格を恒定できる（民保58条-64条。なお最判（一小）昭46・1・21民集25巻1号25頁）。しかし、この方法は被告側には与えられないもので、当事者間の公平を欠くし、また原告に対してつねに仮処分を要求するのは、当事者間の信頼関係を破壊するため紛争解決にとってマイナスに働く場合もあるので、適切な対策といえない。

そこで、立法論としては、訴訟承継の原則をとりながらも、訴訟承継が行われるまでの間は、従前の当事者が承継人のために訴訟追行の権能を維持するという当事者恒定の建前を補充的に導入するのも一案であるが[6]、被承継人となった当事者から相手方当事者への訴訟告知を義務づけることを提案したい。むろんそれ

4）　このような解釈が定着したのは、兼子・研究1巻136頁以下の功績である。大判昭11・5・22民集15巻988頁は、債務承継人が自ら訴訟引受けを申し立てることを認めるにとどまっていたが、最判（三小）昭32・9・17民集11巻9号1540頁は、債務承継人の訴訟参加を正面から認めた。

5）　兼子・研究1巻127-147頁以下。それでも旧民訴法に比べると格段の進歩である。旧々民訴法では相手方が主体の変動を知っても、承継させる手段がなかった。

6）　兼子・研究1巻150頁。

までの解釈論としても、実質的当事者の観念、信義則の援用などの工夫の積み重ねによって、極力、相手方の保護を図るべきである[7]。

（5）　係争物の譲渡による訴訟承継と口頭弁論終結後の承継人に対する既判力または執行力の拡張との対比

　㋐　どちらも、争いの主体たる地位が訴訟外で変動することに対応して、その争いについてすでに行われた紛争解決活動およびその結果（訴訟状態）を新たな主体との間の争いにも通用させ、これによって、主体の変動にもかかわらず訴訟による紛争解決の実効性を確保するとともに、当事者間の公平を図ろうとする制度である。

　ただ、訴訟承継制度は、その争いの主体たる地位の変動が訴訟の係属中しかも口頭弁論終結前に生じた場合を取り扱うのに対し、口頭弁論終結後の承継人への既判力等の拡張は、その後に生じた場合を取り扱うという違いがある。前者が、まだ既判力に至らない紛争解決行動の積み重ねを承継人にも利用させようとするものであるのに、後者はすでに完成した既判力を承継人にも及ぼすものである。このように共通の目的をもつ点から、前者において考えられる「承継」の概念と後者のそれとは、本来共通の地盤をもつものとみて、両者をパラレルに理解することには、それなりの説得力があり、すでに多くの賛同を得ているところである[8]。

　㋑　しかし、訴訟承継は、これから審理を続けるさいに問題となるものである。既判力・執行力の拡張は、すでに審理を終えた後の問題である。そしてこの点の違いが、承継人の範囲を考えるさいの利益考量の状況に微妙な差異をもたら

7）　この工夫の詳細については、新堂「訴訟承継主義の限界とその対策」判タ295号（1973）〔同・争点効(下)77頁〕参照。さらに、最決(二小)平27・6・3金商1471号20頁が参考になる。その事件では、家屋収去土地明渡請求の係属中に家屋の占有がYから第三者Z_1ついでZ_2へ、さらにZ_3に移転されたにもかかわらず、訴訟承継が結局行われなかった事件が先行しており、被承継人YおよびZ_1に対する明渡しの債務名義に基づいて、Z_2・Z_3の明渡しを求めるYに対する間接強制の申立てをした事件である。そして、最高裁は、この執行申立てを認めなかった。この決定を材料にして、安西明子「紛争主体間の負担分配から見た訴訟承継主義の限界」高橋古稀・165頁以下は、詳細な解釈論を展開しており、示唆に富む。

8）　訴訟物論争においても、両制度はまったくパラレルのものとして議論された。⮑p325(b)。なお、三ケ月章「特定物引渡訴訟における占有承継人の地位」曹時13巻6号（1961）〔同・研究1巻310-313頁〕。

すことも忘れてはならない。これから審理を続けていくという場合には、関連性の薄い新紛争までとり込んでその手続を不当に混乱させてはならないという考慮と、これから審理を続けていくなら、関連した紛争はなるべくとり込んで一挙に解決したほうが得策だという考慮とを調和させるという作業が必要である。

これに対して、すでに審理が終わったあとで問題とする承継人を考えるときには、上にみるような考慮の働く余地はない反面、手続に関与しなかった承継人の裁判を受ける権利の保障を慎重に考慮する必要がある。

たとえば、売主甲に対する買主乙の売買による所有権移転登記請求訴訟の係属中に、丙が甲から目的不動産を買い取って移転登記も得た場合には、乙の丙に対する甲から丙への移転登記の抹消請求をも係属中の訴訟にあわせて審理するほうが便宜であるとの考慮が働くであろうが、乙が甲に対する勝訴の確定判決を得た後、甲から乙への移転登記をする前に、丙が甲から登記を得た場合には、丙に対する既判力や執行力の拡張の当否を考えるにあたり、手続を混乱させるかどうかを心配する必要がない反面、丙の裁判を受ける権利の保障をどのように確保するかが中心問題になる[9]。

(6) 承継の許否と訴訟状態の強制的引継

従来は、この二つの問題はほとんどパラレルに考えられていた。つまり参加・引受けが認められれば、当然に従前の訴訟状態を引き継ぐものと考えられてきた。しかしながら、改説[10]後の私見によれば、訴訟参加または訴訟引受けを許すかどうかの問題では、すでに審理が進行している旧当事者間の紛争と、これに関連する旧当事者と参加人または引受人との間の紛争とを一括して審判することが、審判の重複を避け、審判結果の統一性を維持できるかどうか、それとも手続の混乱を招かないかどうかという判断が要請される。これに対して、承継人が従前の訴訟状態を当然に引き受けなければならないかの問題は、参加または引受人（新当事者）に関する新たな請求について、どのような手続保障を与えるべきかの判断が求められるものであり、二つの問題は切り離して考察されるべきである。

---

9) 丙に対する訴訟引受けは認めても、丙に対して承継執行文を付与すべきではない、新堂「訴訟当事者から登記を得た者の地位（1・2完）」判時640号・643号（1971）〔同・争点効(上)297頁〕。

10) 新堂「訴訟承継論よ、さようなら」新堂＝山本・民事手続378頁以下（→p862(3)）。

訴訟参加・訴訟引受けの申立てを許す範囲は緩やかに考えることができるのに対して、新当事者の手続保障にかかる後者の問題は、簡単に認めるわけにはいかない。承継人は、みずからの権利についての当事者（115条1項4号の目的物の所持者ではない）であり、新たに訴えを提起した当事者と同じ手続保障を与えられるのが当然である（同条1項1号の「当事者」）と考える。もちろん、手続の実際においては、裁判所による訴訟指揮権の適切な行使の下、あらためて争点整理を行い、承継人の手続保障を十分に確保しつつ、これまでの訴訟状態の利用も図るべきである（→p862〔＊〕）。実際には、証拠調べを再度行う必要性の判断などにより、承継人、とくに引受人の場合であっても、従前の手続をみずから援用する場合も少なくないであろう。その意味で、私見においても、訴訟承継を認める実益は十分にあると考える。

2　訴訟参加または訴訟引受けの原因

当事者の生存中、紛争の基礎をなす実体関係に特定承継があった結果として紛争の主体たる地位を第三者が取得するに至った場合に可能である。

（1）　特定承継の対象

訴訟上の請求として主張される訴訟物たる権利関係そのものが特定承継される場合のほか、訴訟物たる権利関係の目的物件について特定承継が行われる場合（たとえば建物収去土地明渡請求中に建物が第三者に譲渡される場合）も含まれる。

（2）　特定承継の態様

紛争の基礎をなす実体関係の譲渡が主な場合であるが、派生的権利関係の設定なども含まれる（たとえば、所有権取得登記の抹消が求められている物件に第三者が被告から抵当権の設定を受けたり、収去が求められている家屋を賃借するなど）。また、その特定承継が任意処分（売買や債権譲渡）であると、執行処分（たとえば、競落、転付命令による移転）であるとを問わない。債務の併存的引受（民470条以下参照）または免責的引受（民472条以下参照）が行われる場合も含まれる。

（3）　承継人との間の請求と旧請求との関係

(ア)　請求としての訴訟物たる権利関係自体になんら変わりなく、それについて第三者が当事者適格を取得する場合、たとえば、①原告が訴訟物とした債権を第三者が譲り受けたり、②訴訟物たる被告の債務を第三者が引き受ける場合、③

所有権確認請求の目的物件を第三者が取得する場合、④収去を求められている物件を第三者が譲り受けた場合（大決昭5・8・6民集9巻772頁）など。

　紛争が第三者に拡大したため、従来の訴訟物たる権利関係を前提にした新たな権利関係が訴訟物となり、これについて第三者が当事者適格を取得する場合がある。たとえば、⑤建物収去土地明渡請求中に被告がその建物に借家人を住まわせた場合、借家人に対しては退去請求につき引受けの申立てができるし（最判（三小）昭41・3・22民集20巻3号484頁）、⑥所有権の移転登記抹消請求中に被告からさらに移転登記を得た者に対しては、この移転登記の抹消請求について引受けの申立てができる。

　　㈡　承継人との間の新請求内容が旧請求内容と異なる場合には、どのような場合にまで訴訟承継を許すべきかについて問題を生じる。とくに、相手方当事者の意思で承継が行われる訴訟引受けの許容限界が問われる。

　第1には、派生した紛争の解決にもすでに形成された訴訟状態を最大限に活用するという要請と、関連の薄い新紛争まで取り込んで手続を混乱させないという要請との調和点として、新請求と旧請求とが主要な争点（攻撃防御方法）を共通にしたものであり、第2に、引受申立人と引受人との利益の調整方法として、承継人との紛争が旧当事者間の紛争から派生ないし発展したものと社会通念上みられる場合（承継を主張する者のほうからいえば、訴えないし請求棄却の申立ての実質的目的が承継の前後を通じて変わりない場合）に引受けを許すべきである。

　もっとも、引受申立てが認められても、引受人としては、従前の訴訟状態で自分に不利な状況については、新しい当事者として、主張立証の機会が与えられるので、それほど不利ともいえない。ただ、中間判決があったり、前主被承継人がすでに自白していたり、証拠調べ等が行われていたとすれば、その不利な結果に拘束されず（撤回行為を待たずに自白の効力は及ばず）、新たな攻撃防御方法を提出する機会を与えられる。ただ、前主による自白を含めた訴訟追行の経過とこれに伴うある程度の心証形成は事実上残らざるをえないので、引受人としては、より有利な心証を得るために、これらの状況を覆すに足りる資料の提出が必要になる。この点は、引受人としては甘受せざるをえない[11]。

11）　松本博之『民事訴訟法の立法史と解釈学』（2015・信山社）324頁(注111)では、私見に対して、

870 第3編 第一審手続 第8章 複雑な訴訟形態

3 訴訟参加および訴訟引受けの手続

(1) 参加の申出および引受けの申立て

(ア) 訴訟係属中の権利義務の承継人は、独立当事者参加の形式（47条）で、当事者になることができる（49条・51条前段）。独立参加の一般の場合には、参加人は従前の当事者のいずれからも由来しない独立の地位で訴訟を追行するが、この場合には、承継の時までに生じた前主の訴訟状態上の地位を前提にした訴訟活動をすることになる。

実体関係の承継の効力につき前主と承継人との間に争いがあるときは、参加人は、前主との間にも請求を定立することになるが、この場合には、三面訴訟の形態になる。しかし、前主との間に争いがなければ、強いてこれに対する請求を定立する必要はない（47条1項参照。この形式でも49条の効果を受ける）。

(イ) 前主の相手方当事者は、承継人である第三者に対して訴訟引受けの申立てができる（50条1項・51条後段）。引受けの申立てには、引受人に対する請求が含まれている（期日においてする場合を除き、書面である。規21条）。その請求内容は、たとえば、建物収去土地明渡請求中の建物の譲受人に対しては、旧請求と同じ趣旨であるが、建物の賃借人に対しては退去請求を定立することになる。被告が訴訟物たる債権の譲受人に対して引受けを申し立てる場合には、債務不存在確認請求の申立てが包含されていると解すべきであろう（引受人たる債権の譲受人は、給付判決を欲するならばその旨の反訴を申し立てるべきである）。前主は、承継人に対する相手方の引受申立てと同じ趣旨の申立てをすることはできない（東京高決昭54・9・28下民30巻9=12号443頁）。

(ウ) 訴訟を承継する前に、承継人と前主の相手方との間の争いについてすでに別訴が提起されているときについては、 → p226(ウ)。

「自白の拘束力を維持したうえで自白の撤回の可能性を承認するのと、どこがどう違うのであろうか。自白が真実に反することの証明は不要というのであろうか」、と批判される。私見は、引受人は、規範上の問題として自白の拘束力は受けない。したがって、自白の撤回行為も不要であるし、撤回のための「自白内容が真実に反することの証明」も不要であり、規範的には、自由な攻撃防御が可能であるといえる。しかし前主が自白しているという弁論の経過とこれに伴うすでに積み重ねられた心証形成は、事実上残らざるをえない。そこで、引受人が勝つための主張立証活動には、この状況を打ち消すための活動も含まれるという意味で、なにがしかの事実上の負担が課せられることはやむをえないという意味である。

（2）　参加・引受けの申立て許否の裁判

　参加の申出に対し、前主（被承継人）またはその相手方は異議を述べられる。この異議の当否は口頭弁論を経て判決で裁判する（44条は準用されない）。参加の申出は前主または相手方に対する訴えの提起に相当し、参加の要件の不具備は、訴訟要件の不具備に相当するからである。

　引受けの申立てについては、裁判所は当事者および第三者を審尋したうえ、決定でその許否を裁判する（50条2項）。申立てを却下した決定に対しては申立人は抗告できる（328条1項）が、引受決定は、中間的裁判であるから、これに対して独立の不服申立ては許されない。

　いったん引受決定がなされた後は、承継資格の存否は、引受人と引受申立人との請求の当事者適格の存否に関する通常の取扱いとなる。たとえば、原告から訴求債権を譲り受けた者に対して引受決定がなされたが、その後の審理で債権譲渡の効力がないと判断するときは、それを理由として被告の引受人に対する債務不存在確認請求を認容すべきである。

（3）　参加または引受けの申立てができる時期

　どちらも訴訟係属中にしなければならないが、参加は、上告審でもできる[12]。前主の上告を支持し、または相手方の上告棄却を求めるため、参加を許すべきである。もっとも、上告に理由がなければ、参加人の請求について審判する機会がないから、参加請求は第一審に移送されざるをえない（参加人が当事者としてした訴訟行為が遡って不存在になるわけではない）。

　これに対し、引受けの申立ては、口頭弁論終結後は許されない（最決(二小)昭37・10・12民集16巻10号2128頁）。引受けの場合には、差戻し後の審級で申し立てれば足りるからである。

（4）　参加または引受け後の審判

　参加後、従前の原告の被告に対する請求と参加人の請求の審判については、40条1項から3項までの規定が準用される（49条・51条前段・47条4項）。もっとも、ここでの準用の意味については、p845以下を参照されたい。訴訟引受け後にお

---

12)　反対・大判昭13・12・26民集17巻2585頁、三ケ月・226頁。原判決が破棄され、事実審に差し戻される可能性があるかぎり実益がある。

872 第3編 第一審手続 第8章 複雑な訴訟形態

いては、従来の原告の請求と引受人に対する請求の審判については、引受申立人は41条による同時審判の申立てをすることができる（50条3項・51条後段）。

承継人は、前主の形成した訴訟状態を前提にするが、新たな当事者として、前主とは独立した立場で、訴訟追行することが認められる。中間判決、前主の自白にも拘束されないし、すでに行われた証拠調べについても、必要が認められれば、再度の証拠調べが認められる。ただし、不利な訴訟状況が先行している場合には、これを覆すに足りる主張立証が必要になることは避けられない（→p869(イ)）。

（5）　脱退

参加または引受けがあった場合は、前主である当事者は、訴訟から脱退できる（48条・50条3項、脱退については、→p849(3)）。

第9章　大規模訴訟等に関する特則

第1節　大規模訴訟

　平成8年改正法は大規模訴訟について、合議体の構成を5人の裁判官とし、受命裁判官に裁判所内で証人尋問等を行わせることができるなどの特則を設けて、迅速な審理を期待した[1]。

1　大規模訴訟の定義

　公害事件や薬害事件などのように、当事者が著しく多数で、かつ尋問すべき証人または当事者本人が著しく多数である訴訟をいう（268条括弧内）。どれくらいの数になれば大規模といえるかは、裁判所の裁量に任されるが、100名を超える事件はこれに含まれるといえよう[2]。因果関係、損害額等の審理などが多岐になったり、尋問すべき証人等の数が多く、争点の整理、証人等の尋問を受命裁判官が分担して行うことが審理の促進に役立つような規模である。

2　裁判所の構成

　5人の裁判官で審理裁判する旨の決定をその合議体ですることができる（269条1項）。この場合、判事補は、同時に3人以上合議体に加わることおよび裁判長になることはできない（同条2項）。

3　証人尋問等の負担

　大規模訴訟においては、当事者に異議がないときは、受命裁判官に裁判所内に

1）　多数当事者訴訟処理の実務上の困難については、田尾桃二「紛争の一回的一挙的解決ということについて」民訴雑誌40号（1994）37頁参照。

2）　一問一答316頁参照。

おいて証人または当事者本人の尋問をさせることができる（268条）。受命裁判官
による証人または当事者本人の尋問は裁判所外で行われるのが原則であるが
（195条・210条）、多数の証人等の尋問を分担する必要に基づくもので、裁判所内で
行うものとされている。証人については、当事者に異議がなければ、証人の尋問
に代え書面の提出をさせることもできるが（205条）、それよりは、裁判官が証人
尋問手続を直接した方がよいことを考慮したものである。

4　その他の特則

つぎの各特則については、平成15年の改正で、大規模訴訟に限られない規律に
なった。

（1）　審理の計画

裁判所は、審理すべき事項が多数でありまた錯綜しているなど、事件が複雑で
あることその他の事情によりその適正かつ迅速な審理を行うため必要があると認
められるときは、進行協議期日その他の手続（準備的口頭弁論、弁論準備手続または
書面による準備手続）を利用し、当事者双方と協議して、審理の計画を定めなけれ
ばならないとされている（147条の2・147条の3。→p527(イ)）。

（2）　連絡担当訴訟代理人の選任・届出

一方の当事者の訴訟代理人が数人あるときは、訴訟代理人は、その中から連絡
を担当する者を選任し、その旨を裁判所に書面で届け出ることができる（旧規166
条）。実務上従来から行われていたところであるが、明文化した。事務所の住所、
電話番号、ファクシミリ番号などを届け出るとともに、相手方に通知しなければ
ならない。裁判所はこの代理人宛に事務連絡すれば足りることになる（旧規166条
は平27・最高裁規6号で削除され、現在は規23条の2で規定されている）。

（3）　磁気デスクの複製物の提出

かつて大規模訴訟の場合の特則として（旧規167条）、裁判所は、当事者が裁判
所に提出する書面の内容をフロッピー（フレキシブルディスク）等の磁気デスクに
記録している場合に、判決書の作成その他必要があると認めるときは、その当事
者に対して、その複製物の提出を求めることができたが、平成15年の規則改正で、
一般的な制度として認められた（規3条の2）。訴訟資料の整理や多数の当事者の
氏名の記載などに関し、正確かつ迅速な判決書の作成に役立つであろう。

第2節　特許権等に関する訴え等　*875*

第2節　特許権等に関する訴え等

1　知的財産高等裁判所の設置

　知的財産に関する紛争については、東京地方裁判所、大阪地方裁判所、さらに東京高等裁判所への管轄の集中化および専属化を進めたが（後述2以下参照）、知的財産の保護に関して司法裁判所の果たす役割がより重要となったことに鑑み、これに関する裁判の一層の充実と迅速化を図るために、東京高等裁判所の特別の支部として、知的財産高等裁判所を設ける改正が平成16年に行われた（知的財産高等裁判所設置法（平16・法119、平17・4・1施行）。以下、「設置法」という）。

（1）　構成

　最高裁判所が、知的財産高等裁判所に勤務する裁判官を指定し、そのうちの1人に知的財産高等裁判所長を命じ（設置法3条）、知的財産高等裁判所の司法行政事務については、そこに勤務する裁判官全員の会議の議によるものとし、同所長が議長となり、その司法行政事務を総括する（同4条）。また同裁判所の庶務をつかさどらせるために、知的財産高等裁判所事務局が置かれることとなった（同5条）。

（2）　取扱事件

東京高等裁判所の管轄に属する事件のうちつぎの事件である。

①　特許権、実用新案権、意匠権、商標権、回路配置利用権、著作者の権利、出版権、著作隣接権もしくは育成者権に関する訴えまたは不正競争（不正競争防止法（平5・法47）2条1項に規定する不正競争をいう）による営業上の利益の侵害に係る訴えについて、地方裁判所がした第一審終局判決に対する控訴事件であって、その審理に専門的な知見を要するもの（設置法2条1号）。

　　意匠権等に関する訴えについては、専属管轄化されていないもの（民訴6条の2）は東京高等裁判所の管轄とならない場合もあるので、知的財産高等裁判所で取り扱わない場合もあることになる。これらの事件の地域性を配慮した結果である。

②　特許法上の審決に対する訴えおよび審判または再審の請求書の却下決定に対する訴え（特許178条1項）、実用新案法上の同趣旨の訴え（実用新案47条1項）、意匠法上の同趣旨の訴え（意匠59条1項）または商標法上の同趣旨の訴え（商

876　第3編　第一審手続　第9章　大規模訴訟等に関する特則

標63条1項・68条5項）に係る訴訟事件（設置法2条2号）。

③　①②に掲げるもののほか、主要な争点の審理に知的財産に関する専門的な知見を要する事件（設置法2条3号）。

④　①②の訴訟事件または③の訴訟事件と口頭弁論を併合して審理されるべき訴訟事件（設置法2条4号）。

2　管轄および移送の特例

（1）　東京・大阪地方裁判所への専属管轄化

平成8年改正法6条は、特許権、実用新案権、回路配置利用権またはプログラムの著作物についての著作者の権利に関する訴え（以下、「特許権等に関する訴え」という）については、事件の専門性を考慮して、東京、名古屋、仙台または札幌の各高等裁判所管轄区域内（東日本）に所在する地方裁判所に管轄権がある場合には東京地方裁判所に、大阪、広島、福岡または高松の各高等裁判所管轄区域内（西日本）に所在する地方裁判所に管轄権がある場合には大阪地方裁判所に、競合的に、管轄権を認めていた（6条）。

平成15年改正法（法108）は、これをさらに進めて、前記の東京地方裁判所または大阪地方裁判所を専属管轄とすることにした（6条1項）。これは、すでにこれらの専門技術的要素の強い事件を専門的に扱う特別部を備えている両裁判所に、これらの事件を集中させることにより、審理の充実、迅速化を徹底するためであり、また両裁判所に事件処理のノウハウの蓄積を図る趣旨である。

ただし、特許権等に関する訴えについて簡易裁判所が管轄権を有する場合には、当事者の地理的便宜を考慮して、東京・大阪地方裁判所の管轄権は、任意管轄としている（6条2項）。

（2）　控訴審の東京高等裁判所への専属管轄化

東京・大阪地方裁判所が特許権等の訴えについてした終局判決に対する控訴の管轄は、東京高等裁判所に専属するものとした（6条3項本文）。6条1項と同様の目的もあるが、判例統一の目的を達することも可能であろう。

他方、簡易裁判所が第一審として行った判決（6条2項参照）に対する控訴および専門的事項が争点になっていないなどの理由から一般の原則による管轄地方裁判所（東京・大阪地方裁判所を除く）に移送されて審理裁判がなされた場合（後述

（４））の控訴の管轄は、当事者の地域的利便を考慮して、一般の原則によることになる。

（３）　東京地方裁判所と大阪地方裁判所との関係

専属管轄とされたが、両裁判所の間では、特にどちらでなければならないとの要請は大きくないので、６条１項によって定まる管轄裁判所（たとえば、東京地方裁判所）の他方の裁判所（たとえば、大阪地方裁判所）に、併合請求による管轄、合意管轄、応訴管轄が生じることがあっても、不都合とはいえないので、それらの管轄を認めることとしている（13条２項）。中間確認の訴えの管轄および反訴の管轄についても、同様な扱いをしている（145条２項・146条２項）。控訴における第一審の管轄違いの主張制限においても、上告における専属管轄違反の理由についても、専属管轄としての扱いをしないこととしている（299条２項・312条２項３号括弧書）。

この趣旨は、移送の関係でも同様であり、両裁判所との間では、専属管轄であるにもかかわらず、遅滞を避けるなどのための移送（17条）、当事者の申立ておよび相手方の同意による必要的移送（19条１項）を認めることとしている[＊]（20条２項）。

> [＊]　特許権等に関する訴えを本案とする保全命令事件も、本案の管轄裁判所（東日本は東京地方裁判所、西日本は大阪地方裁判所）、が管轄することとし、仮に差し押さえるべき物または係争物の所在地を管轄する地方裁判所が６条１項各号に規定する裁判所であるときは、この裁判所も管轄権を有するとしている（たとえば、当該事件が東日本にあって東京地方裁判所が本案の管轄裁判所である場合に、係争物の所在地が大阪であるならば、大阪地方裁判所も保全命令の管轄権を有することとなる。民保12条２項）。

（４）　専門的事項が審理の対象になっていない場合等の特則

東京・大阪地方裁判所は、専門的事項が審理の対象になっていない場合その他の事情により著しい損害または遅滞を避けるため必要があると認めるときは、申立てによりまたは職権で、一般原則により管轄が認められる各地方裁判所に、訴訟の全部または一部を移送することができる（20条の２第１項）。こうして移送された訴えについての終局判決に対する控訴は、東京高等裁判所に専属しないことにする（６条３項ただし書）とともに、大阪地方裁判所から東京高等裁判所へなされた控訴（６条３項本文の控訴）についても、同趣の状況があると認めるときは、

東京高等裁判所から、大阪高等裁判所への移送が認められる（20条の2第2項）。専門的事項が争点になっていない場合とは、たとえば、相続をめぐって特許権等の帰属のみが争われている事件、ライセンス料支払義務に争いがなく、単に支払が遅延している事件、控訴審では争点がもっぱら損害額に絞られている事件などが考えられている[1]。

（5） 意匠権等に関する訴えの管轄の特例

意匠権、商標権、著作者の権利（プログラムの著作物についての著作者の権利を除く）、出版権、著作隣接権もしくは育成者権に関する訴えまたは不正競争（不正競争防止法（平成5・法47）2条1項に規定する不正競争をいう）による営業上の利益の侵害に係る訴え（以下、「意匠権等に関する訴え」という）について、一般の原則により生ずる管轄裁判所のほかに、東日本の事件には東京地方裁判所、西日本の事件には、大阪地方裁判所にも任意管轄権を認めることとした（6条の2）。意匠権等に関する訴えも、特許権等に関する訴えほどではないにしても、やはり事件処理に特別の知識経験を要することを考慮して、専門部を有する東京・大阪地方裁判所に取り扱わせる機会を設け、事件処理の充実と迅速化を目指す趣旨である。➡ p116(c)

3　合議体の特例

特許権等に関する訴え、その控訴、および特許権・実用新案権に関する審決等の取消しを求める訴えについては、大規模訴訟の場合と同様、東京地方裁判所、大阪地方裁判所および東京高等裁判所は、5人の裁判官による合議体で審理および裁判をすることができる。合議体を構成する手続も、判事補の参加制限等に関しては、大規模訴訟の場合と同様である（269条の2・310条の2、特許182条の2、実用新案47条2項）。この扱いは、専門的事項が問題にならない事件としていったん移送された事件（20条の2第1項）についてはできないものとしている（269条の2第1項ただし書）。なお合議制一般については、➡ p80〔＊〕。

4　裁判所調査官の活用

最高裁判所、各高等裁判所、各地方裁判所に裁判所調査官が置かれ、裁判官の

1）　小野瀬ほか・一問一答平成15年改正71頁。

命を受けて、事件（地裁においては、知的財産権または租税に関する事件に限られる）の審理または裁判に関して必要な調査を担当することになっているが（裁57条）、司法制度改革の一つとして、知的財産権に関する事件において裁判の一層の充実および迅速化を図るため、高等裁判所または地方裁判所において知的財産に関する事件の審理および裁判に関して調査を行う裁判所調査官（以下、「知財調査官」という）の担当事務を拡充明確化する改正が行われた（裁判所法等の一部を改正する法律（平16・法120、平17・4・1施行）2条）。

（1）　担当事務

　知財調査官が裁判長の命を受けて担当することのできる事務は、次の各事務である。

① 　次に掲げる期日または手続において、訴訟関係を明瞭にするため、事実上および法律上の事項に関し、当事者に対して問いを発し、または立証を促すこと（92条の8第1号）

　　イ　口頭弁論または審尋の期日

　　ロ　争点または証拠の整理を行うための手続

　　ハ　文書の提出義務または検証の目的の提示義務の有無を判断するための手続　　これによりインカメラ手続にも関与することができる。

　　ニ　争点または証拠の整理に係る事項その他訴訟手続の進行に関し必要な事項についての協議を行うための手続

② 　証拠調べの期日において、証人、当事者本人または鑑定人に対し直接問いを発すること（同条2号）

③ 　和解を試みる期日において、専門的な知見に基づく説明をすること（同条3号）

④ 　裁判官に対し、事件につき意見を述べること（同条4号）

　これらの事務は専門委員の関与する事務（92条の2第1項）に類似するといえるが、知財調査官は、裁判所に置かれた常勤の職員であり、当事者の意向とは関わりなく、裁判長の命によって、これらの事務を担当する点で、また事件について、裁判官に対して事実上および法律上の意見を述べる事務も含まれる点でも、事件ごとに当事者の意見を聴いて指定される専門委員に比べ、事件の審理・判断に深く関わって裁判官を補助する立場にあるといえよう。

880　第3編　第一審手続　第9章　大規模訴訟等に関する特則

　しかし、④の知財調査官の意見は、あくまでも参考意見で、裁判官が当事者から出された主張や証拠を正確に理解するためのものであり、裁判の基礎となる主張や証拠を追加するものではない、とされている[2]。

（2）　除斥・忌避

　知財調査官については、裁判官の除斥・忌避の規定が準用される（92条の9第1項）。除斥・忌避の申立てについての地方裁判所での裁判は、合議体で行われる（25条2項も準用される。専門委員（→p503）については、本項は準用されていない。92条の6第1項括弧書）。知財調査官について除斥・忌避の申立てがあったときは、その者は、その申立てについての決定が確定するまで、事件に関与することができない（92条の9第2項）。

5　当事者尋問等の公開停止・インカメラ手続・秘密保持命令等

　→p513(エ)〜515(ⅴ)参照。

2）　近藤昌昭=坂口智康=小田真治「知的財産高等裁判所設置法および裁判所法等の一部を改正する法律について」NBL788号（2004）56頁。

第10章　簡易裁判所の訴訟手続および略式訴訟手続

　本章においては、簡易裁判所で行われる諸手続をまとめて扱うことにする。第1節で「簡易裁判所の訴訟手続に関する特則」（民訴法典第2編「第一審の訴訟手続」第8章）、第2節で「少額訴訟に関する特則」（同法典第6編）、第3節として「督促手続」（同法典第7編）を扱い、合わせて、第4節で「手形訴訟および小切手訴訟に関する特則」（同法典第5編）（ここでは、請求金額に応じて、地方裁判所も管轄裁判所となる。→p906　2（1））を扱う。

　上記の特則のうち、少額訴訟、督促手続、手形訴訟・小切手訴訟は、略式訴訟手続ともよばれる。略式訴訟手続とは、通常の訴訟手続に比べてなんらかの点でその審理手続を省略して一応の裁判を下す手続をいうが、いずれも、申立人の相手方に対する主張の当否を裁判する手続である点で、通常の判決手続――しかも、債務名義を簡易に取得させるという共通の目的をもつ点で給付訴訟――の代用となり、その意味で「訴訟」手続といえる。しかし、少額訴訟では1期日審理の原則および証拠を即時に取り調べ得る証拠にかぎる原則をとる点などで、手形訴訟では1期日審理の原則および証拠を書証に限定する点で、督促手続では、債権者の一方審尋という審理方式である点で、通常の訴訟手続を簡易化している。

　督促手続が裁判所書記官による手続であるのに、少額訴訟および手形・小切手訴訟は判決手続として構成されている点は異なるが、どちらも債務者の異議または被告の申立てによって当然に通常の訴訟手続による審理に移行する点は同じである。また、その手続を利用するかどうかが債権者の任意である点も共通である。利用度からみると少額訴訟・督促手続は、近時ではそれぞれ1万件、30万件止まりに落ちついている。他方、手形・小切手訴訟の利用は急激に減少している（これらについては、→p884・p885表1〜3および図1参照）[＊] [1]。

　〔＊〕　犯罪被害者等の権利利益の保護を図るために、刑事訴訟手続に伴う損害賠償請求手続

　1）　少額訴訟は平成8年改正法で創設された。略式訴訟の沿革と特色を解明するものとして、松浦馨「略式訴訟の概念と本質（1・2完）」法協77巻5号・78巻2号（1961）。

882 第3編 第一審手続 第10章 簡易裁判所の訴訟手続および略式訴訟手続

も、略式訴訟手続の一つといえる。さらに類似の機能をもつものとして労働審判手続もあるが、これらについてはすでに述べた（→p38-40）。また保全命令手続では、挙証を疎明に限定し、すべて決定または命令で行われる点で簡略化されており、略式手続といえるが、本書では扱わない。なお、適格消費者団体による不特定かつ多数の消費者のための、差止請求訴訟の特例（消費者契約法とくに41条以下参照）、および消費者の財産的被害の集団的な回復のための民事の裁判手続の特例（同名の法律第2章参照）についても、本書では、詳しくは取り上げないことにする。

第1節　簡易裁判所の訴訟手続に関する特則 (270条-280条)

簡易裁判所は、少額軽微な事件を、国民に親しみやすい簡易な手続によって迅速に解決するために設けられた第一審裁判所である（270条。現在は、訴訟の目的の価額が140万円を超えない民事訴訟を扱う、裁33条1項1号。→p109）。そのため、簡易裁判所は全国各地438カ所に設けられている（ただし、裁判所法改正附則（昭29・法126）3項により、最高裁規則で指定すれば、数個の簡易裁判所の管轄民事訴訟事件を、その所在地を管轄する地方裁判所またはその支部の所在地に設立されたどれか一つの指定した簡易裁判所に取り扱わせることができる建前となっている）。さらに、地方裁判所の第一審手続に対する「簡易裁判所の訴訟手続に関する特則」（民訴法第2編8章270条-280条）が定められ、これには民間人である司法委員が審理に立ち会うという制度も設けられている（279条）。

しかし、簡易裁判所の手続の実際は、事物管轄の訴額の度重なる引上げとともに、小型地方裁判所化し、本来の簡易迅速な手続の活用が十分でないと批判されている[*]。平成8年改正法では、30万円（現60万円）以下の金銭の支払請求訴訟について、一般人でも簡単に利用できる一層簡略化した特別の訴訟手続として少額訴訟制度が設けられた。これについては、第2節でとり扱う。

なお簡易裁判所では、司法書士にも訴訟代理権限が認められている（→p55 5(1)）。

[*]　簡易裁判所の民事実務の実態を知る貴重な文献として、坂井芳雄「国民に密着した簡易裁判所の実現(1)」判タ201号（1967）126頁。簡易裁判所の少額裁判所としてのあり方を論じた基本的な文献として、三ケ月章「裁判所制度——比較司法制度論の立場からの一考

第1節　簡易裁判所の訴訟手続に関する特則　　*883*

察」宮沢俊義先生還暦記念『日本国憲法大系 第5巻』(1964・有斐閣)〔同・研究4巻230頁〕、小島武司「岐路に立つ簡易裁判所」ジュリ469号 (1971) 209頁、新堂「民事訴訟の目的論からなにを学ぶか(15)〜(17)」法教15号-17号 (1981・1982)〔同・役割258頁以下〕。

1　通常訴訟手続に対する特則

(1)　起訴の方式

口頭の起訴 (271条) が認められる。訴えの提起のさい、請求の原因に代えて紛争の要点を明らかにすれば足りる (272条)。すなわち、法律構成をする前の対立点を通常の言葉で要約すれば足りる。当事者双方が開廷時間中にそろって出頭すれば、ただちに口頭弁論の開始を求めることができ、この場合にも当然口頭で起訴がなされる (273条)。

(2)　準備書面は不要

準備書面を提出しなくてよい (276条1項)。ただし、相手方が準備なしでは応答できないような事項については、準備書面を提出するか、この準備書面の提出または口頭弁論前直接に相手方に通知しなければならない (同条2項)。この準備書面の提出または通知をしておかないと、相手方が期日に欠席した場合に口頭弁論で主張できない (同条3項)。

(3)　書面審理の併用

当事者の一方が期日に出頭しない場合には、続行期日の場合でも、それまでに提出した準備書面の記載事項を陳述したものとみなして、判決の基礎に採用できる (277条・158条の準用)。当事者は書面で間に合えば、出頭しなくてもすむことになる。しかし、当事者双方が不出頭のときは、双方の書面が陳述されたものとみることはできないから、訴え取下げの擬制の問題となるが (263条)、場合によっては、弁論を終結できる (244条。→ p532〔*〕)。

(4)　尋問に代わる供述書または鑑定書の提出

裁判所は、相当と認める場合には、証人もしくは当事者本人の尋問または鑑定人の意見の陳述に代えて、供述書または鑑定書の提出ですませることもできる (278条)。一般の手続では、当事者に異議がないときに可能であるが、その要件は不要である (205条参照)。この場合、裁判所は、相手方に対し、証人の供述書において回答を希望する事項を記載した書面を提出させることができる (規171条・

表1　支払督促新受件数の推移——全簡易裁判所[1]

年度	支払督促	少額訴訟	少額訴訟判決に対する異議申立て	少額異議判決に対する特別上告提起	少額訴訟債権執行
昭和30	141,217				
40	198,685				
50	190,782				
60	669,439				
平成2	435,967				
7	539,541				
12	573,366	11,128	202	6	
17	474,440	23,584	418	10	374
22	351,451	19,133	305	9	1,212
23	329,114	17,841	310	15	1,095
24	281,724	15,897	261	11	1,117
25	256,359	13,240	212	9	1,057
26	248,477	12,109	198	10	1,007
27	236,492	11,542	215	3	977
28	275,165	11,030	205	12	1,000
29	296,159	10,041	189	8	844

1)　数字は最高裁判所事務総局・司法統計年報1民事・行政編による

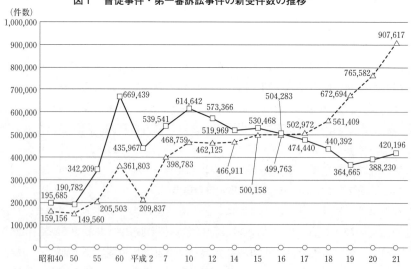

図1　督促事件・第一審訴訟事件の新受件数の推移[1]

□は、表1の督促事件数
△は、地裁・家裁（平16年度から：人事訴訟事件と通常訴訟事件）・簡裁の第一審訴訟新受件の合計数（→p18）
1)　数字は最高裁判所事務総局・司法統計年報1民事・行政編による

第1節 簡易裁判所の訴訟手続に関する特則

表2 支払督促が発付された債務者数及び支払督促に対する結果別債務者数
――全簡易裁判所[1]

年度	支払督促[2]が発付された債務者総数（人）	異議申立てのあったもの（人）	仮執行の宣言を付したもの（人）	仮執行宣言後異議申立てがあったもの（人）
平成2	471,291	32,831	267,629	3,475
7	571,496	108,526	282,770	13,319
12	597,903	118,465	312,691	15,636
17	489,053	105,148	250,774	13,554
22	359,358	95,188	162,753	11,693
23	335,461	89,902	146,827	10,391
24	290,111	81,182	126,396	9,701
25	259,428	71,458	110,210	8,323
26	253,718	70,089	107,192	8,233
27	241,507	66,659	98,400	7,714
28	276,030	69,077	102,810	7,635
29	298,343	72,540	116,357	8,096

1) 数字は最高裁判所事務総局・司法統計年報1民事・行政編による
2) 平成9年までは支払命令

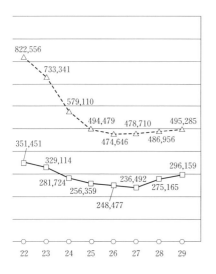

表3 手形・小切手訴訟の新受件数[1]

	簡易裁判所	地方裁判所
平成2	684	4,759
7	884	7,537
12	792	5,739
17	328	1,020
22	116	436
23	102	319
24	71	299
25	66	203
26	36	181
27	29	110
28	28	100
29	16	92

1) 数字は最高裁判所事務総局・司法統計年報1民事・行政編による

886 第3編 第一審手続 第10章 簡易裁判所の訴訟手続および略式訴訟手続

124条）。

（5）　口頭弁論調書・判決書の簡略化

口頭弁論調書および判決の記載についても、簡略化が認められている（規170条、民訴280条）。もっとも、口頭弁論調書の記載を省略する場合（規170条1項）において、裁判官の命令または当事者の申出があるときは、裁判所書記官は、当事者の裁判上の利用に供するため、録音テープ等に証人等の陳述または検証の結果を記録しなければならず、当事者の申出があるときは、録音テープ等の複製を許さなければならない（同条2項）。

（6）　司法委員の立会い

市民感情や一般人の良識を裁判に反映させるために、裁判所が必要と認めれば、その裁量で、民間人である司法委員をして和解の試みについて補助させ、または審理に立ち会わせ、その意見を徴して裁判の参考にすることができる（279条1項。裁判所は、これに拘束されるわけではない）。また、司法委員に対し、証人に直接問いを発することを許すこともできる（規172条）。司法委員は、毎年あらかじめ地方裁判所が選任しておく者の中から、事件ごとに1人以上を簡易裁判所が指定する（279条2項・3項）。

2　起訴前の和解

（1）　即決和解ともいわれるが、訴訟上の和解（89条）と異なり、訴訟係属を前提としない和解である（275条）[1]。しかし、いずれも、裁判所の仲介によるその面前での和解であり、その効力も同じであるので、一括して裁判上の和解といわれる（→p368(1)）。

（2）　和解の申立て等

和解の申立ては、口頭または書面で（規1条）、請求の趣旨および原因のほか、紛争の実情を示して、相手方の普通裁判籍の所在地を管轄する簡易裁判所にする（275条1項。貼用印紙は2000円、民訴費3条1項別表1第9項）。この申立てにより、紛争の目的である権利関係について、時効完成猶予の効力を生じる（275条1項・2

1）　その実際の利用状況その他の問題点については、深沢利一「起訴前の和解に関する諸問題」実務民訴講座(2)251頁参照。

項、民147条）。申立てが適法であれば、和解期日を定めて申立人と相手方を呼び出し、和解を試みる。双方が任意に出頭して和解を申し立てれば、直ちに期日を開くべきである（273条参照）。和解の試みについては、司法委員に補助させることができる（279条1項前段）。

（3） 和解の調・不調

争いを解決する合意が成立すれば、和解条項を調書に記載する（規169条）。この調書は確定判決と同一の効力を有する（267条）。申立人または相手方が和解期日に欠席した場合には、新期日を定めることもできるが、和解不調として、手続を終結してよい（275条3項）。当事者双方が出頭したが和解が調わなかった場合には、双方の申立てがあれば、裁判所は直ちに訴訟としての弁論を命じる。この場合、和解申立ての時に訴えを提起したものとみなされ、和解手続の費用もその後の訴訟費用の一部として扱われる（275条2項。民訴費3条2項1号参照）。双方が申し立てないかぎり、訴訟に移行しないから、あらためて起訴しなければならない。とくに和解申立てによる時効の完成猶予の効力を保持するためには、6カ月内に起訴する必要がある（民147条1項3号）。

即決和解には、一方当事者による和解条項案の書面による受諾（264条）および当事者の共同の申立てにより裁判所等が和解条項を定める制度（265条）は適用されない（275条4項）。

3　和解に代わる決定（275条の2）

（1）　意義

平成15年改正法で認められた制度である。簡易裁判所における金銭の支払請求訴訟においては、被告側が事実を争わず、分割払いを内容とする和解を希望し、原告としても、取立ての負担を考えて、これに応じることが少なくない。ただ遠隔地にいるなどの諸理由から、被告が裁判所に出頭しない場合には、このような和解的解決を図ることができない。そこでこれまでの実務では、事件を民事調停に付した上で（民調20条）、調停に代わる決定制度（同17条）を利用するということが行われていた。しかし、このような迂遠な方法を避け、かつ当事者間に争いがなくかつ相当と認めるときには、直ちにこの決定ができるようにして、円滑な和解的解決を図れるようにしたものである。一般の手続にも、当事者の一方が欠席

888　第3編　第一審手続　第10章　簡易裁判所の訴訟手続および略式訴訟手続

したままでも、和解を成立させる手続（264条）があるが、これを一層簡略化したものと考えられる。

（2）　要件

①金銭の支払請求において、②被告が口頭弁論において原告主張の事実を争わず、その他何らの防御方法を提出しない場合に、裁判所が被告の資力その他の事情を考慮して相当であると認めるとき（275条の2第1項）。

（3）　決定する内容

当該請求に係る金銭の支払を命じる決定をすることができるが、その際に異議申立てのための不変期間経過時から5年を超えない範囲内で、その金銭支払の時期の定めまたは分割払いの定めをすることができる（同条1項前段）。分割払いの定めをするときは、被告が支払を怠った場合における期限の利益の喪失についての定めをしなければならない（同条2項）。さらに、これらの定めと併せて、定められた時期に従い支払ったとき、または分割払いを期限の利益を失うことなく支払ったときは、訴え提起後の遅延損害金の支払義務を免除する旨の定めをすることができる（同条1項後段）。

（4）　手続および効果

①本条の決定をするには、原告の意見を聴かなければならない（同条1項前段）。②決定に対して当事者は、その決定の告知を受けた日から2週間の不変期間内に、決定をした裁判所に異議を申し立てることができる（同条3項）。③異議の申立てがあれば、決定はその効力を失う（同条4項）。その場合、裁判所は従前の訴訟手続を進行させ、判決をすることになる。④その期間内に異議の申立てがないときは、決定は裁判上の和解と同一の効力を有する（同条5項）。

4　反訴があった場合の移送

反訴で地方裁判所の管轄に属する請求が提起された場合には、相手方（原告）の申立てにより、簡易裁判所は、決定で、本訴および反訴を地方裁判所に移送しなければならない（274条1項。この移送決定には22条が準用される）。この移送決定に対しては、不服を申し立てることができない（274条2項）。移送先の裁判所が確定したときは、移送の裁判をした裁判所の裁判所書記官は、移送を受けた裁判所の書記官に対して訴訟記録を送付する（規168条・9条）。

第 2 節　少額訴訟に関する特則　*889*

第 2 節　少額訴訟に関する特則（第 6 編368条-381条）

1　総　　説

　簡易裁判所で扱う訴訟の中でも、とくに60万円（平成 8 年改正法では30万円であっ
たが、平成15年改正法で60万円に引き上げられた）以下の金銭の支払を求める訴えにつ
いて、市民が代理人を頼まなくても簡単に利用できるように思い切って簡略化し
た、特別の訴訟手続である。わかりやすい、使いやすい民事訴訟法を作ろうとい
う目標の下に立法された平成 8 年改正民事訴訟法の目玉の一つとして創設された
[*]。市民に親しまれ、よく使われることを通じて、裁判所自身が市民に親しま
れるようになることを期待したものであるが、この手続が金融業による債権取立
てのために占領されることを心配して、同一人が利用できる回数は、同一の簡易
裁判所で、同一年に10回までと制限されている（368条 1 項ただし書、規223条）。ア
メリカでは弁護士による代理を禁じる州もあるが、平成 8 年改正法は弁護士等に
よる代理（54条 1 項）をとくに禁じていない。しかし本人が訴訟追行することを
前提とした訴訟と解すべきであり、そのように手続運営を配慮すべきである。

[*]　**少額訴訟の研究・実験**　　この種の少額訴訟の導入については、かなり以前から要望
　　されており、実験も試みられていた。たとえば、小島武司『訴訟制度改革の理論』
　　（1977・弘文堂）143頁以下、同『迅速な裁判』（1987・中央大学出版部）509頁、同「少額
　　紛争処理」ジュリ1000号（1992）207頁、新堂「民事訴訟の目的論からなにを学ぶか(14)
　　～(16)」法教14号～16号（1981）〔同・役割246頁以下〕、大鷹一郎「アメリカにおける少
　　額事件手続について(1 ～ 3 ・完)」曹時47巻 8 号1761頁・ 9 号2105頁・10号2457頁（1995）、
　　「東京簡易裁判所における市民紛争事件処理の実験」判タ911号（1996） 4 頁、井上賀博ほ
　　か「座談会　少額訴訟手続の運用について」曹時49巻10号（1997）2675頁。この少額訴訟
　　手続についての詳細な解説として、最高裁判所事務総局民事局編『簡易裁判所における新
　　しい民事訴訟の実務──少額訴訟手続の解説を中心として』（民事裁判資料216号（1997））。

2　手続の開始・進行における特色

（1）　訴え提起

　訴えを提起する際に原告がこの手続による裁判を求める申述をし（368条 2 項）、
その簡易裁判所においてその年に少額訴訟による審理および裁判を求めた回数を

890　第3編　第一審手続　第10章　簡易裁判所の訴訟手続および略式訴訟手続

届け出なければならない（同条3項）。

（2）　手続の教示

　裁判所書記官は、当事者に対し、少額訴訟における最初にすべき口頭弁論期日の呼出しのさいに、少額訴訟による審理および裁判の手続の内容を説明した書面を交付しなければならない（規222条1項）。さらに、裁判官は、最初になすべき口頭弁論の期日の冒頭において、当事者に対し、つぎの事項を説明しなければならない〔*〕（同条2項各号）。①証拠調べは、即時に取り調べることができる証拠にかぎりすることができること、②被告は通常の手続に移行させる旨の申述をすることができるが、被告が最初になすべき口頭弁論の期日において弁論し、またはその期日が終了した後は、このかぎりでないこと、③少額訴訟の終局判決に対しては、判決書または判決書に代わる調書の送達を受けた日から2週間の不変期間内に、その判決をした裁判所に異議を申し立てることができること〔**〕。

〔*〕　**手続教示の運用**　　手続の教示は、勝訴への法律相談に転化する危険もあり、裁判所の中立性から難しいところがある。弁護士会、司法書士会、大学の無料法律相談等の協力が必要であろう。なお、教示ではないが、両当事者（とくに被告）の出頭の都合を事実上聞いて期日を決めるように運用することも重要である。

〔**〕　東京地判平17・3・22判時1916号46頁は、携帯用有料サイト運営業者が少額訴訟を架空請求のために悪用した事案で、業者に対する慰謝料請求を認めているが、この手続が簡易迅速な救済を保障する反面、訴えられた者がこれを放置することの危険を示唆している。

（3）　審理手続の特色

　㋐　**反訴の禁止**　　少額訴訟では、反訴は禁止される（369条）。しかし、訴えの客観的または主観的併合、訴えの変更、一部請求などは制限されない。訴訟全体が複雑になれば、裁判所の移行決定で通常訴訟に移ることになろう（373条3項4号）。

　㋑　**一期日審理の原則および証拠調べの特色**　　(a)　特別の事情がある場合を除き、最初にすべき口頭弁論期日において、主張立証を尽くし審理を完了しなければならない（370条1項）。証拠の追加の申出があれば期日の続行をすると安易に考えるべきではなく、証拠の追加は異議審で対応することを考慮すべきである。

第 2 節　少額訴訟に関する特則　　*891*

そこに、控訴という不服申立てにより裁判所（官署としての裁判所）を替えることとせず、異議により同じ簡易裁判所で処理すると立法した意味がある。その弁論終結後直ちに判決を言い渡す建前である（374条1項）。

(b)　そのために、証拠調べは即時に取り調べられる証拠にかぎられるし（371条）、証人には宣誓させないこともできる（372条1項）。証人尋問の順序も、裁判所の裁量で、交互尋問でなく、裁判官がまず尋問することもできる（同条2項）。証人尋問の申出をするときは、尋問事項書を提出しなくてもよい（規225条）。調書には証人等の陳述を記載することを要しない（規227条1項）。こうした少額訴訟立法の趣旨から考えると、厳格な証明、証明責任による裁判を実施するのは適当ではなく、衡平に基づく裁判に踏み切るべきである[1]。

(c)　証人尋問の前または鑑定人の口頭の意見陳述の前に、裁判官の命令または当事者の申出があるときは、当事者の裁判上の利用に供するため、裁判所書記官は、録音テープ等に、証人または鑑定人の陳述を記録しなければならない（規227条2項前段）。この場合、当事者の申出があるときは、裁判所書記官は、その録音テープ等の複製を許さなければならない（同条2項後段）。

(ウ)　**電話会議システムの利用**　　当事者の申出があれば、電話会議システム（裁判所および当事者双方と証人とが音声の送受信により同時に通話することができる機器）を使って証人を尋問することもできる（372条3項、規226条1項）。この申出は、通話先の電話番号およびその場所を明らかにしてしなければならない（規226条2項）。裁判所は、申し出られた場所が相当でないと認めるときには、その変更を命じることができる（同条3項）。電話会議システムを利用して尋問をする場合には、文書の写しを送信してこれを提示することその他の尋問の実施に必要な処置を行うために、ファクシミリを利用することができる（同条4項）。裁判所は、尋問をする場合、通話者および通話先の場所の確認をしなければならない（同条6項・88条2項）。この尋問をしたときは、その旨、通話先の電話番号およびその場所を調書に記載しなければならない（規226条5項）。

---

1)　新堂「民事訴訟の目的論からなにを学ぶか(15)」法教15号（1981）〔同・役割262頁以下〕。

892　第3編　第一審手続　第10章　簡易裁判所の訴訟手続および略式訴訟手続

3　通常訴訟への移行

（1）　被告の申述による移行

　被告は、訴訟を通常の手続に移行させる旨の申述をすることができ、この申述があれば、その時に、訴訟は通常訴訟に移行する（373条1項・2項）。この被告の申述は、被告が最初にすべき口頭弁論の期日において弁論をし、またはその期日が終了した後は、することができない（373条1項ただし書）。この申述は、期日においてする場合を除き、書面でしなければならない（規228条1項）。裁判所書記官は、この申述が原告の出頭した期日においてなされたとき以外は、その申述により訴訟が通常の手続に移行した旨を、原告に速やかに通知しなければならない（同条2項本文）。

（2）　職権による移行

　裁判所はつぎの各場合には、職権で通常の手続により審理裁判する旨の決定をしなければならない[*]（373条3項）。

①　請求が少額訴訟の要件を欠くとき（同項1号）

②　少額訴訟の利用回数の届出を相当の期間を定めて命じた場合において、その届出がないとき（同項2号）

③　最初にすべき口頭弁論の期日の呼出しを、公示送達によらなければ被告に対してすることができないとき（同項3号）

④　少額訴訟により審理および裁判するのを相当でないと認めるとき（同項4号）

　裁判所が移行の決定をしたときは、裁判所書記官は、速やかに、その旨を当事者に通知しなければならない（規228条3項）。移行決定に対しては、不服を申し立てることができない（373条4項）。

　訴訟が通常の手続に移行したときは、少額訴訟のためにすでに指定した期日は、通常の手続のために指定したものとみなす（373条5項）。

　〔*〕　**職権移行の考慮基準**　　60万円以下の金銭請求事件は、できるかぎり少額訴訟で審理すべきであり、裁判所もそのように教示・誘導してよい。しかし、訴額は小さくとも、法律問題、事実問題が複雑で1回審理が困難な事件は、移行検討の対象となる。もっとも、移行されても簡易裁判所の訴訟手続の特則（270条以下）が適用になるので、それとの兼ね合いで決すべきである。いわゆる業者の事件も、被告には分割弁済の利益があることが

第2節　少額訴訟に関する特則　893

考慮されなければならない。他方、いわゆるテスト訴訟、高額債権の一部請求訴訟などでは少額訴訟は不適当であり、地方裁判所への移送もありえよう（18条）。

4　判決の言渡し

判決の言渡しは、相当でないと認める場合を除き、口頭弁論の終結後直ちにする（374条1項）。言渡しは、裁判長が主文および理由の要旨を告げて行う（規229条2項・155条3項）。判決原本に基づかないで言渡しをしたときは、のちにその内容を裁判所書記官が調書に記載して判決原本に代えることができる（374条2項・254条2項）。この場合には、判決書に代わる調書を、その謄本をもって、当事者に送達する（374条2項・255条）。少額訴訟の判決書またはこれに代わる調書には、少額訴訟判決と表示しなければならない（規229条1項）。和解に代わる決定（275条の2）も可能である。

5　少額訴訟判決に対する不服

（1）　控訴の禁止

少額訴訟判決に対しては控訴は許されない（377条）。

（2）　異議の申立て・異議後の審理裁判

判決書またはそれに代わる調書の送達を受けた日から2週間の不変期間内に、その判決をした裁判所に異議を申し立てることができるのみである（378条1項）。この異議申立ての方式、異議申立権の放棄および異議の取下げについては、手形訴訟における異議に準じる（378条2項・358条・359条・360条、規230条・217条・218条）。異議が不適法で、その不備を補正することができないときは、裁判所は、口頭弁論を経ないで、判決で、異議を却下することができる（378条2項・359条）。適法な異議があったときは、訴訟は、口頭弁論終結前の程度に復し、通常手続で審理裁判する（379条1項）。

異議後の判決内容については、手形判決に対する異議についての判決に準じる（379条2項・362条・363条）。異議後の手続においても、反訴は禁止されるし（379条2項・369条）、証人または当事者本人の尋問の順序についても、異議前と同様に、裁判官の裁量に任される（379条2項・372条2項）。口頭弁論を経ない異議却下判決（378条2項・359条）および異議後の訴訟の判決（379条1項）に対しても、控訴をす

894　第3編　第一審手続　　第10章　簡易裁判所の訴訟手続および略式訴訟手続

ることはできないが（380条1項。最判（二小）平12・3・17判時1708号119頁は、本条項について憲法32条に違反しないとする）、最高裁判所への特別上告が許される（380条2項・327条）。なお、異議後の訴訟の判決書、またはこれに代わる調書には、少額異議判決と表示する（規231条1項）。少額異議判決書およびこれに代わる調書の事実および理由の記載には、少額訴訟の判決を引用することができる（規231条2項・219条）。

6　少額訴訟判決に関する特色

（1）　支払の猶予

　裁判所は、被告の資力その他の事情を考慮してとくに必要があると認めるときは、請求認容判決をする際、判決言渡しの日から3年を超えない範囲内で、その支払の時期の定めもしくは分割払いの定めをし、これを怠った場合には期限の利益を失う旨、またはこれと併せて、支払の時期の定めに従った支払をしたとき、もしくは分割払いを怠りなく履行したときは、訴え提起後の遅延損害金の支払義務を免除する旨を定めることができる（375条1項・2項）。弁済期猶予、分割弁済を立法したのは、比較法的に珍しいわけではなく、履行を容易にするためであり、少額訴訟事件で強制執行を用いるとすれば費用倒れも予想されるからである。このような支払猶予の定めをする権限は、少額異議判決においても、裁判所に与えられている（379条2項・375条）。

　支払猶予に関する裁判は、当事者間に新たな法律関係を形成する処分であり、非訟事件の裁判といえるが、法は、この裁判に対しては、不服を申し立てることができないとしている（375条3項。当事者が少額訴訟を任意に選択したことが、裁判所にこのような権限が与えられたことを正当化する）。しかし、少額異議判決で、少額訴訟判決における支払猶予の定めを変更することはできよう。

（2）　仮執行の宣言

　判決には、すぐに執行できるように、仮執行の宣言を職権で必ずつけることになっている（376条）。強制執行に際し、執行文は不要である（民執25条ただし書）。執行の条件として、担保を立てさせるかどうかは、裁判所の裁量に任される。

7 過 料

少額訴訟による審理および裁判を求めた者が、利用回数（368条3項）について虚偽の届出をしたときは、裁判所は決定で、10万円以下の過料に処する（381条1項）。この決定に対しては、即時抗告ができる（同条2項）。過料の裁判の執行には、189条が準用される（381条3項）。

第3節　督促手続 (382条-402条)

1 意 義

金銭その他の代替物の一定数量の給付請求権に関して、債務者がその債務を争わない場合に、債権者をして、通常の判決手続よりも簡易迅速に債務名義を得させる手続で、裁判所書記官によって進められる。給付訴訟の代用手続といえる[*]。事前に債務者を審尋しないが、債務者に争う意思があれば支払督促に対して異議を申し立てることができ、仮執行宣言が付せられた後に異議申立てがあれば通常訴訟に移行する点で、その先駆手続といえる。しかし、略式ではあっても、特別の規定のないかぎり、訴えに関する規定の準用がある（384条、規232条参照）。督促手続では、申立人を債権者、相手方を債務者という。

> 〔*〕 旧法下では、簡易裁判所の職分であったが、平成8年改正法では、その裁判所書記官の職分となり、「支払命令」の名称も、「支払督促」と変更された。また電子情報処理組織（OCR方式）を用いて取り扱うことを前提にした特則を設けた（397条、規238条〔平成16年改正で削除〕）。さらに平成16年改正法では、OCR方式に代えて、電子情報処理組織（オンライン方式）による督促手続の特則（民訴法典7編2章として、397条から402条）を設けた（→p459(ウ)）。

2 支払督促の申立て

（1） 申立てをすべき裁判所書記官

請求の価額にかかわらず、債務者の普通裁判籍所在地を管轄する簡易裁判所の裁判所書記官に対してする（383条1項）。事務所または営業所を有する者に対する請求で、その事務所・営業所における業務に関する請求にあっては、その事務所または営業所の所在地の簡易裁判所の裁判所書記官に申し立てることもできる

（383条2項1号）。手形・小切手による金銭の支払請求については、支払地の裁判所の裁判所書記官に対しても申し立てられる（同項2号）。

所定の裁判所の裁判所書記官以外の書記官に対する支払督促の申立ては却下しなければならない（385条1項）。この処分に対しては、告知を受けた日から1週間の不変期間内に裁判所へ異議を申し立てることができる（同条3項）。土地管轄を有しないのに簡易裁判所の裁判所書記官が発した支払督促に対しても、債務者は異議によって不服を申し立てるほかはなく、その結果通常訴訟に移行すれば、支払督促の管轄違いは問題にならなくなる（旧法下のものとして、最判（一小）昭32・1・24民集11巻1号81頁）。

（2） 支払督促の要件

　　㋐　**給付請求権の内容**　　請求が金銭その他の代替物または有価証券の一定数量の給付を目的とする請求であること（382条本文）。この種の請求にかぎったのは、その執行が容易であるとともに、早まって執行してもその原状回復に障害が少ないからである。反対給付と引換えに給付を求める請求でもよいが、現在（最初の異議申立期間経過前）直ちに執行できない条件付または期限付の請求には許されない[1]。

　　㋑　**送達について**　　債務者に対し、支払督促を日本国内で、かつ、公示送達によらないで送達できる場合であること（382条ただし書）。これは、債務者に異議申立ての機会を実質的に保障するためである。支払督促を発しても送達が不可能ならば、その後の手続は進められない。

（3） 支払督促の申立手続

　その性質に反しないかぎり、訴えに関する規定が準用される（384条、規232条）。

　貼用印紙額は、通常の訴状に貼用すべき額の半額である（民訴費3条1項別表1第10項）。申立書には、請求の趣旨および原因を記載する必要があるが（133条2項）、さらに請求を理由あらしめる事実の記載を要求するのは、それを審理するわけでもなく、申立人にとって不便でもあるから、適当でない[2]。支払督促に対

　1）　兼子・体系492頁。
　2）　中野ほか・講義645頁〔松浦馨〕、反対・基本法コンメ(3)166頁〔梅本吉彦〕。最高裁判所事務総局民事局監修『新しい様式による支払命令手続の手引』(1992・司法協会) 12頁は、後者の立場により、債務者が不服の有無を判断するのに重要な事実も記載すべしとする。

する異議があった場合に手形・小切手訴訟による審理および裁判を求めるときは、その旨の申述を支払督促の申立てのさいにしておかなければならない（366条1項）。訴えの併合の要件に準じて、数個の請求または数人の債務者に対する請求を併合して申し立てることができる。

支払督促の申立ても、申立ての時に請求について時効完成猶予の効力を生じる（147条、民147条1項2号参照）。支払督促の送達により訴訟係属と同視すべき状態が生じるといえるので、債務者の督促異議申立て前に第三者は独立当事者参加を申し立てることができる[3]。また、債務者以外の第三者が補助参加するとともに督促異議を申し立てることもできる[4]。

3　支払督促の申立てに対する処分

申立てについては、債務者を審尋しないで（386条1項参照）、支払督促を発付する。請求の理由があるかどうかについて審理する必要はない。

（1）　申立ての却下

申立てが管轄違いの場合、その要件を欠く場合、または申立ての趣旨だけからみて請求の不当なことが明らかな場合は、却下する（385条1項前段）。併合された数個の請求の一部についてこれらの事由があれば、その一部だけを却下する（同条1項後段）。却下処分は、相当と認める方法による告知によって効力を生じる（同条2項）。処分に不服があれば、告知を受けた日から1週間の不変期間内に、発付した裁判所書記官の所属する裁判所へ異議を申し立てることができる（同条3項）。しかし、異議の申立てについての裁判に対しては、不服を申し立てられない（同条4項）。これは、あらためて支払督促を申し立てることも、訴えを提起することも妨げられないからである。請求を不当として却下されたときも、確定判決と異なって、既判力は生じない。

3）　条解2版250頁〔新堂幸司＝高橋宏志＝高田裕成〕、コンメ民訴Ⅰ474頁、反対・仙台高決平8・6・14判タ935号238頁、奈良次郎「独立当事者参加について(2)」判評122号〔判時544号〕(1969)100頁。

4）　条解2版229頁〔新堂幸司＝高橋宏志＝高田裕成〕、コンメ民訴Ⅰ437頁、兼子・体系401頁。これに対し、東京高決昭57・6・23判タ485号109頁、仙台高決平8・6・17判タ935号238頁、浦和地判平11・6・25判時1682号115頁は、第三者には異議を申し立てる適格はないとする。

（2） 支払督促の発付

裁判所書記官は、申立てを許容すべきときは、その趣旨に従った支払督促を発する（386条1項）。支払督促には所定の事項のほか、所定（債務者が支払督促の送達を受けた日から2週間以内に督促異議の申立てをしないときは、債権者の申立てにより仮執行の宣言をする旨）の警告を付ける（387条）。支払督促の原本には、これを発した裁判所書記官が記名押印する（規233条）。支払督促は債務者に送達し（388条1項、送達は正本で行う、規234条1項）、債権者には、支払督促を発した旨を通知する（規234条2項）。支払督促の効力は、債務者に送達された時に生ずる（388条2項）。旧法の下では、支払命令は裁判所が発したので、債務者に送達された時に効力を生ずると解されていた（旧204条・436条）。ところが、平成8年改正法では、支払督促の発付が裁判所書記官の権限とされたことから、効力発生時期に関する規定が必要となり、新設されたものである。債権者が申し出た債務者の住所、居所、営業所もしくは事務所、または就業場所がないため、支払督促を送達することができないときは、裁判所書記官は、その旨を債権者に通知する。この場合において、債権者が通知を受けた日から2カ月の不変期間内にその申出にかかる場所以外の送達をすべき場所の申出をしないときは、支払督促の申立てを取り下げたものとみなされる（388条3項）。

4　仮執行の宣言

警告付の支払督促に、執行力を付与する裁判所書記官の処分である。

（1） 仮執行宣言を求める申立て

債権者は、債務者に対する支払督促送達から2週間を経過した後、支払督促に仮執行宣言を求める申立てができる（391条1項）。しかし、その後30日以内にこの申立てをしないで放置すると、支払督促は失効し、督促手続の係属も消滅する（392条。時効の完成猶予の効力はなお6カ月維持される（民147条1項2号））。この申立ては、あらかじめ支払督促の申立てと同時にしておくことができると解される（2週間の期間経過は申立ての要件でなく、仮執行宣言の要件である）。

（2） 仮執行宣言処分

裁判所書記官は、申立てが期間内になされ、また支払督促の送達を受けた日から2週間以内に債務者の異議申立てのないときは、支払督促に手続の費用額を付

記して、仮執行の宣言をし（391条1項）、これを支払督促の原本に記載した上（規236条1項）、その正本を当事者双方に送達する（391条2項、規236条2項）。仮執行の申立てを却下する処分（その告知につき、391条3項により385条2項が準用される）に対して、債権者は処分の告知を受けた日から1週間の不変期間内に、発付した裁判所書記官の所属する裁判所に対し異議の申立てができる（391条3項・385条3項）。この異議申立てについての裁判に対しては、即時抗告が許される（391条4項）。

（3）　効力

支払督促に仮執行宣言が付され、債務者に送達された時に執行力を生じ、債務名義となる（391条5項・388条2項、民執22条4号。その執行には原則として執行文を要しない、民執25条ただし書）。債務者がその送達後2週間内に督促異議の申立てをしないと、督促手続は終了するとともに、支払督促は確定判決と同一の効力をもつに至る（396条。既判力はない。民執35条旧2項には「仮執行の宣言を付した支払命令についての異議の事由はその送達後に生じたものに限る」と規定されていたが、平成8年民訴法改正のさい削除された）。

その効力の標準時は、仮執行宣言付支払督促の送達時である（民執35条旧2項参照）。その後の債務者の不服申立方法としては、支払督促に対する請求異議の訴え（民執35条）、仮執行宣言付支払督促に対する異議の追完（97条）が残されるだけとなる。

5　債務者による督促異議

（1）　督促異議

督促異議は、督促手続において債務者に与えられた対抗手段であり、請求の当否について通常訴訟（395条）または手形・小切手訴訟（366条・367条2項参照）による審判を求める申立行為である。督促異議にはなんら理由を要せず、申し立てるだけで、督促手続はその要求どおり通常訴訟または手形・小切手訴訟に移行する。

これには、仮執行宣言前の督促異議と宣言後の督促異議とがある。前者は支払督促を失効させ（390条）、単純に請求について審判を求めるものであるのに対し、後者は、これによって支払督促の確定を妨止するにすぎず、仮執行宣言付支払督促の存在を前提にした上で請求の当否の審判が求められる形になるため、その後の審判手続は上訴審の手続構造に類似する（→p901〔＊〕）。

900 第3編 第一審手続 第10章 簡易裁判所の訴訟手続および略式訴訟手続

（2） 督促異議の申立て

督促異議申立ては、支払督促の送達後その失効まですることができるが（386条
2項）、仮執行の宣言があったときは、仮執行宣言の付された支払督促の送達の
日から2週間の不変期間内にしなければならない（393条）。督促異議申立ては、
書面または口頭をもって、支払督促を発した裁判所書記官の所属する簡易裁判所
へ申し立てる（現行法上、申立てには手数料は不要である）。

（3） 督促異議の調査

簡易裁判所は、督促異議の適否を調査し、不適法と認めれば、請求の価額にか
かわらず、みずから決定をもって督促異議を却下しなければならない（394条1
項）。この却下決定に対しては即時抗告が許される（同条2項）。督促異議を適法と
する判断に対しては、不服の主張が許されないと解すべきであろう（「異議」が
「上訴における不服申立て」と異なる点である）。なぜならば、その点の判断を争わせる
のは、あまりにも債権者側を優遇することになるからであり、また、移行後の手
続を安定させる必要もあるからである。

（4） 督促異議の効果

　㈎　**支払督促の確定妨止**　　仮執行宣言前に適法な督促異議の申立てがあれ
ば、支払督促はその範囲内において失効する（390条）。仮執行宣言後の督促異議
は、支払督促の確定を妨止するが、その執行力を停止しない。その執行を避ける
ためには、執行停止の決定を得なければならない（403条1項3号・4号）。

　㈏　**訴え提起の効果**　　適法な督促異議によって、支払督促申立ての時に、
その請求の価額に従い、その支払督促を発した裁判所書記官の所属する簡易裁判
所またはその所在地を管轄する地方裁判所に、訴えの提起があったものとみなさ
れ、督促手続の費用はその訴訟費用の一部として取り扱われる（395条。なお、債
権者は訴え提起の手数料（通常の場合の半額）を収めなければならない、民訴費3条2項1号）。
支払督促申立てのさい、「督促異議があるときは手形訴訟（または小切手訴訟）に
よる審判を求める」との申述がある場合には、仮執行宣言前の督促異議により手
形訴訟（または小切手訴訟）に移行する（366条・367条2項）。

訴えが簡易裁判所に提起されたとみなされる場合には、裁判長が口頭弁論期日
を指定する。地方裁判所へ提起されたとみなされるときは、支払督促を発付した
裁判所書記官は、遅滞なく、地方裁判所の裁判所書記官に対し、訴訟記録を送付

第3節　督促手続　*901*

しなければならない（規237条）。

（5）　督促異議の取下げ

　簡易裁判所が督促異議を適法として訴訟手続への移行を示す処置（期日の指定、記録の送付）をとるまでは、督促異議の取下げが認められる。仮執行宣言前の異議であれば、同時に異議の目的を到達して督促手続が確定的に消滅するから、取下げの余地はない（債務者は同じ目的のためなら請求を認諾すればよい）。仮執行宣言後の異議は、上訴の取下げに準じて終局判決があるまでは任意に取り下げ得る（292条）。これによって、仮執行宣言付支払督促を確定させることができる。しかし、移行後の訴訟手続において当事者双方が欠席したときには、その手続が実質的に第一審の手続であることから、異議の取下げでなく、訴えの取下げを擬制すべきであろう（263条。この関係では292条2項を準用させない）。

6　移行後の訴訟手続

　審判は、第一審の訴訟手続（または手形・小切手訴訟手続）による。仮執行宣言後の督促異議に基づくときも、第一審の訴訟手続による（この場合は手形・小切手訴訟に移行することはない、366条2項参照）が、仮執行宣言付支払督促がすでに存在している点で上訴に類した手当てをする必要がある[*]。すなわち、請求を理由がないと認めれば、支払督促を取り消した上で、請求を棄却（または支払督促の変更を）すべきである（最判(二小)昭36・6・16民集15巻6号1584頁。そうでないと仮執行宣言付の支払督促が債務名義としていつまでも残ることになる）。請求を理由ありとするときは、支払督促を認可すべきである。また、請求棄却の場合には、260条が準用される（391条5項）。

> [*]　**仮執行宣言後の督促異議による訴訟手続の構造**　　宣言後の督促異議をもって上訴の不服申立てと同様にみ、その督促異議の当否（すなわち仮執行宣言付支払督促の取消しという不服の当否）がその後の審判の対象をなすと解する説（兼子・体系497頁）と、移行後の審判手続は実質上第一審であるという点（たとえば異議の適否はもはや審理の対象にならない点）を強調して、その対象は異議の当否でなく請求の当否そのものであるとする説（菊井=村松・Ⅲ463頁）とが対立している。
>
> 　前説によれば、のちの審判において請求が理由なしとされるときに仮執行宣言付支払督促の取消判決をし、請求を理由ありとするときは支払督促を認可する判決をする点を説明しやすいが、移行後の訴訟手続が実質上第一審の審理と変わらないことの理解を曇らせる

点に難点がある。後説は、ちょうど前説と反対の長短所をもつ。両説の強調する点はいずれも正しく、解釈論の基礎としては、移行後の手続は、すでに債務名義がある関係で上訴審手続の形式をとらざるをえないが、実態は、第一審手続であるという点を認識すれば足りる（しいて性質づければ覆審的構造に近いといえよう。上記最判(二小)昭36・6・16が、一方で通常手続の審判の対象は請求の当否であるとしながら、その終局判決において仮執行宣言付支払督促の始末もする必要があるとするのは、筆者の考えに近いといえる）。したがって、たとえば前述のように、移行後の訴訟手続において当事者双方が欠席したときは、控訴の取下げでなく訴えの取下げを擬制すべきである（292条2項を準用せず、263条を適用）。

7　電子情報処理組織による督促手続の特則

（1）　意義

平成8年改正法は、将来都市部において増加が予想される大量の督促手続事件を円滑迅速に処理するために、コンピュータを用いて取り扱う督促手続（以下「特別督促手続」という）を創設し、申立人の利用に供することにした。

しかしそこでは、その電子情報処理システムによって読みとることができる方式（いわゆるOCR方式）を採用するにすぎなかったが、平成16年に、申立て等について一般的にインターネットを利用した方式（いわゆるオンライン化を認める132条の10。→p459(ウ)）を認めることに伴い、督促手続にもこの方式を導入する改正（平16・法152）が行われた（397条-402条）。

電子情報処理組織（オンライン方式）とは、裁判所の使用する電子計算機（入出力装置を含む。以下同じ）と申立て等をする者の使用する電子計算機とを電気通信回線で接続した電子情報処理組織をいう（132条の10第1項。→p459(ウ)）。

（2）　特別督促手続を取り扱う裁判所および取り扱う事件の地理的範囲

このオンライン方式による支払督促の申立ては、東京簡易裁判所（「指定簡易裁判所」という）の書記官に対してすることができ、383条に規定する簡易裁判所が東京簡易裁判所以外である場合にも、現在は、東京簡易裁判所の書記官に対して申し立てることができる（民事訴訟法第百三十二条の十第一項に規定する電子情報処理組織を用いて取り扱う督促手続に関する規則（平成22・最高裁規7）1条）。

（3）　オンライン方式が使える事項

指定簡易裁判所の裁判所書記官に対してオンライン方式で行うことができる電

子督促手続申立て等は、次に掲げるもので債権者がするものにかぎる（同規（平18・最高裁規10）2条）。

1　支払督促の申立て

2　仮執行の宣言の申立て

3　支払督促の更正の処分の申立て

4　前3号に掲げる申立ての取下げ

5　法第104条第1項に規定する送達を受けるべき場所及び送達受取人の届出

6　法第388条第3項後段に規定する送達をすべき場所の申出

7　法第91条第3項に規定する訴訟に関する事項の証明書の交付の請求

　申立てが方式に違背した場合には、通常の督促手続の申立てとして扱われる余地はあるが、その申立てをした裁判所が、383条に規定する裁判所のどれにも該当しないときは、管轄を誤った申立てとして却下されざるをえない。

（4）　督促異議申立てにより訴え提起があったとみなされる裁判所

　督促異議後、訴訟手続に移行する場合の裁判所は、債務者の管轄の利益を考慮して383条に規定する簡易裁判所で支払督促を発付した裁判所書記官の所属する裁判所もしくは397条の指定簡易裁判所またはその所在地を管轄する地方裁判所に、訴え提起があったものとみなすことにしている（398条1項）。もっとも、これらの裁判所は複数あり得るので、その場合には、まず383条1項に規定する簡易裁判所またはその所在地を管轄する地方裁判所があるときは、その裁判所に提起されたものとみなす（398条2項前段）。もしこの裁判所がない場合には、383条2項1号に定める地を管轄する簡易裁判所またはその所在地を管轄する地方裁判所に提起されたものとみなす（398条2項後段）。ただし、債権者は、特別支払督促の申立て時に、これらの訴え提起があったとみなされるべき裁判所の一つを指定しておくことができる（398条3項）。

　支払督促を発した裁判所書記官の所属する簡易裁判所と異なる裁判所に訴え提起があったものとみなされた場合には、支払督促を発した裁判所書記官は、訴え提起があったとされた裁判所に、訴訟記録を送付しなければならない（規237条）。

（5）　指定簡易裁判所書記官の処分の告知

　特別督促手続（オンライン方式）における指定裁判所（東京簡易裁判所）の裁判所書記官の処分の告知のうち、その処分の告知に関する法令の規定により書面等を

もってするものとされているものについては、その規定にかかわらず、電子情報処理組織を用いてすることができる（399条1項）。この場合の告知については、書面等で行われたとみなされること（132条の10第2項）、その到達時点（同条3項）、署名等（同条4項）に関し、それぞれの条項が準用される（399条2項）。ただし、処分の告知を受けるべき債権者の同意があるときは、裁判所の電子計算機のファイルにその処分に係る情報が規則で定められるところにより記録され、かつその記録に関する通知がその債権者に対して発せられた時に、その債権者に到達したものとみなされる（同条3項）。

（6） 書面等の作成・保管

特別督促手続において、指定簡易裁判所の裁判所書記官は、法令の規定により書面等の作成・保管をすることとされているものについては、その法令の規定にかかわらず、書面等の作成に代えて、最高裁判所規則の定めるところにより、電磁的記録の作成等をすることができる（400条1項）。この場合には、132条の10第2項および4項の規定が準用される（400条2項。→p460）。

（7） 訴訟記録の取扱い

特別督促手続の申立て等に係る部分または裁判所書記官が作成保管している電磁的記録部分（以下、「電磁的記録部分」という）について、訴訟記録の閲覧等の請求（91条1項または3項）があったときは、指定裁判所の裁判所書記官は、裁判所に備えられた電子計算機からその部分の内容を書面に出力した上、その書面をもって閲覧等に供する。同部分について書類の送達または送付も、同様にする（401条1項）。

第4節　手形訴訟および小切手訴訟に関する特則 (350条-367条)

1　手形訴訟の意義

（1）　現行法上の手形訴訟手続は、手形による金銭債権の満足のために、債権者に簡易迅速に債務名義を得させることを目的とした判決手続であり、証拠を書証に限定する点で略式化された手続である。債務者の異議によって第一審の通常訴訟手続に移行する点では、督促手続に類似する。なお、以下手形訴訟について述べるが、その手続はすべて小切手訴訟に準用される（367条、規221条）。

（2）　わが旧々民事訴訟法は、ドイツ法の証書訴訟および為替訴訟をほとんどそのまま継受した。この証書訴訟は、証書に基づく請求一般についての略式訴訟であり（旧々民訴484条参照）、為替訴訟はその一亜形としての、手形・小切手債権のための略式訴訟であった（同494条参照）。しかし、これらの制度は、大正15（1926）年の改正のさい、手続の構造が複雑でかえって訴訟を遅延させるとの見地から、欠席判決制度などとともに、廃止された。しかし、すでにその当初から、為替訴訟手続だけで実際には多くの事件が解決されている点を無視した改正であるとの批判が強かった。太平洋戦争後は、一般的に民事事件が増加し訴訟遅延が慢性化する反面、手形の利用は増え、しかも、その迅速な回収を保障する必要が強く感じられる経済情勢となるに及んで、その特別な処理が要望され、昭和39（1964）年7月、手形・小切手訴訟制度を採用することになった[＊]。しかし近時は、利用度が急激に減少している。

> [＊]　旧々民訴法またはドイツ法に対する昭和39年改正法の特色と将来の課題については、松浦馨「わが国の手形訴訟の特徴」中田・還暦(下)261頁以下に優れた分析がある。手形訴訟制度の導入がわが民事訴訟制度およびその基礎理論に及ぼす影響については、三ケ月章「手形訴訟」鈴木竹雄=大隅健一郎編『手形法・小切手法講座5巻』（1965・有斐閣）〔三ケ月・研究5巻101頁以下〕の研究がある。改正法の詳しい逐条解説としては、宮脇幸彦編『手形訴訟関係法規の解説』（1965・法曹会）があり、改正法施行後の詳細な実態調査として、中田淳一=松浦馨=小橋一郎=上柳克郎「シンポジウム　手形訴訟(上)(下)」ジュリ402号・403号（1968）がある。

906 　第3編　第一審手続　　第10章　簡易裁判所の訴訟手続および略式訴訟手続

2　手形訴訟の提起

（1）　管轄裁判所

手形訴訟は、被告の普通裁判籍所在地の裁判所（4条1項）のほか、手形の支払地（手1条5号・2条3項・75条4号・76条3項、小1条4号・2条3項）の裁判所が管轄する（5条2号）。請求金額に応じて地方裁判所または簡易裁判所が管轄する。

（2）　要件（請求適格）

手形訴訟を利用できるのは、「手形による金銭の支払の請求」と「これに附帯する法定利率による損害賠償の請求」にかぎられる（350条1項）。

　（ア）　手形による金銭の支払請求とは、手形上の権利として手形に化体された債権のことで、手形に記載されている手形金債権、これに代わる手形金償還請求権（手9条・15条・77条1項1号、小12条・18条）、手形保証人・参加引受人に対する支払請求権（手32条・58条・77条3項、小27条）を指す。手形法上の金銭支払請求権でも、遡及通知の過怠による損害賠償請求権（手45条6項・77条1項4号、小41条6項）や利得償還請求権（手85条、小72条）などは含まれない。

　（イ）　手形金額に対する利息の請求権（手5条・28条1項・48条1項2号）は、本来の手形上の権利として、当然これに含まれる。これ以外の場合の当事者間の特約による遅延賠償請求権は手形上の権利といえないが、これを別に通常訴訟でしか請求できないとするのは債権者に不便なので、法定利率内（年3分。民404条参照）にかぎり、手形金請求に付帯して請求できることとしている。

　（ウ）　手形訴訟では、手続単純化の要請から、反訴は許されない（351条）。中間確認の訴えも同様と解される（350条1項は給付請求に限定する）。しかし、反訴の形をとらない客観的併合および主観的併合は、すべてが手形訴訟として提起されるかぎり許される。また、手形訴訟の係属中、手形の裏書譲渡を受けた者が、原告に対しては手形権利者たることの確認、被告に対しては手形金の支払を求めて49条・47条により参加することは許される（京都地判昭44・6・3判時576号72頁参照）。

（3）　提起の手続

　（ア）　訴状には、手形訴訟による審理および裁判を求める旨の申述を記載しなければならない。それ以外は通常手続と同一である（350条2項・133条、規53条-55条）。訴状には手形の写しを添付すべきである（規55条1項2号）。

第 4 節　手形訴訟および小切手訴訟に関する特則　　*907*

　⒤　起訴前の和解の不調の場合に、当事者双方が手形訴訟を選ぶ旨の申立て
をすれば、手形訴訟として起訴したことになる（365条）。また支払督促申立ての
さいに予備的に手形訴訟による審判を求める旨の申立てをしておけば、仮執行宣
言前における債務者の督促異議申立てにより手形訴訟として起訴したものとみな
される（395条・366条）。

3　手形訴訟における審理の特則

　手続の迅速化のためつぎのような特則を設けるが、それ以外は通常の判決手続
と同様である。

（1）　期日の指定等に関する特則

　期日の指定・準備・実施、続行期日の指定について規則で特別の定めをしてい
る（規213条-215条）。そのほか、被告に対する呼出状において、裁判長の定めた期
間内に答弁書を提出するように催告し、なんらの防御をしないときは、手形訴訟
としての弁論終結の不利益（354条）があり得ることを警告する（規213条3項）。も
しも、被告が口頭弁論において原告の主張事実を争わず、その他なんらの防御方
法も提出しない場合には、原告の通常訴訟への移行の申立てがあっても、その申
立書を被告に送達する前に弁論を終結することができる（354条）。

（2）　証拠調べの特則

　手形訴訟では、証拠は書証にかぎられるのが原則であり（352条1項）、この点
に手形訴訟の最大の特色がある。しかも、書証は、裁判所が文書提出命令（219
条・223条）や送付嘱託（226条）をしなくてもよい文書、すなわち、当事者がみず
から所持し任意に提出する文書（219条）にかぎられる（352条2項）。また証拠調べ
は受訴裁判所みずからしなければならず、他の裁判所への嘱託および官庁等への
調査の嘱託（186条）は許されない（352条4項）。ただし、文書の真否または手形の
呈示に関する事実については、申立てにより、当事者本人の尋問（なお211条参
照）が補充的に許されるし（352条3項）、職権調査事項については、上記の制限は
すべて及ばない（同条5項）。

4　手形判決

　手形訴訟における終局判決は、すべて手形判決と表示される（規216条）。これ

908 第3編 第一審手続 第10章 簡易裁判所の訴訟手続および略式訴訟手続

には、つぎの種類がある。

（1） 請求の全部または一部が手形訴訟の適格を欠く場合の訴え却下（355条1項）

口頭弁論を経ずに判決ですることができる。原告は、この訴え却下判決に対して控訴をすることができないが（356条ただし書・357条参照）、その判決の送達後2週間内に通常手続による訴えを提起し直したときは、前訴による時効の完成猶予の効果は保持される（355条2項。なお、この後訴の手数料につき民訴費5条1項）。

（2） 一般の訴訟要件が欠けたことによる訴え却下

これに対しては控訴が許される（356条ただし書）。

（3） 請求の認容または棄却

これに対しては、控訴は許されないが（356条本文）、不服ある当事者は、異議の申立てができる（357条）。誤って控訴が提起されたときは、控訴裁判所は異議申立てと解して原裁判所へ移送すべきである（大阪高決昭43・3・29下民19巻3＝4号169頁）。請求認容の給付判決には、職権で必ず仮執行の宣言を付する（259条2項）。異議申立てに基づいて仮執行の停止または取消しの決定がされることもあるが、一般の控訴の場合より厳格な要件が設けられている（403条1項5号。もっとも、この要件は、手形金請求を通常訴訟で認容した判決に対する控訴があった場合と共通である、同条1項4号）。

5　通常訴訟手続への移行

手形判決前の原告の移行の申述による場合と、請求の当否についての手形判決に対する当事者の異議申立てによる場合とがある。

（1） 手形判決前の移行

㋐　原告は、いったん手形訴訟を選んで起訴しても、口頭弁論の終結に至るまで、いつでも自由に（被告の承諾を要しないで）訴訟を通常の手続に移行させる申述ができる（353条1項）。この申述があれば、通常の手続に移行し（同条2項）、裁判所は直ちに移行した旨の書面を被告に送付しなければならない（同条3項本文。なお「送付」については規47条1項参照）。ただし、被告が出頭した期日において口頭で移行の申述がなされたときは、上記の送付を要しない（353条3項ただし書）。移行時にすでに手形訴訟のための期日が指定されているときは、その期日は通常の手続のための期日になる（同条4項）。

第4節　手形訴訟および小切手訴訟に関する特則　*909*

　(イ)　移行後の弁論は、手形訴訟の弁論の続行になるが、手形訴訟としての制約はなくなる。

（2）　手形本案判決に対する異議

　手形訴訟は一審だけにかぎる。したがって、手形本案判決に対しては、控訴を許さず（356条）、不服の利益があれば、どちらの当事者にも通常手続による第一審の審判を求める異議の申立てが認められる（357条）。

　(ア)　**異議申立ての手続**　　異議申立ては、判決書またはこれに代わる調書の送達後2週間の不変期間内に申し立てなければならない（357条）。この期間を経過すれば手形判決が確定する（116条参照）。申立ては書面による（規217条1項。500円の印紙の貼用が必要、民訴費3条1項別表1第17項イ）。裁判所はこの書面を相手方に送付する（規217条2項）。異議は、客観的に併合された請求につき1個の手形本案判決がなされているときには、本来、同一の手形に関する範囲ごとになすべきである[1]。もっとも、とくにどの手形について異議を述べるか指定がないときは、全部に対するものとして扱うことはできよう。

　当事者は手形判決に対する異議申立権を申立て前にかぎって放棄できる（358条。不控訴合意に準じて、手形判決前、双方とも異議申立てをしない旨の合意により、異議権の発生を妨げうる。なお規218条参照）。いったん申し立てた異議は、通常手続の第一審の終局判決があるまでは取り下げることができる（360条1項）。しかし、相手方の同意を得なければ効力を生じない（同条2項）。これは、通常手続への移行に基づき折角そこでの防御態勢をととのえた被告の立場を保護するためである。異議の取下げには、訴え取下げに関する規定、書面によることとその例外（261条3項）、取下書またはその旨の調書の相手方への送達（同条4項）、相手方の同意の擬制（同条5項）、訴え取下げの効果（262条1項）、訴え取下げの擬制（263条）に関する規定が準用される（360条3項）。

　(イ)　**異議申立ての効果**　　異議申立て期間内に適法な異議申立てがあれば（359条参照）、手形判決の確定が妨止されるとともに（116条2項）、訴訟は通常手続に移行する（361条）。

　(ウ)　**異議後の通常手続**　　(a)　移行によって、訴訟は弁論終結前の審理状態

---

1)　反対、宮脇・手形訴訟152頁。

910　第3編　第一審手続　第10章　簡易裁判所の訴訟手続および略式訴訟手続

に戻り、通常手続による第一審手続が続行される（当事者双方の欠席は、異議の取下げを擬制する、360条3項・263条）。手形訴訟手続で行われた訴訟行為の効力や、すでに発生した訴訟上の効果もそのまま保持されるが、手形訴訟としての制約はなくなる。

　(b)　通常訴訟による審判の範囲は、どちらの当事者が異議を申し立てたかを問わず、手形判決で裁判された事項で、同一の手形に関する判断の全部にわたって不可分に及び、訴えによる原告の請求の当否が直接かつ全面的に審判の対象になる2)。上訴と異なり、その審判の範囲が当事者の不服の限度にかぎられないから、異議申立人にとって手形判決よりも不利な判決の生じる余地がある。

　(c)　**新判決**　　通常手続による審理の結果の判断が手形判決と符合するときは、裁判所は、手形判決を認可する旨の判決をする（362条1項本文）。手形判決がその理由において不当であっても、他の理由で支持できる場合も認可する（302条2項参照）。ただし、手形判決の手続が法律に違反したときは、手形判決を取り消して判決をし直さなければならない（362条1項ただし書。判決の手続の法律違反については、306条および→p933〔＊〕）。審理の結果の判断が手形判決と符合しないときは、手形判決を取り消しその判断を示す判決をする（362条2項）。新判決書または判決書に代わる調書における事実および理由の記載は、手形訴訟の判決書またはこれに代わる調書を引用してすることができる（規219条）。

　新判決に対しては、通常手続により控訴が提起できる（新判決に仮執行宣言が付されたときの執行停止の仮の処分については、403条1項4号参照）。控訴裁判所は、異議を不適法として却下した第一審判決を取り消すときは、事件を第一審裁判所に差し戻さなければならない。ただし事件につきさらに弁論をする必要がないときは、このかぎりでない（364条）。

---

2)　宮脇・手形訴訟160頁は、数個の手形の併合請求についても一体としてなす異議のみを認め、通常訴訟への移行も一体としてなされるとする。

第4編　上級審手続

第1章　上訴一般

1　上訴の概念

上訴とは、下級裁判所による裁判（原裁判）ののち、その裁判が確定しない間に、上級裁判所へ、その取消しまたは変更を求める不服申立てをいう。

（1）　確定妨止

裁判の確定前すなわち訴訟手続の終了前にする不服申立てであり、これによって裁判の確定を妨げつつ（116条2項）、事件の再審判を求めるものである。訴訟手続の普通の経過として予定された通常の不服申立てであり、確定判決に対する再審のような非常の不服申立てと異なる。また、裁判の確定と無関係の特別上告（327条、規204条）・特別抗告（336条、規208条）も、本来の上訴ではない（→ p969）。

（2）　異議等との違い

上訴は、上級裁判所への不服申立てである点で、同一審級内でなされる裁判に対する不服申立てである各種の異議（150条・202条3項・206条ただし書・357条・378条等）と異なる。また、審級を前提としない除権決定取消しの申立て（非訟108条。なお、→ p25）、仲裁判断取消しの申立て（仲裁44条）も、上訴ではない。

2　上訴制度の目的

（1）　当事者の救済

不当な裁判によって受ける不利益から当事者を救済する制度である。裁判に対する信頼を獲得しその権威を保持するには、裁判の適正を図らなければならないが、とくに当事者に不満があるならば、上級裁判所に反復審判させることによって過誤を少なくして、当事者の救済を完全に保障する必要がある。上訴制度は、なによりもまず、この要請に答えるものでなければならない（職権でも行われる、

912 第4編 上級審手続 第1章 上訴一般

判決の変更（256条）、判決の更正（257条）が適正な裁判自体を目標にするのと異なる）。

（2） 法令の解釈適用の統一

裁判所は上級審にいくにつれて次第に数が少なくなり、最後は、唯一の最高裁判所に至るから、上訴を機会に、裁判所による法令の解釈適用が統一され、法的安定性が得られる。

しかし、この機能は、あくまでも具体的事件における救済を求める当事者の上訴を通じて得られる結果であり、当事者の救済という目的に優越するものと解すべきではない（特に上告について問題になる、→p940 2）。

（3） 迅速および公平の要請との調和

裁判の適正・法令解釈の統一性の要請も訴訟制度にとって重大であるが、これも当事者に不服がある限度で満たされるにとどまるとともに、上訴に関しては、迅速処理の要請がこれに劣らず重要である。たとえば軽微少額な事件につき他の事件と同じように三審制を絶対視することは、解決すべき事項（紛争）の価値とこれに費す経費労力との均衡からいって合理的でない。また、当事者の救済の観点からいっても、敗訴当事者の不利益だけを強調するのは公平でなく、勝訴者にとってはその結果の終局的確定が相手方の上訴によって不当に引き延ばされるおそれがあるから、上訴をどの範囲で許すかは、これらの諸要請や利害の対立を調和させる立法政策の課題となる（特別上告、特別抗告および最高裁判所への移送決定（324条）は、少額な事件についても憲法解釈の統一性を確保することを重視して設けられている（憲81条））。

さらに、上訴が許される範囲内でも、その濫用を防止する必要がある。仮執行制度もその対策の一つであるが、さらに、現行法は、徒に訴訟を遅延させる目的のみで、理由のない上訴を提起した者に対しては、上訴棄却の裁判の中で、一種の制裁として金銭の納付を命じることができるとしている（303条・313条・327条2項・331条）。→p915 6。

3 上訴の種類

（1） 控訴・上告・抗告

現行法の認める上訴には、控訴、上告および抗告の3種がある。前二者は、終局判決に対する上訴であり、これに基づいて判決手続たる上訴審手続が行われる。

後者は、決定および命令に対して独立に許される上訴である（なお、抗告審の裁判に対してさらに抗告が許されることがあるが（330条）、これを再抗告という）。

（2）　不服申立方法の選択

　上訴以外にも裁判に対する不服申立方法があるし、上訴にも原裁判の種類に応じた各種のものが定められているから、申立人は、原裁判の種類に適した不服申立方法を選んで申し立てなければならない。その選択を誤まれば不適法となるが、裁判所は、その申立書の題名などに拘泥せずに、申立ての趣旨を善解して、できるかぎり適法なものとして取り扱うべきである（抗告と題しても控訴と扱ってよい、大決昭15・2・21民集19巻267頁）。

　　㋐　不服申立方法の選択の基準となる原裁判の種類が不明確な場合がある。この場合には、裁判所の表題やその成立手続から裁判所の意思を推測して決める方法（主観説）と、裁判事項の内容によって決める方法（客観説）が考えられるが、いずれにしても、その判断につき当事者に危険を負わすべきでないから、まぎらわしい場合には、どちらの裁判の種類に応じた不服申立方法をとってもよいと解すべきである。

　　㋑　**違式の裁判**　　原裁判の種類が明らかであれば、これに適合した上訴によるべきである。たとえ、裁判機関がその事項について本来なすべき裁判と異なった種類の裁判（これを違式の裁判という）をした場合でも、現になされた裁判を基準として上訴を選ぶべきである[*]。これも、当事者になすべき裁判の種類を判定させる負担を負わせないためである。

　　したがって、決定または命令で裁判すべき事項について判決をしたときは、控訴または上告によることになるが、本来不服申立てが許されない決定または命令事項について判決で裁判されても、慎重な形式をとった違式自体をとがめるに及ばないから、不服申立ては許されない[1]。他方、判決で裁判すべきときに決定または命令で裁判した場合には、つねに抗告が許されなければならないが、抗告はすべての決定または命令に対して認められていないので、とくに328条2項で、

1）　補助参加申立てを却下した決定に対する即時抗告を「判決」で控訴棄却としても、原判決破棄の事由にならない、そしてこの場合の上告審（最高裁）としての審理対象は、特別抗告理由の有無にかぎられる、最判(一小)平7・2・23判時1524号134頁、鈴木正裕「判批」私法判例12号（1996）124頁。

914　第4編　上級審手続　第1章　上訴一般

このような違式の決定・命令に対しては当然に抗告を許すと明定している。

〔＊〕　**審級手続を誤った判決に対する不服申立方法**　　たとえば、上告審として審判すべき
ところを誤って控訴審として審判した裁判に対して、上告を認めるべきか。最判（二小）昭
42・7・21民集21巻6号1663頁は、地方裁判所が控訴審としてした終局判決に対する再審
事件の控訴審判決に対し高等裁判所へ提起された上告事件を、誤って控訴審手続で審判し
た原判決に対して上告を認めている。その結論は妥当であるが、違式の裁判と異なり、つ
ねに現実になされた審級手続に対応して上訴の種類を決めるべきかどうかは問題である。
少なくとも、たとえば、高裁が控訴審の判決をなすべきところ誤って上告審の判決をして
も最高裁への上告を認めるべきであろう（新堂・判例408頁参照）。

4　上訴審の審判の対象

上訴審は、直接には、原裁判に対する上訴人の不服申立て（原裁判の取消し・変
更の要求）の当否について審判する。この不服の主張とこれに基づく原判決変更
の救済要求が、第一審における請求に相当するもので、上訴裁判所が不服申立て
を理由なしと認めれば、上訴を棄却し、その理由ありと認めれば、原判決を取り
消して事件についての処置を講じる。これらの裁判が、上訴審における本案の裁
判である。もっとも、この本案の裁判をするためには、上訴が適法でなければな
らず、その適法要件の具備を調査する必要があり、これを欠くときは、上訴は却
下される。この要件が第一審における訴訟要件に相当する。

5　上訴要件

（1）　本案判決のための要件

上訴が適法なものとして本案判決を受けられるための一般的要件としては、つ
ぎのものがある（第一審の訴訟要件に相当する）。

①　原裁判が不服申立てのできる性質の裁判であり、かつ、選ばれた上訴がそ
の裁判に適合した不服申立方法であること。

②　上訴提起行為が適式で有効であること。

③　上訴期間の経過前であること、またはその後は追完の要件を備えること
（97条）。

④　上訴人が原裁判に対して不服の利益をもつこと、すなわち、上訴人が原裁
判によって不利益を受けていること。

⑤　当事者間に上訴しない旨の合意がなく、上訴人が上訴権（不服申立ての当否
について上訴審の裁判を受けられる権能）を放棄していないこと。

（2）　上訴要件を具備すべき時期

上訴提起行為そのものについての要件であれば、上訴提起の時を基準とする
（たとえば、上訴の提起に訴訟能力の欠缺はないか、上訴期間内の提起か）。しかし、その他
の事項は、上訴提起後に生じたものでも、審理の終結時を基準として判断される。
したがって、上訴提起後に不服の利益がなくなれば不適法になるし、逆に第一審
判決言渡し前の控訴も、却下される前に一審判決の言渡しがあれば適法となる
（最判(一小)昭24・8・18民集3巻9号376頁は、この控訴を不適法却下した原判決を肯定して
いるが、眞野裁判官の少数意見は本文と同じ考えから、原判決言渡までに第一審判決の言渡
しがあったかどうかを調査すべしとする）。

6　上訴権濫用に対する金銭納付命令

適法な上訴であっても、訴訟を遅延させる目的のみをもって理由のない上訴を
した者に対しては、制裁として、金銭の納付を命じることができる[*]（303条・313
条・327条2項・331条）。

> [*]　**実際例**　　上告につき最判(三小)昭37・7・3裁判所時報357号1頁、最判(三小)昭
> 37・7・17裁判集民事61号665頁、最判(三小)昭38・12・24判時361号44頁、最判(二小)昭
> 41・11・18判時466号24頁、控訴につき名古屋地判昭38・6・22下民14巻6号1203頁など
> がある。

（1）　手続

納付を命じうる額は、上訴提起の手数料の10倍以下の額である。納付は、国庫
にする。その執行については、過料の裁判と同一に取り扱われる（303条5項・189
条）。金銭納付命令は、判決主文に掲げられる（303条2項）。しかし、付随的裁判
であるから、これに対して独立に上告することはできないが、控訴棄却の裁判と
ともに不服を申し立てられる。上告審で本案の判決を変更する判決の言渡しがあ
れば当然に失効する（同条3項）。上告審は上告を棄却する場合においても、職権
で、この裁判だけの取消し・変更をすることができる（同条4項）。

（2）　上訴権濫用に対する抑制策

この種の制裁が上訴権の濫用に対する有効な手段かどうかは問題であるが、な

んらの制裁規定がないよりはベターであるし、代理人として弁護士がついている場合には、むしろ弁護士に対する制裁として使えるようにしたり[2]、国庫に納付させるのでなく、相手方へ支払わせる方式を採用する[3]など、なお改善の余地がある[4]。

また、平成8年改正法のもとでは、控訴理由書の提出が強制され（↘p922(6)）、攻撃防御方法の提出等をさせるべき裁定期間を定めることができるようになった（301条、規181条）ことから「訴訟遅延の目的」の認定はしやすくなったとも解されている[5]。

2）　条解1188頁〔松浦馨〕。
3）　斎藤秀夫=桜田勝義「上訴権濫用の制裁」判評68号〔判時368号〕(1964) 27頁。
4）　この制度の運用の実態および課題を紹介するものとして、小室直人「上訴権の濫用」末川・古稀
　　　㊥323頁、同「上訴権の濫用」実務民訴講座(2)261頁参照。
5）　条解2版1581頁〔松浦馨=加藤新太郎〕。

第2章　控訴審手続

第1節　控訴の意義

1　控訴の概念

　控訴は、第一審の終局判決に対する第2の事実審への上訴であり、控訴審手続を開始させる申立行為である。その申立人を控訴人、相手方を被控訴人という。

（1）　控訴の対象となる裁判

　簡易裁判所または地方裁判所、さらに人事訴訟については家庭裁判所の、第一審判決にかぎられる。高等裁判所の第一審判決（→p108(2)）に対しては、上告しかできない（311条1項）。

（2）　終局判決に対する不服

　控訴は、終局判決に対して認められる。中間判決その他の中間的裁判に対しては、独立に控訴はできない。これらの中間的裁判のうち、不服申立ての許されないものおよび独立に抗告によって不服申立てができるものを除いては、終局判決に対する控訴を機会に控訴審の判断を受けるから（283条）、これらに対する不服を控訴の理由とすることができる。

　なお、訴訟費用の裁判に対しては独立して控訴は許されないし（282条、→p994　3(2)）、手形・小切手訴訟および少額訴訟の終局判決に対しても原則として控訴はできない（356条・367条2項・377条。→p893(1)・p908(2)(3)）。

（3）　控訴審手続の開始

　控訴は、独立に控訴審手続を開始させる。この点で開始後の控訴審手続における控訴人の不服の範囲の変更や被控訴人の附帯控訴と異なる。控訴審手続は、第一審判決に対する不服の当否を審判するのに必要な限度で（296条1項・304条参照）、判決手続により、事件について改めて事実認定と法律判断をやり直すものであり、第2の事実審といえる。

918　第4編　上級審手続　　第2章　控訴審手続

2　控訴の利益（控訴権）

控訴を提起して第一審判決に対する不服の当否について控訴審の判決を求め得る地位（いわば控訴制度を利用できる地位）を、控訴人の権能としてみて、「控訴の利益がある」または「控訴権を有する」という（284条・293条1項参照）。訴えの利益ないし訴権に対比できる概念であり、その存在は控訴要件の一つであり、これを欠く控訴は却下される。

（1）　控訴権の発生

控訴権は、第一審の原告または被告のうち、原則として、第一審判決によって不利益を受けた者に、相手方との関係で生じる。このような上訴の利益を基礎づけるに足る不利益を受けていることを、不服の利益があるともいう。

　(ア)　**控訴権の主体**　　第一審の当事者にかぎられるのが原則である。

当事者参加することのできる第三者（47条・51条・52条）が参加とともに控訴を提起する場合（43条2項参照）は、その例外となる。補助参加人は、被参加人が控訴権を放棄しないかぎり、その控訴権を行使できる。被参加人がこれを放棄したときは、補助参加人は、被参加人と別に、補助参加の利害関係のある争点につき、相手方との間で独立に控訴審の審判を受ける利益を認めるべきである（→p818(オ)〔＊〕）。

　(イ)　**不服の利益**　　不服の利益は、控訴人の第一審における本案の申立ての全部または一部が排斥された場合に認められる[1]。

　(a)　全部勝訴の当事者には、原則として不服の利益はない。予備的請求で勝訴しても、主たる請求の棄却について不服の利益はある。例外として、原判決の確定によって、原判決より有利な申立てをする機会を失う場合には、申立ての変更（原告が全部勝訴している場合）または反訴（被告が全部勝訴している場合）のための控訴の利益を認めるべきである。たとえば、既判力によって遮断される残額請求のために、第一審で認容された請求額を拡張する場合や、離婚請求の棄却判決を得た被告が自ら離婚請求の反訴を提起する場合（原告の離婚請求の棄却判決が確定してしまうと、被告は離婚の反訴を提起しえなくなる、人訴25条2項）などがこれにあたる。

1）　不服の利益の概念については、小室直人「上訴要件の一考察」法学雑誌6巻1号（1959）〔同・上訴制度の研究3頁以下〕、新実体的不服説につき、上野泰男「上訴の利益」法教39号（1983）〔新堂編・特講285頁参照〕。

(b) 訴え却下の判決に対しては、請求棄却を申し立てた被告にも、不服の利益はあるが（最判(二小)昭40・3・19民集19巻2号484頁）、請求棄却の判決に対して訴え却下を求めて控訴する利益は認められない（⤵p235 **4(2)**)[2]。

(c) 判決理由中の判断に不服があっても、結局勝訴しているときは、控訴の利益はない（最判(三小)昭31・4・3民集10巻4号297頁）。たとえば、債務の発生を争い、仮定的に消滅時効の抗弁を提出した被告が後者の理由で勝訴になっても、不服の利益は認められない。既判力が主文の判断に生じるだけであるから、どの理由で勝訴しても勝訴の法律的効果に差異はないからである。ただし、予備的相殺の抗弁で勝訴した被告は、他の理由で勝訴するのとは結果が違うから（114条2項）、控訴の利益を認めるべきである。またこの原則から、逆に、敗訴した相手方から上訴が提起されなかった結果、上訴審の判断を受ける機会がなかった原判決の理由中の判断については、その判断につき不服の利益を認められなかった勝訴者の審級の利益を保障するために、争点効の発生も控えるべきである（⤵p732 **(3)**)。

(2) 不控訴の合意（控訴権発生の障害）

本来発生すべき控訴権も、当事者間であらかじめ控訴をしない旨の合意をしている場合は、発生しない。

(ア) **意義**　不控訴の合意は、特定の事件に関して審級制度の適用を排除する旨の合意である。これは、上告することを留保してなす控訴を省略する旨の合意（飛越上告）と異なり、上告の余地もなくすものであるから、不控訴の合意があれば、上訴期間の経過も不要となり、判決は言渡しの時に確定する。また、いったん発生した控訴権の放棄とも異なり、控訴権を発生せしめないものである。

(イ) **許容根拠および範囲**　民訴法281条1項ただし書は、第一審判決言渡し後の飛越上告のみを規定しているので、不控訴の合意を認めないようにもみえるが、これは、事実認定に不服を残したまま控訴審を省略して上告を許すのは、審級制度の建前から適当でないので、第一審判決の事実認定に争いのないことを確かめさせたうえで、飛越上告の合意をさせる趣旨を明らかにしたものであって、

---

2) ただし、伊藤眞「訴訟判決の機能と上訴の利益」法政論集73号（1977）1頁は、審判権の限界などに基づく訴え却下を求める利益を肯定する。この場合には請求棄却より訴え却下の方が後訴に対する影響力が大きいので、賛成できる。

審級制度をおよそ利用しない旨の不控訴の合意を否定する趣旨と解すべきではない。むしろ、仲裁契約が認められる範囲ならば、第一審裁判所を仲裁人と同様に信頼して、第一審だけで結着をつけようとする合意を禁ずる理由はない。

(ウ) **要件** 第一審の結果をみる前にその結論にすべてを委ねる趣旨の合意であるから、当事者の一方のみが控訴しないことを約する合意は、著しく公平を欠くから、無効である（大判昭9・2・26民集13巻271頁）。一定の法律関係に基づく訴訟に関することを要する（281条2項・11条2項参照）。その法律関係は弁論主義によって審判される種類のものでなければならない（仲裁13条1項参照）。書面ですることを要する（民訴11条2項参照）。当事者がするには訴訟能力が必要であり、訴訟代理人がするには、特別の委任を要する（297条・55条2項3号準用）。

(エ) **効果** 合意が有効に成立すれば、第一審判決は言渡しとともに確定する。これを無視した控訴は不適法として却下される。第一審判決言渡し後は、合意によって不控訴合意を解約しても訴訟係属を復活させえない。しかし、意思表示の瑕疵に基づく合意の無効または取消しの余地は認めるべきであり、そのさいには控訴の追完を認めるべきである。判決言渡し後にする不控訴の合意は、実質はすでに発生した控訴権および附帯控訴権の放棄の合意であるから、その合意の成立と同時に判決が確定する。

（3） 控訴権の消滅

控訴権は第一審判決の言渡しによって発生するが、その後の放棄または喪失によって消滅し、その消滅後の控訴は不適法となる。ただし、当事者は自分の独立の控訴権を失っても、相手方の控訴に対して附帯控訴をすることはできる（293条1項）。

(ア) **控訴権の放棄** 当事者は、控訴権の発生後、これを放棄することができる（284条、なお規173条）。上告を留保して控訴権を放棄するには、飛越上告の合意によるべきである（281条1項ただし書）。既判力が第三者に及ぶ場合には、第三者の当事者参加（52条）の機会を奪うから許されないと解すべきである[3]。

放棄は、控訴提起前は第一審裁判所に対し（第一審判決言渡し後も控訴提起前は事件は第一審に係属している）、控訴提起後は訴訟記録の存する裁判所に対する申述に

3） 兼子・体系443頁。

よる（規173条1項）。自ら控訴を提起した後には、控訴の取下げとともにすべきである（同条2項）。そのさい、控訴の取下げがなくとも、放棄の効力の発生を妨げず（最判(三小)昭27・7・29民集6巻7号684頁）、裁判所は控訴を却下できる。申述は、書面でも口頭でもできる（規1条）。申述があったときは、裁判所書記官は、相手方に通知しなければならない（規173条3項）。

　　(イ)　**控訴権の喪失**　　控訴権者が控訴期間（285条）を徒過することによって控訴権を喪失する。

第2節　控訴の提起

1　控訴の手続

（1）　控訴状の提出先および控訴期間

　控訴を提起するには、控訴期間内に、控訴状を控訴審裁判所でなく第一審裁判所に提出することを要する（286条1項）。控訴期間は、控訴人が判決書またはこれに代わる調書（254条）の送達を受けてから2週間の不変期間である（285条、外国等に対する判決書等については4カ月、外国等に対する我が国の民事裁判権に関する法律21条4項。必要的共同訴訟人については→ p791（2）、補助参加人については→ p816　4（1）、共同訴訟的補助参加人については→ p826　2（2））。ただし、判決の言渡し後は、送達を受ける前でも適法に提起し得る（285条ただし書）。第一審判決言渡し前の控訴状の提出は不適法であるが、却下される前に言渡しがあれば、その不適法は治癒される[1]。

　控訴期間を徒過した場合など、控訴が不適法でその不備を補正することができないことが明らかであるときは、第一審裁判所は、決定で、控訴を却下しなければならない（287条1項）。この決定に対しては即時抗告をすることができる（同条2項）。

（2）　控訴状の記載等

　控訴状には、当事者および法定代理人のほか、第一審判決とこれに対する控訴であることを表示する（286条2項）。不服の主張の範囲や理由の記載は任意的で

1）　兼子・体系443頁。反対、最判(一小)昭24・8・18民集3巻9号376頁。

922 第4編 上級審手続 第2章 控訴審手続

あり、これを記載した控訴状は準備書面の用を兼ねることになる（規175条）。控訴状には、訴状に貼るべき印紙額の1.5倍の印紙を貼らなければならない[2]。

（3） 控訴状および訴訟記録の送付

控訴の提起があったときは、第一審裁判所による控訴却下の決定があった場合を除き、第一審裁判所の裁判所書記官は、訴訟記録を控訴状とともに、遅滞なく控訴裁判所の裁判所書記官に送付すべきである（規174条）。

（4） 控訴状の審査および却下

控訴状の受理のさいの裁判長による審査は、訴状の場合に準ずる（288条）。裁判長の補正命令に応じないときは、控訴状を却下する（288条・137条2項）。控訴状は被控訴人に送達されなければならない（289条1項）。送達ができない場合および送達費用を予納しない場合にも、裁判長は控訴状を却下する（同条2項）。控訴状却下命令に対しては、即時抗告ができる（288条・137条3項）。この即時抗告の抗告状には却下された控訴状を添付しなければならない（規176条・57条）。

（5） 控訴裁判所の決定または判決による控訴却下

控訴裁判所は、控訴が不適法でその不備を補正することができないときは、口頭弁論を経ないで、判決で、控訴を却下することができる（290条）。また、控訴裁判所は、当事者に対する期日の呼出しに必要な費用（民訴費11条・12条参照）の予納を相当な期間を定めて控訴人に命じた場合において、その予納がないときは、訴訟を促進するため、決定で、控訴を却下することができる（291条1項）。これに対しては即時抗告をすることができる（同条2項）。

（6） 控訴理由書・反論書の提出

控訴状に第一審判決の取消しまたは変更を求める事由の具体的な記載がないときは、控訴人は、控訴の提起後50日以内に、これらを記載した書面を控訴裁判所に提出しなければならない（規182条。実務上、控訴理由書と呼ばれることがある）。

裁判長は、被控訴人に対し、相当の期間を定めて、控訴人が主張する第一審判決の取消しまたは変更を求める事由に対する被控訴人の主張を記載した書面（反

---

2) 民訴費3条1項別表1第2項。この額は、不服の主張の範囲とは無関係である（兼子・体系448頁。反対、条解2版1548頁〔松浦馨=加藤新太郎〕）。ただし訴訟判決に対する控訴は、そうでない場合の半額でよい、同別表1第4項。

論書）の提出を命ずることができる（規183条）。争点の早期の整理と充実した審理
を目標にした新設（平成8年の改正法による）の規則であるが、上告の場合と異なり、
不提出に対する直接の制裁はない。

2　控訴提起の効果

（1）　確定妨止の効力

控訴が控訴期間内に提起されれば、控訴期間が経過しても原判決は確定しない
（116条2項）。したがって、仮執行の宣言が付されていなければ、原判決には執行
力も発生しない。仮執行宣言によっていったん発生した執行力は、控訴の提起に
よって当然に停止するわけではない（403条1項3号・404条）。

（2）　移審の効力

控訴に基づき訴訟事件の係属が第一審裁判所を離れて控訴裁判所へ移る。これ
により、控訴裁判所が、その審判をしなければならなくなる。移審に伴って、訴
訟記録も、控訴裁判所へ送付される（規174条）。

（3）　控訴の不可分──控訴提起の効果の生じる範囲

確定妨止および移審の効果は、控訴人の不服の主張の限度にとどまらず、原判
決で判断された全部の事項について生じるのが原則である（別個の請求が併合審判
された場合も同様である。→p761(イ)）。この原則を控訴の不可分という。控訴人が不
服を申し立てない部分については、当事者は弁論する必要はなく（296条1項）、
裁判所もその点の原判決の判断を変更することはできないが（304条）、なお、独
立に確定しない。

したがって、その部分については、控訴審の口頭弁論終結に至るまで、控訴人
は不服申立ての範囲を拡大して審判の対象にすることができるし、被控訴人も附
帯控訴をすることによって自分の敗訴の部分（控訴人に不服の利益のない部分）につ
いて不服を申し立てることができる（293条）。また、当事者双方に不服のない部
分でも執行力が発生しないから、控訴審で仮執行の宣言をする必要も生じる
（294条）。

ただし、一部の請求について、不控訴の合意がある場合や当事者双方が控訴権
および附帯控訴権をも放棄した場合には、判決の一部が確定する。また、共同訴
訟人の1人により、またはこれに対して控訴が提起された場合には、他の共同訴

924　第4編　上級審手続　第2章　控訴審手続

訟人に関する請求についても上訴の効力が認められないかぎり（⤵p796(2)）、原判決の一部の確定をみる。

3　控訴の取下げ

(1)　意義

控訴（原判決に対する不服申立て）を撤回する旨の控訴人の一方的意思表示行為である。請求についての審判要求を撤回する訴えの取下げと異なる。

(2)　効果

控訴の取下げにより、控訴は遡って効力を失い、控訴審手続も終了する（292条2項・262条1項）。訴えの取下げと異なり、控訴の取下げは、原判決に影響を与えない。また、控訴取下げ後も、相手方はもちろん控訴人も控訴期間満了前であれば、さらに控訴を提起することが許される。この点、控訴権を放棄すると、その後提起した控訴が不適法になるのと異なる。

(3)　要件

控訴人は、控訴審の終局判決があるまで、控訴の取下げができる（292条1項）。被控訴人が附帯控訴をしていても、この者の同意を要しない（292条2項は261条2項を準用していない）。控訴審の終局判決後は、訴えの取下げはできるが、控訴の取下げはできない（上告により事件が控訴審に差し戻されれば、その機会は再び生じる）。終局判決言渡し前ならば、口頭弁論終結後でもよい。控訴の一部取下げは、控訴不可分の原則によって無効である。職権探知主義の下でも、控訴の取下げは自由である。

(4)　方式

控訴取下げは、書面でしなければならないが、口頭弁論、弁論準備手続または和解の期日においては口頭でもかまわない（292条2項・261条3項）。控訴の取下げは、訴訟記録の存する裁判所にしなければならない（規177条1項）。控訴の取下げがあったときは、裁判所書記官は、その旨を相手方に通知しなければならない（同条2項）。

(5)　控訴取下げの擬制

控訴審の口頭弁論期日に当事者双方が出頭しない場合は、訴え取下げの擬制に準じて控訴の取下げが擬制される（292条2項・263条）。

第2節　控訴の提起　*925*

4　附帯控訴

（1）　意義と実益

　附帯控訴とは、被控訴人が、控訴によってすでに開始された控訴審手続において、控訴人の不服の主張によって限定されている審判の範囲を拡張し、自分に有利に原判決の変更を求める不服申立てである。当事者双方がともに控訴権を有するときは、各自独立に控訴を提起できるが（二つの控訴の効力は重複し、一つの控訴審手続を開始せしめる）、被控訴人が独立に控訴せず、相手方による控訴を機会に、その手続内で、自分のほうも不服申立てをするのが附帯控訴であり、控訴人が手続中不服の範囲を変更できることに対応して、公平上認められる[3]。

　被控訴人が自分の控訴権を放棄または喪失した後にも附帯控訴ができる（293条1項）点に、その実益がある。附帯控訴についての不服の利益も、控訴についての不服の利益に準じるが、第一審で全部勝訴した原告も附帯控訴によって請求の拡張ができるとする（最判（二小）昭32・12・13民集11巻13号2143頁）。控訴審でも訴えの変更が許される点からして肯定できる。

（2）　附帯控訴の効果

　附帯控訴により、控訴審判の範囲が拡張され、被控訴人の不服の当否も審判されることになる。元来、控訴審の審判の範囲は、不服申立ての範囲にかぎられるから（296条1項・304条）、控訴人が不服を申し立てているだけならば、控訴人に対し原判決以上の不利益な変更はできないが（不利益変更の禁止の原則）、附帯控訴があればこれが可能となる。ただし、附帯控訴は、相手方の控訴に便乗するものであるから、控訴の取下げまたは却下によって効力を失う（293条2項本文）。もっとも、附帯控訴人が独立に控訴を提起できる場合になされた附帯控訴であれば、独立の控訴として扱われる（293条2項ただし書）。これを独立附帯控訴という。

（3）　申立ての期限および附帯控訴権の放棄

　附帯控訴は、控訴審の口頭弁論終結前にかぎられる（293条1項）。被控訴人がその控訴権を放棄または喪失した後でもできるが（293条1項）、附帯控訴権も放棄したときは、このかぎりでない。

3）　小室直人「附帯控訴の本質」民商39巻1＝3号（1959）〔同・上訴制度の研究79頁〕、上野泰男「附帯控訴と不服の要否」民訴雑誌30号（1984）1頁参照。

926　第4編　上級審手続　第2章　控訴審手続

（4）　申立ておよび取下げの方式

　附帯控訴の方式は控訴の規定による（293条3項、規178条）。ただし、附帯控訴状を控訴裁判所に提出してすることができる。その申立てを口頭弁論において口頭で陳述した場合も、相手方が責問権（90条）を放棄すれば適法な提起とみてよいし、また印紙の貼用は不要である。附帯控訴も取り下げることができる。附帯控訴を取り下げるには相手方の同意を要しない（最判(一小)昭34・9・17民集13巻11号1372頁）。附帯控訴の取下げを書面をもってする場合には、その書面を裁判所に提出することによって効力を生ずる（同最判）。いったん取り下げても弁論終結までは再度申し立てることができる（最判(二小)昭38・12・27民集17巻12号1838頁）。

第3節　控訴審の審理

1　控訴審の審理の対象

（1）　原判決に対する不服の当否

　控訴審の審理の直接の対象は、控訴の適否と、第一審判決に対する不服申立ての内容（原判決変更を求める救済要求）を認容できるかどうかということ（不服の当否）である。すなわち、第一審のように訴えによる救済要求（請求）の当否を直接に審判するのでなく、原判決に対する不服の当否を審判の目的とし（したがって、訴え却下の原判決の取消しを求める控訴においては、第一審が訴えを却下したことの当否が控訴審の本案になる）、その限度で事件の再審理をする。不服の範囲（原判決の変更を求める限度）は、控訴人および附帯控訴人によって特定される。

（2）　不服の理由として審判される事項

　審理の対象となる不服は、第一審の終局判決に対するものである。控訴においては、第一審の終局判決に至るまでの前提問題や手続事項に関する裁判（たとえば、中間判決や訴え変更不許の決定）に対しても不服を申し立てられるが（283条）、終局判決に対する不服の理由として審判されるにとどまる。

2　控訴審の審理と原審との関係

（1）　続審制

　控訴審の審理においては、第一審で収集された資料を基礎とし（298条・296条2

項）、その上に控訴審で新たに収集された資料を加えて（297条・156条）、控訴審の口頭弁論終結時を基準時として原判決のうちの不服を申し立てられた部分が正当か否かを検討する。このような審理方式を続審制という。

続審制は、控訴審が必要な限度で自ら独自に事実認定をし、これに法を適用して事件の再審理をし、請求の当否の判断をした上でその結果が第一審判決と一致するかどうかを調査するものである。みずから事実認定をする点で、事後審査制と区別される。

事後審査制とは、原判決および第一審の資料から原判決の当否を判断するもので、原判決の事実認定について原判決の理由が筋の通ったものであれば、自分では、事実認定をしないで、原判決の当否を判断し、原判決の事実認定に疑問をもった場合にのみ、自分で事実認定をし直して原判決の当否を判断する方式である。

また、続審制は、みずから事実認定をし事件の再審査をするにしても、第一審の収集した資料のみに基づいてする方式（制限控訴制）とも、第一審と無関係にみずから収集した資料のみに基づいて判断する方式（覆審制）とも異なる。

（2） 弁論の更新権

続審制のもとでは、第一審でいったん終結した弁論を再開して続行することになる。したがって、第一審における訴訟行為は当然その効力を保有するとともに（298条1項）、当事者は第一審で提出しなかった攻撃防御方法を提出する機会が与えられる（297条・156条）。これを控訴審における弁論の更新権という（「控訴審における弁論の更新」とは異なる、→p930(4)）。しかし、更新権を無制限に認めると、当事者が第一審を軽視しそこでは十分な弁論を尽くさず、審理の重点を控訴審に持ち越す結果、訴訟を遅延させ、真相の発見を困難にするおそれがある。

そこで、事実審理の重点を第一審に置かせるように更新権を合理的に制約する必要があり[1]、続審制をとるドイツ法においては、そのための法改正がしばしば行われた。わが法においては、第一審において準備的口頭弁論、弁論準備手続、または書面による準備手続を終了した事件について、控訴審で攻撃または防御方

1） オーストリア法を中心にした研究として、中田淳一「控訴審における更新権について」私法6号（1952）〔同・訴訟及び仲裁の法理217頁〕、木川統一郎「控訴事後審制」法学新報75巻1＝2号（1968）〔同・比較政策171頁〕。

法を提出することに対しては、相手方に第一審同様、詰問権、提出者には説明義務が課せられる（298条2項、規180条）。控訴審における期間制限も平成8年改正法で新設された（301条）。156条から157条の2までも控訴審において準用される（297条、規179条）。

（3） 続審制の事後審的運営

平成年代に入る頃から実務で目立ち始め、平成8年改正法を機に急激にひろがった審理方式である。事後審的運営とは、最近の定義によると、「第一審において必要にして十分な争点整理がなされている事件については、控訴審の最終的な審判の対象である請求の当否について一般的な審理を行うのではなく、控訴状または控訴理由書でその争い方が更に具体化され、又は深められた特定の争点について、これに対する答弁書その他の反論準備書面による認否反論を聴き、証拠調べの要否を判断し、必要がある証拠を取り調べて最終判断をする」という訴訟運営である[2]。人証は、控訴理由との関係で、原則として、事案解明のために必要である場合または取調べの結果、原判決の変更・取消しの可能性が認められる場合に行うことになる。

このように控訴審の初期の段階で、争点を絞った弁論により、新たな主張もなくまた証拠調べも必要がないとの心証がとれれば、勢い第1回口頭弁論期日だけで結審することが可能になり、いわゆる「第1回結審」の判決が多くなってきた[3]。この傾向は、平成8年の改正において、とくに控訴理由書および反論書の提出を義務づける規定（民訴規182条・183条）[4]が入ったことにより、一層加速された[5]。

このような実務の流れに対しては、直接主義を軽視するとの強い批判があるが[6]、争点の早期明確化による審理の迅速・充実を求める新法の目的にそう傾向と評価できよう。ただし、控訴審裁判官としては、証拠を自分で調べ直さなけれ

---

2) 佐瀬裕史「民事控訴審の構造に関する一考察(1)」法協125巻9号（2008）1922頁(注12)、なお司法研修所編『民事控訴審における審理の充実に関する研究』（2004・法曹会）30頁、42頁参照。

3) これを正当とする実務家の論文は多いが、藤原弘道「『民事控訴審のあり方』をめぐる2、3の問題点」判タ871号（1995）4頁以下を挙げる。

4) これらの規定の意義については、宇野聡「控訴理由書提出強制の意義と機能」民訴雑誌43号（1997）220頁以下、講座新民訴Ⅲ7頁〔伊藤眞〕。

5) 前掲注2）、司法研修所編37頁、佐瀬論文1923頁(注13)参照。

6) 松本博之「控訴審における『事後審的審理』の問題性」青山・古稀459頁。

第3節　控訴審の審理　929

ばならないような、より慎重な審理が必要となる事件とそうでない事件との適切
な振分け作業が重要となり、このためには弁論前の記録の精査が不可欠となる
（最判（三小）平18・11・14判時1956号77頁（→p601）における控訴審の第1回結審は、不適切
な振分け例ではなかったか）。また振分けの作業過程において、控訴人の納得をどの
ように獲得するかが裁判官の腕の見せ所といえよう。実務がここまで進展してく
ると、控訴審を法律審に法改正（2004年）したドイツの動向とも絡み、そもそも
続審制をとっていることの意義があらためて問われることになろう。

3　控訴審の口頭弁論

控訴審手続には、一般に地方裁判所における第一審手続に関する規定が準用さ
れる（297条、規179条）。

（1）　口頭弁論の要否

不適法な控訴でその不備を補正できない場合には、口頭弁論を経ずに判決で却
下できるが（290条）、控訴または附帯控訴による不服の当否について判決するに
は、必ず口頭弁論を開かなければならない。

（2）　口頭弁論の範囲

口頭弁論においては、まず、控訴人が原判決に対する不服の範囲、すなわち、
原判決の変更を求める限度を陳述しなければならない。ただし、その範囲は口頭
弁論の終結に至るまでは変更することができる。被控訴人は、控訴の却下もしく
は棄却の申立てをし（もっとも、この申立てがなくとも控訴裁判所は控訴の当否について
判断すべきで、控訴棄却もできる、最判（二小）昭36・2・24民集15巻2号301頁）、さらに附
帯控訴によって自らも不服を申し立てることができる。この控訴および附帯控訴
による不服の当否が控訴審の審判の目標であり、弁論もその範囲で行われる
（296条1項）。

控訴審における訴えの変更（→p771（3））または反訴（300条。なお→p774（2））の
提起も、これについて判決することにより第一審判決の内容を変えることになる
という意味で、原判決に対する不服の内容をなすとみられる。選定者に係る請求
の追加（300条3項・144条）についても同様に考えられる。

（3）　不服申立てのない部分について

第一審判決中、どちらの当事者からも不服申立てのない部分について、勝訴当

930　第4編　上級審手続　第2章　控訴審手続

事者は、無条件の仮執行の宣言を申し立てることができる。これに対して、控訴裁判所は、決定で裁判する（294条）。この申立てを却下する決定に対しては即時抗告ができるが、申立てを容れた決定、その他原判決中の仮執行宣言を変更する裁判に対しては、不服申立てができない（295条）。

（4）　弁論の更新

当事者は、第一審における口頭弁論の結果を陳述しなければならないとされている（296条2項）。これを弁論の更新という。しかし、第一審の訴訟資料・証拠資料は、控訴審でもそのまま効力を持続する（298条1項）ことになっており、このことは、控訴審の裁判官は、第一審の資料を利用するかぎりでは、その記録に基づいて審判してよいこと（書面審理・間接審理）が前提になっている[*]。したがって、この弁論の更新には、第一審の訴訟資料等を改めて口頭弁論に上程（顕出）するという意義はなく[7]、第一審の経緯を説明するとともに、不服申立ての審判の範囲およびその趣旨を明確にするために、第一審判決のどこにいかなる理由から不服であるかについて、手続保障の観点から、当事者に「意見」陳述の機会を与えることに意義があるとみるべきである[8]。

そうだとすれば、弁論の更新は、その機会さえ与えれば十分で、当事者がこの機会を放棄することは自由であるから、当事者のいずれか一方のみの陳述であってもかまわないし（最判（三小）昭33・7・22民集12巻12号1817頁参照）、双方とも放棄したとしても、手続違反として問責する筋合いのものではないと解される（以上（4）は、本書第4版の説を改めた）。

〔*〕　「第一審判決事実摘示のとおり」との陳述の効果　　判例は、第一審で主張した事実であっても、控訴審の口頭弁論期日において第一審の口頭弁論の結果を陳述するさいに「第一審判決事実摘示のとおり」と陳述した場合、第一審判決事実摘示にその主張事実が記載されていなかったときは、たとえ訴状に記載されていたとしても、その主張事実は控訴審では主張されなかったものとされる（最判（一小）昭38・6・20裁判集民事66号591頁、最判（一小）昭41・11・10裁判集民事85号43頁）。これに対し、第一審で主張されなかった事実であっても、第一審判決事実摘示に上記の事実が主張された旨記載され、控訴審口頭

7）　鈴木正裕「当事者による『手続結果の陳述』」石田=西原=高木・還暦記念(下)407頁以下によると、「調書記載の通りです」という弁論更新の実務は、「茶番劇じみたセレモニー」だという。

8）　鈴木重勝「一審資料の控訴審における効力」民訴雑誌43号（1997）1頁。

弁論期日において第一審の口頭弁論の結果を陳述するにさいし「第一審判決事実摘示のとおり陳述する」旨弁論したときは、上記の事実は控訴審の口頭弁論で陳述されたことになるとする（最判（一小）昭61・12・11判時1225号60頁）。いずれの判決も、調書の記載内容に強い証拠力を認める伝統（脚注7）鈴木正裕論文440頁参照）によるものと思われる。

（5） 攻撃防御方法の提出

当事者は、控訴審の口頭弁論終結に至るまで攻撃防御方法を提出することができる（297条・156条・156条の2）。ただし、仮執行による弁済は防御方法にならない（最判（一小）昭36・2・9民集15巻2号209頁）。提出できる攻撃防御方法は、第一審の口頭弁論終結後に存するに至ったものに限られない。ただし、298条2項により、相手方の求めにより後れたことについて説明をさせられることがある。さらにその提出が時機に後れたものであるときは、却下される可能性もある（297条・157条・157条の2）。時機に後れたかどうかは、控訴審の弁論が第一審の弁論の続行とみられるから、第一審の弁論の経過を通じて判断すべきである（大判昭8・2・7民集12巻159頁、最判（三小）昭30・4・5民集9巻4号439頁）。

控訴審裁判所の訴訟指揮の方法として攻撃防御方法の提出すべき期間を定めることができ（301条1項）、それ以後に提出する場合には、裁判所に対して期間内に提出できなかった理由を説明させることにして、当事者の提出を誘導することができる（同条2項）。

（6） 陳述擬制

控訴審の最初の口頭弁論期日に当事者の一方が欠席したときは、158条の陳述擬制がなされるべきである（297条。最判（三小）昭25・10・31民集4巻10号516頁）。

（7） 第一審でなされた訴訟行為

申立て、責問権の放棄、自白などはすべて、控訴審でも効力を持続する。ただし、擬制自白は、各審級において独自に生じる問題であるから、控訴審の口頭弁論終結時の弁論の全趣旨から自白を擬制できるかどうかを控訴裁判所が判定する（大判昭8・4・18民集12巻703頁）。第一審で争点・証拠の整理手続が行われた場合には、その効果は控訴審においても持続する（298条2項、規180条、民訴167条・178条等の制限が続く）。

第一審の手続上の事項が適法かどうかも控訴審の判断に服するから（308条2項参照）、違法な手続や行為は、これを除きまたはやり直して、手続を進めるべき

932　第4編　上級審手続　　第2章　控訴審手続

である。ただし、訓示規定違反は問題にする必要がないし、任意規定違背についても責問権が放棄・喪失されればやはり問題にしないのみならず、職権調査事項以外は不服の理由として当事者が主張しないかぎり、その違法を顧慮しない（大判昭15・3・5民集19巻324頁は、第一審で成立した和解を無効として期日の申立てがあったときになされた和解無効の中間判決——和解の有効無効、したがって期日指定の適否——については、当事者が不服を述べていないかぎり控訴審で審理する必要なしとする）。

（8）　請求の追加・変更、補助参加等

控訴審においても、訴えの変更、共同訴訟参加（⤻p803）、中間確認の訴え、反訴（300条）、補助参加、選定者に係る請求の追加が許される（297条）。

もっとも、裁判所は、訴訟指揮の方法として、請求もしくは請求原因の変更、反訴の提起または選定者に係る請求の追加をなすべき期間を定めることができる。この場合には、その後にこれらの申し立てをするときには、後れた理由を裁判所に説明しなければならなくなる（301条）。

第4節　控訴審の終局判決

控訴審にも、中間判決その他の中間的裁判があるが、控訴または附帯控訴による不服申立てに対する応答は、終局判決でしなければならない。この終局判決による応答には、控訴または附帯控訴による不服申立てを不適法とする控訴却下（控訴審における訴訟判決）と、不服の当否を判断する控訴棄却または控訴認容（いずれも控訴審における本案判決）とがある。

1　控訴却下

控訴の要件が欠けたとき（たとえば、控訴権のない場合、控訴提起行為が無効の場合など）になされるもので、控訴を不適法とする訴訟判決である（290条）。ただし、管轄権のない控訴裁判所へ控訴が提起されたときは、管轄控訴裁判所へ移送すべきである（⤻p126〔＊＊〕）。

2　控訴棄却

控訴または附帯控訴による不服を理由なしとして原判決（第一審判決）を維持す

第4節 控訴審の終局判決　*933*

る本案判決である。

（1）　原判決に対する不服の原因には、原審の手続に対する不服と、判決の判断（結論およびその理由）に対する不服とがある。原審の手続に重大な違法がなく、判決の結論および理由が相当であるときは、不服は理由がない。原判決の判断を相当とする場合（302条1項）のほか、原判決の理由は当時としては不当でも、控訴審の口頭弁論終結当時の資料で判断すれば、結論において原判決の主文と一致すれば、やはり控訴を棄却する（同条2項）。これは、判決の効力に影響がないからである。

しかし、原判決において予備的相殺の抗弁によって勝訴した控訴人がこれ以外の理由で勝訴すべきだと判断する場合には、原判決を取り消して改めて請求棄却を言い渡すべきである（114条2項参照。なお、控訴審で、新請求の追加的変更があった場合については、→p771(3)）。附帯控訴も理由がなければ棄却する（293条3項）。

（2）　控訴棄却の判決が確定すれば、原判決も確定し、原判決が給付判決であれば、原判決が債務名義になる。既判力の標準時は控訴審の口頭弁論の終結時である（民執35条2項参照）。

（3）　裁判所は、控訴棄却とともに控訴権濫用に対する制裁としての金銭納付命令を発しうる（303条）。

3　控訴認容

原判決に対する不服を理由ありとする本案判決で、その内容は、原判決の取消しと訴えに対するなんらかの応答とを含む。

（1）　原判決の取消し

原判決の判断が不当であるとき（305条）、原判決の成立過程に違法があるため、原判決の成立自体に疑いがあるとき[*]（306条）は、控訴審裁判所は原判決を取り消さなければならない。このほか、原審の訴訟手続一般に重大な瑕疵があってこれを控訴審判の前提にしえない場合にも、原判決を取り消すべきである（308条2項・309条参照）。

〔*〕「判決の手続」の法律違反（306条）　　たとえば、法律上関与できない裁判官が判決に関与した場合（大決昭5・4・23民集9巻411頁）、判決言渡期日の指定がなく、その適法な告知もなかった場合（大判昭13・4・20民集17巻739頁、最判（三小）昭27・11・18民

集6巻10号991頁。 ⟶p672 3（2）） などがこれにあたる。しかし、言渡期日以前に言い渡されても、取消しの理由とならない（大判昭8・1・31民集12巻39頁は実質に影響なしとして破棄事由にならないとする。反対、菊井＝村松・Ⅲ177頁）。除斥原因のある裁判官が言渡しのみに関与しても（大判昭5・12・18民集9巻1140頁）、また、最終口頭弁論期日に出頭しなかった当事者に対し、判決言渡期日の呼出状を送達しないで言渡しをしても、判決手続の法令違反にあたらない。

（2）　原判決取消しの場合の処置

原判決を取り消すと、訴えに対する応答がなくなるので、訴えに対して、なんらかの処置を講じなければならない。処置としては、自判、差戻し、移送がある。

　㋐　**自判**　　控訴裁判所がみずから第一審に代わって訴えに対する裁判をする場合で、控訴審では、事実審である関係から自判が原則となる。これには、「原判決を取り消す。原告の請求を棄却する」という場合と、取消しと自判を一緒にして「原判決をつぎのように変更する〔＊〕」という場合がある。

　〔＊〕　原判決の一部を取り消して自判する場合に、「原判決の一部を取り消す。その余の部分については控訴を棄却する」という主文を用いることは稀であり、「原判決を次のように変更する」として、改めて請求についての判断を記載（第一審判決主文と同様の記載を）するのが実務の慣行である。

　㋑　**差戻し**

　⒜　**差し戻す場合**　　原判決が訴え却下の判決であれば、第一審の本案の審理がまったく行われなかったことになるから、事件を原裁判所へ差し戻さなければならない（307条）。この場合を必要的差戻し〔＊〕という。その他の場合でも、第一審の審理に重大な欠陥があるため、審級制の運営上、第一審から審理し直すのを適当と認めるときは（たとえば、原判決が、請求の原因なしとして請求を棄却しており、数額の点につき審理していない場合）、その裁量で、事件を差し戻すことができる（308条1項）。これを任意的差戻しという。

　〔＊〕　確認の利益を欠くという理由による訴え却下の判決の取消しの場合も含まれる（最判（三小）昭37・12・25民集16巻12号2465頁）。当事者適格の欠缺も同様である（最判（一小）昭46・2・18判時626号51頁）。もっとも、最判（一小）昭37・2・15裁判集民事58号695頁は、抗告訴訟で第一審判決が訴えを不適法として却下し、仮定的に請求を棄却している場合で、控訴審が訴えを適法とし、請求を理由なしと判断するときは差し戻さなくてもよいとする。しかし、平成8年改正法では、307条にただし書を挿入して、事件につきさらに

弁論をする必要がないときは差し戻さなくてよいと規定された。

　⒝　**差戻判決後の手続**　　差戻判決に対しては上告ができる（最判(三小)昭26・10・16民集5巻11号583頁→p661〔＊〕）。差戻判決の確定によって事件は原裁判所へ移審する（その後の第一審裁判所の構成については、325条4項の制限はない）。その後の手続は、従前の第一審手続を続行することになる（控訴審で初めて収集した資料は原判決取消差戻しのための資料にとどまり、差戻しによって、当然には第一審手続の資料とならない）。

　従前の訴訟手続は、原判決の取消しの理由において違法と判断されていないかぎり、その後の手続においても効力を保持する（308条2項）。原裁判所は、控訴裁判所が取消しの理由とした法律上・事実上の判断に拘束される（裁4条。当事者も、これに反する主張を、取消差戻判決確定後の同一事件の控訴審判決に対する上告理由とすることができない、最判(二小)昭30・9・2民集9巻10号1197頁。ただし、最判(大)昭32・10・9刑集11巻10号2520頁は、最高裁は、先に出された高裁の差戻判決の法律上の判断に拘束されないとする）。

　㈽　**移送**　　原判決を専属管轄違反で取り消す場合には、原裁判所へ差し戻さず、直接管轄権のある第一審裁判所へ移送する（309条。なお任意管轄違反は取消しの理由にならない。299条1項）。

（3）　**原判決の変更の限度**

　原判決の取消し、自判や差戻しをするについては、控訴または附帯控訴による不服申立ての範囲内にかぎられるのが原則である（304条）。

　㈎　**利益変更禁止**　　控訴人が不服を申し立てていない敗訴の部分は、原判決を不当と認めても、控訴人に有利に変更することはできない（利益変更の禁止）。たとえば、本訴と反訴について敗訴した被告が反訴の判決に対してだけ不服を申し立てているときは、本訴の判決が不当でも、これに触れてはならない。

　㈏　**不利益変更禁止**　　控訴人に不利益に原判決を変更することは、相手方から控訴または附帯控訴がないかぎり許されない（不利益変更の禁止）（例外として、境界確定の訴えにつき、→p209〔＊〕、独立当事者参加の場合につき→p848〔＊〕）。このため、控訴人は、相手方が不服申立てをしないかぎり、最悪の場合でも控訴を棄却されるだけで、それ以上の危険を負わない〔＊〕。また、もし、相手方が附帯控訴によ

936 第4編 上級審手続 第2章 控訴審手続

って不服を申し立てたときは、控訴を取り下げれば、不利益変更の危険を免れうる（293条2項）。

〔＊〕 **相殺の抗弁と不利益変更禁止** 不利益変更禁止の結果、訴求債権の存在と相殺の抗弁の両者を認め請求を棄却した第一審判決に対し、原告のみが控訴した場合において、控訴審が請求債権の成立を否定するときは、第一審判決を維持し控訴棄却にとどめなければならない。第一審判決を取り消して請求棄却とすると、第一審判決に存した相殺の抗弁を認容した判断を消去し、被告の反対債権はそのまま存続することになり、控訴した原告に一審判決より不利となるからである（最判(一小)昭61・9・4判時1215号47頁。山本克己「相殺の抗弁と不利益変更禁止の原則」ジュリ879号（1987）59頁）。

なお、一部請求に対して相殺の抗弁に理由があるときは、請求債権総額を確定した上で反対債権額を控除した残存額を算出し、これと一部請求額とを比較して判決をすべきである。そこで、残存額が一部請求額より多ければ一部請求額をそのまま認容し、一部請求額が残存額より多ければ残存額の限度で認容する。最判(三小)平6・11・22民集48巻7号1355頁は、一部請求額を超える範囲の反対債権の存否には既判力は生じないから、一部請求を認容した第一審判決に被告のみが控訴し、控訴審で新たに請求債権総額が認定し直され、その総額から反対債権額を控除した残存額が第一審で認容された額を超えるときに、控訴棄却の判決をしても不利益変更禁止に反しないとする。この判旨の一般論に異論はないが、本件では、控訴審で主張された反対債権Aが第一審で主張されていた反対債権Bとは別個のものであり、A債権については第一審の判断はないのであるから、A債権について不利益変更禁止の問題は生じないと思われる（平6年度重判解121頁〔梅本吉彦〕、中野貞一郎・民商113巻6号（1996）921頁・934頁）。

また、主位的請求を棄却し予備的請求を認容した第一審判決に対し、被告だけが控訴し原告が控訴も附帯控訴もしない場合には、主位的請求に対する第一審判決の判断の当否は控訴審の審判の対象にならないとするのが判例であるが（最判(二小)昭54・3・16民集33巻2号270頁、最判(三小)昭58・3・22判時1074号55頁）、疑問である。予備的併合型態を許容し一体としての処理を認めた趣旨に鑑み、控訴審は主位的請求に対する第一審判決の当否を審判の対象としうると解すべきである。新堂「不服申立概念の検討」吉川・追悼(下)〔同・争点効(下)227頁〕、宇野聡「不利益変更禁止原則の機能と限界(1・2完)」民商103巻3号（1990）397頁・4号（1991）581頁参照。

(ウ) **不利益変更禁止の限界** 不利益変更禁止の原則は、不服申立人に不服の範囲を限定する権能を与えることに基づくもので、処分権主義の控訴審における現れといえる。しかし、「訴えなければ裁判なし」という場合と異なり、すでに第一審の判決がなされている事項のうちの一部に限定を認める場合であるから、

裁判所が本来職権で調査すべき事項については、控訴を機会に、原判決を正しく変更する裁判所の権能ないし職責まで制約することができると解すべきではない。

たとえば、訴訟費用の裁判や仮執行宣言の変更は、申立ての有無に関わらないし（67条・259条）、本案についても、たとえば、裁判権、専属管轄、訴訟能力等の欠缺を認めるときは、一部敗訴の原告による控訴に対しても、原判決の全部を取り消し変更することができる[*]（そうしないと、控訴審判決自体が上告や再審による破棄・取消しの対象となる）。

> [*] 訴え却下の第一審判決を違法としても、被告からの附帯控訴がないときは、第一審判決を取り消し請求を棄却するのは、原告たる控訴人に不利益に第一審判決を変更することになるから、たんに控訴を棄却するのが正当とする判例（最判(二小)昭35・3・25裁判集民事40号669頁）がある。しかし、請求棄却が明らかである場合などの特別の事情（たとえば前掲（↘934(a)[*]）最判(一小)昭37・2・15裁判集民事58号695頁参照）があれば格別（307条ただし書参照）、そうでなければ第一審判決を取り消して必要的差戻しをすべきである（307条本文）。

4 控訴審の判決書等

控訴審の判決書または判決書に代わる調書において、事実および理由を記載する場合、第一審の判決書または判決書に代わる調書を引用して記載することができる[*]（規184条）。

> [*] 「引用」は、第一審判決書の記載そのままを引用する必要なく、これに付加、訂正あるいは削除して引用することは妨げないとされているが（最判(一小)昭37・3・8裁判集民事59号89頁）、最判(一小)平18・1・19判時1925号96頁の泉裁判官の補足意見は、このような「継ぎはぎだらけの判決」は、読みにくく間違いも起こりやすい、国民にわかりやすい裁判の実現、裁判の迅速化という観点において望ましくないと指摘し、控訴審判決としては、その中に引用部分をとけ込ませた（引用部分をゴチック体にするなど工夫をして）自己完結型の判決書の作成を推奨する。利益者・一般人にとって分かりやすい民事訴訟制度を求める立場から、傾聴すべき意見である。

5 訴訟記録の送付

控訴審において訴訟が完結したときは、控訴裁判所の裁判所書記官は、第一審裁判所の裁判所書記官に対し、訴訟記録を送付する（規185条）。

第3章 上告審手続

第1節 上告の意義

1 上告の概念

上告は、控訴審の終局判決に対する法律審への上訴であり、法律審たる上告審手続を開始させる申立行為である。その申立人を上告人、相手方を被上告人という。

（1） 上告受理制度との比較

平成8年改正法は、最高裁判所への上告事件を、憲法その他重要な法律問題にのみ絞る方法として、最高裁判所へ従来の「上告」ができる理由を、原判決に憲法の解釈の誤りその他憲法違反があることを理由とする場合および絶対的上告理由に限定する（312条1項・2項）とともに、それ以外の法令違反については上告受理の制度を導入した（高等裁判所への上告については従来通りである、312条3項）。上告受理制度は、不服の利益を有する当事者の申立て（上告受理の申立て）に基づき、最高裁判所は、原判決に最高裁判所の判例（これがない場合にあっては、大審院または上告裁判所もしくは控訴裁判所である高等裁判所の判例、以下「最高裁等の判例」という）と相反する判断がある事件その他の法令の解釈に関する重要な事項を含むものと認められる事件について、上告審として受理する旨の決定をすることができ（318条1項）、上告受理決定があると、上告がなされたものとみなす（同条4項）という制度である。

従来の上告制度では、上告人がみずからの権利として上告審手続を開始させることができたといえる。上告受理制度においては、最高裁自身が、法令の重要な解釈問題を含むと認める事件および理由（最高裁が上告受理の申立ての理由中で重要でないと認めて排除したもの以外の理由、318条3項・4項）についてのみ、上告審の審理を開始すれば足りるというものであり、上告受理決定があって初めてその事件および上告受理申立理由について上告審手続が開始されることになる（不服の利益を

もつ申立人に上告受理申立権はあるが、上告権はない）。

　もっとも、上告受理申立書および上告受理申立ての理由書の取扱いは、上告状および上告理由書の取扱いに準じているので（318条5項、規199条）、上告受理の決定がなされること以外、手続の実際の流れは、あまり違わない（→p951（3））。

（2）　上告の対象となる控訴審の終局判決

　上告は、控訴審の終局判決に対して認められる（311条1項。差戻しまたは移送の判決も終局判決である（→p661〔＊〕）。地方裁判所の控訴審判決に対する再審事件の終局判決も「控訴審の終局判決」である。最判(二小)昭42・7・21民集21巻6号1663頁）。高等裁判所が第一審としてなした判決（311条1項、特許178条、弁護士61条等）、または当事者間に飛越上告の合意（281条1項ただし書。→p919(ｱ)）のある第一審判決（311条2項）に対しては、控訴審を省略して、直ちに上告ができる。離婚請求を認容すべきものとした原判決に対し、その附帯処分の一つである親権者指定に関する部分に限定した上告の申立ても適法である（最判(三小)昭61・1・21家裁月報38巻8号48頁）。

（3）　法律審への不服申立て

　上告は法律審への上訴である。上告の提起および上告受理決定によって上告審手続が開始されるが、上告審は、現行法上、つぎのような意味で法律審たる性格を与えられている。

　(ｱ)　**事実認定のやり直しはしない**　　第1に、上告審は、原判決を、もっぱら法令に違反するかどうかの点から審査するものであり、上告制度を利用するには、たんに原判決に不服の利益があるというだけでは足りず、法令違反を上告の理由として主張しなければならない（これを主張しないと不適法な上告として却下される。315条、規190条・191条）。

　第2に、上告審は、原判決が違法かどうかを審査するのに、事件の事実関係をみずから認定し直さず、原判決の手続の経過および判断の経過を事後的に審査するにとどまる（原判決が適法に認定した事実に拘束される、321条1項）。当事者は新たな事実の主張や証拠の申出をして、事実認定のやり直しを求めることはできない。上告審が、控訴審判決を取り消して控訴または訴えにつき自判するときでも、そのために必要な資料は、従来の手続において収集されたものにかぎられ、新たな資料の収集をしない。

　(ｲ)　ただし、職権調査事項については、上告審も、調査のため必要な事実の

収集を行う（322条）。そのため証拠調べをする場合も生じる。しかし、口頭弁論の方式の遵守に関しては、調書の記載だけが証拠となる（313条・297条・160条3項。→p562(4)）。

2　上告制度の目的と機能

　上告は、控訴に比べて、不服申立の範囲を制限された上訴であるが、やはり、不当な裁判から不利益を受ける当事者を救済することを第1の目的とした制度と理解すべきである。上告申立ての理由が法令違反に限定され、かつ、上告によって数少ない上告裁判所の判断が示されることから、上告制度は、法令の解釈適用を全国的に統一し、法律生活の安定を図るという機能を果たすことができる。この機能を十分に果たさせるためには、政策論として、上告裁判所の数をできるだけ少なくし、できれば唯一の最高裁判所のみが取り扱うようにすることが望ましいし、またむやみに多数の事件のために上告裁判所の負担が過大にならないように、上告理由の制約等を配慮する必要があろう（平成8年改正法は、このため上告受理制度を導入した）。しかし、法令の解釈適用の統一という作用は、あくまでも、当事者による上告の提起または上告受理申立てを介してのみ考えられるものであり、上告審手続の開始そのものが当事者の意思と出費に基づくものである以上、当事者の具体的救済を無視した法令解釈の統一作用をすべきではない（→p66(2)。および→p602〔＊＊〕末尾段落）（下記4④参照）[1][2]。

3　上告の利益

　上告が許されるには、上告の利益（不服の利益）があることと、上告理由の主張とが必要である。これらの要件を欠く上告は、不適法として却下される。

　原審で全部勝訴した当事者には、上告の利益がない。

1）　上告受理申立てにおいても、判決に影響を及ぼすことが明らかな法令違反がある場合には、当然に原判決を破棄すべきであり、破棄しない裁量があると解すべきではない。山本克己「最高裁判所による上告受理及び最高裁判所に対する許可抗告」ジュリ1098号（1996）86頁。

2）　上告目的論の歴史は古い。法令の改廃もたびたびあり、今では上告受理制度まで作られた。この目的論の近時の展開については、ここでは、法律の改廃と学説史を巧みにフォローし問題点を明らかにした近時の研究として、高橋宏志「上告目的論」青山・古希219頁以下を挙げるにとどめる。

第1節　上告の意義　　*941*

　たとえば、第一審で全部勝訴の当事者の控訴を却下すべきなのに棄却した控訴
審判決は違法であるが、この当事者には上告の利益はない（最判(二小)昭32・11・
1民集11巻12号1832頁）。原判決の理由中の判断を攻撃するにとどまるものは、上告
の利益を欠く（最判(三小)昭31・4・3民集10巻4号297頁参照）。また、第一審判決を
取り消し第一審へ差し戻す控訴審判決に対する上告においては、取消しの理由以
外の判決理由に対して不服があっても上告の利益はない（最判(一小)昭45・1・22民
集24巻1号1頁）。なお、上告以外の手段、たとえば更正決定（257条・297条・313
条）の手続によるべき場合にも、上告の利益はない（最判(一小)昭28・10・1裁判集
民事10号43頁）。

4　上告理由

　上告の不服の理由とすることができる事由を上告理由という。その事由の主張
を欠く上告は不適法であり、その主張が正当と認められるときは、原判決が破棄
されるものである。法律審への上訴である上告の不服は、法令違反の主張を理由
とするものでなければならないが、すべての法令違反が上告理由となるわけでは
ない。

　平成8年改正法は、上告制度の趣旨や訴訟経済等の観点から、①重大な手続法
違反を列挙して原判決への影響を問わない上告理由（絶対的上告理由）（312条2項）
とするとともに、②最高裁判所に対する上告は、判決に憲法の解釈の誤りがある
ことその他憲法の違反があることを上告理由として認める（同条1項）。③高等裁
判所に対する上告は、①②のほか、さらに、原判決に影響を及ぼすことが明白な
法令違反を上告理由として認めている（同条3項）。

　④最高裁判所への上告受理の申立ての創設は、平成8年改正法の目玉の一つと
いわれる。上記①および②の上告理由以外の事由を理由とするもので、③の代わ
りに認められるものであるが（318条2項）、原判決に最高裁判所等の判例と相反
する判断がある事件その他の法令の解釈に関する重要な事項を含むものと最高裁
判所によって決定（上告受理決定）された理由についてのみ上告があったものとみ
なされる（同条1項・4項）。最高裁判所は、上告受理申立てにおいて主張された
理由中のうち、重要でないと認めるものがあるときはこれを排除することができ、
これによって排除されたもの以外のものが上告理由とみなされる（同条3項・4項。

④の上告理由は、「重要な法令違反」と略称できよう）。

318条1項にいう「その他の法令の解釈に関する重要な事項」とは、表現としては、個別事件を超えて法令解釈の統一・判例法形成のため重要と認められる事項を意味するように読めるが、上告審の目的からして、個別事件の救済機能も果たすような事項、たとえば、経験則違反の事実認定や釈明義務違反による審理不尽（➚p946〔＊〕）などの事由であって、判決に影響を及ぼすことが明らかなものを含むと解釈すべきである（➚p601〔＊＊〕）。再審事由のうちで、312条2項に列挙されたもの以外の事由（338条1項4号から10号）も、上告受理の理由になる（以下の(3)参照）。312条によって規定される①から③の上告理由は、上告人によって主張される事項がそのまま上告理由と扱われる（これらを理由とする上告は、「権利上告」と呼べる）。これに対し④は申立人の主張した上告受理の申立理由のうち、最高裁判所によってスクリーニングされたものが上告理由となる。

（1）　法令違反

上告理由前掲①から④はすべて法令違反にかかわるが、その法令違反の意義をより詳しくみておこう。

　⑺　**法令の範囲**　　(a)　法令違反における法令とは、裁判所が遵守適用すべきすべての法規である。広義には憲法を含むが、狭義には、法律、政令、裁判所規則、地方条例などすべてこれに属する。わが国の締結または加入した条約・協定も、また外国の法令も準拠法として適用すべきかぎりにおいては、日本の法令と同視される。

　　(b)　経験則は、それ自体法令ではない。自由心証主義の建前から、その適用が著しく不当な場合にのみ適法な事実認定とはいえないとして法令違反になるにすぎない[3]。

　⑺　**法令違反の原因**　　(a)　これには、法令自体の効力や内容を誤解する場合（法令の解釈の誤り）のほか、ある具体的な事実が認定できる場合にそれが法令の構成要件に該当するか否かの評価を誤る場合（法令の適用の誤り）がある。当事者やその代理人がどのような状況でどのような言葉を使ってどのような効果を欲

---

[3]　兼子・体系461頁。しかし、菊井・㊦450頁、大判昭8・1・31民集12巻51頁は、経験則違反を法令違反と同視する。なお、➚p600〔＊〕。

して合意したかは、証明の対象となる事実問題であるが、これらの事実にどのような法律的効果を認めるか（たとえば、どのような内容の契約の成立を認めるか、錯誤による取消しを認めるか、民95条）は、法律問題であり、その評価を誤るならば、法令違反として上告理由となりうる。

(b)　原判決時には法令違反がなかったが、その後上告審判決時までに法令の改正があり、それが原判決時を含めて遡及的に適用されるべきものであるときは、旧法を適用した原判決は法令違反となる。しかし、新法に遡及効がないときは、このかぎりでない[4]。

(ウ)　法令違反と判決に対する影響　　憲法の解釈または適用を誤った場合には、それが判決に影響を及ぼす可能性があれば上告理由となる（313条による302条2項の準用参照）。他方、その他の法令違反の場合には、「判決に影響を及ぼすことが明らかな」違反でなければならないと規定されているが（312条1項と3項の比較さらに325条2項参照）、影響が明らかとは、その違反がなければおそらく異なった判決になったであろうという蓋然性が認められる場合を指し、その違反がなければ異なった判決がなされたかもしれないという可能性だけでは足りない趣旨と読める。しかし、事実問題について自ら具体的に心証形成をしない上告審に、その可能性だけの場合を排除させるのは無理であり、強いてやらせるとすれば、かえって審理の遅延を招き得策ではない。その意味で、憲法違反の場合とその他の法令違反の場合とで、判決に対する影響の程度に差をつけるのは、実践的でないと考えられる。

(エ)　法令違反を生じる場所　　各上告理由の内容やその訴訟上の取扱いを考察する上で、法令違反の生じる場所による法令違反の区別も有用である。

(a)　**手続上の誤り**　　(i)　原審の手続に訴訟法規違反がある場合である。たとえば、当事者の主張しない事実の採用、自白の効力の誤認、証拠調手続の違法、期日の指定・送達等の違法がある。もっとも、訴訟法規違反がすべて上告理由になるわけではない。訓示規定違反は、法律上の効力に影響しないから上告理由とすることができない。任意規定違反も責問権の放棄または喪失があれば、上告は

---

4)　兼子・体系462頁、小室直人「上告理由」〔同・上訴制度の研究193頁〕。なお、最判（一小）昭29・1・21裁判集民事12号39頁参照。

理由がないことになる。事実の確定も、その方法や資料の収集が違法であれば手続違反となるが、飛越上告の合意（281条1項ただし書）があるときは、第一審の事実認定の結果を争わないことを内容としたものであるから、事実確定の違法を上告理由として主張することは許されない（321条2項）。

(ii) 手続上の誤りは、それが職権調査事項に関してであれば、上告理由として主張されていなくとも、上告審は当然審査することになるが、職権調査事項でないかぎり、上告理由として主張されたものにかぎって調査するにすぎない（320条・322条）。これは、原審手続に法令違反はないとの一般的推測と、かりに手続違反はあっても主張されないかぎり結論に影響がないものとの推測に基づく。

(iii) 手続上の誤りは、それが明らかに判決内容に影響を及ぼすかぎりで、原判決破棄の理由となる。ただし、「判決の手続」の法律違反（313条・306条。→p933〔＊〕）および絶対的上告理由（312条2項）については、これを問わない。

(b) **判断上の誤り**　原判決中の請求の当否に関する法律判断が不当な場合である。事案に対して法令を適用することは裁判所の職責であるから、判断上の誤りは、上告が適式であるかぎり、上告理由として指摘されなくとも調査の対象となる（322条・325条2項参照）。判断上の誤りの場合には、判決の結論に影響があるかどうかが明白であるのが通常であるが、判断上の過誤が認められ判決の結論に対する影響が明らかでも、別の理由で判決の結論を維持できる場合には、上告理由はないことになる（313条・302条2項）。

(2) **絶対的上告理由**（312条2項）

手続上の誤りについては、前述のように判決内容に対する影響が明白でない場合が多いから、重大な手続違反を列挙的に規定し、その事由があれば、判決への影響を問わずつねに原判決を破棄すべきものとしている。このような上告理由を絶対的上告理由という[5]。

(a) **判決裁判所の構成の違法**（312条2項1号）　裁判官の欠格（裁41条-46条）、任命方式の違法（憲80条1項）、合議体の構成員数（裁9条・10条・18条・26条・35条等）などが問題となる。

(b) **判決に関与できない裁判官の判決関与**（312条2項2号）　除斥原因のある裁判

---

5) 沿革について、鈴木正裕「上告理由としての訴訟法違反」民訴雑誌25号（1979）29頁。

官、忌避の裁判のあった裁判官の関与、破棄差戻しになった判決に関与した裁判官が再び関与した場合（325条4項）などが問題となる。判決関与とは、判決の評議および原本作成に関与することを指し、判決の言渡しのみに関与するのは、これに含まれず、たんなる法令違反である（大判昭5・12・18民集9巻1140頁）。

　　(c)　**専属裁判管轄権違反**　　国際裁判管轄の規定の整備（⤳p97(イ)）により、312条2項2号の2として「日本の裁判所の管轄権の専属に関する規定に違反したこと」が追加された。

　　(d)　**専属管轄違反**（312条2項3号）　　これについては、⤳p107。

　　(e)　**代理権等の欠缺**（312条2項4号）　　⤳p166。なお、原判決が破棄されるまでに、その当事者側による追認があれば、上告理由でなくなる。

　　(f)　**口頭弁論の公開の規定**（憲82条、裁70条）**の違反**（312条2項5号）　　公開したかどうかは、調書の記載によってのみ証明すべきである（313条・297条・160条3項）。

　　(g)　**判決に理由を付さず、または理由に食違いがあること**（312条2項6号）　　「理由を付さない」とは、主文を導き出すための理由の全部または一部が欠けていることをいう。理由に食違いがあることとは、その文脈において、一義性を欠き、前後矛盾していて、理由の体をなさない程度のものをいう。最判(一小)平27・12・14（民集69巻8号2295頁）（⤳p224〔＊〕）は、主請求債権の全部または一部が時効消滅したと判断されることを条件として、反訴請求に対して、時効消滅された部分を自働債権とする相殺の抗弁は適法であるとし、その抗弁について判断しなかった原判決を、312条2項6号の「理由不備がある」、「主文を導き出すための理由の一部が欠けている」として破棄差戻しをしている。

　判決に影響を及ぼすべき重要な事項についての判断の遺脱または審理不尽〔＊〕があって、その事項につき理由がない場合は、「理由を付さない」に含まれない（本書第4版までは、含まれるとしていたが、改説した）。平成8年改正法の下では、上告を制限しようとする立法趣旨からして、このような場合まで312条の権利上告の理由に入れるべきではなく、また判断の遺脱があったとしても、判決そのものは、その理由において論理的に完結しており、理由が付されていないとはいえないからである。したがって、そのような場合は再審事由（338条1項9号）でもあるが、上告受理の理由の一つとして扱うべきものと考えられる（最判(三小)平11・6・29判時1684号59頁は、再抗弁についての判断の遺脱を「理由を付さないこと」にはあたら

ないとした上で、判決に影響を及ぼすことが明らかな法令違反があるとして原判決を職権で破棄、差し戻している）。

〔＊〕　**審理不尽**　大審院以来上告理由の一つとして認められ、判例も原判決破棄の理由として常用した手続違反事由である。しかし、その内容はあいまいで規定もないから、審理不尽を独立の上告理由とすることは避けるべきであり、判例がこの語を用いるときには、法令解釈適用の誤りや理由不備と重畳的または選択的に掲げる場合が多く（たとえば、最判(一小)昭35・6・9民集14巻7号1304頁、最判(一小)昭32・10・31民集11巻10号1779頁、最判(二小)昭37・9・14民集16巻9号1935頁）、結局は、法令解釈適用の誤りか、「理由不備」・「理由齟齬」、(旧395条1項6号、現312条2項6号)または釈明権不行使の著しく不当な場合（違法な事実認定）に帰着するとする説が有力であった（小室直人「上告理由」民訴法講座(3)〔同・上訴制度の研究208頁〕、判例の分析については、桜井孝一「民事上告理由としての『審理不尽』」早稲田法学39巻2号（1964）69頁以下参照）。

しかし、事実認定段階で問題となる経験則の適用および法律構成もしくは当てはめ作業における誤りにより、必要な審理を尽くしてから判決すべしとする訴訟法規（243条参照）に違反したもので、しかも結論に影響する欠点を指示する、原判決破棄の理由（325条1項後段・同条2項）の一つとして認知してよいのではなかろうか（新堂「審理不尽の存在理由」小室=小山・還暦(中)〔同・争点効(下)220頁以下〕）。平成8年改正法の下では、上告受理の理由の一つとして認められるべきであろう。

（3）　上告理由と再審事由

(ア)　旧法下では、再審事由はすべて上告理由となっていたが、平成8年改正法下では、法令違反のすべてを上告理由としなくなったので、絶対的上告理由（312条2項）に含まれない再審事由（338条1項4号から10号まで）は、上告受理の申立理由として扱われることになった（最判(二小)平15・10・31判時1841号143頁は338条1項8号の再審事由についてこの扱いを認める）。

(イ)　再審事由に該当する事実があるかどうかは職権調査事項と解されるので（322条・321条1項）、上告審でも、事実の調査が可能と解すべきである。338条1項4号-7号に該当する事実の有無も、違法な事実認定になるかどうかを判断する材料として調査しうる。

(ウ)　しかし、338条1項4号-7号の事由を上告理由として主張するには、同条2項の要件の具備を必要と解するのが妥当であろう（最判(一小)昭35・12・15判時246号34頁。ただし、自白の取消しのためには不要、最判(一小)昭36・10・5民集15巻9号2271

頁）。なぜならば、法律審たる上告審に事実の調査に多くの負担をかけさせないために有罪の確定判決等を要求したほうがよいと思われるからである（最判（一小）昭53・12・21民集32巻9号1740頁は同旨）[6]。

第2節　上告の提起

1　上告裁判所

（1）　最高裁か高裁か

上告すべき裁判所は、地方裁判所が第二審としてした終局判決に対する上告および簡易裁判所の第一審判決に対する飛越上告は高等裁判所、その他の上告は最高裁判所である（311条1項、裁7条1号・16条3号）。ただし、高等裁判所が上告裁判所である場合には、最高裁判所の規則の定める事由（憲法その他の法令の解釈について、その高等裁判所の意見が最高裁判所等の判例と相反するとき、規203条）があるときは、決定をもって事件を最高裁判所に移送しなければならない（324条）。これは、法令解釈の統一を図るためである。

（2）　小法廷・大法廷

最高裁判所は、上告事件をまず小法廷で審理する（裁10条、最高裁判所裁判事務処理規則（以下、「最事規」と略す）9条1項）。ただし、裁判所法10条1号から3号の場合、裁判官の意見が2対2になった場合および大法廷で裁判するのを相当と認めた場合は、事件は大法廷へ回される（裁10条、最事規9条2項・3項）。もっとも、裁判所法10条1号に該当する場合でも、先に合憲とした大法廷判決と同じ判断をする場合や、法の解釈適用につき大審院の先例に反する場合も、小法廷で裁判することができる（最事規9条4項-6項）。

小法廷は5人の裁判官で構成されるが、3人以上出席すれば審判できる（裁9条2項・3項、最事規2条）。大法廷は、裁判官全員の15名で構成されるが、そのうち9人以上出席すれば審判することができる（裁9条2項・4項、最事規7条）。裁判は、出席裁判官の合議によりその過半数の意見によるが、大法廷が法律、命令、規則または処分を違憲とするには、8人以上の裁判官の一致した意見によらなけ

6）　小室直人「再審事由と上告理由の関係」兼子・還暦(下)190頁。

ればならない（最事規12条）。

高等裁判所が上告裁判所である場合には、3人の合議体で取り扱う（裁18条2項）。

2　権利上告の手続

特別の規定のないかぎり、控訴審手続に関する規定の準用がある（313条、規186条）。

（1）　上告状の提出

上告を提起するには、上告状を原裁判所へ提出してすることを要する（314条1項）。上告期間は原判決の送達後2週間の不変期間である（313条・285条）。上告状の記載は控訴状に準じるが、貼用印紙額は訴状の2倍であるほか（民訴費3条1項別表1第3項）、所定の送達・通知に要する費用の概算額を予納する必要がある（規187条）。

（2）　上告状の審査

原裁判所の裁判長が上告状を点検し、その不備があれば補正を命じ、応じなければ上告状却下の命令をする（314条2項・288条・289条）。

（3）　原裁判所の決定による上告却下

原裁判所は、上告状が適式であっても、上告期間後の上告であるなど、上告が不適法でその不備が補正できないことが明らかなものは、決定をもって上告を却下しなければならない（316条1項1号）。

（4）　上告提起通知書

上告の提起があった場合には、原裁判所は、上告状却下命令または上告が不適法で補正不可能なため上告却下の決定（316条1項1号）をしたときを除き、当事者に上告状とともに上告提起通知書を送達しなければならない（規189条1項・2項）。原裁判所の判決書または判決書に代わる調書の送達前に上告の提起があったときは、上告提起通知書の送達は、判決書または判決書に代わる調書とともにしなければならない（規189条3項）。

（5）　上告理由の記載

　㋐　上告状に上告理由の記載がないときは、上告人は上告提起通知書の送達を受けた日から50日（規194条）内に、上告理由書を原裁判所に提出しなければな

らない（315条1項）。この期間内に提出しないときは、原裁判所が決定で、上告を却下する（316条1項2号）。却下決定に対しては即時抗告ができる（同条2項）。

　　㋑　**上告理由の記載方法**　　民訴規則の定めにより具体的に（規193条）、記載しなければならない（315条2項）。

　　⒜　憲法違反の上告理由については、憲法の条項とその違反事由を示して行う。その事由が訴訟手続に関するものであるときは、憲法に違反する事実を掲記しなければならない（規190条1項）。

　　⒝　絶対的上告理由の記載は、該当条項およびこれに該当する事実を示さなければならない（規190条2項）。

　　⒞　判決に影響を及ぼすことが明らかな法令違反を上告理由とするときは（312条3項）、法令およびこれに違反する事由を示さなければならない（規191条1項）。法令については、その条項または内容（成文法以外の法令については、その趣旨）を掲記しなければならない（同条2項）。法令に違反する事由を示す場合において、その法令が訴訟手続に関するものであるときは、これに違反する事実を掲記する（同条3項）。

　　⒟　**判例の摘示**　　権利上告において、原判決が最高裁判所等の判例と相反する判断をしたことを主張するときは、その判例を具体的に示さなければならない（規192条）。

　　㋒　**上告理由記載の補正命令と上告却下決定**　　上告状または所定の期間（規194条）内に提出された上告理由書におけるすべての上告理由の記載が所定の記載方式（規190条・191条）に違反することが明らかなときは、原裁判所は、決定で、相当の期間を定め、その期間内に不備を補正すべきことを命じなければならない（規196条）。どれか一つでも所定の方式に従ったものがあれば、原裁判所の裁判長としては、補正命令を出す必要はなく上告裁判所に事件を送付すれば足りる。上告人がこの補正期間内に不備を補正しないときは、原裁判所は決定で上告を却下するが（316条1項2号、規196条2項）、この却下決定に至るのは、その記載方式の違反が明らかである場合にかぎるべきである（規196条2項括弧書参照）。却下決定に対しては即時抗告ができる（316条2項）。

　　㋓　**上告理由を記載した書面の通数**　　上告理由を記載した書面には、上告裁判所が最高裁判所であるときは被上告人の数に6を加えた数の副本、上告裁判所

950　第4編　上級審手続　第3章　上告審手続

が高等裁判所であるときは被上告人の数に4を加えた数の副本を添付しなければ
ならない（規195条）。

（6）　事件の送付

原裁判所は、上告状却下命令または上告却下決定があった場合を除き、事件を
上告裁判所に送付しなければならない（規197条1項前段）。この場合において、原
裁判所は、上告人が上告の理由中に示した訴訟手続に関する事実の有無について
意見を付することができる（同項後段）。事件の送付は、原裁判所の裁判所書記官
が、上告裁判所の裁判所書記官に対し、訴訟記録を送付して行う（同条2項）。

（7）　上告裁判所による措置

上告裁判所の裁判所書記官が、原裁判所の裁判所書記官から訴訟記録の送付を
受けたときは、速やかに、その旨を当事者に通知しなければならない（規197条3
項）。上告裁判所は、上告が不適法でその不備を補正することができないとき、
および所定の期間内に上告理由書を提出せず、または上告の理由の記載が所定の
方式に違反するときには、決定で、上告を却下することができる（317条1項）。
上告裁判所である最高裁判所は、主張された上告理由が憲法の解釈の誤りその他
憲法に違反する事由に該当しないことが明らかな場合、および絶対的上告理由に
該当しないことが明らかな場合には、決定で、上告を棄却することができる（同
条2項）。

（8）　上告理由書の送達

上告裁判所は、原裁判所から事件の送付を受けた場合において、317条による
上告却下または上告棄却の決定をしないときは、被上告人に上告理由書の副本を
送達しなければならない（規198条本文）。もっとも、上告裁判所が口頭弁論を経な
いで、審理および裁判をする場合で、その必要がないと認めるときは、送達しな
くともよい（同条ただし書）。

3　上告受理申立てによる上告手続

上告受理の申立てには、原則として、上告および上告審の訴訟手続に関する規
定が準用になる（318条5項・313条-315条・316条1項）。

（1）　上告受理の申立て先

原裁判所に行う（318条5項・314条1項）。

第2節 上告の提起 *951*

（2） 上告受理の申立理由

上告権の認められる憲法違反および絶対的上告理由にあたる事由（312条1項・2項）を上告受理の申立理由とすることはできない（318条2項）。したがって、上告の提起と上告受理の申立てを1通の書面でするときは、その書面が上告状と上告受理申立書を兼ねるものであることを明らかにしなければならず、上告理由と上告受理の申立理由とは区別して書かなければならない（規188条）。上告受理の申立てに係る、費用の予納、上告受理申立通知書の送達についても、上告の規定が準用される（規199条2項・規187条・規189条）。

（3） 上告受理の申立理由書の記載等

原判決に最高裁判所等の判例と相反する判断があることその他の法令の解釈に関する重要な事項を含むことを示してしなければならない（規199条1項前文）。この場合の法令違反の記載方法については、判決に影響を及ぼすことの明らかな法令違反を理由とする上告（312条3項）理由の記載方法に準じる（規199条1項後段・191条2項3項）。その他、判例の摘示（規192条）、理由記載の仕方（規193条）、理由書提出期間（315条、規194条）、提出すべき理由書の通数（規195条）、原裁判所による補正命令（規196条1項）、原裁判所による申立ての却下（316条1項、規196条2項。法316条2項は準用されない（318条5項参照））、上告裁判所への事件送付（規197条）および理由書の被上告人への送達（規198条）については、上告理由書の規定が準用される（規199条2項）。

（4） 上告受理申立理由の最高裁判所による排除

最高裁判所は、上告受理申立理由の中に重要でないと認めるものがあるときは、これを排除でき、排除されたものは上告受理の決定によっても上告理由とみなされない（318条3項・4項、規200条）。

（5） 上告受理決定

この決定によって上告があったものとみなされ（318条4項）、上告審手続が開始されることになる。なお、受理しないときは、不受理決定が下される。

4　上告提起の効力

原判決の全部について、確定妨止および移審の効力が生じる。原判決中不服申立てのない部分も確定しないから、上告裁判所は、この部分について仮執行宣言

952 第4編 上級審手続 第3章 上告審手続

を付すことができるし（323条）、被上告人は附帯上告をすることができる（➡後記5）。

仮執行宣言付判決に対して上告の提起があったときは、控訴の場合（403条1項3号は、原判決変更の原因となる事情がないとはいえないときとする）と異なり、原判決の破棄となるべき事情があること、およびその執行により償うことのできない損害を生じるおそれがあることを疎明した場合にかぎって、執行停止を命じることができる（403条1項2号）。この執行停止に関する仮の処分は、訴訟記録送付前は原裁判所がする（404条1項）。

5 附帯上告の申立ておよび附帯上告受理の申立て

被上告人は、上告に附帯して附帯上告をし、原判決の、自分に有利な変更を申し立てることができる。また、被上告受理申立人は、上告受理申立てに附帯して、附帯上告受理申立てをして、原判決の、自分に有利な変更を求めることができる。しかし、上告に対して附帯上告受理の申立てをすることも、上告受理申立てに対して附帯上告をすることも、許されない（最決(二小)平11・4・23判時1675号91頁）。

附帯上告は、上告審の判決があるまでできるが（313条・293条の準用）、上告審の審理の合理化のため、上告人について上告理由書の提出期間を定めている趣旨から、附帯上告が上告人の上告理由とは別個独立の理由[1]に基づくものであるときは、上告理由書提出期間内に原裁判所へ附帯上告状を提出し、かつ、それまでに理由書も提出する必要がある（最判(三小)昭38・7・30民集17巻6号819頁。このときは、上告状、上告理由書に準じて処理される）。これに反し、上告人の理由と同一理由で原判決の変更を求める場合ならば、その後でもよい。もっとも、この場合には、上告の取下げまたは上告の却下により、附帯上告は効力を失う（318条5項・313条による293条2項の準用）。

附帯上告受理の申立ても同様に扱われる。上告受理申立てに対して附帯上告受理申立てがされた場合において、上告受理申立てにつき不受理の決定がなされたときは、附帯上告受理申立ては、それが上告受理申立ての要件を備えるものでないかぎり、その効力を失う（318条5項・313条による293条2項の準用。たとえば、上告

1） いかなる場合に別個独立の理由といえるかについては、新堂・判例405頁参照。

受理の申立期間経過後にされた附帯上告受理申立ては、上告受理の申立ての要件を備えないから効力を失う、最決(一小)平11・4・8判時1675号93頁)。

第3節　上告審の審理および終局判決

上告審の審判手続にも、控訴審の審判手続に関する規定が準用される（313条、規186条）。

1　上告審の審理
（1）　答弁書の提出

上告裁判所または上告受理の申立てを受けた場合における最高裁判所の裁判長は、相当の期間を定めて、答弁書を提出すべきことを被上告人または相手方（上告受理の申立の場合）に命じることができる（規201条）。

（2）　調査の範囲

上告審は、職権調査事項（→p944(a)(ii)）のほかは、適法に提出された上告理由に基づき不服申立ての限度でのみ、原判決の当否を審査する（320条・322条）[*]。

原判決中不服申立てのない部分にかぎり、申立てにより決定で仮執行の宣言をすることができる（323条。原判決が是認した第一審判決に担保を条件にした仮執行宣言が付せられているときは、無条件の宣言をすることができると解すべきである。反対、最決(三小)昭43・10・22民集22巻10号2220頁）。

[*]　**予備的併合訴訟の場合**　副位請求を認容した原判決に対する被告の上告に基づいてこれを破棄差戻しすべき場合には、不服申立てのない主位請求棄却の原判決部分もともに破棄差戻しすべきである、新堂・判例55頁、同「不服申立て概念の検討-予備的併合訴訟における上訴審の審判の範囲に関して」吉川・追悼(下)〔同・争点効(下)227頁〕。もっとも、最判(二小)昭54・3・16民集33巻2号270頁は反対。また、判例は、係争地が遺産に属することの確認請求と共有持分の確認請求の選択的併合において、原判決が前者を認容し、上告審が後者を認容する場合、原判決の認容部分は当然に失効するとして、原判決を破棄することなく自判する（最判(三小)平元・9・19判時1328号38頁）が疑問。なお、控訴審の場合について→p761[*]。

954 第4編　上級審手続　第3章　上告審手続

（3）　書面審理の原則

上告審は、まず書面審理をする。上告を不適法として却下決定をする場合および上告裁判所である最高裁判所が決定で上告を棄却する場合（317条）はもちろん、上告状、上告理由書、答弁書、その他訴訟記録等に基づく書面審理だけで、上告を理由なしと認めるときも、口頭弁論を開かずに、判決で上告を棄却することができる（319条）。

（4）　口頭弁論

上告を認容するには、原則として口頭弁論を開かなければならない[*]（319条の反対解釈）。口頭弁論は、上告および附帯上告による不服申立ての審理に必要な限度で行われる（313条・296条1項の準用）。

[*]　**口頭弁論を開かないで原判決を破棄する事例**　　判例は、原判決に職権をもって探知または調査すべき重大な手続違反を理由に原判決を破棄すべき場合には、口頭弁論を開くことなく原判決を破棄できるとする取扱いを確立したかにみえる。①二重起訴であることを看過して請求棄却をした原判決を破棄して訴えを却下した（最判（三小）平14・12・17判時1812号76頁）。②事業認定の取消しを求めた訴訟において、訴訟係属中に事業認定の効力が失効したので、訴えの利益が消滅したとして、原判決を破棄し、一審判決も取り消し、訴えを却下した（最判（一小）平15・12・4判時1848号66頁）。③衆議院議員選挙無効請求訴訟において原告による上告後に衆議院が解散されたので、訴えの利益が失われたとして、原判決を破棄し、訴えを却下した（最判（三小）平17・9・27判時1911号96頁）。④原告の一身専属的な権利についての請求を原告死亡後に認容した原判決を破棄して、訴訟の終了を宣言した（最判（二小）平18・9・4判時1948号81頁）。⑤口頭弁論に関与していない裁判官が判決に署名したことを理由に原判決を破棄して差し戻した（最判（三小）平19・1・16判時1959号29頁）。⑥公知の中断事由の存在を確認して、原判決を破棄し一審判決も取り消して一審へ差し戻した（最判（三小）平19・3・27民集61巻2号711頁。なお本件については→p177[**]）。⑦請求のうち原審で容認された部分の一部に補正できない不備があるとして、原判決破棄、控訴棄却の自判をした（最判（三小）平19・5・29判時1978号7頁）。⑧合一確定の要請に反する原判決を破棄し、一審判決も取り消して、請求を認容した（最判（三小）平22・3・16民集64巻2号498頁）。

基本的には、弁論を開く必要もなく訴訟経済上の理由からも肯定されるべきであるが、⑦のように、反対意見や補足意見が付されているケースなどは、事案によっては、なんらかの方法で、破棄事由に関し当事者に弁論の機会を与えた方がよいと思われる。近時の学説を総括するものとして、高橋・重点(下)739頁(注114)。

2 上告審の終局裁判

控訴審裁判に準じて考えられる。

（1） 高等裁判所から最高裁判所への移送

上告裁判所である高等裁判所の意見が、憲法その他の法令の解釈について、最高裁判所等の判例と相反するときは、その高等裁判所は、決定で、事件を最高裁判所に移送しなければならない（324条、規203条）。最高裁判所の判決によって、法令解釈の統一を図るためである。ここでいう移送は、22条にいう「移送」とは異なり、高等裁判所の移送決定は、移送を受けた最高裁判所を拘束するものではない。むしろ、ここでの移送は、法令解釈の統一のためのものであるから、民訴規203条所定の事由の有無については、最高裁判所の判断が優先すべきものである。最決（三小）平30・12・18（民集72巻 6 号1151頁）は、高松高裁が自らの本案判決についての見解（「本件意見」）が最高裁の先例に反するとして、同条項に基づき高松高裁が最高裁への移送決定をした事件において、最高裁は、高裁の「本件意見」は移送事由にあたらないとして、高松高裁の移送決定を取り消した（結果として、同高裁は「本件意見」通りの本案判決をしてよいことになった）。

（2） 上告却下

上告の適法要件の欠けた場合である。前述のように、上告理由書の所定期間内の不提出、方式の不遵守も、上告の適法要件の不備となる（316条 1 項、規196条 2 項、317条 1 項）。

（3） 上告棄却

不服の主張に理由がない場合である（317条 2 項・319条）。適法に提出された上告理由に対しては、これを排斥する理由を掲げなければならない（338条 1 項 9 号参照）。上告理由の主張が正当と認められるときでも、他の理由によって原判決の結果を正当として維持できるときは、やはり上告棄却となる（302条 2 項準用）。

（4） 原判決の破棄

上告を理由があると認めるときは、原判決を破棄する（325条 1 項）。最高裁判所は、憲法違反、絶対的上告理由が認められない場合でも、判決に影響を及ぼすことが明らかな法令違反があるときは、原判決を破棄する（325条 2 項。破棄事由は、上告人の指摘する上告理由よりもひろい）。原判決を破棄する場合、上告審では、事件について事実認定をし直さないから、控訴審判決の場合と逆に、事件を原審に差

956 第4編 上級審手続 第3章 上告審手続

し戻すのが原則になる。

　(ア)　**原審級への差戻しまたは移送**（325条1項・2項）　　事件について事実審理をしなければ原判決に代わる裁判ができない場合には、事件を原裁判所へ差し戻し、またはこれと同審級の他の裁判所へ移送する。この移送は、とくに325条4項の制約上、原裁判所に裁判させるのが適当でない場合に行われる。差戻しまたは移送の判決があったときは、上告裁判所の裁判所書記官は、差戻しまたは移送を受けた裁判所の裁判所書記官に対し、訴訟記録を送付する（規202条）。

　(イ)　**自判**　　原判決の確定した事実だけで原判決に代わる裁判ができる場合である。ただ、原判決に代わる裁判とは、控訴申立てに対する応答であるから、訴えに対して直接応答することになるとはかぎらない。したがって、自判でも、上告審の場合には、事件を終局的に落着させない場合もある。

　(a)　**控訴を認容して第一審判決を取り消し、事件を第一審裁判所へ差し戻しまたは移送する場合**　　これには、破棄する原判決が、訴えを却下した第一審判決を維持している場合、または専属管轄の規定に違反した第一審判決を維持している場合（307条・309条）と、第一審の審理がほとんど行われていないため第一審から審理し直すのが適当な場合（308条1項）とがある。

　(b)　**控訴を棄却もしくは却下する場合または控訴を認容して第一審判決を取り消した上、訴えに対する裁判（訴え却下、請求棄却、請求認容）を直接する場合**　　これらは、事件が終局的に落着する場合で、控訴を不適法とするときは控訴を却下し、第一審判決が確定する。また、326条によれば、確定した事実について憲法その他の法令の解釈適用を誤ったことを理由にして原判決を破棄する場合には、法令等の解釈適用を是正しさえすれば、その事実に基づき事件について裁判できる場合には、第一審判決を正当とするならばこれに対する控訴を棄却する。第一審判決も不当とするならば、これも取り消したうえで、みずから請求の認容または棄却の判決をする（326条1号。その実例として、たとえば大判昭7・6・2民集11巻1099頁）。

　また、事件が裁判所の権限に属しないこと（同条2号）、その他訴訟要件が欠けていることを理由にして原判決を破棄するときは、第一審が訴え却下の判決をしていれば控訴を棄却するし、第一審も誤って本案判決をしていれば、これをも取り消して自ら訴え却下を言い渡すべきである。

第3節　上告審の審理および終局判決　957

3　差戻しまたは移送後の手続

（1）　差戻審の手続

差戻しまたは移送を受けた原裁判所は、その審級の手続（すなわち控訴審手続）によって、事件についてあらためて口頭弁論を開いて審判する（325条3項前段）。

この口頭弁論は、実質的には、従前の口頭弁論の再開続行である。当事者は、従前の弁論の結果を陳述することを要する（313条・296条2項準用）。その最初の期日には、158条の適用がある（大判昭12・3・20民集16巻320頁）。当事者は、口頭弁論の終結に至るまで、控訴の取下げ、附帯控訴、新たな攻撃防御方法の提出をする機会をもつことになる。もっとも、原判決は破棄の限度で失効しているからそれには制約されないが、中間判決は同時に破棄されていないかぎり有効であるし、その他の従前の訴訟手続も、破棄の理由になっていないかぎり効力を保有する（308条2項参照）から、新たな攻撃防御方法の提出はこれらの制約に服する（自白の拘束力も残っている）。

（2）　破棄判決の拘束力

差戻しまたは移送を受けた裁判所が再び審判する場合には、上告裁判所が破棄の理由とした法律上および事実上の判断に拘束される（325条3項後段、裁4条参照）。これは、控訴審裁判所が同一の意見を固執し、なんど破棄しても事件が落着しないことを避けるためである。

(a)　この拘束力は、判決理由中の判断について生じるが、それが作用するのは、当該事件にかぎるべきで、他の事件では、下級裁判所が異なる判断をしても妨げない[*]。その事件について再び上告があったときは、上告裁判所も以前に破棄の理由とした判断に拘束されるべきである（最判(一小)昭28・5・7民集7巻5号489頁、最判(三小)昭46・10・19民集25巻7号952頁）。

〔*〕　**破棄判決の拘束力の性質**　　判決理由中の判断について生じることおよび当該事件の手続内にかぎられることから、既判力とみる説[1]は、既判力概念を不当に拡大することになろう。また、中間判決に認められる覊束力と同視することも、差戻判決が独立に上訴

---

1)　兼子・体系469頁、同「上級審の裁判の拘束力」法協68巻5号（1950）〔同・研究2巻89頁以下〕、最判(二小)昭30・9・2民集9巻10号1197頁。石川明「差戻判決の拘束力」実務民訴講座(2)333頁は、一事不再理の理念に基づく既判力の発現とみる。

958　第4編　上級審手続　第3章　上告審手続

の対象になる終局判決であること（最判(三小)昭26・10・16民集5巻11号583頁）、および
差戻し後の原審級の手続は上訴審手続の続行というよりは、原審級の従前の手続の続行で
ある点から、説明として成功しているといえない。結局、審級制度を効率よく運営するた
めに認められる特殊な手続内の効力（覊束力、→p682）といっておけば、性質論として
は十分であろう（小室・上訴制度の研究227-234頁も同旨とみられる）。

　(b)　「事実上の判断」とは、上告審が確定した職権調査事項に関する事実
（たとえば、訴訟能力や当事者能力を判定するために認定した年齢や、集団の組織・活動等に関
する事実。この事実のみを指すとするのは大判昭10・7・9民集14巻1857頁）、または再審
事由に関する事実についての判断をいう[2]。本案に関する事実は含まれない（最
判(三小)昭36・11・28民集15巻10号2593頁、最判(三小)昭43・3・19民集22巻3号648頁）。し
たがって、原審級の裁判所は、本案については新たな資料に基づいて新たな事実
を認定できる。

　(c)　「法律上の判断」の拘束力は、破棄の理由にした原判決のとった判断を
不可とするもので、その判断を避けさえすれば、他の可能な見解によって前判決
と同一の結論を導くことまで禁じるものではない。破棄判決が他の可能な法律的
見解を指示している場合、その見解が破棄判断の論理必然的な前提をなすときは、
事実認定に変わりがないかぎり、拘束力をもつ[＊]。しかし、この拘束力を受け
るとしても、新たな事実の認定や法令の変更があったために原判決と同一の態度
をとることは妨げない。

　〔＊〕　**破棄理由として述べられた他の法律上の判断**　　たとえば、係争物件は、XがY₁を
　　代理人としてAから買い受けたもので、登記がAから被告Y₁に移っているのは虚偽表示
　　により無効であるとする事件で、Y₁からさらに買い受けた被告Y₂につき、民法94条2項
　　の善意かどうかの審理をしないで結論を出したため破棄されているとき、事実関係に変わ
　　りがなければ、差戻審はY₂の善意の有無の審理をするべく拘束を受ける。しかし、新た
　　な証拠に基づいてA・Y₁間の売買は有効であると判断したときは、原判決と同様に民法94
　　条2項を問題にせず、Xは、Y₁から買い受けたY₂と対立する二重の譲受人の地位にある
　　として、先に登記を得たY₂を勝訴させることは妨げない。同旨、前掲最判(三小)昭43・
　　3・19参照。

──────────

2）　兼子・前掲注1）論文〔同・研究2巻95頁〕、石川・前掲注1）論文・実務民訴講座(2)338頁、遠藤
　　功「差戻判決の拘束力（2・完）」法学34巻4号（1971）410頁。反対、中田淳一・法学論叢34巻3号
　　〔同・民訴判例26頁〕。

(d)　この拘束力を確保するために、原判決に関与した裁判官は、差戻し後の判決に関与できないとされる（325条4項）。これによる実際上の不便（差戻しを受けた原裁判所で、差戻審を構成する裁判官（325条4項参照）が不足するおそれ）を回避するために、差戻しに代わる移送が認められる（325条1項・2項）。

第4章 抗告手続

1 抗告の意義

(1) 抗告の概念

抗告は、判決以外の裁判である決定および命令に対する独立の上訴である。上訴として、上級裁判所への不服申立てである点で、決定・命令に対する同一審級での不服申立てである異議（150条・202条3項・329条1項・357条・378条）と異なる。抗告によって抗告審手続が開始されるが、これは簡易な決定手続であり、原裁判をした裁判所も、抗告を理由があると認めるときは、みずからその裁判を更正しなければならない（再度の考案、333条）。

(2) 抗告を認める必要

各審級の終局判決に対しては、控訴・上告を認め、終局判決の前提または準備をなす中間的裁判に対する不服は、これとともに上級審の判断を受けるとするが（283条本文）、手続の進行に付随し、またはこれから派生する手続事項の解決のすべてを終局判決に対する上訴審まで持ち越すのは、手続を複雑にするし、また手続事項のために事件全体を後戻りさせるのも訴訟経済に反する。そこで、事件の実体との関係が薄く、かつ手続安定のために迅速に処理する必要があるものは（たとえば移送の裁判（21条）、忌避申立却下の裁判（25条5項））、終局判決とは別個独立に上訴させ、簡易な手続で早急に結着をつけるのが合理的である。このほか、判決に至らず決定・命令によって事件が終了してしまう場合（たとえば、訴状却下命令（137条3項））、さらに判決の名宛人とならない第三者に対する裁判（たとえば、裁判所書記官や代理人に対する訴訟費用償還命令（69条3項）、証人や鑑定人に対する裁判（192条2項・199条2項等）、第三者に対する文書提出命令（223条7項））については、終局判決に対する上訴と別個に抗告を認める必要がある。

2 抗告の種類（なお、下記以外のものとして、民事執行の手続における執行抗告（民執10条）、民事保全の手続における保全抗告（民保41条）がある）

（1）　通常抗告と即時抗告

通常抗告は、抗告提起の期間の定めがない抗告であり、原裁判を取り消す実益（抗告の利益）があるかぎり、いつでも提起できるものである。即時抗告は、法がとくにこれを許す旨を個別に規定しているもので、法は、迅速な解決の必要を認めて不変期間である抗告期間（裁判の告知を受けた日から1週間）内にかぎって提起することを要求する（332条）。反面、その提起には、つねに原裁判の執行を停止する効力を認める（334条1項）。

（2）　最初の抗告と再抗告

最初の抗告に基づく抗告審の決定に対する法律審への抗告が再抗告である（330条）。その決定に憲法の解釈の誤りがあることその他憲法の違反があること、または決定に影響を及ぼすことが明らかな法令違反があることを理由とするときにかぎり、認められる。抗告が第一審判決に対する控訴に比せられ、控訴の規定の準用があるのに対し（331条本文）、再抗告は上告に類するので、上告の規定の準用がある（同条ただし書）。

ただし、最高裁判所への再抗告は認められておらず（裁16条2号・7条参照。最決（二小）昭42・3・29裁判集民事86号771頁）、その代り、平成8年改正法は許可抗告制度を新設した。

（3）　特別抗告

地方裁判所および簡易裁判所の決定・命令で不服申立てのできないものならびに高等裁判所の決定・命令に対して認められる抗告で、違憲を理由とした最高裁判所への抗告である（336条1項）。これは裁判の確定と無関係に扱われる点で、特別上告（327条）と同様、本来の上訴ではない。特別抗告に対し、そうでない抗告を一般の抗告ということがある（→p971 3）。

（4）　許可抗告

法令解釈の統一を図る必要から新設された高等裁判所の決定・命令に対する最高裁判所への抗告である（337条）。民事執行法、民事保全法の制定に伴い、決定で裁判される事項にも重要なものが増えたが、高等裁判所間で解釈が分かれることに対処するために平成8年改正法により新設された。上告受理の制度に類するが（同条2項・6項、規209条参照、→p938(1)）、原裁判所たる高等裁判所が抗告を許可するかどうかを決める点で異なる（くわしくは、→p966 6）。

962 第4編 上級審手続 第4章 抗告手続

3 抗告の許される範囲

抗告は、すべての決定および命令に対して許されるわけではなく、上級審に不服申立てをする余地があり、かつ、法律の認める場合にかぎって許される[1]。

(1) 抗告のできる場合

(ア) **口頭弁論を経ないで訴訟手続に関する申立てを却下した決定および命令**（328条1項） 訴訟手続に関する申立てとは、裁判所の訴訟処理に関する一切の申立てを指すが、訴えその他の本案の申立ては口頭弁論を経て判決で裁判される点から除外される。したがって、申立権が認められていて、決定または命令で裁判すべき事項に関するものにかぎられる（たとえば、管轄の指定、特別代理人の選任期日の指定、受継等の申立ての却下など）。口頭弁論を経ないでとは、本案審理のための必要的口頭弁論に基づいてする必要のないことを意味する（たとえば、訴え変更の不許、攻撃防御方法の却下は、必要的口頭弁論を経るので抗告できない）。これは、必要的口頭弁論に基づいてすべき裁判は、終局判決の前提として事件の審理と密接な関係があるので、終局判決と一体に不服を申し立てさせるのが適当であるからである（283条参照）。裁判所が裁量で口頭弁論を命じたこと（87条1項ただし書）によって、抗告ができなくなるわけではない。

(イ) **決定または命令で裁判すべき場合でないのに決定または命令でなされた裁判**（328条2項） これは、判決で裁判すべき場合に決定または命令でした違式の裁判の取消しを求める方法として認められる（→ p913(イ)）。

(ウ) **その他法律が個別的に認めている場合**（現行法上すべて即時抗告である、21条・25条5項・44条3項・69条3項・71条7項・75条7項・79条4項・86条・92条4項・141条2項・192条2項・199条2項等）。

(2) 抗告の許されない場合

一般的に抗告のできる場合にあたっても抗告の許されない裁判がある。

(ア) **不服申立てが禁じられている裁判**（たとえば、10条3項・25条4項・92条の6第1項・214条3項・238条・274条2項・373条4項・385条4項・403条2項等）**およびとくに抗告以外の不服申立方法が認められている裁判**（たとえば、仮差押決定に対する保全異議（民保26条））。

---

1) 鈴木正裕「抗告できる裁判の範囲と問題点」中野・古稀(下)305頁参照。

第4章　抗告手続　　*963*

　(イ)　**最高裁判所および高等裁判所の裁判**　　最高裁判所には、特別抗告および許可抗告以外の抗告を裁判する権限がないから（裁7条2号参照）、高等裁判所の裁判に対しては一般に抗告ができない。

　(ウ)　**受命裁判官または受託裁判官の裁判**　　抗告は、裁判所の決定および裁判長が独立の資格でした命令（たとえば、訴状却下命令、137条3項）に対するもので、合議体の機関としての裁判長や受命裁判官または受託裁判官の命令に対しては、直接上級裁判所の審査を受ける前に、受訴裁判所の監督に服させるのが順序であるから、これらの裁判官の訴訟指揮上の処分に対して当事者に異議があれば、受訴裁判所が決定で裁判するし（150条・202条3項・206条ただし書）、受命裁判官または受託裁判官の裁判で、もし受訴裁判所がしたとすれば、抗告のできる種類のものであれば（たとえば、206条本文・192条2項）、まず受訴裁判所へ異議の申立てをし、それについての決定を経てからでなければ抗告できない（329条1項・2項）。これらの異議を準抗告ということがある。その裁判が即時抗告の認められるものであるときは、異議申立ても抗告期間（332条）内にしなければならない。受訴裁判所が最高裁判所または高等裁判所である場合には、抗告の余地はないが、異議申立てだけは認められる（329条3項参照）。

4　抗告および抗告審の手続

　抗告および抗告裁判所の訴訟手続には、その性質に反しないかぎり、控訴に関する規定が準用される（331条本文、規205条）。

（1）　当事者

　厳格な当事者対立の構造をとらないが、裁判事項が対立する利害関係人を前提とする場合は、裁判の変更により不利益を受ける者が抗告人の相手方当事者として手続に関与する（相手方の手続保障については、→p34〔*〕）。しかし、対立する利害関係人の存在しない場合もあるし（たとえば、証人、鑑定人に対する過料の決定、192条2項・200条・201条5項）、また相手方が明確に決っていないときに、裁判所が反対の利害関係人を指定してこれを審尋することもある（民執74条4項参照）。

（2）　抗告の提起

　原裁判によって不利益を受ける当事者または第三者に、抗告の利益が認められる。抗告は、抗告状を原裁判所へ提出してしなければならない（331条本文・286条

964 第4編 上級審手続 第4章 抗告手続

1項)。抗告が不適法でその不備を補正することができないことが明らかであるときは、原裁判所が決定で抗告を却下する (331条本文・287条)。抗告裁判所は、原裁判をした裁判所または裁判長の直近上級裁判所である (裁16条2号・24条4号)。抗告期間は、即時抗告についてだけ定められているが、原裁判の告知 (119条参照) があった日から、1週間の不変期間である (332条)。抗告状に原裁判の取消しまたは変更を求める事由の具体的記載がないときは、抗告人は、抗告の提起後14日以内に、これらを記載した書面 (抗告理由書) を原裁判所に提出しなければならない (規207条。なお規183条参照)。もっとも再抗告理由書 (規210条1項・205条ただし書、民訴316条1項2号参照) と異なり、これを提出しなかったとしてもそれだけで抗告を却下されることはない。

(3) 抗告提起の効力

(ア) **再度の考案の機会の発生** 抗告があると原裁判の原裁判機関に対する自縛性が排除され、原裁判をした機関は、みずから抗告の当否を審査して、もし理由があると認めれば、原裁判を更正しなければならない (333条)。

(a) 法文上「更正」とは、たんなる誤記誤算の更正 (257条1項) にとどまらず、裁判の取消し・変更を意味する。法令違反だけでなく事実認定の不当に基づく取消し変更もでき、このために新たな事実および証拠を斟酌することができる。しかし、手続上の過誤 (306条・308条2項参照) を理由にして取り消す場合以外は、主文を変えず理由だけの更正は認められない (大決昭10・12・27民集14巻2173頁)。

(b) 更正があれば、その限度で抗告の目的も達せられ、抗告手続は終了する。更正決定に対しては別個の抗告が許される (257条2項参照)。

(イ) **移審の効力** 原裁判機関が抗告を不適法または理由がないと認めれば、その旨の意見を付して、事件を抗告裁判所へ送付しなければならない (規206条)。これによって、事件は抗告裁判所へ移審し、抗告裁判所は抗告の審理を開始する。

(ウ) **原裁判の執行停止** 決定および命令は、即時に執行力を生じるのが原則であるが (民執22条3号参照)、即時抗告が提起されると一度発生した執行力が停止される (334条1項。ただし、行訴25条8項、破24条5項・28条4項等は、334条1項の適用を排除する。解釈上、破産宣告につき同旨、大判昭8・7・24民集12巻2264頁、民事執行法上の執行抗告一般につき同旨、民執10条)[2])。通常抗告にあっては、執行停止の効力はないが、抗告裁判所または原裁判機関は、抗告について決定があるまで、原裁

第4章　抗告手続　965

判の執行の停止その他必要な処分（たとえば担保の提供を条件とする執行停止）を命じることができる（334条2項）。

この執行停止等の裁判は、申立てによりまたは職権ですることができる。この裁判に対して、当事者は不服を申し立てることができないと解すべきである（403条2項の類推）[3]が、裁判所はのちに事情の変更によって取消しまたは変更ができる。

（4）　抗告審の審判

決定手続であるから、口頭弁論を開くかどうかは任意である（87条1項ただし書）。口頭弁論を開かない場合でも、抗告人、相手方その他の利害関係人を審尋することができる（335条）。抗告審では、控訴審と同様、新たな事実や証拠を提出することができる。抗告審の終局裁判は決定であり、その内容は控訴審の終局判決に準じる。抗告審は原審と同様の権限をもつから、裁量事項についてはみずからの裁量でできる。

5　再 抗 告

（1）　意義

再抗告は、抗告審の終局決定に対する抗告であり、原決定に影響を及ぼすことの明らかな法令違反（憲法違反も含む）のあることを理由とする場合にかぎられる（330条）点で、上告に類する。したがって、その性質に反しないかぎり、上告および上告審の訴訟手続に関する規定が準用される（331条ただし書、規205条ただし書）。

（2）　再抗告の許される場合

㋐　高等裁判所の裁判に対しては一般の抗告はできない関係から、再抗告は第一審が簡易裁判所である場合に限られる。

㋑　**再抗告ができる場合**　　再抗告ができるかどうかは、抗告裁判所の決定の内容による。抗告を不適法として却下した決定に対しては抗告人は、つねに再抗告ができる（328条1項）。抗告棄却の決定も、抗告の許される原裁判（最初の裁判）を維持するものであるから、これに対して再抗告できるが、抗告を認容した

2）　三ケ月章「執行法上の救済の特異性(1)」判タ182号（1965）〔同・研究5巻313-318頁〕参照。

3）　兼子・体系474頁。

決定に対しては、その内容が抗告に適する場合にかぎられる（たとえば、忌避申立ての却下決定に対して抗告審が忌避を認める決定をしたときは、これに対しては不服申立ては許されない（25条4項）から、再抗告も許されない）。

(ウ)　**通常抗告か即時抗告か**　　再抗告が通常抗告であるか即時抗告であるかも、抗告裁判所の決定の内容による。即時抗告を棄却した決定に対する再抗告は、即時抗告であるが、通常抗告または即時抗告を認容した決定に対する再抗告は、その決定内容が即時抗告に服するものであれば即時抗告、通常抗告に服するものであれば通常抗告となる。たとえば、担保取消申立てを却下した裁判に対しては通常抗告が認められるが（328条1項）、この却下決定に対する抗告を抗告審が棄却したとすれば、却下決定を維持するものであるから抗告棄却決定に対する再抗告も、やはり通常抗告となる。しかし、抗告を認容して担保の取消決定をしたときは、再抗告は即時抗告となる（79条4項）。

（3）　再抗告およびこれに関する訴訟手続

上告および上告審の訴訟手続に準ずる（331条ただし書、規205条ただし書）。再抗告は、つねに再抗告状を原裁判所へ提出してなすべきである（331条ただし書・314条1項）。原裁判所は、再度の考案の機会をもつほか（333条は330条の抗告を除いていない）、不適法な抗告を決定で却下できる（331条ただし書・316条1項1号）。

再抗告理由書は、抗告提起通知書の送達（規189条の準用）を受けた日から14日以内に原裁判所へ提出しなければならない（規210条1項）。その提出がないとき、またはその記載方法が規則で定める方式に違反しているときは、原裁判所は決定で再抗告を却下する（331条ただし書・316条1項2号）。再抗告理由書の記載方法（規205条ただし書・190条-193条）、その補正命令（規205条ただし書・196条）などについても上告理由書に準じる。

原裁判所は再抗告を理由なしと認めるときは、意見を付して事件を再抗告裁判所に送付する（規206）。再抗告審は、法律審である。

6　許可抗告

憲法以外の法令の解釈の統一を図る目的で新設された、高等裁判所の決定および命令に対して認められる最高裁判所への抗告である。原裁判所たる高等裁判所の許可によって認められるところから、この名がある。

（1） 許可抗告の理由

抗告が許可されるのは、高等裁判所の決定および命令について、最高裁判所等の判例と相反する判断その他の法令の解釈に関する重要な事項を含むと原裁判所たる高等裁判所が認める場合である（337条2項）。

しかし、以下の決定・命令については認められない。①再抗告についての決定・命令（337条1項括弧書。判決事項でさえ上告審の判決には特別上告しか認められないこととのバランスを考慮）、②許可抗告申立てについての決定・命令（337条1項括弧書。これについて認めると許可申立てが無限に繰り返されることになる）。③高等裁判所の決定・命令が地方裁判所の裁判であるとした場合に抗告をすることができない性質のもの（337条1項ただし書。裁判の性質上抗告という不服申立てを許すべきでないことによる。たとえば、原決定が忌避を認めるものであるとき、25条4項）。最決（一小）平11・3・12（民集53巻3号505頁）は、許可抗告の立法趣旨に照らし、337条3項の文言にもかかわらず保全抗告（民保41条3項）についての高裁決定に対して許可抗告を認めている[4]。特別抗告（336条1項）の事由も許可抗告の理由とすることはできない（337条3項。この事由についてはむしろ特別抗告という抗告権が認められる）。

（2） 許可抗告およびこれに関する訴訟手続

上告および上告受理申立てならびに特別上告および特別上告審の訴訟手続に関する規定が準用される（337条6項）。

⑺ **許可抗告の提起**　許可抗告申立書を、原裁判所に提出してする（337条6項・313条・286条）。抗告許可申立ては、原裁判の告知を受けた日から5日の不変期間内に提起しなければならない（337条6項・336条2項）。この申立てには、費用の予納（規187条）、申立通知書等の送達（規189条）などにつき、上告提起の場合の規定が準用される（規209条）。許可抗告申立てに理由の記載がない場合には、抗告許可申立通知書の送達を受けた日から14日以内に、理由書を原裁判所に提出しなければならない（規210条2項・1項）。理由書の記載方法（規192条・193条）、これに対する補正命令（規196条）等について上告理由書の規定が準用される（規209条）。抗告許可申立てにつき、高等裁判所が337条2項の要件を満たすと認める場

4）　山本克己「最高裁判所による上告受理及び最高裁判所に対する許可抗告」ジュリ1098号（1996）90頁、鈴木正裕・民商121巻4＝5号（2000）655頁。

合には、決定で、抗告を許可する（337条2項）。この許可により、抗告があった
ものとみなされる（同条4項）。許可のさい、申立理由中、重要でないものを排除
することができ、排除されなかったもののみが抗告の理由とみなされる（337条6
項・318条3項4項後段）。

　(イ)　**抗告審手続**　　許可されたのちの最高裁判所における抗告審手続は特別
抗告審の手続に準ずるので（337条6項・336条3項）、抗告裁判所または原裁判所機
関は、抗告について決定があるまで原裁判の執行停止その他必要な処分を命じる
ことができる（337条6項・336条3項・334条2項）。最高裁判所は抗告理由となった
もののみについて調査義務を負う（337条6項・336条3項・327条2項による320条の準
用）。

　(ウ)　**抗告審の裁判**　　原裁判に影響を及ぼすことが明らかな法令の違反があ
るときは、原裁判を破棄することができる（337条5項、なお、325条・326条の準用が
ある）。

第5章　特別上訴

1　意　　義

　最高裁判所は、憲法問題について終審として決定する権限を有するが（憲81条）、この権限を行使する機会を保障するために、通常の不服申立方法が認められない事件や、またはそれが尽きて最高裁判所の判断を受けられない事件については、憲法問題を理由とする不服を最高裁判所へ申し立てることができるとする必要があり、この必要を満たすものとして、特別上訴制度が設けられている。

　これには、終局判決に対する特別上告と、決定・命令に対する特別抗告とがある。どちらも上訴として規定されているが、その提起は、原裁判の確定を妨げないので（116条1項括弧書）、本来の上訴ではなく、非常の不服申立方法に属する。

2　特別上告

（1）　特別上告のできる終局判決

　高等裁判所が上告審としてした終局判決に対して認められる（327条1項）。また少額訴訟の終局判決に対しては控訴ができず、異議が認められているが、この異議申立てが不適法でその不備を補正できない場合における口頭弁論を経ない異議却下の判決および異議後の終局判決には、控訴はできず、特別上告が認められる（380条1項・2項）。

（2）　憲法審への上告・上告理由

　特別上告の理由は、原判決に憲法の解釈の誤りがあることその他憲法の違反があることに限られる。この点でいわば憲法審への上訴である。

　上告理由として主張された憲法違反が認められないときでも、最高裁判所は職権調査により他の憲法違反に基づいて原判決を破棄することは妨げない。ただし、職権調査も憲法問題にかぎられるから、他の法令違反で原判決を破棄することはできない（325条2項参照）[*]。また、最高裁判所は、事件の解決に必要なかぎりで、法令の合憲・違憲を判断すべきであるから、上告理由の主張が認められるときでも、他の理由で原判決の結論を維持できるならば、上告を棄却すべきである

970　　第4編　上級審手続　　第5章　特別上訴

（327条2項・313条による302条2項の準用）。

〔＊〕　最判（二小）平18・3・17判タ1217号113頁は、貸金業者による貸付残金および遅延損
　　害金の支払請求事件（原告Xは貸金業者、被告Yは主債務者Aの連帯保証人）で、当初か
　　らの争点としては、つぎの2点であった。①Xは、本件の債務のAによる各弁済には、貸
　　金業の規制等に関する法律（昭58・法32号）43条1項または3項の「みなし弁済規定」
　　（みなし弁済制度は、平成18年改正（法115）によって、廃止されている）が適用されると
　　主張し、その主張をもとに、充当計算をした金額を請求金額としていた。その理由として、
　　各弁済を受ける際に、弁済者Aに交付していた「領収書兼利用明細書」と題する書面には、
　　入金日、入金額のほか契約番号等が記載されているだけであるが、原告は、同交付書面の
　　記載は、貸金業法施行規則（現在は内閣府令）15条2項の定め、すなわち貸金業者が弁済
　　を受けた貸付契約について、その契約番号だけを明示することによって同法18条1項1号
　　から3号までの記載に代えることができる旨の定めによったものであり、法18条所定の記
　　載事項を満たした書面であり、みなし弁済規定が適用されると主張した。②また利息制限
　　額を超えた約定利息の支払を怠ったことを期限の利益喪失事由とすることも、借主が利息
　　制限法を指摘して制限内の利息額を支払うことはなんら妨げないから、利息の制限額を超
　　えて行われた支払は、「利息として任意に支払った」ものということができると主張して
　　いた。そして簡裁で、Xの請求は認容され、控訴審（地裁）でもYの控訴は棄却され、さ
　　らに上告審（高裁）でもYの上告は棄却された。そして、さらにYから最高裁へ特別上告
　　が申し立てられたものであった。
　　　この特別上告事件において、最高裁第二小法廷は、特別上告は民訴法327条1項所定の
　　場合に限られるところ、本件の上告理由は単なる法令違反を主張するものであって同条項
　　に規定する事由にはあたらないと判示しつつも、「職権による検討」を加え、争点①につ
　　いては、施行規則15条2項は、法律の委任を超えた違法な規定であり、Xによる「領収書
　　兼利用明細書」の交付は18条所定の記載事項を備えた書面の交付にあたらないと判断し、
　　争点②については、本件期限の利益喪失条項は、制限額を超えた約定利息を支払わなけれ
　　ば期限の利益を失うとの誤解を招くもので、これに基づく支払は任意なものとはいえない
　　と判断して、高裁の上告審判決および地裁の控訴審判決を破棄して、本件を原々審（地
　　裁）に差し戻した。
　　　特別上告事件に対し、単なる法令違反を理由として原判決破棄に至るのは、違法とはい
　　えないが（特別上告事件についても、327条2項による325条2項の準用がありうる）、異
　　例であることは確かである。しかしながら、同小法廷は、すでに同年1月13日に、共通の
　　争点をもつ別件について上告受理を決定し、本件と同じ判断（最判（二小）平18・1・13民
　　集60巻1号1頁）を示しており、かりに本件特別上告を形式的に棄却とすれば、短期間の
　　うちに同じ法廷が相反する結果を残すことになること、同種の別事件が、将来とも上告事

第 5 章　特別上訴　　*971*

件、上告受理事件または特別上告として係属する可能性を考えれば、本件特別上告の場合
だけを別扱いにするのは不適切と考えられること、争点が、法律の委任を超えた施行令の
違法にかかわるものであり、その一般的影響も大きいことを考えると、本件における、職
権による破棄差戻しの扱いも、妥当であったと考えられる。実体法的には先例としての意
義はないが、特別上告の取扱例の一つとして、参考になろう。

（3）　手続

特別上告およびその審判手続には、通常上告の規定が準用される（327条 2 項、
規204条）。

上告期間、提起の方式、上告理由書の提出等はすべて上告に準じる。特別上告
の提起のあった場合は、裁判所が不服の理由が法律上成り立ちそうにみえ、かつ
その事実上の点について疎明があり、かつ、執行により償うことのできない損害
が生ずるおそれがあることにつき疎明があったときは、執行停止に関する仮の処
分を命じることができる（403条 1 項 1 号）。この裁判は、訴訟記録が原裁判所にあ
る間は、原裁判所がする（404条 1 項）。

3　特別抗告

（1）　特別抗告のできる決定・命令

通常の不服申立てができない決定および命令に対する最高裁判所への抗告であ
る（336条 1 項、裁 7 条 2 号）。地方裁判所および簡易裁判所の決定および命令で不
服申立てができないもの、ならびに高等裁判所の決定および命令に対して許され
る（最高裁判所の決定・命令に対しては許されない）。その抗告理由は、特別上告と同
じである。特別抗告の事例として→p34〔＊〕。

（2）　手続

提起期間は、原裁判の告知を受けた日から、5 日の不変期間である（336条 2 項）。
特別抗告の提起は、当然には原裁判の執行を停止しないが、原裁判所または最高
裁判所は、執行停止に関する仮の処分を命じることができる（336条 3 項・334条 2
項）。その他抗告および抗告審の手続に関しては、その性質に反しないかぎり、
特別上告および特別上告審の訴訟手続に関する規定が準用される（336条 3 項、規
208条）。

第5編　再審手続

1　再審の意義

（1）　再審の必要と根拠

　再審は、確定した終局判決に対して、その訴訟手続に重大な瑕疵があったことやその判決の基礎たる資料に異常な欠点があったことを理由として、当事者がその判決の取消しと事件の再審判を求める非常の不服申立方法である。終局判決が確定して訴訟手続が終了した以上、その判決を尊重しなければ紛争の解決は得られず、訴訟制度の目的は達成されない。しかし、その判決にどんな重大な瑕疵があっても問題にできないとすることは、裁判の適正の理念に反するし当事者にとっても酷であって、裁判に対する真の権威と信頼を得ることにはならない。ここに、再審を認める必要と根拠がある。

（2）　再審の訴えの位置づけ

　再審は、訴えの形式による当事者の不服申立方法である。再審の訴えは、法定の再審事由の存在を理由として、確定判決の取消しと確定判決によってすでに終結した訴訟事件（本案事件）の再審判とを要求する訴えである。確定判決の取消しを求める点では、訴訟上の形成の訴えの一種といえるし（→p211（4））、終結した訴訟手続の再開を目的とする点では、付随訴訟といえる。

（3）　不服申立方法としての特色

　再審は、通常の上訴と同様に、裁判に対する不服申立方法である。しかし、判決確定後にされ、確定妨止の効力がない点では、非常の救済手続であり、特別上訴に類する。また、原則として同一審級での審査を求める点で、移審の効力もない。また、再審は、判決前の手続や資料の瑕疵をその理由とする点で、もっぱら判決後の上訴提起の障害を事由とする上訴の追完（97条）と異なる。

（4）　請求異議の訴えとの比較

　再審は、確定判決の遡及的取消しを求めるもので、これに基づく執行を阻止排除することにも役立つが（403条1項1号。民執39条1項1号参照）、確定判決を取り消すのでなく事後の事由による執行力の消滅を求める請求異議の訴え（民執35条

974　第5編　再審手続

2項参照）と異なる。

2　再審事由

(1)　再審事由を主張

　再審は、不服の理由（343条3号）として、338条1項に列挙された事由を主張する場合にかぎって許される。再審事由を主張することは、訴えの適法要件をなし、その主張を欠くときは、訴えは却下される。しかし、各個の再審事由の主張は、再審請求を理由あらしめる攻撃方法であり、その主張ごとに別個の再審請求となるわけではない。数個の再審事由を一つの訴えで主張しても請求の併合となるわけではなく、攻撃方法が選択的に主張されたにとどまる[*] 1)。主張された再審事由が認められれば、訴えは理由あることになり、事件の再審判が始まる。

　[*]　**再審の訴えの審判の対象（再審請求）**　(1)　審判の対象は判決に対する不服であり、確定判決の取消しと事件の再審判の要求が請求にあたる。したがって、取消しを求められた確定判決ごとに別個の請求となる。

　　(2)　再審の訴えを棄却した決定（345条2項）または再審請求の棄却判決（348条2項）の確定によって、その原確定判決に対するすべての再審事由の主張が遮断されるのが原則であるが（345条3項も、この解釈を左右するものではない）、これらの裁判の基準時までに知りえなかった再審事由まで失権すると解すべきではない（338条1項柱書ただし書および342条1項の反対解釈）。しかし、その存在を知っている以上（通常の注意義務をもってすれば知りえたものも含むが、基準時以前30日以内に知りまたは知りえた場合を除く）は、それを主張しなくとも失権するのであるから（ただし、代理権の欠缺および判決の抵触の事由については失権しない、342条3項）、再審事由ごとに別個の再審請求があると考えるのは適切でない。

　　三ケ月章「訴訟物再考」民訴雑誌19号（1973）〔同・研究7巻57頁以下〕は、同一の訴えで数個の再審事由が主張されるときは、攻撃防御方法の選択的競合にすぎないが、別の事実関係をなす再審事由の失権を認めないとする説（二分肢説）をとる。しかし、「通常の注意義務を超えた失権の可能性を防ぎとめる」ために「異なる事実関係」（前掲書53頁）という概念をわざわざ導入する必要があるか疑問である。訴訟物としては、取消しを求める判決ごとに同一性を考えた上、客観的に重大な瑕疵のみを問題にするという再審の訴えの特殊性から、端的に通常の注意義務をもっても知りえなかった再審事由は失権しないとだけいえば足りるのではないかと思われる。

---

1)　反対、兼子・体系482頁。

第5編　再審手続　975

（2）　再審の補充性

再審事由にあたる事実があるとしても、判決確定前に当事者が上訴によってこれを主張したが棄却された場合、またはこれを知りながら上訴によって主張しなかった場合は[*]、再審事由として主張することは許されない。これを、再審の補充性という（338条1項ただし書）。

当事者本人の知・不知は、代理人の知・不知によって定まるが（大判昭14・9・14民集18巻1083頁）、能力欠缺については（338条1項3号）判決が法定代理人に送達されたときにかぎり、代理権欠缺については（同号）本人に送達されたときにかぎり、上訴で主張する機会があったものと認めるべきである[2]。

[*]　たとえば、証書の提出を相手方の窃取により妨げられ敗訴の判決確定後に338条2項後段の要件を具備するに至った場合には、たとえ前審で証書窃取の事実を陳述していても、再審事由（同条1項5号）を主張したことにならない（大判昭8・7・22民集12巻2244頁、同旨のものとして、最判(三小)昭47・5・30民集26巻4号826頁参照）。判断遺脱（338条1項9号）は、特別の事情のないかぎり、終局判決の送達によって当事者は知ったものと解すべきであるが（最判(一小)昭41・12・22民集20巻10号2179頁）、たとえば、すでにA・X間に確定判決があり、ついでAの前訴口頭弁論終結後の承継人YとXとの間にこれと抵触する第一審判決があったことだけから、Xが判決の抵触を知って上訴しなかったと推定するのは無理である（兼子・体系484頁。反対、大判昭14・12・2民集18巻1479頁）。また、成年被後見人の後見人がその就職前にした自分の行為——前訴の提起および弁護士への訴訟委任——が無権代理であった場合に、この無効を主張して再審の訴えを提起することは信義則に反しないとする（最判(一小)平7・11・9判時1557号74頁）のは、被後見人保護の観点から妥当であろう。

（3）　各個の再審事由

（ア）　338条1項1号から3号までは、絶対的上告理由にも明記されたもの（312条2項1号・2号・4号）で、判決内容への影響の有無を問わないことも、これと同様である。能力または代理権の欠缺は、判決確定後も追認があれば、再審事由でなくなる（312条2項ただし書の類推）。株式会社の代表者として訴訟行為をした者に代表権があった場合には、同代表者が、自己または第三者の利益を図る意思で訴訟行為をし、相手もそれを知りまたは知り得べきであった場合も、3号の代

2）　兼子・体系483頁。訴状送達の無効につき、最判(一小)平4・9・10民集46巻6号553頁。

理権が欠けていることにあたらないとするのが判例である（最判（一小）平5・9・9民集47巻7号4939頁）。

(イ) 4号から8号までは、判決の基礎資料に異常な欠点がある場合であり、9号および10号は、判断そのものに欠点がある場合で、いずれも、判決主文に影響を及ぼす可能性がなければならない（7号につき、最判（二小）昭33・7・18民集12巻12号1779頁）。

(a) 4号から7号までの事由は、犯罪またはこれに準ずる行為のあったことに基づくもので、これらの場合には、その行為に対し、有罪もしくは過料の裁判（科刑上一罪の関係にある有罪判決であればよい、前掲最判（三小）昭47・5・30）があったか、または証拠不十分以外の理由で確定裁判に達することができなかったとき（たとえば、犯人の死亡（刑訴339条1項4号）、大赦（同337条3号）、公訴時効の完成（同4号）、情状による不起訴（同248条））にかぎられる（338条2項）。

(b) 6号および7号の「判決の証拠となった」とは、判決の事実認定の基礎として採用されており、かつその事実が判決の結論を出す上で重要であったことを指すと解すべきである（前掲最判（二小）昭33・7・18は、虚偽の陳述がなされなかったとしても確定判決の結論と異なる判断のなされる見込みがまったくないか微弱でとるに足りないときには、判決の証拠となったとはいえないとする）。

(ウ) 9号の判断遺脱とは、当事者が適法に提出した攻撃防御方法で、当然判決の結論に影響するものに対し、判決理由中で判断を示さなかった場合である（大判昭7・5・20民集11巻1005頁）。

(エ) 10号は既判力の抵触を解決するためのもので、確定判決の既判力が争点効、参加的効力、反射効と抵触することは、この再審事由にならない。なぜならば、「不服の申立てに係る判決」を下した裁判官が、「前に確定した判決」に生じている既判力以外の判決効と、みずから下す「不服の申立てに係る判決」に生じる既判力との整合性をどのように評価するかは、判決効全般に通底する信義則とか公平感について当該裁判官が抱く信念とか信条、あるいは総合的な価値観に大きく左右されるところであるから、その整合性を重視しない内容となった「不服の申立に係る判決」には、その内容について当否の問題が残るとしても、すでに確定した「不服の申立てに係る判決」を取り消して二つの判決効間の調整を図らなければ、民事訴訟制度の基盤を揺るがすというまでの欠点があるとは解されな

第5編　再審手続　　977

いからである。

3　再審の訴えの要件

（1）　確定の終局判決に対すること

　（ア）　**準再審**　　中間判決その他の中間的裁判に対しては独立して訴えること
は許されない。しかし、これに再審事由があれば、これを終局判決に対する再審
理由として再審請求をすることが許される。この場合、その中間的裁判が終局判
決とともに上級審の判断を受けないもの（不服申立ての許されないもの、および独立に
不服申立てが許される裁判）であってもよい（339条）。もっとも即時抗告に服する性
質をもつ決定および命令が確定したときは、訴えの方法によらず、再審の申立て
ができる（349条）。これを準再審という。

　（イ）　同一事件の下級審判決と、これに対する上訴を却下しまたは棄却した上
級審判決とが、ともに確定するときは、原則として、各別に再審の訴えをするこ
とが許される。ただし、控訴審で控訴棄却の本案判決をした場合は、訴えに対し
て全面的に（事実および法律の両面から）再審判がなされたわけで、第一審判決に対
して再審を認める必要はない（338条3項。なお、控訴を認容して第一審判決を取り消し
た場合には、第一審判決は消滅し、再審の対象たりえない）。再審の訴えに対する終局判
決に対しては、その審級に応じて、さらに控訴・上告が認められる。

　なお、確定した控訴審判決に対する再審の訴えならば控訴再審の申立て（また
は控訴再審の訴え）、上告審判決に対する再審の訴えならば上告再審の申立て（また
は上告再審の訴え）と称するのが、再審事件の控訴・上告事件と区別して表示する
のに便宜である。たとえば、控訴審判決に対する再審の訴えについてなされた判
決に対してなされた上告ならば、「控訴再審の上告事件」といえ、「上告再審事
件」（上告審判決に対する再審の訴え）と明確に区別して表示しうる[3]。

　（ウ）　確定判決と同一の効力を有する調書（267条、民調16条、家事268条1項）に
対しても、私法上の無効原因に基づきその効力をめぐって争いが存するかぎり、
再審に準ずる訴え（実質的には調書の無効確認請求）を認めるべきであろう（反対、大
判昭7・11・25民集11巻2125頁）。

　3）　新堂・判例408頁参照。

978   第5編　再審手続

（2）　再審の出訴期間

代理権の欠缺および既判力の抵触の事由を除き（342条3項）、再審原告が判決確定後、再審の事由を知った日から30日の不変期間内（→p982〔*〕）で、かつその事由が判決確定前に発生しているときには、判決の確定のときから5年以内であることを要する（342条1項・2項。再審事由の発生を知らなくとも、確定後5年を経過した後の再審の訴えは不適法である、最判(一小)昭29・2・11民集8巻2号440頁）。判決確定後に再審事由が発生したときは、発生の日から5年以内であることを要する（同条2項括弧書。338条1項6号および7号の場合には、有罪判決の確定した時に再審事由の発生ありとみるべきである）[4]。

（3）　再審の正当な当事者

（ｱ）　**再審原告**　　再審原告は、確定判決の効力を受け、かつその取消しを求める利益（不服の利益）をもつ者であり、原則として、確定判決の当事者で、全部または一部敗訴している者である。

（a）　口頭弁論終結後の一般または特定承継人は、再審の訴えを起こせる[5]。反面、確定判決の当事者でも現在において訴訟物についての適格を失っていれば、起こせない。第三者の訴訟担当の場合の被担当者も、訴訟物について訴訟をする権能をもつかぎり（たとえば選定者）、再審の訴えを起こせる。

4）　最判(三小)昭47・5・30民集26巻4号826頁。最判(二小)昭52・5・27民集31巻3号404頁は、338条2項の要件が有罪判決確定ではなく、被疑者の死亡の場合において、「有罪の確定判決を得る可能性そのものは被疑者の死亡等の時に既に存在すべきものであるから」5年の除斥期間は、被疑者死亡が判決確定前のときは判決確定時から、被疑者死亡が判決確定後のときは被疑者死亡の時から起算するとし、有罪の証拠が発見された時からではないと判示する。しかし、一般論としては、再審請求者に酷になる可能性がないではない。吉村德重「再審事由」小室＝小山・還暦96頁とくに131頁、条解2版1738頁〔松浦馨〕は、可罰行為を証明できる証拠が具備した時から起算されると解している。なお、除斥期間の起算ではなく、338条1項ただし書の補充性の問題であるが、最判(三小)平6・10・25判時1516号74頁は、有罪の証拠が収集された時を基準とし、再審提起を適法とする。

5）　最判(一小)昭46・6・3判時634号37頁。ただし、甲乙間の前訴判決に対して、乙（前訴敗訴者）の特定承継人丙が乙と共同でなく単独で起こす再審の訴えは、通常の再審と異なり、甲乙間の前訴判決の効力が丙に拡張されることの可否のみを判断する訴訟だと解すべきである。再審事由が存在すれば、前訴判決は丙甲間で丙に対する関係でのみ相対的に取り消され、乙には関係しない。その後の丙甲間の争いは、丙の審級の利益を考え、丙甲間で第一審から審理し直すことになる。新堂・判例305頁。

第5編　再審手続　　979

(b)　判決の効力が第三者に及ぶ場合は、判決の取消しについて固有の利益を有する第三者にも再審適格が認められる。この場合には、独立当事者参加の形式により（47条）、本訴の両当事者を共同被告とすべきであろう[6]。なお、第三者を詐害する判決に対して、第三者がこれを理由に再審の訴えを提起できることを認める場合がある（旧々民訴483条、会社853条、行訴34条[*]）。

〔*〕　**会社組織に関する訴えにおいて詐害再審が認められるか**　　(1)　会社法は、株主による責任追及等の訴えについては、同法853条で、会社と原告株主が通謀して会社等の権利を害する目的をもって判決をさせたときに、再審の訴えを申し立てられると規定している。他方、会社組織に関する訴え、たとえば新株発行無効の訴え（同828条1項2号・同条2項2号）や解散の訴え（同833条・同834条20号）については、その種の規定がない。そうすると、これらの訴えにおいて原告株主と被告会社とがなれあって、新株発行無効判決、または解散判決を意図的に取得したときに、その確定判決に対して、自らの権利を害された株主は再審の訴えを起こすことができるかが問われる。

　　(2)　最決（一小）平25・11・21民集67巻8号1686頁は、新株発行無効の確定判決に対して他の株主が提起した再審請求に対して、再審請求棄却の地裁決定があり、これに対する抗告を棄却する高裁決定があり、これに対する許可抗告を認容した。その理由は、大略つぎのようであった。再審原告は独立当事者参加することによって再審原告としての適格を有することになるとし、かつ、被告会社は、事実上第三者に代わって手続に関与するという立場にもあることから、第三者の利益に配慮し、より一層、信義に従った訴訟活動が求められるところ、会社の訴訟活動が著しく信義に反しており、手続保障の観点から看過できない場合には、上記確定判決には、民訴法338条1項3号の再審事由があるとし、再審事由なしとして再審の訴えを棄却した原審決定を破棄し事件を高裁に差し戻した。そして、手続保障上看過できない事情としてつぎの点を掲げている。前訴において、①被告会社が原告の請求を全く争わず、かえって、請求原因事実の追加立証を求める訴訟指揮に対し、被告自ら請求原因事実を裏づける書証を提出したほか、②前訴の係属を知らない抗告人（再審原告）に対して、前訴の係属を知らせることが容易であったにもかかわらず、これを知らせなかった結果、③抗告人は、前訴に参加するなどして本件株式発行無効請求を争う機会を逸したという事情を判示した。本最高裁決定は、この種の場合の手続保障の内容を具体化可視化した点で、注目に値する。

　　(3)　ところで、最決（一小）平26・7・10判時2237号42頁も、上記平成25年判例と同様、前訴における会社の訴訟追行には、手続保障上看過しがたいものであったにもかかわらず、

---

6)　兼子・体系485頁。

980 第5編 再審手続

再審原告に当事者適格なしとされて再審の訴えを却下された。上記の平成25年事例では、再審原告は、再審の訴えとともに独立当事者参加の申立てをし、そこに、新株発行による株主であることの確認請求を自ら定立していたため、再審原告に再審の訴えの当事者適格が認められていたところ、平成26年事例では、再審原告は、参加申立てにおいて会社解散の訴え（前訴の原告請求）の棄却または却下のみを求めていた。そのため独立当事者参加の要件を欠くとされ、ひいては、再審の訴えにおける当事者適格を欠くとして、再審の訴えを不適法却下とされた。これに対して、山浦善樹裁判官の反対意見は、詐害妨止参加を求めるにあたり、請求を定立することは必要でないとする、一歩踏み込んだものであった。その論旨は、極めて説得的であるとともに、民訴法47条の明文を見据えた、独立当事者参加の制度の根幹にもかかわる大胆な解釈提言であった。理論的にも実務的にもこれを生かす方向での今後の展開を望みたい。なおこの問題については、立法の沿革と判例の流れを地道に追求した徳田和幸「独立当事者参加における請求の定立について――詐害防止参加の沿革を中心として」新堂・古稀(上)705頁があり、上記山浦意見に引用されている。 → p842(b)(i)。

　　(c)　本案（再審の訴えの対象になる訴訟）が必要的共同訴訟であるときは、その共同訴訟人の1人が再審の訴えを起こせば、全員が原告の地位につく。補助参加人は、被参加人のために再審の訴えを起こせる。

　　(d)　氏名冒用訴訟による確定判決に対して被冒用者は再審の訴えでその取消しを求められる（→p137(3)(ア)[＊]）。

　　(イ)　**再審被告**　　再審被告は、原則として確定判決の勝訴の当事者またはその口頭弁論終結後の承継人[7]である。人事訴訟においては、相手方とすべき者が死亡した後は、検察官を被告として提起できる場合がある（人訴12条3項）。再審の訴えの原告は、確定判決の本案についても訴訟行為をなし得る者でなければならず、死後認知を求められた父（被告は検察官）の原告以外の子は、認知請求認容判決の再審の原告適格を有しないとするのが判例である（最判(二小)平元・11・10民集43巻10号1085頁）。しかし、これでは自己の知らぬ間に兄弟姉妹が法律上生ずることになり、不当である。そこで、平成8年改正法制定にさいし、人事訴訟手続法旧33条（現人訴28条）が新設されたことは前述した（→p301③）。これらの者は、

　7）　大判昭8・7・22民集12巻2244頁。なお、嶋田敬介「再審の訴における正当な当事者」中田・還暦(下)95頁以下。

その訴訟に共同訴訟的補助参加することができる。

（4） 再審事由の主張

不服の理由として、再審事由の存在を主張するものであること（343条3号参照）。

4　再審の管轄裁判所

再審の訴えは、不服を申し立てる確定判決をした裁判所の専属管轄に属する（340条1項）。ただし、同一事件について、審級を異にした裁判所の確定判決に対して再審の訴えを併合して提起する場合は、上級裁判所が併せて管轄する（同条2項）。管轄違いの訴えには、移送が認められる（16条1項）。

5　再審の訴えの提起

（1）　訴状の記載事項等

一般の訴えの規定による。訴状には、不服を申し立てる判決の表示、これに対し再審を求める旨（再審の趣旨）のほか、不服の理由として具体的な再審事由の主張を掲げなければならない（343条）。もっとも、主張した再審事由は、再審の訴え提起後に変更できる（344条）。不服の範囲（原判決の変更の限度）および本案事件に関する申立ての記載は、任意的である。訴状に貼用すべき印紙額は、簡易裁判所に提起する場合には2000円、その他の場合は4000円である（民訴費3条1項別表1第8項）。再審の訴状には、不服を申し立てる判決の写しを添付しなければならない（規211条1項）。

（2）　起訴の効果

（ア）　訴状の提出によって、その事由について出訴期間遵守の効力を生じる（147条）。他の事由については、訴訟中にこれを追加した時を基準にして期間の遵守を判断すべきである（最判(二小)昭36・9・22民集15巻8号2203頁）。もし追加した新事由が期間を遵守していないときは、その審理に立ち入らないで、その事由の主張を排斥すべきである。

（イ）　訴えの提起は、当然には原確定判決の執行力を阻止しない。ただし、裁判所は、申立てにより、終局判決までの間、原確定判決に基づく強制執行に対し、停止または取消しの仮の処分を命じることができる（403条1項1号）。

6 再審の訴えの審判

再審の審判には、その性質に反しないかぎり、その審級の訴訟手続に関する規定が準用される（341条、規211条2項）。再審は、確定判決の取消しと事件についてこれに代わる判決を申し立てる複合的な目的をもち、理論的には、再審の許否（再審事由の存否の判断）と再審が許されることになった場合の本案の審判という二つの段階からなる。前者は決定手続で行われる。

（1） 訴えの適否

裁判所は、まず再審の訴えとして適法であるかどうかを調査し、不適法である場合には、決定でこれを却下しなければならない（345条1項）。

（2） 再審事由の存否

訴えを適法と認めれば、つぎに再審の適否（すなわち再審事由の存否）の調査に入る。確定判決の取消しは、訴訟の制度の基本的目的である紛争解決の実効性と正義の実現との調和を図る問題であって、当事者の意思で結論を左右されるべきでないし、再審事由の存否は訴訟制度に対する信頼を保持するために運営者としてもその真実を明らかにすべき要求があるから、主張された再審事由の存否の調査においては職権探知主義がとられるべきである（当事者の請求の放棄・認諾、自白に拘束されない。訴えの取下げは許される）。したがって、上告審においても、これについては、事実審理ができる[*]。

再審事由がないと認めれば、決定で再審請求を棄却しなければならない（主張されない再審事由を職権で調査すべきではない。341条・320条・322条は、再審の上告審には準用されないと解すべきである）。

再審事由がある場合には、再審開始の決定をしなければならない（346条1項）。この決定をする場合には、相手方を審尋しなければならない（同条2項）。再審の訴えを却下した決定、再審請求を棄却した決定および再審開始決定に対しては即時抗告をすることができる（347条）。再審請求を棄却した決定が確定したときは、同一の事由を不服の理由として、さらに再審の訴えを提起することはできない（345条3項）。

[*] **再審事由の存否の判断の基準時** 再審事由については上告審も事実審理ができるから、事実審の最終口頭弁論終結時と解すべきでない。もっとも、再審事件の上告審においては、原則としては、上告理由書提出期間が定められている関係から、その期間終了時と

第5編　再審手続　　983

解されるが、再審事由の存否に関する疑義の早急な解決を得るために、その期間後に生じた、または発見された新たな再審事由が主張された場合には、期間伸長の決定をなした上その当否を判断する余地があると解すべきである。

最判（一小）昭43・8・29民集22巻8号1740頁の多数意見は、事実審の口頭弁論終結後に旧420条2項（現338条2項）所定の要件を具備した事実（有罪判決の確定）は、再審事件の上告理由にならないとするが、疑問であり、むしろ、上告理由書提出期間を伸長してこれを考慮すべきとした松田裁判官の反対意見に賛成する（詳しくは、新堂・判例248頁）。なお、本判決直後の同一事件の再度の控訴再審の訴えにおいて、控訴審は、再審原告が証人の有罪判決の確定を知ったのはずっと以前で、すでに旧424条1項（現342条1項）の30日をはるかに経過しているとして、第2の控訴再審の訴えを却下したのに対し、最高裁は、さすがに、「上告人〔再審原告〕が右上告理由補充書等で主張する方法によつては裁判所の判断を受けられないことを知つたことが民訴法424条1項（現342条1項）にいう『再審ノ事由ヲ知リタル』ことにあたる」として、破棄差戻しをしてこの再審原告を救済している（最判（一小）昭45・10・1民集24巻11号1483頁）。しかし、もとはといえば、2度目の控訴再審の訴えを待つまでもなく、初めの再審の上告審で有罪判決の確定の事情を顧慮すればよかったのであり、上記最判（一小）昭43年の多数意見のすわりの悪さが目立つ。

（3）　本案の審判

㋐　再審開始の決定が確定した場合には、再審事由の存在とそれに基づく原確定判決の既判力の消滅の効果は確定し、不服申立ての限度で、本案の審理および裁判をする（348条1項）。

㋑　本案についての弁論は、前訴訟の弁論の再開続行であり、当事者の再審および附帯再審による原判決に対する不服の限度で行う（348条1項）。従前の訴訟手続は、再審事由の瑕疵を帯びないかぎり、すべて効力をもつ。再審裁判所が事実審であれば、当事者は新たな攻撃防御方法を提出することができる。とくに口頭弁論終結後に生じた事由は当然提出できるし、これを提出しないで敗訴すると既判力によって後から主張できなくなる。

㋒　**終局判決**　ⓐ　本案審理の結果、原判決を正当とするときは、再審請求を棄却しなければならない（348条2項）。

「原判決を正当とするとき」とは、たとえば、原判決主文と再審判決主文とが同一であり、かつ、上告審判決に対する再審事件の場合[8]のように、再審判決に

8）　最判（二小）昭44・2・28判時553号47頁、三谷忠之・百選〔第2版〕282頁。

984　第5編　再審手続

より既判力の基準時が原判決の基準時から再審判決の基準時まで移動しないときにかぎると解すべきである[9]。再審請求棄却判決によっては、基準時の移動を明確に表示できないからである。基準時の移動がある場合には、348条3項による審判をすべきである。

　(b)　審理の結果、原判決を不当とすれば、不服の主張の限度で、これを取り消しこれに代わる裁判をする（348条3項）。

　たとえば、控訴棄却の原確定判決に対する再審決定があった場合においては、控訴の申立てについて審判が再開続行され、やはり控訴は棄却されるべきだとの結論に至ったときは、原確定判決を取り消して（この取消しは、すでに再審開始決定の確定によって原確定判決の既判力が消滅していることを明示する意味がある）、控訴棄却の判決をすべきである。また控訴は認容されるべきだとの結果に至ったときは、控訴棄却の判決を取り消した上、請求についての判断（請求認容、請求棄却または第一審に差戻し）を示す。また、原確定判決後、再審判決までの間に同一事項についてこれと抵触する確定判決があったとすると、再審の判決の段階では、中間の確定判決の既判力に抵触する判断は許されないものとして、原確定判決を取り消し、原事件につき中間の確定判決の結果を維持する処理をすべきである[10]。

（4）　再審被告の反訴または附帯再審

　再審訴訟において、被告は、自分の側の再審事由に基づく反訴を提起できる（146条）。このほか、附帯上訴に準じ、原告の主張する再審事由に便乗して、原判決を自分に有利に取消しを求める申立てができる。附帯再審は、その再審事由について自分の再審訴権を失った後でもできるが、反訴と異なり、再審の訴えの却下または取下げがあれば失効する（293条2項の類推）。

7　再審申立て（準再審）

　即時抗告によって不服を申し立てられる決定または命令が確定した後に、これについて再審事由（349条2項）があるときは、訴えの形式によらないで、再審の申立てができる（同条1項）。

9）　条解2版1748頁以下〔松浦馨〕に賛成する。
10）　兼子・体系489-490頁参照。

たとえば、訴状や上訴状の却下命令（137条・288条）、訴訟費用額の確定に対する異議の申立てについての決定（71条7項）、過料の裁判（たとえば192条）などに対して適用がある。最高裁判所のした終局裁判の性質をもつ決定および命令に対しても、再審申立てが認められる（最決(大)昭30・7・20民集9巻9号1139頁）。申立てについての審判は、決定手続による（349条2項、規212条）。

第6編　訴訟費用

第1章　民事訴訟とその費用に関する規律

1　民事訴訟にかかる諸費用

　民事訴訟には、金がかかる。まず、訴訟制度の設営維持自体に多額の経費を要するが、個々の訴訟を追行するためにも、当事者にかなりの出費を余儀なくさせる。そこで、まず訴訟経済という観念が民事訴訟法の理論と実践において指導的な役割を果たすことになる。だが、民事訴訟制度がその利用者に提供する紛争の解決というサービスは、安かろう悪かろうという内容のものであってはならない。そこでは、適正・公平というそのサービスの質を落とすことなく、しかもいかに迅速に処理し、かつ、いかにそれらの出費を少なくするかが重要な課題となる。前編までに展開してきた議論は、すべてこのような訴訟経済の考量を例外なく経た上のものであるが、本編では、このような訴訟にかかる費用の問題のうち、とくに個々の訴訟の追行のために当事者らに支出が要求され、また負担せしめられる費用に関する問題を取り扱うことにする。

2　当事者らが負担する費用

　当事者らに支出が要求され、また負担せしめられる費用も安いにこしたことはないが、これも、適正・公平の要請と並ぶ相対的な要請であり、またいかに努力しても、個別訴訟の追行のために要する出費を一定限度以下に押えることは不可能であるとすれば、むしろ、訴訟に必要な範囲の経費を積極的に肯定したうえで、その負担を公平に分配することを工夫する必要がある。また、さしあたり訴訟追行に要する支出に耐える資力がないために、訴訟制度を利用できない者にも、その門を開くための配慮が必要となる。そこで、民事訴訟法は、一方では、その訴訟手続内で当然に処理しておくべき付随事項として、費用の範囲を法定したうえ、

それをだれに、どのような割合ないし額まで負担させ、また弁償させるか、さらにどのような場合にその弁償のための担保を相手方に求め得るか等に関して規定するとともに、訴訟維持の資力のない者にも訴訟制度を利用できるようにする工夫として、訴訟救助の制度を定めている。前者は、訴訟費用の裁判および額の確定に関する定めで、いわば訴訟の後始末という外観をもつが、その実質は、たとえば弁護士の報酬も敗訴者から回収することが当然にできるかどうかという問題などを含んでおり、訴えを提起するかどうかの決断に影響するものであって、その規律の仕方は、訴訟救助の規律内容と並び、民事訴訟の現実の利用度を左右する重要な問題というべきである。

3 「訴訟費用」の概念の多義性

この概念は、現行法上、一つには、訴訟手続に付随した後始末の問題として、その訴訟にかかった費用のどれだけの範囲のものを、だれにどのような割合で負担させるかを定めるための技術概念として用いられている（たとえば61条の用法）。もう一つは、訴訟救助の認否を判断するために申立人の資力を判定する基準を組成する概念として、訴訟の準備および追行に必要な経費を指す意味でも用いられている（82条の用法）。

前者においては、その訴訟手続内で当然に解決しておくべき付随事項として、どれだけの範囲の費用について負担の分配を考えておけば足りるかという観点から、原告と被告との間、および勝訴者と敗訴者との間の公平の要求や、訴訟提起へのインセンティブをどのように確保すべきかという諸点を考慮しながら決せらるべきものである。

これに対して訴訟救助付与の基準として用いられるときには、救助申立人の資力判定の一要素として用いられる場合であり、どの程度の者に救助を与えるのが訴訟制度の運営上可能であるか、またベターかという考慮を中心として決められるべきであり、両者は、当然に同義と解すべきものではない。

第2章　訴訟費用の負担

1　裁判で負担を命じられる費用（形式的訴訟費用）の範囲（民訴費2条）

　終局判決をする場合には、裁判所は、訴訟手続内で当然に処理しておくべき付随事項として、あらかじめ法定された範囲の支出をだれにどのような割合で負担させるかの裁判を、職権で行うのが原則である（民訴67条）。訴訟費用といえば、通常、この法定された範囲の費用を指す（法定された範囲のもので手続上当然にその処理がなされるという意味で、形式的訴訟費用とよぶのが便宜であろう）。現在は、民事訴訟費用等に関する法律（昭46・法40）によって定められている。この訴訟費用は、裁判所の行為について要する裁判費用（民訴83条1項1号参照）と当事者が訴訟追行をするに必要な当事者費用とに分かれる。

（1）　裁判費用

　これには訴訟制度を利用するために各種の申立てにさいして納める手数料（民訴費2章1節）のほかに、裁判所が証拠調べや書類の送達などをするために必要な費用（同11条1項・第3章）がある。後者には、証人、鑑定人、通訳人等に支給する旅費、日当および宿泊料、鑑定料、通訳料（同18条）、実地検証のための裁判官および裁判所書記官の出張費が含まれる（同11条1項2号）。

　手数料を納めなければならない申立てで、その納付がないものは不適法とされ（同6条）、それ以外の裁判費用は、原則として、その概算額を当事者ら（納付すべき者がだれかについては、同11条2項）に予納させ、予納を命じたのに予納しないときは、その費用を要する行為を行わないことができる（同12条）。費用の予納がなかった場合、または訴訟救助を受けてその支払が猶予された場合（民訴83条1項1号）は、後日裁判所が費用負担者から取り立てることになる（民訴費14条・15条・16条）。

（2）　当事者費用

　これには、訴状等の書記料や当事者または代理人の期日に出頭するための旅費、日当、宿泊料などが主たるものとして含まれる。弁護士に対する報酬は、裁判所が特にその付添いを命じた場合（民訴155条2項）以外は、これを選任するか否か

990 　第6編　訴訟費用　　第2章　訴訟費用の負担

が本人の自由であるところから、訴訟費用に算入されない[*]（民訴費2条10号参照）。

〔*〕　**弁護士費用の弁償**　　訴訟追行にかかった弁護士費用（着手金および報酬）を敗訴した相手方に弁償させる方法としては、これを権利実現を妨害されたことに基づく損害賠償として請求する方法と、法定の訴訟費用中に組み入れる方法とが考えられる。前者は、解釈論として現行法上も可能であるが、後者は立法を待たねばならない。

　(1)　弁護士費用を実体上の損害賠償請求権に基づいて弁償請求し得るか　　(i)　下級審においてであるが、交通事故に基づく損害賠償請求では、弁護士費用を相当因果関係に立つ損害として、その賠償請求を認める取扱いが顕著である（田邨正義「弁護士費用」実務民訴講座(2)157-158頁、161頁参照）。

　最高裁も、一方では、最判(一小)昭44・2・27民集23巻2号441頁において、不法行為の被害者が自分の権利擁護のために訴え（根抵当権設定登記抹消登記請求）を余儀なくされ、その訴訟追行を弁護士に委任した場合には、諸般の事情を考慮して相当と認められる範囲内のものにかぎり、その不法行為と相当因果関係に立つ損害とみて、併合提起された損害賠償請求（弁護士費用の着手金として支払った13万円の請求）を認容した原判決を維持している。他方、最判(一小)昭48・10・11判時723号44頁は、金銭債務の履行遅滞による損害賠償請求において、民法419条の存在を理由に弁護士費用の請求を否定している。

　不法行為以外の原因に基づく給付請求において、弁護士費用を含ませることができるかどうかについて、最高裁による判例法の形成が待たれる（学説や大審院時代の判例については、斎藤清實「弁護士費用の賠償を求め得る限度」判タ254号（1971）54頁、田邨・前掲論文154-161頁に詳しい）。近時のものとして、最判(二小)平24・2・24判タ1368号63頁は、労働者が使用者の安全配慮義務違反を理由とする債務不履行に基づく損害賠償請求の訴え提起を余儀なくされ、弁護士に委任した場合について、弁護士費用の賠償請求を認めている。そこでは、「事案の難易、請求額、認容された額その他諸般の事情を斟酌して相当と認められる額の範囲内のものに限り、上記安全配慮義務違反と相当因果関係に立つ損害」と判示している。

　(ii)　金銭債務の不履行における損害賠償　　金銭債権請求についても、法定の訴訟費用の弁償が認められているのであるから、その限度では民法419条の例外を認めるわけで、同条はおよそ例外を認めないものとはいえないし、同条は、そもそも訴訟によって取り立てざるをえなくなったような場合を念頭にしたものではないと解される。それに、弁護士によらなければ訴訟維持が不可能に近い現状は、金銭債権の請求の場合も、上掲最判(一小)昭44・2・27の事件と大差ないことを考えると、その弁護士費用を訴訟維持に必要な限度で、遅延損害の一部として回収できるという一般原則をとった上で、「事案の難易、請求額、認容された額その他諸般の事情を斟酌して相当と認められる額」（上掲最判(一小)昭44・2・27）の賠償をケースごとに判断していくというのが、ここでのあるべき方

向と思われる。

(2)　立法による弁護士費用の訴訟費用化に関する従来の議論　　現行法上、原則として弁護士費用が訴訟費用に算入されない建前となった歴史的原因については十分に解明されていないが、弁護士職業に対する社会の評価が低かったことに主な原因があると思われる（田邨・前掲論文162頁参照）。ともあれ、訴訟費用に算入せよとの改正論は、数多くの研究者・実務家の説くところである（その文献については、田邨・前掲論文165-166頁参照）。しかし、立法化の現実の動きはにぶい。

　訴訟にかかる費用のうち、弁護士費用が大口を占めているため、それ以外の小口の費用のために現行の訴訟費用の裁判による費用の償還が実際に利用されず、これが空文化することは避けられない。のみならず、「現在の訴訟はますます専門化され技術化された訴訟追行を当事者に対して要求する以上、一般人が単独にて十分な訴訟活動を展開することはほとんど不可能に近い」（上掲最判（一小）昭44・2・27）とすれば、訴訟による権利救済の実質は、その救済の遅延によるマイナスを別にしても、なお、弁護士費用の支出を強いられるわけで、現行の建前は、権利救済制度としての訴訟の効用を著しく阻害していることをだれしも否定できないであろう。それ故、弁護士費用の訴訟費用化に対する反論が目立たないのも当然といえる。

　しかし、その立法化に対しては、解決すべき難問が多いのも事実である。主な点だけを拾っても、第1に、敗訴すれば相手方の弁護士費用まで負担させられるという心配から正当な訴え提起・訴訟追行をも抑制しかねないという懸念も、訴訟による解決をなるべく差し控えようとするわが国の風土の下では、無視できないものであり、十分な制度的手当てを用意する必要がある。第2に、本人訴訟率がかなり高い現状においては（→p184）、全国一律の立法はかえって本人訴訟を行う一般人を納得させるか疑問であるし、弁護士の都市偏在の結果（→p182）、その利用が事実上阻害されるような場合、当事者間の不公平をもたらしかねない。第3に、弁護士の報酬も画一的に訴訟費用化されると、その額が一般的に引き下げられることにならないか。また裁判官に額の決定につき裁量を認めるとすれば、弁護士の自主独立性が害されないかという弁護士自身の危惧を解消せしめる必要もある。

　かくして、立法化の途は単純なものではありえず、弁護士費用のうち謝金を除き着手金等の手数料や立替金にあたるもののみの訴訟費用化（中野貞一郎「弁護士費用の敗訴者負担」ジュリ388号（1968）83頁〔同・過失の推認255頁〕）や、大都市のみに適用される立法（菊井維大「弁護士費用問題——論点の整理」ジュリ211号（1960）11頁、中野・前掲論文、田邨・前掲論文164頁）などの種々の提案がなされている。しかし、ことは、弁護士の利用をいかにしてひろく一般市民に開くかという司法制度の根本に触れる課題の一環として考察すべきもので（こうした問題意識によるすぐれた研究として、小島武司『弁護

992 第6編 訴訟費用 第2章 訴訟費用の負担

士報酬制度の現代的課題』(1974・鳳舎)がある)、立法化の道はなお険しいし、慎重でなければならない(法務省の研究会報告「民訴費用制度等研究会報告書」が平成9(1997)年1月に公表された。それを踏まえて、ジュリ1112号(1997)に「特集 民訴費用・弁護士報酬の検討」がある)。こうした意味で、判例による各ケースに適した弁償の途を模索し、その実例を徐々に積み上げていくことが、むしろ、有効適切な手段と考えられる。

(3) 司法制度改革の一環としての立法による導入案 司法制度改革審議会の意見書では、利用者の裁判所へのアクセスの拡充という観点から、その導入を提言しつつも、訴え提起を不当に萎縮させないように一律導入ということでなく、導入しない訴訟の範囲およびその取扱いのあり方、負担額の定め方等について検討すべきであるとした。

しかし意見書の、「勝訴しても、弁護士報酬を相手方から回収できないために訴訟を回避せざるを得なかった当事者にも、その負担の公平化を図って訴訟を利用しやすくする見地から」導入すべきであるという考え方には、弁護士会、消費者団体などから強い反対が唱えられた。勝訴しても弁護士報酬を回収できないために訴訟を回避するというよりは、現在のような流動的な社会・経済状況にあっては勝敗の見通しがつかない訴訟も多くなるところ、もし負けた場合に相手方の弁護士報酬まで支払わされるのではかなわないと考えて、訴え提起を見合わせることの方が心配され、この制度の立法による導入により、かえって萎縮効果を強めるという批判である。

導入法案(第159回国会提出)は、弁護士報酬の一部を民事訴訟費用の一部にするということから、民事訴訟費用等に関する法律の一部改正という形をとり、当事者に弁護士等の訴訟代理人報酬の簡易な償還が選択できるようにするために、この制度を導入することとしていた。

しかしその内容は、①当事者双方が訴訟代理人(弁護士・司法書士または弁理士)を選任している訴訟にかぎり、かつ②当事者双方の共同の申立てがあるときにかぎって、当該審級における訴訟代理人の報酬を訴訟費用として敗訴者の負担とするとともに、③その負担額は、訴訟の目的の価額に応じて算出することとしていた(民訴費法改正案28条の3第1項)。その具体的な額をみると、たとえば、訴額100万円で10万円、500万円で20万円、1000万円で30万円、10億円で327万円とかなり低額に抑えられている。そのほか、④訴訟代理人が上記の申立てまたはその取下げをするには、特別の委任が必要とされ、⑤申立ては、当該審級の口頭弁論終結時までに書面ですることを要するが、その時点までは、共同して取り下げることができる(同条5項-7項)、⑥訴訟外で行われた共同の申立てをする旨の合意は、訴訟係属後において訴訟代理人を選任している当事者間でされたものを除き、無効とされる(同条9項)など、多くの縛りのかかった法案となっていた。結局は、日本弁護士連合会等の反対で廃案となった。

2　訴訟費用の負担者

（1）　敗訴者負担の原則と例外

　訴訟費用は、原則として敗訴者の負担とされる（61条）。一部敗訴のときは、負担者およびその負担の範囲は裁判所の裁量で定める（64条本文）。事情により、当事者の一方のみに全部負担させることもできる（同条ただし書）。共同訴訟人がともに敗訴した場合は、原則として頭割りで負担するが、事情によって連帯して負担とすることや、ある者にある範囲の費用を負担させることもできる（65条1項）。

　また裁判所は、勝訴の当事者に対しても、その権利の伸張または防御に不必要な行為によって生じた費用、または敗訴者にとりその行為時は権利の伸張または防御のために必要であった行為による費用（62条・65条2項）を負担させることができる。また当事者の責めに帰すべき事由に基づいて訴訟が遅延したために、とくに増加した費用（63条）の全部または一部を、その当事者が勝訴した場合にも負担させることができる。

　さらに、法定代理人、訴訟代理人（無権代理人も含む、69条2項。無権代理人の提起した訴えを却下したときはこの者の負担とする、70条参照）、裁判所書記官または執行官が、故意または重大な過失によって無益の費用を生じさせた場合には、申立てによりまたは職権で、裁判所はこれらの者に対し、費用負担者への償還を命じることができる（69条1項）。この代理人等に対する費用負担の裁判に対しては、即時抗告が許される（同条3項）。

（2）　相手方の費用弁償請求権

　訴訟費用の負担を命じられた者は、自分の支弁した費用が自分持ちになるだけでなく、相手方の支出した費用も法定の範囲内で弁償する義務を負い、相手方は負担者に対して弁償を求める請求権をもつことになる。この請求権は、訴訟費用の裁判によってのみ当事者間に発生する法定の請求権であり、当事者の方からいえば、法定の訴訟費用の範囲内でその弁償を求めようとするかぎり、訴訟費用の裁判手続によるべきで、別訴で独立に請求することは許されない。

（3）　当事者が裁判所において和解をした場合において、和解の費用または訴訟費用について特別の定めをしなかったときは、その費用は、各自が負担する（68条）。

994　第6編　訴訟費用　第2章　訴訟費用の負担

3　訴訟費用の裁判手続

(1)　訴訟費用の裁判をすべき裁判所

　裁判所は、終局判決の主文において、職権をもって、原則としてその審級の訴訟費用の全部について、当事者のどちらにどれだけ負担させるかについて裁判をする（67条1項）。しかし、上訴裁判所が本案の裁判（費用の裁判に対し事件についての判決を意味するから、訴え却下の判決も含まれる）を変更するときは、同時に原審とその審級を通じた総費用について負担の裁判をする（67条2項前段。原審が費用の裁判を脱漏しているときは、本案の判決を変更しないときも総費用について裁判する、258条2項－4項。→p664(4)）。ただし、差戻しまたは移送する場合は、その後の審級の終局判決に総費用の裁判を譲ることになる（67条2項後段）。控訴審で訴えが取り下げられた場合には、同裁判所が費用の負担を定める（大決昭14・5・3民集18巻542頁。額の確定まで裁判所がするという点については、71条により修正された）。

(2)　不服申立て

　判決中の訴訟費用の裁判に対しては独立して上訴できない（282条）。さらに、本案に対する上訴が理由のないときは、費用についての不服申立ても不適法になるとするのが確立した判例である（大判昭15・6・28民集19巻1071頁、最判(一小)昭29・1・28民集8巻1号308頁等）。これは、本案について明らかに理由のない上訴の提起を警戒した取扱いであるが、そうだとすれば、上級審が実質的に本案の審理をし、とくに新たに提出された攻撃防御に基づいて上訴棄却の結論に至った場合には、明らかに理由のない上訴だったとはいえないから、原判決の費用の裁判を見直す余地を認めるべきである[1]。

4　訴訟費用額の確定手続

(1)　額を確定する権限

　訴訟費用の負担を定める裁判が執行力を生じた後、申立てにより、第一審裁判所の裁判所書記官が負担額を定める（71条1項）。

　裁判上の和解が成立した場合で、その手続の訴訟費用の負担割合を和解で定めながら額までは定めなかったときも、第一審裁判所（即決和解の場合は、それが成立

---

1)　兼子・体系359頁。

第2章　訴訟費用の負担　　995

した裁判所）の裁判所書記官が定める（72条前文）。裁判および和解によらないで完結したときは、申立てにより、第一審裁判所は、決定で、費用の負担を命じ、その裁判所の裁判所書記官は、その決定が執行力を生じた後に、その負担額を決める（73条1項前段）。補助参加の申出の取下げまたは補助参加についての異議の取下げがあったときも、同様の扱いをする（同条1項後段）。

（2）　**訴訟費用等負担額**（72条・73条の場合を含む）**の確定の申立て**

訴訟費用等の負担額の確定を求める申立ては、書面でしなければならない（規24条1項）。この申立てにより、訴訟費用または和解の費用等の額を定める処分を求めるときは、当事者は、費用計算書および費用額の疎明に必要な書面を裁判所書記官に提出するとともに、申立書および費用計算書について直送（規47条1項）しなければならない（規24条2項）。

（3）　**負担額の確定処分**（72条・73条2項で準用する場合も含む）

裁判所書記官は、額の確定処分をする前に、相手方に対し、費用計算書および費用額の疎明に必要な書面ならびに申立人の費用計算書の記載内容についての陳述を記載した書面を、一定の期間内に提出すべき旨を催告する（規25条1項）。相手方がこの期間内に必要な書面を提出しないときは、裁判所書記官は、申立人の費用のみについて、訴訟費用等の負担額を定める処分をすることができる（同条2項本文）。

当事者双方が訴訟費用等を負担する場合で、相手方がこの必要な書面を提出したときは、各当事者の負担すべき費用は、その対当額について相殺があったものとみなされる（71条2項、規27条）。相手方が必要な書面を期間内に提出しなかったときでも、相手方は、別に、訴訟費用等の負担額を定める処分を求める申立てをすることは妨げられない（規25条2項ただし書）。

訴訟費用等の負担額の確定処分は、これを記載した書面を作成し、その書面に処分をした裁判所書記官が記名押印しなければならない（規26条）。この処分は相当と認める方法で告知することによって、その効力を生じる（71条3項）。

（4）　**負担額の確定処分に対する不服**（72条・73条2項で準用する場合も含む）

裁判所書記官の確定処分に対しては、その告知を受けた日から1週間の不変期間内に、裁判所に対して、異議の申立てをすることができる（71条4項）。この異議の申立ては、執行停止の効力をもつ（同条5項）。裁判所は、異議の申立てを理

996　第6編　訴訟費用　第2章　訴訟費用の負担

由があると認める場合において、訴訟費用等の負担の額を定めるべきときは、み
ずからその額を定めなければならない（同条6項）。異議の申立てについての決定
に対しては、即時抗告をすることができる（同条7項）。

5　訴訟費用の担保

（1）　意義

内外人を問わず、日本に生活または事業の拠点をもたない者が訴えを提起した
場合には、訴訟費用の負担を命じられてもその弁償義務が履行されないおそれが
あるので、被告を保護するために、原告が将来の訴訟費用弁償義務のための担保
を供しなければ応訴しないとの妨訴抗弁を認めている（75条以下）。

（2）　担保提供手続

㋐　裁判所は、原告が日本に住所も事務所も営業所ももたないときは、被告
の申立てにより、原告に対し、担保額および提供期間を定めて、将来生じるかも
しれない費用弁償義務について担保を供することを命じる（担保提供命令。75条1
項・5項）。被告は、担保を立てるべき事由があることを知った後に本案について
弁論し、または弁論準備手続において申述をしたときは、この申立てをすること
ができない（同条3項）。金銭の支払請求の一部について争いがない場合で、その
額が担保として十分であるときは、提供を命じない（同条2項）。担保提供申立て
についての裁判に対しては、即時抗告をすることができる（同条7項）。

㋑　被告はその提供があるまで応訴を拒むことができ（75条4項）、期間内に
原告が担保を提供しなければ、裁判所は口頭弁論を経ずに判決で訴えを却下する
（78条）。担保の額は、被告が全審級で支出するであろう費用の総額を標準として
定める（75条6項）。担保の提供は、金銭または裁判所が相当と認めた有価証券を
供託して行うのが原則であるが（76条）、裁判所の許可を得て、金融機関との間で
支払保証委託契約を締結する方法によることもできる（規29条）。被告は、この供
託された金銭または有価証券の上に、他の債権者に先立って弁済を受ける権利を
もつ（77条。その実行方法については、大決昭10・3・14民集14巻351頁参照）。

（3）　担保取消しの手続

原告が担保を取り戻すには、担保の取消決定を得なければならない。もし訴訟
が完結して原告が訴訟費用の弁償義務を負わないことが確定したときは、担保の

事由がなくなるから、これを証明すれば、取消決定がなされる（79条1項）。取消しにつき被告の同意がある旨を証明したときも取り消される（同条2項）。これらの担保取消決定に対しては、即時抗告をすることができる（同条4項）。

原告が費用弁償義務を負うことになった場合でも、その申立てに基づいて、裁判所が被告に対して一定期間内にその権利を実行すべき旨の催告をし、その期間内に権利実行の裁判上の手段（大決昭6・1・23民集10巻20頁）がとられないときは、取消しにつき被告の同意があったものとして取消決定を得られる（同条3項）。

（4） 他の場合への準用

以上の担保提供の方法および取消手続は、他の法令によって訴え提起のさいに供すべき担保（たとえば、会社836条・847条の4第2項）に準用されるし（81条）、さらに仮執行の場合の担保（259条6項）や執行法上の保証（405条2項）にも準用される。

第3章　訴訟上の救助

1　意義

訴えを提起し、これを追行していくには、訴訟費用を一応自分で支弁しなければならず、また弁護士費用などのように、勝訴しても当然には弁償されない出費もかなりある。したがって、このような出費に耐えうる資力をもたない者のためになんらかの救済が図られなければならない。そうでないと、これらの者は、訴訟制度を実際に利用することができず、裁判を受ける権利をひろく国民一般に保障したことにならない。むろん、その救済を十分にするには、法律扶助事業の拡充をまたなければならないが（平成12年に、民事法律扶助法（平12・法55）が制定されたが、その趣旨は、さらに総合法律支援法（平16・法74）の制定により拡充整備された）、訴訟法は、最小限の救済手段として、裁判費用の支払を猶予することを主内容とする訴訟救助の制度を設けている。

2　救助の内容

（1） 裁判費用の支払猶予

救助決定を受けると、その者は、裁判費用の支払を猶予されるから（83条1項

998　第6編　訴訟費用　第3章　訴訟上の救助

1号）、原告の場合には、訴状に印紙を貼用しなくても受理されるし、送達や証拠調べに必要な費用を予納しなくともそれらの手続は行われる。裁判所において付添いを命じた弁護士の報酬および費用の支払も猶予され（同項2号）、訴訟費用の担保提供義務のある場合も免除される（同項3号）。これらの一部のみを認める救助決定もできる[1]。

（2）　訴訟費用負担命令との関係

いったん救助を受けても、終局判決で訴訟費用の負担を命じられれば、猶予された費用を支払わなければならない。無資力なため実際に取り立てることができなければ、国庫の負担となる。相手方が訴訟費用の負担を命じられたときは、国、執行官、弁護士は、その訴訟費用等の裁判に基づいて、直接相手方から取り立てることができる（85条前段）。この場合において、弁護士または執行官は、報酬または手数料および費用につき、救助決定を受けた当事者に代わって必要な訴訟費用等の負担額の確定の申立て（71条1項・72条・73条1項）および強制執行をすることができる（85条後段）。

（3）　訴訟救助の効果は、これを受けた申立人本人のみについて生じ、承継人に当然に及ぶわけではない（83条2項・3項）。

3　訴訟上の救助の要件

現行の訴訟上の救助の制度を実効のあるものにするかどうかは、主としてその救助の要件をどのように解釈し運用するかにかかるが、旧118条は「訴訟費用ヲ支払フ資力ナキ者」で、「勝訴ノ見込ナキニ非サルトキニ限ル」と規定していた。平成8年改正法82条は、「勝訴の見込みがないとはいえないときに限る」点は改めないが、「訴訟費用ヲ支払フ資力ナキ者」については従来の判例および学説をとり入れ、「訴訟の準備及び追行に必要な費用を支払う資力がない者又はその支払により生活に著しい支障を生ずる者」と規定した。

（1）　訴訟費用（広義）を支払う資力なき者

自然人に限らず、法人でもよい。また原告・被告を問わないが、実際には、自然人の原告である場合が圧倒的に多い[2]。

1）　内田武吉「訴訟上の救助」実務民訴講座(2)180頁。

第 3 章　訴訟上の救助　999

(ア)　**訴訟費用**　　訴訟救助の対象となる裁判費用や、民事訴訟費用等に関する法律所定の費用等の厳格な意味における訴訟費用（形式的訴訟費用）に限定されるものではなく、具体的事件の訴訟準備・起訴・追行のために必要となる調査研究費や弁護士費用等を含む必要経費を意味する[3]。なぜならば、裁判費用等に限定して解し、裁判費用は払えるが弁護士費用や専門家による調査研究費などは払えないという者を救助対象の外に置くとすれば、訴訟救助の制度は、せいぜい当事者自身で追行できる程度の軽微な事件についてしか効用を発揮できないことになり、制度の趣旨を生かすことにならないからである。また事件の性格によってこの種の費用の額が変動されるのは当然である。

(イ)　**「資力がない」**　　上記の意味の訴訟費用を支払うことができない状態をいう。

(a)　かつては救助対象を生活保護世帯もしくはそれに準ずべき貧困者と考え、資力の疎明も、民生委員の無資力証明書や生活扶助を受けている旨の市町村長の証明書が求められていたが[4]、この種の者の資力の疎明資料は、このような公的な証明書等にかぎるべきではない。

(b)　資力の判定は、申立人本人の資力について判定するのが原則であるが、申立人が未成年の子である場合は、親権者の資力をも考慮に入れるべきである。未成年者の訴訟における費用や経費は、親権者自身の資力をもってこれに充て、後日精算する方法をとることが充分に可能であり、財産管理権行使の方法としても妥当であるからである。しかし、妻が申立人の場合の夫の資力、父または母が申立人の場合の成人の子の資力、その他扶養義務ある親族の資力は、申立人の個人的な訴訟のためには考慮すべきではなかろう。

（2）　法人の場合も、訴訟追行のための必要な資金の調達が困難であり、その訴訟追行をしないと被傭者の給料の支払に困るおそれがある場合には、救助対象者と認め得るであろう（法人に付与した例として、京都地決昭46・11・10下民22巻11=12号

2）　内田・前掲注1）178頁。
3）　旧法下でも、すでにこのように解されていた、名古屋高金沢支決昭46・2・8下民22巻1＝2号92頁、大阪地決昭48・3・26判時709号60頁、富樫貞夫・続百選38頁、斎藤秀夫・判評152号〔判時640号〕（1971）134頁等多数説であるが、東京高決昭48・9・27判時717号17頁は、裁判費用に限定する。
4）　村松俊夫「訴訟費用の救助と扶助」法時38巻6号（1966）84頁参照。

1117頁参照）。

（3） 訴訟費用（広義）の支払により生活に著しい支障を生ずる者

暮しに困るというわけでなく、一般的な生活水準を維持している者でも、訴訟追行に必要な経費を支払うと生活に著しい支障を来たす者も対象となる[5]。

（4） 勝訴の見込みがないとはいえないとき

勝訴の見込みあるときというよりも緩やかに解すべきで、原告の請求の趣旨および原因からみて、その主張が法律上および事実上是認される可能性があれば足りる[6]。のみならず、勝訴の見込みがかなり高いときには、申立人の無資力の要件を緩和して差し支えない[7]。なぜならば、国庫に財政上の負担を強いることもそれほど考えられないし、権利救済を十分にするという訴訟制度の目的に適合すると考えられるからである。

（5） 相手方との資力の格差

相手方の資力と申立人のそれとの格差が大きいということは、それだけで申立人の無資力を基礎づけるわけではないが、両者の格差が大きい公害訴訟のような場合には、攻撃防御の展開が激化し、訴訟が長期化し、ために訴訟の費用が増大しやすい一般的傾向があるから、訴訟救助の実質目的——経済的理由故に対等の攻撃防御の展開に支障を来すことを、少しでも緩和させようとするものである——からして、上記の傾向は救助付与を正当化する一つの要素というべきであろう〔＊〕。

〔＊〕　資力の格差を事件の性質・規模の一要素として考慮する（東孝行『公害訴訟の理論と実務』（1971・有信堂）239頁、安倍・前掲脚注5）論文）か、独立の要素とみる（沢井裕「公害・訴訟救助の理念と現実——安中公害事件救助却下決定について」判タ285号（1973）7頁、公害・環境判例別冊ジュリ43号（1974）193頁〔豊田誠〕）かの対立は、多分に言葉の問題のように思われる。前掲名古屋高金沢支決昭46・2・8や、斎藤秀夫・判評152号〔判時640号〕（1971）134頁は、相手方の資力はまったく関係なしとするが、実際には必要な訴訟費用を推測する過程で考慮することになると思われる。

5） 旧法下、公害訴訟の救助決定で多く支持されており、学説上も多数説といえる。旧法下の判例・学説の分布については、安倍晴彦「訴訟救助に関する一考察」法時46巻1号（1974）92-93頁参照。

6） 兼子・条解290頁。

7） 栗原良扶ほか「訴訟救助制度の再検討——公害訴訟を機縁として」法時44巻4号（1975）72頁。

第3章　訴訟上の救助　*1001*

（6）　公害訴訟のように、同種の被害を受けた者が原告団を構成して大企業と争う場合には、資力の認定も、申立人ごとの個別的判断を避け、集団的画一的に行うべしとの主張がある[8]。しかし、法律上もクラス・アクションのような方式をとるならば格別、個別訴訟の併合という建前をとっているかぎり、救助もまた各個人の資力の判定に基づいて個々に考慮されるといわざるをえない。ただ、実際問題として、必要経費の額も総額で計算され、勝訴の見込みも共通に判断されるであろうし、各個人の資力も、相手方との資力の格差という点を強調し、かつ、経費の多額化を考慮していくと、一般的には生活に多少ゆとりのある者でも、その者と原告団の他の者との差は無視してもよい場合が多く、結論として、画一的な取扱いが正当化される場合が少なくないと思われる。

4　訴訟救助の裁判手続

（1）　訴訟救助の決定およびその取消し

　訴訟救助の裁判は、各審級ごとに、申立てにより、決定で行う（82条1項・2項）。救助の要件事実（救助の事由）は、申立人が疎明する（規30条）。いったん救助を受けることになっても、要件を欠くことが判明したとき、またはこれを欠くに至ったときは、訴訟記録の存する裁判所は、利害関係人の申立てまたは職権で、いつでも救助を取り消し、猶予した裁判費用の支払を命じることができる（84条）。

　また救助の効力は、その一身専属的性格から訴訟承継人には及ばない（83条2項）。訴訟の承継が行われたとき、猶予された当初からの費用の支払を承継人に対して命じることができるが（83条3項）、承継人がそれだけの資力を有する場合にかぎられるべきである。相手方当事者は、訴訟費用の担保の提供を要求できる場合にかぎって、上記の利害関係人となることができる。

（2）　不服申立ての利益

　(ｱ)　訴訟上の救助に関する決定（救助申立ての却下決定、承継人に対する支払を命ずる決定、救助の取消決定等）に対しては、即時抗告することができる（86条）。抗告中に抗告人が死亡したときは、救助の一身専属的性格から、抗告は相続人に承継

8）　沢井・前掲〔＊〕論文判タ285号8頁と、そこに引用の事件の申立人の主張。

1002 第6編 訴訟費用 第3章 訴訟上の救助

されず終了する（大阪高決昭46・3・30下民22巻3＝4号360頁）。

　(イ)　救助付与決定に対し、訴訟の相手方に即時抗告（86条参照）の利益が認められるか。これを全面的に認めるのが判例（大決昭11・12・15民集15巻2207頁、最決（二小）平16・7・13民集58巻5号1599頁）であり、これに賛成する学説[9]もあるが、訴訟費用の担保の申立てのできる場合にのみ、利害関係人として即時抗告できると解すべきである[10]。すなわち、被告たる相手方が訴訟費用の担保を要求できる場合に、これが違法に免除されたというのは、相手方が直接受ける不利益として抗告の利益になるといってよいが、それ以外の場合にまで一般的に抗告の利益は基礎づけられない。

　第1に、訴訟救助によって受ける利益が、たかだか裁判費用の支払の猶予という微々たる内容にすぎない現行法制においては、かりに資力があるのに違法に救助を与えたとしても、武器対等の原則が不当に乱されたとは到底いえるものではないから、公平という観点からは、相手方に不服をいわせる必要がない。第2に、救助者敗訴のときに相手方が費用の弁償を受けられなくなる危険というのは、担保を要求できる場合以外は、救助の有無に関係なく存在するもので、救助を否定することによって避けられる性質のものではない。第3に、肯定説は、相手方には勝訴の見込みに関する裁判所の認定を争うことを通じて濫訴を防止する利益があるというが、「勝訴の見込みがないわけではない」という要件をただちに「濫訴の防止」に結びつけることには飛躍がある。のみならず、なにをもって濫訴というか明確でなく、しかも本案の審理なしに濫訴かどうかを判定することは不可能に近いと思われるのに、これを訴訟の初めにここで争わせるのは手続の煩雑遅滞を招いて得策でないばかりか、かりにも結論を急いでたやすく濫訴の認定をするようなことがあるとすれば、救助申立人の訴権を侵害しかねない。それ故、救助決定を取り消すことによって濫訴を防止し、救助者敗訴のときに相手方が費用の弁償を受けられなくなる危険を回避しようとする利益も、相手方の抗告の利益

　9）　野間繁・民商5巻6号（1937）1376頁、コンメ民訴Ⅱ114頁、内田武吉「訴訟上の救助」実務民訴講座(2)169頁、185頁。

　10）　兼子・判例民訴477頁、斎藤・前掲注（3）133頁、住吉博「訴訟上の救助付与決定に対する相手方の不服申立」法学新報80巻1号（1973）107-108頁。全面的に抗告の利益を否定するものとして、松岡義正『新民事訴訟法注釈3巻』（1932・清水書店）570頁。

を基礎づけ得るものではないと解すべきであろう（上掲最決平16年の滝井裁判官の反対意見が参考になる）。

5　救助決定を受けた者が敗訴した場合

　救助決定を受けた者の全部敗訴が確定し、かつ、その者に訴訟費用を全部負担させる旨の裁判が確定したときには、救助決定は当然に効力を失う。救助決定は、訴訟費用等の支払猶予を目的とするものであるから、そのような場合にまで効力が維持されることは予定されていない。

　裁判所は、同決定を84条によって取り消すことなく、救助決定を受けた者に対し猶予した費用の支払を命ずることができる（最決(三小)平19・12・4民集61巻9号3274頁。84条の準用と考えられる）。この決定に対しては、即時抗告をすることができる（86条。東京高決平21・12・3判タ1310号285頁参照）。

事 項 索 引

（太字は重要頁を示す）

あ

相手方が援用しない自己に不利なる陳述 ……… 585
あてはめの問題 ……………………………………… 474
ある財産が遺産に属することの確認 ………… 275

い

言渡期日 ………………………………………………… 672
異議 ………………………… 815, 896, 911, 960, 963
　　──の申立て ………………………… 893, 897, 908
異議権 …………………………………………………… 50
意見陳述の嘱託 …………………………………… 392
遺言執行者 ………………………… 171, 294, 297
遺言無効確認 ……………………………………… 275
遺産確認 ……………………………………………… 783
違式の裁判 ………………………………… **913**, 962
意思表示の瑕疵 ……………… 350, 360, 366, 920
　訴訟上の和解の── …………………………… 372
意思表示の問題 …………………………………… 153
意思表示を命ずる判決 ………………………… 750
移審 …………………………………………………… 761
　　──の効力 ………………… 923, 951, 964, 973
移送 ………… 105, 125, 841, 844, 888, 932, 935, 956
板まんだら事件判決 …………………………… 247
一応の推定 ………………………………………… 619
一期日審理の原則 ……………………………… 890
一事不再理 ……………………………… 685, 715
一部請求 ……… 330, 337, 340, 350, 360, **701**, 890
　　──の一部認容 ……………………………… 340
一部認容 ……………………………………………… 343
一部判決 ………………… 662, 760, 775, 791, 795
一般管轄権 …………………………………………… 95
一般公開 ……………………………………………… 512
一般の休日 ………………………………………… 428
一方審尋主義 ……………………………………… 516
違法収集証拠の証拠能力 ……………………… 597
依頼者・弁護士通信秘密保護制度 ………… 404
医療事故訴訟 ……………………………………… 395
インカメラ手続 ………………… 404, 407, 656

う

訴え ……………………………… 199, 308, 664
　　──の一部取下げ ………………………… 350
　　──の主観的追加的併合 ………… 801, 834, 840
　　──の主観的併合 ………………………… 800
　　──の提起 ……………………………… 214
　　──の変更 ……………………………… 762
　　──の利益 ………………… 239, 257, 356, 716
訴え却下 ……………………………… 232, 233
　　──の判決 ……………………………… 348
訴え提起前の証拠収集処分 ………………… 390
訴え取下げ ……… 346, 354, 770, 790, 855, 924
　　──の擬制 ……………………… **358**, 532, 901
　　──の合意 ……………………………… 152
　　──の要件 ……………………………… 349
訴え取下げ契約 ……………………………… 347
訴えなければ裁判なし ………………… 199, 329

え

営業秘密の保護 …………………………………… 510

お

応訴管轄 ……………………………………………… 123
大阪国際空港の夜間飛行 ……………………… 13
親子関係（存否の）確認 …………………… 272
　　──と DNA 鑑定等の拒否 ……………… 414

か

外国裁判所の確定判決 ………………………… 689
外国人の訴訟能力 ……………………………… 154
外国人の当事者能力 …………………………… 144
外国における証拠調べ ………………………… 630
外国法人 ……………………………………………… 144
解除権 ………………………………………………… 695
回避 …………………………………………………… 86
確定判決
　　──の取消し ……………………………… 982
　　──の騙取 ……………………………… 681

事項索引　*1005*

確定妨止の効力 ……………………… 923
確認 ………………………………… 204
　──の利益 …………………… 270,843
確認訴訟原型観 ……………………… 68
確認の訴え ………………… 202,270,291
　──の利益 ……………………… 269
確認判決 …………………………… 664
過去の事実の確認 ………………… 777
過去の法律関係の確認 …………… 274
貸出稟議書 ………………………… 400
家事調停 …………………………… 19
過失 ………………………………… 620
過失相殺 …………………… 339,340,697
仮定抗弁 …………………………… 461,528
家庭裁判所 ………………………… 78
仮定主張 …………………………… 461
株式会社解散請求 ………………… 361
株主総会 …………………………… 782
株主総会決議不存在 ……………… 301
株主総会決議無効確認の訴え …… 207,275
株主代表訴訟 ………… 111,288,789,813
仮執行宣言 ……… 749,894,898,908,923,951
仮執行免脱宣言 …………………… 750
仮処分 ……………………………… 865
仮登記仮処分命令 ………………… 750
過料 ………………………………… 895
カルテ ……………………………… 415
為替訴訟 …………………………… 905
簡易裁判所の訴訟手続および略式訴訟手続 … 881
簡易な呼出し ……………………… 425
管轄 ………………………………… 105,119
　──に関する調査 ……………… 124
　──の合意 …………………… 121,152
　──の固定 ……………………… 124
　──の指定 ……………………… 118
管轄選択権の濫用 ………………… 118
管轄訴額 …………………………… 109
環境訴訟 …………………………… 395
関係者公開 ……………………… 512,550
慣習法 ……………………………… 582
間接（審理）主義 ………………… 519
間接管轄 …………………………… 102
間接事実 ……… 217,218,472,566,580,622
　──と自白 …………………… 587,603

間接証拠 …………………………… 566
間接反証 …………………………… 622
鑑定 ……………………………… 647,657
　──の嘱託 ……………………… 390
鑑定意見書 ………………………… 390
鑑定証人 ………………………… 634,648
鑑定人 …………………………… 566,**647**
鑑定人兼証人 ……………………… 648
カンファレンス鑑定 ……………… 650
関連裁判籍 ………………………… 113
関連的併合 ………………………… 759

き

期間 ………………………………… 426
　──の怠り（懈怠）……………… 429
　──の計算 ……………………… 427
期日 ………………………………… 422
　──の呼出し …………………… 425,922
　最初の── ……………………… 423
期日請（受）書 …………………… 425
期日外における釈明 ……………… 498
期日指定の申立て …… 358,364,376,422,796
期日呼出費用の予納 ……………… 220
技術・職業上の秘密 …………… 396,397,636
擬制権利自白 ……………………… 590
擬制自白 ………………… 461,523,**589**,931
羈束力 …………………………… 682,689,958
起訴前の和解 …………………… 368,**886**
詰問権 …………………………… 529,543,928
規範分類説 ………………………… 137
既判力 …………………… 68,461,**683**,899
　──との異同 …………………… 722
　──に準ずる効力 ……………… 727
　──の拡張 …………………… 747,820
　──の客観的範囲 …………… 316,733
　──の作用 ……………………… 714
　──の時的限界 ………………… 693
　──の人的限界 ………………… 704
　──の双面性 ………………… 364,**716**
　──の抵触 ……………………… 976
　──の標準時 ………………… 693,933
　──の物的限界 ………………… 699
　──をもつ判決 ………………… 689
既判力本質論 ……………………… 684

1006　事項索引

忌避 …………………………………… 86
却下命令 …………………………… 219
客観的挙証責任 …………………… 612
旧々民事訴訟法 …………………… 51
救済法 ……………………………… 252
吸収型訴訟担当 …………………… 294
旧訴訟物理論 ……………… 312,758
給付の訴え ………………… 202,291
　　──の利益 …………………… 265
給付の実現の可能性 ……………… 265
給付の実現を求める他の手段がある場合の
　給付の訴え ……………………… 266
給付判決 …………………… 202,664
　条件付き── ………………… 344
　引換え── …………………… 344
求問権 ……………………………… 498
境界確定 …………………… 765,935
境界確定訴訟 ………… 210,271,332
供述義務 …………………………… 635
共助 ………………………………… 435
行政権・立法権の裁量権 ………… 248
行政事件訴訟に併合された民事請求 … 756
行政訴訟か民事訴訟かの選択 …… 13
強制調停 …………………………… 22
共通の争点 ………………… 779,790
共同所有 …………………………… 789
共同所有財産をめぐる紛争 ……… 782
協同進行主義 ……………………… 453
共同訴訟 …………………… 117,779,923
共同訴訟参加 ……… 788,803,826,832
共同訴訟的補助参加 … 211,293,804,825
共同訴訟人独立の原則 …………… 795
共同訴訟人の一部の者が上訴した場合 … 796
共同代理 …………………………… 174
業務執行組合員 …………………… 298
共有物分割の訴え ………… 209,783
許可抗告 …………………… 961,966
許可抗告申立書 …………………… 967
挙証 ………………………………… 461
挙証責任（証明責任）…………… 603
記録による裁判 …………………… 535
金額を明示しない支払請求 ……… 335
金銭債務臨時調停法 ……………… 22
禁反言 ……………………………… 728

──の原則 ………………………… 722

く

具体的証拠提出責任 ……………… 606
具体的争訟性 ……………………… 286
具体的法規範説 …………………… 684
組事務所使用差止訴訟 …………… 290
クラス・アクション ……… 53,288,**303**,1001
　選定当事者と── ……………… 806

け

計画審理 …………………… 449,527
経験則 ………… **581**,584,599,619,942
経験則違反
　──の事実認定 ………………… 600
　──の上告理由 ………………… 601
　──の法令違反 ………………… 600
形式的確定力 ……………………… 679
形式的形成訴訟 …………… 29,208
形式的証拠力 ……………… 599,653
形式的訴訟費用 …………………… 989
形式的当事者概念 ………………… 130
形成権 ……………………………… 457
　──の行使 ……………… 464,537
形成の訴え ………………… 205,281,301
　──の利益 ……………………… 281
形成判決 …………………………… 664
　──と既判力・争点効 ………… 212
形成力 ……………………… 205,366
係争物の譲渡 ……………………… 863
継続審理主義 ……………………… 521
血液鑑定 …………………………… 414
欠席判決主義 ……………………… 534
決定 ………………………… 659,960
　──の既判力 …………………… 690
決定・命令に対する異議 ………… 960
結末判決 …………………………… 662
原因判決 …………………………… 666
厳格な証明 ………………………… 578
現在の給付の訴え ………………… 265
検証 ………………………………… 656
検証協力義務 ……………………… 413
検証受忍義務 ……………………… 413

事項索引　*1007*

検証物 ………………………………… 566,**656**
　──の提示義務 …………………………… 413
　──の提示命令 …………………………… 412
現代型訴訟 ……………………………………… 288
顕著な事実 ……………………………………… 593
限定承認 …………………………… 345,727,736
憲法的手続保障 ……………………………………… 45
憲法問題を理由とする不服 …………………… 969
原本 ………………………………… 435,652,656
権利既存の観念 ……………………………… 240,604
権利義務の帰属主体のための法定訴訟担当 …… 296
権利根拠事実 …………………………………… 614
権利実在説 ……………………………………… 684
権利自白 ……………… 359,460,584,588,**591**
権利主張参加 …………………………………… 838
　──と詐害妨止参加・補助参加との関係 … 839
権利障害事実 …………………………………… 614
権利上告 ………………………………………… 942
　──の手続 ……………………………………… 948
権利消滅事実 …………………………………… 614
権利推定 ………………………………………… 618
権利能力なき社団 ……………………………… 784
権利保護の資格 ………………………………… 241
権利保護の必要または利益 …………………… 241

こ

51型遮断効 …………………………………… 732
合意管轄 …………………………………… 119,121
行為期間 ………………………………………… 426
行為規範 …………… 62,73,311,475,499,760
　──と評価規範との区別 …………………… 62
　訴訟代理人の── ……………………………… 481
後遺症 …………………………………………… 695
　──に基づく賠償請求 …………… 334,340,736
合一確定共同訴訟 ……………………………… 780
合一確定の必要 ………………………………… 847
合意による訴訟の休止 ………………………… 441
公開 ……………………………………………… 132
公開主義 ………………………………………… 509
公開対審構造 …………………………………… 28
公開停止 ………………………………………… 512
合議制 …………………………………………… 80
攻撃防御方法
　──の却下 ……………………………………… 548

　──の却下の申立て …………………………… 551
　──の提出 ……………………………………… 462
　──の提出期間 …………………… 527,531,931
公告 ………………………………………… 301,432
抗告 ……………………………………………… 960
　──の利益 ………… 961,963,1002,1003
　一般の── ……………………………………… 961
　最初の── ……………………………………… 961
抗告期間 …………………………………… 961,964
抗告許可申立通知書 …………………………… 967
抗告提起通知書 ………………………………… 966
抗告理由書 ……………………………………… 964
交互尋問 …………………………………… 52,638
公示催告手続及ビ仲裁手続ニ関スル法律 ……… 53
公示送達 ………………… 438,464,590,896
　──と追完 …………………………………… 430
公示による意思表示 …………………………… 464
公序良俗 …………………………… 259,361,369
更正決定 ………………………………………… 677
更正権 …………………………………… 194,197
公正証書 ………………………………………… 652
控訴 ……………………………………………… 917
　──の追完 ………………………………… 358,920
　──の取下げ ………………………………… 532
　──の不可分 ………………………………… 923
　──の利益 …………………………………… 918
控訴期間 ………………………………………… 921
控訴権 …………………………………………… 918
控訴再審の申立て ……………………………… 977
控訴審 …………………………………………… 928
　──での訴えの変更 …………………… 771,925
　──での請求の減縮 …………………………… 771
　──における弁論の更新権 ………………… 927
　──の審理と原審との関係 ………………… 926
　──の審理の対象 …………………………… 926
　──の判決書 ………………………………… 937
控訴取下げの擬制 ……………………………… 924
控訴理由書 ……………………………………… 922
公知の事実 ……………………………… 588,593
口頭（審理）主義 ……………………………… 516
口頭主義 ………………………………………… 534
　──の例外 ……………………………………… 518
口頭の起訴 ……………………………………… 883
口頭弁論 ………………… 462,507,659,954

1008 事項索引

──における速記の利用 ············· 561
──における録音テープ等 ············· 561
──に代わる審尋 ············· 507
──によらない判決 ············· 518
──の一体性 ············· 523,590
──の形骸化 ············· 517
──の指揮 ············· 451
──の終結 ············· 555
──の準備 ············· 536
──の方式に関する事項 ············· 562
口頭弁論期日 ············· 507
──の指定 ············· 219
口頭弁論終結後
──の承継人 ············· 325,705,729,856,978
──の中断 ············· 445
口頭弁論調書 ············· 559
交付送達 ············· 436
公文書 ············· 652,653
抗弁 ············· 463
抗弁事項 ············· 234,260
公務員の所持する文書 ············· 404
公務員または公務員であった者の証人尋問 ···· 635
公務所等に対する照会、調査・鑑定の嘱託 ···· 387
小切手訴訟 ············· 905
国際的裁判管轄権 ············· 95
国際的裁判管轄の専属的合意 ············· 101
国籍訴訟 ············· 273,276
国連国家免除条約 ············· 94
故障の申立て ············· 535
個別代理の原則 ············· 191
個別労働関係民事紛争 ············· 39
固有の訴えの客観的併合 ············· 755
固有必要的共同訴訟 ············· 304,349,780,808
コラテラル・エストッペル ············· 825
婚姻 ············· 206
──の無効確認 ············· 275

さ

再抗告 ············· 961,965
再抗弁 ············· 463
採証法則違反 ············· 601
最初の口頭弁論期日前における参考事項の聴取
············· 557
再審 ············· 366,425,430,440,911,**973**,982

──に準ずる訴え ············· 977
──の補充性 ············· 975
再審事由 ············· 974
──の存否の判断の基準時 ············· 982
再訴禁止 ············· 236,259,349,355
裁定管轄 ············· 118
裁定期間 ············· 427
再度の考案 ············· 676,960,964
裁判外の自白 ············· 586
裁判官 ············· 83,370
──の独立 ············· 84
裁判権
──に服しない者を被告にした訴状 ········· 103
──の不存在 ············· 105
──の免除 ············· 93
裁判上の自白 ············· 584
裁判上の和解 ············· 23,368,886
裁判所書記官 ········ 90,432,434,438,510,895,994
裁判所職員 ············· 79
裁判所審判権 ············· 245
裁判所に顕著な事実 ············· 583,594
裁判籍 ············· 113
裁判長 ············· 81
裁判の確定 ············· 911
裁判の迅速化に関する法律 ············· 56
裁判の脱漏 ············· 663,760
裁判費用 ············· 989,997
裁判へのアクセス ············· 44
裁判を受ける権利 ········ 28,44,132,160,179,242,
258,331,350,356,509,511,692,704,
720,729,731,745,746,782,854,867,997
債務者による督促異議 ············· 899
債務の不存在 ············· 342
債務不存在確認の訴え ············· 240,309
債務不存在確認の反訴 ············· 773
債務名義 ············· 741,895,933
詐害 ············· 979
詐害再審 ············· 836
詐害妨止参加 ············· 836
差置送達 ············· 435,437
差押債権者の取立訴訟 ············· 292
差止請求 ············· 13,255
差戻しに代わる移送 ············· 959
参加的効力 ············· **819**,820,821,824,831,976

事項索引　*1009*

参考人 ……………………………… 507
三審制 ……………………………… 108
暫定真実 …………………………… 619
三百代言 …………………………… 299
残部判決 …………………………… 662
三面訴訟形態 ………………… 833,870
参与 ………………………………… 81

し

事案解明義務 ………… 482,488,612
事案解明責任 ………………… 482,484
磁気テープ ………………………… 652
時機に後れた攻撃防御方法の却下 … 528,931
事件の呼上げ ……………………… 426
時効の完成猶予 …………………… 228
自己決定の原則 …………………… 246
自己使用文書 ………………… 396,398
事後審査制 ………………………… 927
自己専利用文書 …………………… 399
自己負罪拒否権 …………………… 635
時際民事訴訟法 …………………… 74
事実上の主張 ……………………… 460
事実上の推定 ………………… 618,619
事実審の口頭弁論終結時 ………… 693
事実推定 …………………………… 618
事実認定 ……………………… 564,580
　——に対する不服 ……………… 599
　——の方法 ……………………… 595
死者を被告とした訴訟 …………… 138
事情の変更 ………………………… 965
事情判決 …………………………… 253
示談後の追加請求 ………………… 341
失権効 …………… 524,530,540,544
執行決定 …………………………… 740
執行停止 ……………… 431,964,968
　——の効力 ……………………… 961
執行判決 …………………………… 740
　——を求める訴え ……………… 266
執行文付与の訴え ………………… 266
執行力 ………… 202,372,739,852,899
実質上の原告 ……………………… 136
実質上の被告 ……………………… 136
実質的証拠力 ……………………… 655
実体的確定力 ……………………… 683

実体的当事者概念 ………………… 130
実体法上の法定代理人 ……… 165,170
実体法と訴訟法との関係 ………… 243
指定簡易裁判所 …………………… 902
指定管轄 …………………………… 118
指定代理人 ………………………… 195
支配人 ………………………… 186,194
自白 ………………… 359,458,461,474,**584**
　——の擬制 ……………………… 589
　——の効果 ……………………… 587
　——の拘束力 …………………… 957
　——の成立 ……………………… 584
　——の撤回 ……………………… 589
自白契約 …………………………… 602
支払督促 …………………………… 895
事物管轄 …………………………… 109
私文書 ………………………… 652,654
自分に不利益な事実を認める供述 … 584
死亡 ………………………………… 191
司法委員 …………………………… 886
司法共助 …………………………… 435
司法権の限界 ……………………… 236
私法上の形成権行使 … 190,372,463,537
　——の効果 ……………………… 463
司法書士 …………………………… 183
司法制度改革審議会 ……………… 55
氏名冒用訴訟 ………………… 137,980
釈明権 …………… 321,380,468,**495**
釈明権不行使 ……………………… 946
釈明処分 …………………………… 496
社団 ………………………………… 145
遮断効 ……………………………… 694
　信義則による——の拡張 ……… 732
主位請求 …………………………… 757
宗教団体内の紛争 …………… 245,251
就業場所 …………………………… 436
終局判決 ……………………… 658,661
　——後の中断 …………………… 444
自由心証 ……………… 582,618,632
自由心証主義 ………………… 595,942
ジュース裁判 ……………………… 287
従たる当事者 ……………………… 810
集中審理 ……………………… 521,522
自由な証明 …………… 111,578,582

事項索引

住民訴訟	288
主観的挙証責任	611
主観的訴権利益	284
主観的追加的併合	777, 801, 844
主観的予備的併合	797
受給権	313, 700, 724
受継	443
受継決定のみに対する独立の抗告	446
取効的行為	456
主参加併合訴訟説	833
受訴裁判所	107
受託裁判官	82, 370, 519, 630, 646, 656, 963
主たる当事者	810
主張共通	796
——の原則	811
主張責任	**470**, 476
——の分配	470
出頭義務	634
受命裁判官	82, 370, 508, 519, 554, 630, 646, 656, 873, 963
——が行う手続の期日	508
主要事実	218, 472, 473, 566, 580, 605
——と間接事実の区別	472
主要な争点	224, 559, 663, 691, 720, 725, 734, 759, 764, 772, 812, 869
準抗告	963
準再審	977, 984
準主要事実	622
純然たる訴訟事件	28, 30
準当事者	810
準独立当事者参加	834, 843
準備書面	217, 433, **536**, 883
準備的口頭弁論	540, **542**
準備手続	539
——の沿革と挫折	539
準文書	652
少額異議判決	894
少額訴訟手続	37
少額訴訟に関する特則	889
少額訴訟判決	893
消極の確認	276
消極的釈明	501
証言拒絶権	635
条件付き給付判決	344

証拠	395, 564
——の機能	564
——の偏在	380, 396, 565, 616
——の申出	626
証拠開示機能	640
証拠開示義務	379
証拠価値	566
証拠共通の原則	**597**, 627, 796
——と弁論主義	598
上告	**938**, 965
——の提起	947
——の利益	940
上告期間	948
上告再審の申立て	977
上告受理決定	938
上告受理制度	938, 961
上告受理の理由	602
上告受理申立て	938
——による上告手続	950
上告審での参加	840
上告制度の目的	940
上告提起通知書	948
上告提起の効力	951
上告理由	941
——と再審事由	946
上告理由書	948
証拠契約	457, **602**
証拠結合主義	525
証拠決定	629
証拠原因	566, 596
証拠調べ	626
——としての審尋	507
——の結果	596
——への立会い	538
証拠調期日	507
証拠調調書	633
証拠資料	471, 566, 596
証拠申請	461, 475
——の撤回	598
証拠制限契約	597, 603
証拠説明書	655
証拠能力	566, 603, 652
——の制限	596
違法収集証拠の——	597

事項索引　*1011*

証拠判決	524
証拠分離主義	524
証拠偏在	412
証拠方法	566
証拠保全手続	41, **415**
証拠申出	
──の採否	628
──の時期	627
──の撤回	627
証拠力	566, 599
証書真否確認の訴え	274
証書訴訟	905
上訴	126, 516, 911
──の追完	440, 973
──の取下げ	347
上訴期間	791, 816
上訴権の放棄	679, 818
上訴権濫用に対する金銭納付命令	915
上訴審の審判の対象	914
上訴する利益	238, 732
上訴制度の目的	911
上訴要件	914
証人	566, 634
証人義務	634
証人尋問	634
──についての防御権	559
──の順序	638
──の申出	637
証人能力	634
使用の妨げ	411
消費者団体訴訟	289
情報開示義務	417
情報の開示	381
抄本	435, 652
証明	564
──の対象	580
──を要しない事実	583
証明困難	616, 618
証明責任	211, 603, 620
──によらない裁判	607
──の転換	617
──の分配	612, 670
──を負わない当事者の事案解明義務	412
──を定める合意	602

証明責任規範	604
証明責任規範説	604
証明度	607
証明度基準領域	571
証明妨害	632
証明力	566
調書の──	562
将来の給付の訴え	267
職分管轄	107
職務期間	427
職務上知り得た事実	635
職務上の当事者	157, 294, 295
書証	651, 655
除斥	86, 944
職権主義	449
職権証拠調べ	538, 626
職権進行主義	449
職権探知	235, 626
職権探知主義	301, 349, 361, 369, 467, 470, 492, 584, 587, 606, 924, 982
──と職権調査事項	494
──における当事者の地位	493
職権調査	235, 357
職権調査事項	103, **234**, 462, 494, 578, 714, 932, 937, 939, 944, 946, 953, 958
職権探知主義と──	494
職権による鑑定	626
処分権主義	308, 329, 330, 468, 936
──と弁論主義の関係	468
処分証書	652, 655
署名押印	660
書面（審理）主義	516
書面審理の原則	954
書面審理の併用	883
書面による準備手続	552
書面和解	370
自力救済	1
自律決定受容論	251
新幹線訴訟	255
信義誠実の原則	55, 384, 412, 632, 722, 820, 822
──による遮断効の拡張	732
審級管轄	108
審級代理の原則	191

1012 事項索引

審級手続を誤った判決に対する不服申立方法
....914
審級の利益 377,732,761,768,803,838,855
信教の自由 245
新件部 542
進行協議期日 363,**553**,874
人事訴訟 361,512
　──における訴訟能力 156
　──における法定代理 157
人事訴訟事件 493
真実 411,632
真実義務 481
心証 408
心証形成 595
審尋 **507**,965
真正争訟事件 28
新訴訟物理論 312
人的裁判籍 113
人的証拠（人証） 566
審判権 92
審問 508
尋問 507
　──に代わる書面 639,640
尋問事項書 637
審問請求権 46,131,133
新様式の判決書 670
審理計画 449,527,531
審理の現状に基づく判決 535
審理不尽 601,946

す

随時提出主義 524,529
推定 618
　──と証明責任 618
砂川事件判決 249

せ

請求 350,699,762
　──の基礎 764
　──の原因 199,216,666
　──の趣旨 199,215
　──の追加 807
　──の認諾 359
　──の併合 755

　──の放棄 347,359,591
　──の目的物の所持者 712
　──を理由づける事実 216
　狭義の── 232,309
　広義の── 309,330
請求額の拡張 336,762,918
請求額の減縮 360,762
請求金額の一部を否定する放棄 360
請求金額の一部を認める認諾 360
請求原因事実 463
請求権競合 312,322,328,724
制限控訴制 927
制限訴訟能力者 154
制限付自白 585
制限的既判力説 367,373
生成中の既判力 68
製造物責任訴訟 395
正当化責任 583
正当な決着期待争点 312,691,734
正当な手続保障 160
正当な当事者 136,290,292,301,304,978
成年後見人 156
成年被後見人 154,156,296
正本 435,652
税理士補佐人制度 55
責問権 448,454,926,943
　──の放棄・喪失 440,447,454,769,830
積極的釈明 501,764
絶対的上告理由 520,938,941,944,975
絶対免除主義 94
説明義務 529,928
先決関係 776
先行自白 585
宣誓 637
宣誓義務 634
専属管轄 106,876,981
専属管轄権 116
専属裁判権 100
専属的合意管轄 127
　──の効力 121
選択管轄 127
選択的な認定 620
選択的併合 322,758
選定当事者 298,442,**805**

事項索引　*1013*

——とクラス・アクション	806
全部判決	662,760
専門委員	503
占有移転禁止の仮処分	865
占有の訴えと本権の訴え	319

そ

総合法律支援法	997
相殺	697,702,703
——の意思表示	464
相殺の抗弁	224,340,461,666,732,936
——に供した債権での別訴提起	225
争訟	246
送達	421,432
——が必要な書類	433
——の瑕疵	440
送達受取人	436,439
送達実施機関	434
送達担当機関	434
送達場所の届出制度	439
送達報告書	434
争点・証拠の整理手続	526
争点かぎりの参加人による独自の上訴	818
争点効	208,224,229,338,689,702,718,
	722,734,776,821,822,824,919,976
——の機能	723
——の主観的範囲	729
——の人的拡張例	749
——の調査	731
——を生ずべき判断	725
争点ごとの補助参加	812
相当因果関係の蓋然性	606
送付	432
——の嘱託	394,412,656
双方からの訴訟告知	812
双方審尋主義	516
双方代理の禁止	167
即時解決	277
即時確定	270
即時抗告	961
続審制	927
訴権	**239**,243,284,286,1002
——の要件	234,257
訴権一般の放棄	260

訴権的利益	239
訴権論	239
訴権論争	239
——の意義	242
——の限界	244
訴訟	358,456
——における合意	49
——の成立要件	233
——の非訟化の限界	243
訴状	199,214
——の記載事項	215
——の点検	218
——の補正の促し	219
訴訟委任	188
——に基づく訴訟代理人	165,181
訴訟救助	997
訴訟記録	510
——の送付	937
訴訟係属	221
——の遡及的消滅	354
訴訟契約	122,348
訴訟行為	151,162,360
訴訟告知	827
訴訟参加	301,857,863,868
訴訟指揮権	450,557,754
——の裁判	423
——の主体	450
訴訟事件の非訟化現象	26
訴訟終了宣言判決	365
訴訟障害	226,234
訴訟承継	307,856
訴訟承継主義	70,226,713,863
——の限界	865
訴訟承継人	325
訴訟状態論	70
訴訟上の形成の訴え	211,973
訴訟上の合意	122
訴訟上の請求	199,**308**,733
——の実体法的性質	323
訴訟上の代理	164
訴訟上の代理権	166
訴訟上の代理人	165
訴訟上の和解	190,359,367,372,375
——の意思表示の瑕疵	372

1014 事項索引

──の瑕疵 ······················ 375
──の性質論 ······················ 374
──をする権限 ······················ 808
訴訟処分 ······························ 850
訴訟資料 ························ 471, 537
訴訟進行協力義務 ······················ 54
訴訟信託 ······························ 298
──の禁止 ······················ 299
訴訟制度の目的 ······················ 257
訴訟訴訟 ······························ 41
訴訟代理権の消滅 ······················ 191
訴訟代理権の範囲 ······················ 189
訴訟代理人 ············ 165, 181, 436, 443, 861
──の過失 ······················ 431
訴訟脱退 ···················· 714, 792, 850
訴訟担当 ······························ 292
──の場合の利益帰属主体 ··········· 712
訴訟中の訴え提起の要件 ··············· 236
訴訟追行権 ··························· 283
──の放棄 ······················ 850
訴訟追行資格の理論 ··················· 306
訴訟的権利保護要件 ·········· 234, 241, 284
訴訟手続の中止 ······················ 441
訴訟手続の中断 ······················ 441
訴訟手続の停止 ················· 422, 441
訴訟能力 ······· 151, 189, 348, 363, 369, 442, 689, 806
──が要求される訴訟行為の意義と範囲 ···· 152
──の不存在 ······················ 159
──を欠く者 ················ 154, 159, 161
訴訟判決 ·············· 232, 233, 664, 689, 932
訴訟引受け ······················ 857, 863
──の申立て ······················ 870
訴訟費用 ·········· 355, 539, 634, 648, 753, 987
──の裁判 ······················ 917, 937
──の裁判手続 ······················ 994
──の裁判の脱漏 ······················ 664
──の担保 ······················ 996
──の負担 ······················ 858, 989
──の負担者 ······················ 993
訴訟費用額の確定手続 ··················· 994
訴訟費用等の担保提供の申立て ··········· 234
訴訟物 ········ 200, 232, 283, 308, 694, 863, 974
──の役割 ······················ 735
訴訟物論 ······························ 351

訴訟物論争 ················ 115, 312, 700, 706
──と訴えの変更 ······················ 762
──の評価と展望 ······················ 327
訴訟法上の特別代理人 ·············· 165, 171
訴訟法律関係説 ······················ 70
訴訟法律状態論 ······················ 70
訴状補正命令 ························· 159
訴訟無能力者 ························· 154
訴訟要件 ·········· 105, 150, 159, 200, **233**, 246, 305,
                 362, 369, 462, 493, 666, 689, 790
──の欠缺の補正 ······················ 238
──の存否を判定する時期 ··········· 237
訴訟要件の調査 ················· 235, 579
──と本案判決との関係 ··············· 235
訴訟類型ごとの紛争解決方式と訴訟物 ········· 315
即決和解 ······················ 368, 886
続行期日 ························· 423
続行命令 ························· 446
外側説 ······························ 340
疎明 ···················· 636, 815, 1001
損害額の認定 ························· 607

た

第1回結審 ······················ 928
大規模訴訟 ························· 873
第三者による婚姻無効または取消しの訴え ···· 782
第三者の訴訟担当 ··················· 292
第三者の和解加入 ··················· 368
第三の波 ······························ 4
対質 ······························ 644
胎児の当事者能力 ··················· 144
代償請求 ···················· 268, 333, **757**
対象選択の適否 ······················ 270
対審 ······························ 509
対世効 ······················ 207, 208
対席判決主義 ························· 534
代人送達 ························· 437
代表権と表見法理 ··················· 179
対立型訴訟担当 ······················ 294
立会権の保障 ························· 550
脱退 ······················ 807, **849**
建物買取請求権 ················· 344, 697
他人間の法律関係 ··················· 273
弾劾証拠 ························· 656

事項索引　*1015*

単純反訴 ································· 773
団体内部の自律権 ··················· 250
団体の内部紛争における法人の地位 ······· 302
担当者における被担当者の利益保護の方法 ···· 293
担当者のための法定訴訟担当 ········· 292
単独制 ······························· 80
担保提供 ····························· 234
担保提供命令 ························· 996

ち

父を定める訴え ······················ 209
知的財産高等裁判所 ············ 79, 875
中間確認の訴え ············ 272, 702, **776**
中間期間 ····························· 426
中間判決 ········ 238, 557, 661, **665**, 667, 957, 977
　　――の拘束力 ···················· 667
仲裁 ································· 17
仲裁鑑定契約 ························· 602
仲裁契約 ····························· 457
仲裁合意 ······················ 234, 259
仲裁的調停 ···························· 23
仲裁的和解 ······················ 23, 370
仲裁人 ······························· 17
中止 ······················ 227, 603, 827
　　――の発生 ······················ 447
抽象的証拠提出責任 ·················· 611
中断 ···················· 162, 176, 442
中断事由 ····························· 442
調査 ································ 390
　　――の嘱託 ······················ 392
調書 ································ 364
　　――に代えて録音テープ等に記録 ······· 561
　　――の記載に対する異議 ·········· 562
　　――の証明力 ···················· 562
調書判決 ····························· 557
調停 ···················· 18, 23, 371, 447
調停前置主義 ·························· 23
徴憑 ································ 566
直接（審理）主義 ···················· 519
直接主義 ······················ 417, 630
直接証拠 ····························· 566
直送 ····························· 433, 537
陳述禁止の裁判 ······················ 163
陳述書 ······························· 640

陳述の擬制 ······················ 534, 931
沈黙 ································· 461

つ

追加的変更 ······················ 762, 770
追加判決 ····························· 663
追完 ····························· 427, 429
通常期間 ····························· 427
通常共同訴訟 ························· 794
通常抗告 ····························· 961
通知 ································ 432

て

出会送達 ····························· 437
DNA 鑑定 ···························· 414
定期金賠償 ··························· 698
ディスカバリー制度 ·············· 53, 379
手形債権と原因債権 ·················· 317
手形訴訟 ···················· 38, 319, 905
手形判決 ····························· 907
適格欠缺の看過 ······················ 305
適時審判の原則 ······················ 46
適時提出主義 ···················· 524, 763
手数料訴額 ··························· 110
手続権保障 ··························· 46
手続事実群 ······················ 311, 734
手続上の誤り ························· 943
手続の安定 ···················· 136, 153, 350
　　――の要請 ···················· 61, 459
手続保障 ···················· 35, 46, 132, 379
手続保障説 ··························· 3
手続問題についての確認の利益 ········· 271
テッヒョー ···························· 51
デュー・プロセス ················ 247, 286
　　――の観念 ······················ 45
　　――の思想 ······················ 247
　　――の保障 ···················· 66, 304
電子情報処理組織による督促手続 ······· 902
伝聞証言 ····························· 596
電話会議 ····························· 363
電話会議システムの利用 ··············· 891
電話会議の方法 ······················ 552
　　――による期日 ·················· 549

1016 事項索引

と

登記請求と仮執行宣言 ·························· 750
当事者 ·· 130
　――の意見を聴くことが法規上必要な場合
　　····································· 452
　――の意思 ···················· 346, 363, 442
　――の意思を尊重した自主的解決 ·········· 467
　――の確定 ······················· 133, 283
　――の欠席 ····························· 532
　――の更正権 ··························· 194
　――の死亡 ······················· 131, 859
　――の立会い ··························· 631
　――の立会権 ·························· 408
　――の特定 ····························· 134
　――の表示の訂正 ······················ 139
　――の変更 ······················· 139, 853
　――の弁論 ····························· 462
当事者権 ······································ 131
当事者公開 ···································· 512
当事者恒定主義 ································ 863
当事者主義 ···································· 449
当事者照会 ···································· 381
当事者照会制度 ································ 380
当事者尋問 ·························· 586, **646**
当事者双方 ···································· 358
　――から告知 ··························· 829
　――の欠席 ······················· 532, 910
　――の立会権 ·························· 554
当事者対等の原則 ······················· 516
当事者適格 ···· 143, 209, 239, 257, **283**, 442, 445, 803
　――の訴訟上の意義 ····················· 305
当事者能力 ···································· 143
　――の欠缺を看過した確定判決の効力 ······ 151
当事者引込みの理論 ···················· 802
当事者費用 ···································· 989
同時審判の申立て ······················· 872
同時審判の申出 ···························· 797
同時提出主義 ····················· 524, 763
当然承継 ···························· 444, **859**
答弁書 ····························· 525, 536
謄本 ··· 652
督促異議 ····································· 899
　――の取下げ ··························· 901

督促手続

督促手続 ························ 38, 516, 895
特別共同訴訟 ······························· 780
特別抗告 ···················· 961, 969, 971
特別裁判籍 ·································· 114
特別上告 ···························· 894, 969
特別代理人 ························· 180, 416
特別督促手続 ······························ 902
独立裁判籍 ························· 113, 114
独立当事者参加 ············· 293, 832, 870
　――の趣旨 ····························· 841
　――の手続 ····························· 844
　――の要件 ····························· 835
　不動産の二重譲渡と―― ··············· 839
独立当事者参加訴訟の構造 ················ 833
独立当事者参加訴訟の審判 ················ 844
独立附帯控訴 ······························· 925
特例判事補 ···································· 80
土地管轄 ······································ 112
特許権等に関する訴え等 ·················· 115
都道府県暴力追放運動推進センター ········ 290
飛越上告 ···················· 919, 939, 944
　――の合意 ······················· 108, 920
取消権 ······································· 695
取締役解任の訴え ··················· 301, 782
取立訴訟 ····································· 789

な

馴れ合い ····································· 837

に

二重起訴 ···························· 272, 759
　――の禁止 ···· 221, 259, 759, 764, 767, 772, 774
　――の係属 ····························· 809
二重規範説 ···································· 137
二段の推定 ···································· 654
二当事者対立主義 ························· 833
二当事者対立の原則 ······················ 130
二分肢説 ···························· 318, 974
任意管轄 ···························· 106, 935
任意規定 ······································ 49
任意訴訟 ······································ 63
　――の禁止 ······················· 50, 454
任意代理人 ······················ 165, 181, 194
任意的口頭弁論 ···························· 508

事項索引　*1017*

任意的差戻し ……………………………… 934
任意的審尋 ………………………………… 507
任意的訴訟担当 …………… 292,**298**,745,805
任意的当事者変更 …………………… 140,**853**
認証謄本 …………………………………… 652
認諾 ………………………………… 309,591
認諾調書 …………………………………… 362
認諾判決 …………………………………… 364

の

ノンリケット ……………………………… 605

は

排除効 ……………………………………… 694
破棄事由 …………………………………… 955
破棄判決の拘束力 ………………………… 957
破産管財人 ………………………………… 292
判決 ………………………………………… 659
　——の言渡し ………………… 667,672
　——の確定 …………………… 679,749
　——の更正 ……………………………… 676
　——の自縛性 …………………………… 677
　——の成立 ……………………………… 667
　——の抵触 ……………………………… 975
　——の手続 ……………………………… 933
　——の当然無効 ………………………… 681
　——の不存在 …………………………… 680
　——の併合 ……………………………… 559
　——の変更 ……………………………… 677
　——の補助参加人に対する効力 ……… 819
　——の無効 ……………………………… 681
判決言渡期日 …………………… 425,507
判決確定後の同一身分関係にかかる訴えの禁止
　………………………………………… 259
判決原本 …………………… 667,669,893
判決効の第三者への拡張 ………………… 300
判決効発生資格の理論 …………………… 306
判決書 ……………………………………… 669
　新様式の—— …………………………… 670
判決成立手続の違法 ……………………… 672
判決理由中の判断 ………… 461,701,819,957
　——に対する不服 …………… 731,919
反射効 …………………… 743,821,836
反証 …………………… 565,**579**,611,619

反訴 ………………………………………… 772
　——の禁止 ……………………………… 890
反対尋問権 ………………………………… 640
判断遺脱 ………………… 664,760,975,976
判断上の誤り ……………………………… 944
判例の役割 …………………………………… 71
判例法形成の限界 …………………………… 72
判例法の領域と立法領域との区分 ………… 73
反論書 …………………………… 922,923

ひ

非公開審理手続 ………………… 407,511
被告選択の適否 …………………………… 280
被参加人 …………………………………… 810
非訟化の限界 ………………………………… 28
非訟事件 …………… **25**,31,36,132,509
非訟事件手続 ………………………………… 15
　民事訴訟手続と——との差異 …………… 25
非常の不服申立方法 ……………… 969,973
必要的共同訴訟 ………… 780,845,980
　——の審判 ……………………………… 790
必要的共同訴訟人 ………………………… 825
　——の手続保障 ………………………… 792
必要的口頭弁論 ………………… 508,962
必要的差戻し ……………………………… 934
必要的審尋 ………………………………… 507
ビデオテープ ……………………………… 652
秘匿特権 …………………………………… 404
否認 …………………………… 461,463
被保佐人 …………………………………… 155
被補助人 …………………………………… 155
秘密保護のための訴訟記録の閲覧等の制限 …… 511
白蓮院事件 ………………………………… 251
評価規範 ……… 62,73,311,476,499,691,736
　行為規範と——との区別 ………………… 62
評議 ………………………………………… 668
表見証明 …………………………………… 619
表示の訂正 ………………………………… 853

ふ

ファクシミリ ……………………………… 891
不意打ち ………………………… 475,493
　——の有無 ……………………………… 476
　——のおそれ ………… 470,475,494

1018　事項索引

——の裁判 …………………………… 331
——の防止 …………………………… 687
付加期間 …………………………………… 427
不起訴 ……………………………………… 234
——の合意 …………………… 120,**259**,349
武器対等の原則 …… 46,396,413,516,613,1002
副位請求 …………………………………… 757
覆審制 ……………………………………… 927
復代理人 …………………………………… 189
副本 ………………………………………… 435
附合契約 …………………………………… 121
不控訴の合意 ……………………… 679,919
不執行の合意 ……………………………… 345
不受理決定 ………………………………… 951
付随訴訟 …………………………………… 41
附帯控訴 …………………………… 925,926
——についての不服の利益 ………… 925
附帯再審 …………………………………… 984
附帯上告 …………………………………… 952
不知 ………………………………………… 461
——の陳述 …………………………… 590
普通裁判籍 ………………………………… 113
物の裁判籍 ………………………………… 113
物的証拠（物証） ………………………… 566
不動産の二重譲渡と独立当事者参加 …… 839
不服の利益 ………………………………… 918
不変期間 ………………… 427,893,898,909,921,
　　　　　　　　　　961,964,967,971,978
不法行為地 ………………………………… 114
不法行為に基づく損害賠償請求 ………… 339
——における訴訟物と賠償額の主張 … 336
プライバシー ……………………………… 33
——の保護 …………………………… 399
不利益変更の禁止 ………………… 847,935
——の原則 …………………………… 925
文書 ………………………… 394,398,652
——の証拠能力 ……………………… 652
——の証拠力 ………………………… 653
——の真正な成立 …………………… 653
文書送付の嘱託 …………………… 392,433
文書提出義務 ……………………… 395,397
文書提出命令 ……………………… 395,656
——に従わない場合の効果 ………… 411

紛争
——の終局的・強制的解決 …… 684,691
——の主体たる地位 …………… 705,856
——の相対的解決 …………………… 691
紛争解決 …………………………………… 704
——の一回性 ……………… 316,685,763
——の相対性 ………………… 745,746
紛争解決後の損害の増大とその賠償請求 …… 340
紛争管理権 ………………………………… 288
紛争の成熟性 ……………………………… 277
——と即時解決の必要性 …………… 270

へ

併行審理主義 ……………………………… 521
併合審理の方向にもっていくべき場合 …… 227
併合請求の裁判籍 …………… 117,756,800
併合訴訟の審判 …………………………… 759
併合訴訟の訴訟要件 ……………………… 759
併合の訴え ………………………………… 201
別訴 ………………………………………… 224
変更判決 …………………………………… 678
弁護士強制主義 …………… 162,164,181
弁護士代理の原則 ………… 163,165,181,299
弁護士の付添い …………………………… 163
弁護士費用 ………………………………… 990
——の訴訟費用化 …………………… 991
——の弁償 …………………………… 990
弁護士法上の照会制度 …………………… 387
弁護士法25条違反と訴訟上の効果 ……… 167
弁護士倫理 ………………………………… 186
片面的参加 ………………………………… 834
弁理士 ……………………………………… 183
弁論 ………………………………………… 455
——の怠り …………………… 508,532
——の活性化 ………………………… 518
——の更新 ………………… 83,**519**,668
——の再開 …………………… 555,556
——の制限 …………………………… 557
——の全趣旨 ………… 566,596,598,793
——の分離
　　………… 557,748,759,775,778,791,795,844
——の併合 …………………… 520,**558**
弁論権 ……………………………………… 132
弁論兼和解 ……………… **517**,530,541,544

事項索引　　*1019*

弁論主義 ················ **467**,580,583,593,626,756
　　——の限界 ································· 475
　　——の内容 ································· 469
　　証拠共通の原則と—— ················· 598
弁論準備手続 ··············· 518,520,541,544
弁論準備手続調書 ······························· 550
弁論能力 ······························· 162,185

ほ

法規 ······································ 582,584
放棄　→　請求の放棄
法規不適用説 ································· 604
報告証書 ······························· 652,655
法人 ······································· 144
法人格否認 ··································· 854
法人でない社団または財団 ················· 145
法人等の代表者 ······························· 177
妨訴の抗弁 ··············· 123,234,996
傍聴 ······························· 544,550
法定管轄 ······································· 106
法定期間 ······································· 427
法廷警察権 ··································· 451
法定証拠主義 ································· 596
法定序列主義 ································· 524
法定訴訟担当 ································· 292
法定代理権 ··································· 173
法定代理人 ··············· 154,165,170,436
法廷地法 ······························· 74,630
法的観点指摘義務 ····························· 478
法的三段論法 ································· 584
法的評価の再施 ······························· 725
法務大臣 ······································· 114
法律関係文書 ································· 396
法律上の主張 ································· 460
法律上の推定 ······················· **618**,624
法律上の争訟 ······················· 12,246
法律審 ······································· 939
法律扶助事業 ································· 997
法律要件的効力 ······························· 743
法律要件分類説 ······························· 614
暴力団員による不当な行為の防止等に関する法律
　　····································· 290
法令違反 ······························· 939,942
　　——と判決に対する影響 ················· 943

法令上の訴訟代理人 ············· 165,189,194
保佐人 ······································· 155
補充裁判官 ······························· 82,668
補充送達 ······························· 435,437
補助参加 ······················· 299,**810**,811
　　——の理由 ································· 812
補助参加人 ··············· 730,810,918,980
　　——の地位の独立性 ····················· 811
　　——のできる訴訟行為 ················· 817
補助事実 ······························· 566,580
補助人 ······································· 155
補正 ······································· 219
補正命令 ······························· 159,166
本案 ······················· 123,232,664,914,926
　　——の審理 ································· 983
　　——の申立て ······················· 459,462
本案事件 ······································· 973
本案審理の要件 ······························· 233
本案判決 ··············· 199,232,257,308,664
本証 ······················· 565,**579**,611,619
本人訴訟 ······································· 591
本来の（または固有の）期間 ················· 426

み

未成年者 ······································· 154
未特例判事補 ······························· 81
民事裁判権 ··································· 92
　　——の対人的制約 ························· 93
　　——の対物的制約 ························· 95
民事裁判権免除法 ····························· 94
民事訴訟事件と他の訴訟事件との区別 ········· 12
民事訴訟制度の目的 ····················· 1,239
民事訴訟手続と非訟手続との差異 ············· 25
民事訴訟の制度目的 ························· 684
民事訴訟の目的 ······························· 201
　　——の相対的把握 ························· 7
民事訴訟法の沿革 ····························· 51
民事調停 ······································· 19
民事法律扶助法 ······························· 997
民法上の組合 ··············· 146,147,298
　　——の業務執行組合員 ················· 195

む

無権代理人の行為 ····························· 166

事項索引

無効な判決 …………………… 104, 151, 305, 440
無断録音テープ ………………………… 597

め

命令 …………………………………… 659, 960

も

申立て ………………………………… 459
申立権 ………………………………… 452
申立事項 …………………… 232, 329, 762
黙示の受継 …………………………… 445
黙示の訴訟信託 ……………………… 787
黙秘の義務 …………………………… 635
模索的証明 …………………………… 412
物の現況等の調査命令 ……………… 392

や

薬害訴訟 ……………………………… 395

ゆ

唯一の証拠方法の採否 ……………… 628
有罪の確定判決 ……………………… 947
有罪判決 ……………………………… 976
誘導質問 ……………………………… 639
郵便に付する送達 …………………… 434
郵便による送達 ……………………… 434
猶予期間 ……………………………… 426

よ

要因規範 ……………………………… 127
養子縁組の無効確認 ………………… 275
与効的行為 …………………………… 456
予告通知 ……………………………… 391
予納 …………………………………… 627
呼出状の送達 ………………………… 425

予備的請求 …………………………… 918
予備的相殺の抗弁 …………… 919, 933
予備的反訴 …………………………… 773
予備的併合 …………………… 757, 936
予備的申立て ………………………… 459

ら

濫訴 ………………………………… 1002

り

利益変更の禁止 ……………… 848, 935
利害関係人 …………………………… 300
立法事実 ……………………………… 253
立法事実論 …………………………… 582
理由付否認 …………………………… 585
理由不備または理由齟齬 …………… 601
稟議書 ………………………………… 399

る

類似必要的共同訴訟 ………… 788, 803

ろ

労働組合 ……………………………… 299
労働審判委員会 ……………………… 39
労働審判員 …………………………… 39
労働審判官 …………………………… 39
労働審判手続 ………………………… 39
労働調停 ……………………………… 19
録音テープ …………………… 652, 655

わ

和解 → 訴訟上の和解
和解契約解除 ………………………… 375
和解に代わる決定 …………………… 887

判 例 索 引

明治

29・4・2　大判　民録2-4-5 ………………… 794
41・9・25　大判　民録14-931 ………………… 783
43・10・19　大判　民録16-713 ………………… 429
43・11・26　大判(民連)　民録16-764 ………… 697
44・12・11　大判　民録17-772 ………………… 344

大正

2・1・16　大決　民録19-1 ……………………… 88
2・3・26　大判　民録19-141 …………………… 667
2・6・19　大判　民録19-463 …………………… 355
5・12・23　大判　民録22-2480 ………………… 479
6・12・25　大判　民録23-2220 ………………… 800
7・4・15　大判　民録24-687 …………………… 344
7・7・11　大判　民録24-1197 ………………… 429
8・10・9　大判　民録25-1777 ………………… 111
9・10・14　大判　民録26-1495 ………………… 123
10・3・15　大判　民録27-434 ………………… 120
10・3・18　大判　民録27-547 ………………… 783
10・6・13　大判　民録27-1155 ………………… 783
11・2・20　大判　民集1-52 …………………… 589
11・2・25　大判　民集1-69 …………………… 207
11・5・31　大判　新聞2012-21 ………………… 672
11・7・10　大判　民集1-386 …………………… 783
11・7・17　大決　民集1-398 …………………… 814
12・3・10　大判　民集2-91 …………………… 347
12・6・2　大判(民連)　民集2-345 ……… 209,210
12・12・17　大判　民集2-684 ………………… 783
13・3・7　大判　民集3-98 …………………… 440
13・6・13　大判　新聞2335-15 ………………… 429
13・11・20　大判　民集3-516 …………… 783,864
14・4・24　大判　民集4-195 …………………… 377
14・10・3　大判　民集4-481 ………………… 188

昭和2

2・3　大判　民集6-13 ………………………… 137

昭和3

8・1　大判　民集7-648 ……………………… 471
12・28　大決　民集7-1128 ……………………… 94

昭和4

3・16　大判　民集8-185 ……………………… 629

6・1　大判　民集8-565 ……………………… 752
7・24　大判　民集8-728 ……………………… 266

昭和5

4・23　大決　民集9-411 …………………… 87,933
4・24　大決　民集9-415 ……………………… 706
6・27　大判　民集9-619 ……………………… 229
6・28　大決　民集9-640 ……………………… 172
7・14　大判　民集9-730 ……………………… 277
8・2　大決　民集9-759 …………………… 89,90
8・6　大決　民集9-772 ……………………… 869
8・9　大決　民集9-777 ……………………… 424
10・4　大判　民集9-943 ……………………… 661
11・29　大決　民集9-1102 …………………… 677
12・18　大判　民集9-1140 ………… 87,934,945
12・22　大判　民集9-1189 …………………… 847

昭和6

1・23　大決　民集10-20 ……………………… 997
2・3　大決　民集10-33 ……………………… 533
3・31　大判　民集10-178 …………………… 663
4・22　大決　民集10-380 ……………… 373,376
5・28　大判　民集10-268 …………………… 560
8・8　大決　民集10-792 ……………… 191,192
9・25　大決　民集10-839 …………………… 117
11・24　大判　民集10-1096 …………… 265,716
12・9　大決　民集10-1197 …………………… 172

昭和7

2・12　大決　民集11-119 …………………… 813
4・19　大決　民集11-681 ……………… 372,713
5・20　大判　民集11-1005 …………………… 976
6・2　大判　民集11-1099 ……………… 345,956
6・9　大判　民集11-1125 …………………… 762
6・18　大判　民集11-1176 …………………… 169
9・10　大決　民集11-2158 …………………… 806
9・17　大判　民集11-1979 …………………… 152
9・22　大判　民集11-1989 …………………… 223
10・26　大判　民集11-2051 …………………… 446
11・25　大判　民集11-2125 …………………… 977
11・28　大判　民集11-2204 …………… 267,342
12・24　大判　民集11-2376 …………………… 444

判例索引

昭和 8
1・24 大判 法学2-9-1129 ······················ 355
1・31 大判 民集12-39 ························ 672,934
1・31 大判 民集12-51 ························ 584,942
2・7 大判 民集12-159 ······················ 528,931
2・9 大判 民集12-397 ························ 585
2・13 大判 新聞3520-9 ······················ 368
3・30 大判 裁判例(7)民57 ···················· 787
4・12 大判 民集12-584 ······················ 763
4・18 大判 民集12-703 ···················· 538,931
4・18 大判 民集12-714 ······················ 477
4・25 大判 民集12-870 ···················· 538,539
5・8 大決 民集12-1084 ······················ 533
5・16 大判 民集12-1178 ······················ 676
6・15 大判 民集12-1498 ······················ 266
6・15 大判 新聞3576-13 ······················ 331
6・16 大判 民集12-1519 ······················ 434
6・20 大判 民集12-1597 ······················ 777
6・30 大決 民集12-1682 ······················ 769
7・4 大判 民集12-1752 ······················ 666
7・4 大決 民集12-1745 ······················ 161
7・11 大決 民集12-2040 ···················· 358,423
7・22 大判 民集12-2244 ···················· 975,980
7・24 大判 民集12-2264 ······················ 964
9・9 大決 民集12-2294 ······················ 813
9・12 大判 民集12-2139 ······················ 585
11・7 大判 民集12-2691 ······················ 277
12・13 大判 法学3-5-563 ······················ 144
12・15 大判 法学3-5-563 ······················ 667

昭和 9
1・23 大判 民集13-47 ······················ 172
2・26 大判 民集13-271 ······················ 920
3・9 大判 民集13-249 ······················ 424
3・13 大判 民集13-287 ······················ 763
4・4 大判 民集13-573 ······················ 466
5・12 大判 民集13-1051 ······················ 431
7・5 大判 法学4-2-224 ······················ 666
7・11 大判 法学4-2-227 ······················ 355
7・31 大判 民集13-1438 ······················ 788
7・31 大決 民集13-1460 ······················ 445
8・22 大決 新聞3746-11 ······················ 117
11・17 大判 民集13-2291 ······················ 362
11・20 大判 新聞3786-12 ······················ 677
11・27 大判 民集13-2090 ······················ 428

12・22 大判 民集13-2231 ······················ 169
12・27 大判 法学4-6-749 ······················ 672

昭和10
3・14 大決 民集14-351 ······················ 996
4・30 大判 民集14-1175 ···················· 558,759
5・11 大判 民集14-1020 ······················ 424
5・28 大判 民集14-1191 ······················ 146
7・9 大判 民集14-1857 ······················ 958
9・3 大判 民集14-1886 ······················ 373
9・13 大決 民集14-1608 ······················ 354
10・28 大判 民集14-1785 ······················ 137
10・31 大判 民集14-1805 ······················ 157
12・10 大判 民集14-2077 ······················ 271
12・11 大判 新聞3928-12 ······················ 429
12・17 大判 民集14-2053 ······················ 236
12・26 大判 民集14-2129 ······················ 430
12・27 大決 民集14-2173 ······················ 964

昭和11
1・14 大判 民集15-1 ······················ 298
3・11 大判 民集15-977 ···················· 136,139
3・13 大判 民集15-453 ······················ 762
3・18 大判 民集15-520 ······················ 818
4・8 大判 民集15-610 ······················ 191
4・17 大決 民集15-985 ······················ 660
5・22 大判 民集15-988 ···················· 852,865
6・30 大判 民集15-1281 ······················ 156
7・15 大判 新聞4022-8 ······················ 172
7・17 大判 民集15-1393 ······················ 191
10・6 大判 民集15-1771 ···················· 463,478
10・6 大判 民集15-1789 ······················ 634
10・28 大判 民集15-1894 ······················ 770
10・31 大判 法学6-2-239 ······················ 427
12・1 大判 民集15-2126 ······················ 298
12・15 大決 民集15-2207 ······················ 1002
12・18 大判 民集15-2266 ······················ 761
12・22 大判 民集15-2278 ······················ 356

昭和12
2・23 大判 民集16-133 ······················ 752
3・20 大判 民集16-320 ···················· 534,957
4・16 大判 民集16-463 ···················· 837,838
6・2 大判 民集16-683 ······················ 530
6・4 大判 民集16-745 ······················ 794
12・18 大判 民集16-2012 ······················ 533
12・24 大判 民集16-2045 ······················ 365

判例索引　*1023*

昭和13
2・23　大判　民集17-259 ················ 444,446,859
3・19　大判　判決全集5-8-362 ············· 158,237
4・20　大判　民集17-739 ························ 933
7・22　大判　民集17-1454 ······················ 445
8・19　大判　民集17-1638 ·················· 444,447
11・19　大決　民集17-2238 ····················· 677
12・3　大判　評論27- 民訴357 ·················· 368
12・16　大判　民集17-2457 ····················· 169
12・19　大判　民集17-2482 ····················· 169
12・20　大判　民集17-2502 ····················· 751
12・24　大判　民集17-2713 ····················· 804
12・26　大判　民集17-2585 ················ 840,871
12・28　大判　民集17-2878 ····················· 826

昭和14
3・22　大判(民連)　民集18-238 ················ 229
3・29　大判　民集18-370 ························ 695
3・29　大決　民集18-365 ························ 219
4・7　大判　民集18-319 ························· 365
4・18　大判　民集18-460 ························ 793
5・3　大決　民集18-542 ························· 994
5・20　大判　民集18-547 ························ 357
8・12　大判　民集18-903 ·········· 169,376,377
9・14　大判　民集18-1083 ·············· 447,975
11・21　大判　民集18-1545 ····················· 597
12・2　大判　民集18-1479 ····················· 975
12・18　大判　民集18-1534 ·············· 446,447

昭和15
2・17　大判　民集19-413 ························ 444
2・21　大決　民集19-267 ························ 913
2・27　大判　民集19-239 ························ 477
3・5　大判　民集19-324 ·················· 372,932
3・13　大判(民連)　民集19-530 ·········· 268,757
3・15　大判　民集19-586 ························ 712
4・9　大判　民集19-695 ·················· 806,807
4・10　大判　民集19-716 ························ 844
6・28　大判　民集19-1071 ····················· 994
6・28　大判　民集19-1087 ····················· 629
7・16　大判　民集19-1185 ····················· 171
7・26　大判　民集19-1395 ····················· 819
12・24　大判　民集19-2402 ·········· 169,796,847

昭和16
2・24　大判　民集20-106 ························ 229
3・15　大判　民集20-191 ························ 139

3・26　大判　民集20-361 ························ 357
4・5　大判　民集20-427 ························· 175
5・3　大判　判決全集8-18-617 ··········· 158,237
7・19　大判　民集20-999 ························ 824
10・8　大判　民集20-1269 ·············· 462,864
11・13　大判　法学11-6-626 ···················· 584
12・16　大判　民集20-1466 ····················· 647

昭和17
4・1　大判　新聞4772-15 ······················ 172

昭和18
6・1　大判　民集22-426 ························· 672
7・6　大判　法学13-2-138 ····················· 265
11・30　大判　民集22-1210 ····················· 365

昭和19
12・22　大判(民連)　民集23-621 ················ 590

昭和22
9・15　最決(一小)　裁判集民事1-1 ·············· 126

昭和23
4・17　最判(二小)　民集2-4-104 ················ 556
5・6　最判(二小)　民集2-5-109 ················· 429
7・22　最決(二小)　裁判集民事1-273 ············ 126
9・30　最判(二小)　民集2-10-360 ··············· 673
11・25　最判(一小)　民集2-12-422 ·············· 556

昭和24
2・1　最判(二小)　民集3-2-21 ············· 597,653
4・12　最判(三小)　民集3-4-97 ················· 431
5・21　最判(二小)　裁判集民事2-265 ············ 423
7・9　最判(二小)　刑集3-8-1193 ················ 103
8・2　最判(三小)　民集3-9-291 ················· 343
8・18　最判(一小)　民集3-9-376
　　　　　　　　　　　　　 ······· 425,673,915,921
11・8　最判(三小)　民集3-11-495 ··············· 772
12・20　最判(三小)　民集3-12-507 ··············· 96

昭和25
2・28　最判(三小)　民集4-2-75 ················· 671
6・23　最判(二小)　民集4-6-240 ·········· 194,436
7・11　最判(三小)　民集4-7-316 ················ 589
7・14　最判(二小)　民集4-8-353 ················ 593
9・8　最判(二小)　民集4-9-359 ················· 816
10・31　最判(三小)　民集4-10-516 ···· 423,534,931
11・10　最判(二小)　民集4-11-551 ·············· 474
12・1　最判(二小)　民集4-12-651 ··············· 672

昭和26
2・22　最判(一小)　民集5-3-102 ················ 563

判例索引

2・22 最判(一小) 民集5-3-106 ……………… 474
3・29 最判(一小) 民集5-5-177 ……………… 520
4・13 最判(二小) 民集5-5-242 ……………… 372
6・29 東京高決（吉田長蔵『新天皇論』198）… 93
10・16 最判(三小) 民集5-11-583 …… 661,935,958

昭和27
2・15 最判(二小) 民集6-2-88 ……………… 281
4・2 最決(大) 民集6-4-387 ……………… 300
5・30 大阪高判 高民5-7-292 ……………… 185
6・17 最判(三小) 民集6-6-595 ……………… 538
7・29 最判(三小) 民集6-7-684 ……………… 921
8・22 最判(二小) 民集6-8-707 ………… 431,437
10・8 最判(大) 民集6-9-783 ……………… 248
10・21 最判(三小) 民集6-9-841 ……………… 598
11・18 最判(三小) 民集6-10-991 ……… 672,933
11・20 最判(一小) 民集6-10-1004 …………… 274
11・20 最判(一小) 民集6-10-1015 …………… 629
11・27 最判(一小) 民集6-10-1062 …………… 500
12・5 最判(二小) 民集6-11-1117 …………… 596
12・12 最判(二小) 民集6-11-1166 …………… 275
12・25 最判(一小) 民集6-12-1240 ……… 520,629
12・25 最判(一小) 民集6-12-1255
　　　　………………………… 350,351,360,794

昭和28
4・23 最判(一小) 民集7-4-396 ……………… 175
4・24 最判(二小) 裁判集民事8-831 ………… 762
4・30 最判(一小) 民集7-4-457 ……………… 629
5・7 最判(一小) 民集7-5-489 ……………… 957
5・14 最判(一小) 民集7-5-565 ……………… 598
5・29 最判(二小) 民集7-5-623 ……………… 424
6・25 最判(一小) 民集7-6-753 ……………… 267
6・26 最判(二小) 民集7-6-783 ……………… 87
7・30 最判(一小) 民集7-7-851 ………… 425,673
9・11 最判(二小) 裁判集民事9-901 ………… 594
9・11 最判(二小) 民集7-9-918 ……………… 767
9・25 最判(二小) 民集7-9-979 ……………… 613
10・1 最判(一小) 裁判集民事10-43 ………… 941
10・15 最判(一小) 民集7-10-1083 … 275,362,363
12・23 最判(大) 民集7-13-1561 …………… 281
12・24 最判(一小) 民集7-13-1644 …………… 271

昭和29
1・21 最判(一小) 裁判集民事12-39 ………… 943
1・28 最判(一小) 民集8-1-308 ……………… 994
2・11 最判(一小) 民集8-2-440 ……………… 978

2・26 最判(二小) 民集8-2-630 ……………… 767
3・9 最判(三小) 民集8-3-637 ……………… 267
6・8 最判(三小) 民集8-6-1037 ……… 766,768
6・11 最判(二小) 民集8-6-1055 ……… 153,161
6・26 大阪地判 下民5-6-949 ……………… 140
7・27 最判(三小) 民集8-7-1443 …………… 762
9・17 最判(二小) 民集8-9-1635 …………… 794
10・26 最判(三小) 民集8-10-1979 …………… 89
10・26 大阪高判 下民5-10-1787 ……… 141,855
11・5 最判(二小) 民集8-11-2007 ………… 629
12・16 最判(一小) 民集8-12-2158 ………… 272

昭和30
1・21 最判(二小) 民集9-1-22 ………… 268,757
1・28 最判(二小) 民集9-1-83 ……………… 88
1・28 最判(二小) 民集9-1-125 …………… 274
3・29 最判(三小) 民集9-3-395 ……………… 86
4・5 最判(三小) 民集9-4-439 ……… 528,931
4・27 最判(大) 民集9-5-582 …………… 629
6・24 最判(二小) 民集9-7-919 …………… 343
7・5 最判(二小) 民集9-9-985 …………… 592
7・5 最判(三小) 民集9-9-1012 ……… 358,663
7・20 最決(大) 民集9-9-1139 …………… 985
9・2 最判(二小) 民集9-10-1197 …… 935,957
9・9 最判(一小) 民集9-10-1242 ………… 629
9・29 最判(一小) 民集9-10-1484 ………… 676
9・30 最判(二小) 民集9-10-1491 … 274,362,363
10・28 最判(二小) 民集9-11-1727 ………… 249
10・28 最判(二小) 民集9-11-1739 ………… 437
11・11 東京地判 下民6-11-2365 …………… 207
12・1 最判(一小) 民集9-13-1903 ………… 702
12・16 最判(二小) 民集9-14-2013 ………… 169
12・23 東京地判 下民6-12-2679 …………… 93
12・26 最判(三小) 民集9-14-2082 ………… 278

昭和31
3・30 最判(二小) 民集10-3-242 ……… 373,376
4・3 最判(三小) 民集10-4-297 ……… 919,941
4・13 最判(二小) 民集10-4-388 ……… 520,563
5・10 最判(一小) 民集10-5-487 ……… 344,783
6・19 最判(三小) 民集10-6-665 …………… 769
7・4 最判(大) 民集10-7-785 …………… 740
7・20 最判(二小) 民集10-8-947 ………… 594
7・20 最判(二小) 民集10-8-965 ………… 746
7・20 最判(三小) 民集10-8-1089 ………… 763
9・18 最判(三小) 民集10-9-1160 ………… 297

9・28 最判(二小) 民集10-9-1197 …………… 765
9・28 最判(二小) 民集10-9-1213 …………… 794
10・4 最判(一小) 民集10-10-1229 ………… 278
10・23 最判(三小) 民集10-10-1275 ………… 602
10・31 最決(大) 民集10-10-1355 …………… 30
10・31 最決(一小) 民集10-10-1398
………………… 118,119,127
12・20 最判(一小) 民集10-12-1573 ………… 771

昭和32
1・24 最判(一小) 民集11-1-81 …………… 896
2・8 最判(二小) 民集11-2-258 …………… 596
2・26 最判(三小) 民集11-2-364 …… 425,673
2・28 最判(一小) 民集11-2-374 …… 351,770
5・10 最判(二小) 民集11-5-715 …………… 620
6・7 最判(二小) 民集11-6-948 …………… 338
6・7 最判(二小) 民集11-6-983 …………… 87
6・11 最判(三小) 民集11-6-1030 ………… 671
6・25 最判(三小) 民集11-6-1143 …… 627,628
7・2 最判(三小) 民集11-7-1186 …………… 677
7・16 最判(三小) 民集11-7-1254 ………… 763
7・20 最判(大) 民集11-7-1314 …… 273,276
7・25 東京地判 下民8-7-1337 …………… 225
9・17 最判(三小) 民集11-9-1540 ………… 865
10・9 最判(大) 刑集11-10-2520 ………… 935
10・31 最判(一小) 民集11-10-1779 … 602,946
11・1 最判(二小) 民集11-12-1819 ………… 274
11・1 最判(二小) 民集11-12-1832 ………… 941
12・13 最判(二小) 民集11-13-2143 … 767,925
12・24 最判(三小) 民集11-14-2322 ……… 333
12・24 最判(三小) 民集11-14-2363 ……… 169

昭和33
1・30 最判(一小) 民集12-1-103 …………… 794
2・28 最判(二小) 民集12-2-363 …………… 87
3・5 最判(大) 民集12-3-381 …… 29,30,373
3・7 最判(二小) 民集12-3-469 …………… 589
3・13 最判(一小) 民集12-3-524 …………… 344
4・17 最判(一小) 民集12-6-873 …………… 806
5・16 最判(二小) 民集12-7-1034 ………… 673
6・2 最判(大) 民集12-9-1281 …………… 428
6・6 最判(二小) 民集12-9-1384 ………… 345
6・14 最判(一小) 民集12-9-1492 ………… 373
6・19 最判(一小) 民集12-10-1562 ………… 266
7・8 最判(三小) 民集12-11-1740 ………… 479
7・15 最判(三小) 裁判集民事32-811 ……… 190

7・18 最判(二小) 民集12-12-1779 ………… 976
7・22 最判(三小) 民集12-12-1805 ………… 783
7・22 最判(三小) 民集12-12-1817 ………… 930
7・25 最判(二小) 民集12-12-1823 …… 172,296
8・8 最判(三小) 民集12-12-1921 ………… 111
9・19 最判(二小) 民集12-13-2062 …… 192,861
10・14 最判(三小) 民集12-14-3091 ………… 761
10・17 最判(二小) 民集12-14-3161 ………… 427
11・4 最判(三小) 民集12-15-3247 …… 520,560

昭和34
2・20 最判(二小) 民集13-2-209 …………… 230
3・26 最判(一小) 民集13-4-493 …… 789,791
5・12 最判(三小) 民集13-5-576 …………… 275
7・3 最判(二小) 民集13-7-898 …… 787,794
7・17 最判(二小) 民集13-8-1095 …………… 91
8・27 最判(一小) 民集13-10-1293 …… 158,178
9・17 最判(一小) 民集13-11-1372 ………… 926
9・22 最判(三小) 民集13-11-1467 ………… 274
12・16 最判(大) 刑集13-13-3225 ………… 249

昭和35
1・22 大阪地判 下民11-1-85 …………… 361
3・3 名古屋高判 高民13-3-262 …………… 149
3・9 最判(大) 民集14-3-355 …………… 281
3・11 最判(二小) 民集14-3-418 …………… 277
3・25 最判(二小) 裁判集民事40-669 ……… 937
4・12 最判(三小) 民集14-5-825 …………… 333
4・26 最判(三小) 民集14-6-1064 ………… 629
5・24 最判(三小) 民集14-7-1183 ………… 768
6・8 最判(大) 民集14-7-1206 …………… 249
6・9 最判(一小) 民集14-7-1304 ………… 946
6・13 最決(二小) 民集14-8-1323 ………… 427
7・6 最決(大) 民集14-9-1657 …………… 28,30
10・19 最判(大) 民集14-12-2633 ………… 250
10・21 最判(二小) 民集14-12-2651 ………… 300
12・15 最判(一小) 判時246-34 …………… 946
12・23 最判(二小) 民集14-14-3166 …… 190,466

昭和36
1・26 最判(一小) 民集15-1-175 …………… 189
2・9 最判(一小) 民集15-2-209 …… 751,931
2・24 最判(三小) 民集15-2-301 …………… 929
2・28 最判(三小) 民集15-2-324 …………… 345
3・16 最判(一小) 民集15-3-524 …………… 841
4・7 最判(二小) 民集15-4-694 …………… 599
4・7 最判(二小) 民集15-4-706 …………… 86

1026 判例索引

4・7 最判(二小) 民集15-4-716 ………… 190
4・25 最判(三小) 民集15-4-891 ………… 334
4・27 最判(一小) 民集15-4-901 ………… 470
5・26 最判(二小) 民集15-5-1425 ………… 430
6・16 最判(二小) 民集15-6-1584 …… 901,902
8・8 最判(三小) 民集15-7-2005 …… 600,621
9・22 最判(二小) 民集15-8-2203 ………… 981
10・5 最判(一小) 民集15-9-2271 …… 589,946
11・9 最判(一小) 民集15-10-2451 ………… 192
11・10 最判(二小) 民集15-10-2474 ………… 629
11・24 最判(二小) 民集15-10-2583 ………… 804
11・28 最判(三小) 民集15-10-2593 ………… 958
12・12 最判(三小) 民集15-11-2778 ………… 695
12・15 最判(二小) 民集15-11-2865 ………… 787

昭和37
1・19 最判(二小) 民集16-1-76 ………… 282
1・19 最判(二小) 民集16-1-106 ………… 816
2・15 最判(一小) 裁判集民事58-695 …… 934,937
3・8 最判(一小) 裁判集民事59-89 ………… 937
3・23 最判(二小) 民集16-3-594 ………… 600
3・23 最判(二小) 民集16-3-607 ………… 266
4・6 最判(二小) 民集16-4-686 ………… 354
5・24 最判(一小) 民集16-5-1157 ………… 699
5・29 最判(三小) 民集16-5-1233 ………… 844
7・3 最判(三小) 裁判所時報357-1 ………… 915
7・13 最判(二小) 民集16-8-1516 ………… 298
7・17 最判(三小) 裁判集民事61-665 ………… 915
8・10 最判(二小) 民集16-8-1720 ………… 338
9・14 最判(二小) 民集16-9-1935 ………… 946
10・12 最決(二小) 民集16-10-2128 ………… 871
12・18 最判(三小) 民集16-12-2422 ………… 146
12・25 最判(三小) 民集16-12-2465 ………… 934

昭和38
1・18 最判(二小) 民集17-1-1
………… 209,210,766,769,771
2・12 最判(三小) 民集17-1-171 …… 376,423
2・21 最判(一小) 民集17-1-182 ………… 190
2・21 最判(一小) 民集17-1-198 ………… 774
2・22 最判(二小) 民集17-1-235 ………… 344
3・1 最判(二小) 民集17-2-290 ………… 344
3・8 最判(二小) 民集17-2-304 ………… 760
3・12 最判(三小) 民集17-2-310 ………… 789
4・12 最判(二小) 民集17-3-468 ………… 440
6・20 最判(一小) 裁判集民事66-591 ……… 930

6・22 名古屋地判 下民14-6-1203 ………… 915
7・30 最判(三小) 民集17-6-819 ………… 952
10・1 最判(三小) 民集17-9-1128 ………… 357
10・1 最判(三小) 民集17-11-1301 ………… 533
10・15 最判(三小) 民集17-9-1220 ………… 209
10・30 最判(大) 民集17-9-1252 ………… 229
10・30 最判(大) 民集17-9-1266 ………… 169
12・24 最判(三小) 判時361-44 ………… 915
12・27 最判(二小) 民集17-12-1838 ………… 926

昭和39
4・3 最判(二小) 民集18-4-513 ………… 629
4・7 最判(三小) 民集18-4-520 …… 318,759,771
4・10 大阪高判 下民15-4-761 ………… 851
5・12 最判(三小) 民集18-4-597 ………… 654
5・29 最判(三小) 民集18-4-725 ………… 267
6・26 最判(二小) 民集18-5-954 ………… 500
7・10 最判(二小) 民集18-6-1093 ………… 766
7・28 最判(三小) 民集18-6-1241 …… 474,620
10・13 最判(三小) 民集18-8-1578 ………… 470
11・26 最判(一小) 民集18-9-1992 ………… 276

昭和40
2・26 最判(二小) 民集19-1-166 ………… 274
3・4 最判(一小) 民集19-2-197 …… 320,773
3・4 札幌高判 高民18-2-174 ………… 186
3・19 最判(三小) 民集19-2-484 ………… 919
4・2 最判(二小) 民集19-3-539 ………… 697
4・28 最判(大) 民集19-3-721 ………… 282
6・24 最判(一小) 民集19-4-1001 ………… 826
6・30 最決(大) 民集19-4-1089 …… 29,33
6・30 最決(大) 民集19-4-1114 ………… 29
7・8 最判(一小) 民集19-5-1170 …… 65,73
7・23 最判(二小) 民集19-5-1292 ………… 344
8・2 最判(二小) 民集19-6-1393 ………… 282
9・17 最判(二小) 民集19-6-1533 ………… 342
10・15 最判(二小) 民集19-7-1788 …… 277,843
11・25 最判(一小) 民集19-8-2040 ………… 274
12・21 最判(三小) 民集19-9-2270 ………… 682

昭和41
1・21 最判(二小) 民集20-1-94 ………… 770
1・27 最判(一小) 民集20-1-136 ………… 613
3・12 大阪地判 下民17-3・4-138 ………… 89
3・18 最判(三小) 民集20-3-464 ………… 265
3・22 最判(三小) 民集20-3-484 ………… 869
3・31 最判(一小) 判時443-31 ………… 83

判例索引　　*1027*

4・12　最判（三小）　民集20-4-548 ……………… 477
4・12　最判（三小）　民集20-4-560 ……………… 558
4・14　最判（一小）　民集20-4-649 ……………… 628
4・19　最判（三小）　訟月12-10-1402 …………… 768
4・30　東京地決　判時445-23 …………………… 197
5・20　最判（二小）　裁判集民事83-579 ………… 209
6・2　最判（一小）　判時464-25 ………………… 750
7・28　最判（一小）　民集20-6-1265 …………… 172
9・8　最判（一小）　民集20-7-1314 …… 585,586
9・19　札幌高判　高民19-5-428 ………………… 118
9・22　最判（一小）　民集20-7-1392 …………… 587
9・22　最判（一小）　判時464-28 ……………… 275
9・30　最判（二小）　民集20-7-1523 …… 65,179
11・10　最判（一小）　民集20-9-1733 ………… 775
11・10　最判（一小）　裁判集民事85-43 ……… 930
11・18　最判（二小）　判時466-24 …………… 915
11・22　最判（三小）　民集20-9-1914 … 532,533
11・25　最判（二小）　民集20-9-1921 … 783,784
12・22　最判（一小）　民集20-10-2179 ……… 975

昭和42

2・10　最判（二小）　民集21-1-112 …… 272,303
2・23　最判（一小）　民集21-1-169 …………… 838
2・24　最判（二小）　民集21-1-209 …………… 430
3・29　最決（二小）　裁判集民事86-771 ……… 961
4・7　最判（二小）　民集21-3-551 …………… 470
4・19　大阪高判　下民18-3・4-392 …………… 340
5・24　最判（大）　民集21-5-1043 …………… 131
6・30　最判（二小）　判時493-36 ……………… 237
7・18　最判（三小）　民集21-6-1559 ………… 340
7・21　最判（二小）　民集21-6-1663 …… 914,939
8・25　最判（二小）　民集21-7-1740 ………… 783
8・25　最判（二小）　判時496-43 …………… 861
9・14　最判（一小）　民集21-7-1807 ………… 494
9・27　最判（大）　民集21-7-1925 …………… 841
9・27　最判（大）　民集21-7-1955 …………… 187
10・12　最判（一小）　判時500-30 …………… 766
10・19　最判（一小）　民集21-8-2078 ……… 146
12・21　最判（一小）　判時510-45 …………… 275
12・26　最判（三小）　民集21-10-2627 ……… 209

昭和43

1・30　最決（三小）　民集22-1-81 …………… 428
2・9　最判（二小）　判時510-38 ……………… 596
2・15　最判（一小）　民集22-2-184 …………… 375
2・22　最判（一小）　民集22-2-270 …………… 209

2・23　最判（二小）　民集22-2-296 …………… 676
2・27　最判（三小）　民集22-2-316 …………… 682
3・7　最判（一小）　民集22-3-529 …………… 771
3・8　最判（二小）　民集22-3-551 …………… 798
3・15　最判（二小）　民集22-3-587 …………… 341
3・15　最判（二小）　民集22-3-607 …………… 787
3・19　最判（三小）　民集22-3-648 …………… 958
3・28　最判（一小）　民集22-3-707 …………… 589
3・29　大阪高決　下民19-3・4-169 …………… 908
4・11　最判（一小）　民集22-4-862 …………… 340
4・12　最判（二小）　民集22-4-877 …………… 847
4・16　最判（三小）　民集22-4-929 …………… 176
4・26　最判（二小）　民集22-4-1055 ………… 428
5・31　最判（二小）　民集22-5-1137 ………… 297
6・21　最判（二小）　民集22-6-1297 …… 185,187
6・21　最判（二小）　民集22-6-1329 ………… 752
8・27　最判（三小）　民集22-8-1733 ………… 157
8・27　最判（三小）　判時534-48 …………… 808
8・29　最判（一小）　民集22-8-1740 ………… 983
9・12　最判（一小）　民集22-9-1896 ………… 796
9・26　最判（一小）　民集22-9-2013 ………… 428
9・30　名古屋高決　高民21-4-460 …………… 814
10・15　最判（三小）　判時541-35 …………… 769
10・22　最決（三小）　民集22-10-2220 ……… 953
11・1　最判（二小）　民集22-12-2402 ……… 180
11・13　最判（大）　民集22-12-2510 ……… 229
11・15　最判（二小）　民集22-12-2659 …… 225,559
11・15　最判（二小）　判時542-58 …………… 191
11・15　最判（二小）　判時546-69 …………… 424
12・12　最判（一小）　判時545-78 …………… 318
12・24　最判（三小）　裁判集民事93-859 …… 272,302
12・24　最判（三小）　民集22-13-3254 ……… 282
12・24　最判（三小）　民集22-13-3454 ……… 471
12・25　最判（大）　民集22-13-3548 ……… 470

昭和44

2・13　最判（一小）　民集23-2-328 …………… 169
2・27　最判（一小）　民集23-2-441 …… 990,991
2・27　最判（一小）　民集23-2-497 …………… 673
2・27　最判（一小）　民集23-2-511 …………… 142
2・28　最判（二小）　判時553-47 …………… 983
4・17　最判（一小）　民集23-4-785 …………… 787
5・29　最判（一小）　判時560-44 …………… 344
6・3　京都地判　判時576-72 ………………… 906
6・24　最判（三小）　民集23-7-1109 ………… 111

昭和44（続き）

6・24 最判(三小) 民集23-7-1156 ……… 500
6・24 最判(三小) 判時569-48 ……… 718,720
6・26 最判(一小) 民集23-7-1175 ……… 149
7・8 最判(三小) 民集23-8-1407 ……… 349,682
7・10 最判(一小) 民集23-8-1423 …… 271,272,302
7・15 最判(三小) 民集23-8-1532 ……… 840
10・17 最判(二小) 民集23-10-1825 ……… 348
11・5 東京地判 下民20-11・12-787 ……… 666
11・11 最判(三小) 判時579-62 ……… 589
11・27 最判(一小) 民集23-11-2251 ……… 229

昭和45

1・22 最判(一小) 民集24-1-1 ……… 842,941
1・23 最判(二小) 判時589-50 ……… 796
2・6 最判(二小) 民集24-2-81 ……… 563
3・26 最判(一小) 民集24-3-165 ……… 631
4・2 最判(一小) 民集24-4-223 ……… 282
5・14 大阪高判 高民23-2-259 ……… 706
5・21 最判(一小) 判時595-55 ……… 556
5・22 最判(二小) 民集24-5-415 ……… 787
5・28 大阪地判 下民21-5・6-720 ……… 306
6・2 最判(三小) 民集24-6-447 ……… 226
6・11 最判(一小) 民集24-6-516 ……… 500
6・24 最判(大) 民集24-6-712 ……… 477
6・24 最決(大) 民集24-6-610 ……… 32
6・29 東京地判 判時615-38 ……… 607
7・15 最判(大) 民集24-7-771 ……… 13
7・15 最判(大) 民集24-7-804 ……… 859
7・15 最判(大) 民集24-7-861 ……… 273,275
7・24 最判(二小) 民集24-7-1177 ……… 230
8・20 最判(一小) 民集24-9-1339 ……… 500
9・24 最判(一小) 民集24-10-1450 ……… 500
10・1 最判(一小) 民集24-11-1483 ……… 983
10・13 最判(三小) 判時614-51 ……… 774
10・22 最判(一小) 民集24-11-1583 ……… 819,823
10・27 最判(三小) 民集24-11-1655 ……… 782
10・31 東京地判 判時622-92 ……… 372
11・11 最判(大) 民集24-12-1854 ……… 148,298
12・4 最判(二小) 判時618-35 ……… 772
12・15 最判(三小) 民集24-13-2072 ……… 160,179
12・16 最決(大) 民集24-13-2099 ……… 33
12・26 東京地判 行裁集21-11・12-1473 ……… 13

昭和46

1・21 最判(一小) 民集25-1-25 ……… 865
2・8 名古屋高金沢支決 下民22-1・2-92
　　……… 999,1000
2・18 最判(一小) 判時626-51 ……… 934
3・23 最命(三小) 判時628-49 ……… 158,172
3・30 大阪高決 下民22-3・4-360 ……… 1002
4・8 大阪高判 判時633-73 ……… 713
4・20 最判(三小) 民集25-3-290 ……… 187
4・20 最判(三小) 判時630-64 ……… 431
4・22 最判(一小) 判時629-60 ……… 653
4・23 最判(二小) 判時631-55 ……… 528
5・21 東京高判 高民24-2-195 ……… 65,186
6・3 最判(一小) 判時634-37 ……… 978
6・22 最判(三小) 判時639-77 ……… 237
6・25 最判(二小) 民集25-4-640 ……… 350
6・29 最判(三小) 判時636-50 ……… 480
6・29 最判(三小) 判時639-78 ……… 818
10・7 最判(一小) 民集25-7-885 ……… 783
10・19 最判(三小) 民集25-7-952 ……… 957
11・8 大分地判 判時656-82 ……… 597
11・10 京都地決 下民22-11・12-1117 ……… 999
11・25 最判(一小) 民集25-8-1343 ……… 344
12・7 最判(三小) 判時657-51 ……… 344
12・9 最判(一小) 民集25-9-1457 ……… 783,788
12・20 岐阜地判 判時664-75 ……… 389

昭和47

1・20 最判(一小) 判時659-56 ……… 816
2・15 最判(三小) 民集26-1-30 ……… 275,276
5・30 最判(三小) 民集26-4-826 …… 975,976,978
6・2 最判(二小) 民集26-5-957 ……… 149
6・15 最判(一小) 民集26-5-1000 ……… 752
7・6 最判(一小) 民集26-6-1133 ……… 171
9・1 最判(二小) 民集26-7-1289 …… 158,171,237
11・9 最判(一小) 民集26-9-1566 ……… 171
11・16 最判(一小) 民集26-9-1619 ……… 344
12・26 最判(三小) 判時722-62 ……… 110,111

昭和48

3・13 最判(三小) 民集27-2-344 ……… 265
3・23 最判(二小) 民集27-2-365 ……… 446
3・26 大阪地決 判時709-60 ……… 999
4・5 最判(一小) 民集27-3-419 ……… 336,340
4・24 最判(三小) 民集27-3-596 ……… 295,839
6・21 最判(一小) 民集27-6-712 ……… 707
7・12 大阪高決 下民24-5～8-455 ……… 636
7・20 最判(二小) 民集27-7-863 ……… 847
9・10 札幌地決 下民24-9～12-621 ……… 112

9・27 東京高決 判時717-17 ……………… 999
10・4 最判（一小）判時724-33 …………… 720,726
10・11 最判（一小）判時723-44 …………… 990
10・26 最判（二小）民集27-9-1240 …… 141,142,482
12・4 福岡高決 判時739-82 …………… 396

昭和49
2・5 最判（三小）民集28-1-27 …………… 111
3・1 東京地判 判時737-15 …………… 592
3・27 札幌高決 判時744-66 …………… 741
4・17 東京高決 下民25-1〜4-309 ………… 813
4・26 最判（二小）民集28-3-503
……………………………… 345,722,727,736

昭和50
1・17 最判（二小）判時769-45 …………… 646
3・13 最判（一小）民集29-3-233 ………… 847
7・17 高松高決 行裁集26-7・8-893 ……… 396
8・7 東京高決 下民26-5〜8-686 ………… 396
10・24 最判（二小）民集29-9-1417 …… 487,568,623
11・28 最判（三小）民集29-10-1554 ……… 101

昭和51
3・23 最判（三小）判時816-48 …………… 481
3・30 最判（三小）判時814-112 ………… 811
4・14 最判（大）民集30-3-223 …………… 253
6・17 最判（一小）民集30-6-592 ………… 498
7・19 最判（二小）民集30-7-706 ………… 297
7・28 東京地八王子支決 判時847-76 ……… 636
9・30 最判（三小）民集30-8-799 ………… 732
9・30 最判（一小）民集30-8-816 ………… 623
10・21 最判（一小）民集30-9-903 ……… 747,795

昭和52
5・27 最判（二小）民集31-3-404 ………… 978
6・20 最判（二小）裁判集民事121-63 …… 697
7・13 福岡高決 高民30-3-175 …………… 396
7・15 東京高判 判時867-60 …………… 597
7・19 最判（三小）民集31-4-693 ………… 356

昭和53
3・14 最判（三小）民集32-2-211 ………… 287
3・15 大阪高決 労判295-46 …………… 396
3・30 最判（一小）民集32-2-485 ………… 111
7・10 最判（一小）民集32-5-888 ………… 263
9・14 最判（一小）判時906-88 …………… 142
12・21 最判（一小）民集32-9-1740 ……… 947

昭和54
2・26 大阪高決 高民32-1-24 …………… 652

3・16 最判（二小）民集33-2-270 ……… 936,953
3・19 東京高決 下民32-9〜12-1391 ……… 396
4・23 福岡地久留米支決 訟月25-8-2109 …… 112
9・5 大阪高決 労民30-5-908 …………… 396
9・28 東京高決 下民30-9〜12-443 ……… 870
10・18 東京高判 判時942-17 …………… 412
11・26 金沢地決 訟月26-2-250 ………… 112

昭和55
1・11 最判（三小）民集34-1-1 …………… 252
1・28 仙台高判 高民33-1-1 …………… 831
2・7 最判（一小）民集34-2-123 ………… 477
5・30 仙台高判 判タ419-112 …………… 846
9・11 名古屋地判 判時976-40 …………… 255
10・18 名古屋地決 判時1016-87 ………… 118
10・23 最判（一小）民集34-5-747 ………… 695

昭和56
4・7 最判（三小）民集35-3-443 ………… 247
4・14 最判（三小）民集35-3-620 ………… 388
9・14 東京地判 判時1015-20 …………… 751
9・24 最判（一小）民集35-6-1088 ………… 556
10・16 最判（一小）民集35-7-1224 ……… 96
10・30 最判（二小）判時1022-55 ………… 471
12・16 最判（大）民集35-10-1369 ……… 13,268

昭和57
3・12 最判（二小）民集36-3-329 ………… 85
3・30 最判（二小）民集36-3-501 ………… 696
5・27 最判（一小）判時1052-66 ………… 430
6・23 東京高決 判タ485-109 …………… 897
7・1 最判（一小）民集36-6-891 ………… 784
11・26 最判（二小）民集36-11-2296 ……… 174
12・2 最判（一小）判時1065-139 ……… 210
12・23 東京高判 判時1067-131 …………… 144

昭和58
2・28 大阪高決 高民36-1-39 …………… 413
3・22 最判（三小）判時1074-55 ……… 761,936
4・1 最判（二小）民集37-3-201 ……… 789,792
4・14 最判（一小）判時1131-81 ………… 761
6・7 最判（三小）民集37-5-517 ………… 283

昭和59
1・20 仙台高判 下民35-1〜4-7 …………… 194
4・24 最判（三小）判タ531-141 ………… 344
6・7 東京高決 下民35-5〜8-336 ………… 396
9・17 東京高決 高民37-3-164 …………… 396

昭和60

3・15 最判(二小) 判時1168-66 …………… 849
4・12 名古屋高判 下民34-1～4-461 ………… 255
6・25 東京高判 判時1160-93 ……………… 832
7・17 最判(大) 民集39-5-1100 …………… 254
11・21 最判(一小) 民集39-7-1512 ……… 249
12・20 最判(二小) 判時1181-77 ………… 288

昭和61

1・21 最判(三小) 家裁月報38-8-48 …… 939
1・24 最判(二小) 労判467-6 …………… 492
3・13 最判(一小) 民集40-2-389 ……… 275
4・11 最判(二小) 民集40-3-558 ……… 768
6・23 大阪高決 高民39-3-45 ………… 413
7・10 最判(一小) 判時1213-83 ……… 291
9・4 最判(一小) 判時1215-47 …… 936
11・21 広島地決 判時1224-76 ……… 415
12・11 最判(一小) 判時1225-60 …… 931

昭和62

2・6 最判(二小) 判時1232-100 …… 335
2・26 大阪高判 民集61-2-957 ……… 178
3・4 横浜地判 判時1225-45 …………… 93
7・16 大阪高判 判時1258-130 ……… 223
7・17 最判(三小) 民集41-5-1381 …… 273,277
7・17 最判(三小) 民集41-5-1402 …… 801,802,803
10・16 最判(二小) 民集41-7-1497 …… 318
12・8 東京高決 判時1267-37 ……… 172

昭和63

1・26 最判(三小) 民集42-1-1 ……… 262
2・25 最判(一小) 民集42-2-120 …… 826
3・1 最判(三小) 民集42-3-157 …… 273
3・15 最判(三小) 民集42-3-170 …… 224
7・5 名古屋高決 判タ669-270 ……… 88
10・21 最判(二小) 判時1311-68 …… 268

平成元

3・7 最判(三小) 判時1315-63 ……… 818
3・28 最判(三小) 民集43-3-167 …… 783
3・28 最判(三小) 判時1393-91 ……… 210
3・28 東京地判 判時1342-88 ……… 442
4・6 最判(一小) 民集43-4-193 …… 275
6・28 東京高決 判時1323-64 ……… 396
9・8 最判(二小) 民集43-8-889 …… 251
9・19 最判(三小) 判時1328-38 ……… 953
9・22 最判(二小) 判時1356-145 …… 131
11・10 最判(二小) 民集43-10-1085 …… 980

11・20 最判(二小) 民集43-10-1160 ……… 93,144
12・8 最判(二小) 民集43-11-1259 ………… 607

平成2

7・24 東京地判 判時1364-57 ………… 633
10・30 東京高判 判時1379-83 ………… 741

平成3

1・30 東京高判 判時1381-49 ………… 633
2・25 最決(一小) 民集45-2-117 …………… 88
3・13 金沢地判 判時1379-3 ……………… 13
5・27 東京地命 判時1391-156 ………… 112
9・2 東京地判 判時1417-124 ………… 223
9・24 東京地判 判時1429-80 ………… 510
12・17 最判(三小) 民集45-9-1435 …… 224
12・17 東京高判 判時1413-62 ………… 846

平成4

1・23 最判(一小) 民集46-1-1 ……… 250
4・28 最判(三小) 判時1455-92 …… 430
9・10 最判(一小) 民集46-6-553 …… 437,975
10・29 最判(一小) 民集46-7-1174 …… 488
10・29 最判(一小) 民集46-7-2580 …… 283

平成5

3・12 仙台地決 判タ818-70 ………… 396
3・30 東京高判 判タ823-131 ………… 111
5・12 仙台高決 判時1460-38 ……… 397
7・20 最判(三小) 判時1503-3 ……… 251
9・7 最判(三小) 民集47-7-4667 …… 251
9・9 最判(一小) 民集47-7-4939 …… 976
11・11 最判(一小) 民集47-9-5255 …… 345
12・2 最判(一小) 判時1486-69 …… 768

平成6

1・25 最判(三小) 民集48-1-41 …… 349,793
2・10 最判(三小) 民集48-2-388 …… 361
3・10 最判(一小) 資料版商事法務121-149 …… 111
3・30 東京高判 判時1498-25 ……… 751
5・31 最判(三小) 民集48-4-1065
……………………… 149,178,784,786,787,807
9・27 最判(三小) 判時1513-111 …… 839
10・25 最判(三小) 判時1516-74 …… 978
11・22 最判(三小) 民集48-7-1355 …… 340
12・22 東京地判 判時1552-88 ……… 260

平成7

1・24 最判(二小) 判時1523-81 ……… 297
1・27 最判(二小) 民集49-1-56 …… 490
1・30 東京高判 判時1551-73 ……… 414

判例索引　*1031*

2・21　大阪高決　判時1543-132 …………… 396
2・23　最判(一小)　判時1524-134 …………… 913
3・7　最判(三小)　民集49-3-893 …………… 279
3・7　最判(三小)　民集49-3-919 …………… 209
3・17　大阪高判　判時1527-107 …………… 279
3・24　横浜地判　判時1539-111 …………… 576
5・30　最判(三小)　裁判集民事175-319 ……… 623
6・9　最判(二小)　民集49-6-1499 …………… 623
7・14　最判(二小)　民集49-7-2674 …………… 273
7・18　最判(三小)　裁判集民事176-491 ……… 209
7・18　最判(三小)　民集49-7-2717 …………… 250
11・9　最判(一小)　判時1557-74 …………… 975
11・29　東京地決　判夕901-254 …………… 88
12・15　最判(二小)　民集49-10-3051 ……… 697,741

平成 8
1・23　最判(三小)　民集50-1-1 …………… 623
1・26　大阪地判　判時1570-85 …………… 225
2・22　最判(一小)　判時1559-46 …………… 654
2・28　東京高判　判時1575-54 …………… 255
5・28　最判(三小)　判時1569-48 …………… 219
6・14　仙台高決　判夕935-238 …………… 897
6・17　仙台高決　判夕935-238 …………… 897
12・10　東京地判　判時1589-81 …………… 337,698

平成 9
1・28　最判(三小)　民集51-1-40 …………… 301
2・25　最判(三小)　民集51-2-502 …………… 623
3・14　最判(二小)　判時1600-89 ……… 502,701,736
3・27　京都地判　判時1634-110 …………… 576
4・1　最判(一小)　〔未公刊〕 …………… 255
4・2　最判(大)　民集51-4-1673 …………… 789,792
5・30　最判(二小)　判時1605-42 …………… 671
7・11　最判(二小)　民集51-6-2573 …………… 740
7・17　最判(一小)　判時1614-72 ……… 502,738
11・11　最判(三小)　民集51-10-4055 ……… 96,102
11・20　東京高判　判時1673-89 ……… 486,576

平成10
2・27　最判(二小)　民集52-1-299 …………… 298
3・10　最判(三小)　判時1683-95 …………… 252
3・27　最判(二小)　民集52-2-661 …………… 302
4・28　最判(三小)　民集52-3-853 …………… 103
6・12　最判(二小)　民集52-4-1147 …… 225,338,735
6・30　最判(三小)　民集52-4-1225 …………… 225
9・10　最判(一小)　(①事件)判時1661-81 ……… 438
9・10　最判(一小)　(②事件)判時1661-81 ……… 682

12・10　仙台高秋田支判　判時1681-112
……………………………………… 486,574,576

平成11
1・14　大阪地決　判時1699-99 …………… 127
1・21　最判(一小)　民集53-1-1 …………… 279
2・25　最判(一小)　民集53-2-235 ……… 623,624
3・12　最決(一小)　民集53-3-505 …………… 967
3・23　最判(三小)　裁判集民事192-165 ……… 623
4・8　最決(一小)　判時1675-93 …………… 953
4・22　最判(一小)　判時1681-102 …………… 262
4・23　最決(二小)　判時1675-91 …………… 952
6・11　最判(二小)　判時1685-36 …………… 279
6・25　浦和地判　判時1682-115 …………… 897
6・29　最判(三小)　判時1684-59 …………… 945
9・28　最判(三小)　判時1689-78 …………… 252
11・9　最判(三小)　民集53-8-1421 …………… 786
11・12　最決(二小)　民集53-8-1787 …………… 400

平成12
1・31　最判(二小)　判時1708-94 …………… 252
2・24　最判(一小)　民集54-2-523 …………… 278
3・10　最決(一小)　民集54-3-1073
…………………………… 398,399,411,636
3・17　最判(二小)　判時1708-119 …………… 894
3・24　最判(二小)　民集54-3-1126 …………… 190
4・7　最判(二小)　判時1713-50 ……… 502,738
5・30　東京地判　判時1719-40 …………… 264
7・7　最判(二小)　民集54-6-1767 …………… 792
7・18　最判(三小)　判時1724-29 ……… 487,489
9・22　最判(三小)　民集54-7-2574 ……… 487,625
10・13　最決(二小)　判時1731-3 …………… 112
12・14　最決(一小)　民集54-9-2709 …………… 400
12・14　最決(一小)　民集54-9-2743 …………… 411

平成13
1・30　最決(一小)　民集55-1-30 …………… 813
1・31　東京高判　判夕1080-220 …………… 265
2・22　最決(一小)　判時1742-89 ……… 410,411
4・26　最決(一小)　判時1750-101 …………… 411
6・8　最判(二小)　民集55-4-727 …………… 97
8・31　東京地判　判時1772-60 …………… 223
12・7　最決(二小)　民集55-7-1411 …………… 400

平成14
1・22　最判(三小)　判時1776-67 …………… 831
6・7　最判(二小)　民集56-5-899 ……… 146,805
9・12　最判(一小)　判時1801-72 …………… 502

判例索引

12・17 最判(三小) 判時1812-76 ……………… 954

平成15

7・11 最判(二小) 民集57-7-787 ……… 344,786
7・29 東京高判 判時1838-69 ……………… 335
10・31 最判(二小) 判時1841-143 ………… 946
11・13 最決(一小) 民集57-10-1531 ……… 791
12・4 最判(一小) 判時1848-66 …………… 954

平成16

1・15 最判(一小) 判時1853-85 …………… 625
1・21 大阪地判 判時1907-85 ……………… 698
2・20 最決(二小) 判時1862-154 ………… 406
2・24 最判(三小) 判時1854-41 …………… 131
2・25 東京高判 判時1856-99 ……………… 86
2・26 最判(一小) 判時1853-90 …………… 600
3・25 最判(一小) 民集58-3-753 ………… 223
4・6 広島高岡山支決 判時1874-69 ……… 405
4・8 最決(一小) 民集58-4-825 ………… 116
5・25 最決(三小) 民集58-5-1135 ……… 406
6・3 最判(一小) 判時1869-33 …………… 775
7・6 最判(三小) 民集58-5-1319 … 783,793
7・13 最決(二小) 民集58-5-1599 …… 1002,1003
11・26 最決(二小) 民集58-8-2393 … 399,635
11・26 名古屋高判 判タ1205-179 ………… 85
12・13 最判(二小) 民集58-9-2419 ……… 613
12・16 最決(一小) 判時1884-45 ………… 26

平成17

1・31 東京地決 判時1898-73 ……………… 117
2・15 最判(三小) 判時1890-143 ………… 482
3・22 東京地判 判時1916-46 ……………… 890
5・25 東京高判 判時1908-136 …………… 147
6・27 大阪地判 判タ1188-282 …………… 337
7・14 最判(一小) 判時1911-102 ………… 503
7・15 最判(二小) 民集59-6-1742 ……… 142
7・22 最決(二小) 民集59-6-1837 ……… 407
7・22 最決(二小) 民集59-6-1888 ……… 406
9・14 最判(大) 民集59-7-2087 ………… 250
9・27 最判(三小) 判時1911-96 ………… 954
10・14 最決(三小) 民集59-8-2265 …… 406

平成18

1・13 最判(二小) 民集60-1-1 …………… 970
1・19 最判(一小) 判時1925-96 ………… 937
1・27 最判(二小) 判時1927-57 …… 601,624
2・17 最決(二小) 民集60-2-496 ……… 400
3・2 福岡高判 判タ1232-329 …………… 608

3・17 最判(二小) 判タ1217-113 ………… 970
3・23 最判(一小) 判時1932-85 ………… 482
4・14 最判(二小) 民集60-4-1497 ……… 225
4・28 東京地判 判時1944-86 …………… 608
6・1 最判(一小) 民集60-5-1887 ……… 613
7・7 最判(二小) 民集60-6-2307 ……… 263
7・21 最判(二小) 民集60-6-2542 ……… 94
9・4 最判(二小) 判時1948-81 ………… 954
10・3 最決(三小) 民集60-8-2647 ……… 636
11・14 最判(三小) 判時1956-77 … 601,624,929

平成19

1・16 最判(三小) 判時1959-29 ………… 954
1・30 大阪高判 時判1962-78 …… 389,390
2・22 高松高判 判時1960-40 …………… 230
3・20 最決(三小) 民集61-2-586 ……… 441
3・26 東京地判 判時1965-3 …………… 280
3・27 最判(三小) 民集61-2-711 …… 177,443,954
4・23 最判(一小) 判時1970-106 ……… 490
5・29 最判(三小) 判時1978-7 … 268,954
8・23 最決(二小) 判タ1252-163 ……… 399
11・30 最決(二小) 民集61-8-3186 …… 401
12・4 最決(三小) 民集61-9-3274 …… 1003
12・11 最決(三小) 民集61-9-3364 …… 401
12・12 最決(二小) 民集61-9-3400 …… 407

平成20

5・8 最決(三小) 裁判所時報1459-1 ……… 34
6・10 最判(三小) 判時2042-5 ………… 608
7・10 最判(一小) 判時2020-71 … 338,341
7・17 最判(一小) 民集62-7-1994 … 784,786
7・18 最決(二小) 民集62-7-2013 …… 126
11・25 最決(三小) 民集62-10-2507 …… 401

平成21

1・27 最決(三小) 民集63-1-271 ……… 513
3・27 最判(三小) 判時2039-12 …… 623,625
10・23 最決(二小) 判タ1313-115 ……… 262
12・3 東京高決 判タ1310-285 ………… 1003
12・10 最判(一小) 民集63-10-2463 …… 761
12・18 最決(二小) 民集63-10-2900 …… 279

平成22

1・20 最判(大) 民集64-1-1 …… 475,498
3・16 最判(三小) 民集64-2-498 … 793,954
4・9 東京地判 判時2076-19 …………… 489
4・13 最判(三小) 裁判所時報1505-12 …… 682
4・20 最判(三小) 判タ1323-98 ………… 343

5・25	最判(三小)	判タ1327-67	86	
6・3	最判(一小)	民集64-4-1010	13,250	
6・29	最判(三小)	民集64-4-1235	150,784	
7・16	最判(二小)	民集64-5-1450	689	
10・14	最判(一小)	判タ1337-105	497	

平成23

2・9	最決(二小)	民集65-2-665	784	
3・1	最判(三小)	判タ1347-98	333	
4・13	最決(二小)	民集65-3-1290	35	
10・11	最決(三小)	判タ1361-128	711	
10・11	最決(三小)	判タ1362-68	403	

平成24

2・24	最判(二小)	判タ1368-63	990	
4・6	最判(二小)	民集66-6-2535	752	
10・17	最判(大)	裁判集民事241-91	254	
12・21	最判(二小)	判時2175-20	268	

平成25

6・6	最判(一小)	民集67-5-1208	228,339	
11・21	最決(一小)	民集67-8-1686	979	

平成26

2・27	最判(一小)	民集68-2-192	149	
4・24	最判(一小)	民集68-4-329	102	
7・10	最決(一小)	判時2237-42	842,979	

9・25	最判(一小)	民集68-7-661	694	
11・26	最判(大)	民集68-9-1363	255	

平成27

6・3	最決(二小)	金商1471-20	866	
11・30	最判(一小)	民集69-7-2154	376	
12・14	最判(一小)	民集69-8-2295	225,945	

平成28

2・26	最決(二小)	判タ1422-66	826	
3・18	最決(二小)	民集70-3-937	712	
6・2	最判(一小)	民集70-5-1157	299	
6・27	最判(一小)	民集70-5-1306	187	
10・18	最判(三小)	民集70-7-1725	389	

平成29

7・24	最判(一小)	民集71-6-969	187	
9・27	最判(大)	民集71-7-1139	255	
10・5	最決(一小)	民集71-8-1441	168	

平成30

12・14	最判(二小)	民集72-6-1101	208	
12・18	最決(三小)	民集72-6-1151	955	
12・21	最判(二小)	民集72-6-1368	389	

平成31

1・18	最判(二小)	民集73-1-1	740	

著者紹介

新堂 幸司（しんどう・こうじ）

1931年生まれ
東京大学名誉教授・愛知大学名誉教授・弁護士・公益財団法人日弁連
法務研究財団名誉会長・日本司法書士会連合会顧問

主　著　『民事訴訟法』（筑摩書房・1974, 弘文堂・〔第2版補正版〕
　　　　　　1990）
　　　　『訴訟物と争点効（上）』（有斐閣・1988）
　　　　『訴訟物と争点効（下）』（有斐閣・1991）
　　　　『民事訴訟制度の役割』（有斐閣・1993）
　　　　『民事訴訟法学の基礎』（有斐閣・1998）
　　　　『民事訴訟法学の展開』（有斐閣・2000）
　　　　『権利実行法の基礎』（有斐閣・2001）
　　　　『司法改革の原点』（有斐閣・2001）
　　　　『判例民事手続法』（弘文堂・1994）
　　　　『考える民事訴訟法』（共編著, 弘文堂・1976,〔第3版〕1983）
　　　　『条解民事訴訟法』（共著, 弘文堂・1986,〔第2版〕2011）

新民事訴訟法〔第6版〕

1998（平成10）年4月15日　　初版1刷発行
2001（平成13）年8月15日　　第2版1刷発行
2004（平成16）年9月30日　　第3版1刷発行
2005（平成17）年11月15日　　第3版補正版1刷発行
2008（平成20）年10月15日　　第4版1刷発行
2011（平成23）年8月20日　　第5版1刷発行
2019（令和元）年11月15日　　第6版1刷発行
2024（令和6）年4月30日　　　同　　3刷発行

著　者　新堂　幸司

発行者　鯉渕　友南

発行所　株式会社　弘文堂　　101-0062　東京都千代田区神田駿河台1の7
　　　　　　　　　　　　　　TEL 03(3294)4801　振替 00120-6-53909
　　　　　　　　　　　　　　https://www.koubundou.co.jp

装　幀　青山　修作

印　刷　港北メディアサービス

製　本　牧製本印刷

Ⓒ 2019 Koji Shindo. Printed in Japan

JCOPY　〈(社)出版者著作権管理機構 委託出版物〉
本書の無断複写は著作権法上での例外を除き禁じられています。複写される場合は、
そのつど事前に、(社)出版者著作権管理機構（電話 03-5244-5088、FAX 03-5244-5089、
e-mail:info@jcopy.or.jp）の許諾を得てください。
また本書を代行業者等の第三者に依頼してスキャンやデジタル化することは、たとえ
個人や家庭内での利用であっても一切認められておりません。

ISBN978-4-335-35786-2